Handbook On The Historical Books

역사서개론

베이커 구약 개론 시리즈 **2**

Handbook On The Historical Books

역사서 개론

여호수아

사사기

룻기

사무엘상하

열왕기상하

역대상하

에스라

느헤미야

에스더

저자 **빅터 해밀턴** | 역자 **강성열**

CH북스
크리스천
다이제스트

차례

† 약어표

ABD	*Anchor Bible Dictionary*. Ed. D. N. Freedman. 6 vols. New York: 1992
ANET	*Ancient Near Eastern Texts Relating to the Old Testament*
BA	*Biblical Archaeologist*
BAR	*Biblical Archaeology Review*
BASOR	*Bulletin of the American Schools of Oriental Research*
BEATAJ	Beiträge zur Erforschung des Alten Testaments und des antiken Judentum
BETL	Bibliotheca ephemeridum theologicarum lovaniensium
Bib	*Biblica*
BI	*Bible Illustrator*
BibInt	*Biblical Interpretation*
BJRL	*Bulletin of the John Rylands University Library of Manchester*
BRev	*Bible Review*
BSac	*Bibliotheca Sacra*
BTB	*Biblical Theology Bulletin*
BT	*The Bible Translator*
BZ	*Biblische Zeitschrift*
BZAW	Beihefte zur Zeitschrift für die alttestamentliche Wissenschaft
CAD	*The Assyrian Dictionary of the Oriental Institute of the University of Chicago*
CBQ	*Catholic Biblical Quarterly*
CBQMS	Catholic Biblical Quarterly Monograph Series
CT	*Christianity Today*
CTM	*Concordia Theological Monthly*
EncJud	*Encyclopaedia Judaica*. 16 vols. Jerusalem: 1972
EvQ	*Evangelical Quarterly*
ExpT	*Expository Times*

Fs.	Festschrift
GTJ	*Grace Theological Journal*
HAR	*Hebrew Annual Review*
HBT	*Horizons in Biblical Theology*
HeyJ	*Heythrop Journal*
HSM	Harvard Semitic Monographs
HTR	*Harvard Theological Review*
HUCA	*Hebrew Union College Annual*
IDB	*The Interpreter's Dictionary of the Bible*. Ed. G. A. Buttrick. 4 vols. Nashville: 1962
IDBSup	*The Interpreter's Dictionary of the Bible: Supplementary Volume*. Ed. K. Crim. Nashville: 1976
IEJ	*Israel Exploration Journal*
Int	*Interpretation*
JAAR	*Journal of the American Academy of Religion*
JANES	*Journal of the Ancient Near Eastern Society*
JAOS	*Journal of the American Oriental Society*
JBL	*Journal of Biblical Literature*
JETS	*Journal of the Evangelical Theological Society*
JFSR	*Journal of Feminist Studies in Religion*
JJS	*Journal of Jewish Studies*
JNES	*Journal of Near Eastern Studies*
JNSL	*Journal of Northwest Semitic Languages*
JPS	Jewish Publication Society
JR	*Journal of Religion*
JSNT	*Journal for the Study of the New Testament*
JSOT	*Journal for the Study of the Old Testament*
JSS	*Journal of Semitic Studies*
JTS	*Journal of Theological Studies*
LTQ	*Lexington Theological Quarterly*
NICOT	New International Commentary on the Old Testament
OSt	*Oudtestamentische Studiën*
PEQ	*Palestine Exploration Quarterly*
PSB	*Princeton Seminary Bulletin*
RB	*Revue biblique*
RefR	*Reformed Review*
RelSRev	*Religious Studies Review*
ResQ	*Restoration Quarterly*
RevExp	*Review and Expositor*

RTR	*Reformed Theological Review*
SBLDS	Society of Biblical Literature Dissertation Series
SBLMS	Society of Biblical Literature Monograph Series
SBLSP	*Society of Biblical Literature Seminar Papers*
SBLSS	Society of Biblical Literature Semeia Studies
SJOT	*Scandinavian Journal of the Old Testament*
SJT	*Scottish Journal of Theology*
TBT	*The Bible Today*
TDOT	*Theological Dictionary of the Old Testament.* Ed. G. J. Botterweck and H. Ringgren. Trans. J. T. Willis, G. W. Bromiley, and D. E. Green. 8 vols. Grand Rapids: 1974–
ThTo	*Theology Today*
TJ	*Trinity Journal*
TynB	*Tyndale Bulletin*
TZ	*Theologische Zeitschrift*
UF	*Ugarit-Forschungen*
USQR	*Union Seminary Quarterly Review*
VT	*Vetus Testamentum*
VTSup	Supplements to Vetus Testamentum
WTJ	*Westminster Theological Journal*
ZAW	*Zeitschrift für die alttestamentliche Wissenschaft*

✝ 서문

일반적으로 기독교계는 사무엘하로부터 에스더까지의 책들을 역사서로 간주한다. 이 거대한 역사편찬물은 여호수아의 인도 하에 있었던 이스라엘의 가나안 진입으로 시작하여, 수 세기 후 포로로 잡혀간 이스라엘이 페르시아의 지배를 받고 사는 것에서 끝을 맺는다.

이 시기의 이스라엘을 다루는 책들은 매우 많다. 예로써 대중적인 인기를 끌던 존 브라이트(John Bright)의 「이스라엘 역사」(*History of Israel*)는 한동안 이 분야의 대표작으로 여겨져 왔다. 이 책은 1959년에 처음 출판되었고, 1972년에 제2판이, 그리고 1981년에 제3판이 출판되었으며, 최근에는 2000년도에 제4판이 출판되었다.

그러나 브라이트의 책이 나오던 때를 전후한 시기에 이 역사편찬물의 역사적인 신빙성에 대해 한층 회의적인 시각을 담고 있던 무수한 이스라엘 역사서들이 출판되었다. 더욱 최근의 과격한 이스라엘 역사서들 일부는 증명할 수 있는 진정한 역사를 도무지 재구성할 수 없다고 본다! 그러한 해석들은 성서의 이스라엘과 역사적인 이스라엘 사이를 구별한다.

그 반대편에는 브라이트의 보수적인 성향의 「이스라엘 역사」를 더 이상 보수적인 책으로 볼 수 없게 하는 성서학자들이 있다. 그들은 역사적으로 보수 성향을 보이는 브라이트가 너무도 많은 것들을 양보했다고 본다. 그리하여 그들은 성서가 영감을 받은 책으로서 오류가 없는 책임을 믿는 그들 나름의 이스라엘 역사서들을 출판하였다.

여기서 우리는 이스라엘 역사를 서술하는 작업에 끝이 없다고 말할 수 있다. 확실히 이 책은 모든 사람들의 취향, 곧 성서 기록의 역사성에 의문을 품는 자들의 취향과 성서 기록의 역사성을 과도할 정도로 확신하는 자들의 취향 모두를 만족시킬 만한 요소를 가지고 있다.

나는 범람할 정도로 많이 출판된 이스라엘 역사서의 시장에 또 다른 이스라엘 역사서를 추가할 마음이 전혀 없다. 내가 노력하고자 하는 것은 브라이트의 이스라엘 역사서나 그와 같은 부류의 다른 이스라엘 역사서를 동반자적 입장에서 보충하는 데 있다. 역사적인 쟁점들과 주장들에 주로 관심을 갖는 이들은 그런 것들의 일부가 이 책에 언급되어 있음을 알게 될 것이다. 그러나 그것은 나의 일차적인 관심사가 아니다.

오히려 나는 수사비평과 귀납적인 성서 연구 방법의 주요 원리들을 사용하여 구약 역사서의 요점과 중심 메시지를 찾는 일에 관심을 가지고 있다. 예로써 나는 이스라엘 역사를 다루는 브라이트의 책이나 다른 사람들의 책에서 사사기의 구조를 연구하고 그 구조에 살을 입히는 작업이 사사기의 흐름을 이해하고 사사기의 신학적인 메시지를 찾아내는 데 모종의 도움을 줄 수 있으리라고 생각하지 않는다.

내가 주로 상대하고자 하는 청중은 차원 높은 성서 연구를 시작하는 대학 학부생들이다. 대학원 학생들과 목회자들도 구약 역사서를 공부하고 주석하는 데 도움을 줄 주요 개념들과 통찰들을 이 책에서 발견할 수 있으리라고 나는 믿는다.

학문적인 연구를 계속하고자 하는 이들을 위해서 나는 각 장의 말미에 참고문헌을 덧붙여 놓았다. 여기서 독자는 주석들과 전문 연구서들 및 연구 논문들(성서 연구 분야의 학술지에서 주로 발견되는)의 목록을 보게 될 것이다. 부득이하게 나는 그 목록을 최근 몇십 년 사이에 저술된 자료들에 국한시켰으며, 나 스스로 원해서 그 목록을 영어로 된 자료들에 한정시켰다.

이 책을 집필하는 데 도움을 준 많은 사람들에게 감사를 표하고 싶다. 첫째로 안식년의 기회를 제공함으로써 원고의 일부를 완성할 수 있게 해 준 애즈베리(Asbury) 대학의 교수개발위원회에 감사를 드린다. 베이커 출판사의 학술국장인 짐 키니(Jim Kinney) 씨에게도 감사를 드리며, 이 프로젝트를 완성하는 데 대단히 많은 도움을 준 베이커 출판사의 유능하고 전문적인 편집 팀에게도 감사를 드린다.

나는 구약 역사서에 대한 주석을 쓴 많은 동료 성서학자들에게서 헤아리기 어려울 정도로 많은 도전과 자극을 받았다. 내가 그들에게 많은 빛을 졌음은 이 책의 각 장 말미에 덧붙여진 참고문헌 목록에 잘 반영되어 있다.

마지막으로 오랜 세월 동안 내게 무수한 도움을 준 아내 셜리(Shirley)에게 깊은 감사를 드린다. 그는 끊임없이 나를 격려해 주었을 뿐만 아니라, 내 원고를 모두 타이핑해 주기까지 했다. 따라서 문자 그대로 이 책은 아내와 나의 공동 작품이라 할 만하다.

여호수아

"여호수아"라는 이름(히브리어로는 '예호슈아')은 "야웨('예호')는 구원이 시다"라는 뜻을 가지고 있다. 그가 이집트에서 태어난 후에 받은 본래 이름 은 "호세아"(히브리어로는 '호쉐아' [Hoshea], 민 13:8, 16; 신 32:44)로서, "구 원, 구출"이라는 뜻을 가지고 있다. 모세는 출애굽한 지 얼마 안 되어서 신명 사문자(神名四文字, Tetragrammaton)인 YHWH(야웨)의 한 형태를 호세아 라는 이름 앞에 덧붙임으로써 그 이름을 좀 더 길게 만들었으며, 그 결과 그 에게 분명하게 신명(神名)을 포함하는 이름을 허락하였다.

모세는 꼭 필요한 강력한 지도자였지만, 그 역시 죽음 앞에 선 연약한 인 간이었다. 언젠가는 죽게 되어 있기에 마음에 드는 후계자를 두지 않으면 안 되었다. 우리는 모세에게 게르솜과 엘리에셀이라는 두 아들이 있음을 알고 있다(출 2:22; 18:3, 4). 그러나 이들은 성서 안에서 아주 드물게만 언급되고 있어서, 어느 누구도 아버지를 계승하는 데 적합한 인물로 여겨지지 않은 듯 하다(아마도 그들의 어머니가 미디안 사람 십보라였기 때문일 것이다). 모세 가 시작하였으나 하나님께서 허락하지 않은 탓에 완수하지 못한 일을 마무 리할 사람은 그들이 아니라 여호수아였다. 그리하여 여호수아는 오랫동안 모세의 수종자로서 봉사하면서, 전임자의 겉옷을 물려받게 될 때를 준비하 였다. 여호수아가 이런저런 이유로 모세가 한 것처럼 후계자 양육을 전혀 하 지 않았다는 것이, 부분적이나마 여호수아 이후의 사사 시대에 생겨난 혼란 상과 어느 정도 관련되어 있으리라는 설명은 그 나름의 의미를 가지고 있다고 볼 수 있다.

몇몇 중요한 사건들은 여호수아로 하여금 장차 자신의 사역에 필요한 준비를 하도록 인도하는 데에 어떠한 방법들과 수단들이 사용되었는지를 알게 해 준다.

(1) **출애굽기 17:8-16**. 이스라엘 백성은 가나안을 향해 가던 중에 갑작스럽게 아말렉 족속의 공격을 받는다. 에돔 족속과 관련된 유목민인 그들은 이스라엘 백성의 접근을 자기들의 안전에 대한 위협으로 생각했을 것이다. 모세는 여호수아에게 특수 집단(그들에게는 직업 군인이 없었다)을 선발하여 언덕 밑에서 아말렉 족속과 싸우라고 명한다. 그러면서 자신은 하나님의 지팡이를 손에 들고서 언덕 위로 올라간다. 이것은 사실 여호수아가 약속의 땅에 들어가기에 앞서 경험한 유일한 군사 행동이었다. 그러나 이론적으로 볼 때 이스라엘보다 우월한 군사력을 가진 것으로 보이는 집단과 부딪침으로써 그는 처음으로 위기에 직면하게 된다.

여호수아의 가문에 대한 언급이 없다는 것은 그가 이 사건이 발생한 초기에 이미 널리 알려진 사람이었음을 암시하는 듯하다. 그의 아버지 눈(Nun)은 그렇게 유명한 사람이 아니었지만, 그의 할아버지인 엘리사마는 광야 유랑 기간 동안에 중요한 역할을 수행한 사람이었다(민 1:10; 2:18; 대상 7:26-27).

(2) **출애굽기 24:13**. 모세가 하나님께로부터 십계명 돌판을 받기 위해 시내 산에 다시 올라갈 때 여호수아는 적어도 중간 길까지 모세와 동행하는 특권을 누린다. 확실히 여호수아는 산 정상까지 모세를 계속해서 따라가지는 않지만, 장로들과 아론보다는 더 높이 오른다. 이로써 그는 정상 부근에 임한 하나님의 영광을 가능한 한 가까이서 체험할 수 있었을 것이다.

본 절은 여호수아를 모세의 종자(從者) 또는 수행원(메샤레트)으로 소개한다. 이 용어는 출애굽기 33:11; 민수기 11:28; 여호수아 1:1 등에서도 여호수아와 모세의 관계를 나타내는 데 사용된다. 아마도 둘 사이의 관계와 가장 가까운 평행 사례는 열왕기상 19:21에서 찾을 수 있을 것이다. 여기서 엘리사는 엘리야를 따르며 "수종들었다"(와예샤레테후; 메샤레트처럼 샤라트 동사로부터 파생한 낱말임). 그러다가 나중에 그는 엘리야를 계승한다(왕하 2:15-16). 여호수아가 모세를 계승한 것처럼 말이다. 출애굽기 17:9의 설명은 수종드는 일이 군사적인 봉사였을 수도 있음을 보여 준다. 반면에 여기서는 분명하게 종교적인 봉사의 성격이 더 강함을 알 수 있다. 모세가 여호수아를 이끌고 거룩한 산의 높은 지점까지 오른 것은 예수께서 하나님을 만나기 위해 세 명의 제자들을 이끌고 겟세마네 동산의 깊숙한 곳까지 가신 사건(마 26:37)과 유사하다고 할 수도 있다. 메샤레트가 제의적인 역할을 포함할 수도 있다는 점은 에스라 8:17(성전 수종자)이나 에스겔 44:11(성소 봉사자들) 또는 요엘 1:9, 13(성소의 제단에서 봉사하는 제사장) 등과 같은 구절들을 통해서 뒷받침된다.

우리는 여호수아에 대해서 언급하는 출애굽기와 민수기, 신명기 등의 모든 본문들에서 여호수아가 한 번도 모세와 분리되어 나타나지 않으며, 모세를 제외한 어느 누구와도 대화를 나누지 않음을 알 수 있다. 그의 이름을 제목으로 가진 책의 서두에서조차 그는 여전히 모세의 시종(侍從)으로 소개된다. 모세가 죽고 난 다음인데도 말이다(수 1:1). 이와는 달리 모세는 거기에서 "야웨의 종"으로 소개된다. 여호수아서의 끝부분에 가서야 비로소 여호수아의 신분 표시는 "모세의 시종"으로부터 "야웨의 종"으로 바뀐다.

(3) **출애굽기 32:17**. 금송아지 사건에서 여호수아는 그렇게 두드러진 역할을 수행하지는 않는다. 시내 산 중턱의 어느 지점에선가 그는 아래의 진중(陣中) 백성들에게서 나는 소리를 듣고서 그것이 전쟁의 함성이라고 생각한다. 아마도 그는 아말렉 족속의 공격을 받았을 때 그와 비슷한 소리를 들었을 것이다(출 17:8-13). 그러나 뛰어난 지각 능력을 가진 모세는 그 소리를 노래 소리로 인식한다. 그것은 위기 상황에서 나오는 소리가 아니라 축제 상황에서 나오는 소리였다. 둘 중의 연장자인 모세의 판단이 옳았던 것이다. 이 후의 사건 전개에서 여호수아는 모세가 하나님의 백성 중에 있는 우상 숭배의 죄를 얼마나 강하게 책망하는지를 말없이 관찰하는 자로 남게 된다.

(4) **출애굽기 33:11**. 출애굽기 33:7은 모세가 진 밖에 세운 장막에 대해서 말한다. 그 장막은 하나님을 만날 수 있는 장소였으며, 무엇보다도 모세를 위해 만든 것이었다. 하나님의 영광은 이 장막의 내부에서가 아니라 장막 입구에서 계시된다(9-10절). 모세가 다시금 진중으로 돌아왔을 때 여호수아는 뒤에 머물러 있으면서 장막을 떠나지 않았을 것이다. 본문은 왜 그가 그곳에

머물렀는지 아니면 그곳에서 그가 할 일이 무엇이었는지에 대해서 전혀 언급하지 않는다. 모세와는 달리 그는 하나님의 계시를 전혀 받지 않는다. 그는 단순히 그곳에서 모세와 함께 머물러 있을 뿐이다. 출애굽기 24:13과 32:17에서 그러했던 것처럼 말이다. 그의 이러한 모습은 어린 사무엘의 경우와 유사한 것으로 보인다. 사무엘은 하나님의 궤가 위치한 성소 안에서 잠을 자곤 했다(삼상 3:3). 출애굽기 33장의 이 사건은 출애굽기 19장에 있는 사건의 축소판인 듯하다. 두 사건은 똑같이 "진 밖"에서 발생한다(출 19:17; 33:7). 백성은 하나님 앞에 "서 있다"(나차브, 출 19:17; 33:8). 하나님은 구름 속에 강림하시며 그 구름으로부터 말씀하신다(출 19:9; 33:9). 그리고 여호수아는 두 경우에 똑같이 모세와 함께 있으면서 침묵을 지킨다(출 24:13; 32:17; 33:11; Haran 1960: 57 참조).

(5) **민수기 11:24-29**. 두 번째로(참조. 출 32:17) 여호수아는 순전한 마음으로 실수를 저지른다. 장막으로 나아가지 않은 엘닷과 메닷에게 하나님의 신이 임하여 그들이 예언하는 것을 본 여호수아는 모세에게 그들의 행동을 중단시킬 것을 촉구한다. 이 일은 용납하기 어려운 방식으로 귀신을 내어 쫓는 어떤 사람의 행동을 금지시킨 제자들의 행동을 연상시킨다(막 9:38; 눅 9:49). 그러나 어느 경우에든 여호수아나 제자들은 하나님이 우리가 기대하는 것들에 묶인 분이 아니요, 우리가 생각하는 것에 갇혀 계신 분도 아니라는 사실을 깨닫지 못했다.

여호수아는 28절에서 모세의 시종으로, 그리고 "그가 택한 자들 중의 한 사람"으로 소개된다. 이 두 번째 표현은 동사 어근 b-kh-r을 다르게 해석할 경우 "젊어서부터 모세의 시종이었던 자"로 이해할 수도 있다. 이러한 해석은 출애굽기 33:11에서 여호수아가 모세의 시종이었을 뿐만 아니라 "청년"(나아르)으로 불리기도 한다는 사실에 의해 뒷받침될 수도 있다. 이 용어(나아르)는 여호수아의 젊음을 가리킬 수도 있다. 나아르가 여기서 전쟁 중에 자신의 상관을 수행하는 자를 가리키지 않는다면 말이다(MacDonald 1976: 153-54).

(6) **민수기 13:8, 16; 14:6-9**. 여호수아는 모세에 의하여 가나안 땅을 살필 열두 정탐꾼 중의 하나로 발탁된다. 그리하여 그는 성막 봉사 업무로부터 풀

러난다. 그는 갈렙과 함께 모세에게 소수자의 견해를 밝힌다: "반대가 심하기는 하지만, 하나님께서 함께 하신다면, 올라가서 취합시다." 여호수아와 갈렙이 이렇게 행동한 것은 하나님을 향한 그들의 믿음과 확신 때문이기도 했지만, 다른 한편으로는 백성들의 저항에 직면한 모세와 아론이 회중 앞에 엎드림으로써 수치를 당한 것에 자극을 받았기 때문이기도 했다(14:5). 이로써 다시금 모세의 반응이나 무반응이 여호수아에게 중요한 의미를 가지고 있음이 드러난다.

몇몇 주석가들은 민수기에 가나안 정탐에 관한 두 개의 자료가 결합되어 있다고 본다. 그 하나는 JE의 자료이고 다른 하나는 P의 자료라는 것이다. 실제로 13:30에서는 갈렙만이 정탐 결과에 대해 보고한다. 반면에 14:6-9에서는 여호수아와 갈렙이 정탐 결과에 대해 보고한다. 그리고 14:24에서는 야웨께서 오직 갈렙만이(여호수아가 아니라) 약속의 땅에 들어갈 것이라고 말씀하신다. 반면에 14:30은 그러한 특권을 갈렙과 여호수아 모두에게 적용시킨다. 이 사건에 대해서 다시 설명하는 신명기 1:19-46에 의하면, 오직 갈렙만이 자기 세대의 사람들과는 달리 약속의 땅을 볼 것이다(1:35-36). 반면에 여호수아는 모세를 섬긴 까닭에 약속의 땅을 볼 것이다(1:38).

여기서 말하는 두 자료는 통일된 것으로 여겨질 수도 있다. 자신의 입장이 모세와의 긴밀한 관련성으로 인하여 공정한 것으로 받아들여지지 않을 것이라는 이유 때문에, 처음에는 여호수아가 정탐 결과에 대해 보고하지 않았을 것이라고 가정한다면 말이다. 14:2-4에서 부정적으로 보고하던 자들이 제기한 문제("야웨께서 어찌하여 이 일을 우리에게 행하시는고?")가 13장에서 제기된 문제("우리가 과연 그 땅을 정복할 수 있겠는가?")보다 더 심각했다는 사실은 왜 여호수아가 나중에 갈렙의 편에 서서 논쟁에 가담하기로 결정했는지를 설명해 줄 수 있을 것이다.

한 가지 흥미로운 사실은 갈렙과 여호수아가 함께 언급될 경우에는 갈렙의 이름이 통상 먼저 나온다는 점이다(민 14:30; 26:65; 32:12; 신 1:36-38). "여호수아와 갈렙"이라는 순서의 이름은 민수기 14:6, 38에서 발견된다. 여호수아는 모세의 뒷전에 머물러 있는 자일 뿐만 아니라 갈렙의 뒷전에 머물러 있는 자이기도하다.

(7) 민수기 27:18-23. 자신의 불순종 행위로 인하여 약속의 땅을 보지 못할 것이라는 얘기를 들은(12-14절) 모세는 하나님께 후계자를 임명해 달라고 청한다(15-17절). 모세가 여기서 하나님을 2인칭으로 칭하기보다는 3인칭으로 칭하는 것은 매우 드문 일에 해당한다. 이는 의심할 여지 없이 그가 자신의 죄와 그 결과가 어떠한지(12-14절)를 염두에 두었기 때문에 그런 것이다. 하나님은 모세에게 여호수아를 데려다가 안수하고, 결국 그를 모세 자신의 대리인으로 세울 것을 명하신다. 여호수아는 제2의 모세 또는 모세의 분신으로 세움 받지 않는다. 모세의 권위/힘/카리스마의 일부만이 여호수아에게 옮겨갈 것이기 때문이다(20절). 직접 하나님의 인도하심을 받은 모세와는 달리, 여호수아는 우림의 판결법으로 야웨께 물을 제사장 엘르아살 앞에 서게 될 것이다(21절).

이 사건의 서두에 여호수아는 "신에 감동된 자"로 설명된다. 문자 그대로 번역하면, "신이 그 안에 머물러 있는 자"이다(18절). 야웨의 신은 장차 지도자가 될 여호수아의 지도력을 강화시키기 위해서 주어진 것이다(모세가 여호수아에게 안수한 후에 여호수아는 "지혜의 신으로 충만"하게 된다[신 34:9]. 그러나 이 경우는 그가 사명을 받은 직후에 발생한 일을 가리킨다. 민수기 27장의 신은 그가 사명을 받기 전에 이미 그의 안에 머물러 있던 것을 가리킨다). 여호수아에게 임한 신은 임직 이전에 하나님께서 그에게 주신 재능/능력("신"의 이러한 용례는 창 41:38의 요셉과 출 35:31의 브살렐에게서 발견된다)을 뜻할 수도 있고, 아니면 "용기"와 같은 낱말로 이해될 수도 있다(참조. 수 2:11; 5:1). 여호수아는 하나님께서 주신 능력으로 인하여, 아니면 하나님께서 주신 용기로 인하여, 아니면 하나님께서 주신 두 가지 모두로 인하여 모세를 계승할 자로 세움을 받는다.

민수기는 모세를 여호수아의 임직자로 묘사하지만(27:18-19), 신명기는 야웨를 여호수아의 임직자로 설명한다(31:14, 23). 이것은 둘 중의 어느 하나가 사실에 가깝다는 차원에서 보기보다는, 두 가지 다 실제 상황에 부합된다는 차원에서 보아야 옳다. 여호수아는 모세의 안수를 직접 경험해야 했을 뿐만 아니라, 야웨의 신이 충만하게 임함 역시 경험해야만 했던 것이다.

여호수아서의 중심 내용은 다음과 같이 분명하게 나누어진다:

  1. 가나안 땅 진입을 위한 준비(1:1~5:15)
  2. 가나안 땅 진입(6:1~12:24)
  3. 가나안 땅의 분배(13:1~21:45)
  4. 가나안 땅의 소유(22:1~23:33)

1. 가나안 땅 진입을 위한 준비(1:1~5:15)

1:1-18. 첫 장은 일련의 담화(speech)들로 이루어져 있다.

  1. 하나님께서 여호수아에게 말씀하신다(도입부 [1:1]; 말씀 [1:2-9]).

  2. 여호수아가 백성의 지도자들(officers)에게 말한다(도입부 [1:10]; 말 [1:11]).

  3. 여호수아가 요단 동편 지파들에게 말한다(도입부 [1:12]; 말 [1:13-15]).

  4. 요단 동편 지파들이 여호수아에게 응답한다(도입부 [1:16a]; 말 [1:16b-18]).

이 담화들의 처음 세 개는 그 땅이 야웨께서 이스라엘에게 "주시는" 또는 "주신" 어떤 것임을 강조하거나(2, 3, 11, 13, 15절), 모세가 이미 그 땅을 그들에게 주었음을 강조한다(14, 15절). 여호수아서 첫 장에서 이처럼 가나안 땅은 하나님께서 주신 선물임을 강조하는 것은 중요한 의미를 갖는다. 그러한 강조점이 꼭 1장에만 한정되는 것만은 아니지만 말이다(이를테면 2:9, 24). 1장의 이러한 강조점은 성공적인 가나안 진입과 점령이 정복의 결과가 아니라 선물의 결과임을 암시한다. 사실 여호수아서 전반부에 있는 사건들을 "정복"으로 칭하고자 하는 견해는 잘못된 것일 수도 있다. 선물 개념은 일의 결과를 하나님께 돌리는 것이지만, 정복 개념은 일의 결과를 사람에게 돌리는 것이기 때문이다.

넷 중에서 가장 긴 것은 야웨께서 여호수아에게 주시는 말씀이다(1:2-9). 이 말씀은 두 개의 상이한, 그러면서도 상호보완적인 강조점들로 이루어져 있다. 그 하나는 하나님께서 여호수아에게 주신 확실한 약속(2-5절)이고, 다른 하나는 야웨께서 여호수아를 격려하기 위해 주신 말씀과 토라의 말씀(6-9절)이다. 첫 번째 부분에서 하나님은 여호수아에게 하나님 자신에 관해 말씀하신다(동사는 대부분 서술형 미래 시제로 되어 있다). 반면에 두 번째 부분에서 하나님은 여호수아에게 여호수아 자신에 관해 말씀하신다(동사는 대부분 명령형으로 되어 있다). 서술형(하나님의 약속)으로부터 명령형(여호수아가 해야 할 일)으로의 전환은 여호수아서 마지막 장의 구조 변화와 평행을 이룬다. 24:1-13은 하나님께서 행하신 일에 관해 보고하고(동사는 서술형 과거 시제), 24:14-15는 백성이 해야 할 일에 대해서 보고하고 있기 때문이다(동사는 미래형).

이로써 우리는 여호수아 1장이 세 가지 요소들로 구성되어 있음을 알 수 있다: (1) 과제에 대한 서술(2절); (2) 도움 양식(3-5, 9절); (3) 격려 양식(6-8절). 하나로 묶인 이 세 가지 요소들은 여호수아에서 역대기에 이르기까지의 역사서에서 "임직(installation) 양식"이라 부르는 한 장르를 이루고 있다(Porter 1970: 102-32; McCarthy 1990: 31-41).

군사적인 문제들을 설명하는 데 전체 내용의 절반을 할애하는 여호수아서에서, 야웨의 여호수아 임명이 지극히 비군사적인 성격을 가지고 있다는 것은 흥미로운 일이다. 왜냐하면 여호수아 1장은 군사 전략에 관해서 한마디도 언급하지 않고 있기 때문이다. 야웨께서 여호수아에게 주시는 메시지의 후반부는 항상 자신 앞에 모세의 토라를 둘 것이요, 그 가르침을 따라 살라는 내용으로 이루어져 있다. 여기에서는 어느 것도 야웨께서 여호수아에게 추가적인 말씀 — 모세에게 계시하지 않은 — 을 주셨음을 암시하지 않는다. 도리어 여호수아에게 모세의 토라는 "완결된 하나님의 법 전체의 규범적인 역할"을 수행한다(Childs 1979: 245).

그 뒤에 이어지는 여호수아의 두 담화(11, 13-15절)는, 그 내용에 비추어볼 때, 하나님의 약속을 받은 후의 아브람에 관해 말하는 창세기의 내용과 그 기능에서 유사성을 가지고 있다: "아브람이 야웨를 믿으니"(창 15:6a). 여호수아 1장에서 발언하는 여호수아에 관하여 우리는 "여호수아가 야웨를 믿었다"고 말할 수 있을 것이다.

여호수아 1:3-5a(하나님께서 여호수아에게 말씀하심)가 신명기 11:24-25(모세가 이스라엘에게 말함)와 동일한 것과 마찬가지로, 위에 언급한 세 번째 담화(1:12-15)는 신명기 3:18-20과 많은 유사성을 가지고 있다. 두 본문은 요단 동편의 두 지파와 반 지파를 향한 메시지를 담고 있으며, 똑같이 선물로 주어진 요단 동편 땅과 요단 서편 땅을 구별하고 있다. 때로는 하나님께서 선물을 주시는 분으로 묘사되고, 또 때로는 모세가 선물을 주는 자로 묘사되기도 한다. 그러나 두 경우는 똑같이 먼저 야웨의 선물을 강조하고 그 다음에 모세의 선물을 강조한다(Polzin 1980: 78-79).

신명기 3:18-20	여호수아 1:13-15
1. 18절: 하나님께서 요단 동편을 주심	13절: 하나님께서 요단 동편을 주심
2. 19절: 모세(?)가 요단 동편을 줌	14절: 모세가 요단 동편을 줌
3. 20a절: 하나님께서 요단 서편을 주심	15a절: 하나님께서 요단 서편을 주심
4. 20b절: 모세(?)가 요단 서편을 줌	15b절: 모세가 요단 서편을 줌

마지막 담화(16-18절)에서는 열두 지파의 대표자들이 여호수아에게 충성을 맹세하며, 모세에게 했던 것처럼 그를 지지할 것을 약속한다. 지도권이 바뀌는 중에 여호수아는 그들의 충성심이 감소될 것이라는 걱정을 전혀 할 필요가 없었다. 그들의 충성심은 새로운 지도자에 대한 그들의 확신이 계속 유지되도록 하는 데 도움을 줄 것이다. 비록 최근에 40년 동안 목자 역할을 수행했던 지도자를 잃기는 했지만 말이다.

2:1-24. 이전에 정탐꾼 역할을 수행했던(민 13~14장) 여호수아는 이제 자신의 지도력에 근거하여 두 명의 정탐꾼을 파견하면서, 은밀하게 여리고에 관한 전략 정보를 수집할 것을 지시한다. 이름이 전혀 밝혀지지 않은 이 두 명의 정탐꾼은 설화자(2:1; 6:22)와 여리고의 왕(2:3)에 의해 "남자들"(men)로 불린다. 그들은 또한 "젊은이들"(young men, 네아림; 개역은 "소년들"로 번역함)로 불리기도 한다. 이 두 번째 호칭은 정탐꾼들의 나이를 강조하기보다는(여호수아는 두 명의 젊은이들을 보냈다), 여호수아의 측근 세력에 속한 자

들의 군사적인 기능을 강조한다.

1절 상반절에서 우리는 두 가지 흥미로운 점을 발견한다.

첫 번째 것은 여호수아가 이스라엘 광야 유랑 마지막 체류지인 싯딤에서 두 명의 정탐꾼을 파견했다는 사실이다. 고고학자들은 아직껏 싯딤의 옛 흔적을 발견하지 못했다. 그러나 주후 1세기의 유대 역사가 요세푸스 (Josephus, *Antiquities* 5.1)에 의하면, 싯딤은 요단 강으로부터 60스타디아 (대략 7마일 정도) 떨어진 곳에 위치하고 있다. 민수기 25:1–3은 이스라엘 백성이 싯딤에서 모압 여인들과의 "음행에 빠져들었다"(히브리어로 자나, zanah)고 보고한다. 그런데 공교롭게도 싯딤("음행의 도시")으로부터 파견된 두 명의 히브리 정탐꾼은 여리고를 정탐하는 중에 기생(히브리어로 조나, zonah)의 집에서 머물게 된다.

두 번째로 흥미로운 점은 여리고 성벽의 약점이나 강점에 관한 중요한 정보를 얻기 위해 여리고로 정탐꾼을 보낸 여호수아의 결정을 사람들이 어떻게 평가하느냐에 있다. 그의 행동은 부정적인 시각에서 평가될 수도 있다. 이를테면 하나님의 말씀에 대한 신뢰 부족으로 여겨질 수도 있다는 얘기다. 야웨께서(앞장에서) 거의 무조건적인 성공을 보증하셨는데(5절, "너의 평생에 너를 능히 당할 자 없으리라"), 무엇 때문에 여리고에 대한 정탐 활동이 필요하겠는가? 아니면 그의 행동은 긍정적인 시각에서 평가될 수도 있다. 그것은 곧 하나님의 약속들이 인간의 책임을 부정하지는 않는다는 점이다. 도리어 그 약속들은 "행함이 없는 믿음은 죽은 것"이라는 신앙 노선을 따라 인간의 책임이 움직여 가기를 원한다.

두 정탐꾼은 라합의 집에 유숙한다. 일부 증거에 의하면 히브리어 '조나' (zonah)라는 표현은 라합이 창기보다는 여관 주인임을 암시하는 것으로 보인다(Wiseman 194). 이러한 견해는 (1) 유대 타르굼(Targum)이 여호수아 2장의 조나를 헬라어 동사 판도큐에인("여관을 운영하다")에서 파생한 푼데키타 (pundeqita)로 번역하고 있다는 점(이러한 해석은 요세푸스에 의해 승인받음, *Antiquities* 5.7–8)과, (2) 조나를 마존("음식")과 연결시키는 견해 — 받아들이기 어려운 — 에 근거한 것이다. 그러나 조나를 "창기"로 이해하는 전통적인 견해를 유지하는 것이 더 타당해 보인다. 그리고 히브리어 "창기"에 해당하는 아람어 "여관 주인"은 술집이나 여관을 매춘 장소와 연결시키는 완곡어법에 해당한다고 보는 것이 옳을 것이다(Cohen 1971: 114).

의도적인 행동이었든 그렇지 않든 간에 창기의 집에 머물고자 한 정탐꾼들의 결정은 그들에게 유리하게 작용한다. 창기의 집은 그들에게 적절한 은신처를 제공하며, 고급 정보를 접할 수 있는 기회를 제공하기도 한다(창기들은 외부인들에 대하여 더 동정적인 태도를 갖게 마련이며, "고객들"의 비밀을 지켜 주려는 경향을 가지고 있다).

본문에 기록된 이야기 전체에서 라합은 모범적인 한 개인으로 빛을 발한다. 특히 두 명의 남자 정탐꾼들과 비교할 때 그러하다. 그들은 "무능한 어릿광대" 같거나(Zakovitch 1990: 96), 아니면 "신기할 정도로 짝이 잘 맞는 정탐꾼"(McCarthy 1971: 173) 같다고도 할 수 있다.

여리고의 왕과 그의 수색대를 따돌리는 데 성공한 라합은 히브리 남자 아이들이 너무도 빨리 태어난 까닭에 손을 쓸 수 없었다고 변명함으로써 파라오를 속였던 산파들(출 1:15-19) 또는 드라빔이라는 가신상(家神像)을 숨기고서는 월경 때문에 낙타 안장에서 일어날 수 없다고 말함으로써 아버지 라반을 속인 라헬(창 31:35)과 너무도 닮은 여인이었다. 특정 남자들을 다른 남자들로부터 구한 여인으로서 그녀는 자신의 계략으로 다윗을 사울로부터 구한 미갈(삼상 19:11-17) 또는 압살롬 지지 세력의 추격을 받던 친(親) 다윗 계열의 요나단과 아히마아스를 숨겨준 익명의 여인(삼하 17:15-20)을 닮은 사람이기도 했다.

아마도 이 사건과 가장 비슷한 이야기는 창세기 19장에 기록되어 있는 소돔 이야기일 것이다. 두 이야기는 똑같이 밤중에 이루어진 사건에 초점을 맞추고 있다(창 19:1, "날이 저물 때에"; 19:2, "경야하리라"; 19:4, "그들의 눕기 전에"; 19:5, "이 저녁에"; 19:33, "그 밤에"; 수 2:1, "거기서 유숙하더니"; 2:2, "이 밤에"; 2:5, "어두워 성문을 닫을 때쯤"; 2:7, "성문을 닫았더라"; 2:8, "두 사람이 눕기 전에"). 두 이야기에서 똑같이 두 명의 사자(使者; 말라킴, 천사)가 특정 개인과 그의 가족만이 건짐을 받고 나머지 모두는 멸망당하게 될 도시로 나아간다(창 19:1; 수 6:17, 25). 처음에 롯을 찾아온 그 사자들은 "거리에서" 경야하겠다고 말한다(창 19:2). 여기서 "거리에서"라는 말은 히브리어로 '레홉' 인 바, '라합' 이라는 히브리어 이름과 음가(音價)가 매우 비슷하다. 그러나 롯과 라합 사이의 차이를 놓쳐서는 안 된다. 소돔 이야기 전체에서 롯은 우유부단하고 자신감 없는 모습을 보이며, 가족 구성원들조차도 그의 말을 진지하게 받아들이지 않는다. 반면에 라합은 진취적이고 책임감이 강한 자요, 믿음의 사람이다. 그녀의 믿음은 구원을 가능하게 한다. 하나님께서 아브라함을 기억하신 결과 롯의 구원이 가능하게 된다(창 19:29; Fields 1992: 21-26; Hawk 1991: 64-65).

라합은 그 정탐꾼들에게서 강한 인상을 받았기 때문에 평소대로 행동하지 않는다. 도리어 그녀는 정탐꾼들의 하나님을 두려워한다. 9절에 있는 그녀의 인상적인 증거의 말은 홍해 구원을 겪은 후에 모세와 이스라엘 백성이 부른 영광송의 한 부분을 연상시킨다. 교차대구의 방식으로 말이다:

출애굽기 15:15-16	여호수아 2:9
가나안 거민이 다 낙담하나이다	우리가 너희를 심히 두려워하고
놀람과 두려움이 그들에게 미치매	이 땅 백성이 다 너희 앞에 간담이 녹나니

비록 2장에 "계약"이라는 낱말이 나타나지는 않지만, 그녀가 정탐꾼들에게서 요구한 것은 본질적으로 계약의 성격을 갖는 것이다(Campbell 1972: 243-44). 그들 사이에 오고간 계약은 다음과 같은 것들을 포함하고 있다: (1) 전문(前文): "너희 하나님 야웨는 … "(11절); (2) 머리말: " … 을 우리가 들었음이라"(9-11절); (3) 규정: "내게 맹세하고"(라합의 말, 12-13절); (4) 맹세를 지켜 라합의 가족을 구원하겠다는 약속(18-20절); (5) 맹세(15-17절); (6) 구원의 표지로 창문에 걸기로 한 붉은 줄(18, 21절).

정탐꾼들은 약속의 땅에 들어갈 때 이방 민족들과 조약을 체결하거나 그들에게 자비를 베푸는 일이 없도록 해야 한다는 모세의 이전 경고들을 잊은 것으로 보인다(신 7:1-5; 20:16-18). 어떠한 예외도 있을 수 없다! 그러나 정의는 자비에 의해 부드럽게 만들어질 수 있는 것이 아닐까? 구약의 무수한 본문들, 특히 신명기에 의하면, 만일에 순전한 정의만이 세상을 지배한다고 할 경우, 이스라엘은 그들의 죄악으로 인하여 결코 약속의 땅을 소유하지 못했을 것이다. 그럼에도 불구하고 하나님은 이스라엘에게 그 땅을 주셨다. 그 이유는 다음과 같다: (1) 약속을 포함하는 조건적인 계약; (2) 주변 나라들의 악함; (3) 이스라엘 역사의 기초를 이루는 조상들에게 주어진 약속. 여기서도 정확하게 똑같은 세 가지 요인들이 발견된다: (1) 정탐꾼들도 라합에게 그러한 약속을 한다; (2) 이스라엘은 하나님의 율법을 위반함으로써 그들의 악함을 드러낸다; (3) 라합의 가족은 순전히 라합에게 주어진 약속 때문에 건짐을 받는다. 이 점에서 볼 때 여러 가지 점에서 라합은 거대한 이스라엘의 축소판에 해당하는 인물이다(Polzin 1980: 86-90).

후대의 종교적인 전승들은 라합을 결코 경멸하는 투로 말하지 않으며, 그녀의 직업이나 왕을 속인 행동을 가지고서 그녀를 정죄하지도 않는다. 그 반대로 기독교의 성서 전승 안에서 그녀는 메시아의 조상으로 나타나며(마 1:5), 옛 계약에 충실한 두 여인들 중의 한 사람으로 히브리서에 기록되어 있다(히 11:31). 그녀는 또한 야고보서에서 아브라함처럼 믿음과 행함을 더불어 가지고 살아가는 유일한 여인으로 인정을 받는다(약 2:21-25). 이와 마찬가지로 유대교 전승, 특히 메길라 14b(Megillah, 메길라는 미쉬나에서 "모에드/축제들"로 알려진 부분의 열 번째 소책자를 가리킨다)에서 라합은 유대교로 개종한 후 여호수아와 결혼한 여인으로, 그리고 제사장 직무를 수행하던 여덟 예언자들 — 예레미야와 그의 동시대 여예언자 훌다 두 사람을 포함하는 — 의 조상으로 소개된다. 같은 소책자 15a에서 라합은 사라와 아비가일, 에스더 등과 함께 "빼어난 미모를 가진 네 여인들" 중의 한 사람으로 소개되기도 한다. 무법자들 중에 속해 있던 로빈훗과 마찬가지로 라합은 "주류 이미지의 맞은편에 있는 인물, 곧 고결한 마음을 가진 창기"라 할 수 있다(Bird 1989: 131).

3:1~4:24. 이스라엘 백성은 이집트를 떠나 가나안을 향해 가는 길에 두 번째로 "물의 위험"에 직면하게 된다.

홍해(갈대 바다)와 요단 강의 차이는 전자가 출구를 대표하는 반면에 후자는 입구를 대표한다는 점에 있다. 바다는 그들이 결코 되돌아가서는 안 되는 영역을 가리키며, 강은 그들이 반드시 목표로 하여 나아가야만 하는 영역을 가리킨다. 바다에서는 그들의 배후에 원수가 있으나, 강에서는 그들의 앞에 원수가 있다.

이 강을 건널 때 이스라엘에게 주어진 책임은 놀랍게도 대단히 미미한 것이다. 기본적으로 두 발을 강에 내딛기만 하면 되기 때문이다. 그러나 그들이 처음부터 지키지 않으면 안 되는 한 가지 요구 사항이 있다. 3:5에 의하면 여호수아는 이스라엘 백성에게 이렇게 말한다: "너희는 스스로 성결케 하라. 야웨께서 내일 너희 가운데 기사를 행하시리라." 그 순서는 분명하다. 하나님이 그들 앞에서 기적을 행하시기에 앞서 이스라엘 백성은 그 전날에 먼저 자신을 성결하게 하지 않으면 안 된다. 이 순서는 아이성 공격에서 이스라엘이 실패한 이후에도 나타난다: "너희는 스스로 성결케 하여 내일을 기다리라 … 아침에 너희는 너희 지파대로 가까이 나아오라. 야웨께 뽑히는 지파는 … "(수 7:13, 14).

이와 동일한 강조점은 민수기의 만나와 메추라기 이야기에서도 발견된다. 하나님은 모세를 명하여 이스라엘 백성에게 "너희 몸을 거룩히 하여 내일 고기 먹기를 기다리라"고 말하게 하신다(민 11:18). 이와 마찬가지로 욥기 1:5은 욥이 자녀들에게 자신을 성결하게 하라는 메시지를 보내는 습관을 가지고 있었다고 말한다. (다음날) 아침에 일찍 일어난 욥은 자녀들을 위하여 온전한 번제를 드리곤 했다. 이와 비슷한 방식으로 야곱은 제단을 쌓기 위해 벧엘로 올라가기(아마도 다음날) 전에 자기 식구들에게 먼저 이방 신들을 모두 제거하여 스스로를 '성결케' (위의 본문들과는 달리 '카다쉬' 보다는 '타하르' 를 사용함) 하라고 말한다(창 35:2-3).

시내 산 현현을 준비하는 중에 야웨께서는 모세에게 다음과 같이 명하신다: "너는 백성에게로 가서 오늘과 내일 그들을 성결케 하며 그들로 옷을 빨고 예비하여 제 삼일을 기다리게 하라. 이는 제 삼일에 나 야웨가 온 백성의 목전에 시내 산에 강림할 것임이니"(출 19:10, 11). 이 구절은 옷을 세탁하고 일상적인 성관계를 금지하는 행동이 성별의 한 증거임을 강조한다. 우리는 이상의 모든 본문들에서 동일하게 발견되는 강조점을 다음과 같이 정리할 수 있다: 하나님의 강림과 권능과 기적을 행하시는 그의 활동이 가능하게 되려면, 먼저 자기 백성이 완전히 성별되어 충분히 거룩하다는 것이 전제되지 않으면 안 된다.

여호수아 3~4장에 있는 자료들을 나누는 방식은 매우 다양하다. 그 중 한 방식을 소개하면 다음과 같다(Polzin 1980: 95):

삽화	사건	관련 구절
1.	이스라엘이 강을 건넘	3:1-17
2.	여호수아가 강을 건넌 후 열두 개의 돌을 취함	4:1-8
3.	여호수아가 강 가운데에 열두 개의 돌을 세움	4:9-14
4.	제사장들이 강에서 나와 요단 강의 물을 되돌림	4:15-18
5.	요단 강에서 취한 열두 개의 돌을 길갈에 세움	4:19~5:1

여호수아 3~4장을 달리 분해하는 다음의 견해도 있다(Winter-Nielsen 1995: 175, 190):

삽화	사건/주제	관련 구절
단계	요단 강으로 나아감	3:1
1.	준비 명령	3:2-5
2.	강을 건너라는 명령	3:6-13
3.	요단 강 안으로 들어섬	3:14-17
4.	열두 개의 돌을 취하라는 명령	4:1-10
5.	백성들이 보는 중에 제사장들과 법궤가 건넘	4:11-14
6.	강으로부터 올라옴	4:15-18
종결	길갈 도착	4:19-24

오늘날의 다양한 여호수아서 주석들(특히 소긴 [Soggin]의 주석)을 일견해 보면, 주석가들이 이 두 장 사이의 내적인 통일성을 제대로 인식하지 못하고 있음을 알 수 있다. 도리어 그들은 자료들의 중복이나 불일치 등과 같은 것들만을 인식하고 있다. 예로써 과연 요단 강을 건넌 일은 한 번에 걸쳐서 이루어진 것인가, 아니면 여러 차례에 걸쳐서 이루어진 일인가? 3:17과 4:1의

언어는 요단 강을 건넌 일을 기정 사실로 묘사하고 있다("요단 건너기를 마치매"). 그러나 백성들과 제사장들이 요단 강을 건넜다는 추가 언급이 4:10-13, 18에 나타난다.

기념비로 세운 돌들은 어떠한가? 따로 떨어져 있는 3:12에 의하면, 여호수아는 먼저 열두 지파들로부터 열두 명의 사람들을 선발하라고 명하되, 그들을 선발해야 하는 목적에 대해서는 전혀 언급하지 않는다. 나중에 요단 강을 건넌 후(4:1) 여호수아는 열두 명의 사람들을 선발하라는 두 번째 명령을 받는다(4:2). 그런데 이제는 그 목적이 분명하게 서술된다. 열두 명으로 하여금 강바닥으로부터 열두 개의 돌을 취하여 그날 밤에 진을 칠 장소로 옮겨가라는 것이 그렇다(4:3). 여호수아는 야웨께서 명하신 대로 행하며(4:4-7), 그 일에 선발된 열두 명 역시 명령받은 대로 행동한다(4:8). 그러고나서 놀랍게도 4:9에서 여호수아는 야웨께로부터 별도의 명령을 받지 않은 채로 열두 개의 돌들을 요단 강 가운데에 세운다. 마지막으로 4:20에 의하면, 여호수아는 요단 강으로부터 가져온 열두 개의 돌을 길갈에 세운다.

많은 학자들은 이러한 분석에 기초하여 요단 강을 건넌 일에 관한 보고가 서로 다른 시기의 다른 사람들에 의해 기록된 이야기들의 결합으로 이루어져 있다는 결론에 도달하였다. 아마도 처음에는 유다의 요시야 왕 시대를 전후한 시기(주전 600년대 후반)에 살던 누군가(흔히 제1신명기주의자로 칭하여지는)에 의해, 그리고 나중에는 요시야 이후 시대에 속한 바벨론 포로기의 누군가(제2신명기주의자로 칭하여지는)에 의해 결합되었을 것이라는 얘기다.

그러나 본문을 주의 깊게 읽어보면, 이야기 전체가 통일성을 가지고 있음을 알 수 있다. 본문에 대한 문학적인 분석에 의하면 3:1~4:14은 전적으로 요단 강을 "건너는 일"에 초점을 맞추고 있음이 드러난다. 반면에 4:15-24은 전적으로 요단 강으로부터 "나오는 일"에 초점을 맞추고 있다. 요단 강으로 들어가고 나오는 것에 대한 이러한 강조점이 조화를 이루도록 하기 위해 여호수아는 돌들이 갖는 의미를 두 번에 걸쳐 설명한다. 첫 번째 설명(4:6-7)에 의하면, 그 돌들은 야웨와 그의 신실하심, 자기 백성을 향한 열심 등에 관한 이스라엘의 기억을 생생하게 유지시키는 강한 자극제라 할 수 있다. 두 번째 설명(4:20-24)에 의하면, 그 돌들은 "땅의 모든 백성"으로 하여금 야웨의 손이 능하심을 알게 하려는 교훈적인 목적을 분명하게 가지고 있다(24절).

그렇다면 여호수아가 요단 강 가운데 세우도록 한 돌들은 어떠한가(4:9)? 9절이 현재의 문맥 안에 삽입되었음을 암시하는 증거는 어디에도 없다(Saydon 1950: 203). 아마도 여호수아는 여기서 자율적으로 행동하였을 것이고, 그로 인하여 야웨께로부터 어떠한 책망도 듣지 않았다. 앞장의 정탐꾼들이 자율적인 판단에 기초하여 라합과 계약을 맺은 일로 인하여 아무런 책망도 듣지 않은 것처럼 말이다. 그러나 이에 대하여 다음과 같은 반론이 제기되기도 한다: 물 속에 있는 기념비가 대체 무슨 실제적인 가치를 지닐 수 있겠는가? 이러한 의문은 4:9을 "여호수아가 열두 개의 **다른** 돌들을 세웠다"(알루스 도데카 리투스)라고 옮긴 70인역까지 거슬러 올라간다.

4:9에 언급된 열두 돌은 4:8의 열두 돌과 같은 것일 수도 있다. NIV의 번역이 이를 지지한다. 이 번역본은 본문 전체를 조화롭게 만들기 위한 번역문을 제시하고 있으며("여호수아는 요단 강 가운데에 있던 열두 돌을 세웠다"), 문자적인 뜻은 각주로 돌렸다("여호수아 역시 열두 돌들을 세웠다").

이 두 장은 법궤를 강조한다는 점에서 주목할 만한 특징을 가지고 있다. 법궤는 3장에서 아홉 차례나 언급되며(3, 4, 6, 8, 11, 13, 14, 15, 17절), 4장에서는 일곱 번이나 언급된다(5, 7, 9, 10, 11, 16, 18절). 요단 강을 건너는 예전 행렬의 맨 앞에는 레위 지파의 고핫 자손이 운반하는 법궤가 자리하고 있다(민 4:15). 모세가 인도하던 광야 유랑 시절의 불기둥이나 구름기둥과 마찬가지로, 법궤는 하나님의 임재 ― 요단 강을 건너는 자리와 여호수아 인도 하의 가나안 진입에 함께 하시는 ― 를 상징하는 것으로 여겨진다. 하나님의 임재를 상징하는 물건이 예전 행렬을 이끌고 있다는 것은 사실상 이스라엘이 자신에게 닥칠 문제점을 인식하기 전에 먼저 하나님이 이스라엘의 문제점을 파악하고 계심을 의미한다.

모세의 광야 인도와 여호수아의 가나안 진입 주도는 두 경우에 똑같이 경험되는 "마른 땅" 주제를 통하여 연결되기도 한다. 흥미롭게도 히브리어는 모세의 인도 하에 이스라엘이 횡단한 마른 땅을 두 가지 상이한 낱말들, 곧 '하라바' (출 14:21)와 '얍바샤' (출 14:22)로 표현한다. 이 두 낱말은 여호수아

4:18과 4:22에서 그 순서 그대로 "마른 땅"을 가리키는 데 사용된다(Coats 1985: 143).

3:15와 4:18에서 우리는 하나님께서 이스라엘을 인도하여 요단 강을 건너게 하신 때가 "수확기의 홍수철"(봄철의 어느 때; 참조. 4:19)임을 알 수 있다. 이 정보는 하나님에 관하여 무엇인가를 가르쳐 주며, 당시 상황에 적합한 전략이 어떤 것인지를 알게 해 준다. 하나님은 여름철의 기근이 한창일 때 요단 강의 흐름을 중단시키지 않고 도리어 봄철에 고지대의 눈이 북쪽으로 녹아 흘러가면서 요단 강의 물이 불어날 때에 그 강의 흐름을 중단시키신다. 전략적인 측면에서 볼 때, 홍수철에 강을 건너는 일은 그 강의 맞은편에 사는 사람들로 하여금 무덥고 마른 계절 때보다는 경계심을 덜 갖고서 대비하게 만들었을 것이다. 왜냐하면 무덥고 마른 계절에는 요단 강이 적어도 일부 지역에서는 걸어서 건널 수 있을 정도로 얕게 흐르기 때문이다(걸어서 건널 수 있는 강들에 대해서는 창 32:22; 수 2:7 등을 참조.).

5:1-15. 5:1은 야웨께서 요단 강을 마르게 하심으로써 히브리 사람들로 하여금 그 강을 건널 수 있게 하셨다는 소식을 듣고서 요단 동편 아모리 족속과 가나안 족속의 왕들이 어떠한 반응을 보였는지에 대해서 서술하고 있다. 그들의 반응은 앞서 소개한 라합 이야기(2:10-11)와 놀랍도록 유사한 언어로 표현되어 있다: "마음이 녹았고 … 정신을 잃었더라." 그들의 이러한 반응은 두 경우에 똑같이 하나님께서 자기 백성을 위하여 하신 일 때문에 생겨난 것이다. 여호수아서의 다른 부분들에서는 그러한 소식을 "들은" 자들이 이스라엘을 향하여 전쟁을 준비하거나(9:1-2; 10:1-5; 11:1-5), 이스라엘을 속이려는 모습을 보인다(9:3-27). 이스라엘 주변 나라들은 자기들 가운데 있는 이스라엘에게 대하여 복종과 저항의 두 가지 반응 중 하나를 선택한다. 야웨와 그의 말씀 앞에서 이스라엘이 취해야 할 선택 역시 이와 똑같다.

세 가지의 흥미로운 이야기 소재가 이어서 나타난다. 첫째로 여호수아는 출애굽 이후에 태어난 이스라엘 백성에게 할례를 행한다(2-9절). 둘째로 유월절이 지켜진다(10-11절). 셋째로 만나가 중단된다(12절). 이 세 가지는 흥미롭게도 원수들과 만나 싸우기 위한 준비의 성격을 갖는다! 첫째로 최대한

의 신체적 힘이 필요한 때에 군병들은 할례와 더불어 찾아온 고통에 시달린다. 따라서 어떠한 전쟁도 할례의 고통이 끝난 후에야 가능하다. 둘째로 미래에 관심을 두어야 할 시점에서 유월절 경축은 과거에 초점을 맞춘다. 셋째로 식량 조달이 아쉬운 때에 하나님은 음식물 공급을 중단하신다!

물론 유월절 경축(10-11절)에 앞서 할례를 행하는 것은 당연히 해야 할 일이다(2-9절). 유월절 규례에 의하면, 할례 받지 못한 자는 유월절에 참여하지 못할 것이다(출 12:43-49). 그러나 할례는 여기서 순전히 유월절 경축을 준비하기 위해 필요한 것 이상의 의미를 갖는다. 이 시점에서 중요한 것은 이스라엘이 이집트에 속하지 않고 도리어 야웨께 속해 있음을 드러내는 일이다. 그들은 파라오의 소유물이 아니다. 이상의 모든 일들은 요단 강을 건넌 후에 요단 서편 지역에서 이루어진다. 야웨께서 자신의 권능을 드러내신 후에 말이다. 사실 길갈(Gilgal)이라는 이름은 여기서 하나님이 이스라엘 백성에게서 "애굽의 수치를 굴러가게 하셨다(갈로티)"는 사실과 관련되어 있다(9절). "수치"에 해당하는 히브리어 낱말 '헤르파'는 종종 언어 폭력을 가리키기도 한다. 따라서 "조롱, 멸시, 모욕, 수치" 등의 뜻을 포함한다(이를테면 삼상 17:26; 25:39; 시 15:3; 69:20). '헤르파'라는 낱말은 누군가를 말로써 철저하게 깔아뭉개는 것을 뜻하는 바, 여기서는 이집트인들이 이스라엘 백성의 제1세대에게 퍼부은 모욕적인 언사를 가리키고 있음에 틀림없다. 이러한 상황 속에서 하나님은 오래도록 지속된 고통스런 언어 폭력의 결과들로부터 자기 백성을 해방시키신다. 그는 이스라엘을 이집트로부터 인도하여내셨을 뿐만 아니라, 이제는 이집트를 이스라엘로부터 이끌어내시기까지 한다.

유월절을 지키고 나서 그 땅에서 난 음식물을 먹고 난 다음 날에 만나가 그친 것(12절)에는 무슨 비밀스런 이유가 있는 것이 아니다. 이제 이스라엘은 스스로의 삶에 책임을 질 때가 되었다. 자유는 책임을 의미하며, 꼭 필요한 버팀목을 제거하는 것을 뜻한다. 그것은 마치 자녀에게 두발 자전거 타는 법을 가르치던 부모가 언젠가는 두발 자전거를 그만 탈 때가 올 것임을 아는 것과 같은 이치에 속한 것이다. 아니면 비행기 조종법을 가르치는 교관이 초보 조종사에게 "이제 네 스스로의 힘으로 해 봐!"라고 말하는 것과 같은 것이다.

　　여호수아 5장은 어떤 "사람"이 갑자기 여호수아에게 나타나는 것으로 끝을 맺는다. 그 사람은 곧바로 자신을 야웨의 군대장관으로 소개한다(13-15절). 하나님의 임재는 때때로 성서 안에서 신현(theophany)이나 현현(epiphany)을 통하여 드러난다. 이 두 낱말은 서로 관련되어 있으면서도 차이를 보인다. 전자인 "신현"(헬라어 '테오파네이아'에서 파생한 낱말임; "하나님/신의 현시"를 뜻함)은 두려움을 불러일으키는 권능의 장엄한 현시 — 자연계의 대격변과도 같은 — 를 포함하는 하나님의 계시를 가리킨다. 하나님의 소돔 심판(창 19장), 불타는 떨기나무를 통하여 이루어지는 하나님의 계시(출 3장), 불과 구름을 동반한 시내 산 강림(출 19장) 등이 그에 해당한다. 반면에 "현현"(헬라어 '에피파네이아'에서 파생한 낱말임; "현시, 계시"를 뜻함)은 꼭 장엄한 현상이나 자연계의 변화를 동반해야 하는 것은 아니다. 하나님께서 여호수아에게 나타나신 일(수 1:1-9)은 현현의 범주에 해당한다. 그러나 군대장관이 여호수아에게 나타난 것(5:13-15)은 신현의 범주에 속한 것이다.

　　여호수아에게 나타난 사람은 야곱이 강가에서 만난 사람과 마찬가지로 신비로운 인물이다. 야곱이 그 사람에게 던진 질문 "당신의 이름은 무엇입니까?"(창 32:29)는 여호수아가 군대장관에게 던진 질문 "너는 우리를 위하느냐, 우리의 대적을 위하느냐?"(13절)에 상응한다. 그리고 그 사람이 야곱에게 답한 "어찌 내 이름을 묻느냐?"(창 32:29)는 말은 군대장관이 여호수아에게 "아니라"고 답변한 것(14절, 군대장관이 편들기 위해서가 아니라 대적하기 위해서 왔다는 뜻)에 상응한다.

　　이보다 훨씬 더 근접한 이전 시대의 평행 자료는 하나님께서 모세와 여호수아에게 그들이 선 땅이 거룩하므로 신발을 벗으라고 명한 것에서 찾아볼 수 있다(출 3:5; 수 5:15). 신발을 벗으라는 명령은 그 신발이 죽은 짐승의 가죽으로 만든 것인 까닭에 부정하므로 거룩한 곳에 들어서기 전에 벗으라는 것일 수도 있다. 이에 근거하여 제사장들이 야웨 앞에서 맨발로 봉사했다고 보는 견해도 있다. 아니면 신발을 벗으라는 명령은 신발이 힘이나 권위, 소유권 등을 나타내는 상징물이므로(Brichto 1969: 225-26) 여호수아보다 크신 분 앞에서 당연히 벗어 그의 발 앞에 두어야 한다는 뜻으로 새길 수도 있다.

신발을 벗는 것과는 별도로, 두 사건이 발생하는 시기 역시 평행 요소로 나타난다. 두 사건은 중요한 사명이 주어지려는 순간에 발생한다. 모세에게는 자기 백성을 이집트로부터 인도하여 내는 사명이 주어지고, 여호수아에게는 자기 백성을 가나안으로 인도하여 들이는 사명이 주어진 것이다.

흥미롭게도 출애굽기 3:4과 여호수아 5:15에서 사용되는 "벗다"는 뜻의 히브리어 낱말 '나샬'은 신명기 7:1에서 다시금 타동사적인 의미로, 곧 이스라엘이 가나안 땅에 들어갈 때 열방을 제거하시는(몰아내는) 야웨의 행동을 가리키는 데 사용된다. 하나님께서 열방을 몰아내는(remove) 데 사용하실 자는 먼저 자신의 신발을 벗지(remove) 않으면 안 된다.

여호수아서의 도입부에 해당하는 1~5장은 여호수아에게 임한 하나님의 직접 계시에 둘러싸여 있다. 그 계시는 여호수아를 격려하기 위한 목적을 가지고 있을 뿐만 아니라, 전쟁이 야웨의 것임을 여호수아에게 상기시키려는 목적도 가지고 있다(1:1-9; 5:13-15).

우리는 다음의 세 가지 개념들에 대해 묵상함으로써 5장의 마지막 세 절들이 갖는 의미를 되새길 수 있을 것이다.

1. 여리고를 바라보라. 그리고 너 자신의 문제점을 인식하라.
2. 예수를 바라보라. 그리고 하나님의 준비하심을 인식하라.
3. 여호수아를 바라보라. 그리고 너 자신의 위치를 확인하라("엎드려 경배하였다").

2. 가나안 땅 진입(6:1~12:24)

6:1-27. 야웨께로부터 지시를 받은 여호수아는 이스라엘 백성에게 요단 서편의 길갈 진으로부터 여리고를 향해 나아갈 것을 지시한다. 모세의 시대와 마찬가지로 야웨는 자기 백성에게 직접 말씀하지 않으신다. 단지 자신이 선택하신 중재자를 통해서 말씀하실 뿐이다. 하나님께서 주신 전략은 매우 분명하다. 이스라엘 백성은 성 둘레를 하루에 한 바퀴씩 엿새 동안 계속해서

돌아야 한다. 성 둘레를 행진할 자들은 세 집단으로 나누어진다: (1) 선두의 무장한 자들(7절, '할루츠'), (2) 법궤 앞에서 일곱 나팔을 든 일곱 제사장들, (3) 후군(9절, '메아쎄프'). (전위-중군-후군 형태의 군대 배치는 이사야 52:12에도 반영되어 있다. 이 본문은 이스라엘 가운데에 속한 야웨의 위치에 대해서 이렇게 말한다: "야웨께서 너희 앞에 행하시며 이스라엘의 하나님이 너희 뒤에 호위하시리니['메아씨프켐'] … ")

무장한 집단은 단지 행진하기만 하면 된다. 그러나 일곱 제사장들은 그들이 가진 나팔을 불어야 한다. 나머지 모든 사람들은 침묵을 지켜야 한다. 일곱째 날에 그들 모두는 성 둘레를 일곱 바퀴 돌아야 한다. 일곱째 날에 이스라엘 백성은 여호수아가 보내는 신호에 맞추어 전쟁의 함성을 발해야 한다. 그렇게 되면 여리고의 성벽이 무너질 것이요, 이스라엘 백성은 성 안으로 들어가 여리고 주민들을 대상으로 승리를 거둘 수 있을 것이다. 단지 라합과 그녀의 가족만이 파멸로부터 구원받을 것이다.

만일에, 여호수아 5장에서 살핀 바와 같이, 전쟁터에 나가게 될 자들이 고통스런 할례를 받는 것이나 하나님의 음식물 공급 중단이 이상한 일이라면, 여리고 성의 포위를 명한 전략 역시 똑같이 이상한 일이 아닌가? 그들이 목표로 한 성의 둘레를 일주일 동안 돌기만 한다고 생각해 보라! 사실 여호수아 6장은 군사 전략에 대해 설명한다기보다는 제의적인 사건에 대해서 설명하고 있다고 볼 수도 있다. 그 전쟁이 심리전이 아닌 한은 말이다. 여리고의 성벽은 이스라엘 백성이 하나님께서 계시하신 의례 행위를 올바로 수행할 때에 무너진다(Coats 1985: 148).

결국 6장은 이스라엘의 허장성세나 군국주의를 강조하고 있는 것이 결코 아니다. 도리어 6장은 승리의 확실성을 강조하며, 그 승리가 순전히 야웨께서 여호수아에게 주신 약속(2절) 때문에 가능한 것임을 강조한다. 여호수아는 그 약속을 자기 백성에게 되풀이한 바 있다(16절). 두 경우 모두 장차 어떤 일을 행할 것이라는 하나님의 약속은 그 일이 이미 발생했음을 암시하는 히브리어 동사 형태로 표현되고 있다: "내가 여리고와 그 왕과 용사들을 네 손에 붙였으니"; "야웨께서 너희에게 이 성을 주셨느니라." 이와 완전히 똑같은 현상이 1:3("내가 다 너희에게 주었노니")과 2:24에서도 발견된다. 히브리어 문법학자들은 이러한 완료 시제 사용법을 다양한 이름으로 표현한다: 확실성의 완료, 확신의 완료, 완료적인 미래. 이것은 확실한 미래를 표현하는 한 방식이라 할 수 있다. 어떤 행동이 "이미 이루어진 것이나 다름이 없는" 것으로 여겨질 경우가 그에 해당한다. 하나님께서 주시는 약속은 "이미 이루어진 것이나 다름이 없다."

6장은 다음과 같이 분명하게 나누어진다:

도입부, 5:13-15: 여호수아가 야웨의 군대장관 앞에 엎드림
첫 번째 삽화, 6:1-5: 여리고 성이 어떻게 여호수아 앞에 무너질 것인지에 관한 야웨의 말씀
두 번째 삽화, 6:6-11: 첫째 날에 여리고 성을 한 바퀴 돌다
세 번째 삽화, 6:12-14: 둘째 날에서 여섯째 날까지의 여리고 순회
네 번째 삽화, 6:15-20a: 일곱째 날의 일곱 바퀴 순회
다섯 번째 삽화, 6:20b-21: 성벽이 무너지고 여리고 주민은 진멸당함
여섯 번째 삽화, 6:22-25: 라합과 그녀의 가족이 구원받음
일곱 번째 삽화, 6:26-27: 여호수아의 저주와 명성

여호수아 4장에서와 마찬가지로 명령-이행 주제는 6장 전체를 지배하고 있다(Culley 1984: 36; Niehaus 1988: 39-42):

야웨께서 여호수아에게 지시하심(3-5절).
여호수아가 야웨의 지시 사항들을 이스라엘에게 전함(7절).
이스라엘이 그 지시 사항들을 이행함(8-9절).

여호수아가 외치지 말라는 야웨의 지시 사항을 이스라엘에게 전함(10절)
여호수아가 이스라엘에게 언제 외칠지를 가르침(16절).
이스라엘이 외침(20절).

여호수아가 이스라엘에게 여리고를 파괴할 것을 지시함(17a절).

여호수아가 이스라엘에게 여리고의 물품들을 파괴할 것을 지시함
　(18-19절).
이스라엘이 여리고와 그곳의 물품들을 파괴함(21절).

여호수아가 백성에게 라합을 구할 것을 지시함(17b절).
여호수아가 두 정탐꾼에게 라합을 구할 것을 지시함(22절).
라합(과 그녀의 집)이 구원받음(24-25절).

　이러한 양식은 이 사건 전체에서 여호수아나 여리고 성을 도는 행렬의 어느 누구도 자율적으로 행동하지 않고 있음을 암시한다. 오로지 세 등장인물들, 곧 하나님과 여호수아 및 설화자만이 말을 한다. 이스라엘 또는 그 중의 일부는 행진하고 나팔을 불며 큰 소리로 외치지만, 결코 말을 하지는 않는다. 여기서 강조되는 것은 그들이 상급자로부터 받은 지시 사항들을 성실하게 이행한다는 데 있다. 다른 관심사들은 조금밖에 논의되지 않는다. 예로써 "이 이야기의 절정을 이루는 가장 크고 중요한 사건, 곧 여리고 성벽의 파괴는 매우 간결하면서도 꾸밈이 없는 진술(20b절)로써 보고된다"(Wilcoxen 1968: 49). 영어로는 여섯 개의 낱말로, 그리고 히브리어로는 단 두 개의 낱말로 표현되고 있다('와팁폴 하호마')
　6장에는 더 많은 설명이 필요한 한 개의 낱말(동사와 명사 두 형태가 사용됨)이 있다: '하람'(동사)과 '헤렘'(명사). 17절에서 여호수아는 자기 백성에게 여리고와 그 안에 있는 모든 것을 '헤렘'(명사)이 되게 해야 한다고 말한다. 18절에서 이스라엘은 '하라메드'(동사)되지 않으려면 '헤렘'(명사)에 해당하는 것들을 멀리해야 한다는 지시를 받는다. 21절은 이스라엘이 여리고를 '하라메드' 했다고 진술한다. '하람/헤렘'을 어떻게 번역할 것인지, 또는 항상 똑같은 방식으로 번역해야 옳은지에 대해서는 합의된 바가 없다. 오늘날의 영역(英譯) 성서들을 일견해 보면 매우 다양한 번역의 가능성들이 있음을 알 수 있다.

헤렘(6:17)	헤렘(6:18)	하람(6:21)
KJV: be accursed	the accursed thing	utterly destroyed
NKJV: doomed to destruction	the accursed thing	utterly destroyed
RSV: be devoted for destruction	the things devoted to destruction	devoted to destruction
NRSV: be devoted for destruction	the things devoted to destruction	devoted to destruction
NAB: under the Lord's ban	anything that is under the ban	observed the ban
NEB: under solemn ban	anything that is forbidden under the ban	destroyed everything
REB: under solemn ban	anything that is forbidden under the ban	destroyed everything under the ban
JB: set apart under a ban	the ban	enforced the ban
NJB: devoted under the curse of destruction	the curse of destruction	enforced the curse of destruction
NAS: under the ban	the things under the ban	utterly destroyed
NIV: be devoted	the devoted things	devoted
TEV: be totally destroyed	anything that is to be destroyed	killed
Berkeley: a devoted portion	the devoted portion	destroyed everything as a devoted portion
Boling: under the ban	something banned	put everything under the ban
Butler: under the ban	the banned goods	set everything under the ban

    명사 '헤렘'은 흔히 "멸하기로 작정된 물건" 또는 "금지된 물건"으로 번역
된다. 반면에 동사는 "완전히 멸하다" 또는 "저주 아래 두다"(put under the
ban)로 번역하는 것이 가장 적절하다. 비록 오늘날에는 "저주 아래"라는 표
현이 사용되지 않지만, 그것은 나름대로 중요한 의미를 가지고 있는 표현이
다. 어떤 사전은 "저주"(ban)라는 명사의 뜻을 네 가지로 정의하고 있다: (1)
종교적인 파문, 저주, 제명; (2) 초자연적인 힘으로부터 재앙을 불러일으키는
저주, 특히 멸하기로 작정된 어떤 것에 임할 저주; (3) 세속적인 악담이나 비
방, 저주; (4) 상급자에 의한 금지 또는 때때로 불법행위에 대한 처벌을 포함

하는 공식적인 금령; (5) 여론에 의한 정죄 또는 금지. 아마도 위의 영어 번역들 중에서 가장 이상한 것은 NIV의 "바쳐진"이라는 번역이다. "바치다"는 낱말이 "어떤 것을 완전히 멸함으로써 하나님께 드린다"는 뜻으로 쓰인다는 것은 생각하기 어려운 일이다. 특히 신약성서가 "바친다"는 낱말을 "저희가 사도의 가르침에 전적으로 헌신하였다"(행 2:42)는 뜻으로 사용하는 것을 보면 그렇다.

이 낱말의 어근인 'ㅎ-ㄹ-ㅁ'은 구약성서에서 80회 사용된다. 그 중 29회는 명사 '헤렘'이고, 나머지 51회는 동사 '하람'이다. 여호수아서는 구약성서 안의 어떤 책들보다도 이 어근의 명사 형태(13회)와 동사 형태(14회)를 많이 사용하고 있다. 27회의 용례들 중에서 두 경우(2:10; 22:20; 두 번째 본문은 7장에 대해 언급함)를 제외하고는 모두가 6~11장에 나타난다. 이 낱말의 어근을 여호수아서(27회) 다음으로 많이 사용하는 책은 신명기이다. 모두 10회 사용하고 있다(8회는 동사, 2:34; 3:6 [2x]; 7:2 [2x]; 13:16; 20:17 [2x]; 2회는 명사, 7:26; 13:18). 그리고 세 번째로 많이 사용하는 책은 사무엘상이다. 8회의 용례가 15장에서 몰려 나타난다. 이 본문은 사울과 사무엘이 아말렉 족속과 그들의 왕 아각을 죽이는 일에 관해 설명하고 있다(7회는 동사, 3, 8, 9 [2x], 15, 18, 20절; 1회는 명사, 21절). (더 상세한 통계 정보에 대해서는 Lohfink 1986: 180-99; Fretz 1986: 7-44; Mitchell 1993: 52-66 등을 참조)

이 낱말의 어근은 다른 셈족 언어들에서는 단지 이따금씩만 사용될 뿐이다. 아카드어에서 일종의 구별된 여제사장을 칭하는 명사 '하림투'와 수행원 신분의 '하리무투'(*CAD* H 101-2 참조)는 그 낱말의 어근이 "구별된, 분리된"이라는 뜻을 가지고 있음을 암시한다.

신명기와 여호수아의 'ㅎ-ㄹ-ㅁ' 용례와 가장 비슷한 성서 밖의 자료는 모압/메사 비문에서 발견되며, 전쟁의 맥락에서 나타난다. 모압 왕 메사(Mesha, 주전 9세기)는 이 비문에서 이스라엘에 대한 자신의 승리를 묘사하고 있으며, 어떤 곳에서는 "7천 명의 남자들과 소년들, 여인들, 소녀들, 여종들"을 죽이고, "그들을 아슈타르-케모쉬(Ashtar-Chemosh) 신에게 멸할 것으로 바쳤다"고 자랑한다(*ANET*, 321).

'헤렘' 개념은 "하나님께 가증스러운 것으로 규정되기 때문에 또는 그에게 봉헌된 것이기 때문에 일상적인 사용이나 접촉으로부터 구별된 지위"를 뜻하는 것으로 정의될 수 있다(Greenberg 1971: 344). 어떤 것 또는 어떤 사람을 하나님께 "바친다"는 것은 뒤집거나 취소할 수 없다는 개념을 그 안에 포함하고 있는 까닭에, '헤렘'은 "궁극적인 봉헌"을 의미한다(Milgrom 1990: 428). 그것은 어떤 물건을 아무런 조건도 달지 않고, 그리고 그것에 대한 일체의 권리를 포기한 채 하나님께 드리는 행동을 가리킨다.

하나님께서 아브라함의 후손에게 약속하신 땅은 이미 "가나안 족속"으로 부르는 사람들이 살고 있는 땅이다. 가나안이 여호수아의 시대에 황무지로 버려져 있거나 사람들이 살지 않는 곳이었다면, 여호수아서에 묘사된 것과 같은 다양한 만남이 필요하지 않았을 것이다. 그러나 만일 B 집단이 현재 소유하고 있는 것에 대해 A 집단이 소유권을 주장하고자 한다면, 그리고 두 집단의 평화로운 공존이나 교류가 불가능할 경우에는 어떻게 할 것인가? 그리고 만일 내부 집단이 외부 집단을 환영하는 자동차를 운행하지 않는다면 어떻게 할 것인가?

이스라엘의 하나님은 그 점에 대해서 이미 언급한 바 있다. 그런데 흥미롭게도 내부 집단에 맞서는 정책을 묘사하는 데 사용되는 동사가 바뀐다. 출애굽기 23:28, 29, 30, 31; 34:11 등에서 하나님은 원주민들을 "쫓아내겠다"(히브리어로 '가라쉬')고 약속하신다. 여기서 한 가지 주목할 것은 사사기 2:3에서 하나님이 주변 민족들을 "쫓아내지" 않을 것이라고 약속하심으로써 이전의 약속을 취소하고 계신다는 점이다. 순전히 이스라엘의 범죄와 불순종 때문에 말이다. 가나안 원주민에 대해서 언급하는 출애굽기 23:23-33이나 34:11-16 중에 어느 본문도 '하람' 동사를 사용하지 않는다. 도리어 '가라쉬' 동사만을 사용할 뿐이다. 이 동사는 진멸 개념이 아니라 추방 개념을 가리키고 있음이 분명하다. '하람'이 출애굽기에서 한 번 사용되고 있기는 하지만(22:20), 이 구절은 가나안 원주민들을 겨냥하고 있는 본문이 아니라 이스라엘의 우상숭배자들을 겨냥하고 있는 본문이다.

특히 민수기의 한 본문(33:50-56)은 그 땅 원주민들을 몰아내야 할 이스라엘의 행동에 대해서 언급하되, 그들을 한데 묶어 "그 땅 거민"이라 칭한다. 여기에 사용된 동사는 '야라쉬'(52, 53, 55절)이다. 이 동사는 "그 땅 거민"이라는 표현에 이어 나타날 경우 "몰아내다"라는 뜻으로 사용된다(52, 55절). 그러나 "그 땅"이라는 표현에 이어 나타날 경우에는 "소유하다"라는 뜻으로 사용된다(53절). 출애굽기와 마찬가지로 민수기는 결코 가나안 원주민에 대해서 '하람' 동사를 사용하지 않는다. 단지 이스라엘이 하나님의 성소에 바치는 예물들을 가리키는 데 사용할 뿐이다(18:14; 21:2, 3; 21장의 두 구절은 만일 이스라엘이 전열을 재정비하여 남방에 거하는 아랏 왕 휘하의 성읍들을 물리칠 수 있을 경우에, 그 성읍들을 하나님께 '하람' 하겠다는 이스라엘의 맹세를 언급할 때 사용된다). '야라쉬' 동사는 사사기 1장에서 종종 가나안 전역의 다양한 원주민 집단들을 몰아내지 못한 이스라엘의 모습을 묘사하는 데 사용된다(19, 27, 28, 29, 30, 31, 32, 33절). 사사기 1장은 결코 "이스라엘이 그들을 '하람' 했다"고 말하지 않는다.

신명기의 경우 '하람' 동사를 주로 사용한다(3:6; 7:2 [2x], 26 [2x]; 13:15, 17 [이스라엘을 겨냥함!]; 20:17 [2x]). 신명기 7:2; 20:17은 구약성서에서 유일하게 본동사 '하람' 앞에 강조의 목적으로 이 동사의 부정사 절대형을 사용하는 본문들이다: "너희는 반드시 그들을 진멸해야 한다." 신명기는 이미 거기에 살고 있는 사람들을 어떻게 다룰 것인지에 대해서 설명할 때 '가라쉬' 나 '야라쉬' 동사를 피하고 있다. 이스라엘 백성이 가나안 원주민들의 땅을 취하는 방식에는 세 가지가 있다: (1) 추방('가라쉬'), (2) 퇴거('야라쉬'), (3) 진멸('하람').

'하람/헤렘'이 구약성서 전체에 걸쳐서 몇 가지 다양한 의미들을 드러내고 있기는 해도, 신명기로부터 열왕기하까지의 모든 사례들을 종합해 보면 그 중심 개념이 전쟁과 파멸의 행동을 가리키고 있음을 금방 알 수 있다. 구약 전체의 80회 용례들 중 85% 이상이 그러한 경향을 보이고 있기 때문이다(Mitchell 1993: 55). 그것은 "가증한 것들을 제거함으로써, 그리고 이스라엘 백성의 안팎에 있는 파괴적인 원수의 세력을 정당하게 벌함으로써 하나님의 은총을 얻는 한 수단"이다(Niditch 1993: 57).

위에 언급한 본문들이 그처럼 인상적인 명령을 내리는 것에는 그 나름의 일관성 있는 이유가 있다: "그들이 너로 내게 범죄케 할까 두려움이라"(출 23:33); "네 아들로 그들의 신들을 음란히 섬기게 할까 함이니라"(출 34:16);

"너희를 괴롭게 할 것이요"(민 33:55); "그가 네 아들을 유혹하여 그로 야웨를 떠나고"(신 7:4); "그들이 그 신들에게 행하는 모든 가증한 일로 너희에게 가르쳐 본받게 하여"(신 20:18). 출애굽기와 민수기 및 신명기 등에서 이스라엘에게 주어진 명령, 곧 가나안 원주민을 향한 '하람'(또는 어떤 종류의 동사가 사용되든 관계없이)의 명령은 주로 질병 예방의 성격을 띠고 있다. 그것은 도덕적이고 영적인 오염을 막는 확실한 방법들 가운데 하나이다. 주변 민족들에게 좋은 영향을 줄 수도 있는 이스라엘의 잠재력은 좀처럼 강조되지 않는다. 도리어 그들이 이스라엘에게 미칠 부정적인 영향이 한층 강조될 뿐이다. 그 명령의 주된 관심은 가나안이 이스라엘처럼 행동하지 않을까 하는 데 있지 않다. 도리어 이스라엘이 가나안처럼 행한 결과 가나안의 모습을 닮아가지 않을까 하는 데 있다.

여호수아 6장에 기록된 사건들의 역사성을 의심하려는(이를테면 6장이 실제 역사를 기록하고 있지 않다고 보는) 해석자들에게, 신명기와 여호수아의 '하람' 개념에 의해 생겨나는 도덕적인 문제는 구약성서의 하나님 개념에 대한 우리의 반응에 아무런 문제가 되지 않는다. '하람'은 "엘리야의 시대 이후 요시야의 시대에 이르기까지 가나안 종교와 문화에 맞서 싸우던 오랜 투쟁의 과정을 반영하는 일종의 유토피아 프로그램"(Weinfeld 1991: 52)이거나, 아니면 "이스라엘에게 땅을 선물로 주신 하나님의 은총을 신학-소설적인 설화의 형식으로 표현한 신학-역사적인 진술"(Goldingay 1994: 42)이다.

반면에 여호수아 6장에 고도의 역사성을 부여 — 설령 그 사건이 지금과 같은 최종 형태로 정리되기 전에 후대의 편집자들에 의해 형성되었다 할지라도 — 하는 해석자들에게, '하람'은 심각한 도덕적이고 변증적인 의문들을 제기하지 않는다. 예수께서 "압바"(Abba)라고 부르는 야웨는 이교도들의 대량 학살을 명하신 것일까? 아니면 신명기주의자들은 자기들의 하나님이 다신론자들의 대량 몰살을 명하셨다고 믿었을까? 야웨는 전쟁('밀하마')과 평화('샬롬') 모두의 신인 것일까?

구약성서의 설화 부분들(출애굽기로부터 역대하에 이르기까지)에서 이스라엘이 전쟁에 참여하지 않고 나타나는 경우는 별로 없다. 도처에 전쟁 이야기가 널려 있다. 그 대부분은 방어전이다. 공격전은 일부에 지나지 않는다.

흥미로운 것은 여호수아서 밖에 있는 이스라엘의 전쟁들 중에 '하람' 유형에 속한 것들이 별로 없다는 점이다. 예로써 사사기에서 사사들이 주도한 많은 전쟁들 가운데 어느 것도 '하람' 전쟁이 아니다(비록 첫 장[1:17]과 마지막 장[21:11]에 그 동사가 나타나고 있기는 하지만).

드보라와 바락이 이끈 전쟁(삿 4~5장)을 제외한다면 말이다. 그러나 두 사람의 전쟁은 이스라엘과 가나안의 이해관계가 충돌하는 국경선 지역에서 치러진 것이다. 여호수아서에서는 '하람' 전쟁이 매우 흔하게 발견된다. 그 전쟁은 가나안 원주민을 상대하는 것이기 때문이다. 반면에 사사기에서는 '하람' 전쟁이 발견되지 않는다. 그 이유는 사사기의 전쟁들이 가나안 원주민이 아닌 자들을 상대하는 것이기 때문이다(Kaufmann 1960: 251). 이것은 왜 신명기가 블레셋 족속을 완전히 멸하라는 명령을 전혀 담고 있지 않은지, 그리고 왜 사사기-열왕기에서 이스라엘의 왕들 중 어느 누구도 블레셋 족속을 "진멸하지" 않았는지를 설명해 줄 수 있을 것이다. 여기서 중요한 것은 그러한 진멸 전쟁이 대규모로 수행되지 않았거나 이스라엘의 국가 정책이 되지 않았다는 점이다.

사실 여호수아서 자체는 그 안에 기록되어 있는 모든 전쟁들 중에서 오직 여리고와 아이만이 직접적인 공격을 받아 '하람'의 대상이 되었음을 강조한다. 나머지 모든 전쟁들(9~11장) 또한 사실상 이스라엘에 대하여 공격적인 태도를 보이던 가나안 원주민들에 의해 촉발된 방어전 성격을 띠고 있다(9:1-2; 10:1-5; 11:1-5). 가나안 원주민들은 이스라엘에 대하여 두 가지 반응들 가운데 하나를 선택하지 않으면 안 되었다: (1) 굴복과 승인(예로써 라합, 기브온 족속[9장]); (2) 저항과 공격(예로써 아도니세덱[10장]과 야빈[11장]). 만일에 그들이 후자의 반응을 선택한다면, 이스라엘은 반격하여 침략자를 '하람'의 대상으로 삼지 않을 수 없다. 이러한 역학 관계는 과연 여호수아서가 분명하게 진멸 전쟁을 허용하는지 그렇지 않은지를 묻게 만든다.

신명기와는 달리 여호수아서는 결코 가나안 원주민을 퇴폐적인 종족들로 정죄하지 않는다. 여호수아서가 정죄하는 것은 이스라엘에 대하여 긍정적인 반응을 보이지 못하는 그들의 태도이다. 물론 여호수아서의 이스라엘은 하나님의 토라에 대하여 완전히 똑같은 두 가지 반응, 곧 기쁜 마음으로 그것을 받아들이거나(하나님의 복이 따름) 완고하게 반항하는 태도(끔찍한 결과를 초래함) 중에서 한 가지를 선택하지 않으면 안 된다(Stone 1991:25-36).

새 계약의 공동체는 교회와 국가를 한데 묶는 특정 주권 국가를 중심으로 하여 한 몸을 이루기보다는 지상의 모든 족속들과 민족들을 중심으로 하여 한 몸을 이루기 때문에, 여호수아 6장과 8장의 전쟁은 유대-기독교의 재생 불가능한 과거로 간주하지 않으면 안 된다. 이와 동시에 우리는 다음의 사실을 염두에 두지 않으면 안 된다: "이러한 사례들이 역사로서 우리를 놀라게 하고 섬뜩하게 하는 힘은 그것들의 가장 중요한 신학적인 특징에 해당한다. 왜냐하면 우리는 여기서 영적인 전쟁의 잔인함이 견딜 수 없을 정도로 우리에게 현실적인 것으로 다가옴을 느낄 수 있기 때문이다. 하나님의 현재적인 전쟁과 미래의 심판이 똑같이 전면적인 것이라는 사실과, 우리가 볼 때 세계와 육체 및 마귀 등이 사활을 걸고 싸워야 할 원수들이라는 사실, 그리고 마지막 심판이 이러한 '헤렘'을 절대적인 것으로 만들 것이라는 사실 등은 아무리 능숙한 말로도 효과적으로 설명하기 어렵다"(Kidner 1985: 107-8).

나 자신도 동의하는 위의 인용문은, 구약성서의 하나님을 다소 영지주의적인 방식으로 신약성서의 예수 그리스도를 통한 하나님의 계시와 대립시키기 위해, 여호수아 6장에 기록된 것과 같은 사건을 사용하는 태도가 잘못된 것이요 무익한 것임을 분명하게 보여 준다. 게헨나의 참혹상은 여리고의 참혹상과 다르지 않을 것이다.

여호수아 6장과 같은 이야기는 하나님과 우리 자신에 관해서 무엇을 말하고 있을까? (특히 필자가 많이 의존하고 있는 Fretheim 1983: 71-74 참조)

첫째로 하나님은, 자신의 주권적인 판단에 기초하여, 피조 세계와 역사를 위한 자신의 계획을 성취하는 데에 불완전하고 죄 많은 인간에게 의존하기로 작정하셨다.

둘째로 하나님은 당장에 이용할 수 있는 것들, 곧 결함 많은 인간과 결함 많은 사회 구조들을 가지고서 자신의 세계 안에서 활동하신다. 하나님은 그것들을 통하여 일하시고 또 그것들을 사용하시기 전에는 자신의 계획을 성취하지 않으신다.

셋째로 하나님의 계획을 성취하는 데 필요한 도구가 된다는 것이 무엇을 뜻하는지를 결코 완전하게 이해하지 못할 것이다.

넷째로 전쟁과도 같은 비극적인 상황에 하나님이 관여하지 않으신다는 사실이야말로 사람들을 절망에 빠뜨리는 중요한 원인으로 작용한다. 왜냐하면 하나님이 그러한 현실들로부터 물러서신다는 것은 곧 인간이, 그리고 오로지 인간만이 자신의 계획을 성취하는 한편으로 정의를 수호하고 또 그들 자신의 문제를 해결하는 데 책임을 지고 있음을 의미한다.

다섯째로 하나님은 여리고에 가해진 폭력에 대하여 부분적이나마 책임을 지지 않으면 안 된다. 자신의 아들에게 가해진 폭력에 대해서 책임을 지셔야 하는 것과 똑같은 정도로 말이다. 왜냐하면 두 폭력의 배후에는 하나님의 약속과 결정이 자리하고 있기 때문이다. 여리고는 무엇보다도 그 자신의 죄악성 때문이 아니라 하나님께서 족장들에게 주신 땅의 약속 때문에 멸망을 당한다. 마찬가지로 예수는 무엇보다도 유대인 제사장이나 격노한 군중 때문이 아니라 그의 아버지이신 하나님의 영원한 뜻으로 인하여 십자가에 매달리신 것이다.

7:1~8:29. 여리고를 성공적으로 점령한 다음에 취해야 할 성읍은 바로 가까이에 있는 아이 성이다. 그러나 놀랍게도 이스라엘 군대는 크게 패하고 만다. 수치스런 패배의 원인을 발견하고 그 원인을 제거한 후에야 비로소 이스라엘은 전열을 재정비하여 두 번째 공격을 시도하여 승리를 거둔다. 이는 이 단락의 흐름이 패배(7:1-5)로부터 승리(8:1-29)를 향해 나아감을 뜻한다. 패배가 필연적으로 승리에 길을 내어주게 되는 방향으로 사건이 진행되고 있다는 얘기다. 7~8장은 6장과 상당한 대조를 이룬다. 특히 패배를 거친 후에 승리를 거두는 점을 비교할 때 그렇다. 6장의 경우 승리의 원인은 믿음과 순종 및 용기 등에 있다. 반면에 7장의 경우 패배의 원인은 자만심과 탐욕에 있다.

7장 서두는 하나님의 진노를 불러일으킨 특정 범죄에 대해서 설명하며, 7:2~8:9에 이어지는 이야기의 필연적인 배경을 이룬다. 이 부분은 이스라엘을 고발하는 일반적인 진술과 더불어 시작되며(1a절), 범죄자 아간의 정체와 그가 저지른 범죄의 본질을 밝히는 구체적인 진술이 이어진다(1b절). 어떤 이유에서인지 이 도입부의 구절은 아간의 조상을 삼대에 걸쳐 소개한다: 갈미〉삽디〉세라. 마지막 인물 세라는 다말로 인하여 유다가 낳은 쌍둥이 중의 하나다(창 38:30). 세라와 여호수아서에 있는 사건들 사이에 연결될 만한 요소를 찾는다면, 그가 다말의 태로부터 나올 때 홍사(a crimson thread, '샤니')를 손에 쥐고 있었다는 점이다. 그런데 그 홍사는 라합이 자신의 집 창문에 매단 줄을 묘사하는 데 사용되는 것과 같은 색깔의 재료였다(수 2:18, 21).

한 가지 주목할 필요가 있는 것은, 이 이야기의 뒷부분에 가서 야웨께서 "이스라엘이 범죄하여"라고 말씀하시고(11절) 아간 또한 자신이 범죄하였음을 고백하지만(20절; 11절과 마찬가지로 '하타' 동사를 사용함), 정작 1절은 죄를 고발하고 있지 않다는 점이다. 도리어 1절은 이스라엘이 "믿음을 저버렸고" "불성실하게 행동했다"고 말한다. 여기에 사용된 동사는 '마알'이며, 이로부터 파생한 명사는 '마알'이다(발음은 비슷해도 모음 표기가 다름: 역주). '마알'의 죄는 속건제를 통하여 용서받아야 하는 것이다(레 5:14~6:7). '마알'은 성물(聖物)을 착복한 행위를 가리킨다. 야웨는 정당하게 자신에게 속해야 하는 어떤 것이 착복될 경우 크게 진노하신다. 이는 '마알'이 항상 하나님께 대하여 저지르는 범죄임을 의미한다. 따라서 아간의 "취한"(taking) 행동(7:1, 11)은 야웨께 '하람' 되어야 하는 것을 착복한 행동으로 번역하는 것이 좋을 듯하다. 레위기의 법은 희생제사와 함께 20퍼센트를 더한 완전한 배상이 이루어질 때 비로소 '마알' 행동이 용서받게 된다고 규정한다. 그러나 아간의 행동에 대해서는 용서가 있을 수 없다. 그가 자신의 죄를 고백했음에도 불구하고 말이다. 아마도 양자 사이의 차이는 아간의 범죄가 개인적인 탐욕 때문에 여리고의 노략물을 취함으로써 '헤렘'의 법을 위반한 의도적인 '마알' 행동인 반면에, 레위기 5:14~6:7에 규정된 '마알' 행동은 부지중에 저지른 범죄라는 데 있을 것이다.

여호수아는 두 번째로 그들이 목표로 하는 성읍을 살필 정탐꾼들을 보낸다. 정탐을 끝낸 그들은 돌아와서 아이 성을 정복하는 게 "식은 죽 먹기"에 해당한다고 보고한다. 그들은 단지 소규모의 이스라엘 군대만 보내도 거의 승리가 보장된다고 생각했던 것이다(7:3). 그들의 이러한 보고는 과거에 두 명의 여리고 정탐꾼이 작성한 야웨께 영광을 돌리는 보고와 크게 다른 것이었다(2:24). 여호수아는 정탐꾼들의 자만심과 부정확성을 분별하지 못한 것에 대해서 어느 정도까지 책임을 져야 하는 것일까? 비록 그 뒤에 이어지는 이야기가 전혀 그를 비판하지 않고 있지만 말이다. 또한 여호수아는 아이 성 전투에서 희생된 36명 정도 되는 이스라엘 군대의 사상자들(7:5)에 대하여 부분적인 책임을 어느 정도까지 져야 하는 것일까? 잠언은 좋은 지도자의 한 가지 특징이 무엇보다도 전쟁을 벌이기에 앞서(잠 20:18; 24:6) 활용 가능한 모든 조언에 귀를 기울이는 데 있음을 계속해서 강조한다(잠 11:14; 15:22). 훌륭한 조언이 승리를 가능하게 하는 것이라면, 나쁜 조언은 패배의 원인이 되는 것이다.

아이 성 전투의 참담한 패배로 인하여 여호수아와 장로들은 야웨 앞에 엎드려 기도하지 않을 수 없었다(7:6-9). 흥미롭게도 그는 결코 정탐꾼들을 책망하지 않는다. 여호수아는 이로써 자신에게 "내가 잘못했다, 좀 더 정확하게 알았어야 했는데"라고 말하고자 하지 않았을까? 여호수아 7:7-9은 구약 성서에 있는 산문체 기도의 전형적인 한 예를 보여 준다. 이 기도는 기도하는 자가 생각하기에 의심스러운 어떤 일을 하나님께서 누군가에게 행하셨거나 행하실 예정으로 있다는 것에 관심을 기울인다. 그 까닭에 그 기도는 하나님을 향하여 일련의 질문들을 던진다: "어찌하여 … 내가 무슨 말을 하오리이까? … 어떻게 하시려나이까?"(Ballentine 1993: 118-39). 여호수아의 기도는 아브라함(창 18:22-33)이나 모세(출 32:11-14; 민 11:10-23, 특히 10-15절; 14:13-19)의 기도와 비슷한 데가 있다. 이들의 기도는 세 가지 특징을 공유하고 있다:

(1) 하나님과의 관계를 깨뜨림으로써 생겨난 위기는, 시정되지 않는다면, 비참한 결과를 초래할 것이다(수 7:1-5); (2) 중재자를 통하여 하나님께 드리는 기도는 하나님께 이의를 제기하는 질문들을 포함하며(수 7:7-9), 하나님은 그 질문들에 대하여 응답하신다(수 7:10-15); (3) 위기(수 7:1, "야웨께서 이스라엘 자손들에게 진노하시니라") 또는 위기의 해결(수 7:26, "야웨께서 그 극렬한 분노를 그치시니")에 대한 설명이 나타난다.

그러나 이러한 구조상의 평행 요소들과는 별도로, 여호수아의 기도는 선임자 모세의 수준 높은 기도의 차원에까지 이르는 데에는 실패한다. 사실 어떤 주석가는 그것이 기도가 아니라 장광설에 지나지 않는다고 말한 바 있다

(Boling 1982: 224). 예로써 "어찌하여 이 백성을 인도하여 요단을 건너게 하셨나이까?"라는 여호수아의 말(7절)은 "어찌하여 야웨께서 우리를 그 땅으로 인도하여 칼에 망하게 하려 하는고?"(민 14:3)라는 말과 비슷한데, 이 후자의 말은 모세의 입에서 나온 것이 아니라 모세의 회중이 한 말이다. 여호수아는 자신의 기도에서 모세를 모방한 것일까, 아니면 이스라엘을 모방한 것일까?

여호수아의 기도에 대한 야웨의 응답(10-15절)은 약간의 정보를 포함하고 있지만 만족할 만한 수준은 아니다. 야웨는 이스라엘 전체에 죄가 있다고 말씀하신다. 이는 그들이 야웨의 '헤렘'을 위반하였고, 그럼으로써 그들 자신이 '헤렘'의 대상이 된 까닭이다(10-12절). 악의 요소가 제거되지 않는 한 이스라엘은 운명의 전환을 기대하지 못한다(12절 하반절과 13절). 이로써 이야기의 흐름은 갑작스럽게 외부의 원수에 대한 언급으로부터 내부의 원수에 대한 언급으로 움직여간다. 그들은 주사위를 던지는 방식으로 범죄자를 적발하려 하고 있음이 분명하다. 비록 주사위 자체에 대한 언급이 전혀 없지만 말이다. 야웨는 결코 "너희는 유다 지파의 아간 때문에 아이 성 전투에서 패배의 고통을 당했다"고 직접 말씀하시지 않는다.

구약성서는 죄악을 적발하는 몇 가지 방법들에 관해서 말한다. 물론 그 방법들은 오늘날의 법 집행 절차에 비추어보면 매우 낯선 것들이다(de Ward 1977: 1-19). 예로써 간음죄의 의심을 받는 여인의 죄악을 적발하기 위해서는 오염된 물을 그 여인에게 마시게 하는 죄인 판별법을 시행하게 된다(민 5:11-31). 주사위를 던져서 범죄를 확정하는 방법도 같은 범주에 속한다. 이곳의 사건을 논외로 친다면, 구약성서에서 주사위를 던져서 범죄를 적발하는 경우는 두 군데밖에 없다.

사울은 블레셋 족속과의 전쟁이 소강 상태에 빠지자 블레셋 족속과 계속 싸워야 하는지 아니면 전쟁을 그만 두어야 할지에 관해서 하나님께 묻는다(삼상 14:37). 그러나 하나님은 아무런 대답도 하지 않으신다. 하나님께서 이처럼 침묵하시자 사울은 누군가가 범죄했기 때문이라는 결론을 내리고, 주사위를 던져서 범죄자를 찾아내고자 한다(삼상 14:41). 그리고 그 결과 사울 자신의 아들 요나단이 주사위로 뽑히게 된다(삼상 14:42). 이에 요나단은 자기가 소량의 꿀을 먹었노라고 답변한다(삼상 14:43). 그의 이러한 행동은 사울이 전에 자신의 군대를 향하여 한 맹세를 위반한 행동이었다(삼상 14:24). 그러나 요나단은 그 맹세에 대하여 아는 바가 없었다(삼상 14:27). 요나단은 자신을 속량하려는 백성들의 결정 — 아마도 대속의 짐승을 바치는 형태로 — 에 의해서 목숨을 건지게 된다.

범죄자를 색출하기 위해 주사위를 던지는 또 다른 사례는 욥바로부터 다시스로 가는 배 위에서 선원들이 행한 일에서 발견된다. 선원들은 자기들이 힘겹게 맞서 싸우는 지중해의 무서운 태풍이 신으로부터 온 것이요, 배에 탄 누군가로 인하여 그 태풍이 임했음을 알 만큼 충분한 종교성을 가지고 있었다. 주사위를 던진 결과 요나가 범인임이 드러나게 된다. 그들은 그러한 방식으로 범인의 정체를 확인할 수 있다고 믿었다(욘 1:7).

이상의 세 가지 사건들은 동일한 기본 양식을 따르고 있다:

위기	문제 제기	주사위를 던짐	범인 적발	문제 해결
여호수아 7장: 아이 성 전투에서의 패배	"어찌하여 … 어떻게"(7, 9절)	14-18절	18b절	아간과 그의 가족 및 소유 전체가 파멸됨
사무엘상 14장: 하나님의 침묵	"왜"(41절)	41-42절	42b절	요나단의 속량
요나 1장: 바다의 태풍	"왜 … 무슨 … 어디서"(8절)	7a절	7b절	요나를 바다에 던짐

범인을 색출하기 위한 여호수아 7:14의 절차는 이러한 순서를 따른다: (1) 지파('셰베트'); (2) 족속('미슈파하'); (3) 가족('바팀'). 주사위를 던진 결과 '셰베트'는 유다 지파였고, '미슈파하'는 세라 족속이었으며, '바팀'은 아간과 그의 직계 가족이었다. 주사위는 아간과 그의 은밀한 죄악을 백일하에 드러내고 말았다.

겉으로 보기에 아간의 첫 대답은 칭찬할 만한 것이었다. 첫째로 그는 자신이 야웨께 범죄한 자임을 대중 앞에서 고백한다(20절). 그리고나서 그는 즉시 자신이 어떠한 죄를 범했는지를 설명한다(21절). 그가 사용하는 언어는 창세기 설화자가 하와의 범죄에 대해서 설명할 때 사용하는 하와의 언어와 놀라울 정도로 유사하다: "여자가 … 본즉(saw) … 여자가 … 따먹고(took) … "(창 3:6). 아간은 이렇게 말한다: "내가 … 보고(saw) 탐내어 취하였나이다 (took)." 그런데 아간은 창세기의 설화자와는 달리 눈으로 보는 행동과 소유로 취하는 행동 사이에 "탐욕"을 품는 행동('하마드') ― 야웨께서 금하신 ― 을 추가한다. '하마드'의 감정은 '라카흐'('취하다'는 뜻을 가진 히브리어 낱말: 역주)의 행동을 초래한다. 탐욕은 소유를 향해 나아가는 것이다. 전자가 원인이라면 후자는 결과이다(참조. 약 4:2). 우리는 성서가 무엇인가에 대한 강한 욕구 자체 ― 정상적이거나 받아들일 수 있는 것조차도 ― 를 불법적인 것으로 가르치지 않는다는 점을 분명히 할 필요가 있다. 하나님으로부터 더 많은 것을 받으려는 강한 욕구는 확실히 금지되어서는 안 되는 것이다. 어떤 신자가 다른 신자의 기도에 담긴 이해관계를 자신이 "탐하고" 있다고 말하는 것은 정당한 일이다. 도리어 성서는 다른 누군가에게 속한 어떤 것을 강하게 탐하는 태도(십계명의 열 번째 계명을 참조)야말로 그것을 불법적인 것으로 만든다고 가르친다. 바로 이것이 아간이 범한 죄의 본질이다. 다른 누군가 (하나님)에게 속한 어떤 것을 탐한(그리고 소유한) 행동 말이다.

정상적인 상황 아래에서는 고백과 회개가 징계를 피하게 한다. 아니면 적어도 징계를 완화시키는 역할을 수행한다. 그러나 여기서는 그렇지 않다. 여호수아 7장이 정상적인 상황을 전제하고 있지 않기 때문이다. 그가 어떤 종류의 물건들을 취했느냐가 중요한 것이 아니었다. 첫 번째 물건은 시날 산 (産) 아름다운 외투였다. 그런데 시날은 창세기 10:10; 11:2; 다니엘 1:2 등에서 바벨론과 관련된 지명으로 나타난다(묘하게도 70인역은 시날을 지명으로 번역하지 않고 도리어 헬라어 '포이킬렌'["다양한 색깔을 가진"]으로 번역한다. 70인역은 야곱이 요셉을 위해 만들어준 옷을 칭할 때에도 이 낱말을 사용한다[창 37:3]).

추가로 아간은 은과 금을 취하기도 했다. 아간은 이중적인 범죄를 저지른 것이나 마찬가지였다. 여호수아가 전에 내린 명령은 두 가지로 되어 있었다. 첫째로 이스라엘은 여리고에 있는 모든 것들과 모든 사람들을 완전히 멸해야만 했다(6:17). 그러나 둘째로 은과 금은 야웨의 창고에 들여야만 했다

(6:19). 아간은 외투를 취함으로써 여호수아의 첫 번째 명령을 위반한 셈이 되었다. 그리고 약간의 은과 금을 착복함으로써 그는 두 번째 명령을 어겼다. 그가 취한 것들이 철저하게 하나님께 바쳐져야 하는 것들이었던 탓에, 그의 횡령 행위는 용서받을 수 없는 것이었다. 바로 이 점이 문제의 본질에 해당하는 것이었다. 징계가 결정된 다음에야 비로소 뒤늦게 공적인 고백의 행동이 이루어졌다는 사실은 부차적인 의미를 갖는 것이었다.

이 사건의 불가사의한 점은 그의 아들들과 딸들(어떤 설명하기 어려운 이유로 하여 그의 아내에 대해서는 아무런 언급도 없다), 숨겨놓은 물건들, 그가 소유한 짐승들, 그의 장막 등 일체가 징계를 받게 된다는 데 있다. 아간 자신은 돌에 맞아 죽으며(나중에 화장되었을까?), 그와 관련된 모든 사람들과 다른 모든 물건들은 불에 태움을 받는다(7:25). 불로 태우는 형벌은 다른 곳에서 심각한 성범죄의 경우에만 부과되는 것으로 나타난다(창 38:24; 레 20:14; 21:9).

무엇 때문에 범죄자의 자녀와 가축들 및 장막 등 일체가 파멸에 처하게 되었는지에 대해서 이제껏 학자들은 다양한 해석들을 내놓았다. 이 이야기는 어느 곳에서도 그의 자녀들이 아버지의 범죄 행위에 가담했다고 말하지 않는다. 소 떼와 양 떼 및 나귀 떼 등이 횡령 행위에 가담하지 않은 것은 너무도 당연한 일이다!

로빈슨(H. Wheeler Robinson)의 저작에 기초한 표준적이고 권위 있는 해석은 이 이야기가 "공동체 인격"(corporate personality)의 한 사례에 해당하는 것이라고 본다. 즉, 고대 이스라엘이 개인과 집단을 구별하지 않았고, 개인을 집단에 귀속시키는 사유에 익숙했으며, 개인이 집단에 포함된다고 생각했기 때문에 그렇다는 것이다. 이것은 결국 특정 집단의 행동이 한 개인의 행동과 동일시됨을 의미한다. 오늘날에는 일반적으로 로빈슨이 정형화한 이러한 개념을 용납하지 않으며, 그것을 여호수아 7장에 적용하는 것을 인정하지 않는다.

여호수아 7장이 범죄자의 숙소와 짐승은 물론이고 그의 친족이나 고용인들까지도 범죄자 개인의 소유로 여겨질 수 있다고 보는 견해는 로빈슨의 제안과 비슷한 점을 가지고 있다. 이 견해는 종들과 딸들에게, 그리고 심지어는 아내들에게까지도 타당하게 적용될 수 있을 것이다. 이렇게 볼 경우, 여호수아 7장은 아간과 그의 모든 "소유"를 파멸시킨 것에 관해 말하고 있는 셈이다.

세 번째 가능성은 아간의 범죄가 이스라엘의 정상적인 법 체계에 포함되지 않는 범주에 속할 수도 있다는 점이다. 이 견해에 비추어 본다면, 여호수아 7장의 처벌은 특이한 범죄 행위에 대한 과격하고 매우 비정상적인 조치에 해당한다고 볼 수 있다.

네 번째 가능성은 여호수아 7장을 해석하면서 '헤렘' 규정의 위반과 그로 인한 결과들이 갖는 중요성에 초점을 맞춘다. 이 견해는 "횡령한 물건들에 부여된 금기의 힘이 아간의 가족과 그의 소유물에까지 미쳤다"고 본다 (Kaminsky 1995: 86). "그와 그의 가족, 그의 가축, 그의 장막 등 일체는 파괴되어야만 한다. 왜냐하면 그 모든 것들이 '헤렘' 규정에 포함되기 때문이다. 그것은 순전히 대리 징계나 집단 징계의 차원에 속한 것이 아니다. 도리어 그것은 금기의 힘이 주변의 모든 것들에까지 미치는 집단 감염의 차원에 속한 것이다(Greenberg 1960: 24; 참조. Krasovec 1984: 67-68). 여기서 우리는 집단 책임의 개념과 집단 감염의 개념 사이에 근본적인 차이가 있음을 알 수 있다. 전자의 경우, 다른 사람의 죄책을 담당해야 하는 자들이 존재한다는 사실로 인하여 공동체 전체의 행복이 위협을 받는 것은 아니다. 그러나 후자의 경우, 집단 감염의 원인을 제공하는 자들은 그들 자신의 존재 자체로 인하여 공동체 전체에게 위협을 안겨 주며, 그 결과 파멸의 길에 빠지게 된다 (Jackson 1972: 164).

여호수아 7장은 이상의 모든 일이 발생한 장소의 이름을 언급하는 것으로 끝을 맺는다. 처형과 화장이 이루어진 곳은 아골 골짜기이다(24, 26절). 25절에서 여호수아는 아간에게 "네가 어찌하여 우리를 괴롭게('아카르') 하였느뇨? 야웨께서 오늘날 너를 괴롭게('아카르') 하시리라"고 말한다. "그러므로 그곳 이름을 오늘날까지 아골('아코르') 골짜기라 부르더라"(26절). 이스라엘 백성이 가나안 땅에 들어간 이후 처음으로 지은 지명이 "괴로움의 골짜기" 또는 "폐허의 골짜기"라는 것은 애석한 일이 아닐 수 없다. 결코 상서로운 시작이 아닌 것이다! 사실 아간('아칸')이라는 이름은 아골('아코르')과 관련되어 있다. 그래서인지 70인역은 여호수아 7장에서 그를 계속해서 '아카르'로 칭한다. 그를 아갈 '(아카르')로 칭하는 역대상 2:7과 마찬가지로 말이다.

그러나 과거의 실패에 언제까지고 매달릴 필요는 없다. 예언자 호세아는 야웨께서 이스라엘을 영적으로 새롭게 만드실 날을 마음속에 그린다(2:14-23). 이 본문에 기록된 하나님의 약속은 다음의 것을 포함한다: "거기서 비로소 저의 포도원(her vineyards)을 저에게 주고 아골 골짜기로 소망의 문을 삼아 주리니"(15절). 아골에 대한 언급과는 별도로, 호세아는 아간의 아버지 갈미('카르미' ; "나의 포도원")를 연상시키는 '케라메하("저의 포도원")에 대해 언급함으로써 여호수아 7장을 다른 시각에서 자신의 예언과 관련시킨다. 아골은 오랜 세월 동안 사람들에게 알려진 이름이었다. 그곳은 이스라엘이 가나안 땅에 들어서면서 범죄한 장소였다. 그러나 호세아의 예언에서 그처럼 안 좋은 기억과 평판은 이제 더 이상 통용되지 않는다. 여호수아 7장의 지명이 갖는 부정적인 의미는 이제 호세아의 예언에서 "이스라엘의 회복을 가능하게 할 내면적인 여행의 프리즘과 개요로 이해되며, 이스라엘로 하여금 갱신된 계약 관계에 충성하게 만든다"(Fishbane 1985: 361). 이는 성서의 하나님이 괴로움의 골짜기를 희망의 문으로 바꾸실 수 있는 분임을 의미한다.

'헤렘' 위반 행위를 이렇게 교정한 후에 여호수아는 아이 성을 향한 두 번째 공격으로 관심의 방향을 돌린다(8:1-29). 이 이야기는 다음의 요소들로 이루어진다.

1. 아이 성을 포위하라는 야웨의 명령이 주어짐(8:1-2).
2. 복병을 앞서 보냄(8:3-9).
3. 이튿날 주력 부대가 아이 성으로 진격함(8:10-13).
4. 여호수아와 이스라엘 주력 부대가 패배를 가장하여 퇴각함 (8:14-17).
5. 아이 성을 정복하고 불사름; 왕은 목숨을 건지지만, 복병에 사로잡힌 군대는 죽임당함(8:18-23).
6. 아이 성의 비전투원들을 칼날로 죽임(8:24-28).
7. 아이 성의 왕을 처형함(8:29).

맨 처음의 여리고 전투 이야기와 아이 전투 이야기 사이에는 약간의 중요한 차이들이 존재한다. 여리고 전투 이야기에서는 기적적인 요소가 매우 강조된다. 도무지 무너질 수 없어 보이던 성벽은 이스라엘 백성이 단순히 법궤를 운반하는 제사장들과 함께 나팔을 불면서 전쟁의 함성을 내지르기만 했는데도 무너지고 만다. 여리고에서는 어떠한 무기 사용도 필요하지 않았다! 그러나 아이 전투 이야기에서는 기적적인 요소가 무시되지는 않지만 중요하게 여겨지지도 않는다. 여기서는 복병을 활용하는 가운데 포위된 적군을 사로잡는 군사 전략과 병참술 — 군사적인 용어를 빌려 표현하자면 협격(挾擊) 작전이라 불리는 — 이 강조된다. 여기서 우리는 하나님이 기적을 통해서 일하시기도 하고, 인간의 계획과 전략을 통해서도 일하신다는 것을 알게 된다.

두 이야기 사이의 또 다른 차이는 여리고 전투에서 공격이 시작되기도 전에 이스라엘 백성에게 여리고와 그 안에 있는 모든 것들을 야웨께 '하람' 하라는 명이 주어진다(6:17). 그러나 아이 성을 공격할 때에는 그러한 명령이 미리 주어지지 않는다. 단지 야웨의 완곡한 말씀이 주어지고 있을 뿐이다: "너는 여리고와 그 왕에게 행한 것 같이 아이와 그 왕에게 행하되"(8:12). 아이 설화에서도 '헤렘'이 사용되고 있음은 사실이다. 그러나 그것은 어디까지나 두 군대의 대면이 끝나고 난 다음의 일이다(8:26).

이 두 번째의 차이는 누구도 예상하지 못한 세 번째 차이와 관련된다. 여리고 설화의 경우, 이스라엘 백성은 전리품 중에 어느 것도 자신을 위하여 착복해서는 안 된다는 엄명을 받았다. 물론 아간이 그 금령을 위반하였다. 아이 설화에서는 전리품과 관련된 상황이 정반대로 바뀐다. 여기서 이스라엘 백성은 아이 성의 노략물과 가축을 마음껏 취할 수 있었다(8:2, 27). 달리 말해서 "아간은 모든 이스라엘 백성이 아이 성에서 허락받은 일을 여리고에서 행했다는 이유로 처형당한 것이다"(Polzin 1980: 114).

여리고에서 저지른 아간의 행동은 범죄 행위에 해당하는 것이다. 그러나 만일 아간의 행동이 아이 성 전투에서 행해졌더라면, 그것은 완전히 정상적인 것으로, 그리고 누구나 받아들일 수 있는 것으로 여겨졌을 것이다. 개인적인 유익을 위한 노략물 탈취를 허용하는 아이 성 사건은 신명기 2:34-35; 3:6-7과 크게 평행을 이루고 있다. 이 둘은 똑같이 '하람'의 대상이 된 어떤 도시나 성읍의 가축과 노략물을 탈취하는 행동이 정당한 일이라고 본다(참조. 수 11:11-14). 그러한 허용은 승리의 결과로서 얻은 노략물에 한정된다. 노략물 자체는 결코 승리의 목표가 되지 못한다(Mitchell 1993: 78).

네 번째 차이는 더 큰 설화 단위 안에서 개별적으로 나타나는 두 인물, 곧 라합과 아간 사이의 대조되는 모습 속에서 발견된다.

	지위	성별	야웨와의 관계	새로운 지위
라합	외부인	여성	두려움과 신실함	내부인
아간	내부인	남성	두려움과 신실함이 없음	외부인

여호수아 7~8장에 걸쳐 있는 아이 성 정복과 파괴의 이야기는 그 전후에 있는 다른 사건들과 여러 가지 면에서 평행 요소들을 많이 가지고 있다(Begg 1986: 320-33; 아래의 평행 요소 비교는 베그로부터 빌려온 것임). 모세는 신명기 1~11장에서 야웨께서 자기 백성을 그들의 죄로 인하여 멸하고자 위협하는 두 개의 사건에 대해서 얘기하는 바, 그 중 하나는 민수기 13~14장의 정탐꾼 이야기이고(신 1장), 다른 하나는 출애굽기 32장의 금송아지 이야기(신 9장)이다. 이 세 사건들은 다음의 양식을 따라 서술되어 있다:

불순종-재앙	중간 상황-복구	회복-승리
정탐꾼을 보냄 (신 1:19-46)	출애굽 세대의 제거(2:1-16)	이스라엘이 시혼과 옥을 물리침(2:17~3:11)
금송아지(신 9:8-14, 22-24)	송아지의 제거 및 모세의 중재 (9:15-21, 25-29)	하나님께서 십계명 돌판을 다시 쓰심(10:1-11)
아이(수 7:1-5)	아간의 제거(7:6-26)	아이 전투에서의 승리(8:1-29)

이 중에서도 여호수아 7~8장과 신명기 1:9~3:11 사이의 유사성이 특히 분명하게 드러난다(Begg 1986: 324-25):

1. 정탐꾼을 보내고 나중에 그들의 보고를 듣는다(신 1:22-25; 수 7:2-3).

2. 이스라엘에게는 오로지 패배가 있을 뿐이다.

　추적자가 도리어 추적당하는 자로 바뀐다(신 1:43-44; 수 7:4-5).

3. 패배당한 이스라엘이 통곡한다(신 1:45);

　여호수아는 탄식한다(수 7:6-9).

4. 이스라엘의 행동은 야웨의 진노를 초래한다(신 1:34; 수 7:1).

5. 야웨는 이스라엘과 함께 하지 않으신다(신 1:42; 수 7:12).

6. 범죄자들에 의한 죄의 고백이 이루어진다(신 1:41; 수 7:20-21).

7. 이스라엘이 처한 상황을 역전시키려면 범죄자들을 제거해야만 한다
　(신 1:46~2:16; 수 7:24-26).

8. 걸림돌이 제거되자 야웨께서는 이스라엘에게 다시금 적군을 향해 나
　아갈 것을 명하시며, 그들에게 자신의 도우심을 약속하신다(신 2:18-
　25; 수 8:1-2).

9. 이스라엘이 적군의 공격을 받는다(신 2:32; 3:1; 수 8:14-16).

10. 이스라엘이 적군의 공격을 물리친다(신 2:33; 3:3; 수 8:21-23).

11. 적군의 성읍 사람들에게 '헤렘'을 적용한다(신 2:34; 3:6; 수 8:26).

12. 적군의 가축을 노략물로 취한다(신 2:35; 3:7; 수 8:27).

이 두 이야기는 공히 몇 가지의 중요한 교훈을 준다: (1) 인간의 충고는 재앙으로 나아갈 가능성이 있다; (2) 패배는 승리로 바뀔 수 있지만, 죄를 올바로 처리하고 하나님의 방법을 존중할 때에만 그렇다; (3) 마음가짐의 죄(신명기, 소극주의; 여호수아, 자만심)는 행동의 죄만큼이나 파괴적인 결과를 초래할 수 있다; (4) 적군과의 싸움에서 승패 여부는 하나님의 복이 함께 하느냐 그렇지 않으냐에 달려 있다.

8:30-35. 두 차례에 걸쳐 승리를 거둔 이스라엘은 이제 적어도 잠시 동안이나마 군사주의 정책을 버리고, 공적인 예배를 드리는 중에(30-31절) 맨 처음 모세에게 주어진 하나님의 말씀에 새롭게 귀를 기울인다(32-35절).

여호수아가 아이 성 정복 후에 가장 먼저 한 일은 에발 산에 제단을 건축하는 일이었다. 모세의 율법 초본을 돌에 새긴 후에 여호수아는 그것을 온

회중에게 읽혀 들린다. 그때 회중의 절반은 그리심 산 앞에 서고, 나머지 절반은 에발 산 앞에 선다(33절). 2,600피트 높이의 그리심 산은 세겜 남쪽 지역에 자리 잡고 있다. 그리고 2,800피트 정도 되는 에발 산은 세겜 북쪽 지역에 자리 잡고 있다. 그리심 산에서 복이 선포되는 이유는 아마도 그곳이 세겜의 남쪽에 있기 때문일 것이다(신 11:29; 27:12-13). 달리 말해서 동쪽을 바라보는 자의 눈으로 불 경우에 그리심 산이 세겜의 오른쪽에 있기 때문일 것이다. 이와는 달리 세겜의 북쪽에 있는 에발 산에서는 저주가 선포되는 바, 이는 그 산이 세겜의 왼쪽("불길한")에 있기 때문이다. 그리심이 에발보다 더 비옥하고 풍요롭다는 것도 그 한 이유일 것이다. 이 두 산은 한 덩어리의 석회암으로 되어 있는 탓에, 여호수아가 율법을 새길 돌은 매우 풍부했을 것이다. 아이로부터 세겜/에발/그리심까지의 거리는 대략 정북(正北) 방향으로 20마일 정도이다. 여호수아가 두 산 앞에서 복과 저주를 선포한 것은 야웨께서 전임자 모세에게 명하신 것을 그대로 이행하려는 목적에서였다(신 27:1-13).

이 짧막한 삽화는 공동체의 예배 경험에서 균형(balance)과 포괄성(inclusivity)이 중요한 의미를 가지고 있음을 보여 준다. 하나님께 희생 제사를 드리는 축제 예배의 때(30-31절)와 진지하게 하나님의 말씀을 듣는 때(32-35절) 사이에는 균형이 있어야 한다. 하나님의 말씀을 들을 때에도 선택보다는 균형의 요소가 갖추어져야 한다(복이나 저주 중에 하나만 선택할 것이 아니라 두 가지를 모두 들음으로써 균형을 유지해야 한다는 뜻: 역주). 왜냐하면 그 말씀은 복에 관하여 말하는 것일 뿐만 아니라 저주의 가능성에 관해서도 말하는 것이기 때문이다(34절).

포괄성의 요소는 "온 이스라엘"이라는 표현에 잘 반영되어 있다(33절). 말씀 선포는 인종("본토인뿐 아니라 이방인까지"; 33, 35절)과 성별("여인"; 35절) 및 나이("아이"; 35절) 등을 포괄하는 것이다.

모세가 앞서 명한 바를 여호수아가 그대로 순종했다고 보는 본문의 강조점(31, 33, 34, 35절)은 바로 앞의 사건, 곧 이스라엘 또는 아간이 야웨의 명하신 바를 따라 행동하지 않은 사건과 극명한 대조를 이룬다. 또한 이스라엘이 하나님께 예배드리고 그의 말씀에 귀를 기울인다고 해서, 그들이 길갈에 머물던 때 기브온 족속의 속임수에 금방 넘어가지 말란 법도 없다(9장). 왜냐하면 그들은 당장 눈앞에 닥친 일을 처리하는 데에 야웨의 뜻과 지시를 그대로 따르지 못하고 있기 때문이다(9:14). 이스라엘은 8:30-35(세겜)에서는 하나님의 말씀을 존중하지만, 9:1-15(길갈)에서는 하나님의 뜻을 묻는 일을 무시한다. 이 두 삽화를 병렬시킴으로서 본문은 이러한 경고를 주는 것으로 보인다: "세겜 후에 길갈을 주의하라."

9:1-27. 이제 무대가 세겜으로부터 기브온 성읍으로 옮겨간다. 기브온 성읍은 아이로부터 대략 7마일 정도 남서쪽에 자리하고 있다. 9장은 다양한 가나안 족속들이 이스라엘 앞에서 보이는 두 가지의 완전히 반대되는 반응을 뚜렷하게 대비시킨다. 어떤 집단은 저항의 길을 택하여 이스라엘을 공격하려는 연합군을 편성한다(1-2절). 반면에 기브온 족속 같은 집단은 이스라엘을 그대로 받아들이는 무저항의 길을 택하며, 마침내는 그들과 계약을 맺기에 이른다(3-15절). 기브온 족속은, 여타 족속들과는 달리, 그러나 라합과 마찬가지로, 여호수아에 관한 소문을 들었을 뿐만 아니라(3절), 이보다 더 중요한 소식, 곧 여호수아가 믿는 야웨에 관한 소문도 들었다(9-10, 24절). 다른 왕들은 그와 동일한 신적인 힘과 실재에 관한 소문을 들었음에도 그것을 무시함으로써 피해를 감수하지 않으면 안 되었다.

기브온 족속은 이스라엘의 공격을 기다리기 전에 먼저 선수를 쳤다. 4절에 의하면 기브온 족속은 교활하게도 책략과 속임수를 사용한다. 그들의 행동을 가리키는 낱말 '오르마'는 창세기 3:1의 "간교한"('아룸') 뱀을 가리킬 때 사용하는 낱말과 매우 비슷하다. 이 낱말의 어근은 때때로 정죄의 의미를 포함하며(예로써 출 21:14는 "짐짓"[with guile] 모살한 살인자에 대해서 언급하는 바, 9:4에서도 이와 똑같은 표현이 사용된다), 또 다른 데서는 신중함, 빈틈없음, 똑똑함 등의 덕목을 뜻하기도 한다(잠 1:4; 8:5; 22:3). 그렇다면 기브온 족속은 과연 교활하게 행동한 것인가, 아니면 현명하게 행동한 것인가?

그들의 계획은 거창한 것이었다. 그들은 이스라엘 백성에게 자기들이 먼 나라에서 온 힘없는 여행자들 — 길을 잃고 헤매다가 마침내 이스라엘의 길갈 진에 이르게 된 — 로 보이도록 변장하였다. 그들이 의지할 것이라곤 나

귀에 실린 낡은 부대와 가죽 포도주 부대, 해진 신발과 옷, 마르고 곰팡이 난 음식물 등 밖에 없었다. 그들은 이스라엘에게 "계약 체결"을 요청한다(6절). 나중에 여호수아는 그들의 요청에 그대로 응한다(15절).

"계약을 맺다"라는 표현을 문자 그대로 옮기자면 "계약을 자른다"는 뜻이 된다. 이 표현은 히브리어 전치사 '라메드'('카라트 브리트 르')를 동반하기 때문에, 문자적으로는 "… 에게(to) 계약을 맺다"라는 뜻이 된다. 이 표현은 대등하지 않은 자들, 곧 상급자와 하급자 사이에 계약이 맺어질 때 사용된다. 대등한 자들 사이에 계약이 맺어질 경우에는, "… 와 함께(with, '임') 계약을 맺다" 또는 "… 사이에(between, '벤') 계약을 맺다"라는 표현이 사용된다. 만약에 기브온 족속에게 계약 체결이 허용된다면, 계약 조건을 제시할 자는 당연히 이스라엘이 된다. 이와 비슷한 예는 사무엘상 11:1에서도 발견된다. 이 본문에 의하면, 포위당한 길르앗 야베스 거민은 나하스와 암몬 족속에게 "우리와 조약을 맺자(문자적으로는 '우리에게[to us] 조약을 맺자'). 그리하면 우리가 당신을 섬기겠다"라고 말한다. 기브온 족속은 여호수아에게 자기들이 그의 "종들"임을 자주 언급함으로써 자기들이 열등한 지위에 있음을 강조한다(8, 9, 11절).

기브온 족속과 "계약을 맺고자"(make a covenant to) 한 여호수아의 결정은 일단 가나안에 정착하면 그곳의 어떠한 민족과도 "계약을 맺어서는" 안 된다고 이스라엘에게 명한 야웨의 말씀(출 23:32; 34:12; 신 7:2)을 분명하게 어긴 행동이라 할 수 있다. 기브온 족속이 사용한 책략은 모압 평지에서 이루어진 이스라엘의 계약 갱신에 관한 설명(신 29장)과 비교할 때 많은 평행 요소들을 가지고 있음이 드러난다.

신명기 29장	여호수아 9장
너희 몸의 옷이 낡지 아니하였다(5절)	낡은 옷(5절)
너희 발의 신이 해어지지 아니하였다(5절)	낡아 기운 신(5절)
너희는 떡을 먹지 못하였다(6절)	마르고 곰팡이 난 떡(5절)
너희는 포도주를 마시지 못하였다(6절)	찢어져서 기운 가죽 포도주 부대(4절)

이러한 평행 요소들로부터 드러나는 한 가지 중요한 사실은 여호수아 9장이 기브온 족속을 "야웨께서 함께 하지 않으셨을 경우에 예상되는 이스라엘의 모습"과 유사한 자들로 그리고 있다는 점이다(Hawk 1991: 89). 뿐만 아니라 기브온 족속은 야웨께서 요단 동편에 거하던 시혼과 옥의 왕들에게 어떠한 일을 행하셨는지도 알고 있다. 모세는 신명기 29장의 설교에서 이 두 전쟁을 정확하게 기억한 바 있다(7절). 신명기 29장의 계약 갱신 예식에 참여한 자들 중에는 장로들과 (남자) 관리들만 있었던 것이 아니라, 아이들과 여인들, 그들의 진중에 있던 이방인들, "그들을 위하여 나무를 패며 물을 긷던" 자들까지도 포함되어 있었다(11절). 이 마지막 구절은 여호수아 9장에서 여호수아에 의해 기브온 족속에게 부과된 신분을 묘사하는 데 사용된다(21, 27절).

마지막으로 우리는 어쨌든 하나님께서 모세를 통하여 이스라엘에게 명하신 일, 곧 가나안 거주민들을 향하여 시행하도록 명하신 '헤렘'에 대하여 기브온 족속이 알고 있다는 점을 주목할 필요가 있다(24절). 이것은 기브온 족속이 왜 계속해서 자기들을 일컬어 "먼 땅"(실제로는 겨우 몇 마일밖에 안 떨어진)에서 온 자들이라고 했는지(6, 9절)를 설명해 줄 수도 있다. 신명기 20:10-28에 의하면, 약속의 땅 경계선 안에 있는 성읍들만이 무조건 '하람'의 대상이 된다(16-18절). 이와는 달리 그 경계선 밖에 있는 성읍들, 곧 이스라엘로부터 "멀리 떨어진"('레호콧') 성읍들은 미리 항복할 경우에 '헤렘'을 피할 수 있다. 그 대신에 그들은 강제 노역을 감수해야 한다(10-15절). 여호수아 9:6, 9에 의하면 기브온 족속은 자기들이 "멀리 떨어진"('레호콧') 땅으로부터 왔다고 말한다. 이로써 그들은 "교묘하게 성서의 법을 사용함으로써 그 법을 피해가려고" 했을 것이다(Fishbane 1985: 207). (애석하게도 자신의 유익을 위해 성서를 남용하고 잘못 적용한 자들 중에는 기브온 족속만 있는 게 아니다.)

신명기 29장과 여호수아 9장은 똑같이 계약에 관해서 말한다. 신명기 29장이 하나님께서 이스라엘과 더불어 맺으신 계약에 관해서 말하고 있는 반면에, 여호수아 9장은 이스라엘이 기브온 족속과 더불어 맺은 계약에 관해서 말하고 있다. 이스라엘이 기브온 족속과 더불어 맺은 계약의 지속성을 보증해 주는 것은 기브온 족속의 가치에 있지 않다. 그것은 도리어 여호수아가

한 약속과 맹세가 취소할 수 없는 것이라는 사실에 있다(15, 18, 19절). 바로 이 점이야말로 야웨께서 이스라엘과 더불어 맺으신 계약의 기초를 이룬다는 것은 많은 상상력을 동원하지 않아도 금방 알 수 있는 것이다. 계약의 효력은 이스라엘이 소중하기 때문에 유지되는 것이 아니라, 하나님의 은혜로운 약속과 맹세의 행동으로 인하여 유지된다. "이스라엘은 기브온이나 마찬가지인 존재이다"(Polzin 1980: 120).

의심할 여지 없이 여호수아 9장은 기브온 족속의 속임수와 기민성에 초점을 맞추고 있다. 이 본문에는 장로들의 말을 여호수아에게 그대로 전한 일부 기브온 족속의 (잘못된) 인용문이 소개되어 있다. 이것은 X가 Y의 말 — 검증하기 어려울 뿐만 아니라 완전한 거짓말이기도 한 — 을 Z에게 인용 전달하는 담화 형식에 해당하는 것이다(Savran 1988: 24).

인용자(X)	본래의 화자(Y)	듣는 자(Z)	속임수
기브온 족속(수 9:11)	기브온의 장로들	여호수아	"여행할 양식을 손에 가지고 가서 …"
미갈(삼상 19:17)	다윗	사울	"나를 놓아 가게 하라. 어찌하여 나로 너를 죽이게 하겠느냐?"
다윗(삼상 21:2)	사울	아히멜렉	"… 아무 것이라도 사람에게 알게 하지 말라"
아말렉 사람(삼하 1:7-9)	사울	다윗	"너는 내 곁에 서서 나를 죽이라"
시바(삼하 16:3)	므비보셋	다윗	"이스라엘 족속이 오늘 내 아비의 나라를 …"
한 예언자(왕상 13:18)	천사	하나님의 사람	"그를 네 집으로

			데리고 돌아가서 …"
게하시(왕하 5:22)	엘리사	나아만	"지금 선지자의 생도 중에 두 소년이 …"

그러나 확실히 이 설화는 기브온 족속의 책략과 이스라엘의 경솔함에만 초점을 맞추고 있지 않다. 그 이상의 강조점이 있다. 두 가지 요소가 중요한 강조점임에는 틀림이 없지만 말이다. 이스라엘과 맞서 싸우려는 여타 족속들과 이스라엘에게 굴복한 기브온 족속을 비교해 보면, 이 본문이 "야웨의 행동에 그대로 응하는 태도를 권장하되 그에 저항하는 태도를 경고하려는 목적의 교훈"을 담고 있음이 분명해진다(Stone 1991: 34). 굴복한 자들은 살지만, 저항한 자들은 죽는다. 바로 이것이 성서 전체가 가르치는 기본적인 교훈인 것이다.

10:1-43. 여호수아서의 다음 부분은 이스라엘 백성이 가나안 남부 지역을 공격하여 정복한 이야기를 상세하게 다루고 있다. 그러나 이스라엘이 정복을 주도했던 6~9장의 전쟁들(가나안 중부 지역)과는 달리 이곳의 전쟁은 공격전보다는 방어전 성격이 더 강하다. (11장에 묘사되는 북부 지역 정복전도 마찬가지이다) 10장에서는 여호수아에게 예루살렘이나 가나안의 다른 남부 도시들에 대하여 '헤렘'을 행하라고 지시하는 야웨의 말씀이 전혀 나타나지 않는다.

그 반대로 이스라엘 백성은 전쟁에 임하기는 해도, 어디까지나 다섯 연합군의 공격을 받은 계약 종속국 기브온을 돕기 위해서일 뿐이다. 이 연합군은 이스라엘보다는 기브온을 목표로 결성된 군대이다. 그들은 이스라엘과 싸우지 않고 도리어 기브온을 상대하여 싸우고자 한다. 그들의 그러한 행동은 충분히 이해할 만한 것이다. 왜냐하면 아모리/가나안의 다섯 왕들의 시각에서 볼 경우에 기브온 족속은 배신자에 해당하는 자들이기 때문이다. 중심 세력인 이스라엘에 맞서 싸워야 할 상황에서 말이다. 그들의 목표는 이스라엘을 멸하려는 데 있는 것이 아니라, 배신의 길에 들어선 기브온 족속을 벌하고 회복시키려는 데 있다.

10장은 다음과 같은 삽화들을 포함하고 있다:

1. 예루살렘 왕 아도니세덱은 여호수아가 아이 성에 행한 일에 대하여, 그리고 기브온 족속과 더불어 계약을 맺는 일에 대하여 듣고서 두려움에 사로잡힌다(10:1-2).
2. 아도니세덱은 두려움에 사로잡힌 나머지 기브온을 공격하기 위해 연합군 결성을 주도한다(10:3-6).
3. 도움을 요청받은 여호수아는 기브온 족속을 보호하며, 침략군을 물리치고서 그들을 살육한다(그들의 왕들은 살육에서 제외됨). 무엇보다도 야웨께서 무시무시한 우박을 비처럼 그들에게 내리셨기에 가능한 일이었다(10:7-11).
4. 여호수아는 해와 달을 멈추는 기적을 행하여 낮 시간을 늘임으로써 침략군을 패주시킨다(10:12-15).
5. 다섯 왕들은 전쟁터에서 도망하여 동굴 속에 숨지만, 이스라엘 군대에 발각되고 만다. 이스라엘 군대는 그들을 동굴에 가둔다. 그 직후에 다섯 왕들은 동굴에서 풀려나 처형된다. 그들의 시체는 처음에는 나무에 매달려 있다가 동굴 속에 던져짐으로써 영구적으로 동굴에 봉인된다(10:16-27).
6. 여호수아와 이스라엘 군대에 함락된 가나안 남부 지역의 일곱 성읍들이 소개된다: 막게다(10:28); 립나(10:29-30); 라기스(10:31-32); 게셀(10:33); 에글론 (10:34-35); 헤브론(10:36-37); 드빌(10:38-39).
7. 여호수아의 남부 전투에 대한 요약문이 이어진다(10:40-43): 지역(40절), 영토(41절), 연대기적인 틀(42절).

하나님께서 행하신 일에 관해 듣게 되면 정반대되는 두 가지의 반응이 생겨난다. 그 하나는 두려움, 승인, 굴복 등의 반응이고(수 2:10; 5:1; 9:3-4, 9-10), 다른 하나는 적대감과 저항의 태도이다(9:1-2; 10:1-3; 11:1-5). 무관심이나 냉소주의의 반응은 결코 나타나지 않는다. 동맹군 기브온의 배신에 자극받은 아모리의 다섯 도시 국가들은 이탈한 주변 나라를 징계하기 위해 연합군을 편성한다. 구약성서는 다섯 왕들이 연합군을 결성한 다른 두 사례에 대해서 보고한다. 창세기 14:2와 여호수아 13:3이 그에 해당한다. 그러나 여호수아 10장의 연합군과는 달리, 이 두 본문의 다섯 나라 연합군은 주로 방어를 목적으로 결성되었다. 달리 말해서 원수를 몰아내고 외적의 영토 침입을 저지하기 위해서 결성된 군대라는 얘기다.

기브온 족속의 구조 요청에 대하여 여호수아는 신속하고도 관대한 자세로 응답한다. 아모리의 다섯 왕들 "전부"(all)를 물리치기 위해(6절) 여호수아는 밤중에 길갈로부터 기브온으로 "모든"(all) 강한 용사들을 보낸다(7, 9절). 여기서 우리의 흥미를 끄는 것 몇 가지가 있다. 첫째로 여호수아는 "결과야 어떻든" 상관하지 않고 그 일에 전혀 개입하지 않으려는 태도를 보이기보다는 자기 말의 신뢰성에 더 많은 무게를 둔다. 달리 말해서 그는 기브온 족속의 도움 요청에 대하여, 만일에 자신과 이스라엘 백성이 기브온 족속의 책략에 말려들지 않았더라면 기브온 족속에게 행했을 일을, 그들의 동료 아모리 족속에게 행하도록 허용했을 수도 있지만, 그렇게 하지 않았다는 얘기다.

두 번째로 우리의 흥미를 끄는 것은 "그들을 두려워 말라. 내가 그들을 네 손에 붙였으니 그들의 한 사람도 너를 당할 자 없으리라"(8절)는 야웨의 말씀이 여호수아가 자신의 군대와 함께 길갈을 떠나기(7절) 전에 주어진 것이 아니라 그 후에 주어진 것이라는 점이다. 이로써 하나님의 말씀은 여호수아의 작전 행동을 지시하기보다는 그것을 확정짓는 역할을 수행한다. 이것은 충분히 예견될 수 있는 일이다. 사람들은 어떤 약속을 할 때, 자기들이 그 약속을 존중해야 할지 그러지 않아도 되는지에 관하여 하나님의 인도하심과 그의 뜻을 물을 필요가 없다.

여호수아와 이스라엘은 홀로 싸우지 않는다. 놀랍게도 그 전쟁에 가담한 기브온 족속에 대해서는 어떠한 언급도 발견되지 않는다. 이스라엘과 "내통"한 그들에게도 아도니세덱이 두려워한 무수한 전사(戰士)들이 있었음에도 불구하고 말이다(2절). 그 이유는 다른 누가 아닌 야웨께서 친히 여호수아와 이스라엘 편에 서서 싸우시기 때문이다. 아모리 족속은 두 가지 종류의 어려움을 겪는다. 그 하나는 칼에 죽는 사람들의 경우이고, 다른 하나는 "하나님의 행동"에 의하여 죽은 사람들의 경우이다. 후자의 경우, 우박에 죽은 자들이 칼에 죽은 자들보다 더 많을 정도로 파괴적인 우박비(또는 돌)가 하늘로부터 "던져졌다"(thrown, 11절). "큰 돌들을 던지신"('샬라크 아바님 게돌롯') 야웨의 행동은 나중에 다섯 왕들의 시체를 동굴에 "던진"('샬라크') 후 그 어귀를 "큰 돌"('아바님 게돌롯')을 굴려 봉인한 여호수아의 행동을 묘사하는 데 사용된 것과 똑같은 문구를 포함하고 있다.

본문은 우박이 어떻게 해서 도망치는 가나안 족속에게만 떨어지고 그들을 추격하는 이스라엘 군대를 피해갔는지에 대해서 분명하게 설명하지 않는다. 이러한 요소 역시 기적적인 구원을 강조하려는 의도를 가지고 있다. 그것은 출애굽기의 재앙들을 연상시킨다. 당시 상황을 눈여겨 보면, 악질(출 9:4, 6)과 우박(출 9:26) 및 흑암(출 10:23) 등의 재앙이 이스라엘 사람들과 그들의 생축에게 임하지 않도록 막아주는 은밀한 보호막이 있는 것처럼 느껴진다. 이는 구약성서가 하나님의 전쟁 개입 개념에 대한 믿음을 굳게 간직하고 있음을 의미한다. 물론 그것이 성서에서만 발견되는 독특한 신앙의 요소인 것은 아니다(Weinfeld 1983: 121-47; Younger 1990: 208-11).

10장에서 가장 잘 알려진 부분은 여호수아가 원수들을 몰아낼 때까지 해와 달을 정지시켜 달라고 요청하자 천체의 움직임이 그의 요청대로 되었다는 대목이다(12-14절). 이에 대한 가장 그럴듯한 해석에 의하면, 여호수아는 전쟁을 끝내기 위해서는 낮 시간의 연장이 필요하다고 믿었다. 태양의 운행 정지로 인하여 그는 승리를 쟁취할 수 있었을 것이다.

구약성서 안에는 흑암이 군사 전략의 한 수단으로 사용되는 경우가 많다(창 14:15, 아브람과 주변 나라의 왕들; 수 8:3, 여호수아와 아이 성; 삿 7:9, 기드온과 미디안 족속; 삼상 11:5-10, 사울과 암몬 족속; 삼상 14:36, 사울과 블레셋; 삼상 26:7, 다윗과 사울; 왕하 6:14, 엘리사와 아람 왕; 왕하 8:21, 여호람과 에돔 족속; 왕하 19:35, 야웨의 사자와 블레셋 족속). 그러나 해가 진 후의 전쟁 중단과 관련된 전승도 발견된다(삼하 2:24-28).

12-14절은 산문체의 도입부로 시작되며(12a절), 뒤이어 한 편의 시(12b-13a절)와 그 사건에 대한 산문체의 해설(13b-14절)이 나타난다. 본문은 이 세 구절의 일부 — 크게 보면 세 절 전부, 그리고 작게 보면 세 절 중의 한 절 — 를 "야살의 책"으로부터 인용했다고 말한다. 이 책에 대한 구약성서의 언

급은 한 군데 더 있다. 다윗이 사울과 요나단의 죽음을 슬퍼하는 대목에 그 책이 언급된다: "명하여 그것을 유다 족속에게 가르치라 하였으니, 곧 활 노래라. 야살의 책에 기록되었으되"(삼하 1:18).

야살의 책, 곧 "의로운 자들의 책"은 구약 저자들에 의해 사라진 문헌의 범주에 속한 몇몇 책들 중의 하나다. 다른 책들의 예를 들면 다음과 같다: "야웨의 전쟁기"(민 21:14); "이스라엘 왕 역대지략"(왕상 14:29외 15회 인용); "솔로몬의 행장"(왕상 11:41); "선견자 사무엘의 글과 선지자 나단의 글과 선견자 갓의 글"(대상 29:29). 야살의 책과 야웨의 전쟁기에 대한 언급이 항상 시(詩)와 관련된 맥락에서 나타난다는 점을 고려한다면, 특히 이 두 권의 책은 이스라엘 초기 역사의 전쟁 이야기에 대해 서술하는 초기의 노래집이었을 것으로 추정된다. 이 책들은 여호수아 때의 가나안 정복에서 시작하여 다윗 왕조에서 절정에 이르는 대서사시를 담고 있다고 할 수 있다. 여호수아와 사무엘하의 저자들/편집자들은 야살의 책에 대해서 알고 있었고 그것을 해당 문맥에서 인용한 셈이다.

이 삽화의 몇 부분들에 대해서는 여전히 논란이 많다. 예로써 "그가 이스라엘 목전에서 가로되"(12절)라는 구절에서 "그"는 대체 누구인가? 해와 달을 향해 말한 사람은 누구인가? 여호수아인가?(아마도 그일 것이다) 아니면 하나님인가?(그일 수도 있다) 이와 비슷한 문제는 '아드 이콤 고이 오예바우'라는 표현에서도 발견된다(13절). 전통적으로 이 표현은 "민족('고이')이 원수들('오예바우')에게 복수할 때까지"로 번역된다. 그러나 야웨를 동사의 주어로 볼 수도 있다. 이 경우에는 "그가 친히 원수들의 백성에게 복수하실 때까지"로 번역할 수 있다. 아니면 여호수아를 동사의 주어로 볼 수도 있다. 이 경우에는 "그(여호수아)가 원수들의 무리에게 복수할 때까지"로 읽힌다(Peels 1995: 86–92).

그러나 가장 중요한 문제는 실제로 어떠한 일이 발생했는가 하는 데 있다. 두 가지의 가능성이 있다. 그 하나는 13b절의 산문체 해설문이 제공하고 있는 해석이다: "태양이 중천에 머물러서 거의 종일토록 속히 내려가지 아니하였다." 두 번째 해석은 대낮에 천상의 일시적 암흑 상태, 곧 일식 현상이 발생함으로써 침략군이 공포에 빠져들었다고 본다(Margalit 1992: 466–87). 이 설명은 많은 장점을 지니고 있기는 하지만, 13b절의 산문체 해설문이 실제로 발생한 일을 완전히 오해하고 있는 것으로 본다는 단점을 안고 있다.

우리가 보기에 "실제로 발생한 일"을 찾아내려는 시도는 부질없는 것일 수도 있다. 그러한 시도는 본문이 원하지 않는 것이다. 당장은 본문이 지구의 자전 중단에 관해서 말하고 있다는 것을 인정한다 할지라도, 그것은 전능하신 하나님이 자기 백성을 돕기 위해 천체의 움직임까지도 조정할 수 있다는 개념을 전달하고자 하는 성서의 회화적인 언어 사용법으로 볼 수도 있지 않겠는가? 하나님은 원수를 멸하기 위하여 우박(밤중에)이나 태양 시간(낮에)을 사용하시기도 한다(Howard 1993: 89; Barr 1977: 243-45; 바아[Barr]는 일부 "근본주의자들"이 본질적으로 자유주의적이고 합리주의적인 논증 형태를 취하고 있다고 비난한다).

여호수아 10:12-13을 일식보다는 태양의 운행 중단으로 해석하고자 하는 견해는 이 주제가 지중해 문학의 다른 곳에서도 발견된다는 점을 근거로 든다. 제우스(Zeus) 신을 향한 아가멤논(Agamemnon)의 기도(*The Iliad*, 2.412-15)를 한 예로 들 수 있다:

"지극히 영화롭고 전능하신 제우스여, 검은 구름의 신이시여, 지극히 높은 하늘의 주이시여, 제가 프리암(Priam)의 궁을 정복하고서 연기로 그곳을 어둡게 하며 그의 성문들을 화염에 휩싸이게 하고 헥토르(Hector)의 가슴을 덮고 있는 상의를 제 청동 무기로 찢어발길 때까지만 태양이 져서 어두워지는 일이 없게 하소서."

「일리아드」를 계속 읽어나가다 보면, 트로이 사람들과 아케 사람들 사이의 전쟁이 잠깐 소강 상태에 빠져 있는 부분에서 다음과 같은 글귀를 발견하게 된다:

"황소의 눈을 가진 하늘의 여왕께서 이제 피곤을 모르는 태양이 대양의 큰 물줄기 아래로 가라앉는다고 말씀하셨다. 그동안 태양은 자신의 운행을 중단했으나 마침내 지평선 아래로 저물어 갔다. 아케 사람들은 그 두렵고 치열한 전쟁의 와중에 닥친 잠깐 동안의 기회를 충분히 활용하였다"(18.239-42).

고대 우가릿에서 발견된 가나안의 바알-아낫(Baal-Anat) 문서에서도 이와 비슷한 표현을 발견할 수 있다('nt: V: 25-26). 그것은 유일하게 왕궁을

갖지 못한 가나안의 주요 신 바알이 아낫에게 아세라를 찾아가서 가나안 만
신전의 최고 신인 엘(El)에게 기능의 신 코타르-와-하시스(Kothar-wa-
Hasis)를 명하여 바알의 왕궁을 건축하게 할 것을 부탁하라고 설득하는 장면
에서 나타난다. 아낫은 바알의 요구대로 하여 마침내 목표를 달성한다. 아세
라가 엘에게 접근하는 장면에서 다음의 두 행이 나타난다:

nrt. ʼilm.shpsh [shrr]t
laʼ..shmm[.] by [d. bn. ʼilm. m]t

가나안 신화에서 죽음의 신을 가리키는 모트(Mot)와 태양의 여신 샤파쉬
(Shapash 또는 샵슈, Shapsh)를 다스리는 그의 주권에 대해서 언급하는 이 두
행에 대해서는 세 가지의 서로 다른 번역이 존재한다.

· H. L. Ginsberg, *ANET*, 137:
  광활한 하[늘]을 [나는]
  엘의 횃불 샵슈조차도
  엘이 사랑하는 모트의 손에 있도다.

· J. C. L. Gibson, *Canaanite Myths and Legends* (Edinburgh: 1977), 53:
  신들의 등불인 샤파쉬가 [뜨거워지지 않았으며]
  하늘은 [모트 신]의 손에 의하여 피곤하게 되었도다.

· C. H. Gordon, *Ugarit and Minoan Crete* (New York: 1966), 56:
  신들의 등불인 태양이 불타오르[며]
  하늘은 모[트 신으로 인하여] 멈추는도다.

고든(Gordon)은 자신의 책 *Ugaritic Textbook* (Rome: 1965), 426에서 우가
릿어의 *la*를 히브리어의 *la'ah*와 연결짓고 있으며, 이 구절을 여호수아
10:12-13과 마찬가지로 "하늘이 약해졌다/멈추었다"로 번역한다.

10장의 마지막 부분(28-43절)은 이스라엘의 가나안 남부 지역 정복이 갖는 또 다른 측면을 간략하게 정리하고 있다(Younger 1990: 226-28; 1995: 255-64). 이 부분에서는 다음과 같은 표현들이 계속해서 나타난다: "여호수아가 그 안에 있는 모든 사람을 진멸하였다"(28절); "한 사람도 남기지 아니하였으니"(28절); "칼날로 그 성읍과 그 중의 모든 사람을 쳐서 멸하여"(30절); "한 사람도 남기지 아니하였더라"(33절). 고대 근동의 전쟁 기록에서도 이와 비슷한 "총칭" 언어가 두루 나타난다는 점을 고려하면, 이러한 표현들을 일종의 과장법에 속한 것으로 보아도 무방할 것이다.

이 점은 마지막에 언급된 두 성읍 헤브론과 드빌이 여호수아에 의해 완전히 파괴된 것으로 여겨졌음에도 불구하고, 사사기 첫 장에서 다시금 언급되고 있을 뿐만 아니라(헤브론, 1:9-10; 드빌, 1:11-15), 여호수아가 죽은 후에 갈렙과 옷니엘에 의해 정복된다는 사실에 의해 뒷받침된다. 따라서 우리는 여호수아와 사사기 사이에 현저한 불일치가 있다고 볼(de Vaux 1978: 627) 필요가 없다. 도리어 여호수아 10장이 군사적인 승리의 처음 단계에 초점을 맞추고 있는 반면에, 사사기 1장은 그 동일한 성읍들에 대하여 더 완전한 정치적 지배권을 확보해야 하는 한층 복잡하고도 오래 걸리는 과제에 초점을 맞추고 있다고 볼 수 있다. 우리는 여호수아 10장의 마지막 절이 이처럼 다양하고도 잡다한 정복 작업이 끝난 후에 "여호수아가 온 이스라엘로 더불어 길갈 진으로 돌아왔더라"고 말한다는 점을 주목할 필요가 있다. 이것은 이스라엘이 그 성읍들을 정복하기는 했지만, 그 어떤 성읍도 자기들의 거주지로 삼지 않았음을 의미한다.

더 나아가서 10:42의 "여호수아가 이 모든 왕과 그 땅을 '파암 에하트' 취하니라"는 언급에 대해서도 관심을 기울일 필요가 있다. 이 구절에 나오는 '파암 에하트'라는 히브리어 표현을 "단 한 번의 출정에서" 또는 "단번에"로 번역한다면, 이는 "여호수아가 그 모든 왕과 싸운 지는 여러 날이라"(11:18)는 표현에서 드러나는 북쪽 지역 정복 과정과 구별되는 것임에 틀림없다. 그러나 '파암 에하트'라는 표현은 이스라엘 백성이 여리고 성 주변을 매일 "한 번씩" 돌던 상황을 가리킬 때에도 사용된다(수 6:3, 11, 14). 이 표현이 6장이나 10장에서 동일한 뜻을 가지고 있다고 본다면, 10:42은 여호수아가 그 성읍들을 "한 번" 또는 "한 차례에 걸쳐서" 취했음을 가리킨다고 볼 수 있다. 이는 그 성읍들을 완전히 지배하기 위해서는 추가적인 군사 행동이 필요함을 의미한다. "단번에"(at one time)라는 의미를 전달하기 위해서는 전치사 '베트'가 필요할 것이다. 사무엘하 23:8에서처럼 말이다("저[다윗]가 한때에 [at one time] 팔백 인을 쳐죽였더라").

11:1-23. 가나안 북부 지역에서 이스라엘이 거둔 승리들에 대하여 서술하는 본문(11:1-20)은 몇 가지 점에서 10장의 진술과 평행되는 모습을 보인다.

10장	11장
1. 이스라엘의 동맹군인 기브온을 공격하기 위해 예루살렘 왕 아도니세덱을 중심으로 하는 다섯 왕 연합군이 결성된다(10:1-5).	이스라엘을 공격하기 위해 하솔의 야빈이 주도하는 다섯 왕 연합군이 결성된다 (11:1-5).
2. 두 왕이 똑같이 자기들이 들은 소문으로 인하여 군사 행동을 취하기로 결심한다(10:1)	(11:1)
3. 야웨께서 여호수아에게 "두려워 말라"고 말씀하신다(10:8)	(11:6)
4. 야웨께서 '나탄' 동사("주다")의 완료형을 사용하신다(10:8, "내가 그들을 네 손에 붙였으니")	야웨께서 '나탄' 동사의 분사형을 사용하신다(11:6, "내가 그들을 이스라엘 앞에 붙여 몰살시키리니")
5. 여호수아는 방어전을 시작하며 불시에 그들을 공격한다(10:9).	(11:7)
6. 여호수아는 연합군을 물리치며(10:10-27), 인근의 다른 성읍들까지 정복한다(19:28-39).	여호수아는 하솔을 물리치며(11:8-11), 주변 성읍들까지 정복한다(11:12-15).
7. 요약 진술(10:40-43).	(11:16-20)

11장에서는 두 가지의 새로운 요소가 나타난다. 그 하나는 야빈이 주도하는 연합군이 이스라엘과 맞서 싸우기 위해 말과 전차를 이끌고서(4, 6, 9절) "메롬 물가"(일부 고고학자들에 의하면 하솔로부터 서쪽으로 10마일 떨어진

곳)로 나왔다는 점이다. 여호수아서의 전쟁 장면 묘사에서 말과 전차에 대해 언급하는 본문은 11장밖에 없다. 여기서는 우박이나 태양의 운행 중지와 같은 현상이 없지만, 말도 전차도 갖지 못한 군대가 어떻게 해서 그 둘을 풍부하게 가지고 있는 대적의 군대를 크게 무찌를 수 있는지에 대해서 사람들은 의아하게 생각한다. 그것은 일종의 기적에 해당하는 것이다. 이스라엘 백성이 말 뒷발의 힘줄을 끊고 전차들을 불사른 행동(9절)은, 침략자들에 대한 승리의 결과로 보기보다는, 가나안 북부 지역 성읍들에 대하여 승리를 거둘 수 있게 한 수단으로 보는 것이 더 정확할 것이다.

11장에 나타나는 두 번째의 새로운 요소는 여호수아가 유다와 이스라엘의 산지로부터 아낙 자손을 몰아냈다는 데 있다(21-22절). 이스라엘에게 정복되기 전의 가나안 족속의 일부를 구성하던 아낙 자손은 체격이 큰 탓에 다른 민족에게 두려움의 대상이 되었다(민 13:32-33; 신 1:28; 2:10).

이것은 11장에서 이스라엘이 두 가지 다른 점에서 우위를 보이는 대적과 마주하게 되었음을 의미한다. 그 하나는 무기(1-20절)이고, 다른 하나는 체격이다(21-22절).

그러나 본문은 이스라엘 백성이 스스로 승리를 쟁취했다고 자만하지 못하도록 하기 위하여 이스라엘의 야웨께서 하신 역할을 강조한다. 20절은 모세와 출애굽 시절에 야웨께서 파라오를 다루시던 모습을 연상시키는 언어를 사용하되, 야웨께서 "그들의 마음을 강퍅하게 하셨다"고 말하며, 그럼으로써 가나안 성읍들이 이스라엘을 전쟁에 끌어들였고, 그 결과 파멸에 직면하게 되었다고 말한다.

12:1-24. 12장은 이스라엘이 여호수아의 인도 하에 얻은 승리들을 요약한다. 요단 동편 지역에서의 승리를 다루는 부분(1-6절)과 요단 서편 지역에서의 승리를 다루는 부분(7-24절) 둘로 나뉜다. 첫 번째 부분은 신명기 2:24~3:17에 기록된 사건들, 특히 헤스본 왕 시혼(신 2:24-37)과 바산 왕 옥(신 3:1-7)을 물리친 사건을 재음미한다. 두 번째 부분은 여호수아 6~22장에 기록된 사건들을 요약하며, 31명의 피정복지 왕들의 목록을 소개한다.

12장은 다른 고대 근동 문헌들과 비슷한 점을 가지고 있다. 왜냐하면 고대 근동 문헌들에서도 특정 왕이 정복한 성읍들과 땅들의 목록이 자주 발견되기 때문이다. 사실 우리는 동일한 왕이 정복한 지역들의 목록을 담고 있는 두 개의 비문들에 차이가 나는 경우를 알고 있다. 두 개의 목록을 비교해 보면, 특정 성읍의 이름이 어떤 비문에서는 발견되지만 다른 비문에서는 발견되지 않는 경우가 있음을 알 수 있다. 이것은 그 목록이 선택적이고 부분적인 것임을 암시한다(부정확한 것이라고 보기보다는). 이 점은 왜 12장이 여호수아의 므깃도 정복에 관해서 언급하고 있는데도(21절), 11장에서는 그에 대한 언급이 전혀 없는지를 설명해 줄 수 있을 것이다. 이것은 가나안 북부 지역의 정복에 관해 서술하는 여호수아 11장이 모든 내용을 남김없이 다 다루는 총괄적인 자료라기보다는 그 중 일부만을 다루는 선택적인 자료임을 의미한다(Younger 1990: 230-32).

여호수아 6~12장은 가나안의 성읍들과 거주민들을 정복한 이스라엘의 활동에 초점을 맞추고 있다. 이스라엘은 난공불락의 요새와도 같은 성읍들로부터 시작하여 말과 전차를 가진 군대에 이르기까지 극복하기 어려운 우열의 차이가 엄연히 존재함에도 불구하고 끝까지 정복을 마무리할 때까지 계속해서 전진하였다. 야웨께서 그 정복 활동의 한가운데에 계시지 않았더라면, 이스라엘은 요단 강을 건너지 못했을 것이요, 이스라엘보다 한층 우세한 자원을 가진 가나안 성읍들과 민족들을 물리치지 못했을 것이다. 이스라엘에게는 있으나 가나안에는 없는 것, 그것은 바로 야웨이다.

우리는 여호수아 6~12장에 걸친 일곱 개의 장들을 믿음의 주제에 맞추어 백스터의 견해를 따라 다음과 같이 요약할 수 있을 것이다(Baxter 1960: 264):

> 6장: 여리고 성 함락 — 승리하는 믿음
>
> 7장: 아간의 범죄 — 무력화된 믿음
>
> 8장: 아이 성 함락 — 새로운 힘을 얻게 된 믿음
>
> 9장: 기브온의 책략 — 위기에 빠진 믿음
>
> 10~12장: 가나안 남부 지역과 북부 지역의 함락 및 전체 요약 —
> 완전히 승리한 믿음

역사적인 사건으로서의 가나안 정복

평신도 성서 독자에게 여호수아 1~12장의 요점을 정리하라고 말한다면, 아마도 그는 그 내용을 이렇게 서술할 것이다: 여호수아 1~12장은 여호수아의 인도함을 받은 이스라엘 백성이 가나안과 가나안 족속을 정복하게 된 일, 곧 요단 동편으로부터 요단 강을 건넌 후, 가나안 중부 지역을 장악하고, 이어서 남부 지역과 북부 지역에 이르기까지 정복지를 넓히게 된 일련의 과정에 대해서 보고하고 있다. 이 정복 과정은 신속했고 전면적이었으며 간결한 것이었다. 보통 사람들의 성년기가 지나가는 동안에 모든 일이 마무리된 것이다.

그러나 많은 성서학자들과 고고학자들은 1~12장을 사실 매우 다르게 해석한다. 그 한쪽 끝에는 약간은 비판적인 역사가들이 있다. 그들은 여호수아 1~12장이 역사적인 진실의 핵심을 담고 있다고 믿는다. 즉, 여호수아가 이끄는 이스라엘 지파들(반드시 12지파일 필요는 없음)이 세 번에 걸친 출정에서 가나안 원주민의 저항을 물리치는 데 성공했다는 것이다. 첫 번째 출정은 가나안 중부 지역을 대상으로 하는 것이었고(여리고, 아이, 기브온), 두 번째 출정은 나중에 유다 지파의 영토가 된 지역을 대상으로 하는 것이었다(막게다, 립나, 라기스, 게셀, 에글론, 헤브론, 드빌). 그리고 마지막 세 번째 출정은 갈릴리, 특히 하솔을 대상으로 하는 것이었다. 세 차례에 걸친 이 전쟁은 가나안 원주민을 완전히 제거하지는 못했지만, 이스라엘 지파들(몇 지파가 관여했든 간에)이 사마리아, 유다, 갈릴리 등의 산지에서 지배권을 확립하고 나중에는 이 한정된 지역들을 발판으로 다른 지역들에까지 지배권을 넓힐 수 있을 정도로 그들을 몰아내는 데 성공했다. 이렇게 본다면 이 입장은 1~12장의 본질적인 역사성을 확증하는 것이나 다름이 없지만, 다른 한편으로는 비역사적인 허구의 성격을 가지고 있는 다음의 요소들이 있음을 자유롭게 인정하기도 한다: (1) 역사적인 정보를 제공하는 것으로 알려진 지명들에 대한 어원론적인 설명, (2) 실제로는 후대에 발생한 전쟁들(사사 시대에 발생한 전쟁들과 여호수아 시대에 이루어진 것으로 소급 적용되는 전쟁들), (3) 모든 "초자연적인" 사건들.

다른 끝에는 구약성서의 이 부분에 대하여 거의 회의주의적인 시각을 가진 학자들이 있다. 그들이 보기에 여호수아 1~12장은 부분적으로 부정확한 것이 아니다. "실제로 발생한 일들"에 관한 정보를 제공한다는 점에서 볼 때 이 본문은 완전히 부정확한 것이다. 사실 역사적인 시각에서 본다면, 여호수아 1~12장의 자료들은 정복에 관한 기본적인 생각을 완전히 포기하지 않으면 안 될 정도로 불합리한 것이다. 이스라엘은 결코 가나안 원주민들을 정복한 적이 없다. 어떠한 성벽도 무너지지 않았다. 이스라엘은 그 어떤 성읍의 주변도 돌아본 적이 없다. '헤렘'의 대상이 된 공동체도 없으며, 쌓아올린 돌무더기도 없다.

그 결과 학자들은 정복 모델(conquest model, 지나치게 전쟁을 강조하는 경향으로 인하여 섬뜩한 느낌이 드는) 대신에 실제로 발생한 일들을 더욱 객관적으로 해석하고자 하는 대안적인 모델들을 제시하기도 한다.

그 중 하나는 우리가 이주 모델(immigration model)이라 부르는 것이다. 이 모델의 근본적인 주장은 적어도 2세기에 걸친 오랜 기간 동안에 여러 집단들(이스라엘 백성 또는 장차 이스라엘 백성이 될 자들)이 서로 다른 시기에 상대적으로 평화롭게 가나안에 침투, 이주함으로써 이스라엘의 가나안 정착이 이루어졌다는 데 있다. 그 과정에서 부분적이나마 토착민들과의 융합이 있었고, 한참 후인 다윗 시대에 가서야 비로소 이스라엘이 군사적인 승리를 통하여 국가의 기본 틀을 확립하게 되었다는 것이다. 가나안 토착민들과 이주자들 사이의 차이는 종교나 신학 또는 윤리나 세계관 등과 전혀 무관한 것이었다. 도리어 그것은 원주민들과 (반) 유목민 또는 농부들과 유목민 사이의 차이와 관련되어 있다. 그러나 가나안 침투 집단이 원주민 집단의 생활양식을 받아들여 유목 집단으로부터 농경 정착민으로 전환함으로써, 이들 두 집단 사이의 상호 불신이 완화되었고, 그로 인하여 한층 통합적인 분위기 속에서 상호 융합이 가능하게 되었다.

"실제로 발생한 일들"을 설명하려는 목적의 또 다른 모델은 우리가 흔히 혁명 모델(revolt model) 또는 사회 변혁 모델(social revolution model)이라 부르는 것이다. 이 모델에 의하면, 이스라엘 백성은 적어도 대부분이 다소 하층민 성격을 갖는 가나안 토착민들로 이해된다. 그들은 "솔로몬"과 같은 통치자들의 압제를 더 이상 견딜 수 없어서, 일부 침입자들이나 이주자들과 합세하여 부유한 감독자들과 도시 국가들에 맞서는 혁명을 일으킴으로써, 가나안 지역 안에 그들만의 거주지를 확보한다. 이 모델은 부유한 부르주아 계층 — 토지를 독점하고 있는 — 에 맞서는 농민 혁명을 주장하는 마르크스주의 교설(敎說)의 고전적인 사례에 해당하는 것이다. 출애굽 집단은 야웨라 부르는 신의 숭배를 통하여 그 혁명에 도움을 주었다. 야웨는 압제당하던 변두리 집단의 구성원들에 의해 금방 그들 집단의 신으로 받아들여졌으며(개종을 통하여?), 그들을 공통의 명분을 통하여 하나로 묶는 역할을 수행하였다. 이 모델에 의하면, "가나안"은 "가진 자들"을 가리키는 은유로 이해된다. 그들의 종교는 바알 숭배다. "이스라엘"은 "가지지 못한 자들"을 가리키는 은유로 이해된다. 평등주의의 시각에서 본다면 고통당하는 자들을 가리키는 셈이다. 그들의 종교는 야웨 숭배이다.

이로써 여호수아 1~12장을 해석하고 평가하는 데에 세 가지 상이한 견해가 있음이 분명하게 드러난다: (1) 고고학적인 접근법으로 규정되는 정복 모델; (2) 전승사적인 접근법으로 규정되는 이주 모델; (3) 사회학적인 접근법으로 규정되는 사회 변혁 모델.

이 세 가지 견해들은 제각기 그 나름의 지지자들을 거느리고 있다. 정복 모델(완전하고 통일된 성취)은 전통적인 해석으로서, 좀 더 보수적인 학자들 사이에서 폭넓은 지지를 받고 있음이 분명하다. 그 중에서도 잘 알려진 학자들에는 올브라이트(W. F. Albright), 라이트(G. E. Wright), 브라이트(J. Bright, 특히 그의 기념비적인 저서 *History of Israel* [제3판, Philadelphia: 1981]과 *Early Israel in Recent History Writing* [London: 1956]) 등이 있다. 그리고 이미 고인이 된 두 명의 이스라엘 성서학자 카우프만(Y. Kaufmann, *The Biblical Account of the Conquest of Palestine* [Jerusalem: 1953])과 야딘 (Y. Yadin, *Military and Archaeological Aspects of the Conquest of Canaan in the Book of Joshua* [Jerusalem: 1965])도 그에 해당한다. 더욱 최근에는 빔슨(J. Bimson)과 그의 책 *Redating the Exodus and the Conquest* (Sheffield: 1981) 역시 정복 모델의 범주에 속한다고 볼 수 있다.

이주 (전승사) 모델은 처음에 독일의 구약학자인 알트(A. Alt)의 다양한 저술 활동을 통하여 널리 알려지게 되었으며, 노트(M. Noth)의 유명한 책 *History of Israel* (영역판, Edinburgh: 1958)에 의해 폭넓게 받아들여졌다. 더욱 최근에는 소긴(J. A. Soggin)의 책 *History of Ancient Israel* (영역판, Philadelphia: 1984)과 이스라엘 지파들의 팔레스타인 정착에 관한 바이퍼트(M. Weippert)의 단행본이 이 범주에 속한 것으로 알려져 있다.

사회 변혁(사회학적인) 모델은 멘덴홀(G. E. Mendenhall)의 책 *Tenth Generation*, 제7장과 그의 제자인 갓월드(N. K. Gottwald)의 책 *Tribes of Yahweh* (New York: 1975)와 *The Hebrew Bible: A Socio-Literary Introduction* (Philadelphia: 1985), 272-76에 잘 정리되어 있다.

두 번째 모델과 세 번째 모델을 주장하는 자들은 이스라엘의 가나안 출현 및 정착을 재구성하는 작업이 여호수아 1~12장의 정경적인 서술과 크게 다르다는 점에 쉽게 동의한다. 그들이 그러한 주장을 하는 이유는 본문의 역사성을 처음부터 의심해서라거나 "자연스러운" 사건들에 대한 "초자연적인" 설명들에 편견을 가지고 있어서가 아니다. 어쩌면 그들은 이 두 가지 이유를 기본적으로 전제하고 있겠지만, 그것이 주된 요인은 아니다.

정경적인 모델을 대신하는 다른 모델들이 생겨나게 된 데에는 적어도 네 가지 이유들이 있다.

첫째로, 여호수아 1~12장에 서술된 "정복" 이야기와 사사기 1:1~2:5의 설명 사이에는 약간의 대립/긴장이 있는 것으로 보인다. 전자의 경우, 정복은 가나안 전역에 대한 통일된 공격의 성격을 갖는다. 그리고 그 공격은 크게 성공을 거둔 것으로 묘사된다. 그러나 후자의 경우, 그와는 대조적으로 여러 지파들이 독자적으로 활동하는 것으로 나타난다. 그 중 일부는 여호수아의 시대에 활동하고, 다른 일부는 그가 죽은 후에 활동한다. 그리고 그 출정의 대부분은 기껏해야 아주 조금의 성공밖에 거두지 못한다. 사사기 1장에서 "X가 Y의 거주민들을 쫓아내지 못했다"는 표현이 얼마나 자주 나타나는지를 주목하라.

둘째로, 몇몇 주석가들의 지적에 의하면, 여호수아 6~11장의 일부 설화는, 본문 전체에 비추어볼 경우에, 역사적인 신빙성을 결여하고 있다. 여호수아 10:1-43의 남부 지역 출정 기사를 예로 들어보자. 포위당한 기브온 족속의 요청을 받은 여호수아와 그의 군대는 그에 대한 응답으로 밤중에 길갈로부터 기브온까지 20마일 정도 되는 오르막길을 행진한다(9절). 그의 군대는 밤새 잠을 자지 못했음에도 불구하고 적군을 벧호론 길을 따라 아세가와 막게다에 이르기까지 대략 35마일 정도 되는 거리를 계속해서 추격한다(10절). 그런데 놀랍게도 15절(70인역에는 없음)에 의하면 여호수아와 온 이스라엘은 길갈의 본진(本陣)으로 돌아온다. 순전히 16-27절에 묘사된 막게다 출정을 재개하기 위해서였다.

셋째로, 두 번째 모델과 세 번째 모델을 주장하는 자들은 성서 본문 자체에서 재구성의 흔적들을 발견할 수 있다고 믿는다. 이주 모델을 지지하는 자들은 그 증거를 사사기 1:19과 같은 구절들에서 찾는다: "야웨께서 유다와 함께 하신 고로 그가 산지 거민을 쫓아내었으나 골짜기의 거민들은 철병거가 있으므로 그들을 쫓아내지 못하였으며." 이 증거는 원 이주자들이 처음에는 인구 밀도가 낮은 산악 지역에 정착하였다는 추론을 가능하게 한다. 족장들이 다음 세대들과는 달리 원주민들과 평화로운 관계 속에서 살았으며, 심지어는 가나안 족속과 통혼하기까지 했다(창 38장)는 점 역시 주목할 만한 사실에 해당할 것이다.

사회 변혁 모델을 추종하는 자들은 라합이나 그녀의 가족(수 6장)처럼 야웨 숭배로 "개종한" 자들, 야웨 숭배자들이 아니면서도 이스라엘을 지원했던 가나안의 "동맹 부족들"(수 9장, 기브온 족속), 이스라엘을 적대시한 적이 없던 가나안의 "중립주의자들"(여호수아서는 이스라엘의 세겜 침략에 대해서 전혀 언급하지 않는다. 에브라임 산지에 있는 세겜은 여호수아가 성대한 계약 갱신 의식을 행했던 곳이다[24장]) 등을 사회 변혁의 근거로 보는 듯하다.

넷째로, 고고학은 정복 모델의 숨통을 끊는 마지막 수단으로 자주 사용된다. 오랫동안 정복 모델을 가장 크게 지지하는 것으로 여겨졌던 고고학 발굴 자료들이 이제는 많은 학자들이 볼 때 정복 개념에 철퇴를 가하는 것으로 이해된다. 특히 학자들은 군사 정복 모델을 공격하기 위해 (1) 여리고(수 6장)와 (2) 아이(수 8장) 및 (3) 하솔(수 11장) 등지에서 발견된 증거 또는 더 정확하게는 증거의 결핍을 강조한다.

논의를 진전시키기에 앞서 먼저 팔레스타인의 다양한 고고학 시대에 부여된 연대들 — 여호수아서와 관련된 — 을 살펴보기로 하자. 좀 더 세부적인 연대 구분에서는 학자들 사이에 약간의 불일치가 있지만, 다음의 연대는 모두의 공통분모에 해당하는 것이다:

초기 청동기 시대(EBA)	주전 3000-2100/2000년
중기 청동기 시대(MBA)	주전 2100/2000-1550년
MB I	주전 2100/2000-1900년
MB IIa	주전 1900-1700년
MB IIb	주전 1700-1600년
MB IIc	주전 1600-1550년
후기 청동기 시대(LBA)	주전 1550-1200년
LB I	주전 1550-1400년
LB IIa	주전 1400-1300년
LB IIb	주전 1300-1200년
철기 시대(IA)	주전 1200-300년

출애굽 사건과 가나안 진입을 역사적인 사건으로 읽는 자들은 이 두 사건에 대해여 두 가지 연대를 제안한다(사람에 따라 약간의 차이가 있기는 하지만): (1) 출애굽이 이집트 제18왕조의 파라오 투트모세/투트모시스 3세(주전 1490–1436년) 재임시인 주전 15세기에 발생했다고 보는 초기 연대설; (2) 출애굽이 제19왕조의 파라오인 세티 1세(주전 1302–1290년) 또는 람세스 2세(주전 1290–1224년) 재임시인 주전 13세기 초에 발생했다고 보는 후기 연대설.

우리의 관심사는 이 두 연대 가운데 어느 하나가 가지고 있는 장점을 주장하려는 데 있지 않다. 두 연대는 공히 성서 안과 밖에 그들 나름의 상당한 증거들을 가지고 있는 것으로 보인다. 이 문제는 구약 연구에서 보수적인 학자들 중에서조차 서로 간에 의견의 일치를 보지 못하고 있는 몇몇 쟁점들 중의 하나이다. 초기 연대를 받아들이는 견해는 여호수아 인도 하의 정복이 LB I 시대(주전 1550–1400년)에 발생했다고 본다. 반면에 후기 연대를 주장하는 견해는 여호수아 인도 하의 정복이 LB II 시대(주전 1300-1200년)에 발생했다고 본다.

위에서 "문제" 있는 것으로 언급된 세 성읍들 중 가장 눈에 띄는 성읍은 아이 성(수 8장에 의하면 여호수아에 의해 정복된)이다. 여호수아 7:2은 아이를 일컬어 "벧엘 동편 벧아웬 곁에 있는" 성읍이라고 말한다. 벧엘(오늘날의 베이틴[Beitin] 마을?)과 그 동쪽의 광야 사이에는 오늘날 에트-텔(et-Tell, 히브리어 '아이'의 아랍어 번역에 해당하는 낱말임)이라 부르는 커다란 언덕이 있다. 이곳이 옛 아이의 흔적일 가능성이 매우 높다. 이러한 판단이 옳다면, 에트-텔을 발굴한 고고학자들은 이곳의 정착사에서 아이가 매우 큰 성읍이었던 EBA와 이스라엘의 소규모 정착이 이루어졌던 IA 사이에 큰 간격이 있음을 발견했을 것이다. 달리 말해서 LBA 전체에 걸쳐서 아이에는 사람이 살지 않았다는 것이다! 우리가 보기에 에트-텔의 발굴 결과는 성서에 기록된 사건의 역사성을 가장 크게 깎아내리는 자료가 되는 셈이다. 물론 고고학 발굴 결과에만 의지하여 최종 결론을 내릴 수는 없는 일이다. 아이와 에트-텔을 동일시하는 견해조차도 언젠가는 폐기되어야 할지도 모르는 일이다. 그러나 현재로서는 그것이 부정적인 증거로 작용하고 있음이 분명하다.

여리고의 경우는 어떠한가? 20세기에 이르러 여리고 발굴은 세 차례에 걸쳐서 이루어졌다. 첫 번째 발굴은 1907-1911년에 독일과 오스트리아의 고고학자들에 의해서 이루어졌다. 그들이 내린 결론은 더욱 최근의 아이 발굴 결과와 일치한다: 여리고는 LBA 시대에 사람들이 거주한 적이 없다는 것이다. 영국의 고고학자인 거스팅(John Garstang)은 여리고의 두 번째 발굴 작업을 대표하는 학자이다. 그의 발굴 작업은 1930-1936년 사이에 이루어졌다. 그는 LBA 정착지의 흔적들 — 이미 대부분이 침식되어 있던 — 을 발굴함으로써 전임자들의 견해를 수정하였다. 뿐만 아니라 그는 붕괴된 여리고의 성벽이 LBA에 속한 성벽임을 입증하였으며, 그것이 여호수아 6장의 무너진 성벽과 같다고 보았다. 여리고의 세 번째 발굴 — 많은 사람들이 보기에 가장 중요한 의미를 갖는 — 은 거스팅의 수제자인 케년(Kathleen Kenyon)에 의해 1952-1958년 사이에 이루어졌다. 그녀의 견해는 두 가지 중요한 점에서 스승이 내린 결론과 차이를 보였다: (1) 여리고는 LBA 중반부터 IA I 후반까지 사람들이 살지 않았거나 사람들이 조금 살았더라도 요새화된 적은 없었다; (2) 거스팅이 LBA에 속한 것으로 간주한 요새들은 사실상 적어도 100여 년 앞선 MB IIb와 IIc에 속한 것들이다.

케년은 자신이 내린 결론에도 불구하고 자기가 발견한 여리고 거주지의 한 집과 몇 개의 무덤들이 가장 후기의 LBA에 속한 것이라고 보았다. 아마도 그녀는 "여호수아가 인솔한 군대의 나팔 소리를 듣고서 작은 주전자를 솥 옆에 떨어뜨린 채로 도망쳤을지도 모르는 한 가나안 여인의 부엌"을 우연히 발견했을 것이다(1957: 265).

여리고가 정복되고 최종적으로 붕괴된 시기에 관한 케년의 결론은 재평가 받는 과정 중에 있다. 특히 우드의 연구가 그러하다(Bryant Wood 1990a: 44–58; 1990b: 45, 47–49, 68). 우드는 여리고의 City IV가 갑자기 파괴되었다는 케년의 결론에는 동의하지만, 그 파괴가 주전 1550년(MBA 말기)에 이루어졌다고 본 케년의 견해와는 달리, 주전 1400년에 그 파괴가 이루어졌다고 보았다. 이로써 그는 앞에서 간략하게 언급한 출애굽/정복의 초기 연대를 간접적으로 지지하였다. 그는 네 가지 증거에 기초하여 이러한 결론을 내렸다: (1) LB I(주전 1550–1400년)에 속한 많은 중요한 증거들을 포함하는 도기 자료들; (2) City IV의 단층(斷層; MBA의 여리고는 20여 단계의 많은 거주 과정을 포함하고 있는 바, 이는 100여 년 기간의 MB III [아니면 MB IIa 후기와 MB IIc 초기]로 압축된다); (3) 주전 18세기부터(제18왕조) 주전 14세기까지(제13왕조) 여리고 북동쪽의 공동묘지에서 발견된 풍뎅이 증거물(말똥풍뎅이 모양의 작은 이집트 부적으로, 글이 새겨져 있으며, 그 공동묘지가 LB I 말기의 것임을 암시함); (4) 파괴 잔해에 남아 있는 탄소 — 14 조각(주전 1410년으로부터 40년 정도의 오차를 보이는). 우드는 또한 파괴 잔해에서 다량 발견된 곡물에 대해서 언급하면서, 여호수아서에 기록된 이스라엘의 여리고 침공이 봄철의 수확기 직후에 이루어졌다고 믿었다.

이상을 살펴건대, 여리고에서 발견된 고고학 자료들은 이스라엘의 여리고 정복을 의심할 결정적인 증거로 채택되기 어렵다고 말할 수도 있다. 그 반대로 여리고에서 발견된 고고학 자료들은 아이에서 발견된 고고학 자료들과는 달리 성서 기록을 뒷받침하는 데 기여한다.

별도의 설명이 필요한 세 번째 성읍은 갈릴리 바다로부터 북쪽으로 9마일 떨어진 곳에 있는 하솔이다. 여호수아 11:10에 의하면, 하솔은 "본래 그 모든 나라의 머리였다"는 표현에서 보듯이 그 규모가 어느 정도인지를 짐작하게 한다. 여리고(수 6:24)나 아이(수 8:19)와 더불어 하솔(수 11:11, 13)은 여호수아가 정복하여 불사른 유일한 세 성읍들 중의 하나이다. 이는 이스라엘이 그 땅을 파괴하려는 의도를 가지고 있었던 것이 아니라, 그 땅을 점령하여 가능한 한 최상의 상태를 유지하게 하려는 의도를 가지고 있었음을 암시한다. 그리하여 고고학자들은 하솔의 다양한 주거층에서 파괴와 소화(燒火)의 흔적을 찾고자 한다.

하솔 발굴자들은 한결같이 이 성읍("상부 도시"의 XIII 층과 "하부 도시"의 IA 층)이 주전 13세기 중반경(LB IIb)에 크게 파괴되었고, 그 후에 요새화되지 못한 작은 마을로 전락하였다는 데 동의한다.

이러한 증거로부터 어떠한 결론을 내릴 수 있을까? 일군의 학자들은, 사사기 4:2이 또 다른 야빈(Jabin II?)을 "하솔에 도읍한 가나안 왕"(적어도 여호수아로부터 두 세대가 지난 후의 사람)으로, 그리고 바락과 드보라의 공격을 받아 패배한 자로 규정하고 있기 때문에, 다음에 말하는 두 가지 중의 하나가 사실에 부합되는 것일 수밖에 없다고 본다: (1) 고고학은 이스라엘이 주전 1200년대에 하솔을 공격하여 완전히 파괴하였다는 여호수아 11장의 내용을 뒷받침하는 증거를 제공하지만, 사사기 4장의 이야기를 뒷받침할 만한 증거는 제공하지 못한다; (2) XIII 층의 파괴는 바락의 하솔 공격을 반영한다. 그리고 여호수아 11장에 묘사된 이야기는 결코 실제로 일어난 적이 없다. 그것은 역사적인 이야기가 아니라 문학적인 이야기일 뿐이다(삿 4~5장의 영향을 받은).

또 다른 학자들은 상이한 접근을 시도한다. 그들은 고고학적인 자료들을 충분히 신뢰할 수 있다고 믿는다. 그들은 하솔에서 XIII/IA 층보다 더 이른 시기의 파괴층을 찾아낼 수 있다고 본다. 사실 II 층(주전 15세기의 투트모시스 3세 시대[LB I]에 속한 것으로 보이는)이 그러한 증거를 보여 준다. 따라서 II 층은 여호수아 시대에 속한 것이고, XIII 층은 바락 시대에 속한 것이라 할 수 있다. 그러나 이 특수층에서는 불에 탄 흔적이 전혀 발견되지 않는다.

어쩌면 XIII 층은 여호수아의 하솔 출정을 반영하는 것으로 볼 수도 있을 것이다. 사사기 4~5장에 있는 야빈/하솔 이야기의 역사성을 희생시키지 않고서도 말이다. 여호수아 11장의 야빈과는 달리 사사기 4장의 야빈은 "하솔의 왕"(4:17)으로 불리지만 "가나안 왕"(4:2, 23, 24[2x])으로 더 자주 불린다는 사실을 주목하라. 뿐만 아니라 사사기 4장에 묘사된 바락의 전투는 하솔의 야빈이 아니라 하로셋-하고임("이방 하로셋")과 기손 강 근처의 시스라를 중심으로 하여 전개된다. 하솔은 거의 또는 조금도 언급되지 않는다! 이는 야빈 II의 하솔이 야빈 I의 하솔보다 훨씬 작은 성읍이었거나, 아니면 야빈 II가 하솔 지역을 다스렸지만 그 가까이에 있던 다른 성읍에서 다스렸을 수도 있음을 암시한다(Waltke 1990: 192-93).

여호수아 1~12장의 정복 이야기(전면적이고 신속한 승리로 가득 찬)와 사사기 1:1-36의 정복 이야기(지역적이고 장기적이고 혼합적인 결과들로 이루어진) 사이에 있는 이상의 차이들(정반대의 경향을 보이는)은 우리가 보기에 너무 과장된 면이 없잖아 있다. 그 한 예로 "혼합적인 결과"는 여호수아 1~12장에서도 발견된다(참조. 7:2-5). 또 다른 예를 들면, 여호수아서의 다른 곳들에 있는 무수한 증거들은 여호수아가 역사의 무대에서 사라진 후로도 팔레스타인 바깥 지역(13:1-6, 13)과 가나안 본토에 속한(15:63, 예루살렘의 여부스 족속; 16:10, 게셀의 가나안 사람; 17:12-13, 므낫세 지파 영토의 가나안 사람; 19:47, 단 지파는 나중에 이곳 사람들에게 굴복하여 다른 곳으로 옮겨가야만 했음) 많은 땅들이 아직 정복되지 않은 채 남아 있었음을 보여 준다.

여호수아는 아직 자기들의 기업을 소유하지 못한 일곱 지파들을 책망한다(18:2-3). 여호수아는 또한 고별 설교(23장)에서 아직 가나안 땅에 살고 있는 이방 민족들에 대해 언급하면서(4절), 언젠가는 야웨께서 그들을 몰아내실 것이라고 말한다(5절). 그리고 이스라엘이 불순종할 경우에는 하나님께서 그러한 나라들을 더 이상 쫓아내지 않으실 것이다(12-13절). 도리어 그들은 이스라엘에게 대하여 올무가 되고 덫이 될 것이다(12-13절). 이러한 상황 설정은 야웨께서 그들을 한 번에 몰아내지 않고 "조금씩" 몰아내실 것이라는 이전의 말씀을 연상시킨다(출 23:30; 신 7:22). 여호수아 12장에 언급된 31명의 패배한 왕들조차도 "완전한 정복이 아니라 단지 지도자들을 폐위시킨 것"에 지나지 않는다(Kitchen 1978: 90). 이스라엘이 모세의 인도 하에 요단 동편에서 거둔 승리들에 대해서 언급하는 12장 서두의 "이스라엘 자손이 … 점령하고 그 땅에서 쳐 죽인 왕들은 이러하니라"(1절)는 말씀 역시 주목할 필요가 있다. 이와는 대조적으로, 이스라엘이 여호수아의 인도 하에 요단 서편에서 거둔 승리들에 대해서 언급하는 본문은 그 서두에서 "여호수아와 이스라엘 자손이 … 쳐서 멸한 왕들은 이러하니"(7절)라고 말한다. 그런데 특이하게도 이 구절에는 "땅을 점령했다"는 표현이 없다. 단지 왕들을 쳐서 멸했다는 선언이 있을 뿐이다(7b절). 이 점에 비추어 본다면, 가나안 땅 전체를 순식간에 군사적으로 정복한 후 그곳에 항구적으로 거주했다는 설명(수 6-12장)과 훨씬 더 천천히, 그리고 힘겹게 그 땅에 정착하게 되었다는 설명(여호수아서 후반부의 일부 내용과 사사기 1:1-36)을 구별할 필요가 있음이 분명해지는 듯하다.

3. 가나안 땅의 분배(13:1~21:45)

이스라엘 지파들에게 땅을 분배하는 일을 다루는 이 거대한 본문 단락에서 하나님은 단지 두 번에 걸쳐서만 말씀하신다(13:1-7; 20:1-6). 여호수아의 말 역시 드물게 나타난다(17:15, 17-18; 18:3-7, 8b). 아홉 개의 장들에서 우리는 주로 설화자(narrator)의 말을 듣는다.

13:1-33. 계속 전진하여 땅을 기업으로 소유할 필요가 있는 아홉 개 반 지파를 다루는 1-7절은 요단 동편 땅을 완전히 정복한 일(8-14절), 그리고 그 땅을 그곳을 점령한 두 개 반 지파에게 분배하는 일(15-33절)을 다루는 8-33절과 대조를 이룬다. 이 두 부분은 똑같이 레위 지파의 특이한 상황에 대해 언급하는 내용으로 끝을 맺는다(14, 33절). 레위 지파는 그들 자신의 영토를 분배받지 못한 채 다른 지파들의 성읍과 도시에 흩어져서 살아야만 했던 것이다(신 14:29). 땅을 소유하지 못한 레위 지파의 상황은 사실 하나님의 지시

에 의한 것이었다. 요단 서편 지파들은 그러한 지시로부터 자유롭지 못했다.

여기서 한 가지 놀라운 것은, 수도 훨씬 적은데다가 때때로 요단 서편 동족들에게 종속되기까지 하던 요단 동편 지파들이 한층 유명한 요단 서편 동족들의 모델로, 그리고 그들을 책망하는 근거로 사용되고 있다는 점이다. 요단 서편 동족들은 요단 동편 동족들이 이미 행한 것과 똑같이 "힘을 모아" 계속 전진해야 할 필요가 있었다.

요단 동편 지파들과 요단 서편 지파들 사이의 관계는 여호수아서 안팎에서 볼 경우에 항상 우호적인 것이 아니었다. 민수기 32장에서 모세는 훌륭한 목초지에 반한 나머지 요단 동편에 거하게 해 달라는 갓 지파와 르우벤 지파의 제안을 유감스럽게 생각한다(1-5절). 그는 그들의 제안에 화를 내며, 갓 지파와 르우벤 지파를, 공동체의 사기를 저하시키는 보고를 통하여 이스라엘의 화합을 위협했던 민수기 13~14장의 정탐꾼들과 비교한다(6-15절). 그들이 정복에 참여하겠다고 결정(16-19절)한 다음에야 비로소 그는 그들의 제안을 받아들인다(20-24절). 이와 동일한 갈등은 여호수아 22장에서도 발견된다. 이 본문에 의하면, 남쪽의 요단 동편 지파들이 자기들이 거주하는 쪽의 요단 강변에 제단을 세움으로써 요단 서편의 정통 지파들에게 범죄하는 모습을 보인다(22:10, 16). 여호수아는 그들의 (요단 동편) 땅이 "부정"해질 수도 있다고까지 말한다. 또한 그는 만일 그들이 요단 강을 건넌다면 정결한 땅에 이를 것이라고 말한다(22:19).

14:1~15:63. 요단 서편 땅의 분배에 대한 서론적인 언급(1-5절)에 이어 유다 지파에게 배정된 땅에 대한 설명이 주어진다(14:6~15:63). 이 부분에서는 갈렙이 주요 인물로 등장한다(14:6-15; 15:13-19). 유다 지파를 대상으로 하는 땅의 분배는 두 가지 양식에 따라 서술된다: (1) 산이나 강 같은 자연적인 특징에 의하여 결정되는 경계표들의 목록(15:1-12); (2) 도시 목록(개별적인 정착에 따르는)과 지역 목록(지역들의 이름을 따르는)의 결합(15:20-63).

여기서 중요한 것은 유다 지파와 요단 서편의 다른 지파들이 제비뽑기 방식에 의해 그들의 땅을 분배받았다는 점이다(14:2). "제비뽑기"를 가리키는 히브리어 낱말('고랄')은 14~21장 전체에서 모두 26회 나타난다. 이곳의 '고랄' 사용은 구약 전체의 77회 용례들 중에서 가장 몰려서 나타나는 경우에 해당한다.

이러한 용법은 민수기 26:52-56에 설명된 땅의 분배 방법과 일치한다. 이 본문의 설명에 의하면, 각 지파의 위치는 원칙적으로 제비뽑기에 의해서 결정된다(55-56절). 그러나 각 지파에게 할당되는 땅의 크기는 인구 비례에 맞추어 결정된다(53-54절). 이로써 각 지파는 하나님께서 결정하신 곳에 거주하게 된다. 이러한 방식을 사용해야만 하는 이유는 매우 분명하다. 각 지파의 위치가 하나님에 의해서 결정된 까닭에, 어느 누구도 땅의 분배가 편파적으로 또는 불공평하게 이루어졌다고 주장할 수 없다. 농사짓는 사람의 입장에서 볼 때 억울하게도 덜 비옥한 땅을 분배받았다는 식으로 불평할 수 없다는 얘기다.

흥미로운 것은 갈렙이 이 부분에서 두 번씩이나 조명을 받고 있다는 점이다. 민수기 13:6과 34:19는 갈렙을 분명하게 유다 지파에 속한 자로 규정하고 있다. 다른 본문들은 갈렙이나 그의 아버지를 "그나스 사람"으로 규정한다(민 32:12; 수 14:6, 14; 수 15:17 [=삿 1:13]은 "갈렙의 아우요 그나스의 아들인 옷니엘"이라고 말함). 창세기 36:11, 15, 42는 그나스 사람이 본래 에돔 족속에 속한 자들임을 밝히고 있다. 그렇다면 갈렙은 과연 유다 지파 사람인가, 아니면 그나스 사람인가? 갈렙은 헤브론 지역에 살다가 점차 유다 지파에 흡수된 이방인 지파(에돔 혈통) 출신일 수도 있다. 아니면 그나스 사람이 멀리 족장 시대 때부터 유다 지파에 속해 있었을 수도 있다. 전자가 옳다면, 갈렙은 민수기와 여호수아서의 이 부분에서 여호수아서 초반부의 라합 — 용감하고 신실한 외국인(비이스라엘인)으로서 자신의 삶의 어느 한 순간에 내국인(야웨 숭배자)으로 바뀐 — 과 같은 역할을 수행하고 있는 셈이 된다.

승리에 가득 찬 갈렙의 헤브론 지역 정복은 여호수아 14:6-15와 15:13-19에 기록되어 있는 것으로서, 다음과 같이 개관할 수 있다:

- 갈렙의 생애는 하나님께서 지켜 주신 삶의 승리로 요약된다: "이 사십오년 동안을 야웨께서 말씀하신대로 나를 생존케 하셨나이다 오늘날 내가 팔십오 세로되"(14:10):

　　　— 갈렙은 몸과 마음과 영과 시력 등이 아직은 정상이다.
　　　— 하나님은 불신앙의 상황 속에서 갈렙을 지켜 주셨다(14:8).
　　　— 하나님은 평판이 좋지 않은 상황에서 갈렙을 지켜 주셨다(14:7).
　　· 갈렙의 생애는 강건한 삶의 승리로 요약된다: "모세가 나를 보내던
　　　날과 같이 오늘날 오히려 강건하니"(14:11).
　　· 갈렙의 생애는 형통한 삶의 승리로 요약된다: "여호수아가 여분네의
　　　아들 갈렙을 위하여 축복하고 헤브론을 그에게 주어 기업을 삼게 하
　　　매"(14:13).

　갈렙은 기업을 얻을 뿐만 아니라 옷니엘을 사위로 맞기까지 한다. 그는 드빌/기럇-세벨을 공격하여 정복한 옷니엘에게 자기 딸 악사를 주었다(수 15:15-19 // 삿 1:11-15). 악사는 야곱과 마찬가지로(창 27:19) 아버지를 설득하여 자신의 결혼에 대한 기념으로 복/선물을 줄 것을 요청한다(15:19). 갈렙은 악사의 요청에 윗샘과 아랫샘을 선물로 준다. 이것은 신부가 가족으로부터 선물을 받는 풍습을 반영하는 것일 수도 있다. 이를테면 라반이 레아와 라헬에게 여종을 "주는" 것이나(창 29:24, 29) 파라오가 딸에게 게셀을 혼인 지참금 형식으로 "주는" 것(왕상 9:16)처럼 말이다. 그러나 NRSV가 "재촉했다"(she urged him)고 번역한 히브리어 동사('수트')는 주로 "꾀다, 유혹하다, 속이다, 부추기다" 등과 같은 부정적인 의미들을 가지고 있다. 사탄이 다윗을 "꾀어" 인구 조사를 감행토록 한 것도 같은 예에 해당하는 것이다(대상 21:1). 이것은 갈렙의 행동이 자발적이거나 당시의 풍습을 따른 것이 아니었음을 뜻한다. 악사의 기회 활용은 완벽한 수준에 달해 있다. 그녀는 옷니엘이 승리를 거둔 직후, 곧 심리적으로 가장 적절한 시기에 아버지에게 선물을 요청한다. 갈렙은 그녀의 요청을 들어줄 수밖에 없는 상황에 처해 있었다(Mosca 1984: 22).

　16:1~17:18. 여호수아서의 이 부분은 요셉 지파 또는 요셉 자손을 대상으로 하는 땅의 분배를 다루고 있다. 사실 요셉 지파는 요셉의 두 아들 므낫세와 에브라임의 이름을 따르는 두 지파로 나누어져 있었다(창 41:50-52). 이

두 지파는 예루살렘 북쪽의 중앙 산지를 분배받는다. 에브라임 지파가 더 남쪽 지역을 분배받았다면, 므낫세 지파는 더 북쪽 지역을 분배받았다고 할 수 있다.

이 부분과 유다 지파를 대상으로 하는 땅의 분배를 다루는 앞부분 사이에는 약간의 유사성이 존재한다. 한 예로 여호수아 17:3-6의 내용은 여인들의 재산 상속에 관하여 하나님의 인도하심을 구하던 모세의 이전 행동(민 27:1-11)을 상기시키는 것으로서, 앞선 단락과 이중적으로 연결되어 있다. 첫째로 여인들의 재산 상속에 관한 문제가 연이어 나타난다. 악사는 아버지로부터 복/선물을 받으며(수 15:19), 슬로브핫의 딸들은 하나님의 지시에 의하여 모세로부터 유업을 물려받는다(수 17:3-6). 그러나 다른 한편으로 생각하면, 슬로브핫의 딸들은 악사의 아버지 갈렙과 평행을 이루기도 한다. 이들은 똑같이 국외자(outsider)인데도 하나님께서 정하신 유업을 물려받기 때문이다. 갈렙은 그나스 사람으로서, 그리고 슬로브핫의 딸들은 여인들로서 말이다. 두 단락 사이에 있는 또 다른 유사성은 유다 지파와 마찬가지로(수 15:63) 에브라임 지파(수 16:10)나 므낫세 지파(수 17:12)가 해당 지역의 가나안 원주민 집단을 몰아내지 못했다는 데 있다.

그러나 두 단락 사이에는 양립할 수 없는 중요한 차이들도 있다. 한 예로 여호수아 15:63은 유다 지파가 여부스 족속을 예루살렘으로부터 몰아내지 못했다고 서술하지만 그것은 부정적인 서술이라 할 수 없다. 왜냐하면 지파들 간의 경계표에 따르면 예루살렘은 유다 지파의 영역 밖에 자리하고 있기 때문이다(수 15:8; 18:16). 이와는 대조적으로 여호수아 16:10과 17:12는 에브라임/므낫세 지파가 자기들 경내에 살던 원주민들을 몰아내지 못했다고 설명한다. 충분히 그들을 몰아낼 수 있었는데도 말이다.

또 다른 예로 산지(山地)를 요구한 갈렙의 생각(수 14:12)과 여호수아에게서 두 몫의 땅을 요구했던 요셉 지파의 생각(수 17:14-18) 사이에도 차이가 있다. 갈렙의 요구는 이스라엘의 하나님이신 야웨를 향한 그의 믿음과 헌신에서 비롯된 것이다(수 14:7-11). 이와는 달리 요셉 지파는 은혜를 잊은 채로 한탄하면서 호소하는 모습을 보인다. 그들은 자기들에게 더 큰 몫을 소유할 자격이 있다고 생각한다(수 17:14). 여호수아는 호의적이면서도 무뚝뚝한 반응을 보인다. 그가 한 말의 핵심은 이렇다: "너희 땅은 충분히 넓다. 그러나 필요하다면 올라가서 스스로 개척하도록 하라. 더 이상 불평해서는 안 된다. 땅의 분배는 인구 비례에 따른 것이어서 충분히 공평한 것이다"(수 17:15, 18).

18:1~19:51. 이 두 장은 나머지 일곱 지파를 위한 땅의 분배에 관해 서술하고 있다:

1. 도입부: 여호수아는 이들 각 지파로부터 세 명씩 파송하여 남은 땅을 정탐하게 한 후 그에게 보고하게 한다. 그 보고에 기초하여 각 지파의 기업을 결정하기 위해 주사위를 던질 것이다(18:1–10)
2. 베냐민 지파의 땅(18:11–28)
3. 시므온 지파의 땅(19:1–9)
4. 스불론 지파의 땅(19:10–16)
5. 잇사갈 지파의 땅(19:17–23)
6. 아셀 지파의 땅(19:24–31)
7. 납달리 지파의 땅(19:32–39)
8. 단 지파의 땅(19:40–48)
9. 여호수아 자신을 위한 땅 분배(19:49–50)
10. 요약 진술(19:51)

구약성서에서 처음으로 에브라임 지파에 속한 실로가 언급된다(18:1, 8, 9, 10; 19:51). 실로는 예루살렘에서 북쪽으로 20마일 정도 떨어져 있는 성읍이다. 여호수아서에 언급된 여타 성읍들 — 이를테면 세겜 같은 — 과는 달리 실로는 이전의 족장 전승들과 어떠한 관련성도 가지고 있지 않았다. 거룩한 전승이라고 할 만한 것을 전혀 가지고 있지 못했던 것이다. 실로는 새로운 시작과 새로운 기회를 대표한다. 여호수아는 이곳에 "회막"을 세운다(이 회막은 흥미롭게도 삼상 1:9; 3:3에서 "성전"으로 불린다. 이것은 회막이 성전과 함께 존재했거나 성전 전체의 일부였음을 암시하는 듯하다). 고고학 발굴물들은 이스라엘의 왕정 이전 시대, 특히 제1철기 시대 초기에 에브라임/므낫세 지파가 차지한 중앙 산지에 놀랍도록 광범위한 항구적 정착이 이루어졌음을 암시하고 있다. 실로로부터 반경 3-4마일 되는 지경 안에서는 무려 22개나 되는 새로운 정착지들이 발견되었다. 실로는 그 일대의 중심지였을 가능성이 매우 높다. 또한 실로는 예루살렘 성전이 건축되기 전에 지역과 지파를 뛰어넘는 유일한 종교 중심지이기도 했을 것이다.

땅의 분배에 대한 설명이 이어지고 있긴 하지만, "골치 아픈 일들"이 남아 있다. 여호수아는 일곱 지파들이 꾸물거리면서 하나님께서 그들에게 주신 땅을 속히 소유하고자 하지 않는 것을 책망한다(18:3; 참조. 16:10; 17:12). 본 단락의 마지막 부분은 단 지파가 그들의 땅을 "잃었고"(19:47; 개역은 "단 자손의 지경이 더욱 확장되었으니"로 번역하나 원문에 충실하려면 "단 자손은 그들의 땅을 잃게 되자"로 번역해야 옳다: 역주), 적어도 그들 중의 일부가 북쪽으로 이주하였다고 서술한다(삿 18장 참조). 남아 있는 단 지파 사람들 모두가 단 지파의 영웅인 삼손의 이야기에 반영되어 있는 것은 아니다(삿 13~16장). 그럼에도 불구하고 단 지파의 패배에 대한 설명(단 19:47)은 긍정적인 의미를 전혀 가지고 있지 않다. 14~19장의 큰 단락은 "유다 지파의 성공으로 시작하여 단 지파의 실패로 끝을 맺는다"(Hawk 1991: 112).

20:1-9. 각 지파들에게 땅이 분배된 후에는 민법적인 문제 쪽으로 관심의 방향이 바뀐다. 부지중에 살인죄를 범한 자들을 위해 여섯 개의 도피성을 마련한 것이 그렇다. 하나님께서는 13:1-7 이후 처음으로 직접 말씀하시는 형식을 취하심으로써(20:1-6), 이 민법이 도덕적/종교적인 법과 똑같이 신적인 계시의 산물임을 밝히신다.

이미 초기의 세 본문들이 이 문제를 다룬 적이 있다:

민수기 35:9-28. 이름이 알려지지 않은 세 개의 도피성은 요단 동편 지역에 있고, 역시 이름이 알려지지 않은 세 개의 다른 도피성은 요단 서편 지역에 있다. 도피성은 부지중에 살인한 자에게만 허용된다. 고의로 사람을 죽인 자는 "복수자/구속자"(고엘), 곧 죽임 당한 자의 가장 가까운 친족에게 죽임을 당하게 된다. 그는 국가를 대신하는 역할을 수행한다. 이스라엘은 요단 강을 건넌 후에 이 제도를 시행해야 한다.

신명기 4:41-43. 모세는 요단 동편 지역에서 세 개의 도피성을 선택한다: 베셀(르우벤 지파), 길르앗 라못(갓 지파), 바산 골란(므낫세 지파).

신명기 19:1-13. 이스라엘 백성은 가나안 정복과 정착 이후에 이름이 알려지지 않은 세개의 도피성을 따로 구별할 것을 명령받는다. 그러나 요단 동편 지역의 도피성에 대해서는 아무런 언급이 없다. 이미 4:41-43에서 언급되었기 때문일 것이다.

여호수아 20:1-9은 이 세 본문을 그대로 따르고 있다. 이 본문은 특히 처음의 두 본문과 비슷한 구조를 가지고 있다. 그 구조에 의하면, 도피성 법은 땅의 분배가 끝난 다음의 상황을 잇고 있다:

- 민수기 34장(약속의 땅의 다양한 경계선들과 지파들 간의 구분) 〉 민수기 35:9-28(도피성)
- 신명기 3:12-22(요단 동편 지파들의 땅 분배) 〉 신명기 4:41-43(도피성)
- 여호수아 13~19장(땅의 분배) 〉 여호수아 20:1-9(도피성)

그러나 여호수아 20:1-9는 세 가지 점에서 초기의 세 본문들과 차이를 보인다. 첫째로 이 본문은 여섯 개의 도피성 명단을 가지고 있는 유일한 것이다. 여기서 요단 서편에 있는 세 개의 도피성은 북쪽에서 남쪽 방향으로 언급되며(게데스, 세겜, 기럇 아르바/헤브론), 요단 동편에 있는 세 개의 도피성은 남쪽에서 북쪽 방향으로 언급된다(베셀, 길르앗 라못, 바산 골란). 둘째로 이 본문에서 도피성을 구별하는 일은 이스라엘 백성이 해야 할 일로 규정된다: "무리가 … 구별하였고 … 택하였으니." 셋째로 이 본문은 요단 동편의 세 도피성과 요단 서편의 세 도피성을 구별한다. 본문에 사용된 동사가 그 점을 뒷받침한다. 요단 동편의 세 도피성은 "택함을" 받았지만(문자적으로는 "주다" [나탄, 20:8]), 요단 서편의 세 도피성은 "구별함"을 입었다(문자적으로는 "성별하다" [카다쉬, 20:7]).

이상의 본문들에서 분명하게 드러나는 것은 도피성 피난권이 생각지도 않게 살인한 자들에게만 한정된다는 점이다. 그들은 사형에 처해지지 않는다. 도리어 그들은 대제사장이 죽을 때까지 도피성들 중의 한 성읍에 피신할 수 있다(6절). (흥미롭게도 "피난처"를 뜻하는 히브리어 '미클랏'은 현대 히브리어에서 "방공호"를 뜻한다.) 이와는 달리 재판관인 대제사장(6절)이 살인자의 살인 행위를 고의적인 것으로 판정할 경우, 그 살인자는 복수자/구속자의 사형 집행에 넘겨져야만 한다. 이것은 범죄에 상응하는 처벌의 분명한 사례에 해당한다. 고의적인 살인은 명백하게 사형에 처해져야만 한다. 그러나 본의 아니게(고의성을 갖지 않고) 다른 사람의 생명을 취한 자는 도피성으로부터 풀려나려면 대제사장이 죽을 때까지 기다려야 한다(J. Milgrom, *Numbers* [Philadelphia: 1990], 510).

하나님께서 가인에게 주신 보호의 표(창 4:15b)는 도피성에 대한 후대의 이 본문들을 예표하는 것일 수도 있다. 가인은 아벨을 죽인 자신의 행동에 대하여 보복하려고 누군가가 자기 생명을 취하지 않을까 염려하였다("무릇 나를 만나는 자가 나를 죽이겠나이다"). 하나님은 창세기 4장과 도피성 본문들에서 똑같이 피의 보복에 맞서 누군가의 생명을 보호하시는 분으로 나타난다. 민수기 34장과 신명기 3장 및 여호수아 20장에서 하나님은 부지중에 살인한 자를 피의 복수자의 위협으로부터 보호하려는 성읍들을 마련하신다. 확실히 하나님께서 가인에게 주신 표는 그를 보호하려는 목적을 가지고 있다. 그것은 그의 몸 어딘가에 새겨진 것일까? 아니면 가인이 건축한 성읍을 가리킬 수도 있을까?(창 4:17) 창세기 4장에서 보호의 표에 관한 이야기에 이어 성읍 이야기가 나타나는 것으로 보아, "가인의 성읍은 하나님께서 가인에게 '표'(sign)의 역할을 하도록 주신 것인지도 모른다"(J. Sailhamer, "Genesis," in *The Expositor's Bible Commentary*, vol. 2 [Grand Rapids: 1990], 67).

히브리서 6:13-18 역시 도피성에 대해서 간략하게 언급한다. 이 본문에서 저자는 하나님의 약속과 맹세가 갖는 절대적인 확실성과 신뢰성에 대해 논하고 있다. 하나님은 신자들이 "피난처로 삼거나"(18절) "피난처를 얻기 위해 도피할" 수 있는 분이다(KJV). 민수기와 신명기 및 여호수아 등의 본문들은 도피성과 우리의 피난처이신 그리스도 사이를 비교할 수 있게 해 준다 (Schaeffer 1976: 195-200).

- 피난처는 그것이 필요한 자가 쉽게 이용하거나 접근할 수 있는 것이어야 한다.
- 피난처는 어떤 특정 집단만을 위한 것이 아니라 모든 사람들을 위한 것이어야 한다(민 35:15과 수 20:9은 이방인들도 이스라엘 사람들처럼 기본적인 권리들을 보호받을 수 있다고 말한다).
- 다른 사람의 생명을 취하거나 안전망(피난처) 밖에 있는 율법을 깨뜨리는 자는 어떠한 보호도 받지 못한다.
- 피난처가 갖는 핵심적인 의미는 살아 있는 대제사장의 존재에 있다.

"튼튼한 기초가 되시네"라는 찬송의 1절은 이러한 의미를 잘 표현하고 있다:

> 주의 성도들이여, 그의 뛰어난 말씀을 믿는 여러분을 위해
> 그는 참으로 튼튼한 기초가 되신다네!
> 피난처 되시는 예수께 피하는 여러분에게
> 달리 무엇을 말할 수 있겠는가?

21:1-45. 여호수아가 마지막으로 처리해야 할 행정적인 문제는 48개의 성읍들을 레위 지파의 세 하위 집단에게 분배하는 일이다. 평신도 지파들과 관련된 일들을 다 처리한 후에야 비로소 마지막으로 남겨 놓은 레위 지파 문제를 처리하는 방식은 성서 안에서 흔히 발견되는 양식에 해당한다:

평신도 지파들	레위 지파
인구조사(민 1:1-46)	레위 지파는 조사하지 않음(민 1:47-54)
진영 배치와 행진 순서(민 2장)	레위 지파의 진영 배치와 행진 순서

	(민 3~4장)
두 번째 세대의 인구조사(민 26:1-56)	레위 지파의 두 번째 세대 인구조사 (민 26:57-62)
정복과 땅의 분배(민 33:50-56) 정확한 경계선들(민 34:1-15) 땅 분배를 감독할 족장들(민 34:16-29)	레위 지파의 성읍들(민 35:1-8)
땅의 분배(수 13~20)	레위 지파의 성읍들(수 21장)

레위 지파는 성직자 지파였지만 수도회 집단은 아니었다. 그들은 제각기 자기 식구들을 거느린 지파였고, 따라서 별도의 땅을 분배받는 대신에 집을 건축할 충분한 부동산과 짐승을 먹일 땅이 필요했다.

레위 지파의 상황은 오늘날의 소수(minority) 집단이 도시의 비옥한 지역에 땅을 가지고 있다 할지라도, 실제로는 더 부요한 다수(majority) 집단이 그 땅을 소유하고 있는 것과 같아서, 평신도 지파들이 마음만 먹으면 성직자 지파를 쉽게 착취할 수도 있었을 것이다. 하나님께서 주신 법은 레위 지파가 땅을 빼앗기지 않도록 하기 위하여, 그들이 과거에 부득이하게 팔아야 했던 도시 가옥을 어느 때든 되살 수 있게 했다(레 25:32). 이러한 규정은 누군가에 의해 팔린 도시 가옥을 판 뒤로 1년 안에만 되살 수 있게 한 규정(레 25:29-30)과 뚜렷한 대조를 이룬다. 뿐만 아니라 설령 레위 사람이 남에게 팔리거나 저당 잡힌 가옥을 되사지 않는다 할지라도, 그 가옥은 희년이 되면 자동으로 본 레위 지파 소유자에게로 돌아가게 되어 있었다(레 25:33).

민수기 35:1-8이 레위 지파의 성읍들에 관해 규정하는 가장 중요한 본문이라면, 여호수아 21:1-42은 그것을 실제로 이행하는 성격의 본문이다(대상 6:54-81도 참조). 그런데 흥미롭게도 민수기 본문과 여호수아 본문의 순서는 정반대로 되어 있다. 민수기 35장은 레위 지파의 성읍들로부터 시작하여(1-8절) 도피성으로 옮겨간다(9-15절). 그러나 여호수아 본문은 도피성으로부터 시작하여(20:1-9) 레위 지파의 성읍들로 옮겨간다(21:1-42).

민수기 35:1-8의 규정과 여호수아 21:1-42의 규정 사이에는 한 가지 근본적인 차이가 있다. 민수기 35:8에 의하면, 지파의 규모(인구? 땅?)가 클수록 그 지파는 더 많은 레위 지파의 성읍들을 갖게 되어 있다. 반면에 지파의 규모가 작을수록 레위 지파의 성읍들도 줄어들게 되어 있다.

그러나 여호수아 21장에서는 전혀 그렇지 않다. 이 본문에 의하면 땅의 분배는 지파의 규모보다는 공평성의 원리에 따라 이루어진다. 48개의 성읍들은 각 지파들 사이에 거의 공평하게 배정된다. 지파의 규모에 관계없이 지파별로 네 개의 성읍들을 배정받고 있는 것이다. ("거의 공평하게"라는 표현을 쓴 것은 유다 지파와 시므온 지파가 아홉 개의 성읍을 배정받았고[16절], 납달리 지파는 세 개의 성읍을 배정받았기 때문이다[32절]) 여호수아 21장은 아마도 민수기 35장의 규정을 당시의 역사적인 현실과 상황에 적용하였을 것이다.

민수기 35장은 여호수아 21장과는 달리 레위인들에게 배정된 지역이 해당 도시들/성읍들뿐만 아니라(2-3절) 성벽의 외벽으로부터 사방으로 1천 규빗 너비의 목초지까지도 포함하고 있음을 분명하게 밝히고 있다(4-5절). 이것은 목초지가 각 방향으로 2천 규빗(대략 1천 야드)의 둘레로 되어 있음을 뜻한다(J. Milgrom, *Numbers* [Philadelphia: 1990], 502-4):

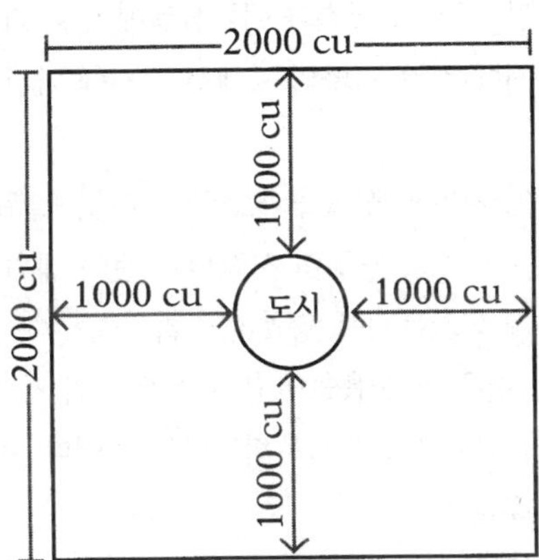

그러나 레위인들만이 이 48개의 레위 성읍들에 살았을 것 같지는 않다. 예로써 48개 성읍들 중의 하나인 게젤(수 21:21)은 솔로몬 때까지 가나안 사람들을 포함하고 있었다(왕상 9:16). 따라서 우리가 보기에 모종의 특수한 기능을 수행하던 레위인들이 각 성읍들에 살았다고 이해하는 것이 더 나을 것이

다. 레위인들은 신앙적인 문제들에 대하여 각 성읍 안에 거주하던 자들에게 봉사해야 했던 까닭에 그곳의 거주민들과 분리되어 살기보다는 그들 중에 섞여서 살아야만 했을 것이다.

그런데 민수기 35장이나 여호수아 21장 어느 본문도 레위인들이 각 성읍들에서 어떠한 역할을 수행했는지, 그리고 그들의 거룩한 직무가 대체 무엇이었는지에 대해서는 침묵을 지키고 있다. 마자르(Mazar 1960: 202)는 다윗 시대에 레위인들이 "하나님의 모든 일과 왕의 일"을 위해 세움을 입었다고 말하는 역대상 26:29-32에 기초하여 이렇게 설명한다:

"레위 지파의 성읍들은 일종의 지방 행정 도시들이다. 그 안에서 레위인들은 '주의 모든 일과 왕을 섬기는 일을 위하여' 세움을 받은 자들이다. 그들은 왕실 부동산을 감독하고 세금을 징수하는 일에 책임을 진 사람들이다."

아하로니(Aharoni 1962: 273)도 마찬가지로 여호수아 21장이 통일왕국의 대민(對民) 봉사업무에 종사하고 있던 레위인들에 관해서 말하고 있다고 본다:

"레위 지파의 성읍들은 무엇보다도 야웨 숭배를 공표함으로써 왕국의 권위를 강화시키는 한편, 국가의 결속과 예루살렘에 있는 다윗 왕조에 대한 충성을 장려하려는 목적에서 각 지파의 경계선 지역에 마련한 왕실 소속의 중심지들이었다."

이러한 설명은 레위 지파의 성읍들과 관련된 다윗-솔로몬 시대의 발전된 상황에 들어맞을지는 모르나, 왕정이 시작되기 전에 레위 지파 성읍들이 어떤 목적으로 존재하게 되었는지를 명확하게 밝혀 주지는 못한다. 우리가 확실하게 말할 수 있는 것은 이 성읍들이 (1) 레위인들의 거주지로 사용되었고, (2) 그들의 짐승을 먹이는 곳으로 사용되었다는 점이다. 여호수아 21:2이 이 점을 분명하게 보여 준다:

"우리의 거할 성읍들과 우리의 가축 먹일 그 들"(pasture lands). 레위인은 어느 한 성읍에 거주하면서 다른 성읍에서 직무를 수행할 수도 있었을 것이다(Haran 1961: 52).

여호수아 21장의 마지막 세 절(43-45절)은 21장 본문을 마무리하고 있을 뿐만 아니라 13~21장 또는 1~21장 전체를 마무리하고 있다. 아니면 더 소급

하여 하나님께서 맨 처음에 아브라함에게 주신 약속(들)을 마무리하는 것일
수도 있다(Brueggemann 1977: 71):

약속	성취
"너는 너의 본토 친척 아비 집을 떠나 내가 네게 지시할 땅으로 가라"(창 12:1)	"야웨께서 이스라엘의 열조에게 맹세하사 주마 하신 온 땅을 이와 같이 이스라엘에게 다 주셨으므로 그들이 그것을 얻어 거기 거하였으며 … 야웨께서 이스라엘 족속에게 말씀하신 선한 일이 하나도 남음이 없이 다 응하였더라"(수 21:43, 45).
↓	↓
믿음을 가지고 떠남	영화로운 땅의 소유로 끝남
↓	↓
체류자들	상속자들

이 마지막 절들은 이스라엘의 주이신 야웨에 관한 중요한 사실들을 확증
하고 있다. 그는 그 안에 있는 거의 모든 동사들의 주어로 나온다. 그는 땅과
안식을 주시는 분이요, 약속을 주시고 이루시는 분이다. 이 세 절들은 이스
라엘이 가나안 원주민들을 쫓아내지 못한 것에 관해 말하는 초기의 진술들
을 모르고 있지 않다. 또는 그 진술들을 회피하지 않는다. 이스라엘의 불성
실함과 태만함은 여전히 엄연한 현실로 남아 있다. 그러나 불완전한 의무 이
행이 이스라엘을 괴롭히긴 해도, 누구 하나 어떻게 육상경기의 성적을 개선
할 수 있는지를 야웨께 제안할 수 없다.

4. 가나안 땅의 소유(22:1~24:33)

22:1-34. 여호수아서에서 이스라엘의 위기는 이제까지 아간 사건을 제외하
고는 전부가 외부의 적들과 대면하는 경우들로 이루어져 있다. 그 중 다수의

경우에 이스라엘은 승리자로 나타난다. 그런데 22장에서는 특이하게도 그 위기가 내적인 성격을 가지고 있다. 요단 동편 지파들(이미 1:12-15; 4:12-13; 13:8-32에서 언급됨)과 다수의 요단 서편 지파들 사이에 발생한 논쟁이 그렇다.

논쟁의 핵심은 두 가지이다. 첫째로, 자기들의 땅에 제단을 세운 요단 동편 지파들의 행동은 과연 중앙 성소(요단 서편 지역) 이외의 다른 제단에서 예배드리는 것을 금하는 신명기 법(신 12장)에 어긋나는 반역 행위에 해당하는 것일까? 이 논쟁은 여호수아 22:10-11에 잘 반영되어 있다.

둘째로, 요단 동편 지파들은 순전히 요단 동편 지역에서 살고 있다는 사실로 인하여, 선택된 땅의 경계선 밖에 있는 것으로 간주되어야 하는가? 비느하스와 나머지 열 지파의 족장들이 요단 동편 지파들에게 제기하는 문제를 주목하여 보자: "너희 소유지가 만일 깨끗지 아니하거든 야웨의 성막이 있는 야웨의 소유지로 건너와 우리 중에서 소유를 취할 것이니라. 오직 우리 하나님 야웨의 단 외에 다른 단을 쌓음으로 야웨께 패역하지 말며 우리에게도 패역하지 말라"(19절).

그들의 문제 제기는 요단 동편이 마치 "야웨의 땅"에 속하지 않은 것처럼 들린다. 뿐만 아니라 설화자는 "가나안 땅"과 요단 동편에 있는 르우벤 지파와 갓 지파의 본 고장 "길르앗 땅"을 분명하게 구별함으로써, 후자가 전자에 속하지 않는 듯한 암시를 준다. "이스라엘 자손의 온 회중"(12절)이나 "야웨의 온 회중"(16절) 또는 "이스라엘 온 회중"(18절) 등의 표현들 역시 요단 동편 지파들을 배제하고 있다. "온"(whole)이라는 표현은 "요단 서편"이나 같은 의미를 가지고 있는 셈이다.

따라서 그 위기는 순전히 내적인 것이다. 여기서는 가나안 사람들이 전혀 문제되지 않는다. 그것은 종교적인 행동과 지리적인 요소에 의해 생겨난 잠재적인 갈등의 성격을 갖는다. 우리는 역사를 통하여 소중한 교훈을 배운다. 그것은 곧 내적인 위기(민 11, 12, 13~14, 16, 20장)가 외적인 위기(민 22~24장)에 비해 하나님의 백성이 나아갈 길을 막는 더 큰 가능성을 가지고 있음을 민수기가 분명하게 보여 준다는 점이다. 고라가 발람보다 더 위험스러운 법이다. 하나님은 저주가 변하여 복이 되게 하시지만, 반역이 변하여 복이 되게 하지는 않으신다.

여호수아 22장은 아무런 문제없이 시작된다(1-9절). 여호수아는 정복이 완료되고 요단 동편의 두 개 반 지파가 요단 서편 동족에 대한 의무를 다하자 요단 동편 지파들을 그들의 거주지로 보낸다. 그는 권고(5절)와 축복(6절) 및 풍부한 소유물(8절)을 딸려서 그들을 보낸다.

그러다가 10절에서 위기 상황이 시작된다. 그 위기는 교차대구법의 형태로 서술된다(Jobling 1986: 98):

  (a) 10절: 요단 동편 지파들이 제단을 쌓음
    (b) 11-12절: 요단 서편 지파들이 전쟁의 가능성을 들어 위협함
      (c) 13-15a절: 요단 서편 지파들이 조사단을 파견함
        (d) 15b-20절: 조사단의 비난 발언
          (e) 21-29절: 요단 동편 지파들이 자기들의 행동에 대하여 해명함
        (d') 30-31절: 조사단의 승인 발언
      (c') 32절: 조사단이 요단 서편 지파들에게로 돌아감
    (b') 33절: 요단 서편 지파들이 전쟁 위협을 철회함
  (a') 34절: 요단 동편 지파들이 그 제단의 이름을 지음

요단 동편 지파들의 제단 건축 행위에 대한 요단 서편 지파들의 비난은 통렬한 것이었다. 엘르아살의 아들이요 아론의 손자인 비느하스(출 6:25; 수 24:33)는 조사단의 우두머리로 파견된다. 그는 그 일의 적임자였다. 일찍이 그는 용납할 수 없는 행동으로 인하여 이스라엘의 제의가 오염될 위기에 처했을 때 이스라엘 제의의 수호자로 활동한 적이 있었다(민 25; 31장). 후대의 유대교 문헌은 비느하스의 열정을 높이 평가한다:

(1) 집회서 45:23-24, "엘르아잘의 아들 비느하스는 영광을 받은 세 번째 사람이다. 그는 주님을 두려워함에 있어서 열심을 보였고 백성들이 모반하였을 때에 용감하게 지조를 지켰으며, 이스라엘을 위하여 희생하였다. 그래서 주님은 … 그와 그의 후손들에게 영원한 사제직을 맡기셨다"; (2) 제1마카베오 2:26, "이렇게 해서 마따디아는 전에 비느하스가 살루의 아들 지므리를

찔러 죽였을 때처럼 율법에 대한 열성을 과시하였다”; (3) 제4마카베오 18:12, “그는 열심 있는 제사장 비느하스의 본을 따르는 우리에게 말하였다.” 비느하스와 엘리야는 공동체 안에 침투하여 공동체를 파멸에 빠뜨리는 악을 박멸하는 데에 야웨를 위하여 “열심이 있는” 자들이었다(민 25:11, 13; 왕상 19:10). 다소의 사울도 유대교에 대하여 위협적인 존재로 여겨지던 하나님의 교회를 무너뜨리려는 자신의 노력에 관해 서술하면서 “내가 내 동족 중 여러 연갑자보다 유대교를 지나치게 믿어 내 조상의 유전에 대하여 더욱 열심이 있었으나”(갈 1:14)라고 말할 때 자신을 비느하스나 엘리야처럼 열심 있는 자로 간주했을 것이다.

요단 서편 지파들의 비난은 세 가지로 요약된다. (1) 요단 동편 지파들은 배교(apostasy)의 죄를 범하고 있다. 그들은 “야웨를 좇는데서 떠났다(슈브)”(16, 18, 23, 29절). 여기에 사용된 히브리어 표현(슈브 메아하레)은 흔히 쓰는 표현이 아니다. 여호수아 22장을 제외하면 민수기 14:43; 32:15; 사무엘상 15:11; 열왕기상 9:6; 예레미야 3:19 등에서 사용되며, 담화(speech) 부분에서만 나타나지, 설화(narrative) 부분에서는 결코 나타나지 않는다. (2) 두 개 반 지파는 “배역”(rebellion)의 죄를 범하고 있다(16, 18, 19[2회], 29절). 히브리어 동사 ‘마라드’는 구약성서에서 25회 사용되며, 다른 어떤 책보다도 여호수아서에서 가장 많이 사용된다. 여호수아서에서도 22장에서만 5회 나타난다. (3) 세 번째 비난은 그들이 야웨께 “범죄”하고 있음을 지적한다(16, 22, 31절). ‘마알’ 동사는 거룩한 물건을 횡령하거나 착복하는 행동을 가리킨다. 이 동사는 일찍이 여리고의 ‘헤렘’에 대한 아간의 ‘마알’을 가리키는 데 사용된 적이 있다(7:1).

사실 요단 서편의 조사단은 유비적인(analogical) 주석 내지는 유비적인 주장이라 부를 수도 있는 방법을 사용한다. 그들은 이미 받아들여진 결론으로부터 더 확증적인 것을 유도하는 방법을 사용하되, 자기들의 비난을 뒷받침하기 위해 두 가지의 역사적인 유비들을 상기시킨다. 그 하나는 브올에서의 범죄이고(17절과 민 25장), 다른 하나는 아간의 범죄이다(20절과 수 7장). 여기서 중요한 것은 온 이스라엘을 향하여 하나님께서 진노하실지도 모른다는 점이다. 아간 한 사람의 범죄로 인하여 많은 다른 사람들이 죽은 것에서 보듯이, 요단 동편 지파의 행동은 사적인 것이 아니라 온 이스라엘을 향한 야웨의 진노를 초래할지도 모르는 행동이라는 것이다. 혹은 이 문제를 조금 달리 표현하자면, 한 개인(아간)이 자신의 불성실한 행동으로 인하여 온 이스라엘의 생명을 위협할 수 있다고 할 경우, 두 개 반 지파의 행동은 얼마나 더 많은 위협을 초래할 수 있겠는가! 따라서 그들의 불법적인 종교 행동은 속히 중단되어야만 한다.

그러나 종교적인 열심에 사로잡혀 있던 조사단은 잘못된 정보를 가지고 있었다. 요단 동편 지파들이 희생 제사를 위해 제단을 쌓은 것이 아님이 밝혀진 것이다(26, 29절). 오히려 그들은 순수하게 요단 서편 동족들, 곧 요단 서편에 거하는 자기 시대의 사람들과 미래 세대의 사람들에게 요단 동편 지파 역시 야웨께 충성을 다하는 자들이요, 요단 동편 지역에서의 삶이 불법적인 것이 아니요 야웨의 땅 밖에 있는 것도 아님을 증거하게 하려고 제단을 쌓았다(24–25절).

요단 동편 지파들의 이러한 설명은 비느하스를 우두머리로 하는 조사단에게 충분히 받아들여질 만한 것이었다(30–31절). 비느하스가 주도하는 조사단이 전쟁을 선포하기 전에 진상을 조사하고 그들의 해명을 들은 것은 정말 잘한 일이었다. 참으로 “이스라엘에게는 전쟁보다는 대화가 더 올바른 일이다”(Boling 1993: 250). 교회 역사는 순전히 오해로 인하여 신자들 사이에 발생한 수많은 불행한 분쟁의 사례들을 잘 보여 준다.

23:1-16. 야웨께서 여호수아에게 말씀하셨고 설화자가 그에 관해서 말한 것(13:1)을 이제는 여호수아 자신이 직접 말한다(“나는 나이 많아 늙었도다,” 2절). 이에 앞서 설화자가 1절에서 다시 이 문제를 언급한 것은 물론이다. 여호수아는 곧이어 다양한 지도자 집단들(장로들, 두령들, 재판장들, 유사들; 24:1에서도 동일한 집단들이 언급됨)이 대표하는 “온 이스라엘”(2절)을 향하여 고별 설교 내지는 고별사를 할 예정으로 있다. 그들 대표자들을 “온 이스라엘”로 칭하는 이유는 그 다음에 이어지는 내용이 지도자들만의 유익을 위한 것이 아니라 온 이스라엘 백성의 유익을 위한 것임을 보여 주기 위한 목적에서이다. 그러나 “온 이스라엘”이 요단 동편의 이스라엘을 포함하는지는

불분명하다(앞장에서 내전 비슷한 상황이 전개되었음을 기억하라). 왜냐하면 4절에 의하면 이스라엘이 앞으로 계속해서 몰아내야 할 민족들은 "요단에서부터 해 지는 편 대해까지" 거주하는 자들로 여겨지고 있기 때문이다.

여호수아의 고별 설교는 세 가지의 훈계를 핵심으로 한다. 첫째로 여호수아는 지도자들에게 "모세의 율법 책"에 있는 모든 것을 열심히 지키라고 훈계한다(6절). 야웨께서는 1:8에서 여호수아에게 이와 똑같은 내용을 권고하신 적이 있다. 하나님의 말씀을 가리키는 데 사용되는 표현은 "율법 책"(1:8)에서 "모세의 율법 책"(23:6)으로, 그리고 "하나님의 율법 책"(24:26)으로 바뀐다. 이것은 모세의 말과 하나님의 말씀이 분간할 수 없는 것이거나 서로 바꾸어질 수 있는 것임을 의미한다. 그리고 여호수아 첫 장과 마지막 두 장에 있는 "율법 책"이라는 표현은 여호수아서 전체에 서술된 다른 모든 사건들의 뼈대를 이루고 있다.

둘째로 여호수아는 하나님의 백성에게 가나안 사람들로부터 스스로를 잘 구별하라고 훈계한다(7, 12절). 여기서 그가 특히 혼혈 결혼을 염두에 두고 있음이 분명하게 드러난다. 여호수아가 보기에 가나안 땅은 어쩔 수 없이 타협과 종교적인 변절이 이루어지는 곳이었다.

셋째로 여호수아는 요단 동편 지파들에게 훈계했던 것과 똑같이(22:5) 그의 백성에게 그들의 하나님을 열심히 사랑하라고 훈계한다(11절). 하나님 사랑은 특히 신명기에서 자주 나타나는 표현이다(5:10; 6:5; 7:9; 10:12; 11:1, 13, 22; 13:3; 19:9; 30:6, 16, 20). 하나님을 사랑하는 마음은 확실히 애정과 호의를 포함하는 한편, 하나님 이외의 다른 어떤 신도 인정하지 않는 태도를 포함하기도 한다. 따라서 사랑은 충성을 의미한다.

24:1-33. 여호수아는 23장의 고별 설교에 이어 마지막으로 각 지파의 두령들을 요셉 지파의 중심부에 위치한 성읍 세겜에 불러 모은다. 이 산은 예루살렘으로부터 북쪽으로 40마일 정도 떨어진 곳에 있으며, 그리심 산과 에발 산 사이에 자리 잡고 있다. 여호수아서의 다른 곳에서는 세겜에 대한 언급이 세 번밖에 나오지 않는다:

(1) 17:7, 세겜은 므낫세 지파의 경계선과 연결되어 있다; (2) 20:7, 세겜은 도

피성들 중의 하나이다; (3) 21:21, 세겜은 레위 지파 성읍들 중의 하나이다. 여호수아서에서 가나안 땅의 정복에 관해 설명하는 부분(6~12장)에서는 세겜에 대한 언급이 전혀 나오지 않는다. 이러한 현상은 이스라엘 백성이 세겜을 정복하기보다는 기브온의 경우(9장)와 마찬가지로 세겜 사람들과 평화 협정을 맺었음을 암시할 수도 있고, 아니면 6~12장의 선택적인 이야기에서 세겜 관련 내용이 생략되었음을 암시할 수도 있다. 여호수아가 에발 산에 한 제단을 쌓았다고 말하는 여호수아 8:30은 세겜에 대해 언급하지 않지만, 여호수아의 행동이 세겜 부근에서 이루어진 것으로 서술한다. 여호수아서의 앞부분에 보면 두 개의 다른 성읍들이 특별히 거룩한 곳으로 간주되고 있음을 알 수 있다: (1) 길갈(4:20; 5:9-10; 9:6; 10:7, 9); (2) 실로(18:1, 8, 9, 10; 19:51; 21:2; 22:9). 그러나 여기서는 세겜에 초점이 맞추어져 있다.

세겜이 중요한 의미를 갖는 이유는 무엇인가? 그 해답은 족장 전승에 있는 세겜 언급들에서 찾아볼 수 있을 것이다. 아브람이 약속의 땅에 이르렀을 때 맨 처음 도착한 곳은 세겜이다. 거기서 그는 제단을 쌓음으로써(창 12:6-7) 세겜을 매우 거룩한 곳으로 구별한다. 나중에 야곱은 메소포타미아 지역에서의 오랜 타향살이를 마친 후 가나안으로 돌아오며, 에서와 피할 수 없는 만남을 갖는다. 그가 맨 처음에 한 행동 중의 하나는 세겜으로 가는 일이었다. 그곳에서 그는 약간의 땅을 사고 제단을 쌓는다(창 33:18-19). 세겜을 떠나 벧엘로 가기 전에 그는 자기 식구들에게 "너희 중의 이방 신상을 버리고 자신을 정결케 하고 의복을 바꾸라"(창 35:2)고 명한다. 그는 그 이방 신상들을 "세겜 근처 상수리나무 아래 묻는다"(창 35:4). 이 마지막 두 가지 정보는 여호수아 24장과 매우 유사하다. 이 본문에 의하면, 여호수아는 처음에 그의 백성에게 "너희의 열조가 … 섬기던 신들을 제하여 버리라"고 훈계하며(14절), 세겜 성소 부근의 상수리나무 아래에 커다란 돌을 증거로 세운다(26절). 이렇듯이 여호수아 때의 나중 세대가 경험한 것들은 조상들이 경험한 것들과 평행을 이루고 있다. 이를테면 제단을 쌓고, 그릇된 신들을 제거하고, 땅을 매입하여 소유하는 것 등이 그렇다. 그리고 세겜에서 아브람에게 나타나셨던 하나님은 여호수아가 그의 백성에게 섬기도록 촉구한 신실하신 하나님과 동일한 분이다.

본 장의 처음 28개의 절들은 대부분이 여호수아와 백성 사이의 대화로 되어 있다. 도전과 반응(challenge and response) 형식의 대화 말이다:

> 1-15절: 지파의 두령들을 향한 여호수아의 도전
> 16-18절: 여호수아를 향한 두령들의 반응
> 19-20절: 지파의 두령들을 향한 여호수아의 도전
> 21절: 여호수아를 향한 두령들의 반응
> 22a절: 지파의 두령들을 향한 여호수아의 도전
> 22b절: 여호수아를 향한 두령들의 반응
> 23절: 지파의 두령들을 향한 여호수아의 도전
> 24절: 여호수아를 향한 두령들의 반응
> [25-26절: 계약 체결; 계약 규정들을 책에 기록함; 신성한 상수리나무
>   아래에 큰 돌을 세움]
> 27절: 지파의 두령들을 향한 여호수아의 도전
> [28절: 지파 두령들의 해산]

그러나 맨 처음(1-15절)과 마지막(27절)에 말하는 자는 여호수아이다. 그리고 28개의 절들 중 대화 형식으로 된 25개의 절들에서, 여호수아의 말은 20개의 절들에 나타나고, 지파 두령들의 말은 단지 6개의 절들에서만 나타난다. 대화의 주도권은 여호수아에게 있다. 지파의 두령들은 단지 대답할 뿐이다. 28개의 절들 중에서 "계약"에 관해 말하는 한 절을 보면("그날에 여호수아가 세겜에서 백성으로 더불어 언약을 세우고," 25절), "계약을 맺다"는 뜻의 히브리어 표현 '카라트 브리트 르'가 사용된다. 이 표현은 문자적으로는 "… 에게(to) 계약을 자르다"라는 뜻을 가지고 있다. 이 표현이 사람들 사이에 체결된 계약을 가리키는 데 사용될 경우, 계약을 "자르는" 사람은 그 계약을 일종의 호의로 베풀거나 또는 그 계약을 강요하는 상급자이다(이를테면 여호수아가 기브온 족속의 요청에 따라 그들과 함께 "자른" 계약[수 9:6-7, 11, 15-16] 또는 강력한 암몬 사람 나하스가 길르앗 야베스 거민과 더불어 "자른" 계약/조약[삼상 11:1-2]). 이와 마찬가지로 이스라엘은 가나안 땅을

정복한 후로는 가나안 사람들과 함께 계약을 "자르지" 말라는 지시를 받는다 (출 23:32; 34:12, 15; 신 7:2). 25절은 이 표현을 사용함으로써 여호수아가 당시 상황을 완전히 주도하고 있으며 오직 그만이 야웨를 지성으로 섬기기 위해 이스라엘이 지켜야 할 규정들을 결정할 수 있다는 사실을 분명하게 보여 준다.

처음 20개의 절들은 종교적인 헌신에 관한 매우 매력적인 역학 관계를 보여 준다. 이 대화에서 가장 긴 단락을 차지하는 여호수아의 말(1-15절)은 처음에는 이스라엘을 위한 하나님의 위대한 행동들(magnalia dei)을 요약하며, 그 다음에는 이스라엘을 향한 훈계를 담고 있다(14-15절). 문법적으로 볼 때 1-13절의 강조점은 선포적인 내용과 서술적인 내용에 있다. 그리고 14-15절의 강조점은 마치 어떤 원인으로부터 그에 상응하는 결과가 나오는 것처럼 선포적인 내용과 서술적인 내용으로부터 흘러나오는 명령형 진술에 있다. 이와 똑같은 강조점의 이동은 여호수아 11:1-9에서도 이루어진다. 선포적/서술적인 내용(1-5절)으로부터 명령형 진술(6-9절)로 강조점이 옮겨가는 것이 그렇다. 24:1-15 본문의 강조점은 과거/그때(1-13절)로부터 현재/지금(14-15절)으로 옮겨간다.

여호수아의 보고와 과거 회상 — 실제로는 하나님의 말씀을 인용하는 — 은 아브라함 시대로부터 자신의 시대에 이르기까지 기간 전체를 포함한다:

> 2-4절: 아브라함, 이삭, 야곱
> 5-10절: 출애굽, 홍해 통과, 이집트 군대의 몰살, 광야 유랑, 요단 동편에서의 승리들, 발람의 "축복"
> 11-13절: 요단 강을 건넘, 여리고 함락, 요단 서편 민족들에 대한 승리들, 땅의 선물

한 가지 흥미로운 것은 여호수아 또는 여호수아를 통해 말씀하시는 야웨께서 출애굽기 19~24장에서 시내 산 사건에 대한 언급을 생략하고 있으면서 그 전(6-7절)과 후(8-10절)에 있었던 사건들을 포함하고 있다는 점이다. 이러한 생략의 이유는 시내 산 계약의 율법이 상당한 중압감을 주는 것인데다가 율법 위반에 대한 처벌이 무겁다는 데 있었을지도 모른다. 2-13절에서 여

호수아의 관심사는 계약 위반에 대하여 엄한 처벌이 따른다는 점을 알리는 데 있지 않고, 도리어 하나님의 선하시고 은혜로우신 행동들을 나열하는 데 있다. 또 한 가지 흥미로운 것은 여호수아가 몇 가지의 새로운 사실들을 추가하고 있다는 점이다. 예로써 그는 11절에서 여리고 사람들이 이스라엘과 더불어 "싸웠다"고 했다. 이 점은 여호수아 6장에서는 전혀 언급되지 않은 것이다.

여호수아는 이처럼 과거의 역사를 개관한 다음에 "그러므로 이제는 야웨를 경외하며 성실과 진정으로 그를 섬길 것이라"(24:14)는 훈계로 넘어간다. 14절과 24절 사이에는 "섬기다"라는 낱말이 14번 나온다. 여호수아는 이스라엘 백성에게 야웨께서 그들과 그들의 조상들을 위하여 행하신 일들을 생각하면서 야웨를 섬길 것을 촉구한다.

중립적인 태도는 선택 사항이 아니다. 이스라엘 백성은 야웨를 섬길 것인지 아니면 다른 신들을 섬길 것인지를 선택해야 한다. 그리하여 다음과 같은 여호수아의 그 유명한 훈계가 이어진다: "너희 섬길 자를 오늘날 택하라"(15절). 여기서 "택하다"라는 동사는 이전에 여호수아가 아이 성을 공격하면서 3천 명의 병사들을 선택할 때 사용되던 낱말이다(8:3). 놀랍게도 구약성서에서는 인간이 신을 선택하는 일은 드물지만(수 24:15, 22는 제외; 참조. 삿 5:8; 10:14), 하나님께서 개개인이나 집단을 선택하시는 경우는 매우 많다.

그런데 적어도 여호수아 24장에서 여호수아는 "인간의 선택"을 강조한다. 그렇다면 대체 어떠한 종류의 선택인가?

- 그것은 **독립적인** 선택이다: "너희 섬길 자를 오늘날 택하라"(15절).
- 그것은 **지성적인** 선택이다: "하나님께서 우리를 위하여 우리의 역사 안에서 행하신 모든 것을 생각하고[2-13절], 또 그가 거룩하시고 질투하시는 하나님임을 기억하라[19절]."
- 그것은 **실천이 뒤따르는** 선택이다: "너희의 열조가 … 섬기던 신들을 제하라"(14절).
- 그것은 **영향력을 가진** 선택이다: "오직 나와 내 집은 야웨를 섬기겠노라"(15절).

• 그것은 즉각적인 선택이다: "너희 섬길 자를 오늘날 택하라"(15절).

지파의 두령들은 열성적인 태도로 답변한다(16-18절). 그들은 야웨를 버리려는 생각을 전혀 가지고 있지 않다. 앞서 여호수아/하나님께서 그들이 아직 태어나지 않은 탓에 실제로 참여한 적이 없던("그 후에 너희를 인도하여 내었었노라," 5b절) 과거의 역사에 그들을 포함시킨 것과 마찬가지로, 이제는 그들이 그들 자신을 그 사건들에 포함시킨다("그가 우리와 우리 열조를 인도하여 애굽 땅 종 되었던 집에서 나오게 하시고," 17a절). 이처럼 과거의 사건들을 현재화시킴으로써 나중 세대들로 하여금 그 사건들의 결과를 경험하게 하는 방식은 긍정적인 답변을 유도하는 찬송가 "그들이 내 주를 십자가에 못 박을 때 그대도 거기 있었는가?"(136장; 한국 찬송가의 "거기 너 있었는가 그 때에"를 가리킴: 역주)에서도 똑같이 발견된다.

겉으로 보기에 그들 사이의 대화는 18절에서 끝날 수도 있었다. 여호수아의 말(1-15절)에 이스라엘 백성이 긍정적인 답변을 했던 것이다(16-18절). 그런데 이제는 놀랍게도 여호수아가 "아멘"의 반응을 보이지 않는다. 도리어 "너희는 야웨를 능히 섬기지 못할 것이다!"(19절)라고 그가 말한다. 그들의 열성적인 답변에 찬물을 끼얹는 말을 한 것이다!

왜 그들이 야웨를 섬기지 못하는 것일까? 그들의 섬김과 헌신에 무언가 부족함이 있어서일까? 확실히 그렇지 않다. 하나님을 섬기는 일에 문제가 되는 것은 우리 자신이 아니라 하나님이다. 달리 말해서 하나님께서 하나님이시기를 주장하신다는 게 문제인 것이다. 여호수아는 "너희가 야웨를 능히 섬기지 못할 것은 너희가 … "라고 말하지 않는다. 도리어 그는 "너희가 야웨를 능히 섬기지 못할 것은 그가 … "라고 말한다. 그가 어떻다는 것인가? 여호수아는 세 가지를 지적한다:

1. 그는 **거룩하신** 하나님이다. 이는 그를 섬기기로 결정했으면서도 여전히 삶 속에서 불결한 것들을 가까이 하고 그것들을 관용하는 자들을 그가 용납하지 않으실 것임을 뜻한다.
2. 그는 **질투하시는** 하나님이요, 열정적인 하나님이다. "질투"라는 낱말

은 앞서 십계명의 두 번째 계명("질투하시는 하나님"[출 20:5; 신 5:9])에서 사용된 것으로, 그를 섬기는 자들에게는 그가 다른 신들을 숭배하는 것이나 불성실한 삶을 용납하지 않으시는 분임을 뜻한다.

3. 그는 너희 허물과 죄를 사하지 아니하시는 하나님이다(이는 모세가 출 34:7과 민 14:18에서 자비로우신 하나님의 속성에 관해 말하던 것["악과 과실과 죄를 용서하나"]과 정반대되는 것이다). 하나님의 이러한 속성은 그를 섬기는 자들에게는 그가 습관적으로 죄를 용서하심으로써 은혜가 넘치게 하시는 분이 아님을 뜻한다(롬 6:1 참조).

여호수아가 이렇게 한 것은 하나님을 섬기려는 이스라엘 백성의 욕구를 좌절시키기 위해서가 아니라, 하나님을 섬기는 모든 행동이 하나님의 기준에 맞추어서 이루어져야 하며 인간 자신이 정한 기준에 맞추어서는 안 된다는 것을 그들에게 강하게 상기시키기 위해서이다. 야웨를 섬기겠다는 두령들의 의사를 다시금 확인한 또 다른 대화(21-24절)가 끝난 후, 여호수아는 그들과 계약을 맺고, 계약 규정들을 "하나님의 율법책"에 기록한 다음에, 계약에 대한 증거로 성소 옆의 상수리나무 근처에 큰 돌을 세운다(25-27절).

그 돌은 이스라엘 백성이 장차 그러한 헌신을 포기하지 않도록 경고하는 차원의 증거 역할을 수행한다("너희로 너희 하나님을 배반치 않게 하도록 이 돌이 증거가 되리라," 27b절). "배반하다"는 뜻의 히브리어 동사(카하쉬)는 앞서 7:11에서 하나님께 바쳐진 여리고의 일부 노략물을 취함으로써 "사기(詐欺)한" 자를 가리키는 데 사용된 적이 있다. 이 낱말의 기본적인 의미는 "속이는 행동"을 가리킨다. 또한 이 낱말은 진리를 부정하거나(창 18:15, "사라가 두려워서 승인치 아니하여 가로되, '내가 웃지 아니하였나이다'") 거짓을 지어내는 행동(왕상 13:18, "저가 그 사람에게 이르되, '나도 그대와 같은 선지자라 … ' 하니, 이는 그 사람을 속임이라")을 가리키기도 한다. 특히 여호수아 24:27에 있는 이 동사의 용례는 하나님께 서원을 하는 경우에 "거짓말하는" 행동을 가리킨다(시 59:12; 호 4:2).

여호수아서는 처음 시작 부분에서와 같이 누군가의 죽음(모세, 1:1; 여호수아 24:29-31; 엘르아살, 24:33)과 요셉의 장례(24:32)를 상기시키는 내용으로 끝을 맺는다. 이스라엘이 여호수아의 시대를 넘어서서 계속하여 야웨를 헌신적으로 섬기게 된 것은 여호수아의 공로에 힘입은 것이다. 이는 그들이 "야웨께서 이스라엘을 위하여 행하신 모든 일"을 잘 알고 있었기 때문이다(31b절).

엘르아살("하나님이 도우셨다")은 여호수아서에 자주 나타난다(14:1; 17:4; 19:51; 21:1). 그런데 그는 한결같이 가나안 땅을 제비뽑기 방식으로 각 지파에게 분배하는 일과 관련되어 있다. 그는 항상 여호수아와 함께 언급되며, 그의 이름이 항상 여호수아의 이름보다 앞서 나온다(민 32:28; 34:17에서도 그러함). 여호수아가 모세를 계승한 자인 것과 마찬가지로, 엘르아살은 아론을 계승한 자이다. 여호수아는 하나님의 선택에 의하여 지도자가 되지만, 엘르아살은 태어날 때부터 제사장 직분을 가지고 있다. 모세로부터 여호수아에게로 지도자 자격이 옮겨가는 것은 모세가 여호수아에게 안수하는 행동에 의해서 이루어지지만(민 27:18), 아론으로부터 엘르아살에게 제사장 직분이 옮겨가는 것은 모세가 아론에게서 대제사장의 옷을 벗겨 엘르아살에게 입히는 행동에 의해서 이루어진다(민 20:26). 우리가 아는 바에 의하면, 엘르아살은 그의 아들 비느하스에게 제사장 직분을 물려준다(33절). 그렇다면 여호수아의 자리는 누가 계승할 것인가?

여호수아 참고문헌

Commentaries and Major Studies

Auld, A. G. 1998. *Joshua Retold: Synoptic Studies*. Old Testament Studies. Edinburgh: Clark.

Boling, Robert G. 1982. *Joshua*. Anchor Bible 6. New York: Doubleday.

Bright, John. 1953. "Joshua." In *The Interpreter's Bible*. Vol. 2. Nashville: Abingdon. Pp. 539–673.

Butler, Trent C. 1983. *Joshua*. Word Biblical Commentary 7. Waco, Tex.: Word.

Gray, John. 1967. *Joshua, Judges and Ruth*. New Century Bible. London: Nelson. Pp. 15–200.

Hamlin, John. 1983. *Inheriting the Land*. International Theological Commentary. Grand Rapids: Eerdmans.

Hawk, L. Daniel. 1991. *Every Promise Fulfilled: Contesting Plots in Joshua*. Literary Currents in Biblical Interpretation. Louisville: Westminster/John Knox.

————. 2000. *Joshua*. Berit Olam. Collegeville, Minn.: Liturgical Press.

Hess, Richard. 1996. *Joshua*. Tyndale Old Testament Commentaries. Downers Grove, Ill.: InterVarsity.

Huffman, John. 1986. *Joshua*. Mastering the Old Testament. Ed. L. J. Ogilvie. Dallas: Word.

Ironside, Harry. 1950. *Addresses on the Book of Joshua*. New York: Loizeaux.

Miller, J. Maxwell, and Gene M. Tucker. 1974. *The Book of Joshua.* Cambridge Bible Commentary. Cambridge: Cambridge University Press.

Mitchell, Gordon. 1993. *Together in the Land: A Reading of the Book of Joshua.* JSOT Supplement 134. Sheffield: JSOT Press.

Nelson, R. D. 1997. *Joshua: A Commentary.* Old Testament Library. Louisville: Westminister/John Knox.

Noth, Martin. 1953. *Das Buch Josua.* Handbuch zum Alten Testament 1/7. Tübingen: J. C. B. Mohr.

Polzin, Robert. 1980. *Moses and the Deuteronomist: A Literary Study of the Deuteronomistic History.* New York: Seabury. Pp. 73–145.

Redpath, Alan. 1955. *Victorious Christian Living: Studies in the Book of Joshua.* Westwood, N.J.: Revell.

Schaeffer, Francis. 1975. *Joshua and the Flow of Biblical History.* Downers Grove, Ill.: InterVarsity.

Soggin, J. Alberto. 1972. *Joshua.* Old Testament Library. Trans. R. A. Wilson. Philadelphia: Westminster.

Wiersbe, Warren. 1993. *Be Strong.* Wheaton, Ill.: Victor.

Winther-Nielsen, Nicolai. 1995. *A Functional Discourse Grammar of Joshua: A Computer-Assisted Rhetorical Structure Analysis.* Coniectanea Biblica Old Testament Series 40. Stockholm: Almqvist and Wiksell.

Woudstra, Marten H. 1981. *The Book of Joshua.* NICOT. Grand Rapids: Eerdmans.

Shorter Studies

Auld, A. G. 1978. "Textual and Literary Studies in the Book of Joshua." *ZAW* 90:412–17.

Baxter, J. Sidlow. 1960. *Explore the Book.* Vol. 1. Grand Rapids: Zondervan. Pp. 235–72.

Beek, M. A. 1994. "Joshua the Savior." In *Voices from Amsterdam: A Modern Tradition of Reading Biblical Narrative.* SBLSS. Ed. M. Kessler. Atlanta: Scholars Press. Pp. 145–53.

Boling, R. G. 1993. "Levitical History and the Role of Joshua." In *The Word of the Lord Shall Go Forth: Essays in Honor of David Noel Freedman in Celebration of His Sixtieth Birthday.* Ed. C. L. Myers and M. O'Connor. Winona Lake, Ind.: Eisenbrauns. Pp. 241–61.

———. "Joshua, Book of." *ABD* 3:1002–15.

Bright, John. 1981. *A History of Israel.* 3rd ed. Philadelphia: Westminster. Pp. 105–82.

Childs, Brevard. 1979. *Introduction to the Old Testament as Scripture.* Philadelphia: Fortress. Pp. 239–53.

Coats, G. 1987. "The Book of Joshua: Heroic Saga or Conquest Theme?" *JSOT* 38:15–32.

Coogan, Michael. 1990. "Archaeology and Biblical Studies: The Book of Joshua." In *The Hebrew Bible and Its Interpreters.* Vol. 1. Ed. W. H. Propp, B. Halpern, and D. N. Freedman. Biblical and Judaic Studies. Winona Lake, Ind.: Eisenbrauns. Pp. 19–32.

Good, E. M. 1962. "Joshua, Book of." *IDB* 2:988–95.

Gottwald, N. K. 1995. "Theological Education as a Theory-Praxis Loop: Situating the Book of Joshua in a Cultural, Social, Ethical, and Theological Matrix." In *The Bible in Ethics: The Second Sheffield Colloquium.* JSOT Supplement 207. Ed. J. W. Rogerson, M. Davis, R. and M. D. Carroll. Sheffield: Sheffield Academic Press. Pp. 107–18.

Greenspoon, L. J. 1983. *Textual Studies in the Book of Joshua.* Harvard Semitic Monographs 28. Chico, Calif.: Scholars Press.

Gunn, David M. 1987. "Joshua and Judges." In *The Literary Guide to the Bible.* Ed. R. Alter and F. Kermode. Cambridge, Mass: Belknap/Harvard. Pp. 102–21.

Hess, Richard S. 1995. "Studies in the Book of Joshua." *Themelios* 20, no. 3:12–15.

Howard, D. M., Jr. 1993. *An Introduction to the Historical Books.* Chicago: Moody, Pp. 59–98.

Kissling, P. J. 1996. *Reliable Characters in the Primary History.* JSOT Supplement 224. Sheffield: Sheffield Academic Press. Pp. 69–95.

Mullen, E. T., Jr. 1993. *Narrative History and Ethnic Boundaries: The Deuteronomistic Historian and the Creation of Israelite National Identity.* Atlanta: Scholars Press. Pp. 87–119.

Ngan, L. L. E., et al. 1998. "Joshua." *RevExp* 95:161–284.

Rowlett, L. 1992. "Inclusion, Exclusion and Marginality in the Book of Joshua." *JSOT* 55:15–23.

Scroggie, Graham. 1950. "The Land and Life of Rest." In *Keswick Week 1950.* London: Marshall, Morgan and Scott. Pp. 45–56, 87–98, 139–51, 183–92.

Strange, J. 1993. "The Book of Joshua: A Hasmonean Manifesto." In *History and Traditions of Early Israel: Studies Presented to Eduard Nielsen.* Ed. A. Lemaire and B. Otzen. Leiden: E. J. Brill. Pp. 136–41.

Vaux, Roland de. 1978. *The Early History of Israel.* Trans. David Smith. Philadelphia: Westminster. Pp. 473–680.

Wenham, G. J. 1971. "The Deuteronomic Theology of the Book of Joshua." *JBL* 90:140–48.

Joshua 1–2

Barnes, P., 1995. "Was Rahab's Lie a Sin?" *RTR* 54:1–9.

Bird, P. 1989. "The Harlot as Heroine: Narrative Art and Social Presupposition in Three Old Testament Texts." *Semeia* 46:119–39, esp. 126–32.

Campbell, K. M. 1972. "Rahab's Covenant." *VT* 22:243–44.

Chirichigno, G. D. 1987. "The Use of the Epithet in the Characterization of Joshua." *TJ* 8:69–79.

Coats, G. W. 1985. "An Exposition for the Conquest Theme." *CBQ* 47:47–54.

Cohn, H. 1971. "Rahab." *EncJud* 13:1513–14.

Culley, R. C. 1992. *Themes and Variations: A Study of Action in Biblical Narrative*. SBLSS. Atlanta: Scholars Press. Pp. 110–14.

Fields, W. W. 1992. "The Motif 'Night as Danger' Associated with Three Biblical Destruction Narratives." In *Sha'arei Talmon: Studies in the Bible, Qumran and the Ancient Near East Presented to Shemaryahu Talmon*. Ed. M. Fishbane and E. Tov. Winona Lake, Ind.: Eisenbrauns. Pp. 17–32.

Hawk, L. Daniel. 1992. "Strange Houseguests: Rahab, Lot and the Dynamics of Deliverance." In *Reading between Texts: Inter-texuality and the Hebrew Bible*. Ed. D. N. Fewell. Louisville: Westminster/John Knox. Pp. 89–97.

McCarthey, D. J. 1971. "The Theology of Leadership in Joshua 1–9." *Bib* 52:165–75. (Repr. in *Institution and Narrative: Collected Essays*. Analecta biblica 108. Rome: Pontifical Biblical Institute Press. 1985. Pp. 193–203.)

———. 1971. "Some Holy War Vocabulary in Joshua 2." *CBQ* 33:228–30. (Repr. in *Institution and Narrative: Collected Essays*. Analecta biblica 108. Rome: Pontifical Biblical Institute Press. 1985. Pp. 204–6.)

McKinley, J. E. 1999. "Rahab: A Hero/ine?" *BibInt* 7:44–57.

Moran, W. L. 1967. "The Repose of Rahab's Israelite Guests." In *Studi sull'Oriente e la bibbia offerti a G. Rinaldi*. Ed. G. Buccellati. Genoa: Editrice Studio e Vita. Pp. 273–84.

Nelson, R. D. 1981. "Josiah in the Book of Joshua." *JBL* 100:531–40.

Newman, M. L. 1985. "Rahab and the Conquest." In *Understanding the Word: Essays in Honor of Bernhard W. Anderson*. Ed. J. T. Butler, E. W. Conrad, and B. C. Ollenburger. JSOT Supplement 37. Sheffield: JSOT Press. Pp. 167–81.

Tucker, G. M. 1972. "The Rahab Saga (Joshua 2): Some Form-Critical and Traditional-Historical Observations." In *The Use of the Old Tes-*

tament in the New and Other Essays. Durham, N.C: Duke University Press. Pp. 66–86.

Wilcoxen, J. 1968. "Narrative Structure and Cult Legend: A Study of Joshua 1–6." In *Transitions in Biblical Scholarship*. Ed. J. C. Rylaarsdam. Chicago: University of Chicago Press. Pp. 43–70.

Wiseman, D. J. 1964. "Rahab of Jericho." *TynB* 14:8–11.

Zakovitch, Y. 1990. "Humor and Theology or the Successful Failure of Israelite Intelligence: A Literary-Folkloric Approach to Joshua 2." In *Text and Tradition: The Hebrew Bible and Folklore*. SBLSS. Ed. S. Niditch. Atlanta: Scholars Press. Pp. 75–98 (and a response to this article by F. M. Cross, "A Response to Zakovitch's 'Successful Failure of Israelite Intelligence,'" pp. 99–104).

Joshua 3–5

Brekelmans, C. 1989. "Joshua v 10–12: Another Approach." *OSt* 25:89–95.

Brichto, H. C. 1969. "Taking-off the Shoe(s) in the Bible." In *Proceedings of the Fifth World Congress of Jewish Studies*. Vol. 1. Ed. P. Peli. Jerusalem: World Union of Jewish Studies. Pp. 225–26.

Coats, G. W. 1985. "The Ark of the Covenant in Joshua: A Probe into the History of a Tradition." *HAR* 9:137–57.

Peckham, B. 1984. "The Composition of Joshua 3–4." *CBQ* 46:413–31.

Saydon, P. 1950. "The Crossing of the Jordan." *CBQ* 12:194–207.

Winther-Nielsen, N. 1964. "The Miraculous Grammar of Joshua 3–4." In *Biblical Hebrew and Discourse Linguistics*. Ed. R. D. Berger. Winona Lake, Ind.: Eisenbrauns. Pp. 300–319.

Joshua 6 (especially *Kherem*/War)

Bienkowski, P. 1990. "Jericho Was Destroyed in the Middle Bronze Age, Not the Late Bronze Age." *BAR* 16, no. 5:45–46, 69.

Boyd, Gregory A. 1987. *God at War: The Bible and Spiritual Conflict*. Downers Grove, Ill.: InterVarsity.

Coats, G. W. 1985. "The Ark of the Covenant in Joshua: A Probe into the History of a Tradition." *HAR* 9:137–57.

Cowles, C. S. 1995–1996. "Canaanite Genocide and the God of Love." *The Preacher's Magazine* 71:44–49.

Craigie, Peter. 1978. *The Problem of War in the Old Testament*. Grand Rapids: Eerdmans.

Culley, R. C. 1984. "Stories of the Conquest: Joshua 2, 6, 7 and 8." *HAR* 8:25–44.

———. 1992. *Themes and Variations: A Study of Action in Biblical Narrative*. SBLSS. Atlanta: Scholars Press. Pp. 114–17.

Fretheim, T. E. 1983. *Deuteronomic History*. Interpreting Biblical Texts. Ed. L. R. Bailey and V. P. Furnish. Nashville: Abingdon. Pp. 61–75.

Fretz, M. 1986. "*Herem* in the Old Testament: A Critical Reading." In *Essays on War and Peace: Bible and Early Church*. Ed. W. Swartley. Elkhart: Institute of Mennonite Studies. Pp. 7–44.

Goetz, R. 1975. "Joshua, Calvin and Genocide." *ThTo* 32:263–74.

Goldingay, J. 1994. *Models for Scripture*. Grand Rapids: Eerdmans.

Hanson, P. 1984. "War and Peace in the Hebrew Bible." *Int* 38:241–61.

Holladay, William L. 1995. *Long Ago God Spoke: How Christians May Hear the Old Testament Today*. Minneapolis: Fortress. Pp. 117–135.

Kang, Sa-Moon. 1989. *Divine War in the Old Testament and in the Ancient Near East*. BZAW 177. Berlin: Walter de Gruyter.

Kaufmann, Y. 1960. *The Religion of Israel*. Trans. M. Greenberg. Chicago: University of Chicago Press. Pp. 169–77.

Kidner, F. D. 1972. "Ancient Israel at War (and Occasionally Peace)." *His* 33:14–16.

———. 1985. "Old Testament Perspectives on War." *EvQ* 57:99–113.

Lilley, J. P. U. 1993. "Understanding the *Herem*." *TynB* 44:169–77.

Lohfink, N. "Harem." In *TDOT* 5:180–99.

Malamat, Abraham. 1979. "Israel's Conduct of War in the Conquest of Canaan According to the Biblical Tradition." In *Symposia Celebrating the Seventy-Fifth Anniversary of the Founding of the American School of Oriental Research*. Ed. F. M. Cross. Cambridge, Mass.: American Schools of Oriental Research. Pp. 49–52.

Martin, G. H. 1989. "Dedicated to Destruction," *BI* 16, no. 2:24–25.

Mazor, L. 1988. "The Origin and Evolution of the Curse upon the Rebuilder of Jericho." *Textus* 14:1–26.

Milgrom, J. 1990. *Numbers*. JPS Torah Commentary. Philadelphia: The Jewish Publication Society. Excursus 44, "The Status of 'Herem.'" Pp. 428–30.

Niditch, S. 1993. *War in the Hebrew Bible: A Study in the Ethics of Violence*. New York: Oxford University Press.

Niehaus, J. J. 1988. "Joshua and Ancient Near Eastern Warfare." *JETS* 31:37–50.

Reid, Daniel G., and Tremper Longmann III. 1996. "When God Declares War." *CT* (October 28) 14–21.

Stern, P. D. 1991. *The Biblical Herem: A Window on Israel's Religious Experience*. Brown Judaic Studies 211. Atlanta: Scholars Press.

Weinfeld, M. 1993. "The Ban on the Canaanites in the Biblical Codes and its Historical Development." In *History and Traditions of Early Israel: Studies Presented to Eduard Nielsen*. Ed. A. Lemaire and B. Otzen. Leiden: E. J. Brill. Pp. 142–60.

Wilcoxen, J. 1968. "Narrative Structure and Cult Legend: A Study of Joshua 1–6." In *Transitions in Biblical Scholarship*. Ed. J. C. Rylaarsdam. Chicago: University of Chicago Press. Pp. 43–70.

Wood, B. 1990a. "Did the Israelites Conquer Jericho? A New Look at the Archaeological Evidence." *BAR* 16, no. 2:44–59.

———. 1990b. "Dating Jericho's Destruction: Bienkowski Is Wrong on All Counts." *BAR* 16, no. 5:47–49, 69.

Joshua 7–12

Auld, G. 1995. "Reading Joshua after Kings." In *Words Remembered, Texts Received: Essays in Honour of John F. A. Sawyer*. JSOT Supplement 195. Ed. J. Davies and W. G. E. Watson. Sheffield: Sheffield Academic Press. Pp. 167–81.

Ballentine, S. E. 1993. *Prayer in the Hebrew Bible*. Overtures to Biblical Theology. Minneapolis: Fortress.

Barr, James. 1977. *Fundamentalism*. Philadelphia: Westminster.

———. 1990. "Mythical Monarch Unmasked? Mysterious Doings of Debir King of Eglon." *JSOT* 48:55–68.

Begg, C. T. 1986. "The Function of Josh 7, 1–8, 29 in the Deuteronomistic History." *Bib* 67:320–33.

Bimson, John J. 1991. *Redating the Exodus and Conquest*. 2nd ed. JSOT Supplement 5. Sheffield: Almond.

Coote, Robert B., and Keith W. Whitelman. 1987. *The Emergence of Early Israel in Historical Perspective*. Sheffield: Almond.

Culley, R. C. 1992. *Themes and Variations: A Study of Action in Biblical Narrative*. SBLSS. Atlanta: Scholars Press. Pp. 117–20.

Dever, W. "Archaeology and the Israelite 'Conquest.'" *ABD* 3:545–58.

Fensham, F. C. 1964. "The Treaty between Israel and the Gibeonites." *BA* 27:96–100.

Finkelstein, Isaac. 1988. *The Archaeology of the Israelite Settlement*. Trans. D. Saltz. Jerusalem: Israel Exploration Society.

Fishbane, Michael. 1985. *Biblical Interpretation in Ancient Israel*. Oxford: Clarendon.

Fritz, V. 1987. "Conquest or Settlement?" *BA* 50:84–100.

Gottwald, Norman. 1985. *The Hebrew Bible: A Socio-Literary Introduction*. Philadelphia: Westminster. Pp. 261–76.

Greenberg, Moshe. 1960. "Some Postulates of Biblical Criminal Law." In *Yehezkel Kaufmann Jubilee Volume*. Ed. M. Haran. Jerusalem: Magnes. Pp. 5–28. (Repr. in *The Jewish Expression*. Ed. J. Goldin. New Haven: Yale University Press, 1976. Pp. 18–37.)

Grintz, J. M. 1961. "Ai Which Is beside Beth-Aven." *Bib* 42:201–16.

———. 1966. "The Treaty of Joshua with the Gibeonites." *JAOS* 86:113–26.

Hess, R. S. 1993. "Early Israel in Canaan: A Survey of Recent Evidence and Interpretations." *PEQ* 126:125–42.

———. 1994. "Achan and Achor: Names and Wordplay in Joshua 7." *HAR* 14:89–98.

Holladay, J. S., Jr. 1968. "The Day(s) the Moon Stood Still." *JBL* 87:166–78.

Jackson, B. 1972. *Theft in Early Jewish Law*. Oxford: Clarendon.

Kaminsky, J. S. 1995a. *Corporate Responsibility in the Hebrew Bible*. JSOT Supplement 196. Sheffield: Sheffield Academic Press.

———. 1995b. "Joshua 7: A Reassessment of Israelite Conceptions of Corporate Punishment." In *The Pitcher Is Broken: Memorial Essays for Gösta W. Ahlström*. JSOT Supplement 190. Ed. S. W. Holloway and L. K. Handy. Sheffield: Sheffield Academic Press. Pp. 314–46.

Kaufmann, Y. 1953. *Biblical Account of the Conquest of Palestine*. Trans. M. Dagut. Jerusalem: Magnes.

Kitchen, K. A. 1966. *Ancient Orient and Old Testament*. Chicago: InterVarsity.

———. 1977. *The Bible in Its World*. Downers Grove, Ill.: InterVarsity.

Krasovec, J. 1994. "Is There a Doctrine of Collective Retribution in the Bible?" *HUCA* 65:35–89.

Lapp, Paul W. 1967. "The Conquest of Palestine in the Light of Archaeology." *CTM* 38:283–300.

Lemeche, Niels Peter. 1985. *Early Israel: Anthropological and Historical Studies on the Israelite Society before the Monarchy*. VTSup 37. Trans. F. H. Cryer. Leiden: E. J. Brill.

Liver, J. 1963. "The Literary History of Joshua ix," *JSS* 8:227–28.

Livingstone, D. 1970. "Location of Biblical Bethel and Ai Reconsidered." *WTJ* 33:20–44.

Margalit, B. 1992. "The Day the Sun Did Not Stand Still: A New Look at Joshua x 8–15." *VT* 42:466–91.

Mendenhall, G. E. 1970. "The Hebrew Conquest of Palestine." In *Biblical Archaeology Reader*. Vol. 3. Ed. E. F. Campbell Jr. and D. N. Freedman. Garden City, N.Y.: Doubleday. Pp. 100–120.

Merrill, E. 1982. "Palestinian Archaeology and the Date of the Conquest: Do Tells Tell Tales?" *GTJ* 3:107–21.

Peels, H. G. L. 1994. *The Vengeance of God: The Meaning of the Root NQM and the Function of the NQM-Texts in the Context of Divine Revelation in the Old Testament.* Leiden: E. J. Brill.

Savran, G. W. 1988. *Telling and Retelling: Quotation in Biblical Narrative.* Bloomington: Indiana University Press.

Stec, D. M. 1991. "The Mantle Hidden by Achan." *VT* 41:356–59.

Stone, L. 1991. "Ethical and Apologetic Tendencies in the Redaction of the Book of Joshua." *CBQ* 53:25–36.

Sutherland, R. K. 1992. "Israelite Political Theories in Joshua 9." *JSOT* 53:65–74.

Van Seters, J. 1990. "Joshua's Campaign of Canaan and Near Eastern Historiography." *SJOT* 4:1–12.

Thompson, T. L. 1992. *The Early History of the Israelite People.* Leiden: E. J. Brill.

Waltke, B. K. 1990. "The Date of the Conquest." *WTJ* 52:181–200.

Ward, E. F. de. 1977. "Superstition and Judgment: Archaic Methods of Finding a Verdict." *ZAW* 89:1–19.

Weinfeld, M. 1967. "The Period of the Conquest and the Judges As Seen in the Earlier and Later Sources." *VT* 17:97–113.

Weippert, M. 1971. *The Settlement of the Israelite Tribes in Palestine.* Studies in Biblical Theology 21. London: SCM.

Wright, G. E. 1946. "The Literary and Historical Problem of Joshua 10 and Judges 1." *JNES* 5:105–14.

Yadin, Yigael. 1963. *The Art Of Warfare in Biblical Land in the Light of Archaeological Study.* 2 vols. Trans. M. Pearlman. New York: McGraw and Hill.

———. 1965. *Military and Archaeological Aspects of the Conquest of Canaan in the Book of Joshua.* 3rd ed. Jerusalem: World Jewish Society and the Israel Society for Biblical Research.

Yeivin, S. 1971. *The Israelite Conquest of Canaan.* Istanbul: Nederslands Historisch-Archaeologisch Institut in Het Nabije Oosten.

Younger, K. Lawson, Jr. 1990. *Ancient Conquest Accounts: A Study in Ancient Near Eastern and Biblical History Writing.* JSOT Supplement 98. Sheffield: JSOT Press.

———. 1995. "The 'Conquest' of the South (Jos 10, 28–39)." *BZ* 39:255–64.

Zevit, Z. 1983. "Archaeological and Literary Stratigraphy in Joshua 7–8." *BASOR* 251:23–35.

Joshua 13–19

Auld, A. G. 1978. "Textual and Literary Studies in the Book of Joshua." *ZAW* 90:412–17.

Hess, R. S. 1994a. "Asking Historical Questions of Joshua 13–19: Recent Discussion Concerning the Date of the Boundary Lists." In *Faith, Tradition, History: Old Testament Historiography in Its Near Eastern Context.* Ed. A. R. Millard, J. K. Hoffmeier, and D. W. Baker. Winona Lake, Ind.: Eisenbrauns. Pp. 191–205.

———. 1994b. "Late Bronze Age and Biblical Boundary Descriptions of the West Semitic World." In *Ugarit and the Bible: Proceedings of the International Symposium on Ugarit and the Bible, Manchester, September 22.* Ugaritisch-Biblische Literatur Band 11. Ed. G. Brooke, A. Curtis, and J. Healey. Münster: Ugarit-Verlag.

Mosca, P. G. 1984. "Who Seduced Whom? A Note on Jos 15,18/Jd 1,14." *CBQ* 46:18–22.

Naʿaman, Nadav. 1986. *Borders and Districts in Biblical Historiography.* Jerusalem: Simor.

Joshua 20

Cohn, H. 1971. "City of Refuge." *EncJud* 5:591–94.

Greenberg, M. 1959. "The Biblical Conception of Asylum." *JBL* 78:25–32.

Spencer, John R. 1992. "Refuge, Cities of." *ABD* 5:657–58.

Joshua 21

Aharoni, Y. 1962. *The Land of the Bible: A Historical Geography.* Trans. A. F. Rainey. London: Burns and Oates.

Albright, W. F. A. 1945. "The List of the Levitical Cities." In *Louis Ginzberg Jubilee Volume.* New York: American Academy for Jewish Research. Pp. 49–73.

Auld, A. G. 1979. "The Levitical Cities: Texts and History." *ZAW* 91:194–206.

———. 1990. "The Cities in Joshua 21: The Contribution of Textual Criticism." *Textus* 15:141–52.

Ben Zvi, E. 1992. "The List of the Levitical Cities." *JSOT* 54:77–106.

Boling, R. 1985. "Levitical Cities: Archaeology and Texts." In *Biblical and Related Studies Presented to Samuel Iwry.* Ed. A. Kort and S. Morschauser. Winona Lake, Ind.: Eisenbrauns. Pp. 23–32.

———. 1993. "Levitical History and the Role of Joshua." In *The Word of the Lord Shall Go Forth: Essays in Honor of David Noel Freedman in Celebration of His Sixtieth Birthday.* Ed. C. L. Meyers and M. O'Connor. Winona Lake, Ind.: Eisenbrauns. Pp. 241–61.

Haran, M. 1961. "Studies in the Account of the Levitical Cities I. Preliminary Considerations." *JBL* 80:45–54.

Greenberg, M. 1968. "Idealism and Practicality in Numbers 35:4–5 and Ezekiel 48." *JAOS* 88:59–63.

———. 1971. "Levitical Cities." *EncJud* 11:136–38.

Mazar, B. 1960. "The Cities of the Priests and Levites." *Congress Volume: Oxford 1959.* VTSup 7. Leiden: Brill. Pp. 193–205.

Milgrom, J. 1982. "The Levitical Town: An Exercise in Realistic Planning." *JJS* 32:185–88.

———. 1990. *Numbers.* JPS Torah Commentary. Philadelphia: The Jewish Publication Society. Pp. 502–4.

Miller, J. M. 1987. "Rehoboam's Cities of Defense and the Levitical Cities." In *Archaeology and Biblical Interpretation: Essays in Memory of D. G. Rose.* Ed. L. G. Perdue, L. E. Toombs, and G. L. Johnson. Atlanta: John Knox. Pp. 273–86.

Spencer, John R. 1992. "Levitical Cities." *ABD* 4:310–11.

Joshua 22

Jobling, D. 1980. "The Jordan a Boundary: A Reading of Numbers 32 and Joshua 22." In *SBLSP 1980.* Chico, Calif.: Scholars Press. Pp. 183–207.

———. 1986. "'The Jordan a Boundary': Transjordan in Israel's Ideological Geography." In *The Sense of Biblical Structural Analysis in the Hebrew Bible.* JSOT Supplement 39. Sheffield: JSOT Press. Pp. 88–134.

Kloppenbury, J. S. 1981. "Joshua 22: The Priestly Editing of an Ancient Tradition." *Bib* 62:347–71.

Snaith, N. H. 1978. "The Altar at Gilgal: Joshua xxii, 23–29." *VT* 28:330–35.

Joshua 23

Koopmans, W. T. 1988. "The Poetic Prose of Joshua 23." In *The Structural Analysis of Biblical and Canaanite Poetry.* JSOT Supplement 74. Ed. W. van der Meer and J. C. de Moor. Sheffield: JSOT Press. Pp. 83–118.

Joshua 24

Brekelmans, C. 1991. "Joshua xxiv: Its Place and Function." In *Congress Volume: Leuven, 1989*. VTSup 63. Ed. J. A. Emerton. Leiden: E. J. Brill. Pp. 1–9.

Brueggemann, W. 1993. *Biblical Perspectives on Evangelism*. Nashville: Abingdon. Pp. 48–70.

Edelman, D. 1991. "Are the Kings of the Amorites 'Swept Away' in Joshua xxiv 12?" *VT* 41:279–86.

Fretheim, T. E. 1983. *Deuteronomic History*. Interpreting Biblical Texts. Ed. L. R. Bailey and V. P. Furnish. Nashville: Abingdon. Pp. 75–86.

Giblin, C. H. 1964. "Structural Patterns in Jos 24,1–25." *CBQ* 26:50–69.

Koopmans, W. T. 1990. *Joshua 24 as Poetic Narrative*. JSOT Supplement 93. Sheffield: JSOT Press.

Kraus, Hans-Joachim. 1966. *Worship in Israel*. Trans. G. Buswell. Richmond: John Knox. Pp. 136–41.

McCarthy, Dennis J. 1978. *Treaty and Covenant*. Analecta Biblica 21. Rome: Pontifical Biblical Institute. Pp. 221–42, 279–84.

Mendenhall, George. 1955. *Law and Covenant in Israel and the Ancient Near East*. Pittsburgh: Biblical Colloquium. Pp. 41–44.

Muilenburg, J. 1959. "The Form and Structure of the Covenantal Formulations." *VT* 9:347–65, esp. 357–60.

Nielsen, E. 1959. *Shechem: A Traditio-Historical Investigation*. Copenhagen: G. E. C. Gad. Pp. 86–134.

Sperling, S. David. 1987. "Joshua 24 Re-examined." *HUCA* 58:119–36.

Van Seters, John. 1984. "Joshua 24 and the Problem of Tradition in the Old Testament." In *In the Shelter of Elyon: Essays on Ancient Palestinian Life and Literature in Honor of G. W. Ahlström*. JSOT Supplement 31. Ed. W. B. Barrick and J. R. Spencer. Sheffield: JSOT Press. Pp. 139–58.

Vaux, Roland de. 1978. *The Early History of Israel*. Trans. David Smith. Philadelphia: Westminster. Pp. 667–72.

사사기

이 책은 제목 때문에 정경의 바로 앞에 있는 책과 구별된다. 뛰어난 한 개인의 이름을 제목으로 가진 "여호수아"와는 달리, "사사기"(Judges)는 "사사"(judge)라는 직분을 따라 지어진 복수 형태의 이름이다. 히브리 성서는 신약 성서가 "사도행전"이라는 제목의 책을 가지고 있는 것과는 달리 "예언자들"이라는 제목의 책을 가지고 있지 않지만, "사사기"와 평행을 이루는 책은 가지고 있다. 그것은 곧 "열왕기"(Kings)이다. 복수형으로 되어 있는 이 제목은 영향력을 가진 지도자들을 가리킨다.

사사기가 여호수아와는 달리 한 개인의 이름을 제목으로 가지고 있지 않다는 사실은 매우 중요한 의미를 가진 것으로 여겨질 수도 있다(기독교 전통을 따른 구약 책들의 순서에서 사사기 다음에 나오는 룻기 참조). 여호수아 시대와는 달리 사사기에는 그 시대 전체를 좌지우지할 만큼 뛰어난 개인이 나타나지 않는다. 사실 사사기 전체의 특징은 그러한 지도자가 없다는 데 있다. 카리스마적인 사사들이 간헐적으로 등장함에도 불구하고 "여호수아가 죽은 후"에는 모든 것이 내리막길이다. 사사기가 "그때에 이스라엘에 왕이 없었다"(21:25)는 말로 끝나는 것을 볼 때, 사실 그 첫부분을 "그때에는 이스라엘에 여호수아 같은 인물이 없었다"로 시작한다고 해도 틀리지 않을 것이다. 물론 "여호수아 같은 인물이 없었다"는 표현은 과거를 회상하는 방식에 해당한다. 반면에 "왕이 없었다"는 표현은 앞을 내다보는 방식에 해당하는 것으로, "왕이 없는" 틈새(마지막 장이 이를 가리킴)를 메우는 일이야말로

"여호수아와 같은 인물이 없는" 틈새(첫 장의 상황)를 메울 수 있는 해결책일 수도 있음을 암시한다.

여호수아와 사사기의 또 다른 차이는 전자가 분명하게 결정된 한 사건과 더불어 시작되고("모세가 죽은 후에"[1:1]) 그와 똑같이 분명하게 결정된 한 사건과 더불어 끝난다는 데 있다("여호수아가 … 죽으매"[24:29]; "엘르아살도 죽으매"[24:33]). 사사기 역시 반복되는 사망 고지와 더불어 시작된다("여호수아가 죽은 후에"[1:1]). 그러나 사사기의 마지막 부분에서는 어떠한 사망 고지도 발견되지 않는다. 이것은 흔히 "부록"으로 불리는 사사기의 마지막 다섯 장들(17~21장)이 여호수아 24장과는 달리 사사기 전체를 연대기적으로 끝맺음하는 역할을 수행하지 않고 있음을 의미한다. 이 점에서 본다면 사사기는 결론 부분이 없는 책이라 할 수 있다.

사사기의 서론에 해당하는 가장 초기의 사건은 여호수아의 죽음이다. 그리고 어느 정도 구체적으로 연대를 추정할 수 있는 마지막 사건은 우상숭배의 성격을 갖는 단 지파의 제단을 비판하는 18:30의 사건이다. 30절은 이렇게 끝맺는다: "요나단과 그 자손은 단 지파의 제사장이 되어 **이 백성이 사로잡히는 날까지 이르렀더라.**" 이 마지막 구절은 아마도 주전 720년대 말에 북왕국 이스라엘이 앗수르 군대에 망한 것을 가리킬 것이다. 또한 그것은 이 자료를 현재 형태의 사사기에 편집한 자가 주전 722–721년 이후에 살았던 사람임을 암시한다.

사사기에는 열두 명의 "사사들"이 나온다. 그들에게 얼마나 많은 내용이 할애되었느냐에 따라 대개 "대"(major)사사와 "소"(minor)사사로 나뉜다:

대사사	소사사
1. 옷니엘(3:7-11)	1. 삼갈(3:31)
2. 에훗(3:12-20)	2. 돌라(10:1-2)
3. 드보라(4:1~5:31)	3. 야일(10:3-5)
4. 기드온(6:1~8:35)	4. 입산(12:8-10)
5. 입다(10:6~12:7)	5. 엘론(12:11-12)
6. 삼손(13:1~16:31)	6. 압돈(12:13-15)

　“사사들”(쇼페트/쇼페팀)이라는 명사의 거의 모든 용례는 2:16-19에 한정되어 있다(복수형으로는 16, 17, 18절; 단수형으로는 18, 19절). 사사기에서 “사사들”이 명사로 나오는 유일한 다른 곳은 11:27이다. 이곳에서 그 명사는 야웨께 적용된다(“심판하시는[who is judge] 야웨는 오늘날 이스라엘 자손과 암몬 자손의 사이에 판결하시옵소서”).

　“판결하다”(샤파트)라는 동사는 3:7~16:31의 사사 이야기들에 한정된다. 그러나 이곳에서조차 그것은 최소한으로, 그리고 간헐적으로 사용될 뿐이다. 여섯 명의 대사사들 중에서 이 동사가 사용되는 인물은 옷니엘(3:10)과 드보라(4:4)밖에 없다. 그러나 이들의 이야기에서는 연대기적인 언급이 전혀 나타나지 않는다. 반면에 여섯 명의 대사사들 중에서 연대기적인 언급이 나타나는 인물은 둘이다(“입다가 이스라엘 사사가 된 지 육년이라”[12:7]; “삼손이 이스라엘 사사로 이십 년을 지내었더라”[15:20; 16:31]).

　여섯 명의 “소”사사들에 관해 말하는 두 개의 설명 목록(10:1-5; 12:8-15) 중에서 이 동사가 연대기적인 언급과 함께 사용되는 것은 입산(12:8)과 엘론(12:11a)의 경우이고, 연대기적인 언급 없이 사용되는 것은 돌라(10:2)와 야일(10:3), 입산(12:9), 엘론(12:11b), 압돈(12:14) 등의 경우이다. “판결하다” 동사의 모든 용례들을 종합해 보면, 열세 번 중에 다섯 번이 대사사들에게 사용되고 나머지 여덟 번은 소사사들에게 사용됨을 알 수 있다. 적어도 통계만으로 본다면, 사사기가 대사사들의 활동보다는 소사사들의 활동에 더 많은 관심을 기울이고 있음이 분명해진다.

　“판결하다” 동사 외에도 “건지다, 구원하다”라는 뜻의 낱말이 사용되기도 한다. 이 낱말은 도입부인 2:16-19과 사사들의 이야기들에서 명사형과 동사형이 모두 쓰인다. 예로써 2:16은 야웨께서 사사들을 세우사 “그들을 건져내게” 하셨다고 말하며, 2:18은 사사들이 “그들을 대적의 손에서 구원”했다고 말한다. 자기 백성을 “구원한” 자들로 표현되는 사사들에는 옷니엘(3:9), 에훗(3:15), 기드온(8:22), 삼손(13:5, 그러나 단지 약속과 예언의 차원에서만) 등이 있다. 소사사들 중에서는 삼갈(3:31)을 제외하고는 어느 누구도 “구원자”로 불리지 않는다. 이렇듯이 적어도 사사들 중의 일부가 구원자들로 간주되고 있다는 것은 그들의 역할이 단순히 사법적인 것 이상의 군사적인 것을 포함할 수도 있음을 암시한다.

사사기는 길이가 서로 다른 세 개의 단원들로 나뉜다. 그것을 정리하면 다음과 같다:

1. 그때에는 이스라엘에 여호수아 같은 인물이 없었다(1:1~3:6)
   A. 그러한 현실의 지역적인 결과들(1:1~2:5)
   B. 그러한 현실의 영적인 결과들(2:6~3:6)
2. 그때에는 이스라엘에 사사들이 있었다(3:7~16:31)
   A. 옷니엘(3:7-11)
   B. 에훗(3:12-30)
   C. 삼갈(3:31)
   D. 드보라와 바락(4:1~5:31)
   E. 기드온(6:1~8:35)
   F. 아비멜렉(9:1-57)
   G. 소사사들에 관한 두 개의 목록(10:1-5; 12:8-15)
   H. 입다(10:6~12:7)
   I. 삼손(13:1~16:31)
3. 그때에는 이스라엘에 왕이 없었다(17:1~21:25)
   A. 그러한 현실의 결과들: 영적이고 지파적인 이주(17:1~18:31)
   B. 그 이상의 결과들: 이스라엘 내부의 전쟁(19:1~21:25)

1. 그때에는 이스라엘에 여호수아 같은 인물이 없었다 (1:1~3:6)

1:1-36. 사사기의 독자들이 맨 처음에 주목하는 것들 가운데 하나는 이 책이 두 개의 도입부를 가지고 있다는 점이다. 그 중 첫 번째 것은 "여호수아가 죽은 후"에 발생한 사건들을 다루며(1:1a은 1:1b~2:5의 도입부에 해당함), 두 번째 것은 여호수아가 살아 있을 동안과 그가 죽은 후의 세대에 이르기까

지 계속된 사건들을 다룬다("여호수아가 백성을 보내매"로 시작하는 2:6a은 2:6b~3:6의 도입부에 해당함). 달리 말해서 1:1에서는 여호수아가 이미 죽은 상태로 나타나지만, 2:6에서는 그가 아직 살아 있는 것으로 언급됨으로써 (2:8에서는 다시 죽는 것으로 묘사됨), 이야기의 흐름이 마치 테이프를 되감은 것처럼 갑자기 후진하여 과거의 한 장면을 살짝 보여 주고 있는 것이다.

한 책에 두 개의 도입부가 있는 경우는 창세기에서도 발견할 수 있다. 창세기의 해석자들은 종종 이 책이 1:1~2:4a와 2:4b-25의 두 도입부를 가지고 있다고 본다. 주석가들 중에는 사사기의 이중 도입부로부터 두 가지 사실을 지적하는 경향이 있다. 첫째로 그들은 두 도입부가 공통점을 거의 가지고 있지 않다는 점과 1:1~2:5이 여호수아서에 묘사된 가나안 정복과 일치되지 않는 또 다른 정복 진술에 해당한다고 본다(수 6~11장의 빠르고 완전한 정복과 비교되는 삿 1:1~2:5의 느리고 부분적인 정복을 참조).

둘째로 많은 주석가들은 사사기 2:6~3:6이야말로 3:7~16:31의 진정한 도입부에 해당한다고 본다. 그들은 신명기주의자(들)가 2:6~3:6을 편집했다고 생각한다. 이와는 달리 초기 문서인 1:1~2:5는 일정한 목적을 가진 유다 지역 문서로서, 가나안 정복에 맞서는 내용을 담고 있으며, 나중에 2:6~3:6에 단지 부록 형태로 추가되었을 뿐이라는 것이다. 이러한 견해에 따른다면, 사사기는 시작 부분(1:1~2:5)과 끝부분(17:1~21:25)에서 약간의 부록을 가지고 있는 책이다. 당연히 부록은 그렇게 중요한 것이 아니요, 따라서 희생시켜도 좋은 부분이다. 이렇게 본다면, 사사기의 첫 장과 마지막 다섯 장은 사사기의 본래 핵심부에 심각한 상처를 주지 않고 삭제될 수도 있을 것이다.

본서의 견해는 이상의 견해와 다르다. 1:1~2:5과 2:6~3:6의 저자가 다를 수도 있다는 점에 대해서 그런 것은 아니다. 오히려 사사기의 양끝 부분이 그 중간에 있는 내용에 의도적으로 통합된 것이 아니라는 개념에 대해서 그렇다. 아래의 설명에서 우리는 통합 개념과 부록 개념을 분명하게 구별하고자 할 것이다(사사기의 최종 형태를 이런 식으로 설명하는 Eslinger, Stone, Webb 등의 견해 참조).

우선 1장의 도입부가 "여호수아가 죽은 후에"로 시작한다는 점을 주목할 필요가 있다. 이러한 표현은 여호수아서("모세가 죽은 후에")와 사무엘하

("사울의 죽은 후라")의 시작 부분과 매우 비슷하다. 이로써 구약 역사의 세 중요한 시기들이 동일한 방식으로 표현된다: (1) 모세 이후 시대(대부분이 영화로운 시대); (2) 여호수아 이후 시대(대부분이 당혹스런 시대); (3) 사울 이후 시대("영화로운" 시대와 "당혹스런" 시대의 특징을 모두 가지고 있음).

여호수아와 같은 영웅이 없음에도 사람들은 자연스럽게 올바른 길을 선택한다: 그들은 야웨께 "우리 중 누가 먼저 올라가서 가나안 사람과 싸우리이까?"라고 물었던 것이다(1:1b). "야웨께 묻는다[샤알 브]"는 것은 우림과 둠밈을 사용하여 하나님의 뜻을 묻는 경우를 가리킬 것이다. 우림과 둠밈은 하나님의 답변을 얻기 위하여 주사위처럼 던지는 두 개의 작은 물건으로서, 단순하게 긍정과 부정의 답변을 얻는 데 사용되었을 수 있다(수 18:6). 그러나 어떤 경우에는 그 외에도 상당히 구체적인 답변을 구하는 데 사용되기도 했다(삿 1:1; 삼상 10:22[사울의 은신처를 드러냄]; 삼하 2:1[다윗이 가야 할 성읍을 알려 줌]; 삼하 5:23-24[다윗이 블레셋 족속을 향하여 사용해야 할 복합적인 군사 전략을 알려 줌]).

이처럼 구체적인 답변은 이곳 사사기 1:1에서도 발견된다. 우림과 둠밈을 통하여 야웨의 뜻을 물은 결과, 맨 먼저 올라가서 가나안 사람들과 싸울 지파로 유다 지파가 선정된다. 여기서 정말 흥미로운 것은 이와 똑같은 방식으로(우림과 둠밈을 사용하는) "하나님께 묻는" 일이 사사기 마지막 부분에서 또 한 번 이루어진다는 점이다(20:18). 그곳에서도 완전히 똑같은 질문이 던져진다("우리 중에 누가 먼저 올라가서 … 과 싸우리이까"). 그리고 정확하게 똑같은 하나님의 답변이 주어진다. 다시금 유다 지파가 선정된 것이다.

그러나 1:1과 20:18 사이에는 매우 큰 차이가 있다. 그 차이는 하나님의 백성이 여호수아 이후의 사사 시대에 어떤 길을 향해 가고 있는지를 간단하게 알려 준다:

1:1 : "우리 중 누가 먼저 올라가서 **가나안 사람과 싸우리이까?**"

20:18 : "우리 중에 누가 먼저 올라가서 **베냐민 자손과 싸우리이까?**"

사사기는 통일된 나라가 공동의 적을 향해 공격전을 벌이는 모습으로 시작하지만, 마지막에는 나라 안에서 발생한 전쟁에 휘말리고 있는 모습으로 끝을 맺는다. 하나님의 가족에 속한 베냐민 지파가 가나안 사람들의 자리를 대신한 것이다.

사사기 1장의 구조와 관련해서는 몇 가지 사항에 주목할 필요가 있다. 첫째로 유다 지파의 승리(2-20절)는 승리와 성취가 덜한 북쪽 지파들의 활동(21-36절)과 대조를 이룬다. 여호수아가 죽은 후에 유다 지파는 베섹과 그곳의 지도자/왕 아도니 베섹을 상대로(4-7절), 그리고 예루살렘(8절)과 기럇 아르바/헤브론(10절)과 기럇 세벨/드빌(11-13절)과 스밧/호르마(17절)와 가사와 에스글론과 에그론(18절) 등에서 승리를 거두었다.

19b절은 유다 지파가 유일하게 승리를 거두지 못한 것에 대해 설명한다: "그[유다 지파]가 산지 거민을 쫓아내었으나 골짜기의 거민들은 철병거가 있으므로 그들을 쫓아내지 못하였으며." 그러나 이 유일한 실패에 대해서는 설명이 필요하다. 첫째로 "야웨께서 유다와 함께 하신 고로"라는 19절의 서두 부분은 유다 지파의 실패가, 하나님께서 유다 지파를 싫어하시고서는 그들을 떠나 스스로를 방비하도록 내버려 두심으로써 이루어진 일이 아니라는 점을 암시하는 것으로 보인다. 둘째로 이 본문은 유다가 평지의 거주민들을 몰아내지 못한 진정한 이유가 무엇인지를 분명하게 설명하지 않는다. 원주민들이 평지에서 사용하기에 적합한 우수한 무기를 가지고 있어서였을까, 아니면 유다 지파에게 비전이 없어서였을까?

이러한 불명료성은 두 가지 다른 요인들에 의해 강화된다. 첫째로 1:19b의 "쫓아내지 **못했다**"는 구절과 "쫓아내지 **않았다**"는 구절(본장의 후반부에서 북쪽 지파들을 가리키는 데 사용되는 표현임 — 27, 28, 29절)은, 동일한 히브리어 동사('야라쉬'의 히필/사역형)를 사용하고 있긴 하지만, 히브리어 원문에서는 차이가 난다. 본장의 후반부에 사용되는 히브리어는 그 동사의 완료형인 '로 호리쉬'("쫓아내지 않았다")이다. 반면에 1:19b는 동사의 정형(定形)을 쓰기보다는 부정사 연계형('로 레호리쉬')을 사용한다. 이렇듯이 1:19b는 "동사의 행위 주체를 분명하게 밝히지 않은 채 부정사 연계형을 사용하고 있는 셈이다. 그럴 수밖에 없는 것이 그 실패의 원인을 분명하게 유다 지파에 관련시킨다는 것은 불가능한 일이었기 때문이다"(Weinfeld 1993: 396).

1:19b를 규정짓는 두 번째 요인은 여호수아 17:18과의 비교를 통해서 분명하게 드러난다: "그 산지도 네 것이 되리니 비록 삼림이라도 네가 개척하라 … 가나안 사람이 비록 철병거를 가졌고 강할지라도 네가 능히 그를 쫓아내리라." 여기서 우리는 여호수아가 유다 지파에게 말하는 것이 아니라 "요셉 족속, 곧 에브라임과 므낫세에게" 말하고 있다는 사실을 주목할 필요가 있다. 달리 말해서 여호수아는 유다의 북쪽과 갈릴리 남부 지역의 지파들에게 말하고 있다는 얘기다(벧 스안과 이스르엘 골짜기에 대해서 언급하는 수 17:16b 참조). 만일 사사기 1:19b가 여호수아 17:16-18을 언급하고 있는 것이라면, 그것은 곧 유다 지파가 자기들의 경계선으로부터 멀리 떨어진 지역을 취하는 데 실패했다고 말하는 것이나 다름이 없다. 따라서 그것은 엄하게 비난하는 것이라 하기 어렵다. 뿐만 아니라 "철병거의 존재는 땅을 소유하는 데 실패할 수밖에 없음을 정당하게 설명해 주는 가장 적절한 소재 — 여호수아서나 사사기에서 흔히 발견되는 — 이다"(Stone 1988: 217).

그러나 북쪽 지파들의 군사적인 행동에 대해서 설명하는 21-36절에서는 아주 다른 상황이 전개된다. 일곱 차례에 걸쳐서 설화자는 특정 지파가 특정 지역의 거주민들을 쫓아내지 않았다고 말한다(21, 27, 28, 29, 30, 31, 33절). 그것은 실패의 연속이었다. 사실 21-36절은 정복되지 않은 21개의 성읍/도시들에 대해서 보고한다. 특히 아셀 지파(일곱 성읍)와 므낫세 지파(다섯 성읍과 주변 정착지들)가 가장 많이 실패한 집단으로 소개된다. 더 나아가서, 북쪽 지파들의 일부가 그 땅의 거주민들을 몰아내기보다는 그들을 "강제노역"에 동원했다는 설명(28, 30, 33, 35절)에 비추어 본다면, 우리는 북쪽 지파들이 일부러 이 후자의 방법을 선택했다는 결론을 내릴 수 있다. 만일 북쪽 지파들이 그들을 강제노역에 동원할 정도로 강했다고 할 경우, 그들은 원하기만 한다면 얼마든지 그들을 쫓아낼 수 있었을 것이다. 따라서 그들의 실패는 그들이 무능력해서가 아니라 그들이 원치 않아서 생긴 결과나 다름이 없었다.

"요셉 족속"의 벧엘 정복에 관한 설명조차도 "여러 가지 요소가 결합된 자료"라 할 수 있다. 맨 먼저 정탐꾼들을 보낸 일이나 그들이 그 지역에 사는 한 사람을 만나 중대한 정보를 제공한 것에 대한 대가로 그의 가족과 함께 모종의 "거래"를 하게 된 일, 그 후 그 성읍을 파괴한 일 등은 여리고와 라합의 이야기(수 2장과 6장)와 비슷한 데가 있다. 그러나 이 두 사건 사이에 있는 차이점들에 대해서도 주목할 필요가 있다(Gunn and Fewell 1993: 160). 첫째로 라합은 이스라엘의 하나님 야웨를 향한 신앙을 고백한다. 이 신앙 때문에 그녀는 정탐꾼들을 환대할 수 있었다. 그러나 이름이 알려지지 않은 "벧엘 거주민"에게는 그러한 신앙고백이 없다. 그는 기회주의자이지 개종자가 아니다. 둘째로 라합은 여리고 성에 관한 중요한 정보를 제공하지 않는다. 그녀는 단지 하나님과 자신의 가족에 대해서만 말할 뿐이다. 반면에 벧엘 거주민은 "성읍의 입구를 가르쳐 준다." 셋째로 여리고는 하나님께 바쳐진 곳이 되어 완전히 멸망당한다. 그러나 벧엘은 그렇지 않다. 그 밀고자는 파멸이 예정된 성읍을 떠나 다른 곳에서 동일한 이름을 가진 또 다른 성읍, 곧 두 번째 루스를 건축한다.

22-36절은 이스라엘이 가나안 원주민과의 관계 속에서 점차 타락해가는 과정을 보여 주기도 한다.

1. 약화되기는 했지만 요셉 족속이 승리를 거둠(22-26절)
2. 므낫세와 에브라임이 원주민을 추방하지 않고 지배함: 가나안 사람들이 계속해서 그 땅에 거주하게 됨(27-28절)
3. 에브라임이 원주민을 추방하지 않고 지배함: 가나안 사람들이 그들 중에 머물게 됨(29절)
4. 스불론도 마찬가지임(30절)
5. 아셀과 납달리는 가나안 사람들 사이에 거주함(31-33절)
6. 가나안/아모리 족속에게 밀려난 단 지파는 산간 지방으로 내몰림(34절)

이렇듯이 본문의 주요 내용은 승리로부터(1) 부분적인 승리로(2, 3, 4), 상당한 손실로(5), 패배(6)로 옮겨간다. 승리로 시작했다가(1) 내몰리는 일로 끝난다(6).

사사기 1장과 관련하여 주목해야 할 두 번째 사항은 다양한 지파들에 대한

언급이 남쪽에서 북쪽 방향으로 움직여간다는 점이다:

단(34절)
↑
납달리(33절)
↑
아셀(31-32절)
↑
스불론(30절)
↑
에브라임(29절) (실제로는 므낫세가 에브라임 위에 있음)
↑
요셉 족속(=모든 북쪽 지파들) (22-26절)
↑
베냐민(21절)
↑
유다(2-20절)

3:7-16:31에 있는 대사사들의 이야기에서도 이와 똑같이 남쪽에서 북쪽으로 옮겨가는 모습을 발견할 수 있다:

단 지파의 삼손(13:1~16:31)
↑
므낫세 지파의 입다(10:6~12:7)
↑
므낫세 지파의 기드온(6:1~8:35)
↑
에브라임 지파의 드보라(4:1~5:31)
↑

베냐민 지파의 에훗(3:12-30)

↑

유다 지파의 옷니엘(3:7-11)

1장과 3:7~16:11은 똑같이 남쪽에서 북쪽으로 옮겨가는 모습을 보일 뿐만 아니라, 모범 지파(1:2-20)이면서 동시에 모범적인 사사(옷니엘, 3:7-11)가 속한 유다로 더불어 시작하고, 무기력한 지파(1:34)이면서 동시에 거칠고 무절제한 사사(삼손, 13:1~16:31)가 속한 단 지파로 끝난다. 여기서 우리는 크게 분열된 한 민족의 모습을 볼 수 있다. 신약성서(롬 8장)의 언어를 사용하여 표현하자면, 일부는 영을 따라 사는 모습을 보이는 반면에 일부는 육체를 따라 사는 모습을 보이고 있는 셈이다. 일부는 대적을 몰아내지만, 또 다른 일부는 대적과 함께 살아간다. 일부는 엄격한 태도를 보이지만, 또 다른 일부는 너그러운 태도를 보인다.

사사기 1장과 관련하여 주목해야 할 마지막 세 번째 사항은 그 내용의 많은 부분이 여호수아서를 인용하거나 언급하고 있다는 점이다. 대부분의 경우 사사기 1장은 여호수아에서 가져온 내용을 약간 수정하여 가지고 있다. 그러한 수정 작업은 다분히 전략적인 의도에서 비롯된 것이다. 직접 인용한 부분은 다음과 같다:

1. 사사기 1:10, 20 = 여호수아 15:13-14(14:6-15); 헤브론을 취하여 줌
2. 사사기 1:11-15 = 여호수아 15:15-19; 드빌, 갈렙, 악사, 옷니엘
3. 사사기 1:21 = 여호수아 15:63; 여부스 족속을 쫓아내지 못함
4. 사사기 1:27-28 = 여호수아 17:11-13; 므낫세의 정복 실패
5. 사사기 1:29 = 여호수아 16:10; 에브라임의 정복 실패

사사기 1장과 여호수아서 사이에 비교될 만한 내용들을 간략하게 정리해 보자:

1. 여호수아 14:6-15과 15:13-14은 여호수아가 헤브론을 갈렙에게 준

것을 강조하지만, 사사기 1:20은 유다("주었다"는 동사는 3인칭 복수형으로 되어 있음)가 그렇게 했다고 말한다. 여호수아가 이미 죽은 후였기 때문이다(1:1). 여호수아는 15:13은 갈렙이 아낙의 세 아들 세새와 아히만과 달매를 쫓아냈다고 말한다. 사사기는 이 공적을 유다(1:10)와 갈렙(1:20) 모두에게 돌리지만, 세 사람의 이름은 유다에 대한 언급에서만 나타난다.

2. 여호수아 15:15은 갈렙이 "올라가서" 드빌 거민을 쳤다고 말하지만, 사사기 1:11은 "[유다가] 거기서 나아가서 드빌의 거민들을 쳤다"고 말한다. 여호수아 15:17은 옷니엘을 "갈렙의 형제(히브리어로는 '아히'; 개역은 "아우"로 번역함: 역주)요 그나스의 아들"로 칭한다. 그러나 사사기는 이를 조금 부연 설명하여 "갈렙의 아우(히브리어로는 '아히 카톤': 역주)요 그나스의 아들"로 표현한다(3:9도 마찬가지임). 사사기의 이러한 추가문은 옷니엘의 연대기를 재구성하는 데 필요하다. 그의 사사직은 8년간의 압제가 진행된 후에 시작되며(3:8), 40년간의 안식 후에 죽음을 맞는다(3:11). 흥미롭게도 여호수아의 생애와 겹치는(수 15:15-19) 이 사건은 사사기에서 "여호수아가 죽은 후"의 일로 간주된다. 1a절을 사사기 전체에 대한 편집적인 제목으로 보지 않고 순전히 1장에 대한 편집적인 제목으로 본다면 말이다.

3. 여호수아 15:63은 "예루살렘 거민 여부스 사람을 유다 자손이 쫓아내지 못하였다"고 진술하지만, 사사기 1:21은 그 전에 유다가 예루살렘을 취하였다고 설명(1:18)한 후 "베냐민 자손은 예루살렘에 거한 여부스 사람을 쫓아내지 않았다"(개역은 "못했다"로 번역함: 역주)고 말한다. 그리고 여호수아 본문이 "유다가 쫓아내지 못하였다"(무능력)고 말하는 반면에, 사사기 본문은 "베냐민 자손이 쫓아내지 않았다"(내키지 않음 또는 일부러 빠뜨림)고 말한다. 사사기에 의하면, 유다는 예루살렘을 취하였다(1:18). 그러나 베냐민은 예루살렘을 공략하는 데 실패하였다(1:21). 다윗 시대에 이르러서야 비로소 예루살렘은 완전히 정복되었다(삼하 5:6-9).

4. 사사기는 여호수아 17:12("므낫세 자손이 그 성읍들의 거민을 쫓아내

지 못했다")를 "므낫세가 … 의 거민들을 쫓아내지 않았다"(1:27; 개역은 "쫓아내지 못했다"로 번역 함: 역주)로 바꾼다. 이로써 사사기는 다시금 위의 3번 항목에서와 같이 무능력함에 대한 설명으로부터 내키지 않아 하는 태도에 대한 설명으로 넘어간다. 또한 사사기는 므낫세 지파가 가나안 원주민을 쫓아내지 못한 성읍들이 "잇사갈과 아셀에 있었다"는 여호수아 17:11의 정보를 생략한다.

5. 사사기 1:29은 여호수아 16:10의 마지막 행("가나안 사람이 오늘날까지 에브라임 가운데 거하며 사역하는 종이 되니라")을 생략한다.

이렇듯이 사사기 1장의 세 가지 특징들(유다 지파와 북쪽 지파들 사이의 대조, 남쪽에서 북쪽으로 옮겨가는 서술 방식, 여호수아서의 인용)은 모두가 그들 나름대로 여호수아가 죽은 후에 급격하게 달라진 이스라엘의 상황을 강조하고 있다. 결과적으로 나중에 다윗을 배출하게 될 유다 지파는 효율적이고 확실한 훈련의 전형(典型)을 제공한다. 이와는 달리 유다의 북쪽에 있는 상대 지파들은 비효율적이고 타협적이면서 편의주의적인 모습의 대표적인 사례를 제공하고 있다. 그러나 1장의 설화자는 이 모든 사건들을 아무런 설명도 없이 또는 아무런 평가도 내리지 않은 채 사무적인 태도로 보고한다. 그는 칭찬하지도 않고 질책하지도 않는다. 그는 규범적인 태도보다는 서술적인 태도를 보인다. 규범적인 태도는 야웨의 사자에게 속한 것이다.

2:1-5. 사사기의 서두에 야웨께서는 이스라엘 백성의 질문에 답을 주신다(1:1, 그것을 우리는 하나님의 신탁 말씀이라 부르고자 한다). 그러나 이제는 야웨께서 자신의 주도 하에 중재자를 통하여 말씀하신다(이것을 우리는 하나님의 비신탁 말씀이라 부르고자 한다. 그것은 사사기에서 2:20-21; 6:7-10; 10:11-14에서만 다시금 나타난다).

성서의 다른 구절들에서 보듯이 야웨와 그의 천사/사자는 서로 바꾸어 써도 별다른 문제가 없다: "야웨의 사자가 … 가로되, '내가 너희로 애굽에서 나오게 하고 …'" 예로써 천사/사자가 광야에서 하갈을 발견하는 이야기(창 16:7)와 둘 사이에 이어지는 대화(창 16:8-12) 및 "하갈이 자기에게 이르신 야웨의 이름을 감찰하시는 하나님이라 하였다"는 하갈의 말(창 16:13)을 서로 비교해 보라. 여기서 우리는 하나님이 사람의 모습으로, 곧 사람의 눈으로 볼 수 있는 분으로 나타나신다는 것을 알 수 있다.

야웨와 그의 천사/중재자를 바꾸어 쓰는 사례 — 그가 실제로 눈에 보이는 모습으로 나타나는 — 는 사사기 6장에서도 발견된다. 천사는 기드온 가까이로 "와서 앉는다"(6:11). 그리고나서 그 둘은 대화를 나눈다(6:12-13). 이어서 본문은 이렇게 말한다: "야웨께서 그를 돌아보아 가라사대 … "(6:14). 이와 동일한 바꾸어 쓰기의 모습을 보이는 사사기의 또 다른 본문은 사사기 13장이다. 여기서는 "사람"(man), "야웨의 사자," "하나님의 사람," "하나님" 등의 표현들이 번갈아 가면서 나타난다.

그러나 천사와 하나님을 바꾸어 쓰면서도 실제 나타나는 모습에 대해서는 전혀 언급하지 않는 본문들도 있다(예로써 창 22:11-12, 15-18). 사사기 2:1에서 하나님이 (사람의) 모습으로 나타나신 것인지 그렇지 않은지는 "야웨의 사자가 길갈에서부터 보김으로 올라오셨다"(2:1)는 진술을 어떻게 이해하느냐에 달려 있다. 천사가 나타나는 2:1-5과 관련하여 주목할 또 다른 특징은 이 본문이 공동체에게 천사가 나타나는 극소수 본문들 중의 하나라는 점이다. 흔히 천사는 개개인에게 나타난다(예로써 아브라함, 하갈, 야곱, 모세, 기드온, 마노아의 아내).

1절은 천사가 길갈로부터 보김으로 **올라왔다**(알라)고 말함으로써 그가 찾아온 목적을 강조한다. 이 낱말은 1장에서 자주 사용되는 동사이다(1, 2, 3, 4, 16, 22절). 그리고 무엇보다도 중요한 것은 그것이 항상 군사적인 공격을 가리키는 데 사용된다는 점이다. 달리 말해서 "싸우러 나가다, 공격하다"라는 의미에서 "올라가는" 행동을 가리킨다는 얘기다. 아마도 이 동사는 2:1에서도 이와 동일한 군사적인 의미를 포함하고 있을 것이다. 그런데 놀랍게도 이제는 상황이 완전히 뒤바뀌어 1장에서 올라감의 주체였던 이스라엘이 올라감의 대상이 되고 있다. 이전에 다른 민족을 포위하던 자들이 이제는 보통의 인간 대적자들이 아닌 하나님에게 포위당한다.

사사기 1~2장에 있는 이 동사의 용례에 대해서는 웹(Webb 1987: 103)이 훌륭하게 정리한 바 있다:

A₁ 1:1–2: 한 자리에 모인 이스라엘이 야웨께 묻는다, "누가 **올라갈까요?**"

B₁ 1:3–21: 유다가 **올라간다.**

B₂ 1:22–36: 요셉이 **올라간다.**

A₂ 2:1–5: 야웨의 사자가 한 자리에 모인 이스라엘 자손을 책망하려고 **올라온다.**

야웨나 그의 대표자가 이스라엘에게 말하는 두 상황 사이에는 기본적인 차이가 하나 있다. 첫 번째의 것(2:1–3)은 선포이다: 천사가 이스라엘에게 말한다. 두 번째의 것(2:21–22)은 독백이다: 야웨께서 이스라엘에 **관하여** 말씀하신다. 하나님의 선포와 하나님의 독백 사이에 있는 차이는 2:1–3 이후에는 이스라엘의 반응이 있는 반면에 2:21–22 이후에는 그러한 반응이 전혀 없는 이유가 무엇인지를 설명해 준다.

야웨를 대신하여 말하는 천사는 서두에서 자신에 관하여, 그리고 이전에 있었던 야웨의 은혜로운 행동들, 곧 아브라함과 이삭과 야곱에게 주신 약속의 성취에 해당하는 출애굽에 대해서, 그리고 계약을 종결짓거나 깨뜨리지 않기 위해 최선을 다하시는 그의 모습에 대해서 말한다. 이어서 그는 하나님의 은혜로운 행동들과 뚜렷한 대조를 이루는 이스라엘의 불법적인 행동들에 대해서 말한다. 이스라엘은 그의 명령과는 어긋나게 그 땅 거주민들과 계약을 맺었으며, 그들의 제단들을 부수지 않았다(2:2). 사사기 1:19–33에 있는 모든 "부정"(not) 문구들("쫓아낼 수 없었다/쫓아내지 않았다")은 "너희가 내 목소리를 청종치 아니하였도다"라는 천사의 비난에 있는 "부정" 문장과 관련되어 있다. 이스라엘의 죄 — 그 최종 형태가 무엇이건 간에 — 는 청종하지 않은 죄이다. 하나님의 목소리와 말씀을 침묵시키거나 무시할 경우, 그 반향은 상상하기 어려운 것이 된다.

그러한 반향들 중의 하나는 야웨께서 주변 민족들을 쫓아내지 않으실 것이라는 점이다(3절). 이스라엘이 주변 민족들을 "쫓아내지" 않는다면, 야웨께서도 그리하실 것이다. 이스라엘이 그 땅 거주민들을 '야라쉬'(1장 전체에 걸쳐서 사용되는 동사임)하지 않는다면, 야웨께서도 그들을 '가라쉬'(2:3에 사용되는 동사임)하지 않으실 것이다. '야라쉬'가 없다면 '가라쉬'도 없다.

야웨께서 주변 민족들을 "가시와 올무"로 만드시는 것이야말로 이스라엘의 불성실함에 대한 처벌에 해당한다. 이스라엘 "백성이 소리를 높여 운" 것(4절)은 약간은 바보 같은 행동으로서, 천사가 1-2절에 말한 것보다는 3절에 말한 내용에서 비롯된 것이다. 그들이 불안감을 느끼는 것은 주변 민족들에게 주어진 대적자의 역할 때문이지 그들 자신의 죄에 대한 깨달음 때문이 아니다. 눈물은 많았지만 진정한 회개는 없었다.

본질적으로 천사는 이스라엘에게 만일에 그들이 주께 청종하지 않았던 일(1:19-33)을 제대로 청종했더라면 그들이 실제로 했던 일을 하지 않게 되었을 것이라고 말한다(2:2). 여호수아와 같은 인물이 주위에 없었기에 이스라엘은 목자 없는 양과도 같았겠지만, 그렇다고 해서 그들이 면책되는 것은 아니다.

2:6~3:6. 2:6~3:6을 금방 1:1~2:5로부터 구별 짓는 요소에는 세 가지가 있다. 첫째로 2:6~3:6의 저자는 이스라엘의 행동에 대한 자신의 분석과 평가를 자주 제시한다. 많은 사례들이 있지만, 그 중 하나를 소개하면 이렇다: "이스라엘 자손이 야웨의 목전에 악을 행하여 바알들을 섬기며"(2:11). 이와는 달리 1:1~2:5의 저자는 분석과 평가를 회피한다. 그는 그 작업을 야웨의 천사에게 넘기면서, 그의 말을 2:1-3에서 그대로 인용한다. 이렇듯이 1:1~2:5(또는 1:1-36)이 역사-지리적인 사실들을 요약해 놓은 것이라 한다면, 2:6~3:6은 담화의 성격을 더 많이 가지고 있다 할 수 있다. 그러나 이러한 구별을 너무 강요하면 안 된다. 왜냐하면 앞선 분석에서 드러났듯이 1:1~2:5의 저자는 객관적인 사실들의 수집자 이상의 역할을 수행했음이 분명하기 때문이다. "설교"언어를 사용하지 않으면서도 그는 북쪽 지파들보다는 유다 지파에 더 후한 점수를 주는 방식으로 자신의 자료를 정리하고 있다. 독자는 하나님을 대표하는 자가 2:1-3에서 말하는 내용을 받아들일 준비가 되어 있다.

2:6~3:6을 1:1~2:5로부터 구별 짓는 두 번째 요소는 후자가 여호수아서로부터 인용한 내용들로 가득 차 있는 반면에 전자는 단지 한 개의 인용문만을 가지고 있다는 점이다(삿 2:6-9 = 수 24:28-31). 또한 2:6~3:6은 신명기에서 발견되는 표현들과 어휘들로 가득 차 있다. 그러나 1:1~2:5은 그렇지 못하

다. 몇 가지 예를 들어보자:

2:7과 2:10: "야웨께서 이스라엘을 위하여 행하신 모든 큰 일을 본/알지 못하던 자"; 신명기 11:7: "너희가 야웨의 행하신 이 모든 큰 일을 목도하였느니라"

2:11: "이스라엘 자손이 야웨의 목전에 악을 행하여 바알들을 섬기며"(3:7, 12; 4:1; 6:1; 10:6; 13:1); 신명기 4:25: "네 하나님 야웨 앞에 악을 행함으로 그의 노를 격발하면"(9:18; 17:2; 31:29).

2:12과 2:19: "다른 신들을 좇아 섬겨"; 신명기 8:19: "다른 신들을 좇아 그들을 섬기며"(11:28; 28:14)

2:12: "그 사방에 있는 백성의 신들을 좇아"; 신명기 6:14: "너희는 … 네 사면에 있는 백성의 신들을 좇지 말라"(9:18; 31:29)

2:12: "야웨를 진노하시게 하였으되"; 신명기 4:25: "그의 노를 격발하면"(9:18; 31:29)

2:17과 3:4: "야웨의 명령을 순종하던"; 신명기 11:13: "나의 명령을 너희가 만일 청종하고"(11:27, 28; 28:13)

2:19: "그 열조보다 더욱 패괴하여"(또는 "그 열조보다 더욱 악하게 행동하여"); 신명기 4:16: "두렵건대 스스로 부패하여"(또는 "두렵건대 너희가 악하게 행동하여")(4:25; 31:29)

2:20: "내가 그 열조와 세운 언약을 어기고"; 신명기 17:2: "그 언약을 어기고"

2:21과 2:23: "열국을 … 하나도 좇아내지 아니하리니"; 신명기는 야웨를 주어로 묘사하는 경우(신 4:38; 9:4, 5; 11:23; 18:12)와 이스라엘을 주어로 묘사하는 경우(신 7:17; 9:1; 11:23)의 둘로 나뉜다

2:22: "나 야웨의 도를 지켜 행하나 아니하나"; 신명기 8:6: "그 도를 행하며"(19:9; 26:17; 28:9; 30:16)

2:23: "그 열국을 머물러 두사 속히 좇아내지 아니하시며"; 신명기 9:3: "너는 그들을 좇아내며 속히 멸할 것이라"

2:6~3:6을 1:1~2:5로부터 구별 짓는 세 번째 요소는 1:1~2:5이 개개인의 이름들과 지명들로 가득 차 있다는 점이다: 아도니 베섹, 갈렙, 악사, 옷니엘, 벧엘 사람, 30여 개의 지명들. 이와는 대조적으로 2:6~3:6의 설명은 지파보다는 국가 중심의 한층 일반적인 성향을 보인다. 1:1~2:5이 여호수아 이후의 이스라엘을 근접 촬영한 것이라면, 2:6~3:6은 여호수아 이후의 이스라엘을 파노라마 형식으로 광범위하게 촬영한 것이라 할 수 있다.

2:6~3:6 단락은 여호수아 생애의 마지막 부분을 회상하는 내용으로 시작하는 바, 이는 여호수아 24:28-31을 인용한 것이다. 그러나 이 두 본문을 병렬시켜 놓으면 몇 가지 사실들이 분명하게 드러난다. 한 예로 사사기 2:6-9은 여호수아 24:28-31의 평행 구절들과 다른 순서로 정리되어 있다:

사사기 2:6-9		여호수아 24:28-31
6절	=	28절
7절	=	31절
8절	=	29절
9절	=	30절

사사기 2장은 여호수아 24장의 31절을 여호수아의 죽음 이후에 덧붙인 여호수아 24:31과는 달리 그의 죽음에 대한 설명 바로 앞에 배치한다. 이러한 관점 변화는 여호수아 세대의 신실함과 그 후 세대의 불성실함 사이를 뚜렷하게 대비시킨다. 불성실한 그 후 세대와는 달리 여호수아와 그의 세대는 야웨의 (위대한) 행동을 "알았고"(수 24:31) "보았다"(삿 2:7). 이것은 그들이 야웨의 위대한 행동들을 실존적인 차원에서,

그리고 관찰자의 차원에서 경험하였음을 의미한다. 그들은 하나님께서 극적인 방식으로 행하신 것을 직접 본 증인들인 까닭에 그대로 믿을 수밖에 없었다. 어떤 점에서 보면 본다는 것은 곧 믿는 것을 뜻한다. 그러나 예수께서 도마에게 하신 말씀을 상기할 필요가 있다. 예수께서는 눈으로 보는 것이 믿음의 필수조건이라는 도마의 말에 대하여 일종의 수사학적인 질문을 던지신다: "너는 나를 본 고로 믿느냐?"(요 20:29a) 그리고나서 그는 이러한 축복문

을 추가하신다: "보지 못하고 믿는 자들은 복되도다"(요 20:29b). 여호수아 이후의 세대는 도마와 같은 세대이다.

야웨와 그의 행동을 전혀 알지 못하는 "다른 세대"에 관해 말하는 10절의 내용은 출애굽기 첫 장의 평행 본문 — 한 중요한 인물의 죽음에 대한 이중적인 보고에 이어 야웨를 알지 못하는 누군가에 대해 언급하는 — 을 상기시킨다:

창세기 50:26: "요셉이 … 죽으매"	여호수아 24:29: "여호수아가 … 죽으매"
출애굽기 1:6: "요셉과 … 다 죽었고"	사사기 2:8: "여호수아가 … 죽으매"
출애굽기 1:8: "요셉을 알지 못하는 새 왕이 일어나서 애굽을 다스리더니." 전임 왕을 계승한 이 왕은 나중에 이렇게 말한다: "나는 야웨를 알지 못하니"(5:2).	사사기 2:10: "그 후에 일어난 다른 세대는 야웨를 알지 못하며 야웨께서 이스라엘을 위하여 행하신 일도 알지 못하였더라."

만일에 사사기 2장이 독자에게 여호수아 이후의 새로운 세대를 새로운 파라오와 대비시켜 보여 주려는 의도를 가지고 있었다면, 10절의 "알다"라는 동사에 어떠한 의미가 감추어져 있는지가 분명해진다. "알지 못함"은 "무지함"이나 "전혀 목격하지 않음"을 의미하는 것일까, 아니면 "어떤 것의 실체를 무시하고 거부"하는 것을 뜻할까? 무지에 대해서는 충분하게 책임을 져야 할 필요가 없지만, 고의적인 거부 행동에 대해서는 충분하게 책임을 져야만 한다.

이 단락의 마지막 부분(2:11~3:6)은 야웨를 "알지" 못하는 한 세대가 어떻게 행동했으며, 야웨께서 그러한 (잘못된) 행동에 대하여 어떠한 반응을 보이셨는지를 분명하게 밝힌다:

이스라엘의 행동(원인)	야웨의 반응(결과)
2:11-13 (야웨를 버리고 다른 신들을 따름)	2:14-15 ("야웨께서 진노하심"[14절])
2:16-19 (사사들이 죽은 후에는 항상 다른 신들을 따르는 길로 되돌아감)	2:20-3:6 ("야웨께서 진노하심"[20절])

여호수아 이후 세대(들)에 관해 기록된 이곳의 모든 내용들은 비난 일색이다. 우리는 여기에서 처음으로 "이스라엘 자손이 야웨의 목전에 악을 행하여"라는 표현을 마주하게 된다. "이스라엘 자손이 야웨의 목전에 선을 행하여"라는 표현은 도무지 발견되지 않는다. 그들이 행한 악은 배신이요(11-13절), 사사들의 말에 귀를 기울이지 않음으로써 판도라의 상자를 연 것이나 다름이 없었다(16-19절).

은혜로우신 하나님은 잘못된 상황을 교정하기 위하여 계속해서 사사들을 세우신다. 하나님이 그렇게 하신 것은 이스라엘 백성이 회개해서가 아니라, 하나님 자신의 성품 때문에 그런 것이다: "이는 그들이 대적에게 압박과 괴롭게 함을 받아 슬피 부르짖으므로 야웨께서 뜻을 돌이키셨음이어늘"(2:18b). "슬피 부르짖음"(도움과 집행 유예를 호소함)은 회개와 경건한 슬픔을 뜻하는 것이 아니다. 여호수아 이후의 이스라엘이 세대가 거듭되면서 계속해서 생존하게 된다면, 그것은 이스라엘이 계속해서 반역과 회개를 되풀이한 까닭에 그렇게 되는 것이 아니라, 야웨의 자비로운 행동 때문에 그렇게 되는 것이다. 그의 자비로운 행동은 영속성을 보장하는 것이요, 심판하실 때 마음 아파하시고 긍휼히 여기시는 하나님의 품성에서 비롯된 것이다(Fretheim 1983: 90, 94-95).

사사들은 성공을 거두지만(16, 18-19절), 한정된 범위에서만 그렇다(17절). 사사들은 노략자들에게서(16절), 그리고 압제하는 원수들에게서(18절) 이스라엘을 성공적으로 구원한다. 그러나 사사들조차도 이스라엘을 가장 큰 원수, 곧 이스라엘 자신으로부터 건져내지는 못한다!(17절) 블레셋 족속과 모압 족속, 미디안 족속, 가나안 족속 등은 그에 필적할 만큼 강한 원수가 못 된다.

하나님께서 주변 민족들을 남겨 두신 데에는 세 가지 이유가 있다(Stone 1988: 254):

1. 징계의 목적: "이 백성이 내가 그 열조와 세운 언약을 어기고 나의 목소리를 청종치 아니하였은즉"(2:20-21)
2. 시험의 목적: "이는 이스라엘이 그 열조의 지킨 것 같이 나 야웨의 도를 지켜 행하나 아니하나 그들로 시험하려 함이라 하시니라"(2:22-

23; 3:4)

3. 교육의 목적: "가나안 전쟁을 알지 못한 이스라엘을 시험하려 하시며 이스라엘 자손의 세대 중에 아직 전쟁을 알지 못하는 자에게 그것을 가르쳐 알게 하려 하사"(3:1-2)

당시의 상황에 대해서는 이스라엘에게 책임이 있었다(20-21절). 그러나 주변 민족들을 여호수아에게 완전히 넘겨주지 않은 야웨께도 일단의 책임이 있다(2:23b). 사실 그가 그들을 "남겨두셨기" 때문이다(2:23a; 3:1a). 히브리어 본문은 실제로 야웨께서 "그들에게 안식을 주셨다"고 말한다. 그들에게는 안식이지만, 이스라엘에게는 고통인 셈이다.

이 단락의 마지막 두 절(3:5-6)은 1:1~3:4을 요약하고 있다:

(1) 3:5-6a("이스라엘 자손은 마침내 가나안 사람 … 사이에 거하여 그들의 딸들을 취하여 아내를 삼으며 자기 딸들을 그들의 아들에게 주며") = 1:1~2:5

(2) 3:6b("또 그들의 신들을 섬겼더라") = 2:6~3:4

2. 그때에는 이스라엘에 사사들이 있었다(3:7~16:31)

A. 옷니엘(3:7-11)

옷니엘은 몇 가지 점에서 다른 대사사들과 구별된다. 첫째로 그는 유일한 유다 출신 사사이다. 이는 사사기가 1장에서처럼 남쪽에서 북쪽 방향으로 서술하는 방식을 취하고 있음을 의미한다. 둘째로 옷니엘 이야기는 사사의 행동을 모범적인 사례로 소개하는 여섯 단락들 중의 하나이다. 옷니엘은 단도로 사람의 몸을 찌르지도 않고, 사람의 머리를 베지도 않고, 하나님께 무엇인가를 요구하지도 않고, 그를 시험하지도 않고, 어리석은 맹세를 하지도 않고, 창기와 동침하지도 않는다. 1:1~3:6에서 유다 지파가 모범적인 지파로 소개되는 것과 마찬가지로, 3:7~16:31에서 유다 출신의 사사는 모범적인 사사로 소개된다. 특정 지파와 그 지파 출신의 사사가 똑같이 다른 모든 지파들과 다른 모든 사사들을 평가하는 기준이 되고 있다.

다른 사사들과 구별되는 옷니엘의 특징은 그의 가족에 관한 설명에서 두드러지게 나타난다(3:9; 참조. 1:13):

옷니엘: 갈렙의 아우 그나스의 아들(3:9)
에훗: 게라의 아들(3:15)
드보라: 랍비돗의 아내(4:4); 아비노암의 아들 바락(4:6)
기드온: 아비에셀 사람 요아스의 아들(6:11)
입다: 기생의 아들(11:1)
삼손: 마노아의 아들

여기서 중요한 것은 옷니엘이 갈렙과 관련된 사람이라는 점이다(갈렙의 조카). 물론 당연히 갈렙은 여호수아와 관련된 사람이다. 모세 시대 이후 사사기의 초반부에 이르기까지 세 세대가 존재한다: (1) 모세의 세대, (2) 여호수아와 갈렙의 세대, (3) 다른 세대(10b절):

제1세대는 모세의 세대요, 이집트에서 고통당하던 자들의 세대요, 불성실한 세대이다. 여호수아와 갈렙을 제외한 모두가 죄로 인하여 멸망당한다.
↓
제2세대는 여호수아와 갈렙의 세대요 제1세대의 잔류자들이요, 가나안정복 세대요, 신실한 세대이다.
↓
제3세대는 여호수아 이후의 세대요, "야웨를 알지 못하며 야웨께서 이스라엘을 위하여 행하신 일도 알지 못하던" 세대요, 불성실한 세대이다.

여호수아와 갈렙은 불성실한 세대의 생존자들이지만, 자기들의 세대에 속한 사람들과 자기들보다 더 오래 산 사람들에게 지대한 영향을 준다(2:7). 그들은 순종과 의의 모델이다. 마찬가지로 여호수아와 그보다 오래 산 장로들이 죽은 후에 이스라엘에 살았던 옷니엘 역시 다른 사사들에 대하여 참된 사사직의 모델로 간주된다. 불성실한 세대의 생존자인 여호수아와 같은 인물은 더 이상 나타나지 않는다. 신실한 세대의 생존자인 옷니엘과 같은 인물 역시 더 이상 나타나지 않는다.

사사기의 옷니엘 단락은 3:7~16:31의 다른 단락들에 비해 사사들의 순환 구조에 나타나는 모든 핵심 표현들을 더욱 많이 사용하고 있다.

옷니엘 단락의 형식은 옷니엘의 경력에 의해 결정된다. 다른 모든 사사들은 다소간에 이 기본적인 형식과 다른 모습을 보인다. 예로써 옷니엘 이야기 안에 있는 열두 개 세부 항목들의 형식을 주목하라. 그 중 아홉은 입다 이야기에서 그대로 되풀이되며, 일곱은 에훗 이야기에서 되풀이된다. 그러나 삼손 이야기에서는 그 중 다섯 개만이 되풀이되고 있을 뿐이다. 이렇듯이 3:7~16:31은 단순히 여섯 번에 걸쳐서 표면적인 변화만을 준 한 개의 본문 단위가 아니다. "아무런 변화도 없다면, 이야기 속의 인물들은 순환론적인 줄거리 양식에 의해서 결정될 것이다. 그들은 반복적인 요소로부터 구별되기보다는 그것에 흡수될 것이다. 그 결과 그들은 모두가 비슷해 보일 것이다. 이것은 인물 묘사와 다양한 변화 양식이 밀접하게 관련되어 있음을 뜻한다"(Kort 1988: 30).

옷니엘 단락은 7-8절에서 시작되며, 일반적인 진술로부터 구체적인 진술로 나아간다. 7a절은 일반적인 진술이고("악을 행하여"), 7b절은 어떤 종류의 악인지를 밝히고 있다는 점에서 구체적인 진술에 해당한다. 그리고 8a절은 일반적인 진술("야웨께서 진노하사")이고, 8b절은 그 진노의 현실화에 대해서 말하고 있다는 점에서 구체적인 진술에 해당한다.

이스라엘을 지배했다가 나중에 패배당하는 구산 리사다임이라는 왕은 예레미야서에 나오는 느부갓네살(과 바벨론)의 경우와 비슷한 역할을 수행한다. 그는 심판의 도구에서 심판의 대상으로 바뀐다. 구산 리사다임은 신비로운 왕이다. 그의 이름은 "갑절로 악한 구산"이나 "갑절로 비열한 구산" 또는 "많은 죄를 범한 구산" 등의 의미를 가지고 있다(Stone 1988: 282). 그의 이름

은 그의 나라와 운(韻)이 잘 맞는다:

"아람 나하라임의 구산 리사다임"(두 강이 흐르는 아람 출신의 갑절로 악한 구산; 히브리어 '아람 나하라임'을 개역은 '메소보다미아'로 번역함: 역주).

야웨는 자기 백성의 "부르짖음" — 회개가 아니라 압제자로부터 구원해 달라는 외침으로 해석해야 하는 — 에 응답하여 구원자를 "세우시고"(9절), 그에게 "야웨의 신"을 선물로 주신다(10절).

구약성서는 두 가지 유형의 지도자들을 알고 있다. 첫 번째 유형은 자신의 직책을 세습하는 자들을 가리킨다. 왕들과 제사장들이 그에 해당한다. 그리고 두 번째 유형은 하나님과의 직접적인 만남을 통하여 어떤 직책을 갖게 되는 자들을 가리킨다. 하나님의 신을 받거나 그의 말씀을 받는, 또는 이 둘을 한꺼번에 받는 사사들과 예언자들이 그에 해당한다. 9절의 "세우셨다"는 표현('쿰' 동사의 히필형과 전치사 '레'가 결합한 형태)은 예언자를 임명하는 경우에 사용되는 표현과 동일한 것이다: "네 하나님 야웨께서 … 나와 같은 선지자 하나를 너를 위하여 일으키시리니"(신 18:15); "내가 … 너와 같은 선지자 하나를 그들을 위하여 일으키고"(신 18:18). 예레미야 29:15과 아모스 2:11을 참조하라.

그 땅이 40년 동안 평화를 누렸고 그 후에 옷니엘이 죽었다는 11절의 설명은 옷니엘의 사사직 수행이 오랫동안 효력을 발하고 있었음을 의미한다. 이와 똑같은 마무리 설명은 에훗(3:30b)과 드보라(5:31c) 및 기드온(8:28c) 등에게서도 발견되지만, 입다와 삼손의 이야기에서는 전혀 발견되지 않는다(도표 참조). 도리어 사사기는 이 두 사사의 직무 수행 기간(입다는 6년[12:7], 삼손은 20년[15:20; 16:31])에 대해서만 언급할 뿐이다. 이것은 사사기의 다른 자료들과 더불어 3:7~16:31의 흐름이 순환론적인 것이 아니라 직선적인 것이요, 급강하하는 것임을 강하게 암시한다.

B. 에훗(3:12-30)

에훗 이야기에는 일곱 개의 기본 단락들이 있다:

1. 이스라엘은 악한 행동으로 인하여 18년 동안 모압 족속과 그들의 왕

	옷니엘	도입부	에훗	드보라	기드온	입다	삼손	삼갈	돌라	야일	입산	엘론	압돈
이스라엘 백성이 야웨 보시기에 악을 행함	3:7a	2:11a	3:12a	4:1b	6:1	10:6a	13:1a						
그들이 자기들의 하나님 야웨를 잊고서 바알들과 아세라들을 섬김	3:7b	2:11b, 12b; 3:6b				10:6b, 13a, 14a							
야웨께서 이스라엘에게 진노하심	3:8a	2:14a, 20a				10:7a							
그리하여 그가 그들을 아람 나하라임의 왕 구산 리사다임의 손에 파심	3:8b	2:14b (붙이심) 14c (파심)		4:2a (파심)		10:7b (파심)	13:1b (붙이심)						
이스라엘 백성이 8년 동안 그들을 섬김	3:8c		3:14										
그러나 그들이 야웨께 부르짖자	3:9a		3:15a	4:3b	6:6b, 7	10:10a							
그가 그들을 위해 한 구원자, 곧 갈렙의 동생이요 그나스의 아들인 옷니엘을 세우셔서 그들을 구원케 하심	3:9b	2:16, 18a	3:15b					3:31	10:1 ('쿰'의 칼형)	10:3a ('쿰'의 칼형)			
야웨의 신이 그에게 임함	3:10a				6:34 (강림하심)	11:29	13:25 (비로소 감동하심)						
그리하여 그가 이스라엘의 사사가 되고 전쟁을 주도함	3:10b			4:4		12:7 (6년)	15:20; 16:31 (20년)		10:2a (23년)	10:3b (22년)	12:8, (7년)	12:11 (10년)	12:13, (8년)
야웨께서 아람의 왕 구산 리사다임을 옷니엘의 손에 붙이시매 옷니엘이 그를 물리침	3:10c		3:28b	4:7	7:7b, 9b, 15b	11:30b, 32b							
그리하여 그 땅에 40년 동안 평화를 누림	3:11a		3:30b	5:31c	8:28b								
그나스의 아들 옷니엘이 죽을 때까지	3:11b	2:19a	4:1a		8:32	12:7b	16:30		10:2b	10:5	12:10	12:12	12:15

에글론을 섬긴다(12-14절).

2. 하나님은 에훗을 구원자로 세우신다. 그는 단도를 숨긴 채 공물을 에 글론에게 바치는 외교 사절로 나온다(15-16절).

3. 에훗은 뚱뚱한 왕에게 공물을 바친다(단도가 금방 뒤따를 것이다!)

4. 에훗은 에글론을 죽인다(19-23절).

5. 신하들이 에글론의 생명없는 시체를 발견한다(24-25절).

6. 에훗이 이끄는 이스라엘이 모압 족속과 싸워 승리를 거둔다(26-29절).

7. 요약 진술(30절).

에훗 이야기는 앞의 옷니엘 이야기와 몇 가지 요소를 공유하고 있다. 야웨께서는 옷니엘과 마찬가지로 에훗을 구원자의 자리에 "세우신다"(옷니엘과 에훗은 이 표현이 사용되는 유일한 두 사사임). 옷니엘 단락과 마찬가지로 에훗 이야기도 그 땅이 80년 동안 평화를 누렸다는 진술로 끝맺음함으로써 (그의 죽음에 대해서 기록하기 전에[4:1]), 후의 일부 사사들에게서 보듯이 단순히 그의 사사직 수행 기간을 명시하는 것으로 만족하지 않고 도리어 에훗의 성공적인 사사직 수행을 강조한다.

그러나 양자 사이에는 차이점도 있다. 첫째로 옷니엘 단락의 3:7b는 야웨를 잊고 바알들을 섬긴 것이야말로 이스라엘의 "악"에 해당함을 구체적으로 서술하지만, 2:12에서는 이처럼 구체적인 서술을 찾아볼 수 없다. 그 악의 본질에 대해서 아무런 얘기도 해 주지 않기 때문이다.

두 번째 차이는 옷니엘의 경우(3:10a)와는 달리 에훗에게는 "야웨의 신"이 임했다는 표현이 없다는 데 있다. 이러한 생략은 드보라에게서도 발견된다. 옷니엘과는 별도로 상당한 성공을 거두었고 오점이나 흠이 없는데다가 명석하기 이를 데 없는 이 두 사사가 야웨의 신에 대한 명시적인 언급 없이 활동했다는 것은 나름대로 중요한 의미를 갖는다.

세 번째 차이는 에훗 이야기가 필요한 것이긴 하지만 서두의 통상적인 표현 양식에 "또"(again)를 삽입하고 있다는 데 있다: "이스라엘 자손이 또 야웨의 목전에 악을 행하니라"(12절). "또"에 대해서는 두 가지 사항을 지적할 수 있을 것이다. 첫째로 그것은 이전의 행동 유형(중간 진술에 이어 악과 반역의 순환이 항상 새롭게 시작되는)이 되풀이됨을 뜻하는 것일까, 아니면 현재의 행동 유형(이스라엘이 계속 악을 행했다는)이 되풀이되는 것을 뜻하는 것일까? 2:18-19의 자료는 앞의 것을 지지하는 것으로 보이지만("그 사사가 죽은 후에는 그들이 돌이켜"[19a절]), 2:17의 자료는 뒤의 것을 지지하는 것으로 보인다("그들이 그 사사도 청종치 아니하고 돌이켜 다른 신들을 음란하듯 좇아"[17a절]).

이 부사와 관련하여 두 번째로 주목할 사항은 "또"라는 부사가 같은 표현 양식을 사용하는 사사기 6:1에서는 나타나지 않는다는 점이다(개역과 개역 개정판은 히브리어 원문에 없는 "또"를 삽입하여 번역하는 오류를 범하고 있으나 표준새번역은 이를 시정함: 역주). 물론 3:7은 제외하고 말이다(Stone 1988: 302). 6:1 본문은 드보라의 경력과 사사직을 소개하는 내용 이후와 기드온을 소개하는 내용 이전의 중간에 속해 있다. 이 본문에 "또"라는 부사가 없는 것은 드보라의 사역을 강조하는 한 방식에 해당할 수도 있다. 그녀의 지도력이 너무도 탁월하여 죄의 순환 구조가 상당히 오랫동안 깨어졌기 때문이다.

에훗은 베냐민 지파에 속한 사람이요, 생활습관상 왼손을 사용하는 사람이다. "베냐민"이라는 이름이 "오른손의 아들"이라는 뜻을 가지고 있다는 점을 고려한다면, 에훗은 왼손을 사용하는 오른손잡이인 셈이다. 실제로 히브리어 본문은 그를 "왼손잡이"라고 말하지 않고, 도리어 "오른손에 장애를 가진[이테르]" 자라고 말한다.

자기 뒤에 활동한 일부 사사들처럼 에훗은 변칙적이고 종속적인 사회 구성원들을 대표하는 자이다. 에훗은 오른손잡이 세계에서 왼손을 쓰는 사람이다. 드보라는 남성(지도자)들이 지배하는 세계에서 여성으로서 지도자 역할을 수행한다. 기드온은 연장자들이 있는 세계에서 막내아들이다. 입다는 "적법한" 자녀들의 세계에서 창녀의 아들로 나타난다. 삼손은 "일반적인" 사람들의 세계에서 면도도 하지 않고 술도 마시지 않는 금욕적인 나실인으로 활동한다.

처음에는 이스라엘을 괴롭히다가 종국에는 그들에게 희생되는 민족은 모압 족속이고, 그들의 비대한 왕은 에글론이다. 이스라엘과 모압은 거의 친근한 관계를 맺어본 적이 없었다(Brettler 1992: 296-97). 가나안으로 가는 길에 모압을 괴롭히지 말고 싸우지도 말라고 명하는 신명기 2:9이나 사울의 위협을 피하여 도망 다니던 다윗이 부모를 모시고서 모압 왕과 함께 있었다고 보는 사무엘상 22:3-4, 그리고 모압 여인 룻에 관해 다루는 룻기 등이 예외적이긴 하지만, 구약성서의 다른 모든 본문들은 모압(족속)을 부정적으로 묘사한다. 창세기 19:37에 의하면, 모압은 술취한 아버지와 큰딸이 동굴에서 근친관계를 맺음으로써 생겨난 민족이다. 모압 왕 발락은 이스라엘을 무기력하게 만들기 위하여 최선을 다한다. 비록 성공을 거두지 못했지만 말이다(민 22~24장). 이스라엘의 가장 심각한 배교 행동 중의 하나는 싯딤의 모압 여인들과 관련되어 있다(민 25장). 신명기 23:3에 의하면 암몬 사람이나 모압 사람은 십대뿐 아니라 영원히 야웨의 회중에 들어올 수 없다. 다윗은 모압 족속을 굴복시키지만(삼하 8:2), 이스라엘과 모압 사이에는 그 후로도 계속해서 간헐적으로 분쟁이 발생한다(왕하 1:1; 3:1-27; 13:20-21; 24:2). 예언자들의 신탁 메시지에서도 모압은 자주 비난의 대상이 된다(사 15:1~16:14; 렘 48:21-47; 겔 25:8-11; 암 2:1-3).

사사기 3장은 에훗에게 속임당한 에글론을 "심히 비둔한 자"(17절)로 묘사함으로써 모압에 대한 부정적인 묘사의 한 모습을 보인다. "에글론"은 "송아지"를 뜻하는 낱말(에겔)을 반영하는 이름이다. 따라서 에글론이라는 이름은 문자적으로 본다면 "살찐 송아지"(예수의 비유에 나오는 아버지가 잃어버린 아들을 위해 준비하도록 시킨 것과 같은[눅 15:23])라는 뜻이 된다. 뿐만 아니라 모압 병사들은 왕의 비둔함을 닮아 있다. NRSV가 29절에서 그들을 묘사하는 데 사용한 낱말 "strong"(샤멘; 개역은 "역사"로 번역함)은 사실 "살찐" 또는 "튼튼한"이라는 뜻을 가진 낱말이기도 하다.

본문에 의하면 에글론과 그의 군대는 어리석은 자들로 여겨지기도 한다. 공물을 가져온 에훗을 맞이하기 위해 의자에서 일어선 에글론과 그의 비둔한 몸은 에훗이 단도를 찌르기에 손쉬운 표적이 될 수밖에 없었다. 더욱이 그가 에훗에게 하나님의 신탁 메시지가 있다고 믿고 있는 터여서 더욱 그러했다. 이와 비슷하게 그의 신하들은 그의 방 밖에서 조용히 기다리면서, 그의 오랜 침묵이 화장실 사용에서 비롯된 것이라고 믿었다. 그들이 그렇게 믿은 것은 틀림없이 에글론이 죽을 때 경련을 일으키는 바람에 항문에서 흘러

나온 분비물 때문이었을 것이다("오물이 흘러나왔다" [22d절]; 개역은 "기름이 칼날에 엉기었더라"로 번역함). 왕을 잃은 모압 군대 1만여 명은 도망칠 수 없는 함정에 빠진 채로 에훗과 그의 소규모 군대에 의해 모두 죽음을 맞게 되었다(28절). 흥미롭게도 단도로 에글론의 몸을 "찌른" 에훗의 행동(21절)은 나중에 군대를 소집할 때 나팔을 "불던" 행동(27절)과 마찬가지로 동일한 동사(타카)에 의해 표현된다.

그러나 사사기는 에글론과 모압 족속이 어리석은 자들이요 몸놀림이 둔한 바보들인 탓에 이스라엘이 그들을 물리쳤다고 보지 않는다. 오히려 에훗과 그의 친족은 하나님께서 구원자를 세우신 까닭에(15절), 그리고 야웨께서 승리를 보증하신 까닭에(28절) 그들을 물리칠 수 있었다. 설령 에글론과 모압 족속이 민첩하고 날렵한 자들이었다고 해도 결과는 같았을 것이다.

에훗이 사용한 무기는 "좌우에 날선 칼"(16절)이었다. 문자적인 의미로는 "두 개의 입을 가진" 칼을 뜻한다(어쩌면 에글론에 대한 또 다른 부정적인 표현일는지도 모른다. 그처럼 비둔한 사람은 두 개의 입이 필요하다는!). 그것은 왼손잡이의 오른쪽 허벅지에 쉽게 감출 수 있을 정도로 짧은 것이었다("장이 한 규빗 되는"). 이 칼은 굽은 모양으로 되어 있어서 원수들을 베는 데 사용되었을 그 시대의 일반적인 칼과는 다른 것이었다(Yadin 1963: 254-55). 에훗이 에글론에게 전하겠다던 하나님의 말씀은 사실상 감추어진 칼을 의미했다. "하나님의 말씀"과 두 날 가진 단도 사이의 관계는 신약성서의 다음 본문과 비교될 만하다: "하나님의 말씀은 살았고 운동력이 있어 좌우에 날선 어떤 검보다도 예리하여 혼과 영과 및 관절과 골수를 찔러 쪼개기까지 하며"(히 4:12).

성서 해석자들은 에훗이라는 인물을 다양하게 묘사한다: "일구이언하는 자"(Klein 1988: 40); "똑똑하면서도 무자비한 자"(Stone 1992: 335); "용감하고 지략이 뛰어난 자"(Alter 1981: 38); "특히 마음에 들지 않는 자"(Polzin 1980: 160); "대단히 약삭빠른 자" 또는 "교활한 자객"(Webb 1987: 130, 132); "특별한 재능을 가진 위대한 전사"(Amit 1989: 106).

C. 삼갈(3:31)

아낫의 아들 삼갈에 관해 언급하는 한 절은 에훗 이야기와 드보라 이야기의 가운데 끼어 있다. 그에 관한 유일한 다른 언급은 드보라의 노래에 있다(5:6, "아낫의 아들 삼갈의 날에 또는 야엘의 날에는 대로가 비었고 행인들은 소로로 다녔도다").

그는 두 가지 업적을 남긴 것으로 되어 있다. 그는 소몰이 막대기로 6백 명이나 되는 블레셋 사람을 죽였으며 이스라엘을 구원하였다. 그 중 두 번째 업적은 옷니엘의 경우와 동일한 것이다(3:9c). 첫 번째 업적은 삼손 이전의 한 본문에 잘 나타나 있다: "내가 … 블레셋 사람에게서 너희를 구원하지 아니하였느냐?"(10:11).

그럼에도 불구하고 그는 여전히 파악하기 어려운 인물에 속한다. "삼갈"은 과연 이스라엘 사람의 이름일까? 많은 학자들이 그렇지 않다고 생각한다. 그리고 그의 부모를 밝히는 "아낫의 아들"이라는 표현은 동일한 이름을 가진 가나안의 유명한 여신과 조금이라도 관계가 있을까?

삼갈의 사사직에 관해서는 두 가지 점을 지적할 수 있을 것이다. 첫째로 그가 사용한 무기는 원시적인 것이다. 그는 소몰이 막대기를 사용한다. 히브리어로는 '말마드 하바카르'이다.

이 두 낱말 중의 첫 번째 것인 '말마드'는 '라마드' 동사("가르치다, 배우다")로부터 파생한 명사이지만, 본래는 "길들이다"라는 뜻을 가지고 있다. 따라서 '말마드 하바카르'는 "소를 길들이는 데 사용되는 막대기"라는 뜻이다. 본문은 야웨께서 "내가 그것만 가지고 있다면 … "이라는 말이나 다른 도피성 발언을 통하여 자신의 책임을 면하려고 하는 사람보다는 어떤 것이든 자기 수중에 있는 것을 사용하고자 하는 자들을 더 존중히 여기신다는 사실을 암시한다.

두 번째로 지적할 것은 삼갈이 삼손과 마찬가지로 블레셋 족속과 더불어 싸우는 사사라는 점이다. 그러나 둘 사이에는 한 가지 큰 차이가 있다. 삼손은 단지 이스라엘을 블레셋 족속으로부터 "구원하기 **시작할**" 예정으로 있을 뿐이다(13:5). 반면에 삼갈은 "이스라엘을 구원하였다." 이렇듯이 삼갈은 공동의 적과 싸움에서 삼손보다는 훨씬 더 큰 성공을 거둔다. 그런데도 사사기는 블레셋 족속과의 싸움에서 덜 성공한 삼손에 대해서는 네 개의 장을 할애한 반면에(13~16장), 블레셋 족속과의 싸움에서 인상적인 승리를 거둔 삼갈에 대해서는 한 절만을 할애한다. 삼갈은 큰 업적을 남긴 소사사이다. 그가 에훗과 드보라 사이에 위치해 있다는 것은 에훗-삼갈-드보라의 시대가 다른 사사들의 시대에 비해 더 위중한 때라는 사사기 편집자의 인식을 강화시켜주는 것일 수도 있다.

D. 드보라와 바락(4:1~5:31)

드보라와 바락의 이야기는 사사기에 두 번 나온다. 산문체의 서술에 처음 나오고(4:1-24), 시문체의 자료에 두 번째 나온다(5:1-31). 4장은 두 사람의 이야기에 관해서 말하며, 5장은 그 이야기를 노래한다. 이야기가 찬양으로 바뀌는 셈이다. 구약성서에서 이와 평행을 이루는 유일한 자료는 출애굽 이야기이다. 처음에는 산문체로 서술되고(출 12:37-42; 13:17~14:31), 두 번째로는 시문체로 서술된다(출 15:1-21). 본서는 먼저 산문체의 서술에 초점을 맞춘 다음에 시문체의 자료로 넘어가고자 한다.

1. 4:1-24. 드보라 이야기는 몇 가지 점에서 사사기의 다른 이야기들과 구별된다.

첫째로 이전 사사인 에훗의 죽음에 관한 언급은 에훗의 이야기의 결론부에 해당한다기보다는 드보라 이야기의 도입부에 해당한다: "에훗의 죽은 후에"(4:1). 에훗의 죽음에 관한 이러한 언급이 드보라 이야기 속에 있다는 것은 두 사사가 서로 연결되어 있음을 의미한다. 또한 그것은 이들이 그 후의 사사들보다 질적으로 우수함을 나타내는 증거이기도 하다. 사사기는 (1) 그 땅이 에훗의 생애를 넘어서서 80년 동안이나 평화를 누렸다고 서술함으로써(3:30b), 그리고 (2) 에훗의 죽음에 관한 언급을 드보라 이야기의 한 구석에 자리잡게 함으로써, 에훗의 죽음보다는 그의 성공적인 사사직 수행을 더 강조한다: "이스라엘 자손이 또 야웨의 목전에 악을 행했다. 에훗이 죽었기 때문이다"(Stone 1988: 345).

둘째로 에훗의 경우와 마찬가지로 본문은 결코 야웨의 신이 드보라에게 임했다고 말하지 않는다. 사실 에훗과 드보라는 이러한 소명 양식이 적용되지 않는 유일한 두 사사다. 그렇지만 "신을 받지 못한" 이 둘이야말로 모범적인 사사들이다! 드보라는 "여(女) 예언자"이다(4:5). 그렇다고 해서 드보라가 자동으로 야웨의 신을 소유한 것으로 여겨지는 것은 아니다. 도리어 그것은 그녀가 하나님의 신보다는 하나님의 말씀이라는 초자연적인 힘을 소유하고 있음을 암시한다. 이 점에서 볼 때 그녀는 사무엘 — 하나님의 말씀을 가지고 있으면서도 결코 하나님의 신과 관련된 적이 없는 — 과 비슷한 인물이다. 신을 받지 않은 에훗 역시 자기가 하나님의 말씀을 가진 것으로 주장하였음을 주목하라(3:20b). 4:6b에서 설화자는 드보라가 하나님의 말씀을 인용하는 모습을 보여 준다. 다른 사사들은 하나님과 더불어 말하거나 하나님에 관해 말하지만, 드보라는 하나님을 위해 말하는 사사이다. 그녀는 그의 대변인인 셈이다.

셋째로 "야웨께서 한 사사/구원자를 세우셨다"는 표현 양식은 도입부에(2:16a, 19a), 그리고 옷니엘(3:9b)과 에훗(3:15b)의 이야기에서는 나타나지만, 여기서는 생략되어 있다(나머지 사사들의 경우도 동일함). 산문체의 자료에 이 표현 양식이 없는 현실은 그 다음의 시문체 자료에서 발견되는 내용, 곧 "너 드보라가 **일어났고** 네가 **일어나서** 이스라엘의 어미가 되었도다"(5:7b)는 내용에 의해 보상받는다고 할 수도 있다. 히브리어 본문이 좀 까다롭기는 하지만, "나 드보라가 일어났고 내가 일어나서 이스라엘의 어미가 되었도다"로(개역은 이렇게 번역함: 역주) 또는 "주께서 나 드보라를 세우시고 이스라엘의 어미로 세우셨다"로 번역할 수도 있다.

네 번째로 주목할 것은 드보라가 자신의 죽음에 관한 언급을 전혀 가지고 있지 않은 유일한 대사사라는 점이다(다른 사사들의 경우는 3:11b; 4:1b; 8:32a; 12:7b; 16:30 등을 참조). 2:19a의 설명("그 사사가 죽은 후에는 그들이 돌이켜")을 염두에 둔다면, 드보라의 죽음에 관한 언급의 부재(不在)는 그녀의 사사직 수행이 성공적인 것이었음을 강조하려는 사사기의 의도에서 비롯된 것이라고 할 수 있다.

드보라의 이야기를 특징짓는 다섯 번째 요소는 이스라엘을 압제하는 민족이 사실상 이스라엘의 국경선 안에 있다는 점이다. 하솔을 거점으로 하는 야빈 왕의 가나안 족속과 그의 군대장관 시스라가 바로 이스라엘의 원수이다. 이러한 상황을 다른 사사들과 비교해 보라:

사사	압제하는 민족
옷니엘	메소포타미아
에훗	모압 족속
기드온	미디안 족속
입다	암몬 족속
삼손	블레셋 족속

마지막으로 사사기의 이 부분은 드보라라는 한 여인에게 초점을 맞춤으로써 시작하고, 마지막에는 야엘이라는 여인의 이야기로 끝을 맺는다(17–22절). 본문에는 두 여인의 남편이 소개되어 있다. 드보라는 "랍비돗의 아내"이고(4절), 야엘은 "헤벨의 아내"이다(17절). 그러나 본문은 두 남편의 말이나 행동에 대해서 아무런 언급도 하지 않는다. 두 사람은 똑같이 아내의 그림자에 가려져 있다. "랍비돗"(Lappidoth)은 드보라의 남편 이름이 아닐 수도 있다. '라피드'(lappid)라는 낱말은 "횃불 또는 불"을 뜻하는 것으로서, 초기 히브리어에 들어온 비셈족 계통 외래어다(헬라어 '람파데스'와 비교). 그것은 우수한 문명을 가진, 그리고 새로운 종류의 횃불과 등불을 도입한 블레셋 족속으로부터 차용된 외래어라 할 수 있다. '에쉐트 랍비돗'은 "횃불의 여인"(van Wolde 1995: 240)이나 "불의 여인" = "신을 받은 여인"(Fewell and Gunn 1990: 391)으로, 또는 "열정적인 여인"(Rasmussen 1989: 93)으로 번역할 수도 있다. 설령 랍비돗을 드보라의 남편 이름으로 본다 할지라도, 그의 존재는 드보라의 이야기를 "조명하는" 데 아무런 도움도 주지 못한다.

야엘의 남편 헤벨 역시 침묵에 사로잡혀 있다. 그는 순전히 아내 때문에 유명해진 사람이다. "헤벨"은 히브리어 "동료, 친구"와 매우 가까운 낱말이다. 헤벨의 집과 하솔의 야빈 왕 사이에는 평화가 있었지만(17b절), 야엘은 자신의 장막에서 시스라를 죽임으로써 가나안 족속보다는 이스라엘에 더 가까운 "헤벨"임이 분명하게 드러난다.

독자는 여기서(11절) 헤벨이 "겐 사람"으로 불리고 있으며, 겐 족속("가나안 족속")이 모세의 장인 호밥의 후손임을 알게 된다. 사사기 1:16과 4:11 및 민수기 10:29은 모세의 장인이 호밥("사랑받는 자, 친구, 고객")이라고 말한다. 그리고 다른 곳에서는 호밥이 미디안의 제사장 르우엘(출 2:18) 또는 이드로(출 4:18; 18:1-12)와 동일시된다. 그런가 하면 민수기 10:29는 르우엘을 호밥의 아버지로 소개한다. 그렇다면 모세의 장인은 대체 누구인가? 호밥인가 르우엘인가, 아니면 이드로인가? 그는 미디안 사람인가 아니면 겐 사람인가? 이 난제에 대한 한 가지 해답은 오경 배후에 있는 상이한 문헌 자료들의 서로 다른 이름들에서 찾을 수 있다(예로써 J자료에 속한 민 10장은 호밥으로, 그리고 E자료에 속한 출 4장과 18장은 이드로로 소개함).

이와는 다른 해결책은 모세의 장인이 호밥과 이드로라는 두 개의 이름을 가지고 있으며, 르우엘은 씨족 이름이거나 호밥/이드로의 아버지일 것이라고 본다(민 10:29). 이 견해는 출애굽기 2:16-18의 "딸들"과 "아버지"를 "손녀들"과 "할아버지"로 읽을 것을 제안한다. 그렇다면 그가 미디안 사람인지 아니면 겐 사람인지의 문제는 어떻게 풀어야 하는가? 미디안 족속은 어느 한 민족의 이름이 아니라 겐 족속을 포함하는 다수 민족 연합체의 이름으로 나타난다. 에녹(하녹)을 가인(겐 사람)의 아들로 보는 창세기 4:17과 하녹을 미디안의 아들로 보는 창세기 25:4이 이 견해를 뒷받침한다. "겐 사람"(Kenite)이라는 낱말은 시나이 반도와 미디안 지역에서 채굴 작업에 종사하던 "대장장이"를 의미한다. 그들이 떠돌이 장인들이요 금속 가공업자들에 속하기도 했다는 점은, 그들이 한참 남쪽에 있는 네게브 지역의 아랏에서도 발견될 뿐만 아니라(삿 1:16), 한참 북쪽에 있는 납달리 지파의 게데스에 가까운 사아난님 상수리나무에서도 발견된다는 사실에 의해 뒷받침된다(삿 4:11).

도입부(1-3절)에 이어 처음으로 드보라의 이름이 언급된다. 그녀가 여성 예언자로서 하나님의 말씀을 선포했다는 것은 놀라운 일이 아니다. 그녀는 직접 군대를 이끌기보다는 납달리 지파의 바락("번갯불")에게 그 책임을 위임한다(4-7절). 바락에게 직무를 위임한 드보라의 행동에는 한 가지 애매모호한 점이 있을 수도 있다. "내가 야빈의 군대 장관 시스라와 … 그 무리를 기손 강으로 이끌어 네게 이르게 하고 그를 네 손에 붙이리라"(7절)는 말에서 "나"는 누구를 말하는가? 야웨인가? 드보라인가?

바락의 답변이 흥미롭다: "당신이 나와 함께 가면 내가 가려니와 당신이 나와 함께 가지 아니하면 나는 가지 않겠노라"(8절). 일반적으로 사람들은 바락의 말을 소심함에서 비롯된 것으로 본다. 이러한 해석이 옳을 수도 있다. 그러나 반드시 그렇지만은 않다. 그의 말은 모세가 하나님께 한 말과 상당히 비슷하게 들린다: "주께서 친히 가지 아니하시려거든 우리를 이곳에서 올려 보내지 마옵소서. 나와 주의 백성이 주의 목전에 은총 입은 줄을 무엇으로 알리이까? 주께서 우리와 함께 행하심으로 나와 주의 백성을 천하 만민 중에 구별하심이 아니니이까?"(출 33:15-16) 여성 예언자로서 하나님과 직통할 수 있는 드보라의 존재는 환영할 만한 것임과 동시에 이득이 되는 일이기도 하다. 바락은 야웨께서 하신 말씀을 직접 들은 바 없었기 때문에, "확증하기 어려운 드보라의 말에 의지하여 자신의 목숨과 1만여 명의 목숨을 걸어야만 했다. 바락의 조건부 제안은 일종의 시험에 해당하는 것이다: 만일 드보라가 기꺼이 목숨을 걸고 자신의 말에 책임을 진다면, 그는 믿고 순종할 것이다" (Fewell and Gunn 1990: 398).

바락의 말에 드보라가 이렇게 답변한다: "네가 이제 가는 일로는 영광을 얻지 못하리니 이는 야웨께서 시스라를 여인의 손에 파실 것임이니라"(9b절). 여기서 드보라의 말에 또 다른 애매모호함이 있음을 알 수 있다. 그녀가 말하는 여인은 누구를 말하는가? 사람들은 그를 드보라라고 생각할 것이다. 바락도 그렇게 생각했을 것이다. 사람들은 나중에 그 여인이 누구인지 알고 나서 놀란다. 바락도 놀란다. 아마 드보라 자신도 놀랐을 것이다.

10-16절은 전쟁 장면을 묘사한다. 1만여 명의 이스라엘 보병은 안전한 다볼 산으로부터 내려와 기손 강을 따라 움직이는 시스라의 철병거 9백 승을 향해 움직였다. 다시금 드보라는 바락을 격려하되(14절), 이번에는 야웨께서 시스라를 한 여인의 손에 파실 것이라는 얘기를 의도적으로 생략한다. 이스라엘은 야웨의 도우심으로 승리를 거둔다(14c, 15a절). 드보라는 "전쟁을 주도하였고 강행하였다. 하나님께서는 승리를 거두셨다. 그리고 바락은 그의 도우심으로 전쟁을 마무리한다"(Sternberg 1987: 277).

시스라는 가까스로 살육의 현장을 피하여 사아난님 상수리나무가 있는 쪽으로 가되, 자기 나라와 동맹관계에 있던 헤벨의 장막이 아닌 헤벨의 아내 야엘의 장막을 피난처로 삼는다. 야엘은 에훗을 닮은 여인이다. 그녀는 에훗이 하나님의 말씀을 가진 것처럼 꾸민 것과 마찬가지로 시스라를 동정하는 듯한 여주인으로 자신을 드러낸다. 에글론을 죽인 에훗과 마찬가지로 그녀는 자기를 전혀 의심하지 않는 시스라를 혼자의 힘으로 죽인다.

야엘은 낙심에 빠져 도망하는 시스라를 자신의 장막으로 인도하여 들인다: "나의 주여 들어오소서. 내게로 들어오시고 … " 그런데 공교롭게도 그녀의 이 말에서 "들어오라"(수라)는 낱말과 "시스라"의 음이 비슷하게 들린다(18a절). 야엘은 그로 하여금 자신의 보살핌을 믿게 하면서("두려워하지 마소서"[18b절]), 그의 몸을 따뜻하게 하고 또 그를 숨기기 위해 그를 이불로 덮는다(18c절). 그녀는 그가 요청한 물 대신에 우유를 제공한다(19b절). 그가 잠들자 그녀는 장막 말뚝을 그의 관자놀이(개역은 "살쩍"으로 번역하나 개역 개정판과 표준새번역은 "관자놀이"로 번역함: 역주)에 박아버린다. 그런데 흥미롭게도 에글론의 복부를 칼로 찌르는 에훗의 행동(3:21)을 가리키던 것과 똑같은 동사(타카)가 21절에 쓰이고 있다. "관자놀이에"를 뜻하는 히브리어 표현(베라카토)은 바락(바라크)의 이름을 포함하고 있다. 야엘은 "물 대신에 우유를, 잠 대신에 죽음을, 포로 대신에 시체를 넘긴 여자 영웅이다"(Polzin 1980: 166). 흥미롭게도 바락은 야엘의 장막에 이르러(22절) 아무런 행동도 취하지 않고 아무런 말도 하지 않는다. 그는 단지 시스라의 죽은 모습을 구경할 뿐이다. 이는 기껏해야 바락의 역할이 "여인의 하는 일에 부분적으로 동참하는" 것에 지나지 않음을 확인시켜 준다(Sternberg 1987: 283).

본문은 야엘이 무슨 목적으로 시스라를 제거했는지에 대해서 전혀 언급하지 않는다(Amit 1987: 97; Culley 1992: 102). 22절에서 그녀가 바락에게 한 말("오라, 내가 너의 찾는 사람을 네게 보이리라")은 그녀가 당시의 진행 상황에 관하여 어느 정도 알고 있었음을 암시한다. 그녀는 자신과 남편의 명예를 보호하기 위해 그런 일을 한 것일까?(Matthews 1991: 17) 결국 시스라는 혼자서 야엘의 장막에 있었고, 아브람이 사라에게 한 것처럼(창 12:10-20) 그녀에게 자기에 관한 사실을 감출 것을 요청하였다. 그는 누군가로부터 자신을 숨겨야만 했던 피난자였던 것이다. 아니면 야엘은 드보라와 바락의 하나님께 충성하기 위한 목적에서 시스라를 죽였고, 그럼으로써 그 이야기가 "야웨 편을 선택한 보통 사람의 영웅적인 행동"을 칭송하게 한 것일까?(Stone 1992: 335; 야엘에 관한 다음의 두 가지 해석을 비교하라: 헤벨은

"야웨께 충성하는 아내를 두었으며, "야엘은 계약에 충실한 여인이었다" [Boling 1975: 97, 100]) 아니면 야엘은 진퇴양난의 위기에 빠졌던 것일까? 만일 그녀가 시스라를 거절했다면 그는 그녀를 어떻게 했을까? 다른 한편으로, 이스라엘 군대의 추격자들이 그녀의 장막에 이르러 그녀가 원수에게 도움을 준 사실을 알게 되었다면 그녀에게 무슨 일이 벌어졌을까? "그녀가 생존을 위해 할 수 있는 최선의 선택은 … 시스라를 자신의 장막으로 끌어들임으로써 자신이 개인적으로 승리자들의 편에 서 있음을 나타내는 증거로 삼는 일이었다. 시스라의 시신은 자신이 쓸 수 있는 비장의 카드였을 것이다"(Fewell and Gunn 1990: 396).

2. 5:1-31. "이날에 드보라와 아비노암의 아들 바락이 노래하여 가로되"라는 번역은 두 사람이 노래를 부르는 것처럼 들리게 하지만, 이곳의 "부르다"라는 동사는 복수형이 아니라 여성 단수형으로 되어 있다: "그녀, 곧 드보라가 노래하였다. 그리고 바락도." 이는 민수기 12:1과 비슷하다. 이 본문에서도 "미리암과 아론이 모세를 비방하니라"는 번역은 "비방하다"라는 동사의 복수형을 암시하지만, 실제로는 여성 단수형이다: "그녀, 곧 미리암이 모세를 비방하였다. 그리고 아론도."

놀랍게도 하나님께서는 여호수아서와 사사기(와 사무엘상)에서 자기 백성을 위해 계속해서 대단히 많은 일을 행하신다. 하나의 구원 행동에 이어 또 다른 구원 행동이 계속 이어진다. 이와 똑같이 놀라운 것은 하나님의 개입에 대한 찬양과 감사의 표현이 너무도 적다는 점이다. 그것은 드보라의 노래(사사기에 있는 유일한 찬양 행위)와 한나의 노래(삼상 2:1-11)에 한정되어 있다. 이러한 현상에 대하여 발렌타인(Balentine 1993: 222)은 다음과 같이 말한다: "정착과 왕정 사이의 정경적인 이스라엘 역사에는 오로지 한나와 드보라의 찬양이 있을 뿐이다."

누구나 예상할 수 있듯이, 4장의 산문체 이야기와 5장의 시문체 자료 사이에는 약간의 차이들이 있다. 그 중 일부 중요한 것들에는 다음과 같은 것들이 있다.

(1) 전쟁에 참여한 지파들: 4장은 납달리 지파와 스불론 지파로부터 1만 명의 군대를 소집했다고 말하는 반면에(6절), 5장은 지원군의 수를 4만 명으로

끌어올리며(8절), 에브라임과 베냐민, 마길(=므낫세, 14절), 잇사갈 등의 지파들을 포함한다(15절). 시문체의 자료는 또한 네 개의 지파들이 전쟁에 참여하지 않았음을 비난한다(르우벤[15b-16절]과 길르앗[=갓], 단, 아셀[17절]). 유다와 시므온 및 레위는 어느 자료에서도 언급되지 않는다.

(2) 전쟁 수행 과정과 최종 승리: 4장은 그 전쟁을 매우 일반적인 용어로 서술한다: "야웨께서 바락의 앞에서 시스라와 그 모든 병거와 그 온 군대를 칼날로 쳐서 패하게 하시매"(15절). 여기서 본문은 '하맘' 동사를 사용하는 바, 이 낱말은 공포와 혼란을 뜻하는 것으로서, 하나님의 전쟁을 묘사할 때 자주 나타난다(출 14:24; 신 7:23; 수 10:10; 삼상 7:10). 반면에 5장은 이렇게 노래한다: "별들이 하늘에서부터 싸우되 … 시스라와 싸웠도다"(20절), "기손 강은 그 무리를 표류시켰으니"(21절). 천체를 통한 하나님의 강력한 행동은 "역사의 과정 안에 우주가 참여하는 기적을 일으킨다"(Brenner 1990: 134).

(3) 지리적 배경: 4장은 바락이 1만 명의 군대를 갈릴리 바다의 남서쪽과 이스르엘 골짜기의 북쪽 가장자리에 있는 다볼 산으로부터 인도하여 내려갔다고 말한다(14절). 반면에 5장은 그 일이 이스르엘 골짜기의 남쪽 가장자리에 있는 "므깃도 물 가 다아낙에서"(19절) 이루어졌다고 묘사한다.

(4) 시스라: 5장은 "그가 곤비하여 깊이 잠든" 후에야 비로소 야엘이 그를 죽였다는 4장의 내용(21절)을 생략한다. 그리고 4장은 야엘이 "젖부대" 안에 있는 우유를 그에게 주었다고 하나(19절), 5장은 우유를 "귀한 그릇에 담아" 주었다고 말한다(25절).

(5) 산문체의 이야기는 시스라의 어머니가 전쟁터에서 전리품을 가지고 돌아올 아들을 기다리고 있다는 내용(5:28-30)을 전혀 언급하지 않는다.

시문체의 자료를 몇 개의 분명하게 구별되는 단락이나 연으로 나눈다는 것은 쉬운 일이 아니다. 그래도 글로브(Globe 1974: 495-96)와 쿠건(Coogan 1978: 143-66; 웹이 그의 견해를 거의 그대로 수용함, Webb 1987: 140-41)의 시도가 다소나마 설득력 있다고 볼 수 있다.

글로브:

I. 2–11d절: 도입부의 감사 찬양

    A. 2–3절: 사람들에게 시인의 찬양에 귀를 기울이라고 명함

    B. 4–5절: 이스라엘을 향한 도움의 원천이신 야웨

    C. 6–8절: 압제받는 이스라엘

    D. 9–11d절: 이스라엘에게 그들의 하나님을 송축하라고 명함

II. 11e–18절: 이스라엘 지파들의 소집

    A. 11e–15c절: 지파들의 회합과 참여자들

    B. 15d–18절: 네 지파를 향한 비난, 두 지파를 향한 칭찬

III. 19–31절: 전쟁과 그 결과

    A. 19–23절: 전쟁과 패주

    B. 24–27절: 야엘이 시스라를 죽임

    C. 28–30절: 시스라를 걱정하는 어머니를 조롱함

    D. 31절: 결론

쿠건/웹:

I. 2–8절

    A. 2–5절: 노래를 들으라: 야웨가 거룩한 전사로서 오신다

    B. 6–8절: 전쟁 전에 이스라엘이 처한 상황

II. 9–13절: 전쟁에 참여할 것을 촉구함

III. 14–18절: 지파들의 긍정적인 반응과 부정적인 반응

IV. 19–23절: 전쟁

V. 24–31절

    A. 24–27절: 시스라의 죽음

    B. 28–30절: 시스라의 어머니가 헛되이 기다림

    C. 31절: 야웨께 드리는 결론적인 기원문

이 시는 자원하는 마음으로 전쟁에 헌신적으로 참여한 자들을 칭송하는 것으로 시작한다. 시인은 두 차례에 걸쳐서 "야웨를 찬송하라!"고 외친다(2,

9절). 2절 첫 행의 핵심은 "이스라엘 백성의 머리털이 길 때"라는 표현이다 (NIV는 "이스라엘의 두령들이 그들을 영솔하였고"로 번역하는 바, 이는 아마도 9절 첫 행에 기초한 번역일 것이다; 개역을 비롯한 다른 모든 번역본들도 이와 비슷하게 번역한다: 역주). 이 표현은 나실인 서약에 관한 초기의 언급에 해당할 것이다. 이 전쟁에 참여한 병사들(2, 9, 11, 13절의 "백성"은 "병사들"로 번역해야 할 것이다)은 자신을 하나님께 바쳤을 것이고, 그러한 헌신은 머리털을 밀지 않는 것을 포함했을 것이다.

이 시는 이처럼 병사들의 헌신에 관한 언급으로 시작한 다음에, 하나님께 직접 말하는 것으로 그 내용을 잇는다(4–5절). 그는 남쪽에 있는 세일과 에돔의 건조한 지역으로부터 오시는 하나님이다. 하나님은 자기 백성과 함께 움직이신다. 그들이 남쪽 광야로부터 가나안으로 행진하면, 하나님도 같은 길을 행하신다. 이스라엘이 처한 상황은 하나님의 그러한 동행하심에 의하여 크게 달라진다.

다음에 이어지는 몇 개의 절들(6–11절)은 번역하기도 어렵고 해석하기도 어렵다. 드보라는 보병에 관하여(2절), 그리고 야웨에 관하여(3–5절) 말한 다음에, 이제는 그녀 자신에 관하여 말한다. 6–7a절에서 그녀는 사람들이 이방 민족의 공격을 두려워한 나머지 자기들의 땅 안에서 공공연하게 돌아다니기(페라존, 7a절)를 꺼려하는 모습을 묘사하고 있는 것으로 보인다(7a절에 대한 NRSV의 번역["이스라엘의 농민들은 번성하였다"]보다는 NIV의 번역["이스라엘의 촌락 생활이 중단되었다"]이 더 나아 보인다). 그들이 두려워한 공격은 8절에 언급된 배교 행위에 기인한 것이었다("무리가 새 신들을 택하였으므로").

그러나 드보라가 무대에 등장하면서 모든 상황이 바뀐다. 그녀는 하나님께서 세우신 구원자이다("드보라여, 네가 일어났기 때문에"[NRSV]; "나 드보라가 일어나기까지"[NIV]). 부자들(10ab절)과 가난한 자들(10c절) 모두가 하나님의 위대한 승리를 찬미하라는 명을 받으며(11ab절), 그렇게 한 후에야 비로소 그들은 바깥 마을의 정상적이고 조용한 삶으로 되돌아간다(11c절). 이 전쟁에서 거둔 승리는 방어용 무기("방패")나 공격용 무기("창")를 가지고 있지 않다는 것이 문제되지 않는다. 왜냐하면 그 전쟁은 야웨의 것이기 때문이다(8c절).

드보라는 이미 경축한 승리(10-11절)를 약간 상세하게 다시 노래한다. 그 노래는 여러 지파들에 속한 군대의 소집으로부터 시작되며(10-15b절), 전쟁에 참여하지 않은 지파들에 대해 진술하거나 그들에게 묻는 내용이 이어진다(15c-17절). 그 다음에는 두 중요한 지파의 전쟁 참여자들을 칭송하고(18절), 전쟁 자체에 관하여 묘사한 후(19-22절), 마지막으로 전쟁터 부근에 있는 것으로 여겨지는 메로스(Meroz) 성을 저주한다. 다른 모든 지파들은 순전히 전쟁에 참여하지 않은 일에 관하여 질문 받는 것으로 끝나는데, 왜 한 성읍만큼은 전쟁에 참여하지 않은 일로 인하여 저주를 받아야 하는 것인지는 불분명하다.

마지막 절을 제외한 이 시의 나머지 부분은 두 여인 야엘(24-27절)과 시스라의 어머니(28-30절)에 초점을 맞춘다. 단절되어 나타나는 동사들의 주어를 대비시키는 26-27절의 서술 방식을 주목하라: "그녀가 … 쳐서 … 뚫되 … 꿰뚫었도다; 그가 … 구부러지며 엎드러지고 쓰러졌고 … 구부러져 엎드러져서 … 구부러진 곳에 엎드러져 죽었도다." 이것은 시에서 흔히 볼 수 있는 병렬법의 단적인 예에 속한다.

그것은 몇 개의 구나 절을 접속사 "그리고"(and)를 사용하지 않고 병렬시키는 방법을 말한다(실제로 26-27절의 동사들은 접속사 없이 병렬되어 있다: 역주). 27절의 병렬법과 반복법(구부러지며 엎드러지고 … 구부러져 엎드러져서 … 구부러진 곳에 엎드러져 …)은 "시스라가 경험하는 죽음의 고통을 형상화하는 고속도 촬영(slow motion)의 효과를 낳는다"(Alter 1985: 45). 이곳에 사용된 언어는 생생하면서도 잔인하다. 할펀(Halpern 1988: 81)이 말한 바와 같이, "시스라의 죽음을 이처럼 즐기는 듯한 방식으로 표현하기는 어려울 것이다." 이스라엘의 어미라 할 수 있는(7d절) 드보라는 여기서 겐 족속에 속한 한 여인의 행동을 칭송하고 있다("야엘은 다른 여인보다 복을 받을 것이니," 24절).

야엘과는 대조적으로 시스라의 어머니는 자기 집의 창문을 내다보고 있다(28-30절). 자기 아들이 왜 전쟁터에서 아직 돌아오지 않는지를 알지 못하는 그녀의 상황은 왜 자기들의 왕이 화장실에 그토록 오래 머무는지를 알지 못하던 에글론의 신하들이 처한 상황(3:24-25)과 비슷하다(Polzin 1980: 167). 그녀는 자기 아들이 전리품을 모으느라고 늦는 것이라고 생각한다. 특히 남자들을 위한 "한두 처녀"와 여인들을 위한 "채색옷"을 구하느라고 말이다. 그런데 여기서 "한두 처녀"로 번역된 히브리어 표현은 사실상 "한두 개의 태"(womb)를 뜻한다. 이는 시스라의 어머니가 포로로 잡힌 이스라엘 여인들을 "남자의 공격을 받는 신체의 특정 부위"로 격하시키고 있음을 의미한다(Fewell and Gunn 1990: 407).

이 시는 시작 부분(4절)과 마찬가지로 하나님을 향하여 직접 말하는 것으로 끝을 맺는다. 24-30절이 야엘을 시스라의 어머니와 대비시키고 있다면, 31절은 야웨의 대적들을 그의 친구들/그가 사랑하는 자들과 대비시킨다. 이 마지막 절은 흔히 의심하는 것처럼 시의 끝 부분에 추가된 본문으로 보기 어렵다. 오히려 "그것은 시를 절정 부분에서 마무리하는 예전적인 진술에 해당하는 것이요, 이 노래가 경축하는 특별한 승리를 사람들에게 널리 알림으로써 대중화시키려는 의도를 가지고 있다"(Miller 1973: 101).

드보라/바락 이야기는 이렇게 결론을 맺는다: "그 땅이 사십년 동안 태평하였더라"(31c절). 여기서 우리는 세 가지 것들을 잠깐 주목할 필요가 있다. 첫째로 드보라는 자신의 죽음에 관한 기록을 가지고 있지 않은 유일한 사사이다. 둘째로 기드온 이야기 서두의 전형적인 표현 양식("이스라엘 자손이 야웨의 목전에 악을 행하였으므로"[6:1])에 "또"라는 낱말이 나타나지 않는다(개역이나 개역 개정판은 "또"를 집어넣어 번역하지만 명백한 오역이다: 역주). 셋째로 드보라 이전의 사사들에게서 보듯이 그 땅의 평화는 압제자에게 종속된 기간보다 더 길게 이어지지만, 나중에는 이러한 양태가 나타나지 않는다. 입다와 삼손 이후에는 그 땅에 평화가 없다.

압제자에게 종속된 기간	그 땅이 누리는 평화의 기간
옷니엘: 8년(3:8)	40년(3:11)
에훗: 18년(3:14)	80년(3:30
드보라: 20년(4:3)	40년(5:31)

기드온: 7년(6:1)	40년(8:28)
입다: 18년(10:8)	없음
삼손: 40년(13:1)	없음

E. 기드온(6:1~8:35)

사사기의 다음 장은 므낫세 지파 출신의 기드온이다. 그의 이름은 '가다'("자르다, 절단하다, 깨뜨리다") 동사에 히브리어 문법가들이 "특징을 나타내는 접미사"로 칭하는 '온'(에글론이나 삼손)이 추가된 것이다. 따라서 그의 이름은 "파괴자, 파멸자" 또는 "나무 베는 사람, 돌 자르는 사람"이라는 뜻을 가지고 있다. 기드온이 아버지가 세운 바알 제단 곁의 아세라 목상을 자름으로써 문자 그대로 자기 이름에 걸맞는 모습을 보일 때(6:25-32), 본문은 '가다' 동사보다는 '카라트' 동사를 사용한다(25, 28, 30절). 이와는 달리 신명기 7:5("아세라 목상을 찍으며")와 12:3("그 조각한 신상들을 찍어서")은 똑같이 '가다' 동사를 사용한다. 이방 신상들은 "찍어내야" 하는 것들이다.

기드온은 사사기 6~8장을 제외한 구약성서의 어느 곳에서도 다시는 "기드온"으로 불리지 않는다. 그러나 그는 여룹바알("바알로 하여금 경쟁하게/다투게/고소하게 하라")이라는 또 다른 이름을 가지고 있다. 이 이름은 아버지가 그에게 지어준 것이다(6:32). 구산 리사다임(3:8)이 "갑절로 악한" 구산을 뜻한다면, 기드온은 "이중 이름"을 가진 사사이다. 그의 두 이름은 두 번에 걸쳐서 함께 나온다(7:1; 8:35): "여룹바알이라 하는 기드온." 그러나 9장에서는 단지 여룹바알이라는 이름만 나온다. 나중에 사무엘하 11:21은 여룹바알의 이름을 기억에 떠올린다. 사실 70인역은 "여룹바알"로 읽지만, 히브리어 본문은 "바알" 대신에 "베셋"을 집어 넣어 "여룹베셋"으로 읽는다. 여룹베셋은 "수치로 하여금 고소하게 하라"는 뜻으로서, 이스바알/이스보셋의 경우에서 보듯이(대상 8:33; 삼하 3:7) "바알"을 다른 낱말로 대체한 형태로 되어 있다. 이렇듯이 이방 종교의 흔적을 분명하게 가지고 있는 기드온의 이름("바알로 하여금 고소하게 하라")은 성서의 이야기에 계속 남아 있지만, "기드온"이라는 이름은 잊혀진다.

기드온 이야기는 다음의 삽화들로 가득 차 있다:

1. 미디안이 악을 행하는 이스라엘을 징벌한다. 이로 인하여 이스라엘은 또 다시 야웨께 부르짖는다(6:1-6).

2. 야웨께서는 사사 대신에 예언자를 보내시고, 그 예언자는 하나님의 은혜로우신 행동들과 그의 말을 경청하지 않는 이스라엘의 행동에 관해서 말한다(6:7-10).

3. 야웨의 천사가 기드온에게 자신을 드러낸 후 그에게 임무를 부여한다. 이에 기드온은 반대 의사를 밝히며, 표적을 요구한다(6:11-18).

4. 하나님께서는 불을 표적으로 주신다. 그 불은 기드온의 예물(민느하)을 완전히 불사른다. 이 현상은 기드온의 불안감을 완화시켜 주지만 그를 두려움에 사로잡히게 만든다(6:19-24).

5. 기드온/여룹바알은 밤중에 아버지의 바알 제단과 근처의 아세라 목상을 파괴한다. 그럼으로써 오브라 거민들의 분노를 자아낸다(6:25-32).

6. 하나님의 신에 감동한 기드온은 주로 므낫세와 아셀, 스불론, 납달리 등의 북쪽 지파들로부터 군사를 모아 이스르엘 골짜기에서 미디안 족속을 비롯한 대적들과 싸우고자 한다(4장의 바락과 마찬가지로 (6:33-35).

7. 기드온은 양털과 타작마당을 매개로 하여 하나님의 추가 확증을 요구한다(6:36-40).

8. 야웨께서는 기드온이 소집한 2만2천 명의 병사들 중에 98%를 돌려보냄으로써, 본 군대의 3백 명만을 그에게 남겨두신다(7:1-8).

9. 부하 부라를 동반한 기드온은 밤중에 미디안 진으로 간다. 거기서 그는 한 미디안 사람이 자기 동료에게 하는 꿈 얘기를 듣는다. 그 꿈은 기드온의 승리를 예고하는 것으로 여겨지는 것이었다(7:9-14).

10. 기드온과 그의 군대는 나팔과 빈 항아리 및 횃불 등으로 무장한 채 밤중에 미디안 진을 공격한다. 그 결과 미디안 진은 공포와 두려움에 사로잡힌다(7:15-23).

11. 북쪽 지파들에 가담한 에브라임 지파는 미디안의 두 방백 오렙("까마귀")과 스엡("이리")을 죽이고 그들의 머리를 전승 기념물로 기드온에게 보냄으로써 전쟁을 마무리한다(7:24-25).

12. 에브라임 지파는 기드온이 그 전쟁에서 막판에 가서야 자기들의 협력을 구한 것을 비난하지만, 격언을 예로 든 기드온의 답변에 만족한다(8:1-3).

13. 미디안을 물리친 후에 기드온과 그의 3백 용사는 도망가는 미디안의 두 왕 세바와 살문나를 쫓아 요단 강을 건넌다(8:4-12).

14. 두 명의 포로를 데리고 돌아온 기드온은 요단 동편/므낫세 지파의 성읍들인 숙곳과 브누엘이 전에 자기가 미디안의 두 왕을 쫓아갔을 때 식량 공급을 통하여 도와주지 않은 것에 대해서 비난한 후 그들을 크게 징벌한다(8:13-17).

15. 기드온의 장남 여델이 미디안의 두 왕을 죽이지 못하자, 기드온은 그들이 과거에 형제들을 죽인 일에 대한 책임을 물어 자신이 직접 그들에게 복수한다(8:18-21).

16. 기드온은 사사직을 세습시키자는 사람들의 제안을 거부하고서는, 그들이 가져온 보석류와 의복류를 가지고서 에봇을 만들지만, 이스라엘 백성은 그것을 음란하게 섬긴다(8:22-28).

17. 기드온은 거대한 가족의 가장이었다(세겜 출신 첩에게서 낳은 아비멜렉을 포함하여 아들만 모두 71명이었다). 그는 나이가 많아 죽었다(8:29-32).

18. 이스라엘은 그가 죽은 후에 다시금 빠른 속도로 우상 숭배에 빠져든다. 기드온은 죽은 후에 아무런 영향력도 행사하지 못한다. 어느 누구도 야웨나 기드온의 집안을 향하여 충성하는 모습을 보이지 않는다. 그가 이스라엘을 위하여 온갖 선한 일을 했음에도 불구하고 말이다(8:33-35).

다른 어떤 사사의 이야기도 약대를 타는 미디안 족속의 가혹한 7년 압제 기간을 그렇게 길게 묘사하지 않는다(첫 번째 삽화, 6:1-6). 그들의 압제는 가축과 목초지를 약탈하고 이스라엘에게서 농작물과 양과 소 및 나귀 등을 빼앗는 형식을 취함으로써, 마침내는 이스라엘 자손이 산이나 동굴 같은 곳에 숨지 않을 수 없게 만들었다(6:2-4). 그 결과 이스라엘은 가난과 궁핍에 시달리게 된다.

하나님께서 자기 백성에게 만족하지 못하셨다는 사실은 그가 맨 처음에 구원자를 세우지 않고 도리어 그들의 죄악을 비난할 예언자를 세우셨다는 점에 의해 입증된다. 그리고 여기서 예상치 못한 예언자의 등장은 "여선지 드보라"라는 앞 단락의 설명(4:4)과 연결될 수도 있지만, 드보라는 이 익명의 예언자처럼 이스라엘을 비난하지는 않는다. 이 예언자가 선포한 메시지는 드보라의 메시지보다는 2:1-3에 나오는 야웨의 사자가 선포한 메시지에 훨씬 더 가깝다. 두 사람은 똑같이 하나님을 1인칭으로 하여 메시지를 전한다. 두 사람의 메시지는 자기 백성을 위한 하나님의 은혜로운 구원 행동들을 강조하는 것으로 시작한다(2:1; 6:8-9). 또한 두 사람은 그릇된 계약/신들을 비난하며(2:1ab; 6:10a), 하나님의 목소리를 청종치 아니한 행동에 대하여 경고한다.

야웨의 사자를 통한 기드온의 소명(세 번째 삽화, 6:11-18)은 구약성서에 평행 자료들을 가지고 있다. 아마도 가장 가까운 평행 자료는 모세의 소명에 관한 자료일 것이다. 양자 사이에는 적어도 여섯 가지의 공통된 요소들이 있다(Habel 1965: 297-305).

	모세	기드온
1. 하나님과의 만남	출애굽기 3:1-4a	사사기 6:11-12a
2. 도입부	출애굽기 3:4b-9	사사기 6:12b-13
3. 직무 위임	출애굽기 3:10	사사기 6:14
4. 거부	출애굽기 3:11	사사기 6:15
5. 재보증	출애굽기 3:12a	사사기 6:16
6. 표적	출애굽기 3:12b	사사기 6:17

두 자료 사이의 가장 뚜렷한 차이는 (6)번 항목이다. 출애굽기 3:12에서는 하나님께서 자원하여 모세에게 표적을 보여 주시지만, 사사기 6:17에서는 기드온이 하나님께 표적을 요구한다. 이 소명 설화를 통하여 우리는 기드온의 성격에 사소한 결함이 있음을 알 수 있다. 사자의 주장과 명령에 대한 그의

반응은 "어찌하여"(13절), "어디"(13절), "무엇으로"(15절), "내게 보이소서" (17절) 등으로 나타난다. 첫째로 기드온은 사자에게 다음과 같은 질문들을 던진다: "만일에 야웨께서 우리와 함께 계시면 어찌하여 이 모든 일이 우리에게 미쳤나이까? 또 그의 모든 경이로운 이적들이 어디 있나이까"(Macartney 1948: 68-77을 참조). 이 질문들은 무엇인가를 알고 싶어서 던지는 질문이 아니다. 도리어 그것들은 화를 내면서 반항적인 자세로 하나님과 대면하고자 하는 질문들이다. 질문 후에 기드온은 자신의 보잘것없는 가문에 기댐으로써 도피처를 찾으려고 한다: "나의 집은 므낫세 중에 극히 약하고 나는 내 아비 집에서 제일 작은 자니이다." 그리고 마지막으로 그는 이스라엘 사람 모두가 그의 말을 하나님의 말씀으로 인정하게 될 것이라는 얘기를 듣고서도(14, 16절) 그 천사를 시험한다(17절).

흥미롭게도 기드온은 자신이 던진 질문이나 표적 요구 때문에 책망을 듣지는 않는다. 오히려 천사는 (1) 그에게 힘을 실어주고(14절), (2) 야웨의 함께 하심과 미디안 족속에 대한 승리를 보증하며(16절), (3) 기드온의 표적 준비물/예물을 불사른다(네 번째 삽화, 6:19-24). 기드온이 질문을 하기도 전에 하나님의 사자로부터 승리에 대한 보증을 받았다는 것은 "이 이야기의 긴장 요소가 과연 기드온이 성공할 것이냐 그렇지 못할 것이냐에 있지 않고, 도리어 그가 **어떻게** 승리할 것이냐에 있음을 암시한다"(Culley 1992: 105).

기드온의 아버지가 가나안의 바알을 위한 개인 소유의 제단과 그 가까이에 아세라 목상까지 가지고 있었다는 것은 묘한 일이 아닐 수 없다. ("아세라 목상"은 가나안 종교의 여신인 아세라를 가리킨다. 아세라는 우가릿 만신전의 최고신인 엘의 배우자였다. 이 낱말은 나무[신 16:21] 또는 나무 기둥[출 34:13]을 가리킨다. 그것은 잘라내거나[카라트, 삿 6:25; 가다, 신 7:5] 불태움으로써[신 12:3] 제거할 수 있는 것이었다.)

그의 아버지에게 있는 것들이 의심스러운 것들이라면, 그가 자기 아들에게 지어준 새 이름 역시 마찬가지이다: 여룹바알(6:32). 요아스라는 이름 — 야웨의 이름을 포함하는("야웨께서 주셨다") — 을 가진 한 히브리 사람이 자기 아들에게 바알을 포함하는 이름을 주었다는 것은 정말 이상한 일이 아닌가! 그리고 기드온은 자기 가족과 오브라 성읍 사람들을 두려워한 나머지 밤중에 목상과 제단을 파괴함으로써 자신을 최대한 감추려고 한다(6:27).

야웨의 신이 기드온을 사로잡았다는 것(여섯 번째 삽화, 6:33-35)은 앞으로 좋은 일들이 있을 것임을 예고한다. 실제로 사사기 6:34는 이렇게 말한다: "야웨의 신이 기드온에게 강림하시니(라바쉬; "옷 입히다, 덮다"라는 뜻: 역주)." 이 동사는 단지 구약성서의 후대 자료에서만 하나님의 신이 누군가에게 임하는 모습을 나타내는 것으로 두 번 사용될 뿐이다: 역대상 12:18, "때에 성신이 삼십인의 두목 아마새에게 감동하시니"; 역대하 24:20, "이에 하나님의 신이 제사장 여호야다의 아들 스가랴를 감동시키시매." 옷 입히거나 덮는다는 것은 권위를 부여하고 능력을 부어준다는 것을 뜻한다.

그러나 이렇듯이 하나님의 은사를 받았음에도 불구하고 기드온은 계속해서 회의적인 태도를 보인다. 그리하여 마침내 양털과 타작마당을 포함하는 그 유명한 두 가지의 시험이 이어진다(일곱 번째 삽화, 6:36-40). 양털은 젖게 하고 땅은 마르게 하라는 내용의 첫 번째 시험은 두 번째의 것에 비해 한층 예상하기 쉬운 것이다. 양털은 일반적으로 밤중에 이슬에 젖게 되지만, 땅은 수분을 흡수한다. 양털은 마르게 하고 땅은 젖게 하라는 내용의 두 번째 시험은 훨씬 더 비정상적인 것이다.

하나님의 뜻을 확신하고 싶어 하는 신자들은 종종 "양털을 내놓음으로써" 기드온과 같이 행동할 때가 있다. "만일에 제가 이 일을 하기 원하신다면, 이러저러한 일들이 이루어지게 해 주십시오." 기드온의 양털이 하나님의 뜻을 발견하는 모델인지 아닌지에 대해서는 찬반양론이 갈려 있다. 본문은 반대하는 견해 쪽으로 기울어지는 것 같다. 첫째로 본문은 기드온 이야기 전체의 "하나님" 호칭보다는 "야웨" 또는 "너희 하나님 야웨"라는 호칭을 훨씬 더 많이 사용한다: 1, 6, 7, 8, 10, 11, 12, 13, 14, 16, 21, 22, 23, 24, 25, 26, 27, 34절(20절에서는 "하나님의 사자"라는 표현이 나타난다). 그런데 이 본문은 뒷부분에 가서 갑자기 "야웨" 호칭을 한층 일반적인 호칭인 "하나님"으로 완전히 바꾼다(36, 39, 40절). 둘째로 사사기에서 기드온은 하나님께서 직접 대화의 상대자로 삼으시는 유일한 사사이다. 그럼에도 불구하고 본문의 사건은 "하나님께서 자신의 말씀을 직접 전하지 않고 자신의 뜻을 전달하는"(Polzin 1980: 171-72) 두 사건들 중의 하나에 해당한다(다른 사건은 7:13-14에 있음).

기드온은 큰 군대를 소집한 후에 대적과의 전쟁을 준비하지만, 야웨께서는 그를 놀라게 하신다(여덟 번째 삽화, 7:1-8). 야웨는 처음에는 기드온의 군대를 2만2천 명에서 1만 명으로 줄이신다(7:3). "두려워서 떠는" 자들은 다 집으로 돌아갔다. 이러한 군대 축소는 신명기 20:8에 있는 거룩한 전쟁에 관한 가르침을 그대로 반영한다: "두려워서 마음에 겁내는 자가 있느냐? 그는 집으로 돌아갈지니 그 형제들의 마음도 그의 마음과 같이 떨어질까 하노라." 그러나 기드온 자신은 여전히 두려움에 사로잡혀 있다!(7:10) 하나님께서는 기드온 군대의 크기를 "잘라내시면서" 마지막으로 그 숫자를 1만 명에서 3백 명으로 줄이신다(7:6). 물을 손으로 핥아먹은 자들은 전쟁터에 나아갈 수 있었지만, 무릎 꿇고 물을 마신 자들은 그렇지 못했다. 확실히 하나님은 기드온에게 자기가 군대의 규모에 관계없이 구원을 이루실 수 있는 분이요, 하나님을 의지하는 것이 숫자를 세는 것보다 더 중요하다는 것을 가르치고자 하신다. 그러나 그 이상의 것이 있다. 타너(Tanner 1992: 157)가 주장한 바와 같이 "군대의 축소는 하나님의 능력을 강조하는 것 이상의 의미를 가지고 있다 … 그것은 기드온의 내적인 갈등과 관련되어 있다." 만일에 그가 2만 2천 명의 군대를 가지고서도 하나님을 믿지 못한다면, 3백 명의 빈약한 군대를 가지고서 과연 무슨 일을 할 수 있겠는가?

마침내 기드온에게 완전한 믿음을 갖게 한 것은 그가 들은 꿈 얘기였다. 그 꿈은 미디안 사람이 자기 동료에게 전한 것이었다(아홉 번째 삽화, 7:9-14). 그런데 그것은 역설적이면서도 감동적인 것이었다. "그는 하나님께로부터 직접 말씀을 들음으로써가 아니라 미디안 병사로부터 비롯된 약속을 들음으로써 확신을 갖게 되었다"(Tanner 1992: 159). 그러나 그것은 야웨께서 자기 종에게 말씀하시는 또 다른 방식일 수도 있다: (1) 예언자; (2) 천사를 통한 계시; (3) 불; (4) 직접적인 말씀; (5) 이슬; (6) 엿들은 꿈과 그에 대한 해석(Standaert 1996: 200).

기드온의 공격에 대한 실제 이야기(열 번째와 열한 번째 삽화, 7:15-25)는 야간 전쟁에 관해 묘사한다. 이 전략은 유목민의 야간 전투 혐오증을 반영한다. 그의 3백 명 군대는 악기("나팔")와 가정용 생활용품("항아리") 및 발화

도구("횃불") 등을 가지고서 전쟁에 임한다. 기드온의 군대가 사용할 무기는 갑작스런 외침(조용한 밤중에 울려 퍼지는)과 갑작스런 불빛(어두운 밤중에 비치는)이다.

전쟁에서 승리를 거둔 기드온은 이스라엘 내부의 지파 연합을 위협하는 상황에 직면한다(열두 번째 삽화, 8:1-3). 에브라임 지파는 자기들이 처음의 지파 동맹군에서 배제된 것에 대해서 항의한다. 실제로 8:1의 "다투다"는 동사는 히브리어로 '립'이다. 이 동사는 기드온의 다른 이름인 여룹바알의 앞 부분에 들어 있다. 에브라임 지파는 기드온과 다툰다. 이는 자기들이 가볍게 여겨졌다는 생각 때문이 아니라, 전리품 분배에서 자기들의 몫을 잃을지도 모른다는 생각 때문이다.

에브라임 지파의 기드온 비난은 나중에 그들이 입다를 비난하는 모습과 비교될 만하다(12:1). 위기를 해결하고자 하는 기드온의 방법은 입다의 방법 보다 더 건전한 편이다. 입다는 순전히 자신의 무죄를 입증하기 위해 4만 2천 명이나 되는 불평분자들을 죽인다!(12:6) 이와는 달리 기드온은 미디안의 두 방백 오렙과 스엡을 죽인 에브라임 지파의 역할에 가중점을 둠으로써 그들의 흥분된 감정을 진정시킨다. 그들은 격언을 인용한 기드온의 답변에 감정이 누그러진다: "에브라임의 끝물 포도가 아비에셀의 맏물 포도보다 낫지 아니하냐?" 이 답변을 해석하자면, "강한 자의 제한된 노력은 약한 자의 많은 노력보다 낫다"는 의미로 새길 수 있을 것이다(Fontaine 1982: 82). 참으로 "유순한 대답은 분노를 쉬게 하여도 과격한 말은 노를 격동"하게 마련이다(잠 15:1). 더 나아가서 잠언의 다음과 같은 격언도 있다: "사람은 그 입의 대답으로 말미암아 기쁨을 얻나니 때에 맞은 말이 얼마나 아름다운고!"(잠 15:23).

다음에 이어지는 몇 삽화들(13-15삽화, 8:4-21)은 미디안의 두 왕 세바와 살문나를 추격하여 요단 강을 건너는 기드온의 활동에 대해서 묘사한다. 독 자들은 하나님의 구체적인 지시를 받은 바 없는 기드온이 순전히 미디안 족 속에 대한 자신의 승리를 완성하기 위해 그렇게 하고 있다는 생각을 갖게 된 다. 그가 그렇게 한 것은 아마도 그 두 왕을 안전하게 놓아두는 것이야말로 성공을 거둘 수 있는 전쟁에 오점으로 남을 것이라는 판단 때문이었을 것이다. 그러나 그것이 이유의 전부는 아니다. 독자들은 놀랍게도 기드온이 세바와 살문나의 손에 죽은 의붓 형제들의 원한을 갚으려는 개인적인 동기로 인하여 두 도망자를 쫓아갔다는 사실을 발견한다(8:18-19). 이 이야기는 살아 있거나 죽은 기드온의 형제들에 대해서 어느 곳에서도 언급하지 않는다. 그리고 두 왕을 죽이는 과정에서 기드온은 협조 요청을 거절한 므낫세 지파의 두 성읍 숙곳과 브누엘(야곱 이야기를 통해 널리 알려진 성읍들임; 브누엘/브니엘, 창 32:22-32; 숙곳, 33:17)을 무자비하게 공격한다. 이에 대하여 클라인(Klein 1988: 62)은 이렇게 말한다: "이 사사는 자기를 의심하는 이스라엘 사람들을 고문하거나 죽이는 일에 대하여 전혀 양심의 가책을 느끼지 않는 듯하다."

적어도 겉으로 보면 기드온은 승리를 거둔 후에 세습 왕정을 수립하려는 자기 백성의 요청을 거부한다(16번째 삽화, 8:22-28). 그러나 설령 그렇다 할지라도, 기드온이 세겜 출신 첩에게서 얻은 자기 아들의 이름을 "아비멜렉"("나의 아버지는 왕이다"[8:31])으로 지었다는 것은 이상하지 않은가? 전쟁에서 놀라운 승리를 거둔 한 개인에게 그 땅의 지배권을 주려는 이스라엘 백성의 생각은 미국에서 아이젠하워 장군을 대통령으로 만들려는 노력과 평행을 이룬다.

그러나 기드온은 "자기가 직접 통치하는 방법 대신에 자신의 종교를 세우는 길을 선택"한다(Stone 1992: 337). 귀금속을 모아 금송아지를 만든 아론과 마찬가지로(출 32:1-4) 기드온은 사람들에게서 귀고리를 수집한 다음에, 미디안의 약대들과 왕들로부터 취한 귀금속을 그것과 섞어 에봇을 만든다(8:24-27). 일반적으로 에봇은 대제사장이 입는 앞치마와 같은 것으로, 어깨로부터 두 줄로 늘어뜨려 허리를 가리는 형태로 되어 있다. 그것은 금실과 청색 자색 홍색실과 가늘게 꼰 베실로 정교하게 짜서 만드는 옷이다(출 28:6-14). 이 외에도 일반 제사장이 입는 세마포 에봇(삼상 2:18; 22:18; 참조. 삼하 6:14[다윗])이나 신탁을 받는 데 사용하는 에봇(삼상 23:6-14)이 있다. 비록 이 모든 본문들이 동일한 기초 의상을 가리키고 있는 것으로 여겨지지만 말이다. 사사기 8:27은 기드온의 에봇이 일종의 조상(彫像)에 해당하는 것임을 암시한다. 아니면 단순히 조상처럼 보이는 장식용 의상일 수도 있다.

어쨌든 결과적으로 에봇은 우상 숭배의 도구로 바뀐다. 흥미롭게도, 그러나 애석하게도 사사기에서 '자나' 동사("행음하다")가 음란한 우상 숭배를 묘사하는 데 사용되는 경우는, 도입부의 2:17을 제외하면 오로지 기드온 이야기에서만 나온다. 이 동사는 8:27과 8:33에서 사용된다: "온 이스라엘이 그것을 음란하게 위하므로"; "기드온이 이미 죽으매 이스라엘 자손이 돌이켜 바알들을 음란하게 위하고"(Stone 1988: 303).

기드온이 무대에서 사라지면서 그 땅에 40년 동안의 평화가 이어진다(8:28c). 그러나 그 평화는 분명하게 기드온의 생애에 한정된다: "기드온의 사는 날 동안 사십 년에 그 땅이 태평하였더라." 기드온보다 오래 살았거나 그 이후에 살았던 사람들(8:33-35)은 여호수아가 죽은 후의 세대와 크게 비슷한 모습을 보인다.

기드온 이후 시대의 이스라엘 자손을 향한 점층적인 비난은 그들이 여룹바알/기드온의 집을 "후대하지" 않았다는 것을 포함한다(35절). "후대하다"를 뜻하는 히브리어 표현은 '헤세드'를 포함한다. '헤세드'가 없다는 비난은 두 가지 중의 하나를 의미한다. 이스라엘 전체가 기드온의 70 아들들을 아비멜렉과 세겜의 손길로부터 구출하는 데 무관심했거나(9장) (Sakenfeld 1978: 57), 대량 학살을 알고 난 후에 살인자들에게 정의를 실행하지 않았을 가능성(Clark 1993: 222)이 그렇다.

F. 아비멜렉(9:1-57)

기드온의 죽음과 그의 왕권 거부(8:23)는 첩의 아들인 세겜 출신 아비멜렉(8:31)으로 하여금 70명의 의붓 형제들을 모두 죽임으로써 세겜에서 권력을 장악할 수 있게 한다. 그의 모든 폭력과 불법적인 권력 찬탈이 이전에 여호수아가 자기 백성으로 하여금 야웨 앞에서 계약 갱신 의식을 행하게 했던(수 24장) 세겜 성읍에서 발생했다는 사실은 아비멜렉의 행동을 한층 가증스럽게 만든다. 사사기 9장에서 야웨가 한 번도 나타나지 않고 말씀하시지도 않으며 언급되지도 않는다는 것은 결코 우연이 아니다. 요담은 설화자와 마찬가지로(23, 56, 57절) "하나님"(7절), "야웨"라는 호칭을 한 번도 사용하지 않는다.

아비멜렉의 이야기는 부가트(Boogart 1985: 52-53)의 견해를 약간 수정하여 다음과 같이 정리할 수 있다:

I. 도입부의 설화(1-22절): 아비멜렉과 세겜 지도층의 죄악

    A. 1-6절: 형제 살인을 통하여 잠재적인 경쟁자들을 제거함

    B. 7-21절: 시문체로 된 요담의 우화와 산문체로 된 그것의 적용

    C. 22절: 아비멜렉의 3년 통치

II. 이행부(23-25절): 하나님께서 악한 영을 보내심으로써, 아비멜렉과 세겜의 지도층을 향한 보복이 이루어지게 하심

III. 결론부의 설화(26-55절): 아비멜렉과 세겜의 지도층을 향한 보복이 이루어짐으로써 23-25절의 내용이 현실화됨

    A. 26-41절: 에벳의 아들 가알이 아비멜렉에게 도전하였으나 아비멜렉에게 패함

    B. 42-45절: 아비멜렉이 세겜의 일반 백성들을 죽임

    C. 46-49절: 아비멜렉이 세겜 망대의 사람들을 죽임

    D. 50-54절: 아비멜렉 자신이 죽음

    E. 55절: 아비멜렉이 죽은 후에 이스라엘 사람들이 각기 "자기 처소로 돌아감"

IV. 결론(56-57절): 하나님께서 아비멜렉과 세겜 지도층의 죄악과 비열한 행동들을 벌하심으로써 요담의 저주가 성취되게 하심

아비멜렉은 자신의 세겜 관련성을 최대한 활용하여 세겜의 "지도자들"(지도층 인사들이나 소규모의 장로회; 개역은 그냥 "세겜 사람들"로 번역함: 역주)을 설득하되, 70명을 통치자로 거느리는 다두(多頭)정치보다는 한 사람의 통치자를 거느리는 왕정 제도가 그들에게 가장 유익하다는 논리를 전개한다. 그들은 그의 주장에 동의할 뿐만 아니라, 반대 세력을 제거하는 방식에도 동의한다. 그 일을 위해 그들은 신전 보물을 취하여 아비멜렉에게 제공한다(4절). 형제 경쟁자들이 제거되자 아비멜렉은 왕위에 오른다(6절).

그 중 한 형제인 요담은 피의 숙청을 피하여 가까이에 있는 그리심 산으로 도피한다. 그 산에서 그는 자신의 유명한 우화를 이야기한다(Vater Solomon 1985: 114-25). 대부분의 우화는 말하는 동물들을 이야기의 주인공으로 내세우지만, 요담의 우화는 말하는 식물/나무들을 주인공으로 내세운다. 감람나무와 무화과나무, 그리고 포도나무 등은 한결같이 동료 나무들을 다스려 달라는 요청을 거부한다. 마지막으로 가시나무는 즉각 그 요청을 받아들이고는 다른 모든 나무들에게 자신의 왕권의 그늘 아래 피하라고 제안한다. 먼저 세 나무들을 언급한 다음에 네 번째 나무를 언급하는 방식(감람나무, 무화과나무, 포도나무, 가시나무)은 구약성서에서 세 가지를 먼저 언급한 다음에 네 번째에서 절정에 이르게 하는 방식의 또 다른 예에 해당한다. 들릴라가 삼손에게서 힘의 비밀을 알아내기 위해 네 가지 방법을 사용하는데, 그 중 마지막 네 번째 시도에서 성공을 거두는 것이 그렇다(삿 16:6-9, 10-12, 13-14, 15-21). 아니면 야웨께서 어린 사무엘을 부르셨을 때, 네 번째에 가서야 비로소 사무엘이 그 부르심을 제대로 인식하는 경우(삼상 3:4-5, 6-7, 8-9, 10-14)나, 노아가 방주로부터 한 마리의 까마귀를 내보낸 다음에 세 차례에 걸쳐서 비둘기를 내보내는데, 마지막으로 방주를 나간 비둘기가 방주로 돌아오지 않는 경우(창 8:6-7, 8-9, 10-11, 12), 또는 욥이 네 가지 재앙을 만나는데, 그 중 마지막 것이 가장 치명적인 것으로 드러나는 경우(욥 1:13-15, 16, 17, 18-19) 등이 그렇다.

그러나 과연 가시나무가 다른 나무들을 보호해 주겠는가? 왜 "가시 왕"에게 통치권을 허용해야 하는가? 여기서 중요한 것은 왕권을 허용하는 자들의 어리석음이다. 이 우화는 "첫째로 무가치한 사람을 왕으로 세우는 자들의 어리석음을 겨냥하고 있다. 그리고 둘째로는 무가치한 왕 자신을 겨냥하고 있다"(Maly 1960: 304). 보호를 약속하는 가시나무는 다른 나무들의 옆구리를 찌르는 가시가 될 것이다. 그러나 보호자를 자처하는 가시나무의 설득력 있는 화술은 그들의 현실 감각을 둔하게 만들어 버린다.

아비멜렉이 다스리던 3년 동안, 하나님은 그 상황을 바꾸기 위한 일을 전혀 하지 않으신다(22절; 2년 후에야 비로소 겁탈당한 누이 다말을 위해 복수하는 압살롬의 행동과 비교하라[삼하 13:23]). 흥미롭게도 앞 절들이 자주

'말락' 동사(명사형은 "왕"을 뜻하는 '멜렉')를 사용하고 있는 반면에(6절, "아비멜렉으로 왕을 삼으니라"; 8, 10, 12, 14절, "너는 우리 왕이 되라"; 15절, "너희가 참으로 내게 기름을 부어 너희 왕을 삼겠거든"), 22절은 "통치하다, 다스리다"는 표현에 '말락' 동사를 사용하지 않는다. 도리어 22절은 '사라르' 동사를 사용한다. 이 동사는 "왕이 행사하는 것보다 더 차원이 낮은 권력을 행사하는 것을 뜻한다"(Stone 1988: 382). 아미멜렉은 왕(king)이 아니라 전제군주(tyrant)일 뿐이다.

이번에는 하나님께서 자신의 자비로운 신을 보내셔서 힘을 주시고 마음의 준비도 하게 하시지 않고, 그 대신에 아베밀렉과 세겜 추종자들 사이에(between) "악한 영"을 보내신다(23절). 악한 신이 그들 위에(on) 임하게 하신 것이 아니었다. 하나님께서 악한 신을 보내신다는 개념은 사울 이야기에서 그 평행 자료를 찾을 수 있다. 야웨의 영이 사울을 떠난 후에 "야웨께서 부리신 악신"이 그를 괴롭혔다는 것이 그렇다(삼상 16:14; 이와 비슷한 표현은 삼상 16:15; 18:10; 19:9에서도 발견된다). 사실 아비멜렉의 왕권 유형이나 경력은 사울의 그것에 상응하는 요소들을 많이 가지고 있다(O'Connell 1996: 291-92). 70 형제들과 아비멜렉 사이의 경쟁 관계는 다윗과 사울 사이의 경쟁 관계(사울은 그렇게 생각하였다)나 다름없는 것이다. 두 경우에 똑같이 야웨께서는 순전함과 의로움을 가지지 못한 왕에게 악신을 보내신다. 두 왕은 많은 사람들을 죽인다. 요담의 우화는 사무엘의 사울 책망에 상응하는 것이다. 두 왕은 큰 상처를 입은 후에, 무기 든 자에게 자기들의 목숨을 취할 것을 요청한다(삿 9:54; 삼상 31:4).

"악신"이 하나님께서 누군가를 괴롭히기 위해 보내신 어떤 초자연적인 힘이나 귀신을 가리킨다고 보아서는 안 된다. 악신은 사탄이나 어떤 다른 우주적인 최고 귀신이 보낸 것도 아니다. 악신을 보내신 분은 하나님이다. "악신"은 여기서 왕과 주변 신하들 사이를 분열시키고 이간질시킴으로써 그들을 점차 갈라서게 만드는 역할을 수행한다. 그 결과 우호적인 관계는 적대적인 관계로 바뀐다.

아비멜렉의 군대 안에 틈새를 만들려는 첫 시도는 에벳의 아들 가알에 의해 시작된다(26-41절). 그러나 그는 아비멜렉의 왕권에 도전하는 대적이라고 보기 어렵다. 그는 쾌활하고 감정적인 사람이며, 당시에 술에 취한 상태에 있었던 듯하다(27절). 그리고 "해독제는 독보다 더 나쁜" 것으로 보인다(Klein 1988: 74). 아비멜렉은 신속하게 그 문제를 수습하려고 하지만 별 효과를 보지 못한다.

그러나 그의 지위에 대한 그러한 도전은 병리적인 증세를 보이는 아비멜렉을 분노로 미쳐 날뛰게 만든다. 그는 처음에는 세겜 사람들을 향하여 분노하며(42-45절), 나중에는 세겜 망대(세겜의 관할 구역 안에 있는 조그마한 성읍일 가능성이 높다) 앞의 신전에 숨어 있던 1천 명 정도의 남녀를 향하여 분노한다(46-49절).

일단 발산된 분노와 복수심은 통제하기 어려운 법이다. 그래서인지 아비멜렉은 세겜으로부터 북동쪽으로 12마일 떨어진 데베스를 공격한다(50-55절). 아비멜렉은 대량 학살에 거의 성공한다. 그러나 이번에는 그의 시도가 망대 위에 있던 한 여인에 의해 좌절된다. 그녀는 그의 머리 위로 맷돌을 "던져"(흥미롭게도 본문은 "떨어뜨리다"라는 동사를 사용하지 않는다) 그의 두개골을 깨뜨린다(53절). 그의 죽음을 애도하는 사람은 거의 없다. 본문은 단순히 이렇게 진술할 뿐이다: "이스라엘 사람들이 아비멜렉의 죽은 것을 보고 각각 자기 처소로 떠나갔더라"(55절). 우는 사람도 없고, 장사지내는 사람도 없고, 탄식하는 사람도 없고, 회개하는 사람도 없다(Polzin 1980: 174).

얀젠(Janzen 1987)은 9장 전체에 나타나는 "한"(one)이라는 형용사와 "위에서"(on, 히브리어로 '알')라는 전치사, 그리고 "머리"라는 명사 등의 다양한 용례들에 주목함으로써 이 사건이 아이러니컬한 성격을 지니고 있음을 강조한다:

> 2절: " … 다 너희를 다스림과 한[에하드] 사람이 너희를 다스림이 어느 것이 … 나으냐?"
>
> 5절: "여룹바알의 아들 곧 자기 형제 칠십인을 한[에하트] 반석 위에서[알] 죽였으되"
>
> 18절: "너희가 … 그 아들 칠십인을 한[에하드] 반석 위에서[알] 죽이고 "
>
> 37절: "가알이 … 가로되, ' … 한[에하드] 떼[로쉬]는 … 오는도다 "

> 53절: "한[에하트] 여인이 맷돌 윗짝을 아비멜렉의 머리[로쉬] 위에[알] 내
> 려던져 … "
> 57절: "또 세겜 사람들의 모든 악을 하나님이 그들의 머리[로샴]에 갚으
> 셨으니 "

아비멜렉에게 이루어진 복수는 그가 단순히 돌로 다른 사람을 죽인 차원을 넘어서서 그 자신이 돌에 맞아 죽는 비극으로 귀결된다. 이에 대하여 얀젠(Janzen 1987: 35)은 다음과 같이 말한다: "혼자서 그들의 머리[로쉬]가 되어(37절) 세겜을 다스리고자 하던, 그리고 그 목적을 이루기 위해 70명의 형제들을 한[에하드] 반석 위에서[알] 죽인 자가, 결국에는 한[에하트] 여인이 그의 머리[로쉬] 위로[알] 던진 한 맷돌에 맞아 죽고 만다."

9장의 마지막 두 절(56-57절)은 신학적인 평가에 해당하는 것이다. 아비멜렉(56절)과 세겜의 지도층(57절)에게 이루어진 모든 일들은 그들의 무자비함과 대량학살 — 기드온의 생존 가족들을 향한 행동을 필두로 하여 — 에 대한 하나님의 심판의 결과로서 일어난 것들이다. 하나님의 심판은 그들의 죄악에 딱 들어맞는 것이다.

"아비멜렉이 그 형제 칠십인을 죽여 자기 아비에게 행한 악을 하나님이 이같이 **갚으셨고**"(56절)와 "또 세겜 사람들의 모든 **악**을 하나님이 그들의 머리에 **갚으셨으니**"(57절)에서 고딕체로 된 부분은 히브리어 본문에서 동일한 낱말로 되어 있다. 둘 다 똑같이 '슈브' 동사의 히필형과 명사 '라아'를 사용하고 있다는 얘기다. 따라서 문자적인 의미에서 본다면, "하나님은 아비멜렉의 악을 그에게 되돌리셨다"와 "하나님은 세겜 사람들의 모든 악을 그들의 머리에 되돌리셨다"는 뜻으로 새길 수 있다. 이러한 문장 구조는 요셉의 형들이 한 말(창 50:15, "요셉이 혹시 우리를 미워하여 우리가 그에게 행한 모든 악을 다 갚지나 아니할까?")과 사무엘상 25:39("야웨께서 나발의 악행을 그 머리에 돌리셨도다")에서도 발견된다.

G. 소사사들에 관한 두 개의 목록(10:1-5; 12:8-15)

앞서 논한 바 있는 삼갈(3:31) 외에도, 3~16장은 다섯 명의 다른 사사들에

대해서 언급한다: 돌라(10:1-2); 야일(10:3-5); 입산(12:8-10); 엘론(12:11-12); 압돈(12:13-15). 일반적으로 사람들은 삼갈을 포함한 이들 여섯 명의 사사들을 소사사라 칭하고, 나머지 다른 여섯 명의 사사들을 대사사라 칭함으로써 양자를 구별한다. 그러나 이러한 구분은 대예언자(이를테면 이사야나 예레미야)와 소예언자(이를테면 호세아나 아모스)를 구별하는 것이나 똑같이 임의적인 것이다. 성서 본문 자체는 결코 그러한 이분법을 사용하지 않는다.

이 두 사사 집단을 그들의 직무와 책임에 비추어 구분하고자 하는 몇몇 시도가 있었다. 예로써 저명한 구약학자인 노트(Martin Noth)는 이 두 부류의 사사들이 두 개의 구별되는 집단을 구성한다고 본다. 대사사들이 일관되게 전쟁에 참여하고 소사사들과는 달리 하나님의 신에 감동된 사람들이라는 점을 주목한 그는, 그들이 왕조 이전 시대의 이스라엘에서 위기 때에 간헐적으로 나타났던 카리스마적인 지도자들이요, 따라서 결코 사사들이라 할 수 없다고 본다. 하나님의 은사를 받은 이 지도자들은 제도화되고 관례화된 정부 행정의 맞은편(anthithesis)에 서 있는 것이다. 이와는 달리 소사사들은 진정한 사사들로서 초기 이스라엘 공동체를 향하여 율법을 선포하던 자들이었다. 카리스마적인 지도자들과 사사들에 관한 전승들이 신명기 역사가에 의해 합쳐졌을 때에야 비로소 사사직은 전자에까지 확대 적용되었다.

이상으로 요약되는 노트의 견해는 그 나름의 매력을 가지고 있는 것으로서 상당한 개연성을 가지고 있지만, 점차 의심의 대상이 되어가고 있다. 그 이유는 단지 군사적인 책임을 어느 한 집단에 속한 것으로 간주하고 사법적인/민사적인 책임을 다른 집단에 속한 것으로 간주하려는 견해가 확정적인 증거를 결여하고 있는데다가, 본문 자체의 지지를 받지도 못하고 있다는 데 있다. 하우저(Hauser 1975: 190)의 다음 주장은 정곡을 찌른 것으로 볼 수 있다: "두 집단 사이의 유일하고도 합법적인 차이는 각 인물에 관한 문서 자료의 길이와 서술양식에 있다."

삼갈을 제외한 소사사들을 소개하는 본문은 다음과 같은 형식으로 되어 있다. 여기서 "PN"은 소사사들의 이름을 뜻하고, "n"은 숫자를 가리킨다 (Halpern 1983: 190):

I. 도입부

    A. PN1 후에 PN2가 일어났다(+지파/지리 서술) (10:1, 3) 또는

    B. 그의 뒤에는 PN이 이스라엘의 사사였다(+지파/지리 서술) (12:8, 11, 13).

II. 자녀에 대한 언급(10:4[III 다음에]; 12:9, 14)

III. 사사로서의 활동 기간

    그가 이스라엘 사사가 된 지 n년이었다(10:2a, 3b; 12:9d, 11b, 14c)

IV. 죽음과 장례

    PN이 죽으매 (지명)에 장사되었다(10:2b, 5; 12:7b, 10, 12, 15)

이 네 가지 요소들 중의 일부는 대사사들에 관한 설명에서도 발견된다. 예로써 입다 이야기는 III(12:7a)과 IV(12:7b)를 가지고 있다. 마찬가지로 기드온 이야기도 II(8:30)와 IV(8:32)를 가지고 있다. 삼손 이야기에서는 III이 15:20과 16:31c에서 발견된다.

대사사 단락과 소사사 단락 사이에 이처럼 평행 요소가 있다는 것은 그들 사이를 억지로 구별해서는 안 됨을 뜻한다. 또한 그 평행 요소들이 옷니엘-에훗-드보라 단락에서가 아니라 기드온-입다-삼손 단락에서 나타난다는 점도 주목할 만하다. 이는 조금 덜 알려진 세 사사들(기드온, 입다, 삼손: 역주)과 더 잘 알려진 세 사사들(옷니엘, 에훗, 드보라: 역주) 사이에 모종의 관계가 있음을 의미한다.

사실 소사사들에 관한 설명은 흥미로운 곳에 자리잡고 있다:

I. 에훗(3:12-30) – 삼갈(3:31) –드보라(4:1~5:31)

II. 기드온과 아비멜렉(6:1~9:57) – 돌라, 야일(10:1-5) – 입다(10:6~12:7)

III. 입다(10:6~12:7) – 입산, 엘론, 압돈(12:8-15) – 삼손(13:1~16:31)

아니면 소사사들이 어떻게 하여 입다 이야기를 지탱해 주는 역할을 수행하고 있는지를 살펴볼 필요가 있다:

돌라, 야일(10:1-5)-입다(10:6~12:7)-입산, 엘론, 압돈(12:8-15)

이상에서 보듯이 첫 번째 소사사는 크게 성공을 거둔 두 사사들, 곧 에훗과 드보라 사이에 위치하고 있다. 그리고 돌라와 야일은 성격이나 행동에 큰 문제가 있는 두 사사들 사이에 자리잡고 있으며, 마지막 세 사사는 성격상의 결함이 심각한 입다와 카리스마를 잃어가는 대표적인 인물인 삼손 사이에 속해 있다.

"구원하다, 구출하다"(야샤)라는 뜻을 지닌 동사는 첫 번째 유형과 두 번째 유형에 속한 소사사들의 경우에만 나타난다. 삼갈의 경우에는 3:31에 나오고, 돌라의 경우에는 10:1에 나온다. 사실 돌라는 아비멜렉의 통치가 가져다 준 섬뜩한 유혈 사태로부터 이스라엘을 구출하는 자로 나타난다("아비멜렉의 후에 … 돌라가 일어나서 이스라엘을 구원하니라"). 아비멜렉의 통치 이후에 그 땅이 안식을 누렸다는 언급이 없는 것으로 보아, "후에"라는 표현은 "어느 정도의 시간이 지난 다음"을 가리킬 뿐만 아니라, "아주 가까운 시간의 흐름"을 가리키기도 할 것이다(Mullen 1982: 194). 세 번째 유형에 속한 소사사들의 경우에는 그들이 이스라엘을 구원했다는 언급이 나타나지 않는다.

또한 세 번째 유형에 속한 사사들의 경우에는 10:1, 3에서처럼 "그가 일어나서"라는 표현이 나타나지 않는다. '쿰'("일어나다") 동사의 칼형을 사용하는 10:1, 3의 용례는 하나님께서 사사들을 세우시는 것을 한결같이 '쿰' 동사의 히필형으로 표현하는 2:16, 18(도입부); 3:9(옷니엘); 3:15(에훗) 등의 경우와 크게 평행을 이룬다.

또한 처음의 두 소사사가 다스린 전체 기간(돌라, 23년 + 야일, 22년 = 55년)은 마지막 세 소사사가 다스린 전체 기간(입산, 7년 + 엘론, 10년 + 압돈, 8년 = 25년)의 두 배에 달한다. 이상의 모든 것들은 기드온-입다-삼손이 옷니엘-에훗-드보라에 필적하지 못하는 것과 마찬가지로 입산-엘론-압돈 역시 돌라-야일-삼갈에 필적하지 못한다는 사실을 한층 분명하게 뒷받침하고 있다.

삼갈을 제외한 나머지 모든 소사사들은 군사적인 행동에 나서지 않는다. 적어도 본문은 그들의 군사 행동에 대해서 한마디도 언급하지 않는다. 그들은 단지 "이스라엘의 사사가 되었을" 뿐이다. 아니면 "n년 동안 이스라엘의 사사가 되었을" 뿐이다. 돌라의 경우에는 10:1에 군사 행동이 암시되었을 수도 있다. "구원하다"라는 낱말이 사사기의 다른 곳에서는 한결같이 군사 행동을 가리키기 때문이다(2:16, 18; 3:9, 15, 31; 6:14, 15, 36; 8:22; 13:5; 조금은 다른 시각에서 10:11, 12; 12:2-3에 나오는 같은 동사의 용례 참조[Hauser 1975: 199]).

그러나 이들 소사사들에게는 전쟁에 필요한 도구가 전혀 언급되지 않는다. 본문은 그들 중의 어느 누구도 하나님께로부터 영감과 권능을 받은 적이 없다. 그들은 전혀 허세 부림 없이 자기들의 직무를 수행하며, 그 직무를 성공적으로 완수한다. 그들의 명성은 성서의 연대기에서 한두 절의 짤막한 설명에 그치고 있다. 아마도 그들이 사사기에 있다는 것은 하나님의 백성에게 근본적으로 필요한 것들 중의 하나가 "영웅이 아니라 질서요, 카리스마가 아니라 인격이다"(Stone 1992: 339).

H. 입다(10:6~12:7)

입다의 이야기는 다섯 개의 주요 단락들로 나뉜다:

1. 10:6-16: 이스라엘의 죄악(6절)은 암몬 족속을 통한 야웨의 심판을 초래한다(7-9절). 그리고 그 심판은 이스라엘의 회개(10, 15-16a절)와 야웨의 두 번째 응답을 가능하게 한다(11-14, 16b절).
2. 10:17~11:11: 암몬 족속의 포위에 직면한 길르앗 거민은 만장일치로 입다를 군사 지도자로 선택한다. 입다는 전쟁에 승리할 경우 항구적인 시민 지도자직을 보증하겠다는 언질을 받고서야 비로소 그들의 요구를 받아들인다.
3. 11:12-28: 입다는 암몬 족속과의 분쟁 문제를 외교적인 방법으로 해결하고자 하지만 성공을 거두지 못한다.
4. 11:29-40: 하나님의 신을 받은 입다는 전쟁에서 승리하고 돌아올 경우에 자기 집에서 맨 처음 자기를 맞이하러 나온 사람을 야웨께 제물로 바치겠다는 무모한 서원을 한다. 그 결과 그는 자신의 딸을 희생

제물로 바친다.

    5. 12:1-7: 입다는 불평분자들을 대량 학살함으로써 에브라임 지파의 불평에 응답한다. 죽은 후 그는 길르앗의 영토 안에 매장된다.

  (1) 어떤 점에서 보면, 다섯 단락들 중의 첫 번째인 10:6-16은 사사 이야기의 다른 도입부와 평행을 이룬다. 이스라엘은 "불신앙"으로 인하여, 그리고 야웨 앞에서 "다시금 악을 행한" 탓에 압제자에게 "팔리는" 신세가 된다. 이스라엘이 야웨께 "부르짖자" 그가 응답하신다.

  그러나 이 도입부는 몇 가지 점에서 다른 이야기들의 도입부와 차이를 보인다. 첫째로 야웨께서 자기 백성을 두 민족에게 팔아넘겼다고 설명하는 곳은 여기뿐이다: "야웨께서 이스라엘에게 진노하사 블레셋 사람의 손과 암몬 자손의 손에 파시매"(7b절). 입다의 이야기에서는 오로지 후자만 언급되고, 전자는 그 다음의 삼손 이야기에서 언급되는 까닭에, 사람들은 이 도입부의 몇 구절을 입다 이야기와 삼손 이야기의 서론으로 읽는 듯하다.

  둘째로 오직 이곳에서만 이스라엘이 야웨께 부르짖었다는 이야기가 나올 뿐만 아니라, 그 부르짖음의 내용까지도 소개된다. 한 번이 아니라 두 번에 걸쳐서(10, 15절) 이스라엘은 "우리가 주께 범죄하였음"을 인정하며, 그 중 한 번은 야웨께 그 죄의 본질을 구체적으로 밝힌다("우리가 우리 하나님을 버리고 바알들을 섬김으로 주께 범죄하였나이다"). 공동체의 고백("우리가 범죄하였나이다")은 구약성서에서 매우 흔하게 나타나는 것이지만(민 12:11; 14:40; 21:7; 신 1:41; 삼상 7:6; 12:10; 왕상 8:47; 느 1:6; 렘 14:20; 단 9:5, 8), 이곳은 사사기에서 그러한 고백이 나타나는 유일한 본문이다.

  죄를 고백하는 것이나 죄의 존재를 인정하는 것이 과연 죄를 물리치고 회개하는 것과 동일한 것인지에 대해서는 논란이 있을 수 있다(사사기의 이 본문은 회개의 언어보다는 고백의 언어를 사용한다). 그럼에도 불구하고 "오늘날 우리를 건져내옵소서"라는 그들의 호소(15b절)가 암몬 족속으로부터의 구원을 원할 뿐만 아니라 암몬 족속에게 주어진 악으로부터의 구원을 원하는 것이라면, 그들의 고백과 부르짖음은 참된 것이라 할 수 있다.

  여기서 하나님의 응답은 세 번째의 독특한 요소로 나타난다. 그는 결코 만족하지 않으신다. 그 반대로 그는 그들의 고백을 물리치시는 것으로 보인다. 그 대신 그는 그들이 그동안 따랐던 신들이 정말로 구원을 가져다주는 신들이라면 그 신들을 의지해 보라고 충동질하신다(14절).

16절은 해석하기가 쉽지 않은 구절이다. 특히 후반부가 그렇다. 전반부는 그 뜻이 너무도 분명하다. 전반부에 기록된 이스라엘의 행동은 칭찬할 만한 것이다: "자기 가운데서 이방 신들을 제하여 버리고 야웨를 섬기매." 후반부의 내용을 "그는 이스라엘이 고통당하는 것을 더 이상 견디지 못하셨다"(NRSV)로, 또는 "그는 이스라엘의 불행을 더 이상 견디지 못하셨다"(NIV)로 번역한다면 별다른 문제가 없다. 이것은 곧 하나님께서 그들의 고백과 이방 신상 제거를 "충분한" 것으로 인정하셨음을 의미한다. 자비로우신 야웨께서는 이스라엘의 계속되는 불행을 더 이상 참지 못하시는 분이다(Webb 1987: 48).

그러나 16절 후반부를 다르게 해석하는 사람들도 있다: "그는 이스라엘의 요란스러운 노력을 점점 귀찮게[견디기 어려운 것으로] 생각하셨다"(Polzin 1980: 177); "그의 마음은 이스라엘의 노력에 못마땅하게 생각하셨다[짜증을 내기에 이르렀다]"(Stone 1988: 320-23; 1992: 340). 이러한 해석에 의하면, 이스라엘의 죄와 시련 및 고백 등에 대한 야웨의 반응은 자비가 아니라 극도의 짜증으로 나타난다.

여기서 중요한 것은 본절에 나오는 동사 '카차르'("짜증내다," 구약성서에서 15회 사용됨)와 명사 '아말'("노동, 수고," 구약성서에서 55회 사용됨)을 어떻게 해석해야 가장 옳은가 하는 것이다. 사사기 10:16b와 가장 크게 평행을 이루는 동사 문장은 민수기 21:4와 스가랴 11:8에 나온다. 이 세 본문은 똑같이 '네페쉬'("영혼")를 주어로 하는 '카차르' 동사를 가지고 있으며, 그 뒤에는 전치사 '베'로써 짜증이나 참지 못함의 원인을 나타내는 낱말이 이어진다: "길로 인하여 백성의 마음이 상하니라"(민 21:4); "이는 내 마음에 그들을 싫어하였고"(슥 11:8). 사사기 16:16은 동사 '카차르'와 주어 '네페쉬'를 사용하지만, 다음에 이어지는 낱말에는 전치사 '베'가 붙어있지 않다: "날마다 그 말로 그를 재촉하여 조르매 삼손의 마음이 번뇌하여 죽을 지경이라."

아마도 본절은 의도적으로 애매모호한 표현을 사용하고 있는 것으로 보인다. 왜냐하면 그것은 야웨께서 말썽을 일으키는 이스라엘을 점차 참지 못하심을 가리키거나, 아니면 그가 이스라엘이 자초한 말썽거리를 점차 참지 못하시는 것을 가리킬 수도 있기 때문이다. 첫 번째 해석을 선호하는 자들은 야웨의 첫 번째 반응(거부, 11-14절)과 두 번째 반응(자비, 16b절) 사이를 구별한다. 두 번째 해석을 선호하는 자들은 야웨의 두 번째 반응이 그의 첫 번째 반응을 한층 강화시키는 것이라고 본다.

(2) 10:7~11:11에서 우리는 입다를 만난다. 처음부터 그는 모순된 인물로 나타난다. 부정적인 측면에서 본다면, 그는 "창기의 아들"이요, 그의 아버지는 "길르앗"이다(이것은 곧 "그의 아버지가 누구인지는 아무도 모른다. 이름이 알려지지 않은 그 창기를 방문한 길르앗 남자들이라면 누구나 그의 아버지일 수도 있다"). 긍정적인 측면에서 본다면, 그는 "큰 용사"이다. 이렇듯이 그는 "받아들이기 어려운 점과 매력적인 점"을 공유하고 있는 인물이다 (Exum 1989: 64).

입다는 대사사들 중에 야웨에 의해 직접 백성에게 사사/구원자로 주어지지 않은 유일한 사사이다. 도리어 버림받은 이 사람(11:2)은 일반 대중의 환호에 의해 환영받는 인물로 바뀐다(11:6, 8, 10). 11:7에 있는 입다의 말("너희가 전에 나를 미워하여 내 아버지 집에서 쫓아내지 아니하였느냐? 이제 너희가 환난을 당하였다고 어찌하여 내게 왔느냐?")을 이전 단락에서 야웨께서 이스라엘에게 주신 말씀("너희가 나를 버리고 다른 신들을 섬기니 그러므로 내가 다시는 너희를 구원치 아니하리라. 가서 너희가 택한 신들에게 부르짖어서 너희 환난 때에 그들로 너희를 구원하게 하라"[10:13-14])과 연결시킨다는 것은 어려운 일이 아니다.

입다는 유리한 조건으로 거래를 진행시킨다. 그는 자신에게 유리한 패를 거의 모두 가지고 있었기 때문이다. 그는 (잠정적인) 군사 지도자직 제안을 거절한다("우리의 장관이 되라"[11:6]). 이는 순전히 길르앗의 (항구적인) 민간 지도자직을 얻기 위해서였다("우리 길르앗 모든 거민의 머리가 되리라" [11:8]; "내가 과연 너희 머리가 되겠느냐?"[11:9]). 그는 두 가지 직책을 모두 획득한다("백성이 그로 자기들의 머리와 장관을 삼은지라"[11:11]; 어느 직책이 먼저 언급되는지를 주목하라).

(3) 입다는 전사로서 싸움에 나서기에 앞서 외교적인 방법으로 문제를 해결하려고 시도한다(11:12-28). 사자들을 통하여 그는 암몬 족속의 왕에게 모세 시대에 요단 동편에 머물던 이스라엘의 과거 역사를 상기시킨다. 그것은 "나일 강변으로부터 요단 강 지역으로 이주한 조상들의 상세한 이야기를 완전히 믿을 수 있게 훌륭하게 전달"한 것이라 할 수 있다(Sternberg 1985: 116).

입다는 이스라엘이 이전에 에돔(17a절)과 모압(17b-18절) 및 아모리 왕 시혼(19-21절) 등과 더불어 겪었던 일들을 상기시키면서, "아르논에서부터 (북쪽의) 얍복까지" 50마일 정도에 이르는 이스라엘의 모든 점령지를 언급함으로써 과거 역사를 마무리한다(22절). 요단 동편 지역은 처음에 모압이 점령했지만, 나중에는 시혼에 의해 정복된다(민 21:26, " … 시혼이 모압 전(前) 왕을 치고 그 모든 땅을 아르논까지 그 손에서 탈취하였었더라"). 입다가 살던 시절에는 암몬 족속이 그 땅에 대한 소유권을 주장하였다(렘 49:1-2 참조).

그 땅을 모압/암몬 족속이 점령했다는 사실은 왜 입다가 24절에서 "네 신 그모스가 네게 주어 얻게 한 땅을 네가 얻지 않겠느냐?"라고 말했는지를 설명해 준다. 그곳은 암몬 족속의 신 그모스가 머무는 땅이다. 다른 곳에서는 밀곰/몰렉(왕상 11:5, 7, 33; 렘 49:1, 3)이 그들의 신으로 나타난다. 다른 한편으로 그모스는 모압 족속의 신이다(왕상 11:7, 33). 달리 본다면 입다는 여기서 "외교적인 실수"를 저지른 것이나 마찬가지였다(Gunn and Fewell 1993: 115).

주변 민족들의 신들에 관한 그의 지식이 잘못된 것이라면, 그의 신학 역시 의심스러운 것이 아닐 수 없다: "네 신 그모스가 네게 주어 얻게 한 땅을 네가 얻지 않겠느냐? 우리 하나님 야웨께서 우리 앞에서 어떤 사람이든지 쫓아내시면 그 땅을 우리가 얻으리라." 그의 이 말은 유일신 신앙에 입각한 발언이라고 보기 어렵다. 기껏해야 그것은 한 신을 섬기면서도 다른 민족이 정당하게 그들 나름의 신들을 섬기고 있음을 인정하는, 이른바 단일신(單一神) 신앙에 해당하는 것이다. 어떻게 보면 그것은 입다의 신학을 표현한 것이라기보다는, 정치외교 분야에서 흔히 통용되는 대등한 교환의 성격을 갖는 것이다.

입다의 마지막 제안("원컨대 심판하시는 야웨는 오늘날 이스라엘 자손과 암몬 자손의 사이에 판결하시옵소서"[27절])을 암몬 족속이 열렬하게 환영하지 않을 것이라는 점은 충분히 예견할 수 있는 일이다. 암몬 족속이 과연 이스라엘의 하나님이 최종적인 중재자가 되는 것을 허용이나 하겠는가?(28절)(Klein 1988: 89)

(4) 입다는 옷니엘(3:10)과 기드온(6:34) 이후 하나님의 카리스마, 곧 야웨의 신을 선물로 받은 세 번째 사사다(11:29). 기드온과 입다 사이에는 평행되는 요소들이 매우 많은 편이다. 특히 둘 다 야웨의 신을 받은 직후 칭찬할 만한 모범적인 일과는 거리가 먼 일을 한다는 점에서 그렇다:

기드온	입다
야웨의 신을 받음(6:34)	야웨의 신을 받음(11:29)
↓	↓
하나님을 시험함	하나님께 서원함
↓	↓
"만일에 … 그렇다면"의 구조 (6:36-40, 특히 37절)	"만일에 … 그렇다면"의 구조 (11:30-40)
↓	↓
하나님께서 시험에 응하심	하나님께서 서원 이행을 받으심

입다의 서원은 잘 알려져 있다. 그는 만일에 하나님께서 암몬 족속과의 싸움에서 승리를 거두게 해 주신다면, "누구든지 내 집 문에서 나와서 나를 영접하는 그는 야웨께 돌릴 것이니 내가 그를 번제로 드리겠나이다"라고 약속한다(11:30b-31).

이 서원은 구약성서의 다른 서원들과 비슷한 데가 있다:

1. 창세기 28:20-21: "야곱이 서원하여 가로되, '하나님이 나와 함께 계

시사 내가 가는 이 길에서 나를 지키시고 먹을 양식과 입을 옷을 주
사 나로 평안히 아비 집으로 돌아가게 하시오면, 야웨께서 나의 하나
님이 되실 것이요.'"

2. 민수기 21:2: "이스라엘이 야웨께 서원하여 가로되, '주께서 만일 이
백성을 내 손에 붙이시면 내가 그들의 성읍을 다 멸하리이다.'"

3. 사무엘상 1:11: "한나가 … 서원하여 가로되, '만군의 야웨여, 만일
주의 여종의 고통을 돌아보시고 나를 생각하시고 주의 여종을 잊지
아니하사 아들을 주시면, 내가 그의 평생에 그를 야웨께 드리고 삭도
를 그 머리에 대지 아니하겠나이다.'"

4. 사무엘하 15:8: "종[압살롬]이 아람 그술에 있을 때에 서원하기를,
'만일 야웨께서 나를 예루살렘으로 돌아가게 하시면 내가 야웨를 섬
기리이다 하였나이다.'"

입다의 서원과 이 네 서원들을 한데 묶어보면, 성서의 서원들이 가지고 있
는 몇 가지 특징들이 나타난다. 첫째로 모든 서원들은 하나님을 향한 것이
다. 둘째로 서원들은 약속의 성격을 갖는다. 서원을 하는 사람은 타당한 조
건이 성취되면 무엇인가를 하겠다고 약속한다. 셋째로 서원들은 조건적인
것이다. 그것들은 "만일"(if)로 시작하는 조건절에서 비롯되어, "그렇다면"
(then)으로 시작하는 귀결절로 끝맺음한다. 바로 이 점이 서원과 맹세 사이의
차이에 해당한다.

맹세 역시 약속의 성격을 갖지만(솔로몬이 자신을 계승할 것이라고 하는
다윗의 맹세 참조[왕상 1:13, 17, 30]), 대체적으로 조건을 달지 않은 채 나타
난다(Milgrom 1990: 488). 넷째로 서원들은 무엇인가를 또는 누군가를 하나
님이나 성소에 바치는 것을 포함한다(야곱의 경우에는 십일조; 이스라엘 자
손의 경우에는 '헤렘'으로 여겨지는 가나안의 전리품; 입다의 경우에는 희생
제물로 바쳐지는 그의 딸; 한나의 경우에는 성소에 평생 동안 나실인으로 바
쳐지는 아들 사무엘; 압살롬의 경우에는 헤브론에서 드리는 희생제물들). 다
섯째로 서원들은 고통의 상황 속에서 주어진다. 이를테면 오랫동안 타지에
있다가 고향으로 안전하게 돌아갈 필요성을 느끼는 경우, 군사 행동에 직면

한 경우, 가정을 시작할 경우 등이 그렇다(Parker 1979: 699).

성서는 서원을 "이행"하는 일의 중요성을 강조하며(예로써 시 116:14, 18; 잠 7:14), 충동적인 서원들에 대해서 경고한다. 그러한 서원들은 이행하지 않을 경우 하나님의 진노를 불러일으키기 때문이다(잠 20:25; 전 5:4-6). 성서는 하나님께 한 서원의 철회나 취소에 관한 상세한 규정을 두지 않고 있다. 나중에 성서 이후 시대의 랍비 전승에 그에 관한 언급이 있는 것으로 보인다: "현자들은 네 종류의 서원들에 구속력이 없다고 말한 바 있다. 자극적인 서원, 과장된 서원, 실수로 한 서원, 억지로 한 서원 등이 그렇다"(*Mishnah Nedarim* 3:1).

입다가 전쟁터에서 집으로 돌아올 때 종이나 짐승이 자기를 맞을 것으로 기대했을 것 같지는 않다. 사실 "나오다"라는 동사와 "영접하다"라는 동사(11:31; 34에서는 "소고를 잡고 춤추며"라는 표현과 함께 나타난다)는 삼상 18:6-7에 나타난다. 두 경우에 똑같이 여성 춤꾼들이 성공을 거두고 돌아오는 남성 전사/생존자들을 맞이하러 나온다. 출애굽기 15:20-21은 야웨께서 자기 백성을 이집트 군대의 추격으로부터 구출하신 직후에 미리암과 다른 여인들이 보인 행동을 표현할 때 "영접하다" 동사는 사용하지 않고 단지 "나오다" 동사만을 사용한다. 어쨌든 입다에게 암몬 족속을 물리치고서 돌아오는 그를 영접하려고 나오는 자들 중에 그의 딸보다 더 적절한 사람이 어디 있겠는가?

본문을 올바로 읽는다면, 입다는 참으로 자신의 딸을 제물로 바치고자 했다: "아비가 그 서원한대로 딸에게 행하니"(39절). 구약성서에서 사람을 "번제"로 드리는 경우는 두 번밖에 안 나온다. 입다의 딸(삿 11:31)과 이삭(창 22:2)이 그렇다. 이 두 사람의 이야기에는 다른 평행 요소들이 존재한다. 예로써 이삭은 아브라함의 "유일한" 아들이고(창 22:2), 입다의 딸은 그의 "유일한" 자식이다(삿 11:34). 그리고 두 경우에 똑같이 누군가가 산으로 간다(창 22:2; 삿 11:37). 아브라함 이야기와는 달리 입다 이야기에서는 하나님이 그의 딸을 대신할 희생제물을 준비하지 않으신다.

설상가상으로 입다는 그 책임을 자기 딸에게 전가한다! "너는 나로 참담케 하는[카라; 드보라의 노래에서 보듯이 쓰러진 병사를 가리키는 데 사용되기

도 하는 동사다: "그가 그의 발 앞에 … 쓰러졌고"(5:27)] 자요 너는 나를 괴
롭게 하는 자 중의 하나이로다"(11:35). 확실히 그는 자신이 딸과 하나님에게
큰 걱정거리의 원인이 되었음을 알지 못하였다.

그의 딸은 다만 산 위에 올라 두 달 동안 친구들과 함께 처녀로 죽어야 함
을 슬퍼할 수 있게 해 달라고 요청한다(37절). 그의 딸이 그렇게 슬퍼해야 하
는 이유에는 여러 가지가 있다. 그녀는 남편 없이 죽을 것이다. 그녀는 자녀
없이 죽을 것이다. 그녀는 성적인 경험이 없이 죽을 것이다. 그녀는 성취되
지 않은 삶을 마감하게 될 것이다. 그녀는 자연사하지 못하는 고통을 맛볼
것이다.

그녀는 때 이른 죽음을 맛볼 것이다. 그녀는 폭력적인 죽음을 맛볼 것이다
(Trible 1984: 104; Gerstein 1989: 192). 그녀가 "자신의 남은 삶을 입다와 함
께 보내지 않고 자기 곁에 있으면서 자기의 운명을 슬퍼하고 또 자기를 기억
할 젊은 여자들과 함께 보내려고 했다"는 것은 중요한 의미를 갖는다(Gunn
and Fewell 1993: 116).

입다는 다음 세대 사람들의 기억 속에 계속 남아 있다(그는 삼상 12:11; 히
11:32에서 긍정적인 인물로 언급된다). 그러나 그의 딸은 해마다 4일 동안만
사람들의 기억 속에 남아 있다(40절). NRSV는 이스라엘 여자들이 그녀의 죽
음을 나흘 동안 "애곡했다"고 말한다. 다른 곳에서는 이 동사('타나')가 사사
기 5:11에서 보는 것처럼 "노래하다, 말하다, 낭송하다"라는 뜻으로 번역된
다. 여기서도 그렇게 번역될 수 있을 것이다. 그녀의 죽음은 해마다 나흘 동
안 "기념"되었던 것이다. 다른 사람들이 그것을 잊어버리지 않도록 말이다
(Bal 1989: 226-227).

(5) 입다 이야기의 마지막 단락은 12:1-7이다. 이 이야기는 흐름은 여전히
좋은 쪽으로 나아가지 못한다. 이번에는 입다가 동족의 일원인 에브라임 지
파와의 갈등에 휘말리게 된다. 에브라임 지파는 입다가 암몬 족속과의 전쟁
에 자기들을 부르지 않은 직무 태만의 잘못을 범했다며 분노한다(1절). 아마
도 자존심에 상처를 입었거나 전리품 분배에 나서지 못한 때문일 것이다.

암몬 족속에게 예의를 차리며 외교적인 협상을 벌이던 입다(11:12-28)는
정작 자신의 혈육에 대해서는 그처럼 외교적인 태도를 거의 보이지 않는다.

에브라임 지파의 비난에 분노한 입다는 길르앗 거민들에게 그들과 싸울 것을 명하고는, 요단 나루턱을 막은 후 거기에서 에브라임 지파의 도망자들을 대상으로 하여 발음 테스트를 한다. 그들 중에 "쉽볼렛"(shibboleth; 개역은 "십볼렛"으로 번역함: 역주)을 발음할 줄 아는 자들은 요단 나루턱을 건널 수 있었다. 그러나 에브라임 지파 사람들은 지파의 특성상 "십볼렛"(sibboleth; 개역은 "씹볼렛"으로 번역함: 역주)이라는 발음밖에 내지 못했다. 입다는 4만2천 명이나 되는 사람들을 순식간에 죽이고 말았다!

"쉽볼렛"은 "이삭"(창 41:5, 6, 7, 22, 23, 24 — 일곱 개의 충실한 이삭에 이어 일곱 개의 메마른 이삭이 나오는 파라오의 꿈) 또는 "물길"(사 27:12; 시 69:2, 15)을 뜻할 수도 있는 히브리어 동음이의어이다. 다수의 주석가들은 이 쉽볼렛/십볼렛 사건이 이스라엘 지파들 사이에 있는 방언의 차이를 반영하는 것이라고 믿는다. 지파들에 따라 ㅅ발음을 다르게 한다는 얘기다. 오늘날의 예를 들자면, 그것은 마치 에브라임 지파가 "하나님께서 왕을 구하신다"(God save the king)는 발음을 못하고 단지 "하나님께서 왕을 밀어내신다"(God shave the king)는 발음밖에 하지 못하는 경우와 같은 것이다.

어쩌면 초기 이스라엘의 경우에는 그것이 방언의 차이와 무관할지도 모른다. 그것은 단순히 에브라임 지파 사람들이 불평분자들일 뿐만 아니라 길르앗 파수병들이 처음에 발음한 낱말을 그대로 되풀이하지 못했다는 사실을 가리킬 수도 있다(Marcus 1992: 100). 본문은 길르앗 군대가 문제의 낱말을 먼저 발음했다고 말한다: "'쉽볼렛'이라 하라." 그들은 조용히 이삭이 그려진 그림을 들고서 "이것은 무엇인가?"라고 묻지 않았다. 오늘날의 예를 든다면, 한 뉴잉글랜드 사람이 카리브 해의 지도를 보고 있는데 누군가가 플로리다 남쪽에 있는 섬에 대해서 물었을 때, 아마도 "쿠발"(Cubar)이라고 답하는 것과 같을 것이다. 그러나 일반적으로는 "쿠바"(Cuba)를 발음하도록 요청받는다면, 누구나 "쿠바"(Cuba)라고 말할 것이다.

에브라임 지파의 죽음에 관한 이야기에는 지나친 점이 없잖아 있다. 4만 2천 명이라는 숫자가 그렇다. 이 수는 에브라임 지파의 첫 세대에 속한 성인 남자의 수(40,500명[민 1:33])보다 많으며, 두 번째 세대에 속한 성인 남자의 수(32,500명[민 26:37])보다도 많다!

뿐만 아니라 입다는 다른 모든 사사들이 죽인 대적들의 수보다 더 많은 동족을 죽였다:

입다 — 에브라임 사람 42,000명　　에훗 — 10,000명(3:29)

드보라 — 대략 901명(4:3, 21)

기드온 — 4명(7:25; 8:21)

삼손 — 30명(14:19)

— 1,000명(15:15)

— 3,000명(16:27)

————————————————

합 — 14,935명

물론 "그(옷니엘)가 이스라엘 사사가 되어 나가서 싸울 때에"(3:10)라는 구절이나 미디안 족속으로 하여금 공포에 사로잡힌 채 상대방을 죽이게 했던 기드온의 전략(7:22)을 염두에 둔다면, 아니면 죽은 사람의 수는 밝혀져 있지 않으나 입다가 "(암몬 자손을) 크게 도륙"(11:33)한 사실을 염두에 둔다면, 1만5천 명 이상의 사상자가 있었다고 볼 수 있다. 그럼에도 불구하고 입다는 이스라엘에 대하여 암몬 족속보다 훨씬 더 큰 위협이 되었던 것으로 보인다!

에브라임 족속이 대사사를 대적한 세 경우를 비교해 보면, 사사기의 내용이 부정적인 방향으로 하향 곡선을 그리고 있음을 알 수 있다(에훗, 3:27-29; 기드온, 8:1-3; 입다, 12:1-6). 에훗은 에브라임 족속의 용사들을 사용하여 모압 족속을 제거한다. 기드온은 그들을 진정시키지만, 입다는 그들을 죽인다.

대사사의 활동 이후 또는 대사사의 활동 기간 동안에 나타나는 표현, 곧 "그 땅이 몇 년 동안 태평하였더라"(3:11, 30; 5:31; 8:28)는 표현이 사사기에서 처음으로 나타나지 않는다. 그처럼 요란스런 시기에 어떻게 태평함이 이루어질 수 있겠는가?

그리고 또한 처음으로 압제 기간이 태평을 누리는 기간 또는 사사의 재직 기간보다 더 길게 나타난다(Stone 1992: 341).

압제 기간	태평/재직 기간
옷니엘, 8년(3:8)	40년(3:11)
에훗, 18년(3:14)8	80년(3:30)
드보라, 20년(4:3)	40년(5:31)
기드온, 7년(6:1)	40년(8:28)
입다, 18년(10:8)	6년(12:7)

I. 삼손(13:1~16:31)

사사기에 나오는 마지막 사사의 이야기는 삼손 이야기로서, 네 장에 걸쳐서 소개된다(13~16장). 자신의 이야기가 긴데다가 사사기의 정점에 자리하고 있음에도 불구하고 삼손은 사사기 13~16장 바깥에 있는 성서의 다른 책들에서 매우 드물게 언급될 뿐이다. 사무엘은 자신의 고별설교(삼상 12장)에서 자신의 청중들에게 야웨께서 자기 백성을 원수들로부터 구원하기 위해 보내신 개개인을 상기시킨다. 그 명단(11절)은 여룹바알, 바락, 입다, 삼손 등을 포함하고 있다. NRSV는 이 네 명을 소개하면서, 각주에 히브리어 본문이 삼손 대신에 사무엘을 언급하고 있다고 설명한다(NIV 참조; 개역은 히브리어 본문을 따라 삼손 대신에 사무엘을 소개함: 역주). 신약성서에서 히브리서 11:32는 믿음 있는 자들의 명단에 삼손을 포함시킨다(놀랍게도 이곳에서 삼손은 입다보다 먼저 언급된다).

학자들은 삼손 이야기를 매우 다양한 방식으로 나누지만, 본 연구는 세 가지 사건들에 초점을 맞추고자 한다:

1. 13:1-25: 삼손의 출생 선고에 이어 천사가 그의 부모에게 그의 출생과 이름 및 야웨의 신을 받는 그의 첫 경험 등에 관해 계시함.

2. 14:1-20: 부모의 반대를 무릅쓰고 블레셋 여인과 결혼하는 삼손, 사자 이야기, 수수께끼 이야기, 야웨의 신을 받는 삼손의 두 번째와 세 번째 경험.

3. 15:1-8: 자신의 부재시에 장인이 삼손의 아내를 다른 남자에게 주었다는 사실을 안 삼손이 3천 마리의 여우를 잡아 꼬리에 횃불을 매단

다음에, 그 여우들을 블레셋 족속의 곡식밭으로 내몰아 그들의 농작물을 불태워 없앰.

4. 15:9-20: 그 보복으로 블레셋 족속이 유다 지파를 공격하자, 유다 지파의 용사들이 삼손을 묶어 대적에게 넘김. 네 번째로 야웨의 신을 받음으로써 자신을 묶은 끈을 끊어 버리고서 나귀의 턱뼈로 블레셋 사람 1천 명을 죽임. 하나님께 목마름을 호소함.

5. 16:1-3: 삼손이 블레셋의 가사(Gaza)에서 창기와 동침한 후, 블레셋 족속의 포위에 대한 응답으로 밤중에 성문을 뜯어내고서 그것을 헤브론으로 운반함.

6. 16:4-22: 들릴라가 삼손을 유혹하여 힘의 근원을 알아내는 데 성공함. 블레셋 족속이 그의 머리를 밀어버림. 그의 힘이 떠나가고 하나님도 그를 떠나심. 블레셋 족속은 그를 사로잡은 다음에, 최고 포로인 그의 두 눈을 뺌.

7. 16:23-31: 블레셋 족속이 만족해하면서 그들의 신 다곤을 찬미하는 동안에, 삼손이 두 번째로 기도함. 하나님이 그에게 다시 한 번 힘을 되돌려 주시자, 그는 자기를 사로잡은 자들에게 복수함. 그 과정에서 목숨을 잃음.

1. 13:1-25. 삼손 이야기는 전통적인 양식을 따라 시작하지만("이스라엘 자손이 다시 야웨의 목전에 악을 행하였으므로"), 이상하게도 하나님의 백성이 야웨께 "부르짖어" 40년에 걸친 블레셋 족속의 압제로부터 구원해 주실 것을 간구했다는 표현은 어디에도 없다. 도리어 본문은 야웨의 사자, 마노아, 그의 아내 등의 세 인물에 관한 이야기로 즉시 옮겨가며, 이어서 앞으로 전개될 일들에 관한 계시가 주어진다.

삼손의 출생 선고는 여러 가지 점에서 성서 안에 있는 다른 출생 선고들과 평행을 이룬다. 특히 이스마엘(창 16장)과 이삭(창 17장), 세례 요한(눅 1장), 예수(마 1장; 눅 1장) 등의 경우가 그렇다.

이러한 출생 선고 유형은 다섯 단계로 이루어진다(이에 대해서는 Brown 1977: 156 참조):

1. 야웨 또는 그의 사자가 사람에게 나타남(13:3)
2. 계시 수령자가 느끼는 두려움과/또는 엎드림(13:20, 22)
3. 하나님의 메시지:
    a. 메시지 수령자의 이름이 언급됨
    b. 메시지 수령자에 관한 몇 가지 추가정보
    c. 메시지 수령자에게 두려워 말라는 말씀이 주어짐
    d. 한 여인이 자녀를 갖게 됨 또는 금방 자녀를 갖게 될 예정임(13:3)
    e. 그 여인이 아들을 낳을 예정임(13:3, 5)
    f. 낳을 예정인 아이의 이름이 알려짐
    g. 그 이름의 의미에 대한 어원론적인 설명이 주어짐
    h. 그 아이가 장차 이룰 성취들(13:5)
4. 부모 될 자가 반대하거나 추가 정보 또는 표적을 요구함(13:8, 17)
5. 표적이 주어지고, 메시지 수령자는 상황을 이해하거나 확신함
   (13:18–21)

13장은 삼손의 부모, 곧 그의 아버지 마노아("노아"라는 이름에 '마'라는 접두사가 붙은 것으로서 "구원/안전의 장소"라는 뜻을 가지고 있다)와 이름이 알려지지 않은 그의 어머니, 그리고 그들에게 나타난 야웨의 사자 등에게 초점을 맞추고 있다.

"야웨의 사자"는 설화자가 마노아의 아내에게 말하는 자를 밝힐 때 항상 사용하는 표현이다. 9절은 예외지만 말이다("하나님의 사자"). 그의 아내는 방문객을 "하나님의 사람"(6절)으로 또는 단순히 "그 사람"(10절)으로 부른다. 마노아도 마찬가지로 "하나님의 사람"(8절)과 "그 사람"(11절)이라는 표현을 모두 사용한다. 야웨의 사자가 누군가에게 나타나는 것을 묘사하는 성서의 모든 본문들 중에서, 사사기 13:6은 신현의 수령자가 일반적인 사람의 모습과는 크게 다른 어떤 것을 보았음을 암시하는 유일한 곳이다: "그 용모가 하나님의 사자의 용모 같아서 심히 두려우므로."

다른 불임(不姙) 여성들, 이를테면 라헬("나로 자식을 낳게 하라 그렇지 아니하면 내가 죽겠노라"[창 30:1])이나 한나("만일 주의 여종의 고통을 돌아보

시고 … 아들을 주시면"[삼상 1:11])가 자신의 자녀 없음으로 인하여 탄식하는 것과는 달리, 마노아의 아내는 자신의 상황을 슬퍼했을 법한 행동을 전혀 보이지 않는다. 사라나 엘리사벳에게서 보는 것과 같은 그녀의 노년기에 대한 언급도 전혀 없다.

천사는 아이를 낳지 못하는 한 여인을 예고 없이 방문하여 그녀가 아들을 낳을 것이라는 사실을 밝힌다(3절). 그녀는 세 가지의 정보를 추가로 받는다. 그 중 둘은 그녀에게 적용되는 것이고("너는 삼가서 포도주와 독주를 마시지 말라"와 "무릇 부정한 것을 먹지 말지니라"), 나머지 하나는 그녀의 아들에게 적용되는 것이다("그 머리에 삭도를 대지 말라"). 어머니와 아들에게 이러한 금제를 가하는 이유는 이렇게 설명된다: "이 아이는 태에서 나옴으로부터 하나님께 바치운 나실인이 됨이라"(5절). 나실인이 될 그녀의 아들은 나중에 어른이 되면 "블레셋 사람의 손에서 이스라엘을 구원하기 시작"할 것이다. 삼손은 마무리하는 사역보다는 시작하는 사역을 하게 될 것이다.

흥미롭게도 그녀는 이러한 정보를 마노아에게 알리면서 약간의 변화를 준다(7절):

13:3–5	13:7
네가 잉태하여 아들을 낳으리니	네가 잉태하여 아들을 낳으리니
너는 삼가서 포도주와 독주를 마시지 말지며	포도주와 독주를 마시지 말며
무릇 부정한 것을 먹지 말지니라	무릇 부정한 것을 먹지 말라
보라 네가 잉태하여 아들을 낳으리니	X
그 머리에 삭도를 대지 말라	X
이 아이는 태에서 나옴으로부터 하나님께 바치운 나실인이 됨이라	이 아이는 태에서 나옴으로부터 죽을 날까지 하나님께 바치운 나실인이 됨이라
그가 이스라엘을 구원하기 시작하리라	X

그녀가 천사의 말을 전달하는 과정에서 두 가지가 생략되고(머리에 삭도를 대지 말라는 말과 그 아이가 블레셋 사람의 손에서 이스라엘을 구원하기 시작하리라는 말), 한 가지가 추가된다("죽을 날까지"). 하나님께서 어떻게

그들의 아들을 사용하여 블레셋 족속의 위협을 제거할 것인지에 관한 정보를 그녀가 생략했다는 것은 이상한 일이다. "구원하기 시작하리라"는 천사의 말에 그녀가 혼란을 느낀 나머지 그 정보를 누락한 것일까? 그리고 그녀가 그 아이가 "죽을 날까지" 하나님께 바친 나실인이 될 것이라는 내용을 추가할 때, "죽음"은 스스로 움직이는 어떤 부정적인 힘을 뜻하는 것일까? 이를테면 그들의 아들이, 죽기 전에, 많은 구원을 이룬 것과 마찬가지로 많은 파멸을 초래할 것임을 뜻하는 것일까?(Alter 1981: 101; Reinhartz 1992: 31) 아니면 "그가 죽을 날까지"라는 말은 "그가 블레셋 사람의 손에서 이스라엘을 구원하기 시작하리라"는 천사의 말을 그녀 나름대로 부연 설명한 것일까?(Savran 1988: 83)

나실인에 관해서는 몇 가지 설명할 것이 있다. '나자르' 동사는 "누군가를 구별하다"(금욕과 자기 부정에 의하여)라는 뜻을 가지고 있다. 이 동사로부터 파생된 명사에는 '나지르'가 있다. 이 명사는 수동 분사 형태로 된 것으로, "구별된 사람, 금제된 사람"을 뜻한다. '나지르'라는 명사는 문법적으로 볼 때 '나시'라는 낱말과 같은 형태로 되어 있다. "높임 받은 사람, 우두머리"를 뜻하는 '나시'는 '나사'("올리다")라는 동사로부터 비롯된 명사다.

나실인의 법을 상세하게 소개하고 있는 민수기 6:1-21은 한시적으로 활동하는 나실인만을 다루고 있다. 이와는 달리 삼손과 사무엘은 평생 동안 활동하는 나실인이다. 이것은 오늘날 우리가 단기 선교사와 전업 선교사를 구분하는 것과 같은 이치에 속한다. 나실인들 사이에 있는 차이들의 하나는 한시적인 나실인의 서원(민 6장)이 자기가 원해서 하는 경우를 가리킨다는 점이다. 이와는 달리 평생 나실인의 서원은 다른 사람들에 의해서 강제되는 경우를 일컫는다. 보통은 장차 어머니될 자에 의해서 그렇게 된다(삿 13장).

평생 나실인으로 활동할 자는 예언자들과 비교할 때 몇 가지 평행 요소들을 가지고 있다. 둘은 똑같이 자신의 직무를 세습하지 않는다. 둘은 똑같이 하나님과의 만남의 경험 — 그의 신을 통한 또는 그의 말씀을 통한 — 을 매개로 하여 자신의 활동을 시작한다. 남자나 여자 모두가 사사직을 수행할 수 있다. 삼손이 "태에서 나옴으로부터" 하나님께 바쳐진 나실인이라는 것은 야웨께서 예레미야에게 하신 말씀을 생각나게 한다: "내가 너를 복중에 짓기 전에 너를 알았고"(렘 1:5). 아니면 이사야서의 종이 하는 말을 생각나게 하기도 한다: "야웨께서 내가 태에서 나옴으로부터 나를 부르셨고 내가 어미 복중에서 나옴으로부터 내 이름을 말씀하셨으며"(사 49:1). 엘리야 같은 예언자인 세례 요한 역시 평생 직무를 반영하고 있다. 천사가 사가랴에게 출산 예정인 그의 아들이 "포도주나 소주를 마시지 아니하며 모태로부터 성령의 충만함을 입을 것"(눅 1:15)이라고 말한 것이나, 삼손의 출생 선고와 세례 요한의 출생 선고 사이의 평행 관계는, 누가복음의 저자가 세례 요한을 어려서부터 나실인으로 구별된 자로 묘사하고 있음을 암시한다.

이 점은 예수 그리스도에게도 똑같이 적용될 것이다. 마태가 예수에 관하여 "나사렛이란 동네에 와서 사니 이는 선지자(prophets)로 하신 말씀에, '나사렛 사람이라 칭하리라' 하심을 이루려 함이러라"(마 2:23)고 말할 때, 즉시 이런 질문이 가능하다: "마태는 어떤 유형의 예언자에 대해서 말하고 있는가?" 구약성서에는 "그는 나사렛 사람이라 불릴 것이다"라고 말하는 본문이 어디에도 없다. 예수가 나사렛 사람이라 불리는 일차적인 이유는 그가 나사렛 지방에서 살았기 때문임에 틀림없지만, 이차적으로는 마태가 나사렛 사람 예수를 특히 사사기 13장의 '나지르'(태어날 때부터 하나님의 일을 하기로 바쳐진 자)나 다윗 가문의 메시아를 상징하는 "가지"(branch)인 '네체르'("이새의 줄기에서 한 싹이 나며 그 뿌리에서 한 가지['네체르']가 나서 결실할 것이요"[사 11:1])와 연결짓고자 했기 때문일 수도 있다. 그렇다면 마태가 언급하는 예언자들은 사사기(히브리 전승에서는 "전기" 예언서들 중의 하나)의 저자와 이사야를 가리킬 것이다(Brown 1977: 209-13, 223-25 참조).

마지막으로 바울이 겐그레아에서 머리를 깎았다고 말하는 누가의 진술("바울이 일찍 서원이 있으므로"[행 18:18])과 하나님께서 자신을 구별하여 세우셨다고 말하는 바울 자신의 진술("내 어머니의 태로부터 나를 택정하시고"[갈 1:15])을 주목할 필요가 있을 것이다.

이처럼 두 군데에서 나실인과 예언자가 연결되는 모습은 아모스 2:11-12에서 특히 분명하게 드러난다: "또 너희 아들 중에서 선지자를, 너희 청년 중에서 나시르 사람을 일으켰나니, 이스라엘 자손들아, 과연 그렇지 아니하냐? … 그러나 너희가 나시르 사람으로 포도주를 마시게 하며 … ." 사실 아모스

2:11은 구약성서에서 나실인의 선택이 분명하게 자기 백성 이스라엘을 향한 하나님의 선하심과 은혜로우심을 반영하는 것이라고 보는 유일한 본문이다.

세 가지의 금욕 서원이 나실인의 특징을 이룬다:

1. 그는 음식물 섭취와 관련된 훈련을 받아야 한다: 포도주나 독주를 마셔서는 안 되고 포도를 먹어서도 안 된다.
2. 그는 특징적인 겉모습을 가지고 있어야 한다: 머리털을 깎아서는 안 된다.
3. 그는 주변 세계와의 관계에서 신중을 기해야 한다: 그는 시체(가까운 가족 구성원이라 할지라도)를 가까이 해서는 안 되고 부정한 것과 접촉해서도 안 된다.

확실히 우리는 나실인이 할 수 있거나 실제로 하는 일보다는 그가 할 수 없는 것들에 관하여 더 많이 알고 있다. 민수기 6장은 직무에 대한 묘사가 아니라 직무 결격 사유에 관한 묘사이다. 그러나 아모스가 하나님의 일을 하는 두 사람, 곧 나실인과 예언자를 관련시키고 있다는 것은 나실인이 어느 정도 사회적인 신분을 누렸음에 틀림없음을 암시한다.

나실인 직무는 신약 시대에도 알려져 있다. 그 증거는 사도행전 21:23-24에 기록되어 있다. 이 본문에 의하면 바울은 네 명의 나실인이 머리를 깎고 정결 의식을 행하는 데 필요한 비용을 부담한다. 성서 이후 시대의 유대교에서 나실인을 어떻게 여겼는지에 대해서는 미슈나(Mishnah)의 '나지르' 항목에서 확인할 수 있을 것이다.

야웨의 사자는, 예수 부활의 때에 여인들 — 나중에 부활의 소식을 그 자리에 없던 남자들에게 전한 — 에게 나타난 천사와 마찬가지로, 장차 어머니가 될 여인이 혼자 있을 때에 그녀에게 나타난다(3, 9절). 그녀는 그 소식을 신속하게 자기 남편에게 전한다(6, 10절). 마노아는 여인들의 보고를 듣던 복음서의 제자들과 마찬가지로 반신반의하는 모습을 보이면서, 상세한 정보를 알고 싶어 하며, 자신이 직접 그 사실을 확인하고자 한다. 자기 아내가 전한 내용을 받아들이지 못한 것이다. 자신에게 어느 정도 진실이 드러나게 되자

(21절) 마노아는 잘못된 결론을 내린다(22절). 그의 잘못된 결론은 상식에 입각한 아내의 논리적인 답변을 통하여 교정된다(23절).

아이가 태어나고 어머니는 그의 이름을 "삼손"(히브리어로는 "쉼숀" [Shimshon])이라 짓는다(24절). 그의 이름에 대한 원인론적인 설명은 없다. 어떤 이들은 그것을 '쉠'("이름")이라는 낱말과 관련시키지만(Greenstein 1981: 241), 오히려 그 이름은 '쉐메쉬'("태양")라는 낱말과 관련시킴으로써 삼손/쉼숀을 "작은 태양"으로 번역하는 것이 더 적절할 것이다(Niditch 1990: 611). 삼손은 사사기에서 '온'으로 끝나는 여러 이름들 가운데 하나다: 에글론, 기드온, 다곤. 삼손이 여러 차례 불과 관련되어 있다든가 그가 불타거나 녹는 어떤 것과 관련되어 있고 또 그가 불 같은 성격을 가지고 있음을 전제한다면, 그의 이름이 작열하는 뜨거운 태양과 관련되어 있다는 것은 매우 적절하다고 볼 수 있을 것이다. "불은 삼손 자신의 환유적(換喩的)인 이미지에 해당하는 것이다. 맹목적이고 통제되지 않는 힘인 불은 자신의 뒤에 끔찍한 파괴의 흔적을 남기며, 마침내는 자신의 길을 막는 모든 것을 다 태워버린다"(Alter 1981: 94–95).

삼손이 야웨의 신을 맨 처음 만난 일을 어떻게 번역하는 것이 가장 타당한지는 확실치 않다(25절). NRSV와 NIV는 똑같이 "야웨의 신이 그를 감동시키기 시작하였다"로 번역한다. 사사기는 사사들을 감동시키는 야웨의 신의 활동을 묘사하는 데에 네 개의 상이한 동사들을 사용한다:

하야	알라바쉬	파암	찰라흐 알
("임하다")	("뒤덮다")	("감동시키다"?)	("덮치다")
3:10(옷니엘)	6:34(기드온)	13:25(삼손)	14:6(삼손)
			14:19(삼손)
			15:14(삼손)
			삼상 10:10; 11:6(사울)

'파암'이라는 동사는 구약성서에서 단지 몇 번 더 나올 뿐이다. 구체적으로는 왕 자신이 해석할 수도 없고 억제할 수도 없는 기분 나쁜 꿈을 꾼 후에

불편해진 왕의 심사를 묘사하는 데 사용되거나(창 41:8; 단 2:1, 3), 마음이 산란한 시인의 탄식("내가 괴로워 말할 수 없나이다"[시 77:4b])을 묘사하는 데 사용된다. 이 모든 본문들에서 '파암'은 '루아흐'('영')와 함께 사용된다. 다만 시편 77:4만은 예외이다. 이 동사는 "발"(foot)을 뜻하는 낱말로부터 파생된 것으로, 그 기본적인 뜻은 "밟다, 때리다"로 이해된다. '파암'이라는 명사는 "시간"을 뜻한다. 왜냐하면 당시에는 발을 굴러 소리를 냄으로써 시간을 계산하는 법이 있었기 때문이다. 이 점에 기초하여 사사기 13:25은 다음과 같이 번역될 수 있다: 야웨의 신은 삼손을 "내몰기" 시작한다(Alter 1990: 49); 야웨의 신은 "그를 때리기" 시작한다(Gunn 1992: 231); 야웨의 신은 "그를 진동시키기" 시작한다(B. Levine, *Numbers*, New York 1993: 340); 야웨의 신은 "그를 괴롭히고 성가시게 하기" 시작한다(Stone 1992: 342).

  2. 14:1–20. 본 장에는 세 개의 장면(1–4절, 5–9절, 10–20절; Blenkinsopp 1963: 66) 또는 네 개의 장면이 있다(1–4절, 5–6절, 7–9절, 10–20절; Exum 1981: 12–13). 아니면 제각기 "내려갔다"는 동사로 시작되는 다섯 개의 장면이 있을 수도 있다:

  1. 1절: "삼손이 딤나에 내려가서"
  2. 5절: "삼손이 그 부모와 함께 딤나에 내려가서"
  3. 7절: "그가 내려가서"
  4. 10절: "삼손의 아비가 여자에게로 내려가매"
  5. 19절: "삼손이 아스글론에 내려가서"

  삼손은 블레셋 족속의 마을인 딤나로 "내려갔고"(그 이유는 알 수 없음), 그곳에서 아름다운 블레셋 처녀를 발견하였다. 구약성서의 다른 본문에 의하면, 야곱의 아들 유다는 양털을 깎으려고 딤나로 "올라갔고," 그곳에서 아름다운 창기를 발견하였다. 그런데 그 창기는 사실 위장한 그의 며느리였다(창 38:12–14). 삼손은 그녀에게 말을 걸지 않는다. 그는 단지 눈으로 보기만 하고서는 자기가 본 것에 만족한다. 그 후 그는 기본 절차를 따라 자기 부모를 찾아가 그녀를 아내로 취할 수 있게 해 달라고 청한다. 그가 그러한 요청을 하게 된 이유는 "내가 그 여자를 좋아한다"(3절; 참조. 7절)는 데 있다. 히브리어 본문을 직역하면 이렇다: "그녀는 제 눈에 맞는 사람입니다." "내 눈에 맞다"(right in my eyes)는 구절은 사사기의 결론 부분인 17:6과 21:25에서 두 번에 걸쳐서 그대로 사용되고 있는 표현이다: "그때에는 이스라엘에 왕이 없으므로 사람마다 자기 소견에 옳은 대로(what was right in their own eyes) 행하였더라." 사사기에서 "자기 소견에 옳은 대로 행했다"는 표현은 항상 부정적인 느낌을 준다. 그것은 다른 사람의 행동 방식을 무시하고 자신의 행동 방식을 따라 움직이는 태도를 가리킨다. 심지어는 하나님의 행동 방식까지도 무시한 채로 말이다.

설화자는 삼손도 그의 부모도 알지 못하는 어떤 것을 알고 있다(앞장에서도 그랬듯이 마노아는 두 번째로 무엇인가를 모르는 상황에 놓여 있다. 13:16과 14:4를 비교하라). 본문에 등장하는 인물들은 누구나 할 것 없이 "이 일이 야웨께로서 나온 것인 줄은 알지 못하였다"(4절). "날 때부터 구원자로 부름 받은 그가 당시에 이스라엘을 압제하던 민족의 한 구성원과 족외혼을 하고자 했다는 것"을 어떻게 설명할 것인가?(Sternberg 1987: 237-38) 4절 하반절은 야웨께서 딤나의 한 여인을 향한 삼손의 성적인 욕구를 자극하셨음을 뜻하지 않는다. 또한 그것은 야웨께서 살육 행동의 전주곡으로서 연애 이야기와 왕성한 호르몬 운동을 자극했음을 뜻하지도 않으며, 야웨께서 "싸움을 붙이려고 안달나셨음"을 뜻하는 것은 더더욱 아니다(Crenshaw 1978: 70). 도리어 그것은 야웨께서 자신의 목표를 이루시기 위해 육체적인 방자함의 지배를 받는 자들을 사용하실 수도 있음을 의미한다.

삼손 이야기의 중요한 신학적인 주제들 중의 하나가 바로 여기에 있다. "하나님은 골목대장 같은 소년과 근육질 남자로 하여금 자신의 욕망과 본능에 만족하여 행동하게 만드시며, 그로 하여금 자기 민족을 보호하고 구출하는 도구가 되게 하신다. 그렇게 함으로써 그는 자신의 구원 능력을 입증하시고, 다곤 같은 거짓된 신들과는 달리 자신이야말로 참된 신으로 여겨질 권리를 가지고 있음을 드러내신다"(Vickery 1981: 61).

야웨의 신은 항상 자신의 의지를 따라 자연스럽게 삼손에게 임한다. 삼손은 여러 차례 다른 것들을 위해서 기도를 하기는 해도(갈증을 덜어줄 물

[15:18]; 복수의 실행을 위한 힘의 회복[16:28]), 결코 야웨의 신을 달라고 기도하지는 않는다. 하나님은 삼손 이야기에 주권적인 방식으로 나타나시기도 하고, 간구와 기도에 응답하여 나타나시기도 한다. 본문의 경우, 야웨의 신은 딤나로 가는 길에 자기를 공격한 사자를 맨손으로 찢어 죽인 삼손을 "괴력을 가진 인간"으로 만드신다(6a절). 그가 그 일에 관하여 자신의 부모(지리적으로 볼 때 그러한 일의 과정으로부터 다소 떨어진 곳에 있었음에 틀림이 없는)에게 침묵을 지켰다는 것은 삼손이 자신의 나실인 신분을 인식하고 있었음을 보여 준다. 그는 자신이 나실인으로서 어떠한 시체와도 접촉해서는 안 된다는 것을 잘 알고 있었던 것이다(6b절).

처음에 보았던 여인과 결혼하기 위해 딤나를 다시 방문하는 길에(8절) 삼손은 자기가 죽인 사자의 시체와 마주친다. 그런데 그 시체에서는 벌들이 꿀을 만들고 있는 중이었다(구약성서에서 야생과일/대추야자 꿀과 비교되는 벌꿀에 관해 언급하는 유일한 경우임; 또한 "벌떼"라는 표현에서 "떼"를 뜻하는 낱말 '에다' 는 포괄적으로 이스라엘 "공동체"를 가리키는 데 사용되기도 함).

삼손은 두 번째로 자신의 행동을 부모에게서 숨긴다(9c절). 그는 함께 먹는 꿀이 어디서 났는지를 부모에게 말하지 않는다. 왜냐하면 그것은 죽은 것과의 고의적인 접촉에서 비롯된 것이요, 따라서 나실인 서원을 크게 위반한 것이기 때문이다. 그러니 부모가 그것을 어찌 알겠는가? 그처럼 "사소한" 죄들이 과연 계속해서 비밀에 부쳐질 수 있을까? 아니면 그의 죄들이 그를 찾아내지 않을까?(민 32:23; 갈 6:7)

소년 리그(Little League; 8-12세의 소년들이 참여하는 야구 경기: 역주)에 참관해본 자라면 누구나 장난삼아 한 게임이 (부모에 대하여) 무섭도록 심각한 결과를 불러일으킬 수도 있다는 것을 알고 있다. 그와 동일한 일이 삼손에게도 발생한다. 사자에게서 꿀을 취한 사건에서 이제 막 벗어난 삼손은 결혼 손님들에게 수수께끼 하나를 낸다. 그 일은 "잔치" 자리에서 벌어지는 바(10절), 여기서 "잔치"를 뜻하는 낱말('미슈테')은 "술잔치"를 가리킨다. 삼손이 과연 그 술잔치에서 술을 마셨는지는 알 길이 없다. 만일 그랬다면 그는 또다시 나실인 서원을 위반한 것이 된다.

삼손의 수수께끼는 세 가지 주목할 만한 사실들을 우리에게 가르쳐 준다 (14절). "알다" 동사가 사용되고 있지는 않지만, 그의 수수께끼는 "나는 너희가 알지 못하는 어떤 것을 알고 있다"(Niditch 1990: 620-21)는 원리에 기초해 있으며, 삼손의 오만함과 자신감을 반영하고 있다. 하나님도 14장에서 그러한 말씀을 하실 수 있지만, 그것은 설화자의 몫으로 남겨진다. 둘째로 그 수수께끼는 단순 진술 형태로 되어 있으며("먹는 자에게서 먹는 것이 나오고 강한 자에게서 단 것이 나왔느니라"[14절]), 그에 대한 답변은 질문 형태로 되어 있다("무엇이 꿀보다 달겠으며 무엇이 사자보다 강하겠느냐"[18절]). 일반적으로 수수께끼는 질문 형태로 되어 있고, 그에 대한 답변은 단순 진술 형태로 되어 있다(Bal 1987: 46). 셋째로 손님들이 수수께끼를 풀 수 있는 가능성은 백만분의 일도 안 된다. 왜냐하면 그것은 삼손의 삶 속에서 은밀하게 발생한 일이어서 삼손을 제외한 그 누구도 알 수 없는 것이기 때문이다.

이 마지막 요인 때문에 결혼 손님들은 삼손의 신부에게까지 적대적인 태도를 취한다: "너는 네 남편을 꾀어 그 수수께끼를 우리에게 알리게 하라. 그렇지 아니하면 너와 네 아비의 집을 불사르리라"(15절). 손님들로서 그들은 모욕당하고 이용당한데다가 바보 멍청이 취급을 받았던 것이다.

삼손은 신부의 간청에 거의 공감하지 않는다. "보라, 내가 그것을 나의 부모에게도 풀어 고하지 아니하였거든 어찌 그대에게 풀어 이르리요"(16절)라는 그의 말은 그에게 그녀의 신부 이미지를 고려하거나 신혼 생활을 배려하려는 의도가 거의 없음을 보여 준다.

나중에 결혼 손님들이 자기 아내를 이용한 것을 알고서 분노한 삼손은 딤나로부터 아스글론으로 내려간다(19절). 블레셋의 다섯 도시들 중의 하나로 지중해 연안의 남부 지역에 위치한 그곳에서, 그는 30명의 그 지역 사람들을 죽이고 노략하여 딤나에 있는 잔치 참여자들에게 진 빚을 갚는다. 이 모든 일은 "야웨의 신이 삼손에게 크게 임한" 결과로서 생겨난 것이다. 삼손의 분노는 야웨의 신에 의해 격동된 것이었던 셈이다. 창세기 12:17에서 이집트에 임한 재앙들을 이와 비교할 수 있을까? 파라오가 아브람의 아내인 사라를 취하였으니 말이다.

3. 15:1-8. 삼손이 아내를 "방문하기" 위해 딤나로 돌아갔다는 15:1의 진술

은 아마도 삼손이 결혼을 완성하기 위해 신부의 마을로 돌아갔다고 보는 구약성서 나름의 표현 방식에 해당할 것이다. 이러한 해석은 본문 안에 있는 두 가지 요소들에 의하여 뒷받침된다. 첫째로 삼손은 아내를 위하여 "염소 새끼"(게디 잇짐) 한 마리를 가지고 간다. 이 짐승은 그의 아버지 마노아가 제물로 드리기 위해 하나님께 가지고 간 것과 완전히 똑같은 것이지만 (13:15, 19), 이보다 더 적절한 평행 자료는 창세기에서 발견된다. 창세기 38:17, 20에 의하면 유다는 창기와의 성관계에 대한 대가로 "염소 새끼" 한 마리를 제공한다. 창세기 38장과 사사기 15장의 공통점은 한 남자가 성관계를 위한 조건으로 한 여인에게 염소 새끼 한 마리를 제공한다는 점이다. 둘째로 "내가 침실에 들어가 아내를 보고자 하노라"는 삼손의 말은 자기 변명의 성격을 갖는다.

삼손은 잔뜩 기대감을 가지고 장인의 집을 방문했다가 그가 자신의 방문을 이혼 행동으로 해석하고서는("네가 그를 심히 미워하는 줄로 내가 생각한 고로"[2절]) 자기 아내를 다른 남자에게 준 것을 알고 난 후 크게 분노한다. 삼손이 더 예쁘고 더 젊은 동생을 취하라는 장인의 제안을 거절했다는 것은 그가 자신의 아내를 진심으로 사랑했음을 암시한다. 그녀는 단순히 성관계의 대상만이 아니었던 것이다.

삼손은 "이번은 내가 블레셋 사람을 해할지라도 그들에게 대하여 내게 허물이 없을 것이니라"(3절)고 말함으로써 자신의 복수가 이루어질 것임을 예고한다. 이것은 삼손이 앞서 아스글론에서 저지른 자신의 행동이 잘못된 것임을 인정하였음을 뜻한다. 그가 그곳에서 행한 일은 정당화될 수 없는 것이었다. 그러나 이번에는 그렇지 않았다.

삼손은 야웨의 신의 도움 없이도 3백 마리의 여우를 잡을 수 있었다. 그에게 필요한 것은 단지 뛰어난 올가미 사냥술뿐이었다. 대적의 농작물에 가능한 한 많은 피해를 주고자 한다면, 그 일을 하기에 가장 적절한 때는 "밀을 거둘 때"였다(1절).

이렇듯이 계속해서 이어지는 보복과 복수에 대하여 이제는 블레셋 사람들이 응답할 차례가 된다. 삼손의 신부와 그녀의 아버지는 동향인들에 의해 불에 타 죽는다(6절). 어떤 식으로든 삼손의 신부는 죽을 운명에 처해 있었다. 그녀가 삼손을 유혹하여 수수께끼의 의미를 알려고 하지 않았다 할지라도, 그녀와 그녀의 아버지는 불에 타 죽었을 것이다(14:15). 그녀가 기꺼이 수수께끼의 의미를 알고자 했기 때문에, 삼손은 갑작스럽게 그곳을 떠났다가 돌아왔고, 그 결과 아내를 잃게 되었다. 그리고서는 곡식밭을 불살랐고, 그 대가로 그녀와 그녀의 아버지가 불에 타 죽는 일을 당하게 된 것이다(Polzin 1980: 187).

그녀의 죽음에 대하여 삼손은 보복을 다짐한다(7절). NRSV의 번역("내가 너희에게 복수할 때까지는 멈추지 않을 것을 맹세하노라")과 NIV의 번역("내가 너희에게 복수할 때까지는 멈추지 않겠다")은 히브리어 본문을 제대로 번역한 것이라 하기 어렵다. RSV의 번역("너희에게 복수할 것을 맹세하노라. 그 후에 떠나겠다")이 훨씬 더 낫다. 그러나 보복을 포함하여 무엇인가에 몰두하는 행동은 저지하기가 쉽지 않다. "어떤 일에 탐닉하게 되면 '한 번만 더 하고 그만 두겠다' 고 외치게 마련이다"(Stone 1992: 343). 아굴(Agur)의 말은 정말 옳은 것이다: "족한 줄을 알지 못하여 족하다 하지 아니하는 것 서넛이 있나니, 곧 음부와 아이 배지 못하는 태와 물로 채울 수 없는 땅과 족하다 하지 아니하는 불이니라"(잠 30:15-16).

4. 15:9-20. 농작물을 잃어버린 블레셋 족속은 삼손을 체포하고자 한다. 그런데 유다는 삼손을 위하여 피난처를 제공하려고 하지 않는다. 도리어 유다 자파 사람들은 삼손을 결박하여 블레셋 족속에게 그들 마음대로 하라며 그를 그들에게 넘겨준다. 15장과 16장은 삼손을 "결박"한('아사르' 동사) 것에 관하여 열두 번 정도 언급한다. 흥미로운 것은 구약성서에서 맹세/서원에 관해 가장 길게 설명하는 민수기 30장에서 '아사르' 동사가 자신을 맹세/서원에 붙들어 매는 행동을 가리키는 데 자주 사용되고 있다는 점이다(예로써 2절). 삼손은 이미 나실인 서원에 "묶여" 있다. 이제는 블레셋 족속이 다른 방식으로 그를 "묶으려고" 한다.

삼손에게 네 번째로 야웨의 신이 임하면서(14절) 그를 결박한 밧줄이 끊기고 만다. 그를 결박한 줄이 불탄 삼과 같이 타 버린 것이다. 양손이 자유롭게 되자 그는 나귀의 턱뼈(강한 전쟁 무기로 보기 어렵다; 에훗이 사용한 소몰

이용 막대기와 비교하라, 3:31)를 사용하여 1천 명이나 되는 블레셋 사람들을 죽인다(16절). 삼손의 부모가 이야기의 중심 무대에 없기 때문에 설화자는 삼손이 죽은 나귀의 턱뼈를 가지고서 무슨 일을 했는지를 부모에게 말하지 않았다는 얘기를 할 필요성을 느끼지 않는다. 전에는 삼손이 죽은 사자와 관련된 일을 부모에게 말하지 않았다는 것을 독자에게 알려 주었지만 말이다(14:6).

삼손은 **자신의** 성취와 승리를 자축하는 네 행의 송시(頌詩)를 지어 부름으로써 잠깐 동안이나마 시인이 된다: "나귀의 턱뼈로 한 더미, 두 더미를 쌓았음이여, 나귀의 턱뼈로 **내가** 일천 명을 죽였도다"(16절). 아울러 그는 그 장소를 라맛-레히("턱뼈의 언덕")로 부름으로써 그 사건을 기념한다.

삼손은 야웨의 신의 도움에 힘입어 블레셋 족속을 무찌를 수 있었지만, 갈증 문제는 해결할 방도가 없었다. 그리하여 그는 하나님께 기도하고(18절; 그가 하나님께 기도하는 두 번의 사례들 중 첫 번째임), 하나님은 그에게 은혜를 베푸셔서 물을 주신다(19절). 16-17절에 묘사된 삼손의 행동과 18-19절에 묘사된 야웨의 행동은 "삼손의 자기중심주의와 야웨의 권능과 자비 사이에 뚜렷한 대조가 있음을 보여 준다"(Exum 1983: 41). 뿐만 아니라 삼손의 기도는 삼손의 전적인 야웨 신뢰와 그의 간구에 대한 야웨의 개방적인 자세를 분명하게 보여 준다(Exum 1983: 45).

설화자는 삼손이 라맛-레히라는 이름을 지어 부른 것과 같은 일을 한다. 설화자는 하나님께서 초자연적인 방식으로 바위를 깨뜨려 물을 제공하신 그 장소를 기념하여 "엔-학고레"("울부짖는 자의 우물"이나 "부르짖는 자의 우물" 또는 "이름 짓는 자의 우물")라는 이름을 지어 부른다. 사실 히브리어 '엔 하코레'는 14:5(사자가 그를 "맞이하러" 나옴)와 15:14(블레셋 족속이 그를 "맞이하러" 나옴)에서 사용되는 동사('카라')와 똑같은 낱말을 포함하고 있다.

5. 16:1-3. 삼손 이야기에는 네 여인들이 나타난다:

13:3: 어머니("야웨의 사자가 그 여인에게 나타나시고")
14:1: 신부("삼손이 … 블레셋 딸 중 한 여자를 보고")

16:1: 창기(“삼손이 … 한 기생을 보고 그에게로 들어갔더니”)
16:4: 첩(“삼손이 … 들릴라라 이름하는 여인을 사랑하매”)

14:2에서 삼손은 “내가 블레셋 사람의 딸 중 한 여자를 보았사오니”라고 말한다. 그런데 이곳 16:1은 “삼손이 가사에 가서 거기서 한 기생을 보고”라고 말한다. 그가 눈으로 보는 것은 항상 그를 곤경에 빠뜨리는 듯하다. 그것은 삼손을 끌어들이는 함정인 것처럼 보인다. 삼손은 어리석게도 이미 설치되어 있는 그 함정에 빠진다. 삼손이 성 문짝들과 두 설주와 빗장을 빼어 그것을 모두 어깨에 메고 헤브론 쪽으로 가는(40마일 정도를 줄곧 오르는!) 등의 거친 행동을 취한 것(3절)은 바로 이 때문일 것이다. 목제 성문을 등에 지고 가는 삼손과 목제 십자가를 등에 지고 가는 예수를 비교해 보라! 예수는 수난의 길을 걷는 반면에, 삼손은 성욕의 길을 걷는다.

“네 씨가 그 대적의 문을 얻으리라”는 약속은 아브라함(창 22:17)과 리브가(창 24:60)에게 주어진 것으로서, 대적에 대한 완전한 승리를 보증하는 것이다(Wharton 1973: 53). 성문 빗장을 부수어 제거하는 행동은 그 성읍을 완전히 정복하는 단계를 의미한다. 왜냐하면 그로 인하여 그 성읍은 외부의 공격에 완전히 노출됨으로써 함락 위기에 놓이기 때문이다. 그래서인지 예레미야는 바벨론의 파멸에 관한 신탁에서 바베론 성문 빗장이 부서질 것이라고 예언한다(렘 51:30). 예루살렘은 하나님께서 “성문 빗장이 꺾여 훼파되게” 하실 것이기에(애 2:9) 멸망 길에 빠질 수밖에 없다. 하나님은 또한 “다메섹의 빗장을 꺾겠다”(암 1:5)고 위협하기도 하신다.

6. 16:4-22. 삼손이 사랑한 유일한 여인, 그리고 그 이름이 언급되는 유일한 여인이 여기에 나온다. 들릴라가 바로 그 사람이다. 들릴라가 삼손을 사랑했다는 내용은 없다. 따라서 이곳에서 언급되는 사랑은 한쪽 방향으로만 움직이는 것이라 할 수 있다.

블레셋 족속은 삼손의 신부에게 한 것과 똑같이 들릴라에게도 삼손을 꾀어서(14:15와 16:5는 명령형 동사 ‘파티’를 사용함) 자기들의 힘으로 알 수 없는 어떤 것을 알아내라고 요구한다. 그러나 두 이야기 사이에는 두 가지 큰 차이가 있다. 첫째로 그의 신부는 단순히 삼손을 꾀어서 수수께끼의 답을 얻어내라는 요구를 받을 뿐이다. 이와는 달리 들릴라는 삼손을 꾀어서 그에게 있는 힘의 원천을 밝혀냄으로써 블레셋 족속이 "그를 이기어서 결박하여 곤고케 할 수 있을는지 알아보라"는 요구를 받는다(5절). 그들의 의도는 분명하다. 사실 마지막 동사('아나')는 다른 곳에서 "성폭행"을 뜻할 수도 있다(암몬이 이복 누이 다말을 폭행한 경우를 가리킴: "내 오라비여, 나를 욕되게 말라 … 암논이 그 말을 듣지 아니하고 다말보다 힘이 세므로 억지로 동침하니라 … 압살롬이 그 누이 다말을 암논이 욕되게 하였으므로 저를 미워하여 시비 간에 말하지 아니하니라"[삼하 13:12, 14, 22]).

두 이야기 사이의 두 번째 차이는 그의 신부가 협조하지 않을 경우에 불에 타 죽을 것이라는 위협을 받는다는 데 있다(14:15b). 그런데 여기서 들릴라는 만일에 그 일에 성공을 거둘 경우 거액의 돈을 받을 것이라는 유혹을 받는다(16:5c). 그녀가 그 제안에 기꺼이 응한 것은 경제적인 필요에 의한 것일 수도 있지만, 더 정확하게는 탐욕 때문에 그랬을 가능성이 더 높다. 한 주석가(Vickery 1981: 69)는 16장의 두 여인이 똑같이 창기였을 것이라고 주장한다. "두 사람의 차이는 들릴라가 노골적으로 돈을 위해 일하되 자신의 역할을 육체관계에 한정시키는 정직한 여인이라는 데 있다. 그녀는, 말하자면, 자신을 향한 삼손의 사랑을 충분히 알고 있는, 그리고 자신의 탐욕과 권력욕을 위해 그의 감정을 어떻게 이용할 것인지를 잘 알고 있는 창기이다."

들릴라와 관련된 사건은 16:1-3의 창기와 관련된 사건의 자연스러운 결말에 해당하는 것이다. 가사는 두 사람 모두와 관련된 성읍이다(1, 21절). 그리고 가사의 성읍 문을 부순 삼손의 행동은 "블레셋 사람들에게 들릴라를 미끼로 하여 삼손에게 복수하려는 동기를 제공한다"(O'Connell 1996: 217). 들릴라의 이름이 갖는 의미에 대해서는 아직껏 합의가 이루어지지 않고 있다. 그러나 그것 역시 16:1-3과 관련되어 있을 것이다. 이 본문은 밤중이라는 시간대(흔히 창기들이 일하기 시작하는)를 강조한다. 가사 성읍의 사람들은 "밤새도록" 기다리며(2절), "밤새도록" 꼼짝하지 않고 있었다(2절). 그러나 삼손은 "밤중까지" 누워 있었을 뿐이다(3절). 그리고나서 그는 "밤중에" 일어난다(3절). 그런데 흥미롭게도 "밤"을 뜻하는 히브리어의 자음은 l-y-l-h이고, "들릴라"의 히브리어 자음은 d-l-y-l-h이다. "들릴라"라는 이름은 문자적인 의미에서 본다면 "밤의 여인"을 뜻한다. "작은 태양"이라는 뜻을 가진 삼손은 밤의 여인인 들릴라에게 꼬임 받고 있는 셈이다(Klein 1988: 119).

들릴라는 네 차례에 걸쳐서 삼손에게서 그의 엄청난 힘의 원천을 알아내고자 하며, 삼손은 네 차례에 걸쳐서 "아슬아슬하게 답을 피해가는 심리전"의 모습을 보인다(Alter 1990: 53):

1. 6-9절("만일 마르지 아니한 푸른 칡 일곱으로 나를 결박하면")
2. 10-12절("만일 쓰지 아니한 새 줄로 나를 결박하면")
3. 13-14절("그대가 만일 나의 머리털 일곱 가닥을 위선에 섞어 짜면 되리라")
4. 15-22절("내 머리에는 삭도를 대지 아니하였나니")

우리는 여기서 다음과 같은 삼손의 모습을 만나게 된다: (1) 그는 도무지 저항하지 않는 모습을 보인다; (2) 그는 분별력 없이 행동한다; (3) 적어도 그는 자신의 힘이 하나님께로부터 비롯된 것임을 알고 있다; (4) 그는 주제넘게 행동한다("내가 전과 같이 나가서 몸을 떨치리라"[20c절]); (5) 그는 영적인 무지 상태에 있다("야웨께서 이미 자기를 떠나신 줄을 깨닫지 못하였더라" [20d절]). 여기에서 자신이 거부한 사람을 떠나시는('수르') 야웨의 모습을 표현하는 동사는 영매를 통하여 사무엘의 영과 접촉하려는 사울의 시도에서도 나타난다: "하나님이 나를 떠나서 다시는 내게 대답지 아니하시기로"(삼상 28:15). 삼손의 무지함(16:20)은 그의 부모의 무지함(14:4)보다 훨씬 더 비극적인 것이다. 하나님께서 떠나시자 그의 허세도 사라졌을 것이다. 삼손의 머리가 잘렸다는 것은 그가 나실인 서원의 마지막 세 번째 조건을 위반했음을 의미한다. 그 서원은 일찍이 그의 어머니에게 주어진 것이 아니라(13:4) 분명히 삼손 자신에게 주어진 것이었다(13:5).

7. **16:23-31.** 삼손은 여기서 하나님이 떠난 사람으로, 그리고 힘을 잃어버린 자로 나타난다. 그는 또한 자신을 사로잡은 블레셋 사람들에 의해 앞을 보지 못하는 처지에 놓이게 된다(16:21; 죄수에 대한 처벌 수단으로 두 눈을 도려내는 것에 대해서는 왕하 25:7; 렘 39:7; 52:11 등을 참조. 이 본문들은

한결같이 시드기야를 다루는 느부갓네살의 행동에 대해서 언급한다).

삼손은 블레셋 족속의 최고 전리품으로 간주된다. 그들은 또한 그가 자기들이 이제까지 추진해 온 약탈 행동의 최종 결론에 해당한다고 생각한다. 따라서 그들이 자기들이 섬기던 신 다곤의 권능과 승리를 경축한 것은 당연한 일이다. 블레셋 족속은 쉽게 삼손을 죽일 수 있었지만, 적어도 그 순간에는 그를 살려두는 것이 그를 죽이는 것보다 더 가치가 있었다. 불행해진 재주꾼은 시체보다 더 큰 즐거움을 제공하기 때문이다.

이 순간에 삼손은 두 번째에 해당하는 어떤 것을 시도하지 않을 수 없었다. 그것은 곧 하나님께 기도하는 일이었다(28절). 그의 기도는 "아버지여, 저희를 사하여 주옵소서. 자기의 하는 것을 알지 못함이니이다"(눅 23:34)와 같은 것이 아니었다. 그는 한 번만 더 자기에게 힘을 주셔서 "블레셋 사람이 나의 두 눈을 뺀 원수를 단번에 갚게"(28b절) 해 달라고 하나님께 요청한다. "원수를 단번에 갚게"라는 NRSV의 번역 배후에는 '나캄'이라는 동사가 있다. 이 동사는 과거에 블레셋 족속이 자기 아내와 장인을 불태워 죽였다는 소식을 듣고 삼손이 보인 반응에서도 발견된다: "내가 너희에게 원수를 갚은 후에야 말리라"(15:7b).

삼손의 기도는 네 부분으로 이루어져 있다:

1. 설화자가 소개하는 도입부 양식("삼손이 야웨께 부르짖어 가로되" [28a절])은 삼손의 첫 번째 기도에서도 발견된다(15:18). 이 양식의 특징은 "부르짖다"를 뜻하는 동사 '카라'에 있다. 여기서 이 동사는 비참한 처지에 빠진 자가 필사적인 자세로 하나님의 도움을 간구하는 모습을 가리킨다. 따라서 이 동사는 시편의 탄식시에서 두드러지게 나타난다(예로써 "내가 나의 목소리로 야웨께 부르짖으니"[3:4]; "내가 부를 때에 응답하소서"[4:1]; "내가 부를 때에 야웨께서 들으시리로다"[4:3]; "하나님이여 내게 응답하시겠는고로 내가 불렀사오니"[17:6] 등).

2. 하나님의 이름을 부름/기원: "주 야웨여 … 하나님이여"

3. 간구: "나를 기억하옵소서 … 이번만 나로 강하게 하사." "기억해 달

라"는 간구로 시작하는 다른 기도들에 대해서는 열왕기하 20:3("내
[히스기야]가 진실과 전심으로 주 앞에 행하며 주의 보시기에 선하게
행한 것을 기억하옵소서")이나 누가복음 23:42("당신의 나라에 임하
실 때에 나를 기억하소서")을 참조. 하나님께 무엇인가를 또는 누군
가를 기억해 달라고 간구하는 내용의 기도는 특히 느헤미야서에 많
이 나온다(5:19; 6:14; 13:14, 22, 29, 31).
  4. 목적: "블레셋 사람이 나의 두 눈을 뺀 원수를 단번에 갚게 하옵소
     서."

성서를 읽는 자들 중의 일부는 하나님께서 이러한 식의 기도에 대해서도
긍정적인 답변을 주신다는 사실에 놀랄 수도 있을 것이다. 삼손의 힘이 한
번만 회복되는 것은 그의 머리카락이 다시 길게 자라서도 아니요(22절), 야
웨의 신이 마지막으로 한 번 그에게 임했기 때문도 아니다. 도리어 그것은
하나님께서 삼손의 기도를 받아들이기로 작정하셨기 때문이다.

삼손은 앙갚음(자신의 손으로 법을 이루려는 태도)보다는 복수(인과율의
정의를 성취하기 위해 한층 높은 법적인 권위에 호소하려는 태도)하기를 원
한다. '나캄' 이라는 동사는 여기서 "한 개인에 의해 초래된 잘못을 시정하려
는 인과율의 정의"와 관련되어 있다(Mendenhall 1973: 92-93). "여기서 삼손
은, 대적들을 위한 절차적인 정의가 이루어지기를 기대하는 차원을 넘어서
서, 하나님께 자기가 직접 특별한 징벌을 시행하고자 하니 그렇게 할 수 있
는 힘을 달라고 간구한다. 그것은 순전히 자기 자신을 위한 것이지, 다른 의
도가 있다고 볼 수 없는 것이었다. '나캄' 의 하나님은 그의 생각에 동의하신
다"(Greenberg 1983: 13).

마지막으로 한 번 힘을 얻은 삼손은 자신의 두 손을 신전 중앙에 있는 두
기둥에 "껴"(레 1:4; 3:2, 8, 13; 4:4, 15, 24, 29에서 희생 제물의 머리에 안수
하는 예배자의 행동을 묘사하는 '사마크' 동사와 동일한 낱말임) 건물 전체
가 무너지게 함으로써, 3천 명의 블레셋 사람들과 자기 자신을 죽음에 이르
게 한다(30절). 삼손 이야기는 이렇게 끝난다.

이 마지막 장면과 삼손의 생애 전체를 다르게 평가하는 두 가지 견해가 있

다. 첫 번째 견해는 "삼손이 이스라엘을 위해 할 수 있는 최선의 길은 자기 자신을 희생하는 데 있다"고 본다(Stone 1988: 346, 372; 1992: 343). 두 번째 견해는 "그의 죽음이야말로 가장 위대한 성취에 해당한다"고 본다(Bal 1987: 63). 이 마지막 이야기가 블레셋 사람들의 신전인 다곤의 집에서 발생했다는 점을 염두에 둔 던(Dunn 1992: 247)은 이렇게 말한다: "야웨의 계획에 대한 삼손의 진정한 업적은 아마도 블레셋의 신을 낮추는 데 있을 것이다. 이 점에서 본다면 그가 남긴 업적은 신체적인 것이 아니라 신학적인 것이라 할 수 있다."

3. 그때에는 이스라엘에 왕이 없었다(17:1~21:25)

17:1~18:31. 이 두 장에 기록된 사건을 요약하자면 이렇다. 유다 "가족"(미슈파하)에 속한 베들레헴 출신의 한 레위인이 북쪽으로 이동하여 에브라임 산지에 도착한다(일터를 찾아 자신의 재능을 활용하려고?). 거기서 그는 한 부요한 주민인 미가에게 붙들린다. 미가는 이미 자신의 성소를 가지고 있었는데(17:5), 그 성소에는 그가 이전에 훔쳤다가 자기 어머니에게 되돌려드린(17:2) 돈으로 만든 새긴 우상이 갖추어져 있었고, 에봇과 드라빔(家神像, household gods)도 있었다. 그는 전에 자기 아들을 제사장으로 임명했지만(17:5c), 이제는 그 레위인을 자신의 개인 제사장으로 임명한다(문자적인 의미는 " … 의 손을 가득 채우다," 17:12). 이는 이스라엘 안에서 레위 지파 출신이 제사장으로 선호되었음을 의미한다. 미가는 그의 제사장직 봉사에 대하여 해마다 개인적으로 은 열 세겔과 의복 한 벌과 식물을 주기로 약속한다(17:10b).

그 후 이 레위인은 북부 갈릴리 지역에 있는 단 지파의 영역으로 자리를 옮긴다. 새 거주지를 찾아 옮겨 다니던 단 지파가 미가의 성읍을 지나면서 그에게 더 나은 조건을 제시했기 때문이다. 그를 지파 전체의 제사장으로 세워주겠다는 것이 바로 그 조건이었다(18:19). 오늘날의 언어로 표현하자면, 그는 조그마한 시골 마을의 목회지를 떠나 도회지의 큰 교회로 임지를 옮긴 셈이다.

이 사건은 삼손이 속한 단 지파 사람들이 블레셋 족속의 압박을 크게 받은 나머지, 자기들의 거주지를 떠나 주변의 강한 약탈 민족에게 괴롭힘 당하지 않을 만한 가나안 땅의 다른 지역을 찾아다니는 동안에 발생하였다. 그 사이에 그들은 다섯 명의 정탐꾼을 보냈는데, 그 정탐꾼들은 에브라임 산지에 있는 미가의 집에 머물면서 그 레위인을 만나 좋은 인상을 받는다(18:2-6). 갈 길을 재촉하던 다섯 정탐꾼들은 북쪽으로 계속 이동하여 라이스 성읍에 도달한다. 그곳은 그들이 보기에 이상적인 땅이었다. 왜냐하면 그곳은 요새화되지 않은 탓에 무방비 상태에 놓인 지역이요, 그곳 주민들은 부요하면서도 전쟁에 익숙하지 않아서(18:7, 10, 27) 군사적인 침략에 대하여 아무런 저항도 할 수 없는 상황에 놓여 있었기 때문이다. 단 지파 사람들은 그 성읍을 정복하고서 그곳을 "단"이라는 새 이름으로 부른다(18:29). 이 사건의 중심에 서 있는 레위인은 이야기의 끝에 가서야 그 이름이 언급된다. 그는 모세(!)의 손자인 요나단(18:30)인 까닭에 모세의 혈통을 근거로 하여 단 지파의 제사장직을 수행할 수 있었던 것이다.

이 이야기에 나오는 등장인물들 중 어느 누구도 온전하지 못하다. 미가의 어머니는 은 1천1백을 야웨께 바치겠다고 약속한 후 그것을 자기 아들에게 건네준다. 그러자 그 아들은 은 2백으로 한 개의 새긴 우상을 만든다(17:3b-4). 미가(더 긴 이름은 미카여후, 17:1, 4)는 자신의 이름에 걸맞는 삶을 살지 못한다. "누가 야웨와 같겠는가?"라는 뜻의 이름을 가진 그는 잠언 28:24에 언급된 것과도 같은 부류의 도둑이요("부모의 물건을 도적질하고 죄가 아니라 하는 자는 … "), 자신의 개인 제사장을 거느리고 있는 우상 숭배자요 신상 제조자이다("너희가 나의 지은 신들을 취하여 갔으니"[18:24]). "그는 몰지각하게도 이스라엘적인 가치를 어긴 사람"이다(Klein 1988: 144).

그 레위인 역시 별다른 인상을 주지 못하는 것은 마찬가지이다. 그는 하나님의 복을 단 지파의 정탐꾼들에게 기꺼이 주고자 한(18:6) "대단한 기회주의자이다"(Polzin 1980: 198). 그는 양심이나 하나님의 뜻을 무시하고 왕에게 아첨만을 해대던 아합의 4백 예언자들(왕상 22:12)과도 같은 사람이다. 그들은 실로에 있는 합법적인 하나님의 집(18:31b)을 대신하여 단 지역에 그들 자신의 성소와 예배 중심지를 세우고자 하는 순간에, 이미 가족 차원을 넘어 지파 차원에서 하나님을 배역하는 행동을 취하고 있었다(O' Connell 1996: 239). 그들은 라이스를 정복하였을 때 사람들에게 "야웨를 향한 불굴의 신앙보다는 쉽게 써먹을 수 있는 지식을 더 신뢰하고 있다"는 느낌을 준다(Webb 1987: 186).

이 사건이 어떤 점에서 보면 주전 900년대 후반에 북왕국 이스라엘이 세워진 후 중요한 의미를 갖게 된 단 지파의 제의와 관련되어 있다는 점을 부인하기는 어렵다. 열왕기상 12:29-31에 의하면, 이스라엘 왕 여로보암 1세는 단(과 벧엘)에 그들 나름의 성소를 세우고서는, 레위 지파에 속하지 않은 사람들을 제사장으로 임명하여 봉사하게 하고, 거기에 우상 숭배의 성격을 갖는 금송아지를 세웠다.

그렇다면 이 사건이 갖는 의미는 사사기의 나머지 부분들, 곧 앞에 나온 열여섯 장의 내용과 어떠한 관련이 있는 것일까? 사람들은 흔히 17~18장과 19~21장의 사건들이 "부록"에 해당하는 것이라고 본다. 당연히 부록이라는 것은 어떤 이야기에 인위적으로 덧붙여놓은 것이어서, 전체의 흐름에 큰 손상을 주지 않고 제거할 수 있는 어떤 것이다. 그러나 여기서는 그렇지 않다고 보아야 옳을 것이다.

우리는 그 암시를 이 다섯 개의 장들에서 네 차례에 걸쳐 나오는 한 표현에서 발견할 수 있다. 그 표현은 긴 행태로 두 번 나오고, 짧은 형태로 두 번 나온다:

17:6: "그때에는 이스라엘에 왕이 없으므로 사람마다 자기 소견에
　　　옳은 대로 행하였더라."
18:1a: "그때에 이스라엘에 왕이 없었고."
19:1a: "이스라엘에 왕이 없을 그때에."
21:25: "그때에 이스라엘에 왕이 없으므로 사람이 각각 그 소견에
　　　옳은 대로 행하였더라"

이 네 구절들은 일종의 후렴 역할을 한다고 볼 수도 있다. 또한 그것들은

각 단락을 마무리하는 요약문이기도 하다(Stone 1988: 457):

첫 번째 단락: 17:1-5; 마무리하는 요약문: 17:6
두 번째 단락: 17:7-13; 마무리하는 요약문: 18:1a
세 번째 단락: 18:1b-31; 마무리하는 요약문: 19:1a
네 번째 단락: 19:1b~21:24; 마무리하는 요약문: 21:25

두 부분으로 구성된 긴 표현 — 두 문장이 병렬되어 있는 — 의 경우, 두 번째 부분은 첫 번째 부분과 인과 관계 속에서 연결되어 있다고 볼 수도 있다: "그 때에 이스라엘에 왕이 없으므로 사람이 각각 그 소견에 옳은 대로 행하였더라." 상황 A가 상황 B를 촉진시키는 셈이다. 17~18장이 어느 한 지파의 차원에서 자연스럽게 생겨난 일을 다루고 있다면, 19~21장은 온 이스라엘의 차원에서 자연스럽게 생겨난 일을 다루고 있다.

어떤 한 민족이 "야웨 보시기에 악한" 일을 선택한다면(3:7~16:31), 그들은 "자기들 보기에 옳은" 일을 선택할 수도 있다는 것(17~21장)은 지극히 당연한 일이다. 하나님을 거역하는 행동은 필연적으로 자신을 높이고 자기 스스로 결정하는 행동으로 나아갈 수밖에 없다. 3:7~16:31은 한 마디로 "당신의 뜻이 이루어지지 않을 것입니다"로 요약할 수 있다. 반면에 17~21장은 한 마디로 "내 뜻이 이루어질 것입니다"로 요약할 수 있다. 이스라엘의 범죄는 반역과 우상 숭배뿐만 아니라(3:7~16:31) 교만함과 철면피함까지도 포함하고 있다(17~21장).

이러한 하향 추세(서문[1:1~3:6]에서 시작되어 사사들의 이야기 [3:7~16:31]에서 구체화된 다음 17~21장에서 절정에 이르는)를 바로잡기 위해서 이스라엘은 왕의 필요성을 느낀다. 그러나 그들에게 필요한 왕은 "사사들처럼 원수들을 상대로 전쟁을 벌이는 왕이 아니다. 이스라엘에게는 결과적으로 왕정 이전 시대의 질서에 위기에 빠진 계약을 수호하는 자로서의 왕이 필요하다. 이스라엘이 성실하게 계약을 지키기 위해서는 근본적으로 다른 어떤 이방 압제자들보다 히브리 사람들의 생명을 많이 요구하는 대적과 싸워야 한다. 이스라엘은 가장 큰 적인 자기 자신으로부터 그 자신을 구출할 왕이 필요하다"(Stone 1988: 477).

19:1~21:25. 17~18장의 레위인이 기회주의자라면, 19장의 레위인은 전형적인 무감각주의자이다. 에브라임 산지에 거하던 이 레위인의 베들레헴 첩이 어떤 설명할 수 없는 이유로 하여 그를 떠나(그 자체로서 볼 경우에 구약성서에서 그 유례를 거의 찾아볼 수 없는 행동임), 삼손이 아내와 장인에게 한 것과 똑같이(14:19) 자기 아버지의 집으로 돌아간다(19:2). 19:2에 대한 NRSV의 번역("그녀가 그에게 화를 내고는"; 표준새번역도 "무슨 일로 화가 난 그 여자는"으로 번역한다: 역주)이 NIV의 번역("그녀는 남편에게 신실치 못하여")이나 KJV의 번역("그녀가 행음하고서는")보다 히브리어 원문에 덜 가깝기는 하지만, 그녀가 본래부터 성적으로 문란한 여자였다고 볼 필요는 없다. 결국 그녀는 연인을 찾아 나선 것이 아니라 아버지를 찾아 나선 것이다. 그녀는 연인과의 동침보다는 자신의 안전을 보증해 줄 방어막을 확보하는 데 더 관심이 많았다. 여기서는 "행음하다"('자나')라는 낱말을 은유적인 차원에서 이해할 필요가 있을 것이다. 그녀는 여러 가지 실제적인 이유들로 하여 남편을 떠나 행음하였다(Webb 1987: 188).

그녀가 화를 내거나 불성실한 모습을 보이는 것과는 달리, 남편인 레위인은 그녀를 회유하려는 모습을 보인다. 그는 어긋난 길로 빠진 첩을 찾아 나선다. 그녀를 친절히 대하면서 자기 집으로 데려오기 위해서이다. 그의 모습은 예수께서 말씀하신 한 목자, 곧 잃어버린 한 마리의 양을 찾아내어 양의 우리 안으로 데려오는 목자의 모습과 매우 유사하다(마 18:12-14). 이 본문은 레위인을 칭송할 만한 인물로 묘사하는 유일한 곳이다.

그 여인은 계속해서 아내보다는 첩으로 불리지만 그녀의 아버지는 레위인의 "장인"으로 불린다. 그는 사위를 설득하여 닷새 동안 자기 집에 머물게 한 후에 자기 딸과 함께 보낸다(19:3-9). 이 기간 동안에 본문은 오로지 사위와 장인 사이의 대화만을 기록한다. 그것은 "남자들 사이의 유대 관계를 강화하는 한 방법"에 해당하는 것이다(Trible 1984: 68). 첩은 한 번도 대화에 끼어들거나 대화의 상대가 되지 않는다.

레위인과 그를 수행하는 종, 첩 등은 집을 향해 가다가, 아직은 이스라엘의 성읍이 아니어서 잠재적인 적대 관계에 있는 예루살렘/여부스 부근을 지나게 되며, 여행을 계속하던 중에 베냐민 지역의 기브아에 도착한다(19:10-14). 이제야 우호적이라 할 수 있는 지역에 이른 것이다.

그러나 그러한 생각은 두 가지 점에서 잘못된 것이었음이 드러난다. 첫째로 그 지역은 세 사람을 반갑게 맞이하지 않는다. 기브아에 이주하여 살던 한 에브라임 지파 사람의 호의가 아니었더라면, 그들은 그 성읍의 길가에서 노숙할 뻔했던 것이다(19:15-21). 확실히 기브아는 우호적인 성읍이 아니었다.

레위인이 두 번째로 놀란 것은 모든 기브아 거민이 한결같이 전통적인 가정 윤리를 소중히 여기는 것은 아니라는 충격적인 사실이다. 일단의 불량한 남자들 — NRSV가 "불법을 행하는 무리"로 칭하고 볼링(Boling 1975: 276)은 "그 지역의 말썽꾼들"로 칭하는 — 이 손님으로 찾아온 레위인 무리를 성폭행하기 위해 에브라임 사람의 집을 찾는다: "네 집에 들어온 사람을 끌어내라. 우리가 그를 상관하리라[직역하면 '우리가 그를 알리라']"(19:22; 히브리어 '야다' 동사는 창 4:1에서 '동침하다'로 번역됨: 역주).

집 주인은 그들의 욕망을 잠재울 대안을 제시한다. 그는 자신의 처녀 딸과 레위인의 첩을 그들에게 제공하고자 한 것이다(두 여인의 의견을 묻지 않고, 24절). 이렇듯이 "집 주인은 손님으로 찾아온 한 남자의 성폭행을 막기 위해 두 여인을 성폭행의 희생물이 되게 한다"(K. Stone 1996: 80). 집 주인은 또한 "이성 간의 온갖 성관계를 충족시키기 위해 두 여인을 제공한다. 그 하나는 처녀와의 성관계이고 다른 하나는 노련하고 경험 많은 여인과의 성관계이다"(Trible 1984: 74). 불량한 남자들이 말을 듣지 않자 레위인은 자기 첩을 그들에게 내어준다. 그녀는 집 밖에서 밤새도록 집단 성폭행을 당한다(19:25). 새벽 무렵에 그들은 그녀를 놓아준다(이 표현은 야곱과 씨름하다가 "날이 새려하니 나로 가게 하라"[창 32:26]고 말하면서 그를 놓아주는 "사람"을 생각나게 한다; 두 본문은 똑같이 '샬라흐' 동사의 피엘형을 사용한다).

이 본문의 내용은 확실히 소돔의 롯을 방문하는 두 천사/사자의 이야기(창 19장)와 평행을 이루고 있다. 학자들 중의 일부는 창세기 이야기가 사사기 이야기에 의존하고 있다고 보며(예로써 Niditch 1982), 사사기 이야기가 창세기 이야기에 의존하고 있다고 보는 견해도 있다(예로써 Lasine 1984). 물론 두 이야기 사이의 주요 차이는 롯의 딸들이 성폭행을 당하지 않는 반면에 레위인의 첩은 성폭행을 당한다는 데 있다. 만일에 집 주인의 손님들이 소돔에 거하던 롯의 경우처럼 천사들이었다면, 아마도 그 첩의 운명은 달라졌을 것이다.

레위인의 행동은 세 가지 점에서 첩에 대한 불량배 무리의 행동만큼이나 난폭하다. 첫째로 그녀가 복장이 흐트러지고 모욕당한 채 죽음의 문턱에 이르렀는데도 그는 냉정하게 "일어나라. 우리가 떠나가자"(19:28)고 말한다. 마치 그녀가 시내에서 즐거운 시간을 가진 후에 기진하여 문밖에서 잠에 곯아 떨어진 것처럼 말이다. 둘째로 그는 범죄자들에 대한 복수를 촉구하기 위하여 첩의 시신을 열두 쪽으로 나누어 이스라엘 각 지파에 "보낸다"(19:29). ("칼을 취하여"라는 표현은 이곳 말고는 구약성서에서 창세기 22:10의 아브라함과 이삭의 이야기에서만 나온다. 그러나 구원받은 이삭과 몸이 잘린 첩 사이에는 얼마나 큰 차이가 있는가!) 셋째로 모인 무리들을 향한 그의 경위 설명은 뒤틀리고 왜곡되어 있다(20:4-6). 예로써 그는 기브아 거민이 자기를 "죽이려" 했다고 말한다(20:5). 그러나 사실 그들은 그를 "알려고" 했다 (19:22). 또한 그는 자신의 첩을 "붙들어" 바깥으로 내몬 행동(19:25)에 대해서는 침묵을 지킨다. 뿐만 아니라 그는 집 주인이 자신의 두 딸을 제공하고자 한 것(19:24)에 대해서, 그리고 그녀가 마치 집밖에서 시원한 아침 체조를 하고 들어온 것인 양 그녀에게 무정하게 내뱉은 말(19:28)에 대해서도 침묵을 지킨다.

오늘날의 독자는 그 첩이 불행한 여인이요, 남자들의 세계에서 말도 못하고 힘도 없는 변두리 여성임을 분명히 느낄 수 있다. 그러나 과연 옛 독자들 역시 같은 것을 느꼈을까? 펜찬스키(Penchansky 1992: 83)는 이렇게 묻는다: "과연 이 본문은 교묘하게 여권주의적인 시각을 담고 있는 것일까? 아니면 이 본문은 전적으로 반여권주의적인 쟁점을 다루면서 여성 차별주의적인 일반 논리를 반영하고 있는 것일까? 그것도 아니면 본문은 여권주의적인 시각과 전혀 무관한 것일까?"

사사기 19~21장과 국한시켜 생각한다면, 성폭행당한 첩에 관한 이야기는 불유쾌한 것일 뿐만 아니라, 비록 조그마한 조약돌 같은 것이면서도 거대한 산사태의 원인을 제공한다(L. Stone 1988: 403). 20장과 21장의 사건은 왕정 이전의 이스라엘과 당시의 사법적인 장치가 내전을 겪지 않고서는 지역적인 분쟁을 해결하지 못하는 상태에 있었음을 분명하게 보여 준다.

20장은 베냐민 지파 — 기브아 성읍이 속해 있는 — 를 향한 보복 전쟁에 초점을 맞추고 있다. 자신에게 속한 여인을 불량배 무리에게 기꺼이 내어주려고 하는 집 주인이나 레위인과는 달리, 베냐민 지파 사람들은 범죄자들을 넘겨주기를 거부함으로써(20:13), 그들 스스로가 악의 무리들로, 그리고 징계의 대상이 되고 만다. 그리하여 대규모의 내전이 발생하는 바, 그 전쟁에서 2만 5천 명이나 되는 베냐민 지파 사람들이 죽임을 당하고(20:46), 겨우 6백 명 정도 되는 사람들만이 도망하여 목숨을 건진다(20:47). 그 전에 베냐민 지파 사람들은 자기 방어 차원에서 이스라엘 동족 4만 명 이상을 죽인 바 있다(20:21, 25, 31).

사사기의 마지막 장은 거의 전멸당하다시피 한 베냐민 지파의 인구를 늘리기 위해 나머지 지파들이 벌이는 사악한 행동에 대해 묘사한다. 그들이 자기들의 딸을 악독한 베냐민 지파 사람들에게 주지 않기로 맹세했다는 사실(21:1)을 염두에 둔다면, 그들이 선택할 수 있는 길은 어떤 것이겠는가?

그들이 선택할 수 있는 길에는 두 가지가 있었다. 첫째로 야베스 길르앗 성읍만이 전쟁 촉구에 귀를 기울이지 않았기 때문에, 그 성읍은 "파멸에 처해져야만 했다"(이스라엘이 자신을 향하여 '헤렘' 전쟁을 수행해야 하는 유일한 경우임). 배우자 없는 베냐민 지파의 남자들을 위해 단지 4백 명의 젊은 처녀들만이 건짐을 받았다(21:12). 그러나 그 숫자가 적절하지 않았기 때문에 베냐민 지파 사람들은 실로에서 열리는 일종의 포도 수확 축제에서 춤추는 젊은 여인들을 취할 수 있게 해 달라는 허락을 받았다(21:14-24).

의심할 여지 없이 이 사건은 롯/소돔 이야기를 되돌아보고 있을 뿐만 아니라, 사울 왕의 이야기를 예고하고 있기도 하다. 양자 사이에 존재하는 몇몇 평행 요소들에는 다음과 같은 것들이 있다(Brettler 1989: 412-15; Amit 1994: 31-35):

1. 레위인이 자기 첩의 몸을 조각낸 것은 사울이 한 쌍의 소를 취하여 각을 뜬 것과 평행을 이룬다(삼상 11:7). 그리고 두 사람은 똑같이 보복전을 촉구하는 의미에서 쪼갠 부분들을 이스라엘 전역에 보낸다.

2. 사사기 19장과 20장의 중심 무대가 되는 기브아와 길르앗 야베스는 사울 이야기에서 사울의 고향과 수도로(기브아, 삼상 10:26; 11:4; 15:34), 그리고 그에 의해 파멸로부터 건짐 받은 성읍으로(길르앗 야베스, 삼상 11:1–13) 나타난다.

3. 사울은 베냐민 지파 사람인데, 사사기 20장에서 거의 전멸되다시피 하는 지파 역시 베냐민 지파이다.

4. 레위인은 에브라임으로 돌아오는 길에 "라마"까지는 못 가고 기브아까지만 간다(19:13). 라마(삼상 7:17)는 사울이 아버지의 나귀들을 찾아다니던 중에 맨 처음 사무엘을 만난 곳일 가능성이 높다(삼상 9:3).

5. 사사기에서는 에브라임 지파 출신의 한 노인이 레위인을 반갑게 맞이하는데, 사울 이야기에서도 에브라임 출신인 사무엘이 사울을 반갑게 맞이한다(삼상 9:22–26).

6. 베냐민 지파 사람들 중에 살아남은 자들의 수가 6백 명인데(삿 20:47), 사울 역시 6백 명의 추종자들을 거느린다(삼상 13:15; 14:2).

7. 사울의 시대에는 암몬 족속의 왕 나하스가 길르앗 야베스 거민과 조약을 맺기로 하되, 그들의 오른쪽 눈을 빼야 한다는 조건을 내세우는데(삼상 11:2), 공교롭게도 베냐민 지파는 "오른쪽(오른손)의 아들들"이다. 길르앗 야베스 거민의 전략은 나하스에게 다음과 같이 말하는 것이었다: "우리가 내일 너희에게 나아가리니 너희 소견에 좋을 대로 우리에게 다 행하라"(삼상 11:10). 뒷부분은 "너희 눈에 좋은 대로 너희 자신을 위해 행하라"로 직역할 수 있다. 이는 확실히 사사기 21:25을 그대로 반영하는 표현이다.

사사기 19~21장은 또 다른 방식으로 사무엘상과 사울을 예고하고 있기도 하다. 참으로 사사기 19~21장에 있는 공동 범죄 개념은 사울이 왕 없이 지내는 이스라엘의 지파 동맹체 상황 — 모든 백성이 자기 소견에 옳은 대로 행하는 — 에 대한 최종적인 해답이 아님을 앞질러 보여 준다. 기껏해야 그는 임시적인 해결책일 뿐이다. 최악의 경우 그는 문제를 더욱 복잡하게 만든다. 사울 이후에 진정한 구조자와 구원자 역할을 수행할 자가 과연 올 것인가?

사사기의 이 마지막 이야기는 험악한 사사 시대의 한 모습을 보여 주는 또 다른 증거에 해당한다. 여기서 비참하게 죽임당하는 자들은 바로 이스라엘 사람들 자신이다:

비참하게 죽임 당함	행위자	관련 구절
여룹바알의 70 아들들	아비멜렉	9:5
아비멜렉	한 여인	9:53
한 딸	입다	11:39
42,000명의 에브라임 사람들	입다	12:6
삼손	삼손	16:30
40,030명의 이스라엘 자손	베냐민 지파	20:21, 25, 31
25,000명의 베냐민 사람들	이스라엘 자손	20:46
길르앗 야베스의 남자들과 여자들 및 아이들	이스라엘 자손	21:10-11

증거는 분명하다. 사사기에서 다른 사람의 손에 비참하게 죽임당하는 이스라엘 사람들은 누구나 동료 이스라엘 사람들에게 죽임을 당한다! 어떠한 이스라엘 사람도 미디안 족속이나 모압 족속 또는 블레셋 족속에게 죽임당했다고 언급되지 않는다. 사사기는 동족이 동족을 죽이는 일을 다루는 책이나 다름없다. 바로 이 점이야말로 거칠기 짝이 없는 그 시대의 섬뜩한 모습을 그대로 반영하고 있다.

사사기 참고문헌

Commentaries and Major Studies

Bal, M. 1988. *Death and Dissymmetry: The Politics of Coherence in the Book of Judges*. Chicago: University of Chicago Press.

Bodine, W. R. 1980. *The Greek Text of Judges: Recensional Developments*. HSM 23. Chico, Calif.: Scholars Press.

Boling, Robert G. 1975. *Judges*. Anchor Bible 6A. New York: Doubleday.

Brenner, A., ed. 1993. *A Feminist Companion to Judges*. The Feminist Companion to the Bible 4. Sheffield: JSOT Press.

Burney, C. F. 1970 [1903]. *The Book of Judges with Introduction and Notes*. New York: Ktav.

Cundall, A. E. 1968. *Judges: An Introduction and Commentary*. Tyndale Old Testament Commentaries. Downers Grove, Ill.: InterVarsity.

Davis, D. R. 1990. *Such a Great Salvation*. Grand Rapids: Baker.

Gray, John. 1986. *Joshua, Judges, Ruth*. New Century Bible. London: Nelson. Pp. 201–396.

Hamlin, E. J. 1990. *At Risk in the Promised Land: A Commentary on the Book of Judges*. International Theological Commentary. Grand Rapids: Eerdmans.

Klein, L. R. 1988. *The Triumph of Irony in the Book of Judges*. JSOT Supplement 68; Bible and Literature Series 14. Sheffield: Almond.

Lindars, B. 1995. *Judges 1–5: A New Translation and Commentary*. Ed. A. D. H. Mayes. Edinburgh: T. & T. Clark.

Martin, J. D. 1975. *The Book of Judges*. Cambridge Bible Commentary. Cambridge University Press.

Mayes, A. D. H. 1974. *Israel in the Period of the Judges*. London: SCM.

Moore, G. F. 1976 [1895]. *A Critical and Exegetical Commentary on Judges*. International Critical Commentary. Edinburgh: T. & T. Clark.

O'Connell, Robert H. 1996. *The Rhetoric of the Book of Judges*. VTSup 63. Leiden: E. J. Brill.

Polzin, Robert. 1980. *Moses and the Deuteronomist: A Literary Study of the Deuteronomistic History*. New York: Seabury. Pp. 146–204.

Simpson, C. A. 1957. *Composition of the Book of Judges*. Oxford: Basil Blackwell.

Soggin, J. Alberto. 1981. *Judges: A Commentary*. Trans. J. Bowden. Old Testament Library. Philadelphia: Westminster.

Stone, Lawson G. 1988. "From Tribal Confederation to Monarchic State: The Editorial Perspective of the Book of Judges." Ph.D. diss. Yale University.

Webb, Barry G. 1987. *The Book of the Judges: Grace Abounding*. The Bible Speaks Today Series. Leicester: Inter-Varsity.

Wood, L. 1975. *Distressing Days of the Judges*. Grand Rapids: Zondervan.

Yee, Gale A., ed. 1995. *Judges & Method: New Approaches in Biblical Studies*. Minneapolis: Fortress.

Shorter Studies

Ahlström, G. W. 1993. *The History of Ancient Palestine*. Minneapolis: Fortress. Pp. 371–90.

Block, D. I. 1988. "The Period of the Judges: Religious Disintegration under Tribal Rule." In *Israel's Apostasy and Restoration: Essays in Honor of Roland K. Harrison*. Ed. A. Gileadi. Grand Rapids: Baker. Pp. 39–57.

Brettler, Marc. 1989. "The Book of Judges: Literature as Politics." *JBL* 108: 395–418.

Bright, John. 1981. *A History of Israel*. 3rd ed. Philadelphia: Westminster. Pp. 173–82.

Brueggemann, Walter. 1981. "Social Criticism and Social Vision in the Deuteronomic Formula of the Judges." In *Die Botschaft und die Boten: Festschrift für Hans Walter Wolff zum 70. Geburtstag*. Ed. J. Jeremias and L. Perlitt. Neukirchen: Neukirchen Verlag. Pp. 101–14.

Buber, Martin. 1967. "The Books of Judges and the Book of Judges." In *The Kingship of God*. 3rd ed. New York: Harper and Row. Pp. 66–84.

Callaway, Joseph A. 1988. "The Settlement in Canaan: The Period of the Judges." In *Ancient Israel: A Short History from Abraham to the Roman Destruction of the Temple*. Ed. H. A. Shanks. Englewood Cliffs, N.J.: Prentice-Hall. Pp. 53–84.

Chalcraft, D. J. 1990. "Deviance and Legitimate Action in the Book of Judges." In *The Bible in Three Dimensions: Essays in Celebration of Forty Years of Biblical Studies in the University of Sheffield*. JSOT Supplement 87. Ed. D. J. A. Clines, S. E. Fowl and S. E. Porter. Sheffield: JSOT Press. Pp.177–96.

Childs, Brevard. 1979. *Introduction to the Old Testament as Scripture*. Philadelphia: Fortress. Pp. 254–62.

Cundall, A. E. 1970. "Judges—An Apology for the Monarchy?" *ExpT* 81:178–81.

Dumbrell, W. J. 1983. "'In Those Days There Was No King in Israel; Every Man Did What Was Right in His Own Eyes': The Purpose of the Book of Judges Reconsidered." *JSOT* 25:23–33.

Exum, J. C. 1990. "The Centre Cannot Hold: Thematic and Textual Instabilities in Judges." *CBQ* 52:410–31.

Fensham, F. C. 1991. "Literary Observations on Historical Narratives in Sections of Judges." In *Storia e tradizoni di Israel: Scritti in onore di J. Alberto Soggin*. Brescia: Queriniana. Pp. 77–87.

Gooding, D. W. 1982. "The Composition of the Book of Judges." *Eretz Israel* 16:70–79.

Gros Louis, Kenneth R. R. 1974. "The Book of Judges." In *Literary Interpretations of Biblical Narrative*. Ed. K. Gros Louis, J. Ackerman, and T. Warshaw. Nashville: Abingdon. Pp. 141–62.

Guest, P. D. 1998. "Can Judges Survive without Sources? Challenging the Consensus." *JSOT* 78:43–61.

Gunn, D. M. 1974. "Narrative Patterns and Oral Traditions in Judges and Samuel." *VT* 24:286–317.

———. 1987. "Joshua and Judges." In *The Literary Guide to the Bible*. Ed. R. Alter and F. Kermode. Cambridge, Mass.: Belknap. Pp. 102–21.

Hauser, A. J. 1979. "Unity and Diversity in Early Israel before Samuel." *JETS* 22:289–303.

Howard, D. M., Jr. 1993. *An Introduction to the Historical Books*. Chicago: Moody. Pp. 99–123.

Ishida, T. 1973. "The Leaders of the Tribal League 'Israel' in the Premonarchic Period." *RB* 80:514–30.

Kort, W. A. 1988. *Story, Text, and Scripture: Literary Interests in Biblical Narrative*. University Park, Pa.: Pennsylvania State University Press. Pp. 29–35.

Lilley, J. P. U. 1967. "A Literary Appreciation of the Book of Judges." *TynB* 18:94–102.

Malamat, A. 1976. "Charismatic Leadership in the Book of Judges." In *Magnalia Dei: The Mighty Acts of God: Essays on the Bible and Archaeology in Memory of G. Ernest Wright*. Ed. F. M. Cross, W. E. Lemke, and P. D. Miller. Garden City, N.Y.: Doubleday. Pp. 152–68.

Mayes, A. D. H. 1977. "The Period of the Judges and the Rise of the Monarchy." In *Israelite and Judaean History*. Ed. J. H. Hayes and J. M. Miller. Philadelphia: Trinity Press International. Pp. 285–331.

McKenzie, D. A. 1975. "The Judge of Israel." *VT* 25 (1975) 118–21.

McKenzie, J. L. 1966. *The World of the Judges*. Englewood Cliffs, N.J.: Prentice-Hall.

Mullen, T. E., Jr. 1993. *Narrative History and Ethnic Boundaries: The Deuteronomistic Historian and the Creation of Israelite National Identity*. SBLSS. Atlanta: Scholars Press. Pp. 121–80.

Patton, C. L. 1996. "From Heroic Individuals to Nameless Victims: Women in the Social World of the Judges." In *Biblical and Humane: A Festschrift for John F. Priest*. Ed. L. B. Elder, D. L. Barr, and E. S. Malbon. Atlanta: Scholars Press. Pp. 33–46.

Roger, M. G. 1970. "Judges, Book of." *IDBSup*, 509–14.

Smend, R. 1970. *Yahweh War and Tribal Confederation*. Nashville: Abingdon.

Stone, Lawson G. 1992. "Judges." In *Asbury Bible Commentary*. Ed. E. E. Carpenter and W. McCown. Grand Rapids: Zondervan. Pp. 329–46.

Vaux, Roland de. 1978. *The Early History of Israel*. Trans. David Smith. Philadelphia: Westminster. Pp. 681–93, 751–63.

Judges 1:1–3:6 (Introduction)

Auld, A. G. 1975. "Judges 1 and History: A Reconsideration." *VT* 25:261–85.

Brettler, Marc. 1989. "Judges 1:1–2:10: From Appendix to Prologue." *ZAW* 101:433–35.

Eslinger, L. M. 1989. "A New Generation in Israel." In *Into the Hands of the Living God*. Bible and Literature Series 24. Sheffield: Almond. Pp. 55–80.

Fretheim, T. E. 1983. *Deuteronomic History*. Interpreting Biblical Texts. Nashville: Abingdon. Pp. 87–98.

Gunn, D. M., and Danna N. Fewell. 1993. *Narrative in the Hebrew Bible*. The Oxford Bible Series. Oxford: Oxford University Press. Pp. 158–63.

Mullen, T. E., Jr. 1984. "Judges 1:1–3:6: The Deuteronomistic Reintroduction of the Book of Judges." *HTR* 77:33–54.

Nelson, R. D. 1981. *The Double Redaction of the Deuteronomistic History*. JSOT Supplement 18. Sheffield: JSOT Press. Pp. 43–53.

O'Doherty, E. 1956. "The Literary Problem of Judges 1, 1–3, 6." *CBQ* 28:1–7.

Weinfeld, M. 1967. "The Period of the Conquest and of the Judges as Seen by the Earlier and the Later Sources." *VT* 17:93–113.

———. 1993. "Judges 1:1–2:5: The Conquest under the Leadership of the House of Judah." In *Understanding Poets and Prophets: Essays in Honor of George Wishart Anderson*. JSOT Supplement 152. Ed. A. G. Auld. Sheffield: JSOT Press. Pp. 388–400.

Williams, J. G. 1991. "The Structure of Judges 2:6–16:31." *JSOT* 49:77–86.

Wright, G. Ernest. 1946. "The Literary and Historical Problem of Joshua 10 and Judges 1." *JNES* 5:105–14.

Younger, K. L., Jr. 1994. "Judges 1 in Its Near Eastern Literary Context." In *Faith, Tradition, History: Old Testament Historiography in Its Near Eastern Context*. Ed. J. K. Hoffmeier, A. R. Millard, and D. W. Baker. Winona Lake, Ind.: Eisenbrauns. Pp. 207–27.

———. 1995. "The Configuring of Judicial Preliminaries: Judges 1:1–2:5 and Its Dependence on the Book of Joshua." *JSOT* 68:75–92.

Judges 3:7–11 (Othniel)

Stone, Lawson G. 1988. "From Tribal Confederation to Monarchic State: The Editorial Perspective of the Book of Judges." Ph.D. diss. Yale University. Pp. 260–89.

Judges 3:12–30 (Ehud)

Alter, Robert. 1981. *The Art of Biblical Narrative*. New York: Basic Books. Pp. 37–41.

Amit, Y. 1988. "The Story of Ehud (Judges 3:12–30): The Form and the Message." In *Signs and Wonders: Biblical Texts in Literary Focus*. Ed. J. Cheryl Exum. Atlanta: Society of Biblical Literature. Pp. 97–123.

Brettler, Marc. 1991. "Never the Twain Shall Meet? The Ehud Story as History and Literature." *HUCA* 62:285–304.

Culley, R. C. 1992. *Themes and Variations: A Study of Action in Biblical Narrative*. Atlanta: Scholars Press. Pp. 99–100.

Halpern, B. 1988. *The First Historians: The Hebrew Bible and History*. San Francisco: Harper & Row. Pp. 39–75.

Handy, L. K. 1992. "Uneasy Laughter: Ehud and Eglon as Ethnic Humor." *SJOT* 6:233–46.

Jobling, D. 1988. "Right-Brained Story of Left-Handed Man: An Antiphon to Yairah Amit." In *Signs and Wonders: Biblical Texts in Literary Focus*. Ed. J. Cheryl Exum. Atlanta: Society of Biblical Literature. Pp. 125–31.

Knauf, E. A. 1991. "Eglon and Ophran: Two Toponymic Notes on the Book of Judges." *JSOT* 51:15–44.

Ogden, G. S. 1991. "The Special Features of a Story: A Study of Judges 3:12–30." *BT* 42:408–14.

Sternberg, M. 1985. *The Poetics of Biblical Narrative*. Bloomington: Indiana University Press. Pp. 331–37.

Yadin, Yigael. 1963. *The Art of Warfare in the Biblical Lands According to Archaeological Finds*. New York: McGraw Hill.

Judges 3:31 (Shamgar)

Craigie, P. C. 1972. "A Reconsideration of Shamgar ben Anath (Judges 3:31 and 5:6)." *JBL* 91:239–40.

Fensham, F. C. 1989. "Shamgar ben Anath." *JNES* 20:197–98.

Shupak, N. 1989. "New Light on Shamgar ben Anath [Judges 3, 31]." *Bib* 70:517–25.

Stone, Lawson G. 1988. "From Tribal Confederation to Monarchic State: The Editorial Perspective of the Book of Judges." Ph.D. diss. Yale University. Pp. 364–66.

Van Selms, A. 1964. "Judge Shamgar." *VT* 14:294–309.

Judges 4:1–5:31 (Deborah and Barak)

Ackerman, J. 1975. "Prophecy and Warfare in Early Israel: A Study of the Deborah-Barak Story." *BASOR* 220:5–12.

Amit, Y. 1987. "Judges 4: Its Content and Form." *JSOT* 39:89–111.

Bal, Mieke. 1988. *Murder and Difference: Gender, Genre, and Scholarship on Sisera's Death*. Trans. M. Grumpert. Bloomington: Indiana University Press.

Block, D. I. 1994. "Deborah among the Judges: The Perspective of the Hebrew Historian." In *Faith, Tradition, and History: Old Testament Historiography in Its Near Eastern Context*. Ed. A. Millard, J. K.

Hoffmeier, and D. W. Baker. Winona Lake, Ind.: Eisenbrauns. Pp. 229–53.

Culley, R. C. 1992. *Themes and Variations: A Study of Action in Biblical Narrative*. Atlanta: Scholars Press. Pp. 100–104.

Exum, J. C. 1985. "'Mother in Israel': A Familiar Figure Reconsidered." In *Feminist Interpretation of the Bible*. Ed. L. M. Russell. Philadelphia: Westminster. Pp. 73–85.

Fewell, D. N., and D. M. Gunn. 1990. "Controlling Perspectives: Women, Men, and the Authority of Violence in Judges 4 and 5." *JAAR* 56:389–411.

Halpern, Baruch. 1983. *The Emergence of Israel in Canaan*. SBLMS 29. Chico, Calif.: Scholars Press. Pp. 116–23, 146–49.

———. 1988. *The First Historians: The Hebrew Bible and History*. San Francisco: Harper & Row. Pp. 76–103.

Hanselman, S. W. 1989. "Narrative Theory, Ideology, and Transformation in Judges 4." In *Anti-Covenant: Counter-Reading Women's Lives in the Hebrew Bible*. JSOT Supplement 81; Bible and Literature Series 22. Ed. M. Bal. Sheffield: Almond. Pp. 95–112.

Margalit, B. 1995. "Observations on the Jael-Sisera Story (Judges 4–5)." In *Pomegranates and Golden Bells: Studies in Biblical, Jewish, and Near Eastern Ritual, Law, and Literature in Honor of Jacob Milgrom*. Ed. D. P. Wright, D. N. Freedman, and A. Hurvitz. Winona Lake, Ind.: Eisenbrauns. Pp. 629–41.

Matthews, V. H. 1991. "Hospitality and Hostility in Judges 4." *BTB* 21:13–21.

de Moor, J. C. 1995. "Deborah." *Daughters of Sarah* 21:34–37.

Murray, D. F. 1979. "Narrative Structure and Techniques in the Deborah-Barak Story (Judges IV 4–22)." In *Studies in the Historical Books of the Old Testament*. VTSup 30. Ed. J. A. Emerton. Leiden: E. J. Brill. Pp. 155–89.

Na'aman, N. 1990. "Literary and Topographical Notes on the Battle of Kishon." *VT* 40:423–26.

Niditch, S. 1989. "Eroticism and Death in the Tale of Jael." In *Gender and Difference in Ancient Israel*. Ed. P. L. Day. Minneapolis: Fortress. Pp. 43–57.

Ogden, G. S. 1994. "Poetry, Prose, and Their Relationship: Some Reflections Based on Judges 4 and 5." In *Discourse Perspectives on Hebrew Poetry in the Scriptures*. Ed. E. R. Wendland. UBS Monograph Series 7. New York: United Bible Societies. Pp. 111–30.

Rasmussen, R. C. 1989. "Deborah the Woman Warrior." In *Anti-Covenant: Counter-Reading Women's Lives in the Hebrew Bible*. JSOT

Supplement 81; Bible and Literature Series 22. Ed. M. Bal. Sheffield: Almond. Pp. 79–93.

Stek, J. H. 1986. "The Bee and the Mountain Goat: A Literary Reading of Judges 4." In *A Tribute to Gleason Archer*. Ed. W. C. Kaiser Jr. and R. F. Youngblood. Chicago: Moody. Pp. 53–86.

Sternberg, M. 1985. *The Poetics of Biblical Narrative*. Bloomington: Indiana University Press. Pp. 270–83.

van Wolde, E. 1995. "Yaᶜel in Judges 4." *ZAW* 107:240–46.

Yee, Gale A. 1993. "By the Hand of a Woman: The Metaphor of the Woman Warrior in Judges 4." *Semeia* 61:99–132.

Judges 5:1–31 (the Song of Deborah)

Alter, Robert. 1985. *The Art of Biblical Poetry*. New York: Basic Books. Pp. 43–50.

Ballentine, S. 1993. *Prayer in the Hebrew Bible*. Overtures to Biblical Theology. Minneapolis: Fortress. Pp. 220–24.

Blenkinsopp, J. 1961. "Ballad Style and Psalm Style in the Song of Deborah: A Discussion." *Bib* 42:61–76.

Coogan, M. D. 1978. "A Structural and Literary Analysis of the Song of Deborah." *CBQ* 40:143–66.

Craigie, P. C. 1969. "The Song of Deborah and the Epic of Tukulti-Ninurta." *JBL* 88:253–65.

————. 1978. "Deborah and Anat: A Study in Poetic Imagery." *ZAW* 90:374–81.

Fokkelman, Jan P. 1995. "The Song of Deborah and Barak: Its Prosodic Levels and Structure." In *Pomegranates and Golden Bells: Studies in Biblical, Jewish, and Near Eastern Ritual, Law, and Literature in Honor of Jacob Milgrom*. Ed. D. P. Wright, D. N. Freedman, and A. Hurvitz. Winona Lake, Ind.: Eisenbrauns. Pp. 595–628.

Freedman, D. N. 1980. *Pottery, Poetry, and Prophecy*. Winona Lake, Ind.: Eisenbrauns. Pp. 147–60.

Gerleman, G. 1966. "The Song of Deborah in the Light of Stylistics." *VT* 36:32–53.

Globe, A. 1974. "The Literary Structure and Unity of the Song of Deborah." *JBL* 93:493–512.

Gray, John. 1988. "Israel in the Song of Deborah." In *Ascribe to the Lord: Biblical and Other Studies in Memory of Peter C. Craigie*. JSOT Supplement 67. Ed. L. Eslinger and G. Taylor. Sheffield: JSOT Press. Pp. 421–55.

Hauser, A. J. 1980. "Parataxis in Hebrew Poetry." *JBL* 99:23–41.

―――. 1987. "Two Songs of Victory: A Comparison of Exodus 15 and Judges 5." In *Directions in Biblical Hebrew Poetry*. JSOT Supplement 40. Ed. E. R. Follis. Sheffield: JSOT Press. Pp. 265–84.

Keller, Stephen. 1979. *Parallelism in Hebrew Poetry*. HSM 20. Missoula, Mont.: Scholars Press. Pp. 156–63.

Miller, P. D., Jr. 1973. *The Divine Warrior in Early Israel*. HSM 5. Cambridge, Mass.: Harvard University Press. Pp. 87–102.

de Moor, J. C. 1993. "The Twelve Tribes in the Song of Deborah." *VT* 43:483–94.

O'Connor, M. 1980. *Hebrew Verse Structure*. Winona Lake, Ind.: Eisenbrauns. Pp. 487–93.

Schloen, J. D. 1993. "Caravans, Kenites and *casus belli*: Enmity and Alliance in the Song of Deborah." *CBQ* 55:18–38.

Shaw, J. 1989. "Constructions of Women in Readings of the Song of Deborah." In *Anti-Covenant: Counter-Reading Women's Lives in the Hebrew Bible*. JSOT Supplement 81; Bible and Literature Series 22. Ed. M. Bal. Sheffield: Almond. Pp. 113–32.

Stager, L. E. 1988. "Archaeology, Ecology, and Sacred History: Background Themes to the Song of Deborah." In *Congress Volume: Jerusalem, 1986*. VTSup 40. Ed. J. A. Emerton. Leiden: E. J. Brill. Pp. 221–34.

―――. 1989. "The Song of Deborah: Why Some Tribes Answered the Call and Others Did Not." *BAR* 15, no. 1:51–64.

Stuart, D. K. 1976. *Studies in Early Hebrew Meter*. HSM 13. Missoula, Mont.: Scholars Press. Pp. 121–36.

Walsh, J. P. M. 1987. *The Mighty from Their Thrones*. Overtures to Biblical Theology. Philadelphia: Fortress. Pp. 70–75.

Judges 6:1–8:35 (Gideon)

Auld, A. G. 1989. "Gideon: Hacking at the Heart of the Old Testament." *VT* 39:393–406.

Buber, Martin. 1967. "The Gideon Passage." In *The Kingship of God*. 3rd ed. New York: Harper and Row. Pp. 59–65.

Clark, G. R. 1993. *The Word Hesed in the Hebrew Bible*. JSOT Supplement 157. Sheffield: JSOT Press. Pp. 221–22.

Culley, R. C. 1992. *Themes and Variations: A Study of Action in Biblical Narrative*. Atlanta: Scholars Press. Pp.104–6.

Emerton, J. A. 1976. "Gideon and Jerubbaal." *JTS* 27:289–312.

Fontaine, Carole R. 1982. *Traditional Sayings in the Old Testament*. Bible and Literature Series 5. Sheffield: Almond. Pp. 76–95.

Garsiel, M. 1993. "Homiletic Name-Derivations as a Literary Device in the Gideon Narrative: Judges VI–VIII." *VT* 43:302–17.

Habel, N. 1965. "The Form and Significance of the Call Narratives." *ZAW* 77:297–323.

Macartney, Clarence. 1948. *The Greatest Questions of the Bible and of Life*. Nashville: Abingdon-Cokesbury. Pp. 68–77.

Malamat, A. 1953. "The War of Gideon and Midian: A Military Approach." *PEQ* 85:61–65.

Sakenfeld, K. 1978. *The Meaning of Hesed in the Hebrew Bible*. HSMS 17. Missoula, Mont.: Scholars Press. Pp. 54–58.

Standaert, B. 1996. "Adonai Shalom (Judges 6–9): The Persuasive Means of a Narrative and the Strategies of Inculturation of Yahwism in Context." In *Rhetoric, Scripture and Theology*. JSNT Supplement 131. Ed. S. E. Porter and T. H. Olbricht. Sheffield: Sheffield Academic Press. Pp. 195–202.

Tanner, J. P. 1992. "The Gideon Narrative as the Focal Point of Judges." *BSac* 149:141–61.

Zakovitch, Y. 1985. "Assimilation in Biblical Narratives." In *Empirical Models for Biblical Criticism*. Ed. J. H. Tigay. Philadelphia: University of Pennsylvania Press. Pp. 192–95.

Judges 9:1–57 (Abimelech)

Boogart, T. A. 1985. "Stone for Stone: Retribution in the Story of Abimelech and Shechem." *JSOT* 32:45–56.

Campbell, E. F., Jr. 1983. "Judges 9 and Biblical Archaeology." In *The Word of the Lord Shall Go Forth: Essays in Honor of David Noel Freedman in Celebration of His Sixtieth Birthday*. Ed. C. L. Myers and M. O'Connor. Winona Lake, Ind.: Eisenbrauns. Pp. 263–71.

Crown, A. D. 1961–1962. "A Reinterpretation of Judges IX in the Light of Its Humour." *Abr Nahrain* 3:90–98.

Fokkelman, J. P. 1992. "Structural Remarks on Judges 9 and 19." In *Sha'arei Talmon: Studies in the Bible, Qumran and the Ancient Near East Presented to Shemaryahu Talmon*. Ed. M. Fishbane and E. Tov. Winona Lake, Ind.: Eisenbrauns. Pp. 33–45.

Halpern, Baruch. 1978. "The Rise of Abimelek ben-Jerubbaal." *HAR* 2:67–100.

Janzen, J. G. 1987. "A Certain Woman in the Rhetoric of Judges 9." *JSOT* 38:33–37.

Lindars, B. 1973. "Jotham's Fable—A New Form-Critical Analysis." *JTS* 24:355–66.

Maly, E. 1960. "The Jotham Fable—Anti-Monarchical?" *CBQ* 22:299–305.

Ogden, G. S. 1995. "Jotham's Fable: Its Structure and Function in Judges 9." *BT* 46:301–8.

Vater Solomon, Ann M. 1985. "Fable." In *Saga, Legend, Tale, Novella, Fable: Narrative Forms in Old Testament Literature.* JSOT Supplement 35. Ed. G. W. Coats. Sheffield: JSOT Press. Pp. 114–25.

Judges 10:1–5; 12:8–15 (the Minor Judges)

Hauser, A. J. 1975. "'The Minor Judges'—A Re-evaluation." *JBL* 94:190–200.

Mullen, T. E., Jr. 1982. "The 'Minor Judges': Some Literary and Historical Considerations." *CBQ* 44:185–201.

Stone, Lawson G. 1988. "From Tribal Confederation to Monarchic State: The Editorial Perspective of the Book of Judges." Ph.D. diss. Yale University. Pp. 383–85.

Judges 10:6–12:7 (Jephthah)

Bal, M. 1989. "Between Altar and Wandering Rock: Toward A Feminist Theology." In *Anti-Covenant: Counter-Reading Women's Lives in the Hebrew Bible.* JSOT Supplement 81; Bible and Literature Series 22. Ed. M. Bal. Sheffield: Almond. Pp. 211–32.

———. 1990. "Dealing with Women: Daughters in the Book of Judges." In *The Book and the Text: The Bible and Literary Theory.* Ed. R. Schwartz. Oxford: Blackwell. Pp. 16–39.

Claasens, L. J. M. 1996. "Notes on Characterisation in the Jephtah Narrative." *JNSL* 22:107–15.

———. 1997. "Theme and Function in the Jephthah Narrative." *JNSL* 23:203–19.

Courtledge, T. W. 1992. *Vows in the Hebrew Bible and in the Ancient Near East.* JSOT Supplement 147. Sheffield: JSOT Press. Pp. 175–85.

Culley, R. C. 1992. *Themes and Variations: A Study of Action in Biblical Narrative.* Atlanta: Scholars Press. Pp. 106–8.

Day, P. L. 1989. "From the Child Is Born the Woman: The Story of Jephthah's Daughter." In *Gender and Difference in Ancient Israel.* Ed. P. L. Day. Minneapolis: Fortress. Pp. 58–74.

Ellington, J. 1992. "More on *Shibboleth* (Judges 12:6)." *BT* 43:244–45.

Exum, J. C. 1988. "The Tragic Vision and Biblical Narrative: The Case of Jephthah." In *Signs and Wonders: Biblical Texts in Literary Focus.* Ed. J. C. Exum. Atlanta: Scholars Press. Pp. 59–83.

Fuchs, E. 1989. "Marginalization, Ambiguity, Silencing: The Story of Jephthah's Daughter." *JFSR* 5:35–45.

Gunn, D. M., and Danna N. Fewell. 1993. *Narrative in the Hebrew Bible*. The Oxford Bible Series. Oxford: Oxford University Press. Pp. 112–19.

Humphreys, W. L. 1989. "The Story of Jephthah and the Tragic Vision: A Response to J. Cheryl Exum." In *Signs and Wonders: Biblical Texts in Literary Focus*. Ed. J. C. Exum. Atlanta: Scholars Press. Pp. 85–96.

Kaiser, Walter, Jr. 1988. *Hard Sayings in the Old Testament*. Downers Grove, Ill.: InterVarsity. Pp. 101–5.

Marcus, David. 1986. *Jephthah and His Vow*. Lubbock: Texas Tech Press.

———. 1989. "The Bargaining between Jephthah and the Elders (Judges 11:4–11)." *JANES* 19:95–100.

———. 1990. "The Legal Dispute between Jephthah and the Elders," *HAR* 12:105–14.

———. 1992. "Ridiculing the Ephraimites: The Shibboleth Incident (Judges 12:6)." *Maarav* 8:95–105.

Mendelsohn, I. 1954. "The Disinheritance of Jephthah in the Light of Paragraph 27 of the Lipit-Ishtar Code." *IEJ* 4:116–19.

Milgrom, Jacob. 1990. *Numbers*. JPS Torah Commentary. Philadelphia: The Jewish Publication Society. Pp. 488–90.

Parker, S. B. 1980. "The Vow in Ugaritic and Israelite Narrative Literature." *UF* 11:693–700.

Reis, P. T. 1997. "Spoiled Child: A Fresh Look at Jephthah's Daughter." *Prooftexts* 17:279–98.

Swiggers, P. 1981. "The Word *šibbolet* in Jud. xii.6." *JSS* 26:205–7.

Trible, P. 1981. "A Meditation in Mourning: The Sacrifice of the Daughter of Jephthah." *USQR* 31:59–73.

———. 1984. "The Daughter of Jephthah: An Inhuman Sacrifice." In *Texts of Terror: Literary and Feminist Readings of Biblical Narrative*. Overtures to Biblical Theology. Philadelphia: Fortress. Pp. 93–116.

———. 1987. "A Daughter's Death: Feminism, Literary Criticism, and the Bible." In *Backgrounds for the Bible*. Ed. M. P. O'Connor and D. N. Freedman. Winona Lake, Ind.: Eisenbrauns. Pp. 1–14.

Judges 13:1–16:31 (Samson)

Alter, R. 1990. "Samson without Folklore." In *Text and Tradition: The Hebrew Bible and Folklore*. SBL Semeia Studies. Ed. S. Niditch. Atlanta: Scholars Press. Pp. 47–56.

Bal, M. 1987. *Lethal Love: Feminist Literary Readings of Biblical Love Stories*. Bloomington: Indiana University Press. Pp. 37–67.

Blenkinsopp, J. 1963. "Structure and Style in Judges 13–16." *JBL* 82:65–76.

Brooks, S. S. 1996. "Saul and the Samson Narrative." *JSOT* 71:19–25.

Brown, Raymond. 1977. *The Birth of the Messiah*. New York: Doubleday & Co.

Camp, C. V., and C. Fontaine. 1990. "The Words of the Wise and their Riddles." In *Text and Tradition: The Hebrew Bible and Folklore*. Ed. S. Niditch. Atlanta: Scholars Press. Pp. 127–51.

Crenshaw, James. 1974. "The Samson Saga: Filial Devotion or Erotic Attachment?" *ZAW* 86:470–504.

———. 1978. *Samson: A Secret Betrayed, A Vow Ignored*. Atlanta: John Knox.

Culley, R. C. 1992. *Themes and Variations: A Study of Action in Biblical Narrative*. Atlanta: Scholars Press. Pp. 108–9.

Exum, J. C. 1980. "Promise and Fulfillment: Narrative Art in Judges 13." *JBL* 99:39–59.

———. 1981. "Aspects of Symmetry and Balance in the Samson Saga." *JSOT* 19:2–29.

———. 1983. "The Theological Dimension of the Samson Saga." *VT* 33:30–45.

———. 1996. "Why, Why, Why, Delilah?" In *Plotted, Shot, and Painted: Cultural Representations of Biblical Women*. JSOT Supplement 215. Sheffield: Sheffield Academic Press. Pp. 175–231.

———, and J. W. Whedbee. 1990. "Isaac, Samson and Saul: Reflections on the Comic and Tragic Visions." In *On Humour and the Comic in the Bible*. JSOT Supplement 92; Bible and Literature Series 23. Ed. Y. T. Radday and A. Brenner. Sheffield: Almond. Pp. 117–59.

Freeman, James A. 1982. "Samson's Dry Bones: A Structural Reading of Judges 13–16." In *Literary Interpretations of Biblical Narratives II*. Ed. K. R. R. Gros Louis and J. S. Ackerman. Nashville: Abingdon. Pp. 145–60.

Fuchs, E. 1985. "The Literary Characterization of Mothers and Sexual Politics in the Hebrew Bible." In *Feminist Perspectives on Biblical Scholarship*. Ed. A. Y. Collins. Chico, Calif.: Scholars Press. Pp. 117–36.

Greenberg, M. 1983. *Biblical Prose Prayer as a Window to the Popular Religion of Ancient Israel*. Berkeley: University of California Press.

Greene, M. 1991. "Enigma Variations: Aspects of the Samson Story (Judges 13–16)." *Vox Evangelica* 21:53–79.

Greenstein, E. L. 1981. "The Riddle of Samson." *Prooftexts* 1:237–60.

Gunn, D. M. 1992. "Samson of Sorrows: An Isaianic Gloss on Judges 13–16." In *Reading between Texts: Intertexuality and the Hebrew Bi-*

ble. Ed. D. N. Fewell. Louisville: Westminster/John Knox. Pp. 225–53.

Humphreys, W. L. 1985. *The Tragic Vision and the Hebrew Tradition*. Overtures to Biblical Theology. Philadelphia: Fortress. Pp. 68–73.

Kim, J. 1993. *The Structure of the Samson Cycle*. Kampen: Kok Pharos.

Margalit, O. 1985. "Samson's Foxes." *VT* 35:224–29.

———. 1986a. "Samson's Riddles and Samson's Magic Locks." *VT* 36:225–34.

———. 1986b. "More Samson Legends." *VT* 36:397–405.

———. 1987. "The Legend of Samson/Heracles." *VT* 37:63–70.

Mendenhall, G. 1973. *The Tenth Generation*. Baltimore: Johns Hopkins University Press.

Milgrom, Jacob. 1990. *Numbers*. JPS Torah Commentary. Philadelphia: The Jewish Publication Society. Pp. 43–50, 355–58.

Nel, P. 1985. "The Riddle of Samson (Judg 14, 14.18)." *Bib* 66:534–45.

Niditch, S. 1990. "Samson as Culture Hero, Trickster, and Bandit: The Empowerment of the Weak." *CBQ* 52:608–24.

O'Connor, M. 1986. "The Women of the Book of Judges." *HAR* 10:277–93.

Porter, J. R. 1962. "Samson's Riddle: Judges xiv. 18." *JTS* 13:106–9.

Reinhartz, A. 1992. "Samson's Mother: An Unnamed Protagonist." *JSOT* 55:25–37.

Sasson, J. M. 1988. "Who Cut Samson's Hair? (And Other Trifling Issues Raised by Judges 16)." *Prooftexts* 8:333–39.

Savran, G. W. 1988. *Telling and Retelling: Quotation in Biblical Narrative*. Bloomington: Indiana University Press.

Segert, S. 1984. "Paronomasia in the Samson Narrative in Judges xiii–xvi." *VT* 34:454–61.

van der Toorn, K. 1986. "Judges xvi 21 in the Light of the Akkadian Sources." *VT* 36:248–53.

Vickery, J. B. 1981. "In Strange Ways: The Story of Samson." In *Images of Man and God: Old Testament Short Stories in Literary Focus*. Ed. B. O. Long. Sheffield: Almond. Pp. 58–73.

Webb, Barry. 1995. "A Serious Reading of the Samson Story (Judges 13–16)." *RTR* 54:110–20.

Wharton, J. A. 1973. "Secret of Yahweh: Story and Affirmation in Judges 13–16." *Int* 27:48–66.

Judges 17:1–18:31 (the Levite and the Danites)

Amit, Y. 1990. "Hidden Polemic in the Conquest of Dan: Judges xvii–xviii." *VT* 40:4–20.

Davis, D. R. 1984. "Comic Literature—Tragic Theology: A Study of Judges 17–18." *WTJ* 46:156–63.

Greenspahn, F. E. 1982. "An Egyptian Parallel to Judges 17:6 and 21:25." *JBL* 101:129–30.

Malamat, A. 1970. "The Danite Migration and the Pan-Israelite Exodus-Conquest." *Bib* 51:1–16.

Noth, Martin. 1962. "The Background of Judges 17–18." In *Israel's Prophetic Heritage: Essays in Honor of James Muilenburg*. Ed. B. W. Anderson and W. Harrelson. New York: Harper & Brothers. Pp. 68–85.

Satterthwaite, P. 1993. "'No King in Israel': Narrative Criticism and Judges 17–21." *TynB* 44:75–88.

Spina, F. 1977. "The Dan Story Historically Reconsidered." *JSOT* 1:60–71.

Judges 19:1–21:25 (the Levite and the Concubine)

Amit, Y. 1994. "Literature in the Service of Politics: Studies in Judges 19–21." In *Politics and Theopolitics in the Bible and Postbiblical Literature*. JSOT Supplement 171. Ed. H. G. Reventlow, Y. Hoffman, and B. Uffenheimer. Sheffield: JSOT Press. Pp. 28–40.

Bach, A. 1998. "Rereading the Body Politic: Women and Violence in Judges 21." *BibInt* 6:1–19.

Culley, R. C. 1976. *Studies in the Structure of Hebrew Narrative*. Missoula, Mont.: Scholars Press. Pp. 54–59.

Currie, S. D. 1971. "Biblical Studies for a Seminar on Sexuality and the Human Community, I: Judges 19–21." *Austin Seminary Bulletin* 87:13–20.

Fokkelman, J. P. 1992. "Structural Remarks on Judges 9 and 19." In *Sha'arei Talmon: Studies in the Bible, Qumran and the Ancient Near East Presented to Shemaryahu Talmon*. Ed. M. Fishbane and E. Tov. Winona Lake, Ind.: Eisenbrauns. Pp. 33–45.

Hudson, D. M. 1994. "Living in the Land of Epithets: Anonymity in Judges 19–21." *JSOT* 62:49–66.

Keefe, A. 1993. "Rapes of Women/Wars of Men," *Semeia* 61:79–97.

Lasine, S. 1984. "Guest and Host in Judges 19: Lot's Hospitality in an Inverted World." *JSOT* 29:37–59.

Matthews, V. 1992. "Hospitality and Hostility in Genesis 19 and Judges 19." *BTB* 22, no. 1:3–11.

Niditch, S. 1982. "The 'Sodomite' Theme in Judges 19–20: Family, Community, and Social Disintegration." *CBQ* 44:365–78.

Penchansky, D. 1992. "Staying the Night: Intertexuality in Genesis and Judges." In *Reading between Texts: Intertexuality and the Hebrew Bible*. Ed. D. N. Fewell. Louisville: Westminster/John Knox. Pp. 77–88.

Revell, E. J. 1985. "The Battle with Benjamin (Judges xx 29–48) and Hebrew Narrative Techniques." *VT* 35:417–33.

Satterthwaite, P. E. 1992. "Narrative Artistry in the Composition of Judges xx:29ff." *VT* 42:80–89.

Stone, K. 1993. "Sexual Practice and the Structure of Prestige: The Case of the Disputed Concubines." In *SBLSP 1993*. Ed. E. H. Lovering Jr. Atlanta: Scholars Press. Pp. 554–73.

———. 1995. "Gender and Homosexuality in Judges 19: Subject-Honor, Object-Shame?" *JSOT* 67:87–107.

———. 1996. *Sex, Honor, and Power in the Deuteronomistic History*. JSOT Supplement 234. Sheffield: Sheffield Academic Press. Pp. 69–84.

Trible, P. 1984. "An Unnamed Woman: The Extravagance of Violence." In *Texts of Terror: Literary-Feminist Readings of Biblical Narratives*. Overtures to Biblical Theology. Philadelphia: Fortress. Pp. 65–91.

Wright, R. A. 1989. "Establishing Hospitality in the Old Testament: Testing the Tool of Linguistic Pragmatics." Ph.D. diss. Yale University. Pp. 135–36, 145–47, 182–97.

룻기

신약성서에 선한 사마리아인의 비유가 있다면(눅 10:29-37에만 기록되어 있음), 구약성서에는 그와 평행을 이루는 선한 모압인의 이야기가 있다. 예수 당시의 유대인들은 거의 사마리아인을 "선한" 사람으로 인정하지 않았다. 마찬가지로 이스라엘 사람들은 "모압인"을 "선한" 사람으로 평가하지 않았다.

룻기의 배경은 "사사들이 치리하던 때"이다. 이는 사사기 3장의 옷니엘과 사사기 13~16장의 삼손 사이에 속한 어느 시대를 가리킨다. 룻의 남편 보아스가 다윗보다 삼 세대 앞선 인물임을 고려한다면(보아스〉오벳〉이세〉다윗 [4:21-22]), 룻기의 이야기는 사사 시대 후반기에 속한 것이라고 할 수 있다. 즉, 우리가 사사기를 공부하면서 알게 된 바와 같이, 야웨의 길들에 대한 이스라엘의 불성실함과 불순종이 확산되던 때가 룻기의 배경이라는 얘기다.

룻기의 목가적인 고요함은 사사기의 거칠고 혼란스러운 모습과 크게 대조를 이룬다. 사사기는 정복과 해방의 전쟁이 벌어지던 때에 초점을 맞추고 있다. 반면에 룻기는 평화로운 시기를 배경으로 하되, 가나안 땅에 안식이 이루어지던 때에 발생한 가정사에 초점을 맞추고 있다. 사사기와 룻기의 관계는 어느 정도 호메로스의 일리아드(전쟁에 초점을 맞춤)와 오딧세이(호메로스가 30년 후에 쓴 작품으로, 오딧세우스가 트로이의 포위 공격을 벗어나 고향을 향한 10년의 여행 끝에 이타카[Ithaca]에 있는 아내를 만나는 내용을 상세하게 다룸)의 관계와 평행을 이룬다.

18세기의 철학자 토머스 페인(Thomas Paine)은 자신의 유명한 저서 『이성의 시대』(*Age of Reason*)에서, 몇몇 형용사와 부사를 많이 사용하고 있기는 하지만, 룻기에 대해서 이렇게 설명한다: "룻기는 치밀하지 못하고 서투른 이야기를 담고 있으며, 떠돌이 시골 소녀가 음흉하게 자신의 사촌 보아스 곁에 눕는 이야기를 조금은 바보스럽게 전개하고 있다. 누가 그런 이야기를 했는지는 아무도 모르지만 말이다. 참으로 이 책은 하나님의 말씀으로 불리기에는 너무도 어색하다! 그러나 이 책은 성서 안에서 가장 훌륭한 작품들 중의 하나다. 왜냐하면 그것은 살인이나 겁탈과는 거리가 있는 내용을 다루고 있기 때문이다"(원작은 1794년이나 이 내용은 최근판에서 인용한 것임. Thomas Paine, *Age of Reason* [Secaucus, N. J.: 1991], 121). 페인이 지적한 바와 같이, 사사기에 널리 퍼져 있는 "살인이나 겁탈"이 룻기에는 없다.

물론 룻기가 사사기와 사무엘서 사이에 오는 것은 70인역과 기독교 정경에서뿐이다. 이와는 달리 유대교 정경에서 룻기는 정경의 마지막 세 번째 부분인 "성문서"에 자리하고 있다. 룻기는 "성문서"의 하부 단위인 다섯 권의 책들, 곧 "메길로트"("축제용 두루마리")의 첫 번째 책이다. 시편, 욥기, 잠언에 이어서 다섯 권의 책들이 다음과 같은 순서(아마도 연대순일 것임)로 배열되어 있다: 룻기(사사 시대), 아가서(젊은 시절의 솔로몬), 전도서(노년기의 솔로몬), 애가(예레미야), 에스더(포로기 이후의 페르시아 시대).

룻기는 사사기와 사무엘서(기독교 정경은 한 권으로 된 사무엘서를 상하권으로 나눔) 사이에 있음으로써 훨씬 효과적으로 다윗 왕권을 정당화시키는 역할을 수행한다. 두 가지 점에서 그렇다. 첫째로 룻기의 현재 위치는 왕정에 관한 진술로 끝을 맺는 세 권의 정경이 나란히 병렬되게 하는 결과를 가져온다:

> 사사기 21:25. 왕정의 필요성을 절실히 느낌: "그때에 이스라엘에 왕이 없으므로 사람이 각각 그 소견에 옳은 대로 행하였더라."
>
> 룻기 4:22. 다윗은 그러한 딜레마에 대한 해답이나 다름이 없다: "오벳은 이새를 낳았고 이새는 다윗을 낳았더라"(성서의 여러 책들 중에 사람 이름이 마지막에 나오는 유일한 책임).

사무엘상 31:1-13. 사울의 죽음과 장례로 인하여 그의 왕정은 임시적인 것으로 끝나며, 결과적으로는 다윗 가문이 계속 유지되도록 하는 길을 마련한다.

둘째로 룻기는 70인역과 기독교 정경에서 사무엘상을 앞설 뿐만 아니라, 역사적으로 보더라도 사사 시대에서 시작하여 다윗의 등장에서 끝을 맺고 있다는 점에서 사무엘상과 평행을 이루기도 한다.

룻기: 사사들의 시대 〈룻〉 다윗
사무엘상: 사사들의 시대 〈사무엘과 사울〉 다윗

룻기는 모압 여인의 목가적인 사랑 이야기를 매개로 하여 우리를 다윗에게로 인도한다. 그리고 사무엘상은 "대주교"인 사무엘과 사울 왕 사이의 오랜 갈등을 매개로 하여, 그리고 하나님의 은총으로부터 멀어져버린 사울의 운명을 매개로 하여 우리를 다윗에게로 인도한다.

룻기의 배경은 사사 시대지만, 우리로서는 그 저작 시기나 저자에 대해 아무것도 알지 못한다. 저자 — 그가 남자일 수도 있고 여자일 수도 있겠지만 —를 알려고 하는 노력은 실패하게 마련이다. 룻기의 저자가 이처럼 익명인 까닭에 독자들은 누가 이 책을 썼느냐보다는 어떠한 내용이 기록되어 있느냐에 관심을 기울일 수밖에 없다.

저작 연대와 관련해서는 다윗 통치 초기부터 유다 백성이 바벨론 포로로부터 돌아와 시온에 다시 거주하게 된 때(주전 539년)까지 견해가 매우 다양하다. 심지어는 포로 귀환 이후의 시대, 곧 에스라와 느헤미야가 한창 활동 중이던 때를 저작 연대로 보는 견해도 있다. 그러나 가장 폭넓게 받아들여지는 견해는 룻기의 저작 연대를 주전 10세기 후반의 솔로몬 통치 시기로 본다(Hubbard 1988: 23-35).

그러나 설령 룻기가 주전 10세기경의 이른 시기에 기록되었다 할지라도, 그것이 즉시 널리 읽혀지게 되면서 그 중심 메시지가 사회 안에 스며들기 시작했다고 보기는 어렵다. 룻기는 일찍 기록되었을 수도 있지만, 그것이 사람들에게 사용되고 받아들여지게 된 것은 한참 후의 일이었다(Nash 1995: 353). 우리는 이것을 링컨의 게티즈버그 연설과 관련시켜 생각해 볼 수 있다. 그 연설이 만들어진 때와 그것의 기념비적인 중요성이 나중에 사람들에게 널리 인정된 시기 사이에는 상당한 간격이 있다.

　룻기는 다섯 개의 상이한 지리적인 배경을 가지고 있다. 처음의 두 배경은 궁핍 주제에 초점을 맞추고 있으며, 마지막 배경은 궁핍이 충만함으로 바뀌는 모습을 보여 준다(Gottwald 1985: 556).

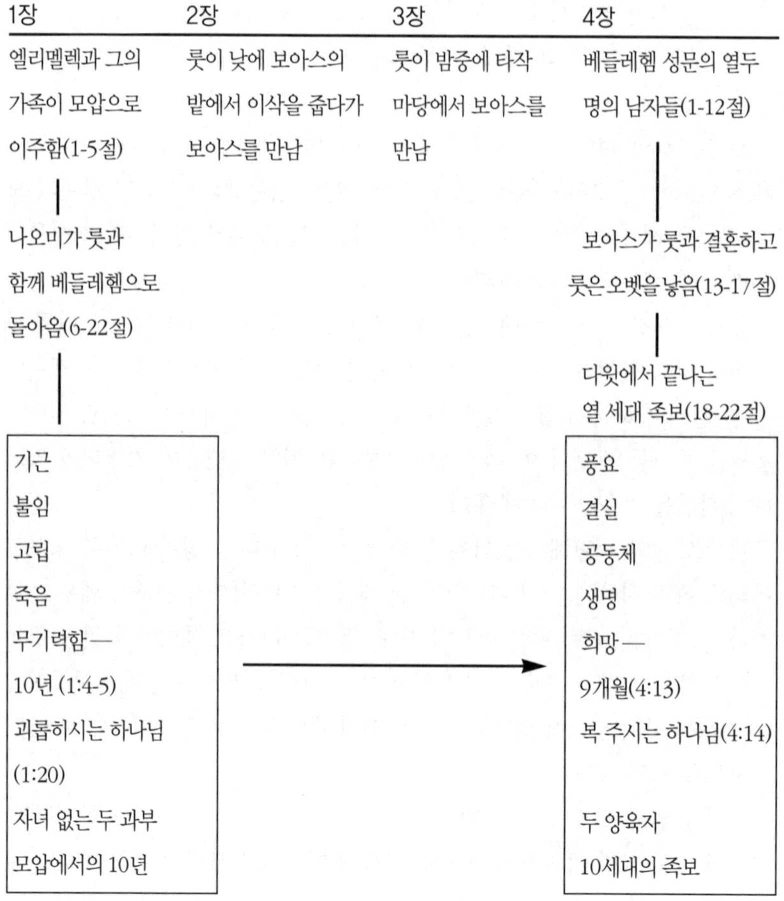

1:1-5. 베들레헴 출신 가족에 대한 룻기 서두의 언급은 룻기를 사사기의 마지막 부분과 연결시킨다. 주지하다시피 사사기는 마지막 부분에서 베들레헴 지파와 관련된 두 사건을 다루고 있다. 첫 번째 사건은 베들레헴 출신의 레위인에 관한 것이고(삿 17:7-13), 두 번째 사건은 베들레헴 출신의 첩에 관한 것이다(삿 19:1-30). 이 이야기들은 "베들레헴 3부작"을 구성하고 있으며 (Merrill 1985: 131), 세 번째 이야기는 앞의 두 이야기와 뚜렷한 대조를 이루고 있다.

베들레헴 출신 가정이 기근 때문에 식량 확보와 생계 유지를 위해 모압으로 옮겨가야 했다는 것은 두 가지 이유로 아이러니컬한 점을 가지고 있다. 첫째로 "베들레헴"이라는 지명은 "떡집"을 의미한다. 그런데 "베들레헴"에 "레헴"("떡")이 없다. 그 결과 베들레헴은 "베들라브"("기근의 집")이 된다. 둘째로 모압에 대한 성서의 모든 다른 부정적인 언급들(예로써 모압이 술취한 아버지와 첫째 딸 사이의 근친상간에 뿌리를 두고 있다는 설명[창 19:30-37]이나 암몬 족속과 모압 족속을 이스라엘 회중으로부터 10세대에 이르기까지 배척해야 한다는 규정[신 23:3-6])과는 별도로, 민수기 25장에도 모압 족속과 관련된 사건이 기록되어 있다. 모압 왕 발락이 깜짝 놀라도록 발람 술사가 이스라엘의 탁월하고 고귀한 운명을 예언(민 23~24장)한 직후에, 이스라엘은 싯딤과 바알브올에서 모압 여인들과 더불어 하나님을 거역하는 무서운 범죄 행위를 저지르게 된다. (하나님의 백성에 대한 민수기 23~24장의 고상한 예언은 민수기 25장에 묘사된 하나님의 백성의 행동과 도무지 맞지 않는다!) 그러한 방종은 부분적으로 이스라엘 자손이 모압 족속과 함께 식사하는 행동(민 25:2)을 포함하였다(Fewell and Gunn 1988: 103). 그리하여 결국 이스라엘 자손은 두 번에 걸쳐서 모압 땅에서 모압 족속과 함께 음식을 먹는다. 첫 번째 경우에 모압은 파멸의 장소로 나타나며, 두 번째 경우에는 구원의 장소로 나타난다.

이미 피난민으로서의 고통을 맛본 나오미("나의 기뻐하는 자")는 설상가상으로 배우자를 잃는 고통을 겪는다. 남편인 엘리멜렉("나의 하나님은 왕이시다")이 죽은 것이다. "나의 하나님은 왕이시다"가 죽은데다가 살아남은 배우자는 피난민이고 여자인 터에, 여전히 "나의 하나님은 왕이시다"라는 것을 확신할 수 있을까? 그녀의 이러한 고통은 두 아들 말론과 기론이 연이어 죽은 후 한층 심화된다. 이미 피난민이요 이방인이요 과부인 그녀가 이제는 자녀 없는 여인이 되고 만 것이다. 그녀가 가진 모든 것은 기껏해야 두 명의 모압 며느리인 오브라와 룻뿐이다.

1:6-22. 고국의 기근이 끝나고 식량 자급이 회복되었다는 소식을 들은 나오미는 모압을 떠나 베들레헴으로 향한다. 그 과정에서 그녀는 두 며느리가 자기를 따라오는 것을 막으려고 애쓴다. 자식 없는 두 모압 과부가 유다 지역에서 산다면 무슨 희망이 있겠는가? 재혼하여 아들들을 낳음으로써 그들로 하여금 먼 미래에 이미 죽은 두 아들을 대신하여 룻과 오브라의 삶을 회복시킬 수 있게 하기에는 자신이 너무 늙었다는 나오미의 설명(11~13절)은 확실히 어렴풋하게나마 수혼(嫂婚) 제도(levirate marriage; 자식 없는 과부가 남편의 형제와 결혼하는 제도)에 대해 언급하는 것으로 보인다. 이 제도에 대해서는 3장과 4장을 다룰 때 더 상세하게 설명하고자 한다.

1:8-9에 있는 나오미의 말은 룻기에 흩어져 있는 여섯 또는 일곱 개의 기도문들 가운데 하나다(Thompson 1993; Miller 1994). 그것은 한 여인이 위기의 때에 다른 두 여인을 위해 야웨의 복을 구하는 기도이다. 나오미의 기도는 세 가지의 흥미로운 요소들로 구성되어 있다. 첫째로 그 기도는 구약성서에서 누군가가 다른 이들을 위해 야웨의 '헤세드' (헌신, 충성, 친절, 자비, 은총)를 구하는 상대적으로 드문 경우들 중의 하나이다("야웨께서 너희를 선대하시기를 원하며"). 창세기 24:12(" … 야웨여, 원컨대 오늘날 나로 순적히 만나게 하사 나의 주인 아브라함에게 은혜를 베푸시옵소서")와 사무엘하 2:6("이제 야웨께서 은혜와 진리로 너희[길르앗 야베스 거민]에게 베푸시기를 원하고")도 참고하라. 둘째로 그녀의 기도는 그들을 위한 야웨의 '헤세드' 가 그녀를 향한 그들의 '헤세드' 에 상응하는 것임을 보여 준다("너희가 죽은 자와 나를 선대한 것 같이"). 이렇듯이 그녀의 기도에서는 "두 이방 여인의 행동이 야웨의 행동을 위한 모델이나 마찬가지이다"(Trible 1978: 170). 셋째로 룻기의 나머지 부분은 나오미의 이 기도가 이루어져 가는 과정을 다

루고 있다. 달리 말해서 야웨의 '헤세드'가 시어머니를 따라 베들레헴으로 온 모압 여인에게 드러나는 과정을 다루고 있다는 얘기다. 나오미는 자신의 짤막한 기도가 가져올 결과를 거의 인식하지 못하고 있었다.

오브라는 나오미의 충고를 받아들여 자신의 가족과 고향으로 돌아가기로 결정한다("네 동서는 그 백성과 그 신에게로 돌아가나니"[15절]). 그녀는 그러한 선택에 대하여 비난을 받지 않으며, 나오미는 여기서 복음 전도자와 같은 역할을 수행하지는 않는다. 그러나 오브라의 이름은 그 후 다시는 언급되지 않는다.

이와는 달리 룻은 시어머니를 "붙들기로" 작정한다. 룻기의 첫 장과 마지막 장에는 두 개의 흥미로운 동사가 있다. 두 여인 사이의 관계를 규정하는 데 사용되는 이 두 동사는 구약성서 전체를 두고 볼 때 오로지 룻기에서만 나온다. 그 중 첫 번째는 "붙들다"(다바크)라는 뜻을 가진 동사다. 이 동사는 구약성서에서 하나님을 붙드는 한 개인을 가리킬 때 자주 사용되지만, 어떤 한 사람이 다른 사람을 붙드는 의미로는 여덟 번밖에 사용되지 않는다. 그런데 그 중 넷이 룻기에 나타난다(1:14; 2:8["룻은 그를 붙좇았더라"]; 2:21, 23["너는 내 소년들에게 가까이 있으라"]). 그리고 나머지 넷은 남자의 행동을 가리키는 데 사용된다: "남자가 부모를 떠나 그 아내와 연합하여 둘이 한 몸을 이룰지로다"(창 2:24); 세겜이 야곱의 딸 디나에게로 "이끌린다"(창 34:3); 여호수아는 야웨께서 이스라엘 가운데 남겨 두신 주변 나라의 여인들과 통혼할 것을 금한다(수 23:12); 솔로몬은 이방 여인들을 아내로 맞이한다(왕상 11:1-3).

룻기 4장에는 1장의 '다바크'와 마찬가지로 독특하게 사용되는 보통 명사가 하나 있다. 4:15의 "사랑하다"(아하브)라는 뜻을 가진 동사가 그렇다("너를 사랑하며 일곱 아들보다 귀한 자부가 낳은 자로다"). 룻기 4:15은 구약성서에서 한 여인이 다른 여인을 사랑하는 것으로 묘사되는 유일한 사례에 해당한다.

여기서 우리는 룻이 나오미에게 하는 유명한 말(16-17절) — 대부분의 번역 성서에서 한 편의 시로 소개되는 — 이 한 여인이 다른 여인에게, 한 젊은 여인이 나이 많은 여인에게, 며느리가 시어머니에게, 그리고 모압 사람이 베들레헴 사람에게 헌신하기로 다짐하는 내용을 담고 있다는 사실을 주목할 필요가 있다. 이 두 구절은 결혼식에서 가장 널리 사용되는 본문들 중의 하나이며, 또 마땅히 그럴 자격이 있는 본문이다. 그러나 그러한 용례는 그 본문을 본래의 문맥으로부터 이탈시키는 일임을 기억할 필요가 있다. 이 두 구절은 남편이 아니라 시어머니를 향한 룻의 헌신적인 태도를 표현하고 있는 것이기 때문이다. 트리블(Trible 1978: 173)은 여러 가지 점에서 룻의 신앙적인 모험이 창세기에 있는 아브라함의 그것보다 더 위대한 것이라고 본다. 아브라함과는 달리 룻은 자신의 과거와 고향으로부터 완전히 단절하며, 하나님의 명령을 받은 상태가 아닌데도, 그리고 아브라함이 받은 것과 같은 하나님의 복(창 12:1-3 참조)을 약속으로 받은 것이 아닌데도, 새로운 땅을 향하여 서쪽으로 옮겨간다.

룻의 말에 대하여 나오미가 보이는 반응은 이렇다: "그에게 말하기를 그치니라"(18b절). 어떤 이는 나오미의 침묵이 룻을 향한 나오미의 분노에 해당하는 것이라고 해석한다(Fewell and Gunn 1988: 100). 그러나 차라리 그것은 나오미가 룻을 설득하여 자기와 함께 가지 못하게 하려는 노력을 포기함과 동시에, 룻이 자기와 함께 베들레헴으로 돌아가는 것을 허용했음을 뜻한다고 보아야 옳을 것이다(Coxon 1989: 26).

나오미가 룻을 베들레헴 사람들에게 소개했다는 얘기는 어디에도 없다(19-21절). 이는 룻에 대한 나오미의 두 번째 침묵에 해당한다. 여기서 우리는 그녀가 탄식하면서 베들레헴 사람들에게 더 이상 자신을 "나오미"로 부르지 말고 차라리 "마라"["괴로운 사람"]로 불러달라고 청하는 모습을 마주하게 된다. 그 이유는 "전능자가 나를 심히 괴롭게 하셨기['마라르']" 때문이라는 것이다. 이러한 진술은 "룻 설화의 밑바닥"에 해당하는 것이다(Grant 1991: 431). 나오미는 여기서 신앙생활을 잘 하면서도 상처받은 신자들이 흔히 저지르는 실수, 곧 자신의 상황을 하나님과 그의 성품에 비추어 해석하고 이해하려고 하기보다는 하나님을 자신의 상황에 비추어 해석하고 이해하고자 하는 잘못을 범한다.

일반적으로 이름이라는 것은 더 좋은 의미를 갖는 쪽으로 바뀌는 게 정상이다: "이제 후로는 네 이름을 아브람이라 하지 아니하고 아브라함이라 하리니"(창 17:5); "네 이름을 다시는 야곱이라 부를 것이 아니요 이스라엘이라 부를 것이니"(창 32:28); "네가 요한의 아들 시몬이니 장차 게바라 하리라"(요 1:42); "이제부터는 너희를 종이라 하지 아니하리니 … 너희를 친구라 하였노니"(요 15:15). 그런데 나오미의 요구는 이러한 경향과는 정반대되는 것이다. 이 후로 즐거움을 누리던 자는 괴로움에 시달리는 사람으로 인식되어야 한다는 것이 그렇다.

나오미에 관한 설명은 이쯤에서 정리하고, 이제 룻에게로 옮겨가 보도록 하자. 룻은 나오미가 원하던 것(자신의 동족과 자기가 믿는 신에게 돌아가는 것)을 하지 않았다. 그리고 하나님은 나오미가 원치 않는 일을 하셨다. 역설적이게도 그녀는 룻과 오브라의 앞날에 야웨의 자비가 임하기를 간구하면서도(8-9절), 자신의 과거에 대해서는 하나님이 그녀 자신을 괴롭게 하셨다고 생각한다(20-21절).

2:1-23. 본장의 이야기 전개는 나오미의 집에서 시작하여(1-2절), 보아스의 밭으로 옮겨가며(3-17절), 마지막에는 다시 나오미의 집으로 되돌아온다(18-22절). 그 첫 부분은 4월 말에서 5월 초에 이르는 "보리 추수 시작할 때"(1:22)를 배경으로 하고 있으며, 마지막 부분은 "보리 추수와 밀 추수를 마치는"(2:23) 6월경을 배경으로 하고 있다.

보리 추수가 시작되는 시기로 인하여 룻은 누군가의 밭에 나가서 이삭을 주울 수 있는 기회를 얻는다. 룻의 행동은 가난한 자들과 타국인들에게 수확기에 밭에서 합법적으로 이삭을 주울 수 있게 한 레위기(19:9-10; 23:22)와 신명기(24:19-22)의 법을 따른 것이다. 특히 레위기 19:9-10은 가난한 자들에게 주어질 네 가지 선물에 대해 상세하게 설명하고 있다. 처음의 둘은 곡물 수확으로부터 주어지는 것이고(수확하지 않은 밭/포도원 모퉁이와 이삭[9절]), 그 다음 둘은 포도원으로부터 주어지는 것이다(아직 익지 않아서 딸 수 없는 열매와 이미 나무로부터 떨어진 열매[10절]).

룻기 2장은 이 넷 중의 두 번째인 이삭줍기에 초점을 맞추고 있다. 수확기에 추수꾼들은 한 손으로는 곡물 줄기를 잡고 다른 손으로는 곡물을 베어낸다. 그러다 보면 불가피하게 일부가 땅에 떨어지게 마련이다. 이삭줍기는 그처럼 땅에 떨어진 것들을 주워가는 것을 뜻한다.

룻은 혼자서 이삭줍기를 한다. 나오미는 그 일에 가담하지 않는다. 너무 늙어서 힘이 없기 때문만은 아니다. 왜냐하면 그녀는 모압으로부터 베들레헴까지 (걸어서?) 되돌아올 정도로 충분한 힘을 가지고 있었기 때문이다.

3절은 룻이 "우연히" 나오미의 부자 친척인 보아스의 밭에서 이삭줍기를 하고 있었다는 흥미로운 사실에 초점을 맞추고 있다. 정말 우연일까? 단순히 우연의 일치로 그런 일이 발생한 것일까? 운이 좋아서 그렇게 된 것일까? 몇몇 주석가들(예로써 Sasson)은 그것에 아무런 신학적인 의미도 부여하지 않지만, 대부분의 주석가들(예로써 Hals, Hubbard)은 2:3이 룻기의 주된 신학적인 강조점들 중의 하나를 반영하고 있다고 본다. 모압 과부의 삶을 이끄는 눈에 보이지 않는 하나님의 섭리가 바로 그것이다.

룻이 자기 밭에서 일하는 것을 본 보아스는 그녀가 누구인지를 몰라 "이는 뉘 소녀냐?"고 묻는다(5절; NIV, "이는 누구의 젊은 여인이냐?"). 보아스에게 젊은 여인은 남자에 속한 자요, 남자의 소유물이나 다름없는 존재다(Trible 1978: 176, 183). 이 이야기에서 그는 나중에 그러한 인식을 뛰어넘는다. 타작마당에서 일어나 룻에게 "네가 누구뇨?"(3:9)라고 물을 때가 바로 그때이다. "누구의 소녀냐?"라는 질문, 곧 소유권을 묻는 질문이 "누구냐?"라는 질문, 곧 개인적인 정체성을 묻는 질문으로 바뀐 것이다. 이처럼 소유권이 정체성보다 우선하는 경우는 바울이 로마행 배에 동승하여 여행하던 중에 바다에서 태풍에 시달리던 선원들과 승객들을 안심시키면서 하는 말에서 발견할 수 있다: "나의 속한 바 곧 나의 섬기는 하나님의 사자가 어제 밤에 내 곁에 서서 말하되, '바울아, 두려워 말라. 네가 가이사 앞에 서야 하겠고 또 하나님께서 너와 함께 행선하는 자를 다 네게 주셨다' 하였으니"(행 27:23-24).

보아스는 룻에게 계속해서 자기 밭에서 이삭을 줍고 또 자기에게 속한 젊은 여자들과 함께 있으라고 권한다(8절). 그는 또한 젊은 남자들에게 자기 밭에서 일하는 그녀를 괴롭히지 말라고 명한다(9절). 여기서 그가 사용하는 "괴롭히다"라는 낱말('나가')은 "치다"(창 32:25), "범하다"(창 26:11), "성적으로 만지다, 즐기다"(창 20:6) 등의 뜻으로 쓰인다. 이로 보아 보아스는 룻의 안전에 신경을 쓰고 있음이 분명하다. 그러나 그의 조언과 경고는 룻을 향한 낭만적인 접근을 상기시키는 것일 수도 있다.

보아스는 룻이 나오미에게 헌신적으로 봉사하고 있음을 그럭저럭 알고 있다(11절). 그가 어디서 그런 정보를 얻었는지는 밝혀져 있지 않다. 흥미롭게도 나오미와 보아스의 만남에 관한 언급은 어디에도 없다. 그들 사이의 의사소통은 오로지 룻이라는 대리인을 통해서만 이루어진다. 보아스가 룻에게 한 말, 곧 "네 부모와 고국을 떠나 전에 알지 못하던 백성에게로 온 일이 내게 분명히 들렸느니라"는 말은 창세기 12:1에서 아브라함에게 주어진 하나님의 명령과 매우 비슷하다. 이 둘이 비슷하다는 것은 설화자가 룻을 일종의 "입양에 의한 여족장"(女族長)으로 간주하고 있음을 암시할 수도 있을 것이다(Alter 1981: 59).

참으로 적절하게도 보아스는 룻을 만난 직후에(8-11절) 그녀를 위해 기도한다(12절). 그는 이 기도에서 그녀가 이스라엘의 하나님 야웨의 "날개"('카나프') 아래에서 피난처를 발견할 수 있을 것임을 분명하게 밝힌다. 여기서 룻은 이스라엘 땅에 관해서와 마찬가지로 이스라엘의 하나님에 관해서도 약간의 지식을 갖게 되었을 것이다. 이제껏 그녀는 나오미로부터 야웨가 어떤 하나님인지에 관한 다양한 암시들을 받아 왔다. 그는 자비로우신 분이요 복을 주시는 분이다(1:8-9). 그러면서도 그는 사람을 괴롭히고 혼란스럽게 하며 재난을 내리시는 거친 분이기도 하다(1:20-21). 그런데 이제 그녀는 보아스의 기도에서 야웨가 보응하시는 하나님이요, 헌신과 충성의 행동을 존중하시되, 그에 상응하는 은총을 주시는 하나님임을 알게 된다. 어쩌면 보아스는 자기 자신이 야웨께서 그녀에게 주시는 보응에 해당하는 자임을 알고 있었을지도(아니면 희망했거나!) 모른다.

보아스와 함께 식사를 한 후에(14절) 룻은 그동안 주운 이삭을 가지고 나오미에게로 돌아간다. 룻이 나오미에게 자기가 보아스의 밭에서 이삭을 주웠다고 말하자(19절), 그때서야 비로소 나오미는 룻에게 처음으로 보아스에 관해 말한다(20절). 왜 그녀는 그 전에 그에 관해 한마디도 언급하지 않은 것일까? 무엇보다도 그가 부자이고 친척이고 밭을 많이 가지고 있는데다가, 그때가 수확기요 나오미 자신과 룻은 가난하여 굶주리고 있는 상황에서 말이다.

우리는 여기서 몇 가지를 추측해 볼 수 있다. 나오미는 룻이 자기와 함께 가겠다고 결심하자 몇 가지 이유로 하여 불편함을 느끼지 않았을까? 왜냐하면 룻은 자기에게 골칫거리나 다름없는 존재이기 때문이다(Fewell and Gunn 1988: 101). 보아스에 관한 나오미의 침묵은 이야기에 긴장감을 더하려는 설화자의 서술 방식에서 비롯된 것일까?(Coxon 1989: 27) 아니면 10년 동안 타국에서 산 탓에 나오미는 보아스가 여전히 살아 있고 또 농업에 종사하고 있는지를 잘 몰랐던 것일까? 아니면 11절이 아브라함 이야기와 평행되는 내용을 가지고 있다는 점에서 보듯이, 하나님께서 아브라함에게 최소한의 명령을 내리신 것과 마찬가지로("내가 네게 지시할 땅으로 가라") 나오미도 단순히 룻에게 최소한의 명령만 내린 것일까?("내 딸아 갈지어다"[2절]) 그처럼 소량의 정보는 상세한 설명을 기대하게 만들기보다는 순종과 신뢰를 요청한다.

나오미는 보아스가 자기 집안과 관련된 자임을 설명하기 위해 두 가지 표현을 사용한다. 보아스는 "우리의 근족"이요, "우리 기업을 무를 자 중 하나"이다. 이 두 번째 표현은 '고엘'이라는 낱말을 사용한다. 이 낱말의 어근은 룻기 2~4장의 핵심을 이루고 있다. 그것은 22번이나 나온다. 동사 형태('가알')는 11번 나온다(3:13[4회]; 4:4[4회]; 4:6[3회]). 그리고 분사/명사 형태('고엘')는 9번 나온다(2:20; 3:9, 12[2회]; 4:1, 3, 6, 8, 14). 어근이 같은 또 다른 명사 '겔룰라'("구속")는 4:6, 7에서 사용되고 있다. 이 22회의 용례 중 한 가지를 제외한 나머지 모두가 3~4장에 나오기 때문에, 그 의미에 대해서는 해당 본문을 다룰 때 설명하기로 한다. 여기서는 나오미가 이 낱말을 처음 사용했을 때 그것을 들은 모압 여인 룻이 그것을 어떻게 이해했을까 하는 질문을 던지는 것으로 만족하기로 한다. 이 동사가 룻기 전체에서 땅과 친족의 기업 무르기에 관한 토라의 가르침과 관련하여 어떻게 사용되고 있는지를 아는 것은 필요한 일이지만, 이 모압 여인이 토지 무르기에 관한 기술적인 문제들(레 25:25-26) 또는 비이스라엘인에게 팔린 친족을 구속하는 것에 관한 기술적인 문제들(레 25:47-55)을 사전에 조금이라도 알고 있었을 가능성은 거의 없어 보인다.

그러나 나오미는 보아스를 "나의 근족"이라 칭하지 않고 "우리의 근족"이라 칭함으로써 자신과 룻 모두를 위한 희망의 불씨를 살려내고 있다. 나오미의 오랜 생애에서 처음으로 한 줄기의 빛이 그녀 쪽으로 비추인다. 보아스

― 그가 살아 있다는 것이다! 그가 우리를 구속할 것이다! 그가 우리를 구할 것이다! 하나님의 '헤세드'가 '고엘'의 형태로 찾아온 것이다.

3:1-18. 본장은 하루 중 다른 시간대에 발생한 세 가지의 상이한 사건들을 다루고 있다: (1) 1-5절, 룻과 나오미는 오후 늦게 또는 초저녁에 집에 머물러 있다; (2) 6-15절, 룻과 보아스는 저녁부터 밤중까지, 그리고 밤새도록 타작마당에 머문다; (3) 16-18절, 룻이 새벽 무렵에 나오미에게 돌아온다.

나오미는 결혼 중매인의 역할을 맡는다(Berquist 1993: 31). 그녀는 룻에게 목욕하고 향을 바른 다음에 가장 좋은 옷을 입으라고 지시한다. 이것은 작업복을 입은 룻이 땀을 흘리면서 힘겹게 밭에서 이삭을 줍는 모습으로부터 변화될 것임을 암시한다. 본문은 어디에서도 룻이 아름답다고 말하지 않는다. 그러나 그 후에 이어지는 그녀의 행동이나 말은 룻을 아름다운 객체로가 아니라 아름다운 주체로 강조하려는 의도를 보인다(Landy 1994: 291).

더 나아가서 룻의 시어머니 나오미는 룻에게 타작마당에 머물라고 말한다. 그곳은 보아스가 하루 일을 마치고서 저녁 식사를 마친 후 잠자리에 드는 곳이다. 룻은 잠자는 보아스의 발치 이불을 들어 올리고 거기 누운 채 기다리기만 하면 된다(4절). 아마도 보아스는 자기 집의 침대에서 잠을 자지 않고 타작마당에서 잠을 자는 것으로 보인다. 왜냐하면 수확한 곡물을 키질하기 위해서는 타작마당으로 그 곡물을 옮겨야 하기 때문이다. 보아스는 거기에서 도적질을 막기 위하여 곡물을 지켰을 수도 있고, 아니면 수확의 종결을 감사하는 의식을 행하기 위해 그곳에 있었을 수도 있다. 아니면 두 가지가 다 해당될 수도 있을 것이다. 만일에 전자의 경우라고 해도, 그는 특별하게 주의력이 깊은 사람이라고 보기 어렵다. 왜냐하면 그는 룻이 발치에 누웠을 때에도 그것을 알아채지 못할 정도로 깊이 잠들었기 때문이다!

타작마당은 구약성서에서 좋은 인상을 주는 곳이 못 된다. 열왕기상 22:10에 의하면, 이스라엘 왕 아합과 유다 왕 여호사밧은 타작마당에서 만난다(개역은 "타작마당"을 "광장"으로 번역함: 역주). 그곳에서 4백 명의 예언자들이 그들에게 시리아/아람을 공격하는 문제에 대해서 긍정적인 예언을 한다. 그러나 401번째 예언자인 미가야는 아합에게 임할 심판을 선고한다. 이스라엘의 범죄 행위를 비난하는 호세아의 메시지는 한층 룻기에 가깝다: "네가 행음하여 네 하나님을 떠나고 각 타작마당에서 음행의 값을 좋아 하였느니라"(호 9:1). 그리고 기드온이 하나님을 시험한 그 유명한 장소도 타작마당이다(삿 6:36–40). 타작마당은 룻기 4:1의 "성문"과 마찬가지로 과부들의 권리와 같은 문제들을 해결하는 재판 장소로 활용되기도 했을 것이다(Matthews 1987: 29, 35).

확실히 나오미의 계획은 대단히 위험스러운 것이다. 그래서인지 나중에 룻은 자기가 밤중에 보아스와 같이 있었다는 것을 사람들이 알 수 없도록 새벽 일찍 일어나 그곳을 떠난다(14절). 무엇인가를 감추려고 시도하는 자는 보아스가 아니다. 그의 관심사는 잘 알려지지 않은 사실이 나중에 잘못된 결론을 이끌어 상황을 어긋나게 할지도 모른다는 데 있다.

보아스는 이미 룻과 나오미에 대하여, 그리고 그들이 처한 상황에 대하여 잘 알고 있었지만(2:11), 어떤 이유에서인지 그들에게 '고엘'로 다가감으로써 그들이 처한 상황을 해결하려는 노력을 전혀 기울이지 않았다. 그 때문에 나오미(와 룻)가 주도권을 잡을 수밖에 없었다. 룻은 나오미의 계획에 동의한다(5절). 1장에서 그녀는 사실 모압에 머물라는 나오미의 권고에 대하여 이렇게 말한 바 있다: "어머니께서 말씀하신 대로 하지 **않겠습니다.**" 그런데 여기서는 "어머니께서 말씀하시는 대로 **하겠습니다**"라고 말한다.

룻은 잠에서 깨어나 놀라는 보아스에게 자신을 밝히면서 이렇게 말한다: "당신의 옷자락으로 시녀를 덮으소서. 당신은 우리 기업을 무를 자['고엘']가 됨이니이다"(9절). "옷자락으로 (여자를) 덮는다"는 표현은 성서에서 두 번밖에 나오지 않는다. 그것이 이곳 룻기 3:9에서는 사람들 사이에 적용되지만, 에스겔 16:8에서는 하나님과 결혼 적령기에 도달한 처녀로 의인화된 예루살렘 사이에 적용된다("내 옷으로 너를 덮어 벌거벗은 것을 가리우고 네게 맹세하고 언약하여 너로 내게 속하게 하였었느니라"). 이 표현은 명백하게 결혼을 가리킨다. 따라서 그 여인은 남편을 제외한 모든 사람들에게 가려져 있다. 신명기 22:30의 법은 아들이 아버지의 (이전) 아내와 성관계를 맺는 불법적인 행동을 일컬어 "아비의 옷을 벗기는/제거하는" 행동으로 표현한다. 달리 말해서 아들은 아버지에게만 허용되어 있는 벗은 몸을 보았기 때문에 그 법을 위반한 자가 되는 것이다.

　롯이 한 말의 두 번째 부분("우리 기업을 무를 자 중 하나")은 약간의 문제점을 안고 있다. 보아스는 룻의 구속자('고엘')이기에 그녀와 결혼하고자 한다. '고엘'이 져야 할 책임들을 다루는 구약 본문(레 25:28-55)은 결혼을 그러한 책임들 중의 하나로 간주한다. 구속자가 해야 할 일은 친족들 중의 한 명이 경제적인 곤궁에 처해 있을 때 그의 재산을 속량하거나(레 25:25-28), 경제적인 압박으로 인하여 자신을 비이스라엘인에게 팔아넘긴 자를 속량하는 일이다(레 25:47-55). 이 법은 또한 레위인이 이스라엘 사람으로부터 재산을 속량할 수 있고(레 25:32), 또 이스라엘 사람이 레위인의 재산을 속량할 수도 있다고 말한다(레 25:33). (빚진 이스라엘 사람을 위한 '고엘'은 없다[레 25:35-38]. 왜냐하면 "속량"은 단지 "팔린" 것 — 밭이건 몸이건 관계없이 — 에 대해서만 적용되지, 단순히 빚진 것에 대해서는 적용되지 않기 때문이다)

　이렇듯이 친족의 재산을 속량하는 경우의 고전적인 사례는 예레미야 32:6-9에서 발견된다. 예레미야는 가족의 재산으로부터 떨어져 나갈 뻔한 사촌 하나멜의 재산을 매입/속량한다. 예레미야 32장과 레위기 25장 사이의 차이는, 전자의 경우 예레미야가 재산에 대한 권리 증서를 얻은 반면에, 후자의 경우에는 재산이 정당하게 원 소유자에게 금방 회복된다는 데 있다. 아니면 구속자는 희년 때까지 재산 소유권을 유지하는 것일까?(Milgrom 1995: 67)

　룻이 보아스를 '야밤'("남편의 형제, '레비르'")으로 칭하지 않고 '고엘'로 칭하고 있음에도 불구하고, 보아스는 그녀의 요청에 놀라지 않는다. 그는 구속과 결혼에 관한 그녀의 생각과 관련하여, "그녀가 느끼고 있는 혼란스러움을 교정"하지 않는다. 그 반대로 그는 그녀를 위해 야웨의 복을 간구하며, 룻이 젊은 남자를 찾지 않고 자기에게 충성스러운 모습을 보인 것이 나오미에게 헌신적인 태도를 보인 것보다 훨씬 낫다고 말한다(10절). 보아스의 이 말은 순전히 낭만적인 생각에서 비롯된 것이 아니라 수혼 제도를 염두에 둔 것일 수도 있다. 달리 말해서 보아스는 룻이 다른 지파에 속한 남자와의 결혼을 추진하기보다는 자기에게 매여 있으려는 모습을 보인 것을 칭찬하고 있는 셈이다(Levine 1983: 105). 따라서 본래는 두 개의 독립적인 주제인 구속 행위와 수혼 제도가 여기서는 서로 간에 완전히 구분될 수 없는 것으로 여겨지는 듯하다. 수혼 제도는 자식 없는 과부를 위해 아들을 얻게 해 줄 뿐만 아니라, 그 과부를 사회적인 고립과 경제적인 고통으로부터 보호해 주기도 하는 것이다. 룻기는 생물학적인 차원을 넘어서는 확대된 수혼 제도를 염두에 두었거나, '고엘'의 구속 행동을 자식 없는 과부의 보호를 포함하는 것으로 확대 해석했을 가능성이 높다.

일찍이 나오미는 "나는 늙었으니 남편을 두지 못할지라"(1:12)고 말했다. 그런데 여기서 보아스는 룻이 젊은 남자를 따르지 않은 것을 칭찬하고 있다. 그러나 나이를 반영하는 "늙음"과 "젊음"에 대해 너무 깊이 생각할 필요는 없다. 캠벨(Campbell 1975: 67)은 이를 다음과 같이 잘 설명하고 있다: "고대 근동의 통상적인 결혼 절차에 비추어 본다면, 나오미는 아마도 10대 중반의 이른 시기에 결혼했을 것이며, 20세 되던 무렵에 두 아들을 두었을 것이다. 그리고 그 두 아들은 15세 무렵에 약간 더 어린 소녀들과 결혼했을 것이다. 이들이 자식 없이 10년 동안 지냈을 때 나오미는 40대 중반에 이르렀을 것이다. 고대 팔레스타인의 거친 삶을 염두에 둔다면, 그 나이는 충분히 폐경기에 도달할 나이라고 볼 수 있을 것이다. 화자(話者)는 보아스와 나오미가 같은 세대에 속한 자들임을 분명히 하고 있는 듯하다. 우리는 본문의 사건들이 발생했을 때 룻이 25세에서 30세 사이의 나이에 도달했을 것으로 추측할 수 있다." 만일에 이러한 추론이 옳다면, 룻기 3장은 20대 여인과 40대 남성의 만남을 그리고 있는 셈이다. 그렇다면 룻은 노인 병동을 공격했다고 보기 어렵지 않겠는가!

어떤 주석가들은 타작마당에서 밤중에 룻과 보아스 사이에 대화 이상의 어떤 일이 이루어졌다는 것을 의아하게 생각한다. 룻은 보아스에게 청혼한다(법에 따라): "당신의 옷자락으로 시녀를 덮으소서." 그는 룻의 청혼을 받아들인다(법에 따라): "네가 요청한 모든 것을 행하겠다." 그녀는 그의 발치 이불을 들추며, 아침까지 그의 발치에 눕는다. 그들은 타작마당에 누워 그렇게 따로 밤을 지새운다. 사건이 마무리되는 것은 4장에 가서이다. 만일에 타작마당에서 두 사람이 성관계를 했더라면 그들의 관계는 거기서 끝났을 것이다. 그렇게 되었더라면 "성읍 안에서 발생하는 일[4장]은 꾸며낸 행동이 될 수밖에 없었을 것이다"(van Wolde 1997: 21). 과연 룻이 보아스가 말한 것처럼(12절) 더 가까운 친족, 곧 또 다른 '고엘'이 있는 것을 알고서 보아스와 성관계를 맺었다고 할 수 있겠는가?

　새벽에 룻은 나오미에게 돌아간다. 룻이 나오미에게 전하는 보아스의 말은 3장 앞부분에서 전혀 언급되지 않은 것이다: "그가 내게 이 보리를 여섯 번 되어 주며 이르기를, '빈손으로 네 시모에게 가지 말라' 하더이다"(17절). 그리고 보아스가 실제로 룻에게 말한 내용이나 룻이 보아스에게 말한 내용은 전혀 소개되어 있지 않다. 그것은 "그 사람의 자기에게 행한 것을 다 고하고"(16절)라는 표현 안에 다 포함되어 있다. 룻에 관한 설화자의 이 말(3:16b)은 다른 여인이 한 남자와 함께 있다가 자기 마을로 돌아가 그간 발생했던 일을 고하는 것처럼 들린다: "여자가 물동이를 버려두고 동네에 들어가서 사람들에게 이르되, '나의 행한 모든 일을 내게 말한 사람을 와 보라. 이는 그리스도가 아니냐!' 하니"(요 4:28-29).

　4:1-12. 룻기에서 처음으로 여자가 나오지 않는 장면이 소개된다. 룻기 4:1-12는 남자들만으로 이루어진 재판정의 모습을 보여 준다. 11명의 남자들이 모여 엘리멜렉의 재산을 장차 어떻게 할 것인지에 관한 법적인 결정을 내리고자 한다. 열두 번째 사람(보아스보다 더 가까운 구속자)의 갑작스런 등장이 계획된 것인지 아니면 우연인지는(일찍이 룻이 "우연히" 보아스의 밭에 있었던 것처럼) 확실치 않다.

　보아스는 자기보다 더 가까운 구속자를 "친구"(1절, NRSV; NIV)라 칭한다. 그러나 히브리어 '펠로니 알모니'는 "친구"를 뜻할 수 없다. 많은 주석가들은 "아무개 씨"(Mr. So-and-So) 정도로 번역한다. 아마도 그것은 소송 사건에서 원고의 가상적인 이름인 "모씨"(某氏, John Doe)에 해당할 것이다(Pardes 1992: 107). 그 가까운 구속자의 이름과 정체가 밝혀지지 않은 것은 자신의 '고엘'(수혼) 책임을 회피하는 그를 정죄하려는 설화자의 의도에서 비롯된 것일 수도 있다.

　앞서 보아스는 룻에게 말할 때 신명기 25:5-10의 수혼법을 상기시키는 언어를 사용한 적이 있다. 그가 그녀에게 한 말(3:13), 곧 "만일 그가 기업 무를 자의 책임을 네게 이행코자('하파츠'; 개역은 '이행코자'로 번역함으로써 이 낱말의 의미를 생략하고 있지만, 사실은 '이행하기를 즐겨하지'로 번역해야 함: 역주) 아니하면"이라는 말은 정확하게 신명기 25:7과 일치한다: "그 사람이 만일 그 형제의 아내 취하기를 즐겨하지['하파츠'] 아니하거든." 그러나 보아스는 그 남자에게 직접 말하면서 이 표현을 사용하지 않는다. 아마도 그 친족을 존중하는 마음에서, 그리고 긴장되는 상황 속에서 조화로운 분위기를 유지하려는 마음에서 그랬을 것이다(Brin 1994: 59).

그 가까운 구속자는 자기가 엘리멜렉의 재산을 나오미에게서 구속하는 날 룻을 얻게 된다는 사실을 알고는(5절), 뒤로 물러서면서 "나는 무르지 못하겠노라"(6절)고 말한다. 신명기 25:7과 룻기 3:11은 수혼의 책임을 피하는 행동을 표현하는 데에 "즐겨하지 않는다"라는 동사를 사용한다. 그런데 이곳 4장에서 그 가까운 구속자는 "할 수 없다"('야콜')는 동사를 사용한다. 이를테면 내키지 않는 것이 아니라 그렇게 할 수 없다는 태도를 보인 것이다. 그는 그것이 자신의 기업에 손상을 입힐 것이라고 생각한 듯하다. 그 까닭에 그는 일종의 일괄 거래(package deal)에 포함된 룻을 포기하기로 작정한 것이다. (그런데 "매입하다"['카냐']라는 동사를 "아내"를 사는 행동과 관련시키는 4:5, 10의 용법은 여자를 단순한 소유물로 격하시키려는 의도에서 비롯된 것이 아니다. 레빈[Levine 1983: 101]이 지적한 바와 같이 이 동사는 전문 용어로 선택된 것이 아니라 문체상의 고려 때문에 선택된 것이다) (나중에 13절은 결혼을 가리키는 표준적인 동사들 중의 하나인 '라카흐' 동사를 사용하여 "보아스가 룻을 취하여"라고 서술한다. 이 본문은 "보아스가 룻을 사들였다"라고 말하지 않는다) 이름이 밝혀지지 않은 그 가까운 구속자는 룻을 취하는 행동이 어떤 형식으로든 자신의 기업에 손상을 입힐 것이라 판단함으로써, 자신의 가치 기준이 룻의 그것과 판이하게 다르다는 것을 분명하게 보여 준다. 룻에게 다른 어떤 것보다도 소중한 것은 충성심('헤세드')이다. 그러나 그 가까운 구속자에게 충성심이라는 것은 버릴 수도 있는 것이다. 특히 그것이 어느 정도의 희생을 동반할 때에는 말이다.

10명의 장로들보다 더 많은 사람들("성문에 있는 모든 백성," 11절)이 그 결정의 증인으로 참여한다. 그들은 보아스를 위해 풍요로운 미래를 기원하면서, 창세기의 내용과 관련된 이중적인 직유법을 사용한다: "야웨께서 네 집에 들어가는 여인으로 이스라엘 집을 세운 라헬, 레아 두 사람과 같게 하시고"(11절); "야웨께서 이 소년 여자로 네게 후사를 주사 네 집으로 다말이 유다에게 낳아 준 베레스의 집과 같게 하시기를 원하노라"(12절).

첫 번째 직유에서, 경쟁 관계에 있던 것으로 유명한 두 여인 라헬과 레아는 "미래 세대를 위한 모델로 쓰이기 위해 과거로부터 소환되는 여가장(女家長)들"로 소개된다(Pardes 1992: 98).

두 번째 직유는 유다와 그의 세 아들 및 며느리 다말 등을 포함하는 창세기 38장의 사건을 가리킨다. 이 사건에서 유다는 두 아들(손자) 베레스와 세라의 아버지가 된다. 사실 롯기와 창세기 38장 사이에는 상당히 많은 평행 요소들이 존재한다(특히 van Wolde 1997 참조):

창세기 38장	룻기
1. 유다가 형제들로부터 떨어져 나옴	1. 엘리멜렉이 친족으로부터 떨어져 나옴
2. 유다가 가나안 여인과 결혼함	2. 보아스가 모압 여인과 결혼함
3. 배우자의 죽음과 두 아들	3. 배우자의 죽음과 두 아들
4. 며느리에게 아비 집으로 가게 함(11절)	4. 며느리에게 어미 집으로 가게 함(1:8)
5. 오난이 다말과 성관계를 맺고자 하지만 설정하기는 싫어함(9절)	5. 가까운 구속자가 땅을 갖고 싶기는 하지만 룻을 얻기는 싫어함(4:6)
6. 다말이 주도권을 행사함	6. 룻이 주도권을 행사함
7. 주도권 행사를 통하여 다말이 자신의 '레비르'가 아닌 자(시아버지)를 통하여 수혼의 목적을 달성함	7. 주도권 행사를 통하여 룻이 자신의 '레비르'가 아닌 자(시아버지의 친척[사촌?])를 통하여 수혼의 목적을 달성함
8. 유다가 다말을 칭송함(26절)	8. 보아스가 룻을 칭송함(3:11)
9. 다말이 메시아 계열의 아들(베레스)을 낳음	9. 룻이 메시아 계열의 자식인 다윗의 증조모가 됨
10. '나카르'("알아채다, 인식하다") 동사가 사용됨(25, 26절)	10. '나카르'("알아채다, 인식하다") 동사가 사용됨((2:10, 19)
11. 38장은 요셉 이야기의 흐름을 방해함. 39:1은 37:36을 그대로 이어받음	11. 룻기는 사사기에서 사무엘서로 이어지는 흐름을 방해함

룻기와의 관련성은 구약성서에서 창세기 38장 말고도 창세기 13~19장에 걸쳐 있는 롯 이야기에서도 찾아볼 수 있다. 롯은 룻의 조상이며(모압 사람), 유다는 보아스의 조상이다. 이상의 모든 이야기들은 과부나 딸(며느리)이 주도권을 행사한다는 특징을 갖는다: 롯의 딸들이 아버지를 술 취하게 하여 동굴에서 그와 성관계를 맺는다; 자신을 창기로 위장한 다말이 양떼를 치는 시아버지와 성관계를 맺는다; 밤중에 보아스에게 다가간 룻은 그의 발치에 눕게 되고, 마침내는 법과 관습이 지배하는 사회에서 그와 결혼하기에 이른다. 프리쉬(Frisch 1982: 434)가 지적한 바와 같이, 이 세 이야기를 병렬해 놓으면 조금씩 도덕적인 발전이 이루어지고 있음을 알 수 있다: (1) 도덕적으로 못마땅한 행동; (2) 도덕적으로 의문스러운 행동; (3) 도덕적으로 승인된 행동.

4:13-17. 적어도 룻기에 의하면 보아스는 처음으로 남편이면서 아버지가 된다. 단순한 구속자가 되는 것 이상으로 말이다. (바벨론 탈무드인 *Baba Batra* 91에는 보아스가 결혼을 했으나 룻이 나오미와 함께 베들레헴에 도착한 그날 그의 아내가 죽었다고 설명하는 전승이 있다) 룻은 처음으로 어머니가 된다. 그리고 나오미는 처음으로 할머니이면서 양모(養母)가 된다. 룻이 낳은 아들에게는 "오벳"이라는 이름이 지어진다. "일하는 자, 예배하는 자"라는 뜻을 가진 이 이름은 예언자 오바댜의 이름과 동일한 어근을 가지고 있다. 부모나 나오미에 의해서가 아니라 이웃 여인들에 의해 지어진 이 아이의 이름은 "나오미와 룻의 하나님을 향한 수고와 봉사, 헌신 등을 경축한다"는 의미를 가지고 있다(Feeley-Harnik 1990: 174).

흥미롭게도 오벳의 출생 이후 이웃 여인들은 나오미에게만 말을 한다. 아이의 생물학적인 부모는 전혀 언급되지 않는다. 룻은 그 이름 대신에 나오미와의 관계("네 며느리")와 나오미를 향한 애정("너를 사랑하며") 및 나오미가 느끼는 소중함("일곱 아들보다 귀한") 등을 매개로 하여 간접적으로 소개될 뿐이다. 이들 중 마지막 구절에 대하여 캠벨(Campbell 1975: 168)은 다음과 같은 점을 날카롭게 지적한다: "룻을 칭송하면서 그녀가 일곱 배나 귀한 자라고 말하기보다는 일곱 아들보다 더 귀한 자라고 말하는 것이야말로 이 이야기를 가장 흥미롭게 만드는 것이 아니겠는가!" 이웃 여인들이 룻에 관하여 나오미에게 하는 말은 구약성서의 다음 장에 있는 말, 곧 엘가나가 자신에 관하여 한나에게 하는 말과 매우 비슷하다: "내가 그대에게 열 아들보다 낫지 아니하뇨?"(삼상 1:8)

룻은 오벳을 양육하면서 법적인 필요에 의해서, 그리고 나오미를 향한 헌신적인 태도로 인하여 부모의 책임을 공유하게 될 것이다. 오벳은 법적인 어머니인 양모(나오미)와 생물학적인 어머니(룻)를 갖게 될 것이다. 그 까닭에 본문은 "나오미가 아들을 낳았다"(17절)는 표현을 사용할 수 있다. (그런데 "X가 아들/자녀를 낳았다"는 표현은 다른 곳에서는 항상 아버지에게 적용된다: 아브라함[창 17:17; 21:5]; 다윗[삼하 3:2, 5; 12:14; 대상 3:1; 22:9]; 욥[욥 1:2]; 히스기야[사 39:7]; 예레미야의 아버지 힐기야[렘 20:15]. 이에 대해서는 Exum 1996: 169 참조.) 나오미는 오벳에게 대하여 할머니요, 법적인 어머니요, 양모요, 유모이다. 그녀가 그 아기를 취하여 가슴에 품었다는 것은 전혀 놀라운 일이 아니다(16a절). 우리는 여기서 나오미가 두 팔에 아이를 안고서 "주재여, 이제는 말씀하신 대로 종을 평안히 놓아 주시는도다. 내 눈이 주의 구원을 보았사오니 … "(눅 2:28)라고 하나님을 송축하던 시므온(눅 2:28)의 모습을 많이 닮았음을 알 수 있다.

4:18-22. 룻기는 10세대 족보로 끝을 맺는다. 그 족보에서 보아스와 다윗은 가장 중요한 자리, 곧 일곱 번째와 열 번째 자리를 차지한다:

1. 베레스
↓
2. 헤스론
↓
3. 람
↓
4. 암미나답
↓
5. 나손

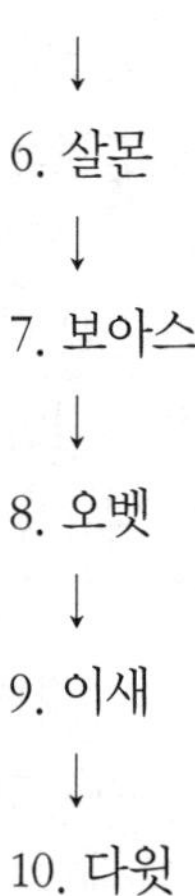

이 족보가 본래적인 것인지 아니면 이차적인 것인지에 관한 학자들의 주장은 매우 다양하지만(Hubbard 1988: 15-21), 그것은 바로 앞의 내용과 잘 들어맞는다. 예로써 저자는 자기 책을 다윗의 이름을 통하여 끝맺음으로써 (사람 이름으로 끝나는 유일한 책임) 여인들의 기도가 얼마나 훌륭하게 응답되었는지를 보여 주고 있다. 그들은 단순히 한 아이의 출생을 위하여 기도한 것이 아니라, 나중에 "이스라엘 중에 유명하게" 될 아이를 위하여 기도한 것이다(14c절). 그 일을 다윗보다 더 잘 성취할 자가 누구겠는가?

그러나 여기에는 한 가지 문제점이 있다. 4:17과 4:18-22는 다윗을 모압 여인 룻의 증손으로 묘사한다. 이러한 현실은 다음과 같이 말하는 신명기 23:3의 법과 어떻게 일치시킬 수 있을 것인가?: "암몬 사람과 모압 사람은 여호와의 총회에 들어오지 못하리니, 그들에게 속한 자는 십 대뿐 아니라 영원히 여호와의 총회에 들어오지 못하리라."

구약성서의 중요한 두 왕은 배척당하는 이 두 민족을 조상으로 가지고 있다. 다윗과 그의 손자 르호보암이 그렇다. 다윗은 모압 여인 룻의 후손이고, 유다 왕국의 설립자인 르호보암은 암몬 사람 나아마라는 여인의 아들이기 때문이다(왕상 14:31). 바벨론 탈무드를 보면 랍비들이 이 둘을 일치시키려고 애쓴 흔적이 보인다. 탈무드의 일부를 구성하고 있는 미슈나(Mishnah)는 여섯 개의 "계층들"을 다루는 자료들로 배열되어 있고, 그 계층 자료들은 또 다시 여러 개의 "소책자들"로 나뉜다. 여섯 계층 자료들 중의 세 번째는 "나쉼"("여인들")으로 불리며, 그 안에 있는 일곱 소책자들 중의 첫 번째는 "예바못"("시누이")으로 불린다.

바벨론 탈무드(*Yebamoth* 63a)는 이러한 관심사를 다음과 같은 말들로 표현하고 있다: "엘르아살(R. Eleazar)은 추가로 이렇게 말한다: '그리고 땅의 모든 족속이 너를 인하여 복을 얻을 것이니라(창 12:1: 역주)는 본문은 무엇을 뜻하는가? 거룩하신 분이요 찬양받으실 분께서는 나는 경건한 두 인물, 곧 모압 여인 룻과 암몬 사람 나아마를 네게 붙이노라고 아브라함에게 말씀하신다.'"

조금 후에 미슈나(*Yebamoth* 76b)는 모압 족속과 암몬 족속을 배척하는 신명기 23:3의 법이 남자에게만 적용되지 여자에게는 적용되지 않는다는 규칙을 만든다("그러나 그들의 여인들은 별 어려움 없이 받아들일 수 있다"). 탈무드는 이러한 법적인 해석을 뒷받침하기 위해 다음과 같은 설교적인 주석을 추가한다(*Yebamoth* 77a): "라바(Raba)는 다음과 같이 해설한다: 주께서 나의 결박을 푸셨나이다[시 116:16]라는 표현은 무엇을 뜻하는가? 다윗은 거룩하신 분이요 찬양받으실 분께 이렇게 말한다: '천지의 주재시여, 두 개의 결박이 저를 묶고 있었는데, 주께서 그것들을 풀어주셨습니다. 모압 여인 룻과 암몬 사람 나아마가 그렇습니다.'" (이 인용문은 다음 책에서 가져온 것임: *The Babylonian Talmud: Seder Nashim* [London: 1936], 1:420, 516, 519. Milgrom 1982: 174도 참조.)

신약성서에는 룻에 대한 언급이 하나밖에 없다. 마태가 소개하고 있는 예수의 족보(마 1:1-17)가 그렇다(5절). 룻은 다말, 라합, 밧세바, 마리아 등과 함께 예수의 여자 조상들로 나타난다. 여인들을 족보에 포함시키는 경우가 없는 것은 아니지만, 그런 경우는 매우 드물다.

구약성서의 네 여인들과 마리아가 예수의 족보에 있는 이유는 무엇인가? 왜 사라나 리브가, 라헬, 레아 등은 그 족보에 없는가? 두 가지 견해가 가장 그럴듯해 보인다. 이 모든 여인들은 죄인들일 뿐만 아니라 성적인 범죄 내지는 성적인 범죄로 해석될 수 있는 범죄에 연루되어 있는 까닭에, 그들이 예수의 족보에 포함되어 있다는 것은 두 가지 목적을 가지고 있는 것으로 여겨진다. 첫째로 그것은 모든 죄인들의 구원자이신 예수의 사역을 강조하는 효과를 갖는다. 둘째로 구약성서의 네 여인들은 남편 없이 아이를 낳은 마리아의 원형에 해당한다. 그것은 마치 마태가 마리아의 처녀 잉태 사실을 "비난하는 자들"(이를테면 음행을 숨기려 한다는)에게 이렇게 말하는 것처럼 보인다: "여러분은 마리아를 비난하는데, 여러분 자신의 역사를 한 번 살펴보기 바랍니다. 다말, 라합, 룻, 밧세바 등과 같은 사람들은 어떻습니까?" 그러나 만일 음행을 숨기려고 하는 것이 정말 마태의 의도라고 한다면, 그는 마리아의 처녀 잉태를 비난하는 자들의 견해에 거의 동의하면서 부지중에 마리아의 신실함과 예수의 적법성을 의문시하는 자가 되고 만다.

가장 적절한 견해는 마태가 이방인들 일색(밧세바는 헷 사람 우리아와 결혼함으로써 이방인 범주에 들게 됨)인 다섯 여인들을 예수의 족보에 포함시킴으로써 예수의 메시아 사역의 범위에 관하여 무언가 교훈을 주고 있다는 점이다. 모든 민족, 곧 유대인이나 비유대인은 똑같이 오직 예수만을 왕으로 섬기는 메시아 왕국에서 환영 받는다.

따라서 룻기와 마태의 예수 족보는 세 가지 진리를 확증시켜 주는 셈이다 (Gage 1989: 373-75 참조): (1) 복음 이야기의 특수성: 룻은 신앙고백과 결혼을 통하여 유다 지역에서 모압 사람의 굴레를 벗는다; 그녀는 하나님 나라에 합류하는 바, 예수는 그 나라의 왕관이요 절정에 해당하시는 분이다; (2) 복음 이야기의 보편성: 어느 누구도 민족이나 언어, 지역, 성별 등에 기초하여 배척당하지는 않는다. 하나님 나라는 얼굴이나 인종에 의해서가 아니라 순전히 은총에 의해서만 들어간다; (3) 복음 이야기의 신비로움: 하나님의 주권적인 계획은 종종 가장 있음직하지 않은 사건들과 사람들을 통해서 성취된다. "유대인을 선택하신 하나님은 얼마나 기이한 분이신가!"라고 말하는 자들에게 이 작은 책, 곧 룻기는 "모압 여인을 선택하신 하나님은 얼마나 기이한 분이신가!"라는 답을 준다.

룻기 참고문헌

Commentaries and Major Studies

Atkinson, D. 1983. *The Wings of Refuge: The Message of Ruth*. The Bible Speaks Today. Downers Grove, Ill.: InterVarsity.

Brenner, A., ed. 1993. *A Feminist Companion to Ruth*. The Feminist Companion to the Bible 3. Sheffield: JSOT Press.

Campbell, Edward F. 1975. *Ruth*. Anchor Bible 7. Garden City, N.Y.: Doubleday.

Caspi, M. M., and R. S. Havrelock. 1996. *Women on the Biblical Road: Ruth, Naomi, and the Female Journey*. Lanham, Md.: University Press of America.

Cundall, A. E., and Leon Morris. 1968. *Judges and Ruth: Introduction and Commentary*. Tyndale Old Testament Commentaries. Downers Grove, Ill.: InterVarsity. Pp. 217–318.

Fewell, D. N., and D. M. Gunn. 1990. *Compromising Redemption: Relating Characters in the Book of Ruth*. Literary Currents in Biblical Interpretation. Louisville: Westminster/John Knox.

Gow, M. G. 1992. *The Book of Ruth: Its Structure, Theme and Purpose*. Leicester: Apollos.

Hals, Ronald M. 1969. *The Theology of the Book of Ruth*. Philadelphia: Fortress.

Hubbard, Robert L., Jr. 1988. *The Book of Ruth*. New International Commentary on the Old Testament. Grand Rapids: Eerdmans.

Kates, J. A., and G. T. Reimer, eds. 1994. *Reading Ruth: Contemporary Women Reclaim a Sacred Story*. New York: Ballentine.

Levine, E. 1973. *The Aramaic Version of Ruth*. Analecta Biblica 58. Rome: Pontifical Biblical Institute.

Nielsen, Kirsten. 1997. *Ruth, A Commentary*. Old Testament Library. Louisville: Westminster/John Knox.

Sasson, Jack M. 1979. *Ruth: A New Translation with a Philogical Commentary and a Formalist-Folklorist Interpretation*. Baltimore: Johns Hopkins University Press.

Shorter Studies

Alter, Robert. 1981. *The Art of Biblical Narrative*. New York: Basic Books. Pp. 58–60.

Bauckham, R. 1997. "The Book of Ruth and the Possibility of a Feminist Canonical Hermeneutic." *BibInt* 5:29–45.

Beattie, D. R. G. 1974. "The Book of Ruth as Evidence for Israelite Legal Practice." *VT* 24:251–67.

———. 1978a. "Redemption in Ruth, and Related Matters: A Response to Jack M. Sasson." *JSOT* 5:65–68.

———. 1978b. "Ruth III." *JSOT* 5:39–48.

Berlin, A. 1983. *Poetics and Interpretation of Biblical Narrative*. Sheffield: Almond. Pp. 83–110.

———. 1988. "Ruth." In *Harper's Bible Commentary*. Ed. J. L. Mays. San Francisco: Harper & Row. Pp. 262–67.

Bernstein, M. J. 1991. "Two Multivalent Readings in the Ruth Narrative." *JSOT* 50:15–26.

Berquist, J. L. 1992. *Reclaiming Her Story: The Witness of Women in the Old Testament*. St. Louis: Chalice. Pp. 141–53.

———. 1993. "Role Dedifferentiation in the Book of Ruth." *JSOT* 57:23–37.

Bertman, S. 1965. "Symmetrical Design in the Book of Ruth." *JBL* 84:165–68.

Brenner, A. 1983. "Naomi and Ruth." *VT* 33:385–97.

Brenner, G. 1990. "Readers Responding: An Interview with Biblical Ruth." *Soundings* 73:233–55.

Brin, G. 1994. *Studies in Biblical Law from the Hebrew Bible to the Dead Sea Scrolls*. JSOT Supplement 176. Trans. J. Chipman. Sheffield: JSOT Press.

Bos, J. W. H. 1988. "Out of the Shadows: Genesis 38; Judges 4:17–22; Ruth 3." *Semeia* 42:58–64.

Carmichael, C. M. 1980. "'Treading' in the Book of Ruth." *ZAW* 92:248–66.

Childs, Brevard. 1979. *Introduction to the Old Testament as Scripture.* Philadelphia: Fortress. Pp. 560–68.

Coxon, P. W. 1989. "Was Naomi a Scold? A Response to Fewell and Gunn." *JSOT* 45:25–27.

Davies, E. W. 1981. "Inheritance Rights and the Hebrew Levirate Marriage." *VT* 31:138–44, 257–68.

———. 1983. "Ruth 4:5 and the Duties of the *goʾel.*" *VT* 33:231–34.

Day, L. 1998. "Otherness and Gender in Biblical Short Stories." *HBT* 20:109–27.

Exum, J. C. 1996. "Is This Naomi?" In *Plotted, Shot, and Painted: Cultural Representations of Biblical Women.* JSOT Supplement 215. Sheffield: Sheffield Academic Press. Pp. 129–74.

Feeley-Harnik, G. 1990. "Naomi and Ruth: Building Up the House of David." In *Text and Tradition: The Hebrew Bible and Folklore.* Ed. S. Niditch. Atlanta: Scholars Press. Pp. 163–84.

Fewell, D. N., and D. M. Gunn. 1988. "'A Son is Born to Naomi!' Literary Allusion and Interpretation in the Book of Ruth." *JSOT* 40:99–108.

———. 1989. "Boaz, Pillar of Society: Measures of Worth in the Book of Ruth." *JSOT* 45:45–49.

Fisch, H. 1982. "Ruth and the Structure of Covenant History." *VT* 32:425–37.

Gage, W. A. 1989. "Ruth upon the Threshing Floor and the Sin of Gibeah: A Biblical-Theological Study." *WTJ* 51:369–75.

Gordis, Robert. 1974. "Love, Marriage, and Business in the Book of Ruth: A Chapter in Customary Hebrew Law." In *A Light unto My Path: Old Testament Studies in Honor of Jacob M. Myers.* Ed. H. N. Bream, R. D. Heim, and C. A. Moore. Philadelphia: Temple University Press. Pp. 241–64.

Gottwald, N. K. 1985. *The Hebrew Bible: A Socio-Literary Introduction.* Philadelphia: Fortress. Pp. 554–58.

Goulder, M. D. 1993. "Ruth: A Homily on Deuteronomy 22–25." In *Of Prophets' Visions and the Wisdom of Sages: Essays in Honour of R. Norman Whybray on His Seventieth Birthday.* JSOT Supplement 162. Ed. H. A. McKay and D. J. A. Clines. Sheffield: JSOT Press. Pp. 307–19.

Gow, M. D. 1984. "The Significance of Literary Structure for the Translation of the Book of Ruth." *BT* 35:309–20.

———. 1990. "Ruth Quoque—A Coquette? (Ruth 4:5)." *TynB* 41:302–11.

Grant, R. 1991. "Literary Structure in the Book of Ruth." *BSac* 148:424–41.

Green, B. 1982. "The Plot of the Biblical Story of Ruth." *JSOT* 23:55–68.

Greenstein, E. L. 1990. "On Feeley-Harnik's Reading of Ruth." In *Text and Tradition: The Hebrew Bible and Folklore*. Ed. S. Niditch. Atlanta: Scholars Press. Pp. 185–91.

Howard, D. M., Jr. 1993. *An Introduction to the Historical Books*. Chicago: Moody. Pp. 125–39.

Hubbard, R. L., Jr. 1989. "Theological Reflections on Naomi's Shrewdness." *TynB* 40:283–92.

Hunter, A. 1981. "How Many Gods Had Ruth?" *SJT* 34:427–36.

Hyman, R. T. 1983–1984. "Questions and Changing Identity in the Book of Ruth." *USQR* 38:189–201.

Jackson, G. S. 1994. "Naomi, Ruth, and Orpah." *TBT* 32:58–73.

Jobling, D. 1993. "Ruth Finds a Home: Canon, Politics, Method." In *The New Literary Criticism and the Hebrew Bible*. JSOT Supplement 143. Ed. J. C. Exum and D. J. A. Clines. Sheffield: JSOT Press. Pp. 125–39.

LaCocque, A. 1990. *The Feminine Unconventional: Four Subversive Figures in Israel's Tradition*. Overtures to Biblical Theology. Minneapolis: Fortress. Pp. 84–116.

Landy, F. 1994. "Ruth and the Romance of Realism, or Deconstructing History," *JAAR* 62:285–317.

Larkin, K. J. A. 1996. *Ruth and Esther*. Old Testament Guides. Ed. R. N. Whybray. Sheffield: Sheffield Academic Press. Pp. 17–56.

Levine, Baruch. 1983. "In Praise of the Israelite *Mišpāḥâ:* Legal Themes in the Book of Ruth." In *The Quest for the Kingdom of God: Studies in Honor of George E. Mendenhall*. Ed. H. B. Huffman, F. A. Spina, and A. R. W. Green. Winona Lake, Ind.: Eisenbrauns. Pp. 95–106.

Matthews, V. H. 1987. "Entrance Ways and Threshing Floors: Legally Significant Sites in the Ancient Near East." *Fides et Historia* 19, no. 3:25–40.

Merrill, E. H. 1985. "The Book of Ruth: Narration and Shared Themes." *BSac* 142:130–41.

Milgrom, Jacob. 1982. "Religious Conversion and the Revolt Model for the Formation of Israel." *JBL* 101:169–76.

———. 1995. "The Land Redeemer and the Jubilee." In *Fortunate the Eyes That See: Essays in Honor of David Noel Freedman in Celebration of His Seventieth Birthday*. Ed. A. B. Beck, A. H. Bartelt, P. R. Raabe, and C. A. Franke. Grand Rapids: Eerdmans. Pp. 66–69.

Miller, P. D. 1994. *They Cried to the Lord: The Form and Theology of Biblical Prayer*. Minneapolis: Fortress. Pp. 290–93.

de Moor, J. C. 1984. "The Poetry of the Book of Ruth." *Orientalia* 53:262–83.

————. 1986. "The Poetry of the Book of Ruth." *Orientalia* 55:16–46.

Moore, M, S. 1998. "Ruth the Moabite and the Blessing of Foreigners." *CBQ* 60:203–17.

Murphy, R. E. 1981. *Wisdom Literature: Job, Proverbs, Ruth, Canticles, Ecclesiastes, Esther.* Forms of Old Testament Literature. Grand Rapids: Eerdmans. Pp. 83–96.

Nash, P. T. 1995. "Ruth: An Exercise in Political Correctness or a Call to Proper Conversion?" In *The Pitcher is Broken: Memorial Essays for Gösta W. Ahlström.* Ed. S. W. Holloway and L. K. Handy. JSOT Supplement 190. Sheffield: Sheffield Academic Press. Pp. 347–54.

Ozick, C. 1987. "Ruth." In *Congregation: Contemporary Writers Read the Jewish Bible.* Ed. D. Rosenberg. New York: Harcourt Brace Jovanovich. Pp. 361–82.

Pardes, I. 1992. *Countertraditions in the Old Testament: A Feminist Approach.* Cambridge, Mass.: Harvard University Press. Pp. 98–117.

Prinsloo, W. S. 1980. "The Theology of the Book of Ruth." *VT* 30:330–41.

Rauber, D. F. 1970. "Literary Values in the Bible: The Book of Ruth." *JBL* 89:27–37. (Repr. in *Literary Interpretations of Biblical Narratives.* Ed. K. Gros Louis, J. Ackerman, and T. Warshaw. Nashville: Abingdon, 1974. Pp. 163–76.)

Rebera, B. A. 1992. "Translating a Text to Be Spoken and Heard: A Study of Ruth 1." *BT* 43:230–36.

Sasson, Jack. 1987. "Ruth." In *The Literary Guide to the Bible.* Ed. R. Alter and F. Kermode. Cambridge, Mass.: Belknap. Pp. 320–28.

Strouse, E., and B. Porten. 1979. "A Reading of Ruth." *Commentary* 67, no. 2:63–67.

Thompson, M. E. W. 1993. "New Life amid the Alien Corn: The Book of Ruth." *EvQ* 65:197–210.

Tigay, Jeffrey H. 1996. *Deuteronomy.* The JPS Torah Commentary. Philadelphia: The Jewish Publication Society. Pp. 482–83.

Trible, Phyllis. 1978. *God and the Rhetoric of Sexuality.* Overtures to Biblical Theology. Philadelphia: Fortress. Pp. 166–99.

————. "Ruth, Book of." *ABD* 5:842–47.

————. 1997. "Ruth: A Text in Therapy." *USQR* 51:33–42.

van Wolde, E. 1997. "Texts in Dialogue with Texts: Intertexuality in the Ruth and Tamar Narratives." *BibInt* 5:1–28.

Weinfeld, M. 1971. "Ruth, Book of." *EncJud* 14:518–22.

사무엘상

본래 사무엘상과 사무엘하가 한 권의 책이었다는 것은 매우 확실한 사실이다. 이 한 권의 책이 두 권으로 나누어진 것은 기독교 시대 초기에 이루어졌겠지만, 그것은 이미 기독교 이전 시대에 히브리 성서를 헬라어로 옮긴 70인역(Septuagint)에 의해 그 기초가 마련되었다. 70인역(로마 숫자 70을 뜻하는 LXX 기호로 표기되는)은 사무엘서와 열왕기를 "왕국들에 관한 책"으로 칭함으로써 그 책들을 하나의 통일된 편집물로 간주하였으며, 이를 왕국기 알파(Kingdoms Alpha), 왕국기 베타(Kingdoms Beta), 왕국기 감마(Kingdoms Gamma), 왕국기 델타(Kingdoms Delta) 등으로 세분하였다.

라틴어 번역본인 불가타역(Vulgate)은 이 부분에서 70인역을 따르고 있다. 예외가 있다면 불가타역이 70인역의 "왕국들"(Kingdoms)을 "왕들"(Kings)로 바꾸는 한편, 헬라어 알파벳 문자 대신 로마 숫자를 사용하고 있다는 점이다: 제1열왕기(I Kings), 제2열왕기(II Kings), 제3열왕기(III Kings), 제4열왕기(IV Kings).

훨씬 오래된 본문 전승에 의존하고 있음에 틀림이 없는 주후 1400년경의 한 히브리어 사본은 사무엘서를 두 권의 책으로 나누고 있다. 이러한 구분법은 그 유명한 봄버그 성서(Bomberg Bible, 1517년)와 그 후의 모든 개신교 성서들에 의해 채택되었다.

사무엘서가 두 권의 다른 책으로 나뉘는 부분의 이야기는 다소 이상한 점을 가지고 있음에 틀림없지만, 전혀 까닭 없는 것도 아니다. 예로써 다윗 왕의 이야기가 사무엘하의 마지막 장에서 끝나지 않고 솔로몬이 왕위에 오른 후인 열왕기상의 두 번째 장에서 끝난다는 것은 어느 정도 예상치 못한 것이다. 아니면 사울의 죽음이 사무엘상 마지막 장에 기록되어 있다는 것도 그렇다. 그런데 묘하게도 그의 죽음에 관한 또 다른 "설명"(삼하 1:1-16)이 사무엘하 첫 장에 기록되어 있고, 사울과 요나단의 죽음에 대한 다윗의 애가 역시 마찬가지이다(삼하 1:17-27). 주로 사울 자료들로 구성된 사무엘하의 시작 부분은 이야기 — 사울의 죽음에 관한 이야기조차도 — 의 초점을 다윗이라는 인물에게로 옮기려는 의도를 가지고 있었을 가능성이 높다(Childs 1979: 272). 사울의 죽음은 다윗에게 어떠한 의미를 갖는 것일까? 이 문제는 새롭게 주어진 기회라는 차원에서 볼 수도 있고, 전임자를 향한 그의 감정이 어떠한지의 차원에서 볼 수도 있을 것이다.

릇기 다음의 두 책이 "사무엘"이라는 이름을 가지고 있다는 것은 흥미로운 일이다. 그는 확실히 두 책의 저자일 수 없다. 왜냐하면 그의 죽음이 사무엘상 25:1에 기록되어 있기 때문이다. 또 한 가지 흥미로운 것은 나이 많아 늙은 사무엘이 사무엘상 12:1-25에서 고별 메시지를 전하지만(신 31:1-8의 모세나 수 24:1-28의 여호수아와 마찬가지로), 몇 년 후인 사무엘상 25:1에 이르기까지 여전히 살아있다는 점이다! 확실히 사무엘은 사무엘상 자료의 일부에 책임을 지고 있었음에 틀림없다. 그 증거를 우리는 역대상 29:29("다윗 왕의 시종 행적이 선견자 사무엘의 글과 선지자 나단의 글과 선견자 갓의 글에 다 기록되고")와 사무엘상 10:25("사무엘이 나라의 제도를 백성에게 말하고 책에 기록하여 야웨 앞에 두고 모든 백성을 각기 집으로 보내매")에서 찾을 수 있다.

만일에 사무엘이 자기 이름을 가진 책(들)과 일차적인 관련성을 가지고 있다는 것이 저작권을 뜻하는 게 아니라고 한다면, 그 일차적인 관련성은 사무엘이 갖는 영적인 중요성 및 그가 자신의 세대와 다가올 세대들에 미칠 광범위한 영향력에 있을 수밖에 없다. 예레미야 15:1("모세와 사무엘이 내 앞에 섰다 할지라도")에 비추어볼 때, 우리는 이 두 사람이 왕정 이전 시대의 이스라엘을 지배한 두 영적인 거장들이었다는 결론을 내릴 수 있다. 이와 비슷한 인물은 주전 8세기의 예언자인 호세아의 말에서도 발견된다: "야웨께서는 선지자[모세]로 이스라엘을 애굽에서 인도하여 내시며 선지자[사무엘?]로 저를 보호하셨거늘"(호 12:13).

몇 가지 요인들이 사무엘의 중요성을 뒷받침하고 있다. 첫째로 그는 사사 시대의 이스라엘 지파 동맹체가 왕정으로 옮겨가는 중간 지점에서 둘 사이를 연결하고 있다. 둘째로 이전의 카리스마적인 시대와 다가올 예언의 시대를 연결하고 있다. 이 두 번째 요인은 첫 번째 요인과 연결되어 있다. 셋째로 그는 철저하게 안정된 종교 관리들 — 제사장들 — 의 성직 독점과 영적인 예언 지도자들의 출현 사이를 연결하고 있다. 이스라엘 역사는 신앙 공동체 안에 있는 성직 계층과 카리스마적인 인물들 사이의 계속되는 갈등으로 가득 차 있다.

사무엘상 초반부는 잘 확립된 성직 계층(엘리 가문)이 평신도 출신의 새로운 지도자(사무엘)에 의해 대체되는 모습을 보여 준다(Albright 1963: 44). 이와 비슷한 움직임으로는 부패한 예루사렘 제사장직에 등을 돌린 에세네파의 경우를 들 수 있다. 또는 교사들/랍비들로 하여금 제사장들을 대신하여 공동체의 지도자들이 되도록 준비시키기 시작하던 바리새인들이 그러한 경우에 해당할 수도 있다. 또는 신부들을 대신하는 루터파와 칼빈파의 목사들, 왕당파 국교도로서 평신도 설교자들에게 안수하는 존 웨슬리(John Wesley), 종종 평신도들이 이끌면서 때때로 주류 교파의 목회자들보다 훨씬 더 광범위한 영향력을 행사하는 초(超) 교회 운동 등도 마찬가지 시각에서 볼 수 있다.

사무엘의 지파 배경에 관해서는 약간의 불일치가 있는 것으로 보인다. 사무엘상 1:1에 의하면 사무엘은 평신도 지파들 중의 하나인 에브라임 지파 사람이다. 그러나 역대상 6:27-28(특히 NIV)에 의하면 성전 가수 집안의 레위인이다. 과연 사무엘은 평신도 지파 사람인가 아니면 성직자 지파 사람인가? 이 두 전승은 다음과 같은 설명에 의해 조화를 이룰 수 있다: 전문직을 두고 말하자면 그는 에브라임 지파의 평신도로서 어머니에 의해 실로 성소에 바쳐진 후에 그곳에서 레위인의 기능을 수행하던 나실인이었지만, 다음 세대에 속한 자들에 의해 레위인으로 간주되었을 수도 있다.

어떤 점에서 본다면, "사무엘상"은 "사무엘과 사울에 관한 책"으로 불릴 수도 있다. 사무엘이 1~12장의 중심인물이라면, 사울은 13~31장의 중심인물이다. 그리고 엘리는 사무엘상의 전반부에 나타나며, 다윗은 후반부에 나타난다. 따라서 우리는 사무엘상을 중심인물의 대립관계에 따라서 셋으로 나눌 수 있다:

  I. 1~7장: 사무엘과 엘리(예언자와 제사장)
  II. 8~15장: 사무엘과 사울(예언자/대주교와 왕)
  III. 16~13장: 사울과 다윗(왕과 후계자)

I. 1~7장: 사무엘과 엘리

1:1-28. 차일즈(Brevard Childs 1979: 272-73)는 사무엘서의 서두(삼상 2:1-10, 한나의 기도)와 결론부(삼하 22:1-51; 23:1-7, 다윗의 노래)에 중요한 의미를 갖는 두 편의 시가 있음을 지적한 바 있다. 한 편은 여자에 의해, 그리고 다른 한 편은 남자에 의해 불려지고 있는 이 두 편의 시는 사무엘서를 양끝에서 떠받치고 있는 것처럼 보인다. 이 두 시는 공히 야웨의 신실하신 활동들을 감사시의 형식으로 송축하고 있다.

그러나 사무엘상은 한나의 기도로 시작하지 않으며, 사무엘하 역시 다윗의 노래로 끝맺지 않는다. 한나의 기도 앞에 사무엘의 출생과 봉헌에 관한 이야기, 곧 불임녀가 어떻게 하여 출산의 복을 받게 되었는지에 관한 이야기가 있다(1:1-28). 그리고 다윗의 노래 다음에는 다윗의 인구조사에 관한 이야기가 나온다(삼하 24:1-25). 이 이야기의 서두에서 다윗은 자신의 업적에 대한 자만심에 사로잡힌 자로 나타난다. 그러나 이야기의 마지막 부분에서 다윗은 회개하고 뉘우치는 인물로 나타난다. 이렇듯이 사무엘상 1장의 한나와 사무엘하 24장의 다윗은 다른 방향으로 진행되는 상황을 묘사하고 있다. 한나가 비천함에서 영예로운 자리로 옮겨가는 반면에, 다윗은 영예로운 자리에서 비천한 자리로 옮겨간다.

사무엘상 서두와 사무엘하 결론부에 나오는 두 편의 시가 이렇게 서로 연결되는 것과 마찬가지로, 사무엘상 서두의 이야기들과 사무엘하 결론부의 이야기들 역시 서로 연결된다. 그 이야기들 역시 책 전체의 기본 틀을 구성하는 역할을 수행한다(Brueggemann 1990: 44).

사무엘상과 사무엘하

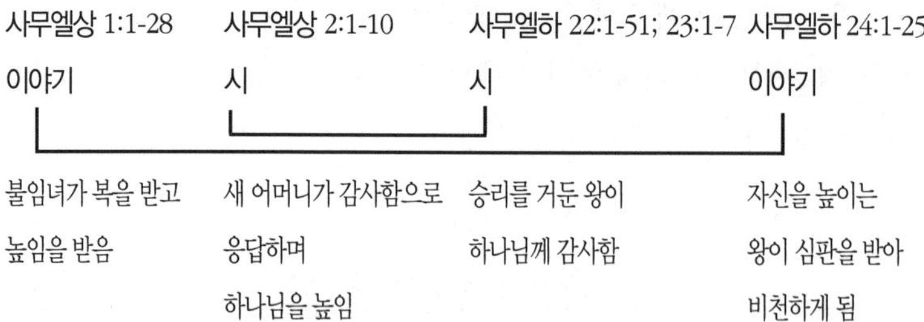

한나의 노래는 사무엘상 1장의 상세한 이야기에 어울리는 반응임이 금방 드러난다. 아이를 낳지 못하는 여인이 하나님께 영광을 돌리는 여인으로 바뀐다. 그러나 사무엘하 24장의 이야기는 사무엘하 22장과 23장을 자연스럽게 잇는 것이라고 보기 어렵다. 승리를 거둔 후에 감사를 드리는 자가 자기 중심적이고 교만한 자로 바뀐다.

사무엘상 1장은 크게 두 부분으로 나뉜다: (1) 1-8절은 다음에 이어지는 내용에 필요한 배경 정보를 제공한다; (2) 9-28절의 이야기. 본장은 먼저 독자에게 사무엘의 아버지인 엘가나를 소개하는데, 그의 가계도(家系圖)는 에브라임 지파의 네 세대까지 거슬러 올라간다. "엘가나의 족보에 있는 이름들은 중요하지 않기 때문에 중요한 의미를 갖는다(Eslinger 1985: 67). 나중에 사무엘이 유명해지게 되는 것은 그의 조상이 성서 안에서 유명한 인물들이기 때문은 아니다.

더 나아가서 우리는 그가 두 아내를 두었는데(구약성서의 다른 많은 사람들과 마찬가지로), 한 아내는 왕성한 출산 능력을 가지고 있으나(브닌나), 다른 아내는 아이를 낳지 못한다는(한나["은혜로운 자"]) 얘기를 듣는다.

한나에게는 세 사람이 특히 별다른 도움도 주지 못하고 무신경한 모습을 보인다. 그 첫 번째 인물은 엘가나의 다른 아내로서 경쟁 관계에 있으면서 그녀를 괴롭히는 브닌나이다. 브닌나는 해마다 한나를 조롱하며 멸시한다

(6-7절). 두 번째 인물은 남편 엘가나이다. 그는 네 개의 점층적인 질문들(8절)을 통하여 한나를 "마구 때린다"(Fokkelman 1993: 31). 그의 질문들은 무엇인가를 알아내려고 하기보다는 호소하는 듯한 내용으로 이루어져 있다. 특히 마지막 질문이 그렇다: "내가 그대에게 열 아들보다 낫지 아니하뇨?" 이 질문은 마치 "내가 곧 그대에게 참으로 필요한 모든 남자들이나 마찬가지 아니뇨?"라고 묻는 것처럼 보인다.

세 번째 인물은 제사장 엘리이다. 그는 입술만 움직여 조용히 기도하는 한나의 모습을 술 취한 것으로 해석한다(13-14절). 그의 이러한 판단은 그에게 목자로서의 감수성이 부족함을 보여 준다. 확실히 구약성서의 다른 본문들을 보면 기도는 대개 큰 소리로 낭송하는 것이 관례였음을 알 수 있다. (흥미롭게도 후대의 유대인들은 한나의 기도를 모델로 하여 '아미다' 또는 '셰모네 에스레'로 알려진 주요 기도문을 속삭이듯이 낭송하는 습관을 갖게 된다. 이에 대해서는 바벨론 탈무드 *Berakot* 31a와 예루살렘 탈무드 *Berakot* 4:1 참조)

한나는 자신의 "목자"인 엘리에게 상황 설명을 하여 자신의 행동이 어떠한 성격의 것인지를 올바로 인식하게 만든다(15-16절).

이 모든 일의 핵심에는 한나의 서원이 있다(11절). 그것은 성서 안에 있는 다른 서원들과 거의 같지만(본서 187-189쪽의 논의 참조), 한 가지 근본적인 차이점을 가지고 있다. 우리가 앞서 언급한 다른 모든 서원들은 이런 식으로 되어 있다: "만일 주[하나님]께서 이러저러한 일을 해 주신다면, 저는 이러저러한 일을 하겠습니다." 그러나 한나의 서원은 조금 다르다. 그녀는 이렇게 말한다:

"만일에 주[하나님]께서 저에게 무엇인가를 주신다면, 저는 그 무엇인가를 주께 드리겠습니다." 이것을 조금 달리 표현한다면 다른 사람들의 서원은 "만일에 주께서 X를 해 주신다면, 저는 Y를 하겠습니다"로 옮길 수 있다. 그러나 한나의 서원은 "만일 주께서 저에게 X를 주신다면, 저는 그 X를 주께 드리겠습니다"로 옮길 수 있다(Fokkelman 1993: 29). 이것은 곧 사무엘이 하나님께서 주신 선물일 뿐만 아니라, 하나님께 바쳐지는 선물이기도 하다는 것을 의미한다(Walters 1988: 399).

이 부분의 핵심 낱말은 "구하다"(ask)라는 뜻을 가진 '샤알'이다. 동사와 명사로 쓰이는 이 어근은 아홉 번이나 나온다(개역에는 아홉 번의 용례가 다 번역되

어 있지 않으나 괄호 속에 소개한 영역본에는 아홉 번의 용례가 다 번역되어 있음: 역주):

> 17절: "엘리가 대답하여 가로되, ' … 이스라엘의 하나님이 너의 기도하여 구한 것을 허락하시기를 원하노라'"(your asking that you have asked of him).
>
> 20절: "한나가 … 아들을 낳아 사무엘이라 이름하였으니, 이는 '내가 야웨께 그를 구하였다' 함이더라."
>
> 27절: "이 아이를 위하여 내가 기도하였더니 야웨께서 나의 구하여 기도한 바를 허락하신지라"(my asking that I asked of him).
>
> 28절: "'그러므로 나도 그를 야웨께 드리되[구하여진 바가 되게 하되] 그의 평생을 야웨께 드리나이다' 하고 말했다. 그런데 그는 야웨께 구하여 얻은 자였다[또는 '그는 사울/샤울이다']"(개역이 히브리어 본문을 완역하지 않아 나름대로 사역함: 역주).
>
> 2:20: "엘리가 … 가로되, '야웨께서 이 여인으로 말미암아 네게 후사를 주사 이가 야웨께 간구하여 얻어 드린(the asking that she asked of the Lord) 아들을 대신하게 하시기를 원하노라.'"

1장과 2장에 있는 "구하다"라는 낱말의 이러한 용례에 대하여 몇 가지 주목할 것이 있다. 첫째로 "사무엘"이라는 이름 자체는 "구하다"라는 낱말과 아무런 관련성도 가지고 있지 않다. 사무엘은 아마도 "하나님의 이름" 또는 "그의 이름은 하나님이다"와 같은 뜻을 가지고 있을 것이다. 둘째로 여기에 언급된 것은 문자적인 어원론이 아니라, 두운체(頭韻體)의 어원론이다. 왜냐하면 "사무엘"이라는 이름('셔무엘')과 "구하다"라는 낱말('샤알')은 똑같이 자음 '쉰'(영어의 sh 발음이 나는 자음을 말함: 역주)으로 시작되고, 똑같이 자음 '라메드'(영어의 l 발음이 나는 자음을 말함: 역주)로 끝나기 때문이다. 셋째로 한나는 왜 자기가 아이의 이름을 "사무엘"로 지었는지를 설명하는 데에는 관심이 없고, 도리어 그 아이가 자신의 간구와 기도에 대한 하나님의 응답으로 주어진 선물임을 알리는 데 관심을 가지고 있다.

넷째로 사무엘서에는 누군가가 하나님이나 그를 대표하는 자에게 무엇인가를 구하는 경우가 한 번 더 있는데, 이스라엘 백성이 사무엘에게 자기들 위에 왕을 세워달라고 "구하는" 일이 바로 그것이다(8:10; 12:13, 17, 19 — 이 본문들은 모두 '샤알' 동사를 사용함). 폴진(Polzin 1989: 24-25)은 하나님께 아이를 구한 한나의 행동이 사무엘(과 하나님)에게 왕을 구하는 이스라엘의 행동을 앞질러 보여 준다는 독특한 견해를 내세운다. 브닌나에게는 아들들이 있지만, 한나에게는 없다. 이스라엘의 주변 나라들에는 왕들이 있지만, 이스라엘에는 없다. 한나는 술에 취한 듯한 모습을 보이지만 실제로는 그렇지 않다. 왕정 제도는 본질적으로 악해 보이지만, 실제로는 그렇지 않다. 엘가나는 한나에게 열 명의 아들들보다 귀하다. 엘가나 자신도 이 점을 믿고 있다. 야웨는 이스라엘에게 열 명의 왕들보다도 귀하다.

새로 낳은 아이의 이름에 대한 한나의 설명은 두 사건 사이의 이러한 관련성에 기초할 때 가장 잘 이해된다. 언뜻 보기에 한나는 "사무엘"이라는 이름보다는 "사울"이라는 이름을 설명하려는 것처럼 보인다. 사실 많은 학자들은 1장이 본래는 사울의 이름에 대해서 설명하는 것이었는데, 나중에 지혜롭지 못하게 사무엘에게 전용되었다고 주장한다.

구약성서의 이 시기에는 "구하여" 얻은 자들이 두 명 있다. 한 명은 한나의 아들 '샤울'이요, 다른 한명은 기스의 아들 '샤울'이다. "하나님께서 받으시는 중요한 인물인 사울은 … 베냐민 지파 사람인 사울 왕이 탄생하기 수십 년 전에 먼저 활동을 시작한다"(Fokkelman 1992: 56).

2:1-10. 우리는 성서 안에서 하나님의 은혜로운 행동에 대한 한 개인의 칭송할 만한 시적인 응답을 자주 만날 수 있다. 하나님께서 이집트 군대의 추격을 당하던 이스라엘을 건져 주신 것에 대한 응답으로 모세와 미리암이 부른 노래(출 15:1-21)나, 가나안 군대와 그들의 병거들에 대한 야웨의 승리를 경축하는 드보라의 노래(삿 5:2-31)가 그에 해당한다. 이곳의 본문도 마찬가지이다. 하나님께서는 불임 상황에 놓여 있던 한나에게 아이를 주셨다. 이에 어머니 한나는 그 아이를 하나님께 바친다. 그리고 기도한다.

그녀의 기도 찬송에는 몇 가지 중요한 내용들을 포함하고 있다. 첫째로 그 기도의 일부만이 한나 자신의 실제 상황과 직접 관련된 것으로 나타난다.

"내 입이 내 원수들(복수형임!)을 향하여 크게 열렸으니"(1절)라는 기도의 내용은 브닌나 말고 다른 누구를 가리키겠는가? 5절의 "주리던 자들은 다시 주리지 않도다"라는 내용은 확실히 먹기를 거부하다가(1:7) 나중에 남편과 함께 음식물을 먹던(1:18) 한나의 모습을 연상시킨다. 그리고 마찬가지로 "전에 잉태치 못하던 자는 일곱을 낳았고"라는 내용이나 많은 자녀를 둔 자가 쇠하여졌다는 내용(5절) 역시 1장의 한나와 브닌나를 연상시킨다. 한나는 3절에서 "심히 교만한 말을 다시 하지 말 것이며 오만한 말을 너희 입에서 내지 말지어다"라고 말할 때 브닌나를 염두에 두고 있었을까?

그러나 1장의 이야기와 무관한 듯한 다른 많은 구절들이 있다. 다음과 같은 것들이 그렇다: "용사의 활은 꺾이고"(4절); "야웨는 죽이기도 하시고 살리기도 하시며"(6절); "힘으로는 이길 사람이 없음이로다"(9절). 이러한 개념들이 한나의 기도에 포함되어 있다는 것은 사무엘상 2:1-10이 단순히 호기심을 가지고 읽을 수도 있는 한나의 개인적인 기도가 아니라 "당시에 변두리로 내몰린" 사람들의 기도이기도 하다는 것을 의미한다. 한나의 기도는 특수성과 보편성을 아울러 가지고 있다. 따라서 그 기도는 한나만 할 수 있는 것이 아니다. 하나님의 자녀라면 누구나 그 기도를 할 수 있다.

둘째로 한나가 이 기도를 한 시기는 사무엘을 낳은 직후가 아니다. 만일 사무엘을 낳은 직후에 이 기도를 했다고 한다면, 1:28 이후보다는 1:20 이후에 이 기도를 배치해야 옳을 것이다. 그녀는 그를 젖 떼고 나서 실로에 있는 성소로 데려와 엘리에게 인도한 다음, 라마로 돌아갈 준비를 마친 후에 이 기도를 드린다. 이 기도가 현재의 위치에 있다는 것은 그것이 단순히 사무엘의 출생에 대한 감사의 기도일 뿐만 아니라, 그 아이의 미래에 대한 확신에서 비롯된 감사의 기도요, 야웨께서 그를 통하여 이루실 모든 일에 대한 감사를 표하는 기도이기도 함을 뜻한다(Walters 1994: 75).

셋째로 1인칭 단수 대명사 "나"와 대명사적 형용사 "나의"라는 표현은 이 기도의 첫 번째 절에서만 사용된다. 그 후에 쓰이는 대명사나 대명사적 형용사는 하나님을 가리키거나(2절의 "당신"이나 "우리"; 6-10절의 "그"; 개역은 2절의 "당신"을 한국인의 어법에 맞추어 "주"로 번역함: 역주) 다른 개인들을 가리킨다(3절의 "너희"; 5절의 " … 한 자들"이나 "그녀"). 한나의 자서전적인 언급은 그녀의 하나님에 관한 표현들로 대체된다.

넷째로 이 기도에는 간구가 없다(Clements 1985: 62). 한나는 하나님께 무엇인가를 구하지 않는다. 그녀가 드리는 1장의 간구는 송영의 성격을 갖는 2장의 기도로 귀결된다.

다섯째로 이 기도는 구약성서의 다른 본문들과 평행되거나 연결되는 요소들을 가지고 있다. 한나의 기도와 시편 113편은 거의 똑같은 구절들을 일부 공유하고 있다. "가난한 자를 진토에서 일으키시며 빈핍한 자를 거름더미에서 드사 귀족들과 함께 앉게 하시며 영광의 위를 차지하게 하시는도다"(8절)를 "가난한 자를 진토에서 일으키시며 궁핍한 자를 거름 무더기에서 드셔서 방백들 곧 그 백성의 방백들과 함께 세우시며"(시 113:7-8)와 비교해 보라. 또한 "야웨와 같이 거룩하신 이가 없으시니 이는 주 밖에 다른 이가 없고"(2절)를 "야웨 우리 하나님과 같은 자 누구리요?"(시 113:5)와 비교해 보라. 마지막으로 전에 잉태하지 못하던 자가 일곱을 낳았다는 표현(5절)이 "또 잉태하지 못하던 여자로 집에 거하게 하사 자녀의 즐거운 어미가 되게 하시는도다"(시 113:9)와 어떻게 평행을 이루는지를 주목해 보라.

사무엘상 2장에 있는 한나의 기도와 사무엘하 22장에 있는 다윗의 노래 사이에도 평행 요소들이 있다(Polzin 1989: 33-34):

사무엘상 2:1-10	사무엘하 22장
내 뿔이 야웨를 인하여 높아졌으며(1절) 내 입이 내 원수들을 향하여 크게 열렸으니(1절)	야웨는 … 나의 구원의 뿔이시요(3절) 내 원수들에게서 구원을 얻으리로다(4절)
우리 하나님 같은 반석도 없으심이니이다(2절)	나의 하나님이시요 나의 피할 바위시요(3절)
하늘 우레로 그들을 치시리로다(10절) 자기 왕에게 힘을 주시며(10절)	야웨께서 하늘에서 뇌성을 발하시며(14절) 야웨께서 그 왕에게 큰 구원을 주시며(51절)
자기의 기름 부음을 받은 자의 뿔을 높이시리로다(10절)	기름 부음 받은 자에게 인자를 베푸심이여(51절)

그러나 한나의 기도가 적어도 어느 정도는(양자 사이에는 몇 가지의 근본적인 차이들이 존재함) 다윗의 기도를 예감하고 있지만, 그것은 사사기 5장에 있는 드보라의 노래를 되돌아보고 있기도 하다(Jobling 1993: 27). 사무엘상 2장과 사무엘하 22장에서처럼 동일한 어휘들이 사용되고 있지 않음에도 불구하고, 그 둘의 기본 주제는 동일하다. 힘 있는 자들이 야웨의 위대한 행동들에 의해 소탕되고 비천하게 된다는 것이 그렇다.

여섯째로 한나의 기도는 누가복음 1:46-55에 있는 마리아의 "찬가"와 가장 분명하게 공명하고 있다. 자신을 주의 "계집종"(눅 1:38)으로 칭하는 마리아는 하나님께 "은혜를 입는다"(눅 1:30). 한나는 엘리를 통하여 하나님께서 자신의 간구에 응답하여 아들을 주실 것이라는 사실을 깨닫게 되자 "당신의 여종이 당신께 은혜 입기를 원하나이다"(삼상 1:18)라고 응답한다.

마리아는 누가복음 1:48에서 "그 계집종의 비천함을 돌아 보셨음이라"고 말한다. 여기서 "비천함"을 뜻하는 헬라어 낱말(타페이노시스)은 사무엘상 1:11의 70인역 본문에 나타나는 낱말과 동일하다. 이 본문에서 한나는 "만일 주의 여종의 고통[타페이노시스]을 돌아보시고"라고 말한다.

사실 우리는 세례 요한과 예수의 출생에 관한 누가의 설명과 사무엘의 출생에 관한 설명 사이에서 무수한 평행 요소들을 찾아낼 수 있다(Brown 1979: 부록의 "한나"와 "사무엘"이라는 항목 참조).

"여관" — 마리아와 요셉과 이들의 신생아가 머물 수 없었던 — 을 가리키는 헬라어 낱말(카탈리마)은 70인역에서 장차 사무엘의 부모가 될 엘가나와 한나가 실로에 머물던 곳을 가리키는 데 사용된다(삼상 1:18; "구역" [quarters], NRSV).

누가는 예수의 부모가 해마다 유월절을 지키기 위해 예루살렘으로 올라갔다고 말한다(눅 2:41). 이것은 사무엘의 부모가 야웨께 경배하고 제사드리기 위해 해마다 실로로 올라갔다고 설명하는 것과 평행을 이룬다(삼상 1:3; 2:19).

어머니 마리아는 한나가 하던 것과 마찬가지로(삼상 1:20) 아이의 이름을 짓는다(눅 1:31). 아이를 낳은 후에 마리아는 예수를 성전으로 데리고 가며 (눅 2:22-24), 그곳에서 나이 많은 시므온의 축복을 받는다(눅 2:25-35). 그곳에 머무는 동안에 그들은 하나님을 섬기는 늙은 여선지 안나를 만나기도 한다(눅 2:36-38[공교롭게도 헬라어 본문의 "안나"는 한나이다]). 마찬가지로 한나 역시 아이를 낳은 후에 사무엘을 실로 성소로 데리고 간다(삼상 1:24-28). 그곳에서 한나는 나이 많은 제사장 엘리를 만나고, 엘리는 사무엘의 부모를 축복한다(삼상 2:20). 사무엘상 2:22 역시 안나처럼 "회막 문에서 섬기는" 여인들에 대해서 언급한다.

누가복음 2:39는 위에 언급한 모든 일이 끝난 다음에 마리아와 요셉이 "갈릴리로 돌아가 본 동네 나사렛에 이르렀다"고 말한다. 엘가나와 한나도 같은 행동을 취한다: "그들이 그 집으로 돌아가매"(삼상 2:20).

마지막으로 누가는 예수에 관하여 두 가지 사실을 언급한다: (1) "아기가 자라며 강하여지고 지혜가 충족하며 하나님의 은혜가 그 위에 있더라"(눅 2:40); (2) "예수는 그 지혜와 그 키가 자라가며 하나님과 사람에게 더 사랑스러워 가시더라"(눅 2:52). 이것은 어린 사무엘에 관한 두 가지 진술과 맥을 같이 한다: (1) "아이 사무엘은 야웨 앞에서 자라니라"(삼상 2:21); (2) "아이 사무엘이 점점 자라매 야웨와 사람들에게 은총을 더욱 받더라"(삼상 2:26).

2:11-36. 이 부분은 어린 사무엘이 야웨 앞에서 신실하게 봉사하는 자로 나타나는 모습과 불성실하게 봉사하는 아들들로 인하여 쇠약해져가는 엘리 가문의 모습을 상세하게 대비시키고 있다.

사무엘(11절)
엘리의 아들들(12-17절)
사무엘과 그의 가정(18-21절)
엘리의 아들들(22-25절)
사무엘(26절)
엘리의 아들들(27-36절)

엘리의 아들들은 설화자에 의해(12-17절), 그리고 아버지(22-25절)와 "하나님의 사람"(27-36절)에 의해 정죄를 받는다. 설화자의 정죄와 이름이 알려지지 않은 하나님의 사람의 정죄는 하나님께서 제단 위의 제물을 받으시기도 전에 엘리의 아들들이 희생제물의 몫, 곧 기름을 취하는 행동을 똑같이 비난하고 있다는 점에서 서로 평행을 이룬다(16, 29절[특히 70인역]). 이것은 제사장들의 직무 철학이 "내가 먼저, 하나님은 그 다음"이었음을 의미한다. 뿐만 아니라 본문은 일회적인 잘못에 대해서 말하고 있지 않다. 2:11-36에 나오는 동사들의 다수는 습관적인 행동을 나타내는 형태로 되어 있다. 엘리의 아들들에게, 한 번의 미끄러짐이 이제는 미끄럼길로 바뀌고, 한 번의 실수는 일정한 행동 양식으로 고정되고 만다. 한 번의 범법 행위가 상습적인 범죄 수법으로 바뀐 셈이다.

사무엘과 엘리의 두 아들(홉니와 비느하스) 사이의 이러한 대조는 세 개의 낱말을 통해서 강조되고 있다. 첫째로 사무엘은 두 차례에 걸쳐서 "아이"('나아르')로 불린다(11절과 18절). 엘리의 아들들을 섬기는 종(아니면 그 아들들 자신) 역시 "제사장의 사환[아이]"(13, 15절) 또는 "소년들"(17절)로 불린다. 이렇듯이 본문은 하나님을 충성스럽게 섬기는 '나아르'와 불경건한 '나아르'를 대비시키고 있다.

둘째로 '가달'이라는 동사가 두 차례에 걸쳐서 사무엘이 성장해가는 과정을 묘사하는 데 사용된다(21, 26절). 이 동사는 엘리의 아들들이 범하는 죄의 크기를 설명하는 데도 사용된다: "이 소년들의 죄가 야웨 앞에 심히 큼은('게돌라') 그들이 야웨의 제사를 멸시함이었더라"(17절). 사무엘은 은혜 가운데 성장하지만, 엘리의 아들들은 범죄 가운데 성장한다.

셋째로 설화자가 엘리의 아들들을 묘사하는 데 사용한 첫 번째 낱말은 "불량자"이다(12절; "악한 자들"[wicked], NIV). 이에 해당하는 히브리어 낱말은 '벨리야알'("무가치한 또는 쓸모없는"이라는 뜻을 가지고 있음: 역주)이다. 이 낱말은 한나가 1장에서 자신을 술취한 자로 여기는 엘리에게 답변하는 중에 사용한 낱말이기도 하다: "당신의 여종을 악한 여자로 여기지 마옵소서"(1:16). 이렇듯이 본문은 다른 사람들이 악하다고 생각하지만 실제로는 그렇지 않은 경건한 어머니와 자신을 의롭다고 여기지만 실제로는 그렇지 않은 제사장들을 대비시키고 있다.

아버지 엘리의 관심사는 약간 다른 데 있다. 그는 자기 아들들이 "온 이스라엘에게 행한 모든 일과 회막문에서 수종드는 여인과 동침한"(22절) 일에 대해서 듣는다(성소에서 봉사하는 여인들에 대해서는 출 38:8 참조). 그 자신이 직접 아들들의 부정한 행실을 알지 못했다고 해서 그를 무능하거나 무신경한 사람으로 비난할 것은 못 된다(Willis 1971: 292). 오히려 그것은 엘리의 연로함에서 비롯된 것이다. 그는 한 세기를 넘어서 산 사람이요(4:15), 따라서 성소와 관련된 일상적인 일들을 잘 알지 못했다(Eslinger 1985: 123) (그러나 3:12–14에 있는 하나님의 말씀 참조).

엘리가 자기 아들들을 책망했다는 것(23–25절)은 그에게 있는 문제가 무능력이나 무신경함에 있는 것이 아님을 보여 준다. 엘리가 보기에 그의 아들들의 음란한 행동은 하나님을 향한 범죄 행위나 다름이 없었다. 그리하여 그는 두 아들에게 25절에 기록된 유명한 훈계를 한다: "만일에 누군가가 다른 사람에게 범죄하면, 하나님이 그를 변호하실 것이다. 그러나 만일에 누군가가 야웨께 범죄하면, 누가 그의 입장을 변호해 주겠느냐?"

하나님의 사람은 설화자나 아버지보다 한 걸음 더 나아간다. 그는 책망의 말에 다음의 두 가지를 추가한다: (1) 엘리 가문이 끝장날 것이요, 곤궁하게 되리라는 예언(27–34절); (2) 하나님께서 신실한 제사장을 세우셔서 엘리 가문의 자리를 대신하게 하시리라는 예언(35–36절). 역사적으로 볼 때, 이 두 예언은 한 세기 내지는 그 이후에 이루어진다. 열왕기상 2:27, 35은 이렇게 말한다: "(솔로몬이) 아비아달을 쫓아내어 야웨의 제사장 직분을 파면하니 야웨께서 실로에서 엘리의 집에 대하여 하신 말씀을 응하게 함이더라 … 왕이 이에 … 제사장 사독으로 아비아달을 대신하게 하니라."

그러나 그 예언은 아비아달이 역사의 무대에 출연하기 전에 이미 사무엘 자신을 통하여 성취될 수도 있지 않겠는가?(Polzin 1989: 41) 두 가지의 요인이 그 가능성을 강하게 뒷받침한다. 첫째로 2:35에서는 동일한 형용사('네에만')가 하나님께서 세우실 "신실한" 제사장과 하나님께서 그를 위하여 세우실 "견고한" 집을 가리키는 데 두 번 사용된다. 이 동일한 형용사는 다음 장에서도 사무엘과 관련하여 사용된다:

"단에서부터 브엘세바까지의 온 이스라엘이 사무엘은 야웨의 믿을 만한 (개역에는 이 낱말이 번역되어 있지 않음: 역주) 선지자로 세우심을 입은 줄을 알았더라"(3:20). 이 낱말은 두 가지의 상호 관련된 의미, 곧 "믿을 만한, 신실한"이라는 뜻과 "안전한, 보증받은"이라는 뜻을 겸하여 가지고 있다. 둘째로 사무엘은 엘리의 감독 하에 성소 구내에서 "세마포 에봇"을 입고서 활동한다 (18절; 참조. 다윗 왕, 삼하 6:14). 우리는 제사장들이 희생제사를 집례할 때 세마포 옷을 입는다는 것을 알고 있다(레 6:10). 대제사장 역시 또한 속죄일에 세마포 옷을 입는다(레 16:4). (세마포 옷을 입은 천사들에 대해서는 겔 9:2-3, 11; 10:2; 단 10:5 참조) 에봇은 허리에서 정강이까지를 덮는 앞치마 유형의 옷으로서, 역시 제사장이 입는 것이다(레 8:7). 사무엘이 입은 "겉옷"(19절)이 어떤 종류의 것인지를 확인할 길은 없지만, 제사장의 옷을 가리키는 '메일'은 출애굽기 28:31-35과 39:22-26에 상세하게 설명되어 있다. 요나단(삼상 18:4)도 사울(삼상 24:5, 12)과 마찬가지로 동일한 옷을 입었으며, 사무엘의 영조차도 같은 옷을 입었다(삼상 28:14).

3:1~4:1a. 예언 활동과는 전혀 무관한 일을 하던 중에 하나님의 부르심을 받은 예언자들(예로써 아모스, "양떼를 따를 때에 야웨께서 나를 데려다가"[암 7:15]; 미디안 광야에서 장인의 양무리를 치다가 부르심을 받은 모세, [출 3:1])과는 달리, 사무엘은 이미 성소에서 "엘리 앞에서 야웨를 섬길 때"(1절)에 하나님의 부르심을 받는다. 당시에 그는 수련생 또는 조수의 신분을 가지고 있었던 것으로 보인다. "섬기다"라는 뜻의 동사('셰레트')는 이곳과 앞장의 2:11; 2:18에서도 사용되는 것으로, 종종 제사장들의 감독 하에 일하는 레위인들과 관련되어 나타난다(민 8:26; 18:2; 겔 44:11-12, 16). 레위인들은 제사장들이 "제단에 나아갈" 때에 "섬기는/돕는" 자들이다. '셰레트'는 아주 드물게 제사장들의 행동을 묘사할 때에도 사용되는데, 이 경우에는 "공직하다"(officiate)는 뜻을 가진 것으로 이해된다(출 39:26).

3:1~4:1a에 기록된 사건은 다섯 부분으로 되어 있다(Fishbane 1982):

1. 1-3절. 사무엘의 섬기는 일은 하나님의 말씀과 환상이 희귀한 중에 이루어진다.
2. 4-9절. 야웨께서는 세 차례에 걸쳐서 사무엘을 부르시나 성공하지 못

한다.

3. 10-15절. 야웨께서는 네 번째로 그를 부를 때에 성공을 거두시며, 사무엘에게 엘리 가문을 향한 신탁을 전하신다.

4. 16-18절. 사무엘은 아무것도 숨기지 말라는 엘리의 강요에 못이겨 신탁의 핵심 부분을 엘리에게 전달한다.

5. 3:19~4:1a. 사무엘이 하나님께서 임명하신 예언자적 대변인임을 야웨께서 확증하시며 이스라엘 역시 그 같은 사실을 확증한다.

통상적인 예배 행위와 종교 행위가 계속된다. 실로 성소는 문을 닫은 것도 아니요, 활동을 멈춘 것도 아니다. 제사장들은 사람들이 가져온 희생제물을 가지고 그들이 마땅히 해야 할 일에 열중한다. 다만 하나님께로부터 비롯되는 말씀과 환상이 없거나 아주 드물게 나타날 뿐이다(1절). 종교 활동은 분주하게 이루어지지만, 하나님께로부터 비롯된 말씀과 환상이 없는 것이다! 제의는 있으나 체험은 없는 시대가 아닐 수 없다.

3장 전체는 눈에 보이는 형태로(예로써 "야웨께서 임하여 서서"[10절]), 그리고 귀에 들리는 형태로(예로써 "말씀하옵소서. 주의 종이 듣겠나이다"[10절]) 자신을 드러내시는 하나님을 강조한다. 이보다 더 흥미로운 것은 청각적인 계시가 시각적인 계시보다 더 강조되고 있다는 점이다(Eslinger 1985: 144에 의하면 시각적인 계시는 여섯 번 언급되지만 청각적인 계시는 16번 언급된다). 이렇듯이 여기서 중요한 것은 하나님이 어떠한 모습으로 나타나시느냐가 아니라, 그가 나타나셔서 무슨 말씀을 하시느냐 하는 것이다. 본문에는 15회에 걸쳐서 "말씀"이라는 명사와 "말씀하다" 동사가 나타난다. 사무엘은 "야웨여, 보여 주시옵소서. 주의 종이 보겠나이다"라고 말하지 않는다. 그는 "야웨여, 말씀하옵소서. 주의 종이 듣겠나이다"라고 말한다. 사무엘은 눈이나 혀로 감각할 수 있는 선물이 필요하지 않다. 도리어 그는 귀로 감각할 수 있는 선물이 필요하다. 이는 밧모 섬의 예언자가 말한 바와 같다: "귀 있는 자는 성령이 교회들에게 하시는 말씀을 들을지어다"(계 2:7, 11, 17, 29; 3:6, 13, 22).

야웨께서는 세 차례에 걸쳐서 사무엘을 부르신다. 그러나 사무엘은 세 차례 모두 하나님의 음성을 엘리의 음성으로 오해한다(4-9절). 그러한 오해는 두 가지 것을 생각나게 한다. 첫째로 하나님의 음성은 사람의 음성으로부터 구별해내기 어려운 것일 수도 있다. 그리고 둘째로 하나님께서 자기 종들에게 자신의 뜻을 전달하는 일이 항상 단순하고 쉬운 일인 것만은 아니다(Fokkelman 1993: 162). 그러나 적어도 여기서 사무엘을 불신할 필요는 없다. 그는 여전히 "아이"이다(1절). 당시에는 하나님의 말씀을 듣는 일이 "드물었다"(1절). 그는 "아직 야웨를 알지 못한" 상태에 있었다(7절). 이것은 그가 아직 하나님께로부터 어떠한 계시도 받지 않았음을 의미한다. 그럼에도 불구하고, 그의 둔한 감각을 제쳐놓는다면, 그는 언제든지 응답할 준비가 되어 있는 열정적인 아이다.

"아직"('테렘')이라는 표현이 이 단락에 두 번 나오는 것을 주목하라:

3절: "하나님의 등불은 **아직** 꺼지지 아니하였으며."
7절: "사무엘이 **아직** 야웨를 알지 못하고."

이 두 가지 용례들 중의 첫 번째는 성소에서 밤중 내내 켜 놓아야 하는 촛대를 가리킨다(출 27:20-21). 등불은 새벽 동이 터올 때 끄게 되어 있다. 그러나 엘리 가문 시대의 어둠을 몰아내는 또 다른 새벽녘이 있다. 그 새벽녘은 곧 사무엘을 가리킨다(Eslinger 1985: 149). 따라서 7절은 아직 야웨를 "알지 못하던" 사무엘이 곧 야웨를 알게 될 것임을 암시하고 있는 셈이다. "야웨를 알지 못했다"는 표현이 엘리의 아들들에게는 정죄의 의미를 갖지만(2:12), 사무엘에게는 약속의 의미를 갖는다(3:7).

네 번째의 부르심에는 엘리 가문을 향한 명백한 정죄의 말씀이 주어진다(3:10-15; 참조. 2:12-17; 2:22-25; 2:27-36). 3:10-15의 정죄는 2:27-36의 것에 가장 가깝다. 왜냐하면 두 경우에 똑같이 엘리는 하나님의 대변인에 해당하는 자(하나님의 사람; 사무엘)에게서 자기 가문이 망할 것이라는 신탁 메시지를 듣고 있기 때문이다. 그러나 3:10-15은 두 가지 점에서 2:27-36과 차이를 보인다. 첫째로 이제는 사무엘 자신이 엘리 가문의 성직 박탈에 관한 메시지를 직접 듣는다. 그리고 둘째로 이번에는 그 나쁜 소식에 대한 엘리의 반응이 기록되어 있다: "이는 야웨시니 선하신 소견대로 하실 것이니라"(18b 절). 이러한 반응은 "경건과 순종의 모델"(Brueggemann 1990: 26)일 수도 있고, 아니면 "엘리가 순종과 경건의 겉모습 안에 감추고 있는, 야웨를 향한 절망과 냉소주의의 한 표현"(Eslinger 1985: 154)일 수도 있다.

3장의 도입부는 사무엘을 "아이"라 칭하는 것으로 시작한다(1절). 그러나 본장의 마지막 부분에서 그는 예언자로 불린다(20절). 21절에서 "실로에서" 라는 표현이 두 번이나 사용된 것에는 그 나름의 의미가 있다. 일찍이 하나님의 심판의 말씀이 실로에서 선포된 바 있다. 그런데 이제는 미래를 위한 희망과 해방의 말씀이 "실로에서" 선포된다. 엘리에게는 미래가 없지만, 실로에게는 미래가 있다. 지명의 반복은 "사무엘을 통한 갱신이 엘리 가문에 의해 생겨난 손실의 중심부에 미치고 있음을 강조"하는 효과를 갖는다 (Eslinger 1985: 159). 신약성서의 유비를 예로 든다면, 제자들이 그토록 자주 예수를 실망시켰던 예루살렘이 오순절 성령 강림 사건이 발생한 곳이요, 성령을 통하여 그들이 새롭게 되고 권능을 받게 된 바로 그곳이라는 점을 주목하라(행 2장).

사람들은 흔히 야웨를 향한 젊은이들의 순전한 믿음과 순종(사무엘을 본받아)을 장려하는 데 이 이야기를 사용하는 바, 이러한 용법이 틀린 것은 아니다. 그러나 그것이 이 이야기의 일차적인 강조점은 아니다. 이 이야기와 청소년 시절의 성전 체류에 관한 예수 이야기(눅 2:41–52) 사이의 평행 관계는 청소년기보다는 하나님에 관하여 더 많은 것을 우리에게 가르쳐 준다. 젊은 사무엘을 통하여 하나님은 새로운 예언의 시대를 시작하신다. 그리고 젊은 예수를 통하여 하나님은 다시금 새로운 예언의 시대를 여신다. "하나님이 누군가를 선택하는 기준이 그의 말씀을 전하는 선한 지도력에 좌우된다는 것은 놀라운 일이다"(Fretheim 1983: 106).

4:1b~7:1. 우리가 앞 단락에 포함시킨 4장 1a절은 "사무엘의 말이 온 이스라엘에 전파되니라"라고 말한다. 그러나 놀랍게도 사무엘은 이야기의 무대에서 사라지고 7:3에 이르기까지는 다시 나타나지 않는다: "사무엘이 이스라엘 온 족속에게 일러 가로되 … " 이 때문에 많은 학자들(예로써 Miller and

Roberts 1977)은 사무엘상의 이 부분이 본래적인 것이 아니라, 도리어 이차적인 삽입에 해당한다고 본다. 그리고 이 몇 개의 장들에는 "법궤"에 대한 언급이 매우 많은 까닭에(NRSV의 경우 4:3~7:2에서 37회 언급됨), 사람들은 이 단락을 "법궤 설화"로 부르는 경향이 있다. 그러나 사무엘에 대한 언급이 없다는 명백한 사실이 본문 구성상의 의미보다는 신학적인 의미를 더 강하게 가지고 있다고 볼 수도 있다. 사무엘의 부재(不在)와 침묵은 이스라엘 역사의 이 중요한 시기에 그들이 예언 사역을 경시했음을 의미한다. 참으로 당시에는 제사장들이 타락한데다가 팔레스타인의 영원한 통치자로 군림하고자 블레셋 족속의 위협이 가중되고 있었다. 이스라엘 백성이 블레셋 족속의 압박을 받을 때 사무엘을 찾지 않고 법궤를 찾았다는 것은 확실히 그 나름의 중요한 의미를 가지고 있다.

사무엘상 초반부를 구성하는 일곱 개의 장들은 이야기의 흐름이나 줄거리가 자연스럽게 전개되고 있다. 윌리스(Willis 1971: 298)는 그것을 이렇게 잘 표현하고 있다: "(a) 저자는 야웨께서 어떻게 한 사람을 준비하여 이스라엘을 위기로부터 건지시는지에 대해 말한다(삼상 1:1~4:1a); (b) 그는 그 위기에 대해서 묘사한다(삼상 4:1b~7:1); 마지막으로 (3) 그는 그 사람이 이스라엘을 위기로부터 건지는 성공적인 방식에 대해서 묘사한다"(삼상 7:2-17).

4천 명 정도의 병사들이 죽음으로써 아벡에서 블레셋 족속에게 패한(4:2) 이스라엘은 법궤를 실로에서부터 가져와 블레셋 족속과의 전쟁에 사용하려는 기발한 생각을 해낸다(4:3). 이는 법궤 사용의 두 번째 사례에 해당하는 것이다. 그러나 이스라엘은 에벤에셀에서 다시금 크게 패하며(5:1), 수치스럽게도 법궤를 블레셋 족속에게 빼앗기는 수모를 당한다(4:11). 이스라엘은 법궤가 없는 상태에서 패배했는데, 이제는 법궤를 가지고도 패배하고 만 것이다. 설상가상으로 법궤까지 빼앗기고 말았다.

이스라엘이 법궤를 가져온 이유에는 적어도 세 가지의 가능성이 있다. 첫째로 이스라엘 백성은 부주의로 인하여 패배하고 말았다. 누군가가 법궤 가져오는 것을 잊어버린 것이다. 그러한 부주의가 이제는 시정되고 있다. 두 번째로 법궤를 전장에 가져옴으로써 이스라엘 백성은 야웨께 계약 규정을 상기시키고자 한다. 세 번째로 이스라엘 백성은 법궤가 있는 것만으로도 생존과 승리가 보증된다고 믿었다. 만일 그들의 생각이 이 세 번째 가능성을 포함하고 있다면, 이스라엘 백성은 하나님께서 하나의 상징물로 만들게 하신 것을 우상으로 바꾸는 죄를 범한 것이 된다.

이러한 생각은 왜 수 세기 후의 예레미야가 자신의 유명한 "성전 설교"에서 이전에 실로에서 발생한 일을 언급함으로써 자신의 설교 요점을 전달하고자 했는지를 알 수 있게 한다: "너희는 내가 처음으로 내 이름을 둔 처소 실로에 가서 … 보라 … 내가 실로에 행함 같이 … 내 이름으로 일컬음을 받는 이 집 … 에 행하겠고"(렘 7:12, 14); "내가 이 집을 실로 같이 되게 하고"(렘 26:6). 실로의 심판에 대해 언급하는 시편 78:60도 이곳의 본문과 비교해 보라: "실로의 성막 곧 인간에 세우신 장막을 떠나시고."

예레미야의 예루살렘과 사무엘의 실로가 유비 관계에 있다는 생각은 단순히 실로가 파괴되었다는 사실로 인하여 생긴 것만은 아니다. 왜냐하면 이스라엘의 다른 많은 성읍들 역시 파괴되었기 때문이다. 양자 사이의 유비를 가능하게 하는 것은 (1) 실로가 실제로 법궤를 안치하고 있는 것으로 알려진 유일한 다른 성소라는 점과, (2) 실로와 예루살렘 사람들이 똑같이 특정 상징물이 자기들을 구원할 것이라는 (그릇된) 믿음을 가지고 하나님과의 관계를 이용하고자 했다는 점이다. 그러나 법궤는 그들을 구원하지 못했다. 성전도 그들을 구원하지 못했다. 기회가 주어졌다면 아마도 사무엘은 "너희는 이것이 야웨의 전이라, 야웨의 전이라, 야웨의 전이라 하는 거짓말을 믿지 말라"(렘 7:4)고 한 예레미야의 설교를 본받아 "너희는 이것이 야웨의 법궤라, 야웨의 법궤라, 야웨의 법궤라 하는 거짓말을 믿지 말라"고 설교했을 것이다. 당시 이스라엘 백성에게 진정으로 필요했던 것은 법궤를 가져오는 행동이 아니라, 이방 신들을 제하고 회개하는 마음으로 야웨께로 돌이키는 행동이었다(삼상 7:3).

흥미롭게도 98세의 비둔한 엘리가 의자에서 뒤로 넘어져 목이 부러져 죽게 된 것은 방탕한 두 아들 홉니와 비느하스의 죽음 때문이 아니라 블레셋 사람들에게 법궤를 빼앗겼다는 사실 때문이었다(4:17-18). 마찬가지로 그의 며느리가 죽기 전에 새로 낳은 아들의 이름을 "이가봇"이라 지은 것도 순전히 "영광이 이스라엘에서 떠났다"는 것 때문이었다. "이스라엘의 영광"은 곧 야웨 자신이요, 법궤요, 전쟁터에서 죽은 제사장의 두 아들일 수도 있다.

이스라엘 사람들에 대하여 법궤가 갖는 중요성은 과대평가된 것이라고 보기 어렵다. 하나님께서 가시는 곳에는 법궤도 간다. 그리고 법궤가 가는 곳에 하나님도 가신다. 당신은 예레미야의 다음과 같은 놀라운 설교에 대한 반응이 어떠할지에 대해서 생각해 보았는가?: "너희가 이 땅에서 번성하여 많아질 때에는 사람 사람이 야웨의 언약궤를 다시는 말하지 아니할 것이요, 생각지 아니할 것이요, 기억지 아니할 것이요, 찾지 아니할 것이요, 만들지 아니할 것이며"(렘 3:16). 그의 이 설교는 이단적인 것인가, 아니면 사람들을 자유하게 하는 진리의 예언인가? 다음에 이어지는 구절이 이에 대한 해답을 제공한다: "그때에 예루살렘이 야웨의 보좌라 일컬음이 되며"(렘 3:17).

법궤는 이스라엘 사람들에게 그러했듯이 블레셋 족속에게도 큰 골칫덩이 — 이스라엘 사람들의 경우보다 더하지는 않겠지만 — 로 작용한다(5장). 블레셋 사람들에게 법궤를 제거한다는 것은 "어느 때고 폭발할 수 있는 폭탄의 뇌관을 제거하는 것"과 같은 것이다(Brueggemann 1990: 38). 세 가지의 증거가 이를 뒷받침한다. 첫째로 블레셋 족속의 신 다곤이 얼굴이 땅에 닿은 채 엎드러진 상태로 발견된다. 이는 법궤 앞에서 경배하는 모습으로 볼 수도 있고, 패배하여 넘어진 모습으로 볼 수도 있다(5:3). 그리고 둘째 날에는 다곤 신상이 똑같이 엎드러진 자세로 머리와 손목이 끊어진 모습으로 발견된다(5:4). 둘째로 야웨께서는 "독종"의 재앙으로 블레셋 족속을 치신다(5:6). "독종"을 뜻하는 낱말 '아폴림'은 '오펠'("탑")이라는 낱말과 관련된다. 이 두 낱말은 '아팔' 동사("밀어닥치다, 쇄도하다, 휘몰아치다"[민 14:44 참조])에서 파생한 명사들이다. '오펠'이나 '아팔'은 어떻게 '아폴림'이 "독종, 종기"를 뜻하게 되었는지를 잘 설명해 주는 듯하다. 셋째로 블레셋 족속은 법궤를 아스도셋에서 가드로(5:8), 그리고 에그론으로 옮겨간다(5:10). 브루거만(Brueggemann 1990: 38)은 이처럼 성읍을 따라 법궤를 옮겨가는 행동이 예수를 안나스에게서 가야바에게, 그리고 빌라도에게 넘기는 유다 당국의 행동(요 18:13-28)과 비교할 만하다고 본다.

6장은 블레셋 제사장들과 점술가들의 제안에 의해 법궤가 이스라엘로 돌아온 것에 대해서 묘사한다. 그러나 단순히 법궤를 본 자리로 돌려주는 것만으로는 불충분하다. 법궤를 탈취한 자들은 금독종 다섯과 금쥐 다섯을 속건제로 드려야 한다(6:4). 흥미롭게도 이 속건제를 묘사하는 데 사용되는 동사는 "되돌리다"('하셰브'; 6:3, 4, 8, 17)라는 낱말이다. 구약성서의 제의 문헌에서 속건제('아샴')는 특이하게도 '슈브'("되돌리다, 회복하다, 보상하다"; 민 4:7, 8; 18:9) 동사의 히필형을 사용하고 있다는 점에서 다른 모든 제사들과 구별된다. 속건제의 맥락에서 강도질로 빼앗은 것을 "되돌리는"('헤쉽') 것에 관해 말하는 레위기 6:4도 참조하라. 레위기 6:5은 '헤쉽' 대신에 '쉴렘'("보상하다")이라는 동사를 사용한다. 이는 속건제가 야웨의 "성물"(聖物)에 입힌 손실에 대하여 보상할 것을 명하고 있음을 의미한다. 이 때문에 어떤 이들은 '아샴' 제사를 속건제(guilt offering)로 번역하기보다는 "보상제"(reparation offering)로 번역하기를 좋아한다.

속건제에 쥐를 사용하는 이유는 야웨께서 보내신 그 재앙이 일종의 설치류에 의해서 초래될 가능성을 가지고 있기 때문이다. 제물의 각 부분들은 그 나름의 의미를 가지고 있다. 첫째로 금독종 다섯과 금쥐 다섯이 보내졌다는 것은 그것들이 블레셋의 다섯 도시들(가사, 가드, 아스돗, 에그론, 아스글론[6:17]), 곧 나라 전체를 대표하고 있다는 점에서 굴복을 의미한다. 둘째로 금은 제물의 가치를 대표한다. 최상의 것을 바친 것이다. 셋째로 제물의 목적은 재앙을 그 땅으로부터 몰아내는 데 있다. 금독종과 금쥐는 야웨를 위한 보상의 의미를 가지고 있을 뿐만 아니라, 재앙을 그 본 주인인 하나님께 돌려보내는 수단이기도 하다.

법궤는 이스라엘로 가는 길에 벧세메스에 있는 "여호수아"라 불리는 자의 밭에서 처음으로 멈춘다(6:14; 이곳에 언급된 또 다른 여호수아는 오랜만에 약속의 땅으로 들어온 어떤 사람 또는 어떤 물건과 관련된 인물이다). 그러나 그곳에서 70명(5만 명 또는 5만7십 명; NRSV와 NIV의 각주 참조)의 사람들이 법궤를 들여다본 탓에 죽임을 당한다. 이는 무심코 지극히 거룩한 것과 접촉한 결과로서 생겨난 비극적인 사건이라 할 수 있다(삼하 6:6-7 참조).

그리하여 벧세메스 사람들은 기꺼이 법궤를 옮기기로 결정하고, 그것을 기럇-여아림으로 보낸다(6:21~7:2). 법궤가 왜 실로로 돌아가지 않았는지는 분명하다. 결국 실로는 법궤가 처음 출발한 곳인데도 말이다. 그들은 단순히 그것을 쳐다보았다는 이유로 수만 명의 목숨을 앗아갈 정도로 파괴적인 힘을 가진 법궤를 인구가 많은 도시 지역 대신 "외진 시골 마을"에 두는 것이 가장 좋다고 생각했다(Eslinger 1985: 227). 더 나아가서 에슬링어가 지적한 바와 같이, 벧세메스 사람들이 보낸 사자들은 왜 기럇-여아림 사람들이 와서 법궤를 가져가야 하는지에 대한 실제적인 이야기를 말해 주지 않는다: "블레셋 사람이 야웨의 궤를 도로 가져왔으니"(6:21). 그들은 "우리가 법궤를 한동안 이곳에 두었었는데, 5만 명이나 되는 사람들이 그것을 쳐다본 탓에 죽었답니다"라고 말하지 않는다. 그들은 또한 "우리는 야웨의 법궤를 치우고 싶습니다"라고 말하지도 않는다(6:20, "그를 우리에게서 뉘게로 가시게 할꼬?"; 여기서 목적어는 "그" 또는 "그것"으로 읽을 수 있음). 특권으로 여겨지는 것은 사실 핑계일 뿐이다.

7:2-17. 법궤는 12년 동안 기럇-여아림에 머문다. 그동안 이스라엘은 "탄식하면서 야웨를 사모한다"(2절). 이 구절은 마치 야웨가 죽은 것인 양 백성이 야웨를 인하여 탄식한 것으로(Eslinger 1985: 230), 또는 백성이 하나님과의 관계가 회복되기를 갈망한 것으로(Fokkelman 1993: 296) 이해할 수 있다. 사무엘이 "너희가 전심으로 야웨께 돌아오려거든"이라고 말하는 3절의 내용에 비추어볼 때 후자의 견해가 더 적절해 보인다. 사무엘은 미래에 대한 희망이 전혀 불가능해 보이는 상황에서 이야기 속에 다시 등장한다. 엘리와 그의 아들들이 성취하지 못했던 것을 사무엘은 성취한다.

사무엘은 여호수아와 마찬가지로 사람들에게 그들이 숭배하던 이방 신들을 제거하고 오직 야웨만을 섬길 것을 촉구한다(3절; 참조. 수 24:14). 그러자 사람들은 그가 명한 대로 한다(4절). 폴진(Polzin 1989: 74)이 지적한 바와 같이, 7:3, 4에 추가된 "오직"(only)이라는 낱말은 중요한 의미를 갖는다. 왜냐하면 "야웨를 섬기다"라는 표현은 신명기와 신명기적인 문헌에서 매우 흔하게 나오지만, "오직 야웨만을 섬기다"라는 표현은 신명기와 신명기적인 문헌에서 오직 두 군데에서만 사용되기 때문이다.

이방 신상들을 제거하는 일은 좋은 출발점이기는 해도, 그것으로는 충분하지 않다. 이스라엘 백성이 금식하면서 자기들의 죄를 고백하는 동안에 사무엘은 미스바의 야웨 앞에서 그들을 위한 중재기도를 드린다(5-6절). 이로써 사무엘은 부흥사와 중재자의 역할을 완수한다. 일찍이 엘리는 이렇게 말한 바 있다: "사람이 야웨께 범죄하면 누가 위하여 간구하겠느냐?['미 이트팔렐']"(2:25). 사무엘의 다음 말은 이 질문에 대한 답변의 성격을 갖는다: "내가 너희를 위하여 야웨께 기도하리라['웨에트팔렐']"(5절). 경건한 중재자로서의 사무엘의 명성은 7:5-9에 잘 확립되어 있을 뿐만 아니라, 12:19-25; 15:11("사무엘이 근심하여 온 밤을 야웨께 부르짖으니라"); 시편 99:6("그 이름을 부르는 자 중에는 사무엘이라"); 예레미야 15:1("모세와 사무엘이 내 앞에 섰다 할지라도") 등에도 잘 확립되어 있다.

죄를 제거함이 없이는 용서도 없다(4절). 죄의 고백 없이는 용서도 없다(6절). 중재자와 중보자가 없이는 용서도 없다(5절). 그리고 마지막으로 희생제사 없이는 용서도 없다(9절). 사무엘이 백성을 위하여 야웨께 "속죄"제가 아닌 번제(문자적으로는 "온전한 번제"['올라 칼릴'])를 드렸다는 것은, 번제 자체가 나라 전체(참조. 13:12; 삼하 24:25)나 개인(욥 1:5; 42:7-9)를 위한 유일한 속죄 제물로 여겨질 수 있음을 보여 준다. 이 점은 번제에 대하여 "열납되어 그를 위하여 속죄가 될 것이라"고 말하는 레위기 1:4의 내용과 일치한다.

블레셋 족속은 미스바 성회(미스바에서의 다른 모임들에 대해서는 삿 20:1, 3; 21:1, 5, 8; 삼상 10:17 참조)를 전쟁 준비 행동으로 생각하고 이스라엘을 공격하기 시작한다(7절). 블레셋 족속은 이스라엘로 인해서가 아니라 야웨로 인하여 패배한다(10절). 그 승리는 어떤 개인이나 집단도 자신의 공로로 주장할 수 없는 어떤 것이다. 한나는 일찍이 하나님에 관하여 "하늘 우레로 그들을 치시리로다"(2:10)라고 말한 적이 있다. 한나의 이러한 "예언"은 "야웨께서 블레셋 사람에게 큰 우레를 발하여" 블레셋 족속을 패배시킴으로써(10절) 성취된다. 여기서 우리는 하나님의 개입을 기도와 희생제사에 대한 보상으로 해석하기보다는 "하나님의 자비라는 시각에서" 해석할 필요가 있다. "그는 이스라엘을 위하여 행동해 달라는 호소에 응답하신다. 그들에게 그러한 은총을 받을 자격이 없음에도 불구하고 말이다"(Miscall 1986: 39).

이처럼 놀라운 승리를 기념하기 위하여 사무엘은 미스바와 센 사이에 돌을 세우고, 그 이름을 "에벤에셀"이라 칭한다. 이 이름은 "복의 근원 강림하샤"라는 찬송가의 가사에 들어있음으로 하여 유명해진 것이다: "야웨께서 여기까지 우리를 도우셨다"(12절). 이와 관련하여 두 가지 요소가 우리의 흥미를 끈다. 첫째로 사무엘서에서 처음으로 남자가 무엇인가의 이름을 짓는다. 그 전에는 여자들이 이름을 짓는 주체로 나온다(1:20; 4:21). 둘째로 이곳의 이름 지음은 사무엘상에서 "에벤에셀"이 두 번째 나타나는 경우에 해당한다. 그것은 블레셋 족속이 이스라엘을 살육하고서 법궤를 빼앗던 장소로 처음 언급된다(4:1; 5:1). 과연 이 두 에벤에셀 사이에 어떤 관계가 있다고 할 수 있을까? 그 중 하나는 패배와 살육의 장소로 나타나고, 다른 하나는 구원을 이루기 위해 개입하시는 하나님에 관해 증거하는 장소로 나타나는 바, 신학적인 측면에서 본다면 이 둘 사이에는 분명히 어떤 관계가 있다. 이 두 에벤에셀은 패배를 승리로 바꾸시는 하나님을 경축한다. "에벤에셀에서 패배한 전쟁은 에벤에셀에서 승리하는 전쟁으로 바뀌어야 한다"(Willis 1971: 304).

사무엘은 에벤에셀에 관한 12절 말미의 설명에서 "여기까지" 또는 "야웨께서 여기까지 우리를 도우셨다"는 표현을 추가한다. 이 추가문을 통하여 사무엘은 두 가지를 강조하고자 한다. 그 하나는 지리적인 것이고, 다른 하나는 신학적인 것이다. "야웨는 에벤에셀에 이르기까지 그들을 도우셨고, 거기서 이전에 있었던 재난의 부정적인 결과를 뒤집으셨다. 그는 이스라엘이 파멸당하고 야웨와의 관계가 끝장난 것 같이 보이는 곳에 이르기까지 이스라엘 백성을 도우셨다"(Eslinger 1985: 243).

7장은 북쪽에 있는 네 개의 성읍들을 순회하면서 사사의 책임을 다하던 사무엘의 활동에 대해 언급함으로써 결론을 맺는다(15-17절): 벧엘, 길갈, 미스바, 라마. 이 세 구절은 사사기에서 사사들의 활동에 관해 묘사하는 내용들의 결론부와 같은 느낌을 준다. 원수를 "굴복"시킨 다음에 (13절) 그 땅은 X년 동안 안식을 누린다. 그러한 안식의 시기에 사람들은 무슨 일을 하는가? 그들은 일하면서 결혼한다(룻기). 그런가 하면 사무엘과 같은 사람은 자신에게 맡겨진 책임을 완수하기 위해 최선을 다한다(삼상 7:15-17).

사무엘이 라마에 제단을 건축했다는 것(17절)은 기도와 희생제사에 열중하던 그의 활동이 국가적인 위기 상황의 시기에만 한정되지 않는다는 사실을 암시한다. 약탈자의 무리인 블레셋 족속이 호시탐탐 기회를 노리고 있는 데 누가 기도하지 않겠는가? 사무엘은 화재경보기 — "비상시에는 잡아당기시오"라는 글귀가 새겨진 — 안에 머물러 있는 하나님을 예배하지는 않는다. 라마의 제단은 에벤에셀에서의 금식과 기도 못지않게 중요한 의미를 갖는 것이다.

II. 8~15장: 사무엘과 사울

이 여덟 개의 장들은 이스라엘의 왕정 제도 시작, 왕정 개념에 대한 사무엘의 계속적인 입장 표명, 이스라엘의 초대 왕 사울의 선택, 실수를 거듭하는 사울의 왕정 초기 등에 초점을 맞추고 있다.

그러나 이스라엘에서 왕정이 하나의 가능성으로 다가온 것은 이번이 처음이 아니다. 사사 시대, 특히 기드온의 시대에 당시의 지도층 인사들이 기드온에게 나아가 (1) 그를 자기들의 통치자로 세우고, (2) 세습 통치권을 확립시킬 것을 촉구한 바 있다(삿 8:22). 사실 기드온이 첩을 통하여 얻은 아들 아비멜렉("나의 아버지는 왕이시다")이 엄청난 형제 살인을 저지른 후에 세겜에서 그러한 통치권을 주장한 적이 있다. 그러나 그의 통치권은 오래 가지 못한다(삿 9장).

이보다 더 이른 시기에 이스라엘의 거룩한 책들과 전승들이 정경화되는 과정에서 왕정 문제는 맨 처음에 하나님께서 족장들에게 주신 약속들 중의 하나로 등장하게 된다. 아브라함과 사라에게서 왕들이 나올 것이라는 약속(창 17:6, "열왕이 네게로 좇아 나리라"; 16절, "민족의 열왕이 그에게서 나리라")이나 야곱에게서 왕들이 나올 것이라는 약속(창 35:11, "왕들이 네 허리에서 나오리라")이 그렇다. 그리고 두 번째로는 신명기 12~26장의 법과 가르침들에서도 언급된다. 신명기의 이 큰 단락 안에는 특히 시민 지도자들과 종교 지도자들을 다루는 부분이 있다(신 16:18~18:22). 네 가지가 언급된다: (1) 사법부 — 지역 재판관들과 관리들(16:18~17:13); (2) 왕(17:14-20); (3) 성직 계층(18:1-8); (4) 예언자(18:9-22).

왕 문제를 다루는 일곱 개의 짧막한 구절들에서는 몇 가지의 특이한 요소들이 발견된다. 첫째로 왕은 네 가지 직무들 중에서 유일하게 선택적인 것이다: "네 위에 왕을 세우려면"(신 17:15, NRSV=You may [are free to] set a king over yourself; 그러나 NIV에서처럼 명령으로 번역할 수도 있다, be sure to appoint over you). 둘째로 네 가지 직무들은 한결같이 각 직무 담당자들의 의무를 강조하지만, 왕을 제외한 나머지 세 직무들은 그 직무 담당자들의 권리와 권세에 대해서 언급하기도 한다. 무엇보다도 이스라엘 백성은 그들의 판단에 복종해야 한다. 예로써 레위 계열 제사장이나 재판관이 최고 법정에서 내린 최종 판결에 귀를 기울여야 한다는 규정(신 17:8-13)이나, 예언자의 말을 경청하지 않을 경우에는 재앙이 뒤따를 것이라는 규정(신 18:15, 19)이 그렇다. 왕의 말을 무시하는 행동에 대해서는 그러한 경고가 언급되어 있지 않다. 셋째로 왕을 제외한 다른 직무들의 경우에는 구체적인 역할이 명시되어 있다. 이와는 달리 행정부 내에서의 왕의 역할이나 왕권 행사에 대해서는 아무것도 언급되어 있지 않다.

신명기 17:14-20은 왕들이 범하기 쉬운 세 가지 월권행위를 금지함으로써 왕권에 제약을 가하고 있다. 거대한 기마 부대, 거대한 후궁 집단, 엄청난 부(신 17:16-17) 등이 그렇다. 왕에게 주어진 유일하게 긍정적인 책무는 하나님의 법을 복사하고 낭독하는 일이다(신 17:18-20). 그 법은 하나님께서 온 백성에게 주신 토라와 동일한 것이다. 일반 백성이나 최고 통치자는 똑같이 하나의 법과 한 분이신 하나님을 섬겨야 한다. 왕의 백성은 그의 "신하들"이나 "발판"(footstool)이 아니라 그의 "형제들"(신 17:20)이다.

오직 하나님만이 왕을 선택하신다는 주장(신 17:15)은 확실히 왕에게만 한정되지 않는다. 야웨는 제사장을 "선택하기도"('바하르') 하시고(신 18:5), 예언자를 "일으키기도"('쿰') 하신다(신 18:15, 18). 그러나 실제로는 구약성서에 언급된 왕들 중에 오직 네 명 만이 하나님께서 선택한(하나님을 대변하는 예언자들에 의해서) 왕들로 나타난다: (1) 사울(삼상 9:16-17; 10:20-24); (2) 다윗(삼상 16:1-3); (3) 여로보암(왕상 11:29-39); (4) 예후(왕하 9:1-13). 하나님께서 이스라엘의 왕 또는 이스라엘/유다의 왕을 자주 선택하지 않으신 것은 호세아의 다음과 같은 비난에 그 원인이 있을 것이다: "저희가 왕들을 세웠으나 내게서 말미암지 아니하였고 저희가 방백들을 세웠으나 나의 모르는 바며"(호 8:4).

이스라엘의 왕정에 대한 이러한 관심사 또는 상반된 평가의 일부는 사무엘상 8~12장에까지 스며들어 있다. 벨하우젠(Wellhansen) 이후로 학자들은 흔히 이 다섯 개의 장들을 왕정에 대한 긍정적인 평가와 부정적인 평가에 따라 여러 개의 상이한 단락들로 나누곤 했다. 그리고 벨하우젠은 이스라엘이 바벨론 포로 이전에는 왕정을 가지고 있었으나 귀향 이후로는 왕정을 갖지 못했다는 전제 하에, "친(親) 왕정적인" 자료의 연대를 포로기 이전(주전 587년 이전)으로, 그리고 "반(反) 왕정적인" 자료의 연대를 포로기 이후(주전 587년 또는 539년 이후)로 추정한다.

본문 자료를 분해하면 다음과 같다:

반(反) 왕정 자료	8:1-22		10:17-27		12:1-25
친(親) 왕정 자료		9:1~10:16		11:1-15	

만일 이러한 본문 분해가 타당하다면(그리고 그 타당성에 관한 주요 의문들 — 그 일부에 대해서는 곧 언급하고자 함 — 이 여전히 유효하다면), 몇 가지 주목할 만한 것들이 있다(Childs 1979: 277-28). 첫째로 반 왕정 본문들이 친 왕정 본문들보다 더 큰 비중을 차지하고 있다. 이 점은 두 가지 방식으로 확인할 수 있다. 두 번에 걸쳐서 나오는 친 왕정 본문들은 반 왕정 본문들에 둘러싸여 있다(8:1-22 〈 9:1~10:16 〉 10:17-27; 10:17-27 〈 11:1-15 〉 12:1-25). 그리고 단락 전체는 반 왕정 본문으로 시작하여(8:1-22) 반 왕정 본문으로 끝을 맺는다(12:1-25). 둘째로 친 왕정 전승이 반 왕정 전승과 한데 얽혀 있다는 사실은, 이스라엘의 왕정이 계약 개념을 가지고 있지 않은 이교적인 나라들의 왕정에 그 뿌리를 두고 있지만, 그럼에도 불구하고 하나님께서 깊숙이 관여하고 있고 또 이스라엘 백성에게 직접 허락하신 제도임을 보여 준다. 하나님은 이스라엘 백성을 압제하지 않으며, 그들의 요구를 거부하지도 않으신다. 그들이 의심스러운 동기를 가지고 있음에도 불구하고 말이다. 그는 또한 왕정이 자기가 원하는 길을 가지 않는다고 해서 무관심에 빠지지도 않고 그것에 대하여 분노하지도 않는다. 도리어 그는 당시의 현실을 충분히

감안하셔서 모든 것들이 합력하여 선을 이루게 하신다.

이스라엘이 왕을 원했다거나 주변 나라들과 똑같은 왕을 가지고 있었다는 것이 이스라엘에 있는 왕정의 타당성 자체를 반대하는 것은 아니다. 만일 그렇다면, 다른 종교들에 있는 비슷한 제도들과 평행 요소를 가지고 있는 이스라엘의 모든 제도(성전 직원, 성막, 제사장, 거룩한 절기들, 희생제사 제도 등) 역시 의심의 대상이 될 것이기 때문이다. 확실히 이스라엘 중의 어느 누구도 모세와 아론에게 나아가서 "다른 나라들과 똑같이 우리에게도 희생제사 제도를 달라"고 말한 적이 없다. 남의 나라에 있는 제국주의는 남의 나라에 있는 제의보다 더 매력적이다. 그러나 하나님의 직접적인 말씀을 듣고 그것의 규제를 받음과 동시에, 주변 문화권에서 받아들이거나 빌려온 것들에 대하여 분별력을 가지고 수용적인 태도를 갖는 것은 이스라엘 자신에게 달린 일이다.

로버츠(J. J. Roberts 1987: 380)가 말한 바와 같이, "야웨 종교가 주변 세계로부터 다양한 요소들 — 거부감을 갖는 요소들까지도 — 을 받아들여 야웨 신앙의 기본 구조에 적합한 것으로 변형시킬 수 있는 능력을 가지고 있다는 것에 대해 언급하지 않고 야웨 종교의 본질에 대해서 말한다는 것은 곤란한 일이다 … 단순히 이스라엘 왕정의 발전 과정에 외래적인 요소들이 있다는 것만으로 이스라엘의 왕정을 이교적인 것으로, 빗나간 것으로 거부한다는 것은 온당치 못한 일이다."

8:1-22. 8장의 대부분은 사무엘에게 자기들을 다스릴 왕을 세워달라고 요구하는 장로들의 행동과 어리석은 것으로 여겨지는 그들의 요구를 단념시키려는 사무엘의 노력 및 그 문제에 대한 하나님의 결정 등에 초점을 맞추고 있다. 그러나 사건 전체의 흐름은 늙은 사무엘의 나이(1절)와 사사로 일하는 불량한 그의 두 아들(2-3절)로 인하여 급진전된다. 엘리가 늙었던 것처럼 (2:22; 3:2; 4:15, 18), 사무엘도 노년기에 도달해 있다. 엘리가 불량한 두 아들을 데리고 있었던 것(1:3; 2:12-13, 22-25)과 마찬가지로, 사무엘 역시 불량한 두 아들을 데리고 있다. 이렇듯이 사무엘은 자신이 크게 반대하는 왕정의 확립 과정에 간접적이나마 그 나름의 역할을 수행하고 있다. 사무엘이 라

마에 거주한 반면에(7:17) 그의 두 아들은 라마에서 남쪽으로 50마일 정도 떨어진 브엘세바에 머물렀다는 것(8:2)은, 불량한 두 아들을 "외진 곳"에 보냄으로써 그들로부터 거리를 두려는 사무엘의 속마음을 암시하는 것일 수도 있다.

어느 한 나라가 자신의 통치 방식을 근본적으로 바꾼다는 것은 쉬운 일이 아니다. (공산주의와 마르크스주의 모델을 민주주의와 자유 시장 모델로 바꾸고자 하는 러시아의 고통스런 노력 참조) 장로들의 왕정 요구는 세 가지 이유에 근거한 것이다: (1) 돌이킬 수 없을 만큼 절망적으로 타락한 사사 제도(해답은 직무 담당자를 바꾸기보다는 체제를 바꾸는 데 있다); (2) 왕정을 통하여 주변 나라들과 그들의 행정부에 대응하고자 하는 욕구; (3) 왕과 같은 국가 지도자가 심각하게 균열된 나라를 통합시킴으로써 침략 국가들에 맞서 한층 강한 전선을 구축할 수 있으리라는 기대감. 물론 그들의 요구는 그들이 상황을 너무 단순하게 생각하고 있다는 느낌을 준다. 자기들에게 있는 문제점들이 주로 구조적인 것들이라는 생각 말이다. 그들은 기본 틀을 바꾸면 문제점들이 뒷문으로 다 사라지면서 앞문으로 성공이 다가올 것이라고 생각한다. 그러나 그들에게 있는 문제점들이 구조적이거나 외적인 것이 아니라면 어찌할 것인가?

사람들은 사무엘에게 백성의 요구가 야웨의 통치를 거부하기보다는 자신의 사사직을 거부하는 것으로 여겨졌을 것이라는 느낌을 강하게 받는다. 그 까닭에 야웨께서는 7절에서 백성이 등을 돌리는 대상은 사무엘이 아니라 야웨 자신임을 분명하게 밝히신다. 이 점은 사무엘이 6절에서 5절에 있는 장로들의 말을 그대로 인용하고 있다는 사실에 의해 분명하게 드러난다. 그는 자신의 인용문에서 두 가지 항목을 생략한다. 그 하나는 그의 많은 나이와 불량한 아들들에 대한 그들의 언급이고, 다른 하나는 그들이 사용한 "열방과 같이"라는 표현이다. 그는 그들의 요구 사항에 포함된 내용의 중간 부분만을 인용하고서는, 첫 부분과 마지막 부분을 생략한 것이다. 사무엘의 마음에 부담을 준 것은 현재 사무엘의 신분에 해당하는 새로운 사사('쇼페트') 대신에 "우리를 다스릴"('레쇼프테누') 왕을 달라는 그들의 요구이다.

사무엘은 그들의 요구가 터무니없는 것임을 일깨우기 위해 온갖 외교적인 언사를 동원한다. 그러나 그는, 빌라도가 자기 앞의 군중을 설득하지 못한 것과 똑같이, 왕을 요구하는 그들을 설득하는 데 실패한다. 사무엘에 의해 11-18절에 언급된 내용들이 무자비하고 압제적인 왕권에 대해서 묘사한 것인지, 아니면 합리적이고 신뢰할 수 있는 왕권에 대해서 묘사한 것인지에 대해서는 논란이 많다. 예로써 징병(11절)과 전쟁 무기 제작(12절) 및 징세(15절) 등을 지시하지 못하는 왕이 과연 적법한 왕이라고 할 수 있겠는가? 그러한 지시 사항들은 충분히 남용되지 않은 채 실천에 옮겨질 수 있다. 도리어 사무엘이 11-18절의 내용을 언급한 것은 그들에게 왕을 요구한 행동을 재고하도록 하기 위해서이다. 11-18절 단락에서 "왕은 열네 줄로 된 설명의 문법적인 주어로 나타난다"(Fokkelman 1993: 347). 아울러 "그가 취할 것"("징집할 것"임을 뜻함)이라는 표현이 연달아 다섯 차례에 걸쳐 이어진다(11, 13, 14, 15, 16절).

8장의 내용 중에서 가장 흥미로운 것은 그들의 요구에 대한 하나님의 반응이다. 그는 한 번도 아니고 세 차례에 걸쳐서 사무엘에게 "백성이 네게 한 말을 다 들으라"고 말씀하시며, 세 번째 말씀에서는 "왕을 세우라"는 명령을 추가하신다(7, 9, 22절). 사사요 예언자인 사무엘은 이스라엘 백성이 마땅히 귀를 기울여야 할 뛰어난 인물들 중의 한 명이다. 그런데 여기서는 역할이 바뀐다. 사사요 예언자인 사무엘이 백성의 말에 귀를 기울여야 하기 때문이다(Miscall 1986: 47). 그것은 마치 저자가 "거절당함에도 불구하고 자신의 사랑을 드러내시는 하나님"과 "왕을 세우기 싫어하는 자신의 이기적인 동기를 숨기는 데 실패하는 사사"를 대비시키는 것과 같은 효과를 갖는다(Polzin 1989: 88).

하나님의 지시 사항(22a절)에 대한 사무엘의 반응(22b절)은 적절하지 않은 것으로 보인다. 그는 장로들을 집으로 돌려 보낸다. 그는 왕을 임명하거나 그에 준하는 절차를 밟지 않는다. 그는 이러지도 못하고 저러지도 못하는 상황에 빠진 것일까? 그는 모든 것을 보류 상태에 놓아둔 것일까? 어쩌면 장로들이 그 문제에 대한 즉답을 피한 후로 생각을 달리 하게 되었다고 본 것일까? 그리고 하나님조차도 그 문제를 재고하실 것이라고 생각한 것일까? 아니면 사무엘은 이 중대한 개혁 작업을 추진하는 데 필요한 세부 사항을 실천에 옮기기 위해 충분한 시간이 필요했던 것일까?

우리는 앞서 8:1-22이 일반적으로 "반 왕정적인" 자료에 속한 것으로 여겨지고 있음을 주목한 바 있다. 그러나 정말로 그럴까? 사무엘 자신은 의심할 여지 없이 반 왕정주의자이지만, 하나님의 입장도 그러한지는 불확실하다(그러나 7절 참조). 우리는 설화자의 입장이 사무엘의 입장과 같다고 보아서는 안 된다. 설화자는 어디에서도 장로들의 요구를 부정적으로 평가하거나 왕정에 반대하는 말을 하지 않는다. 사실 8~12장 전체는 설화자의 편집 작업에 의해 추가된 부정적인 평가를 단지 두 군데, 곧 8:2-3과 10:27에서만 소개하고 있을 뿐이다(Eslinger 1983: 68).

9:1-27. 사울은 성서에서 사무엘이 소개될 때와 비슷한 방식으로 소개된다. 가장 먼저 두 사람의 아버지와 그 전의 네 세대에 걸친 족보가 언급된다:

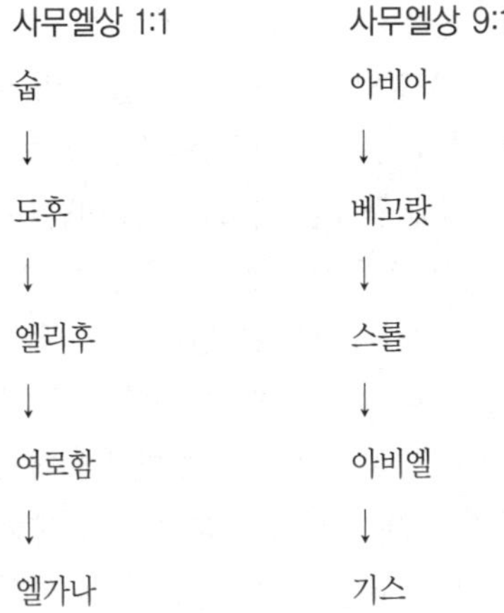

둘째로 두 사람의 아버지는 매우 비슷한 내용의 문구를 통하여 소개된다: "에브라임 산지 라마다임소빔에 에브라임 사람 엘가나라 하는 자가 있으니 … "(1:1); "베냐민 지파에 기스라 이름하는 유력한 사람이 있으니 … "(9:1). 각각의 경우에 이 두 아버지는 비록 그 이름이 먼저 언급되고 있기는 해도, 금방 그들보다 더 잘 알려진 아들들에 의해 빛을 잃게 된다. 엘가나는 사무

엘에 의해, 그리고 기스는 사울에 의해서 말이다. 셋째로 사울은 아버지의 잃어버린 나귀들을 찾기 위해 돌아다니다가 숩 땅에까지 이르게 된다(5절). 그런데 1:1에서 엘가나는 숩 사람으로 소개된다. 넷째로 사무엘이 아들을 원하던 한나의 간구에 대한 응답에 해당하는 인물이라면, 사울은 왕을 원하던 이스라엘 백성의 요청에 대한 응답에 해당하는 인물이다.

사울 이야기는 그의 아버지 기스가 한 명의 종("한 사환을 데리고")을 붙여 잃어버린 나귀들을 찾으러 사울을 보냄으로써 시작된다(3-4절). 그 사환의 재치 있는 제안, 곧 자기들이 공교롭게도 참된 예언으로 널리 알려진 "하나님의 사람"이 거주하는 성읍에 머물고 있으니 그에게 가 보자는 제안(6절)이 아니었다면 두 사람은 빈손으로 기스에게 되돌아가야만 했을 것이다. 사울의 "사환"이 그 하나님의 사람의 소재와 명성에 대해서 알고 있는데도 정작 부요한 농부의 키 크고 잘 생긴 아들인 사울은 그렇지 못하다는 것은 아이러니컬한 일이 아닐 수 없다. 사무엘에 관한 이전의 설명에 약간의 예외가 있음이 분명하다: "단에서부터 브엘세바까지의 온 이스라엘이 사무엘은 야웨의 선지자로 세우심을 입은 줄을 알았더라"(3:20). 사울은 이 사실을 알지 못했다. 부분적으로 사무엘상 9장의 사울이 매력적인 인물로 보이게 되는 것은 바로 이 때문이다. 하나님에 의해 중요한 지도력을 부여받았음에도 불구하고 그는 여전히 허세부리지 않고 주변 정보에 어두우면서도 낙천적인데다가 때묻지 않은 순진함을 매력으로 가진 자로 나타난다.

사울이 한 "유력한 자"(재산이 많은 자라는 뜻: 역주)의 아들(1절)이면서도 하나님의 사람에게 보수나 사례금으로 줄 돈을 호주머니에 가지고 있지 않았다는 것 역시 아이러니이다(7-8절). 사환은 사울이 알지 못하는 것을 알고 있으며, 사울이 가지고 있지 않은 돈을 가지고 있다. 이야기의 뒷부분에 가면 사무엘은 그 사환에게 앞서 가라고 하고서는 사울과 중요한 문제를 은밀하게 논의하고자 한다(27절). 그리고 사울은 이야기의 무대에서 자기 아버지를 밀어낸 것과 마찬가지로 그 사환을 밀어낸다. 그러나 이름이 알려지지 않은 이 "사환"의 명민함과 담대함 및 관대함 등이 없었다면 사울은 어떻게 되었겠는가?

한 남자가 물을 길러 나오는 한 여인이나 여러 여인들을 만나는 다른 본문들(창 24:15-20; 29:9-10; 출 2:15-16; 요 4:6-7)에서와 마찬가지로, 사울과 그의 일행은 이름이 알려지지 않은 성읍으로 가던 중에 물 긷는 일을 맡은 몇몇 소녀들 — 사울이 잃어버린 나귀를 찾는 일을 맡은 것처럼 — 을 만난다(11-13절). 그들은 사울과 그의 일행에게 서둘러('마헤르' [12절]) 선견자 사무엘이 희생제사의 식사를 주관하는, 그럼으로써 적어도 식탁의 은총을 사람들에게 공급하는("그가 제물을 축사한 후에야 청함을 받은 자가 먹음이라"[13절]) 성읍으로 가라고 조언한다. 예언자/선견자가 희생제사의 의무를 이행하는 것이 일상적인 일은 아니지만, 우리는 사무엘이 예언 직무와 제사 직무를 겸하여 가지고 있는 인물임을 기억하지 않으면 안 된다.

이 단락에 있는 두 가지 요소는 13:8에서 시작되는 사울의 의례적인(ritual) 범죄와 하나님의 사울 거부 이야기와 연결된다. 첫째로 9장에서 서둘러 사무엘을 만나려는 사울의 노력은 성공을 거둔다. 그러나 13장에서 사울은 조급한 나머지 사무엘을 기다리지 못함으로써 실패와 거절에 직면하게 된다(Gunn 1980: 62). 둘째로 사울이 만난 소녀들은 초청받은 손님들 중의 어느 누구도 사무엘이 도착할 때까지는 아무것도 먹지 못한다고 말한다(13절). 그러나 13장의 사울은 7일을 기다리다가 사무엘이 오기 전에 용납할 수 없는 일을 행하고 만다.

사무엘은 하나님께서 자신에게 직접 말씀하실 때까지는 사울에게 대체 어떠한 일이 발생하는지를 도무지 알지 못한다. 에브라임 지파의 예언자인 사무엘은 이스라엘의 하나님으로부터 자기를 찾을 한 베냐민 지파 사람에게 기름을 부어 그를 이스라엘 백성의 "통치자"('나기드'; 왕['멜렉']이 아님)로 삼으라는 지시를 받는다(16절). 이 베냐민 사람(베냐민 지파가 거의 전멸 상태에 빠진 삿 19~21장의 설명 참조)이 이스라엘을 "다스릴" 것이다(17절). 그런데 다시금 히브리어 본문은 "다스리다"는 뜻의 동사로 흔히 쓰이는 '마샬'이나 '말락' 대신에 '아차르' 동사를 사용한다. 이 동사는 일반적으로 "보류하다, 제약을 가하다, 제한하다"라는 의미를 가지고 있다. 만일 사무엘상 9:17에서 이 동사가 "다스리다, 지배하다"는 뜻을 가지고 있다면, 그것은 구약성서에서 그러한 의미를 갖는 유일한 구절에 해당한다.

아버지의 잃어버린 나귀들에 대한 사울의 걱정을 제거해 주고(20a절), 그의 독특한 운명을 그에게 알린 다음에(20b절), 풍성한 식사와 함께 사울과 더불어 밤을 새운(22-27절) 사무엘은 "사울을 일깨워야 할 때"(Eslinger 1985: 317)가 왔음을 알고서는, 사울에게 "하나님의 말씀"을 알리려는 자신의 의도를 밝힌다(27d절).

이 이야기에서 우리는 몇 가지 개념들을 발견할 수 있다. 그 한 예로 사울은 아버지의 나귀들을 찾기 위해 길을 나섰다가 왕관을 얻는다. 콜럼버스(Columbus)는 인도로 가는 짧은 길을 찾아 나섰다가 잊혀져 있던 대륙을 발견한다. 알렉산더 벨(Alexander Graham Bell)은 청각장애인들을 돕기 위한 길을 찾던 중에 전화를 발명한다. 사울이 아버지의 나귀들을 찾아 나서지 않았다면, 그는 왕관을 얻지 못했을 것이다. 당신이 무엇인가를 찾지 않는다면, 아무 일도 일어나지 않는다. 예수께서는 "찾으라 그러면 찾을 것이요"라고 말씀하셨다(마 7:7). 그렇다면 대체 무엇을 찾는다는 것인가? 아마도 당신이 찾고자 하는 대상일 것이다. 그러나 전혀 예상치 못한 어떤 것을 찾을 수도 있다. 또 다른 사울의 경우를 기억하라. 그 역시 베냐민 지파 사람으로서, 도(道)를 좇는 사람들을 찾아 나섰다가(행 9:2) 종국에는 그 도의 주인공인 그리스도를 만난다(행 9장). 메시아를 믿는 자들을 찾던 중에 메시아를 찾은 것이다(아니면 메시아에 의해 발견되었다).

9장에서는 또한 "무엇인가를 찾는 자가 남에게 발견된 자가 되며"(나귀를 찾는 농부가 다른 사람들이 찾는 지도자로 바뀐다), "찾는 자$_1$ [사울]은 찾는 자$_2$ [사무엘]을 찾지만, 찾는 자$_2$는 찾는 자$_1$을 찾는다"(Fokkelman 1993: 363, 368). 찾는 자가 사실은 찾은 바 된다는 얘기다. 이 점을 잘 반영하고 있는 또 다른 본문이 하나 있다. 옛 찬양의 한 구절이 그렇다: "나 주님을 찾았네. 그 후 나는 알았네. 그가 내 영혼으로 하여금 나를 찾는 그를 찾게 하셨음을. 발견한 자는 내가 아니었네. 그렇다네. 오 구세주시여, 당신께서 나를 발견하셨다네."

10:1-16. 혼자서 사울과 함께 있게 된 사무엘은 유리병에 담긴 기름을 사울 위에 부음으로써 그를 지도자/ '나기드' 로 세운다. 여기서 "유리병"을 가리키는 히브리어 '파크' 는 사무엘이 다윗을 기름 부을 때 사용하는 기름

"뿔"('케렌' ; 삼상 16:13)과는 구별되는 것이다. 그것은 또한 사독이 솔로몬을 기름 부을 때 사용하는 "뿔"('케렌')과도 구별되며(왕상 1:39), 심지어는 한나가 "자기의 기름 부음 받은 자의 뿔을 높이시리로다"라고 할 때의 "뿔"('케렌')과도 구별된다. 사무엘상 10:1의 '파크'는 "사울을 다윗으로부터, 그리고 한나가 부른 노래의 마지막 진술로부터 분리시키려는" 의도를 가지고 있는 것일 수도 있다(Miscall 1986: 59).

사무엘서에서 두 번째로 한 예언자가 임박한 사건의 중요성을 가리키는 한 표징을 보여 준다. 그 첫 번째는 사무엘상 2:30-33에 있는 것이다. 이 본문에 의하면, 사무엘은 엘리 가문 전체의 다가올 파멸을 선고한다. 그 표징이 2:34에 기록되어 있다: "네 두 아들 홉니와 비느하스가 한날에 죽으리니 그 둘의 당할 그 일이 네게 표징이 되리라." 이 본문에서 그 표징의 목적은 사무엘의 파멸 선고를 확증하는 데 있다. 그러나 10장의 표징은 다른 기능을 가지고 있다. 그 표징은 사무엘이 한 말의 확실성을 확증하기보다는 사울의 기름 부음 받음을 확증하는 데 기여한다: "이것은 야웨께서 네게 기름을 부으사 그 기업의 지도자를 삼은 표징이 될 것이다"(10:1, NRSV; NRSV는 더 긴 본문인 70인역의 본문을 따르고 있지만, NIV는 더 짧은 본문인 맛소라 본문을 따른다).

에슬링어(Eslinger 1985: 321-22)가 지적한 바와 같이, 여기서 사무엘이 말하는 표징 세 가지는 제각기 앞장에 기록된 사건들에 상응하는 모습을 보인다:

첫 번째 표징: 네가 두 사람을 만날 것인데, 그들은 네 아버지의 나귀들을 찾았다고 네게 말해 줄 것이다(10:2; 참조. 9:3-4, 20).

두 번째 표징: 네가 세 사람을 만날 것인데, 그들 중 떡 세 덩이를 가진 사람이 너에게 두 덩이를 줄 것이다(10:3-4; 참조. 9:7, 사울은 자루 속의 떡이 다 소비된 마당에 하나님의 사람에게 무엇을 줄 수 있는지를 염려한다).

세 번째 표징: 사울은 성소에서(NRSV) 또는 산당에서(NIV) 내려오는 예언자의 무리를 만날 것이다(10:5; 참조. 9:14, 사울과 그의 사환은 성읍에 들어갈 때에 성소로(NRSV) 또는 산당으로(NIV) 올라가는 사무

엘을 만난다).

9-13절은 이 세 번째 표징에 대해서만 보고한다. 세 가지 표징이 모두 성취되지만 말이다. 사울에게 두 가지 일이 발생한다. 첫 번째로 하나님은 그에게 새로운 마음을 주신다(9절). 하나님의 신이 사울을 사로잡자 그는 예언적인 황홀경에 빠져들기 시작한다(10절). 이 둘 사이에는 한 가지의 근본적인 차이가 있다. 마음의 변화(9절)는 항구적인 것이다. "사울은 옛 아담을 벗어던지고 새 사람이 된다"(Fokkelman 1993: 418). 반면에 황홀경 예언은 일시적인 것이다: "사울이 예언하기를 마치고 산당으로 가니라"(13절). 이곳에 사용된 히브리어 동사의 형태(문자적으로는 "예언적인 황홀경을 경험하다")는 저항하기 어려운 하나님의 신에 사로잡힌 자에게 어떠한 신체적, 감정적 변화가 발생하는지를 묘사한다.

사울은 구약성서에서 예언자로 불리는 유일한 왕이다(11b절). 그는 또한 실제로 예언을 한 유일한 왕이기도 하다(11a절). 사람들은 조심스럽기는 하지만 자기들이 본 것에서 흥미를 느낀다: "전에 사울을 알던 모든 사람이 사울의 선지자들과 함께 예언함을 보고 … "(11a절). 이 점은 자기들이 (오순절에) 들은 것으로 인하여 당혹감을 느끼는 군중들의 반응과 대조를 이룬다고 볼 수도 있다: "큰 무리가 모여 각각 자기의 방언으로 제자들의 말하는 것을 듣고 … 우리가 우리 각 사람의 난 곳 방언으로 듣게 되는 것이 어찜이뇨? … 우리가 다 우리의 각 방언으로 하나님의 큰 일을 말함을 듣는도다"(행 2:6, 8, 11).

관찰자들의 문제 제기("기스의 아들의 당한 일이 무엇이뇨? 사울도 선지자들 중에 있느냐?")는 사울을 예언자들 중의 한 명과 동일시하는 것이 정당한 것인지에 초점을 맞추고 있다. 결국 그들은 왕을 원하는 것이지, 또 다른 예언자를 원하는 것이 아니다. 그들은 자기들의 싸움을 싸울 누군가를 원하는 것이지, 하나님 앞에서 "경이로움과 사랑과 찬양에 사로잡힌" 사람을 원하는 것이 아니다. 브루거만(Brueggemann 1990: 77)이 말한 바와 같이, "[사울은] 다른 사람들을 당혹하게 하는 방식으로 변화를 경험한다. 그들은 경제와 군대를 책임질 계획자와 예산집행인을 원했다. 그들은 확실히 자기들이 희망하는 이스라엘의 비전을 넘어서서 하나님의 신에 의해 움직이는 왕을 원치 않았다.”

본 단락은 사울과 그의 숙부(아마도 사울이 집으로 돌아왔을 때 그의 아버지는 출타 중이었을 것이다) 사이의 짧막한 대화(14-16절)로 끝을 맺는다. 사울은 잃어버린 나귀들에 대해서만 조심스럽게 숙부에게 말한다. 그는 자기가 기름 부음 받은 일에 대해서는 침묵을 지킨다(그렇게 하기가 얼마나 어려웠겠는가!). 아마도 사무엘의 요구 때문이었을 것이다. 사울은 복음서의 이야기들에 나오는 사람들, 곧 예수께서 만지시고 회복시키신 후에 “삼가 아무에게 아무 말도 하지 말라”(막 1:44)고 말씀하셨던 사람들과 흡사한 모습을 보인다. 삼손과 마찬가지로(삿 14:6) 그는 자신의 최근 경험을 친척에게도 말하지 않는다.

10:17-27. 두 번째로 사무엘은 사람들을 미스바로 소집한다(7:5-12는 미스바에서의 금식과 회개 및 갱신에 대해 묘사한다). 그곳에서 사울은 제비뽑기 방식에 의해 왕으로 선택된다.

사울은 설령 그 자리에 있었다 해도, 사무엘이 미스바 집회에서 서두에 한 말(18-19절)을 듣고서도 거의 흥분하지 않았을 것이다. 사무엘의 설교는 심판 예언의 형태를 가지고 나타난다: (1) 주의를 환기시킴(17절); (2) 사자(使者) 양식(18a절); (3) 야웨의 구원 행동들을 나열함(18b절); (4) 비난(19a절; 사무엘이 백성의 요구를 그대로 인용함으로써 한층 강조됨, 19b절). “X가 Y의 말을 인용하면서 Y에게 말하는” 인용 방식은 구약성서에서 충분히 자주 나타나는 것이지만, 이중 인용은 드문 경우에 속한다. 8:19(“우리도 우리 왕이 있어야 하리니”)이 이곳 10:19과 12:12에 거듭 인용된다는 것은 사무엘이 백성의 요구에 크게 유보적인 태도를 보이면서 그들을 비난하려는 의도를 가지고 있음을 강조하는 효과를 갖는다.

구약성서에서 제비뽑기 방식에 의해 누군가를 확인하는 경우는 이곳 말고는 두 번밖에 나타나지 않는다. 아간(수 7:14-26, “제비”[‘고랄’]에 대한 언급은 없지만 암시되어 있기는 하다)과 요나단(삼상 14:38-45)이 그 경우에 해당한다. 이 두 경우에 똑같이 제비뽑기는 중대한 위반 행위를 저지른 자를 찾아내려는 의도를 가지고 있다. 요나가 승객으로 탄 배 위에서 제비를 던지는 경우도 같은 범주에 넣을 수 있을 것이다(욘 1:7). 이 경우에는 제비를 던지는 행동이 폭풍우의 원인을 설명할 수 있는 자를 찾아내거나 악인을 찾아내려는 의도를 가지고 있는 것으로 이해된다.

구약성서에서 제비뽑기에 의해 사울을 선택하는 경우를 제외한 다른 모든 제비 던지기는 불법적인 행동과 관련되어 있다. 그렇다면 이것은 사울의 제비뽑기 선택이 심각한 문제점을 안고 있음을 뜻하는 것일까?(Miscall 1986: 22) 아울러 사울의 제비뽑기 선택은 "속임수"나 "함정"에 해당하는 것일까?(Eslinger 1985: 344, 350) 아니면 부정적인 의미를 갖는 사건들이 있음에도 불구하고, 사울의 경우만큼은 제비뽑기가 국가의 지도자를 선택하는 것과 같은 일을 하는 데 필요한 적법한 수단으로 여겨질 수 있는 것일까?

아마도 사울의 선택과 가장 가까운 사례는 신약성서에서 가룟 유다의 계승자를 선택하는 것에 관해 다루는 이야기일 것이다(행 1:15-26). 제비뽑기 방식에 의해 유다를 계승할 자는 맛디아로 결정된다. 사도행전은 마가의 다락방에 모인 자들이 맨 먼저 유다의 계승자를 선택하는 문제를 놓고 간절하게 기도했음을 강조한다(행 1:24-25; 삼상 10장은 그렇지 않음). 이 두 이야기는 똑같이 제비뽑기와 하나님의 신에 관해 말하고 있다는 점에서 매우 비슷한 모습을 보인다. 사울은 처음에 하나님의 신에 붙들리며(삼상 10:10), 나중에 제비뽑기에 선정된다(삼상 10:21). 그리고 맛디아는 제비뽑기에 선정된 후에(행 1:26) 하나님의 신으로 충만하게 된다(행 2:4). (Brueggemann 1990: 79 참조.)

제비뽑기 단락에서 제비를 뽑는 행동은 세 차례에 걸쳐서 '라카드'의 수동태("제비에 뽑히다")로 표현된다(20절과 21절[x2]). 이 동사는 몇 장이 지난 후에 사울에게 똑같이 사용되지만(14:47), 이번에는 능동태로 바뀐다: "사울이 이스라엘 왕위에 나아간 후에"(Saul took/seized the kingship over Israel). 이 본문은 구약성서에서 '라카드'가 왕권이나 어떤 다른 직위를 획득하는 데 사용되는 유일한 곳이다. 이 본문은 사울의 후반부 몰락에 속한 것일까? 하나님의 부르심에 만족하지 못한 사울은 왕권을 장악하려고 노력한다.

몇 가지 이유로 하여(겸손? 불편함? 염려? 너무도 많은 것을 알고 있어서?) 사울은 제비뽑기가 행해질 때 그 자리에 있지 않다(21절). "그를 찾아도 만나지 못한지라"는 말은 아가서의 여인이 연인을 찾는 모습("내가 그를 찾아도 못 만났고," 5:6)이나 사울이 헛되이 아버지의 잃어버린 나귀들을 찾는 모습과 매우 비슷해 보인다. 하나님의 추가 계시에 의해서 겨우 "행구" 사이에 숨어 있는 그의 모습이 발견된다(22절). 여기서 "행구"('하켈림')는 "각종 장비들이나 자잘한 소지품들을 가리킬 수도 있다. 따라서 사울이 정확하게 무엇 사이에 숨었는지는 확인할 길이 없다"(McCarter 1980: 193). 어떤 것이었든 간에 그것은 "다른 사람보다 어깨 위나 더 큰"(9:2; 10:23) 사람을 숨길 수 있을 정도로 큰 것이었음에 틀림이 없다. 190cm 정도 되는 사람이 여행가방 뒤에 숨을 수는 없지 않은가!

사무엘은 열정적으로 아니면 주저하면서 사울의 선택을 공적으로 확증한다(24a절). 그가 사울에 관하여 "모든 백성 중에 짝할 이가 없느니라"고 한 말은 다른 곳에서 오로지 모세(신 34:10)와 요시야(왕하 23:25)에 대해서만 사용된다. 사무엘은 사울과 왕정을 재고해야 한다고 생각하고 있거나, 아니면 일반 대중의 취미에 영합하는 방법을 잘 알고 있는 뛰어난 배우일 수도 있다.

사울은 왕정에 수반되는 세 가지 요소들을 제대로 인식한다. 첫 번째 요소는 왕정 규약(25a절)이다. 이것은 왕의 권리와 한계를 규정하는 문서요, 8:11-18에 있는 사무엘의 말처럼 논쟁적이지는 않은 어떤 것이다. 두 번째 요소는 하나님께서 감동하신 지지자들, 곧 "전사들"(NRSV) 또는 "용사들"(NIV)이다. "전사들" 또는 "용사들"을 뜻하는 히브리어 낱말은 '하하일'이다. 이 낱말은 독자들에게 사울을 '깁보르 하일'("재산이 많은 사람"[NRSV]; "유력한 사람"[NIV])으로 묘사하는 9:1을 상기시킨다. 세 번째 요소는 왕을 대적하는 무리들이다. 어떤 "비류"(匪類, worthless fellows="쓸모없는 인간들")는 그를 멸시하면서, 공경과 인정의 행동을 보류한다(27절). 사울이 돌아간 기브아는 "쓸모없는 인간들"이 모여 사는 곳임이 분명하다. 사사기 19:22 역시 그 성읍의 일부를 "악독한 무리"로 규정한다.

사울은 침묵으로 반응을 보인다(27절 마지막 부분). 이 침묵은 "놀라움에 기초한 것이거나 아직 어떠한 반응을 보여야 할지를 알지 못하는 미숙함 또는 관용에 근거한 것일 수도 있다. 아니면 이 모든 것에 기초한 것일 수도 있다"(Eslinger 1985: 358).

11:1-15. 하나님께서는 일찍이 사울이 자기 백성을 블레셋 족속으로부터 구할 것임을 분명히 밝히셨지만(9:16), 사울의 첫 번째 능력 평가는 요단 동편의 암몬 자손 — 사사 입다가 물리친 바 있는(삿 10~11장) — 을 대상으로 하는 것임이 드러난다. 그들의 왕은 나하스(창세기 3장에 있는 히브리어 "뱀"과 같은 낱말임)이다. 그와 그의 군대는 요단 동편의 이스라엘 성읍 길르앗 야베스를 공격한다.

나하스는 야베스 거민을 죽이는 대신에 그들을 살려두되, 처형 대신에 항복과 수족 절단의 방법을 취하겠다고 말한다. 야베스 거민의 **오른쪽** 눈을 도려내겠다고 장담하는 나하스는 자신이 베냐민(문자적으로는 "**오른쪽**의 아들") 지파에 속한 사울에게 패배할 것임을 거의 알지 못하고 있다. 그가 야만적인 행동에 착수하기 전에 야베스 거민이 구원자를 찾을 수 있도록 일주일의 유예 기간을 준 것(3절)은 "그것이 희생자들의 필사적인 몸부림에 해당한다고 보았기 때문이다. 그는 그 유예 기간이 자신의 너그럽고 자비로운 마음에서 비롯된 것이라고 생각했다"(Fokkelman 1993: 463).

야베스의 장로들은 "이스라엘 온 지경에 사자를 보내어" 구원자를 찾고자 한다(3절). 사실 그들은 곧바로 기브아에 있는 사울의 집을 찾아간다(4절). 그들은 어디로 가야 할지, 누구를 찾아야 할지를 알고 있다. 사무엘과 "쓸모없는 인간들"은 사울을 의심했을 수도 있지만, 야베스 거민은 그렇지 않았다.

기브아 거민이 사울보다 먼저 나하스의 잔인한 일을 저지를지도 모른다는 소식을 들었다고 해서(4-5절) 사울의 중요성이 감소되지는 않는다(그는 우연히 그 소식을 듣는다). 도리어 그것은 사울에게 주도권을 쥐고서 울음을 군사 행동으로 전환시킬 수 있는 기회를 제공한다.

그러나 그는 자신의 힘이나 지위로 그러한 일을 하지 않는다. 두 번째로 하나님의 신이 사울에게 크게 임했다는 것(10:10과 11:6은 이처럼 하나님의 신으로 충만하게 되는 일을 똑같이 '찰라흐 알'로 표현하고 있다)은 11:6에 묘사된 하나님의 신이 일종의 "에너지 강화제"에 해당하는 것임을 암시한다 (Eslinger 1985: 366). 사울을 사로잡은 하나님의 신은 이 경우에 그로 하여금 "돌보게 하고 분노하게 하고 모험을 감행하게 한다"(Brueggemann 1990: 84).

흥미로운 방식으로 지원자들과 자원병들을 불러 모아 동력화시키는 사울의 행동은 소기의 성과를 거둔다(7절). 이스라엘에서 30만 명이 나오고 유다에서 3만 명이 나온 것이다(8절). 10대 1의 비율은 나중에 분열된 나라의 두 부분과 일치한다. 사울의 구조 요청에 대한 다수의 반응은 "하나님의 신을 통하여 주어진 에너지와 힘이 사람들로 하여금 지극히 인간적인 차원들과 판에 박힌 일상생활을 넘어서게 하고 있음을 보여 준다"(Fokkelman 1993: 458).

암몬 족속은 거의 누구나 야베스 거민의 말(10절)이 100퍼센트 거짓말이라고 생각하지는 않는다. 야베스 거민은 자기들에게 미친 소식을 듣고 항복이 아니라 승리와 구원을 기대한다. 그리고 실제로 그들은 구원을 경험한다(11절).

이제는 사울을 반대하는 분위기가 급속하게 냉각된다(12절). 백성(야베스 거민? 33만 명의 군대? 하나님께로부터 마음에 감동을 받은 자들[10:26]?)이 전에 사울을 매도하고 그를 멸시하던 자들을 공격하고자 한 것이다. 문자적으로 본다면 12절 본문은 이렇게 읽힌다: "'사울, 그가 우리를 다스릴 것이다'라고 말한 자['하오메르'는 정관사가 앞에 붙은 분사형이다]가 누구니이까?" 히브리어 본문을 그대로 읽는다면 사람들의 말은 서술형으로 되어 있다. 많은 현대 번역본들(NRSV, NIV)이 그것을 의문문으로 번역하여 읽는다: "사울이 어찌 우리를 다스리겠느냐?" 아니면 70인역을 따라 부정문으로 읽기도 한다: "사울은 우리를 다스리지 않을 것이다"(예로써 McCarter 1980: 199).

우리가 보건대 위 문장은 수사학적인 질문 내지는 세찬 항의의 외침이 아닌가 싶다. 평상시의 동사-주어 순서 대신에 주어-동사 순서('샤울 이믈록')가 본문에 나타나고 있다는 점이 그러한 추론을 뒷받침한다. 따라서 우리는 12절을 이렇게 읽고자 한다: "백성이 사무엘에게 이르되, '사울, 그가 우리를 다스리겠군!'이라고 말한 자가 누구입니까?" 이에 그들에게 보복하려는 군중이 형성되려고 하는 상황이 전개된다.

사울이 사무엘을 향한 백성의 질문에 답한 것(13절)은 "성급한 끼어들기"가 아니다(Eslinger 1985: 376). 사울의 신속한 답변은 11장 전체에 걸쳐서 그의 진취적인 지도력이 충분히 입증되고 있음을 계속해서 보여 준다. 그것은 사울의 성격에 대한 하나의 해설이나 다름없는 것이다. 그는 자비롭고 관대한 사람이다(그가 나중에 다윗에 대하여 이러한 시각을 끝까지 견지하지 못했다는 것은 정말 안 된 일이다). 그의 답변으로 인하여 사무엘은 곤경으로부터 벗어난다. 그리고 아직은 사울을 칭찬하는 데 인색할 수밖에 없는 사무엘은 사울의 기분에 맞는 한마디의 말을 해야 하는 압박감으로부터 건짐을 받는다.

사무엘은 길갈로 가서 왕권을 "갱신"(NRSV) 또는 "재확증"(NIV)하자는 아이디어를 내놓는다(14절). 이 아이디어는 하나님께서 제안하신 것도, 백성이나 설화자가 제안한 것도 아니다. 구약성서에는 14절의 "갱신하다, 재확증하다"라는 뜻을 가진 동사(히브리어 문법으로 본다면 '하다쉬' 동사의 피엘형)가 여덟 번밖에 나오지 않는다. 아마도 그 중에 가장 잘 알려진 것은 시편 51:10에 있는 다윗의 참회 기도일 것이다: "하나님이여, 내 속에 정한 마음을 창조하시고 내 안에 정직한 영을 **새롭**게 하소서." 이 시의 내용은 그 동시가 손상을 입거나 본 상태로부터 벗어난 무엇인가를(또는 누구인가를) 회복시키는 것을 뜻함을 분명하게 보여 준다. 사무엘이 이 동사를 선택한 것은 아마도 왕정에 대한 자신의 유보적인 태도를 보여 주기 위함인 듯하다. 하나님의 백성이 과연 두 왕을 가질 수 있는가? 왕정은 "이것이냐, 저것이냐"의 사이에서 선택해야 하는 것일까, 아니면 "양자 모두"를 선택할 수 있는 것일까?

이스라엘 백성은 사울을 길갈에서 왕으로 세움으로써(15절) 8:22에 있는 하나님의 말씀을 그대로 성취한다: "그들의 말을 들어 왕을 세우라." 10장과 11장은 사울이 왕이 된 과정을 세 가지의 다른 방식으로 서술한다: (1) 하나님께서 그를 선택하시고 기름 부으셨다(10;1); (2) 그는 제비뽑기에 의해 왕이 되었다(10:21); (3) 그가 길르앗 야베스를 성공적으로 구원하자 백성이 그를 왕으로 세운다(11:15). 이것을 약간 달리 표현하자면, 사울은 (1) 하나님에 의해서, (2) 우연에 의하여, 그리고 (3) 자신의 지도력 입증을 통해서 왕이 된다.

이 세 가지 현상을 예수께도 적용할 수 있을까? 예수는 하나님에 의해 영광의 왕으로 선택되셨다. 그러나 우리의 눈으로 볼 때, 그는 우연히(이렇게 말할 수도 있을 것이다) 적절한 때에, 적절한 장소에서, 그리고 적절한 가문에서 출생하였다. 그러나 그를 따르는 자들의 마음속에서 참으로 그가 왕으로 인정받은 것은 그가 자신의 사명을 피할 수도 있고 앞으로 나아갈 수도 있는 상황에서 죽음과 생명의 길을 향해 나아가기로 작정하였기 때문이다.

12:1-25. 사람들은 흔히 성서의 이 부분을 사무엘의 고별 설교라 칭한

다. 그러나 화자(話者)의 고별 설교와 죽음 고지(告知)가 연이어 나타나는 여타 본문들(모세, 신 33:1-29와 34:5-8; 여호수아, 수 24:1-28과 24:29-30)과는 달리, 사무엘의 고별 설교(삼상 12:1-25)는 그의 죽음 고지(삼상 25:1)로부터 상당히 많이 떨어져 있다. 그러나 사무엘이 "고별 설교"라 부를 수도 있는 연설을 했다는 것은 그가 어느 정도의 위치에 있는 인물인지를 분명하게 보여 준다. 그는 모세나 여호수아와 같은 반열에 서 있다. 다른 어떤 사사/예언자도 그러한 지위를 누리지 못한다.

사무엘상 12장은 크게 두 부분으로 나뉜다(Polzin 1989: 117):

1. 사무엘과 청중 사이에 이루어지는 사무엘 중심의 대화(1-5절)
2. 백성 중심의 대화(6-25절)
   a. 사무엘의 심판 예언(6-17절)
   b. 설화자의 우레 언급 및 야웨와 사무엘에 대한 백성의 두려움(18절)
   c. 고별 설교의 결론 부분(20-25절)

첫 번째 단락에서 사무엘은 "방어적이고 자기 변호적인"(Gunn 1980: 64) 또는 "자신이 밀려나고 있다는 사실을 불쾌하게 생각하는"(Fokkelman 1993: 495) 것처럼 보이는 방식으로 말한다. 그는 청중에게 자신의 지도력이 모범적인 것이었음을 상기시키며, 사람들에게 그 반대의 증거가 있으면 대보라고 말한다. 그가 네 번에 걸쳐서 "취하다"(take)라는 동사를 사용한 것은 묘하게도 왕에게 필요한 지도력을 암시하는 것임에 틀림이 없다:

사무엘상 8장(왕)	사무엘상 12장(사무엘)
그가 너희 아들들을 취하여(11절)	내가 뉘 소를 취하였느냐?(3절)
그가 너희 딸들을 취하여(13절)	내가 뉘 나귀를 취하였느냐?(3절)
그가 너희 밭 … 의 제일 좋은 것을 취하여(14절)	내가 뉘 손에서 뇌물을 취하였느냐?(3절)
그가 너희 곡식 … 의 십일조를	당신이 뉘 손에서 아무것도 취한 것이

취하여(15절)	없나이다(4절)
그가 너희 노비 … 를 취하여(16절)	

사무엘의 말과 가장 유사한 것은 바울이 돈 문제와 관련하여 공동체 구성원들을 속인 적이 없다고 말하는 내용이다(고전 9:1-14; 고후 7:2; 11:7-9; 살전 2:1-12). 그리고 이처럼 자신의 결백함을 내세우는 발언의 전형적인 형태는 사무엘상 12:3-5에서 발견된다. 사무엘의 변명은 민수기 16:15에 있는 모세의 변명을 생각나게 한다. 이 두 본문은 특히 나귀를 착복하지 않은 것에 대해서 똑같이 언급한다.

사무엘은 자신을 변호하다가(3-5절) 야웨를 변호하는 쪽으로 옮겨간다(6-17절). 마치 야웨께 변호가 필요한 것처럼 말이다. 그는 야곱(6a절)으로부터 시작하여 모세와 아론(8절)을 거친 후 암몬 사람 나하스를 만나기까지의 과정(12절; 참조. 11:1-13)을 전체적으로 언급한다. 그는 자기 자신이나 야웨가 백성을 분노하게 할 만한 행동을 한 적이 없음을 강조한다. 사실 하나님의 백성이 범죄하여 무너진 후에 "부르짖을" 때마다(8, 10절), 야웨는 구원자들을 "보내셨다"(8, 11절). 그런데 이제는 그들이 회개하면서 하나님께 부르짖는 대신에(10절) 왕을 달라고 하나님께 부르짖고 있는 것이다(12절). 사무엘은 당혹감에 사로잡힌다. 왜 그들이 이렇게 울음을 푸념으로, 회개를 무모한 요구로 바꾸는 등 위급한 상황에 대한 대응책을 바꾼 것일까?

심판 예언을 선포하는 중에 사무엘은 자신의 비난을 정교하게 다듬는다. 그렇게 하기 위해 그는 자기 아들들의 타락과 방종 — 부분적이나마 맨 처음에 백성이 왕을 요구하게 된 원인을 제공한(8:5) — 에 대해서 한마디도 언급하지 않는다. "확실히 그의 아들들은 그의 치명적인 약점에 해당하는 것이다. 그러기에 그는 조심스럽게 그들의 잘못을 자신의 업적 뒤로 숨기고자 한다"(Eslinger 1985: 386). 다시금 사무엘은 사사 시대를 간략하게 개관하면서 "자신이 사사직을 수행하는 동안에 아무런 문제도, 골칫거리도 발생하지 않았음을 강조한다. 그는 자신의 사사직 수행이 정당하고 적절했던 까닭에 그것이 왕정으로 대체되어야 한다고 보지 않는다"(Jobling 1986: 51). 사울이 나하스와의 싸움에서 승리를 거둔 것(12절)에 대해서도 그는 침묵을 지킨다.

아울러 그는 백성의 왕 요구를 나하스의 공격에 기인한 것으로 돌린다. 사실 그들은 그 전에 8장에서(8:19) 이미 왕을 요구했었는데도 말이다(Miscall 1986: 75). 그리고 마지막으로 사무엘은 현명하게도 백성이 한 말을 두 번에 걸쳐서 인용한다. 그 하나는 이전 세대가 한 말이고(10절, 삿 10:10을 인용함), 다른 하나는 당시 세대가 한 말이다(12절, 8:19를 인용함). 그가 이렇게 한 것은 이전 세대를 칭송하고 존중하는 한편 자기 세대의 잘못을 비난하려는 의도에서이다.

건조한 계절에 우레와 비가 내렸다는 것(17-18절)은 사무엘의 심사가 단순히 거절당하여 비참함을 느낀 한 노인의 찢긴 마음에서 비롯된 것만은 아님을 어느 정도 암시한다. 그는 예언자이다. 그는 여전히 "하나님의 종으로 큰 영향력을 가지고 있으며"(Brueggemann 1990: 94), 하나님께 "시청각 교재"를 요구할 수도 있는 사람이다(Eslinger 1985: 417).

백성의 기도 요청에 대하여(19절), 사무엘은 한 가지 약속(23절)을 포함하는 설교를 한다(20-25절). 그러나 그는 백성에게 왕 요구를 철회하라고까지 하지는 않는다. 더 이상 돌이킬 수 없는 나쁜 상황을 최대한 선용(善用)하려고 노력하는 사무엘은 그들에게 충성을 다하여 야웨를 섬길 것을 촉구한다(20, 24절). 여호수아가 여호수아 24장에서 한 것처럼 말이다. 그의 권고는 오로지 이스라엘 백성만을 대상으로 하고 있다. 그는 "왕"이라는 낱말을 오로지 한 번만 사용하며, "사울"의 이름은 한 번도 언급하지 않는다. 여기서 "왕/사울"은 단지 백성의 일부일 뿐이다.

한편으로 사무엘은 이스라엘 백성이 어리석은 요구를 했음에도 불구하고 그들의 생존이 보증될 것임을 확언한다: "야웨께서는 너희로 자기 백성 삼으신 것을 기뻐하신 고로, 그 크신 이름을 인하여 자기 백성을 버리지 아니하실 것이요"(22절). 그러나 이러한 약속이 그릇된 안전감과 무관심을 초래할 것을 염려한 사무엘은 나중에 몇 마디의 말을 추가한다: "만일 너희가 여전히 악을 행하면 너희와 너희 왕이 다 멸망하리라"(25절). 흥미롭게도 "다 멸망하리라"를 뜻하는 히브리어 동사('사파')는 다윗이 나중에 사울의 죽음에 관하여 사용하는 낱말이기도 하다: "야웨께서 그를 치시리니 혹 죽을 날이 이르거나 혹 전장에 들어가서 망하리라"(삼상 26:10). 다윗은 이 똑같은 동사를 사울의 손에 죽을지도 모르는 자신의 운명을 묘사하는 데 사용하기도 한다(삼상 27:1).

새롭게 왕위에 오르게 되어 자신의 취임식 날을 기다리고 있을 사울이, 열방과 같이 자기들에게도 왕을 달라는 백성의 요구를 맹렬히 비난하는 사무엘의 말을 조용히 들으면서, 무슨 생각을 했을지 상상해 보라. 당신이 사울이라면, 그것은 마치 시가행진하는 사람들에게 누군가가 물을 끼얹는 행동이나 다름이 없다.

13:1–23. 13장은 사울 왕이 이끄는 이스라엘이 블레셋 족속과 전쟁하는 것으로 시작하며(1–7절), 그 전쟁으로 끝을 맺는다(15b–23절). 그 중간에는 사울을 찾아온 사무엘이 불순종한 사울을 향하여, 하나님께서 그 나라를 사울에게서 옮기셨다는 메시지를 선포하는 단락(8–15a절)이 있다. 따라서 13장은 블세셋 족속과 대면하는 사울, 사무엘과 대면하는 사울, 블세셋 족속과 대면하는 사울 등의 순서로 배열되어 있다. 그런데 사울을 대적하는 두 무리, 곧 수만 명의 블레셋 족속과 사무엘 중에 어느 쪽이 사울에게 위협적인지는 말하기 어려운 일이다. 블레셋 족속이 무기 생산을 독점한 탓에 이스라엘이 무기 공급을 위해 그들에게 가야 하는 게 당시의 현실이었다면, 사울 역시 사무엘이 하나님의 말씀을 독점한 탓에 그에게 가야만 하는 현실에 직면해 있었다. 블레셋 족속이 야금술의 전문가들이었다면, 사무엘은 신학적인 차원의 전문가였던 셈이다.

13장은 본문상의 오류 이상에 해당하는 내용으로 시작한다. 왜냐하면 문자적으로 볼 경우 1절은 "사울은 나라를 다스리기 시작할 때 한 살이었다. 그는 2년 동안 이스라엘을 다스렸다"고 서술하고 있기 때문이다. 나이 어린 왕에 관한 이야기가 없는 것은 아니다(예로써 요시야는 여덟 살에 나라를 다스리기 시작했으며[왕하 22:1], 헬라 전승에 의하면 제우스의 아들 미노스[Minos]는 아홉 살때 크노소스[Knossos]를 다스리기 시작했다[*Odyssey* 19.179]). 그렇지만 한 살짜리 왕이라니? 본문에 문제가 있음에도 불구하고, 여기에 사용된 즉위 양식은 표준적인 것이다("아무개가 나라를 다스리기 시작할 때는 X세였으며, 그는 X년 동안 다스렸다"). 따라서 13:1은 이스라엘 역사의 새로운 시대가 시작되었음을 알리는 표현이다. '나기드'("두목")인 사울은 이제 '멜렉'("왕")인 사울로 바뀐다.

우리는 또한 사울이 결혼했고(그의 아내 아히노암에 대해서는 14:50 참조) 요나단이라는 아들을 두었다는 것을 알고 놀랄 수밖에 없다(2-3, 6절). 묘하게도 요나단은 사울 이야기에 처음 등장할 때 사울의 아들로 소개되지 않는다(2-3절). 나중에 가서야 그렇게 될 뿐이다(16절). 사울 이야기에 있는 어떤 것도 그가 배우자와 아들을 다 거느리고 있다는 암시를 조금도 주지 않는다.

13장의 핵심은 사울과 사무엘 사이의 대결이다(8-15a절). 블레셋 족속의 압박을 크게 받은데다가 사무엘이 7일을 기다리라고 명하고는 나타나지 않은 터에(8절), 사울은 자기 손으로 문제를 해결하기 위해 직접 희생 제사를 드린다(9절). 바로 그때 절묘하게 시간을 맞추어 사무엘이 나타난다(10절). 사무엘은 이어서 사울을 책망하며 그를 어리석은 사람으로 만든다(13절). 사울은 왕으로서의 역할을 제대로 수행하지 못한다. 뿐만 아니라 하나님께서는 이미 그의 자리를 대신할 사람, 곧 "자기 마음에 맞는 사람"을 내정해 놓으신 상태다(14절). (바울은 사무엘상 13:14의 이 부분을 인용하면서, 사도행전 13:22에서 그것을 시편 89:20의 70인역 본문과 결합시킨다: "내가 이새의 아들 다윗을 만나니 내 마음에 합한 사람이라") 사무엘은 사울에게 답변할 기회를 주지 않는다. 그 대신에 그는 서둘러서 사울의 고향 마을인 "베냐민의 기브아"로 가 버린다!(15a절) 자신의 성읍인 라마 대신에 말이다.

이 사건 전체에서 사울은 동정을 받아야 할 인물로 묘사된다. 다음의 몇 가지 사실들을 참고해 보라: (1) 블레셋과의 싸움에서 사울은 3천 명의 군대밖에 소집하지 못한다(2절). 그러나 앞서 나하스와 암몬 족속을 상대로 한 전쟁에서는 30만 명이 넘는 군대를 소집한 바 있다(11:8). 이것은 군대의 99퍼센트 정도가 감소했음을 뜻한다. (2) 사울은 충분한 무기도 갖추지 못한 채로 잘 무장된 대적을 마주하게 된다(19-22절). (3) 사울의 군대에 속한 많은 병사들은 공포에 사로잡힌 나머지, 숨거나(6절) 잘못된 방향으로 요단 강을 건넘으로써(7절) 자기들의 지도자를 떠난다. (4) 사울은 사무엘이 요구한 대로(10:8) 7일을 기다린다. 그러나 사무엘은 나타나지 않는다. (5) 사울은 마지막 수단으로 자신이 직접 희생 제사를 드렸다고 설명한다: "부득이하여"(12절;

"I forced myself" [NRSV]; "I felt compelled" [NIV]). 사무엘에게 설명하는 과정에서 그는 거만하거나 건방진 태도를 보이기보다는 공경하는 태도를 보인다.

그렇다면 사울이 저지른 끔찍한 실수는 대체 무엇을 가리키는 것일까? 가장 확실한 설명은 그가 제사장들만이 할 수 있는 일, 곧 하나님께 희생 제사 드리는 일을 행함으로써 왕으로서 자신에게 주어진 한계를 넘어섰다는 데 있다. 그러나 이 설명은 다른 왕들 역시 하나님께 직접 희생 제사를 드리곤 했다는 문제점을 안고 있다(다윗, 삼하 6:13, 17-18; 솔로몬, 왕상 3:3, 15[언약궤 앞에 서 있을 때]; 8:64[야웨의 성전 앞에서]; 아하스, 왕하 16:12-13[제단 앞에서]).

희생 제사를 드린 일로 인하여 정죄 받은 왕은 웃시야이다(대하 26:16-21). 그가 범한 죄는 성전 안에서 향단에 분향하려 한 일이다. 그 일로 인하여 그는 나병에 걸리는 벌을 받는다. 그러나 웃시야의 경우에는 다른 이야기들에는 없는 한 가지 요소가 있다. 웃시야 왕의 성전 진입은 다음과 같은 평가를 초래한다: "저가 강성하여지매 그 마음이 교만하여 악을 행하여 그 하나님 야웨께 범죄하되"(대하 26:16). 교만한 불복종(웃시야)과 필사적인 행동(사울) 사이에는 상당한 차이가 있다.

흥미롭게도 사무엘은 자신의 책망(13절)에서, "왜 기다리지 않으셨습니까?" 또는 "왜 희생 제사를 드리셨습니까?"라고 말하지 않는다. 또한 그는 "왜 제가 명한 것을 지키지 않으셨습니까?"라고 말하지도 않는다(참조. 10:8). 도리어 그는 "야웨께서 왕에게 명하신 명령을 당신은 지키지 않으셨습니다"라고 말한다. 그러나 사실 그 명령을 내린 자는 하나님이 아니라 사무엘이었다. 하나님은 13장에 있는 명령을 내리신 적이 없다. 사람들은 사울이 "사무엘의 권위를 모독하지 말라"는 규정을 어긴 잘못밖에 없으며(Brueggemann 1990: 100), "따라서 아마도 그것이 사울을 방어적인 위치에 놓으려는, 그리고 예언자의 통제 하에 두려는 조작된 비난"이 아닌가 하고 생각한다(Polzin 1989: 129). 사무엘에게는 "하나님께서 말씀하신 것은 곧 내가 말한 것이나 다름이 없을" 뿐만 아니라, "내가 말하는 것은 곧 하나님께서 말씀하신 것이나 다름이 없기도" 하다. 이러한 논리는 자신의 사역에 힘을 실어 주는 것일 수 있겠지만, 다른 한편으로 생각하면 지극히 위험한 것일 수도 있다.

이 이야기를 분석하는 어떤 이들은 이렇게 생각한다: "여기서 문제가 되는 것은 자신의 지배권을 거룩한 종교 제도들의 영역에 이르기까지 확장시키려는 자율적인 정치권력의 위험성이다"(Birch 1991: 211). 다른 사람들이 볼 때 사울에게 있는 문제점은 그가 다른 사람들의 권세와 특권들을 박탈하는 데 있지 않다. 도리어 사울의 진정한 죄는 그가 하나님의 백성을 블레셋 족속의 속박으로부터 구원하는(9:16) 대가로 예전적인 문제들을 좌지우지하려고 했고, 하나님께서 자기와 함께 하신다는 것(10:7)을 구실로 하여 자기 마음에 맞는 대로 행동했다는 데 있다(Miscall 1986: 87). 사울의 소명은 군사 전문가가 되는 것이지 예전 전문가가 되는 것이 아니다. 만일에 전쟁에 앞서 "야웨의 은혜를 구하기 위하여"(12절) 희생 제사를 드려야 할 필요가 있다면, 왜 사울은 길르앗 야베스에서 암몬 족속과 싸우기 전에 비슷한 생각을 하지 못한 것일까? 그곳에서는 아직 아무도 희생 제사를 드리지 않은 상태였는데도 말이다(11:1-15). 물론 그 경우에 그는 자기네보다 훨씬 못한 대적을 앞에 두고서 30만 군대를 이끌고 있었다.

14:1-52. 사울과 요나단 사이의 긴장을 강조하는 14장은 사울과 사무엘 사이의 긴장을 강조하는 두 장 사이에 끼어 있다. 이 세 장들에서 사울은 왕과 예언자/제사장 사이의 갈등 내지는 아버지와 아들 사이의 갈등에 연루되어 있다. 흥미롭게도 사울과 사무엘이 "맹렬하게 싸우는" 사이에 요나단은 어디에서도 발견되지 않는다. 그리고 사울과 요나단이 "맹렬하게 싸우는" 사이에 사무엘은 어디에서도 발견되지 않는다. 우리가 아는 한, 사무엘과 요나단은 결코 같은 장소에서 같은 시기에 만나지 않는다.

14장의 첫 번째 부분(1-23절)은 주로 요나단과 그의 동료("요나단의 병기를 든 소년"[1절]; 참조. 사울의 동료로서 에봇을 입고 있는 제사장 아비야[3절])에 초점을 맞추고 있으며, 이 두 사람이 어떻게 자기들을 위협하는 블레셋 진영을 공포에 떨게 하였는지에 초점을 맞추고 있다(14-15절). 요나단은 사울 왕과는 별도로 블레셋 족속을 상대로 활동한다. 다윗이 나중에 이스라엘을 위협하는 한 블레셋 군인을 상대로 활동하는 것처럼 말이다(삼상 17 장).

요나단은 공격적이고 대담한데다가 정직하기도 하다는 점에서 인상적인 인물로 나타난다. 그는 "야웨의 구원은 사람의 많고 적음에 달려 있지 않다" (6d절)는 사실을 분명하게 보여 줄 수 있다. 그러나 그는 또한 이에 앞서 "야 웨께서 우리를 위하여 일하실까 하노라"고 말하기도 한다(6c절). 아마도 야 웨께서는 그들을 구원하실 것이다. 그러나 그렇지 않을 수도 있다. "아마도" 라는 표현은 구약성서에서 누군가가 하나님의 잠재적인 행동에 관해 설명할 때 몇 차례 사용된다(출 32:30; 민 23:3; 삼하 16:12; 렘 21:2; 욘 1:6; 암 5:15). 하나님은 이미 예정된 행동의 방향에 갇혀 있는 분이 아니다. (어쩌면 이보 다 훨씬 더 흥미로운 것은 전능하신 하나님께서 한 개인이나 집단에 관하여 "아마도"라는 표현을 사용하시는 것으로 묘사하는 본문들일 것이다: 사 47:12; 렘 36:3, 7; 51:8; 겔 12:3; 특히 눅 20:9-18에 있는 예수의 비유, "내 사랑하는 아들을 보내리니 저희가 혹 그는 공경하리라"[13절])

사울이 설명하기 어려운 어떤 이유로 하여 자기 군대에게 저녁때까지 금 식하라는 맹세를 시킬 때까지는, 모든 것이 이스라엘이 원하는 대로 진행된 듯하다. 사울은 저녁때쯤이면 블레셋 족속을 몰아낼 수 있으리라는 희망을 가지고 있었다(24절). 어쩌면 그는 금식을 통한 자기 학대가 하나님의 지지 와 승리를 이끌어낼 수 있으리라고 생각했을 것이다. 마치 하나님을 그러한 방식으로 부추겨서 조종할 수 있기나 한 것처럼 말이다. 구약성서에서 맹세 (oath)는 조건이 달린 서원(vow)과는 구별되는 것으로서, 두 가지 중 하나의 형태를 가지고서 나타난다. 첫째로 우리가 흔히 "정화(淨化)의 맹세"라고 부 르는 것이 있다. 이 맹세의 목적은 고발된 자의 죄과를 제거하는 데 있다. 이 러한 맹세의 실례는 다음의 본문들에서 발견된다: 창세기 14:22-23(아브라 함의 말), " … 야웨께 내가 손을 들어 맹세하노니 … 네게 속한 것은 무론 한 실도 … 내가 취하지 아니하리라"; 출애굽기 22:8, "도적이 잡히지 아니하면 그 집 주인이 재판장 앞에 가서 자기가 그 이웃의 물품에 손 댄 여부의 조사 를 받을 것이며"; 레위기 6:3-5(도둑질의 죄과 내지는 혐의), "남의 잃은 물 건을 얻고도 사실을 부인하여 거짓 맹세하는 등 사람이 이 모든 일 중에 하나라도 행하여 범죄하면 … ”; 민수기 5:19(남편에게서 간통 혐의를 받는 아내), “(제사장은) 여인에게 맹세시켜 그에게 이르기를 … ”; 로마서 1:9, “ … 하나님이 나의 증인이 되시거니와 항상 내 기도에 쉬지 않고 너희를 말하며.”

두 번째 종류의 맹세를 우리는 “약속형 맹세”라고 부를 수 있을 것이다. 이 맹세는 맹세를 받아들이는 자에게 일종의 의무를 지우는 것을 가리킨다. 이를테면 아브라함의 종이 이삭의 배우자를 가나안 사람들로부터 구하지 않겠다고 맹세하는 것(창 24:2-4)이나, 요셉이 아버지 야곱의 시신을 이집트에 남겨두지 않고 가나안 땅에 장사지내겠다고 맹세하는 것(창 47:29-31; 50:5), 그리고 다윗이 솔로몬으로 하여금 자신의 뒤를 이어 왕이 되게 하겠다고 약속하면서 맹세하는 것(왕상 1:13, 17, 30; 다윗은 그 맹세를 존중할 것을 요청받는다) 등이 그에 해당한다. 물론 계약이라는 것도 원칙적으로는 약속형 맹세에 해당하는 것이다(“우리의 사이 곧 우리와 너의 사이에 맹세를 세워 너와 계약을 맺으리라”[창 26:28]).

사울의 맹세는 후자의 유형에 속한 것이다. 그것은 그의 군사들에게 금식할 것을 지시한다. 구약성서 안에 진지하고 엄숙한 분위기 속에서 행해진 맹세의 사례들이 있다는 점을 고려한다면, 사울의 맹세는 훌륭한 제도가 어떻게 하여 경솔하고 무분별하게 사용되는지를 보여 주는 한 사례라 할 수 있다. 전쟁의 격렬함은 충분히 병사들을 소진시킬 만한 것이다. 특히나 더 강한 대적과 싸워야 하는 상황 속에서 금식령이 내려진 경우라면 더욱 그렇다!

요나단은 아버지가 그러한 맹세를 할 때 현장에 없었고, 따라서 그 맹세에 관해 아무것도 들은 것이 없었다. 그 결과 그는 부지중에 힘을 보충하기 위해 약간의 꿀을 먹음으로써 죄를 범하게 된다(27절). 어떤 사실을 들어서 알고 있다는 것은 범죄의 구성 요건이 된다: “누구든지 증인이 되어 맹세시키는 소리를 듣고도 그 본 일이나 아는 일을 진술치 아니하면 죄가 있나니”(레 5:1); “이 저주의 말을 듣고도 심중에 스스로 위로하여 이르기를 내가 내 마음을 강퍅케 하여 젖은 것과 마른 것을 멸할지라도 평안하리라 할까 염려함이라”(신 29:19); “어머니께서 은 일천 일백을 잃어버리셨으므로 저주하시고 내 귀에도 말씀하셨더니, 보소서. 그 은이 내게 있나이다. 내가 그것을 취하였나이다"(삿 17:2). 요나단이 아버지의 맹세를 어긴 행동으로부터 면제될 수 있다면, 그 이유는 그가 그 맹세를 듣지 않았다는 데 있다.

사무엘상 14장 후반부(24-52절)는 여러 가지 점에서 사사기와 연결된다:

1. 암몬 족속을 물리친 사울은 해명하기 어려운 맹세를 한다; 역시 암몬 족속을 물리친 입다는 어리석은 서원을 한다.
2. 사울의 맹세는 아들의 생명을 잠재적인 위험에 빠뜨린다; 입다의 서원은 딸의 생명을 실제적인 위험에 빠뜨린다.
3. 요나단은 아버지에게 말하지 않고 어떤 일을 행한다(14:1); 삼손은 부모에게 말하지 않고 어떤 일을 행한다(삿 14:6).
4. 사울은 블레셋 족속에게 복수하기를 원한다(14:24); 삼손도 복수를 원한다(삿 16:28).
5. 요나단은 금지된 꿀을 먹는다(14:27); 삼손도 마찬가지이다(삿 14:9).

이러한 평행 요소는 사실상 여호수아와 아간의 이야기까지 거슬러 올라간다(수 7장). 똑같이 제비뽑기로 범죄자를 확인하는 내용과는 별도로, 두 이야기는 "괴롭히다"('아카르')라는 뜻의 동사를 사용하고 있다: 여호수아는 아간에게 "네가 어찌하여 우리를 괴롭게 하였느뇨?"(수 7:25)라고 말하며, 요나단은 사울에게 "내 부친이 이 땅으로 곤란케 하셨도다"(14:29)라고 말한다. 전자의 경우, 아간은 노략물을 감춤으로써 그 땅을 괴롭혔고, 후자의 경우 사울은 노략물/꿀을 취하지 못하게 함으로써 그 땅을 괴롭혔다(Miscall 1986: 94).

요나단의 "죄"가 단순히 우림과 둠밈을 포함하는 제비뽑기 방식만으로 확정되었는지는 알 길이 없다. 이는 41절의 맛소라 본문과 70인역 본문이 크게 다르기 때문에 그렇다:

맛소라 본문: "이에 사울이 이스라엘의 하나님 야웨께 아뢰되, '원컨대 실상을 보이소서' 하였더니."(또는 "이에 사울이 이스라엘의 하나님 야웨께 기도하되, '타밈을 보여 주소서' 하였더니")

어느 경우든 요나단이 범죄자로 지목된다. 사울이 답변하면서 "너의 행한
것을 내게 고하라"(43절)고 요청하는 것은 앞장에서 사무엘이 사울에게 "왕
의 행한 것이 무엇이뇨?"(13:11)라고 말하는 것이나 전혀 차이가 없다. 이 두
진술은 두 사람이 너무도 확실해 보이는 명령을 위반한 후에 주어진 것이다.
이렇듯이 14장에서 사울은 사무엘의 역할을 수행하게 되고, 요나단은 사울
의 역할을 수행하게 된다. 13장의 피고발자가 14장에서는 고발자가 된 셈이
다.

요나단은 맹세를 위반한 죄로 죽어야만 한다. 사울의 말에 의하면 그렇다
(44절). 그러나 요나단은 사형에 처해지지 않는다. 그가 맹세를 알지 못했기
때문에, 그리고 백성이 그의 구명 운동에 나섰기 때문이다. 11장에서 야베스
거민은 사울 덕에 구원을 경험한다. 그리고 14장에서는 요나단이 백성 덕에
구원을 얻는다(45절). 일반 대중이 왕의 공식적인 사형 선고에 맞서는 또 다
른 (드문) 예는 예레미야의 성전 설교에 대하여 내린 여호야김의 사형 선고
를 백성이 거부하는 데서 찾아볼 수 있다. 예레미야는 아히감에 의해 구출됨
으로써, 그를 사형시키고자 하던 왕의 관리들에게 인도되지 않는다(렘
26:24). 사무엘상 14장을 보면 사울은 백성의 목소리에 귀를 기울이고 그 목
소리를 존중한다. 그것은 잘한 일이다. 그러나 다음 장에서 그는 다시금 백
성의 목소리에 귀를 기울이지만(15:24), 이번에는 그것이 불행을 초래한다
(Brueggemann 1990: 107).

14장의 마지막 몇 절들은 의외의 말씀들을 담고 있다. 사울이 참여한 전쟁
들(47-48, 52절) 사이에 사울의 직계 가족과 군대 장관에 관한 설명이 있다
(49-51절). 47-52절이 14장 말미에 자리하고 있다는 것에서 우리는 세 가지
중요한 사실들을 확인할 수 있다(Miscall 1986: 98). 첫째로 사울의 통치에 대
한 요약이 이곳에 자리하고 있지만 그때가 그의 통치 말기가 아니라는 것은,

사울의 통치가 여러 가지 실제적인 이유들로 하여 이미 끝난 것이나 다름없음을 암시한다. 둘째로 이 여섯 절은 어디에서도 야웨의 이름을 언급하지 않는다. 셋째로 47-48절과 52절이 사울이 참여하여 적군들을 징벌한 전쟁들을 다루고 있는 반면에, 오직 48절만은 실제적인 승리에 관해 말한다: "용맹 있게 아말렉 사람을 치고 이스라엘을 그 약탈하는 자의 손에서 건졌더라."

15:1-35. 15장은 사울의 생애에 있었던 다른 사건, 곧 그가 하나님으로부터 완전히 버림받는 사건을 다루고 있다. 이 이야기는 사무엘이 사울에게 아말렉 족속을 진멸('헤렘')하라는 야웨의 명령을 전달함으로써 시작된다. 어떠한 인간도 어떠한 물건도 남겨져서는 안 된다('하람' [3절]; 참조. 9, 15절). 이 섬뜩한 명령은 그 민족이 사울 시대보다 수 세기 앞선 때에 이스라엘에게 행한 것을 보복하는 행동과 관련되어 있다. 아말렉 족속이 사울 시대에 이스라엘에게 위협이 되었다는 암시는 어디에도 없지만, 모세 시대에는 이스라엘 백성이 가나안 땅으로 가고 있을 때 마치 늑대가 뿔뿔이 흩어진 양떼를 공격하듯이 이 민족이 이스라엘의 병약한 자들을 공격하는 파렴치한 행동을 취했다(신 25:17-19).

신명기 12장에서 시작하여 25장에 이르기까지 길게 이어지는 신명기 법전이 25:17-19 및 앞의 어떤 법과도 다른 법으로 끝을 맺고 있다는 것은 다소 놀라운 일이 아닐 수 없다. 하나님은 이스라엘에게, 일단 그 땅에 안전하게 정착하게 되면, "아말렉의 이름을 천하에서 도말"(신 25:19)하라고 명하신다. 아말렉 족속의 적대 행동에 대해서 보복하라는 이 법은 몇 절 앞에 있는 또 다른 법의 비슷한 언어와 평행을 이루고 있는 듯하다. 수혼 제도의 목적("그 이름을 이스라엘 중에서 끊어지지 않게 할 것이니라"[신 25:6])과 아말렉 족속의 운명("너는 아말렉의 이름을 천하에서 도말할지니라"[신 25:19])은 똑같은 어휘("도말하다")와 교환 가능한 표현들("이름"과 "기억")을 공유하고 있다.

흥미롭게도 사무엘은 나중에 사울에게 명한 내용을 되풀이할 때 추가로 약간의 변화를 주고 있다. 그는 야웨께서 처음에 "지금 가서 아말렉을 쳐서 그들의 모든 소유를 남기지 말고 진멸하되"(3절)라고 말씀하신 내용을 인용한다. 사무엘은 이 인용문을 반복할 때 "가서 **죄인** 아말렉 사람을 진멸하되 다 없어지기까지 치라"(18절)로 약간 수정한다. 확실히 사무엘이 추가한 "죄인"이라는 표현은 사울의 행동이 잘못된 것임을 분명하게 드러내려는 의도에서 비롯된 것이다.

군대를 소집한(4절) 사울은 맨 먼저 유다와 네게브 지역에 거하는 겐 족속을 진멸 대상에서 제외시키는 조치를 취한다. 사울이 그렇게 한 이유는 이스라엘이 이집트를 떠날 때 그들이 이스라엘을 "선대"했기 때문이다(6절). 그것이 무엇을 가리키는지는 알 길이 없지만, 만일에 겐 족속과 미디안 족속이 어떻게든 연결된다면(모세의 장인은 미디안 사람이면서[출 3:1; 18:1] 동시에 겐 사람이다[삿 4:11]), 사울은 아마도 이드로/호밥과 그의 도움(출 18장; 민 10:29-32)을 염두에 두고 있었을 것이다. 이처럼 어떤 한 집단을 징벌로부터 면제시키는 경우는 선례가 있다. 여호수아는 사울이 겐 족속을 살려준 것과 똑같은 이유로 라합과 그녀의 집을 살려준다. 그들은 똑같이 이스라엘을 "선대"한('아사 헤세드') 자들이었던 것이다(수 2:12; 삼상 15:6).

설화자는 어떤 나쁜 이유로 또는 합리적인 이유로 사울이 아말렉 사람의 왕 아각과 그 양과 소의 가장 좋은 것과 기름진 것 등을 남기기로 결정했다고 말한다(7-9절). 특정 시각에서 본다면 사울의 행동은 명백한 불순종에 해당한다. 왜냐하면 15장 초반부에 주어진 진멸 명령은 아말렉의 모든 노략물을 사람이든 아니든 관계없이 모두 완전히 멸할 것을 요구하고 있기 때문이다. 그러나 다른 시각에서 본다면 사울의 선택적인 진멸 수행은 매우 합법적인 것이 될 수도 있다. 한편으로 보면 '헤렘' 전쟁에서 왕을 살려두어 그의 처형을 차후로 미루는 경우는 여호수아의 아이 성 공격 이야기에서 그 선례를 찾아볼 수 있다(수 8:23-29; 참조. Miscall 1986: 101). 따라서 "진멸하는 일"은 한 곳에서 일시에 행해져야만 하는 것이 아님이 분명해 보인다. 다시 사울의 경우를 보도록 하자. 그에게 주어진 명령은 "우양과 약대와 나귀"를 죽이는 일이다(3절). 그런데 사울은 "양과 소"(9절), 곧 하나님께 제사로 바칠 수 있는 짐승들만을 남겨두고, 하나님께 제사로 바칠 수 없는 짐승들("약대와 나귀")은 남겨두지 않는다. 사울은 "가장 좋은 것"을 남겨두고 "쓸모없고 무가치한 것들"은 진멸함으로써 하나님께 흠없고 좋은 것만을 바쳐야 한다는 구약의 제사 전승을 충실하게 따른다. 뿐만 아니라 레위기 27:28과 민수기 18:14은 '헤렘'에 해당하는 짐승들 ― 만일 그것들이 제사에 적합한 것이라면 ― 과 금지된 재산조차도 진멸할 필요가 없으며, 희생 제물로 바치거나 제사장들에게 줄 수 있다고 규정한다. 사무엘이 아각을 죽이기 전에는 사울이 그를 "야웨 앞에" 희생 제물로 바치려는 의도를 가지고 있지 않았다는 것을 우리는 과연 어떻게 알 수 있을까?(33절)

11절에 있는 야웨의 말씀과 그 뒤에 이어지는 사울과의 대화에 있는 사무엘의 말은 하나님도 사무엘도 독자들이 생각하는 것만큼이나 사울의 행동에 의해 감동받지 않았음을 분명하게 보여 준다. 야웨께서는 "내가 사울을 세워 왕 삼은 것을 후회하노니"(11절)라고 말씀하신다. 설화자는 이러한 감정을 강조하기 위하여 이야기의 끝 부분에서 그것을 되풀이한다: "야웨께서는 사울로 이스라엘 왕 삼으신 것을 후회하셨더라"(35c절). 독자들은 야웨의 안타까운 심정이 사울이 저지른 이 한 번의 실수 때문에 생겨난 것이 아니라 비슷한 실수의 반복 때문에 생겨난 것임을 어렴풋이 느낄 수 있다. 그 증거는 사울이 야웨의 "명령"(단수형)을 행했다고 주장하는 반면에(13절) 야웨께서는 11절에서 그가 "나의 명령들"(복수형)을 지키지 않았다고 비난하시는 것(11절)에서 찾을 수 있다(Brueggemann 1990: 111).

야웨의 이 놀라운 진술에 대한 사무엘의 반응은 "분노"로 표현된다(NIV의 "근심하여"보다는 더 나은 번역임). 그렇다면 대체 누구를 향한 분노이며 무엇으로 인한 분노인가? 그는 하나님께서 마음을 바꾸시고 그를 긍휼히 여기신 것에 대한 서글픔으로 인하여 하나님께 분노한 것일까(Sternberg 1985: 504-5) 아니면 왕의 자리에 있으면서 계속해서 어리석게 행동하는 사울을 향하여 분노한 것일까?(Eslinger 1988: 353)

구약성서에서는 11절의 '와이하르 레'와 똑같은 히브리어 숙어 ― 분노하는 사람의 이름 앞에 전치사가 붙은 형태 ― 가 세 군데에서 발견된다:

창세기 4:5: 야웨께서 가인과 그의 제물을 열납하지 않자 "가인이 심히 분노한다."

사무엘하 6:8: 야웨께서 법궤가 떨어지지 않도록 붙잡은 웃사를 죽이자

“다윗이 분노한다.”

    요나 4:1: 야웨께서 회개하는 니느웨 사람들을 용서하시자 “요나가 분노
        한다.”

예수께서 말씀하신 아버지와 두 아들의 비유(눅 15:11–32) 역시 주목할 필요가 있을 것이다. 아버지가 방탕한 동생을 환영하는 잔치를 벌였다는 얘기를 들은 형은 분노한 나머지 그 축하 잔치에 참여하기를 거부한다(눅 15:27–28). 이상의 네 사례들은 공통적으로 하나님을 향한 분노를 표현하고 있다. 하나님께서는 분노한 특정 개인이, 자기가 만일 하나님이었다면, 행하지 않았거나 달리 행했을 무엇인가를 행하셨다. 사무엘이 왕정 개념과 사울에 대하여 계속해서 부정적인 감정을 가지고 있었다고 한다면, 하나님께서 이스라엘에게 왕을 허락하신 것에 대해서 그가 분노했을 법도 하다. 하나님께서 허락하신 것을 사무엘은, 자기가 하나님이었다면, 거부했을 것이다.

15장의 나머지 부분은 사무엘과 사울 사이의 대화(우리가 그렇게 부를 수 있다면)로 이루어져 있다.

사울은 자기가 하나님의 명령을 준행하였다는 설명으로 대화를 시작한다(13절). 이어서 그는 백성의 역할에 대해서 설명하고(15절), 그 다음에는 자기가 야웨의 명령을 지켰으되 남겨둔 짐승들은 야웨께 제물로 드리기 위한 것이라는 별도의 설명을 추가하며(21절), 나중에는 사무엘에게 죄를 고백하고 용서를 구한다(24–25절). 그리고 마지막으로 또 다른 죄를 고백하지만 이번에는 용서를 구하지 않고 도리어 대중 앞에서 자신의 명예를 높여 줄 것을 사무엘에게 요청한다(30절).

사무엘은 질문으로 대화를 시작한다(14절; 창 3:9에서 하나님께서 하신 것처럼). 이어서 그는 사울이 하나님의 말씀에 순종하지 않은 죄를 비난하며(16–19절), 14절의 빈정거리는 질문에서 22절의 수사학적인 질문으로 옮겨가고, 그 다음에는 야웨께서 사울을 버리셨음을 선언한다(23b절). 그 후 다시금 하나님의 버리심을 강조한(26절) 그는 막연한 말로 후계자에 대해 언급하며(28절), 마지막으로는 하나님에 관한 진술, 곧 심오한 신학적인 진리일 수도 있고 진부하면서도 경건한 진리일 수도 있는 진술을 제공한다(29절).

야웨 자신은 이전에 사울을 선택한 일을 후회하신다고 말씀하신 적이 있다(11절). 설화자는 이에 동의한다(35b절). 그러나 사무엘은 그렇지 않다: "이스라엘의 지존자(구약성서에서 오직 여기에만 사용되는 하나님 호칭임; 더 정확하게는 '이스라엘의 영광' : 역주)는 거짓이나 변개함이 없으시니 그는 사람이 아니시므로 결코 변개치 않으심이니이다"(29절). 여기서 사무엘은 하나님(11절)과 설화자(35b절)가 하나님의 "후회하심"과 "유감스럽게 생각하심"을 가리키는 데 사용하는 것과 똑같은 동사 '나함'을 "마음을 바꾸다"라는 뜻으로 사용한다. 사무엘의 입장은 이와 관련된 발람의 진술(민 23:19)을 통해서 뒷받침될 수도 있다. 비록 발람을 뛰어난 신학적인 동지로서 한 자리를 차지하는 인물이라 볼 수 없겠지만 말이다. 그렇다면 과연 하나님은 자기 마음을 취소하시고 뉘우치시고 바꾸시는 분인가(11, 35절), 아니면 그렇지 않은 분인가?(29절)

사람들은 이 문제를 29절에 있는 사무엘의 진술과 관련하여 흔히 다섯 가지 방식으로 설명한다. 첫째로 이것은 성서가 모순의 법 — 두 개의 모순되는 진리가 동시에 옳을 수 없다고 말하는 — 을 거부하는 한 사례에 해당한다. 둘째로 사무엘이 잘못하고 있으며 그의 진술은 오해를 불러일으킨다(Eslinger 1988: 352). 셋째로 사무엘의 진술은 하나님의 불변성에 대한 "정통" 입장을 확정하기 위해 후대의 편집자에 의해 본문 안에 추가된 것이다(McCarter 1980: 268). 넷째로 사무엘의 진술은 철회될 수 없는 하나님의 사울 포기에 대해서만 언급할 뿐이지, 보편타당한 신학적 원리에 대해서 언급하는 것이 아니다. 하나님은 사울을 향한 자신의 마음을 바꾸고자 한 것을 다시는 철회하지 않으실 것이다(Polzin 1989: 255). 그것은 하나님이 무엇인가를 "하실 수 없는" 것이 아니라 무엇인가를 "하지 않으실" 것임을 의미한다. 다섯째로 (우리가 선호하는 견해임) 사무엘의 진술은 하나님이 자기 마음을 바꾸실 수 없음을 뜻하는 것이 아니라(11절과 35절은 그것이 가능함을 밝히고 있다), 하나님의 기준들과 그 기준들에 기초하여 그가 내리시는 결정들이 인간이나 이방 신들의 그것들처럼 임의적인 것이 아님을 의미한다.

자신의 입장을 수용으로부터 거부로 또는 그 반대로, 아니면 징벌과 정의로부터 용서와 자비로 또는 그 반대로 돌리려는 하나님의 결정은 하나님의 변덕스러움보다는 그의 불변성에 기초하고 있는 것이다. 모벌리(Moberly 1998: 115)가 설명한 바와 같이, "사람들이 하나님께 어떠한 반응을 보이는지가 하나님께는 **중요한 변수로 작용하며**, 하나님께서 그들에게 어떠한 반응을 보이실 것인지에 **영향을 미친다.**" 하나님이 뉘우치는 분이 아니라는 사무엘의 말(29절)은 그가 이 말을 하기 바로 전에 한 말에 그 의미가 담겨 있다:

"야웨께서 오늘 이스라엘 나라를 왕에게서 떼어서 **왕보다 나은 왕의 이웃에게 주셨나이다**"(28절). 하나님께서 뉘우치지 않으시는 것은 자기 백성의 왕권을 다윗과 그의 가문에게 주신다는 결정이다. 사무엘의 이 간접적인 언급은 바로 다음 장인 사무엘상 16장에서 다윗이 등장할 수 있도록 준비하는 성격을 갖는다. 사울의 입장에서 볼 때에는 그가 다윗에게 어떠한 반응을 보일 것인지가 매우 중요한 의미를 갖는다. 다행스럽게도 그는 아벨이 가인에게 별다른 반응을 보이지 않는 것처럼 다윗에게 별다른 반응을 보이지 않는다.

III. 16~31장: 사울과 다윗

16:1-23. 16장은 하나님께서 자격을 잃은 사울을 대신하여 이스라엘의 왕이 될 자로 선택하신 다윗(1-13절)에 관해서, 그리고 사울이 질병의 고통에 시달릴 때 사울의 음유시인 내지는 하프연주자로서 왕실에 들어서면서 사울과 처음 만나는 다윗의 모습(14-23절)에 관해서 상세하게 설명한다.

하나님은 사무엘에게 두 가지 과제를 주신다. 베들레헴의 이새(어떻게든 사무엘이 평소에 알고 있는 듯한)에게 가서(1b절), 그의 아들들 중의 한 명에게 기름을 부어 왕을 삼으라는 것(12b절)이 그렇다. 당연히 사무엘은 그 작업을 수행하는 데 주저한다. 왜냐하면 사울이 그 소식을 들을 경우 그것이 그의 귀에 달갑게 들릴 리 만무하기 때문이다(2절). "이미 왕이 있는 마당에 또 다른 사람에게 기름을 부어 왕을 삼는다는 것은 매우 위험한 일이다"(Brueggemann 1990: 121). 사울이 자기를 죽일지도 모른다고 생각하는 사무엘의 두려움은 폭력적인 방법으로 다윗을 죽이려고 하는 사울의 차후 행동을 예견케 한다. 사울이 이미 그런 일을 할 만한 사람으로 여겨지고 있다는 점은 사무엘이 나타나자 베들레헴의 장로들이 두려움에 사로잡힌다는 사실을 통해서 확인할 수 있을 것이다(4절). 사울은 자기가 베들레헴 사람에 의해 폐위될 것이라는 것을 알게 된다면 어떠한 반응을 보일까?

위험 부담이 따름에도 불구하고 하나님의 결정은 확정적이다. 이스라엘 백성이 과거에 하나님께 했던 일을 이제는 하나님께서 사울에게 하신다:

"그들이 나를 버려['마아스'] 자기들의 왕이 되지 못하게 함이니라"(8:7)
"내가 이미 사울을 버려['마아스'] 이스라엘 왕이 되지 못하게 하였거늘" (16:1)

하나님은 사울 대신에 이새의 여덟 아들들 중의 하나를 선택하시지만, 사무엘에게는 그가 누구인지(옳고 그름을 떠나서 다소간의 분별력을 가진 사무엘에게 알려질 자)를 알리지 않으신다. 독자들은 하나님께서 일부러 "그의 아들들 중의 한 명"이라는 모호한 표현을 사용하신 것을 보면서, 그가 아버지(와 아들)에게 막연하게 "내가 네게 지시하는 한 산 거기서 그를 번제로 드리라"고 말씀하신 것(창 22:2)을 연상할 수 있을 것이다.

"내가 그[이새의] 아들 중에서 한 왕을 예선하였음이니라"는 하나님의 선언은 직역하면 "내가 나 자신을 위하여 그의 아들들 중에서 한 왕을 감찰하였느니라['라이티 리']"로 읽을 수 있다. '라아' 동사("보다, 주목하다")는 16장에서 다양한 형태로 모두 열 차례 나온다:

1절: "내가 나 자신을 위하여 그의 아들들 중에서 한 왕을 주목하였느니라"
6절: "그들이 오매 사무엘이 엘리압을 보고 마음에 이르기를"
7절: "나의 보는 것은 사람과 같지 아니하니"
7절: "사람은 외모를 보거니와 나 야웨는 중심을 보느니라"
12절: "그의 … 얼굴이 아름답더라(good-looking)"
17절: "나를 위하여 잘 타는 사람을 구하여(see) 내게로 데려오라"
18절: "내가 베들레헴 사람 이새의 아들을 본즉

… 준수한(good-looking) 자라"

16장 전체는 하나님과 사무엘, 다윗, 이새(보는 것 같지는 않음) 등의 바라 봄과 주목함에 초점을 맞추고 있다. 이 이야기의 시작 부분에 해당하는 야웨의 말씀, 곧 "내가 나 자신을 위하여 주목하였다"는 말씀은 하나님께서 이전에 사울에 관해 말씀하신 것과 교묘한 대조를 이룬다(Gunn 1980: 125). 이 두 절을 대조해 보라:

8:22: "그들의 말을 들어 왕을 세우라"
16:1: "내가 나 자신을 위하여 한 왕을 준비하였음이니라"

사울은 백성을 위해('라헴') 임명된 왕이지만, 다윗은 하나님을 위해('리') 임명된 왕이다.

사무엘은 그다지 감동을 받지 못한다. 하나님은 그를 두 번에 걸쳐서 책망하신다. 한 번은 야웨께서 가시는 길보다 한참 뒤져 있는 것에 대해 책망하신다: "내가 이미 사울을 버려 이스라엘 왕이 되지 못하게 하였거늘 네가 그를 위하여 언제까지 슬퍼하겠느냐?"(1절). 그리고 다른 한 번은 야웨께서 가시는 길보다 한참 앞서 있는 것에 대해 책망하신다: "그 용모와 신장을 보지 말라 내가 이미 그를 버렸노라"(7절; Kessler 1980: 547). 엘리압과 관련하여 사무엘이 언급하는 "확실히"(surely; 개역은 "과연"으로 번역함: 역주)라는 말은 앞장의 아각이 한 말과 비슷한 것처럼 들린다(Polzin 1989: 155). 이 두 사람의 "확실히"라는 말은 부정확한 데가 있다:

15:32, 아각: "진실로 사망의 괴로움이 지났도다."
　　그러나 실제로는 그렇지 않았다.
16:6, 사무엘: "야웨의 기름 부으실 자가 과연 그 앞에 있도다."
　　그러나 그는 아니었다.

사무엘은 엘리압이 두 가지 점에서 기름 부음 받을 이새의 아들이라고 생각한다. 그는 형제들 중의 우두머리이며, 외모도 사울처럼 준수하고 키가 크다(마치 이스라엘이 또 다른 사울을 원하는 것처럼 말이다!). 스턴버그(Sternberg 1985: 97)는 이런 질문을 던진다: "거절당한 왕의 가장 두드러진 특징을 공유하고 있는 후보자의 … 자격을 인정하지 않거나 적어도 그를 불신하는 것보다 더 자연스러운 것이 있을까?"

두 번째 책망에서 야웨는 사무엘이 외적인 모습에 집착하는 것을 꾸짖으시며(7절), 그에게 문제의 핵심인 마음을 통찰할 것을 촉구하신다. 야웨께서는 사무엘이 하나님의 전지(全知)하심을 소유하지 못했음에도 불구하고 평소보다 더 뛰어난 지각을 가질 것을 원하신다. 이전에 사무엘은 야웨께서 사울을 거부하시면서 "그 마음에 맞는 사람"을 구하고 계심을 직접 선포한 적이 있다(13:14).

그러나 우리는 사무엘을 너그럽게 받아 줄 필요가 있다. 비록 그가 "선견자"(seer)로서 하나님께서 보시는 것을 항상 보지는 못한다고 할지라도 말이다. 그의 잘못은 그가 터무니없는 태도를 보인다는 데 있지 않다. 도리어 그것은 그가 너무도 정직하다는 데 있다. 사무엘이 볼 때 하나님께서 왕을 선택하신 유일한 선례는 사울이다. 그 역시 준수하고 키가 큰 사람이었다. 준수하고 키가 크다고 해서 본질적으로 악한 것은 아니며, 추하고 키가 작다고 해서 본질적으로 선한 것은 아니다. 어떤 점에서 보면, 하나님은 외적인 것을 주목하시는 분이다. 아니면 적어도 설화자 자신이 그렇다고 볼 수 있다(9:2; 10:23). 하나님은 사울 안에 있는 마음을 좋아하지 않으신다. 왜냐하면 10:9은 그가 사울에게 "다른 마음"(Eslinger 1988: 348-50)을 주셨다고 말하고 있기 때문이다. 하나님께서는 후보자를 택하시고 변화시키신 것이다. 이와는 달리 하나님은 결코 다윗에게 "다른 마음"을 주지 않으신다. 그러나 다윗은 자신의 생애 후반부에 자신의 마음이 불법적인 것들로 가득 차 있음을 알고서는 하나님께 "정한 마음"을 창조해 달라고 간구한다(시 51:10).

다윗이 여덟 번째 아들로 묘사되고 있음은 여덟 번째의 것을 절정에 달한 것으로 또는 최종적인 마무리에 해당하는 것으로 묘사하는 구약성서의 일곱/여덟 양식에 해당하는 것이다. 여기에는 다음과 같은 평행 자료들이 있다:

1. 할례는 여덟 번째 날에 행해야만 한다(이는 창조가 칠일에 걸쳐서 완성되었음을 암시하는 것으로 보이지만 여기서는 개개인에게 적용된다, 창 17:12).
2. 소와 양의 처음 난 것들은 칠일 동안 어미와 함께 있다가 여덟 번째 날에 하나님께 바쳐야 한다(출 22:30).
3. 아론과 그의 아들들의 제사장 위임식은 칠일 동안 진행되며(레 8:33-35), 여덟 번째 날이 되어야 직무를 시작할 수 있다(레 9:1).
4. 전염성 있는 피부병을 가진 자는 진 밖에서 칠일을 머물러야 하며, 진에 다시 들어올 수 있게 하는 절차는 여덟 번째 날에 시작된다(레 14:8-10). 몸에서 유출되는 것들로 인하여 부정하게 된 자에게도 같은 법칙이 적용된다(레 15:13-14).
5. 장막절은 칠일 동안 계속된다. 이스라엘 백성은 여덟 번째 되는 날에 거룩한 모임을 갖고서 하나님께 예물을 드려야 한다(레 23:34-36).
6. 북왕국 이스라엘에서 활동한 아모스 예언자는 서두에서 여덟 개의 나라들을 대상으로 하는 신탁 메시지를 선포하는 바, 그 메시지는 이스라엘을 향한 신탁에서 절정에 도달한다: 다메섹, 가사, 두로, 에돔, 암몬, 모압, 유다, 이스라엘(암 1~2장).

야웨께서 사무엘에게 겉으로 드러나는 것에 미혹되어서는 안 된다는 것을 강조하신 후에, 본문이 다윗의 외적인 특징들 — 안색(또는 머리카락)이 붉고 눈이 빼어나며 얼굴이 아름다운 — 을 강조하고 있다는 것은 다소 놀라운 일이 아닐 수 없다(12절). 이러한 외적인 특징들은 하나님에 의해 사용되는 데 제약이 되지 않지만, 그것이 야웨의 신을 통하여 권능을 받는 것을 대신하지는 못한다(13절). 공적인 카리스마(외적인 특징들을 뜻함: 역주)에는 반드시 하나님의 권능이 추가되지 않으면 안 된다.

야웨의 신이 강하게 사울에게 임하자 그는 즉시 예언하기 시작하며(10:6, 10), 길르앗 야베스 거민을 암몬 족속의 압제로부터 구원한다(11:6). 동일한 신이 다윗에게 임하자 그는 적어도 즉각 무엇인가를 행하지는 않는다. 다윗 자신은 이러한 영적인 사로잡힘을 의식하고 있었을까? 만일에 그렇다면, 그는 그것을 어떻게 이해하였을까, 아니면 그것을 어떻게 경험하였을까? 알 수 없는 일이다.

확실히 16장은 국가 지도력이 사울에게서 다윗에게로 옮겨가는 내용을 다루고 있다. 하나님의 신이 사울을 떠나지만, 그는 여전히 왕의 직무를 수행한다. 다윗도 기름 부음을 받기는 해도 곧바로 왕이 되지는 않는다. 어떤 한 사람이 거부당한다고 해서 곧바로 그가 죽거나 폐위당하는 것은 아니다. 그리고 다른 사람이 기름 부음을 받는다고 해서 곧바로 왕위에 오르는 것은 아니다(Miscall 1993: 195). 사울은 왕의 직무에 수반되는 외적인 요소들을 모두 가지고 있기는 하지만, 실제로는 알맹이 없는 껍질에 불과하다.

독자들은 "야웨의 부리신 악한 신"이 사울을 괴롭혔다는 것에 놀랄 것이다(14절; 참조. 18:10; 19:9). 구약성서에는 "귀신"(devil)이라는 낱말이 전혀 나오지 않지만, "사탄"이라는 낱말은 18~19회 사용되며, 그 중 14회가 욥기 1-2장에서 항상 정관사를 가진 채 나온다. 이는 그 낱말이 어떤 존재의 이름을 가리키기보다는 호칭("그 사탄")을 가리킴을 뜻한다. 이스라엘이 다수의 신들이나 귀신들을 숭배하는 나라들에 둘러싸여 있다는 점을 고려한다면, 구약성서가 귀신에 사로잡힌 경우(사울)를 오로지 한 번만 소개하되(복음서에 나오는 무수한 사례들과는 너무도 대조를 이룸), 그것이 야웨로부터 비롯되는 것으로 여겨지고 있다는 것은 정말 놀라운 일이다! 구약성서의 세계관은 야웨께서 다른 초자연적인 존재들과 힘을 나누어 갖거나 힘을 차지하기 위해 경쟁한다는 식의 개념을 가지고 있지 않다. 오직 그에게만 참된 힘이 있다.

사울이 괴로워하자 그의 신하들 중의 한 명이 다윗과 그의 음악적인 재능이 왕의 문제를 해결해 줄 것이라고 말한다. 사실 그 신하는 다윗의 재능을 소개하면서 최상급을 사용한다: "수금을 잘 타고 호기와 무용과 구변이 있는 준수한 자라. 야웨께서 그와 함께 계시더이다"(18절). 확실히 그것은 "과장된 추천"에 해당하는 것이다(Brueggemann 1990: 125). 그것은 또한 "한 사람을 남자답게 만드는" 전형적인 특징 나열에 해당하는 것이기도 하다(Clines 1995). 그 특징 나열 중 마지막 것("야웨께서 그와 함께 계시더이다")은 히브리어 본문에서 마치 특별히 강조되는 것인 양 앞의 것들로부터 분리되어 있다. 히브리어 문법에 보면, 한 개의 절을 비슷한 길이의 두 문장으로 나누는

'아트나흐' 라는 휴지(休止) 부호가 있다. 그런데 여기서는 '아트나흐' 가 "준수한 자"라는 낱말 아래에 놓여 있다. 그런데 이 낱말은 22개의 낱말로 이루어진 절에서 마지막 세 번째에 해당하는 낱말이다. 이렇게 본다면, 18절의 "후반부"는 히브리어 본문에서 겨우 두 개의 낱말들만을 가지고 있는 셈이다: "야웨께서 그와-함께 (계시더이다)." 바로 이것이야말로 다윗의 진정한 중요성에 해당하는 것이다(Walters 1988: 571). 흥미롭게도 사울의 신하는 다윗의 아버지 이새(11절)보다도 다윗에 관해 더 낙관적인 견해를 가지고 있다. 사울은 왕실 가수와 음악 치유자로 활동하게 될 다윗과의 만남이 장차 어떠한 결과를 가져올지를 거의 알지 못한다. "사울과 그의 왕실은 자기들이 한 음악가를 환영하고 있다고 생각하지만, 우리는 사울 왕정이 트로이 목마를 끌어들이고 있음을 알고 있다"(Fokkelmann 1986: 135).

  어쨌든 사울은 다윗의 이름을 알고 있다. 아직껏 그의 이름이 사울의 면전에서 언급된 적은 없지만 말이다. 그 신하는 단순히 "내가 베들레헴 사람 이새의 아들을 본즉"(18절)이라고 말한다. 이에 사울은 "네 아들 다윗을 내게로 보내라"(19절)는 메시지를 이새에게 전한다. 아마도 그 신하는 다윗에 관하여 18절에 기록된 것보다 더 많은 얘기를 했을 것이다. 사울이 다윗을 "양치는 네 아들"로 칭하고 있다는 것은 사울 역시 다윗의 직업을 알고 있었음을 뜻한다. 그리고 그것은 이새가 이전에 다윗과 그의 양에 관해 말한 것과 일치한다(11절). 사울이 (아버지의) 나귀들하고만 관련되어 있는 반면에 다윗은 양과 관련되어 있다는 것은 그 나름의 중요한 의미를 가지고 있다. 왕을 목자로 보는 은유가 고대 근동 세계에서 흔히 나타난다는 점을 고려한다면, 구약성서는 그러한 관련성을 통하여 사울이 임시적인 왕인 반면에 다윗이야말로 진정한 왕임을 나타내려고 한 것으로 보인다.

  다윗에게 강하게 임한 야웨의 신은 다윗에게 어떻게 수금을 타야 하는지를 가르친 적이 없다. 그는 이미 그러한 재주를 가지고 있었다. 야웨의 신이 다윗에게 한 일은 그가 이미 가지고 있는 재주를 활용하여 상처 받고 고뇌에 지친 사람을 위로하도록 한 것이다. 음악을 통하여 한 개인을 치유하는 사역에 힘쓰는 다윗의 사례를 시편과 연결시키는 것은 어려운 일이 아니다. 왜냐하면 시편의 많은 노래들은 이스라엘의 "달콤한 가수"와 관련되어 있는데다가, 유대인들과 기독교인들이 똑같이 사울처럼 위로와 평안과 희망을 얻는 원천이기 때문이다.

17:1-58. 성서 안에 있는 이야기들 — 다윗을 포함하는 — 중에, 소년 다윗이 거인 골리앗을 상대로 싸워 승리를 거두는 것에 관해 묘사하는 이곳의 이야기처럼 유명한 것은 거의 없을 것이다. 골리앗은 인상적인 외모를 가진 자이다. 히브리어 본문에 따르면 그의 키는 "여섯 규빗 한 뼘"(4절)이다. 대략 9피트 9인치 정도에 해당하는 키이다. 헬라어 본문은 "네 규빗 한 뼘"으로 번역하고 있는 바, 이는 6피트 9인치 정도에 해당한다. 이 정도의 키라 할지라도 여전히 위압적인 풍채가 아닐 수 없다.

뿐만 아니라 그의 갑옷과 투구 및 무기 등은 그의 키를 한층 돋보이게 한다(5-7절). "골리앗은 완전무장을 했지만, 그것은 '하나님의 완전무장'과 같지 않다"(Brueggemann 1990: 127). 성서에서 저자가 누군가의 옷차림에 대해서 설명하는 일은 드물다. 그 옷이 허리에 두르는 아담과 하와의 무화과 나뭇잎 옷과 가죽옷(창 3:7, 21)이나 요셉의 채색옷(창 37:3), 다윗의 베 에봇(삼하 6:14), 예수의 홍포와 가시 면류관(마 27:28-29) 등과 같이 이야기의 주제와 밀접하게 관련되지 않는 한은 말이다.

골리앗의 겉모습은 상대를 위협하는 것이었을까, 아니면 익살스런 것이었을까? 미스컬(Miscall 1986: 120)은 이러한 질문을 던진다: "그는 강하고 무서운 용사일까, 아니면 중무장한 탓에 움직임이 둔한 바보일까?" 알터(Alter 1981: 81)는 골리앗이 "강한 힘이라는 것이 무엇인지를 무지막지한 방법으로 보여 주려는 볼꼴 사나운 거구의 사나이"요, "수량적인 전쟁 무기를 지나치게 신뢰하는 잘못된 믿음을 풍자적으로 보여 주는 인물"(1992: 99)이라고 말한다.

이스라엘(과 사울)은 골리앗의 말("사울과 온 이스라엘이 블레셋 사람의 이 말을 듣고 놀라 크게 두려워하니라"[11절])과 그의 겉모습("이스라엘 모든 사람이 그 사람을 보고 심히 두려워하여 그 앞에서 도망하며"[24절])에 간담이 서늘해진다. 이스라엘은 야웨께서 엘리압과 관련하여 사무엘에게 주신 앞장의 말씀을 마음에 새겨두어야만 했는데 그렇지 못한 것으로 보인다: "그 용모와 신장을 보지 말라. 내가 이미 그를 버렸노라. 나의 보는 것은 사람과 같지 아니하니 사람은 외모를 보거니와 나 야웨는 중심을 보느니라"(16:7). 이 사건에서 흥미로운 것은, 엘리압조차도 왜소하게 만드는 자를 무찌를 수 있다고 생각하는 다윗을 꾸짖는 자가 바로 자신의 용모와 신장을 무시당한 엘리압(17:28)이라는 점이다. 포켈만(Fokkelman 1986: 162)은 이 점을 제대로 지적하고 있다: "골리앗에게 놀란 이스라엘은 그의 도전에 대한 응답으로는 커다란 키나 무분별한 힘이 요구된다는 잘못된 생각에 동의함으로써 타락의 위험을 무릅쓴다."

위협적인 겉모습과는 별도로 골리앗은 상대를 조롱하는 전략을 구사한다(8-10, 43-44절). 다윗 역시 그를 어떻게 조롱할지를 알고 있다(45-47절). 조롱은 어느 한쪽이 욕설을 통하여 상대방을 심리적으로 제압하려는 오래된 전쟁 지침들 중의 하나이다. "조롱은 무시할 수 없는 도전이요 도발이다. 그러한 도전과 함축적인 욕설의 대상이 겁을 집어먹고서 나약한 모습으로 패배를 시인하지 않는 한은 말이다"(Niditch 1993: 93).

이새가 막내 아들을 보내어 다른 곳에 있는 형들의 안부를 확인하도록 한 것(17절)은 야곱이 어린 아들 요셉을 보내어 다른 곳에 있는 형들의 안부를 확인하도록 한 것(창 37:13-14)을 연상시킨다. 이 두 경우에 형들은 동생이 나타나자 불쾌한 표정으로 그를 바라본다(창 37:18; 삼상 17:28-30). 그리고 사울은 엘리압처럼 다윗에 대하여 적대적인 태도를 취하지는 않지만, 그가 작은 골리앗으로 무장하지 않는 한은 골리앗과 싸워서 이길 수 없다고 생각한다(38-39절). 이에 대하여 다윗은 이의를 제기한다(39b절). "만일에 당신께서 블레셋 군대에게 죽임당하고 싶다면, 그 블레셋 사람을 모방하고 그처럼 무장하고 그처럼 생각하고 그처럼 말하시기 바랍니다"(Brueggemann 1987: 6). 만일에 하나님께서 자기 길이 우리의 길과는 다르다고 말씀하실 수 있다면(사 55:9), 여기서 다윗 역시 사울에게 "당신의 길과 제 길은 같지 않습니다"라고 말할 수 있을 것이다(Gunn 1980: 79).

17장은 비교적 긴 장이지만(55절), 오직 두 절만이 다윗과 골리앗의 대결을 다루고 있다(48-49절). 16장에서와 마찬가지로 하나님은 전혀 예상치 못한 상황 속에서(사울의 질병, 이스라엘을 위협하면서 조롱하는 골리앗의 행동)

다윗이 이미 소유하고 있던 재주(수금 연주, 양떼에게 접근하는 육식 동물들을 돌멩이로 위협하여 쫓아내는 기술)를 활용하신다. 16장의 도구가 악기라면, 17장의 도구는 돌멩이다. 다윗은 악기를 연주하기도 하고 돌멩이를 던지기도 한다. 그는 심한 우울증을 끝장내기도 하고 한 사람의 목숨을 끝장내기도 한다. 다윗에게 강하게 임한 야웨의 신(16:13)이야말로 다윗에게 있는 힘, 곧 사울을 섬기고 골리앗을 무찌른 힘의 진정한 원천이다.

"대표 선수들"간의 전투가 끝나자(Hoffner 1968을 보라), 다윗은 골리앗의 머리를 사울에게 바친다(57절). 그리고는 다윗이 자신의 아버지를 밝힘으로써 17장은 끝을 맺는다("나는 주의 종 베들레헴 사람 이새의 아들이니이다"[58절]). 그것은 마치 다윗이 골리앗의 머리를 전리품으로 바치면서 "여기에 골리앗의 머리가 있습니다. 그렇지만 저의 머리는 이새입니다"라고 말하는 것처럼 보인다.

이 이야기가 왜 아이들에게 그토록 인기가 있는지, 아니면 그것이 세상을 살면서 마주치는 거인들을 물리치는 일을 다루는 무수한 설교들의 소재로 자주 사용되는 이유가 무엇인지, 또는 어떻게 그토록 조그만 소년이 승리를 거둘 수 있는지 등등을 아는 것은 그렇게 어려운 일이 아니다. 여기서는 다윗이 거인들, 특히 자신이 만든 거인들과 싸우면서 항상 승리를 거둔 것만은 아니라는 점을 인식하는 것으로 충분할 것이다. 예로써 그는 외부의 적, 곧 블레셋의 거인 골리앗과 싸워 승리한 것으로 널리 알려져 있지만, 밧세바를 향한 성욕(내부의 적)과의 싸움에서는 실패를 경험한다(삼하 11장).

이제 사무엘상 17장의 해석과 관련된 세 가지 문제점을 간략하게 살펴보기로 하자. 첫 번째 문제점은 17장의 히브리어 본문과 헬라어 본문(70인역)이 그 길이에서 크게 차이를 보인다는 데 있다. 헬라어 본문은 히브리어 본문의 55퍼센트만을 포함하고 있다. 그것을 분해해 보면 다음과 같다:

히브리어 본문과 헬라어 본문에 있는 절들	히브리어 본문에만 있는 절들
1-11절	12-31절
32-40절	41절
42-48a절	48b절

49절	50절
51-54절	55-58절

이러한 본문상의 문제를 알고 있는 학자들은 두 본문 사이에 차이가 나는 이유가 무엇인지에 대하여 다음과 같은 견해들을 내세운다: (1) 더 긴 히브리어 본문이 본래적인 것으로서, 나중에 헬라어 본문에 의해 축소되었다(Jason 1979; Rofé 1987); (2) 더 짧은 헬라어 본문이 본래적인 것이며, 히브리어 본문은 후대의 확장된 본문 전승을 반영하고 있다(Tov 1986); (3) 한 편집자에 의해 상이한 방식으로 정리된 두 자료가 있었던 것은 아니다. 도리어 그 사건(17장 전체)은 사무엘상 9~10장에 있는 사울 이야기를 재구성하되, 다윗의 권력 획득을 사울의 경우에 준하여 정리함으로써 다윗이 사울의 적법한 계승자임을 보여 주려는 의도를 가지고 있다(Auld and Ho 1992); (4) 양식비평적인 본문 분석에 의하면, 17장은 오랜 문헌 전승 과정, 곧 넷 또는 다섯 단계에 걸친 편집 과정의 최종 산물이다(DeVries 1973).

17장의 두 번째 문제점은 55-58절(70인역에는 없음)에 있다. 우리는 16:14-23으로부터 다윗과 사울이 이미 만났었고, 다윗이 왕궁에 있을 때 사울 앞에서 수금을 연주한 적이 있으며, 사울이 "다윗을 크게 사랑"하였고, 다윗이 사울의 무기 든 자가 되었다는 것을 알고 있다. 이 두 사람은 17:31-39(31절을 제외한 모든 절들이 70인역에도 있음)에서 대화를 나눈다. 그러나 다윗이 골리앗을 죽인 후로 사울은 다윗을 알지 못한 것으로 나타난다(55-58절은 70인역에 없음)! 다윗은 사울을 언제 처음 만난 것일까? 왕궁에서였을까(16장), 아니면 전쟁터에서였을까?(17장) 이 두 장은 "두 사람의 '첫' 만남에 관한 상이한 설명들일까, 아니면 둘 사이에 지속되는 관계의 연장선상에 있는 것"(Sternberg 1987: 231)일까?

17장 전체는 과연 통일된 이야기로 읽을 수 있는 것일까? 우리는 그럴 수 있다고 믿는다. 폴진(Polzin 1989: 172)의 설득력 있는 질문을 인용함으로써 이와 관련된 논의를 시작하도록 하자: "왜 지성과 통찰력을 겸비한 저자는 15절["다윗은 사울에게로 왕래하며 베들레헴에서 그 아비의 양을 칠 때에"]에서 다윗의 상황을 앞장의 사건들과 일치시키려고 하면서도, 16장과도 어울리지 않고 17장의 중간에 있는 사울과 다윗의 만남과도 어울리지 않는 결론 부분이 들어가게 했을까 — 더 나쁘게 말한다면 그러한 결론 부분을 삽입한 것일까?"

이에 대하여, 골리앗 사건이 터질 무렵에는 이미 다윗이 사울에게 왕실 음악가로, 그리고 무기 든 자로 봉사한 지 수 년의 세월이 지난 후였다고 주장할 수도 있을 것이다. 그러나 이러한 주장은 17:15 때문에, 그리고 다윗과 사울의 대화(17:31-39) 때문에 타당성이 약한 편이다. 아니면 사울이 다윗의 가문과 본적을 한층 상세하게 확인하기 위해 다윗의 혈통을 물었다고 볼 수도 있다("너는 누구의 아들이냐?"). 사울의 질문은 따라서 명령 형태로 주어진다: "너의 가문에 관해 말하라." 그러나 이새는 이 이야기에서 처음 소개될 때(16:1), 하나님께서 그가 누구인지를 사무엘에게 설명할 필요가 없을 정도로 이미 사무엘에게 충분히 알려진 사람으로 나타난다. 그리고 16:17-19에 의하면 사울의 신하는 이미 사울에게 다윗의 가문에 관한 정보를 제공한 바 있다.

아니면 사울이 순전히 골리앗과 싸우러 나가는 자가 누구인지를 알아보지 못했기 때문에 55절에서 아브넬에게 "아브넬아, 이 소년이 뉘 아들이냐?"라고 물었을 수도 있다. 그렇다면 다윗이 자기 앞에 섰을 때 사울이 나중에 그에게 질문한 것("소년이여, 누구의 아들이뇨?"[58절])은 어떻게 설명할 것인가? 이렇듯이 이곳의 문제는 그렇게 간단한 것이 아니다.

폴진은 17장 전체에서 "이"(this)와 "이들"(these)이라는 지시 대명사가 자주 쓰이되, 거의 항상 조롱의 의미로 사용된다는 점을 주목한다:

25절: 이스라엘 백성이 다윗에게: "너희가 이 올라 온 사람을 보았느냐?"

26절: 다윗이 이스라엘 백성에게: "이 블레셋 사람을 죽여 이스라엘의 치욕을 제하는 사람에게는 어떠한 대우를 하겠느냐?"("이 블레셋 사람"이라는 표현은 32, 33, 37절에서도 사용된다)

26절: 다윗이 이스라엘 백성에게: "이 할례 없는 블레셋 사람이 누구관대"(36절도 참조)

28절: 엘리압이 다윗에게: "네가 어찌하여 이리로 내려왔느냐?"(직역하
면, "네가 내려오다니 이것이 대체 무엇 때문이냐?")

39절: 다윗이 사울의 군복을 입어 보고서는 사울에게: "이것을 입고 가
지 못하겠나이다"

47절: 다윗이 골리앗에게: "야웨의 구원하심이 칼과 창에 있지 아니함을
이 무리로 알게 하리라"

그리고 이어서 사울이 던진 세 질문들 중의 두 개가 먼저 언급된다:

55절: "이 소년이 뉘 아들이냐?"
56절: "너는 이 청년이 누구의 아들인가 물어보라"

만일에 55절과 56절의 "이"라는 낱말이 17장 앞부분에서 사용된 "이"의 용
례와 같은 의미를 지니고 있다면, 사울은 어떤 정보를 얻기 위해 질문을 던
진 것이 아니라는 얘기가 된다. 그는 이 젊은 베들레헴 사람이 누구인지를
잘 알고 있다. 사울은 "놀라움과 조롱이 섞인 태도로" 그러한 질문을 던진 것
으로 보인다(Polzin 1989: 173).

그렇다면 사울이 다윗에게 직접 던진 58절의 질문("소년이여, 누구의 아들
이뇨?")은 어떻게 보아야 할 것인가? 다윗의 무용(武勇)과 효용성을 잘 알고
있는 사울은 다윗에게 이새의 아들로서의 신분을 포기하고 이제는 자신을
사울의 아들로 선언하기를 요구한 것일까?(Polzin 1989: 175) 결국 사무엘은
앞서 이스라엘의 왕(들)이 "너희 아들들을 **취하여** 그 병거와 말을 어거케 할"
(8:11) 것임을 예견한 바 있지 않았던가? 사무엘의 이 말은 18:2에서 문자 그
대로 성취된 것으로 보인다: "그날에 사울은 다윗을 머무르게 하고 그 아비
의 집으로 다시 돌아가기를 허락지 아니하였고."

17장의 세 번째 문제점은 누가 실제로 골리앗을 죽였는가 하는 것이다.

1. "다윗이 … 블레셋 사람을 이기고 그를 쳐 죽였다"(17:50; 참조. 18:6;
19:5; 21:9; 22:10, 13; 외경 집회서 47:4).

2. "베들레헴 사람 야레오르김의 아들 엘하난이 가드 골리앗을 죽였는데"(삼하 21:19; 개역은 "골리앗의 아우 라흐미"라고 번역하였으나 히브리어 본문에는 "골리앗"으로 되어 있음: 역주).

3. "야일의 아들 엘하난이 가드 사람 골리앗의 아우 라흐미를 죽였는데"(대상 20:5).

이 문제를 해결하는 방법에는 여러 가지가 있다. 그 중에서 가장 받아들이기 어려운 것은 다윗과 엘하난이 동일 인물이라는 주장이다. 엘하난이 본래 이름이고 다윗은 즉위명(throne name)이라는 것이다.

두 번째 해결책은 골리앗을 누가 죽였느냐 — 다윗이냐 엘하난이냐 — 에 관한 두 개의 상이한 전승이 있는데, 그 중에서도 사무엘하 21:19이 더 그럴듯해 보이는 전승이라고 믿는 것이다. 이와 같은 굉장한 사건을 무명의 인물보다는 국가적인 영웅에게, 그리고 하급 병사보다는 장관에게 돌리는 것이 그 반대로 하는 것보다 한층 자연스러운 일일 것이다. 이 상이한 전승들을 접한 역대기는 엘하난이 골리앗의 아우를 죽였다고 묘사함으로써 두 전승을 일치시키고자 하였다.

세 번째 해결책은 세 본문을 종합하려고 시도한다. 그러나 그러한 시도는 이 본문들의 일부를 크게 바꾸고 "수정하는" 작업에 의해서만 제대로 이루어질 수 있다. 예로써 보수적인 학자 해리슨(R. K. Harrison)은 그의 유명한 『구약서론』(1969: 704)에서 세 본문을 종합하려면 적어도 세 부분을 고쳐야 한다고 본다: (1) 사무엘하 21:19과 역대상 20:5을 일치시키기 위해서는 엘하난의 아버지 이름 야레오르김(삼하 21:19)에서 "오르김"을 제거하여 야일로 바꾸어야 한다; (2) 사무엘하 21:19과 역대상 20:5을 일치시키기 위해서는 사무엘하 21:19에 있는 "골리앗" 앞의 직접목적격 '에트'를 "아우"를 뜻하는 '아흐'로 바꾸어야 한다; (3) 역대상 20:5에 있는 "라흐미"를 "베들레헴 사람"으로 바꿈으로써, "야일의 아들 베들레헴 사람 엘하난이 가드 사람 골리앗의 아우를 죽였는데"로 본문을 수정하도록 한다.

다윗이 골리앗과 블레셋 족속에 맞서 싸울 때 모종의 도움을 받았다는 것이 과연 가능한 일일까? 결국 골리앗에 대한 승리를 엘하난에게 돌리는 사무엘하 21장의 설명조차도 골리앗을 "다윗과 그의 신복들의 손에 죽은" 네 명의 용사들 집단에 포함시킴으로써 끝을 맺는다(삼하 21:22). 장대한 자들과의 싸움에 관해서는 함께 싸운 자들을 염두에 둘 필요가 있다.

18:1-30. 다윗은 골리앗에 대하여 승리를 거둠으로써 사울 집안과 접촉하게 된다. 맨 먼저 요나단과 관계를 맺게 되는데, 둘 사이의 관계는 요나단이 주도한다(1-5절). 그리고 나중에는 사울의 두 딸 메랍과 미갈을 만나게 되는데, 이들의 관계는 아버지 사울의 주도 하에 이루어진다(6-30절). 먼저 요나단은 다음과 같은 순서에 의해 독자들에게 소개된다(Jobling 1978: 12):

1. 요나단이 다윗과의 사이에 긴밀한 유대 관계를 형성한다(1절).
2. 사울이 다윗을 왕실에 들임으로써 두 사람 사이의 유대 관계를 확증한다(2절).
3. 요나단이 다윗으로 하여금 자신의 자리를 대신하게 한다(3-4절).
4. 사울이 다윗을 이전에 요나단이 참여하였던 전쟁에 내보냄으로써 다윗이 요나단의 자리를 대신하였음을 확증한다(5절).

다윗은 확실히 모든 사람들의 사랑을 한 몸에 받게 된다. 그의 생애의 어느 순간에 누군가가 그를 사랑하는('아하브') 일이 자주 발생한다:

1. "사울이 그를 크게 사랑하여"(16:21).
2. "요나단이 그를 자기 생명 같이 사랑하니라"(18:1).
3. "요나단은 다윗을 자기 생명 같이 사랑하여 더불어 언약을 맺었으며"(18:3).
4. "온 이스라엘과 유다는 다윗을 사랑하였으니"(18:16).
5. "사울의 딸 미갈이 다윗을 사랑하매"(18:20).
6. "왕이 너를 기뻐하시고 모든 신하도 너를 사랑하나니"(18:22).
7. "사울의 딸 미갈도 그를 사랑하므로"(18:28).
8. "요나단이 다윗을 사랑하므로 그로 다시 맹세케 하였으니, 이는 자기

생명을 사랑함 같이 그를 사랑함이었더라"(20:17).

9. "사울과 요나단이 생전에 사랑스럽고 아름다운 자러니"(삼하 1:23).

10. "그대[요나단]가 나[다윗]를 사랑함이 기이하여 여인의 사랑보다 승하였도다"(삼하 1:26).

우리는 이상의 언급들에서 단순히 요나단과 다윗이 늘 가까이 지내는 선량한 친구들이었다고 해석해서는 안 된다. 마찬가지로 우리는 요나단과 다윗이 동성애자였다는 결론을 내려서도 안 된다(Horner 1978). 요나단은 다윗을 사랑하지만, 그를 "알지는"('야다'라는 동사로서 아담과 하와가 동침한 것을 가리키는 낱말로 사용된다[창 4:1]: 역주) 못한다. "사랑"이라는 낱말을 연구해 보면(Thompson 1974), (정치적인) 조약의 맥락에서 볼 경우에 "사랑"은 충성과 신실함을 의미한다. 그리하여 아모스가 "형제의 계약"을 기억하지 않은 두로를 비난할 때(1:9), 그것은 다윗과 두로 왕 히람 사이에 체결된 정치/외교적인 조약을 가리키고 있음이 분명하다. 이 관계는 "이는 히람이 평일에 다윗을 사랑하였음이라['오헤브']"(왕상 5:1)는 표현에 잘 반영되어 있다.

그렇다면 "요나단이 다윗을 사랑하였다"는 구절은 단순히 요나단이 평소에 다윗에게 충실했음을 뜻하는 것일까? "사랑" 말고도 다윗을 향한 요나단의 감정을 묘사하는 또 다른 동사가 있다. 요나단이 다윗을 "심히 기뻐했다"는 것이 그렇다(19:1). 히브리어로는 '하파츠 베'로 표현된다. 사실 사울은 다윗을 향한 자신의 감정을 위선적인 태도로 묘사할 때 이 동사를 사용한다: "보라, 왕이 너를 기뻐하시고['하페츠']"(18:22); "왕이 아무 폐백도 원치['헤페츠'] 아니하고"(18:25). 이 두 동사는 창세기 34장의 세겜/디나 이야기에서 여인을 향한 남자의 감정을 묘사하는 데 사용된다: "그(세겜)가 그 소녀를 사랑하여['아하브']"(창 34:3); "그가 야곱의 딸을 사랑함이며['하페츠']"(창 34:19). (나는 창 34:19를 "매료되어"[infatuated]로 번역한 바 있다: *The Book of Genesis: Chapters 18–50* [Grand Rapids: 1995])

우정과 부부관계 사이의 중간 길이라는 게 과연 존재하는 것일까? 동성애 문제를 접어둘 경우, 다윗이 요나단의 "중요한 타자(他者)"요, 그 반대도 마찬가지라고 말할 수 있을까?(Clines 1995: 241) 두 사람 사이에는 다윗이 다른 아내들과의 사이에서 경험할 수 없는 친밀한 관계가 존재한다. 흥미롭게도 다윗은 항상 사랑의 대상으로 나타난다. 그는 누군가를 사랑한 것으로 이야기되지 않는다. 도리어 이스라엘 백성이 그를 사랑한다. (그 예외는 아마도 16:21일 것이다. 이 본문의 "사울이 그를 크게 사랑하여"라는 표현에서 "사울"은 주어로 이해된다. 이 본문은 단순히 "사울이 그를 크게 사랑하여"라고만 말하며, 다윗은 이 문장에서 세 개의 다른 동사들의 주어로 나타난다 [Wong 1997: 544-46].)

독자는 요나단의 성품에 깊은 감동을 받는다. 다윗은 친구이지 경쟁자나 라이벌이 아니다. 그는 기꺼이 비켜서며, 즐거운 마음으로 다윗의 그늘 아래 머물고자 한다. 요나단은 자신이 사울과 동급(왕위 계승)을 이루는 일에 매달려야 한다고 믿지 않는다. 도리어 그는 자신을 비우고 열렬한 팬의 자리에 머문다.

전쟁에서 승리를 거둔 후 집으로 돌아오는 길에 사울과 다윗 및 나머지 모든 사람들은 노래하며 춤추는 여인들의 무리를 만난다(참조. 출 15:20-21; 삿 11:34). 그들은 "사울의 죽인 자는 천천이요 다윗은 만만이로다"라고 노래한다(7절).

이 노래가 다윗의 성취를 사울의 성취보다 앞세우려는 의도를 가지고 있었던 것 같지는 않다. 그 여인들이 그 기회를 활용하여 자기들의 왕을 깎아 내리려고 했다고 보기는 어렵다. 도리어 두 행으로 된 이 노래는 첫 번째 행의 숫자를 다음 행에서 배가시키는 히브리 시의 한 특징을 잘 반영하고 있다. 이를테면 "셋 … 넷"이나 "여섯 … 일곱"이 그렇다. 1천이라는 숫자의 경우 다음 행에서 나올 숫자는 1만일 것이다(Gevirtz 1964: 17). 이러한 이치를 반영하는 또 다른 예는 신명기 32:30에서 발견된다: "어찌 한 사람이 천을 쫓으며 두 사람이 만을 도망케 하였을까?"

그러나 히브리 시의 문체가 갖는 이러한 미묘한 특징은 사울을 피해간다. 그는 히브리 시에 있는 "일정한 숫자 쌍"의 의미를 제대로 인식하지 못한다. 사실 이 후렴구는 세 차례에 걸쳐서 반복되는데, 그때마다 불쾌한 일이 발생한다(18:7; 21:11; 29:5).

사울은 다윗을 제거할 수 있다고 믿는 몇 가지 방법들을 연구해낸다: (1)

다윗을 당장에 죽이는 방법 — 손에 창을 든 사울과 손에 수금을 든 다윗(10-11절); (2) 다윗을 군대장관으로 임명함으로써 "실권 없는 높은 자리에 모셔두는"(Fokkelman 1986: 224) 방법(12-16절); (3) 다윗을 자기 딸 메랍과 결혼시켜 그로 하여금 장인을 대표하게 함으로써 블레셋 군대의 힘으로 그를 죽이는 방법(17-19절); (4) 다윗을 자기 딸 미갈과 결혼시키되, 블레셋 사람들의 양피 일백 개를 결혼 예물로 요구하는 방법(20-29절). 사울은 다윗이 양피 일백 개를 구하기 전에 블레셋 군대가 그를 죽일 것이라는 희망을 갖는다.

18장 전체에서 우리는 사울의 말을 들을 뿐만 아니라, 그의 생각에 대해서도 들을 수 있다("말하다"와 "생각하다"가 똑같이 '아마르' 동사로 표현됨). 이와는 달리 18장에서 다윗의 말은 들을 수 있지만, 그의 생각은 알 길이 없다. 사울의 경우 흥미롭게도 "말/생각"의 교차 대구법이 사용되고 있다(Alter 1981: 118):

17절: "사울이 다윗에게 이르되(said)"

　　　"이는 그가 생각하기를(thought)"

21절: "스스로 이르되(thought)"

　　　"이에 다윗에게 이르되(said)"

사울은 모든 일을 맞불 놓기 방식으로 추진하려 한다. 그는 여인들이 부른 노래의 의도를 오해한다. 그는 창던지기에 서투른 사람이다. 다윗은 군대를 이끌면서 유례 없는 성공을 거둔다. 또한 다윗은 양피 이백 개를 바침으로써 일백 개를 원하던 사울의 요구를 두 배로 이행한다!(27절) 다윗은 두 번씩이나 사울을 능가한다. 사울이 천천인 반면에 그는 만만이라는 것이 첫 번째 경우이고, 사울이 일백 개의 양피를 요구한 반면에 그는 이백 개의 양피를 갖다 바친 것이 두 번째 경우이다. 다윗은 두 번에 걸쳐서 사울을 능가하며, 두 번에 걸쳐서 그의 계략으로부터 벗어난다.

블레셋 사람의 양피 이백 개를 수집하는 것은 흥미로운 일이 아닐 수 없다. 왜냐하면 구약성서 전체에서 블레셋 족속은 "할례 받지 못한 자들"로 불리기 때문이다(예로써 17:26의 "이 할례 없는 블레셋 사람"). 이 사건은 시편 118:10-12에 언급되어 있는 것으로 보인다. 이 시의 저자는 세 번에 걸쳐서 "열방이 나를 에워쌌으니 내가 야웨의 이름으로 저희를 끊으리로다"라고 말한다. "끊는다"는 동사는 사실상 "할례"(양피를 제거하는)를 뜻하는 낱말이다. 따라서 이 구절은 이렇게 번역할 수도 있다: "열방이 나를 에워쌌으나 내가 야웨의 이름으로 그들의 양피를 제거하리로다"(M. Dahood, *Psalms III: 101-150* [Garden City, N.Y.: 1970], 154, 157-58).

19:1-24. 사울은 다윗을 제거하려고 노력한다. 마치 나중에 다윗이 우리아를 제거하려고 노력하는 것처럼 말이다. 처음에는 상당히 교묘한 방법으로 그를 제거하고자 하지만(18장), 점차 노골적이고 공공연한 방법으로 전략이 바뀐다(19장). 그래서인지 여기서 사울은 다윗을 죽이고자 하는 계획을 요나단에게 밝힌다(1절). 사울은 자신의 계획을 감추려고 하지 않는다. 요나단은 사울에게 다윗이 죽을 만한 일을 전혀 하지 않았다는 사실을 상기시킴으로써 아버지를 제어하는 데 성공한다. 사실 다윗은 사울과 이스라엘을 위하여 자기 생명을 바친 사람이다(4-5절). 사울도 그 점에 동의하면서, 다윗을 죽이지 않겠다고 맹세한다(6절). 그러나 독자들은 의심한다. 사울은 정말로 요나단의 강한 논리에 설득당한 것일까, 아니면 단순히 다윗을 다시 왕실로 들임으로써 한 번 더 그를 제거할 기회를 얻으려는 속임수에 지나지 않는 것일까?(Miscall 1986: 127)

만일에 그것이 속임수라면, 그것은 성공을 거두었다고 볼 수 있다. 사울은 다윗을 사격 연습의 대상으로 이용하려는 또 다른 기회를 포착한다. 그러나 다윗은 사울의 무기를 단순히 피하지만은 않고 도망친다(8-10절). 장인이 세 차례에 걸쳐서 창을 던져 자기를 죽이려고 하는 것을 경험한 그로서는 자기가 장인의 마음에 들지 않는 사람으로 여겨지고 있으며, 그가 자기를 죽이려 한다는 것을 사람들에게 알릴 필요가 있었을 것이다.

사울은 다윗의 집으로 사자들을 보낸다(11절). 나중에 다윗이 우리아의 집으로 사자들을 보낸 것처럼 말이다(삼하 11:3-4). 두 사람은 똑같이 집 안에 있는 누군가에게 해를 가하려고 한다. 사자들은 아침에 다윗을 죽이려는 계획을 세운다(가사 사람들이 사창가에 있는 삼손을 아침 일찍 죽이려고 한 것처럼 말이다[삿 16:2]).

그런데 이제는 미갈이 다윗을 구출하는 데 도움을 준다. 본장의 앞부분에서는 요나단이 그러한 역할을 수행했지만 말이다. 라합(수 2:15)과 마찬가지로 그녀는 다윗을 열린 창으로 내려 보냄으로써 그가 어둠을 틈타 도망할 수 있게 한다. 다윗과 미갈, 그리고 창은 성서 이야기에서 두 번에 걸쳐서 함께 어울려 나타난다(Fokkelman 1986: 273). 첫 번째 창이 미갈과 다윗 사이의 사랑을 대표하는 것이라면, 두 번째 창은 미갈과 다윗 사이의 벌어진 틈을 대표한다:

> 사무엘상 19:12: "미갈이 다윗을 창에서 달아내리우매 그가 도망하여 피하니라."
> 사무엘하 6:16: "미갈이 창으로 내다보다가 다윗 왕이 야웨 앞에서 뛰놀며 춤추는 것을 보고 심중에 저를 업신여기니라."

앞장에서 우리는 미갈이 다윗을 사랑했음을 살핀 바 있다(18:20). 이는 구약성서에서 한 여인이 한 남자를 사랑하는 유일한 사례에 해당한다(아가서에 있는 익명의 여인과는 별도로; 예로써 "내가 밤에 침상에서 마음에 사랑하는 자를 찾았구나"[3:1]). 그런데 이제 19장에서 미갈은 그 사랑을 실천에 옮긴다. 그녀는 요한일서 3:18의 교훈을 문자 그대로 성취하고 있는 셈이다: "자녀들아, 우리가 말과 혀로만 사랑하지 말고 오직 행함과 진실함으로 하자."

이를 위해 미갈은 무엇보다도 실물 크기의 우상들/드라빔(그것들은 미갈과 다윗의 집에서 어떠한 일을 하는가?)을 사용하여 다윗처럼 보이는 모조 인형을 만들고 염소 털과 옷으로 그것을 덮는다. 자신의 계략이 탄로나자 그녀는 "그가 내게 이르기를, '나를 놓아 가게 하라. 어찌하여 나로 너를 죽이게 하겠느냐?' 하더이다"(17b절)라고 외친다.

대단히 많은 주석가들은 미갈의 외침이 꾸며댄 것이라고 믿고 있다. 그렇다면 이것은 XYZ 양식(X가 Y에게 Z가 한 말을 이야기했다)을 사용하는 인용문 — 입증이 불가능한 — 에 있는 명백한 거짓말의 또 다른 예에 해당한다(62-63쪽 참조). 이와는 달리 다윗이 실제로 미갈을 위협했을 것이라고 보는 견해에 대해서는 Edelman 1991: 147-148을 참조하라. 미갈은 책략가로서 남자들의 허를 찌르는 여인들의 대열에 합류한다. 가부장제 사회에서 남자들처럼 강한 영향력을 갖지 못한 여인들은 종종 재치와 속임수를 사용함으로써 살아남는다. 다음의 것들을 비교해 보라:

리브가와 이삭(창 27:5-23)
라헬과 라반(창 31:34-35)
다말과 유다(창 38:12-30)
산파들과 파라오(출 1:15-19)
요게벳/미리암과 파라오(출 2:2-10)
라합과 여리고의 관리들(수 2:3-21)
야엘과 시스라(삿 4:17-21; 5:24-27)
에스더와 모르드개/하만(에 5~7장)

사울은 다윗을 향한 수색 섬멸 작전을 수행한다(18-24절). 사울은 세 번에 걸쳐서 다윗을 체포하기 위해 사자들을 보내지만, 그때마다 하나님의 신이 그들에게 임한 결과 그들이 비정상적인 황홀경의 행동을 보임으로써 목표 달성에 실패한다. 그것은 민수기 22~24장에 있는 발람의 경우와 어느 정도 비슷하다. 그는 이스라엘을 저주하라는 명을 받았지만 도리어 그들을 축복하게 된 사람이다. 사울이 보낸 사자들의 할 일은 다윗을 체포하는 것이지만, 그들은 도리어 하나님을 찬미하고 그를 경배한다.

반은 호기심에 사로잡히고 반은 좌절에 빠진 사울은 다윗을 체포하기 위해 자신이 직접 라마로 간다. 그런데 사울에게도 야웨의 신이 임한다(도망자들을 잡으려고 가지만 도리어 땅에 엎드러진 사울의 모습과 비슷함, 행 9:1-4). 이 특별한 사건은 사울 이야기에서 "사울도 선지자 중에 있느냐?"는 유명한 질문의 두 번째 사례에 해당하는 것이다(참조. 10:12).

그러나 이 두 사건 사이에는 몇 가지 중요한 차이점들이 존재한다. 사무엘은 첫 번째 사건을 예언하지만(10:6), 두 번째 사건은 예언하지 못한다. 첫 번째 사건에서 사울의 카리스마 체험은 하나님께서 사울의 선택을 인증하기 위해 보여 주시는 세 가지 "징조들"(signs) 중의 세 번째에 해당한다. 그러나 두 번째 사건의 경우에는 어떠한 "징조"도 없다. 첫 번째의 경험에서 하나님은 사울에게 "새 마음"을 주신다(10:9). 그러나 두 번째 경험에서는 새 마음을 심어 주는 일이 발견되지 않는다. 그리고 마지막으로 두 번째 경험에서만 사울은 "벌거벗은 몸으로"(19:24) 일정한 기간 동안 누워 지낸다. 이처럼 벌거벗은 채로 황홀경에 빠진 상황에서는 라마의 거리를 누비면서 다윗을 찾아다니는 일이 거의 불가능해진다. 사울이 황홀경에 빠져 있는 동안 다윗은 그에게서 벗어날 수 있는 충분한 시간을 확보한다.

19장 마지막에 나오는 사울의 벌거벗은 모습은 이 시간 이후의 사울의 삶이 어떻게 진행될 것인지에 대한 해설의 성격을 갖는다. "벌거벗음"에 대한 다음 두 본문의 강조점을 주목하라:

19:24: "그[사울]가 또 그 옷을 벗고"
31:8-9: "블레셋 사람들이 죽은 자를 벗기러 왔다가 사울 … 을 보고 사울의 머리를 베고 그 갑옷을 벗기고 … "

그의 벌거벗은 모습(또는 거의 벌거벗은 상태)은 무기력한 상태에 빠진 한 개인의 모습을 그대로 보여 준다. 이에 대해 건(Gunn 1980: 83)은 다음과 같이 말한다: "사무엘 앞에서 드러나는 사울의 무기력함은 그의 벌거벗은 모습이 상징적으로 보여 준다." 그런가 하면 알터(Alter 1992: 20)는 이렇게 말한다: "벌거벗은 모습은 그를 하나님의 신에게 희생된 사른 사람들과 똑같이 비참한 처지에 놓이게 만든다. 그리고 이보다 더 중요한 것은 … 벌거벗은 모습이 왕권을 빼앗긴 상태를 암시한다는 점이다." 브루거만(Brueggemann 1990: 45)은 다음과 같은 점을 주목한다: "한때 위대했던 이 사람, 곧 키는 크지만 이제는 더 이상 위대하지 않은 그가 … 무기력하게 굴복하는 모습을 보이는 것은 참으로 처량하고 당혹스런 장면이 아닐 수 없다." 마지막으로 조블링(Jobling 1978: 10)은 독일 학자 슈퇴베(Stoebe)의 말을 인용한다: "여기서

찢겨진 옷은 왕이 입는 옷을 가리킨다. 그는 이제 수치스럽게도 벌거벗은 몸으로, 그리고 권력까지도 벌거벗긴 채로 무기력하게 땅바닥에 누워 있다.”

20:1-42. 사울은 자신의 옷은 잃어버렸을지 모르나 다윗을 향한 분노만큼은 잃어버리지 않는다. 19장은 “사울도 선지자 중에 있느냐?”는 질문으로 끝을 맺는다. 20장은 본질적으로 다음의 질문과 잘 조화를 이룬다: “사울도 분노와 복수심에 사로잡힌 나머지 가상의 위협을 제거하기 위해 어떤 일도 서슴지 않는 자들 중에 있느냐?”

20장은 참으로 아버지 사울이나 매부인 다윗보다도 요나단에 초점을 맞추고 있는 장이다. 요나단은 세 개의 주요 장면들에서 중심 인물로 나타난다:

첫 번째 장면: 요나단과 다윗이 대화를 나눔(1-23절)
두 번째 장면: 요나단과 사울이 대화를 나눔(24-34절)
세 번째 장면: 요나단과 다윗이 대화를 나눔(35-42절)

첫 번째 장면에서 다윗은 왜 사울이 자기를 죽이려 하는지에 대해서 당혹감을 느낀다. 다윗은 사울이 그러한 행동을 취하게 할 만한 어떠한 일도 하지 않았기 때문이다(1절). 요나단이 아버지에 관하여 다윗에게 하는 말을 눈여겨보면 그가 순진한 사람이라는 느낌을 받게 된다(2절). 결국 사울은 19:1에서 요나단에게 다윗을 죽일 일에 관해 말하지 않았던가? 그러나 가장 최근의 만남에서 아버지와 아들은 다윗에게 그의 생명이 안전할 것임을 재보증한 바 있다(19:4-7, 특히 6절). 따라서 20:2에 있는 요나단의 설명은 19:1보다는 19:6을 염두에 둔 것이라 할 수 있다.

사울의 태도가 적대적인지 아니면 유화적인 것인지를 확인할 방법을 제안한 사람은 요나단이 아니라 다윗이다. 요나단은 가족 축제에서 아버지에게, 다윗이 자신의 가족과 함께 매년제를 드리기 위해 베들레헴으로 돌아간 탓에 자리를 지키지 못했다고 말하기로 한다(5-8절). 요나단은 다윗이 숨어 있는 쪽으로 화살을 쏘아 보냄으로써 다윗의 불참에 대한 아버지의 반응을 다윗에게 알리기로 한다(18-23절). 다윗은 사울의 떡에 참여하기보다는 “떡의 집"을 뜻하는 베들레헴의 잔치 자리에 참여할 것이다.

당시의 절기는 "월삭"(new moon; 5, 18, 27절)으로, 제의적인 정결 상태에서 가족과 문중 단위로 경축하는 중요한 축제이다. 월삭에 대하여 언급하는 구약성서의 네 본문들을 보면, 월삭 축제는 안식일 준수와 관련되어 있음을 알 수 있다(왕하 4:23; 사 1:13-14; 호 2:11[히 13절]; 암 8:5). 그런데 이 본문들 중에서 유일하게 아모스 8:5만은 월삭 축제가 안식일처럼 일을 중단하는 날임을 밝히고 있다.

두 번째 장면에서 사울은 다윗이 모종의 제의적인 부정함 — 아마도 몽정(夢精)이었을 것이다 — 으로 인하여 월삭 축제에 참여하지 못했다는 생각을 한다(26절). 그리하여 다윗은 레위기 7:20과 같은 가르침을 따르고자 했을 것이다: "만일 몸이 부정한 자가 야웨께 속한 화목제 희생의 고기를 먹으면 그 사람은 자기 백성 중에서 끊쳐질 것이요"(마치 다윗이 이미 자신의 친족으로부터 끊쳐진 사람인 양!). 그러나 다윗의 이 책략은 하루 동안만 유효할 뿐, 이틀 동안 그 효과가 지속되지는 못한다. 예로써 레위기 15:16은 설정(泄精)한 자에게 단순히 온 몸을 물로 씻기만 하면 되며, 그 사람은 "저녁까지" 부정하게 된다고 가르친다.

사울은 요나단에게 "다윗"이라는 이름을 직접 언급하지 않는다. 그는 다윗을 "이새의 아들"(27, 30, 31절)로 부른다. 그러나 이에 대응하여 요나단은 "이새의 아들"이라는 표현 대신에 "다윗"이라는 이름을 직접 사용한다(28절). (나중에 미갈이 얼굴을 맞대고 대화를 하는 중에 다윗을 조롱하면서 "이스라엘의 왕"이라 칭하는 것과 비교하라[삼하 6:20])

요나단은 다윗을 변호하려고 애쓴다(28-29절). 다윗과 합의한 사항을 되풀이하는 요나단의 변명(28-29절)은 다윗 자신이 제안한 내용(6절)보다 더 길다. 14개 낱말의 두 행이 21개 낱말의 다섯 행으로 늘어난 것이다(Fokkelman 1986: 330). 몇 가지 눈에 띄는 변화는 이렇다: (1) 요나단은 다윗의 "급히 가다"(6절)라는 동사 대신에 "가다"라는 동사를 사용한다(28절); (2) 요나단은 다윗의 "매년제"(6절)를 "제사"로 바꾼다(29절); (3) 다윗의 "온 가족"(6절)은 "우리 가족"으로 바뀌며, 요나단은 "나의 형이 내게 오기를 명하였으니"라는 내용을 추가한다(29절); (4) 요나단은 다윗이 29절에 있는 "나로 가게(go) 하라 … 나로 가서"(slip away; '말라트' 동사는 19장에서 사울을 피하여 도망하는 다윗의 행동을 가리키는 핵심 동사이다[19:10, 11, 12, 17, 18])라는 말을 한 것으로 묘사한다. 포켈만(Fokkelman 1986: 332)은 '말라트' 동사의 용례에 대하여 이렇게 말한다: "그것은 황소 앞에서 붉은 깃발을 흔드는 사람의 행동과 같은 것이다. (위장된) 다윗의 입으로부터 사울에게 전해진 그 말은 프로이트가 말하는 일급 도피에 해당한다."

사울은 완전히 자제력을 잃는다. "사울을 뒤집어엎는 데는 다윗을 소재로 하는 이야기 외에 다른 어떤 것도 필요하지 않다"(Brueggemann 1990: 151). 사실 그는 요나단을 "저주한다"(자기 아들을 칭하는 사울의 거친 표현[30a절]을 그에 상응하는 세속적인 영어로 옮긴 번역본에는 *Living Bible*이 있다. 그런데 이 번역본의 개정판인 *New Living Translation*에서는 그것이 사라지고 없다). 사울은 추한 말(30절)에 이어 다윗에게 한 것처럼 요나단을 자기 창으로 죽이려고 함으로써 추한 행동을 보인다(33절). 사울에게 이제는 요나단이 다윗으로 변해 버린 셈이다.

마지막 장면(35–42절)은 요나단과 다윗을 다시 한 번 한데 묶는다. 그들은 살아 있는 모습으로 서로를 마주하는 마지막 순간을 맞이한다. 23:15–18의 짤막한 이야기를 제외한다면 말이다. 다음번에 그들이 함께 언급될 때, 다윗은 사울과 요나단을 위한 찬가(讚歌)/비가(悲歌)를 지어 부른다(삼하 1:17–27). 이곳의 마지막 장면은 감정을 자극하는 모습을 담고 있다. 눈물로 이별하는 장면이라 할 수 있다. 다윗은 요나단 앞에서 땅에 엎드린다. 다윗이 선택된 상속자임을 두 사람 다 알고 있음에도 불구하고 말이다(41절). 그리고 요나단은 다윗을 위해 평안을 빈다(42절). 이는 최근 며칠 몇 달 동안 도무지 평화를 누린 적이 없는 자와 이별하면서 그를 위해 축복하는 내용으로서는 너무도 적절한 것이다.

21:1–15. 21장에서는 많은 일들이 두 개 단위로 발생한다: (1) 다윗은 두 번 여행한다. 한 번은 놉으로(1절), 그리고 두 번째는 가드(10절)로 여행한다; (2) 다윗은 두 번에 걸쳐서 거짓 행동을 취한다. 첫 번째는 말을 포함하는 것이고(2절), 두 번째는 행동을 포함하는 것이다(13절); (3) 두 사람이 속임을 당

한다. 한 사람은 놉의 제사장인 아히멜렉이고, 다른 사람은 블레셋의 가드 왕 아기스이다; (4) 다윗은 아히멜렉에게 두 가지 질문을 던진다: "이제 당신의 수중에 무엇이 있나이까?"(3절; "여기 당신의 수중에 창이나 칼이 없나이까?"(8절). 이 두 질문에서 다윗은 "탄원하기보다는 오만하게 요구하는" 태도를 보인다(Alter 1981: 72); (5) 이 이야기에서는 두 명의 목자가 등장한다. 한 명은 다윗(16:11; 17:15)이고, 다른 한 명은 "사울의 목자장"인 에돔 사람 도엑이다(21:7); (6) 아히멜렉은 다윗을 두려워하며(1절), 다윗은 아기스를 두려워한다(12절).

다윗은 처음에 놉으로 도망한다. 놉은 예루살렘 북쪽에 자리한 성읍으로, 베냐민 지파 영토의 남쪽에 속해 있다(느 11:32; 사 10:27-32절). 실로가 파괴되자(렘 7:14) 실로에 있던 성소(삼상 14:3)가 이제는 놉으로 옮겨간다.

제사장 아히멜렉은 앞서 베들레헴의 장로들이 자기들의 성읍을 방문한 사무엘을 영접한 것과 똑같이 다윗을 영접한다:

"아히멜렉이 떨며 다윗을 영접하며"(21:1).
"성읍 장로들이 떨며 그를 영접하여"(16:4).

다윗은 제사장이 던진 질문들(이는 두 사람이 전에 만났음을 전제한다)에 답하면서, 자기가 사울의 비밀 업무를 수행하는 중에 있다고 거짓말을 한다(2절).

아히멜렉은 성소 안의 진설병 탁자 위에 여섯 개씩 두 줄로 야훼 앞에 놓여 있던 거룩한 떡을 제공한다(출 25:30; 레 24:5-9). 우리는 다윗에게 건네진 떡이 일주일 동안 그대로 두었다가 제사장들에 의해 거룩한 곳에서 소비되어야 하는 헌 떡인지, 아니면 새로 구운 열두 개의 떡인지를 분명하게 알지 못한다.

다윗(과 그의 사람들!)은 "그 소년들이 부녀를 가까이만 아니하였으면" 그 떡을 먹을 수 있었다(4b절). 이로써 20장에서 살짝 언급되었던 제의적인 정결의 문제(26절)가 21장에서 다시금 등장한다(4b절). 레위기(레 15:16-18)는 성관계가 부정함을 초래한다고 가르친다(참조. 출 19:15b, "여인을 가까이 말라"). 사무엘상 21장의 관심사는 병영(兵營)의 거룩함을 유지하는 데 있다

(신 23:10-15). 일반 거주지보다는 병영에 대하여 한층 더 큰 정결함이 요구
된다. 이는 하나님께서 이스라엘을 위해 싸우시려고 병영에 머무시며, 부정
함은 하나님의 임재와 양립하지 못한다는 개념에 기초한 것이다. 따라서 진
중에 있는 병사들은 여인들과의 접촉을 피해야 한다(아마도 우리아가 자기
아내가 있는 집으로 가기를 꺼려한 것도 그 때문이었을 것이다[삼하 11:11]).
그러한 접촉이야말로 부정함의 근원이기 때문이다. 아히멜렉에게 노골적으
로 거짓말을 하면서도 다윗이 자신의 정결함을 확언하고 있다는 것 같은 태
도는 아이러니가 아닐 수 없다.

　"에돔 사람 도엑"(7절)은 "헷 사람 우리아"와 마찬가지로 이스라엘 왕의 군
대에 속한 용병들 중의 한 사람이었을 것이다. 다윗과 관련되는 한, 그는 잘
못된 시기에 잘못된 장소에 자리하고 있었다. "남의 말을 엿듣는 자"(Alter
1981: 66)로서 그는 모든 것을 보고 들은 후, 나중에 그 정보를 사울에게 알
린다. 그리하여 다윗은 다시금 다른 곳으로 옮겨갈 수밖에 없었다. 그런데
이번에는 골리앗의 성읍인 가드로 옮겨간다.

　공관복음에 의하면, 예수께서는 다윗이 거룩한 떡을 먹은 일에 관하여 말
씀하시면서(마 12:1-8; 막 2:23-28; 눅 6:1-5), 아무리 거룩한 제도들이라 할
지라도 사람보다 더 중요할 수는 없다는 것을 가르치신 적이 있다. 양자 사
이의 평행 요소는 다윗을 따르던 자들과 다윗의 후손(예수를 가리킴: 역주)을
따르는 자들의 굶주림이 해결된다는 데 있다(전자는 거룩한 떡으로, 후자는
안식일에 손으로 수확한 곡물로). 사무엘상 21장의 이야기와 복음서의 이야
기 사이에는 약간의 차이점들도 존재한다. P로써 사무엘상 21장에는 안식일
에 대한 언급이 없다. 다윗이 실제로 성소에 들어갔음을 분명하게 밝히는 내
용도 없다(참조. 막 2:26). 그 중에서도 특히 흥미로운 것은 마가가 제사장을
아히멜렉의 아들인 아비아달과 동일시하고 있다는 점이다(막 2:26; 이 때문
에 마태와 누가는 제사장의 이름을 밝히지 않고 있는 것일까?). 마가가 옳을
수도 있고, 아니면 [아비아달] "의 아버지"와 비슷한 어떤 표현이 우연히 생
략되었을 수도 있다.

　다윗은 가드를 향하여 블레셋의 영토 안으로 조금 들어간다. 다윗의 두 차
례 여행에 있는 지명과 인명의 순서를 거꾸로 읽어보라: 놉 … 아히멜렉(1

절), 아기스 … 가드(10절).

이것은 1절에서는 다윗의 주요 목표가 놉에 이르는(성소를 은신처로 삼으려고?) 데 있는 것으로 보이지만, 10절에서는 그의 주요 목표가 아기스 왕에게 이르는(사울의 영역 밖에 있는 피난처를 찾아) 데 있는 것으로 보인다. 그러나 그는 실망스럽게도 자신의 명성이 자신보다 먼저 도달해 있는 것을 발견한다(11절). 다윗의 용맹스러움을 칭송하는 노래는 블레셋 땅에까지 널리 알려져 있었던 것이다. 그렇다고 그들이 그 노래의 내용을 그대로 믿은 것은 아니다. 그 까닭에 다윗은 자연스럽게 미친 척하지 않을 수 없었다(13절; 본장에서 두 번째로 그는 자신이 임기응변에 능한 사람임을 보여 준다). 그리고 그러한 행동은 목적한 바를 이룬다(14–15절). 그는 연기력이 뛰어난 배우이다. 아기스는 다윗을 내쫓는다. 그는 "나중에 블레셋 군대를 깨뜨릴 유일한 자로 등장하는 다윗을 없앨 수 있는 황금 같은 기회를 놓쳤음"을 전혀 깨닫지 못한다(Fokkelman 1986: 366). 아기스는 참으로 "사라져 버린 큰 물고기"라는 어부의 이야기를 말할 자격이 있는 사람이다.

다윗은 두 번째로 노골적인 조롱의 대상이 된다:

> 17:55–56(사울이 아브넬에게): "이 소년이 뉘 아들이냐? … 너는 이 청년이 누구의 아들인가 물어보라."
> 21:15(아기스가 신하들에게): "너희가 이자를 데려다가 내 앞에서 미친 짓을 하게 하느냐? 이자가 어찌 내 집에 들어오겠느냐?"

시편 34편은 이 사건을 다음과 같은 표제에 담아 표현하고 있다: "다윗이 아비멜렉 앞에서 미친 체하다가 쫓겨나서 지은 시." 그러나 야웨께서 재난으로부터 구원하신 것을 경축하고 감사하는 이 알파벳 시의 본문은 정작 사무엘상 21장의 사건을 전혀 언급하지 않는다. 물론 여기서 우리가 주목할 것은 이 시의 표제가 왕의 이름을 "아기스"가 아니라 "아비멜렉"으로 칭하고 있다는 점이다. "아비멜렉"은 시편 34편의 오류라기보다는 가드 왕의 셈족 이름을 가리킨다고 보아야 옳을 것이다(창 26:1: "이삭이 그랄로 가서 블레셋 왕 아비멜렉에게 이르렀더니"; 창세기 20:2의 또 다른 아비멜렉에 이어 나타남).

22:1-23. 다윗은 가드에서 아둘람으로 도망한다. 아둘람은 베들레헴 남
서쪽에 있는 작은 마을인 바, 다윗은 이곳에서 "아비의 온 집"(다윗에게 화를
내던 큰 형 엘리압을 포함하는[17:28])과 4백 명의 다양한 무산자(無産者) 집
단 — 환난당한 모든 자와 빚진 자와 마음이 원통한 자 — 을 통솔하게 된다
(1-2절). 멘덴홀(Mendenhall, *The Tenth Generation* [Baltimore 1973], 135-
36)은 다윗에게 이끌린 이 가난한 주변부의 무법자들이야말로 고대 근동 지
역에서 하비루(Habiru)로 불리던 사회 주변부 집단을 가리키는 구약성서의
가장 대표적인 예에 해당한다고 본다: "그[다윗]는 왕의 적대감을 피하여 도
피함으로써 이스라엘 공동체 안에서의 지위를 상실한다. 경제적인 요인을
포함한 여러 다른 문제점들로 인하여 피난 생활을 하던 많은 사람들이 그의
주변에 모여든다. 그들 모두 역시 법적인 보호를 받지 못한 까닭에, 다윗의
인도 하에 별도의 단체를 결성하여 지내지 않으면 안 되었다. 그들은 민첩함
과 상당한 기동력에 힘입어 스스로의 생계를 유지할 수 있었다." 흥미롭게도
그러한 개개인들은 사울에게서 아무런 매력도 느끼지 못한다. 다윗은 그들
을 끌어당기지만, 사울은 그들을 내쫓는다. 여기서 다윗은 헤롯 가문에게 무
시당하거나 괴롭힘당하던 자들을 자신에게로 이끌던 "다윗의 위대한 후손"
을 미리 보여 준다.

부모를 공경하라는 토라의 가르침을 잘 알고 있는 다윗은 자신과 자기 가
족에게 닥친 위기를 느끼고서는, 부모를 모압으로 피신시킨다(3절). 이 본문
은 구약성서에서 모압을 감사와 경탄의 태도로 묘사하는 매우 드문 본문들
중의 하나이다. 증조모인 룻이 모압 사람이라는 점을 고려한다면, 모압을 선
택한 다윗의 행동은 매우 적절한 것이었다고 할 수 있겠다.

22장의 중심부(6-23절)는 그곳의 성소에서 시무하던 아히멜렉과 모든 제
사장들을 몰살시키는 사울의 무시무시한 살육 행동에 대해서 묘사한다. 사
울은 어떤 형태로든 다윗과 공모한 혐의가 느껴지는 자들에게 이런 식으로
보복했다.

사울은 베냐민 지파 사람들이 반(反) 다윗 세력에 합류하지 않고 도리어 다
윗과 공모했다고 비난한다(6-8절). 사울은 여전히 다윗을 "이새의 아들"로만
칭한다(7-8절). 사울이 다윗을 모욕하는 말들 중에 다음의 것을 주목하라:

"이새의 아들이 너희에게 각기 밭과 포도원을 주며 너희로 천부장, 백부장을 삼겠느냐?"(7c절). 사울이 내림법(descending) 양식("천부장, 백부장")을 사용한 것은 의도적인 것일 수도 있다. 왜냐하면 올림법(ascending) 양식("백부장, 천부장")은 고통스럽게도 골리앗에 대한 다윗의 승리를 경축하는 노래("천천 … 만만"[18:7])를 상기시킬 수도 있기 때문이다(Fokkelman 1986: 385). 그러나 다윗을 향한 아히멜렉의 호의를 목격한 바 있던 도엑이 그와 관련된 정보를 사울에게 제공한다(9-10절). 아히멜렉에게는 그러한 정보의 제공은 곧 죽음의 입맞춤이나 다름이 없는 것이다.

도엑의 말(9b-10절)과 다윗의 죄목을 되풀이하는 사울의 말(13절)을 비교해 보면 몇 가지 흥미로운 사실들을 알 수 있다:

1. 순서의 변화에 주목하라. 도엑은 (a) 야웨께 묻는 아히멜렉, (b) 식물, (c) 골리앗의 칼 등의 순서를 따라 말한다. 반면에 사울은 (a) 떡, (b) 칼, (c) 야웨께 묻는 아히멜렉 등의 순서를 따라 말한다. a-b-c의 순서가 b-c-a의 순서로 바뀐 것이다. 달리 말해서 도엑의 고발 서두에 나오는 것이 사울의 죄목 나열에서는 가장 마지막에 나온다는 얘기다. 마치 그 비난을 "올림순의 반역죄 나열"로 변형시킨 것처럼 말이다(Sternberg 1985: 420).

2. 도엑은 아히멜렉이 "야웨"께 물었다고 말한다. 그러나 사울은 아히멜렉이 "하나님"께 물었다고 말한다.

3. 도엑은 "골리앗의 칼"에 관해 말하지만, 사울은 놀랍게도 "골리앗"의 이름을 생략한 채 단순히 "칼"에 대해서만 말한다.

4. 도엑은 "식물"에 관해 말하지만(그는 그것이 "거룩한 떡"임을 알고 있었을까, 아니면 모르고 있었을까?), 사울은 "떡"에 관해 말한다.

아히멜렉은 사울 앞에서 자신을 변호하려고 애쓴다(14-15절). 그러나 그의 노력은 마치 손을 높이 쳐들어 눈사태를 막으려는 것만큼이나 소용없는 일이었다.

다윗을 변호하면서(사울과는 달리 아히멜렉은 그를 "이새의 아들" 대신에

"다윗"으로 부른다[14절]) 아히멜렉이 사용하는 언어는 야웨께서 위대한 종 모세에 관해 말씀하실 때 사용하신 언어를 연상시킨다:

민수기 12:7: "내 종['아브디'] 모세와는 그렇지 아니하니 그는 나의 온 집에 충성됨이라['네에만']."
사무엘상 22:14: "왕의 모든 신하['아브데카'] 중에 다윗 같이 충실한['네에만'] 자가 누구인지요? 그는 … 왕실['베테카']에서 존귀한 자가 아니니이까?"

사울이 아히멜렉에게 내린 사형선고("네가 반드시 죽을 것이요"[16절])는 그가 전에 요나단의 신성모독 행동에 대하여 내린 사형선고(14:44)와 똑같은 것이다. 그리고 당시에 이스라엘 백성이 왕명에 순종하기를 거부한 것(14:45)과 마찬가지로, 여기서도 그들은 동일한 태도를 취한다(22:17b).

그러나 도엑은 야웨의 기름 부음 받은 제사장들에 대하여 아무런 양심의 가책도 느끼지 않는다. 그는 오로지 사울에게만 충성할 뿐이다. 그는 "사악한 천재"(Gunn 1980: 87)요, "고용된 총잡이"(Brueggemann 1990: 159)이다. 비극적이게도 에돔 사람 용병을 통하여 사울은 여호수아가 여리고에 행한 것과 똑같이 행한다(19절): "사울은 이방 사람의 손을 빌려 이스라엘 사람들에게, 야웨의 제사장들에게 나쁜 짓을 한다. 그 자신이 이방 사람들인 아말렉 족속에게는 그렇게 하지 않고서는 말이다"(Miscall 1986: 136).

살육의 현장에서 한 명의 놉 사람이 살아남아 도망한 것(20절)은 또 다른 살육의 현장에서 한 사람이 살아남았던 일(요담[삿 9:5])을 연상시킨다. 앞에서는 70명이 죽임을 당했는데, 여기서는 85명이 죽임을 당한 것이다. 그리고 두 경우에 똑같이 친족이 친족을 대상으로 대량 학살의 죄를 범한다.

다윗이 자기 때문에 무죄한 자들이 죽었다는 것을 인정한 것(22c절)은 이번이 마지막이 아니다. 그의 인구조사와 그에 대한 하나님의 심판이 주어진 후에 그가 한 말을 비교해 보라: "나는 범죄하였고 … 이 양 무리는 무엇을 행하였나이까?"(삼하 24:17). 다윗의 부모는 모압 왕과 함께 있어서 안전을 누리고(3절), 아비아달은 다윗과 함께 있어서 안전을 누린다(23절).

23:1-29. 고양이와 쥐의 술래잡기 게임에서 "고양이"인 사울과 "쥐"인 다윗 사이에는 한 가지 중요한 차이점이 존재한다. 사울과 다윗은 똑같이 정보 제공자들을 통하여 중요한 정보를 얻는다 — 사울: "혹이 사울에게 고하매"(7절); "혹이 사울에게 고하매"(13절); "사울이 듣고"(25절); 다윗: "혹이 다윗에게 고하여 가로되"(1절); "다윗이 사울의 자기를 해하려 하는 계교를 알고"(9절); "혹이 다윗에게 고하매"(25절).

그러나 다윗에게는 있으나 사울에게는 없는 것 하나가 있다. 그것은 곧 하나님을 통하여 정보를 얻는 것이다 — "이에 다윗이 야웨께 묻자와 가로되"(2절); "다윗이 야웨께 다시 묻자온대"(4절); "다윗이 가로되, '이스라엘 하나님 야웨여'"(10-11절); "다윗이 [야웨께 묻자와] 가로되"(12절). 인간 제보자에게 의지하는 자는 실패하지만, 다른 사람들의 말에 귀를 기울이면서도 하나님의 뜻을 구하는 자는 성공을 거둔다("고양이"를 피하는 일에). 이것을 달리 표현한다면, "사울의 압도적인 군사력은 하나님을 의지하는 다윗의 세력과 평형을 이룬다"(Polzin 1989: 200).

다윗이 블레셋 족속에게서 구원한 성읍 그일라(1-5절)가 이제는 다윗을 사울에게 넘기고자 한다(6-14절). 물론 다윗은 이를 하나님의 말씀을 통해 알게 된다. 그들이 감사하는 마음을 잊은 채 그렇게 한 것은 놉 사람들과 같은 운명에 빠질 것을 두려워했기 때문이다(10절의 언어를 22:19와 비교).

다윗의 다음 피난처는 십 광야(14절)와 마온 황무지이다(24절). 십 사람들은 자발적으로 다윗을 사울에게 넘기고자 한다(19-20절). (시편 54편의 표제를 참조: "십인이 사울에게 이르러 말하기를, '다윗이 우리 곳에 숨지 아니하였나이까?'") "십과 마온은 헤브론에서 남동쪽으로 걸어서 한두 시간이면 갈 수 있는 곳이다"(Fokkelman 1986: 436). 이 두 지역은 유다 지파의 영역에 속해 있을 가능성이 아주 높다. (이 두 지역을 유다 지파와 블레셋 족속 사이에 있는 독립적인 완충 지대로 보는 반대 견해에 대해서는 Edelman 1991: 182-83 참조) 유다 지파의 그일라나 유다 지파의 십 또는 유다 지파의 마온 어느 지역도 유다 지파에 속한 다윗에게 진정한 피난처가 되지 못한다. 건(Gunn 1980: 90)은 이를 다음과 같이 흥미롭게 정리하고 있다: "23장이 분명하게 밝히고 있는 바와 같이, **사울 자신의 아들**을 제외하고는 다윗의 동향(同鄉) 사람들이 한결같이 그의[사울의] 편에 서서 다윗을 포기함으로써 왕에게 충성하고자 한다. 사울은 이들의 배신행위로 인해서가 아니라 야웨의 뜻에 의해서 패배하게 된다."

본장에서는 두 가지의 사건이 다윗에게 유리한 방향으로 작용한다. 그 하나는 요나단의 갑작스러운 등장이다(16-18절, 다윗과의 마지막 만남). 이전에 이루어졌던 매제와의 모든 만남들이 유익한 것들이었다면, 이곳의 만남은 요나단이 다윗에게 대담하게 다음과 같은 주장을 한다는 점에서 이전의 만남들과 차이를 보인다: "너는 이스라엘 왕이 되고 나는 네 다음이 될 것을 내 부친 사울도 안다"(17절). 다윗은 첫째가 되고 요나단은 둘째가 될 것이라. 물론 사람들은 요나단과 같은 차점자 내지는 두 번째 순위의 사람을 거의 인정하지 않는다. 골프장이나 야구장 또는 테니스 코트, 투기장 등에서는 "우리는 2등이다!"라는 기쁨의 외침을 거의 듣지 못한다.

요나단의 첫 번째 예언(다윗과 관련된)은 정확하지만, 두 번째 예언(자신과 관련된)은 그렇지 않다. 사람들은 요나단이 어떤 근거에서 다윗에게 그러한 말을 하는지를 의아하게 여긴다. 그는 "자기가 알고 있는 것을 말하는 것일까, 아니면 자신의 신념이나 희망을 말하는 것일까? 그것도 아니면 빌붙는 말로써 설득하려는 것일까?"(Miscall 1986: 142).

두 번째로 다윗에게 유리하게 작용하는 것은 초대받지 않은 "사자"의 갑작스런 등장이다(27절). 그는 사울에게 블레셋 족속의 침략 소식을 전하며, 이로 인하여 사울은 잠시 동안이나마 다윗 쫓기를 중단할 수밖에 없게 된다. 다윗을 거의 잡을 수 있었는데 말이다!

다윗은 "그 사자에게 복이 있기를!"이라고 말했을 것이고, 사울은 "그 사자에게 저주가 있기를!"이라고 말했을 것이다. "사자"('말라크')를 "천사"로도 번역할 수 있다는 점을 고려한다면, "하나님 자신이 그를 보내시지" 않으셨을까?(Fokkelman 1986: 450)

24:1-22. 저자는 다윗을 찾아 죽이려는 사울의 지나친 수색 섬멸 작전에 깊은 관심을 기울인 탓에(사울 자신 역시 그 일에 빠져 있다), 사울이 블레셋 족속과 싸운 이야기에 대해서는 조금밖에 언급하지 않는다(23:27-28;

24:1a). 그 전쟁은 어떻게 되었을까? 성공을 거둔 것일까? 사울이 승리를 거두었을까? 사울이 국가적인 중대사를 젖혀 놓고서 개인적인 복수에 몰두해 있는 상황에서 누가 나라 일을 돌보겠는가? 사울은 1천 명의 죽은 블레셋 사람들보다 죽은 한 사람 다윗을 인하여 기뻐할 것이다.

사울과 다윗이 어디에서 언제 어떻게 만나는지에 관한 본장의 서술은 한 편의 해학극일 수도 있고 하나님의 섭리를 보여 주는 것일 수도 있다. 아니면 그 둘 모두를 포함하는 것일 수도 있다. 사울은 "뒤를 보려고" 동굴 속으로 들어간다. 그런데 공교롭게도 다윗과 그의 사람들 역시 같은 동굴에 숨어 있다(3절). "뒤를 본다"는 히브리어 표현은 직역하면 "발을 가린다"는 뜻으로 읽힌다. 사울은 동굴 속에서 뒤를 보는데, 아무래도 웅크린 자세로 인하여 옷자락이 발에 덮이게 된다. 그 까닭에 "발을 가린다"는 표현이 되는 것이다. 엔게디 전역에는 많은 동굴들이 있다. 그런데 하필이면 사울이 "자연의 부름"에 응답하기 위해 들어간 동굴에 다윗과 그의 무리가 숨어 있었던 것이다.

다윗의 무리는 외설적인 유머에 관심이 없었던 탓에 즉석 화장실 사건에 대한 신학적인 해석을 제안한다. 하나님께서 "자연"을 이용하여 자기들의 대적인 사울을 자기들의 손에 넘겨주셨다는 것이다(4절). 그들은 앞장에서 다윗이 위태로운 상황에 처해 있을 때("하나님이 그를 내 손에 붙이셨도다"[23:7b]) 사울이 저질렀던 것과 똑같은 잘못을 저지른다. 단순히 상황이 너무 좋다는 이유만으로 일련의 행동을 "하나님의 뜻"으로 정당화하려는 자들은 사무엘상 23장과 24장에 있는 두 사건에 대해서 좀 더 깊이 생각할 필요가 있다.

다윗은 골리앗에게 한 것처럼 사울의 머리를 자르지는 않는다. 함께 있는 무리가 그에게 그렇게 할 것을 촉구했지만 말이다. 도리어 그는 "사울의 겉옷자락을 가만히 벤다[본장의 핵심 낱말임]"(4절). 다윗은 사울의 옷을 벗긴 것이 아니라, 동굴의 어둠 속에서 그가 입은 옷의 일부를 베어낸 것이다. 그러나 그다지 중요하지 않은 이 행동으로 인하여 다윗은 즉시 죄의식을 느낀다(5절). 그는 과연 "야웨의 기름 부음을 받은 자"(6절)가 입은 옷의 일부를 잘라낼 권리를 가지고 있는 것일까? 다윗은 사소한 일에 대해서조차 괴로움을 느낀다는 점에서 믿을 만한 사람이다(Swindoll 1997: 85).

그러나 과연 그것이 사소한 일일까? 독자들은 이처럼 옷자락을 잘라낸 행동을 이전에 사울이 사무엘의 겉옷자락을 찢은 것(15:27)과 관련시킬 필요가 있다. 당시의 행동에 근거하여 사무엘은 이렇게 말한 적이 있다: "야웨께서 오늘 이스라엘 나라를 왕에게서 떼어서 왕보다 나은 왕의 이웃에게 주셨나이다"(15:28). 또한 18:4 역시 요나단이 자기 옷을 벗어서 다윗에게 주었다고 말한다. 이상의 세 본문들(15:27; 18:4; 24:4, 5, 11)은 '메일' ("옷, 의복")이라는 히브리어 낱말을 사용하고 있다. 사울(또는 요나단)의 옷이 다윗에게 옮겨간 것은 사울의 왕권이 다윗에게 옮겨갈 것임을 암시하는 것일까?(Gunn 1980: 95; Fokkelman 1986: 458)

동굴 밖에서 다윗은 사울을 겨냥한 자신의 행동에 대하여 확실하게 해명하고자 한다(9-15절). 그의 이 해명은 성서 안에 있는 다윗의 발언들 중에서 가장 긴 것이다(Fokkelman 1986: 461). 그의 해명에 의하면, 사울은 평소에 거짓말하는 사람들의 말에 귀를 기울이는 편이다(9절). 다윗은 사울을 쉽게 죽일 수 있는 상황에서도 그를 죽이지 않는다(10-11절). 만일 사울이 어떤 일로 인하여 고통을 당한다면, 그것은 다윗의 행동으로 인해서가 아니라 야웨의 손길로 인하여 생겨난 고통일 것이다(12, 15절).

사울은 자기에게 말하는 자가 다윗인지를 확신하지 못한다: "내 아들 다윗아, 이것이 네 목소리냐?"(16절). 이것은 마치 눈먼 이삭이 자기 앞에서 말하는 자의 정체를 확인하기 위해 "너는 에서냐, 아니면 야곱이냐?"라고 묻는 것과 똑같은 질문으로 들린다(창 27:18, 22, 24, 32). 사울의 눈이 눈물로 인하여 잘 보이지 않았던 것일까? 만일 그렇다면, 그것은 "다윗의 진정한 모습을 보지 못한 그의 도덕적인 불감증을 상징하는 것"(Alter 1981: 37)이라 할 수 있다.

16c절은 사울이 우는 유일한 경우에 대해서 기록한다(Fokkelman 1986: 468). 이제까지 그는 여러 차례 이를 갈기는 했어도 울지는 않았었다. 한나는 아이를 낳지 못하는 현실을 목전에 두고서 운다(1:7, 8, 10). 사울은 백성의 우는 것을 질책한다(11:4-5). 요나단과 다윗은 서로 어깨를 마주 댄 채로 운다(20:41). 다윗은 폐허가 된 성읍을 향하여 운다(30:4). 그러나 사울의 울음은 이상의 다른 모든 울음들과 다르다. 오직 그의 울음만이 자신의 우둔함과 비열함으로부터 비롯된 것이기 때문이다.

사울이 다윗에게 한 말, 곧 "너는 나보다 의롭도다"(17절)는 말은 자신의 부도덕함이 드러나자 며느리 다말을 향한 유다의 말(창 38:26)과 비슷하게 들린다. 두 사람의 말은 똑같이 동일한 히브리어 문장 구조를 사용하고 있다:

창세기 38:26: '차데카 밈멘니 키'
사무엘상 24:18: '차디크 아타 밈멘니 키'

사울은 처음으로 다윗에게 "네가 반드시 왕이 될 것"(20절)임을 인정한다. 왕권을 양보하는 발언은 하지 않은 채로 말이다. 사울은 어떻게 또는 언제 그러한 일이 이루어질지에 대해서는 말하지 않는다. 그는 다윗에게서 그의 후손을 "끊지"(다윗이 사울의 겉옷자락 일부를 잘라낸 것처럼) 않겠다는 약속을 받아낸다(21절). 이것은 다윗의 말이 과연 사울의 약속과 같을 것인지, 곧 믿을 만한 것인지 그렇지 않은지의 문제를 불러일으킨다. 다윗은 자신의 맹세를 존중할 것인가?

본장에는 사울과 다윗이 한 말들과 행동들을 다수 포함하고 있다. 다윗에게서 우리는 자기 변명(9-15절)과 미래의 사울 가문을 향한 맹세(22절)를 듣는다. 그리고 사울에게서는 고백, 용인, 눈물, 후손을 위한 염려(16-21절) 등을 듣는다. 그러나 정작 중요한 한 가지, 곧 사울과 다윗 사이의 화해는 본장에서 발견되지 않는다. 다윗과 사울이 마지막 부분(22절)에서 제각기 자신의 길을 간다는 것은 둘 사이의 만남이 "왕과 왕이 될 사람 사이의 화해에 이르지 못했음"을 보여 준다(Edelman 1991: 203). 이것은 이 이야기의 전반부에 이미 사무엘상 24장의 내용이 전제되어 있음을 독자들에게 암시하는 것으로 보인다.

25:1-44. 사울이 잠시 동안 이야기에 등장하지 않는 사이에, 다윗은 자신이 또 다른 긴장 속에 있음을 발견하게 된다. 그것은 갈멜 출신의 부요한 목축업자인 나발과 그의 아내 아비가일과 관련되어 있다. 이들의 본 고장인 갈멜은 유다 지파의 마온 지역에 속한 마을로서(수 15:55) 헤브론 남쪽에 위치해 있다(동일한 이름을 가진 팔레스타인 해안 지역의 유명한 산 — 엘리야 이야기를 통해 널리 알려진 — 의 이름과 혼동해서는 안 된다).

나발의 이름이 언급되기 전에(3a절) 먼저 그에게 있는 부의 규모가 상세하게 소개된다(2절). 이처럼 묘한 순서는 나발의 부가 다음에 이어지는 이야기에서 갖는 중요성을 강조하는 효과를 갖는다(Bar-Efrat 1989: 115). 두 사람의 이름(나발이 먼저이고 아비가일은 나중임)이 소개된 다음에 두 사람을 설명하는 구절이 이어진다(아비가일이 먼저이고 나발은 나중임). 스턴버그(Sternberg 1987: 327)가 "도덕적이고 심리학적인 성격 묘사"라고 부르는 것에 의한다면, 아비가일은 "총명하고 용모가 아름다우나" 나발은 "완고하고 비열한" 사람이다(3b절). 본장 서두에 나오는 이러한 성격 묘사는 다음에 전개될 이야기를 예견케 하는 역할을 수행한다.

다윗과 그의 추종자들은 사울의 추격을 피하여 광야에 머물면서 날마다 식량 배급에 의지하여 살아갔을 가능성이 높다. 그 까닭에 다윗은 그들 중의 열 명을 나발에게 보내어 양털을 깎는 잔칫날에 약간의 보상금을 자기들에게 나누어 줄 것을 요청한다(5-8절). 다윗이 나발의 목자들을 지켜 준 것에 대하여, 또는 그가 나발의 연약한 목자들을 해치지 않은 것에 대하여, 나발은 보답해야 할 의무를 지고 있다. 이제 그 빚을 갚을 때가 된 것이다! 나발에게는 다윗이 보낸 사람들은 "마피아의 일원"(Gunn 1980: 101)으로 또는 "보호를 미끼로 하여 금품을 갈취하는 공갈단"(Miscall 1986: 151)으로, 그렇지 않으면 "테러리스트들"(Bruegemann 1990: 176)로 여겨졌을 것이다. 아니면 그 반대로 다윗은 전통적인 상호주의 원리에 따라 이전에 자신이 베푼 은혜에 대해서 언급하고 있다 할 수 있다. 그것은 "후기 청동기 시대의 계약문 서두에 있는 역사적인 서문의 내용과 완전히 일치하는 것"이다(Mendenhall 1973: 94).

나발의 반응은 민감하지도 않고 자비롭지도 않다. 그는 사울과 똑같은 방식으로 다윗(10a절)과 다윗이 보낸 자들(10b절)을 모욕한다. 다윗이 "내 소년들"(8절)로 부른 자들을 나발은 "종들"(10c절)로 부른다(Levenson 1978: 16). 나발은 "완고하고 비열한" 사람일 뿐만 아니라, 인색하고 배은망덕한 사람이기도 하다.

이에 대한 응답으로 다윗은 나발을 향하여 전쟁을 선포하며, 사울이 놉의 제사장들에게 행한 것처럼(22:19) 나발과 그의 사람들을 칼에 붙이겠다고 선언한다. 13절에 세 번 나오는 "칼"과 6절에 세 번 나오는 "평강"을 비교하라 (Miscall 1986: 151). 예수께서는 "내가 세상에 화평을 주러 온 줄로 생각지 말라. 화평이 아니요 검을 주러 왔노라"(마 10:34)고 말씀하신 바 있다. 다윗은 사실상 "나는 세상에 화평을 주러 왔지만, 지금은 도리어 검을 주러 왔노라"고 말한 것이나 다름이 없다.

바로 이 시점에서 나발의 아내 아비가일이 이야기 속에 등장한다. 그녀는 자기 남편이 다윗의 요청을 거부함으로써 파멸에 빠질지도 모른다는 얘기를 전해 듣는다(14-17절). 다윗과 그의 무리를 환영하는 마음으로 넉넉한 예물(예로써 물이 아닌 포도주)을 준비한 아비가일은 급히 다윗을 만나러 나간다. 그러나 남편에게는 이를 알리지 않는다(19b절). 그녀의 은밀한 행동은 요나단이 사울에게 알리지 않고서 행동하는 것과 평행을 이룬다: "그 아비에게는 고하지 아니하였더라"(14:1[삼손이 부모에게 알리지 않고 행동하는 것도 마찬가지이다, 삿 14:6b]).

다윗을 향한 아비가일의 인상적인 담화가 23절에서 31절까지 이어진다. 그녀는 다윗 앞에 엎드리고서는(23절), 완고한 남편의 행동에 대한 책임을 인정한다(24절). 아울러 그녀는 남편의 이름이 그의 행동에 적합한 것이라는 설명을 보탠다(25절). "나발"이라는 히브리어 낱말이 "바보, 어리석은 자"를 뜻하는 것임은 잘 알려져 있다. 예를 들면 다음과 같다: "어리석은 자[나발]는 그 마음에 이르기를, '하나님이 없다' 하도다"(시 14:1).

부모가 자기 자녀에게 "바보"라는 이름을 지었을 것 같지는 않다. 그리고 감히 누가 "바보"라는 이름을 가진 자와 결혼하겠는가? 나발이라는 이름은 아마도 별명일 것이다. 그러나 구약성서에서는 특히 조롱의 의미를 갖는 별명이 흔하지 않다. 그리고 나발이라는 이름이 별명이라면, 아비가일은 단순히 다른 사람이 자기 남편에 관해 말하는 것에 동의한 것이라 할 수 있다.

이와는 달리, 나발이라는 이름은 완전히 정상적인 이름일 수도 있지 않을까? 그렇다면 여기서 우리는 동음이의어와 마주하고 있는 셈이다. 자음 n-b-l을 가진 셈족 어근들 중에는 "불, 화염" 또는 "보내다"라는 뜻을 가진 것들이 있다(Barr 1969: 25-27). 그렇다고 할 경우에, 아비가일은 남편의 이름에 담긴 본래의 의미를 알지 못했으나(얼마나 많은 배우자들이 상대방의 이름이 갖는 의미를 알겠는가?), 오랜 세월 동안 나발과 같이 살면서 그의 생활 양식과 히브리 사람들이 '나발'이라 칭하는 것이 서로 관련됨을 알게 되었을 것이다.

바아(Barr 1969: 27-28)가 지적한 바와 같이 아비가일이 25절에서 "나발이 그의 이름이니 이는 그가 '나발'이기 때문이다" 또는 "그는 '나발'과 같은 자이기 때문이다"라고 말하지 않았다는 점도 주목할 필요가 있다. 그녀는 형용사 대신 명사를 사용한다: "나발이 그의 이름이니 어리석음['네발라']이 그에게 있기 때문이다." 그것은 나발의 어리석음을 고발하는 명사인 셈이다! 구약성서에서 '네발라'는 종종 순전히 성적인 범죄 또는 주요 계명들을 위반하는 행동을 가리키는 데 사용된다. "이스라엘에서 행해져서는 안 되는 것"을 가리킨다는 얘기다. 그 예를 들어보면 다음과 같다:

1. 창세기 34:7: 세겜이 디나를 강간함, "부끄러운 일"
2. 신명기 22:21: 처녀성을 상실함, "창기의 행동"
3. 여호수아 7:15: '헤렘'을 위반함, "망령된 일"
4. 사사기 19:23-24; 20:6, 10: 기브아 거민이 레위 사람의 첩을 폭행함, "망령된 일"
5. 사무엘하 13:12: 암몬이 다말을 욕보임, "괴악한 일"

따라서 아비가일의 이해에 따르면, 나발의 죄는 단순히 그가 인색함에 사로잡힌 나머지 예의를 지키지 않은 데에만 있는 것이 아니라, 도덕적으로 불법적이고 통탄할 만한 행동을 했다는 데에도 있다. 바로 이 때문에 하나님께서 나발의 생명을 취하신 것이다(37-38절).

아비가일은 자신의 담화 전체에서 다윗을 지극히 공경하는 태도를 보인다. "주인, 주"('마돈')라는 히브리어 낱말은 사무엘상에서 38회 사용된다. 그 중의 18회(50% 정도)가 25장에 나타난다. 그리고 24-31절의 담화에서 아비가일은 다윗을 14회에 걸쳐서 "주인, 주"로 칭한다(Miscall 1986: 152). 뿐만 아니라 야웨야말로 다윗의 원수들을 "물매로 던지듯 던지시는" 분이시라는 그녀의 설명(29절)은, 골리앗에 대한 다윗의 승리를 그녀가 "물매"라는 낱말을 매개로 하여 표현하고 있음을 분명하게 보여 준다. 설화자 역시 37절에서 나발의 죽음에 관해 언급하면서, "그가 낙담하여 몸이 돌과 같이 되었다"고 설명한다. 이렇듯이 17장의 물매와 25장의 돌은 평행을 이루고 있다.

다윗은 그녀의 중재 활동에 감동한다. 그는 그녀가 다윗 자신의 손으로 직접 나발의 모욕적인 언사에 보복하지 못하도록 하나님께서 사용하신 자라고 증거한다(33-34절). 만일 다윗이 복수극을 벌였더라면, 그는 '나발'이 되고 말았을 것이다.

구약성서는 이곳에서처럼 자주 "모욕"('헤르파')을 "바보"('나발')와 관련시킨다:

사무엘상 25:39: "나발에게 당한 나의 욕['헤르파티 마야드 나발']을 신설(伸雪)하사 종으로 악한 일을 하지 않게 하신 여호와를 찬송할지로다."

사무엘하 13:12-13: "이 괴악한 일['네발라']을 행치 말라. 내가 이 수치['헤르파티']를 무릅쓰고 어디로 가겠느냐? 너도 이스라엘에서 괴악한 자 중 하나가 되리라."

시편 39:8: "나를 모든 죄과에서 건지시며 우매한 자에게 욕['헤르파트 나발']을 보지 않게 하소서."

시편 74:22: "하나님이여, 일어나사 주의 원통을 푸시고 우매한 자가 종일 주를 비방하는 것['헤르파테카 민니 나발']을 기억하소서."

나발이 죽은 후에(38절) 아비가일은 과부가 된다. 재산 많은 과부요, 매력적인 과부였다. 아비가일은 그 후 다윗의 아내가 된다(42절). 어쩌면 다윗은 이 사건을 통하여 세 가지 새로운 이득을 얻었을 것이다: (1) 새로운 아내; (2) 새 아내의 사용권(나발과 아비가일은 자녀들을 두었을까? 과부가 죽은 남편의 재산을 물려받을 수 있었을까?); (3) 헤브론 지역(다윗은 나중에 이곳을 첫 번째 수도로 삼음)에서의 지지 세력 확보. 다윗은 또한 이스르엘(한참 북쪽에 있는 이스르엘을 가리킬 수도 있지만, 유다 지파의 한 성읍을 가리킬 가능성이 더 높다) 여인 아히노암과 결혼한다(43절).

그렇다면 미갈은 대체 어떻게 되었는가? 사울은 다윗과의 혼인 관계를 자기 마음대로 종결시키고 그녀를 발디라는 사람에게 시집보내고 만다(44절). 사울은 44개의 절로 된 긴 장의 마지막 절에서 딱 한 번 언급될 뿐이다. 그가 미갈을 다윗에게서 떼어낸 것은 순전히 정치적인 목적에서이다. 다윗은 더 이상 왕의 가족과 관련되지 않게 됨으로써 이제는 왕권을 주장할 수 없게 된 것이다(Alter 1981: 121). 얼마 전에 다윗의 왕권을 용납하고 그에 관해 진술한 적이 있던 사울은 여전히 다윗을 완전히 제거하고자 애쓴다. 아니면 적어도 그가 사울 자신을 계승할 자격을 갖지 못하게 하려고 애쓴다. 이로써 26장의 드라마를 위한 무대가 마련된다.

26:1-25. 24장에서와 마찬가지로 십 사람들에게서 다윗의 행방과 관련된 적절하고도 매우 중요한 정보를 받은 사울은 다윗을 찾아 나선다. 그런데 사울과 다윗이 우연히 만났던(다윗이 숨어 있던 동굴로 사울이 뒤를 보러 들어감) 24장에서와는 달리, 여기서는 둘 사이의 만남이 다윗의 주도 하에 이루어진다. 처음에는 정탐꾼들을 통한 만남이 이루어지고(4절), 다음에는 다윗 자신이 사울의 진으로 혼자서(5절), 그리고 나중에는 아비새와 함께(7절) 찾아감으로써 둘 사이의 만남이 이루어진다. 24장에서는 동굴의 어둠이 다윗의 움직임을 감추어 주었지만, 26장에서는 밤의 어둠이 다윗의 움직임을 감추어 준다(Fokkelman 1986: 540).

사울의 진에 도착한 다윗과 아비새는 사울과 그의 호위병들이 "깊은 잠"(이와 동일한 히브리어 낱말이 아담[창 2:21]과 아브람[창 15:12]에게, 그리고 요나[욘 1:5-6]에게 적용된다)에 빠져 있음을 본다. 그들은 단순히 낮잠을 자고 있었던 것이 아니라 그야말로 깊은 잠에 빠져 있었던 것이다! 사울의 깊은 잠은 요나의 깊은 잠과 같은 것이다. 깊은 잠은 예기치 않게 두 사람에게 찾아온다. 사울은 수색 섬멸 작전을 수행하느라 누군가를 부지런히 쫓아다니다 보니 피곤하여 깊은 잠에 빠진 것이고, 요나는 바다의 태풍으로 인하여 가라앉는 배 위에서 깊은 잠에 빠진 것이다.

아비새는 다윗의 사람들이 24:4에서 생각한 것과 똑같은 생각을 한다: 사울은 매우 위태로운 지경에 놓여 있다; 이는 틀림없이 하나님께로부터 비롯된 것이다; 그를 죽이자(8절). 다윗은 아마도 당연히 "네 검을 도로 집에 꽂으라. 검을 가지는 자는 다 검으로 망하느니라"(마 26:52)라고 아비새에게 응답했을 것이다. 아비새는 가장 충성하는 사람이 가장 무자비한 사람이 될 수도 있다는 원리를 잘 보여 준다. 또한 어떤 명분을 위하여 죽을 준비가 되어 있는 사람은 그 명분을 위하여 누군가를 죽일 수도 있다. 다윗의 자제력과 아비새의 자제력 결여는 왜 11절에서 다윗이 아비새에게 잠에 빠진 사울의 머리맡에 박혀 있는 창을 가져가자고 제안하면서도, 자신이 직접 그 창을 가져갔는지(12절)를 잘 설명해 주는 것으로 보인다. 다윗은 "부관인 아비새의 충동적인 감정을 신뢰하지 않는다"(Sternberg 1987: 244).

다윗은 사울의 창과 물병을 가져가되(12절), 사울의 진에서 멀리 떨어진 곳으로 가서(13절), 진을 친 자들을 깊은 잠에서 깨울 정도의 큰 목소리로 진을 향해 외친다(14-16절).

아브넬과 그를 따르는 무리의 행동을 나름대로 평가한 그는 그들이 야웨의 기름 부음 받은 자를 보호하지 못한 직무 태만죄로 인하여 죽어 마땅하다고 말한다. 여기서 흥미로운 것은 그가 사용하는 동사들의 배합이다: "여호와께서 사시거니와 … 너희는 마땅히 죽을 자니라"(16절). 다윗은 어느 곳에서도 사울에 대하여 이와 똑같은 말을 한 적이 없다: "당신은 마땅히 죽을 자입니다."

그리고나서 다윗은 사울에게 다시금 자신을 변호하는 말을 한다(18-20절; 참조. 24:9-15). 다윗은 사울에 의해 강제로 쫓겨났고(19d절), "다른 신들을 섬기라"는 말을 들은 바 있다(19e절).

사울은 "내가 범죄하였도다"라고 고백한다(21절). 그것은 파라오가 출애굽기 9:27에서 말한 것과 비슷하다. 두 사람은 똑같이 그들의 죄를 고백하면서도("내가 범죄하였도다") 계속해서 죄를 범한다. 사울은 21b절에서 계속하여 "유치한 언어를 사용한다. 그것은 아이들이 잘못을 뉘우칠 때 흔히 사용하는 표현과 크게 차이가 없는 약속일 뿐이다: 다시는 그렇게 하지 않겠습니다. 그러나 그것은 그들이 위기를 넘기기 위해 종종 너무도 쉽게 내뱉는 말이다 (Fokkelman 1986: 548).

본장에서 사울과 다윗 사이에 있는 한 가지 차이는 사울과 다윗이 똑같이 서로에게 말하지만(멀리서), 사울은 결코 야웨를 언급하지 않지만 다윗은 여러 차례 언급한다(16, 23, 24절). 다윗은 사울에게 하는 마지막 말(23-24절)을 할 때 야웨에 관해서 말하는 것으로 시작하며(23a절), 또한 야웨에 관하여 말하는 것으로 끝을 맺는다(24b절). 그리고 그 중간 부분에서는 자신에 관해 말한다(23b, 24a절).

27:1-12. 다윗은 사울의 추격을 피하기 위해서는 두 가지 가능한 선택이 있다고 생각한다. 이스라엘 땅에 계속 머물면서 상황이 개선되기를 기다릴 것이냐 아니면 국경을 넘어 (잠시 동안) 그곳에서 살 것이냐 하는 것이 그렇다. 본장은 다윗이 자신에게 말하는 것으로 시작한다: "그 마음에 생각하기를"(하나님도[창 8:21; 18:17], 아브라함도[창 17:17], 사울도[삼상 18:17b, 21] 마찬가지이다). 그런데 이 짤막한 장은 다윗이 자신에게 말하고(11b절), 아기스가 자신에게 말하는(12절) 것으로 끝을 맺는다.

그는 인접한 땅, 곧 주변에 있는 블레셋 족속의 땅, 특히 아기스 왕과 골리앗의 성읍인 가드로 피신하기로 결정을 내린다. 다윗은 과연 "이방 땅에서 야웨의 노래"(시 137:4)를 부를 수 있을 것인가? 사울은 국경선을 존중할 것인가, 아니면 여호야김이 예언자 우리야를 사로잡아 죽이려고 이집트까지 수색대를 파견한 것처럼(렘 26:20-23) 끝까지 다윗을 추격할 것인가? "자기 백성이 미워하는 원수들 사이에서 은신처를 찾아야만 하는 미래의 이스라엘 왕의 고통스럽고도 애매한 상황"에 대하여 생각한다는 것은 어려운 일이 아니다(Alter 1981: 69). 오늘날 욱일승천하는 미래의 이스라엘 지도자가 이스라엘과 적대시하는 아랍 국가로 망명하는 경우를 상상해볼 수 있는가?

아기스는 다윗을 크게 환영한다. 이는 그에게 정치적인 은신처를 제공하려는 의도에서일 수도 있고, 아니면 그를 용병으로 활용하려는 의도에서일 수도 있다(Edelman 1991: 233). 8-11절은 후자를 암시하는 듯하다.

일단 시글락에 정착하여(6절) 은근히 아기스의 감독으로부터 벗어난(5절) 다윗은 부분적이나마 자신의 생존을 위하여, 그러나 야웨께 영광을 돌리지 못함이 확실한 방식으로 활동한다. 그는 주변에 있는 비이스라엘 민족들을 공격하되, 모든 사람들을 죽이고("죽은 자들은 말이 없으므로"), 나머지는 자신과 수하들 및 아기스를 위하여 노략물로 취한다(8-9, 11절). 뿐만 아니라 다윗은 자기가 동족 이스라엘 백성을 공격했다고 아기스를 속임으로써(21장에서처럼), 자신이 동족에게 미움을 받고 아기스에게는 믿을 만한 사람임을 믿게 한다(10절).

우리는 다윗의 행동을 "자신의 지위와 생명을 지키는 데 필요한 계산된 행동"으로 이해할 수도 있을 것이다(Niditch 1993: 129). 멘덴홀(Mendenhall 1973: 218)에 의하면, 다윗의 군사 행동은 "'아피루' 집단이 직속 상관의 통제 밖에 있는 촌락들을 어떻게 공격하는지"를 분명하게 보여 준다. 그러나 이 사건은 또한 다윗이 "영리하고 거칠고 유능하고 야심만만하고 용감한 사람일 수도 있음을 보여 주기도 한다. 그는 생존하는 데 필요한 모든 것을 거침없이 실천에 옮긴다"(Birch 1991: 214). 아니면 미스컬이 지적한 바와 같이(Miscall 1986: 165), "자제력과 도피의 전략적인 가치를 잘 알고 있는 사람은 전쟁과 전면 살육의 전략적인 가치 또한 잘 알고 있다."

아기스는 다윗의 말을 액면 그대로 믿는다(12절)! "아기스가 다윗을 믿고 말하기를"이라는 구절은 창세기 15:6과 똑같은 히브리어 문장 구조('아만 베')를 사용한다: "아브람이 야웨를 믿으니." 아브람은 진리의 하나님을 신뢰한다. 마찬가지로 아기스는 이중적인 모습을 보이는 다윗을 신뢰한다.

28:1-25. 전쟁을 위해 군대를 모집하는 블레셋(1a절) 앞에서 두려움에 사로잡힌 사울은 사무엘도 죽은 상황에서(3절) 과연 누구에게로 방향을 돌릴 것인가? 당연히 야웨이다(6a절). 그러나 문제가 발생한다. 야웨께서 꿈(사울 자신의 꿈? 다른 사람의 꿈?)이나 우림(제사장들을 매개로 하여) 또는 예언자들 중 어느 방식으로도 응답하지 않으셨기 때문이다. 하나님의 메시지를 받는 세 가지의 정상적인 방법들(꿈, 제의 상징물, 예언) 모두가 중단된 것이다. (이들 중 꿈과 예언의 밀접한 관계에 대해서는 신명기 13:1-2, "선지자나 꿈 꾸는 자가 일어나서 … 네게 말하기를"; 요엘 2:28, "너희 자녀들이 장래 일을 말할 것이며 너희 늙은이는 꿈을 꾸며 너희 젊은이는 이상을 볼 것이며" 참조)

이로써 야웨께서는 두 번째로 사울에게 응답하기를 거부하신 셈이다(참조. 14:37b). 하나님의 말씀이 개인에게서 사라지는 계시의 부재 상황은 항상 하나님의 임박한 진노의 전조에 해당한다. 아모스는 다음과 같이 말함으로써 이 진리를 분명하게 보여 준다: "주 야웨께서 가라사대, '보라, 날이 이를지라. 내가 기근을 땅에 보내리니 양식이 없어 주림이 아니며 물이 없어 갈함이 아니요 여호와의 말씀을 듣지 못한 기갈이라"(8:11).

브루거만(1990: 192)은 치명적인 질병을 앓고 있는 자가 "공식적인" 개업 의사가 아무 일도 할 수 없는 상황 속에서 가짜 약과 돌팔이 의사를 찾을 수밖에 없는 자의 처지와 사울의 처지를 비교한다. 사울은 요시야의 개혁과 마찬가지 방식으로 신접한 자와 박수를 몰아냈음에도 불구하고(3b절; 하나님을 만족시키려는 마지막 노력이라 할 수 있지 않을까?[Humphreys 1985: 36]), 자신이 몰아낸 자들의 신탁 수령 방식에 의존하고자 한다.

자신의 정체를 엔돌의 신접한 자에게 숨기기 위해, 그리고 블레셋 군대에게 발각되지 않고 길보아에서 엔돌로 가기 위해(Edelman 1991: 242) 변장한 (8a절) 사울은 이름이 알려지지 않은 한 신접한 자에게 이미 죽은 사무엘과 접촉할 수 있게 해 달라고 요청한다(8b, 11b절). 밤중에 신접한 자에게 나아온 사울(8b절)과 밤중에 예수께 나아온 니고데모(요 3:2) 사이에는 상당한 차이가 있지만, 두 사람은 똑같이 어둠 속의 여행이야말로 안전한 것임을 느끼고 있는 듯하다.

사울이 신접한 자에게 요청한 것은 죽은 자와의 접촉을 가능하게 하는 강신술(降神術)이라는 점술의 한 형태에 해당한다. 비록 여기에서처럼 그러한 접촉이 죽은 자의 의지에 반하는 경우이긴 하지만 말이다(15a절). 토라는 강신술을 행하는 자들을 저주하며(레 20:27), 이스라엘 백성에게 강신술에 의존하지 못하도록 경고한다(레 19:31).

여기서 주목할 것은 신접한 여인의 힘이 전혀 사용되지 못하고 있다는 점이다. 단순히 사무엘이 "올라올" 뿐이다(Miscall 1986: 168). 본문은 우리가 예상한 것처럼 사무엘이 스올로부터 올라왔다고 말하지 않는다. 도리어 본문은 그가 "땅에서" 올라왔다고 말한다(13b절). 아마도 "땅"('에레츠')은 여기서 "지하계"라는 특별한 의미를 가지고 있는 낱말을 가리킬 것이요, 따라서 스올과 동의어일 것이다.

흥미로운 것은, 둘 사이에 이어지는 대화에서 사울은 "하나님"을 딱 한 번만 언급하는(15절) 반면에, 사무엘은 "야웨"를 일곱 번씩이나 언급하고 있다는 점이다(16-19절). "내일 너와 네 아들들이 나와 함께 있으리라"는 사무엘의 말(19절)은 사울 가문에 속한 자들의 관에 박힐 못과도 같은 것이다. 사울이 필사적으로 잡고자 한 지푸라기는 사실 재앙의 전조에 해당하는 것이다. "죽은 자와 말한다는 것은 곧 죽은 자의 세계에 합류함을 의미한다"(Miscall 1986: 172).

29:1-11. 4:1에서와 마찬가지로 블레셋 족속은 아벡에서 이스라엘과 싸울 준비를 한다. 아기스의 군대 장관들은 당연히 다윗과 그의 무리가 블레셋 군대와 함께 움직이는 것에 깊은 관심을 보인다. 다윗과 그의 사람들이 어느 순간 갑자기 반역의 무리로 돌변하지 않을까? 아기스는 다윗을 그들의 면전에서 "이스라엘 왕 사울의 신하"로 칭함으로써 그들의 염려를 물리치는 데 별다른 성공을 거두지 못한다. 왜 다윗을 적어도 "예전에" 사울의 신하였던 자로 칭하지 않았을까?(Edelman 1991: 254) 초기에 예수를 따르던 예루살렘 사람들이 새로운 메시아 추종자인 다소의 사울을 자기들의 모임에 합류시키는 것을 크게 염려하는 모습(행 9:26)을 이와 평행되는 자료로 꼽을 수 있을 것이다.

다윗은 잠언 27:2의 가르침을 따른다: "타인으로 너를 칭찬하게 하고 네 입으로는 말며." 아기스는 세 차례에 걸쳐서 다윗의 순전함을 확언한다(3, 6, 9절). 뿐만 아니라 아기스는 다윗을 하나님의 사자에 견주기까지 한다(9절). 다윗은 이러한 비교를 세 번 더 경험한다(삼하 14:17, 20; 19:27). 구약성서에서 그러한 경험을 하는 유일한 사람으로 나타난다. 그는 천사와 같은 얼굴을 가지고 있던 스데반(행 6:15)과 비교될 만한 모습을 보인다.

다윗을 변호하는 아기스의 모습은 예수를 변호하던 빌라도의 모습과 매우 비슷하다. 아기스와 빌라도는 두 사람을 향한 고발을 반박하되, 연달아 세 번에 걸쳐서 그렇게 한다(삼상 29:3, 6, 9; 눅 23:4, 14-15, 22; 참조. Brueggemann 1990: 200).

아기스의 입에서 "야웨께서 사시거니와"라는 놀라운 표현이 나오는 것(6

절)을 제외하면, 하나님은 본장에서 한 번도 언급되지 않는다. 블레셋 족속의 왕은 군대 장관들의 염려를 인정하고, 다윗을 전쟁의 책임으로부터 해방시킨다(10절). 이것은 장차 이스라엘의 왕이 될 다윗이 동족과 싸우고 또 야웨의 기름 부음 받은 자를 죽일 수도 있는 난처한 상황으로부터 벗어났음을 의미한다. 여기서도 하나님의 섭리가 작용하고 있는 것일까?

30:1-29. 시글락으로 돌아온 다윗은 그곳이 파괴되고 자기 아내 두 사람, 곧 아히노암과 아비가일을 포함한 거주민들이 사로잡혀 갔음을 알게 된다 (1-5절). 모세와 마찬가지로 다윗은 자기와 함께 있던 자들의 비난에 직면한다(6a절). 그의 잘못은 관리 소홀에 있었다. 매우 취약한 시글락에 여자들과 아이들만을 남겨놓은 것 말이다.

바로 이 지점에서 우리는 사울과 다윗 사이의 근본적인 차이를 마주하게 된다(Brueggemann 1990: 201). 두 사람은 똑같이 매우 긴박하고 곤혹스런 상황에 직면한다. 히브리어로 '차라르'에 직면한 것이다.

28:15: "사울이 대답하되, '나는 심히 군급하니이다'"[차르 리 메오드]
30:6: "다윗이 크게 군급하였으나"['와테체르 레다윗 메오드']

사울은 그 상황을 어떻게 극복하는가? 그는 신접한 자를 찾는다. 다윗은 어떠한가? "그는 자기 하나님 야웨를 힘입고 용기를 얻었더라"(6b절). 상황은 같지만 반응이 전혀 다른 셈이다. 하나의 예로 요시야 왕과 여호야김을 비교해 보자. 두 사람은 똑같이 야웨의 말씀을 듣는다. 그 말씀을 듣는 순간 요시야는 참회하는 마음으로 옷을 "찢는다"(왕하 22:11). 그러나 그 말씀을 듣는 순간 여호야김은 두루마리를 "찢음으로써" 저항하는 태도를 보인다(렘 36:23). 다시금 동일한 상황이 판이하게 다른 반응들을 이끌어내고 있다.

하나님의 승인을 받은 다윗은 침략자들을 추격하여 나선다(7-10절). 그런데 침략자들은 대체 누구인가? 다윗은 어느 방향으로 가야 하는가? "우연히" 만난 이집트 사람이 그 난관을 해결하는 데 도움을 준다. 그는 아말렉 족속이 시글락을 침략한 장본인이라는 정보를 다윗에게 제공한다(11-15절).

그 정보를 입수한 다윗은 아말렉 족속을 죽이고(사울이 15장에서 단지 부분적으로만 행했던 것과 동일하게), 두 아내를 구출하여 전쟁 노략물과 함께 시글락으로 돌아온다(16-20절).

이 이야기는 창세기 14장의 아브람과 비교된다(Niditch 1993: 102). 어느 한 곳이 침략을 당한다; 가족 구성원이 납치된다; 아브람과 다윗은 제각기 그곳에서 발생한 일들에 관한 정보를 한 개인에게서 얻는다(창 14:13; 삼상 30:11-15); 아브람은 도망한 자들에 관한 정보를 얻고, 다윗은 살아남은 자들에 관한 정보를 얻는다. 아브람과 다윗은 제각기 납치자들을 성공적으로 추격하며, 가족 구성원을 되찾는다. 두 이야기는 똑같이 대적에게서 취한 노략물을 분배하는 것으로 끝을 맺는다(창 14:20-24; 삼상 30:21-30).

다윗은 지극히 영적이면서도(6b절) 지혜롭고 외교적이며 관대한 사람이다. 그는 전방에서 원수들과 싸운 자들에게만 나누는 것이 아니라, 후방에 남아 있던 자들에게도 나누어 주며(23-24절, 전장에서 직접 싸운 자들의 항의에 맞서서), 심지어는 유다 지파 안에 있는 여러 집단들에게도 나누어 준다(26-30절). 특히 이 마지막 집단, 곧 마지막으로 노략물을 선물로 받은 유다 지파 사람들이야말로 나중에 다윗을 유다 족속의 왕으로 세우고 헤브론을 중심지로 삼는데 결정적으로 기여한 사람들이다(삼상 30:26-30).

31:1-13. 다윗이 아말렉 족속과 싸우느라 남쪽 지역 깊숙한 데 머무르고 있던 반면에(30장), 사울은 블레셋을 상대로 하여 지는 싸움을 하느라고 북쪽 지역에 머무르고 있었다(31장). 재앙의 전조를 알아차린 사울은 병기 든 자에게 자기를 죽이라고 명한다(4절). 이름이 밝혀지지 않은 이 병기 든 자는 사울의 첫 번째 병기 든 자인 다윗(16:21)과 닮은 점을 가지고 있다. 두 사람이 똑같이 야웨의 기름 부음 받은 자를 죽이려고 하지 않는다는 점에서 그렇다. 상관을 향한 그들의 자제력은 단기간 왕으로 재직한 교만한 아비멜렉의 병기 든 자와 대조를 이룬다. 그는 아비멜렉을 죽이고도 아무런 양심의 가책을 느끼지 않았던 것이다(삿 9:54). 병기 든 자가 거절하자 사울은 자기 칼 위에 엎드리고 만다(4절). 이것은 성서에서 아주 드물게 발견되는 자살의 한 사례에 해당한다. 그러나 그것은 삼손의 경우처럼 명예로운 자살이다(이처럼

모순된 표현을 사용할 수 있다면). 원수들로 하여금 죽이지 못하게 한다는 점에서 그렇다. 블레셋 족속은 (우연히?) 사울의 시체를 발견한다. 그들은 다윗이 거인 골리앗에게 한 것처럼 사울의 머리를 벤다(9a절).

블레셋 족속에게 그날은 기쁨의 소식이 전해진 날이다. 그리하여 그들은 침묵을 지키지 못하고(9c절; 참조. 왕하 7:9), 사방으로 사자들을 보내어 그 소식을 전하게 한다. 브루거만(1990: 208-9)은 이 사건의 중요성을 다음과 같이 매우 잘 지적하고 있다: "원수 나라의 왕이 죽었다는 소식은 기쁨의 소식이 아닐 수 없다. 전략적인 측면에서 보면, 왕의 죽음은 군사적인 위협의 주된 힘이 사라졌음을 의미한다. 신학적인 측면에서 보면, 그것은 원수 나라의 신이 패배하였음을 의미한다. 왕이 죽는 순간 그 왕의 신도 패배하는 것이기 때문이다."

그런데 사울에게 입은 은혜를 기억하는 자들이 있었다. 그들은 사울에게 "빚진 자들"이었다. 사울의 개입으로 구원을 얻은 바 있던(11장) 길르앗 야베스 거민들은 사울과 그의 세 아들의 시신을 벧산 성벽으로부터 거둔 다음, 야베스로 돌아와 화장한다(12c절; 참조. 수 7:25-26에 있는 아간과 그의 가족; 아간은 사울처럼 한 성읍에 '헤렘'을 적용하라는 명령을 위반하였고, 죽은 후에는 시신이 화장되었다[13절]).

31장 주해의 서두에서 암시한 바와 같이 30장과 31장의 사건들이 동시에 발생한 것이라고 할 경우, 본문이 아말렉을 상대로 하는 다윗의 비교적 작은 규모의 전쟁에 29개의 절을 할애한 반면에, 블레셋을 상대로 하는 사울의 목숨을 건 전쟁에 겨우 13개의 절을 할애하고 있다는 것은 흥미로운 일이 아닐 수 없다(Miscall 1986: 181). 죽을 때조차도 사울은 다윗에게 종속되며, 자신의 계승자에게 주어지는 "명성"을 전혀 얻지 못한다.

역대상에 묘사된 사울

역대상은 사울 이야기를 단지 한 장에 걸쳐서만 다룬다. 10장이 그렇다. 그런데 10장은 거의 대부분이 블레셋 사람들의 손에 죽는 사울의 마지막 순간을 묘사하는 사무엘상 31장과 평행을 이룬다.

10장 이전에는 사울에 관한 두 개의 짤막한 족보 언급이 있다. 사실 여기서 우리는 두 개의 반복 서술을 마주하게 된다. 첫째로 사울에 대해서 언급하지 않는 베냐민 지파의 족보가 먼저 나오고(7:6-12), 사울에 대해서 언급하는 베냐민 지파의 족보가 나중에 이어진다(8:1-40; 33절 참조). 뒤의 족보는 앞의 족보의 복사판에 해당하는 것이다. 족보의 반복은 사울을 시내 산이나 족장들을 넘어서서 아담과 창조까지 거슬러 올라가는(대상 1:1) 하나님의 백성의 역사 안으로 이끌어 들이는 역할을 수행한다. 그러나 이곳에서조차 (8:29-40) 본문은 사울의 가족이 베냐민 지파 자체보다는 기브온과 관련되어 있음을 강조하고 있다. 그럼으로써 사울 가문이 인종적인 측면에서보다는 지리적인 측면에서 베냐민 지파에 속하고 있음을 암시하는 것으로 보인다 (Walters 1991: 71). 이스라엘(= 역대기의 "유다")이 나중에 헤브론의 다윗에게 "우리는 왕의 골육이니이다"(11:1)라고 말하는 것은 전혀 이상한 일이 아니다!

둘째로 8:29-40에 사울 가문의 족보가 먼저 나오고, 그 복사판이라 할 수 있는 자료가 9:35-44에 이어진다. 복사판에 해당하는 뒤의 족보(9:35-44)는 바벨론 포로 이후의 예루살렘 예배에 관해 묘사하는 부분(9:2-34) — 역대기 전체에서 포로 귀환에 관해 말하는 유일한 본문인 — 의 말미에 나타난다. 따라서 9:35-44에 앞서는 9:2-34은 사실상 역사적으로 본다면 9:35-44에 이어지는 내용이라 할 수 있다. 이 둘은 마치 서로를 뚜렷하게 대비시키려는 듯한 배열 구조를 가지고 있다: 9:2-34이 죽음으로부터 벗어나는 족보의 성격을 갖는다면, 9:35-44(사울과 그의 친족)은 죽음으로 빠져 들어가는 족보의 성격을 갖는다.

사울의 마지막 출정과 죽음에 관한 역대기의 설명과 동일한 내용을 다루는 사무엘상 31장 사이에는 몇 가지 차이점이 존재한다: (1) 사무엘상 31:10은 블레셋 족속이 사울의 시신을 벧산 성벽에 못 박았고 그의 갑옷을 아스타르트(개역의 '아스다롯'은 '아스타르트'의 복수형임: 역주)의 신전에 두었다고 말한다. 반면에 역대상 10:10은 블레셋 족속이 사울의 머리를 다곤 신전에 매달았다고 말한다; (2) 역대기의 설명은 블레셋 군대가 요단 동편 지역의 성읍들까지 진격했다는 언급을 생략한다(참조. 삼상 31:7); (3) 역대기 저자는 시신을 화장한 것에 대해 언급하지 않는다(삼상 31:12; 대상 10:12).

그러나 아마도 양자 사이의 가장 중요한 차이는 역대상 10장이 사울의 죽음을 그의 범죄함('마알')에서 찾는다는 데 있다(13절; 삼상 31장에는 이러한 설명이 없음) (Walters 1991: 64). 이 낱말은 역대기 전체에서 몇 차례 사용된다. 그 중에서도 특히 세 본문에서 중요한 의미를 갖는다:

역대상 9:1: "유다가 범죄함을 인하여 바벨론으로 사로잡혀 갔더니."
역대상 10:13: "사울의 죽은 것은 여호와께 범죄하였음이라."
역대하 36:14: "제사장의 어른들과 백성도 크게 범죄하여."

역대기는 유다 백성의 사로잡힘이 범죄('마알')때문임을 역사 서술의 시작 부분(9:1)과 마지막 부분(대하 36:14)에서 분명하게 밝히고 있다. 역대기는 이 낱말을 사용하여 사울의 생애 전체를 요약함으로써(대상 10:13) 사울을 하나님께 불순종하는 백성 전체와 마찬가지로, 그리고 특히 유다 나라의 마지막 왕인 시드기야와 마찬가지로 악한 인물로 묘사한다. 이스라엘의 첫 번째 왕과 마지막 왕은 하나님께 범죄함으로 인하여 벌을 받은 것이다.

사무엘상 참고문헌

Commentaries and Major Studies

Ackroyd, P. 1971. *The First Book of Samuel*. Cambridge Bible 9. Cambridge: Cambridge University Press.

Alter, R. 1981. *The Art of Biblical Narrative*. New York: Basic Books.

Brueggemann, W. 1990. *First and Second Samuel*. Interpretation. Louisville: John Knox.

Eslinger, L. 1985. *Kingship of God in Crisis: A Close Reading of I Samuel 1–2*. Bible and Literature Series. Sheffield: Almond.

Fokkelman, J. P. 1986. *Narrative Art and Poetry in the Books of Samuel*. Vol. 2, *The Crossing Fates (I Sam. 13–31 and II Samuel 1)*. Studia semitica Neerlandia 23. Assen: Van Gorcum.

———. 1993. *Narrative Art and Poetry in the Books of Samuel*. Vol. 4, *Vow and Desire (I Sam. 1–12)*. Studia semitica Neerlandia 31. Assen: Van Gorcum.

Gordon, R. P. 1986. *I & II Samuel: A Commentary*. Library of Biblical Interpretation. Grand Rapids: Zondervan.

Jobling, D. 1993. "What, If Anything, Is 1 Samuel?" *SJOT* 7:17–31.

———. 1998. *1 Samuel*. Berit Olam. Collegeville, Minn.: Liturgical Press.

Klein, R. 1983. *1 Samuel*. Word Biblical Commentary 10. Waco, Tex.: Word.

McCarter, P. K., Jr. 1980. *1 Samuel*. Anchor Bible 8. Garden City, N.Y.: Doubleday.

Miscall, P. 1986. *1 Samuel: A Literary Reading*. Bloomington: Indiana University Press.

Polzin, R. 1980. *Samuel and the Deuteronomist*. San Francisco: Harper and Row.

Robinson, G. 1993. *Let Us Be Like the Nations: A Commentary on the Books of 1 and 2 Samuel*. International Theological Commentary. Grand Rapids. Eerdmans.

Sternberg, M. 1985. *The Poetics of Biblical Narrative*. Bloomington: Indiana University Press.

1 Samuel 1–7 (Samuel and Eli)

Albright, W. F. 1963. *The Biblical Period from Abraham to Ezra*. New York: Harper and Row.

Brettler, M. 1997. "The Composition of 1 Samuel 1–2." *JBL* 116:601–12.

Brueggemann, W. 1990. "1 Samuel 1: A Sense of Beginning." *ZAW* 102:33–48.

Campbell, A. F. 1975. *The Ark Narrative (1 Samuel 4–6; 2 Samuel 6): A Form-Critical and Tradition-Historical Study*. Decatur, Ga.: Scholars Press.

————. 1979. "Yahweh and the Ark: A Case Study in Narrative." *JBL* 98:31–43.

Fishbane, M. 1982. "1 Samuel 3: Historical Narrative and Narrative Poetics." In *Literary Interpretations of Biblical Narratives*. Vol. 2. Ed. K. R. R. Gros Louis and J. S. Ackerman. Nashville: Abingdon. Pp. 191–203.

Fretheim, T. E. 1983. "God Provides New Leadership (1 Samuel 3:1–10)." In *Deuteronomic History*. Nashville: Abingdon. Pp. 99–108.

Gitay, Y. 1992. "Reflections on the Poetics of the Samuel Narrative: The Question of the Ark Narrative." *CBQ* 54:59–73.

Janzen, J. G. 1983. "Samuel Opened the Doors of the House of Yahweh (1 Samuel 3:15)." *JSOT* 26:89–96.

Lewis, T. J. 1994. "The Textual History of the Song of Hannah (1 Samuel ii 1–10)." *VT* 44:18–46.

Miller, P. D., and J. J. M. Roberts. 1977. *The Hand of the Lord: A Reassessment of the 'Ark Narrative' of 1 Samuel*. Baltimore: Johns Hopkins University Press.

Moberley, R. L. W. 1995. "To Hear the Master's Voice: Revelation and Spiritual Discernment in the Call of Samuel." *SJT* 48:443–68.

Simon, U. 1981. "Samuel's Call to Prophecy: Form Criticism with Close Reading." *Prooftexts* 1:120–32.

Spina, F. 1991. "A Prophet's 'Pregnant Pause': Samuel's Silence in the Ark Narrative (1 Samuel 4:1–7:12)." *HBT* 13:59–73.

———. 1994. "Eli's Seat: The Transition from Priest to Prophet in I Samuel 1–4." *JSOT* 62:67–75.

Tsevat, M. 1980. "The Death of the Sons of Eli." In *The Meaning of the Book of Job and Other Biblical Studies*. New York: Ktav. Pp. 149–53.

———. 1992. "Was Samuel a Nazirite?" In *Sha'arei Talmon: Studies in the Bible, Qumran and the Ancient Near East Presented to Shemaryahu Talmon*. Ed. M. Fishbane and E. Tov. Winona Lake, Ind.: Eisenbrauns. Pp. 199–204.

Van der Toorn K., and C. Houtman. 1994. "David and the Ark," *JBL* 113:209–31.

Walters, S. D. 1994. "The Voice of God's People in Exile." *Ex Auditu* 10:73–86.

Willis, J. T. 1971. "An Anti-Elide Narrative Tradition from a Prophetic Circle at the Ramah Sanctuary." *JBL* 90:288–308.

———. 1973. "The Song of Hannah and Psalm 113." *CBQ* 34:139–54.

———. 1979. "Samuel Versus Eli," *TZ* 35:201–12.

1 Samuel 8–15 (Samuel and Saul)

Birch, B. 1971. "The Development of the Tradition of the Anointing of Saul in 1 Sam 9:1–10:16." *JBL* 90:55–68.

———. 1976. *The Rise of the Israelite Monarchy: The Growth and Development of 1 Samuel 7–15*. SBLDS 27. Missoula, Mont.: Scholars Press.

Blenkinsopp, J. 1964. "Jonathan's Sacrilege. 1 Sm 14, 1–46: A Study in Literary History." *CBQ* 26:423–29.

Clements, R. E. 1974. "The Deuteronomic Interpretation of the Founding of the Monarchy in 1 Sam viii." *VT* 24:398–410.

Edelman, D. K. 1991. *King Saul in the Historiography of Judah*. JSOT Supplement 121. Sheffield: JSOT Press.

Eslinger, L. 1983. "Viewpoints and Points of View in 1 Sam. 8–12." *JSOT* 26:61–76.

Gordon, R. P. 1994. "Who Made the Kingmaker? Reflections on Samuel and the Institution of the Monarchy." In *Faith, Tradition, and History: Old Testament Historiography in Its Near Eastern Context*. Ed. A. R. Millard, J. K. Hoffmeier, and D. W. Baker. Winona Lake, Ind.: Eisenbrauns. Pp. 255–69.

Gunn, D. 1980. *The Fate of King Saul*. JSOT Supplement 14. Sheffield: JSOT Press.

Halpern, B. 1981. *The Constitution of the Monarchy in Ancient Israel.* HSM 2. Chico, Calif.: Scholars Press.

Howard, D. M. 1988. "The Case for Kingship in Old Testament Narrative Books and the Psalms." *TJ* 9:19–35.

———. 1990. "The Case for Kingship in Deuteronomy and the Former Prophets." *WTJ* 52:101–15.

Jobling, D. 1976. "Saul's Fall and Jonathan's Rise: Tradition and Redaction in 1 Sam. 14:1–46." *JBL* 95:367–76.

———. 1986. "Deuteronomic Political Theory in Judges and 1 Samuel 1–12." In *The Sense of Biblical Narrative: Structural Analyses in the Hebrew Bible II.* JSOT Supplement 39. Sheffield: Almond. Pp. 44–87.

Long, V. P. 1994. "How Did Saul Become King? Literary Reading and Historical Construction." In *Faith, Tradition, and History: Old Testament Historiography in Its Near Eastern Context.* Ed. A. R. Millard, J. K. Hoffmeier, and D. W. Baker. Winona Lake, Ind.: Eisenbrauns. Pp. 271–84.

Mayes, A. D. H. 1978. "The Rise of the Israelite Monarchy." *ZAW* 90:1–19.

McCarthy, D. 1973. "The Inauguration of Monarchy in Israel." *Int* 27:401–12.

Miller, J. M. 1974. "Saul's Rise to Power: Some Observations Concerning 1 Sam 9:1–10:16; 10:26–11:15 and 13:2–14:46." *CBQ* 36:157–74.

Moberly, R. W. L. 1998. "'God is Not a Human That He Should Repent' (Numbers 23:19 and 1 Samuel 15:29)." In *God in the Fray: A Tribute to Walter Brueggemann.* Ed. T. Linafelt and T. K. Beal. Minneapolis: Fortress. Pp. 112–23.

Polzin, R. 1987. "The Monarchy Begins: 1 Samuel 8–10." In *SBLSP 1987.* Ed. K. H. Richards. Atlanta: Scholars Press. Pp. 120–43.

———. 1988. "On Taking Renewal Seriously: 1 Sam 11:1–15." In *Ascribe to the Lord: Biblical and Other Studies in Memory of Peter C. Craigie.* JSOT Supplement 67. Ed. L. Eslinger and G. Taylor. Sheffield: JSOT Press. Pp. 493–507.

Roberts, J. J. M. 1987. "In Defense of the Monarchy: The Contribution of Israelite Kingship to Biblical Theology." In *Ancient Israelite Religion: Essays in Honor of Frank Moore Cross.* Ed. P. D. Miller Jr., P. D. Hanson, and S. D. McBride. Philadelphia: Fortress. Pp. 377–96.

Tsevat, M. 1980. "The Biblical Account of the Foundation of the Monarchy in Israel." In *The Meaning of the Book of Job and Other Essays.* New York: Ktav. Pp. 77–99.

Williams, J. G. 1994. "Sacrifice and the Beginning of Kingship." *Semeia* 67:73–92.

Yamit, Y. 1992. "The Glory of Israel Does Not Deceive/Change His Mind." *Prooftexts* 12:201–12.

1 Samuel 16–31 (Saul and David)

Ackroyd, P. 1975. "The Verb 'Love'—ʾaheb in the David-Jonathan Narratives: A Footnote." *VT* 25:213–14.

Alter, R. 1999. *The David Story: A Translation with Commemtary of 1 and 2 Samuel.* New York: Norton.

Auld, A. G. and C. Y. S. Ho. 1992. "The Making of David and Goliath." *JSOT* 56:19–39.

Bar-Efrat, S. 1989. *Narrative Art in the Bible.* Sheffield: Almond.

Barr, J. 1969. "The Symbolism of Names in the Old Testament." *BJRL* 52:11–29.

Barthélemy, D., et al. 1986. *The Story of Goliath and David: Textual and Literary Criticism.* Göttingen: Vandenhoeck and Ruprecht.

Berlin, A. 1983. *Poetics and Interpretation of Biblical Narrative.* Sheffield: Almond.

Beuken, W. A. M. 1978. "1 Samuel 28: The Prophet as 'Hammer of Witches.'" *JSOT* 6:3–17.

Blenkinsopp, J. 1975. "The Quest of the Historical Saul." In *No Famine in the Land.* Ed. J. W. Flanagan and A. W. Robinson. Missoula, Mont.: Scholars Press. Pp. 75–99.

Boogart, T. A. 1985. "History and Drama in the Story of David and Goliath." *RefR* 38:204–14.

Brooks, S. S. 1996. "Saul and the Samson Narrative." *JSOT* 76:19–25.

Brueggemann, W. 1987. "Before the Giants/Surrounded by Motherhood," *PSB* 8:1–13.

———. 1989. "Narrative Intentionality in 1 Samuel 29." *JSOT* 43:21–35.

———. 1993. "Narrative Coherence and Theological Intentionality in 1 Samuel 18." *CBQ* 55:225–43.

Clines, D. J. A. 1995. "David the Man: The Construction of Masculinity in the Hebrew Bible." In *Interested Parties: The Ideology of Writers and Readers of the Hebrew Bible.* JSOT Supplement 205. Sheffield: Sheffield Academic Press. Pp. 212–43.

Cohen, K. I. 1994. "King Saul—A Bungler from the Beginning." *BRev* 10, no. 5:34–39, 56–57.

DeVries, S. J. 1973. "David's Victory over the Philistine as Saga and as Legend." *JBL* 92:23–36.

Edelman, D. K. 1991. *King Saul in the Historiography of Judah.* JSOT Supplement 121. Sheffield: JSOT Press.

Eslinger, L. 1988. "A Change of Heart: 1 Samuel 16." In *Ascribe to the Lord: Biblical and Other Studies in Memory of Peter C. Craigie*. JSOT Supplement 67. Ed. L. Eslinger and G. Taylor. Sheffield: JSOT Press. Pp. 341–61.

Gevirtz, S. 1964. *Patterns in the Early Poetry of Israel*. Chicago: University of Chicago Press. Pp. 15–24.

Gordon, R. 1980. "David's Rise and Saul's Demise: Narrative Analogy in 1 Samuel 24–26." *TynB* 31:37–64.

Gunn, D. 1980. *The Fate of King Saul*. JSOT Supplement 14. Sheffield: JSOT Press.

Halpern, B. 2001. *David's Secret Demons*. Grand Rapids: Eerdmans.

Hawk, L. D. 1996. "Saul as Sacrifice: The Tragedy of Israel's First Monarch." *BRev* 12, no. 6:20–25, 56.

Hoffmeir, J. K. 1991. "The Aftermath of David's Triumph over Goliath: 1 Samuel 17:54 in Light of Near Eastern Parallels." *Archaeology in the Biblical World* 1:18–19.

Hoffner, H. A., Jr. 1968. "A Hittite Analogue to the David and Goliath Contest of Champions." *CBQ* 30:220–25.

Horner, T. 1978. *Jonathan Loved David: Homosexuality in Biblical Times*. Philadelphia: Fortress.

Howard, D. M., Jr. 1989. "The Transfer of Power from Saul to David in 1 Sam. 16:13–14." *JETS* 32:473–83.

Humphreys, W. L. 1985. *The Tragic Vision and the Hebrew Tradition*. Philadelphia: Fortress. Pp. 23–66.

Jason, H. 1979. "The Story of David and Goliath: A Folk Epic?" *Bib* 60:36–70.

Jobling, D. 1978. "A Structural Study in 1 Samuel." In *The Sense of Biblical Narrative I*. JSOT Supplement 7. Sheffield: JSOT Press. Pp. 4–25.

Kessler, M. 1970. "Narrative Technique in 1 Sm 16, 1–13." *CBQ* 32:543–54.

Lawton, R. B. 1993. "Saul, Jonathan and the 'Son of Jesse.'" *JSOT* 58:35–46.

Lemeche, N. 1978. "David's Rise." *JSOT* 10:2–25.

Levenson, J. 1978. "1 Samuel 25 as Literature and History." *CBQ* 40:11–28. (Repr. in *Literary Interpretations of Biblical Narratives*. Vol. 2. Ed. K. R. R. Gros Louis. Nashville: Abingdon, 1982. Pp. 220–42.

Long, V. P. 1989. *The Reign and Rejection of King Saul: A Case for Literary and Theological Coherence*. SBLDS 118. Atlanta: Scholars Press.

Malul, M. 1996. "Was David Involved in the Death of Saul on the Gilboa Mountain?" *RB* 103:517–45.

Mavrodes, G. 1983. "David, Goliath, and Limited War." *RefR* 33:6–8.

McCarter, P. K. 1973. "The Apology of David." *JBL* 99:489–504.

McKenzie, S. L. 2000. *King David: A Biography*. Oxford/New York: Oxford University Press.

Mendenhall, G. E. 1973. *The Tenth Generation*. Baltimore: Johns Hopkins University Press.

Miscall, P. D. 1983. *The Workings of Old Testament Narrative*. Philadelphia: Fortress. Pp. 47–138.

Niditch, S. 1993. *War in the Hebrew Bible*. New York: Oxford University Press.

Preston, T. R. 1982. "The Heroism of Saul: Patterns of Meaning in the Narrative of the Early Kingship." *JSOT* 24:27–46.

Reis, P. T. 1994. "Collusion at Nob: A New Reading of 1 Samuel 21–22." *JSOT* 61:59–73.

Rofé, A. 1987. "The Battle of David and Goliath: Folklore, Theology, Eschatology." In *Judaic Perspectives on Ancient Israel*. Ed. J. Neusner, B. A. Levine, and E. S. Frerichs. Philadelphia: Fortress. Pp. 117–51.

Rosenberg, J. 1986. *King and Kin: Political Allegory in the Hebrew Bible*. Bloomington: Indiana University Press.

Steussy, M. J. 1999. *David: Biblical Portraits of Power*. Columbia, S.C.: University of South Carolina Press.

Swindoll, C. 1997. *David: A Man of Passion and Destiny*. Dallas: Word.

Thompson, J. A. 1974. "The Significance of the Verb *LOVE* in the David-Jonathan Narratives in 1 Samuel." *VT* 24:334–80.

Tov, E. 1986. "The David and Goliath Saga: How a Biblical Editor Combined Two Versions." *BRev* 11, no. 4:35–41.

Walters, S. 1988. "The Light and the Dark." In *Ascribe to the Lord: Biblical and Other Essays in Memory of Peter C. Craigie*. JSOT Supplement 67. Ed. L. Eslinger and G. Taylor. Sheffield: JSOT Press. Pp. 567–89.

———. 1991. "Saul of Gibeon." *JSOT* 52:61–76.

Willis, J. T. 1973. "The Function of Comprehensive Anticipatory Redactional Joints in 1 Samuel 16–18" *ZAW* 85:294–314.

Wong, G. C. I. 1997. "Who Loved Whom? A Note on 1 Samuel xvi 21." *VT* 47:544–46.

사무엘하

성서학자들은 사무엘상 16장~열왕기상 2장에 있는 다윗의 삶이 몇 개의 상이한 자료들로 이루어져 있다는 데 의견을 같이한다. 다음과 같은 자료들이 그렇다(가장 널리 쓰이는 호칭들을 사용하자면):

1. 다윗 등극사(삼상 16장~삼하 5장)
2. 법궤 설화(삼하 6장, 본래는 삼상 4~6장에 속함)
3. 다윗과 그의 가문의 탁월성을 확립시키는 왕조 신탁(삼하 7장)
4. 계승 설화/왕궁사(삼하 9~20장; 왕상 1~2장)
5. 계승 설화/왕궁사의 중심부와 결론 부분 사이에 삽입된 "사무엘 부록"(삼하 21~24장)
6. 위의 다섯 개의 자료들이 신명기 역사가에 의해 한 개의 작품으로 통합됨.

위의 분류 방식 일부를 수정하려는 다른 많은 의견들도 있다. 예로써 "계승 설화"(이 부분과 관련된 선구자적인 연구에 대해서는 참고문헌에 소개된 로스트[L. Rost]의 작품 참조)라는 호칭은 과연 사무엘하 9~20장과 열왕기상 1~2장의 중심 내용을 충분히 반영하고 있는 것이라 할 수 있을까? 이 부분의 주요 관심사는 다윗의 아들들 중에서 누가 그를 계승할 것인지의 문제에 있는가, 아니면 이러한 강조점은 이 부분의 풍부하고 복잡한 내용을 적절하게 담지 못하는 일차원적인 중심점에 지나지 않는 것일까? 후자의 견해에 기울어진 많은 주석가들은 이제 "계승 설화"보다는 "다윗 왕궁사"라는 호칭을 더 좋아한다. 계승 설화가 사무엘하 9장에서 시작된다는 로스트의 견해에 대한 해석자들의 이견도 매우 다양하다. 누군가가 제안한 바와 같이, "계승 설화"라는 호칭을 유지하면서도, 그것이 6장이나 4장 또는 2장에서 시작된다고 볼 수도 있지 않겠는가?(Gunn 1978: 65-84)

뿐만 아니라 어떤 이는 계승 설화가 신명기 역사가와 상충되는 다윗상(像)을 보여 준다고 주장하기도 한다(죄 있는 자와 경건한 자의 대조). 그는 신명기 역사가가 자신의 모범적인 다윗상에 어긋나는 자료를 자신의 작품 속에 포함시킬 리 없다는 것을 그 이유로 든다. 따라서 계승 설화는 다윗을 격하시키는 신명기 이후의 전승에 속한 것일 수밖에 없다는 것이다(Van Seters 1983: 289). 그러나 계승 설화의 죄 있는 다윗과 신명기 역사가의 경건한 다윗을 대비시키는 것은 너무 과장된 견해임에 틀림없다. 그것은 신명기 역사가의 다윗이 시터스가 생각하는 것처럼 그렇게 순전하지만은 않다는 것을 보여 주는 많은 자료들(예로써 신명기 역사가가 포함하고 있는 사무엘 부록[삼하 21~24장])을 도외시하고 있다(Gordon 1994: 288-95).

여기서 우리는 다윗에 관한 학문적인 연구의 최근 두 가지 다른 경향들을 살펴볼 필요가 있다. 그 하나는 다윗 자료의 많은 부분들이 대외적인 선전과 변증의 성격을 가지고 있다는 점을 강조한다. 사무엘상 16장~사무엘하 5장 사이의 자료들이 특히 그렇다. 달리 말해서 이 자료들의 대부분이 전혀 실제 역사를 기록하고 있지 않다는 것이다. 이 연구 경향은 그 자료들의 주요 관심사가 역사적인 것에 있지 않고 도리어 수사학적인 것에 있다고 본다. 그것은 사울에게서 왕권을 취하는 과정에서 불법적이고 비윤리적인 행동을 했다는 비난에 맞서 또는 죽은 사울에게 호의적이던 자들에 맞서 다윗을 변호하는 방식으로 자료들이 선택되고 정리되었다고 본다. 어떤 이유에서인지, 많은 학자들은 빗나간 야심에 사로잡히지 않은 다윗, 왕위 찬탈의 환상을 즐기지 않는 다윗, 사울의 비극적인 죽음 앞에서 슬픔에 잠기는 다윗 등을 역사적인("진정한") 다윗으로 받아들이지 않는다. 그러한 다윗은 너무도 선한 까닭에 참될 수가 없다는 것이다. 그리하여 그들은 상상 속에서 다윗을 재구성해야 한다고 주장한다.

두 번째 경향은 첫 번째 경향으로부터 생겨난 것이다. 그러한 재구성 작업에 의해 드러난 "진정한" 다윗은 유대인들과 기독교인들의 경건이 만들어낸 다윗과 상충되는 모습을 보인다. 진정한 다윗은 "하나님의 마음에 합한 사람"이 아니라, 무엇보다도 사울의 왕좌를 탐내는 자요, 밧세바의 몸을 탐내는 자라는 얘기다. 과연 다윗은 사울의 죽음과 어떻게든 관련되어 있을까?(삼상 31장; 삼하 1:1-16) 그렇다. 다윗은 송덕문(頌德文)을 지어 부를 때 과연 사울을 향한 자신의 진심을 토로한 것일까?(삼하 1:17-27) 그렇지 않다. 다윗은 친(親) 사울적인 인물들인 아브넬(삼하 3:22-30)과 이스보셋(삼하 4:1-12)의 죽음에 어떻게든 관련되어 있을까?(본문이 다윗의 관련성을 배제하고 있음에도 불구하고 말이다) 그렇다(Vanderkam 1980: Cryer 1985). 다윗은 하나님의 지시를 기다리면서, 왕권 교체의 전환기에 명예롭고 관대하게 처신했을까, 아니면 공모자요, 음모자요, 조종자요, 광기에 사로잡힌 자였을까? 후자가 맞다. 이러한 각본에 의한다면, 사울은 성인이요 다윗은 죄인이 된다! 아니면 적어도 사울에 대해서는 가슴이 찢어지는 듯한 슬픔을 느낄 것이요, 다윗에 대해서는 단지 불쾌감만을 느낄 것이다.

다윗의 생애에 대한 정경의 그림은 사울의 생애(성서 안에 있는 다른 사람들의 생애도 마찬가지임)에 대한 그림과 유사한 점을 가지고 있다. 훌륭하게 시작했다가 고통스럽게 끝난다는 점이 그렇다. 사울의 생애와 다윗의 생애는 "상승-하강" 유형을 따르고 있음을 알 수 있다:

사울(삼상 9~31장)

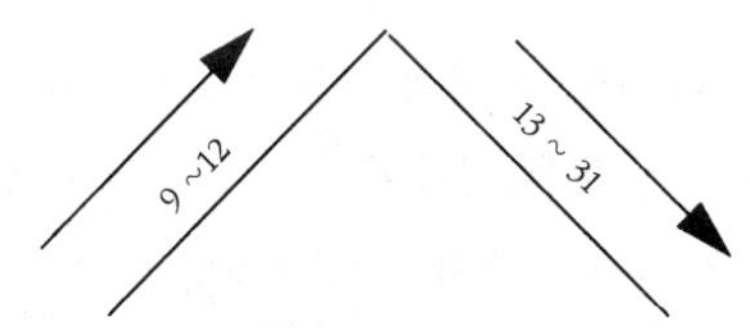

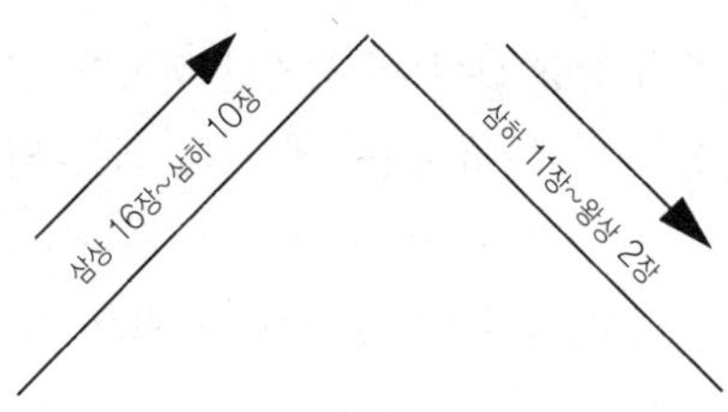

그러나 상승 곡선이 갑자기 하강 곡선으로 바뀌지는 않는다. 인간의 삶은
보통 한두 개의 사건을 통하여 극적으로 바뀐다. 우리는 사울과 다윗의 삶을
세 단계로 나눌 수 있을 것이다: (1) 상승; (2) 전환점; (3) 하강(Exum 1992:
120-49).

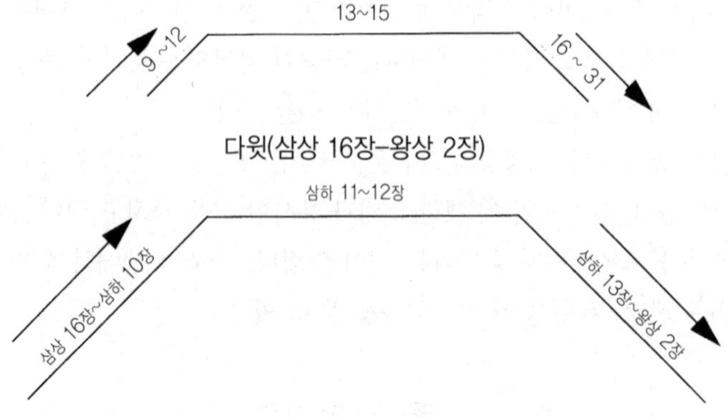

다윗의 생애와 관련시켜 본다면, 이러한 도식은 사무엘상 16장~사무엘하
10장에 있는 모든 것들이 항상 최상의 다윗을 묘사하고 있다거나 사무엘하
13장~열왕기상 2장에 있는 모든 것들이 항상 최악의 다윗을 묘사하고 있다
는 것을 뜻하지 않는다. 예로써 법궤를 예루살렘으로 가지고 올 때 다윗이
보인 공적인 행동과 관련하여, 그가 다시 들여온 아내 미갈과의 사이에 갈등

을 겪으면서 그녀에게 언짢은 말을 한 것은, 둘 사이의 혼인 관계를 회복시
키려는 의도에서 비롯된 것이 아니다(삼하 6:21-22). 다윗이 얼마나 많은 블
레셋 사람들을 죽일 수 있는지와는 무관하게, 그가 자기 아내를 멸시하거나
모욕하려는 의도를 가지고 그녀에게 말했다고 한다면, 그는 많은 문제점들
을 안고 있는 셈이다.

다윗의 쇠퇴기를 그리는 성서 본문들(삼하 13~왕상 2장)에서, 우리는 다윗
이 온갖 대적들로부터 자기를 구원하신 하나님의 은혜를 경험한 후에 감동
적인 감사의 노래를 부르고 있음을 발견한다(삼하 22장). 다윗은 여기서 놀
랍게도 하나님께 순종하는 자신의 순전한 삶을 강조하고 있지만(21-25절;
이러한 강조점은 삼하 11~12장에 있는 다윗의 모습과 비교할 때 놀라운 것
이 아닐 수 없다), 이 노래는 무엇보다도 구원의 은혜를 베푸시는 하나님께
초점을 맞추고 있다.

나는 사무엘하에 있는 다윗 이야기를 아래의 개관 자료에 따라 분석하고
자 한다:

사무엘하에 있는 다윗의 생애 개관

I. 1:1~27: 충신, 그리고 탄식하는 자

II. 2:1~4:12: 유다 지파의 왕

III. 5:1~25: 국가의 왕

IV. 6:1~23: 법궤 관리자

V. 7:1~29: 한 가문의 우두머리

VI. 8:1~10:19: 전사

VII. 11:1~12:31: 간음자, 살인자, 참회자

VIII. 13:1~14:33: 혼란에 빠진 한 가정의 아버지

IX. 15:1~18:33: 도망자, 그리고 고통에 사로잡힌 아버지

X. 19:1~20:26: 반란 세력과 싸우는 자

XI. 21:1~24:25: 사형 집행인, 군국주의자, 찬양 가수, 인구조사자

I. 1:1-27: 충신, 그리고 탄식하는 자

1:1-27. 사무엘하의 시작 부분은 구약성서의 다른 두 책과 평행을 이룬다:

여호수아 1:1: "야웨의 종 모세가 죽은 후에"
사사기 1:1: "여호수아가 죽은 후에"
사무엘하 2:1: "사울의 죽은 후"

평행을 이루는 이러한 도입부(구약성서에는 이렇게 시작하는 책이 세 권 뿐임)를 통하여 이스라엘 역사의 세 단계는 한데 묶인다: 출애굽 해방, 가나안 정복, 이스라엘의 왕정 제도. 모세 이후의 이스라엘에 과연 희망이 있는가? 그렇다. 여호수아 이후의 이스라엘에 과연 희망이 있는가? 그렇다. 사울 이후의 이스라엘에 과연 희망이 있는가? 그렇다.

그러나 사울과 요나단이 죽었다는 소식을 다윗에게 전함과 아울러(4절) 블레셋 족속이 달려들어 상처 입은 왕을 죽이기 전에 자신이 먼저 그를 죽였다고 말하는(10절) 익명의 아말렉 사람에게는 거의 희망이 없다. 그는 자신이 다윗에게 호의를 베풀었다고 믿는다. 그는 사울이 죽자 다윗이 메울 수 있는 공백이 생겨났다고 생각한다. 마치 다윗이 곧 닥쳐올 사울의 죽음을 기다리다가 기회가 오자 덥석 물어뜯기라도 할 것처럼 말이다.

아말렉 사람이 왕권을 상징하는 가장 중요한 두 가지인 사울의 왕관과 팔찌를 가져왔다는 것은 두 가지 사실을 암시한다. 첫째로 그것은 이 아말렉 사람(그의 이야기는 조작한 것인 듯함)이 블레셋 사람들보다 먼저 사울의 시체를 발견했음을 의미한다. 왜냐하면 만일 블레셋 사람들이 먼저 발견했다면 이스라엘 왕의 죽은 몸에서 그 두 가지 물건을 가져갔을 것이기 때문이다. 둘째로 그 아말렉 사람이 두 가지 물건을 다윗에게 주었다는 것은 사울왕권이 다윗에게 옮겨갔음을 상징적으로 보여 준다. 물론 그렇게 함으로써 그는 자신의 노력에 대한 모종의 보상을 기대한다. 그가 다윗에게 한 행동은 사심 없이 그에게 충성하려는 의도에서 비롯된 것이 아니라 "기회주의적인 자기 과장"의 성격을 갖는 것이다(Arnold 1989: 298).

어떤 이유에서인지, 아말렉 사람은 사울과 요나단의 죽음에 대해서만 언급한다. 그러나 설화자는 사울이 다른 두 아들 아비나답과 말기수아도 잃었다고 말한다(삼상 31:2). 왜 아말렉 사람은 그들에 대해 언급하지 않았을까? 그가 그들을 몰라서일까, 아니면 그들의 죽음을 알지 못해서일까? 과연 다윗이 그들을 몰랐서였을까? 아니면 사울과 요나단만이 다윗의 왕권 계승에 직접 걸림돌이 되는 유일한 사울 가문의 사람들이기에 두 사람만을 언급한 것일까?

사울은 도엑과 같은 심복 — 왕 자신의 병사들이 거부하던 일, 곧 야웨의 종인 제사장들을 죽이는 일을 거리낌 없이 할 수 있는(삼상 22:17-19) — 에게 만족했을 것이다. 그러나 다윗은 아말렉 사람의 소행에 "크게 화를 낸다." 사울에게 도엑은 기운을 북돋아주는 사람이요, 아첨꾼들의 전형에 해당하는 인물이다. 다윗에게 아말렉 청년은 불명예스러운 인물이요, 아무리 좋은 의도를 가지고 있다 해도 완전히 받아들일 수 없는 짓을 저지른 자이다. 사울은 도엑이나 아말렉 사람 같은 자들을 가능한 한 많이 자신의 진으로 끌어들일 것이다. 반면에 다윗은 그런 자들을 피할 것이다. 왜냐하면 "검을 가지는 자는 다 검으로 망하기"(마 26:52) 때문이다.

다윗은 아말렉 사람을 엄하게 심문한다. 다윗의 두 질문, 곧 "너는 누구냐?"(8절)와 "너는 어디 사람이냐?"(13절)는 질문은 사울이 과거에 다윗에 관하여 질문하던 것을 상기시킨다: "이 소년이 뉘 아들이냐?"(삼상 17:55); "소년이여, 누구의 아들이뇨?"(삼상 17:58).

두 사람 사이의 대화에는 다섯 개의 인용문들이 나타난다:

1. 7절: 아말렉 사람은 자기가 이전에 사울에게 한 말을 다윗 앞에서 인용한다.
2. 8a절: 아말렉 사람은 사울이 자기에게 한 말을 다윗 앞에서 인용한다.
3. 8b절: 아말렉 사람은 자기가 사울에게 답변한 말을 다윗 앞에서 인용한다.
4. 9절: 아말렉 사람은 사울이 자기에게 한 말을 다윗 앞에서 인용한다.

> 5. 16절: 다윗은 아말렉 사람의 말을 (방금 죽은) 그 사람 앞에서 인용한
> 다.

이상에서 우리는 아말렉 사람의 인용문이 넷이고 다윗의 인용문이 하나임을 알 수 있다. 다윗의 인용문은 매우 흥미롭다. 첫째로 그것은 다섯 인용문들 중에서 유일하게 입증할 수 있는 것이다. 우리는 아말렉 사람이 다윗 앞에서 자기가 사울을 죽였노라고 말했음을 알고 있다. 둘째로 다윗은 아말렉 사람을 처형한 후에 그에게 말한다(NRSV; 그러나 NIV는 과거완료로 번역한다; NIV가 과거완료로 번역했다는 것은 다윗의 말이 아말렉 사람을 죽이기 전에 한 말임을 뜻한다: 역주). 셋째로 다윗은 (죽은) 아말렉 사람이 말한 것처럼 서술함으로써 그의 비열한 행동을 실제보다 더 악한 것으로 묘사하고자 한다. 다윗은 아말렉 사람의 말, 곧 "내가 야웨의 기름 부음 받은 자를 죽였노라"는 그의 말을 인용한다. 이전의 대화에 의하면 아말렉 사람은 사울을 "야웨의 기름 부음 받은 자"로 칭한 적이 없다. 또한 그가 야웨의 기름 부음 받은 자를 죽였다고 말한 적도 없다. 그는 단지 "내가 그를 죽였다"고 말했을 뿐이다 (10a절).

다윗 이전의 왕인 사울은 무죄한 자들을 "쳐 죽이는 것"('파가 베'; striking down)을 즐긴다. 다윗 이후의 왕인 솔로몬 역시 무죄한 자들을 능숙하게 "쳐 죽인다"(왕상 2:25, 29, 31, 32, 34, 46). 두 경우에 똑같이 "무죄한 자"는 가상의 경쟁자들이요, 음모자들이요, 충실한 저항 세력 지지자들이요, 잠재적인 저항 분자들이다. 이와는 달리 다윗은 국왕 시해라는 대역죄를 범한 자를 "쳐 죽인다"(15절).

안락사의 죄를 저지른 탓에 죽은 자를 향한 다윗의 말, 곧 "네 피가 네 머리로 돌아갈지어다"(16절)라는 말은 예수에 관한 자신의 무죄함을 선언하는 빌라도의 말에 큰 소리로 응답하는 군중의 말이 어떠한 의미를 갖는지를 이해하는 데 도움을 준다: "그 피를 우리와 우리 자손에게 돌릴지어다"(마 27:25). 불행하게도 이 말은 수 세기 동안 기독교 공동체의 반(反) 셈족주의를 크게 부추기는 역할을 수행하였다. 그 말은 본래부터 수난 설화와는 무관한 것이다. 도리어 "네 피가 네 머리로 돌아갈지어다"라는 다윗의 말과 "그 피

를 우리와 우리 자손에게 돌릴지어다"라는 군중의 말은 피 흘림의 책임을 받아들이는 행동을 가리키는 표현 양식에 해당한다. 우리는 이와 평행되는 표현을 레위기 20:9, 11에서 찾아볼 수 있다. 이 본문은 몇몇 범죄자들과 그들의 범죄 행위를 나열한 후, 말미에 "그 피가 자기에게로 돌아가리라"는 내용을 추가한다. 여호수아 2:19에 의하면 두 정탐꾼은 라합에게 이렇게 말한다: "누구든지 네 집 문을 나서 거리로 가면 그 피가 그의 머리로 돌아갈 것이요 우리는 허물이 없으리라 그러나 누구든지 너와 함께 집에 있는 자에게 누가 손을 대면 그 피는 우리의 머리로 돌아오려니와."

사울과 요나단의 죽음에 대한 다윗의 애도에서 확인할 수 있는 한 가지 흥미로운 사실은 사울을 향한 다윗의 부정적인 감정이 전혀 표현되어 있지 않다는 점이다. 우리는 다윗이 요나단을 향하여는 애정과 감사가 깃들인 어투로 말할 것으로 기대한다(23a, 25-26절). 그러나 과연 그가 그러한 감정을 사울에게까지 확대시킬 수 있을까? 다윗은 사울에 대하여 참으로 악의 없는 감정을 가지고 있었거나, 아니면 "일반 관중의 인기에 영합함"과 아울러 남쪽/유다 지파 출신의 계승자에 대하여 불안감을 가지고 있었을 사울 지지자들과 외교적인 관계를 맺어두고자 하던 탁월한 배우(요 거짓말쟁이)였을 것이다.

본장에서 우리는 다윗이 사울(과 요나단)을 칭하는 데 사용하는 몇몇 표현들을 확인할 수 있다: "너의 영광"(또는 발이 빠르고 청결한 "영양," '체비')(19절); "용사"(19, 21, 22, 25, 27절); "사랑스럽고 아름다운 자"(23절); "독수리보다 빠르고 사자보다 강하였도다"(23절); "붉은 옷으로 너희(이스라엘의 딸들)에게 화려하게 입혔고 금 노리개를 너희 옷에 채웠도다"(24절). 두 사람의 죽음에 너무도 상심한 나머지 다윗은 "그 소식을 공표하지 못하게 막는다"(Briscoe 1984: 97): "이 일을 가드에도 고하지 말며 아스글론 거리에도 전파하지 말지어다"(20절).

뿐만 아니라 "길보아 산들아, 너희 위에 우로가 내리지 아니하며"라는 다윗의 말(21절)은 성서 세계 전체에 퍼져 있는 한 가지 생각, 곧 영웅의 비극적인 죽음이 그 일대에 가뭄과 기근을 초래한다는 생각을 반영하고 있다. 가나안 지역의 고대 우가릿(Ugarit)에서 발견된 "아캇 서사시"(Aqhat Epic)에 의하면, 살해당한 아캇의 아버지 다넬(Danel)은 자기 아들이 비참하게 죽었다는 소식을 듣고 다음과 같은 저주를 내린다:

> 바알이 너를 7년 동안 괴롭히기를 원하노라.
> 구름을 타는 자가 심지어는 8년 동안 괴롭히기를 원하노라.
> 이슬도, 비도 사라지고
> 깊음의 파도도 사라지고
> 바알의 선한 목소리도 사라지기를 원하노라.

누군가의 죽음에 관한 소식을 듣고 다윗이 보인 반응과 나중에 그와 비슷한 소식을 듣고 보이는 반응을 비교해 보면 흥미로운 사실을 발견할 수 있다. 사무엘하 1장의 경우에 더하여 다윗은 나중에 다음의 세 가지 죽음에 관한 소식을 듣는다: (1) 아브넬의 죽음(3:22-39); (2) 밧세바가 낳은 이름 없는 아들의 죽음(12:16-23); (3) 압살롬의 죽음(18:19-33). 이들 사이에는 몇 가지 일치되는 요소들이 존재한다:

1. 다윗과 가까운 누군가가 비극적인 죽음을 당한다: 사울과 요나단; 아브넬; 이름 없는 아들; 압살롬.
2. 다윗은 사자를 통하여 죽음에 관한 소식을 듣는다: 사울의 진으로부터 "도망한" 아말렉 사람이 사울의 죽음에 관한 소식을 전한다(1:1-2); 다윗은 아브넬의 죽음에 관한 소식을 "듣는다"(3:28); 다윗의 종들이 그에게 갓난아이의 죽음에 관한 소식을 전한다(12:19); 구스 사람이 다윗에게 압살롬의 죽음에 관해 말한다(18:32).
3. 다윗(과 다른 사람들)은 고통을 견디지 못한 나머지 울면서 금식하거나 옷을 찢는다(1:11, 12; 3:31; 12:16, 21-22; 18:33).
4. 다윗은 비통한 마음으로 말한다(1:17-27; 3:33-34; 18:33; 19:4; 그러나 12:16-23에서는 그렇지 않음).
5. 다윗 주변의 사람들은 각각의 경우에 다윗이 보이는 반응에 응답하거나 그 반응을 평가한다: "함께 있는 모든 사람도 그리하고 사울과 그

아들 요나단과 야웨의 백성과 이스라엘 족속이 칼에 죽음을 인하여 저녁때까지 슬퍼하여 울며 금식하니라"(1:11b-12); "온 백성이 보고 기뻐하며 왕이 무슨 일을 하든지 무리가 다 기뻐하므로"(3:36); "신복들이 왕께 묻되, '아이가 살았을 때에는 위하여 금식하고 우시더니 죽은 후에는 일어나서 잡수시니 어찜이니이까?'"(12:21); 요압은 압살롬의 죽음을 애도하는 다윗을 견책한다(19:5-7).

이상의 다섯 가지 요소들 중에 마지막 것이 가장 흥미롭다. 첫 두 경우에는 다윗이 사울을 위하여, 그리고 아브넬을 위하여 탄식의 노래를 지어 부른다. 그러나 두 아들의 죽음에 관한 소식을 들을 때에는 탄식의 노래를 지어 부르지 않는다. 또한 첫 두 경우에는 다윗 주변에 있는 사람들이 죽은 자를 향한 다윗의 슬픔에 마음이 움직인다. 그러나 세 번째 경우에는 다윗이 그처럼 충격적인 사건을 겪었음에도 슬퍼하지 않고 신속하게 일상 업무로 복귀하자 주변 사람들이 당혹감을 느낀다. 그리고 네 번째 경우에는 요압이 화를 내면서 다윗의 어리석은 감상주의를 견책한다. 나중의 두 장면은 처음의 두 장면과 얼마나 큰 차이를 보이는가! 이 네 장면들은 한결같이 "왕의 개인적이고 정치적인 몰락을 하나의 흐름을 통하여 단계적으로 보여 준다 … 그것들은 중요한 통치 시기에 드러나는 다윗의 심리 상태와 그의 공적인 입장을 알 수 있게 하며, 삶의 비극적인 모습들이 점차 정치적인 색채를 잃고 개인적인 차원으로 바뀌어가는 중에 서서히 자신의 감정과 대중적인 이미지에 대한 통제력을 상실해가는 한 지도자의 모습을 보여 준다"(Weitzman 1997: 138).

II. 2:1~4:12: 유다 지파의 왕

2:1-32. 본장의 시작 부분은 먼저 하나님의 말씀을 받지 않고는 행동하지 않는 다윗(1-4a절), 그리고 죽은 사울의 신하들에 대하여 자신의 왕권을 고집하지 않는 다윗(4b-7절)에 대해서 묘사한다. 그는 자신을 위해서(1절),

그리고 다른 사람들을 위해서(5-6절) 기도한다. 첫 번째 기도는 하나님의 인도하심을 구하는 기도이고, 두 번째 기도는 복을 빌어 주는 기도이다. 그런데 본장 서두 부분의 언어는 "올라가다"('알라')라는 동사를 네 번에 걸쳐서 사용함으로써 다윗의 "승급"(rise)을 묘사한다. '알라' 동사는 "오르다"로 번역할 수 있는 것으로서, 다윗의 점진적인 출세를 강조하는 효과를 갖는다 (Polzin 1993: 32):

　　1절: "내가 유다 한 성으로 올라가리이까?"
　　1절: "야웨께서 가라사대, '올라가라.'"
　　1절: "어디로 가리이까(ascend)?"
　　2절: 다윗이 … 그리로 올라갈 때에."

　　다윗은 이 짤막한 도입부에서 소개된 후 본장의 나머지 부분에서 더 이상 언급되지 않는다. 이제 강조점이 다윗의 조카요 군대장관인 요압, 사울의 살아남은 군대장관 아브넬, 사울의 살아남은 유일한 아들 이스보셋 등에게로 옮겨간다(8-32절).

　　이스바알/이스보셋에 대해서는 두 가지 사실이 흥미를 끈다. 첫째로 그는 누구에게서 태어난 자일까? 사무엘상 14:49은 사울이 세 아들을 두었다고 말한다: 요나단, 이스위(Ishvi; 개역은 "리스위"로 번역함: 역주), 말기수아. 역대상 8:33과 9:39은 아들들의 수가 넷으로 늘어난다: 요나단, 말기수아, 아비나답, 에스바알/이스보셋. 그리고 사무엘상 31:2은 블레셋 족속이 요나단과 아비나답과 말기수아를 죽였다고 말한다. 이 세 목록에 공통적으로 언급되는 인물은 요나단과 말기수아이다. 그렇다면 이스위와 아비나답 및 이스바알/에스바알은 대체 어떻게 된 것인가? 만일 사무엘상 14장과 31장만을 염두에 둔다면, 분명히 이스위와 아비나답을 동일인물로 볼 수도 있다. 아니면 사무엘상 14장의 이스위와 사무엘하 2장의 이스보셋을 동일인물로 볼 수도 있다. 두 이름이 똑같이 "이쉬"(Ish)로 시작하기 때문이다. 그렇다 할지라도 왜 이스보셋이 아버지와 세 형제를 죽음으로 내몬 길보아 산 전투(삼상 31장)의 참여자 및 생존자 명단에 나타나지 않는지는 여전히 해결되지 못한 문제로 남아 있다. 단순히 그가 중요하지 않은 인물이기에 길보아 산 전투에서 언급되지 않았다고 볼 수는 없다. 왜냐하면 그 다음에 이어지는 두 장에서 그는 "40세"의 나이에 이스라엘 왕으로 나라를 다스리기 시작하기 때문이다(삼하 2:10).

그에 관하여 두 번째로 흥미로운 사실은 그의 이름에서 찾아볼 수 있다. "이스보셋"은 "수치의 사람"이라는 뜻을 가지고 있어서, 나발("바보")처럼(삼상 25장) 날 때부터 지어진 이름으로 보기에는 무리가 있다. 여기서 우리는 역대상이 그의 이름을 일관되게 "바알의 사람"으로 소개하고 있다는 사실을 주목할 필요가 있다(대상 8:33; 9:39). 역대기에서 사람 이름에 바알이 들어가되 사무엘하에서 그 이름이 바뀌는 다른 예는 다윗의 아들 브엘랴다/바알랴다(대상 14:7)이다. 이 이름은 사무엘하 5:16에서 단순히 엘랴다로 소개된다.

아마도 "바알"이 한때는 야웨에 버금가는 별칭이었을 것이다(호 2:16: "그 날에 네가 나를 … '내 바알'이라 일컫지 아니하리라"). 그러다가 가나안의 바알 제의가 이스라엘의 유일신 신앙에 위협이 되자 그것을 피하게 되면서부터 사람 이름에서 그것이 사라지거나 다른 것으로 대체되었다. 그 결과 사울과 다윗이 가나안 신을 존중히 여겼다는 생각이 점차 사라지게 되었다. 사무엘하가 그 시기에 바알이 들어간 이름을 전혀 가지고 있지 않은 대신 역대상은 그런 이름을 가지고 있다는 사실은, 사무엘하의 히브리어 본문이 그러한 개정 작업을 거친 사본들에 기초하고 있는 반면에, 역대상의 히브리어 본문은 개정 작업을 거치지 않은 사본들에 기초하고 있음을 암시한다. 아니면 역대기가 기록될 무렵에는 바알 제의가 더 이상 이스라엘을 혼합주의적인 우상숭배로 이끌 만한 힘을 가지지 못한 탓에 바알이 들어간 역대기의 이름들이 손질되지 않은 채 그대로 있었을 수도 있다.

1장에 나타나는 폭력과 죽음의 주제는 2장까지 이어진다. 죽음과 관련된 두 개의 장면이 2장의 나머지 부분을 차지하고 있다. 첫 번째 장면(12–16절)은 친(親) 사울 세력과 친(親) 다윗 세력 사이에 벌어지기 시작한 민란에 기초한 것이다. 여기서 아브넬은 자신의 군대 12명과 요압의 군대 12명 사이에 싸움을 벌이자고 제안한다. 그들의 목표는 "서로 겨루거나"(NRSV) "백병전을 벌이는"(NIV) 데 있다(개역은 "장난하자"로 번역하였으나 개역 개정판은 표준새 번역과 마찬가지로 "겨루게 하자"로 수정하였다: 역주). 실제 히브리어 낱말은 '사하크'로서, "장난하다, 즐기다"라는 의미를 가지고 있다. (참조. 삿 16:25, 27: "'삼손을 불러다가 우리를 위하여 **재주를 부리게 하자**' … 그 집에는 남녀가 가득하니 블레셋 모든 방백도 거기 있고 지붕에 있는 남녀도 삼천 명 가량이라 다 삼손의 **재주 부리는 것**을 보더라") 이 낱말은 성적인 희롱을 가리키기도 하지만(창 26:8; 이삭이 그 아내 리브가를 "껴안은" 행동을 '차하크'라는 낱말로 표현함), 사무엘하 2:14에서 보듯이 생명을 내건 전투를 가리킬 수도 있다. 적대적인 분위기 속에서 "장난하다"라는 낱말의 사용은 "전쟁을 장난과 동일시하는 특이한 표현법에 해당"하는 것이다(Niditch 1993: 95). 그 전쟁은 모든 참가자들이 죽는 "장난"임이 판명된다(16절). 사무엘하에서 첫 사망자 수는 25명에 이른다.

죽음과 관련된 두 번째의 장면은 18절에서 32절까지 이어진다. 이 역시 두 세력 간의 분쟁을 포함하고 있다. 발이 빠르고 성급한 요압의 아우 아사헬이 아브넬을 죽이기 위해 그를 추격한다. 자기 집을 공격한 불량배들에게 손님들 대신 두 딸을 내어놓은 롯과 마찬가지로(창 19:8), 아브넬은 아사헬에게 경험도 적고 어린 전사를 한층 쉬운 목표물로 제공한다(21절). 다른 사람을 대신 내세운 롯이나 아브넬의 제안은 거부당한다. 아브넬에게는 아사헬을 죽이는 것 이외의 다른 방법이 없다(23절). 그 결과 사무엘하의 사망자 수는 26명으로 늘어난다.

이러한 살인 행동은 불가피하게 요압 편에서의 피의 복수를 불러일으킨다. 아브넬의 통상적인 휴전 제안(26절)만이 (일시적이긴 하지만) 폭력을 중단시킬 수 있지만, 다윗의 병사 19명과 아브넬의 병사 360명이 죽고 난 다음에야 비로소 폭력이 중단된다(30–31절). 그리하여 사무엘하의 사망자 수는 405명으로 늘어난다.

요압은 압살롬(삼하 13장)과 비슷한 사람이다. 두 사람에게는 똑같이 죽임 당하거나 폭행당하는 친족(형제, 누이)이 있다. 가해자는 공격당한 자의 친족에게 잘 알려진 자이다. 두 경우에 똑같이 "형제들"(삼하 2장에서는 온 이스라엘을 가리키고 삼하 13장에서는 배다른 형제들을 가리킴)을 포함하는 범죄가 저질러진다. 어느 경우에든 즉각적인 보복과 복수의 의지가 강하게 작용한다. 요압과 압살롬은 "복수는 내게 속한 것이다 내가 보복할 것이다"라고 말한다. 그러나 시기가 적절치 않다. 인내하면서 기다릴 필요가 있다. 적당한 기회가 올 것이다. 그때는 왕이 여섯 아들을 가진 후일 수도 있고(3:2-5), "2년 후"일 수도 있다(13:23).

3:1-39. 참으로 다윗 가문은 오랫동안 전쟁을 벌이면서(1절), 그리고 "여러 명의 다윗 부인들"(Mrs. Davids)을 두어 많은 자손을 둠으로써(2-5절) 사울 가문을 서서히 압도하게 된다. 다윗은 헤브론에 머무는 동안 여섯 아내를 거느리는데, 그들은 제각기 한 명씩 아들을 낳는다. 얼마 안 가서 아브넬이 이스보셋 소유의 한 여인을 취하는 것(6-11절)과 비교할 때, 다윗이 두 명 정도의 아내를 다른 남자에게서 취했다 — 첫 남편이 죽은 후에 — 는 것은 흥미로운 사실이 아닐 수 없다. 그 중 한 사람은 과거에 나발의 아내였던 아비가일이다(삼상 25:39-42). 다른 한 사람은 아히노암일 것이다(삼하 2:2; 3:2). 구약성서에서 이와 똑같은 이름을 가진 유일한 여인은 사울의 아내이다: "사울의 아내의 이름은 아히노암이니 아히마아스의 딸이요"(삼상 14:50). 나단이 밧세바/우리아 사건 후에 하나님의 대변인으로서 다윗에게 "네 주인의 집을 네게 주고 네 주인의 처들을 네 품에 두고 이스라엘과 유다 족속을 네게 맡겼느니라"(삼하 12:8) 할 때, 아히노암 이외의 다른 사람을 지칭했다고 볼 수 있겠는가?(참조. Levenson 1980: 507, 513-14.)

다윗 가문과 사울 가문 사이에만 전쟁이 있는 것이 아니라, 사울 가문 내에서도 전쟁이 벌어진다. 그 전쟁은 아브넬이 사울의 첩 리스바를 취하자 이스보셋이 그러한 행동에 크게 반발함으로써 발단이 된다(6-11절). 설화자는 사실 아브넬이 리스바에게 "들어갔다"고 말하지는 않는다. 우리는 단지 그러한 사실을 비난하는 이스보셋의 말(7절)을 들을 뿐이다. 그의 말은 "우리가 전혀 눈치 채지 못한 폭발적인 사건이 곧 발생할 것"임을 암시하고 있다(Sternberg 1985: 241).

주석가들은 일반적으로 아브넬이 왕의 과부/첩에게 "들어감"으로써 이스보셋의 왕위를 가로채려는 의도를 가지고 있었다고 해석한다. 이와 비슷한 경우는 다음의 본문들에서도 발견된다: 사무엘하 12:8(다윗이 사울의 아내를 취함); 사무엘하 16:21(아히도벨이 아버지의 자리를 노리는 압살롬에게 "아버지의 후궁들과 동침"할 것을 청함); 열왕기상 2:17(아도니야가 병약한 다윗을 간호하던 아비삭을 아내로 달라고 청하나 솔로몬은 이를 배다른 형의 왕권 쟁취 의도로 해석함[왕상 2:22-25]). 물론 그렇다고 해서 이스보셋의 왕위를 빼앗는 것이 아브넬(과 아도니야)의 실제 의도였음을 뜻하는 것은 아니다. 그것은 단순히 성적인 결합에 대한 이스보셋(과 솔로몬)의 해석이 그러함을 뜻할 뿐이다. 왕위를 노리는 것이 아브넬의 의도였다는 암시는 어디에도 없다. 당시에는 아브넬이야말로 이스보셋을 왕으로 만드는 데 중심 역할을 수행한 자가 아니었던가?

이스보셋이 리스바의 행복에 대하여 아무런 관심도 보이지 않는데다가 그녀의 이름을 직접 언급하지도 않는다는 점 또한 주목할 필요가 있다. 그녀는 단순히 "내 아버지의 첩"으로 불릴 뿐이다(Stone 1996: 85). 리스바는 본장의 후반부에 나오는 미갈(13-16절)과 유사한 점을 많이 가지고 있다. 리스바는 아브넬과 이스보셋 사이에 끼어 있다. 미갈은 이전 남편인 다윗과 현 남편인 발디엘 사이에 끼어 있다. 아브넬은 성관계를 위해서 리스바에게 들어간 것일까, 아니면 자신의 왕권을 주장하거나 강화하기 위해서 그랬을까?

다윗은 이스라엘의 왕이 되기 위한 사전 준비 작업으로 미갈을 자신에게 돌려줄 것을 요구한다. 과연 그녀를 사랑해서였을까, 아니면 사울이 그녀를 불법적인 방식으로 다윗에게서 빼앗았기 때문일까? 그녀가 자신의 목숨을 신부값으로 걸고서 얻은 여자여서였을까, 아니면 그녀가 사울의 신하들에게서 얻을 수 있는 지지를 견고하게 하는 데 유익하기 때문일까? 리스바는 자신이 이용당했다고 느꼈을까, 폭행당했다고 느꼈을까, 아니면 당혹감을 느꼈을까? 미갈은 감사하는 마음을 느꼈을까, 사랑을 느꼈을까, 아니면 모멸감을 느꼈을까?(발디엘에 대하여? 다윗에게 대하여?) 사무엘하 3장에는 여덟 명의 여인들이 나타나지만, 그들 중 어느 누구의 발언도 소개되어 있지 않다.

아브넬이 기꺼이 다윗에게 충성하기로 결정하고 다윗이 그의 충성 서약을 기쁨으로 받아들이려고 하자(17-21절), 다윗의 군대장관 요압은 위기 의식을 느낀다(22-25절). 흥미롭게도 요압은 아브넬이 속임수를 쓰고 있다고 비난한다(25절). 순전히 자신이 직접 속임수를 써서 아브넬을 죽이기 위해서이다(26-27절). 우리들 중의 많은 사람들이 그러하듯이, 요압은 자신의 죄를 다른 사람에게 전가하고자 한다.

본장의 이 이야기는 종종 옛날에 혈족에 의한 복수가 어떻게 이루어지는지를 잘 보여 주는 사례로 인용된다. 누군가가 죽임을 당하면 그의 친족이 살인자를 죽임으로써 피살자의 원수를 갚아야 할 의무를 지게 된다. 따라서 요압은 자기 동생 아사헬을 죽인 아브넬을 죽여야 할 의무를 지게 되는 것이다. 그러나 이것은 확실히 혈족에 의한 복수의 이상적인 사례가 아니다. 왜냐하면 요압은 정치적인 동기를 분명히 가지고 있기 때문이다. 만일 아브넬이 다윗과의 연대를 꾀한다면 다윗은 요압 대신에 그를 군대장관으로 임명하지 않겠는가? 요나단은 기꺼이 다윗을 위해 자신의 길을 양보하지만, 요압은 기꺼이 아브넬을 위해 자신의 길을 양보하려 하지 않는다. 이로써 사무엘하의 사망자 수는 406명으로 늘어난다.

이상의 이야기는 본장에 나오는 세 번째 (감추어진) 동기가 무엇인지를 잘 설명해 준다(이곳에 네 번째 동기를 추가하기로 한다):

1. 아브넬이 리스바에게 들어간다. 어떤 동기에서인가?
2. 다윗이 미갈을 돌려줄 것을 요구한다. 어떤 동기에서인가?
3. 요압이 아브넬을 죽인다. 어떤 동기에서인가?
4. 다윗이 아브넬의 죽음을 애도한다(31-36절). 어떤 동기에서인가?

본장은 하나님에 관하여 거의 언급하지 않는다(Brueggemann 1990: 232). 다윗은 한 번도 하나님을 향해 말하지 않으며, 하나님에 관해 말하지도 않는다. 그의 군대장관인 요압도, 그리고 다윗의 상대자인 이스보셋도 마찬가지이다. 하나님에 관해 말하는 유일한 인물은 아브넬이다(9절, 이스보셋에게 화를 낼 때; 18절, 백성들을 설득하여 다윗에게 충성하게 하고자 할 때).

4:1-12. 본장에는 하나님에 관한 언급이 여전히 별로 없는 또 다른 사건

이 나타난다(8절 참조). 아브넬이 죽자 이스보셋은 그를 제거하기 원하는 자들의 손쉬운 표적이 된다. 기브온 족속의 성읍 브에롯(기브온의 다섯 도시들 중 하나임, 수 9:17) 출신인 두 사람 레갑과 바아나는 이스보셋을 죽여 머리를 벤 후(골리앗의 경우와 마찬가지임[삼상 17:51, 54, 57]), 그 머리를 헤브론에 있는 다윗에게 가져간다. 이로써 사무엘하의 사망자 수는 407명으로 늘어난다. 그들의 행동은 이스보셋의 아버지 사울이 기브온 족속에게 행한 일(삼하 21:4)에 대한 보복의 성격을 갖는 것이라 할 수 있다.

그들의 보복 행동은 점심 무렵 또는 그 직후인 "볕이 쬘 때 즈음에"(사울이 암몬 자손과 더불어 싸우던 시점[삼상 11:11]) 이루어졌다는 점에서 대단히 용감한 것이다. 그들은 어둠을 피하려고 하지 않는다. 본문은 그들을 "특공대 군장"(공동번역을 따른 것임, captains of raiding bands)으로 부른다. 여기서 말하는 특공대는 사무엘상 30:8, 15, 23의 아말렉 사람들과 같은 역할을 수행하는 군대를 일컫는다. 멘덴홀(Mendenhall 1973: 86)은 그들을 "필연적으로 권력을 쥐게 될 자의 비위를 맞추기 위해 정치적인 암살을 마다하지 않는 악독한 두 명의 변절자"로 부른다. 브루거만(1990: 234)은 그들을 "준(準)군사적인 성격을 갖는 자객들"로 부른다.

다윗이 사울을 죽였다고 주장하는 아말렉 사람을 어떻게 했는지를 이 두 살인자들이 알고 있었다면, 이스보셋의 머리를 다윗에게 가져온 그들의 행동은 어리석기 짝이 없는 행동이라 할 수 있다. 이 두 살인자들은 또한 자기들의 잔인한 범죄 행위를 하나님께 돌림으로써 야웨의 거룩한 이름을 욕되게 한다(8절). 그들은 자기들이 하나님을 위해 행동했다고 믿는다. 그들의 이러한 태도는 중세와 근대의 십자군 운동이 취했던 태도와 크게 다르지 않다.

이런 상황 속에서 어떻게 다윗이 "의인"(11절)을 죽인 무뢰한들의 악한 행동에 대하여 자비를 베풀 수 있겠는가? 다윗은 세 가지 일을 행한다: (1) 그들을 처형할 것을 명한다(12a절); (2) 그들의 수족을 절단한다(12b절); (3) 그들의 시신을 높은 곳에 매단다(4:12~수 8:29; 10:26; 삼상 31:10b 등에서도 발견됨). 이로써 사무엘하의 사망자 수는 409명으로 늘어난다. 다윗의 유다 통치가 북쪽 지역으로 확대되는 데 장애가 되던 나머지 요인들(아브넬이 가장 큰 장애 요인이고 이스보셋은 그에 준하는 장애 요인임)이 모두 제거된 셈이다.

어떤 이유에서인지 다윗은 사울과 요나단을 위하여(1:17-27), 그리고 아브넬을 위하여(3:33-34) 심금을 울리는 애가를 지어 부르지만, 이스보셋을 위해서는 그러한 애가를 지어 부르지 않는다. 1장(24절)과 3장(32절)에는 눈물이 있지만, 4장에는 눈물이 전혀 없다. 4장에 이르기까지의 과정은 다음과 같이 진행된다: 죽음과 눈물(1장); 죽음은 있으나 눈물이 없음(2장); 죽음과 눈물(3장); 죽음은 있으나 눈물이 없음(4장).

III. 5:1-25: 국가의 왕

5:1-25. 실질적인 지도자인 아브넬(3:30)과 법적인 지도자인 이스보셋(4:6)을 잃은 북쪽 지역의 이스라엘 백성은 지도력의 공백을 메우기 위해 다윗을 찾는다(1-5절). 다윗은 자신의 수도를 헤브론에서 예루살렘으로 옮기며(6-9절), 자신을 위한 집을 건축한 후(11절), 가족 구성원의 수를 늘린다(13-16절). 그리고 하나님께서는 두 번에 걸쳐서 블레셋 족속과 싸워야 할지 말아야 할지에 관한 그의 물음에 응답하신다(17-25절). 이상이 5장의 중심 내용에 해당한다.

본장에서 다윗은 몇 가지 새로운 것들을 얻는다:

1. 새로운 제국(1-5절)
2. 새로운 수도(6-9절)
3. 새로운 왕궁(11절)
4. 새로운 가족(13-16절)
5. 하나님과 자신에 대한 새로운 확신: 이스라엘을 괴롭히는
   주변국들에 대한 승리로 인하여 얻게 됨(17-25절)

본장에는 하나님과의 경쾌한 대화가 앞의 네 장들에서보다 더 많이 나타난다. 이스라엘의 장로들은 야웨께서 다윗에게 주신 말씀을 인용한다(2절).

다윗은 "야웨 앞에서" 그 장로들과 함께 언약(일종의 헌법?)을 맺는다(3절). 설화자는 하나님께서 다윗의 삶 속에 강하게 개입하셨음을 두 번에 걸쳐서 강조한다(10, 12절). 다윗 자신은 블레셋 족속과의 대면에 관한 하나님의 뜻을 알기 위해 두 번에 걸쳐서(제사장이 사용하는 우림과 둠밈을 가지고?) 야웨께 묻는다(19, 23절). 야웨께서는 두 번 다 답을 주신다. 처음에는 근본적으로 긍정적인 답변을 주시고(19c절), 나중에는 복합적인 군사 전략을 포함하는 답을 주신다(23-24절) (만일 다윗이 우림과 둠밈을 사용했을 경우, 이것은 우림과 둠밈을 통하여 하나님의 뜻을 묻는 것이 단순히 "예"나 "아니오"를 넘어서는 더 많은 답을 포함했을 수도 있음을 뜻한다). 그리고 마지막으로 다윗은 야웨께서 블레셋 족속을 물리치게 하셨음을 올바로 인식한다(20절).

확실히 하나님과의 대화는 주로 본장의 서두 부분과 종결 부분에서 발견된다. 다윗은 블레셋의 위협을 받아넘길 것인지 그렇지 않은지를 야웨께 묻지만, 예루살렘(과 여부스 족속) — 자신의 이름을 따라 성의 이름을 지은 후 자신의 새로운 수도로 삼은 — 을 공격하는 일에 대해서는 야웨께 묻지 않는다. 그는 자신의 힘으로 예루살렘을 정복한다. 달리 말해서 본장에 있는 두 차례의 방어전에서 다윗은 맨 먼저 하나님의 뜻을 구하지만, 한 차례의 공격전에서는 독자적으로 행동한다.

유다/이스라엘의 왕을 위한 집을 예루살렘에 지으려고 페니키아의 왕에게서 도움을 받는 경우에는 어떠한가?(11절) 다윗이 여러 아내들과 첩들 — 아마도 자신이 제압한 가나안의 여부스 족속에 속한 듯한 — 을 추가로 얻는 경우에는 어떠한가?(13-14절) 이러한 일들을 할 때에도 먼저 하나님의 뜻을 구했을까? 문자적인 의미에서 본다면 한 페니키아 사람이 다윗의 집을 건축하지만, 은유적인 의미에서 본다면 다윗의 집은 여부스 족속의 여인들에 의해 지어진다.

다윗이 블레셋 족속과 싸워 승리를 거둔 후 신속하게 하나님을 찬양하는 것(20절)과는 달리, 예루살렘을 정복한 후에는 그와 비슷한 일을 전혀 하지 않는다는 점도 주목할 필요가 있다. 그러나 그 후 여부스 족속과 블레셋 족속은 다시는 이스라엘을 이전처럼 대등한 입장에서 괴롭히지 않는다. 여부스 족속은 자만심이 강한 도시 거주민 집단이지만, 예루살렘이 난공불락의 요새라는 생각("소경과 절뚝발이라도 너를 물리치리라 하니"[6b, 절])에 큰 상처를 입는다. 비록 여호수아 시대에 여부스 족속이 유다 지파(삿 15:63)와 베냐민 지파(삿 1:21)의 공격을 막아내기는 했지만 말이다. 이와는 달리 블레셋 족속은 굉장한 전쟁 무기들을 가지고 계속 이스라엘을 괴롭힌다.

본장에 있는 거의 모든 요소들은 역대상과 평행을 이룬다:

(a) 이스라엘이 다윗을 왕으로 기름 부어 세운다
   (삼하 5:1-5; 대상 11:1-3; 12:23-40).
(b) 다윗이 예루살렘을 점령한다(삼하 5:6-10; 대상 11:4-9).
(c) 히람이 다윗을 위해 집을 짓는다(삼하 5:11-12; 대상 14:1-2).
(d) 다윗이 가족 구성원의 수를 늘린다(삼하 5:13-16; 대상 14:3-7).
(e) 다윗이 블레셋 족속과 싸워 두 번 승리를 거둔다
   (삼하 5:17-25; 대상 14:8-17).

두 본문을 비교해 보면 몇 가지 차이가 있음을 알 수 있다. 특히 네 가지의 차이가 눈에 띈다. 첫째로 역대기는 사울의 서글픈 최후(대상 10:13-14)로부터 다윗이 이스라엘의 왕으로 즉위하는 장면(대상 11:1-3)으로 곧바로 옮겨 감으로써, 사무엘하 1~4장의 유혈 싸움과 혼란 상황을 송두리째 생략한다. 역대기는 또한 다윗을 기회주의적인 왕위 찬탈자로 볼 수도 있는 가능성을 완전히 제거한다. 그는 하나님의 종이요, 하나님께서 실패한 왕을 대신하여 선택하신 자이다.

둘째로 역대기는 여부스 족속이 다윗을 향하여 퍼붓던 조롱에 대해 전혀 언급하지 않으며, 그 조롱에 대한 다윗의 감정적인 맞대응("누구든지 여부스 사람을 치거든 수구로 올라가서 다윗의 마음에 미워하는 절뚝발이와 소경을 치라 하였으므로 속담이 되어 이르기를, '소경과 절뚝발이는 집에 들어오지 못하리라'"[삼하 5:8]) 역시 언급하지 않는다. 역대기의 다윗은 아무런 말도 하지 않는다. 그는 행동으로 말을 대신한다.

셋째로 사무엘하 5장은 (a)에서 (e)까지가 마치 연이어 발생한 것처럼 순서대로 서술한다. 그러나 역대기는 11장에서 (a)와 (b)를 다루고, (c)에서 (e)까

지는 14장에 가서야 다룬다. 그러면서 역대기는 (a)와 (b), 그리고 (c)에서 (e) 사이에 다윗이 예루살렘으로 법궤를 운반하는 이야기를 삽입한다(대상 13 장; 15장과 16장으로 계속 이어짐). 이상의 내용을 정리하면 다음과 같다:

사무엘하	역대상
(a)-(e), 5장	(a)-(b), 11장(과 12장)
예루살렘으로 법궤를 운반함, 6장	예루살렘으로 법궤를 운반함, 13장 (15장과 16장으로 계속 이어짐)
	(c)-(e), 14장

이러한 순서의 차이는 사무엘서나 역대기가 자신의 자료를 연대순으로 배열하지 않았을 것임을 짐작하게 한다. 예로써 역대기의 경우, 저자/편집자는 다윗이 군사 문제보다는 제의/예배 문제에 더 많은 관심을 가지고 있음을 강조하기 위해, 법궤를 예루살렘으로 운반하는 이야기를 블레셋과의 두 전쟁 앞에 두었을 것이다.

두 본문 사이에 있는 네 번째 흥미로운 차이는 다윗과 그의 군대가 블레셋 족속으로부터 취한 노략물을 어떻게 처리했는지에 관한 정보에 있다:

사무엘하 5:21: "거기서 블레셋 사람들이 그 우상을 버렸으므로 다윗과 그 종자들이 치우니라."

역대상 14:12: "블레셋 사람이 그 우상을 그곳에 버렸으므로 다윗이 명하여 불에 사르니라."

이러한 차이는 곧 역대기가 사무엘하에 암시되어 있는 것을 분명하게 밝히고 있음을 뜻한다. 이것은 가나안 종교에 속한 유형물들을 노략물로 취하거나 하나님께 가져가서는 안 된다고 규정하는 신명기 7:5("오직 너희가 그들에게 행할 것은 이러하니 … 조각한 우상들을 불사를 것이니라")와 일치한다.

IV. 6:1-23: 법궤 관리자

6:1-23. 법궤에 대한 사무엘상 14:18의 간략한 언급을 제외하고 나면, 거룩한 언약궤는 블레셋 족속이 그것을 처음에 벳세메스로 되돌려준 후, 기럇여아림에 있는 아비나답의 집에 머물러 있었다고 묘사하는 사무엘상 7:1-2 이후 한 번도 언급되지 않는다.

다윗은 자신의 주도 하에 3만 명을 보내어 법궤를 예루살렘으로 가져오게 한다. 3만 명이라는 숫자는 이전의 법궤 사건을 상기시켜 준다:

사무엘하 6:1: "다윗이 이스라엘에서 뺀 무리 삼만을 다시 모으고."
사무엘상 4:10: "살륙이 심히 커서 이스라엘 보병의 엎드러진 자가 삼만이었으며."

사무엘상 4~7장의 법궤 설화와 사무엘하 6장의 법궤 설화 사이에는 또 다른 일치점들이 존재한다(Van der Toorn and Houtman 1994: 222):

1. 법궤 운반 도구로 언급되는 "새 수레"(삼상 6:7; 삼하 6:3-구약에서 유일하게 이 두 곳에서만 언급됨)
2. 법궤 앞에서의 두려움을 표현하는 수사학적인 질문들의 사용
   a. 블레셋 족속: "누가 우리를 이 능한 신들의 손에서 건지리요?"(삼상 4:8)
   b. 벧세메스 거민: "이 거룩하신 하나님 야웨 앞에 누가 능히 서리요?"(삼상 6:20)
   c. 다윗: "야웨의 궤가 어찌 내게로 오리요?"(삼하 6:9)

그러나 두 설화 사이에는 적어도 한 가지의 차이점이 존재한다. 사무엘상 7장에 의하면, 법궤는 기럇 여아림에 머물러 있으며, 아비나답의 아들 엘리아살의 감독 하에 있다(삼상 7:1). 사무엘하 6장에 의하면, 법궤는 바알레 유

다에 머물러 있으며(삼하 6:2), 아비나답의 아들 웃사와 아효에 의해 운반된다(삼하 6:3). 인명(人名)의 불일치에 관하여, 우리는 엘리아살이 더 이상 존재하지 않기 때문이거나, 엘리아살(더 긴 이름)과 웃사가 동일인이기 때문이라고 추정할 수 있을 것이다. 지명의 불일치에 관해서는, 바알레 유다가 유다 지역에 속한 한 성읍이기 때문이라고 추정할 수 있을 것이다(참조. 삼상 17:12의 "유다 베들레헴"[Bethlehem of Judah]). 그리고 여호수아 15:9는 바알라를 분명하게 기럇 여아림과 동일시하고 있다.

황소가 끄는 수레로부터 법궤가 떨어지려는 위기에 처하게 되자 행렬이 멈춘다. 법궤가 땅에 떨어져 깨뜨려지는 일이 없게 하기 위하여 웃사가 손을 내밀어 법궤를 붙든다. 그러나 법궤를 붙드는 순간 그는 죽임을 당한다(7절). 그의 행동과 본능이 아무리 선한 의도를 가지고 있었다 할지라도 말이다. 사전 중재 과정을 거치지 않은 행동으로 인하여 초래된 웃사의 죽음은, 지극히 거룩한 영역에서는 부주의함이 용납될 수 없다는 것을 분명하게 보여 준다.

다윗이 하나님께 화를 낸 것(8절, 하나님을 향한 다른 분노의 표현들에 대해서는 본서 324-325쪽 참조)은 이해할 만한 일이다. 다윗의 대적인 블레셋을 "치신"(5:20) 야웨는 다윗을 돕는 자를 "충돌하시는" 분이기도 하다(8절).

3개월 간의 냉각기를 가진 후, 다윗은 법궤를 예루살렘으로 운반하는 일을 재개한다. 만일에 오벧에돔의 집이 법궤를 보관하고 있다는 것을 이유로 하여 하나님께서 그에게 복을 주셨다면(11b절), 예루살렘에 법궤를 위한 참된 "집"을 건축했다는 것을 이유로 하여 하나님께서 다윗과 그의 집에 복을 주실 것이다. 다윗은 오벧에돔이 경험했던 것을 기대한다.

법궤를 운반하는 일은 노래 부르고 춤을 추고 희생제사를 드리는 등 축제 행사의 성격을 갖는다(13-15, 17-19절). 미갈을 제외한 모든 사람들이 즐거움에 취해 있다. 다윗과 미갈은 "비꼬는 말투로 서로를 공격"한다(Alter 1981: 124).

둘 사이의 이야기는 다윗이 (백성과 함께) 야웨 앞에서 힘을 다해 춤을 추었다('사하크')고 말함으로써 시작된다(5절). 나중에 설화자는 다윗이 야웨 앞에서 힘을 다해 춤을 추었다는 말을 되풀이하지만(14절), 이번에는 '카르카르'라는 동사를 사용한다. 그리고 조금 후에 본문은 미갈이 다윗의 "뛰놀며”('파자즈') "춤추는”('카르카르') 모습을 보았다고 말한다(16절). 이것은 마치 설화자가 처음에는 "춤추는” 행동을 가리키는 표준적인 낱말을 사용하다가(5절), 더 활발하게 움직이는 모습을 나타내는 낱말로 옮겨가고(14절), 마지막에는 미갈이 본 것을 두 개의 낱말로 표현한 것 — 단순히 춤추거나 몸을 회전시키는 것이 아니라 뛰놀면서 몸을 회전시키는 — 처럼 느껴진다. 이러한 표현은 다윗을 향한 미갈의 적대감을 실감나게 묘사하려는 설화자의 의도에서 비롯된 것이다(Berlin 1983: 73).

왜 미갈이 그렇게 화를 냈는지는 확실치 않다. 알터(Alter 1981: 123)는 다음과 같은 가능성들을 제시한다: "다윗이 대중 앞에서 보인 품위 없는 행동; 자신은 여러 아내들 중의 한 명으로 임시 거처에서 무시당한 채 혼자 앉아 있는데 다윗은 영광을 누리고 있다는 것에서 비롯된 질투심; 최근 몇 년 동안 다윗이 자기에게 보인 무관심, 그가 취한 다른 아내들, 헌신적인 남편 발디와의 생이별 등에 대한 미갈의 분노; [아버지] 사울의 가문을 확고하게 대신하고자 하는 다윗의 정치적인 야심”(법궤를 '다윗 성'에 안치하는 데서 분명하게 드러나는). 그녀는 다윗에 대한 불쾌감을 표현하는 과정에서 본장 전반부에서 웃사를 대하시던 하나님과 같은 모습을 보인다(Polzin 1993: 65). 하나님은 죽이시고 다윗은 화를 낸다. 미갈은 비난하고 다윗은 조롱한다. 하나님과 미갈은 제각기 그들 나름의 방식으로 다윗 일행의 행동에 대해 트집을 잡는다.

다윗은 오해를 바로잡기 위한 노력을 거의 기울이지 않는다. 구약성서에서 한 개인이 "선택하다”라는 동사의 목적어로 1인칭 단수 대명사를 사용하는 경우(대상 28:4에 평행 본문이 있음)는 여기가 유일한 곳인 바, 다윗은 "야웨께서 네 아비 대신에 나를 택하셨다”(21절)고 말한다. 그러면서 다윗은 이미 입은 상처에 모욕감을 더하려는 듯이, 외설적인 노출 행동을 계속하겠다고 다짐한다(22절). 다윗이 전쟁터에서 얼마나 많은 블레셋 사람들을 죽일 수 있는지와는 무관하게, 만일 그가 자기 아내에게 모욕감을 주지 않고서는 말할 수 없다고 한다면, 그는 큰 문제점을 안고 있다 할 수 있다. 그 자신이 큰 문제점인 것이다.

미갈은 남은 생애 동안에 자식 없이 지낸다(23절). 그녀는 다윗의 아내들 중에 그렇게 된 유일한 사람으로 남는다. 미갈은 다윗이 헤브론에서 얻은 아내들(3:2-5)이나 여부스 족속으로부터 얻은 아내들(5:13-16)과 같지 않다. "예루살렘의 여부스 여인들은 다윗이 그의 집을 세우는 데 도움을 주지만(삼하 5장), 예루살렘에 있는 미갈은 그렇지 못하다"(Polzin 1993: 71). 설화자는 이후로 미갈의 불임(不姙)이 공식적으로 종결된 부부 관계나 둘 사이의 이혼 또는 야웨의 기름 부음 받은 자를 비판한 것에 대한 하나님의 심판 등에 의해 초래된 것이라는 설명을 피한다.

역대기는 이 사건을 사무엘하 6장과는 약간 다른 시각에서 다룬다. 이 점은 사무엘하 5장을 논할 때 이미 간략하게 지적한 바 있다. 사무엘하 6장과 마찬가지로 역대상 15:25~16:3은 법궤가 예루살렘으로 옮겨간 일에 대해서 보고한다. 이 본문은 매우 짧게 미갈의 불쾌한 감정을 소개하지만(15:29), 그녀와 다윗 사이의 대화에 대해서는 한마디도 언급하지 않는다. 역대기는 또한 법궤를 기둥에 꿰어 어깨에 멘 채로 운반하는 레위인들에 대해서 언급하며(15:15), 새 수레나 웃사 사건, 오벧에돔과 그의 집에 내린 복 등에 대해서는 침묵한다. 이어서 역대기는 사무엘하 6장에 없는 자료를 추가로 보탠다:

(1) 다윗은 레위 지파에 속한 자들로 하여금 법궤 앞에서 악기를 연주하게 한다(대상 16:4-6); (2) 다윗은 전문적인 레위 지파 소속 가수들로 하여금 찬송을 부르도록 격려한다(대상 16:7-36). 그 찬송은 사실상 시편의 세 부분들로부터 가져온 것이다: 역대상 16:8-22 = 시편 105:1-15; 역대상 16:23 = 33편 = 시편 96:1-13; 역대상 16:34-36 = 시편 106:1, 47-48. 여기서 다윗은 성전이 건축되기 전부터 이미 성전용 찬송을 작곡한 자로 묘사된다. 그 찬송은 설화적인 배경 속에서 제의적인 배경을 갖는 유일한 노래로 간주됨으로써, 그가 지은 다른 찬송들(삼하 1:17-27; 22장; 23장)로부터 구별되는 모습을 보인다(Weitzman 1997: 101); (3) 다윗은 레위 가문으로 하여금 법궤 앞에서 제의 일체를 담당하게 한다(대상 16:37-42). 사무엘하와는 달리 역대상은 이 장면에서 다윗의 관리자 역할을 크게 강조한다. 역대기 저자는 단순히 예루살렘의 하나님 예배를 정당화하는 차원을 넘어서서, 올바른 하나님 예배를 감독하고 활성화시키며 체계화시키는 다윗의 역할에 초점을 맞춘다(Wright 1998: 53-54).

법궤 운반에 관한 사무엘서의 이야기는 몇 가지 중요한 사실들을 우리에게 가르쳐 준다(Peterson 1995):

1. 하나님이 계신 곳은 아름다울 수도 있지만 위험스러울 수도 있다. 그리고 하나님을 섬기는 일 역시 아름다울 수도 있지만 위험할 수도 있다. 법궤 운반 이야기는 하나님을 섬기던 중에 죽은 웃사를 비하시키고, 하나님을 섬기던 중에 춤을 춘 다윗을 높인다.

2. 하나님의 안전과 행복에 대하여 사람이 책임을 져야 한다는 생각은 크게 잘못된 것일 수 있다. 웃사는 하나님을 상자 안에 가두어두지만, 하나님을 세상의 더러움으로부터 자유롭게 해 드리지 않으면 안 된다.

3. 우리는 하나님께서 추락하시지 않도록 막을 필요가 없다. 도리어 그가 우리를 추락으로부터 지켜 주겠다고 약속하신 바 있다("능히 너희를 보호하사 거침이 없게 하시고 … "[유 24]).

4. 웃사는 하나님을 보살피느라 분주하지만, 다윗은 하나님의 보살핌을 받아야 하는 자신의 현실(골리앗 앞에서, 사울 앞에서 등등)을 잘 알고 있다.

5. 화를 내면서도 다윗은 하나님을 향한 생기 있는 믿음을 간직하고 있다. 누구나 하나님께 화를 낼 수 있지만, 상자를 향하여 화를 낼 수는 없는 노릇이다.

6. 미갈은 웃사와 결혼하는 것을 더 원했을지도 모른다. 그는 다윗보다 더 예견 가능한 인물이요, 더 예의 바른 인물이다.

7. 우리는 행진에 관하여 너무 많이 말하고 노래하지만("시온을 향하여 행진하네" 또는 "그리스도의 군병들아, 전쟁터로 행진하며 나아가자"), 춤추는 것에 대해서는 충분히 말하지 않는 편이다.

V. 7:1-29: 한 가문의 우두머리

7:1-29. 본장은 세 부분으로 나뉜다: (1) 다윗은 하나님의 집을 짓고 싶어 한다(1-7절); (2) 주께서는 "고맙지만 괜찮다"는 답변을 주시면서도, 현재 그가 차지하고 있는 집과는 다른 집을 다윗을 위해 세워주겠다고 약속하신다 (8-17절); (3) 다윗은 하나님의 그러한 계시에 대하여 기도로 응답한다(18-29 절).

주석가들은 일반적으로 본장의 세 부분들이 서로 다른 저자들에 의해 생겨났다고 봄과 아울러, 본장이 후대에 다윗 이야기에 삽입된 것이라고 보지만, 신명기적인 언어와 메시아 강조에 비추어볼 때, 본장이 통일성을 가지고 있고 또 전후 문맥과 잘 연결되어 있다는 주장에 더 설득력이 있다(Van Seters 1983: 274). 예로써 법궤를 위해 장막보다는 집을 짓고 싶어 하는 다윗의 마음(7:2)은, 그가 법궤를 예루살렘으로 옮겨온 후에 법궤를 위하여 세운 장막에 관해 말하는 6:17-19과 잘 들어맞는다. 또한 자신의 왕궁에 대한 다윗의 언급(7:1-2)은 다윗을 위해 집을 짓는 두로 왕 히람에 대해 언급하는 5:1을 전제하고 있다. 마지막으로 야웨께서 사방의 모든 대적을 물리치심으로써 다윗에게 안식을 주셨다는 설명(7:1b)은 블레셋 군대에 대한 승리들 (5:17-25에 기록된)을 가리키고 있다.

다윗이 하나님을 위하여 집을 짓고 싶어 하는 것은 충분히 이해할 만한 일이다. 고대 근동 지역의 제왕 이데올로기는 왕들이 신전을 건축한 결과 왕과 그의 후손에게 신들의 복이 주어졌다는 사례들을 풍부하게 간직하고 있다 (Laato 1997a; 1997b). 프레다임(Fretheim 1983: 114-15)이 주목한 바와 같이, 성소는 세 가지 효용성을 가지고 있다. 첫째로 그것은 "무엇을 하든 상관없다" 식의 생각과는 달리 하나님 예배에 질서를 가져다준다. 둘째로 성소는 하나님 임재의 가시적인 측면을 대표한다. 단순히 "영적인" 임재만을 대표하지 않는다는 얘기다. 셋째로 성소는 하나님 임재에 대한 확신을 가져다준다. 하나님은 거기에 계시겠다고 약속하셨다. 그의 백성은 성소에 들어갈 때 거기서 그를 만날 것임을 확신할 수 있다.

균등의 원리에 충실하고자 할 경우, 다윗에게는 두 가지 선택의 가능성이 있다. 자신은 집에 살고 있는데 법궤는 천막에 안치되어 있는 까닭에, 다윗은 자기 집을 팔고 천막 안으로 들어갈 수도 있다. 그러나 위를 향해 움직이는 왕들이 자신의 거처를 축소할 리가 없다. 따라서 유일한 다른 선택은 하나님을 다윗의 수준에 맞추는 길밖에 없다. 하나님 역시 집을 갖게 하는 일이 그렇다.

이곳에 처음 소개되는 나단 예언자는 그 계획을 추인한다. 나단이 다윗에게 전한 조언이 잘못된 것으로 판명된다는 것은 기름 부음 받은 선한 예언자조차도 자기들의 느낌과 생각을 야웨 하나님의 느낌과 생각으로 착각할 수도 있음을 보여 준다. 이전의 사무엘과 마찬가지로(삼상 16:7) 나단은 겉으로 드러나 보이는 것에 너무 집착한다. 그렇다고 해서 나단을 너무 거세게 몰아부칠 필요는 없다. 어떤 도시의 가장 부요한 사람이 교회 건축 프로그램에 필요한 재정을 지원한다고 하면 어느 설교자가 흥분하지 않겠는가?

나단은 잘못 생각하기도 하지만, 그것을 곧바로 인정할 만큼 너그러운 사람이다. 나단은 다윗의 엉뚱한 생각을 별다른 반대 없이 그대로 인정하는 대신에 하나님께서 다윗에게 주시는 메시지를 전달한다(5-16절). 본문은 하나님께서 다윗에게 주시는 이 메시지를 다시 되풀이하지 않는다(출애굽기의 경우, 하나님께서 모세에게 말씀을 주시면 모세가 그 메시지를 액면 그대로 또는 약간 변형시켜 백성에게 다시 전달하는 것처럼). 그 대신에 17절은 "나단이 이 모든 말씀과 이 모든 묵시대로 다윗에게 고하니라"고 압축시켜 말한다.

이 메시지의 요지는 하나님께서 다윗의 신중한 제안을 물리치시지만 그의 아들들에 의해 계승되고 또 후손들에게 영원히 이어질 집을 지어 주실 것이라는 데 있다. 본장에서 가장 중요한 두 개의 낱말은 "집"과 "영원히"이다.

"집"이라는 낱말은 본장에서 15회 사용된다. 한 번은 설화자에 의해서(1절), 여섯 번은 하나님에 의해서(5, 6, 7, 11, 13, 16절), 그리고 여덟 번은 다윗에 의해서 사용된다(2, 18, 19, 25, 26, 27, 29[2x]). 이 낱말은 네 가지의 상이한 의미들을 포함하고 있다;

1. 집 = 왕궁(1, 2절) (NIV, "궁전")
2. 집 = 성전(5, 6, 7, 13절)

3. 집 = 왕조(11, 16, 19, 25, 26, 27, 29절)
4. 집 = 가족(18절) (NIV, "가족")

두 번째 핵심 낱말은 "영원히"이다. 그것은 본장에서 여덟 번 나온다. 이 낱말은 사무엘서와 열왕기의 어느 장에서보다도 본장에서 가장 많이 사용되며, 이 책들에 나오는 33회 용례들 중에 여덟 번이 본장에 나온다. 세 번은 하나님에 의해서(13, 16[2x]), 다섯 번은 다윗의 기도에서(24, 25, 26, 29[2x] 사용된다. 다윗이 이 낱말을 사용하는 횟수는 하나님께서 사용하는 횟수의 거의 두 배에 달한다.

주석가들은 다윗을 위해 "영원히 보전될 집"을 지어 주겠다는 하나님의 약속에 대한 본장의 이러한 강조점에 기초하여, 하나님께서 다윗의 집과 더불어 맺으신 무조건적인 언약을 그가 시내 산에서 이스라엘 집과 더불어 맺으신 조건적인 언약("너희가 내 말을 잘 듣고 내 언약을 지키면"[출 19:5])과 비교한다. 그러나 다윗 집에 주어진 약속은 편무적이고 무조건적인 성격만을 가지고 있지는 않은 것으로 보인다. 왕조 지속에 관한 신탁은 시내 산 언약에 깊이 뿌리박고 있는 듯하다(Eslinger 1994). "만일에' 라는 단서 조항이 이 신학에 없다고 해서 그 언약이 무효화되는 것은 아니다"라는 브루거만(1990: 259)의 말은 틀린 것이 아니다.

이 점은 특히 야웨께서 다윗의 아들에 대하여 다음과 같이 말씀하시는 경우에 잘 들어맞는다: "저가 만일 죄를 범하면, 내가 사람 막대기와 인생 채찍으로 징계하려니와"(14b절). 흥미롭게도 사무엘하 2장과 그 평행 본문인 역대상 17장 사이의 주된 차이가 바로 여기에 있다. 역대기 본문이 크게 변형시키고 있는 사무엘하 6장과는 달리, 사무엘하 7장을 되풀이하는 역대기 본문에는 거의 아무런 변화도 발견되지 않는다. 단지 예외가 있다면 역대기 본문이 사무엘하 7:14b를 생략하고 있다는 점이다:

사무엘하 7:14-15: "나는 그 아비가 되고 그는 내 아들이 되리니, 저가 만일 죄를 범하면 내가 사람 막대기와 인생 채찍으로 징계하려니와, 내가 네 앞에서 폐한 사울에게서 내 은총을 빼앗은 것 같이 그에게서는 빼앗지 아니하리라.”

역대상 17:13: “나는 그 아비가 되고 그는 나의 아들이 되리니, 나의 자비를 그에게서 빼앗지 아니하기를 내가 네 전에 있던 자에게서 빼앗음과 같이 하지 않을 것이며.”

그러나 하나님께서 다윗의 집에 주신 약속의 무조건적인 성격이나 영원성을 수정할 필요가 있는 또 다른 이유가 있다. 첫째로 하나님께서 다른 집을 향하여 이전에 “영원히” 유효한 약속을 주셨으나, 그 약속을 받은 자들이 죄로 얼룩진 삶을 통하여 약속 주신 분을 욕되게 함으로써 그것이 나중에 취소되는 경우를 예로 들 수 있다. 하나님께서 엘리와 그의 자손에게 주신 약속이 그러하다(삼상 2:30):

“내가 전에 네 집과 네 조상의 집이 내 앞에 영영히 행하리라 하였으나, 이제 나 야웨가 말하노니 결단코 그렇게 아니하리라.” 예레미야가 예루살렘의 운명을 엘리 가문이 사역한 실로의 운명과 비교한 것의 배후에는 부분적이나마 하나님께서 이처럼 “영원한” 언약을 철회하신 사건이 암시되어 있다(렘 7:12, 14; 26:6). 한 세기 전에 야웨께서는 이사야의 입을 통하여 예루살렘을 향해 자기가 그 성읍을 보호하시고 호위하시고 구원하시겠다고 말씀하지 않으셨던가?(사 31:5) 예레미야는 실로의 경우(“결단코 그렇게 아니하리라”)와 똑같이 “더 이상 그렇지 않다”고 말한다.

두 번째로 주목할 것은, 하나님이나 그의 예언자가 사무엘하 7장의 무수한 “영원히” 바로 다음에 다윗에게 주는 “영원히”가 밧세바 사건 직후인 사무엘하 12:10에서 발견된다는 점이다: “칼이 네 집에 영영히 떠나지 아니하리라.” 사무엘하 7장과 사무엘하 12장의 결합은 하나님의 “영원히”가 긍정적인 것일 수도 있고 부정적인 것일 수도 있음을 잘 보여 준다. 사실 폴진(Polzin 1993: 80)이 지적한 바와 같이, “하나님은 한 집을 향한 심판이 영원토록 효력 있게 하기 위해서라도 그 집의 안전을 영원히 지켜 주실 수도 있다.”

하나님을 향한 기도문 중에 가장 긴 찬양의 서술일 수도 있는 18-29절에서 다윗은 하나님께서 나단을 통하여 주신 말씀에 응답한다. 그의 기도는 다음의 유형을 따르고 있다(Miller 1994: 345-46):

1. 계기 — 나단이 그에게 왕조 신탁을 전달하자 다윗이 야웨 앞에 앉는다.
2. 인사말 — 여덟 번 반복되는 "주 야웨 하나님이여"(18, 19[2x], 20, 22, 25, 28, 29절); "야웨여"(24절).
3. 찬양 — 18-24절 전체가 사실은 찬양에 해당하며, 다윗과 그의 왕가(王家)를 확립시키신 하나님의 위대하심(18-21절)과 이스라엘 나라를 구속하시고 세우신 하나님의 은혜(23-24절)에 초점을 맞추고 있다.
4. 간구 — "야웨 하나님이여, 이제 주의 종과 종의 집에 대하여 말씀하신 것을 영원히 확실케 하옵시며 말씀하신대로 행하사"(25절).
5. 동기 — "사람으로 영원히 주의 이름을 높여 이르기를 … 주께서 이 좋은 것으로 종에게 허락하셨사오니"(26-28절).
6. 간구 — "이제 청컨대 종의 집에 복을 주사 주 앞에 영원히 있게 하옵소서"(29a절).
7. 동기 — "주 야웨께서 말씀하셨사오니 주의 은혜로 종의 집이 영원히 복을 받게 하옵소서"(29b절).
8. 하나님의 응답 — 직접적인 응답은 없다. 유다 왕조의 역사가 응답에 해당한다.

본장의 이야기는 지상의 모든 신앙 공동체를 향하여 몇 가지 중요한 개념들을 제시하고 있다(이 개념들 중의 일부는 한때 나의 제자였으나 지금은 나의 동료인 스톤[Lawson Stone]의 도움을 받은 것이다):

1. 우리는 하나님께서 우리의 고상하고 소중한 꿈들과 열망들 중 일부를 인정하지 않으실 수도 있음을 받아들여야만 한다. 바울은 그 점을 잘 알고 있었다. 성령께서 그의 삶을 인도하셨음을 나타내는 가장 분명한 증거는 성령께서 그의 계획을 인정하지 않으실 때였다: "성령이 아시아에서 말씀을 전하지 못하게 하시거늘"(행 16:6); "무시아 앞에 이르러 비두니아로 가고자 애쓰되 예수의 영이 허락지 아니하시는지

라”(행 16:7). 하나님은 비두니아로 가는 길을 막으시고 드로아로 가는 길을 열어주셨다. 이로써 복음이 유럽으로 확산되는 길이 열린다. 비두니아로 가고 싶지만 드로아로 가야만 한다! “하나님께서 ‘아니’라고 말씀하실 때 그것을 꼭 거부로 볼 필요는 없다. 그것은 방향 조정이라 할 수 있는 것이다(Swindoll 1997: 162).

2. 하나님께서 아니라고 말씀하실 때 그것이 꼭 우리가 범죄하였음을 뜻하는 것은 아니다. 그것은 단지 우리의 최선이 잘못된 것임을 뜻할 수도 있다. 잘못된 판단을 범죄 행위와 혼동해서는 안 된다.

3. 우리를 위한 하나님의 계획은 우리가 하나님을 위해 세우는 어떠한 계획보다도 크고 위대하다. 다윗을 위해 집을 세우려는 하나님의 계획은 다윗이 하나님의 집을 짓기 위해 세운 어떠한 계획보다도 소중하다.

4. 다윗은 집짓기 프로젝트에 관심을 가지고 있다. 그러나 하나님은 한 가문을 세우는 일에 관심을 가지고 있다.

5. 다윗은 무엇인가를 성취하고자 하는 욕구에 사로잡혀 있다. 그러나 하나님은 그에게 무엇인가를 받는 것에 관해 가르치고자 하신다. 많은 사람들에게 있어서 무엇인가를 받는다는 것은 어려운 일이다. 자기 발을 직접 닦는 것이 누군가로 하여금 자기 발을 닦게 하는 것보다는 한층 쉬운 법이다. 아이들이 좋아하는 TV 인기 배우 로저스(Fred Rogers)는 그것을 간결하게 잘 묘사하고 있다: “받는다는 것은 매우 어려운 일이다. 당신이 무엇인가를 줄 때에는 충분한 자제력을 가질 수 있다. 그러나 무엇인가를 받게 되면, 당신은 매우 허약한 존재가 된다. 내가 보기에는 당신이 사람들에게 줄 수 있는 최고의 선물은 그들이 제공하고자 하는 것을 정직하게 받아들이는 데 있다.”

VI. 8:1~10:19: 전사

8:1-18. 본장은 균일하지 않은 두 단락으로 나뉜다: (1) 다윗 제국이 남서

쪽 방향으로(1절), 동쪽 방향으로(2절), 북동쪽 방향으로(3-8절), 북쪽 방향으로(9-10절), 남쪽 방향으로(13-14절) 확장됨; (2) 다윗 주변을 둘러싸고 있는 관료들의 명단 — 군사 지도자(16a, 18절), 행정 관리(16b, 17b절), 제사장(17a절). 멘덴홀(Mendenhall 1973: 11)은 1-14절에 서술된 제국 확장 정책을 "다윗 왕 치하에서 이루어지는 가나안 옛 도시 국가들의 통합"으로 칭한다.

다윗이 벌인 1-14절의 전쟁 목록에서 우리는 몇 가지 주목할 만한 것들을 발견한다. 첫째로 그 전쟁들은 다윗이 벌인 최초의 공격전들이다. 따라서 그것들은 5:17-25에 있는 방어전들로부터 구별되어야 한다. 그 전쟁들에서 다윗은 자신을 치기 위해 "올라온" 블레셋 군대에 맞서 자신을 방어한다. 그 방어전들에서 다윗은 처음에는 하나님의 인도하심을 구한다(5:19a, 23a). 그러나 8장의 전쟁들에서는 그런 일이 없다. 5장에서 다윗은 하나님께서 승리를 주실 것임을 확신한다(5:20b). 그러나 8장에서는 그런 일이 없다. 8장에서 설화자는 열심히 다윗을 칭송한다("명예를 얻으니라"[13절]). 그러나 5:17-25에서는 그런 일이 없다.

둘째로 본장은 다윗이 전리품들을 자신의 창고에 저장하지 않았다고 말한다. 다윗은 대적들에게서 빼앗은 무기들(8절)과 각종 그릇들(10b-12절)을 예루살렘으로 가지고 와서 야웨께 바치며, 그들에게서 빼앗은 말들은 제거한다(4b절). 신명기 17:14-20의 선한 왕과 마찬가지로 다윗은 자신을 위하여 말들(신 17:16)과 은금(신 17:17)을 축적하지 않는다.

셋째로 다윗은 사로잡은 대적에게 엄청난 고통을 안겨 준다. 그는 특히 모압 사람들을 그렇게 다룬다(2절). 본절의 의미는 매우 불분명하다. 다윗이 모압 인구의 3분의 2를 죽였다고 할 수도 있고, 그가 모압 사람들 중에 키가 크고 능력 있는 자들만을 죽임으로써 "모압 종족을 유전학적으로 약화시키는" 방법을 취했을 수도 있다(Niditch 1993: 130). 이에 더하여 다윗은 2만2천 명의 아람 사람(5절)과 1만 8천 명의 에돔 사람(13절)을 죽인다.

이 사건에 대한 역대기의 설명(대상 18장)은 사무엘하 8:5(대상 18:5)와 사무엘하 8:13(대상 18:12)의 매우 큰 숫자들을 그대로 간직하고 있지만, 다윗이 모압 사람들을 땅에 엎드리게 하고 두 줄 길이의 밧줄과 한 줄 길이의 밧줄로 그들의 키를 측량했다는 사무엘하 8:2의 내용을 완전히 제거한다. 여기서 처음으로 우리는 다윗이 새로운 역할을 수행하고 있음을 목격한다. 이제까지의 성서 내용에서 다윗은 늘 쫓기는 자의 처지에 놓여 있었다. 그런데 이제는 쫓는 사람이 된 것이다. 먹잇감에서 한순간에 약탈자의 자리로 옮긴다는 것은 쉬운 일이 아니다.

다윗의 관료 조직(15-18절)에서 가장 흥미로운 것은 이제까지 알려지지 않았던 사독을 다윗 자신의 몇몇 아들들과 함께(18b절; “대신”으로 번역된 히브리어 ‘코하님’은 “제사장들”을 뜻함: 역주) 제사장들 중의 한 명으로 임명했다는 점이다(17a절). 사독(사두개인들은 사독의 이름을 따라 지어진 자들을 가리킨다)은 나중에 다윗 이야기에 나타나지만(삼하 15:24; 왕상 1:34; 2:35), 특히 에스겔의 재건된 성전 환상에서 레위 계열 제사장들의 지도자/창시자 — 재건된 성전에서 봉사하는 — 로 널리 알려져 있다(겔 40:46; 43:19; 44:15; 48:11).

다윗이 제사장들을 임명할 수 있다거나 그렇게 했다는 것은 제사장들이 왕에 의해 임명될 수도 있고 왕에 의해 해고될 수도 있는(아도니야 편을 들었다가 추방당하는 아비아달의 경우처럼, 왕상 2:27, 35b) 자들로 여겨졌음을 암시한다. 그런데 이보다 더 뜻밖의 일은 다윗이 자기 아들들을 제사장으로 임명했다는 점이다(18b절; NIV는 ‘코하님’을 이상하게도 “제사장들”로 번역하지 않고 “왕의 고문들”로 번역하고서는 더 나은 번역을 각주로 처리한다. 그런데 70인역은 ‘코하님’을 ‘히에레이스’ [“제사장들”]로 번역하지 않고 ‘아울라르카이’ [“왕실 관리들”]로 번역하고 있다). 다윗은 레위 사람이 아니다. 그는 유다 사람이다. 다윗은 제사장을 임명할 수 있는 재량권을 가지고 있었을 수도 있고, 시대에 뒤떨어진 친족 중용의 잘못을 저질렀을 수도 있다. 혈통이 기본 지침보다 더 중요하게 여겨진 셈이다. 그의 아들들 중 누가 제사장으로 임명되었는지는 알 수 없다. 그러나 그 다음의 이야기들에 언급되는 다윗의 아들들이 한결같이 아버지의 마음을 행복하게 해 주지 못했다는 것만큼은 확실하다. 이와는 달리 다윗 군대의 이방인 용병들에 해당하는 그렛 족속(크레타 섬 사람들)과 블렛 족속(갑돌 사람들?)은 그의 아들들처럼 그를 배반하는 일이 결코 없다(18a절).

확실히 설화자는 두 번에 걸쳐서 승리의 영광을 야웨께 돌린다(6c절, 14c

절). 그럼에도 불구하고 본장에서 몇 가지 염려를 덜게 된다. 브루거만(1990: 264)이 지적한 바와 같이, "그처럼 엄청난 복은 다윗에게(우리 모두에게도) 엄청난 유혹으로 작용한다. 행복은 우리들로 하여금 복을 주시는 하나님을 망각하도록 유혹한다." 바울이 "풍부"와 "궁핍"의 경험을 했다고 말할 때(빌 4:12), 우리는 풍부한 삶을 사는 것이 부족한 삶 또는 아무것도 없는 삶을 사는 것보다 영적으로 더 도전적인 것임을 그가 발견했다는 의미로 받아들일 수도 있다.

9:1-13. 이 짧은 장은 다윗이 이방 나라들과 더불어 벌인 전쟁들과 제국의 확장을 다루는 두 개의 장들 사이에 끼어 있다. 본장에서 다윗은 사울 가문의 생존자를 찾아 그에게 자비('헤세드')를 베풀고자 한다. 사울 가문의 생존자는 요나단의 장애 아들 므비보셋(또는 므립바알, 대상 8:34; 9:40; 이 이름은 역대기에 나타나는 또 다른 "바알" 이름으로, 이스보셋과 에스바알에서 보듯이 사무엘서에서는 "보셋" 이름으로 바뀐다)임이 확인된다. 이 이야기는 다윗이 므비보셋으로 하여금 남은 생애 동안 왕의 식탁에서 먹을 수 있게 하는 것으로 끝을 맺는다. 므비보셋은 다윗을 본받아 그에게 다음과 같이 말할 수도 있었을 것이다: "내 원수의 목전에서 내게 상을 베푸시고"(시 23:5).

다윗은 독자가 그에게 알기를 기대하는 사람들을 알지 못한 것으로 나타난다. 왜냐하면 그는 수년 동안 요나단과 친밀한 관계를 유지해 왔음에도 불구하고 요나단의 아들 므비보셋의 존재에 관하여 아무런 정보도 가지고 있지 않은 것으로 보이기 때문이다. 마찬가지로 밧세바의 집이 다윗의 집으로부터 그렇게 멀리 떨어져 있지 않음에도 불구하고(그는 자신의 열린 눈으로 그녀를 볼 수 있었다) 다윗은 그녀가 누구인지를 전혀 알지 못한다(11:2-3).

우리는 다윗이 왜 갑자기 사울 가문의 생존자에게 그렇게 애착을 보이는지를 분명하게 알지 못한다. 겉으로 보기에 그것은 요나단을 향한 아가페적 사랑에 뿌리박은 솔직하고 자비로운 행동에서 비롯된 듯하다. 지나간 시절에 요나단은 다윗에게 이렇게 말한 적이 있다: "야웨께서 너 다윗의 대적들을 지면에서 다 끊어 버리신 때에도 너는 네 인자['헤세드']를 내 집에서 영영히 끊어 버리지 말라"(삼상 20:15). 야웨께서는 그의 말대로 사무엘하 8장과 10장에서 다윗의 대적들을 제거해 주신다. 그러나 다윗이 국제 문제와 군사 분쟁에 몰두해 있을 때에, 과연 그것들은 자신의 생존을 가능하게 한 충성스럽고 믿음직한 친구의 부탁을 잊게 할 만큼 절박한 것들이었을까? 다윗은 생존자이다. 므비보셋 역시 생존자이다. 어떤 한 생존자가 생존하지 못한 친구를 향한 신의를 지키기 위하여 다른 생존자의 행복을 찾아 나선다.

그러나 주석가들은 다윗의 동기를 순수한 눈으로 바라보지 않는다. 그들 중 많은 사람들은 다윗의 요청이 진심에서 우러난 것이라기보다는 계산된 것이라고 생각한다. 몇 가지 견해들을 소개하면 이렇다.

다윗은 므비보셋을 보살피고 돌본다는 명분으로 잠재적인 왕권 경쟁자들을 찾아내려고 한 것이 아닐까?(Gunn and Fewell 1993: 104, 69) 다윗은 정말로 므비보셋을 향한 너그러운 마음을 가지고 있었던 것일까, 아니면 그를 자신의 감독 하에 두려는 신중한 태도를 견지하고 있었을까?(Whybray 1968: 36) 다윗은 사울 가문의 마지막 사람인 므비보셋을 주시하기 위해 그를 위한 식당 시설비용을 기꺼이 감수한 것이 아닐까?(Sternberg 1987: 255) 므비보셋을 그의 고향으로부터 다윗의 집으로 이주시킴으로써 다윗은 사실상 므비보셋을 정치적인 죄수로 만들고는(Perdue 1984: 75) 그를 가택 연금시킨 것이 아닐까?(Ackerman 1990: 43)

그럼으로써 다윗은 사울의 이름을 내걸고 감행할 수도 있는 반란을 사전에 예방하고자 한 것이 아닐까?(Flanagan 1972: 180) 다윗의 행동은 "백악관이 한 가없은 가족을 위해 매스컴 보도를 예상하고 마련한 행사"(Brueggemann 1990: 267)와 유사한 것이 아닐까?

내가 보기에는 다윗이 다리에 장애를 가진데다가(4:4; 9:3, 13) 멀리 떨어진 성읍 로드발(구약에서 네 가지의 상이한 모음/발음 변화를 보이는 지명임) — 길르앗 북쪽의 암몬 영토에 있는 얍복 강 북쪽의 텔 엘-함메(Tell el-Hammeh)로 추정됨 — 에 살고 있는(5절) 자가 반란을 일으킬지도 모른나는 편협한 생각에 사로잡혔을 것 같지는 않다.

독자는 므비보셋이 다윗의 집에 소환당했을 때 어떤 느낌을 가졌을 것인지를 상상해 볼 수 있다. 어떤 운명이 그를 기다리고 있을까? 양쪽 발에 장애가 있음에도 불구하고 그는 다윗에게 와서 그 앞에 엎드릴 수 있었다. 다윗은 단순히 그의 이름을 부를 뿐이다(어떠한 말투로?): "므비보셋이여!"(6절).

우리는 이 장면을 주권자가 단순히 자기 앞에 있는 사람의 이름만을 부르는 또 다른 장면과 비교할 수 있을 것이다:

사무엘하 9:6: "다윗이 가로되, '므비보셋이여!' 하니."
요한복음 20:16: "예수께서 '마리아야!' 하시거늘."

므비보셋이 즉각 로드발로 돌아가서 "다윗을 만나고 왔다"고 했을 것 같지는 않다. 므비보셋은 자신을 종으로 칭한다. 반면에 마리아는 부활의 소식을 전하는 자가 된다.

다윗의 생애에 있었던 이 사건은 사무엘상에 있는 이전 사건들을 가리킬 뿐만 아니라 열왕기하에 있는 사건들을 앞질러 보여 주기도 한다(Polzin 1990: 102-6, 본장의 나머지 부분에 대한 필자의 설명은 폴진에 힘입은 바크다). 무엇보다도 쇠락한 사울 왕가와 쇠락한 엘리 제사장 가문 사이에는 몇 가지 평행 요소들이 존재한다:

1. "사울의 집에 오히려 남은 사람이 있느냐? 내가 요나단을 인하여 그 사람에게 은총을 베풀리라"(삼하 9:1); "네[엘리] 집에 남은 사람이 각기 와서"(삼상 2:36).
2. "므비보셋이 다윗에게 나아와서 엎드려 절하매"(삼하 9:6); "네 집에 남은 사람이 … 그[신실한 제사장]에게 엎드려"(삼상 2:36).
3. "므비보셋은 왕자 중 하나처럼 왕의 상에서 먹으니라"(삼하 9:11; 9:13도 마찬가지임); "네 집에 남은 사람이 각기 와서 은 한 조각과 떡 한 덩이를 위하여 그에게 엎드려 … 나로 떡 조각을 먹게 하소서 하리라"(삼상 2:36).

그러나 성서 역사의 후반기에 가면서 다윗 가문이 이전의 사울 가문처럼 비틀거릴 때, 다윗의 후손들 중 한 명이 다른 사람의 식탁에서 식사하는 일이 발생한다: 여호야긴 왕이 바벨론 왕 에윌므로닥의 식탁에서 식사를 하게 된 것이다(왕하 25:27-30 = 렘 52:31-34).

쇠락한 가문	생존자	은인(생존자에게 자기 식탁에서 식사하게 하는 자)
엘리의 가문	가족 중 남은 자	신실한 제사장
사울의 가문	므비보셋	다윗
다윗의 가문	여호야긴	바벨론 왕 에윌므로닥

이 장면들 중 특히 마지막 두 장면은 "항상 먹게 하였다"는 것을 되풀이 강조한다는 점에서 서로 긴밀하게 관련되어 있다. 므비보셋은 다윗의 식탁에서 "항상" 먹으며(삼하 9:7, 10, 13), 여호야긴은 "종신토록"(문자적으로는 사무엘하 9장에서처럼 "항상"['타미드']) 에윌므로닥의 식탁에서 먹는다(왕하 25:30).

다윗이 사울 가문을 남겨둔 것과 하나님께서 다윗 가문을 남겨두신 것 사이에도 평행 요소가 존재한다. 다윗이 사울 가문의 생존자에게 자비를 베푼 이유는 요나단을 "인하여"이다(9:1, 7). 그리고 하나님께서 다윗 가문의 생존자들 — 종종 비참하고 모욕적인 운명에 처해지는 — 에게 자비를 베푸시고 심판을 누그러뜨리시는 이유는 다윗을 "위하여"이다(왕상 11:12, 13, 32, 34; 15:4; 왕하 8:19; 19:34; 20:6).

그러나 하나님께서 이스라엘에게 은혜를 베푸시는 것은 어떤 다른 사람으로 인하여서이다. 모세를 통하여 하나님은 자기 백성에게 그들이 땅의 복을 받을 것이라고 말씀하신다. 이는 그들에게 그 땅을 소유할 만한 자격이 있어서가 아니다. 도리어 그곳에 이미 살고 있는 이방 민족들이 악하기 때문에, 그리고 가장 중요한 것은 하나님께서 족장들에게 주신 약속 때문에 그러한 복이 주어지는 것이다(신 9:4-5).

10:1-19. 10장은 다윗이 평소에 좋아하던 고인(故人)에게 "은총을 베풀되," 자비로운 행동을 통하여 그의 가족이나 후손에게 보상하고자 한다는 점에서 9장과 연결된다. 여기서 우리는 사무엘하 9:1; 10:2 외에도 사무엘하

19:32-40을 참고할 필요가 있다. 이 본문에 의하면, 연로한 바르실래는 이제 살 날이 얼마 남지 않았다는 것을 이유로 하여 자신에게가 아니라 자기 아들 김함에게 은총을 베풀어달라고 다윗에게 부탁한다. 구약성서에서는 이처럼 세대를 뛰어넘는 징벌 개념(예로써 출 20:5; 신 5:9)만이 아니라 세대를 뛰어넘는 은총 개념도 발견된다.

다윗이 아버지 나하스를 계승한 암몬 족속의 왕 하눈에게 은총을 베풀거나 성실함을 지키되, 나하스가 자기에게 은총을 베푼 것처럼 하기를 원한다는 것(2절)은 다소 놀라운 일이 아닐 수 없다. 나하스는 사울 시대에 요단 동편에 있는 이스라엘 사람들에게 두려움의 근원이었다(삼상 11장). 사울 시대의 나하스는 다윗 시대의 나하스와 동일 인물일까? 만일 그렇다면, 이스라엘 왕과 암몬 왕 사이의 균열이 다윗 시대에 치유된 것일까? 아니면 다윗이 암몬으로 사신들을 파견하기 위한 구실을 얻으려고 약간은 진실성이 덜한 태도로 그렇게 하고자 한 것일까?

하눈의 조언자들은 바로 이 점을 의심한다(3절). 그리하여 하눈은 다양한 방법으로 다윗의 사신들에게 모욕과 수치를 안겨 준다. 그가 취한 조치에는 그들의 수염을 자르고 그들의 옷을 자름으로써 신체를 노출시키는 상스러운 일이 포함된다. 확실히 암몬 사람들은 자기들의 대적들에게 항상 절반의 징계를 가한다. 두 눈이 아니라 오른쪽 눈 하나만을 빼라고 하는 것이나(삼상 11:2), 수염을 다 깎지 않고 절반만 깎는 것, 그리고 옷을 다 자르지 않고 허리 부근까지 또는 허리 바로 아래까지만 자르는 것(이로써 그들을 여자처럼 만든다[Niditch 1993: 118]; 양쪽 엉덩이가 드러날 정도로 옷을 잘랐음을 뜻한다: 역주) 등이 그렇다. 하눈은 솔로몬의 아들 르호보암 같은 자이다. 르호보암 역시 조언자들의 잘못된 충고에 귀를 기울인 결과 상당한 대가를 치러야 했기 때문이다(왕상 12:10-11).

다윗은 자신의 신하들로 인하여 얻은 당혹감을 이기지 못한 나머지, 그들을 "종려의 성읍"인 여리고로 보내어 몸과 마음의 상처를 치료하게 한다(5절). 그러나 그는 암몬에 진 빚을 갚기 위해 자신이 직접 군대를 이끌지 않고 11:1에서처럼 요압에게 군대를 딸려 보낸다(7절).

요압은 본장에서 야웨에 관하여 말하는 유일한 인물로 나타난다: "너는 담대하라. 우리가 우리 백성과 우리 하나님의 성읍들을 위하여 담대히 하자. 야웨께서 선히 여기시는대로 행하시기를 원하노라"(12절). 전쟁 전에 병사들을 격려하는 일은 일반적으로 제사장에 의해서 이루어졌지만(신 20:2에 분명하게 언급되어 있으며, 민 31:6; 삼상 4:4; 14:3, 18에는 암시되어 있다), 사사들과 같은 제사장 아닌 자들에 의해서도 이루어질 수 있었다(삿 4:14; 7:15).

요압과 그의 형제 아비새는 아람 사람들과 암몬 사람들을 쫓아내는 데 성공한다(13-14절). 다윗은 자신에게 유익되지 않는 누군가를 쫓아낸다는 것이 무엇을 뜻하는지를 잘 알고 있다(삼상 19:10, 18; 20:1; 21:10). 요압이 암몬 사람들과 싸우는 과정에서 희생된 자들의 수는 전혀 언급되지 않는다. 그러나 다윗은 암몬 사람들과 연합한 아람 사람들을 상대로 하여 전쟁을 벌이는 중에 4만 명이나 되는 사람들을 죽인다(18절).

다윗이 아람 사람들을 대한 방식(19절)은 패배한 적군을 어떻게 다루어야 하는지에 관한 신명기의 가르침을 그대로 따른 것이다. 패배한 성읍에 "평화"를 제안한다는 것은 그 성읍을 살리되 그 성읍 사람들이 승리를 거둔 쪽을 섬긴다는 조건으로 그들에게 항복할 기회를 제공함을 의미한다(신 20:10-12). 승리를 거둔 쪽이 제시하는 항복의 조건은 "우리와 약조하사이다"라는 표현에 잘 반영되어 있다(수 9:6, 7, 11, 16; 삼상 11:1). 승자가 내건 조건을 수락하는 패자의 행동은 특정 동사와 명사 '샬롬' (예로써 "'샬롬'을 선언하라")을 통해서 또는 '샬롬'으로부터 파생한 동사 '히슐림'("평화하기로 회답하다," 신 20:12; 수 10:1, 4; 11:19)을 통해서 표현된다.

여기서 아람 사람들은 승리를 거둔 이스라엘과 평화 협정을 맺으며('야슐리무'), 그들을 섬기게 된다('야브둠,' 19절). 9장에서 사울의 종들은 한때 사울의 종으로 여겨지던 다윗을 섬기게 된다(삼상 17:32, 34; 26:18, 19). 이전에 사울을 섬기던 종들이 이전에 사울의 종이었던 다윗의 종들이 된 것이다. 그리고 9장의 경우 국내 전선에서 발생한 일이 10장에서는 국제적인 차원에서 발생한다. 다윗은 새로운 종들, 곧 아람/시리아 사람들을 받아들인다.

VII. 11:1~12:31: 간음자, 살인자, 참회자

11:1-27. 암몬 족속을 도망하게 한 것(10:14)으로는 충분하지 않다. 그들은 다윗의 사신들을 모욕한 행동에 대하여 벌을 받지 않으면 안 된다(11:1). 이를 위하여 다윗은 암몬 족속의 수도인 랍바("위대한 자") — 오늘날 요르단의 수도인 암만 — 로 징벌군을 파견한다. 다윗 자신은 어떤 설명하기 어려운 이유들로 하여 예루살렘에 그대로 남는다(1절 하반절). 일반적으로 주석가들은 본장의 나머지 부분에 있는 다윗의 범죄가 무책임하게 왕으로서의 역할을 회피한 것에 기인한다고 본다. 그가 마땅히 있어야 할 곳에 있었다면, 우리아/밧세바 사건은 결코 발생하지 않았을 것이다. 그러나 이러한 추론이 꼭 옳다고 할 수만은 없다. 확실히 사무엘 시대의 사람들은 "우리를 다스리며 우리 앞에 나가서 우리의 싸움을 싸워야 할"(삼상 8:20) 왕을 구했었다. 그러나 지상의 왕에 대한 그들의 희망이 그렇다고 해서 이스라엘의 왕에 대한 하나님의 희망도 그와 똑같은 것은 아니다.

다윗이 자신의 군대와 함께 전쟁터에 나가지 않은 것이 이번이 처음은 아니다. 암몬과의 전쟁 초기(10:7-14)에 그는 이곳 11:1에서처럼 요압을 보낸다(10:7). 다윗이 대리인을 전쟁터에 보낸 다른 사례들은 이스라엘과 에돔 족속 사이의 전쟁에 관한 역대기의 설명(아비새의 이름만이 유일하게 언급됨 [대상 18:12-13])과 시편 60편의 표제("요압이 돌아와 에돔을 염곡에서 쳐서 일만이천 인을 죽인 때에"; 참조. 왕상 11:15)에서 찾아볼 수 있다. 접전이 벌어지는 중에 적군의 왕을 죽인다는 것은 자기 편 군대의 사기를 크게 올려 주는 일임에 틀림없다(삼상 31장에서 사울에게 발생한 일이나 왕상 22:31-37에서 이스라엘 왕 아합에게 발생한 일이 그렇다. 아합의 경우 그의 군대는 "목자 없는 양 같이 흩어지는" 모습을 보인다[왕상 22:17]).

다윗은 왕궁 지붕 위에서 오후 늦게 산책하다가 뜻하지 않게 한 아름다운 여인이 자기 집에서 목욕하는 모습을 목격한다. 그녀가 왕궁으로부터 몇 집 떨어진 곳에 살고 있었음에도 다윗은 그녀가 누구인지를 알지 못한다. 그녀는 어느 정도 명망 있고 부요한 사람이었음에 틀림없다. 그렇지 않고서야 어찌 그녀가 왕궁으로부터 돌멩이 하나 던져서 닿을 거리에 집을 얻을 수 있겠는가? 그리고 그녀는 이미 결혼한 여인임이 분명하다. 왜냐하면 당시에 혼자 사는 여자는 그러한 행정 구역에 집을 얻을 수 없었기 때문이다. 아니면 그런 집에서 일하는 하녀였을까?

다윗의 행동이 "알아보게 하다"('다라쉬')라는 동사로 표현되고 있다는 것(3절)은 이전에 다윗이 이 낱말을 사용한 경우들에 비추어볼 때 매우 흥미로운 점을 가지고 있다:

2:1: "다윗이 야웨께 물어 가로되"
5:19: "다윗이 야웨께 물어 가로되"
5:23: "다윗이 야웨께 묻자온대"
11:3: "다윗이 보내어 그 여인을 알아보게 하였더니"

확실히 당시에 다윗은 야웨께 물어야 할 큰 일을 앞에 두고 있었다. 과거에 그가 그러했던 것처럼 말이다. 목욕하는 아름다운 여인에 관해서 물어야 할 때가 아니었다는 얘기다. 다윗은 만일에 자신의 물어보는 행위가 자신으로 하여금 범죄케 할 경우에는 그러한 행동을 과감하게 내던져야 한다는 것(마 5:29)을 알지 못했다.

다윗은 그녀의 이름(밧세바)과 아버지의 이름(엘리암), 그리고 애석하게도 남편의 이름(우리아)을 알게 된다. 특히 마지막 정보는 다윗이 마음속에 품고 있었을지도 모르는 공상에 철퇴를 내렸어야 했다. 다윗 군대의 헷 족속 용병으로서 야웨 신앙에 속한 멋진 이름("야[야웨]는 나의 빛")을 가진 우리아는 평범한 보병이 아니었던 듯하다. 그가 왕궁 가까이에 막사 대신 자기 집을 가지고 있었다는 사실이 그 점을 암시한다.

밧세바의 경우도 마찬가지이다. 그녀의 아버지 엘리암에 대해서는 알려진 바가 거의 없다. 그러나 그녀의 할아버지(엘리암의 아버지)는 다른 누가 아닌 아히도벨이다(참조. 삼하 23:34). 그는 다윗에게 없어서는 안 될 소중한 조언자였다. 나중에는 압살롬에 대하여 그는 그러한 존재로 여겨진다(심하 16:23). 어느 시점에선가 아히도벨은 압살롬을 지지하게 된다(17:1-4, 14). 다윗에게는 정말 유감스러운 일이었다(15:31). 아이러니컬하게도 손녀딸을 다윗에게 빼앗긴 아히도벨은 나중에 압살롬에게 다윗 왕궁에 남아 있던 다윗의 후궁들과 "동침하라"고 조언한다(16:20-22).

많은 번역본들이 괄호 안에 처리하고 있는 4절 하반절의 설명은 그 나름의 중요한 의미를 가지고 있다: "저(밧세바)가 그 부정함을 깨끗케 하였으므로." 첫째로 이 구절은 2절의 목욕이 여인의 정기적인 월경이 끝난 후에 행해지는 정결 의식(레 15:19-24)에 해당하는 것임을 보여 준다. 둘째로 밧세바가 남편과 함께 지낸 후에 월경 기간을 보냈다는 것은 그녀가 임신하게된 아이(5a절)가 우리아의 아이일 수 없음을, 따라서 다윗의 아이일 수밖에 없음을 의미한다. 사실 여기서 우리는 "씻다, 목욕하다"('라하츠')라는 동사와 관련된 언어 유희를 발견할 수 있다:

2절: "그곳에서 보니 한 여인이 목욕을 하는데."
8절: "다윗이 우리아에게 '네 집으로 내려가서 발을 씻으라' 하니."

다윗은 밧세바가 몸을 씻고 있는 모습을 보며, 우리아에게 집에 가서 발을 씻으라고 지시한다. 이(Yee 1988: 246)가 지적한 바와 같이, 이 두 씻음 중의 첫 번째 것은 다윗이 장차 태어날 아이의 아버지임을 보증하는 역할을 수행한다. 반면에 두 번째 것은 자신의 부권(父權)을 은폐하려는 다윗의 노력을 반영하고 있다. 셋째로 표제를 통하여 사무엘하 11장과 연결되어 있는 시편 51편은 다윗의 기도문들 중의 하나로서, 하나님께서 자기를 눈보다 더 희게 씻어 주시기를 바라는 내용을 담고 있다(시 51:7; 그러나 "씻다"라는 뜻의 낱말로 '라하츠' 대신에 '카바스'를 사용함). 하나님은 누군가가 몸을 씻는 모습을 목격한 후 또 다른 씻음을 유도하고자 애쓰는 자를 씻어 주셔야만 한다.

우리는 밧세바가 순순히 다윗에게 갔는지, 아니면 격렬하게 저항하면서 갔는지를 잘 알지 못한다. 마치 그가 왜 전쟁터에 나가지 않았는지를 알지 못하는 것처럼 말이다. 둘 사이의 성관계는 강제된 것이었을까, 아니면 합의된 것이었을까? 우리는 또한 "내가 잉태하였나이다"라는 그녀의 말이 "승리의 외침인지 구조 신호인지"를 분명하게 알지 못한다(Blenkinsopp 1965: 52). 예로써 "내가 잉태하였나이다"라는 밧세바의 말은 "내가 야웨로 말미암아 득남하였다"는 하와의 말(창 4:1)과 어떻게 다른가?

밧세바의 임신 사실을 알게 된 다윗은 군사령관에게 우리아를 랍바로부터 예루살렘에 있는 자신에게로 보낼 것을 요청한다. 우리아에게 사실을 고백하기 위해서였을까? 우리아의 용서를 구하기 위해서였을까? 사과하기 위해서였을까? 아니면 "어떤 다른 것"을 염두에 두고 있었을까? 다음에 이어지는 이야기는 다윗이 앞의 세 가지 가능성들 중의 하나를 염두에 두기보다는 "어떤 다른 것"을 염두에 두고 있었음을 보여 준다.

그는 맨 처음에 우리아에게 집으로 가라고 하면서 왕의 선물을 딸려 보내며, "발을 씻으라"고 명한다(8절). 발을 씻는다는 것은 성관계를 완곡하게 가리키는 것은 아니라 할지라도 적어도 그러한 뉘앙스를 강하게 풍긴다. 확실히 누군가에게 발을 씻으라고 하는 것은 단순히 주인이 손님에게 보이는 예의의 한 표현일 수도 있다(예로써 창 18:4에 의하면, 세 사람이 아브라함의 장막 입구에 나타나고, 아브라함은 그들이 발을 씻을 수 있도록 물을 가져다 준다). 그러나 여기서는 그렇지 않다. 우리아는 주인의 집에 들어서는 손님이 아니기 때문이다. 그는 자기 집과 자기 아내의 집으로 들어가는 남편이요, 오랫동안 만나지도 못하고 함께 있지도 못한 배우자를 보려고 온 사람이다. 전에 다윗은 우리아의 아내와 함께 "누운"('샤캅') 적이 있다(4절). 그러나 우리아는 아내와 함께 눕지 않고 도리어 다윗 왕궁 밖에 "눕는다"('샤캅'; 9절). 자기 집(과 아내)이 지척에 있는데도 말이다.

다윗을 향한 그의 설명은 감동적이다(11절). 아직도 전장에서 치열하게 싸우고 있는 동료들에게 신의를 지켜야 한다고 보는 우리아는 포상 휴가에 대한 관심을 접은 채 가정에서 얻을 수 있는 온갖 편리함을 거부한다. 밧세바와의 성관계뿐만 아니라 그녀와 함께 먹고 마시는 일까지도 말이다. 이 사건은 다윗이 누군가에게 자기 집에 거할 기회를 제공하는 두 번째 경우에 해당한다. 그러나 야웨께서 집을 짓겠다는 다윗의 제안을 물리치신 것(7장)과 마찬가지로 우리아는 집에서 쉬라는 다윗의 제안을 거절한다(Schwartz 1991: 43).

우리아의 진술은 전쟁터에서 거룩함을 유지해야 한다는 옛 이스라엘 전승에 기초하고 있는 것일 수도 있다. 하나님께서 자기 백성을 위해 싸우시는 전장은 일반 거주지보다 한층 엄격한 규율의 지배를 받아야 한다. 그 결과 부정함을 유발할 수 있는 모든 것 ─ 성관계를 포함하는 ─ 은 기피의 대상이 될 수밖에 없다. 전쟁터에 있는 병사가 성관계를 갖는 것은 따라서 전쟁 규칙을 위반하는 행동으로 이해된다. 이와 관련된 토라의 가르침을 위해서는 레위기 15:16, 18과 신명기 23:9-12을 참조하라. 그리고 사무엘하 11:11 외에도 사무엘상 21:5-6(이 본문에서 다윗은 놉의 제사장에게 자기에게 딸린 전사들이 최근에 여인들과 성관계를 갖지 않았음을 분명하게 밝히면서, 그 까닭에 성소에서 이제 막 물려낸 거룩한 떡을 먹을 수 있다고 말한다)도 참조하라. 만일 이러한 설명이 옳다면(이에 반대하는 자들도 있다), 밧세바(병사의 아내)와 성관계를 맺은 다윗의 행동은 그가 범죄하였음을 분명하게 드러낸다. "결혼 관계를 깨뜨리는 것은 나쁜 행동이다. 그러나 부부관계를 허용하지 않는 거룩한 전쟁의 상황 속에서 결혼 관계를 깨뜨리는 것은 특히 잔인하고 추한 범죄 행위에 해당한다"(Rosenberg 1989: 111).

다윗은 우리아를 왕실 잔치에 초청하여 그를 술에 취하게 만든 다음 그의 아내가 있는 집으로 그를 보내고자 하는 두 번째 계책을 실행에 옮긴다(13절). 아마도 그를 전쟁터에 내보내기 전에 술에 취한 상태에서 밧세바와 동침을 유도하기 위해서였을 것이다. 성관계를 유도하기 위하여 술을 사용하는 인물은 다윗이 처음은 아닐 것이다. 롯의 딸들도 아버지에게 같은 일을 행한다(창 19:30-38). 또 다른 예는 룻기 3:7에서 찾아볼 수 있다. 이 본문에 의하면 룻은 보아스가 먹고 마신 후에야 비로소 그에게 가까이 가서 "발"을 덮고서는 그의 발치에 눕는다('샤캅'). 우리아가 먹고 마신 후에 아내와 동침하기를 거부하면서도 다윗과 함께 먹고 마시는 일을 거부하지 않았다는 것은, 우리아가 밧세바와의 관계에서 용납하지 않고자 한 것이 성관계였음을 분명하게 보여 준다.

두 번째 계책이 실패하자 다윗은 세 번째 계책으로 우리아를 최전방에 내보냄으로써 그를 죽게 하라는 편지를 요압에게 보낸다(14-15절). 우리아는 자신이 요압에게 사형선고장을 가지고 간다는 사실을 거의 알지 못한다.

이처럼 끔찍하고 야비한 계책은 나봇의 포도원을 탐내는 아합의 소행이나 왕의 아내 이세벨의 역할(왕상 21장)과 비교된다(White 1994: 68):

1. 왕이 왕궁 가까이에 있는 평민의 소유(아내, 포도원)를 탐낸다(삼하

11:2-3; 왕상 21:1-2).

2. 우리아/나봇을 교묘한 방법으로 죽일 것을 지시하는 왕의 편지가 신하(들)에게 전달된다(삼하 11:14-15; 왕상 21:8-10).

3. 그 편지의 내용이 알려지고(삼하 11:15; 왕상 21:9-11), 그대로 실행되어 무죄한 자의 죽음을 초래한다(삼하 11:17; 왕상 21:13). 완료된 일에 대한 보고가 왕에게 전달된다(삼하 11:18-24; 왕상 21:14).

4. 왕이 남편/소유자가 죽은 후에 그의 소유를 취한다/빼앗는다(삼하 11:27; 왕상 21:16).

5. 불시에 왕을 만난 예언자가 하나님의 심판과 징벌을 선포한다(삼하 12:1-12; 왕상 21:17-24).

6. 예언자의 심판 선고를 들은 왕은 죄를 고백하고 회개한다(삼하 12:13; 왕상 21:27).

7. 범죄한 왕의 아들이 아버지의 죄로 인하여 고통을 당한다(삼하 12:15-19; 왕상 21:29).

프레다임(Fretheim 1983: 127)이 지적한 바와 같이, 다윗은 간음과 살인의 죄를 범했음이 분명하다. 그러나 이보다 더욱 비난할 만한 것은 권력을 가진 자가 힘이 거의 없거나 아무런 힘도 가지고 있지 않은 사람(들)을 상대로 하여 죄를 저질렀다는 점이다. 힘없고 약한 자들을 대상으로 하는 범죄는 가장 악독한 죄악에 속한다. 남자가 여자에게 저지르는 범죄도 그러한 범주에 속한다. 군사령관이 부하 병사들에게 저지르는 범죄도 마찬가지이다. 왕이 자신의 두 신하에게 저지르는 범죄도 그렇다.

이 이야기 안에 있는 다른 요소들과 마찬가지로, 누가 무엇을 얼마만큼 알고 있으며 누군가가 왜 그런 방식으로 행동했는지에 관한 독자의 지식에는 약간의 틈새가 있다. 예로써 스턴버그(Sternberg 1987: 205-12)는 다음과 같은 가정들/질문들을 생각해 본 후 그에 상응하는 답을 하나씩 찾아나간다: (1) 우리아는 다윗이 한 일을 알고 있을까? (2) 우리아는 다윗이 한 일을 알고 있다; (3) 다윗은 우리아가 알고 있다고 생각한다; (4) 다윗은 우리아가 모른다고 생각한다; (5) 독자와 마찬가지로 다윗은 우리아가 알고 있는지 모르고 있는지를 말하지 못한다.

매우 흥미로운 것은 요압이 다윗에게 보낸 메시지이다(18-21절). 그 메시지(21절)에서 요압은 한 여인이 던진 맷돌에 맞아 죽은 아비멜렉의 이야기(삿 9:52-53)를 다윗에게 소개한다. 요압이 사사기 9장의 아비멜렉 이야기를 사무엘하 11장과 연결시킨 데에는 두 가지 목적이 있다. 첫째로 사사기 9장에서는 한 남자가 한 여인에 의해 죽임을 당하지만(또는 중상을 입는다), 사무엘하 11장에서는 한 남자가 한 여인을 위하여 살인을 한다. 둘째로 아비멜렉은 곁에 있던 신하에게 자기가 여인의 손에 죽었다는 소식이 퍼져나가지 않도록 칼로 자기를 죽여 달라고 청한다. 마찬가지로 다윗은 자신의 비열한 행동 — 우리아와 밧세바를 포함하는 — 에 관한 소식이 퍼져나가지 않게 하는 데 필요한 조치를 취한다(참조. Sternberg 1987: 221).

나중에 밝혀지는 바와 같이, 요압이 보낸 사자는 그가 자기에게 준 메시지를 다윗을 위해 수정한다(22-24절). 그는 랍바를 향한 요압의 무리한 포위 공격(16, 20절)에 대해서 언급하지 않고, 도리어 랍바 사람들이 과도하게 요압을 공격했으며, 요압은 그 공격을 가까스로 물리칠 수 있었지만, 그 과정에서 우리아가 죽었다고 보고한 것이다(23-24절).

본장의 마지막 부분에서 다윗은 신하를 통하여 요압에게 회신 메시지를 보낸다. 그 메시지의 일부는 이렇다: "이 일로 걱정하지 말라"("당황하지 말라," NIV; 25절). 여기서 두 가지가 우리의 흥미를 끈다. 첫째로 여기서 다윗이 말하는 "이 일"은 밧세바와의 간음(요압은 이 문제를 알 수도 있고 모를 수도 있다)을 가리키는 것일까, 아니면 우리아를 죽인 일(요압은 이 문제를 알고 있다)을 가리키는 것일까? 설화자는 두 절이 지난 후에 다윗의 행동에 대한 야웨의 평가를 표현할 때(27절) 사용하는 것과 똑같은 어휘로 다윗의 이 두 번째 문제를 표현하고 있다. 두 절 사이의 관련성을 분명하게 보여 주기 위해 두 절을 직역해 보도록 하자:

25절: "이 일['다바르']을 네 눈에 악하게 보지 말라."
27절: "다윗의 소위['다바르']가 야웨 보시기에 악하였더라."

요압이 보기에도 그것은 터무니없는 것이 아니겠지만, 야웨 보시기에는 그렇지 않다. 적어도 그 사건이 있은 후 9개월이 지났으나, 다윗이 그 일에 대해 죄책감을 느끼거나 죄를 자각했다는 증거는 어디에도 없다. 어쩌면 그는 자신의 행적을 성공적으로 잘 감추었을 수도 있지만, 그렇지 않을 수도 있다. 그 이유는 이렇다: "자기의 죄를 숨기는 자는 형통치 못하나 죄를 자복하고 버리는 자는 불쌍히 여김을 받으리라"(잠 28:13).

12:1-31. 만일 다윗이 별다른 처벌을 받지 않는구나 하고 생각했다면 큰 오산이다. 맨 처음에 야웨께서 나단을 다윗에게 보냈을 때에는, 그로 하여금 다윗 가문의 위대하고 영광스러운 운명을 선포하게 하셨었다(7장). 그러나 두 번째로 나단을 보내실 때에는, 이제 칼이 다윗의 집에서 결코 떠나지 않을 것임을 선포하게 하신다(10절). 다윗 집의 지붕에서 시작된 안 좋은 일 때문이다. 1-15a절이 보여 주는 바와 같이, 나단은 예언자이면서 동시에 비유자이다. 14개의 절과 한 절의 절반을 포함하는 이 단락은 두 개의 움직임으로 구성되어 있다(Linafelt 1992: 103):

나단이 다윗에게 옴(1a절)
> **첫 번째 움직임**:
> > 나단의 비유(1b-4절)
> > 다윗의 반응(5-6절)
> > 나단의 판결(7a절)
> **두 번째 움직임**:
> > 야웨의 말씀(7b-12절)
> > 다윗의 반응(13a절)
> > 나단의 판결(13b-14절)
나단이 다윗을 떠남(15a절)

어쩌면 나단은 예언자의 신분으로 다윗의 집에 들어가 손가락으로 다윗을 가리키면서 그의 죄를 지적함과 아울러, 요나단 에드워즈(Jonathan

Edwards)와 마찬가지 어조로 그를 정죄했을 수도 있다: "진노하시는 하나님의 손 안에 있는 이스라엘 왕들." 그러나 그는 그와는 다른 전략을 가지고 있다. 비유나 이야기를 말하는 것이 그렇다. 비록 구약성서에서 드물게 사용되고 있기는 하지만, 비유는 예수께서 종종 효과적으로 사용하신 교육의 도구를 일컫는다.

이야기가 다른 형태의 의사소통 방식들에 대하여 갖는 교훈적인 효과는 20세기 초에 활동한 소설가 안톤 체호프의 "집"이라는 단편 소설에서 금방 확인할 수 있다(Anton Chekhov, *The Cook's Wedding and Other Stories* [New York: 1984(1920)], 65-78). 이 작품에 의하면 어떤 아버지가 자신의 일곱 살 난 아들에게 담배를 피우지 못하도록 설득하고자 애쓴다. 그러나 그 어린 아들은 아버지의 주장에 전혀 관심이 없으며 아버지에게 설득당하지도 않는다. 격분한 아버지는 시내 산에서 막 내려온 모세와 같은 어조로 말한다: "다시는 담배를 피우지 않겠다고 맹세해라." 아들은 "맹세"로 응답하지만, 그가 그런 의미에서 맹세한 것이 아님은 분명하다. 자신의 계획이 실패했음을 느낀 아버지는 아들을 잠자리에 재운다. 아들은 아버지에게 먼저 옛날 이야기를 해 달라고 조른다. 그러자 아버지는 담배를 즐기던 아들을 가진 한 황제의 이야기를 만들어 자기 아들에게 전한다:

> 황제의 아들은 담배를 피움으로써 병에 걸리게 되었으며, 20세의 나이에 죽었다. 노쇠하고 병약한 그의 아버지는 자기를 도울 사람 하나 없이 혼자 남게 되었다. 나라를 다스리고 왕궁을 방어할 사람이 하나도 없었다. 적군이 쳐들어와서 그 늙은 왕을 죽였고 왕궁을 파괴하였다. 그 결과 정원에서 벚나무, 새, 조그마한 수사슴 등이 모두 사라져 버리는 일이 발생한다.

체호프는 이 이야기가 어린 아이에게 미친 영향을 이렇게 묘사한다:

> 그의 눈은 슬픔과 일종의 두려움으로 가득했다. 잠시 동안 그는 생각에 잠긴 채 어두운 유리창을 바라보다가 몸서리를 치더니 가라앉은 목

소리로 이렇게 말한다: "이제는 더 이상 담배를 피우지 않을게요 … "

아들에게 위의 이야기를 전한 아버지는 혼자서 중얼거린다:

도덕과 진리는 왜 투박한 형태 그대로는 제대로 전달되지 않고, 도리어 당의정처럼 색소를 넣고 맛을 달게 한 형태로만 효과적으로 전달되는 것일까? 그것은 정상적인 것이 아니다 … 그것은 왜곡된 것이요 … 속임수요 … 계교 부리는 것이다.

독자(아마도 다윗도 마찬가지일 것이다)는 나단의 비유와 앞장의 사건들 사이에 있는 미묘한 상관관계를 놓쳐서는 안 된다. 그 상관관계의 일부를 소개하면 다음과 같다:

1. 나단이 사용하는 "여행자"(개역은 "행인"으로 번역함: 역주)라는 낱말은 매우 드물게 사용되는 것이다('헬레크'). 우리는 이 낱말을 문자 그대로 "행인"으로 번역할 수도 있다. 11:2와 12:4를 병렬시켜 보자: "다윗이 왕궁 지붕 위에서 거닐다가('이트할레크')"; "어떤 행인('헬레크')이 그 부자에게 오매."

2. 11장은 다윗이 요압을 "보내는" 일로 시작하며, 12장은 야웨께서 나단을 "보내시는" 일로 시작한다.

3. 다윗은 밧세바에게 사자들을 보낸 후 그녀를 "취한다"('라카흐,' 11:4). 반면에 나단의 비유에서 부자는 자신의 양떼에서 한 마리를 "취하지" 않고 가난한 자의 양을 "취한다"('라카흐,' 12:4).

4. 나단이 주인의 상에서 "먹고" 그의 잔에서 "마시며" 그의 "품에 눕는" 암양을 강조하는 것(12:4)은 우리아가 "내 집으로 가서 먹고 마시고 내 처와 같이 자는" 일을 거부하는 것(11:11)을 상기시킨다.

5. 그 암양이 가난한 자에게 딸과 같았다는 나단의 설명(3절, "저에게는 딸['바트']처럼 되었거늘")은 밧세바(Bathsheba)와 동침한 다윗의 행동에 비추어볼 때 상당히 강력한 것이다. 확실히 밧세바는 우리아의

아내이지 그의 딸이 아니다. 그러나 나단이 딸의 유비를 사용한 것은 자신의 논점을 한층 강하게 만들기 위한 목적에서이다.

여기서 중요한 것은 나단이 단순히 그 이야기를 말한 것이 아니라, 적절한 방법으로 적절한 시기에 말함으로써 듣는 자로부터 자신이 바라는 답변이 나오기를 기대하고 있다는 점이다. 예로써 만일 다윗이 "정말 흥미로운 이야기로군요. 또 다른 이야기는 없나요?"라고 답변한다면 어떤 일이 벌어지겠는가?

다윗은 의분에 사로잡힌 채 답변한다. 첫째로 그는 그 사람에게 사형을 선고한다("이 일을 행한 사람[부자? 행인?]은 마땅히 죽을 자라"[5절] 또는 직역하면 "이 일을 행한 사람은 죽음의 아들이다"). 예전에 사울은 다윗을 "죽음의 아들"(삼상 20:31)이라 칭한 바 있다. 다윗이 아브넬을 그렇게 칭한 것처럼 말이다(삼상 26:16). "죽음의 아들"이라는 표현은 "마땅히 죽어야 할 자"를 뜻할 수도 있고, "불한당" 같은 비속어를 뜻할 수도 있다(McCarter 1980: 299).

다윗의 두 번째 진노의 표현은 그 범죄자가 "사 배나 갚아 주어야 한다"고 말하는 데서 잘 드러난다(6절). 이는 보상에 관한 토라의 가르침과 일치하는 것이다: "사람이 … 양을 도적질하여 잡거나 팔면 그는 … 양 하나에 양 넷으로 갚을지니라"(출 22:1). 70인역은 다윗이 "일곱 배나 갚아 주어야 한다"고 말한 것으로 번역한다. 어떤 이들은 이 번역이 원문에 가깝다고 보지만, 내가 보기에는 70인역의 "일곱 배"는 붙잡힌 도둑에게 일곱 배로 갚을 것을 명하는 잠언 6:30-31에 기초하여 본문을 수정한 것인 듯하다. 만일 70인역 본문이 원래의 본문이라면, 다윗의 말은 여전히 유효하다: "일곱의 딸" 밧세바(더 정확한 발음은 '바트-세바'로서, '바트'는 "딸"을 뜻하고 '셰바'는 일곱을 뜻함: 역주)를 취한 자인 다윗은 가난한 자의 암양을 취한 자가 그 가난한 자에게 일곱 배를 보상해야 한다고 말한 것이다.

다윗이 말한 "네 배"는 다윗 이야기의 후반부 상황을 예견하게 한다. 다윗 자신은 네 배를 지불하는 것으로 끝낼까? 그는 비극적인 상황 속에서 네 아들을 잃는다. 밧세바와의 사이에 낳은 첫 번째 아이(12:18); 암논(13:29); 압살롬(18:14–15); 아도니야(왕상 2:25).

"당신이 그 사람이라"는 나단의 말(7a절)은 밧세바 사건에서 발견되는 두 개의 낱말로 된 세 개의 인상적인 (히브리어) 문장들 중의 하나이다 (Brueggemann 1990: 282):

1. "내가 잉태하였나이다"(11:5).
2. "당신이 그–사람이라"(12:7a).
3. "야웨께 내가–죄를–범하였노라"(12:13a).

밧세바는 소식을 전하고, 나단은 책망하며, 다윗은 회개한다. 다윗의 회개 에서는 몇 가지 요소들이 유달리 눈에 띈다. 첫째로 우리아와 밧세바를 향하 여 범죄했음에도 불구하고 다윗은 자신이 야웨께 범죄했노라고 고백한다. 이것을 조금 달리 표현한다면, 다윗은 자기가 시내 산 계명들 — 여섯 번째 (살인)와 일곱 번째(간음) 및 열 번째(이웃의 아내를 탐함) — 을 위반했다고 말하지 않고, 도리어 야웨께 범죄했다고 말한 것이다. 이것은 다윗이 범한 죄의 본질을 암시한다. 하나님께서 그를 위해 많은 일들을 하시고 그에게 많 은 것들을 주셨음에도 불구하고("내가 … 기름을 붓고 … 구원하고 … 주고 … 맡겼느니라"[7–8절]), 다윗은 죄를 범한 것이다. 율법 위반이 아니라 하나 님의 은혜로운 행동들이 다윗을 향한 하나님의 비난의 근거가 되기 때문에, 다윗이 범한 죄의 본질은 "은혜에 대한 배신에 있지 계명들에 대한 불순종에 있지 않다"(Fretheim 1983: 126).

우리는 여기서 또한, 다윗이 범한 계명들(일곱 번째와 여덟 번째 및 열 번 째)이 십계명의 두 번째 부분에 속한 것들(부모와 이웃을 다루는 계명들)임 에도 불구하고, 야웨께 범죄했다는 다윗의 말에 근거하여 십계명을 단순히 하나님과 관련된 계명들(1–4 또는 1–5계명)과 이웃과 관련된 계명들(5–10 또는 6–10계명)이라는 둘로 나누는 태도를 경계하지 않으면 안 된다. 십계명 의 후반부를 위반하는 것도 결국은 하나님께 범죄하는 것이나 다름이 없기 때문이다. 다윗의 회개에서 주목할 만한 두 번째 흥미로운 요소는 그가 나단 의 처형을 지시하지 않고 도리어 회개하고 있다는 점이다. 그는 나단을 침묵시킬 방법을 얼마든지 찾아낼 수 있었다. 나단이라고 예외일 수 있겠는가? 예언자가 왕과 같이 힘 있는 인물을 대놓고 비난하면서도 죽거나 그에 준하는 처벌을 받지 않을 수도 있다는 것은 구약성서에서 참으로 특이한 개념들 중의 하나가 아닐 수 없다. 예언자의 면책 특권이라고나 할까?

세 번째로 주목할 요소는 이스라엘과 유다의 왕들이 예언자의 설교 앞에서 회개하는 경우가 매우 드물다는 점이다. 솔로몬도, 르호보암도, 여로보암도 그렇게 하지 않는다. 그런 왕들의 이름이라면 한없이 나열할 수 있다. 따라서 다윗은, 비록 야비한 범죄를 저질렀을지라도, 하나님의 말씀을 통하여 양심의 가책을 느꼈다는 점에서 모범적인 왕으로 주목을 받는다. 그것은 다윗이 마치 트루먼(Truman)처럼 "일의 책임은 모두 내가 진다"고 말하는 것이나 다름없다.

예언자의 설교 앞에서 회개한 두 명의 다른 왕은 엘리야 앞의 아합(왕상 21:27-29)과 훌다 앞의 요시야(왕하 22:18-20)이다. 그런데 바로 여기에 네 번째의 흥미로운 요소가 감추어져 있다. 다윗의 경우, 그의 회개는 처벌을 완화시키지만(즉, 그 자신이 죽는 것은 아니라는 얘기다) 처벌을 무효화시키지는 못한다. 마찬가지로 아합과 요시야의 경우에는 처벌이 연기된다(아합은 그의 후손에게, 그리고 요시야는 시드기야 때까지). 미래의 포로민들에게 주는 예언적인 설교(신 4:29-30; 30:1-10)의 경우에도, 모세는 회개가 심판을 종결지을 수는 있지만("네가 거기서 네 하나님 야웨를 구하게 되리니"[신 4:29]), 그것을 막지는 못한다고 말한다. 우리는 이러한 예언 메시지를 회개가 하나님의 심판을 완화시키거나 연기하거나 종결지을 수 있다고 가르칠 뿐만 아니라 회개가 사실상 하나님의 심판을 피하게 할 수 있다고 가르치는 예언자들의 메시지로부터 구별해야만 한다. 그 단적인 예는 니느웨가 요나의 설교를 듣고서 회개하자 하나님의 심판이 완전히 사라지는 데서 찾아볼 수 있다(욘 3:6-10).

다윗은 참회의 기도를 드릴 뿐만 아니라(13절) 중병을 앓는 자기 아들을 위해 하나님께 간구하면서 중재 기도를 드리기까지 한다(16절). 예언자가 분명하게 그 아이의 다가올 죽음을 선포함에도 불구하고(14절), 다윗은 그 심판이 철회되기를 바라는 기도를 드린다. 다윗에게 "간구는 체념보다는 겸손의 도구"의 성격을 갖는다(Simon 1967: 239). 후대의 한 가지 사례는, 예언자의 확고한 죽음 예언(히스기야를 향한 이사야의 예언)조차도 기도를 통하여 뒤집어질 수 있으며, 그것이 반드시 "메대와 바사의 변개치 아니하는 규례"처럼(단 6:8) 고정되어 있는 것은 아님을 분명하게 보여 준다(왕하 20:1-6). "혹시 야웨께서 나를 불쌍히 여기사 아이를 살려 주실는지 누가 알까?"라는 다윗의 말은 "하나님이 혹시 뜻을 돌이키시고 그 진노를 그치사 우리로 멸망치 않게 하시리라. 그렇지 않을 줄을 누가 알겠느냐?"(욘 3:9)는 니느웨 왕의 말과 상당히 비슷하게 들린다. 사무엘하 11장과 12장은 완전히 다른 방식으로 "누가 알겠느냐?"라는 질문을 던지고 있는 셈이다.

사울과는 달리 다윗은 죽은 자와 접촉하기 위해 영매를 찾아 나서지 않는다. 사람은 누구나 고통스런 과거의 기억들이 지속된다 할지라도 어느 순간엔가는 자신의 삶을 있는 그대로 받아들여야만 하는 법이다. 다윗이 그렇게 한다. 그는 자기 아내를 위로한다. 여기서 설화자는 '나함'이라는 동사를 사용한다(24절). 이 낱말은 "위로하다"라는 뜻과 "회개하다, 마음을 바꾸다"라는 뜻(특히 하나님 또는 야웨가 주어로 나타나는 경우) 두 가지를 다 가지고 있다. 이 동사가 12장에서는 후자의 의미로 쓰이지 않지만, 다윗은 하나님께서 '나함' 하심으로써 그 아이가 죽지 않게 되기를 희망했을는지도 모른다. 하나님께서 '나함' 하지 않으심으로써 그 아이가 죽자, 다윗은 밧세바를 '나함' 하며 그녀와 동침한다. 그리하여 그들은 또 다른 아이 솔로몬을 얻는다.

사무엘하 전체를 통틀어서, 솔로몬은 본장에서 딱 한 번 언급될 뿐이다(12:24). 그러나 나단은 다시 한 번 그 모습을 드러낸다(25a절). 이제 다윗은 나단이 나타날 때마다 고분고분하게 귀를 기울이는 법을 터득한다. 그는 과연 또 다시 통렬한 최후의 메시지를 전할 것인가? 하나님께서는 두 번째 아이마저도 데려가실 것인가? 그렇지 않다. 이번에는 그렇지 않은 것이다. 이전과는 반대로 다윗과 밧세바가 얻은 또 다른 아들은 여디디야("야웨께서 사랑하시는 자")라는 별도의 이름을 갖게 된다.

12장의 마지막 단락인 26-31절은 암몬 자손과 더불어 벌이는 전쟁(10장 참조)의 결론에 대하여 서술한다. 요압은 온갖 궂은 일을 다 한 후(26-27절), 나단이 다윗에게 말할 때처럼 무뚝뚝하게 말하면서("이 성을 쳐서 취하소서.

내가 이 성을 취하면 이 성이 내 이름으로 일컬음을 받을까 두려워하나이다"
[28b절]) 마무리하는 일을 다윗에게 넘긴다(28-31절). 다윗은 다른 사람에게
속한 여자를 아내로 맞이했었다. 요압은 랍바를 위협하되, 다윗 스스로가 그
것을 취하게 만든다. 다윗처럼 욕심이 많지 않은 요압은 랍바를 자신의 밧세
바로 삼지 않는다.

VIII. 13:1~14:33: 혼란에 빠진 한 가정의 아버지

13:1-39. 만일 하나님께서 노아의 시대에 악하고 부패하고 폭력으로 가
득 찬 세상을 보셨을 때 마음 아파하시고 슬퍼하셨다면(창 6:5-6, 12), 다윗
가문이 악하고 부패하고 폭력적인 모습을 드러내고 있음을 보셨을 때에 그
의 마음은 어떠했을까? 11장은 다윗 가문에서 발생한 살인과 야비한 간음(성
폭행?) 사건을 상세하게 서술한다. 밧세바는 여자이기 때문에 피를 흘리고
(11:4), 우리아는 남편인 까닭에 피를 흘린다. 그런데 13장은 다윗의 자녀들
중 한 명(그의 딸 다말)이 다윗의 다른 아들(암논, 다말의 배다른 오빠)에 의
해 부당하게 성폭행당하는 사건을 상세하게 서술한다. 그녀가 성폭행당한
것에 대한 보복으로 압살롬은 암논을 죽이고는, 다윗 왕궁으로부터 도망한
다. 본장의 내용은 강간(1-22절)에서 보복(23-39절)으로 옮겨간다.
　이 두 단락은 공통의 주제들과 언어에 의해 하나로 통합되어 있다(Polzin
1993: 134-35):

1-22절	23-39절
1. 암논이 다말에게 동침할 것을 제안하지만 (11절), 다말은 이를 거절한다(12절).	압살롬이 바알하솔에서 양털을 깎는 행사에 다윗을 청하지만(24절), 다윗은 이를 거절한다(25절).
2. 다말은 이중의 거부 의사를 밝힌다: "아니라, 내 오라비여, 나를 욕되게 말라."	다윗은 이중적인 거부 의사를 밝힌다: "아니라, 내 아들아, 우리가 다 갈 것이 없다"(25절).
3. 요나답이 암논에게 조언하고(5절) 암논은 그의 조언을 받아들인다(6절).	요나답이 다윗에게 조언하는데(32-33절), 나중에 그의 조언이 옳은 것임이 판명된다(35절).

4. 다말을 유인하기 위한 계책으로 음식물과 식사가 사용된다(5-10절).	암논을 유인하기 위한 계책으로 축제가 사용된다 (27-28절).
5. 압살롬은 다말이 강간당하자 그녀에게 "이것으로 인하여 근심하지 말라"고 말한다(20절).	요나답은 다윗에게 암논의 죽음을 알린 후 "왕자들이 다 죽은 줄로 생각하여 괘념하지 마옵소서"(33절).
6. 슬픔에 잠긴 다말이 옷을 찢는다(19절).	슬픔에 잠긴 다윗이 옷을 찢는다(31절).
7. 다말이 압살롬의 집에 머문다(20절).	압살롬이 도망한다(34, 37, 38절).

　　본장이 다말을 다윗의 아름다운 딸로서가 아니라 압살롬(20절에 가서야 다시 나타남)의 아름다운 누이로 소개함으로써 시작한다는 것(1절)은 흥미로운 일이 아닐 수 없다. 본장은 부모와 자녀 사이의 관계보다는 형제들 사이의 관계를 강조한다. 따라서 시작 부분인 1절부터 다윗이 아니라 압살롬이 다말의 신분을 나타내는 자로 언급된다. 설화자(1절)와 암논(4절)은 다말을 향한 암논의 감정을 표현하면서 "사랑"('아하브')을 뜻하는 통상적인 히브리어 낱말을 사용한다(다윗이 밧세바를 향하여 가진 감정을 표현하는 데에는 한 번도 사용된 적이 없다). 그렇다면 우리는 그러한 "사랑"을 어떻게 이해해야 할까? 암논에게 물어보라. 그러면 그가 정답을 당신에게 가르쳐 줄 것이다. 그것이 사람들을 얼빠지게 만드는 것이라든가 사랑으로 위장한 탐욕일 뿐이라고 말하는 사람들도 있을 것이다. 내가 보기에는 그것을 "욕구"와 같이 다소 애매한 낱말로 표현하는 게 더 나을 것 같다(Trible 1984: 38, 58).

　　우리는 본장의 이야기를 읽어나가는 중에, 암논이 다말의 의지에 반하여 그녀와 성관계를 맺었음을 알게 된다(14절). 밧세바가 다말처럼(12절) 거세게 저항했는지는 알 길이 없으나, 11장은 그러한 저항에 대해서 전혀 언급하지 않는다. 설화자가 13장에서 몇몇 사적인 대화들(3-5절, 요나답과 암논; 10-19절, 암논과 다말[침실의 닫혀진 문 뒤에서]; 20절, 압살롬과 다말)과 공적인 대화(24-26절, 압살롬과 다윗)를 언급하고 있는 것으로 보아, 다윗과 밧세바 사이의 그처럼 "사적인" 대화는 충분히 언급될 만한 것인데도 말이다.

　　13장이 제기하는 한 가지 문제는 암논의 죄가 과연 강간인가 아니면 근친상간인가 또는 두 가지를 다 포함하는 것인가 하는 것이다. 몇몇 본문들은

(배다른) 누이와의 성관계를 분명하게 금지한다: 레위기 18:9("너는 네 자매 곧 네 아비의 딸이나 네 어미의 딸이나 집에서나 타처에서 출생하였음을 물론하고 그들의 하체를 범치 말지니라"); 레위기 18:11("네 계모가 네 아비에게 낳은 딸은 네 누이니 너는 그 하체를 범치 말지니라"); 신명기 27:22("그 자매 곧 그 아비의 딸이나 어미의 딸과 구합하는 자는 저주를 받을 것이라"); 에스겔 22:11("네 가운데 혹은 그 자매 곧 아비의 딸과 구합하였으며").

압살롬이 다말에게 하는 말, 곧 "네 오라비 암논이 너와 함께 있었느냐?"(20절; 설화자가 요셉과 보디발의 아내 사이에 발생한 일을 묘사할 때 사용하는 구절과 동일한 표현을 사용함, "요셉이 듣지 아니하여 동침하지 아니할 뿐더러 함께 있지도 아니하니라"[창 39:10])는 말은 근친상간이나 강간의 죄를 지목하는 것으로 읽을 수도 있다. 만일에 그의 비난이 근친상간을 가리키는 것이라면, 다음과 같은 상황이 벌어지게 된다: "압살롬이 암논을 비난하는 근친상간(삼하 13:20)의 범죄가 친족 체계라는 가장 강한 금기를 위반한 것이라면, 형제 살해는 친족 체계의 가장 강한 책임에 상응하는 피의 복수를 불러일으킨다. 암논이 보호와 원수 갚음의 대상이 되어야 할 누이를 강간한 것이라면, 압살롬은 보호와 원수 갚음의 대상이 되어야 할 형제를 죽인 것이다"(Propp 1993: 47).

본장에 있는 다른 구절들에 의하면 그 범죄는 근친상간보다는 강간에 더 가깝다는 느낌을 준다. 예로써 2절의 내용을 주목해 보라: "저는 처녀이므로 어찌할 수 없는 줄을 알고 암논이 그 누이 다말을 인하여 심화로 병이 되니라"(Fokkelman 1981: 103). 암논의 행동을 막은 것은 다말이 누이라는 사실이 아니라 그녀가 처녀라는 사실이다(약혼하지 않은 처녀를 강간한 것에 대한 율법의 가르침은 신 22:28-29에 언급되어 있다). 여기서 또한 우리는 다말이 암논을 설득하여 폭행하는 일을 그만두게 하려고 할 때 가족 관계에 대해서 전혀 언급하지 않는다는 점을 주목할 필요가 있다(Bar Efrat 1989: 264). "이런 일은 이스라엘에서 마땅히 행치 못할 것이니"라고 말함과 동시에 또는 그렇게 말하는 대신에 그녀는 "나는 오라비의 누이입니다"라고 말할 수도 있었을 것이다. 또한 그녀가 "청컨대 왕께 말하라. 저가 나를 네게 주기를 거절치 아니하시리라"(13절)고 말할 때, 성서 역사의 특정 시기에는 아버지가 그러한 결혼을 허락할 수도 있었음을 그녀가 밝히고 있는 것으로 이해하는 것이 가장 적절할 것이다(창 20:12에 있는 아브라함과 사라의 관계 참조).

암논이 볼 때 그 문제는 단지 다말과 함께 눕기('샤캅')를 청하는 것에 지나지 않는다(11절). 그러나 다말은 그렇게 보지 않는다. 그녀는 "나는 오라비와 함께 눕지 않겠습니다"라고 응답하지 않는다. 도리어 그녀는 "나를 욕되게 말라"(12절)고 말함으로써 자신의 명령으로 암논의 명령을 거부하고자 한다.

"욕되게 하다"(force, '아나'; 직역하면 "강요하다, 강제하다"를 뜻함: 역주)라는 동사는 14절("다말보다 힘이 세므로 억지로 동침하니라")과 22절("압살롬이 그 누이 다말을 암논이 욕되게 하였으므로 저를 미워하여")에서 다시금 사용된다. 이 동사가 항상 강압적인 성관계를 가리키는 것은 아니다. 예로써 야웨께서는 아브람에게 이렇게 말씀하신다:

"너는 정녕히 알라. 네 자손이 이방에서 객이 되어 그들을 섬기겠고 그들은 사백년 동안 네 자손을 괴롭게 하리니['아나']"(창 15:13). 4세기 동안이나 계속되는 '아나'라니! 어떤 한 여인이 다른 여인을 '아나' 할 수도 있다. 사라가 하갈을 "학대한" 것에서 보듯이 말이다(창 16:6). 그리고 어떤 한 남자가 자기 아내를 그렇게 대할 수도 있다("네가 내 딸을 박대하면 … "이라고 라반은 야곱에게 말한다[창 31:50]).

암논에게 있는 사랑의 본질은 그가 다말을 강간한 후에 그녀에게 보이는 태도에서 분명하게 드러난다. 그녀를 연애했던(1절) 그가 이제는 그녀를 내쫓는다(15절). 그는 그녀 곁을 떠나서는 혼자 있을 수 없었으나, 얼마 못가서 그녀와 함께 같은 방에 있는 것을 참지 못한다. 독자는 왜 다말이 암논에게 강간 이후에 자기를 쫓아내는 행동이 강간 자체만큼이나 악하다고 말하는지를(16절) 쉽게 이해할 수 있을 것이다. 그러나 이렇게 말한다고 해서 암논의 두 가지 잘못이 바로 잡혀지는 것은 아니다. "한 남자의 증오는 한 집단의 증오로 발전할 것이다. 짓밟힌 처녀성은 가부장제 질서의 오점으로 남는다"(Van Dijk-Hemmes 1989: 143). 구약성서에서 채색옷을 입은 사람은 요셉(창 37:3, 23, 32)과 다말(18-19절) 두 사람뿐이다. 두 사람의 채색옷은 똑같이 찢긴다. 그 중 하나는 만들어낸 짐승에 의해 찢기고, 다른 하나는 고통과 슬픔을 이기지 못한 다말 자신에 의해 찢긴다. 요셉은 구덩이에 갇히는 신세가 된다. 강간은 다말의 미래를 망친다.

이에 대한 다윗의 반응은 어떠한가? "다윗 왕이 이 모든 일을 듣고 심히 노하니라"(21절). 70인역은 사해사본과 마찬가지로 좀 더 긴 본문을 가지고 있다: "그러나 그는 자기 아들 암논을 징계하려고 하지 않는다. 그를 사랑했기 때문이다. 그는 자신의 장남이었던 것이다"(NRSV와 NIV를 참조). 다윗이 분노한 것은 이번이 세 번째다(하나님을 향한 분노[6:8]; 비유 속에서 양을 훔친 부자를 향한 분노[12:5]). 대부분의 주석가들은 좀 더 긴 본문이 원래적인 것이라고 주장하지만, 반드시 그런 것은 아니다(Conroy 1978: 152–53).

어느 본문을 읽든 간에 다윗은 설득력 없는 인물로 나타난다. 그는 단지 분노할 뿐이요, 그것으로 끝인가?(짧은 본문) 그는 누구를 향하여 분노하는가? 암논인가? 압살롬인가? 다말인가? 자기 자신인가? 왜 그는 암논에게 신속하고도 즉각적인 조치를 취하지 않는가? 누군가를 향한 사랑이 정의를 압도하는 것을 묵인할 만큼 그가 온화하고 다정다감한 사람이기 때문인가?(긴 본문) 마치 암논이 "사랑"을 체면과 도덕성보다 더 중시한 것처럼 말이다. 그는 이제까지의 업적으로 인하여 얻은 엄격한 가정교육자로서의 명성을 잃은 것일까? 아니면 다윗은 "시간이 지나면 모든 상처가 치유될 것이라 생각한 나머지, 가정의 화합을 해치고 왕조의 연속성을 위태롭게 할 만한 어떠한 조치도 취하지 않으려고 한 것일까?"(Ackerman 1990: 46)

압살롬 역시 누이를 집안에 머물게 하는 것 이외의 어떠한 조치도 취하지 않는다(20c절). 그는 아버지만큼이나 수동적이고 조용하다. 그러나 두 사람의 침묵은 크게 다르다. "왕이 아들의 잘못에 대해서 아무 말도 하지 않은 것은 국내 정치 문제에서 그가 심각한 무력증에 빠져 있음을 나타내는 증거나 나름이 없다 … 반면에 압살롬이 아무 말도 하지 않은 것 ― 설화자가 구체적으로 밝힌 바와 같이 성범죄를 저지른 자에게(22절) ― 은 그 반대 상황을 나타내는 증거에 해당한다. 왜냐하면 그것은 적당한 시기에 그에 상응하는 조치를 취하려는 냉혹한 결심을 분명하게 감추고 있기 때문이다"(Alter 1981: 79).

2년 동안(23절) 압살롬("평화의 아버지"라는 뜻을 가진 이름)은 폭력적인 방법으로 암논에게 보응하는 데 필요한 완벽한 상황이 무르익기를 기다린다.

다윗은 어리석게도 다말을 암논에게 보냈었는데(7절), 또 다시 어리석게도 암논을 북쪽으로 수 마일 떨어진 에브라임 산지의 바알하솔로 보낸다(27절). 그것은 야곱이 세겜과 도단에 있는 형들에게 요셉을 보낸 것(창 37:12-17)과 너무도 비슷하다. 두 경우에 똑같이 아버지가 아들을 죽음의 길로 내몬다. 두 경우는 똑같이 견디기 어려운 형제 간의 분노를 주요 소재로 가지고 있다.

압살롬은 아버지와는 다르게 자신이 의도하는 희생자를 만취하게 하려는 계획을 실행에 옮기는 데 성공한다(28절). 사전에 준비한 대로 암논을 죽이는 데 성공한 것이다(29절). 우리는 압살롬이 암논을 제거한 것에는 강간당한 누이를 위해 보복하려는 이유와는 별개의 또 다른 이유가 있을 수도 있다는 사실을 간과해서는 안 된다. 사무엘하 3:2-3에 따르면, 암논은 다윗의 첫째 아들이다. 둘째인 길르압은 죽었거나 왕위 계승과 무관한 인물일 것이다. 따라서 암논이 죽는다면 압살롬은 생존해 있는 첫째 아들로서 당연히 다윗의 뒤를 이을 자가 된다. 압살롬의 마음은 과연 "증오심으로 어둡게 된 것 못지않게 야망으로 가득 차 있었던"(Long 1981: 30) 것일까? "왕위를 차지하려는 압살롬의 욕망은 누이를 위해 복수하려는 욕구와 결합되거나 그것을 능가하는가?"(Fewell and Gunn 1993: 151)

본장은 다윗이 "그의 아들을 위하여" 애곡하는 것으로 끝을 맺는다(37절). 그러나 그의 애곡은 어느 아들을 위한 것인가? 살해당한 암논인가 아니면 추방당한 압살롬인가? 압살롬은 어머니의 친정집에서 3년 동안 숨어 지낸다(38절). "3년은 추방당한 아들에게는 긴 시간이다"(Brueggemann 1990: 291).

구약성서에는 이와 똑같이 어두운 두 개의 다른 장면이 본장에 있는 장면과 평행을 이룬다: 세겜이 야곱의 딸 디나를 강간한 이야기(창 34장)가 그 첫 번째이고(Freedman 1997), 베냐민 지파 사람들이 한 레위인의 첩을 강간한 이야기(삿 19~21장)가 그 두 번째이다(Polzin 1993: 137-38).

창세기 34장	사무엘하 13장
1. 2절: "세겜이 그를 보고 끌어들여 강간하여 욕되게 하고"('샤캅'과 '아나')	14절: "암논이 다말보다 힘이 세므로 억지로 동침하니라"('아나'와 '샤캅')
2. 7절: "이는 세겜이 야곱의 딸을 강간하여	12절: "이런 일은 이스라엘에서 마땅히 행치 못할

이스라엘에게 부끄러운 일['네발라'] 곧 행치 못할 일을 행하였음이더라"	것이니 이 괴악한 일['네발라']을 행치 말라"
3. 사랑과 성관계가 결혼하려는 욕망을 불러일으킨다(8, 11–12절)	사랑과 성관계가 증오심과 추방령으로 발전한다 (15, 17절)
4. 야곱에게 있는 네 명의 주요 아들들 (르우벤, 시므온, 레위, 유다) 중에서 마지막 아들이 아버지의 뒤를 잇는다	다윗에게 있는 네 명의 주요 아들들(암논, 압살롬, 아도니야, 솔로몬) 중에서 마지막 아들이 아버지의 뒤를 잇는다
5. 야곱에게는 단지 한 명의 딸이 있을 뿐인데, 그녀의 이름은 디나이다	다윗에게는 단지 한 명의 딸이 있을 뿐인데, 그녀의 이름은 다말이다
6. 주요 아들들 중의 처음 셋은 아버지의 징계를 받으며, 복과 지파 영역을 빼앗긴다 (창 49:3–7)	주요 아들들 중의 처음 셋은 폭력적인 죽음을 당한다

사사기 19∼21장	사무엘하 13장
1. 국가적인 차원에서 이루어지는 형제 간의 갈등 또는 친족 간의 갈등(19:23; 20:13, 23, 28; 21:6)	가족의 차원에서 이루어지는 형제 간의 갈등
2. 형제 강간(베냐민 기브아의 거주민들에 의한)	형제 강간
3. 20:13: "베냐민 자손이 그 형제 이스라엘 자손의 말을 듣지 아니하고"	14절: "암논이 그 말을 듣지 아니하고"
4. 19:28: 레위인이 바로 전에 강간당한 첩에게 "일어나라['쿰'] 우리가 떠나가자" ['할라크']고 말한다	15절: 암논이 바로 전에 강간한 다말에게 "일어나 ['쿰'] 가래['할라크'] "고 말한다
5. 강간은 "망령된 일"['네발라']이다 (19:23, 24; 20:6, 10)	강간은 "괴악한 일"['네발라']이다(12절)
6. 19:30: "이스라엘 자손이 애굽 땅에서 나온 날부터 오늘날까지 이런 일은 행치도 아니하였고 보지도 못하였도다"	12절: "이런 일은 이스라엘에서 마땅히 행치 못할 것이니"

7. 19:24: "보라, 여기 내 처녀 딸과 이 사람의 첩이 있은즉"	2절: "저는 처녀이므로"
8. 19:23: "오직 이 사람에게는 이런 망령된 일을 행치 말라"	12절: "아니라, 내 오라비여, 나를 욕되게 말라"
9. 범죄에 대한 복수가 피의 숙청으로 끝을 맺는다(20:29–48)	범죄에 대한 복수가 피의 숙청으로 끝을 맺는다 (29절)

14:1–33. 다윗에게 사자를 보내어 우리아의 전사 소식을 알린 요압 (11:18–21)이 이제는 이름이 알려지지 않은 드고아 출신의 한 지혜로운 여인을 다윗에게 보내어 하나의 지어낸 이야기를 전하게 한다. 예언자 아모스의 고향인 드고아(암 1:1)는 베들레헴으로부터 남쪽으로 수 마일 떨어진 곳에 위치해 있다. 11~14장에는 자주 사람들이 다윗에게 보내진다. 요압은 사자를 보내고(11장), 하나님께서는 예언자를 보낸다(12장). 요압이 지혜로운 여인을 보낸다(14장).

요압이 지혜로운 여인을 보낸 이유는 분명치 않다. 이는 1절의 히브리어를 어떻게 번역하는 것이 가장 옳은지가 불확실하기 때문에 그렇다. 1절을 가능한 한 직역하면 이렇다: "요압은 왕의 마음이 '알' [에게? 향하여? 위하여? 싫어하여? 위에?] 압살롬인 줄 알고."

NRSV는 1절 마지막 부분을 "왕의 마음이 압살롬 위에 있었다"로 번역한다. "왕의 마음이 압살롬을 그리워하였다"는 NIV의 번역도 이에 가까운 편이다. 이러한 번역은 압살롬이 없는 3년 동안 다윗이 슬픔에 잠긴 나머지 제정신을 잃은 채 그와의 화해를 갈망하였음을 암시한다. 그리하여 요압은 둘 사이의 화해를 이루기 위해 자신이 할 수 있는 일을 행하려고 노력한다.

그러나 1절 마지막 부분을 달리 번역하는 이들도 있다: "왕의 마음이 압살롬을 싫어하였다"(Polzin 1993: 139); "왕이 압살롬을 나쁘게 생각하였다" (Fokkelman 1981: 126). 이러한 번역에 의하면, 요압은 다윗이 압살롬을 추적해서 사로잡은 후에 자신의 적대감을 해소하기 직전에 있다고 믿는다. 요압은 과연 두 사람의 차이점을 해소시킴으로써 그러한 복수 계획을 단념시키고, 그 결과 압살롬이 암논처럼 되지 않게 하여 제2인자로서의 명성을 계속 누리도록 할 수 있을까?

본문에는 요압이 다윗에게 전하도록 드고아의 지혜로운 여인에게 직접 말한 이야기가 실려 있지 않다. 단지 그가 그녀에게 슬픔에 빠진 과부처럼 옷을 입고 그에 맞게 행동할 것을 지시하는 내용만이 기록되어 있을 뿐이다(2절). (떳떳치 못한 자를 속이기 위해 특정 의복을 입는 또 다른 여인에 대해서는 창 38:14 참조. 사무엘하 14장에서는 과부 아닌 자가 과부인 것처럼 변장한다. 그리고 창세기 38장에서는 과부인 자가 과부가 아닌 자처럼 변장한다)

구약성서에 기록된 이야기들에는 A가 B에게 지시하여 C에게 무엇인가를 말하라고 전하는 무수한 사례들이 있다. 그 사례들은 세 가지 유형들 중의 하나에 속한다. 첫 번째 유형은 A가 B에게 말하는 내용과 B가 C에게 말하는 내용을 모두 포함하고 있다. 이러한 예는 출애굽기에서 무수하게 발견된다. 하나의 예를 들자면, 사람들이 첫 번째 유월절을 이집트에서 어떻게 지내야 하는지에 관하여 야웨께서 모세에게(A가 B에게) 말씀하시는 내용(출 12:1-20)에 이어서, 그 가르침을 백성에게 전하는 모세의 말(B가 C에게)이 출애굽기 12:21-27에 나타난다. 또 다른 예로, 사람들이 광야의 성막을 어떻게 만들어야 하는지에 관하여 야웨께서 모세에게(A가 B에게) 말씀하시는 내용이 출애굽기 25:1~31:18에 나오며, 이어서 그 일에 관한 가르침을 백성에게 전달하는 모세의 말(B가 C에게)이 출애굽기 35:1-19에 나타난다. 두 사람이 한 말의 전부나 일부가 구약성서에 기록되어 있을 경우에는, 본래의 말을 전달된 말과 비교하여, 겹치는 내용과 생략된 내용, 추가된 내용, 고쳐 말하는 내용 등등을 찾아낼 수 있을 것이다.

두 번째 유형은 A의 말만 기록되어 있는 경우를 가리킨다. 본문이 기록하고 있는 B의 말은 단지 B가 자신에게 맡겨진 A의 말을 그대로 C에게 전달하는 내용뿐이다. 이러한 유형을 가장 잘 보여 주는 예가 바로 다윗과 그의 집을 영원히 세우겠다는 야웨의 신탁이다. 이 신탁 메시지는 나단을 통하여 다윗에게 전달된다. 야웨께서 나단에게 주시는 말씀은 완전히 보존되어 있다(삼하 7:5-16). 나단이 다윗에게 전하는 내용은 "나단이 이 모든 말씀과 이 모든 묵시대로 다윗에게 고하니라"(삼하 7:17)로 간략하게 처리될 뿐이다. 이 유형은 맨 처음에 말하는 자의 중요성과 그의 말에 초점을 맞추고 있다. 나단은 전달자이지 맨 처음에 말하는 자가 아닌 것이다.

세 번째 유형은 우리가 여기서 다루는 사무엘하 14장에서 발견된다. 본래의 말은 본문에 기록되어 있지 않다. 본문은 단지 "할 말을 그 입에 넣어 주니라"(3b절)고만 기록하고 있을 뿐이다. 본문이 기록하고 있는 것은 드고아 여인이 다윗에게 한 말과 그 뒤에 이어지는 두 사람의 대화이다(4-20절). 우리로서는 드고아 여인이 다윗에게 한 말을 요압이 그녀에게 한 말과 비교할 길이 없다. 그녀가 다윗에게 한 말(4-7절)은 과연 요압이 그녀에게 한 말의 핵심에 해당하는 것일까? 아니면 요압이 그녀에게 한 말에는 과연 그녀가 9, 11, 13-17절에서 다윗에게 한 말이 포함되어 있는 것일까? 그녀는 그 말을 단지 전달하기만 한 것일까? 그녀는 단순히 요압의 분신에 지나지 않는 것일까? 아니면 그녀는 그의 말을 즉흥적으로 확대시킨 것일까? 그녀는 요압의 말을 꾸밈없이 전달하기만 하는 기계인가, 아니면 창조적인 이야기꾼인가? "지혜로운 여인"은 "민첩한 마음과 설득력 있는 언변"을 가진 여인을 가리키는 것일까?(Camp 1981: 20)

그녀는 다윗과의 대화 속에서 여덟 번에 걸쳐서 말한다(4b, 5b, 9, 11a, 12a, 13-17, 18b, 19b-20절). 그리고 다윗은 일곱 번에 걸쳐서 말한다(5a, 8, 10, 11b, 12b, 18a, 19a절). 그녀가 한 말에는 맨 처음 말(4b절)과 맨 마지막 말(19b-20절) 및 가장 긴 말(13-17절) 등이 포함되어 있다.

그녀는 자신을 계속해서 "당신의 여종"(히브리어 '쉬프하'를 사용함; 6, 7, 12, 15, 17, 19절; 개역은 단순히 "계집종" 또는 "왕의 계집종"으로 번역하고 있으며, 6절 서두에서는 이 낱말을 번역하지 않고 있으나 "당신의 여종에게 아들 둘이 있더니"로 번역해야 옳다: 역주)이라 칭함으로써 왕에게 경의를 표한다. 그러면서도 그녀는 주저하지 않고 다윗과 대면하여 그에게 별다른 표정 없이 무뚝뚝하게 말한다(13-14절). 이 지혜로운 여인은 잠언 25:15의 진리를 분명하게 보여 준다: "오래 참으면 관원이 그 말을 용납하나니 부드러운 혀는 뼈를 꺾느니라."

확실히 14장에 있는 지혜로운 여인의 이야기와 12장에 있는 나단의 비유 사이에는 몇 가지 비슷한 점들이 존재한다(Sternberg 1987: 429; Waldman 1986/87). 두 번 다 다윗은 자기가 두 번째로 되풀이 되는 이야기를 듣고 있는 것이 아니라 처음으로 전해지는 이야기를 듣고 있다는 착각에 빠져 있다.

두 번 다 그는 허구를 자신의 상황과 무관한 사실로 믿는 오류에 빠져든다. 그러나 "재판관" 노릇을 하던 그는 결국 두 번 다 자신이 죄인임을 인정하게 된다(12:13; 14:21).

그러나 이 두 이야기는 서로 구별되는 점도 가지고 있다(Willey 1992: 122-23). 드고아 여인은 단지 자신의 활동 배후에 있는 요압의 권위만을 가지고 있지만, 나단은 자신의 활동 배후에 있는 하나님의 권위를 가지고 있다. 왕은 대체적으로 하나님의 예언자이면서 자기가 개인적으로 잘 아는 사람의 말에 귀를 기울이는 편이다. 반면에 왕이 과연 이름도 알려지지 않은 여인, 그리고 전에 한 번도 만나본 적이 없고 "공식적인" 신임장을 가지고 있지도 않은 여인의 말에 귀를 기울이겠는가?

다윗의 소행과 부자, 그리고 암양 사이의 관계는 너무도 확실한 것이어서, 나단이 말하고자 하는 요지가 금방 분명하게 드러나며, 그것이 다윗의 상황에 잘 들어맞는 것임이 밝혀진다. 이와는 달리 드고아 여인은 자신의 두 아들 중 한명이 자기 형제를 죽임으로써(6절) 친족 사이에 살인자에게 피의 복수를 하려는 일이 발생하게 되었다(7a절)는 이야기를 전한다. 그렇게 되면 그녀는 아들도 상속자도 없는 처량한 신세가 된다(7b절). 그러나 다윗은 어느 누구도(적어도 직접적으로는) 죽이지 않았다. 그렇다면 이미 결정된 끔찍한 피의 복수는 과연 다윗이 압살롬을 따뜻한 가정의 품으로 데려와야 하는지 그렇지 않은지의 문제를 결정하는 데 어떤 영향을 미칠까? 요컨대 다윗은 압살롬을 쫓아내지 않았다. 압살롬의 피난 생활은 스스로 결정한 일이었던 것이다.

그러나 그녀는 나단처럼 성공을 거둔다. 본문에서 다윗이 마치 3인 1조인 양 요압에게 말하고 있다는 사실이 그 점을 뒷받침한다(21절). 그러나 요압과 드고아 여인에게는 그것이 제한된 성공임이 드러난다. 압살롬은 예루살렘으로 돌아올 수는 있지만, 아버지의 집으로는 복귀하지 못한다(24절). 만일에 압살롬이 "내가 일어나 아버지께 가서"(눅 15:18)라고 말했다면, 그는 다윗이 "환영하지 않음"이라는 표지판을 내걸었음을 발견했을 것이다.

본문은 잠시 멈추어 서서 압살롬의 신체적인 특징과 그의 매력, 자랑할 만한 머리털 등에 대해서 설명한다(25-26절). 독자는 여기서 다윗이 드고아 여인에게 "야웨의 사심을 가리켜 맹세하노니 네 아들의 머리카락 하나라도 땅에 떨어지지 아니하리라"고 말한 내용(11b절)과 압살롬의 머리털에 관한 설명(25-26절)을 연결시키지 않을 수 없다. 독자는 또한 자신과 자신의 아들을 하나님의 산업에서 끊을 피의 복수자에 관한 드고아 여인의 염려(16절)와 해마다 머리털을 깎는 압살롬의 모습(26절)을 연결시키지 않을 수 없을 것이다.

압살롬의 신체적인 특징에 관한 묘사는 두 가지 목적을 가지고 있다. 첫째로 그것은 압살롬이 자기 자신을 사랑한 것 같다는 느낌을 주는 방식으로 서술되어 있다. 그는 거울에 자신의 모습을 비춰볼 때마다 자신의 눈에 보이는 모습에 만족했을 것이다. 로젠버그(Rosenberg 1986: 156, 158)는 압살롬이 "머리털을 중심으로 하는 자신의 외모에 어느 정도 도취되어 있었을 것"이라고 본다. 이와 마찬가지로 포켈만(Fokkelman 1981: 148)은 여기서 "독자들이 자신과 자신의 아름다움에 한없이 취해 있는 왕자의 모습을 발견할 수 있다"고 말한다.

둘째로 언젠가는 아버지를 계승하게 될 압살롬의 훌륭한 외모에 관한 묘사는 늙은 아버지의 모습에 비추어볼 때, 한때 준수해 보였던 왕(삼상 9:2)이 나중에 또 다른 준수한 젊은이(삼상 16:12)에게 왕권을 물려 주던 초기의 상황을 연상시킨다.

압살롬은 2년 동안 예루살렘에서 살지만, 아버지 다윗을 만나지는 못한다(28절). 압살롬은 마치 지구의 맞은편에 살고 있는 것처럼 여겨졌을 것이다.

압살롬은 자신을 위해 다윗에게 말해 달라는 요청에 요압이 아무런 반응을 보이지 않자 요압의 밭에 불을 놓음으로써(30절), 삼손처럼 보일 뿐만 아니라 삼손처럼 행동하기까지 한다(삿 15:4-5). 가엾은 요압이라니! "요압의 비극은 … 압살롬과 다윗을 화해시킴으로써 국가에 봉사하려는 그의 노력이 결국에는 자기가 옹호하던 자에 의해 자기 재산이 불에 타는 결과를 초래하는 장면에서 예고된 것이나 다름이 없다"(Whybray 1968: 24).

마침내 아버지와 아들이 만난다(33절). 엎드림과 입맞춤이 뒤따르지만 여전히 둘 사이에는 찬바람이 분다. 둘 사이에는 한마디의 대화도 없다. 어느 쪽에서도 죄를 인정하는 모습을 보이지 않는다. 누가복음 15:20에서와 같은 껴안음도 없고 달려옴도 없다. 창세기 33장(에서와 야곱이 화해하는)이나 창세기 45:2, 14(요셉과 형들이 화해하는)에서와 같은 눈물도 없다. 압살롬은 똑딱거리며 움직이는 시한폭탄 같다는 느낌을 준다.

IX. 15:1∼18:33: 도망자, 그리고 고통에 사로잡힌 아버지

15:1-37. 사울이 왕이었을 때 그에게 맞서(적어도 공개적으로) 반란이나 혁명을 꾀한 적이 없던 다윗과는 달리, 압살롬은 다윗이 사울에게 행했던 것과 같은 절제된 모습을 보이지 않는다. 압살롬은 야웨의 기름 부음 받은 자에게 저항하는 것에 대하여 아무런 양심의 가책도 느끼지 않는다. 설령 그 기름 부음 받은 자가 자신의 혈족이라 할지라도 말이다.

반란을 도모하기 위하여 압살롬은 말들과 전차들(신 17:16과 삼상 8:11에 의하면 왕이 되려는 열망을 분명하게 보여 주는 표지에 해당함)을 준비한다. 사울은 나귀(삼상 9:3)와 소(삼상 11:5)를 가지고 일했으며, 다윗은 양떼를 거느리고 일했다(삼상 16:11, 19; 17:15). 그러나 압살롬은 말들을 거느리고 일하며, 50명의 호위병들을 미리 세운다(1절).

압살롬은 4년 동안(7절, 70인역; 히브리 본문에는 "40년"으로 기록되어 있음) 자신의 계획을 준비하면서 무책임한 말로써 불만족 세력을 선동한다. 신약성서의 야고보서가 재앙을 불러일으키는 혀의 능력에 관해 언급한 내용(약 3:1-12)은 매우 정확한 것이다.

현직에 있다는 것은 일종의 부채일 수 있지만, 새로운 후보자가 된다는 것은 유용한 자산일 수 있다. 왜냐하면 도전자는 현직에 있는 자의 과오와 단점들을 쉽게 이야기할 수 있고, 만일 자기를 후계자로 선택해 준다면, 유권자들에게 현직자보다 더 잘 할 수 있다고 약속할 수 있기 때문이다. 바로 이것이 압살롬의 전략이었다(2-6절).

15장의 이러한 서두 부분은 압살롬의 행동을 자기가 대신하고자 하는 왕의 행동(14장)과 연결시키고 있다(Bar-Efrat 1989: 157):

14장	15장
33절: "왕[다윗]이 압살롬을 부르니['카라']"	2절: "압살롬이 … 그 사람을 불러서['카라'] 이르되"
33절: "저[압살롬]가 왕께 나아가['보 엘']"	4절: "누구든지 송사나 재판할 일이 있어 내게로 오는 ['보 엘'] 자에게"
33절: "[압살롬이] 그 앞에서 얼굴을 땅에 대어['하봐'] 절하매"	5절: "사람이 가까이 와서 절하려 하면['하봐']"
33절: "왕이 압살롬과 입을 맞추니라 ['나샤크']"	5절: "압살롬이 손을 펴서 그 사람을 붙들고 입을 맞추니['나샤크']"

상당수의 지지자들을 모음과 동시에 이스라엘 사람들의 "마음을 도적질한"(6b절) 압살롬은 이제 반란군을 움직일 때가 되었다고 판단한다. 사람들의 마음만을 도적질하지 않고 왕관까지 훔치고자 한 것이다.

그는 이전에 하나님께 서원한 것을 이행해야 한다는 구실로 헤브론으로 가려는 자신의 계획을 허락(야심을 가려줄 왕의 조서)해 달라고 아버지에게 요청한다(7절). 예배자가 단순히 헌신이나 감사를 표하기 위해 하나님께 약속하는 낙헌제와는 달리, 서원제는 하나님께서 어떤 은총을 베푸신다는 조건으로 하나님께 약속하는 예물이다. (다른 서원제에 대해서는 창 28:20-22[야곱]; 삿 11:30-31[입다]; 삼상 1:11[한나] 등을 참조.)

물론 우리로서는 압살롬이 하나님께 서원한 것이 무엇을 가리키는지를 입증할 길이 없다. 그것은 누군가가 자기가 말하거나 들은 무엇인가에 관해 주장하는 것을 우리가 입증할 수 없는 사례들 중의 하나에 해당하는 것이다. 야곱은 요셉의 형들이 주장하는 바를 정말로 말하였을까?(창 50:17) 므비보셋은 그의 종 시바가 주장하는 바를 정말로 말하였을까?(삼하 16:3) 다윗은 밧세바가 주장하는 바를 정말로 말하였을까?(왕상 1:17) 압살롬이 실제로 하지도 않은 서원을 했다고 거짓말을 한 것이라면, 그는 허황된 약속들과 조직적인 거짓 홍보에 능한 자일 뿐만 아니라, 이득을 얻기 위해 거짓말을 하는 자요, 종교를 정치적인 속임수의 수단으로 사용하는 자라고 할 수 있다. 그는 또한 현직자를 향한 일부 지지자들 — 부당한 취급을 받거나 좌절감에 사로잡힌 — 의 감추어진 감정들을 이용하는 법을 알고 있었을 것이다. 압살롬이 반란의 거점으로 헤브론을 선택한 것은, 다윗이 갑자기 새로운 도시 예루살렘을 선호한 나머지 유다 지파의 옛 수도인 헤브론을 버린 것에 대해서 불만을 품고 있을 자들의 적대감을 자극하기 위해서였을 것이다.

나팔을 분 다음에 사람들이 큰 목소리로 외치는 것(10절)은 정복(수 6:16)이나 반란의 전주곡에 해당하는 것이다. 여호수아 때의 외침은 야웨께 영광을 돌리려는 목적을 가지고 있다("야웨께서 너희에게 이 성을 주셨느니라"). 그러나 본장의 외침은 압살롬에게 영광을 돌리려는 목적을 가지고 있다("압살롬이 헤브론에서 왕이 되었다").

다윗이 그처럼 둔감하지 않았다면 압살롬의 반란은 성공을 거두지 못했을 수도 있다. 그는 완전히 암논의 계략에 속아넘어가 다말을 암논의 집으로 보낸다(13:6-7). 그는 암논을 바알하솔에서 열리는 양털 깎기 축제에 압살롬과 함께 보내기로 작정한다(13:23-27). 본장에서 압살롬은 이제 세 번째로 아버지를 속이는 잘못을 저지르며, 아버지는 그 속임수에 넘어간다(9절). 여기서 우리는 지혜나 분별력을 거의 찾아볼 수 없다.

압살롬의 반란을 눈치 챈 다윗은 예루살렘을 등지고 도망하는 길 외에는 달리 방도가 없음을 발견한다(14절). 하나님의 사랑을 받던 자가 도망자로 바뀌며, 왕이 망명객으로 바뀐다.

그러나 그는 자기 집을 비우지 않는다. 그는 열 명의 후궁을 남겨두어 자기 집을 지키게 하지만(16절), 설마 그들이 압살롬의 공격 목표(아히도벨의 조언에 따른)가 될 줄(16:21)은 생각지도 못했을 것이다. 다윗이 예루살렘에 후궁을 남겨둔 것은 어쩌면 그가 예루살렘을 등지고 도망하는 일을 잠정적인 것으로 생각했기 때문일 수도 있다. 어떻든 간에 목숨을 건지기 위해 도망하는 마당에 누가 통상적인 왕의 "즐거움"을 누릴 여유를 가지고 있겠는가?

다윗의 아들들 중에 특별히 그에게 충성하는 아들은 없지만, 그의 가정 밖에는 그에게 충성을 다짐하는 지지자들이 많다. 그리고 그들 중의 일부는 다윗과 함께 피난 생활을 같이하기까지 한다. 그를 지지하는 자들의 명단은 다음과 같다:

1. 그렛 사람과 블렛 사람(에게 해 지역 출신의 용병들, 18절)
2. 블레셋의 가드에서 온 6백 명(18절)
3. 가드 사람 잇대(19-23절)
4. 레위 사람 아비아달과 사독 및 다른 레위 사람들(24-29절)
5. 다윗의 친구요 모사인 후새(32-37절)

그토록 많은 블레셋 사람들(6백 명의 가드 사람들, 잇대, 그렛 사람과 블렛 사람 등)이 친(親) 다윗적인 경향을 보이고 있다는 것은 다소 놀라운 일이 아닐 수 없다. 특히 골리앗의 도시인 가드 출신의 블레셋 사람들이 많다는 사실이 그렇다. 다윗은 전에 그들이 자랑스럽게 생각하던 장대한 전사를 죽이고 목을 벤 적이 있었다(삼상 17장). 이들 집단과 다윗 사이의 동지애는 다윗이 사울 시대에 블레셋 사람들과 매우 친근한 관계를 맺던 시절로 거슬러 올라간다(삼상 21:10-15; 27:1-12; 29:1-11). 사실 잇대는 룻이 나오미에게 충성한 것과 똑같이 다윗에게 충성한 것으로 보인다:

> 룻기 1:16-17: "나로 어머니를 떠나며 어머니를 따르지 말고 돌아가라 강권하지 마옵소서. 어머니께서 가시는 곳에 나도 가고 … 어머니께서 죽으시는 곳에서 나도 죽어 거기 장사될 것이라. 만일 내가 죽는 일 외에 어머니와 떠나면 야웨께서 내게 벌을 내리시고 더 내리시기를 원하나이다."
>
> 사무엘하 15:21: "야웨의 사심과 우리 주 왕의 사심으로 맹세하옵나니 진실로 내 주 왕께서 어느 곳에 계시든지 무론 사생하고 종도 그곳에 있겠나이다."

한 여인은 다른 여인에게 무조건적인 충성을 확언한다. 그리고 한 남자는 다른 남자에게 무조건적인 충성을 확언한다. 두 본문의 여자와 남자는 똑같이 "국외자"이지만(모압 사람, 블레셋 사람), 자기들이 따르기로 맹세한 유다 사람을 향하여 말하는 중에 똑같이 이스라엘의 하나님의 특별한 이름 — 야웨 — 을 사용한다. "잇대"(더 정확한 발음은 '이타이' : 역주)라는 이름은 전치사

'에트'와 대명사 접미어의 결합으로 이루어져 있으며, "나와 함께"라는 뜻을 가지고 있다. 친밀한 관계를 암시하는 이름인 셈이다. 19절과 22절의 말놀이를 주목하라: "그때에 왕이 가드 사람 잇대['이타이']에게 이르되, '어찌하여 너도 우리와 함께['이타누'] 가느냐?'"(19절); "가드 사람 잇대['이타이']와 그 종자들과 그와 함께 한['이토'] 아이들이 다 건너가고"(22절). (참조. Polzin 1993: 151.)

다윗은 법궤를 예루살렘으로부터 운반하여 내자는 레위인들의 요청을 거부한다. 만일 다윗이 예루살렘으로 복귀하는 것이 하나님의 뜻이라면, 법궤의 행방과 관계없이 그 일이 이루어질 것이기 때문이다(25-26절). 이것은 자신을 하나님의 은총에 내맡기는 훌륭한 신앙의 표현이 아닐 수 없다. 또한 다윗은 사독과 아비아달을 전략적인 위치에 "숨겨둠"으로써, 그 둘로 하여금 압살롬의 움직임에 관한 중요한 정보를 전달할 수 있게 한다(28절). 그들은 다윗에게 "광야에서 기도하는 것보다 예루살렘에서 정탐 노릇하는 것이 더 유익함"을 보여 주는 중요한 인물들이다(Brueggemann 1990: 303-4). 여기서 우리는 하나님이 하셔야 할 일(25-26절)과 다윗이 할 수 있는 일(27-28절)이 있음을 알 수 있다. "다윗의 복귀는 전적으로 하나님께서 하실 일이지만[25-26절], 동시에 전적으로 다윗 자신이 할 일이기도 하다[27-28절]"(Fokkelman 1981: 187).

사독과 아비아달 뿐만 아니라 다윗의 "종"(34절; 16:19)이면서 친구(37절; 16:16)인 후새 역시 예루살렘에 머물면서 다윗의 수족 역할을 수행함으로써 다윗에게 도움을 준다. 그의 이름은 "성급한 사람"('후쉬'는 "서두르다, 급하게 굴다"라는 뜻을 가짐)이라는 뜻을 가지고 있다. 예루살렘을 급하게 빠져나가는("빨리 가자['마하르']. 두렵건대 저[압살롬]가 우리를 급히 따라와서 해하고"[14절]) 왕을 돕는 친구에 걸맞는 흥미로운 이름이 아닐 수 없다.

후새는 아히도벨 — 전에 다윗의 친구요 모사였으나 이제는 압살롬의 편을 드는 — 이 압살롬에게 베푸는 모략을 방해하는 일을 맡는다(30-31절). 아히도벨은 수난 주간에 가룟 유다가 수행하는 것과 비슷한 역할을 수행한다:

1. 다윗이 기드론을 건넌다(삼하 15:23).

   예수께서 기드론을 건너신다(요 18:1).

2. 다윗이 감람산으로 간다(삼하 15:30).

   예수께서 감람산으로 가신다(막 14:26).

3. 아히도벨이 다윗을 배반한다(삼하 15:12, 31).

   유다가 예수를 배신한다(마 26:47-50; 막 14:43-45; 눅 22:47-48; 요 18:2-5).

4. 상황이 계획대로 진행되지 않자 아히도벨은 스스로 목매어 죽는다(삼하 17:23).

   유다가 스스로 목매어 죽는다(마 27:5).

16:1-23. 본장은 두 부분으로 나뉜다:

(A) 1-14절: 다윗이 예루살렘을 빠져나가는 동안 계속해서 모욕을 당한다.
(B) 15-23절: 압살롬이 예루살렘에서 왕 노릇한다.

이 두 부분은 다음의 몇 가지 요소들에 의하여 하나로 묶인다:

1. (A)에서는 다윗, 시바[1-4절], 시므이[5-14절] 등의 세 사람이 등장하고, (B)에서는 압살롬, 후새, 아히도벨 등의 세 사람이 등장한다.

2. (A)와 (B)에서 다윗 이외의 인물들은 몇 가지 공통점을 가지고 있다. 시바와 시므이는 둘 다 베냐민 지파 사람이고, 아히도벨과 후새는 둘 다 왕의 모사들이다.

3. (A)와 (B)에서 똑같이 누군가가 다른 사람을 속인다. 시바는 므비보셋이 말하지 않았음직한 얘기를 지어서 말함으로써(3a절), 다윗으로 하여금 실제로 므비보셋이 그 말을 한 것처럼 믿게 한다. 후새는 자신이 다윗에 대한 충성심을 버리고 압살롬에게 충성할 것이라고 속여 말함으로써, 압살롬으로 하여금 자신의 말을 그대로 믿게 만든다(16-19절).

4. (A)와 (B)에서 똑같이 누군가가 제3자의 개입에 힘입어 다른 누군가에게 속한 어떤 것을 취한다. 시바는 다윗의 재산 몰수권에 힘입어 므비보셋의 기업을 자기 것으로 만든다(4a절). 압살롬은 아히도벨의 탁월한 제안에 힘입어 아버지의 후궁들을 취한다(21-22절).

5. 다윗은 시바가 한 끼 식사보다 훨씬 많은 음식물을 가지고 나타나자 놀라면서 "왜"라는 질문을 던진다("네가 무슨 뜻으로 이것을 가져 왔느뇨?"[2a절]). 압살롬은 후새가 다윗과 함께 있는 대신에 예루살렘에 나타나자 놀라면서 "왜"라는 질문을 던진다("네가 어찌하여 네 친구와 함께 가지 아니하였느냐?"[17b절]).

6. 두 부분은 똑같이 "선택" 개념을 강조한다. 게라의 아들 시므이는 "선택된 자들"('바하르' ["선택하다"]에서 파생한 명사임)이라는 뜻을 가진 바후림에서 다윗을 저주한다(5절). 후새는 야웨와 이스라엘이 "선택한"('바하르') 자를 지지할 것이라고 말한다(18절).

7. 시므이는 다윗을 "피를 흘린 자"로 저주하며, 야웨께서 사울 가문의 모든 피를 다윗에게 갚으시기 원한다고 소리친다(7-8절). 아비새(그의 형제 요압은 어디에 있을까?)는 다윗을 향한 시므이의 거친 말과 무례함에 대하여 복수함으로써 스스로가 피의 사람이 되겠다고 말한다(9절).

8. 본장 두 부분에 있는 한 가지 요소는 다윗의 생애 초기에 있었던 한 사건을 상기시킨다. 시므이가 다윗을 향하여 돌을 던지는 일(6절)은 다윗이 골리앗에게 돌을 던지던 것을 상기시킨다(삼상 17:49). 압살롬이 아버지의 집에 남겨둔 후궁들과 동침하는 일(22a절)은 다윗이 자기 집에서 밧세바와 동침함으로써 비극적인 사건에 연루되는 것(11:2)을 상기시킨다.

9. 왕을 저주한 일로 인하여 시므이는 결국 죽임을 당한다(왕상 2:8-9, 36-46). 왕에게 모략을 베푼 일로 인하여 아히도벨은 결국 죽음에 이른다(17:23) (이 마지막 요소에 대해서는 Polzin 1993: 167 참조).

본장에서 다윗은 시므이나 압살롬 다음으로 인상적인 인물로 나타난다.

그의 차분함과 너그러움(11-12절)은 시므이의 성급함이나 악담과 대조를 이룬다. 그의 절제된 모습은 자객 집단에 속한 것과 같은 아비새의 계략과 대조를 이룬다. 그의 경건과 공의로우신 하나님을 향한 신뢰(12절)는 압살롬의 기회주의와 대조를 이룬다. 아버지와는 달리 압살롬은 하나님에 관해 일체 언급하지 않는다.

이 이야기를 히브리어로 읽는 자들에게는 한 가지 흥미로운 사실이 있다: 13절에서 "다윗과 그 종자들이 길을 갈 때에"라는 구절과 "시므이는 산비탈로 따라가면서"라는 구절 사이의 1인치 정도 되는 여백에 히브리어 자음 '사멕'이 적혀 있다. 이 자음은 맛소라 학자들이 남긴 표시로서, '피스카 베엠차 파숙'("한 절 안에 있는 여백")이라 부르는 현상을 일컫는다. 이 표시는 구약성서의 다른 어떤 책보다도 사무엘서에서 많이 사용된다.

사무엘서에 있는 인물들과 관련하여 한 가지 흥미로운 사실은 그들 중 다수가 시편의 일부 표제들에 언급되어 있는 역사적인 맥락 속에서, 그리고 기도문이 나올 것으로 예상되는 곳에서 등장한다는 점이다. 이를테면 사무엘하 16:13이 그렇다. 맛소라 학자들은 이 본문이 시편 3편의 배경을 이루고 있다고 생각한다. 이 시는 "다윗이 그 아들 압살롬을 피할 때에 지은 시"라는 표제를 가지고 있다. 사무엘하 12:13에서도 이와 동일한 특징이 발견된다. 이 본문에는 "다윗이 나단에게 이르되, '내가 야웨께 죄를 범하였노라' 하매"라는 구절과 "나단이 다윗에게 대답하되"라는 구절 사이에 '사멕'이 적힌 여백이 있다. 바로 이 지점에서 다윗은 시편 51편에 있는 고백의 기도를 드린 것이다. 이 시는 "다윗의 시 … 다윗이 밧세바와 동침한 후 선지자 나단이 저에게 온 때에"라는 표제를 가지고 있다. 히브리 성서의 독자는 사무엘상 23:4를 시편 54편과 비교할 수도 있다. 사무엘상 21:10(참조. 시 34편과 56편)과 사무엘하 7:4(참조. 시 132편)에서는 그 절의 서두에 여백이 있다.

17:1-27. 본장은 두 개의 주요 부분들로 나뉜다. 첫 번째 부분(1-14절)은 다윗을 제거하기 위한 최선의 방책을 압살롬에게 말하는 아히도벨의 조언(1-4절), 후새의 다른 방도(5-13절), 압살롬이 그 중 어떤 것을 왜 선택하는가에 대한 설명(14절) 등으로 이루어져 있다. 두 번째 부분(15-27절)에서 다

윗은 예루살렘에 남겨둔 감시자들을 통하여 압살롬의 의도를 알게 되고, 이에 서둘러 요단을 건넌다. 그는 활동을 멈춘 채 조용히 마하나임에 머문다(24, 27절). 이 얼마나 역설적인가? 압살롬은 (잠시 동안) 다윗의 성읍들인 헤브론과 예루살렘에서 성공을 거둔다. 반면에 다윗은 이전에 자신과 왕권을 다투던 이스보셋의 수도 마하나임에서 도피처를 찾는다(Flanagan 1972: 179).

아히도벨과 후새가 압살롬에게 베푸는 계략은 서로 상당히 다르다:

아히도벨(1-4절)	후새(5-13절)
1. 길이의 차이 — 더 짧다. 40여개 정도의 낱말로 이루어짐	— 훨씬 더 길다(3.5배 정도)
2. 전략의 차이 — 소규모 군대로 신속하게 공격하여 다윗에게 반격할 기회를 주지 않음	— 조금 시간이 걸리더라도 대군을 모집하여 숫자로 다윗 군대의 사기를 꺾음
3. 수사학적인 차이 — 직선적이고 세련되지 않은 언어	— 직유법을 네 번이나 사용하는 화려하고 설득력 있는 언어(8, 10, 11, 12절)
4. 다윗 — 아히도벨은 그의 이름을 직접 언급함	— 후새는 그의 이름 대신에 "왕의 부친"이라는 표현을 사용함(8, 10절)
5. 누가 신임을 얻는가? — 아히도벨이 신임을 얻음("나로 하여금 … 내가 … 내가 … 내가 … [1-3절])	— 후새가 신임을 얻음("온 이스라엘을 … 왕께로 모으고 친히 전장에 나가시고"[11절])
6. 자신에 대한 언급 — 아히도벨은 자신에 대해서 언급함	후새는 결코 자신에 대해서 언급하지 않음

압살롬은 처음에는 아히도벨의 계략에서 매력을 느끼지만(4절), 나중에는 후새의 역(逆) 제안이 훨씬 설득력을 가지고 있다고 생각한다(14a절). 잠언 18:17이 말한 바와 같다: "송사에 원고의 말이 바른 것 같으나 그 피고가 와서 밝히느니라." 그러나 여기에는 수사학적으로 설득력 있는 계략보다 더 중요한 문제가 있다. 압살롬이 후새의 계략을 받아들인 진정한 이유는 "야웨께서 압살롬에게 화를 내리려 하사 아히도벨의 좋은 모략을 파하기로 작정하셨기"(14b절) 때문이다. (그런데 히브리어 본문은 23절에서 "집을 정리하는"

— 죽기 전에 집안 일에 관하여 마지막 당부를 하는 — 아히도벨의 행동을 표현할 때 이곳의 "작정하다"와 똑같은 동사['차봐']를 사용한다) 후새는 자신이 다윗의 대리인임을 잘 알고 있다. 그러나 그는 자신이 야웨의 대리인이기도 하다는 것을 알지 못할 수도 있다. 야웨께서는 교활한 모사꾼 한 사람을 통하여 자신의 뜻을 이루신다(Brueggemann 1990: 313). 하나님은 시내 산에서 보이신 것과 똑같은 천상의 권능을 가지고, 한창 진행 중인 압살롬의 반란을 중단시키실 수도 있다. 그러나 도리어 그는 눈에 보이지 않고 귀에 들리지 않는 방식으로 은밀하게 활동하신다.

흥미롭게도, 우리가 아는 한, 오직 두 명의 왕(다윗[과 왕위 계승권을 가진 압살롬], 르호보암)만이 주변 사람들로부터 조언을 구한다. 압살롬과 르호보암은 양립하기 어려운 두 개의 조언에 직면한다(삼하 17:1-4, 5-13; 왕상 12:6-7, 9-11). 두 사람은 똑같이 그릇된 집단의 말에 귀를 기울인다(삼하 17:14a; 왕상 12:13-14). 그릇된 조언은 압살롬과 르호보암 모두를 파멸에 빠뜨린다. 하나님의 주권적인 통치가 두 상황 모두를 지배하고 있는 까닭이다(삼하 17:14b; 왕상 12:15).

다윗이 적절한 곳에 배치한 정보망은 그에게 압살롬의 움직임을 낱낱이 보고한다. 그 보고는 처음에는 후새를 통하여, 그리고 나중에는 레위인 사독과 아비아달(15절) 및 이들의 젊은 두 아들 요나단과 아히마아스(17절) — 예루살렘과 다윗의 피난처를 연결하는 — 를 통하여 이루어진다. 그 중에서도 요나단과 아히마아스는 거의 잡힐 뻔 한다(18절). 만일 이 두 사람이 잡혔다면, 다윗의 미래는 불투명하게 되었을 것이요, 후새의 생명도 안전하지 못했을 것이며, 압살롬은 성공을 거둘 수 있었을 것이다. 그러나 그들을 숨겨준 후 그들이 다른 길로 갔다고 말한 한 지혜로운 여인 덕에 두 소년의 행방은 압살롬 집단에게 알려지지 않는다(19-20절). 사무엘하의 또 다른 라합이 아닐 수 없다! 구변이 좋은 후새와 이름이 알려지지 않은 한 민첩한 여인, 그리고 하나님의 작정하심 등 모두가 합력하여 다윗의 구원을 이루는 데 기여한다.

본장이 끝나는 부분에서 아히도벨은 스스로 목숨을 끊으며(23절), 요압은 아마사에게 자리를 빼앗긴다(25절; "아마사"라는 이름은 "아모스"와 동일한 어근["운반하다"]을 가지고 있다). 그리고 다윗은 자신과 자신의 군대에게 음식물과 피난처를 제공한 요단 동편의 새로운 세 친구들을 얻는다(소비, 마길, 바르실래; 27-29절). 그들은 후새처럼 다윗에게 조언을 하지는 못하지만, 다윗을 위로할 수는 있다. 그들은 후새의 언변과 같은 기술을 가지고 있지는 못해도 한 잔의 냉수를 함께 나눌 줄은 안다.

18:1-33. 압살롬과 다윗은 막판 대결을 벌인다. 다윗은 계속해서 피난민으로 남아 있으면서 왕위를 압살롬에게 양보할 수도 있고, 아니면 전면을 재정비하여 예루살렘으로 돌아가서 자신의 왕권을 되찾을 수도 있다. 그는 후자를 선택한다. 그러나 두 번째로(참조. 11:1) 다윗은 자신의 근거지에 그대로 남아있는 반면에, 그의 군대는 전쟁터로 나간다. 그렇지만 또 다른 밧세바 사건이 발생할지도 모른다고 염려할 필요는 없다. 이번에는 그의 군사 고문들이 다윗에게 마하나임에 머물 것을 권한다. 왜냐하면 그를 따르는 무리들에게는 그의 안전과 생존이 그가 직접 전쟁에 참여하는 것보다 더 중요한 의미를 갖기 때문이다(3절). 어쩌면 다윗의 측근들이 생각하기에 다윗이 전쟁에 직접 참여하는 것은, 그의 나이에 비추어볼 때, 이점으로 작용하기보다는 짐으로 여겨질 수도 있었을 것이다.

요압은 10절 이후 전쟁을 진두지휘하는 인물로 나타나는 것 같지만, 2절은 요압이 단지 다윗 군대의 3분의 1만을 관할하고 있다고 묘사한다. 요압으로서는 처음으로 군 통수권을 다른 두 사람, 곧 자신의 동생 아비새(요압이 받아들일 수 있는 사람이었을 것이다)와 블레셋 사람 잇대(요압이 받아들이기 어려운 사람이었을 것이다)와 함께 나누게 된 셈이다. 요압이 19:5-7에서 노골적으로 다윗에게 실망하는 모습을 보이는 것은, 아마도 다윗이 압살롬의 죽음에 대해서 슬퍼한데다가 요압 자신의 권세가 약화되기도 했기 때문일 것이다.

다윗은 만일 압살롬을 사로잡게 되면 그를 너그럽게 대해 달라는 한 가지만을 지시한다(5절). 본장에서 다윗(또는 다른 사람)은 계속해서 압살롬을 "소년"으로 칭한다(5, 12[압살롬의 머리털이 나무에 걸렸음을 보고서 다윗의 말을 요압 앞에서 그대로 인용하는 사람의 말], 32a절). 다윗에게 소식을 전하는 구스 사람 역시 마찬가지이다(32b절). 다윗은 머리털이 나무에 걸린 압살롬과 똑같이 난관에 부닥친다. 압살롬은 친족이면서 왕이요, 왕족이면서 변절자다. 다윗이 압살롬에 대하여 사용할 수 있는 가장 친근한 표현은 "소년"이라는 호칭이다. 그러나 압살롬이 죽었다는 소식에 접하자 모든 것이 변한다. 그는 "소년 압살롬아!"라고 말하지 않는다. 도리어 그는 "내 아들 압살롬아!"라고 말한다. 사실 그는 압살롬을 두 절에서 여덟 번씩이나 "내 아들"이라 부른다(18:33; 19:4).

다시금 우리는 사무엘 상하에서 자주 목격하던 유감스러운 상황, 곧 이스라엘이 이스라엘과 맞서 싸우고 형제가 형제와 맞서 싸우는 상황에 직면하게 된다. 그 싸움은 "다윗의 신복들"과 "이스라엘 무리" 사이에 벌어지며(7a절), 대대적인 형제 살육으로 이어진다(7b절). 전쟁이 벌어지던 곳의 지형은 압살롬과 그의 군대에 부정적으로 작용한다. 8b절이 이 점을 잘 밝히고 있다: "그날에 수풀에서 죽은 자가 칼에 죽은 자보다 많았더라." "수풀"은 온갖 식물들과 나무들 및 덩굴들이 무질서하고 조밀하게 자란 탓에 매우 거칠고 울퉁불퉁한 지형을 감추고 있는 곳을 가리킨다. 과거에 별들이 시스라에 맞서 싸웠다고 한다면(삿 5:20), 여기서는 수풀이 압살롬에 맞서 싸운 셈이다.

사무엘 상하에 있는 동족상잔의 전쟁에 관한 설명들 중에서 18장에 있는 설명은 사무엘하 2장에 있는 설명 — 다윗 집안과 사울 집안 사이의 전쟁에 관한 — 과 가장 크게 평행을 이루고 있다(Polzin 1993: 183–85). 특히 세 가지 평행 요소가 눈에 띈다:

1. 2:17: "그날에 싸움이 심히 맹렬하더니 아브넬과 이스라엘 사람들이 다윗의 신복들 앞에서 패하니라"['나가프 리프네'].

   18:7: "거기서 이스라엘 무리가 다윗의 신복들에게 패하매['나가프 리프네'] 그날 그곳에서 살육이 커서 이만에 이르렀고."

2. 2:28: "나팔을 불매 온 무리가 머물러 서고 다시는 이스라엘을 쫓아가지['라다프'] 아니하고 다시는 싸우지도 아니하니라."

   18:16: "요압이 나팔을 불어 백성들로 그치게 하니 저희가 이스라엘을 따르지['라다프'] 아니하고 돌아오니라."

3. 2:16: "각기 적수의 머리['로쉬']를 잡고"['하자크'].

18:9: "압살롬이 노새를 탔는데 … 압살롬의 머리털['로쉬']이 그 상수리나무에 걸리매['하자크']."

두 이야기에서 다윗은 똑같이 승리자로 나타난다. 다윗을 대적하거나 제거하려고 애쓰던 자는 결국 실패하고 만다. 이스라엘의 머리가 되고자 하던 압살롬은 머리털이 나무에 걸리는 곤경에 처한다. 압살롬의 군대는 수풀로 인하여 패배한다(8절). 그리고 압살롬 자신은 그 수풀 안에 있는 상수리나무로 인하여 패배한다(9절). 압살롬은 나무에 매달려 꼼짝할 수 없게 되며(9절), 나중에는 요압과 그의 병사들에게 죽임당한다(15절). 다른 왕들은 매달려 죽거나(아이 왕[수 8:29]) 처형당한 다음에 매달린다(아모리의 다섯 왕들[수 10:26]; 사울[삼상 31:10]). 하나님의 백성에게 악을 행한 이들처럼 말이다(레갑과 바아나 형제[삼하 4:12]; 느부갓네살의 군대장관 홀로페르네스[유딧 14:11]; 유다 마카베오의 시대에 유대 지역을 다스리던 포악한 총독 니가노르[제2마카베오 15:33]). 신명기 21:23은 그러한 광경을 이렇게 요약한다: "나무에 달린 자는 하나님께 저주를 받았음이니라."

처음에 압살롬이 나무에 매달린 모습을 본 자(10절)는 11장의 우리아와 비교될 수 있을 것이다(Fokkelman 1981: 245). 두 사람 중 어느 누구도 자신의 상관이 하라는 일을 하고 싶어 하지 않는다(자기 집으로 가는 일; 압살롬을 죽이는 일). 둘은 똑같이 충성심 때문에 그런 일을 하지 않은 것이다("내 왕의 신복들이 바깥 들에 유진하였거늘 내가 어찌 내 집으로 가서 먹고 마시고 내 처와 같이 자리이까?"[11:11]; "나는 왕의 아들에게 손을 대지 아니하겠나이다 우리가 들었거니와 왕이 … 명하여 이르시기를 삼가 누구든지 소년 압살롬을 해하지 말라 하셨나이다"[18:12]). 다윗은 우리아를 죽인다. 그리고 요압은 압살롬을 죽인다.

왜 아히마아스(28-30절)와 구스 사람이 압살롬의 군대에 대한 승리의 소식을 다윗에게 전하려고 그렇게 열심을 내면서도(28b, 31절) 압살롬의 죽음에 대해서는 말하기를 꺼려하는지는 충분히 이해할 만한 일이다. 그들은 "왕이시여, 좋은 소식과 나쁜 소식이 있습니다. 어떤 소식을 먼저 듣기 원하시나이까?"라고 말하지 못한다. 아히마아스는 압살롬의 죽음에 대해서 아무 말도 하지 않으며(29b절), 구스 사람은 조심스럽게 "압살롬"에 대한 언급을 피하면서 그것을 완곡하게 표현한다("내 주 왕의 원수와 일어나서 왕을 대적하는 자들은 다 그 소년과 같이 되기를 원하나이다"[32절]). 과거에는 다윗이 사울의 죽음(삼하 1:11-16)과 이스보셋의 죽음(삼하 4:10-12)에 대한 소식을 듣고서 크게 분노한 적이 있다. 자신의 명령이 무시된 채 이루어진 아들 압살롬의 비참한 죽음에 관한 소식을 들었을 때, 그는 과연 어떠한 반응을 보일 것인가? 아히마아스와 구스 사람이 사무엘하 1장과 4장에서 보는 것처럼 자칭 살인자들이 아니라 단순히 죽음의 소식을 가져온 자들이라는 점은 고통과 괴로움에 사로잡힌 다윗에게는 별 의미 없는 사실에 지나지 않을 것이다.

다윗은 정말 많은 눈물을 흘린다. 그의 눈물은 대부분 아들들로 인하여 비롯된 것이다. 태어난 지 얼마 안 되어 죽은 아들(12:21)이 그러했고, 어머니의 고향으로 도망했다가(13:37) 나중에 비참하게 죽은 아들(18:33)이 그러했다. 그러나 다윗의 눈물은 아버지로서 느끼는 슬픔 이상의 의미를 가지고 있다. "내가 너를 대신하여 죽었더면!"이라는 그의 말은 압살롬이 그동안 다윗의 자리를 대신하고 있었음을 암시한다. 다윗은 악을 행한 자요, 압살롬은 희생양이었다. 죽어야 할 사람은 다윗이었다. 이 이야기는 아브라함이 이삭을 제물로 바치는 이야기(창 22장)와 평행되는 요소들을 가지고 있다. 천사가 아브라함에게 한 말, 곧 "그 아이에게 네 손을 대지['샬라흐 야드 엘'] 말라"는 말(창 22:12)은 요압의 종이 그에게 하는 말, 곧 "나는 왕의 아들에게 손을 대지['샬라흐 야드 엘'] 아니하겠나이다"라는 말(삼하 18:12)과 비슷하다. 그리고 "내가 너를 대신하여['타하트'] 죽었더면!"이라는 다윗의 말(삼하 18:33[히브리어 본문은 19:1])은 자기 아들 대신에['타하트'] 수양을 제물로 바치는 아브라함의 모습(창 22:13)을 연상시킨다. 이삭과 압살롬은 똑같이 무엇인가에 묶여 있다. 하나는 제단에 묶여 있고, 다른 하나는 나무에 묶여 있다. 그러나 두 사람의 아버지들 사이에는 큰 차이가 있다. 하나님의 시험에 대한 아브라함의 신실한 응답은 "다음 세대를 위한 복과 가문의 연속성을 가능하게 하며, 다윗 왕이 받은 판결, 곧 재난이 닥칠 것이요, 왕조의 연속성에 위협이 가해질 것이라는 판결과 [대조를 이룬다]. 아브라함은 이스라엘의 왕들을 평가하고 비판하는 모델이 된다"(Ackerman 1990: 51).

X. 19:1~20:26: 반란 세력과 싸우는 자

19:1-41. 압살롬의 죽음은 다윗에게 닥치는 위기들 가운데 마지막이 아니다. 19장에서 우리는 쇠퇴기에 접어든 다윗, 그러면서도 너그럽게 행동하는 다윗의 모습을 볼 수 있다. 다윗은 다섯 개의 서로 다른 배경들 속에서 발견된다:

1. 요압과의 관계(1-15절)
2. 시므이와의 관계(16-23절)
3. 므비보셋과의 관계(24-30절)
4. 바르실래와의 관계(31-40절)
5. 이스라엘 사람 및 유다 사람과의 관계(41-43절)

이 다섯 관계들 중에서 다윗의 행동은 오로지 네 번째 관계에서만 모범을 보일 뿐이다. 다윗은 나이 많은 바르실래의 청, 곧 자신의 젊은 후손 한 명─바르실래의 아들인 듯한 김함 ─ 에게 자비를 베풀어 왕실에 거주지를 얻도록 하게 해 달라는 청을 친절하게 받아들인다. 18장에서 다윗은 아들 압살롬을 대신하여 죽기를 희망했었다. 그런데 19장에서는 바르실래가 자신보다는 자신의 젊은 후손(그의 아들?)을 존귀히 여겨 주기를 희망한다.

그러나 다른 사건들은 그렇게 단순하지가 않다. 첫 번째의 경우, 요압은 다윗을 대단히 강경한 어조로 비난한다(5-7절). 군대장관이 자신의 상관에게 그처럼 위풍당당하게 말한다는 것은 참으로 상상하기 어려운 일이다! 화이브레이(Whybray 1968: 42)는 요압의 이러한 말투를 "고대 문헌을 통틀어 왕실 관리가 왕에게 하는 말들 중에서 가장 솔직한 말투"로 칭한다. 브루거만(1990: 324)은 "요압이 나단보다 더 강한 어조로 말하고 있음"을 지적한다. 반면에 콘로이(Conroy 1978: 79)는 요압의 "채찍질하는 듯한 명령 어투"에 주목한다(7절 참조).

다윗이 요압을 아마사로 대체한 것(13절)은 부분적으로는 요압의 무례함(5-7절)에 대한 반응에서 비롯된 것이다. 이와 관련하여 잠언 15:1은 다음과 같이 말한다: "유순한 대답은 분노를 쉬게 하여도 과격한 말은 노를 격동하느니라." 그러나 요압을 파면한 일은 다른 많은 유약한 지도자들과 마찬가지로 다윗이 요압의 행동에 분노하는 한편 요압처럼 노련하고 활동적인 사람을 두려워하고 있음을 보여 주는 증거일 수도 있다.

다윗이 전에 자기를 저주한(16:5-8) 베냐민 지파 사람 시므이를 용서한 일(16-23절)이나 시므이를 당장 죽이고자 하는 아비새를 만류한 일(21-22절)은 잘한 것으로 보인다(Swindoll 1997: 253-59). 그러나 여기서 우리는 시므이가 혼자서 다윗을 맞으러 온 것이 아니라는 사실을 주목할 필요가 있다. 그는 자기 주변에 상당히 규모가 큰 지지 집단을 거느리고 있다(16-17절). 다윗이 과연 공공연하게 그에게 보복할 수 있겠는가? 특히 시므이가 자신의 지위를 회복하고 불만에 사로잡힌 집단의 지지를 얻기 위해 애쓰고 있는 상황에서 말이다. 만일 다윗의 시므이 용서가 진실한 것이라면, 그가 죽기 전에 솔로몬에게 시므이를 제거하라고 명한 것(왕상 2:8-9)은 대체 어떻게 이해해야 하겠는가?

다윗과 므비보셋의 만남은 흥미로운 데가 있다(24-30절). 과거에 므비보셋의 종 시바는 므비보셋이 압살롬의 반란 때에 노골적으로 다윗에게 불충성 의사를 표시했다고 주장함으로써, 다윗으로 하여금 경솔하게 사울의 밭을 므비보셋에게서 빼앗아 자기에게 넘겨주게 한 적이 있다(16:1-4). 그런데 이제 므비보셋이 다윗에게 자신이 결코 불충성 의사를 표시한 적이 없음을 지적한다. 도리어 그는 과거에 자신이 다윗과 함께 가지 않은 것은 자신이 장애인인데다가 어느 누구도 자신이 탈 나귀를 마련해 주지 않았기 때문이라고 말한다. 확실히 16장의 시바가 거짓말을 하고 있거나, 아니면 19장의 므비보셋이 거짓말을 하고 있음에 틀림없다. 솔로몬과 마찬가지로(왕상 3:16-28) 다윗은 여기서 상반되는 주장을 하는 두 사람을 대면하게 된다. 둘 다 옳을 수는 없는 노릇이다. 한 사람은 진실을 말하고 있고, 다른 사람은 거짓을 말하고 있다. 다윗은 살아 있는 아이를 둘로 나누라고 판결한 솔로몬과 마찬가지로 사울의 밭을 둘로 나누라는 해법을 제시한다. 그는 자유재량으로 시바와 므비보셋 모두를 절반의 승리자로 만들고, 그럼으로써 그 문제의 진실을 끝까지 파헤치고자 하지 않는다.

다섯 번째 부분에서 다윗은 (북쪽 지역의) 이스라엘 사람들과 다윗에게 더 충성하는 유다 사람들 — 다윗의 왕권을 주장할 수 있는 권리를 더 많이 가지고 있고 그를 예루살렘으로 모셔갈 자격을 더 많이 가지고 있는 — 사이의 논쟁에 휘말린다(41-43절). 여기서 한 가지 주목할 것은, 이스라엘 사람들이 다윗에게 유다 사람들에 관한 질문을 던질 때(41절), 그 질문에 대답하는 사람이 다윗이 아니라 유다 사람들이라는 사실(42절)이다. 다윗은 논쟁을 벌이는 유다 사람들과 이스라엘 사람들 사이의 설전 한가운데 앉아서 침묵을 지킨다. 여기서 우리는 솔로몬이 죽은 후 유다와 이스라엘이 공식적으로 두 개의 독립된 국가로 분열되기 오래 전에, 그러한 분열의 조짐이 이미 시작되고 있음을 느낄 수 있다.

20:1-25. 다윗은 프라이팬에서 불로 옮겨가며, 지파들 사이에 있던 적대감(19:41-43)으로부터 벗어나 베냐민 지파 사람 세바가 주도하는 분리주의 운동에 직면하게 된다. 세바는 자신의 반란을 널리 알리고 확산시키기 위해 세 줄로 된 시를 사용한다. 이와 똑같은 삼행시는 나중에 북왕국 이스라엘 사람들이 솔로몬으로부터 떨어져나갈 때 또 다시 사용된다(왕상 12:16):

우리는 다윗과 함께 할 분의가 없으며
이새의 아들과 함께 할 업이 없도다.
이스라엘아, 각각 장막으로 돌아가라.

설화자가 세바를 어떻게 생각하고 있는지는 분명하다. 세바를 "불량배"(히브리어로는 '벨리야알' 인데, 개역은 "난류"로 번역함: 역주)로 칭하는 자는 다윗이 아니라 설화자 자신이다(1절). 이 표현은 또 다른 베냐민 지파 사람인 시므이가 다윗에 대하여 사용한 것이기도 하다(삼하 16:7; 개역은 "비루한 자"라고 번역함: 역주). 그리스도도는 벨리알, 곧 사탄과 그의 무리와 함께 하지 못한다(고후 6:15). 마찬가지로 다윗은 '이쉬 벨리야알,' 곧 불량배요 악인인 세바와 함께

하지 못한다. (‘벨리야알’과 “벨리알”은 그 기원이나 의미가 서로 연결되는 것으로 보인다)

이 반란에서 다윗이 수행하는 역할은 미미한 것이다. 세바는 다윗으로부터 떨어져 나와서 독립하기를 원한다. 다윗은 행여나 열 명의 후궁들이 독립의 도구로 사용될까 염려하여 그들을 자기 집에 가두고 평생 동안 과부로 지내게 한다(3절). 남자들과 여자들을 다루는 다윗의 태도에는 얼마나 큰 차이가 있는가! 노골적으로 왕을 저주한 시므이는 용서받는다(19:16-23). 과거에 다윗에게 불충성 의사를 표시했을지도 모르는 므비보셋은 자기 재산의 절반을 되찾는다(19:24-30). 그러나 이름이 알려지지 않은 열 명의 후궁들은 다윗에게 아무런 불충스런 행동을 한 적이 없는데도 독방에 감금되며, 하루 세 끼 식사와 밤에 잠자는 것 말고는 어떠한 미래도 보장받지 못한다.

19장에서 북쪽 지역의 이스라엘 사람들은 자기들이 다윗에게 대하여 열 개의 몫을 가지고 있다고 주장한 바 있다(19:43). 그런데 다윗이 이제껏 소유했던 열 명의 후궁들은 이제 전혀 다윗과 함께 하지 못한다.

다윗의 역할이 미미한 반면에, 요압의 역할은 큰 비중을 차지한다. 새로 군대장관에 임명된 아마사의 우유부단함 때문에(5절) 요압과 그의 동생 아비새는 세바를 쫓는 일에 주도적인 역할을 수행한다. 그러나 그 전에 먼저 아마사를 제거해야만 한다. 요압은 사사기 3장의 에훗처럼 행동한다. 은밀하게 무장한 그는 우정을 가장하여 아마사에게 다가간다. 그리고는 한 번에 그를 쳐서 쓰러뜨린다(8-10절). 본문이 “다시 치지 아니하여도 죽으니라”고 말한 것은 요압이 “능숙한 살인자”임을 암시한다(Fokkelman 1981: 329). 후궁들이 감금되고, 이제는 아마사도 사라진다.

20장의 이 부분은 2:12-32에 있는 사건과 평행을 이룬다(Polzin 1993: 199):

1. 요압과 아비새가 아브넬을 추격한다(2:24)
   요압와 아비새가 세바를 추격한다(20:10b)
2. “내가 어떻게 네 형 요압을 대면하겠느냐?”(2:22b)
   “요압이 아마사에게 이르되, ‘형은 평안하뇨?’”(20:9a)

3. "아브넬이 창 뒤끝으로 그 배를 찌르니"(2:23a)

"요압이 칼로 그 배를 찌르매"(20:10a)

4. "아사헬의 엎드러져 죽은 곳에 이르는 자마다 머물러 섰더라"(2:23b)

"거기 이르는 자도 다 멈추어 서는 것을 보고 옷을 그 위에 덮으니라"
(20:12b)

5. 기브온에서 지파 간에 형제살인이 발생한다(2:12, 16)

기브온에서 가족 간에(아마사는 요압의 사촌임) 형제살인이 발생한다
(20:10)

6. "나팔을 불매 온 무리가 머물러서고 다시는 이스라엘을 쫓아가지 아
니하고"(2:28)

"이에 요압이 나팔을 불매 무리가 흩어져 성읍에서 물러나서"(20:22c)

한 지혜로운 여인(16절)이 반역도의 우두머리를 넘겨준다는데도 공동체 전체를 멸하는 것은 지각없는 일이라고 요압을 설득(21b절)하지 않았다면, 요압은 세바가 피신한 벧마아가 아벨 성읍(15절) 전체를 파괴하였을 것이다. 본장에는 모두 열한 명의 여인들이 나온다. 그 중 열 명은 아무런 말도 하지 않는다. 나머지 한 사람은 언변이 좋고 실용주의적이며 지혜롭고 설득력 있는 여인이다. 이 상황에서 지혜롭다는 것은 "현재의 난관을 타개할 대안을 생각해낼" 수 있는 능력을 가리킨다(Brueggemann 1990: 331). 본장의 전반부에서 도무지 남의 말에 귀를 기울이지 않던 요압이 여기서는 지혜로운 여인의 말에 기꺼이 귀를 기울인다(16-17절).

그 지혜로운 여인이 자신의 성읍을 "이스라엘 가운데 어미 같은 성"(19b절)이라 칭하는 것은 매우 중요한 의미를 갖는다. 만일 요압이 당시에 어머니 같은 성읍 전체를 멸하였더라면, 그는 사촌(형제살인)을 죽이고 어머니(모친살해)의 죄를 범한 자가 되었을 것이다. "야웨는 아버지이시다"라는 뜻의 이름을 가진 한 사람에 의해서 그 모든 범죄가 저질러질 뻔했다는 얘기다(Fokkelman 1981: 334).

은유적인 차원에서 말하자면, 다윗도 자신의 머리를 잃은 적이 있다. 그러나 어떤 이유에서든 여러분이 다윗 주변을 얼쩡거린다면, 여러분도 자신의

머리를 문자 그대로 잃을 좋은 기회를 얻게 될 것이다(Polzin 1993: 199-200). 골리앗이 그러했고(삼상 17:46, 54, 57), 사울이 그러했다(삼상 31:9). 이스보셋도 그러했으며(삼하 4:7-8, 12), 시므이는 자기 머리를 거의 잃을 뻔했다(삼하 16:9). 세바도 마찬가지였다(삼하 20:21-22). 아히도벨은 스스로 머리를 매달았으며(삼하 17:23), 압살롬은 머리가 나무에 걸리고 말았다(삼하 18:9). 누구든 자신의 머리를 보존하기 위해서는 다윗의 머리 가까이에 있으면 안 될 것이다!

본장은 다윗의 내각 조직을 소개하는 것으로 마무리된다(23-26절). 군대 장관(요압은 온 이스라엘의 군대를 관할할 뿐만 아니라 다윗까지도 관할하고자 하지 않았는지 모르겠다), 용병 집단을 관할하는 장관, 강제노역 감독자, 사관, 서기관, 두 명의 제사장 등이 그 조직에 포함된다. 그리고 흥미롭게도 국가 제의를 위해 봉사하는 합법적인 제사장 가문에 더하여, 야일 사람 이라(Ira)는 다윗 자신의 개인 제사장(개역은 "제사장"을 뜻하는 '코헨' 을 "대신"으로 번역함: 역주)으로 활동하였다. 이곳에 있는 다윗의 관리 명단은 8:15-18에 있는 명단과 비슷하다. 이 두 관리 명단은 9~20장에 있는 안 좋은 이야기들을 양끝에서 지탱하는 역할을 수행하고 있다:

8:15-18	→	9:1~20:22	←	20:23-26
다윗의 관리들		다윗 이야기		다윗의 관리들

확실히 외적인 지도력의 증거들은 도처에서 발견되지만, 그 지도력에 대한 국가적인 신뢰는 현저하게 약해지고 있다. 관료정치는 성행하지만, 발전의 조짐은 거의 보이지 않는다. 다윗은 하늘로 날아오르는 독수리라기보다는 한쪽 날개로 퍼덕이는 새와 같다.

XI. 21:1~24:25: 사형집행인, 군국주의자, 찬양가수, 인구조사자

주석가들은 이구동성으로 21~24장을 사무엘하 9~20장에 부록처럼 붙은 것으로서, 다윗에 관한 잡다한 자료들의 결합으로 이루어져 있다고 본다. 여기서 우리는 이 단락을 신명기 법전(12~25장)의 마지막 부분인 신명기 23:10~25:19(서로 연결되어 있지 않은 갖가지 다양한 문제들에 관한 일련의 긴 법규들)과 비교할 필요가 있다. 그러나 과연 사무엘하 21~24장은 서로 연결되어 있지 않은 잡다한 자료들로만 이루어져 있는 것일까? 예로써 본 단락의 서두 부분이 사울의 악독함으로 인하여 3년 동안 기근이 임했음을 강조하는 것(21:1)은 본 단락의 마지막 부분에 언급되는 3년 기근(24:13[70인역과 대상 21:12]; 히브리어 본문은 "7년" 기근)과 연결되어 있음에 틀림없다. 그것은 다윗이 하나님께로부터 받아들여야만 하는 세 가지 징계 형식들 중의 첫 번째에 해당하는 것이다.

다시금 많은 주석가들은 이 마지막 네 개의 장들이 교차대구 방식으로 정렬되어 있다는 점에 주목한다(예로써 Sternberg 1987: 40):

a_1 기브온 거민을 향한 사울의 죄와 그에 대한 집단 징벌(21:1-14)

　　b_1 다윗의 영웅들과 그들의 업적들(21:15-22)

　　　c_1 다윗의 시(22:1-51)

　　　c_2 다윗의 시(23:1-7)

　　b_2 다윗의 영웅들과 그들의 업적들(23:8-39)

c_3 인구조사 금기를 어긴 다윗의 죄와 그에 대한 집단 징벌(24:1-23)

일반적으로 교차대구 방식으로 정리된 자료들은 중심부에 있는 자료를 강조하는 역할을 수행한다(22:1-51; 23:1-7). 여기서는 그것이 다윗의 찬양 작곡가 역할에 초점을 맞추거나(22:1-51; 23:1-7), 아니면 무엇보다도 다윗의 하나님에 초점을 맞추고 있음을 의미한다. 그리하여 사무엘하는 "왕 중심"의 강조점이 아니라 "하나님 중심"의 강조점으로 끝나고 있다.

21:1-14. 1절에서 하나님은 다윗이 "야웨의 얼굴을 구할"(최근에 이르러 그가 행한 적이 없는) 때까지는 자진하여 3년 기근에 대해서 설명하지 않으

신다. 그 기근은 이미 죽은 사울이 기브온 족속을 대량 살육한 죄 — 수 세기 전에 여호수아가 기브온 족속과 더불어 맺은 조약(수 9:15)을 어긴 — 로 인하여 하나님께서 이스라엘에게 내리신 심판의 결과임이 밝혀진다. 어떤 이유에서인지 구약성서는 어디에서도 사울의 기브온 족속 살육 행동에 대해서 언급하지 않는다. 우리가 알고 있는 것이라고는 사무엘하 21장에 언급되어 있는 것뿐이다. 사울의 조약 위반을 보상하는 차원에서, 그러나 사울 자신은 이미 죽고 없는 까닭에, 사울과 첩 리스바 사이에서 태어난 두 아들과 다섯 명의 손자들(메랍의 아들들?)이 죽임을 당한다(8-9절). 그들의 죽음은 하나님께서 응답하신 결과(1a절)로서 생겨난 것이 아니라 기브온 족속이 요구했기 때문에 생겨난 것이다(4-7절). 다윗은 그들의 요구에 동의한다.

우리는 독자로서 다윗의 행동을 두 가지 시각에서 해석할 수 있다. 첫 번째 해석은 다윗이 하나님과 기도를 매개로 하여 사울 가문의 흔적을 완전히 없앴다고 본다. 최대한 편리하게, 그리고 종교적인 측면까지 가미하여 말이다. 그는 속임수를 사용하여 지옥을 만든다. 두 번째 해석은 다윗을 신뢰하여 그의 심중에 있던 동기들을 그대로 받아들임과 아울러, 그것이 다윗 자신에게도 고통스럽고 가슴 아픈 사건이었을 것이라고 믿는다. 민족 전체가 죽는 것보다는 일곱 명이 죽는 것이 더 낫다는 얘기다. 24장에서 다윗은 무죄한 자들이 자신의 죄로 인하여 고통당하는 모습을 보면서 "이 양 무리는 무엇을 행하였나이까?"(17절)라고 외친다. 그러나 여기서는 그렇지 않다.

이 사건은 토라의 두 부분을 상기시킨다. 첫째로 신명기 5:9(= 출 20:5)는 두 번째 계명을 설명하면서 하나님을 "아비로부터 아들에게로 삼사 대까지 벌하시는" 분으로 묘사하지만, 신명기 24:16은 "아비는 그 자식들을 인하여 죽임을 당치 않을 것"이라고 말한다. 사무엘하 24:1-14은 신명기 5:9을 지지하되, 신명기 24:16에는 찬성하지 않는 것으로 보인다. 그러나 신명기 5:9과 24:16이 서로를 배척하지 않는다는 점을 주목할 필요가 있다. 전자가 하나님의 징계를 다루고 있는 반면에, 후자는 지상의 사법 당국에 의한 처형을 다루고 있다.

하나님께서 하실 수 있는 일(신 5:9)을 사람이 똑같이 할 수 있는 것은 아니다(신 24:16). 자녀들이 부모의 죄로 인하여 죽임당하는 구약성서의 극소수

사례들을 보면, 일반 범죄가 문제되는 것이 아니라 하나님을 향한 범죄가 문제됨을 알 수 있다. 이를테면 '헤렘'을 위반하거나(수 7:24-25), 하나님의 이름으로 민족 전체가 맹세 했을 경우(삼하 21:1-14)가 그렇다.

둘째로 이 이야기는 이스라엘 사람들이 바알 브올의 모압 여인들과 부도덕한 관계를 맺은 일을 다루는 민수기 25장과의 비교를 가능하게 한다. 그에 대한 반응으로 하나님은 전염병을 보내시며, 주모자들을 목매어 죽이라고 지시하신다.

구약성서에서 '야카'("목매다") 동사의 히필 형태가 사용되는 경우는 두 개밖에 없다(민 25:4; 삼하 21:6, 9, 13). 이 두 본문 사이에는 다른 몇 가지의 유사점들이 존재한다:

민수기 25장	사무엘하 21:1-14
1. 하나님께서 전염병을 보내신다(9절).	하나님께서 기근을 보내신다(1절).
2. 이유는 이스라엘이 다른 신들을 섬기지 말라는 시내 산 계약을 위반했기 때문이다.	이유는 사울이 여호수아가 하나님의 이름으로 했던 맹세를 위반했기 때문이다.
3. 누군가가 죽임을 당하며 그 시체가 대중 앞에 전시된다(4절).	누군가가 죽임을 당하며 그 시체가 대중 앞에 전시된다(6, 9, 13절).
4. 하나님의 진노가 풀리고 전염병이 멈춘다(8b절).	하나님의 진노가 풀리고 기근이 끝난다(14b절).

사무엘하의 마지막 단락 — 많은 남자들에 대해서 언급하는 — 에서 유일하게 나타나는 여인은 리스바이다. 그녀는 속죄물로 자신의 두 아들을 포기하도록 강요당한다(8절). 시체를 밤새도록 나무 위에 매달지 말라고 명하는 신명기 21:22-23의 법과는 대조적으로, 리스바의 아들들은 나머지 다른 사람들과 함께 4월 말이나 5월부터 여름 기간 내내 새들과 들짐승의 먹이가 되도록 방치된다(9-10절). 그 기간 동안 리스바는 아브람이 한때 그러했던 것처럼(창 15:11) 시체 위에 새들이나 들짐승이 달려들지 못하게 막는다. 신명기 28:26 — "네 시체가 공중의 모든 새와 땅 짐승들의 밥이 될 것이나 그것들을 쫓아 줄 자가 없을 것이며" — 의 현실이 여기서는 그대로 이루어지지

않는다. "잔혹한 살육행위에 대한 리스바의 반응은 그녀가 비인간적인 상황 속에서도 인간적인 모습을 끝까지 견지하는 능력을 가지고 있음을 분명하게 보여 준다. 시체들에 둘러싸여 있으면서도 그녀는 생명의 길을 굳게 지키고 있다"(Winters 1997: 153).

다윗은 처음이자 마지막으로 정숙하고 고결한 한 여인의 행동에 의해 부끄러움을 느낀 나머지 사울과 요나단의 뼈를 제대로 장사지내게 한다(11-14절).

21:15-22. 이 단락은 기근으로부터 전쟁으로, 하나님으로부터 네 명의 장대한 블레셋 사람들로 관심의 초점을 바꾼다. 그러나 기브온 족속이 1-14절에서 일부 사람들을 죽인 것과 마찬가지로, 다윗의 몇몇 신하들 역시 블레셋 사람들을 죽이는 일을 행한다. 아비새(15-17절)와 십브개(18절), 엘하난(10절), 그리고 특이하게 생긴 한 블레셋 사람 ― 기이하게도 두 손에 제각기 여섯 개의 손가락이 있고 두 발에 제각기 여섯 개의 발가락이 있는 ― 을 죽인 다윗의 조카 요나단(20-21절) 등이 그렇다.

사울의 일곱 아들들(손자들)이 "쓰러지는"(fell; '나팔' 동사가 사용되는 바, 개역은 그냥 "죽다"로 번역함: 역주) 것과 마찬가지로 네 명의 블레셋 사람들 역시 "쓰러진다"(22절). 그러나 다윗은 두 사건에서 수동적인 역할을 수행할 뿐이다. 이 두 번째 사건에서 본문은 다윗이 "피곤함을 느꼈다"고 진술한다(15b절). 그는 더 이상 무한한 에너지를 가진 과거의 다윗이 아니다. 그는 자신의 생애에서 다른 어느 때보다도 다른 사람들에게 의존하는 모습을 보인다. 확실히 그는 자신의 군대에 의존하고 있지만, 무엇보다도 중요한 것은, 22장과 23장의 노래에서 분명하게 드러나듯이, 그가 하나님을 의지하고 있다는 점이다. 사실 차일즈(Childs 1979: 274)의 다음과 같은 지적은 옳아 보인다: "다윗의 허약함에 대한 묘사는 다윗의 업적에 대한 요약 평가의 무게 중심이 그를 영화롭게 하는 것으로부터 22장의 하나님 찬양으로 옮겨가고 있음을 암시하고 있다."

22:1-51. 다윗은 더 이상 자신의 군대를 전장으로 이끄는 데 필요한 신체적인 에너지를 모으지 못할지 모르지만, 여전히 예배를 드릴 수는 있다. 싸

울 수 있는 날들은 이제 다 지나갔을지 모르나 노래할 수 있는 날들은 여전히 남아 있다. 사실 이곳 사무엘하 22장에 있는 다윗의 찬양은 매우 특별한 것이어서, 문법이나 철자만 약간 바뀌어 시편 18편에 그대로 수록되어 있다.

이 찬양에서 우리가 주목하게 되는 첫 번째 사실은 다윗이 자신의 통치 말년에 이 노래를 지은 것이 아니라 훨씬 이른 시기에 이 노래를 지었다는 점이다(비록 이 노래가 사무엘하 마지막 부분에 수록되어 있기는 해도). 어쩌면 그 시기는 그가 헤브론에서 왕으로 기름 부음을 받기 전을 가리킬 수도 있다. 이 노래를 지을 때에 다윗은 여전히 사울에게 쫓겨 다니는 모습을 보인다. "야웨께서 다윗을 모든 대적의 손과 사울의 손에서 구원하신 그날에"라는 1절의 설명이 그러한 추측을 뒷받침한다. (다후드[Dahood]는 자신의 앵커 바이블[Anchor Bible] 주석에서, 6a절을 전통적인 해석에 맞추어 "음부 ['셰올'; 개역의 '스올'을 의미함: 역주]의 줄이 나를 두르고"로 번역하기보다는 "사울['샤울']의 줄이 나를 두르고"로 번역한다)

그렇다면 내용상의 증거로 보아 매우 이른 시기에 만들어진 것 같은 이 노래가 왜 다윗의 기운이 약해져가는 사무엘하 22장에 수록되어 있는 것일까? 첫째로 이 노래가 현재의 자리에 위치하고 있다는 것은, 다윗이 개인적인 문제점들을 많이 가지고 있음에도 불구하고 하나님의 실재와 임재가 자신의 삶 속에서 절대적인 중요성을 가지고 있음을 놓치지 않고 있었음을 우리에게 가르쳐 준다. 어떠한 이유에서 비롯된 것이든 간에 누군가의 삶 속에 지옥의 고통이 몰아친다 할지라도, 하나님은 자신의 생명을 보존하기 위해 피할 수 있는 요새요 난공불락의 성읍과 같은 분이시다. 그는 소용돌이치는 홍수 속에서도 우리가 믿음을 가지고 의지할 수 있는 반석과 같은 분이시다.

두 번째로 이 노래가 여기에 수록되어 있다는 것은 다윗의 삶이 모세의 삶과 비교될 만한 평행 요소를 가지고 있음을 의미한다. 모세와 다윗은 똑같이 자기들의 생애 마지막 무렵에 아낌없이 하나님을 찬양하는 노래/찬송을 지어 부른다(신 31:30~32:43; 삼하 22:1-51). 둘은 이 노래에서 똑같이 하나님을 "반석"으로 칭한다(신 32:4, 15, 18, 30, 31; 삼하 22:2, 3, 32, 47). 두 사람의 찬송은 똑같이 더 짧은 두 번째의 시로 이어진다(신 33:1-29, 이스라엘 지파들을 향한 모세의 마지막 축복; 삼하 23:1-7, 다윗의 마지막 유언). 구약성

서의 다른 부분에는 다윗의 저작 경력을 모세의 저작 경력과 연결시키는 전
승이 있었던 것으로 보인다. 예로써 시편이 다섯 권의 책으로 나누어져 있다
는 것(1~41편; 42~72편; 73~89편; 90-106편; 107~150편)은 모세의 다섯 책
들과 다윗의 다섯 책들 사이에 관련성이 있음을 암시한다.

　다윗이 부른 이곳의 찬송은 거의 대부분이 하나님을 향하여 그에게 말하
는 내용으로 되어 있다. 그래서인지 1절은 이렇게 시작된다: "다윗이 이 노래
의 말씀으로 야웨께 아뢰어 가로되." 그렇다고 해서 그가 청중들을 향하여
노래하는 대중 공연을 하고 있는 것은 아니다. 이 시의 첫 번째 부분(1-25절)
에서 다윗이 하나님을 주로 3인칭("그")으로 부르고 표현하고 있으면서도,
두 번째 부분(26-51절)에서는 하나님을 2인칭("당신")으로 부르고 있다는 것
은 흥미로운 일이 아닐 수 없다. 하나님을 3인칭으로 부르다가 2인칭으로 부
르는 호칭 변화(시 23:1-3["그"]과 4-5절["당신"])는 하나님과 대화하고 그를
향하여 노래 부르는 자의 친밀감이 점차 늘어나고 있음을 암시한다.

　이 노래가 다윗의 과거에 대한 언급("에우고 … 두렵게 하였으며 … 두르
고 … 이르렀도다"[5-6절]; "아뢰며 … 아뢰었더니 … 들으심이여 … 들렸도
다"[7절]; 신현의 형태로 이루어지는 하나님의 극적인 개입은 더 말할 필요가
없을 것이다[8절])으로 시작된다는 점 역시 주목할 필요가 있다. 그러나 이
시는 과거를 돌아봄으로써 시작하면서도, 마지막 마무리 부분에서는 다윗의
미래를 내다보는 것으로 끝을 맺는다: "야웨께서 그 왕에게 큰 구원을 주시
며 기름 부음 받은 자에게 인자를 베푸심이여, 영원토록 다윗과 그 후손에게
로다"(51절). 다윗이 그의 원수들과 함께 있든, 아니면 그의 후손들과 함께
있든 관계없이, 하나님은 그곳에서 늘 반석으로, 요새로, 구원자로, 등불로,
망대로, 풍성하고 지속적인 사랑의 근원으로 존재하신다.

　이 노래 중에서 대부분의 주석가들을 괴롭히는 부분은 다윗이 자신에 관
해 말하는 21-25절이다. 다윗이 "야웨께서 내 의를 따라 상 주시며"(21a절)
라고 말하거나 "이는 내가 야웨의 도를 지키고"(22a절)라고, 또는 "내가 또
그 앞에 완전하여"(24a절)라고 말할 때, 이 구절들에 나오는 다윗은 과연 11
장 이후로 우리가 만나는 다윗과 동일 인물일까? 11~21장의 다윗은 과연 의
롭고 흠이 없고 완전한 자인가?

다윗의 이러한 진술들에 대하여 두 명의 주석가는 이렇게 말한다: "따라서 이 긴 자화자찬은 결과적으로 의가 아니라 독선을 선포하는 것이요, 경건이 아니라 위선을 선포하는 것이나 다름없다"(Gunn and Fewell 1993: 124). 또 어떤 주석가는 이 시가 "자기 선전"의 성격을 가지고 있다고 보며(Polzin 1993: 207), 또 다른 주석가는 이 시 전체가 "이스라엘의 가장 위대한 왕의 명예를 회복시키기 위한 목적에서 일종의 피해 복구용으로 추가된 것"이라고 본다(Weitzman 1997: 118).

21-25절에 있는 다윗의 말은 과연 과장된 거짓말이요, 위선적인 자기 선전이요, 가장 나쁜 종류의 "바리새주의"("하나님이여, 제가 다른 사람들과 같지 않다는 것에 감사를 드립니다")에 해당하는 것일까? 아니면 그것은 자기 삶 속에서 하나님의 용서와 삶을 변화시키는 하나님의 은총을 직접 경험한 자의 실제 진술들에 해당하는 것일까?

여기서 우리는 무엇보다도 다윗이 자신을 죄 없이 완전한 자로 여기지 않는다는 점을 주목할 필요가 있다. 이 단락(21-31절)의 목적은 다윗을 높이 받들어 모시기보다는 하나님의 정의를 인정하고 확증하려는 데 있다. 마지막 부분인 31절이 분명하게 밝히고 있는 것처럼 말이다("하나님의 도는 완전하고"). 하나님은 자기를 영화롭게 하면서 사는 자들을 존중하신다.

만일 다윗이 1절에 언급된 바와 같이 헤브론 시절 이전과 예루살렘 시절 이전에 21-25절에 있는 말을 했다면, 아마도 그 시기는 다윗이 자신의 잘못을 회개하고 인정한 유일한 두 사건이 발생하기 오래 전이었을 것이다. 즉, 밧세바/우리아 사건이 발생하기 오래 전이요, 24장의 인구조사 작업이 이루어지기 한참 전이었을 것이라는 얘기다. 사무엘상 끝 부분에 가면 다윗의 삶은 모범적이요 청결한 것으로 묘사된다(물론 이에 동의하지 않는 이들도 일부 있겠지만).

우리는 다윗이 자신을 "의롭고"(21, 25절) "완전한"(24, 26절) 자로 증거한 유일한 사람이 아니라는 사실을 주목할 필요가 있을 것이다. 욥 역시 자신에 관해 말하면서, 자기가 의롭고('차디크') 완전한('타밈') 사람임에도 불구하고 사람들에게 웃음거리가 되었다고 말한다(욥 12:4).

아브람은 자기 아내를 설득하여 진정한 신분을 숨기게 함으로써 그녀를 신체적으로나 성적으로 취약한 상태에 빠뜨린(12:10-20) 지 몇 년 안 되어, 자기 아내 아닌 다른 여인과 동침하게 되고, 그 결과 한 아들을 얻는다(16:1-16). 하나님은 이때 당시의 아브람에게 자기 앞에서 순종하면서 완전한('타밈'[창 17:1]) 삶을 살라고 명하신다. 하나님의 이러한 명령은 오로지 하나님의 은총만이 이제까지 어리석고 세속적인 삶을 살아온 그를 완전하게['타밈'] 만들 수 있음을 분명하게 보여 준다.

성서가 계속해서 다윗의 순전함을 강조하고 있다는 것은 나름대로 중요한 의미를 갖는다. 다윗 자신이 과거에 그런 적이 있다(다윗이 사울에게 한 말: "야웨께서 각 사람에게 그 의와 신실을 갚으시리니"[삼상 26:23]). 솔로몬도 그런 적이 있다("주의 종 내 아비 다윗이 성실과 공의와 정직한 마음으로 주와 함께 주의 앞에서 행하므로"[왕상 3:6]). 솔로몬 이야기의 설화자도 마찬가지이다("왕의 마음이 그 부친 다윗의 마음과 같지 아니하여 그 하나님 야웨 앞에 온전치 못하였으니"[왕상 11:4b]). 하나님도 예언자 아히야를 통하여 여로보암의 아내에게 비슷한 말씀을 주신다("너는 내 종 다윗이 나의 명령을 지켜 전심으로 나를 좇으며 나 보기에 정직한 일만 행하였음과 같지 아니하고"[왕상 14:8]). 그런가 하면 바울은 사무엘상 13:14과 시편 89:20에 대해 언급하면서 같은 얘기를 한다: "내가 이새의 아들 다윗을 만나니 내 마음에 합한 사람이라 내 뜻을 다 이루게 하리라"(행 13:22).

이상의 자료들은 사람들을 현혹시키기 위해 지어낸 것들이 아니다. 사실 열왕기상 15:5은 이렇게 말한다: "이는 다윗이 헷 사람 우리아의 일 **외에는** 평생에 야웨 보시기에 정직히 행하고 자기에게 명하신 모든 일을 어기지 아니하였음이라." 다윗 이야기는 반석이요 요새이신 하나님의 이야기요, 이미 죽은 자 "외에는"(except) 누구라도 받아들이실 수 있는 은혜로운 하나님의 이야기이기도 하다. 누가 이러한 하나님께 노래하고 싶지 않겠으며, 그에 관하여 노래하고 싶지 않겠는가?

23:1-7. 다윗의 마지막 말은 야곱의 마지막 말(창 49:1-28)과 모세의 마지막 말(신 33:1-29), 그리고 여호수아의 마지막 말(수 24:1-28) 등과 평행을 이루고 있다. 다만 사무엘하 23:1-7은 나머지 세 본문들과는 달리 다윗의 마

지막 말을 "다윗의 선포"['네움']로 칭한다. '네움'은 대부분의 경우 하나님께서 선포하신 말씀이나 메시지를 가리킨다. 그리고 그것은 일반적으로 다가올 심판에 대해서 언급한다. 따라서 그것은 예언서에서 흔히 발견된다(예로써 나 1:1; 합 1:1; 슥 9:1; 12:1; 말 1:1). "야웨의 선포"와 같은 형태는 아모스에서만도 21회나 사용된다.

사무엘하 23:1에서처럼 '네움'이 소유격 형태로 사람 이름 뒤에 나오는 경우는, 발람이 부르는 세 번째 노래(민 24:3-9)의 도입부인 민수기 24:3에서도 발견된다: "브올의 아들 발람이 말하며"(더 정확하게는 "브올의 아들 발람의 선포"로 번역해야 함: 역주). 이 두 경우에 똑같이 "발람/다윗의 선포"는 "… 한 자['게베르']의 선포"(개역은 "… 한 자가 말하며"로 번역함: 역주)로 시작하는 구절로 이어진다. 그런데 발람과 다윗은 이 표현을 사용한 후에 다음 절이나 구절에서 자기들이 말하고자 하는 것이 하나님께로부터 영감 받은 것임을 분명하게 밝힌다: 발람, "하나님의 말씀을 듣는 자, 전능자의 이상을 보는 자, 엎드려서 눈을 뜬 자가 말하기를"(민 24:4); 다윗, "야웨의 신이 나를 빙자하여 말씀하심이여, 그 말씀이 내 혀에 있도다"(삼하 23:2). 22:1-51은 하나님을 향한 인간의 말을 담고 있지만, 23:1-7은 인간 대변인을 통한 하나님의 말씀을 담고 있다. 그러나 그 말씀을 들을 청중이 구체적으로 정해져 있는 것은 아니다. ('네움'이 인간의 말을 가리킬 때 사용되는 또 다른 유일한 본문은 잠언 30:1이다: "이 말씀은 야게의 아들 아굴의 잠언이니 그가 이디엘과 우갈에게 이른 것['네움']이니라")

다윗은 하나님께서 자기를 **통하여** 말씀하셨다('딥베르 베' [2절])고 주장할 뿐만 아니라, 하나님께서 자기에게 말씀하셨다('딥베르 레' [3절])고 주장하기도 한다. 그리고 이 두 번째 주장은 매우 중요한 의미를 갖는다. 왜냐하면 그것은 하나님의 복이 "사람을 공의로 다스리고 하나님을 경외함으로 다스리는" 왕에게만 임한다는 것을 분명히 밝히고 있기 때문이다. 하나님은 왕권 자체를 무조건 인정하시는 분이 아니다. 그는 확실히 폭정과 무감각함 및 자기 도취 등을 인정하지 않으시는 분이다.

이 시는 시편 1편과 매우 비슷하게 읽힌다. 두 개의 시는 똑같이 몇 개의 직유법을 포함하고 있다. 처음에는 의인(왕)에 대해서, 그리고 다음에는 악하

고 불경건한 자에 대해서 직유법을 사용하고 있다:

시편 1편	사무엘하 23:1-7
그들(의인들)은 나무와 같다(3절).	공의로 다스리는 자는 아침 빛 같다(3-4절).
악인들은 겨와 같다(4절).	불경건한 자들은 가시나무 같다(6절).

23:8-39. 다윗은 확실히 혼자서 모든 것을 다 하는 왕이 아니다. 그는 자기에게 충성하는 상당한 지지 세력을 거느리고 있다. 사무엘하의 마지막 바로 앞장에 있는 다윗의 동료들 명단은 로마서 마지막 장에서 바울이 나열하는 동역자들의 명단이나 로마 — 바울이 방문하고자 하던 — 에서 복음 메시지를 확립시키는 데 도움을 준 자들의 명단(16:3-16)과 비교될 수도 있다.

본문은 다윗의 동료들 중 일부에 대해서는 그들이 세운 업적들을 간략하게 소개한다(8-23절). 나머지 사람들은 단순히 이름만 언급될 뿐이다(24-39절). 다윗과 함께, 그리고 다윗을 위하여 싸운 자들 또는 다윗 곁에 있으면서 시종여일하게 그를 믿던 자들의 긴 명단에서 마지막으로 언급되는 인물은 헷 사람 우리아이다(39절). 그런데 흥미롭게도 그 명단은 항상 다윗 군대의 총사령관으로 일하던 요압을 포함시키지 않은 반면에, 그의 형제들인 아비새(18절)와 아사헬(24절)은 포함하고 있다!

이 용사들은 다윗을 위하여 싸울 뿐만 아니라, 왕의 갈증을 해결하기 위해 적진으로 몰래 뚫고 들어가 위험을 무릅쓰고 물을 구해 오기도 한다(13-17절). 다윗의 갈증을 묘사하는 데 사용되는 동사("사모하여 가로되" 또는 "갈망하여"[15절])는 다른 곳에서 부적절하고 과도한 욕망을 뜻하기도 한다. 민수기 11:4("이스라엘 중에 섞여 사는 무리가 탐욕을 품으매")나 신명기 5:21("무릇 네 이웃의 소유를 탐내지도 말지니라")에서처럼 말이다. 물을 원하던 다윗의 태도가 지나친 것이요 잘못된 것이었는지는 확실하지 않지만, 그로 인하여 세 용사들의 생명이 위기에 빠진다. 그는 그 물을 마시는 대신에 땅에 쏟아버린다. 그는 자신의 행동을 영적인 측면에서 해석하지만, 물을 얻기 위해 목숨을 아끼지 않은 세 용사들은 그의 행동을 어떻게 이해했을까?

24:1-25. 어떤 설명할 수 없는 이유로 하나님은 다시금(또는 여전히) 이스라엘에게 진노하신다(압살롬과 세바의 반란이나 시므이의 거친 태도 등에서 잘 드러나듯이 이스라엘이 다윗을 잘못 대한 것 때문이었을까?). 그러한 진노의 표시로 야웨께서는 다윗에게 이스라엘과 유다의 인구를 조사하게 하신다. "감동시키다"를 뜻하는 히브리어 표현('수트 베')은 전에 다윗이 사울을 피하여 도망할 때 사용한 적이 있으며("만일 왕을 격동시켜 나를 해하려 하는 이가 야웨시면"[삼상 26:19]), 하나님께서 욥에 관하여 사탄에게 말씀하실 때에도 사용된다("네가 나를 격동하여 까닭 없이 그를 치게 하였어도"[욥 2:3]).

그런데 주지하는 바와 같이, 역대기는 이 이야기를 다루면서(대상 21장) 하나님의 진노에 대해서 또는 하나님께서 이스라엘을 벌하시기 위해 다윗을 격동하신 일에 대해서 전혀 언급하지 않는다. 도리어 역대기 본문은 이렇게 말한다: "사탄이 일어나 이스라엘을 대적하고 다윗을 격동하여 이스라엘을 계수하게 하니라"(1절). 어떤 이들은 이곳의 "사탄"이 마귀와는 전혀 무관한 "대적자"를 가리키는 일반적인 용어라고 본다(Sailhammer 1989). 그러나 두 본문들 중에 더 먼저 기록된 사무엘하 24장이 다윗의 행동을 일차적인 원인(하나님의 진노)에 비추어 설명하고 있는 것과는 달리, 나중에 기록된 역대상 21장은 다윗의 행동을 이차적인 원인에 비추어 설명하고 있다고 보는 것이 더 나을 것이다. 사무엘하 24장의 "사탄"은 정관사 없이 사용되는 까닭에 고유명사이지 단순한 호칭이 아니다. 욥기 1~2장에서처럼 말이다.

구약성서에서 인구조사는 매우 흔하게 이루어지는 일이다. 모세가 시행한 인구조사(민 1:2-47; 4:2-49; 26:2-65)와는 별도로 왕정 시대에도 인구조사는 빈번하게 이루어진다. 다윗 외에도 여호사밧(대하 17:13-18)과 아마샤(대하 25:5), 그리고 웃시야(대하 26:11-13) 등이 인구조사를 시행한 왕으로 알려져 있다. 왕정 시대의 인구조사는 한결같이 군사적인 문제와 관련된다.

흥미롭게도 다윗의 인구조사는 9개월 20일에 걸쳐서 이루어진다(8절). 반면에 모세의 인구조사는 한 달도 채 못 되어서 다 끝난다(날짜 기록에 따르면 민 1:1에서 10:1까지 20일밖에 지나지 않음). 양쪽 통계 숫자가 엇비슷한데도 말이다. 모세의 인구조사가 효율적으로 이루어졌다면, 다윗의 인구조사는 느리게 이루어진 셈이다. 모세는 각 지파로 하여금 자기 지파의 인구조사를 담당하도록 한다(민 1:2, 18). 그는 단지 각 지파의 통계를 합하기만 하면 된다. 반면에 다윗의 인구조사는 더 고된 것이어서, 더 많은 시간을 요구한다. 요압은 이스라엘의 성읍 전체를 다 돌 때까지 각 성읍을 차례대로 방문한다(5-9절). 다윗은 요압에게 "너는 이스라엘 모든 지파 가운데로 다니라"(2절)고 지시한다. "다니다"로 번역된 동사 '슈트'는 "먼 곳까지 돌아다니다"라는 뜻을 가지고 있다. 마치 사탄이 "땅에 두루 돌아 여기저기 다녀온" 것이나(욥 1:7, 2:2), 야웨의 눈이 "온 세상에 두루 행하는" 것처럼 말이다(슥 4:10).

요압은 인구조사를 할 마음은 있지만 거기에 무엇인가 문제가 있다는 것을 느낀다(3절). 그는 모세와 같은 생각을 한다. "이 백성은 얼마든지 왕의 하나님 야웨께서 백 배나 더하게 하사"라는 그의 말은 모세가 "너희 열조의 하나님 야웨께서 너희를 현재보다 천 배나 많게 하시며"(신 1:11)라고 말한 것과 비슷하다. 그리고 두 사람 사이의 이러한 유사성은 요압도 모세도 이스라엘의 번성함에 대해서 불평하고 있는 것이 아님을 분명하게 보여 준다. 요압은 다윗이 일종의 "관료 중심의 공포정치" — 왕이 각 지파와 촌락들의 삶에까지 일일이 개입하려는 — 에 관여하고 있다고 (아마도 올바르게) 생각했을까?(Brueggemann 1988: 392) 아니면 그는 인구조사가 "야웨의 권능에 대한 믿음을 저버린 채 군비 증강을 목적으로 하는 것"이라고 생각했을까?(Gunn and Fewell 1993: 126)

두 번째(첫 번째 경우는 삼상 24:5에 있음: 역주)로 다윗의 마음은 그에게 해서는 안 될 일을 했다는 것을 느낀다: "다윗이 인구수를 조사한 후에 그 마음에 자책하고"(10절). 본문은 다윗이 사울의 옷자락을 베었을 때의 심리 상태를 묘사하는 사무엘상 24:5과 똑같은 구절을 사용한다: "다윗의 마음이 찔려"('와야크 렙 다윗 오토'). 다윗은 하나님께서 자신을 향해서가 아니라 이스라엘을 향해서 진노하고 계심을 알지 못한다.

매우 드물기는 하지만, 하나님은 이스라엘과 다윗 자신에게 임할 심판의 형태를 다윗으로 하여금 선택하게 하신다(11-14절). 대적으로부터 3개월 동안 피신함으로써 개인적인 파멸을 피할 수 있음에도 불구하고 다윗이 삼일 동안의 전염병을 선택했다는 것은 "그가 하나님을 가장 두려워하고 있으며, 또한 그가 하나님을 가장 크게 신뢰하고 있음"을 보여 준다(Brueggemann 1990: 353).

본장은 다윗이 아라우나(오르난, 대상 21:18)라는 이름을 가진 한 여부스 사람에게서 타작마당과 소를 산 얘기를 간략하게 소개하는 것으로 끝을 맺는다. 다윗은 그 타작마당 위에 야웨를 위한 제단을 쌓은 후, 전염병을 막기 위해 희생제사, 특히 번제를 드린다(18-25절). "값 없이는 내 하나님 야웨께 번제를 드리지 아니하리라"(24절)는 다윗의 유명한 말은 구약성서에서 왜 물고기와 사냥감이 제물로 용납되지 못하는지를 설명해 준다. 그것들은 아무런 비용도 지불하지 않고 구할 수 있는 것들이기 때문이다.

역대상에 묘사된 다윗

성서 안에 있는 다윗의 두 번째 이야기는 역대상 11:1~29:30에 기록되어 있다. 사무엘하의 다윗 상과 역대상의 다윗 상을 비교하는 일은 흥미로운 작업이 아닐 수 없다. 몇 가지 두드러진 차이점들이 분명하게 드러난다:

1. 사무엘하에 있는 다음의 많은 자료들이 역대기 자료에서는 나타나지 않는다:
   a. 사무엘하 1~4장, 사울을 죽였다고 주장하는 아말렉 사람의 비참한 죽음, 사울과 요나단을 향한 다윗의 애도, 사울의 남아 있는 아들로서 북쪽 이스라엘에서 잠시 왕이 되었던 이스보셋 등의 비참한 죽음 등을 다루고 있다.
   b. 사무엘하 6:20b-23, 다윗이 법궤를 예루살렘으로 가지고 올 때에 화를 내면서 서로를 멸시하던 다윗과 미갈 사이의 대화가 나타난다.
   c. 사무엘하 9장, 다윗이 사울의 손자 므비보셋에게 자비를 베푼다.

    d. 사무엘하 11:2~12:25, 다윗과 밧세바의 부적절한 관계, 우리아를 죽이기로 한 다윗의 결심, 나단과의 만남 등을 다루고 있다.

    e. 사무엘하 13:1~21:17, 압살롬의 반란, 세바의 반란, 사울 집안의 일곱 식구들을 목매어 죽게 한 다윗의 행동 등을 다루고 있다.

    f. 사무엘하 22장, 사울에게서 자신을 구한 하나님의 구원을 송축하는 다윗의 노래를 담고 있다.

    g. 사무엘하 23:1-7, 시문체로 된 다윗의 마지막 말을 기록하고 있다.

2. 역대상에 있는 다음의 많은 자료들이 사무엘하에서는 나타나지 않는다. 여기저기에 조금씩 추가된 내용들이 있기는 하지만, 그 중에서도 가장 흥미로운 새 내용들을 간추리면 다음과 같다:

    a. 역대상 10:13-14, 야웨께서 사울을 죽게 만드시고 왕국을 다윗에게로 넘겨주신다.

    b. 역대상 15:1-24, 다윗이 법궤를 예루살렘으로 운반할 많은 레위 지파 사람들을 선택한다. 레위 지파 사람들만이 거룩한 법궤를 운반할 수 있기 때문이다.

    c. 역대상 16:4-43, 다윗이 노래 부르고 악기를 연주하면서 법궤 앞에서 각종 의식들을 행할 제사장 직원들을 임명한다.

    d. 역대상 22:2~29:30, 이 긴 단락에서 다윗은 솔로몬을 후계자로 지명하기 위한 준비 작업으로 종교·군사·내정 등의 각 분야를 새롭게 개편한다. 이로써 다윗의 통치권은 부드럽게 솔로몬에게로 옮겨간다. 역대상은 솔로몬을 대적하는 지도자들을 "죽이도록" 계획된 열왕기상 1~2장의 유혈 "살생부"를 전혀 다루지 않는다.

3. 동일한 사건이 두 이야기에서 서로 다른 자리에 배치되어 있다:

사무엘하에서는 다윗이 블레셋 족속과 더불어 싸운 이야기와 그를 돕는 용사들의 명단이 마지막 부분에 나오지만(삼하

23:8-39), 역대상에서는 이 내용이 다윗 이야기의 서두로 옮겨
간다(대상 11:10-47). 그리고 사무엘하 23:39은 우리아를 그
명단의 마지막에 소개하지만, 역대상 11:41은 그의 이름을 명
단의 중간에 소개한다.

4. 사무엘하에 있는 한 개의 이야기가 역대상에서는 두 개의 이야기로
나뉘면서 그 둘 사이에 다른 내용이 추가된다:

사무엘하 6:1-23은 다윗이 법궤를 예루살렘으로 운반하는 이야기
를 다루는데, 역대상에서는 이것이 다음과 같이 바뀐다:

역대상 13:1-14(= 삼하 6:1-11), 법궤가 멀리 오벳에돔의 집으로
옮겨간다.

역대상 14:1-17(= 삼하 5:11-25), 다윗이 블레셋을 두 차례 물리
친다.

역대상 15:25~16:3(= 삼하 6:12-19), 법궤가 예루살렘으로 옮겨
간다.

5. 동일한 사건이 두 본문에 똑같이 나오지만, 구체적인 내용이 서로 다
르다:

인구조사(삼하 24장; 대상 21장)의 경우, 한쪽에서는 하나님이 다
윗을 격동시키지만(삼하 24:1), 다른 쪽에서는 사탄이 다윗을 격
동시킨다(대상 21:1). 한쪽에서는 인구 총계가 130만이지만(삼하
24:9)이지만, 다른 쪽에서는 150만이다(대상 21:5). 그리고 한쪽에
서는 하나님이 다윗에게 먼저 7년 기근의 징계를 제안하지만(삼
하 24:13, 히브리어 본문), 다른 쪽에서는 하나님이 다윗에게 먼
저 3년 기근의 징계를 제안한다(대상 21:12). 다윗은 여부스 사람
아라우나의 타작마당을 산 것일까(삼하 24:18), 아니면 여부스 사
람 오르난의 타작마당을 산 것일까?(대상 21:28)

6. 사무엘하에 있는 다윗 이야기의 극히 일부는 역대기에서 그대로 되
풀이된다:

그 중에서 가장 많이 가까운 것이 사무엘하 7:1-29 = 역대상
17:1-27에 있는 것이다. 이 본문은 하나님께서 나단을 통하여 다

윗에게 주시는 말씀, 곧 다윗의 집을 영원히 세우실 것이라는 내용의 나단 신탁을 담고 있다. 그러나 여기서도 다윗의 불순종하는 아들들에 대한 징계의 위협(삼하 7:14b)이 역대상 17장에서는 나타나지 않는다.

이상의 모든 것들과 관련하여 몇 가지 주목할 만한 결론을 내릴 수 있다. 첫째로 역대상의 기록은 생략한 것만큼의 내용을 추가하고 있다.

둘째로 역대상이 생략하고 있는 내용들의 대부분은 다윗의 생애에서 부정적이거나 문제가 있거나 부도덕하거나 다윗에게 불리한 사건들이다. 그렇다고 해서 역대기가 다윗을 미화시키고 죄인을 거룩한 자로 만든 것은 아니다. 역대기는 다윗의 생애에서 두 번째로 큰 범죄, 곧 인구조사 문제를 포함시키고 있으며, 역대상 22:8("네가 내 앞에서 땅에 피를 많이 흘렸은즉")은 28:3("너는 군인이라 피를 흘렸으니")과 마찬가지로 열왕기상 5:3보다 한층 강한 어조로 왜 다윗이 성전을 건축할 수 없는지를 설명하고 있다.

셋째로 역대기에 있는 추가분은 하나님께 예배하고 솔로몬에게 곧 넘겨줄 제국을 운영하는 것과 관련된 종교·정치·제의적인 문제들을 체계화시키는 다윗의 역할에 초점을 맞추고 있다.

넷째로 역대상의 저자는 사무엘하의 내용을 잘 알고 있었고 그것에 접근할 수 있는 자였던 것 같다. 우리는 누가 이 자료를 기록하였고 언제 기록했는지를 확실하게 알지 못한다. 그러나 사무엘하(와 그것을 포함하는 더 큰 작품)가 적어도 바벨론 포로기 때(주전 587-539년)에 지금과 같은 최종 형태를 갖게 되었고, 역대기는 전쟁 포로들의 귀향을 허락한 페르시아의 고레스 칙령이 발표된 때(주전 539년)와 솔로몬 성전이 파괴된(587년) 이후 이스라엘의 제2성전이 완공된 때(주전 515년) 사이의 어느 시기에 기록되었을 가능성이 매우 높다(Newsome 1975: 215-17).

다섯째로 둘 중에 어느 것이 더 "참된" 것이냐 또는 둘 중에 어느 것이 사실에 더 충실한 것이냐를 묻는 것은 그릇된 일이요, 부적절한 일이다. 두 자료는 제각기 나름의 독특한 영감을 상이한 방식으로 정리한 것들일 뿐이다. 분명한 것은 역대기가 포로기 이후의 회복된 공동체 — 하나님께서 다윗에게 주신 외적인 계약의 일부를 구성하고 있으면서 동시에 70년의 어두운 세월을 이제 막 지나온 — 를 대상으로 하고 있는 책이라는 점이다. 뿐만 아니라 그 계약은 하나님께 예배하고 그를 찬미할 것을 요구하는 계약이요, 순종이 필요한 계약이다. 이 계약에서 하나님은 이상적인 계약을 주시는 분으로 나타나며, 다윗은 등극(11:1~14:2)과 통치(14:3~22:1) 및 솔로몬을 위한 왕위 계승 준비(22:2~29:30) 등의 과정 속에서 이상적인 왕으로 묘사된다. (이러한 개괄적인 설명에 대해서는 Wright: 1998 참조) "역대기가 사무엘서나 열왕기를 대체하지 못하고 도리어 초기 전승과 나란히 자리하고 있다는 사실은, 정경이 비판적인 반성의 과정에서 성서 전승을 한층 부요하게 하는 수단으로 작용하고 있음을 잘 보여 준다"(Childs 1979: 655).

사무엘하 참고문헌

Commentaries and Major Studies

Ackroyd, P. R. 1977. *The Second Book of Samuel*. Cambridge Bible Commentary. Cambridge: Cambridge University.

Anderson, A. A. 1989. *2 Samuel*. Word Biblical Commentary 11. Dallas: Word.

Bailey, R. C. 1990. *David in Love and War: The Pursuit of Power in 2 Samuel 10–12*. JSOT Supplement 75. Sheffield: JSOT Press.

Baldwin, J. 1988. *1 and 2 Samuel*. Tyndale Old Testament Commentaries 8. Downers Grove, Ill.: InterVarsity.

Bergen, R. 1996. *1, 2 Samuel*. New American Commentary 7. Nashville: Broadman and Holman.

Briscoe, S. 1984. *David, A Heart For God*. Wheaton, Ill.: Victor Books.

Brueggemann, W. 1985. *David's Truth in Israel's Imagination and Memory*. Philadelphia: Fortress.

———. 1990. *First and Second Samuel*. Interpretation. Louisville: John Knox.

Carlson, R. A. 1969. *David, the Chosen King: A Traditio-Historical Approach to the Second Book of Samuel*. Uppsala: Almqvist & Wiksell.

Conroy, C. 1978. *Absalom, Absalom! Narrative and Language in 2 Samuel 13–20*. Rome: Biblical Institute Press.

Eslinger, L. 1994. *House of God or House of David: The Rhetoric of 2 Samuel 7*. JSOT Supplement 164. Sheffield: JSOT Press.

Fokkelman, J. P. 1981. *Narrative Art and Poetry in the Books of Samuel*. Vol. 1, *King David (II Sam. 9–20; I Kings 1–2)*. Studia semitica Neerlandia 20. Assen: Van Gorcum.

————. 1990. *Narrative Art and Poetry in the Books of Samuel*. Vol. 3, *Throne and City* (*II Sam. 2–8 and 21–24*). Studia semitica Neerlandia 27. Assen: Van Gorcum.

Gordon, R. P. 1988. *1 and 2 Samuel*. Grand Rapids: Zondervan.

Gunn, D. 1978. *The Story of King David: Genre and Interpretation*. JSOT Supplement 6. Sheffield: JSOT Press.

Hertzberg, H. W. 1964. *I and II Samuel*. Old Testament Library. Philadelphia: Westminster.

Jones, G. H. 1990. *The Nathan Narratives*. JSOT Supplement 80. Sheffield: Sheffield Academic Press.

McCarter, P. K., Jr. 1984. *II Samuel*. Anchor Bible 9. Garden City, N.Y.: Doubleday.

Polzin, R. 1993. *David and the Deuteronomist: 2 Samuel*. A Literary Study of the Deuteronomic History, Part 3. Bloomington: Indiana University Press.

Rost, L. 1982 [1926]. *The Succession to the Throne of David*. Trans. M. Rutter and D. Gunn. Historic Texts and Interpreters in Biblical Scholarship 1. Sheffield: Almond.

Swindoll, C. 1997. *David: A Man of Passion and Destiny*. Dallas: Word.

Whybray, R. N. 1968. *The Succession Narrative: A Study of II Samuel 9–20 and I Kings 1–2*. London: SCM.

Youngblood, R. F. 1992. "1, 2 Samuel." In *Deuteronomy, Joshua, Judges, Ruth, 1, 2 Samuel*. Expositor's Bible Commentary 3. Grand Rapids: Zondervan. Pp. 551–1104.

Shorter Studies

Ackerman, J. S. 1990. "Knowing Good and Evil: A Literary Analysis of the Court History in 2 Samuel 9–20 and 1 Kings 1–2." *JBL* 109:41–60.

Ackroyd, P. R. 1981. "The Succession Narrative (so-called)." *Int* 35:383–96.

Alter, R. 1981. *The Art of Biblical Narrative*. New York: Basic Books.

Arnold, B. 1989. "The Amalekite's Report of Saul's Death: Political Intrigue or Incompatible Sources?" *JETS* 32:289–98.

Bar-Efrat, S. 1989. *Narrative Art in the Bible*. JSOT Supplement 70. Sheffield: Almond. Pp. 239–82.

Barrick, W. B. 1997. "Saul's Demise, David's Lament and Custer's Last Stand." *JSOT* 73:25–41.

Bellefontaine, E. 1987. "Customary Law and Chieftainship: Judicial Aspects of 2 Samuel 14:4–21." *JSOT* 38:47–72.

Berlin, A. 1983. *Poetics and Interpretation in Biblical Narrative*. Sheffield: Almond.

Blenkinsopp, J. 1965. "Theme and Motif in the Succession History and the Yahwist Corpus." *VTSup* 15:44–57.

Bright, J. 1981. *A History of Israel*. 3rd ed. Philadelphia: Westminster. Pp. 195–211.

Brueggemann, W. 1988. "2 Samuel 21–24: An Appendix of Deconstruction?" *CBQ* 50:383–97.

Camp, C. V. 1981. "The Wise Women in 2 Samuel: A Role Model for Women in Early Israel?" *CBQ* 43:14–29.

Childs, B. S. 1979. *Introduction to the Old Testament as Scripture*. Philadelphia: Fortress. Pp. 263–80.

Coats, G. W. 1981. "Parable, Fable, and Anecdote: Storytelling in the Succession Narrative." *Int* 35:368–82.

Cryer, F. 1985. "David's Rise to Power and the Death of Abner: An Analysis of I Samuel xxvi 14–16 and the Redactional-Critical Implications." *VT* 35:385–94.

Daube, D. 1998. "Absalom and the Ideal King," *VT* 48:315–25.

Exum, C. 1992. *Tragedy and Biblical Narrative: Arrows of the Almighty*. Cambridge: Cambridge University Press. Pp. 120–49.

———. 1996. *Plotted Shot and Painted*. JSOT Supplement 215. Sheffield: Sheffield Academic Press. Pp. 19–79.

Flanagan, J. W. 1972. "Court History or Succession Document? A Study of 2 Samuel 9–20 and 1 Kings 1–2." *JBL* 91:172–81.

———. 1983. "Succession and Genealogy in the Davidic Dynasty." In *The Quest for the Kingdom of God: Essays in Honor of George E. Mendenhall*. Ed. H. B. Huffman, F. Spina, and A. R. W. Green. Winona Lake, Ind.: Eisenbrauns. Pp. 35–55.

Fontaine, C. 1986. "The Bearing of Wisdom on the Shape of 2 Samuel 11–12 and 1 Kings 3." *JSOT* 34:61–77.

Freedman, D. N. 1997. "Dinah and Shechem, Tamar and Amnon." In *Divine Commitment and Human Obligation: Selected Writings of David Noel Freedman*. Ed. J. R. Huddlestun. Winona Lake, Ind.: Eisenbrauns. Pp. 485–95.

Fretheim, T. E. 1983. *Deuteronomic History*. Interpreting Biblical Texts. Nashville: Abingdon. Pp. 108–33.

Garsiel, M. 1976. "David and Bathsheba, I." *DorleDor* 5:24–28.

———. 1976. "David and Bathsheba, II." *DorleDor* 5:85–90.

———. 1976. "David and Bathsheba, III." *DorleDor* 5:134–37.

———. 1993. "The Story of David and Bathsheba: A Different Approach." *CBQ* 55:244–62.

Gordon, R. P. 1994. "In Search of David: Literary Reading and Historical Reconstruction." In *Faith, Tradition, and History: Old Testament Historiography in Its Near Eastern Context*. Ed. A. R. Millard, J. K. Hoffmeier, and D. W. Baker. Winona Lake, Ind. Eisenbrauns. Pp. 285–98.

Gros Louis, Kenneth R. R. 1982. "King David of Israel." In *Literary Interpretations of Biblical Narratives*. Vol 2. Ed. K. Gros Louis and J. Ackerman. Nashville: Abingdon. Pp. 204–19.

Gunn, D. 1988. "In Security: The David of Biblical Narrative." In *Signs and Wonders: Biblical Texts in Literary Focus*. Ed. J. C. Exum. SBL Semeia Studies. Atlanta: Scholars Press. Pp. 133–51.

————. 1997. "Reflections on David." In *A Feminist Companion to Reading the Bible: Approaches, Methods and Strategies*. Ed. A. Brenner and C. Fontaine. Sheffield: Sheffield Academic Press. Pp. 548–66.

Gunn, D., and D. N. Fewell. 1993. *Narrative in the Hebrew Bible*. Oxford: Oxford University Press.

Hagan, H. 1979. "Deception as Motif and Theme in 2 Samuel 9–20; 1 Kings 1–2." *Bib* 60:301–26.

Hoftijzer, J. 1970. "David and the Tekoite Woman." *VT* 20:419–44.

Kermode, F. 1990. *Poetry, Narrative, History*. Oxford: Blackwell. Pp. 28–48.

Kleven, T. 1992. "Hebrew Style in 2 Samuel 6." *JETS* 35:299–314.

————. 1992. "Desire, Rivalry and Collective Violence in the 'Succession Narrative.'" *JSOT* 55:39–59.

Laato, A. 1997a. *A Star Is Rising: The Historical Development of the Old Testament Royal Ideology and the Rise of the Jewish Messianic Expectation*. Atlanta: Scholars Press.

————. 1997b. "Second Samuel 17 and Ancient Near Eastern Royal Ideology." *CBQ* 59:244–69.

Lasine, S. 1984. "Melodramas as Parable: The Story of the Poor Man's Ewe-Lamb and the Unmasking of David's Topsy-Turvy Emotions." *HAR* 8:101–24.

Levenson, J., and B. Halpern. 1980. "The Political Import of David's Marriages." *JBL* 99:507–18.

Linafelt, T. 1992. "Taking Women in Samuel: Readers/Responses/Responsibility." In *Reading between Texts: Intertextuality and the Hebrew Bible*. Ed. D. N. Fewell. Louisville: Westminster/John Knox. Pp. 99–113.

Long, B. 1981. *Images of Man and God: Old Testament Short Stories in Literary Focus*. Sheffield: Almond. Pp. 26–34.

McCarter, P. K., Jr. 1981. "'Plots, True or False': The Succession Narrative as Court Apologetic." *Int* 35:355–67.

McCarthy, D. J. 1965. "II Samuel 7 and the Structure of the Deuteronomistic History." *JBL* 84:131–38.

Mendenhall, G. E. 1973. *The Tenth Generation*. Baltimore: Johns Hopkins University Press.

Miller, P. D. 1994. *They Cried to the Lord: The Form and Theology of Biblical Prayer*. Minneapolis: Fortress.

Newsome, J. N., Jr. 1975. "Toward a New Understanding of the Chronicler and His Purposes." *JBL* 94:201–17.

Nicol, G. G. 1997. "The Alleged Rape of Bathsheba: Some Observations on Ambiguity in Biblical Narrative." *JSOT* 73:43–54.

Niditch, S. 1993. *War in the Hebrew Bible*. Oxford: Oxford University Press.

Perdue, L. G. 1984. "'Is There Anyone Left of the House of Saul . . . ?' Ambiguity and the Characterization of David in the Succession Narrative." *JSOT* 30:67–84.

Peterson, E. 1995. "Why Did Uzzah Die? Why Did David Dance? 2 Samuel 6–7." *Crux* 26, no. 3:3–8.

Polak, F. 1994. "David's Kingship—A Precarious Equilibrium." In *Politics and Theopolitics in the Bible and Post-biblical Literature*. Ed. H. G. Reventlow, Y. Hoffman, and B. Uffenheimer. JSOT Supplement 171. Sheffield: Sheffield Academic Press. Pp. 119–47.

Polzin, R. 1993. "Curses and Kings: A Reading of 2 Samuel 15–16." In *The New Literary Criticism and the Hebrew Bible*. Ed. J. C. Exum and D. J. A. Clines. JSOT Supplement 143. Sheffield: JSOT Press. Pp. 201–26.

Propp, W. H. 1993. "Kinship in 2 Samuel 13." *CBQ* 55:39–53.

Prouser, O. H. 1996. "Suited to the Throne: The Symbolic Use of Clothing in the David and Succession Narrative." *JSOT* 71:27–37.

Pyper, H. S. 1993. "The Enticement to Re-Read Repetition as Parody in 2 Samuel." *BibInt* 1:153–66.

Rad, Gerhard von. 1966. "The Beginnings of Historical Writing in Ancient Israel." In *The Problem of the Hexateuch and Other Essays*. Trans. E. W. T. Dickens. New York: McGraw-Hill. Pp. 116–204.

Reis, P. T. 1997. "Cupidity and Stupidity: Woman's Agency and the 'Rape' of Tamar." *JANES* 25:43–60.

Rosenberg, J. 1986. *King and Kin: Political Allegory in the Hebrew Bible*. Bloomington: Indiana University Press.

———. 1989. "The Institutional Matrix of Treachery in 2 Samuel 11." *Semeia* 46:103–16.

Roth, W. M. W. 1977. "You Are the Man! Structural Interaction in 2 Samuel 10–12." *Semeia* 8:1–13.

Sailhammer, J. 1989. "1 Chronicles 21:1–A Study in Inter-Biblical Interpretation." *TJ* 10:33–48.

Schwartz, R. 1991. "Adultery in the House of David: The Metanarrative of Biblical Scholarship and the Narratives of the Bible." *Semeia* 54:35–55.

———. 1991. "The Histories of David: Biblical Scholarship and Biblical Stories." In *Not in Heaven: Coherence and Complexity in Biblical Narrative*. Ed. J. P. Rosenblatt and J. C. Sitterson Jr. Bloomington: Indiana University Press. Pp. 192–210.

Simon, U. 1967. "The Poor Man's Ewe-Lamb: An Example of a Juridical Parable." *Bib* 48:207–42.

Sternberg, M. 1985. *The Poetics of Biblical Narrative*. Bloomington: Indiana University Press.

Stone, K. 1996. *Sex, Honor, and Power in the Deuteronomistic History*. JSOT Supplement 234. Sheffield: Sheffield Academic Press. Pp. 85–127.

Trible, P. 1984. *Texts of Terror: Literary-Feminist Readings of Biblical Narrative*. Philadelphia: Fortress. Pp. 37–63.

Valler, S. 1994. "King David and 'His' Woman: Biblical Stories and Talmudic Discussions." In *A Feminist Companion to Samuel and Kings*. Ed. A. Brenner. Sheffield: Sheffield Academic Press. Pp. 127–42.

Vanderkam, J. 1980. "Davidic Complicity in the Deaths of Abner and Eshbaal." *JBL* 94:521–39.

Van der Toorn, K., and C. Houtman. 1994. "David and the Ark." *JBL* 113:209–31.

Van Dijk-Hemmes, F. 1989. "Tamar and the Limits of Patriarchy." In *Anti-Covenant: Counter-Reading Women's Lives in the Hebrew Bible*. JSOT Supplement 81; Bible and Literature Series 22. Ed. M. Bal. Sheffield: Almond. Pp. 135–56.

Van Seters, J. 1983. *In Search of History: Historiography in the Ancient World and the Origins of Biblical History*. New Haven: Yale University Press. Pp. 264–91.

Waldman, N. 1986–1987. "Two Biblical Parallels: Irony and Self-Entrapment." *DorleDor* 15:11–18.

Weitzman, S. 1997. *Song and Story in Biblical Narrative: The History of a Literary Convention in Ancient Israel*. Bloomington: Indiana University Press. Pp. 117–21; 133–40.

Wharton, J. A. 1981. "A Plausible Tale: Story and Theology in II Samuel 9–20, I Kings 1–2." *Int* 35:341–54.

White, M. 1994. "Naboth's Vineyard and Jehu's Coup: The Legitima-tion of a Dynastic Extermination." *VT* 44:66–76.

Whitelam, K. W. 1984. "The Defence of David." *JSOT* 29:61–87.

Wiggins, S. A. 1997. "Between Heaven and Earth: Absalom's Dilem-ma." *JNSL* 23:73–81.

Willey, P. W. 1992. "The Importunate Woman of Tekoa and How She Got Her Way." In *Reading between Texts: Intertextuality and the Hebrew Bible*. Ed. D. N. Fewell. Louisville: Westminster/John Knox. Pp. 115–31.

Winters, A. 1997. *Subversive Scriptures: Revolutionary Christian Readings of the Bible in Latin America*. Valley Forge, Pa.: Trinity Press International. Pp. 142–54.

Worster, W. S. 1985. "Reader-Response, Redescription and Reference: 'You Are The Man' (2 Sam. 12:7)." In *Text and Reality: Aspects of Reference in Biblical Texts*. Ed. B. C. Lategan and W. S. Vorster. Philadelphia: Atlanta; Fortress: Scholars Press. Pp. 95–112.

Wright, J. W. 1998. "The Founding Father: The Structure of the Chronicler's David Narrative." *JBL* 117:45–59.

Yee, G. "'Fraught with Background': Literary Ambiguity in 2 Samuel 11." *Int* 42:240–53.

열왕기상 1~11장

열왕기상과 열왕기하는 솔로몬 통치(주전 970-930년)로부터 예루살렘 멸망과 유다 백성의 바벨론 포로(주전 587/86년)에 이르기까지의 역사를 포괄하고 있다. 4세기 동안의 성서 역사를 다루고 있는 셈이다.

이 긴 기간은 세 시기로 또는 세 개의 "막"(acts)으로 나눌 수 있다:

제1막: 솔로몬의 통치(왕상 1~11장)

제2막: 분열 왕국의 병렬 설명 또는 "분할된 스크린"을 통한 설명(Nelson 1998: 135). 북왕국 이스라엘과 그곳의 왕들 20명에 대해서, 그리고 남왕국 유다와 그곳의 왕들에 대해서 번갈아 가면서 설명하다가 북왕국 이스라엘의 멸망에서 끝을 맺는다(왕상 12장~왕하 17장)

제3막: 살아 남은 남왕국 유다의 역사를 주전 8세기 말경의 히스기야 시대로부터 시작하여 주전 7-6세기에 걸친 요시야와 그의 아들들의 시대를 거쳐 주전 587/86년에 이루어진 예루살렘의 멸망과 바벨론 포로에 이르기까지를 설명한다(왕하 18~25장)

여기서는 솔로몬의 생애와 통치 시기를 다루기로 한다(왕상 1~11장). 이 열한 장들을 빨리 읽어보면, 놀랍도록 역설적인 성격을 가진 솔로몬을 발견하게 된다. 그는 하나님을 사랑하면서도(3:3) 자기가 믿는 하나님을 사랑하지 않는 많은 이방 여인들을 사랑하기도 하며(11:1), 대단히 지혜로우면서도 (3:16-28) 대단히 어리석은 사람이요, 무수한 격언들과 지혜로운 가르침들 (3,000개와 1,005개[4:32])을 수집한 사람이요, 대단히 많은 아내들과 첩들 (700명과 300명[11:3])을 거느린 자이다. 솔로몬은 전심으로 신명기의 일부 가르침을 따라 살 수 있는 사람이지만(예로써 8:12-61에 있는 솔로몬의 말과 기도는 신명기와 평행을 이루는 구절들과 언어를 59개나 포함하고 있다), 신명기의 다른 가르침에 반하여 제멋대로 행동하는 사람이기도 하다(11:1-4; 참조. 신 7:1-4).

아마도 솔로몬은 스티븐슨(Robert Louis Stevenson)이 1800년대 말에 자신의 유명한 소설 「지킬 박사와 하이드」(*Dr. Jekyll and Mr. Hyde*)를 저술하기 오래 전에 이미 존재했던 최초의 지킬 박사와 하이드일 것이다. 주지하는 바와 같이, 지킬 박사와 하이드는 뚜렷하게 이중 인격을 가진 자를 가리킨다. 그의 인격의 한쪽 측면은 선하지만 다른 쪽 측면은 악하다. 주석가들에게 있는 한 가지 의문은, 대체 솔로몬의 생애의 어느 시점에서 선한 인격이 악한 인격으로 바뀌는가 하는 것이다. 다수의 주석가들은 솔로몬의 지킬 박사적인 측면이 1~8장 또는 1~10장에 걸쳐서 나타나는 반면에, 하이드적인 측면은 9:1이나(Parker 1988) 9:29(Brettler 1991) 또는 10:1에서 시작된다고 믿고 있다. 그리고 어떤 주석가들은 솔로몬이 재직 기간 내내 "지킬 박사적인" 특징과 "하이드적인" 특징을 동시에 드러냈다고 본다(Walsh 1995). 그런가 하면 적어도 한 명의 주석가는 솔로몬이 평생 동안 사악한 하이드의 모습을 드러냈다고 본다(Eslinger 1989).

솔로몬은 여러 가지 점에서 아버지 다윗을 닮은 사람이다. 둘 중 어느 누구도 왕권을 노리고서 움직인 적이 없다(왕상 1장에서 솔로몬만이 유일하게 수동적인 모습을 보이거나 계속해서 자신의 모습을 드러내지 않는다. 그는 또한 마지막 두 절[52, 53절]에 이르기까지 한마디의 말도 하지 않는다). 두 사람의 경우에 똑같이 여러 형들 또는 한 명의 형은 동생이 자기들보다 자질 면에서 부족하다고 생각한다. 두 사람의 통치는 똑같이 전성기에 도달했다가(삼하 10장; 왕상 8장), 서서히 어둠 속으로 빠져들어 간다(삼하 11-21, 24장; 왕상 11장). 이에 대해서는 아버지와 아들 모두에게 책임이 있다. 다윗이

나 솔로몬은 똑같이 여자들과의 관계에서 모범을 보이지 못한다. 우리는 또한 아버지와 아들이 똑같이 이스라엘의 일부 정경 문헌들에 자기들의 흔적을 남겼다는 점을 주목할 수도 있다. 다윗은 이스라엘의 "노래 잘하는 자"(삼하 23:1)로서 영원히 시편과 연결되어 있으며, 솔로몬은 이스라엘의 노래하는 현인으로서 영원히 잠언(과 전도서 및 아가서)과 연결되어 있다.

그러나 솔로몬의 통치 기간 중에는 아버지에게는 있으나 솔로몬에게는 없는 것 한 가지가 있다. 다윗은 예언자 사무엘에 의해 기름 부음 받을 때 차세대 지도자의 길에 들어선다(삼상 16:13). 솔로몬은 그러한 예언적인 은사를 받은 적이 없다. 도리어 그는 어머니 밧세바와 노년기의 다윗을 잘 다루는 나단의 능숙한 권력 행사에 힘입어 왕의 길에 들어선다. 나단은 솔로몬의 후보자직을 지지하지만, 다윗이 그를 지명하기까지는 그의 머리에 기름을 붓지 않는다(왕상 1:34, 39). 다윗이 정상적인 길에서 벗어나게 되면, 예언자들(나단과 갓)이 그를 책망한다(삼하 12:1-25; 24:11-25). 그러나 솔로몬의 악한 행동을 책망하는 예언자는 한 명도 없다. 예언자 아히야는 솔로몬에 관해 말하지만(왕상 11:31-39), 솔로몬에게 직접 말하지는 않는다. 이렇듯이 아버지와는 달리 솔로몬은 하나님께서 지시하신 예언적인 기름 부음을 받지도 않고 예언적인 책망도 받지 않는다. 그의 삶에는 많은 업적들이 있지만, 예언자는 한 명도 없다.

솔로몬의 40년 통치 기간 동안에(11:42) 하나님은 솔로몬에게 단지 네 번만 말씀하실 뿐이요, 결코 이름이 밝혀진 중재자를 통하여 말씀하시는 법이 없다. 첫째로 하나님은 기브온에서 꿈을 통하여 솔로몬에게 말씀하신다(3:4-15). 둘째로 하나님은 성전 건축과 관련하여 솔로몬에게 차분하게(6:12의 "만일"을 참조) 말씀하신다(6:11-13). 하나님께서 솔로몬에게 말씀하시는 세 번째의 경우는 9:1-9에서 발견된다. 하나님께서는 솔로몬이 성전 건축을 끝내고서 기도로써 그것을 주께 봉헌하자 차분하게 그에게 말씀하신다(9:4, 6의 "만일"을 참조). 하나님의 이 말씀은 명시적으로 꿈이라 불리지 않지만, "야웨께서 전에 기브온에서 나타나심같이 다시 솔로몬에게 나타나사"라는 9:2의 설명에 비추어볼 때 꿈을 통해서 주어진 것이라 할 수 있다. 하나님께서 마지막 네 번째로 솔로몬에게 주시는 말씀은 11:9-13에서 발견된다. 여기

서 그는 솔로몬 왕이 죽은 다음에 그의 왕국이 깨뜨려질 것이라고 선포하신
다. 그 이유는 순전히 솔로몬이 야웨께로부터 돌이켰기 때문이라는 것이다.
사울은 하나님께서 자기를 버리셨음을 사무엘을 통해서 듣는다(삼상 15:22-
26). 그리고 다윗은 나단의 맹렬한 비난을 통하여 일격을 얻어맞는다(삼하 12
장). 그러나 솔로몬의 경우에는 야웨께서 친히 그를 대적하신다.

열왕기상에 있는 솔로몬 이야기는 두 개의 구별되는 내용들, 곧 1~8장과
9~11장의 둘로 나누어진다. 첫 번째 부분은 솔로몬에게 대하여 호의적이고,
두 번째 부분은 솔로몬에게 대하여 비판적이다(특히 11장). 두 부분에 나오
는 유사한 자료들의 반복은 이 둘을 하나로 묶는 역할을 한다. 예로써 솔로
몬의 이야기는 예언자(나단)의 지지와 더불어 시작되며, 예언자(아히야)의 정
죄와 더불어 끝을 맺는다. 서두 부분에서 솔로몬의 세 대적들(아도니야, 요
압, 시므이)이 "사라지며," 끝 부분에서 다른 세 대적들(하닷, 르손, 여로보
암)이 나타난다. 이야기의 시작 부분에서 하나님은 꿈 속에서 솔로몬에게 나
타나셔서, 그가 구한 지혜와 그가 구하지 않은 다른 선물들, 곧 부와 장수를
그에게 주신다. 그러나 두 번째 부분에서 하나님은 기브온에서와 같은 방식
으로 솔로몬에게 나타나셔서 경고와 주의를 주신다. 그리고 두 부분에서 똑
같이 솔로몬은 페니키아의 두로 왕 히람과 무역 협정을 맺는다.

솔로몬 이야기를 정리하면 다음과 같다(Parker 1988: 27을 크게 따름):

이야기의 기본 틀(1~2장)

솔로몬에게 호의적임

1. 첫 번째 꿈(3:1-15)
2. 여인들과 지혜(3:16-28)
3. 나라 행정과 지혜(4:1-34)
4. 두로 왕 히람과의 조약(5:1-12)
5. 강제 노역(5:13-18)
6. 솔로몬이 성전 건축을 통하여 하나님을 영화롭게 함(6~8장)

1. 두 번째 꿈(9:1-9)
2. 두로 왕 히람과의 조약(9:10-14)

<table>
<tr><td>솔로몬에게 비판적임</td><td>3. 강제 노역(9:15-28)</td></tr>
<tr><td></td><td>4. 여인과 지혜(10:1-13)</td></tr>
<tr><td></td><td>5. 부와 지혜(10:14-29)</td></tr>
<tr><td></td><td>6. 솔로몬이 왕궁 건축으로 하나님을 욕되게 함(11:1-13)</td></tr>
</table>

이야기의 기본 틀(11:14-43)

1:1-53. 원기 왕성한 다윗이 모습이 이제는 사라지고 없다. 아직 노쇠하지는 않지만 늘어가는 나이는 그를 연약하게 만들고, 그를 "몸이 떨리고 감각이 둔해지는" 상태에 몰아넣는다(Long 1981: 85). 그의 수행원들은 그의 몸을 따뜻하게 해 줄 여인을 구한다(그의 아내들 중에 누구도 이 일을 수행하는 데 유용하거나 적절하지 않음이 분명하다). 확실치 않은 어떤 이유들로 하여 이 여인은 젊고 매우 아름다운 처녀이지 않으면 안 된다. 그리하여 선택된 여인이 바로 아비삭이다. 그녀가 해야 할 일은 부부관계에 대한 부담 없이 다윗의 몸을 따뜻하게 하는 것이다. (흥미롭게도 여기서 "따뜻하게 하다"를 뜻하는 동사['하맘']는 다른 곳에서 발정기에 도달하여 짝짓기에 들어가는 짐승들을 가리킬 때 사용된다[창 30:38, 39]; 30:41은 이와 관련된 동사 '야함'을 사용한다)

아도니야는 자기가 아버지의 분명한 상속자라고 믿는다. 그에게는 그렇게 생각할 만한 정당한 이유가 있다. 결국 그는 살아남은 다윗의 아들들 중에서 현재 가장 연장자인 것이다. 솔로몬 자신도 이러한 사실을 자유롭게 인정한다((2:22). 아도니야는 압살롬 다음의 연장자요, 압살롬만큼이나 준수한 자이다(6b절). 그리고 "그 부친이 저를 섭섭하게 한['아차브'] 일이 없었더라"(6a절)는 말의 배후에 있는 동사는 다윗이 압살롬의 죽음을 알고 난 후에 "왕이 그 아들을 위하여 슬퍼한다['아차브']"(삼하 19:2) 할 때 사용되는 동사와 같다. 결국 아도니야는 다시 살아난 압살롬과도 같은 아들이다.

아도니야는 결코 수동적이지 않다. 그는 아버지에게서 확정적인 말을 들을 때까지 기다리지 않는다. 그는 기회를 노린다. 설화자의 말을 빌자면, 아도니야는 "스스로를 높였다"(5a절). 여기에 사용된 동사('나사'의 히트파엘)가 때때로 긍정적인 의미를 갖기도 하지만(예로써 이스라엘에 관한 발람의 예언, "이 백성이 암사자 같이 일어나고"[민 23:24]), 이 어근의 동사는 교만이나 철면피함을 뜻하는 경우가 더 많다(예로써 모세와 아론을 향한 고라의 불평, "너희가 어찌하여 야웨의 총회 위에 스스로 높이느뇨?"[민 16:3]; 잠언 30:32, "만일 네가 미련하여 스스로 높은 체하였거나").

그는 명목상 왕권을 상징하는 "병거와 기병"(5b절)을 모으고, 지지자들과 함께 의논하되(7절), 자신의 진영에 가담하지 않는 자들을 배제한 채로(8절) 큰 잔치를 연다(9, 19, 41절). 그의 어머니 학깃(5절)도 관여하였을 것이다. 결국 '학깃'이라는 그녀의 이름은 "축제," 특히 순례 축제를 뜻하는 히브리어 낱말 '학'과 어떻게든 연결되어 있다(Garsiel 1991: 380).

나단은 아도니야의 야심을 좌절시키고 솔로몬의 왕위 계승권을 정당화하기 위한 활동을 개시한다. 세 개의 연속적인 장면들이 이어진다:

첫 번째 장면: 밧세바 앞의 나단(11–14절)
두 번째 장면: 다윗 앞의 밧세바(15–21절)
세 번째 장면: 다윗 앞의 나단(22–27절)

첫 번째 장면에서 나단은 밧세바에게 다윗을 찾아가서 과거 어느 때엔가 솔로몬을 왕위 계승자로 삼겠다고 맹세한 사실을 그에게 "상기시킬" 것을 주문한다(13절). 물론 독자로서는 나단이 밧세바에게 다윗을 찾아가서 상기시키라고 한 맹세가 사실에 기초한 것인지 아니면 지어낸 것인지를 알 길이 없다. 확실히 사무엘하는 역대상 28:4-6에서 다윗이 솔로몬에게 말하는 것과 같은 내용을 전혀 가지고 있지 않다. 만일 다윗이 그런 말을 했다면, 그것은 밧세바에게 새로운 소식임에 틀림없을 것이다.

밧세바는 나단의 진실함을 의심하거나("성직자"의 말이어서 믿을 수밖에 없다?) 상세한 내용을 추궁하지 않는다. 흥미롭게도 그녀는 나단이 제안한 말을 그대로 다윗 앞에 가서 되풀이한다. 그것은 "거짓된 인용문의 아주 특별한 사례"(Savran 1988: 64)일 수도 있고, "가장 설득력 있는 언변"(Alter 1981: 98)일 수도 있다.

1. 그녀는 나단이 말한 "맹세"를 "왕이 전에 왕의 하나님 야웨를 가리켜 맹세하시기를"로 바꿈으로써, 이전에 남편이 한 것으로 여겨지는 약속을 한층 구속력 있는 것으로 만든다.
2. 그녀는 "맹세하지 않으셨나이까?"라는 나단의 수사학적인 질문을 "내 주여, 왕이 맹세하셨나이다"라는 사실 진술로 바꾼다.
3. 그녀는 "그런데 아도니야가 무슨 연고로 왕이 되었나이까?"라는 나단의 질문을 "이제 아도니야가 왕이 되었습니다"라는 사실 진술로 바꾼 다음, 이어서 "내 주 왕은 알지 못하시나이다"라는 말을 추가한다.
4. 그녀는 나단의 제안과는 무관하게 스스로 아도니야의 잔치에 대해서 언급한다(19절).
5. 그녀는 아도니야의 잔치에 초청받지 못한 자들의 명단에서 오직 솔로몬만을 언급한다(19c절과 8절을 비교).
6. 그녀는 과장된 어투로 온 이스라엘이 그의 후계자 선언을 눈이 빠지게 기다리고 있다는 말을 추가하며(20절), 만일 아도니야가 후계자로 확정되면 자신의 생명과 솔로몬의 생명이 큰 위기에 빠질 것임을 강조한다(21절).

세 번째 장면에서 나단은 밧세바와 모의한 적절한 시기에 다윗 앞에 모습을 드러낸다. 그 역시 왕이 전에 했던 말을 상기시키면서(24절), 아도니야의 축하연에 대해서 언급하며(그곳에 없었는데 어떻게 그가 그것을 알고 있을까?), 밧세바의 "아비아달과 … 요압"(19절)을 "요압과 … 아비아달"(25절)로 바꾼다. 그가 요압의 이름을 먼저 언급한 것은 의도적인 것임에 틀림없다. 다윗과 요압 사이의 관계가 언제부터인가 친밀하지 못하게 되었음을 알고 있는 나단은 "요압이라는 이름이 강한 증오심을 불러일으키는 데 유용"함을 알고 있다(Fokkelman 1981: 358). 밧세바와는 달리 나단은 아도니야의 잔치에 초대받지 못한 자들의 이름을 나열하되, 일부러 자기 자신을 가장 먼저 언급한다("그러나 왕의 종 나와"[26a절]). 그렇다면 이제 다윗은 무슨 일을 해야 하는가? "이러한 일련의 반복과 추가의 과정은 점점 자기 주장의 강도를 높임으로써 다윗을 압박하는 효과를 갖는다"(Alter 1981: 100).

그들은 다윗을 압박하는 데 성공한다. 그들의 주장에 설득당한 다윗은 솔로몬을 후계자로 지명하며(30절), 제사장 사독과 예언자 나단을 시켜 솔로몬에게 기름을 붓게 한다(32-35, 39절).

본장에서 우리는 마지막으로 두 가지 흥미로운 사실을 발견한다. 첫째로 왕위 계승 과정의 패자인 아도니야는 솔로몬에게 자기를 죽이지 않겠다고 맹세할 것을 요구한다("솔로몬 왕이 오늘날 내게 맹세하기를 원하노라"[51절]). 솔로몬은 그의 요구에 반응을 보이기는 하지만 맹세를 하지는 않는다. 그 대신에 그는 "조심스럽게 울타리를 친"(Walsh 1995: 482) 조건적인 약속을 제시한다: "저가 만일 선한 사람이 될진대 … 저의 가운데 악한 것이 보이면 … "(52절). 야곱은 에서를 설득하여 맹세하게 하는 일에 성공을 거두지만("'오늘 내게 맹세하라.' 에서가 맹세하고"[창 25:33]), 아도니야는 그렇지 못하다. 솔로몬은 아도니야에게 맹세할 수도 있지만 그렇게 하지 않는다.

두 번째로 흥미로운 것은 하나님이 이상의 모든 계략을 정당화시켜 주는 분으로 여겨지고 있다는 점이다. 36절에 있는 브나야의 말("아멘! 내 주 왕의 하나님 야웨께서도 이렇게 말씀하시기를 원하오며")이나 47절에 있는 다윗의 신하들의 말("왕의 하나님이 솔로몬의 이름을 왕의 이름보다 아름답게 하시고") 또는 48절에 있는 다윗 자신의 말("이스라엘의 하나님 야웨를 찬송하리로다. 야웨께서 오늘날 내 위에 앉을 자를 주사 나로 목도하게 하셨도다") 등이 그렇다. 사람들이 온갖 사건들을 꾸며놓고서는 그것을 모두 하나님께 돌리는 경우는 이번이 처음은 아닐 것이다. 니콜(Nicol 1993: 140)이 설명한 바와 같이, "주석가들은 이 이야기 속에 있는 사건들과 그처럼 경건한 말들 사이의 불일치를 놓쳐서는 안 된다."

2:1-46. 다윗이 죽기 전에(10절) 마지막으로 남긴 말은 그가 솔로몬에게 한 것으로서, 2-9절에 기록되어 있다. 일종의 고별사에 해당하는 그의 말은 야곱이 마지막으로 자기 아들들에게 하는 말(창 49:1-27)이나 모세가 자기 백성에게 한 말(신 33:2-29) 또는 여호수아가 마지막으로 자기 백성에게 한 말(수 24:2-15) 등과 비교할 만하다. 그러나 언어와 주제상의 유사성에 비추어 본다면, 하나님께서 맨 처음에 여호수아에게 하신 말씀(수 1:2-9)이야말

로 다윗이 마지막으로 한 말과 가장 크게 평행을 이루는 것이라 할 수 있다. 여호수아에게 말씀하시는 하나님과 솔로몬에게 말하는 다윗은 똑같이 영적인 신실함과 군사적인 성공을 원인과 결과의 관계 속에 있는 것으로 연결짓는다.

1-4절에서 다윗이 솔로몬에게 권면하는 모든 것은 다 필요한 것들이다. 한마디로 그것들은 용기와 신실함, 그리고 하나님의 길에 대한 순종 등을 촉구하고 있다. 그 중에서도 독자들은 솔로몬과 그의 후손이 겪을 미래의 성공에 조건을 덧붙이는 다윗의 말(4b절)에서 특히 깊은 인상을 받을 것이다. 여기서 흥미로운 것은 하나님의 역동적인 약속이 조건적인 성격을 가진 것임을 입증하기 위해 다윗이 이전에 하나님께서 자기에게 하신 말씀을 인용하고 있지만, 그의 인용문이 실상은 그 역동적인 약속이 무조건적이고 영원한 것임을 분명하게 밝히는 사무엘하 7:12-16에 기초하고 있다는 점이다!

문제가 되는 것은 다윗이 하는 말의 두 번째 부분(5-9절)이다. 포켈만(Fokkelman 1981: 386)이 "세속성이 강한 두 개의 설명"이라고 부르는 곳에서, 다윗은 자신의 오랜 원수들인 요압(5-6절)과 시므이(8-9절)를 죽이라고 솔로몬에게 지시한다. 그는 솔로몬에게 지혜로운 방법으로 두 사람을 처형함으로써 자신의 지혜를 입증하라고 말한다(6, 9절). 그러나 그것은 하나님께서 주신 지혜가 아니요, 하나님을 영화롭게 하는 지혜도 아니다. 도리어 그것은 무절제한 임시방편용 지혜가 될 것이요, 피로 얼룩진 지혜가 될 것이다. 다윗이 솔로몬에게 두 사람을 죽임으로써 그의 통치를 시작하게 한 것은, 다윗이 사울을 죽였다고 주장하는 아말렉 사람(삼하 1:13-16)과 이스보셋을 죽인 자들(삼하 4:9-12)을 처형함으로써 자신의 통치를 시작한 일을 상기시키는 것으로 보인다. 다윗 자신의 경우에 처형의 이유는 복수가 아니라 정의를 이루는 데 있었다(Koopmans 1991: 447). 흥미롭게도 솔로몬은 아버지의 제안을 문제시하지 않는다.

본장의 나머지 부분에서 솔로몬은 자신의 통치에 방해가 될 만한 모든 경쟁자들을 제거함으로써 "집안 청소"에 착수한다:

1. 아도니야(13-25절)

2. 제사장 아비아달(26-27절)
3. 요압(28-34절)
4. 시므이(36-46절)

이 네 사람들은 한결같이 브나야에 의해 처형된다(25, 34, 46절). 그는 짤막한 솔로몬의 고위 관리 명단(4:2-6)에서 한 번 더 언급된(4절) 후로 다시는 나타나지 않는다. 그의 명성은 한 번으로 끝난 것일까? 그는 솔로몬의 살인청부업자다. 솔로몬 군대의 장관이면서도 그는 솔로몬의 경쟁자들을 죽인 후 사라진다. 첫 번째 처형이 이루어지기도 전에 솔로몬의 나라가 이미 "심히 견고"하게 되었다는 사실(12절)에 비추어 본다면, 다윗이 지시한 살인 행위가 과연 필요한 것이었을까 하는 의구심이 들 수도 있다. 본문이 모든 처형 작업이 완료된 후에 "이에 나라가 솔로몬의 손에 견고하여지니라"(46c절)라고 되풀이하는 것은 어떠한 의미에서인가? 첫 번째 설명은 하나님과 다윗의 공로에 해당하는 것이고 두 번째 설명은 솔로몬의 공로에 해당하는 것일까?

아도니야의 경우, 그는 단순히 밧세바를 통하여 솔로몬에게 아비삭과 결혼하게 해 달라고 청할 뿐이다(17절). 이것은 밧세바가 볼 때 중요한 일이 아니다. 왜냐하면 "이제 내가 한 가지 소원을 당신에게 구하오니"(16절)라는 아도니야의 말은 솔로몬에게 하는 그녀의 말 속에서 "내가 한 가지 작은 일로 왕께 구하오니"(20절)로 바뀌고 있기 때문이다. 그러나 솔로몬은 크게 화를 낸다. 그는 아도니야의 요청이 (전임 왕의 시녀를 취함으로써) 자신의 왕위 계승권을 정당화하고자 하는 마지막 시도라고 해석한다(올바른 해석인가, 아니면 그릇된 해석인가?). 이로써 솔로몬은 두 가지 점에서 이득을 본다. 첫째로 그는 아도니야를 완전히 제거하는 데 도움을 줄 편리하고도 합법적인 명분을 확보하게 된다. 그리고 둘째로 그는 아도니야가 밧세바를 속였으나 자신의 지혜와 분별력으로 파국을 예방할 수 있었다고 생각한다(Ishida 1987: 179).

솔로몬은 아도니야를 지지하던 제사장 아비아달을 아나돗으로 추방한다. 그에게 마땅히 죽어야 할 자라고 말하기는 하지만 말이다(26절). 그렇다면 아비아달은 왜 마땅히 죽어야 할 자일까? 아도니야를 지지해서인가? 솔로몬이 과민반응을 보인 것은 아닌가? 아비아달은 과거에 다윗에게 충성했던 까닭에 사형 선고를 면한다. 사실 솔로몬의 말은 아나돗이라는 지명에 대한 말놀이를 포함하고 있다: "네 고향 아나돗['아나톳']으로 가라 … 내 부친이 모든 환난을 받을['히트안나'] 때에 너도 환난을 받았은즉['히트안니타'] 내가 오늘날 너를 죽이지 아니하노라." 이 말놀이에서 아나돗은 "환난의 도시"가 된다(참조. Garsiel 1991: 385).

흥미롭게도 아비아달의 추방이 사실상 과거에 하나님께서 엘리 가문을 향하여 선포하신 심판의 말씀이 성취된 것이라고 말하는 자는 솔로몬이 아니라 설화자이다(27b절; 참조. 삼상 2:27-36). 솔로몬은 자신이 하나님의 도구로 일한다고 생각할지도 모르는 상황 속에서 그것을 전혀 밝히지 않는다. 그리고 마치 자신이 하나님의 도구로 일한다는 것을 전혀 알지 못하는 것과 같은 방식으로 일한다.

요압은 달갑지 않은 자들의 명단에서 세 번째로 언급된다. 그는 성읍 밖으로 도망하지 않는다. 도리어 그는 야웨의 장막으로 도망하여 제단 뿔을 붙잡는다. 제단의 거룩함은 그것이 그 뿔을 잡는 자에게 피난처를 제공한다는 사실을 통해 입증된다. 그러나 출애굽기 21:14에 의하면 그러한 피난처는 살인자들에게까지 적용되는 것이 아니었다: "사람이 그 이웃을 짐짓 모살하였으면 너는 그를 내 단에서라도 잡아내려 죽일지니라." 따라서 제단은 요압에게 어떠한 피난처도 제공하지 않는다. 솔로몬은 브나야에게 요압을 야웨의 장막으로부터 이끌어내라고 지시한다. 요압이 나가기를 거부하자 거룩한 장소가 무서운 장소로 바뀐다. 제단에서 피가 흘려지지만 그 피는 속죄나 정화를 위한 것이 아니다. 솔로몬은 요압이 아브넬과 아마사를 죽였다는 다윗의 말을 기억한다(다윗: 5절; 솔로몬: 32절). 그러나 묘하게도 두 사람은 똑같이 요압이 압살롬을 죽인 일에 대해서는 침묵한다.

과거에 다윗을 저주했던(삼하 16:5-14; 참조. 삼하 19:16-23) 베냐민 지파 사람 시므이는 솔로몬이 벌이는 숙청 작업의 네 번째 희생물이 된다(36-46절). 그는 시므이를 예루살렘에 가택연금시킴으로써(36절) 혹시 있을지도 모르는 베냐민 지파 사람들과의 공모를 효율적으로 차단한다. 3년 후에 시므이는 블레셋의 도시 가드로 도망한 두 명의 종들을 찾아 나선다. 예루살렘으로 돌아오는 길에 그는 솔로몬의 지시를 어겼다는 이유로 처형당한다. 그러나 솔로몬이 시므이를 다룬 방식은 두 가지 문제점을 안고 있다. 첫째로 그는 시므이에게 두 개의 질문을 던지지만(42, 43절), 시므이에게 답변할 기회를 주지 않는다. 둘째로 그는 시므이에게 이렇게 말한다: "내가 너로 야웨를 가리켜 맹세하게 하고." 그러나 그가 언제 시므이에게 맹세하게 했던가? 솔로몬은 3년의 공백이 지난 후에 이러한 정보를 꾸며낸 것이 아닐까?

3:1-28. 본장의 서두 부분에 있는 세 가지 요소들은 솔로몬에게 좋은 조짐으로 작용하지 않는다. 그 중 첫 번째 요소는 그가 주변국 이집트 왕의 딸과 결혼한 일이다(아마도 제21왕조의 마지막 파라오인 Psuennes 2세). 솔로몬이 이 이집트 공주와 결혼한 일에 대해서는 성서 본문에 모두 여섯 번 언급되는데(3:1; 7:8; 9:16; 9:24; 11:1; 대하 8:11), 본장의 언급은 그 중 첫 번째의 것이다. 솔로몬의 행동들에 대한 정죄는 이들 중 다섯 번째인 열왕기상 11:1에 가서야 이루어진다. 이 본문은 (11:2와 나란히) 가나안 원주민과의 결혼을 금지하는 신명기 7:1-14와 여호수아 23:12의 어투를 그대로 사용하며, 이스라엘의 총회에 들지 못하는 이방 나라들의 목록을 다루는 신명기 23:3-8의 어투 역시 본뜨고 있다.

그런데 사람들은 3:1에 기록된 파라오의 딸과의 결혼이 "결과적으로 솔로몬의 타락 원인이 이미 그가 영광을 누리던 시기에 시작되었다는 사실을 확립시키는"(Jobling 1991: 63) 역할을 수행하지 않는다는 점을 이상하게 생각한다. 후대의 본문들은 3:1과 11:1-2에 묘사된 그의 행동을 이렇게 비난한다: "솔로몬이 이 일로 범죄하지 아니하였느냐? … 이방 여인이 저로 범죄케 하였나니"(느 13:26); "당신[솔로몬]은 여인들에게 몸을 내맡기고 욕정의 노예가 된 적도 있어"(외경 집회서 47:19).

이 서두 부분에 드리워진 두 번째 어두운 구름은 1절 하반절을 일컫는다. 이 구절은 솔로몬이 건축 공사를 마무리할 때까지 새신부를 예루살렘으로 인도하여 들었다고 설명한다: (1) 자신의 집(왕궁); (2) 야웨의 집(성전); (3) 예루살렘 성벽. 이곳에 기록된 순서를 주목하라. 맨 처음에 자신을 위한 건축물이 언급되고, 두 번째로 하나님을 위한 건축물이 언급되며, 세 번째로 백성을 위한 건축물이 언급된다.

서두 부분에서 세 번째로 안 좋은 조짐은 3절에서 발견된다: "솔로몬이 야웨를 사랑하고 그 부친 다윗의 법도를 행하되 오히려['라크' = only] 산당에서 제사하며 분향하더라." 여기서 "오히려"로 번역된 낱말은 열왕기상 15:5에서 "외에는"(only/except)으로 번역된 낱말과 같은 것이다: "이는 다윗이 헷 사람 우리아의 일 외에는['라크'] 평생에 야웨 보시기에 정직히 행하고 자기에게 명하신 모든 일을 어기지 아니하였음이라."

"산당"(high place)을 뜻하는 히브리어 낱말('바마')은 본래 "등 또는 어깨"를 가리키며(신 33:29, "네가 그들의 등[backs, NRSV]을 밟으리로다"; "네가 그들의 높은 곳[high places, NIV]을 밟으리로다"), 해부학적인 용어로서 건축학적이고 지형학적인 맥락에 적용된 사례들 중의 하나에 해당한다. 따라서 "산당"은 산꼭대기 같이 높은 곳에 세워진 옥외 제의 장소를 가리킨다. 이 낱말은 토라에서 하나님께서 싫어하시는 것으로 두 번밖에 언급되지 않는다(레 26:30; 민 33:52). 이 두 본문 중에서 두 번째 것은 '바마'가 가나안 원주민들에게 있던 예배 체제의 한 특징에 해당하는 것이었음을 암시하고 있다. 사무엘은 라마에 있는 '바마'로 "올라간다"(삼상 9:13-14, 19). 그의 이러한 행동은 정당한 것으로 여겨진다. 나중에 그는 그곳에서 "내려간다"(9:25; 사울이 만난 예언자의 무리 역시 마찬가지이다[삼상 10:5]). 그러나 후대의 왕들에게는 산당을 제거하지 않은 것이 통탄할 만한 범죄 행위로 여겨진다(왕상 15:14; 22:43; 왕하 12:3; 14:4; 15:4, 35).

독자들은 솔로몬을 기브온 산당과 관련짓는 성서 전승에 대해서 거북함을 느낄 수도 있다. 특히 열왕기상 3:4을 평행 본문인 역대하 1:3과 비교할 때 그렇다:

열왕기상 3:4: "이에 왕이 제사하러 기브온으로 갔다['와옐레크,' 단수형]. 왜냐하면['키'] 거기는 산당['바마']이 컸기 때문이다."

역대하 1:3: "[솔로몬이] 온 회중과 함께 기브온 산당으로 갔다['와옐레쿠,' 복수형]. 왜냐하면['키'] 하나님의 회막 곧 야웨의 종 모세가 광야에서 지은 것이 거기 있음이라."

역대기 본문에 의하면 솔로몬만이 아니라 회중 전체가 기브온의 '바마' 예배에 참여한다. 그리고 역대기의 "왜냐하면"['키'] 문장은 열왕기상 3:3-4와는 달리 거룩한 기억에 의지하여 기브온을 성별하고자 한다("야웨의 종 모세가 광야에서 지은 것").

솔로몬이 기브온에서 꿈을 꿀 때 하나님은 그에게 백지수표를 주신다: "네게 무엇을 줄꼬? 너는 구하라"(5b절). 그는 성서 안에서 하나님께로부터 그러한 제안을 받은 유일한 인물이다. 잘 알려진 바와 같이 솔로몬은 이렇게 간구한다: "지혜로운 마음을 종에게 주사 주의 백성을 재판하여 선악을 분별하게 하옵소서"(9절; 참조. 11b절). 이에 응답하신 하나님께서는 "지혜롭고 총명한 마음"(12절)을 그에게 주신다. 이 본문은 하나님께서 솔로몬에게 지혜를 주신 것에 대해 언급하는 몇몇 본문들(참조. 3:28; 4:29-34; 5:7, 12; 10:4, 7, 8, 23-24) 중의 첫 번째 경우에 해당한다. 이후로는 이스라엘의 어느 왕도 지혜와 관련되지 않으며, 솔로몬 단락 이후로는 열왕기의 어디에서도 지혜가 언급되지 않는다(Lasine 1992: 87).

그러나 다른 단락의 경우 설명이 필요한 몇몇 구절들이 있다. 첫째로 "종은 작은 아이라: 출입할 줄을 알지 못하고"(7절)라는 솔로몬의 겸손한 말은 네 명의 잠재적인 대적들을 제거한(2:13-46) 직후에 한 것으로서, "겸손을 가장한 아첨"으로 여겨지기도 한다(Eslnger 1989: 134). 둘째로 하나님은 "자기의 원수의 생명"을 구하지 않은 솔로몬을 칭찬하신다(11절). 그렇다고 해서 그들 모두가 죽었기 때문은 아니다!

셋째로 하나님께서는 왜 솔로몬이 구하지도 않은 부와 명예(13절) 및 장수(14절)까지도 주신 것일까? 그것들은 "부탁받지 않은 선물들"인 것일까? 적어도 이들 중의 하나인 부는 솔로몬의 영적인 파멸에 어느 정도 기여하게 된다. 하나님께서 솔로몬에게 부를 주신 일은 예수께서 유다의 탐욕스런 마음을 알고서도 그를 회계로 삼으신 일과 비슷하지 않을까? 예수께서 주기도문을 가르치시기(마 6:9-13) 한참 전에, 솔로몬은 "우리를 시험에 들게 하지 마옵시고"라는 가장 불가해한 성격의 기도를 드리는 게 낫지 않았을까? 포스터(Richard Foster, *Prayer: Finding the Heart's True Home* [San Francisco: 1992]: 189)는 이 간구를 이렇게 해석한다: "주여, 제 안에 있는 어떤 것으로 인하여 당신께서 제 마음속에 있는 것을 드러내기 위해 저를 시험하시는 일이 없게 하여 주옵소서.” 그러나 확실히 그는 때때로 그런 일을 경험했음에 틀림없다.

생각지도 않게 솔로몬은 최근에 얻은 지혜를 실제 상황에 응용할 수 있는 기회를 얻게 된다(16-28절). 두 명의 창기가 창녀촌에서 동시에 아기를 낳는다. 한 아기는 죽고 다른 아기는 살아남는다. 두 어머니가 솔로몬 앞에 와서(창녀들조차도 왕에게 나아올 수 있다), 제각기 자기가 살아남은 아기의 어머니라고 주장한다. 누가 진짜 어머니인지를 알아내야 하는 과제가 솔로몬에게 주어진다.

이 이야기는 구약성서의 다른 이야기들, 곧 두 경쟁 집단이 제각기 자기 행동이 옳고 상대방의 행동은 틀리다고 주장하는 다른 이야기들과 평행을 이룬다. 몇몇 경우들을 보면, 각 개인들이 제3자에게 의존하지 않고 서로 받아들일 수 있는 해결책을 만들어낸다(아비멜렉과 이삭[창 26:26-31]; 라반과 야곱[창 31:43-54]). 때때로 제3의 중재자가 당면한 문제에 대한 해답을 주기도 한다. 열왕기상 3장의 이야기에 더하여, 독자들은 목초지를 놓고서 두 목자 집단 사이에 발생한 분쟁을 해결하기 위해 아브람이 수행하는 역할을 생각해낼 수 있을 것이다(창 13:7-12). 오늘날에도 이와 평행되는 이야기가 있다. 배심원 없이 치안 판사 앞에서 소송을 해결하는 경우가 그렇다.

첫 번째 여인(원고)은 두 번째 여인이 어떻게 자신의 아기에 손을 댔는지를 매우 잘 알고 있다고 주장한다. 그녀는 자기가 깊이 잠든 사이에 아기를 바꿔치는 일이 발생했다고 믿는다!(19-20절) 만일 그녀의 주장이 옳다면, 두 번째 여인의 지혜는 솔로몬의 지혜에 버금가는 것이라 할 수 있다. 그것이 실제로는 솔로몬의 지혜를 능가하지는 못하지만 말이다(Beuken 1989). 두 번째 여인(피고)의 주장은 매우 짧다(22a절; 히브리어 본문의 경우 여섯 개의 낱말로 이루어짐). 반면에 첫 번째 여인의 주장은 길다. 두 번째 여인의 짤막한 주장은 솔로몬이 아니라 첫 번째 여인을 겨냥하고 있다(그녀는 “죽은 것은 네 아들이라”고 말하지 “죽은 것은 그녀의 아들입니다”라고 말하지 않는다). 솔로몬은 두 여인의 상반된 주장들을 되풀이하면서, 의미심장하게도 원고의 주장을 다섯 마디 길이의 말(히브리어)로 요약한다(23a절).

사실 두 여인은 둘 중에 한 사람이 거짓말하는 자라는 사실이 입증될 경우에 받을 엄청난 비난을 기꺼이 감수하고자 한다. 피고의 경우, 만일 그녀의 말이 거짓이라면, 그녀는 유괴의 죄를 범한 셈이 된다. "도적질하지 말라"는 여덟 번째 계명은 유괴를 도적질의 한 형태로 인정하고 있음이 분명하다. 뿐만 아니라 신명기 24:7은 이렇게 말하기도 한다: "사람이 자기 형제 곧 이스라엘 자손 중 한 사람을 후려다가(유괴한 경우를 말함: 역주) 그를 부리거나 판 것이 발견되거든 그 후린 자를 죽일지니 이같이 하여 너의 중에 악을 제할지니라."

그러나 만일 원고의 말이 거짓이라면 어떻게 할 것인가? 그 경우에 그녀는 거짓 고소와 거짓 증인의 죄를 범한 것이 된다. 신명기 19:16-19는 이러한 범죄에 대해 다음과 같이 규정하고 있다: "만일 위증하는 자가 있어 아무 사람이 악을 행하였다 말함이 있으면 … 재판장은 자세히 사실하여 그 증인이 위증인이라 그 형제를 거짓으로 무함한 것이 판명되거든, 그가 그 형제에게 행하려고 꾀한 대로 그에게 행하여 너희 중에서 악을 제하라." 솔로몬이 칼을 달라고 한 것은 이상한 일이 아니다(Sternberg[1987: 169]는 이것을 "충격 요법"이라 부른다). 그 칼은 아기를 위한 것인가, 아니면 중죄를 범한 가짜 어머니를 위한 것인가? "어느 여인의 경우이든 이제 중요한 것은 누가 아기를 소유할 것이냐 하는 문제가 아니라 과연 그들이 머리를 보존할 수 있겠느냐 하는 문제이다"(Brichto 1992: 54).

원고는 아기를 기꺼이 포기하겠다는 의사를 표시함으로써("청컨대 내 주여, 산 아들을 저에게 주시고 아무쪼록 죽이지 마옵소서"[26절]), 위증죄를 범한 자로 낙인찍히고 그에 상응하는 처벌을 받을 각오를 한다. 이에 솔로몬은 그녀가 진짜 어머니임을 확신한다. 이와는 달리 피고는 유괴 행동을 인정하기보다는 아기를 죽이는 길을 선택한다("나누게 하라"[26절 마지막 부분]; 솔로몬에게가 아니라 그의 명령을 집행하는 자들에게 하는 복수 명령형임). 이에 솔로몬은 피고가 아기를 자기 품에 되찾으려고 하기보다는 상대방의 아기를 자신의 죽은 아기와 동일한 운명에 처하게 하려는 생각을 가지고 있음을 알아챘다.

확실히 이 이야기는 "인간 본성에 관한 '경건한 지혜'를 가진 한 사람이 어떻게 인간의 인식 능력의 한계를 극복할 수 있는지를 잘 보여 준다. 그는 인간의 본성적인 감정을 이용하여 거짓된 증언과 속임수를 만천하에 폭로했던 것이다"(Lasine 1989: 61). 그러나 그것이 단순히 솔로몬의 지혜에서 비롯된 것만은 아니다. 문제 해결을 가능하게 한 것은 자기를 비우고 포기하는 진짜 어머니의 모성애 감정이다. 그 어머니는 "나의 어머니, 나의 어머니, 어찌하여 저를 버리시나요?"라고 말하는 듯한 아기의 목소리를 듣는다. 그러나 종국에는 그 어머니에게가 아니라 솔로몬에게 영광이 돌아간다("이스라엘이 왕의 심리하여 판결함을 듣고 왕을 두려워하였으니"[28절]) (van Wolde 1995: 641).

4:1-34. 처음 열아홉 절은 솔로몬이 나라의 행정 흐름을 파악하고서 여러 요직에 임명한 관리들의 명단을 담고 있다. 열한 명의 고위 관리들(2-6절)과 열두 명의 지방 관리들(7-19절)이 그렇다. 이 23명 개개인이 솔로몬의 통치가 계속되는 40년 기간 동안 내내 자신의 직위를 유지했을 것 같지는 않다(Ash 1995: 73).

그 중에서도 특히 흥미로운 것은 열두 개의 새로운 행정 지역들이 각 지역의 관장들과 함께 순서대로 소개되고 있다는 점이다:

	지역	지역 관장
I.	에브라임	벤훌
II.	마가스	벤데겔
III.	아룹봇	벤헤셋
IV.	돌 높은 땅 온 지방	벤아비나답
V.	다아낙, 므깃도, 벧스안, 아벨므홀라	아힐룻의 아들 바아나
VI.	길르앗 라못과 아르곱	벤게벨
VII.	마하나임	잇도의 아들 아히나답
VIII.	납달리	아히마아스
IX.	아셀과 아롯	후새의 아들 바아나

X.	잇사갈	바루아의 아들 여호사밧
XI.	베냐민	엘라의 아들 시므이
XII.	길르앗/가드	우리의 아들 게벨

첫째로 이러한 행정 구역의 재편성은 각 지역으로 하여금 왕실 유지의 책임을 지게 하는 한편 제각기 한 달 동안 행정 비용을 부담하게 하려는 분명한 목적을 가지고 있다(7절). 이상하게도 유다는 그 열두 지역 안에 포함되어 있지 않다. 19절은 하반절에서 "유다 땅을 맡아서 관리하는 관장은 따로 있었다"(개역은 "그 땅에서는 저 한 사람만 관장이 되었더라"로 번역한다: 역주)고 말하면서도, 그 관장의 이름을 밝히지 않는다. 여기서 우리는 행정부 운영에 필요한 재정 부담이 북쪽 지파들에게만 부과되었다는 결론을 이끌어낼 수 있을 것이다.

둘째로 약간의 예외가 있기는 하지만, 이 새로운 행정 지역들은 지리적으로 볼 때 전통적인 열두 지파 체제와 일치하지 않는다. 납달리(VIII)와 잇사갈(X), 그리고 베냐민(XI)만이 여호수아 시대 이후의 체제를 유지하고 있을 뿐이다. 솔로몬의 이러한 행정 지역 개편은 50개 주의 경계선을 재편성하는 중에 새롭게 만들어진 지역들에는 주명(州名)보다는 도시명(都市名)을 부여하는 미국 대통령의 행정 조치와 닮은 데가 있다(솔로몬도 여기서 대부분 그런 조치를 취하고 있다). 이러한 재편성 작업은 전통을 폐기하고 오랜 충성 체제를 종결짓는 것이나 다름없다.

셋째로 새롭게 임명된 관장들은 뚜렷하게 친(親) 유다적인 성격을 가지고 있다. 비록 그들이 북쪽의 이스라엘 지역들을 관장하고 있기는 하지만 말이다(Halpern 1974: 529-30). 무엇보다도 관장들 중의 두 명은 솔로몬의 사위들이다: 벤–아비나답(IV[11절])과 아히마아스(VIII[15절]). 아홉 번째 지역의 관장인 후새의 아들 바아나는 다윗의 모사인 후새의 아들일 것이다(삼하 15:32-37). 여덟 번째 지역의 관장인 아히마아스는 압살롬의 반란 때에 모종의 역할을 수행했던 제사장 사독의 아들일 것이다(삼하 15:36). 다섯 번째 지역의 관장인 아힐룻의 아들 바아나는 솔로몬의 사관인 아힐룻의 아들 여호사밧(3절)의 동생인 듯하다. 일곱 번째 지역의 관장인 잇도의 아들 아히나답은 다윗 시절에 므낫세 반(半) 지파를 다스리던 잇도(대상 27:21)의 아들일 것이다. 그리고 마지막으로 네 번째 지역의 관장인 벤아비나답은 다윗이 법궤를 예루살렘으로 운반하기 전에 법궤를 자기 집에 안치한 아비나답(삼하 6:3)의 아들이지 않을까? 솔로몬의 새 행정 체제에서는 각 지파의 장로들에게서 예루살렘 왕실이 임명한 지역 관장들에게로 권력이 이동한 것으로 보인다.

마지막으로 주목할 것은 예루살렘에 머물던 솔로몬의 고위 관리들 중 많은 이들의 이름이 "야(웨)"나 "엘(로힘)"을 포함하고 있다는 점이다(아사리아, 엘리호렙, 아히야, 여호사밧, 브나야, 여호야다, 또 다른 아사리아). 지역 관장들 중에서는 오직 한 사람의 이름만이 신명(神名)을 포함하고 있을 뿐이다(바루아의 아들 여호사밧).

솔로몬의 이름은 본장의 전반부에서 두 번밖에 나오지 않지만(1, 7절), 후반부에서는 열 번이나 나온다(20-34절). 처음의 열아홉 절은 독자들에게 솔로몬이 동족에게 부과한 세금으로 살아가는 자로서 자기 과시적인 경향이 강하고 전통을 깨뜨리는 과대망상자라는 느낌을 주지만, 그 다음에 이어지는 열다섯 절은 솔로몬의 그러한 모습을 전혀 드러내지 않는다. 우리는 이러한 자료를 해석하고 평가하는 데에 "역사적인 추론을 역사편찬의 의도와 혼동하지 않도록" 주의하지 않으면 안 된다(Glatt-Gilad 1997: 701). 본문은 두 차례에 걸쳐서 솔로몬의 제국 전체에 퍼져 있는 만족스런 분위기를 잘 전달하고 있다:

(1) "유다와 이스라엘의 인구가 바닷가의 모래 같이 많게 되매 먹고 마시며 즐거워하였으며"(20절); (2) "솔로몬의 사는 동안에 유다와 이스라엘이 단에서부터 브엘세바에 이르기까지 각기 포도나무 아래와 무화과나무 아래서 안연히 살았더라"(25절). 주변 나라들은 그에게 공물을 바쳤다(21b절). 그의 지역 관리들은 지역별로 돌아가면서 매달 필요한 음식물을 그에게 바쳤다(22-23, 27-28절). 그리고 하나님께서는 계속해서 그에게 지혜를 주셨다(29-34절). 그의 제국은 유프라테스 강으로부터 이집트 국경에 이르기까지 확장되었다(21-24절).

이처럼 광대한 솔로몬 제국의 영토는 하나님께서 아브람에게 주신 약속의 성취에 해당하는 것이다: "내가 이 땅을 애굽 강에서부터 그 큰 강 유브라데까지 네 자손에게 주노니"(창 15:18). 아브라함의 후손과 솔로몬의 지혜는 바닷가의 모래처럼 굉장한 것이다(창 22:17; 왕상 4:29).

5:1-17. 솔로몬은 첫째로 주변 나라의 왕들, 특히 두로의 히람과 정치적인 동맹 관계를 유지함으로써(1-12절), 그리고 둘째로 동족으로부터 강제 노역자들을 징집함으로써(13-18절) 거대한 건축 공사에 필요한 기초를 마련한다.

첫째로 솔로몬은 이방 여인을 아내로 맞이한 적이 있다(3:1). 이제 그는 이방 교역국을 확보함으로써 수입/수출 관계를 출범시킨다. 솔로몬은 레바논으로부터 백향목과 다른 목재들을 얻는다. 히람의 신하들이 그것들을 잘라내어 뗏목으로 엮은 다음 욥바로 띄워 보내면, 솔로몬의 신하들은 그것을 풀어 육로를 통하여 예루살렘으로 운반한다(6-8, 10절). 그 대가로 솔로몬은 막대한 양의 밀과 올리브 기름을 히람에게 보낸다(11절). 이만 석의 밀과 이십 석의 기름은 125,000부셸(약 36리터 또는 약 2말: 역주)의 밀과 1백만 갤런 이상의 기름에 해당하는 것이다. 히람은 이러한 물물교역에서 점차 많은 이득을 얻은 것으로 보인다. 왜냐하면 히람이 이스라엘의 특산품(밀과 올리브 기름)을 받은 반면에, 솔로몬은 사치품(화려한 건축물을 세우는 데 필요한 매우 비싼 목재)을 받았기 때문이다. 만일 이 점이 옳다면, 7절에 있는 히람의 솔로몬 칭송("오늘날 야웨를 찬양할지로다. 저가 다윗에게 지혜로운 아들을 주사 그 많은 백성을 다스리게 하셨도다")은 사실 놀리는 말이나 다름이 없는 셈이다(Jobling 1991: 66).

여기서 우리는 건축 공사의 시작을 정당화하는 솔로몬의 논리를 주목할 필요가 있다. 솔로몬은 야웨께서 다윗에게 안식을 주지 않으신 까닭에 다윗이 성전을 건축하지 못했다고 말한다. 끊임없는 전쟁으로 인하여 다윗은 법궤를 가지고 전쟁터를 전전해야 했다. 그러나 이제 하나님께서 솔로몬에게 안식을 주셨다(3-4절; 참조. 삼하 7장). 4절(히브리어 본문은 18절) 마지막에 있는 그의 말을 주목하라: "대적['사탄']도 없고 재앙['페가 라' ; 문자적으로는 '악한/나쁜 일격을 뜻함']도 없도다."

이 둘 중의 두 번째 것('페가라')과 관련하여, 우리는 무엇보다도 '페가' 라는 명사의 어근인 '파가' 동사가 2장에서 자주 솔로몬이 "친" 대적들을 가리키는 데 사용되었음(25, 29, 31, 34, 36절)을 알고 있다. 물론 5장에는 '페가'가 하나도 없다. 왜냐하면 솔로몬이 2장에서 대적들을 "파가' 했기" 때문이다. 그리고 솔로몬이 말한 것들 중의 첫 번째 것('사탄')과 관련하여, 대적('사탄')이 하나도 없다는 솔로몬의 주장과 11:25("솔로몬의 일평생에 하닷의 끼친 환난 외에 르손이 수리아 왕이 되어 이스라엘을 대적('사탄')하고 미워하였더라")은 어떻게 일치시켜야 하는가?

솔로몬의 강제 노역자들은 "온 이스라엘에서" 징집된 자들이다(13절). 여기서 "이스라엘"은 유다 지역을 제외한 이스라엘을 가리킨다. 강제 노역을 위해 징집된 자들은 한 달 동안 왕을 위해 일하고 두 달 동안은 집에서 휴식을 취하곤 했다(14절). 그들은 채광하는 일이나 건축 공사에 동원되었으며, 솔로몬의 전차병과 기병으로 복무하기도 하였다.

솔로몬의 강제 노역 체계를 그나마 다소 부드럽게 만든 것은 징집된 사람들이 한 달 동안 일하고 두 달 동안은 쉴 수 있었다는 점이다. 히브리인들이 비돔과 라암셋에서 고생할 때(출 1:11) 압제/출애굽의 파라오가 그들에게 두 달 동안의 휴가를 주었으리라는 것은 정말 상상하기 어려운 일이다. 파라오의 노역자들과는 달리 솔로몬의 노역자들은 통치자의 포고령에 따라 주어지는 억압적인 중노동을 가볍게 해 달라고 야웨께 "부르짖지"는 않는다. 솔로몬의 노역자들이 볼 때 왕이 그들에게 지운 멍에는 쉽고 그가 그들에게 지운 짐은 가벼웠던 것으로 보인다.

6:1~7:51. 이 두 장에 있는 거의 모든 자료들은, 7:1-12를 제외한다면, 솔로몬의 성전 건축과 내장 공사에 초점을 맞추고 있다. 그 상세한 내용은 다음과 같다:

6:1-10: 성전 외부
6:11-13: 하나님께서 솔로몬에게 주시는 도전의 말씀
6:14-38: 성전 내부

7:13-53: 성전 내장 공사

열왕기상은 왜 솔로몬이 성전을 건축했는지, 또는 왜 솔로몬이 성전을 그렇게 건축했는지를 설명하지 않는다. 다윗은 솔로몬에게 주는 유언(2:2-9)에서 성전 건축에 대해서 특별하게 지시한 바가 없다. 다윗은 하나님께로부터 받은 성전 건축 양식을 솔로몬에게 전달한다(대상 28:11-19). 다윗은 하나님께서 계시하신 건축 양식을 표현하면서 하나님께서 모세에게 성막 건축의 청사진을 보여 주셨을 때 사용하신 것(출 25:9)과 똑같은 히브리어 낱말('타브니트' [대상 28:19])을 사용한다. 모세와 솔로몬은 똑같이 하나님께서 주신 양식/ '타브니트' 를 따라서 공사를 진행한다. 그리고 모세와 솔로몬은 똑같이 자기들의 건축 공사를 "마친다"('칼라' ; 출 40:33; 열왕기 본문은 솔로몬의 성전 건축 완료를 세 차례나 언급한다: 6:9, 14, 38). 6장은 솔로몬이 "건축하기를 시작하였다"(6:1)는 말과 "이 전이 다 필역되었다"(6:38)는 말로 둘러싸여 있다. 솔로몬에 대해서는 누구도 "이 사람이 역사를 시작하고 능히 이루지 못하였다"(눅 14:30)고 말할 수 없을 것이다.

솔로몬과 모세의 관련성을 한층 분명하게 밝히기 위하여 본문은 솔로몬이 재위 4년째 되던 해, 곧 모세가 이스라엘을 이집트에서 인도하여 낸 지 480년째 되던 해에 성전 건축을 시작했다고 진술한다(6:1). 하나님은 모세를 통하여 위대한 일을 행하신다. 하나님은 솔로몬을 통해서도 위대한 일을 행하신다. 모세의 해방 사역은 이스라엘로 하여금 특정 장소에서 하나님을 예배할 수 있게 만든다. 솔로몬의 건축 사역은 이스라엘로 하여금 특정 건축물에서 하나님을 예배할 수 있게 만든다. 하나님은 모세를 통하여 이스라엘에게 집을 주신다. 그리고 하나님은 솔로몬을 통하여 집을 얻으신다. 하나님은 집을 주시는 분이지만, 이제는 집을 받으시는 분이다.

모세와 솔로몬 사이에 있는 또 다른 연결점은 열왕기상 6:7과 출애굽기 20:25 및 신명기 27:5-6 사이의 관련성에서 찾아볼 수 있다. 모세와 관련된 뒤의 두 본문은 바깥에 있는 번제단을 정으로 다듬지 않은 자연석으로 만들어야 함을 강조한다. 저자는 열왕기상 6:7에서 멀리 떨어진 채석장에서 크기에 맞게 잘라낸 돌덩이들을 가져옴으로써 정작 성전 공사장에서는 철 연장

소리가 들리지 않게 했다고 언급함으로써, 모세 시대의 야외 제단과 솔로몬 시대의 성전을 대비시키고 있다. 어느 공사에서든 거룩한 곳에서는 철 연장 소리가 들려서는 안 된다. 그러나 성전의 경우에는 다른 곳에서 다듬어진 돌은 사용할 수 있다. 여기서 우리는 "오경의 법을 역사적인 상황에 적용하면서 옛 규정들을 조심스럽게 개정하여 그와 비슷한 새로운 상황에 적합한 것으로 확대시킨" 하나의 사례를 발견할 수 있다(Fishbane 1985: 159).

솔로몬 성전의 양식은 통로에 의해 서로 연결되어 있는 세 개의 방들 — 한결같이 해 뜨는 동쪽을 바라보고 있는 — 로 이루어져 있다. 이 세 방들(동쪽에서 서쪽 방향으로)에는 다음과 같은 것들이 있다:

1. '울람' : 낭실 또는 현관
2. '헤칼' : 성소 또는 성전 본당
3. '데비르' : 지성소

'울람'이라는 히브리어 낱말은 "정면"을 뜻하는 아카드어 '엘람무'와 연결될 수 있다(따라서 "낭실이나 현관"으로 번역 가능함). '헤칼'이라는 히브리어 낱말 역시 아카드어 '에칼루'에서 유래한 것이며, 궁극적으로는 수메르어 '에갈'("큰 집")로부터 유래한 것이다. '데비르'의 기원은 다소 불분명하다. 아마도 그것은 "신탁"을 의미할 것이며, "말하다"라는 뜻을 가진 동사 '다바르'와 연결되거나(Ouellette 1970), 아니면 "안쪽 방"을 뜻할 수도 있을 것이다(de Vaux 1965: 313).

솔로몬 성전은 두 가지 다른 특징들을 가지고 있기도 하다. 첫 번째 특징은 성전 입구에 홀로 서 있는 두 개의 기둥을 일컫는다(7:15-22). 그 하나는 "야긴"("그것/그가 설 것이다" 또는 "그가 세우시기를 원하노라")이라는 이름을 가지고 있고, 다른 하나는 "보아스"("힘으로써"?)라는 이름을 가지고 있다. 두 번째의 특징은 '야치아'("다락방," 6:10)에서 찾을 수 있다. 이것은 성전 정면을 제외한 사면을 둘러싸고 있는 일련의 방들이나 다락들 또는 발코니들을 가리킨다. 이 방들의 입구는 남쪽에 있다(6:8). 성전 기구들과 도구들 및 다양한 보물들은 성전 사면의 이 방들에 보관된다.

첫 번째 성전의 내부 구조와 성막의 내부 구조 사이에는 몇 가지 뚜렷한 차이들이 존재한다. 예로써 성전은 성소와 지성소를 구분하는 데 필요한 휘장을 가지고 있지 않다. 도리어 문들이 그러한 역할을 수행한다(6:31-32). 그리고 성막의 경우 그룹들이 법궤 위에 놓여 있지만, 성전의 경우에는 그룹들이 법궤로부터 떨어져 있다(6:27). 한 개의 놋대야만을 가지고 있는 성막(출 30:17-21; 레 8:11)과는 달리 솔로몬 성전의 본당은 열 개의 놋대야를 가지고 있다(7:38-39). 그 놋대야들은 바퀴 달린 열 개의 청동받침들 — 다섯 개는 성소 오른편에 있고 나머지 다섯 개는 성소 왼편에 있다 — 위에 설치되어 있다(7:27-37). 그리고 성전 본당에는 커다란 규모의 "부어 만든 바다"가 있다(7:23-26). 이것은 거대한 금속제 그릇 내지는 물탱크를 가리키는 것으로, 세 마리 단위로 사방을 바라보고 있는 열두 마리의 황소 형상 위에 올려져 있다. 그것은 반구(半球) 모양(왕상 7:26은 이 물탱크가 2천 '바트'[액체의 양을 측정하는 단위]의 물을 담을 수 있다고 말한다) 또는 원통 모양(대하 4:5은 이 물탱크가 3천 '바트'의 물을 담을 수 있다고 말한다)으로 되어 있었을 것이다(확신하기는 어렵지만, 한 '바트'는 다섯 미국 갤런[1 갤런은 3.7853리터임: 역주] 정도에 해당할 것이다).

건축이 한창 진행 중일 때에 야웨의 말씀이 솔로몬에게 임한다(6:11-13). 그것은 칭찬의 말씀이 아니라 경고의 말씀이다. 그 말씀에 의하면, 하나님의 임재를 보증하는 것은 성전 건물이 아니라 순종하는 태도이다. 반면에 불순종은 하나님을 떠나게 만든다. 하나님께서 솔로몬에게 하시는 두 번째 "만일" 문장(첫 번째 문장보다 더 강한 어조)과 다섯 개의 "만일" 문장 중 네 번째 것이 이를 반영하고 있다. 솔로몬은 이들 중 첫 번째 것은 다윗으로부터 들으며(하나님의 말씀을 인용함), 나머지 넷은 하나님께로부터 직접 듣는다:

1. "만일 네 자손이 그 길[하나님의 길과 계명]을 삼가 마음을 다하고 성품을 다하여 진실히 내 앞에서 행하면"(2:4)
2. "네가 만일 ··· 내 길로 행하며 내 법도와 명령을 지키면"(3:14)
3. "네가 만일 내 법도를 따르며 내 율례를 행하며 나의 모든 계명을 지켜 그대로 행하면"(6:12)

4. "네가 만일 … 내 앞에서 행하며 내가 네게 명한 대로 온갖 것을 순종
하여 나의 법도와 율례를 지키면"(9:4)
5. "만일 너희나 너희 자손이 아주 돌이켜 나를 좇지 아니하며 … "(9:6)

솔로몬과 그의 백성의 밝은 미래는 솔로몬 자신이 어떻게 처신하느냐에
따라 결정된다. 복이나 심판은 인간의 행동에 관계없이 하나님께서 임의로
결정하시는 것이 아니다. 한 세대 전에 하나님께서 다윗에게 주신 약속 —
왕의 집에 복을 내리고 그의 집을 "영원토록" 세우시겠다는(삼하 7:13, 16,
24, 25, 26, 29) — 이 말소되거나 취소된 것은 아니지만, 솔로몬의 통치 기간
동안에는 그것이 침묵을 지킨다.

8:1-66. 본장의 중심부(22-53절)는 솔로몬의 광범위한 성전 봉헌 기도를
담고 있다. 그러나 다른 문제들이 이 기도의 서론과 결론을 구성하고 있다.
따라서 본장은 다음과 같은 단락들로 이루어져 있다고 볼 수 있다:

1. 법궤를 성전 안의 제자리에 안치함(1-13절)
2. 백성을 위한 솔로몬의 첫 번째 축복(14-21절)
3. 봉헌 기도(22-53절)
4. 백성을 위한 솔로몬의 두 번째 축복(54-61절)
5. 희생제사와 축제로 마무리함(62-66절)

이 다섯 부분들 중의 첫 번째는 다윗이 애초에 시도했던 작업의 완료에 대
해서 묘사하고 있다. 법궤는 한 개인의 집에서 장막으로, 그리고 이제는 성
전("마지막 휴식처")으로 옮겨진다. 솔로몬의 성전 봉헌은 성막과 제사장직
을 봉헌하는 일(특히 레 8장)과 어느 정도 평행되는 요소들을 가지고 있는 것
으로 보인다. 다음과 같은 평행 요소들이 눈에 띈다:

1. 두 이야기는 똑같이 '카할'("모으다") 동사를 사용한다. 처음에는 히필
형태가 나타나고 그 다음에는 니팔 형태가 나타난다:

— "온 회중을 회막문에 모으라"('카할'의 히필 형태[레 8:3])

— "회중이 회막 문에 모인지라"('카할'의 니팔 형태[레 8:4])

— "이에 솔로몬이 … 장로와 … 족장들을 … 소집하니"('카할'의 히필 형태[왕상 8:1])

— "이스라엘 모든 사람이 … 모이고"('카할'의 니팔 형태[왕상 8:2])

2. 모세와 솔로몬이 똑같이 봉헌 후에 백성을 축복한다(레 9:23; 왕상 8:55).

3. 두 경우에 똑같이 성소를 가득 채운 하나님의 임재로 인하여 성소 안에 들어가는 일이 불가능해진다(출 40:35; 왕상 8:11).

4. 봉헌 후에는 눈에 보이는 형태로(레 9:23b-24) 또는 귀에 들리는 형태로(왕상 9:2-9) 하나님의 계시가 주어진다.

14-21절에서 솔로몬은 하나님에 관하여 말함으로써(15-16절), 그리고 이어서 하나님의 말씀을 인용함으로써(16절) 백성을 축복하기 시작한다. 그는 잠시 다윗에 관해 언급하다가(17절), 다시금 하나님의 말씀을 인용하되(18-19절), 이번에는 자신에게 관심을 끌게 하고 또 자기를 예언의 성취로 보게 하는 방식을 취한다. 솔로몬은 네 개의 1인칭 동사를 사용함으로써 자신의 축복 기도를 마무리한다: "내가 일어나서 … 내가 앉고 … 내가 건축하고 … 내가 설치하였노라"(20-21절).

앞서 말한 바와 같이 본장의 중심부에는 솔로몬의 기도가 있다(22-53절). 그런데 왕의 봉헌 기도에 대한 주석가들의 평가는 놀라울 정도로 다양하다. 예로써 클레멘츠(Clements 1985: 105)는 그것을 일컬어 "성서 전체에서 반성적인 성격이 가장 강한 기도들 중의 하나"라고 부른다. 그러나 에슬링어(Eslinger 1989)는 "엉터리 기도"요, "알랑거리는 경건"이요, "하나님을 이기기 위해 온갖 미사여구를 늘어놓은 수사학적인 진수성찬"이라 칭한다(179).

여기서는 밀러(Miller 1994: 347-50)의 견해를 따라 솔로몬의 기도를 다음과 같은 단락들로 나누고자 한다:

도입부: 22절, "솔로몬이 야웨의 단 앞에서 이스라엘의 온 회중을 마주
서서"

부름: 23a절, "이스라엘 하나님 야웨여"

찬양: 23b-24절, "주와 같은 신이 없나이다"

간구: 25-26절, "이스라엘 하나님 야웨여 … 다윗을 위하여 … 지키시옵
소서"

일련의 상황과 간구

일반적인 상황: 27절, "하나님이 참으로 땅에 거하시리이까?"

일반적인 간구: 28-30절, "종의 기도와 간구를 돌아보시며"

첫 번째 구체적인 상황: 31절, "만일 어떤 사람이 그 이웃에게 범죄함으
로 …"

첫 번째 구체적인 간구: 32절, "주는 하늘에서 들으시고"

두 번째 구체적인 상황: 33절, "만일 주의 백성 이스라엘이 … 적국 앞에
패하게 되므로"

두 번째 구체적인 간구: 34절, "주는 하늘에서 들으시고"

세 번째 구체적인 상황: 35절, "하늘이 닫히고 비가 없어서"

세 번째 구체적인 간구: 36절, "주는 하늘에서 들으시고"

네 번째 구체적인 상황: 37-38절, "이 땅에 기근이나 온역이 있거나"

네 번째 구체적인 간구: 39절, "주는 하늘에서 들으시고"

네 번째 간구의 동기: 40절, "저희가 항상 주를 경외하리이다"

다섯 번째 구체적인 상황: 41-42절, "먼 지방에서 온 이방인이라도"

다섯 번째 구체적인 간구: 43a절, "주는 하늘에서 들으시고"

다섯 번째 간구의 동기: 43b절, "땅의 만민으로 알게 하옵소서"

여섯 번째 구체적인 상황: 44절, "주의 백성이 그 적국으로 더불어 싸우
고자 하여"

여섯 번째 구체적인 간구: 45절, "주는 하늘에서 들으시고"

일곱 번째 구체적인 상황: 46-48절, "저희가 주께 범죄함으로"

일곱 번째 구체적인 간구: 49-50절, "주는 하늘에서 들으시고"

일곱 번째 간구의 동기: 51절, "저희는 주의 백성임이니이다"

　　마지막의 일반적인 간구와 상황: 52절, "원컨대 주는 눈을 들어"
　　마지막 간구의 동기: 53절, "주께서 저희를 구별하여"

　이 기도에서 눈에 띄는 몇 가지가 있다. 첫째로 솔로몬은 일어서서 하늘을 향해 손을 펼친 자세로 이 기도를 드린다(22절). 헌신과 봉헌의 자세로 손바닥을 위로 쳐든 채 드리는 기도의 다른 예들에 대해서는 출애굽기 9:29(모세); 에스라 9:5(에스라); 시편 63:4; 88:9; 141:2 등을 참조하라.

　둘째로 솔로몬은 계속해서 똑같은 어구를 반복 사용한다. 그 중에서도 가장 흔하게 쓰이는 것이 "하늘에서 들으시고"라는 표현이다: "하늘에서 들으사 사하시고"(30, 34, 36, 39, 49-50절), "하늘에서 들으시고 행하시되"(32절), "하늘에서 들으시고 이루사"(43절). 솔로몬은 이 기도 전체에서 성전이 하나님의 유일한 처소라는 개념을 거부한다. 특히 27절에서부터 그렇다. 솔로몬은 한 번도 하나님께 '데비르'("지성소")에서 들으시라고 요청하지 않는다. 도리어 그는 "하늘에서" 들으시라고 간구한다. 이 점은 특별히 중요한 의미를 갖는다. 성전이 그 전의 성막과 마찬가지로 하나님의 거주지로 여겨지고 있다는 점을 고려한다면 말이다(출 25:8; 왕상 6:13). 하나님의 내재성에 관한 개념('샤칸'이라는 동사에 의해 표현되는)은 하나님의 초월성에 관한 개념을 압도하지 못한다. 그 반대는 불가능하다. 인간의 눈으로 가까이할 수 없는 야웨의 속성은 그의 초월성을 보증한다. 그러나 시온 위에 있는 그의 영원한 거주지("주께서 영원히 거하실 처소"[8:13b])는 그의 가까이 있음을 보증한다(Terrien 1978: 196). 이로써 멀리 계신 임마누엘이라는 모순 개념이 만들어진다.

　이 기도의 세 번째 특징은, 용서가 필요한 때에 솔로몬이 반복해서 하나님께 "용서해 달라"고 청하고 있음에도 불구하고(30, 34, 36, 39, 50절), 그는 자동으로 주어지는 판에 박힌 용서 내지는 값싼 은혜와 같은 용서를 구하지는 않는다. 솔로몬의 용서 간구는 예외 없이 기도 중에 하나님을 구하거나(30, 38절) 신앙을 고백하는(33, 35절), 또는 죄로부터 돌이키거나(35절) 회개하는(47-48절) 개인과 집단을 대상으로 하고 있다. 대제사장이 자기 백성의 죄를 고백할 수도 있지만(레 16:21), 참회자들 역시 자신의 죄를 친히 고백할 수 있다. 성서 신앙은 개개인이 자기 죄를 고백할 수도 있고 대리인을 통하여 죄를 고백할 수도 있음을 인정한다. 마치 하나님이 초월적인 분이면서도 내재적인 분이신 것과 마찬가지로 말이다. 이러한 강조점으로부터 우리는 이 기도에서 솔로몬이 성전의 일차적인 기능으로 희생제사의 기능보다는 기도의 기능을 앞세우고 있음을 확인할 수 있다(Balentine 1993: 85). 사브란(Savran 1987: 157)의 적절한 표현을 빌자면, 솔로몬의 기도는 사실상 "기도에 관해 가르치는 기도"이다.

넷째로 솔로몬이 나열한 일곱 개의 구체적인 상황들과 간구들(위의 개관 참조) 중에서 처음의 네 개(31-40절)는 이스라엘 안에서 발생한 사건들을 다루고 있으며, 나머지 세 개(41-50절)는 이스라엘 밖에서 발생한 사건들을 다루고 있다(Brettler 1993: 32). 처음 네 개의 경우에 독자들은 성전 구내에서("저가 와서 이 전에 있는 주의 단 앞에서 맹세하거든"[31절]; "이 전에서 주께 빌며 간구하거든"[33절]) 또는 성전을 향한 곳에서("이곳을 향하여 빌며"[35절]; "이 전을 향하여 손을 펴고"[38절]) 하나님을 만날 수 있다.

나머지 세 개의 구체적인 상황들은 (1) 멀리서 성전을 향해 기도하러 온 "이방인"(41-43절); (2) 고국으로부터 멀리 떨어진 전쟁터에서 대적들과 싸우는 이스라엘(44-45절); (3) 적국의 땅으로 끌려간 이스라엘 백성(33-34절) 등에 초점을 맞추고 있다. (2)번 항목은 33-34절의 기도를 보충하고 있음이 분명하다. 둘 사이에 차이가 있다면, 33-34절이 국내 전선에서 적군과 싸우는 상황을 다루고 있다면, 44-45절은 고국으로부터 멀리 떨어진 곳에서 전쟁을 벌이는 이스라엘을 다루고 있다는 점이다. 그리고 하나님께로 방향을 돌이킨 포로민들에 관해 말하는 (3)번 항목은 모세가 신명기 4:29에서 말하는 것과 크게 비슷해 보이는 듯하다.

솔로몬이 예루살렘으로 오는 이방인에 관한 내용(41-43절)을 포함하고 있다는 것은 충분히 예상할 수 있는 일이다. 성전은 "단순히 국내인들을 위한 역할을 수행할 뿐만 아니라 이방인들에게 영향을 미치려는 의도를 가지고 있기도 하다"(Younger 1990: 169). 솔로몬은 또한 도움이 필요하면서도 정작 고국으로 가는 길을 찾지 못한 자들을 돕기 위하여 멀리 퍼져 있는 그들의 관심을 끌고자 한다. 솔로몬 성전은 그 자체로서 델피 신탁의 선구자 역할을 수행했다고 볼 수 있을 것이다. 좀 더 현대적인 용어를 빌려 표현하자면, 솔로몬 성전은 프랑스의 루르드(Lourdes; 프랑스 남서부에 있는 작은 마을로서, 1858년 2월 11일부터 7월 16일 사이에 성모 마리아가 이 마을의 가난한 소녀 베르나데타 앞에 18회나 발현하여 기도와 보속, 회개하라는 메시지를 전한 것이 알려진 뒤 세계적 성지가 되었다: 역주)의 선구자라고 해도 틀리지 않을 것이다.

긴 기도에 이어 매우 많은 희생제물이 하나님께 드려진다(62-63절). 솔로몬은 소규모로 어떤 일을 행하는 법이 없다. "솔로몬이 야웨의 전의 낙성식을 행하였는데"(63b절)라는 표현에서 "봉헌하다"는 뜻으로 사용된 동사는 '하낙'이다. 이 낱말은 유대인들이 지키는 하누카(Hanukkah) 명절의 이름과 어근이 같다. 시편 30편의 제목은 이 시를 "성전 낙성가"('미즈모르 쉬르 하누카트 합바이트')로 칭한다. 비록 이 시에 그러한 봉헌식의 특징을 암시하는 내용이 거의 없기는 하지만 말이다.

9:1-28. 본장은 두 개의 균일하지 않은 절반으로 나누어진다. 전반부에서 하나님은 솔로몬의 응답을 기다리지 않고 계속해서 그에게 말씀하신다(1-9절). 그리고 후반부(10-28절)는 메마른 어조로 솔로몬의 몇몇 행동들에 대해서 설명한다: (1) 솔로몬이 갈릴리 땅의 성읍 20개를 히람에게 양도함(10-14절); (2) 솔로몬이 다른 건축 사업을 위해 이방 사람들을 강제 노역에 동원하고(15-22절), 그들을 감독할 자들과 군사들은 자신의 동족으로부터 차출함(22-23절); (3) 파라오의 딸(솔로몬의 아내)이 예루살렘 밖의 거주지로 이사함(24절); (4) 제의적인 정통성을 확보하기 위한 솔로몬의 노력(25절); (5) 두로의 히람이 제공한 숙련된 선원들이 이끄는 솔로몬 선단(船團)이 에시온게벨에서 출범함(26-28절). 전반부에서는 하나님께서 말씀하신다(3-9절). 설화자는 도입부에서 하나님의 말씀을 소개하고 난 다음(1-2절), 솔로몬이 마무리한 일들을 소개한다(10-28절). 8장에서는 상당 부분 솔로몬이 계속해서 말을 하지만, 9장에는 그의 말이 한마디도 없다.

하나님께서는 자신에 관해 말씀하신 후(3절) 신속하게 솔로몬에게/에 관해서 말씀하시는 것으로 옮겨가신다(4-9절). 그의 말씀은 이제까지 그가 솔로몬에게 하신 말씀들 중에서 가장 신랄한 것이다. 그것은 "만일"과 "그렇다

면"을 강조한다:

> "네가 만일 내 앞에서 행하면 … 내가 너의 이스라엘 왕위를 영원히 견
> 고하게 할 것이다"
> "만일 너희가 아주 돌이켜 나를 좇지 아니하면 … 내가 이스라엘을 끊어
> 버릴 것이다"

하나님께서 솔로몬의 미래에 관하여 이처럼 조건부로 말씀하신다는 사실은 솔로몬이 어떤 길을 가야 할 것인지를 분명하게 밝히지 않으셨음을 의미한다. "하나님께서 인간의 긍정적인 미래의 가능성을 열어두신다는 것 — 그것이 사실상 가능하지 않을 경우에 — 은 남을 속이는 행동이 될 수도 있다 … 만일 하나님께 **두 가지** 미래가 **모두** 가능하다면, 하나님께서는 어느 쪽의 미래가 올 것인지를 미리 밝히지 않으신다"(Fretheim 1997: 9).

10–28절에 있는 솔로몬의 다양한 행동들이 하나님 앞에서 행하는 것인지, 아니면 하나님께로부터 돌이키는 행동인지(앞의 신현 장면에서, 하나님께서 그에게 주신 두 가지의 가능성을 가리킴), 아니면 둘 중 어느 것도 아닌지를 알기는 어려운 일이다. 솔로몬이 금 120달란트를 받고서(성전과 왕궁을 건축하기 위한 과도한 재정 지출로 인해 솔로몬의 왕실 재정이 고갈된 것일까?) 20개의 북쪽 지역 성읍들을 히람에게 도매금으로 넘겨주기로 결정(10–14절)한 데 대해서 북쪽 지역 신하들이 적극 환영했다고 믿기는 어렵다. 확실히 솔로몬은 갈릴리 지역 거주민들 사이에 자기들의 성읍들을 팔아넘긴 행동을 못마땅하게 생각하는 "민심 이반 효과"(Sweeney 1995: 615)가 발생하였음을 알고 있었음에 틀림없다. 솔로몬은 북쪽 지역의 성읍들을 넘겨준 반면에, 남쪽 지역에는 새로운 해군 기지를 건설함으로써(26–28절), 크게 부족한 자원들을 자기 나라로(또는 자신에게) 가져오게 하고, 또 혹시나 이집트에 맞서는 방어전을 치러야 할지도 모르는 상황에 대처하고자 했다.

에슬링어(Eslinger)가 솔로몬의 기도를 기도로 인정하는 것을 싫어한 것과 비슷하게, 할펀(Halpern)은 솔로몬을 공평정대한 행정가로 보는 것을 싫어한다. 솔로몬이 북쪽 지역의 옷을 벗겨서 남쪽 지역에 입힌다고 본 할펀은 그

의 "뻔뻔스러운 경제적 착취 행위"(1974: 525)를 비난한다. 그러나 9장 본문 자체는 노골적으로 솔로몬에 대하여 부정적인 태도를 취하지 않는다. 경고는 있지만 책망은 없다. 악의 가능성은 있지만, 실제로 행해진 악은 없다.

10:1-29. 솔로몬의 지혜가 어떠한지를 나타나는 두 개의 유명한 사례들은 똑같이 여인들과 관련되어 있다. 그 첫 번째 사례는 3:16-28에 있는 것으로서, 두 명의 창기들과 관련되어 있으며, 이곳에 있는 두 번째 사례는 스바(아마도 아라비아 남서쪽 지역의 예멘을 가리킬 것이다) 여왕의 방문과 관련되어 있다. 그녀는 "어려운 문제들로 그[솔로몬]를 시험하려고" 찾아온다. "어려운 문제들"을 뜻하는 히브리어 낱말('히도트')은 삼손이 블레셋 사람들에게 말한 "수수께끼"('히다' [단수형])와 동일한 것이다(삿 14:12). 그리고 잠언 도입부는 지혜의 목적들 중 하나가 "지혜 있는 자의 말과 그 오묘한 말['히도트']을 깨닫게"(잠 1:6) 하는 데 있다고 말한다. 이로써 솔로몬은 자신과 관련된 이야기의 서두 부분에서 두 명의 "밤의 여인들"이 내놓은 수수께끼(비록 이같은 낱말이 사용되지는 않지만)에 직면하게 되며, 자기 이야기의 결론 부분에서 스바 여왕이 내놓은 수수께끼들에 직면하게 된다.

두 나라 왕들 사이의 이러한 만남에서 여왕은 자기가 던진 질문들에 대한 답변을 얻은 것으로 보인다. 그러나 솔로몬은 매우 값진 물품들을 제공받음으로써 왕실 재정을 확충한다(2, 10절). 값싸게 자신의 지혜를 베푼 것이 아닌 셈이었다.

여왕 자신이 말하는 것이나 설화자가 그녀에 관해 말하는 것은 성서 안의 다른 인물들에 관한 내용과 평행을 이루고 있다. 예로써 그녀가 "내가 그 말들을 믿지 아니하였더니 이제 와서 목도한즉"(7절)이라고 말한 것은 도마의 말(요 20:25)과 비슷하게 들린다. 또는 설화자가 5절 하반절에서 솔로몬의 지혜를 직접 듣고 그의 수하들을 목격한 그녀가 "정신이 현황했다" 또는 "넋을 잃었다"고 말할 때, 그녀는 여리고 시절의 라합과 닮아 보인다. 라합은 이렇게 증언한 바 있다: "우리가 듣자 곧 마음이 녹았고 너희의 연고로 사람이 정신을 잃었나니"(수 2:11). 이방인인 두 여인은 자기들 목전에 있는 자들이 이제껏 자기들이 알지도 못했고 섬기지도 않았던 하나님에 의해 굉장한 복을 받았음을 알게 된다. 그 결과 그들은 말을 못할 정도의 놀라움에 사로잡힌다. (다른 나라의 여왕들을 포함하는 많은 왕들 역시 히브리 사람들의 하나님이 행동하시는 모습을 보고 "정신을 잃을" 정도의 놀라움에 사로잡힌다 — 수 5:1 참조.) 그러나 라합(과 룻)과는 달리 스바 여왕은 이스라엘의 하나님을 찬미하면서도 실제로는 그를 향한 신앙을 고백하지 않는다.

본장의 전반부가 여인들과 지혜의 문제를 다루고 있다면(1–13절), 후반부는 부와 지혜의 문제를 다루고 있다(14–29절). 후자의 경우, 금으로 만든 방패들(16–17절)과 왕의 보좌(18–20절), 값비싼 화물들을 솔로몬에게로 실어 나르는 선박들(22절), 무수히 많은 전차들과 말들(26–29절) 등이 솔로몬의 부에 포함된다. 주변 나라의 왕들이 그에게 가져온 선물들은 더 말할 것도 없다(15, 25절). 스바 여왕은 솔로몬의 지혜를 그의 부보다 먼저 언급한다("당신의 지혜와 복[번영 또는 부를 뜻함: 역주]이 나의 들은 소문에 지나도다"[7절]). 반면에 설화자는 그 순서를 바꾸어 솔로몬의 부를 먼저 언급한다("솔로몬 왕의 재산과 지혜가 천하 열왕보다 큰지라"[23절]). 뿐만 아니라 이방인인 그녀는 이스라엘의 하나님의 이름인 "야웨/주"를 두 번에 걸쳐서 사용하지만(9절), 히브리 사람 설화자는 한층 포괄적인 "하나님/엘로힘"만을 사용한다(24절).

"천하가 다 하나님께서 솔로몬의 마음에 주신 지혜를 들으며"(24a절)라는 구절은 과장된 표현임에 틀림없다. 그러나 영거(Younger)가 지적한 바와 같이, "과장법은 그 기본적인 비교 대상과 관련하여 일말의 진리가 포함되어 있을 때에야 비로소 효과를 발할 수 있다"(1987: 164). 솔로몬의 영향력은 점점 그 범위를 넓혀간다. 본문은 그 범위가 "온 이스라엘"(3:28)로부터 "천하"(10:24)로 넓혀져 갔다고 말한다. 물론 모든 성공에 항상 악의 요소가 내재되어 있는 것은 아니다. 그러나 어떠한 형태의 성공이든 교만의 경향을 그 안에 내포하고 있게 마련이다. 독자들은 한 편의 영화와 같은 솔로몬의 생애를 "성공이 어떻게 솔로몬을 망쳐놓았는가"라는 제목으로 정리할 수 있을 것이다.

11:1–43. 주석가들은 솔로몬 통치의 어두운 측면이 정확하게 성서 이야기의 어느 부분에서 처음 나타나는지에 관하여 의견의 일치를 보지 못하고

있지만, 그들은 그 그늘진 측면이 11장에서 가장 크게 우려할 만한 단계에 도달하고 있다는 데 모두 동의한다. 본장의 내용은 다음과 같이 진행된다:

1. 솔로몬의 범죄(1-8절)
2. 심판 선고(9-13절)
3. 심판의 실행(14-40절)
    a. 외부의 적들을 통한 심판 실행(14-25절)
       i. 에돔 사람 하닷(14-22절)
       ii. 다메섹 사람 르손(23-25절)
    b. 내부의 적을 통한 심판 실행(26-40절)
       i. 솔로몬의 신하 여로보암
4. 솔로몬의 통치와 생애의 마지막(41-43절)

솔로몬의 복수 결혼에 관한 설명은 11장에 가서야 비로소 나오지만, 스바 여왕이 방문할 때까지만 해도(10장) 솔로몬은 한 명의 아내를 두고 있는 것으로 나타난다. 그 한 명의 "솔로몬 여사"는 바로 이집트의 공주이다(3:1; 7:8; 9:16, 24). 7백 명의 아내들과 3백 명의 첩들을 확보하는 일은 왕이 수 년 동안에 걸쳐 추진하던 후궁 확대 정책에 기인한 것이라고 보는 것이 정확할 것이다. 그는 각종 신전과 외국인 거주지를 만들었다. 각종 신전들은 외국인들(페니키아인들)이 건축했고, 외국인 거주지들에는 이방인들이 상주했다.

솔로몬이 배우자로 선택한 집단들을 주목하라: 이집트 사람, 모압 사람, 암몬 사람, 에돔 사람, 시돈 사람, 헷 사람(1절). 이들은 한결같이 야웨께서 이스라엘 백성에게 통혼하지 말라고 가르친 민족들이다(2절). 이스라엘에게 이방인들과의 통혼을 금지하는 두 개의 토라 본문(출 34:11-16; 신 7:1-4)은 가나안 원주민들을 통혼 금지 대상으로 지정하고 있지만(기르가스 족속, 브리스 족속, 히위 족속, 여부스 족속 등), 솔로몬이 아내를 취한 지역들은 가나안 지경 밖에 있는 곳들이다. 열왕기상 11:1-2는 신명기 23:3-8에 의존하고 있는 것으로 보인다.

이 신명기 본문은 열왕기상 11:1에 언급된 다섯 민족들 중의 네 개를 차례

대로 나열하고 있다: 암몬 사람, 모압 사람, 에돔 사람, 애굽 사람. 그러나 여기서 문제되는 것은 족외혼이 아니라 이스라엘 땅 안에서 살고 있는 집단들 중의 어느 집단이 과연 야웨의 총회에 들어올 수 있느냐 하는 것이다.

솔로몬은 신명기 17:17("아내를 많이 두어서 그 마음이 미혹되게 말 것이며")을 무시함과 아울러, 모든 민족을 위한(왕만을 위한 것이 아닌) 성서의 기본 가르침, 곧 한 남자는 한 여자와 살고 한 여자는 한 남자와만 살아야 한다는 가르침을 위반한다. 아마도 솔로몬은 다른 왕(르무엘)의 어머니가 자기 아들에게 주는 교훈을 받을 필요가 있을 것이다: "네 힘을 여자들에게 쓰지 말며 왕들을 멸망시키는 일을 행치 말지어다"(잠 31:3).

그러나 늘 있는 일이지만, 한 가지의 죄는 또 다른 죄를 유발한다(간음죄를 범한 다윗이 살인자 다윗으로 변하는 것을 생각해 보라). 솔로몬은 관대하고 보편주의 정신을 가진 자여서인지, 타국 출신 아내들이 그들의 신을 섬길 예배당을 건축하도록 지시한다(7-8절). 그러나 애석하게도 그는 결국 자기 아버지가 섬기던 하나님을 예배하기보다는 아내들이 섬기던 신을 섬기게 된다(4-5절). 이방 여인들을 무분별하게 아내로 맞이한 솔로몬의 복수 결혼은 간음죄로 발전한다.

독자들은 솔로몬을 전 시대의 인물인 갈렙과 비교할 수 있을 것이다. 갈렙의 삶은 솔로몬의 삶과 정반대 쪽에 있다. 두 사람의 경우에 똑같이 "야웨를 전심으로/온전히 따르다"(문자적으로는 "야웨를 따르는 것으로 충만하다['말레']"로 번역된다)라는 표현이 나타난다:

> 민수기 14:24: "오직 내 종 갈렙은 그 마음이 그들과 달라서 나를 온전히 좇았은즉"(참조. 민 32:11-12; 신 1:36)
>
> 열왕기상 11:6: "솔로몬이 … 그 부친 다윗이 야웨를 온전히 좇음 같이 좇지 아니하고"

온전히 하나님을 좇는 삶과 부분적으로만 하나님을 좇는 삶 사이에 나타나는 결과의 차이를 주목하라. 갈렙은 온전히 하나님을 좇은 까닭에 그 자손에게 "그 땅을 차지하는" 복이 주어진다(민 14:24b). 반면에 솔로몬은 온전히 하나님을 좇는 데 실패한 까닭에, 그의 나라가 그에게서 떨어져 나갈 것이요, 오직 한 지파만이 그의 후손에게 주어질 것이다(왕상 11:11-13).

독자들은 열왕기상 11장의 저자가 가능한 한 솔로몬에게 친절과 자비를 베풀려고 노력하고 있음을 느낄 수 있다. 이 점은 4절 서두에 분명하게 나타나 있다: "솔로몬의 나이 늙을 때에." 저자는 적어도 솔로몬이 범한 죄 중의 일부를 그의 노망(老妄) 증세에 돌리고 있는 듯하다. 그런데 이는 아버지 다윗의 말년과 별로 유쾌하지 않은 평행을 이루고 있다. 아버지도 아들도 나이 많아 늙은 때에는 최상의 상태를 누리지 못한다. 다윗은 조종당하며(왕상 1:11-30), 앙심을 품은 채로 솔로몬에게 자신의 두 대적들을 제거하라고 당부한다(왕상 2:1-9). 그리고 솔로몬은 늙은 때에 야웨로부터 마음을 멀리한다.

하나님께서 솔로몬을 상대로 하여 사용하시는 심판의 세 가지 도구들은 "점층적인 삼중 반복" 양식의 특징을 보여 준다(Edelman 1995: 168). 하닷은 솔로몬의 통치 말기에 그의 대적으로 나타나고 있는 듯하다. 이와는 달리 르손은 "솔로몬의 일평생에 … 이스라엘을 대적하고 미워하였다"(25절). 그리고 마지막으로 여로보암은 "손을 들어 왕을 대적"(26b절)함으로써 한층 강한 심판의 도구가 된다. 첫 두 대적자들로 인하여 솔로몬은 즉시 그 영향을 받는다. 그러나 여로보암의 경우에는 그 결과가 다음 세대들에게 나타난다. 때때로 여러분의 죄가 지금 여러분을 발견한다. 그리고 때로는 그 죄가 여러분을 나중에 발견한다(때로는 지금 발견함과 동시에 나중에 발견하기도 한다).

하닷과 르손은 "대적"으로 불린다. 히브리어로는 '사탄'이다(14, 23절). (발람의 경우에는 야웨의 천사조차도 '사탄'/대적이 될 수 있다[민 22:22]. 그리고 몇몇 블레셋 사람들은 다윗을 자기들의 진에 머물게 할 경우 그가 자기들에게 '사탄'/대적이 될 수도 있다고 생각한다[삼상 29:4]) 하나님께서 이 대적자들을 "일으키셨다"는 표현은 사사기에서 초기 사사들을 가리킬 때 사용되기도 한다(삿 3:9, 15). 하나님은 자기 백성을 구원할 자들을 세우신다. 그러나 하나님은 자기 백성의 몸에 가시가 될 자들을 세우시기도 한다.

흥미로운 것은 여로보암에게 솔로몬 제국의 붕괴 사실을 예고한 예언자(아히야)가 북쪽 지역의 한 성읍인 실로 출신이라는 점이다(29절). 솔로몬이 북쪽 지역 백성들을 서운하게 대했다는 점(4:7-19; 9:10-14)을 염두에 둔다면, 북쪽 지역 출신 예언자가 솔로몬 왕국의 분열을 선포한 하나님의 대변인이라는 사실은 아이러니가 아닐 수 없다. 여로보암은 북쪽의 열 지파들을 거느린 왕이 될 것이다(31절). 그러나 솔로몬과 그의 자손에게는 단지 한 지파 — 유다 지파 — 만이 남게 될 것이다(32절).

저자가 솔로몬의 변절을 그의 노년기에 이루어진 일로 봄으로써 그를 본장의 전반부에서 면책시키려고 노력한 게 사실이라면, 본장의 후반부에서도 그는 똑같은 일을 시도했다고 볼 수 있을 것이다. 33절은 솔로몬이 자기 왕국의 대부분을 잃게 되는 이유를 이렇게 설명한다: "이는 저희[복수형]가 나를 버리고 시돈 사람의 여신 아스다롯 … 을 숭배하며 … 내 길로 행치 아니하며 … " 달리 말해서 저자는 솔로몬뿐만 아니라 이름을 알 수 없는 다른 많은 사람들까지도 우상숭배에 빠졌다고 봄으로써 죄의 범위를 확대시키고 있다는 얘기다.

모든 고대 역본들(예로써 70인역과 불가타역)이 전체적으로 단수형 동사를 사용하고 있다는 점을 주목하라("그[솔로몬]가 나를 버리고"). (NRSV와 NIV의 11:33 각주 참조.)

하닷과 르손은 자기들의 행동이 끝난 다음에는 사라질 뿐이다. 그러나 여로보암은 그렇지 않다. 하나님은 다윗이나 솔로몬 못지않게 여로보암을 통해서도 큰 일을 하기로 계획하고 계신다. 그에게 하나님은 이렇게 말씀하신다: "네가 만일 내가 명한 모든 일에 순종하고 … 내 율례와 명령을 지키면, 내가 너와 함께 있어 내가 다윗을 위하여 세운 것 같이 너를 위하여 견고한 집을 세우고 이스라엘을 네게 주리라"(38절). 하나님께서 여로보암에게 주시는 "만일" 진술은 그가 솔로몬에게 주시는 "만일" 진술들(3:14; 6:12; 9:4, 6)을 연상시킨다. 프레다임(Fretheim 1997: 10)은 11:38에 대해 말하면서, 우리에게 다음과 같은 사실을 상기시킨다: "본문은 하나님이 여기서 속임수를 쓰고 계시다거나 머리를 쓰고 계시다고 믿게 할 만한 이유를 전혀 제시하지 않는다. 마치 하나님께서 그러한 미래가 이루어지지 않을 것을 확실히 알고 계시면서도 어쨌든 그것을 밝히시는 것처럼 말이다. 하나님의 '만일'은 실제의 '만일'이다.

우리는 솔로몬의 아들 르호보암이 그를 계승할 것임을 알고 있다(43b절). 여기에는 우리의 흥미를 끄는 것 두 가지가 있다. 첫째로 솔로몬이 1천 명이나 되는 아내들을 데리고 있음에도 불구하고, 우리에게는 오로지 한 아들의 이름 — 르호보암 — 만이 알려져 있다. 이름이 알려진 두 딸은 4:11과 14:15에서 언급된다. 이와는 달리 다윗은 훨씬 적은 수의 아내들을 데리고 있었지만, 이름이 알려진 아들들이 훨씬 많이 언급된다. 둘째로 만일 솔로몬이 40년 동안 나라를 다스렸고(11:42) 그의 아들 르호보암이 40세 때에 통치를 시작했다면(14:21), 이것은 르호보암이 아버지의 통치가 시작되기 1년 전에 태어났음을 뜻한다. 그런데도 아버지의 40년 통치 기간 동안 이 아들에 관한 언급은 하나도 없다. 우리는 모세가 게르솜과 그의 할례를 소홀히 여겼음을 알고 있다(출 4:24-26이 그의 할례에 관한 본문이라면). 솔로몬이 적어도 본문에 기록된 자료들에서 르호보암에 관해 무관심했던 것은 대체 어떠한 의미를 가질까?

역대하 1~9장에 묘사된 솔로몬

다윗의 통치에 관해 설명하는 사무엘하의 내용들 중에는 솔로몬에 관해 설명하는 짤막한 본문이 하나 있다(삼하 12:24-25). 솔로몬은 열왕기상 1장에 가서야 비로소 표면에 드러난다. 이와는 달리 다윗과 솔로몬에 관한 역대기의 서술에서는 솔로몬이 역대상의 마지막 세 장에서 전략적으로 중요한 위치를 차지한다(22, 28, 29장). 그럼에도 불구하고 역대상 마지막 장에 기록된 다윗의 죽음이 있고 나서야 비로소 그의 아들 솔로몬은 그를 계승할 자로 나타난다. 솔로몬의 통치는 역대하의 첫 아홉 장에 묘사되어 있다.

열왕기상 1~11장에 기록되어 있는 솔로몬의 생애와 역대하 1~9장에 기록된 솔로몬의 생애를 비교해 보면, 무엇보다도 먼저 후자의 경우에 추가된 내용들보다는 생략된 내용들이 더 눈에 띄는 것을 알 수 있다. 두 본문을 비교해 보면 다음과 같다.

열왕기상 1~11장	역대하 1~9장
1~2장	X
3:3-15	1:1-13
[10:26-29]	1:14-17
3:16~4:34	X
5~8장	2:1~7:11
[7:1-12]	X
9:1-9	7:12-22
9:10-28	8:1-18
10:1-13	9:1-12
10:14-28a	9:13-28
11:1-40	X
11:41-43	9:29-31

오른쪽 난에 있는 네 개의 "X" 표시는 열왕기상에 기록된 솔로몬의 생애 중에서 역대하에는 없는 것을 가리킨다: (1) 솔로몬이 우여곡절 끝에 왕위를 계승한 후 아도니야와 그를 지지하는 세력을 제거함(왕상 1~2장); (2) 솔로몬의 세속적인 지혜와 행정(왕상 3:16~4:34); (3) 왕궁 건축(왕상 7:1-12); (4) 복수 결혼, 변절, 솔로몬을 대적/반역한 세 사람(하닷, 르손, 여로보암; 왕상 11:1-40).

솔로몬의 아버지 다윗의 경우와는 달리 역대기는 솔로몬에 관한 모든 "나쁜" 자료들(왕상 1~2장; 11:1-40)을 생략한다. 반면에 역대기는 다윗의 두 가지 범죄 행위들(밧세바/우리아 사건과 인구조사) 중 첫 번째 것만을 생략하고, 두 번째 것은 그대로 남겨둔다(삼하 24장 = 대상 21장). 그 까닭은 인구조사가 다윗의 성전 건축(역대기의 주요 관심사요 흥밋거리인) 부지 — 어느 날엔가 다윗계의 아들이 성전을 건축할 — 매입과 서로 관련되기 때문일 것이다. 그렇다고 해서 역대기가 솔로몬의 잘못을 모두 제거해 버린 것은 아니다. 역대기는 "나쁜" 자료들을 제거할 뿐만 아니라, 일부 "좋은" 자료들까지도 제거한다(3:16~4:24; 7:1-12).

역대기는 오로지 성전 건축과 관련된 범위 안에서만 솔로몬과 그의 지혜에 관심을 기울인다. 그 결과 열왕기상이 솔로몬에 관한 열한 개의 장들 중에서 네 개의 장(왕상 5~8장)을 성전 건축에 할애하는 반면에, 역대기는 아홉 개의 장들 중에서 일곱 개의 장(대하 2~8장)을 성전 건축에 할애한다. 역대기가 일부 내용을 제거하거나 생략한 것은 "솔로몬의 통치 중에서 항구적으로 중요한 의미를 갖는 것으로 여겨지는 것들, 곧 성전 건축을 통한 다윗 계약의 성취와 다윗 왕조의 확립에 초점을 맞추기 위해서이다. 따라서 다른 자료들 — 솔로몬을 긍정적으로 다루는 자료들을 포함하는 — 은 저자의 의도와는 무관한 것들로 생략의 대상이 될 수밖에 없다"(Kelly 1996: 90).

두 본문 사이에는 이 외의 다른 차이점들도 존재한다. 예로써 열왕기상은 솔로몬이 파라오의 딸과 결혼한 것을 다섯 번이나 언급하지만(3:1; 7:8; 9:16, 24; 11:1), 역대하는 그에 대해서 단지 한 번만 언급할 뿐이다(8:11[이에 대해서는 Cohen 1984–1985 참조]). 그리고 이 한 번의 유일한 언급은 솔로몬 이야기의 서두 부분(왕상 3:1)에서 거의 마지막 부분으로 옮겨간다.

또한 두 가지의 경우에 역대기는 열왕기에 묘사된 솔로몬의 어떤 행동을 좀 더 긍정적인 시각에서 서술하거나 그의 잘못된 제의 행동을 좀 더 부드럽게 서술한다. 우리는 앞서 열왕기상 3:4에 대한 설명에서, 역대하 1:3이 솔로몬의 기브온 산당 제사에 대해 언급하되, 단수형 동사(솔로몬 혼자서 드리는 부적절한 제의) 대신에 복수형 동사(솔로몬 혼자가 아니라 온 백성이 함께 산당 제사에 참여함)를 사용하고 있다는 사실을 지적한 바 있다.

이러한 변화의 또 다른 사례는 성전 봉헌 기도에 이은 솔로몬의 장막절 준수에 대한 설명에서 발견된다(왕상 8:65–66 = 대하 7:8–10):

> 열왕기상 8:65–66: "때에 솔로몬이 칠일 칠일 합 십사 일을 … 절기로 지켰는데 … 제팔일에 솔로몬이 백성을 돌려보내매." (히브리어 본문은 이렇게 되어 있지만, 70인역은 이렇게 번역하고 있다: "때에 솔로몬이 칠일 동안 … 절기로 지켰는데 … 제팔일에 솔로몬이 백성을 돌려보내매")
>
> 역대하 7:8–10: "그때에 솔로몬이 칠일 동안 절기를 지켰는데 … 제팔일

에 무리가 한 성회를 여느니라 … 칠월 이십 삼일에 왕이 백성을 그 장막으로 돌려보내매.”

둘 사이의 차이는 분명하다. 열왕기 본문에 의하면, 솔로몬은 절기 참여자들을 여덟째 날에 집으로 돌려보낸다. 이와는 달리 역대기는 솔로몬이 장막절에 관한 토라의 가르침(레 23:36, 39; 민 29:35)에 따라 여덟 번째 날을 절기로 지켰다고 말한다(신 16:15이 칠일 절기에 관해 언급하고 있기는 하지만). 그는 이튿날 사람들을 집으로 돌려보낸다. 이로써 역대기는 솔로몬을 제의 규정을 올바로 알고 있는 인물로 그린다.

역대기가 솔로몬을 제2의 다윗으로 해석하고 있음은 분명하다(Braun 1973: 507-8). 다윗과 마찬가지로 솔로몬은 하나님께서 왕으로 선택하신 자이다. ‘바하르’ 라는 동사 어근(“선택하다”)은 역대기에서 다윗(대상 28:4)과 레위 지파(대상 15:2), 이스라엘(대상 16:13), 성전 터(대하 7:12, 16; 12:13; 33:7[예루살렘 자체와 함께]) 등과 관련되어 사용된다. 그런데 구약성서에서 이 동사가 사용되는 유일한 왕은 다윗을 제외하면 솔로몬밖에 없다: “네 아들 솔로몬 그가 내 전을 건축하고 내 여러 뜰을 만들리니, 이는 내가 저를 택하여 내 아들을 삼고 나는 그 아비가 될 것임이라”(대상 28:6; 참조. 29:1). 하나님의 이러한 솔로몬 선택은 왜 역대상 29:24이 “다윗 왕의 여러 아들이 솔로몬 왕에게 복종하니”라고 말할 수 있는지를 설명해 줄 것이다(아도니야는 포함되는가, 그렇지 않은가?). 하나님의 선택이 이러할진대, 우리가 그것을 어찌 반대할 수 있겠는가?

독자들은 솔로몬이 또 다른 다윗을 뜻한다고 볼 수 있을 뿐만 아니라, 그를 또 다른 여호수아로 볼 수도 있을 것이다(Williamson 1976). 모세는 범죄로 인하여 가나안 땅으로 백성을 인도하지 못하게 되고(민 20:1-12; 신 1:37-38; 31:2), 여호수아가 모세의 미완성 사역을 마무리한다. 다윗은 너무도 많은 피를 흘린데다가 너무도 많은 전쟁을 벌인 탓에 성전 건축을 거부당한다(대상 22:8; 28:2-3). 결국은 솔로몬이 다윗의 미완성 사역을 마무리한다. 여호수아와 솔로몬에 관해 묘사하는 본문들은 하나님이 그들을 “높이셨음”을 똑같이 두 번씩 언급한다(‘가달’ 동사를 사용함; 수 3:7; 4:14; 대상

29:25; 대하 1:1). 두 사람은 똑같이 자신의 지도력으로 이스라엘 백성으로 하여금 "안식"('누아흐' / '샤캇')을 누리게 한다(수 11:23; 21:44; 대상 22:9, 솔로몬을 "안식의 사람"['이쉬 메누하']으로 칭함). 그리고 마지막으로 모세가 여호수아에게 주는 권면과 격려의 말들 중 일부는 다윗이 솔로몬에게 주는 말과 놀랍도록 유사하다. 이를테면 "너는 마음을 강하게 하고 담대히 하라. 그들을 두려워 말라"는 말이 그렇다(신 31:6과 대상 22:13 비교).

그리고 딜라드(Dillard 1980-1981: 296-98)가 지적한 바와 같이, 역대기의 솔로몬과 광야의 성막 건축 기술자인 브살렐 사이에도 약간의 평행 요소들이 존재한다. 두 사람은 똑같이 유다 지파 출신이다. 두 사람은 똑같이 건축 활동에 필요한 지혜를 공급받는다(출 31:2-5; 35:30-33; 대하 1:7-13). 구약 성서의 출애굽기 밖에서 브살렐이 유일하게 언급되는 경우는 역대기 본문에서 발견된다(대상 2:20; 대하 1:5). 뿐만 아니라 브살렐의 조수인 오홀리압은 단 지파 출신이고(출 31:6; 35:34; 38:23), 솔로몬의 조수인 후람-아비(Huram-abi) 역시 단 지파의 어머니에게서 태어난 아들이다(대하 2:14; 개역은 "전에 내 부친 후람에게 속하였던 자"로 번역함: 역주). (열왕기에서 후람-아비의 이름은 히람으로 나타나며[동일한 이름을 가진 페르시아 왕과 혼동해서는 안 됨], 그의 어머니는 납달리 지파 출신이다[왕상 7:13-14]). 모세/여호수아와 브살렐/오홀리압, 솔로몬/후람-아비 등의 경우, 한 사람은 심었고 다른 한 사람은 물을 준 자이다. 그러나 이 모든 경우들에서 성공과 번영을 가능하게 하시는 분은 하나님이시다(고전 3:6). 또는 다른 유비를 사용하자면, 숙련된 건축가가 기초를 놓았고, 다른 누군가가 그 위에 건축을 한 셈이다(고전 3:10).

열왕기상 1~11장 참고문헌

Commentaries and Major Studies

Brueggemann, W. 1982. *1 Kings*. Knox Preaching Guides. Atlanta: John Knox.

———. 2000. *1 and 2 Kings*. Smyth and Helwys Bible Commentary. Macon, GA: Smyth & Helwys.

Burney, C. F. 1903. *Notes on the Hebrew Text of the Book of Kings*. Oxford: Clarendon.

De Vries, S. 1985. *1 Kings*. Word Biblical Commentary 12. Waco, Tex.: Word.

Fretheim, T. E. 1999. *First and Second Kings*. Westminster Bible Companion. Louisville: Westminster John Knox.

Gray, J. 1970. *I and II Kings: A Commentary*. Old Testament Library. Philadelphia: Westminster.

Jensen, I. L. 1968. *1 Kings and 1 Chronicles: A Self-Study Guide*. Chicago: Moody, 1984.

Long, B. O. 1984. *1 Kings: With an Introduction to Historical Literature*. Forms of Old Testament Literature 9. Grand Rapids: Eerdmans.

McKenzie, S. L. 1991. *The Trouble with Kings: The Composition of the Book of Kings in the Deuteronomic History*. VTSup 42. Leiden: E. J. Brill.

Montgomery, J. A. 1951. *A Critical and Exegetical Commentary on the Books of Kings*. Ed. H. S. Geheman. International Critical Commentary. New York: Scribner.

Nelson, R. 1987. *First and Second Kings*. Interpretation. Atlanta: John Knox.

Rice, G. 1991. *Nations under God: A Commentary on the Book of 1 Kings*. International Theological Commentary. Grand Rapids: Eerdmans.

Skinner, J. 1904. *I and II Kings*. Century Bible. Edinburgh: T. C. and E. C. Jack.

Walsh, J. 1996. *1 Kings*. Berit Olam. Collegeville, Minn.: Liturgical Press.

Shorter Studies

Alter, R. 1981. *The Art of Biblical Narrative*. New York: Basic Books.

Ash, P. S. 1995. "Solomon's? District? List [1 Kgs. 4:7–19]." *JSOT* 67:67–86.

Balentine, S. E. 1993. *Prayer in the Hebrew Bible: The Drama of Divine-Human Dialogue*. Minneapolis: Fortress. Pp. 80–88.

Beuken, W. 1989. "No Wise King without a Wise Woman (1 Kings III 16–28)." In *New Avenues in the Study of the Old Testament*. Ed. A. S. van der Woude. OSt 25. Leiden: E. J. Brill. Pp. 1–10.

Braun, R. L. 1973. "Solomonic Apologetic in Chronicles." *JBL* 92:503–16.

———. 1976. "Solomon, the Chosen Temple Builder: The Significance of 1 Chronicles 22, 28, and 29 for the Theology of Chronicles." *JBL* 95:581–90.

Brettler, M. 1991. "The Structure of 1 Kings 1–11." *JSOT* 49:87–97.

———. 1993. "Interpretation and Prayer: Notes on the Composition of 1 Kings 8:15–53." In *Minḥah le-Naḥum: Biblical and Other Studies Presented to Nahum H. Sarna in Honour of His Seventieth Birthday*. JSOT Supplement 154. Ed. M. Fishbane and M. Brettler. Sheffield: JSOT Press. Pp. 17–35.

Brichto, H. C. 1992. *Toward a Grammar of Biblical Poetics: Tales of the Prophets*. New York: Oxford University Press.

Bright, J. 1981. *A History of Israel*. 3rd ed. Philadelphia: Westminster. Pp. 211–28.

Brueggemann, W. 1990. "The Social Significance of Solomon as a Patron of Wisdom." In *The Sage in Israel and the Ancient Near East*. Ed. J. G. Gammie and L. G. Perdue. Winona Lake, Ind.: Eisenbrauns. Pp. 117–32.

Clements, R. E. 1985. *In Spirit and in Truth: Insights from Biblical Prayers*. Atlanta: John Knox. Pp. 103–12.

Cohen, S. J. D. 1984–1985. "Solomon and the Daughter of Pharaoh: Intermarriage, Conversion, and the Impurity of Women." *JANES* 16–17:23–37.

Deurloo, K. A. 1989. "The King's Wisdom in Judgment: Narration as Example." In *New Avenues in the Study of the Old Testament*. Ed. A. S. van der Woude. OSt 25. Leiden: E. J. Brill. Pp. 11–21.

de Vaux, R. 1965. *Ancient Israel: Its Life and Institutions*. Vol. 2, *Religious Institutions*. Trans. J. McHugh. New York: McGraw-Hill. Pp. 312–30.

Dillard, R. B. 1980–1981. "The Chronicler's Solomon." *WTJ* 43:289–300.

———. 1984. "The Literary Structure of the Chronicler's Solomon Narrative." *JSOT* 30:85–93.

Edelman, D. V. 1995. "Solomon's Adversaries Hadad, Rezon and Jeroboam: A Trio of 'Bad Guy' Characters Illustrating the Theology of Immediate Retribution." In *The Pitcher Is Broken: Memorial Essays for Gösta W. Ahlström*. JSOT Supplement 190. Ed. S. W. Holloway and L. K. Handy. Sheffield: Sheffield Academic Press. Pp. 166–91.

Eslinger, L. 1989. *Into the Hands of the Living God*. JSOT Supplement 84; Bible and Literature Series 24. Sheffield: Almond. Pp. 123–81.

Fishbane, M. 1985. *Biblical Interpretation in Ancient Israel*. Oxford: Clarendon.

Fokkelman, J. P. 1981. *Narrative Art and Poetry in the Books of Samuel*. Vol. 1, *King David (2 Sam. 9–20 and 1 Kings 1–2)*. Assen: Van Gorcum. Pp. 345–410.

Fretheim, T. E. 1997. "Divine Dependence upon the Human: An Old Testament Perspective." *Ex Auditu* 13:1–13.

Frisch, A. 1991. "Structure and Its Significance: The Narrative of Solomon's Reign (1 Kings 1:12–24)." *JSOT* 51:3–14.

Garsiel, M. 1991. "Puns upon Names as a Literary Device in 1 Kings 1–2." *Bib* 72:379–86.

Glatt-Gilad, D. A. 1997. "The Deuteronomistic Critique of Solomon: A Response to Marvin A. Sweeney." *JBL* 116:700–703.

Halpern, B. 1988. "Sectionalism and Schism." *JBL* 93:519–32.

———. 1988. *The First Historians: The Hebrew Bible and History*. San Francisco: Harper and Row. Pp. 144–180.

Hanson, P. D. 1986. *The People Called: The Growth of Community in the Bible*. San Francisco: Harper & Row. Pp. 104–27.

Heaton, E. W. 1974. *Solomon's New Men: The Emergence of Israel as a National State*. New York: Pica.

Hurowitz, V. 1992. *I Have Built You an Exalted House: Temple Building in the Bible in Light of Mesopotamian and Northwest Semitic Writing*. JSOT Supplement 115. Sheffield: JSOT Press.

Ishida, T. "Adonijah, the Son of Haggith and His Supporters: An Inquiry into Problems of History and Historiography in 1 Kings 1–2." In *The Future of Biblical Studies: The Hebrew Scriptures*. Ed. R. E. Friedman and H. G. M. Williamson. Semeia Studies. Atlanta: Scholars Press. Pp. 165–87.

Jobling, D. 1991. "'Forced Labor': Solomon's Golden Age and the Question of Literary Representation." *Semeia* 54:57–76.

Kelly, B. E. 1996. *Retribution and Eschatology in Chronicles*. JSOT Supplement 211. Sheffield: Sheffield Academic Press. Pp. 87–95.

Knoppers, G. N. 1993. *Two Nations under God: The Deuteronomistic History of Solomon and the Dual Monarchies*. Vol. 1, *The Reign of Solomon and the Rise of Jeroboam*. HSM 52. Atlanta: Scholars Press.

———. 1994. "Sex, Religion, and Politics: The Deuteronomist on Intermarriage." *HAR* 14:121–41.

———. 1995. "Prayer and Propaganda: Solomon's Dedication of the Temple and the Deuteronomist's Program." *CBQ* 57:229–54.

Koopmans, W. T. 1991. "The Testament of David in 1 Kings ii 1–10." *VT* 41:429–49.

Lasine, S. 1989. "The Riddle of Solomon's Judgment and the Riddle of Human Nature in the Hebrew Bible." *JSOT* 45:61–86.

Levenson, J. D. 1981. "From Temple to Synagogue: 1 Kings 8." In *Traditions in Transformation: Turning Points in Biblical Faith*. Ed. B. Halpern and J. D. Levenson. Winona Lake, Ind.: Eisenbrauns. Pp. 143–66.

Liver, J. 1967. "The Book of the Acts of Solomon." *Bib* 48:75–101.

Long, B. O. 1981. "A Darkness between Brothers: Solomon and Adonijah." *JSOT* 19:79–94.

McConville, J. G. 1992. "Kings viii 46–53 and the Deuteronomic Hope." *VT* 42:67–79.

Millard, A. R. 1991. "Texts and Archaeology: Weighing the Evidence. The Case for King Solomon." *PEQ* 123:19–27.

———. "Solomon: Text and Archaeology." *PEQ* 123:117–18.

Miller, J. M. 1991. "Solomon: International Potentate or Local King?" *PEQ* 123:28–31.

Miller, P. D. 1994. *They Cried to the Lord: The Form and Theology of Biblical Prayer*. Minneapolis: Fortress.

Myers, C. L. 1983. "Jachin and Boaz in Religious and Political Perspective." *CBQ* 45:167–78.

————. 1983. "The Israelite Empire: In Defense of King Solomon." In *The Bible and Its Traditions*. Ed. M. P. O'Connor and D. N. Freedman. Ann Arbor: University of Michigan Press. Pp. 421–28. (= *Michigan Quarterly Review* 22, no. 3).

Nelson, R. D. 1998. *The Historical Books*. Interpreting Biblical Texts. Nashville: Abingdon. Pp. 129–48.

Nicol, G. C. 1993. "The Death of Joab and the Accession of Solomon: Some Observations on the Narrative of 1 Kings 1–2." *SJOT* 7:134–51.

Ouellette, J. 1970. "The Solomonic *DeBîr* According to the Hebrew Text of 1 Kings 6." *JBL* 89:338–43.

Parker, K. I. 1988. "Repetition as a Structuring Device in 1 Kings 1–11." *JSOT* 42:19–27.

————. 1992. "Solomon as Philosopher King? The Nexus of Law and Wisdom in 1 Kings 1–11." *JSOT* 53:75–91.

Porten, B. 1967. "The Structure and Theme of the Solomonic Narrative." *HUCA* 38:93–128.

Riley, W. 1993. *King and Cultus in Chronicles and the Reinterpretation of History*. JSOT Supplement 160. Sheffield: Sheffield Academic Press.

Rogers, J. S. 1988. "Narrative Stock and Deuteronomic Elaboration in 1 Kings 2." *CBQ* 50:398–413.

Savran, G. 1987. "1 and 2 Kings." In *The Literary Guide to the Bible*. Ed. R. Alter and F. Kermode. Cambridge, Mass.: Belknap. Pp. 146–64.

Sternberg, M. 1987. *The Poetics of Biblical Narrative*. Bloomington: Indiana University Press.

Sweeney, M. A. 1995. "The Critique of Solomon in the Josianic Edition of the Deuteronomistic History." *JBL* 114:607–22.

Terrien, S. 1978. *The Elusive Presence: Toward a New Biblical Theology*. San Francisco: Harper and Row. Pp. 186–213.

Tomes, R. 1996. "'Our Holy and Beautiful House': When and Why Was 1 Kings 6–8 Written?" *JSOT* 70:33–50.

van Wolde, E. 1995. "Who Guides Whom? Embeddedness and Perspective in Biblical Hebrew and in 1 Kings 3:16–28." *JBL* 114:623–42.

Walsh, J. T. 1993. "Symmetry and the Sin of Solomon." *Shofar* 12:11–27.

————. 1995. "The Characterization of Solomon in First Kings 1–5." *CBQ* 57:471–93.

Williamson, H. G. M. 1976. "The Accession of Solomon in the Book of Chronicles." *VT* 26:351–61.

Younger, K. L., Jr. 1990. "The Figurative Aspect and the Contextual Method in the Evalution of the Solomonic Empire (1 Kings 1–11)." In *The Bible in Three Dimensions*. Ed. D. J. A. Clines, S. E. Fowl, and S. E. Porter. Sheffield: JSOT Press. Pp. 157–75.

열왕기상 12장~열왕기하 25장

솔로몬의 죽음 이후에 이어지는 열왕기상의 나머지 부분은 열왕기하 마지막 부분에 이르기까지 이스라엘과 유다 두 왕국의 역사를 다루고 있다. 북왕국(앞으로는 "이스라엘"로 칭하기로 함)은 2백여 년의 기간 동안(주전 930-722년) 19명의 왕들이 나라를 다스린다. 남왕국("유다")은 350여 년의 기간 동안(주전 930-587/86년) 20명의 왕들이 나라를 다스린다.

이스라엘 왕들의 가문과 그들에 상응하는 유다 왕들의 가문 사이에는 몇 가지 차이점이 존재한다. (1) 이스라엘 왕들은 어느 누구도 다윗의 후손이 아니다. 그러나 유다의 모든 왕들은 다윗을 조상으로 두고 있다. 따라서 북쪽의 비다윗 가문과 남쪽의 다윗 가문이 대비를 이루고 있는 셈이다. (2) 다윗 왕조가 단절되지 않고 계속되는 유다의 왕들과는 달리, 이스라엘 왕들의 가문은 두 세대로부터 좀 더 많은 세대에 이르기까지 지속되는 일련의 작은 왕조들로 이루어져 있다. (3) 이스라엘의 모든 왕들은 백성들을 하나님께로 돌이키는 대신에 하나님께로부터 멀어지게 한다는 점에서 하나님께 버림받은 자들이다. 유다 왕들의 대부분도 마찬가지로 백성들을 경건한 삶으로 이끄는 데 실패하지만, 네 명의 왕들은 중요한 예외에 속한다: (a) 아사(주전 10세기 말, 9세기 초); (b) 여호사밧(주전 9세기 중반 초엽); (c) 히스기야(주전 8세기 말, 9세기); (d) 요시야(주전 7세기 후반부).

한 가지 정말 곤란한 문제는 열왕기상 12장~열왕기하 25장의 연대 표시를 어떻게 이해할 것이냐 하는 것이다. "이스라엘 왕 아무개 제 X년에 아무개가 유다 왕이 되어 Y년을 다스리니라"는 표현이 그렇다. 이러한 정보를 우리는 동시연대법이라 부른다. 유다 왕의 통치 시작을 이스라엘 왕의 특정 통치 연대와 병렬시키거나, 그 반대로 이스라엘 왕의 통치 시작을 유다 왕의 특정 통치 연대와 병렬시키고 있기 때문이다. 이 동시연대법은 이스라엘 왕국과 유다 왕국의 역사와 운명을 하나로 묶는 효과를 갖는다. 비록 솔로몬이 죽은 후에 두 왕국이 공식적으로 나누어지긴 했지만 말이다.

연대 표시의 두 번째 특징은 모든 왕의 통치 연한이 소개되어 있다는 점이다("아무개 왕이 X년/개월을 다스리니라"). 유일한 예외는 38명의 왕들 중에서 유다의 여왕으로 나라를 다스린 아달랴의 경우이다(왕하 11:1-17). 이 두 번째 특징에서 한 가지 문제점이 발생한다. 동시연대법에 언급된 햇수가 때때로 본문에 주어진 통치 연한과 항상 일치하지는 않는다는 점이 그렇다.

연대 표시의 세 번째 특징은 열왕기의 사건들이 성서 밖에 있는 이방 나라 왕들과 관련되어 있다는 점이다. 열왕기의 연대 표시는 이스라엘이나 유다 왕의 통치 연대를 가리킬 수도 있고("시드기야 9년 10월 10일에 바벨론 왕 느부갓네살이 그 모든 군대를 거느리고 예루살렘을 치러 올라와서"[왕하 25:1]), 이방 나라 왕의 통치 연대를 가리킬 수도 있다("바벨론 왕 느부갓네살의 19년 5월 7일에 바벨론 왕의 신하 시위대 장관 느부사라단이 예루살렘에 이르러"[왕하 25:8]).

이러한 연대 표시는 이스라엘과 유다의 역사나 운명이 서로 맞물려 있을 뿐만 아니라, 두 왕국의 역사나 운명이 불가피하게 주변 나라들의 영향을 받게 되어 있음을 암시한다.

역사가들은 많은 왕들의 연대에 대하여 서로 다른 의견을 가지고 있다. 이는 순전히 그들이 연대 자료를 서로 다르게 해석하기 때문에 생겨난다. 이스라엘과 유다의 역사 시기에 따라 연대 계산에 사용되는 체계가 서로 달라서일까? 과연 그런가, 아니면 그렇지 않은가?

두 왕이 한 나라를 동시에 다스릴 때에는 두 왕의 섭정 기간이 포함되어 있는 것일까? 과연 그런가, 아니면 그렇지 않은가? 통치 연한이 대략적인 것이어서 그 총계가 정확하지 않은 것일까? 과연 그런가, 아니면 그렇지 않은가? 이상의 질문들에 대한 답을 얻기 위하여, 각 항목의 설명에 들어가기에 앞서 네 명의 성서 역사가들(Bright, Galil, Hayes/Hooker, Thiele)이 계산한 통치 연한을 인용하고자 한다.

열왕기상 12:1~16:20: 르호보암, 여로보암

열왕기상의 이 단락 대부분은 솔로몬의 아들이요 계승자인 유다 왕 르호보암과 북왕국 이스라엘의 첫 번째 왕인 여로보암 1세에 초점을 맞추고 있다:

1. 르호보암은 그릇된 사람들의 말에 귀를 기울이게 되고, 그 결과 이스라엘이 유다로부터 떨어져 나간다(12:1-24).
2. 단과 벧엘에 금송아지를 세운 여로보암의 죄(12:25-33).
3. 유다에서 온 "하나님의 사람"이 벧엘에 거주하는 "늙은 예언자"에게 속임 당함(13:1-32).
4. 여로보암이 계속해서 죄를 범함(13:33-34).

이스라엘의 왕들	통치연한	Bright	Galil	Hayes/Hooker	Thiele
여로보암 1세	22년	922-901	931-909	927-906	930-909
나답	2년	909-900	909-908	905-904	909-908
바아사	24년	900-877	908-885	903-882	908-886
엘라	2년	877-876	885-884	881-880	886-885
시므리	7일	876	884	880	885

유다의 왕들					
르호보암	17년	922-915	931/30-914	926-910	930-913
아비야/얌	3년	915-913	914-911	909-907	913-910
아사	41년	913-873	911-870	906-878	910-869

   5. 여로보암의 아들이 죽을 것이라고 말하는 아히야의 예언과 그 성취 (14:1-18).

   6. 여로보암이 죽고 통치권이 그의 아들 나답에게 계승됨(14:19-20).

   7. 르호보암 통치 개관(14:21-31), 아비야(15:1-8), 아사(15:9-24).

   8. 여로보암 1세 이후의 통치자들(15:25~16:20).

통일 왕국이 두 개의 왕국으로 분열되었음을 강조하는 이 단락 전체에는 어떤 것을 다른 어떤 것과 비교하는 일련의 사건들이 계속 이어진다. 맨 먼저 왕국 분열에 대한 두 개의 설명이 나타난다. 열왕기상 11장은 왕국 분열이 솔로몬의 무분별한 성욕과 우상숭배의 결과로서 생겨난 것이라고 설명한다. 그러나 12장에서 왕국 분열은 르호보암이 아버지 솔로몬에 의해 백성들에게 부과된 무거운 멍에를 가볍게 하지 않겠다고 함으로써 초래된다.

첫 번째 설명은 출애굽기와 신명기의 세계("만일에 네가 하나님의 법을 어긴다면, 너에게 이러저러한 일이 닥칠 것이다")에 더 친숙한 것으로 보인다. 이것을 우리는 하나님 중심적인 설명이라 부를 수 있을 것이다(Weisman 1998: 102). 두 번째 설명은 잠언에 있는 지혜의 주제들에 더 친숙한 것으로 보인다("만일에 네가 그릇된 종류의 사람들에게 귀를 기울인다면, 너에게 이러저러한 일이 닥칠 것이다"). 이것을 우리는 인간 중심적인 설명 내지는 지혜의 설명이라고 부를 수 있을 것이다. 브루거만(1979: 172)은 두 번째 설명에 대하여 다음과 같은 점을 지적한다: "중요한 것은 왕국 분열이 신학적인 논쟁 때문에 생겨난 것이 아니요, 단순히 점진적인 과정을 거쳐서 이루어진 것도 아니라는 점이다. 도리어 그것은 정치적인 압제와 사회적인 해방이라는 구체적인 쟁점에 의해 야기된 것이다 … 왕권 의식은 질서 유지를 위해 정의를 희생시키고자 한다."

이 두 설명이 양립될 수 없는 것은 아니다. 만일 11장이 왕국 분열의 "왜"에 초점을 맞추고 있는 것이라면, 12장은 "어떻게"에 초점을 맞춘 것이라 할 수 있다. 12장에 의하면, 르호보암이 아버지의 정치 자문 역할을 하던 이들의 지혜로운 조언에 귀를 기울이지 않은 것은 그의 냉혹함과 몰인정함에 기인한 것이 아니요, "그의 성급하고 잔인한 성격"(Halpern 1974: 527)에 기인한 것도 아니다. 도리어 "이 일은 야웨께로 말미암아 난 것이라. 야웨께서 전에 실로 사람 아히야로 느밧의 아들 여로보암에게 고한 말씀을 응하게 하심이더라"(15절).

이 장면은 사무엘하 17장의 압살롬을 연상시킨다. 압살롬은 아버지의 왕권을 뒤엎기 위해 맨 먼저 아히도벨의 자문을 구하지만, 그는 결국 아히도벨의 지혜로운 조언을 받아들이지 않는다. 젊은이들의 (어리석은) 조언이 장로들의 (지혜로운) 조언을 밀쳐낸 것과 마찬가지로, 후새의 (어리석은) 조언이 아히도벨의 (지혜로운) 조언을 밀쳐낸다. 그리고 두 경우에 똑같이 압살롬과 르호보암의 "오판"은 하나님께서 작정하신 것으로 간주된다(삼하 17:14과 왕상 12:15 비교).

본문에서 발견되는 또 다른 대조(위의 상황에서 비롯되는)는 장로들('제케님')의 조언과 젊은이들('옐라딤' — 문자적으로는 "아이들")의 조언 사이에서 발견된다. 고참들과 신참들 사이의 대조인 셈이다. 장로들은 솔로몬의 무거운 짐을 제거하거나 가볍게 하라고 충고한다. 젊은이들은 르호보암에게 그러한 염려를 무시하고서 북쪽 이스라엘 사람들을 더 많이 착취하라고 충고한다. 그들이 이렇게 한 것은 그들에게 외교적인 경험이 전혀 없기 때문이요, 그들에게 정치적인 야심이 있기 때문이다(그들 자신의 가치를 높이는 최선의 방법은 이집트와 전쟁을 벌이는 일이었을 것이다. 그 전쟁은 강제 노역과 과세를 강화함으로써만 가능했을 것이다[Halpern 1974: 527]).

젊은이들은 심지어 르호보암에게 "나의 새끼손가락이 내 부친의 허리보다 굵다"(10c절)는 말로 백성들에게 답변할 것을 촉구한다. 히브리어 본문은 단순히 "나의 작은 [것]이 … "라고만 말할 뿐이다. 사람들은 흔히 "나의 작은 것"을 "허리"와 비교하여 "나의 새끼손가락"으로 번역한다(참조. 불가타역의 minimus digitus meus["나의 작은 손가락": 역주]). 그러나 "나의 작은 것"은 "나의 작은 지체/사타구니"로 번역할 수도 있다. 어쩌면 르호보암은 이 표현이 너무도 방자하고 음탕하다고 여긴 탓에 나중에 불평하는 북쪽 지역 사람들에게 직접 말할 때 그것을 되풀이하지 않았는지도 모른다. 알터(Alter 1981: 100)는 이렇게 말한다: "르호보암은 자신의 새끼손가락과 아버지의 허리 사이의 과장된 비교를 일부러 생략한다. 이는 터무니없는 논조로 자신의 체구와 죽은 솔로몬의 체구를 비교함으로써 자기가 매우 거친 사람이라는 인상을 주지 않으려는 지혜로운 결정에 따른 것이다."

이 사건 전체는 서로 자기가 살아 있는 아기의 어머니라고 주장하는 두 여인을 마주하던 솔로몬의 경험(왕상 3:16-28)을 연상시킨다. 두 경우에 똑같이, 이름보다는 사회적인 신분으로 표시되는 양쪽 사람들(창기, 장로, 젊은이)이 왕 앞에서(솔로몬, 르호보암) 상반된 주장을 한다. 그들의 주장 앞에서 왕은 판결을 내리지 않으면 안 된다.

르호보암은 합리적인 개혁을 주장하는 이들의 호소에 귀를 기울이지 않음으로써 여로보암으로 하여금 이스라엘의 왕이 되게 한다. 이로써 하나님이 예언자 아히야를 통하여 여로보암에 관하여/에게 말씀하신 바(11:29-40)가 그대로 이루어진다. 여로보암은 열 조각의 옷을 받을 뿐만 아니라, 열 지파에 대한 통치권을 부여받는다. 그러나 여로보암은 직무를 시작하자마자, "백성들이 자기에게서 등을 돌리고 언제 자기를 죽일지 모른다는 생각에 백성들을 엄격하게 통제하는 조치를 취하는 지도자"(Lasine 1992: 145)임이 드러난다. (여로보암은 다른 옷을 입고 있음에도 불구하고 또 다른 르호보암이었던 것일까?)

새로운 신하들의 충성심을 유지하면서 그들의 예루살렘 복귀를 저지하려는 여로보암의 전략은 그 자신의 염려와 판단으로부터 비롯된 것이다. 12장에 있는 두 왕은 바로 이 점에서 차이를 보인다. 르호보암은 적어도 다른 이들의 자문을 구한다('입바아츠 에트' [6, 8절]). 그러나 여로보암은 단순히 자신에게 자문을 구할 뿐이다('입바아츠' [28절]).

특히 여로보암은 두 개의 금송아지를 만들고는, 하나는 남쪽의 국경 도시인 벧엘에, 그리고 다른 하나는 북쪽의 국경 도시인 단에 둔다. 이 두 금송아지에 관하여 그는 백성들에게 "이는 너희를 애굽 땅에서 인도하여 올린 너희의 신들이다"라고 말한다(12:28). 그는 또한 비(非)레위 계열의 성직자들을 임명하고(12:31), 그 자신의 종교 축제를 제정한다(12:32-33).

모세가 산 정상에 머물러 있는 동안에 아론은 시내 산 기슭에서 금송아지를 만든 후 사람들에게 여로보암과 똑같은 말을 한다(출 32:4). 사실 "이는 너희의 신들이다"라는 표현은 여로보암 이야기에 더 잘 어울린다. 왜냐하면 아론은 한 개의 금송아지만을 만들었지만, 여로보암은 두 개의 금송아지를 만들었기 때문이다. 그렇다고 해서, 많은 학자들이 주장하는 것처럼, 출애굽기 32장의 금송아지 이야기가 단순히 여로보암의 탈선을 공격하기 위한 목적에서 만들어낸 이야기라는 것은 아니다.

어떤 저자가 과연 국가 전체의 우상숭배를 비난하는 이야기를 만들어낸 직후에 그들의 기적적인 구원에 대해서 말할 수 있겠는가? 아론은 우상숭배를 억제하지 못하며, 여로보암은 우상숭배가 널리 퍼지도록 한다. 아론과 여로보암의 관련성은 둘이 제각기 아비후와 나답(아론), 그리고 아비야와 나답(여로보암)이라는 두 아들을 두었다는 점을 상기할 때 한층 강하게 드러나는 것으로 보인다. 아론의 두 큰아들은 일찍 죽는다(레 10장), 여로보암의 두 아들도 마찬가지이다(아비야, 왕상 14:1–18; 나답, 왕상 15:27–28). 아론의 죄(출 32:30–31)나 여로보암의 죄(왕하 17:21)가 똑같이 "큰 죄"로 불린다는 점도 주목하라.

여로보암이 예루살렘을 대신하는 예배와 제사의 중심지들을 마련한 것에 대해서 나쁘게 말하는 사람은 별로 없다. 그는 다윗처럼 다른 사람의 아내와 동침하거나 그의 아내를 죽인 적이 없다. 그는 솔로몬처럼 1천 명의 아내들을 거느린 자도 아니다. 그는 간음자도 아니요, 수많은 아내를 거느린 자도 아니다. 도리어 그는 어떻게 어느 곳에서 하나님을 예배해야 할 것인지, 그리고 하나님이 누구신가라는 근본적인 문제를 놓고서 고민한다.

여로보암 1세 이후에 이어지는 18명의 왕들 중에서 15명의 왕들은 여로보암의 길/죄를 따라간 자들로, 또는 여로보암의 길/죄로부터 떠나기를 거부한 자들로 간주된다(세 명의 예외는 엘라와 살룸[두 왕은 아주 짧은 기간 동안만 통치함] 및 이스라엘의 마지막 왕인 호세아임]).

1. 나답(왕상 15:26)
2. 바아사(왕상 15:34)
3. 시므리(왕상 16:19)
4. 오므리(왕상 16:26)
5. 아합(왕상 16:31)

6. 아하시야(왕상 22:52)

7. 여호람(왕하 3:3)

8. 예후(왕하 10:29, 31)

9. 여호아하스(왕하 13:2, 6)

10. 요아스(왕하 13:11)

11. 여로보암 2세(왕하 14:24)

12. 스가랴(왕하 15:9)

13. 므나헴(왕하 15:18)

14. 브가히야(왕하 15:24)

15. 베가(왕하 15:28)

구약성서는 한 번도 "인류가 아담의 길/죄를 따라갔다"고 말하지 않는다. 도리어 15명의 왕들이 여로보암의 길/죄를 따라갔다고 말한다. 그러나 여로보암이 만든 두 금송아지가 오래도록 후대에 영향력을 행사하고 있음에도 불구하고, 그 송아지들을 비난할 것으로 여겨지던 자들은 정작 그렇게 하지 않는다. 가나안의 바알 종교를 이스라엘에서 완전히 몰아낸(왕하 10:18-28) 후대의 이스라엘 왕 예후는 금송아지들에 대해서 아무 말도 하지 않는다. 엘리야나 엘리사, 미가야 등 북왕국의 예언자들 역시 마찬가지이다. 이러한 침묵은 금송아지들이 바알 숭배보다는 야웨 숭배를 대표하는 것으로 만들어졌음에 틀림없다는 암시를 줄 수도 있다.

아마도 여로보암은 금송아지들을 실제적인 야웨의 형상으로 여기기보다는 기능적인 측면에서 단순히 야웨를 태우고 다니는 그룹들에 상응하는 것으로 간주했을 것이다. 즉, 금송아지는 어디까지나 탈 것(vehicle)을 가리키는 것이지, 그 위에 탄 자를 가리키지는 않는다는 얘기다. 어쩌면 이러한 추론이 틀리지는 않을 것이다. 그러나 이러한 구별은 일반 대중 사이에서는 금방 잊혀지고 만다. 바로 이 점이 여로보암의 잘못이었을 것이다. 우리는 송아지 숭배가 다른 지역에서도 행해졌다는 것을 알고 있지만, 그룹 숭배는 그렇지 않다는 것도 알고 있다. 우리는 고대 이스라엘에서 이교도들의 몇몇 제의 관습들(예로써 제단이나 희생제사 등)이 유일신 신앙과 양립될 수 있는 것으로 여겨졌고, 그것들이 그대로 이스라엘 사람들에 의해 받아들여졌지만, 또 어떤 관습들(예로써 주술이나 제의 창기 제도 등)은 너무도 확실하게 이교적인 것들로 여겨졌고 그 까닭에 거부되었다는 것을 알고 있다. 송아지 형상은 금지되지만 그룹 형상은 허용된다. 아마도 송아지의 사용은 본질적으로 이교적인 성격을 가지고 있었던 탓에 배척의 대상이 되었을 것이다.

열왕기상 12장에는 예언자 스마야가 전한 하나님의 말씀(22절) 이외에는 다른 하나님의 말씀이 없다. 스마야는 르호보암에게 북왕국 이스라엘과 전쟁하지 말고 고국으로 돌아가라는 말씀을 전한다. 우리는 르호보암이 이 말씀에 순종했다는 사실(24b절)을 주목할 필요가 있다. 이것은 르호보암을 여로보암으로부터 구별짓는 또 다른 특징에 해당한다. 그는 예언의 말씀에 순종하지만, 여로보암은 그렇게 하지 않는다(13:4, 33-34절).

12장에서는 "야웨의 말씀"이 한 번밖에 나오지 않는다. 그러나 13장에서는 전체에 걸쳐서 나타난다(1, 2, 5b, 9a, 17a, 18a, 20, 21, 26, 32a절). 맨 먼저 유다에서 온 "하나님의 사람"이 북쪽에 있는 벧엘로 간다. 이름이 알려지지 않은 이 예언자를 칭하는 "하나님의 사람"이라는 표현은 13장에서 15번이나 나온다(1, 4, 5, 6[2x], 7, 8, 11, 12, 14[2x], 21, 26, 29, 31절). 다른 어떤 곳에서보다도 많이 나오는 셈이다. 그것은 예언자들 중 가장 위대한 인물인 모세에게 처음으로 사용된다(신 33:1). "예언자 호칭의 유일한 예는 아니지만 인상적인 사례임에 틀림이 없는"(Walsh 1989: 358) 본문에서 하나님의 사람은 제단을 향하여 예언하면서, 3세기 후에 하나님께서 그 제단을 깨뜨리도록 하기 위해 세우실 왕의 이름(요시야)을 직접 언급한다(2-3절). 어떤 주석가들은 이 예언자가 금송아지에 대해 언급하지 않고 있다는 점을 주목한다. 그러나 "제단"이라는 표현은 일부로써 전체를 나타내는 일종의 제유법(提喩法)에 해당하는 것으로 이해해야 한다.

메마른 손을 즉시 고침 받은 여로보암은 하나님의 사람에게 함께 집으로 가자고 청한다. 왕의 의도가 무엇이든 간에 그 예언자는 떡도 먹지 말고 물도 마시지 말고 왔던 길로 도로 가지도 말라고 한 하나님의 말씀 때문에 왕의 청대로 할 수 없다는 거부 의사를 밝힌다(9절). 그가 말하는 세 가지 금지 명령은 하나님께서 예레미야에게 금하신 세 가지 항목을 셍각나게 한다(아내와 자식을 두지 말 것이요, 상가에 들어가지 말 것이요, 잔칫집에도 들어가지 말라는 것[렘 16:1-9]). 비록 예레미야에게 주어진 금지 명령이 평생토록 지켜야 하는 것이기는 하지만 말이다.

하나님의 사람에게 금지 명령이 주어지는 이유는 분명하지 않다. 특히 세 번째의 경우가 그러하다. 동방 박사들과 마찬가지로(마 2:12) 그는 다른 길로 하여 유다 지역으로 가라는 명을 받는다. 시몬(Simon 1976: 90)은 신명기 28:68에 관심을 기울인다. 이 본문에 의하면 하나님은 과거에 자기 백성이 빠져 나왔던 그 길로 그들을 다시 이집트로 끌어가실 것이다. 이러한 위협의 메시지는 출애굽 사건을 무효화시키겠다는 것이나 다름없다. 그리고 이사야 37:34(= 왕하 19:33)에서 앗수르 왕에게 주어지는 야웨의 말씀, 곧 "그가 오던 길 곧 그 길로 돌아가고 이 성에 이르지 못하리라"는 말씀은 그의 계획이 취소되고 그의 목표가 포기되었음을 의미한다. 따라서 그 하나님의 사람이 다른 길을 통하여 집으로 가야 한다는 것은 그의 예언이 절대적으로 확실한 것이요, 반드시 이루어질 것임을 의미한다.

사람들은 그 예언자가 자기 길을 감으로써 왕의 청을 거절할 것임을 충분히 예상한다. 그러나 "하나님의 사람"이 과연 동료인 "늙은 예언자"의 청을 거절할 것인지 그렇지 않은지를 제대로 예측할 수 있을까?(11-32절) 바로 여기에 12장과 13장을 대비시키는 또 다른 특징이 있다. 12장에서는 "늙은" 사람들('제케님')이 르호보암에게 유익한 조언을 제공한다. 그러나 13장에서는 "늙은" 예언자('나비 자켄')가 하나님의 사람을 속인다.

늙은 예언자는 천사/사자가 그 하나님의 사람을 자기 집으로 인도하여 원기를 회복하게 하라고 명했다고 말함으로써 그 하나님의 사람을 속인다(16-19절). 그런데 하나님의 사람은 여로보암에게서 똑같은 청을 받았으나 거절한 바 있다. 하나님은 그 예언자를 여로보암의 폭력으로부터 지켜 주시지만("'저[하나님의 사람]를 잡으라' 하더라. 저를 향하여 편 손이 말라 다시 거두지 못하며"[4b절]), 그를 늙은 예언자의 속임수와 거짓말로부터 지켜 주시지는 않는다. 하나님의 사람은 자신에게 주어진 금지 명령을 위반하고 늙은 예언자의 말을 믿은 탓에 사자에게 죽임을 당한다(20-25절). 하나님의 사람은 사자를 만났을 때 야웨의 신에 크게 감동되지 않는다. 과거에는 삼손이 어린 사자를 만났을 때 야웨의 신에게 크게 감동했지만 말이다(삿 14:5-6). 하나님은 다니엘 앞의 사자들에게 한 것처럼(단 6:22) 그 사자의 입을 막지도 않으신다.

"시체"를 가리키는 히브리어 낱말 '네벨라'는 구약성서에서 23번 나오는데, 그 중 10번이 이곳 열왕기상 13장에 있다(22, 24[2x], 25[2x], 28[3x], 29, 30절). '네벨라'의 이러한 반복 사용은 모세 시대에 불순종의 결과가 어떠할지를 밝히는 하나님의 말씀을 연상시킨다: "네 시체['네벨라']가 공중의 모든 새와 땅 짐승들의 밥이 될 것이나 그것들을 쫓아 줄 자가 없을 것이며"(신 28:26). "시체"라는 낱말의 발음['네벨라']과 "어리석음"이라는 낱말의 발음['네발라']이 유사하다는 것은 하나님의 사람의 잘못이 얼마나 비극적인지를 강조하는 효과를 갖는다(Dozeman 1982: 390).

흥미롭게도 늙은 예언자는 하나님의 말씀을 조작하는 속임수를 쓰지만 전혀 처벌을 받지 않는다(Gross 1979: 122). 신명기 18:20에 의한다면 그는 죽음의 형벌을 받아야 함에도 불구하고 말이다: "내가 고하라고 명하지 아니한 말을 어떤 선지자가 만일 방자히 내 이름으로 고하든지 다른 신들의 이름으로 말하면 그 선지자는 죽임을 당하리라." 그런 반면에 바른 믿음으로 행동한 듯한 하나님의 사람은 죽임을 당한다. 하나님의 사람은 다른 사람들의 진실성을 너무도 쉽게 믿은 죄를 범한 것일까?(Crenshaw 1971: 62) 만일 하나님의 사람이 스스로 속임을 당했다면, 그가 바른 믿음으로 행동을 했는지 그렇지 않은지는 더 이상 중요한 의미를 갖지 않는 것일까?(Gross 1979: 123) 아니면 설화자는 하나님의 사람이 속임을 당한 것이 아니라 "교활하고 탐욕이 많은 모사꾼"(Reis 1994: 377)으로서 벌을 받아 마땅한 사람임을 암시하고자 한 것일까? 그는 늙은 예언자의 청을 거절할 때 좀 더 부드러운 동사를 선택하려고 했던 것으로 보인다. 이 점은 여로보암의 청을 거절할 때 그가 사용한 동사와의 비교를 통해서 확인할 수 있다:

여로보암에게: "이는 곧 야웨의 말씀이 내게 **명하여 이르시기를**"(9절).
늙은 예언자에게: "이는 야웨의 말씀이 내게 **이르시기를**"(17절).

또한 "왕께서 왕의 집 절반으로 내게 준다 할지라도 나는 왕과 함께 들어가지도 아니하고"라는 그의 말(8절)은 그가 늙은 예언자에게 한 말, 곧 "나는 그대와 함께 돌아가지도 못하겠고 그대와 함께 들어가지도 못하겠으며"(16절)라는 말보다 훨씬 더 강한 어조로 되어 있다.

만일 하나님의 사람을 모사꾼으로 보는 견해가 옳다면, 본 단락 마지막에서 늙은 예언자가 죽임 당한 하나님의 사람을 칭송하는 모습(29-32절)은 정말 이상해 보인다. 처음에 그는 식탁에 함께 앉았을 때 하나님의 사람을 정죄하지만(20-22절), 나중에 그가 죽은 다음에는 그를 칭송한다(31-32절). 늙은 예언자는 거짓 계시(18a절)와 참 계시(20절) 모두를 말한다. 늙은 예언자가 자신의 책략에 만족하고 있지 않음은 분명한 일이다. 그는 "내가 그를 속였지"라고 말하지 않는다. 그는 자기 때가 되면 그 하나님의 사람과 함께 묻히기를 원한다(31절). 아울러 그는 하나님의 사람이 여로보암의 단을 향하여 선포한 예언이 반드시 성취될 것임을 확언한다(32절).

마지막 두 구절(33-34절)은 제단 예언과 마른 팔 치유에 대한, 그리고 아마도 늙은 예언자의 제단 예언 "지지" 발언에 대한 여로보암의 반응을 간략하게 설명한다. 한마디로 말해서 그는 부정적인 반응을 보인다. 하나님의 사람이 선포한 메시지나 사건 중의 어느 것도 그로 하여금 정치 개혁을 하게 하는 데 성공하지 못한다. 우리는 앞서 "시체"라는 낱말이 13장에 자주 나타난다는 점을 살핀 바 있다. 본장에서 이보다 더 자주 나타나는 낱말은 "돌이키다"('슈브')는 뜻을 가진 동사이다. 이 낱말은 12장 말미에서 여로보암 자신에 의해서 세 차례나 사용된다(12:26, 27[2x]). 북쪽 지역 사람들이 다윗의 집으로도, 르호보암에게로도 돌아가기를 원치 않는다. 그런데 13장에서는 '슈브' 동사가 16번이나 사용된다(4, 6[2x], 9, 10, 16, 17, 18, 19, 20, 22, 23, 26, 29, 33[2x]). 이 16번의 용례들 중 다수는 하나님의 사람이 방향을 돌이키느냐 그렇지 않느냐의 문제를 다루고 있다. 그러나 33절("여로보암이 이 일 후에도 그 악한 길에서 떠나 돌이키지 아니하고")에서 갑자기 이 동사는 지리적인 의미를 잃고 종교적인 의미로 사용된다. 어떤 대가를 치르고라도 돌이킴을 방해하기 원하는 여로보암은 방향 전환을 촉구하는 한 사건 앞에서 그 자신이 돌이키기를 거부한다. 여로보암은 자신의 바람직한 미래가 백성들의 돌이킴을 방해하는 데 있는 것이 아니라, 자기 마음의 돌이킴을 허용하는 데 있다는 것을 거의 깨닫지 못하는 것으로 보인다.

여로보암의 생애 마지막을 장식하는 사건들 중에는 그의 아들 아비야가 심각한 질병에 걸려 죽는 사건이 있다(14:1–18). 여로보암은 자기 아내에게 신분을 감춘 채 변장하여 실로로 가서 예언자 아히야에게 자기 아들의 회복 가능성 여부를 묻게 한다. 여로보암은 유다에서 온 하나님의 사람과는 아무런 관계도 맺고 싶어하지 않지만, 아히야 만큼은 자신에게 호의적인 태도를 보일 것이라고 믿는다. 이는 충분히 이해할 만한 일이다. 왜냐하면 아히야는 과거에 아주 긍정적으로 여로보암의 미래를 예언한 적이 있기 때문이다(11:31–39). 그러나 다윗을 향한 나단의 두 번째 예언 선포가 첫 번째 것과는 판이하게 다른 것과 마찬가지로(삼하 12:7–14를 삼하 7:5–17과 비교), 여로보암을 향한 아히야의 두 번째 예언 선포 역시 첫 번째 것과는 판이하게 다르다(왕상 14:6–16을 왕상 11:31–39와 비교).

구약성서에는 왕이나 여왕이 자신의 신분을 감추고 변장하는 이야기가 다섯 개나 있다(Coggins 1991). 그 중 네 개는 '하파스' 동사의 히트파엘형("바꾸다"라는 뜻)을 사용하고 있으며, 나머지 한 개는 열왕기상 14장에 있는 것으로, '샤냐' 동사의 히트파엘형을 사용하고 있다(구약성서에서 유일하게 사용되는 형태임):

1. 사무엘상 28:8: "사울이 다른 옷을 입어 변장하고 두 사람과 함께 갈 새 그들이 밤에 그 여인[영매]에게 이르러는"
2. 열왕기상 20:38: "선지자가 가서 수건으로 그 눈을 가리워 변형하고 길 가에서 왕[이스라엘의 아합]을 기다리다가"
3. 열왕기상 22:30(=대하 18:29): "이스라엘 왕[아합]이 여호사밧에게 이르되, '나는 변장하고 군중으로 들어가려 하노니 … '"
4. 역대하 35:22: "요시야가 몸을 돌이켜 떠나기를 싫어하고 변장하고 싸우고자 하여 하나님의 입에서 나온 느고의 말을 듣지 아니하고 므깃도 골짜기에 이르러 싸울 때에"
5. 열왕기상 14:2: "일어나 변장하여 사람으로 그대가 여로보암의 아내

임을 알지 못하게 하고 실로로 가라"

왕이나 그의 아내가 자신을 감추는 이상의 사례들 중 어느 경우에도 변장술은 성공을 거두지 못한다. 여로보암의 아내가 변장술에 성공하지 못하는 것이 다른 경우들보다 더욱 눈에 띄는 이유는 아히야가 앞을 볼 수 없는 상태에 있었기 때문이다!: "아히야는 나이로 인하여 눈이 어두워 보지 못하더라"(4b절). 14장에 있는 연로한 아히야는 왕권 획득을 약속하는 11장의 아히야보다는 13장의 늙은 예언자에 더 가깝다.

본장의 변장 장면을 다른 넷들로부터 구별짓는 것은 나머지 네 경우들에서 변장자 자신(사울, 아합, 요시야)이 고통을 당한다는 점이다. 그런데 여기서는 여로보암 부부의 아들이 죽는다. 여기서 우리는 열왕기상 초반부의 세 장들 사이에 또 다른 대조가 있음을 발견한다. 하나님은 하나님의 사람의 중재를 통하여 여로보암의 마른 손을 치료하시지만(13:6), 똑같은 북왕국 출신인 아히야를 활용하시면서도 여로보암의 병든 아들을 치료하시지는 않는다(14:6-14, 특히 12절). 그 아이는 여로보암의 집안에 닥칠 일의 상징이 된다.

아히야의 예언은 하나님께서 "여로보암에게 속한 사내는 … 다 끊어 버리실" 것이라는 심판 메시지를 포함하고 있다(10b절). 물론 이것이 문자 그대로 이루어졌다고 볼 수는 없다. 왜냐하면 여로보암의 아들 나답이 나중에 그의 왕위를 계승하기 때문이다(20b절). 아히야의 심판 예언은 여로보암 왕조의 단명함을 가리키는 것이라 할 수 있다.

5절에 의하면, 야웨께서는 자기 종 아히야에게 여로보암의 아내가 자기 아들 문제로 인하여 "네게 물으러('데로쉬 다바르' — 직역하면 "말씀을 구하다") 온다"는 정보를 주신다.

구약성서에는 야웨의 뜻을 묻는 방식에 두 가지가 있는 것으로 보인다(Long 1973). 그 하나는 민수기 27:21에서 보듯이 제사장들을 통하여 묻는 방법을 일컫는다: "그[여호수아]는 제사장 엘르아살 앞에 설 것이요, 엘르아살은 그를 위하여 우림의 판결법으로 야웨 앞에 물을['샤알'] 것이며." 다른 하나는 이곳에서처럼 예언자들을 통하여 묻는 방법을 일컫지만, '샤알'("묻다") 동사 대신에 '다라쉬'("구하다") 동사를 사용한다. 이스라엘 사람들은 개인적이거나 공적인 문제를 앞에 두고서 예언자를 통하여 야웨의 뜻을 물을 수 있다. 이를테면 잃어버린 식구나 짐승의 행방(삼상 9장, 특히 9절), 질병(왕상 14:5; 왕하 8:8), 전쟁(삼상 28:6; 왕상 22:5; 왕하 3:11; 렘 37:7) 등의 문제들이 그렇다.

위의 구절들은 제사장들이 야웨의 뜻을 물을 때 우림과 둠밈을 사용했음을 암시한다. 그렇다면 예언자들은 중재 기도를 제외한 다른 어떤 것을 사용했을까? 우리는 이방 종교에서 점술가들과 마술사들이 미래와 신들의 뜻을 알기 위해 다양한 수단들을 사용했음을 알고 있다. 그러나 이스라엘에서는 그렇지 않다. 신명기 18:9-14이 이스라엘에게 점술가들이나 마술가들 같은 종류의 사람들을 따라가지 말라고 금한 이후로, 신명기 18:15이 야웨께서 이스라엘을 위해 한 예언자를 일으키실 것이라고 말하는 것은 확실히 우연이 아니다. 환언하자면, 하나님의 백성은 이방인들이 점술가들과 마술가들을 통해 해결하고자 하는 문제를 위해 예언자들을 찾아야 한다는 얘기다. 예언자는 하나님의 답변을 직접 인용하거나, 하나님께서 도움 호소에 응답하여 계시하시는 자료들을 사람들에게 나누어 주는 역할을 수행한다. 구약 예언자들의 점술 배척 경향은 미래의 사건들에 대한 그들의 지식(이 경우에는 아비야의 죽음)이 그들 자신의 지혜에 기인하는 것이 아니라 하나님의 계시에 기인한다는 사실을 한층 강화시켜 준다.

열왕기상 16:21~열왕기하 10장:
오므리, 아합, 예후, 엘리야, 엘리사, 이세벨

열왕기상하의 이 단락 대부분은 예언자 엘리야와 그의 후계자인 엘리사에 초점을 맞추고 있다. 엘리야의 활동은 24년 동안(아합 왕의 22년 통치와 그의 아들이요 계승자인 아하시야의 2년 통치)이나 이어진다. 그리고 엘리사의 활동은 이스라엘 왕 여호람(요람)의 12년 통치와 예후 왕의 28년 통치 일부에 걸쳐 있다.

이스라엘의 왕들	통치기간	Bright	Galil	Hayes/Hooker	Thiele
오므리	12년	876-873	884-873	879-869	885-874
아합	22년	869-850	873-852	868-854	874-853
아하시야	2년	850-849	852-851	853-852	853-852
여호람(요람)	12년	849-842	851-842/1	851-840	852-841
예후	28년	842-815	842/1-815/4	839-822	841-814

유다의 왕들					
여호사밧	25년	873-849	870-845	877-853	872-848
여호람	8년	849-842	851-843/2	852-841	848-841
아하시야	1년	842	843/2-842/1	840	841
아달랴(여왕)	?	842-837	842/1-835	839-833	841-835
여호아스(요아스)	40년	837-800	(842/1)-802/1	832-803	835-796

　엘리야 이야기는 여덟 장에 걸쳐 있으며(왕상 17장~왕하 2장), 엘리야는 그 중 여섯 개의 장들에서 나타난다(왕상 17; 18; 19; 21장; 왕하 1; 2장). 엘리사 이야기는 여덟 장에 걸쳐 있으며(왕하 2~9장), 엘리사는 여덟 개의 장들 전체에서 나타난다. 이 두 예언자의 이야기를 합한다면 열왕기에 있는 열세 개의 장들이 두 사람의 이야기를 다루고 있는 셈이다. 열왕기의 이처럼 풍부한 자료와는 대조적으로 역대기는 두 예언자에 대해서 전혀 언급하지 않는다. 겉보기에 예루살렘 성소의 순수한 야웨 신앙에 깊이 뿌리박고 있는 남왕국 유다 사람인 듯한 열왕기의 편집자는 왜 이 두 명의 북왕국("이스라엘의") 예언자들을 이렇게 폭넓게 다루고 있는 것일까? 또는 왜 그는 이스라엘 왕 예후를 그렇게 길게 다루고 있는 것일까?(왕하 9~10장) 그 이유는 두 명의 이스라엘 예언자들(엘리야와 엘리사)과 이 특별한 이스라엘 왕(예후)이 이세벨에 의해 도입되고 그녀의 남편 아합이 승인한 바알 제의에 맞서서 야웨 신앙을 수호했기 때문이다.

　다른 한편으로 구약성서의 이 부분은 오므리와 아합의 통치 시기에 이루어진 중요한 몇몇 역사적인 사건들에 대한 언급을 생략하고 있다. 성서의 내용에 비추어 본다면, 오므리는 상대적으로 덜 중요한 왕으로 나타난다. 그의 통치에 관한 기록이 짧기 때문이다(왕상 16:23-28). 이 본문을 통하여 그에 관해 알 수 있는 것이라고는 그가 통치하기 시작한 시점, 통치기간, 디르사를 대신할 북왕국의 새 수도로 사마리아를 매입한 일, "여로보암의 길"을 따라간 그의 악한 통치, 그의 죽음 등이 전부이다. 그러나 우리는 그 유명한 모압 석비(Moabite Stone)로부터 오므리가 이웃한 나라 모압을 정복하는 대단한 (군사적인) 업적을 남겼음을 알고 있다. 열왕기의 저자는 이 사건을 알고 있었음에 틀림없지만, 자신의 역사 기록 목적에 부합되지 않기에 생략했을 것이다. 뿐만 아니라 오므리가 죽은 지 오랜 후에, 메소포타미아 지역의 강대국 앗수르는 이스라엘을 자주 "오므리 가문"으로 칭한 바 있다. 마치 우리가 지금도 뉴욕 양키스 야구장을 "루스(Ruth)가 건축한 집"이라 칭하는 것처럼 말이다.

이와 마찬가지로 오므리의 아들 아합의 통치 기간 동안에 앗수르 왕 살만에셀(Shalmaneser) 3세는 자신의 나라를 가나안 지경까지 넓히고자 한다. 이를 위해 그는 주전 853년에 시리아의 오론테스(Orontes) 강 유역에 있는 카르카르(Karkar/Qarqar)에서 이스라엘을 포함하는(유다는 포함되지 않음) 가나안 연합군과 맞서 싸운다. 살만에셀은 아합이 연합군에 가장 큰 군대(1만 명의 보병과 2만 명의 전차병)를 파견했다고 말한다. 열왕기상의 아합 이야기는 이 사건에 관해서 한마디도 언급하지 않는다. 모압의 정복과 강력한 살만에셀 3세와의 전쟁은 생략되지만, 엘리야와 엘리사의 이야기는 기록된다. 저자가 보기에 하나님께서 자신의 종인 예언자를 통하여 말씀하시는 것은 당시의 주요 사건들보다 훨씬 더 중요한 의미를 갖는다.

엘리야가 주요 인물로 등장하는 여섯 개의 사건들 중 넷은 아합 왕과 직접 관련되어 있다: (1) 열왕기상 17:1-24; (2) 열왕기상 18:1-46; (3) 열왕기상 19:1-21; (4) 열왕기상 21:1-29. 다섯 번째 사건은 엘리야와 아합의 아들 및 그의 계승자인 아하시야 등을 포함하며(왕하 1:1-18), 여섯 번째 사건은 엘리야와 엘리사를 포함하되, 엘리야가 하나님에 의해 하늘로 올리움을 받고 엘리사가 그 뒤를 잇는 내용을 담고 있다(왕하 2:1-25).

이 사건들 중 처음 세 가지 사건(왕상 17; 18; 19장)은 각 삽화들 사이에 평행을 이루는 이야기 전개 방식으로 인하여 하나로 묶여 있다(Cohn 1982: 343-49; Herr 1985: 292-94):

1. 선포		
엘리야: "수년 동안 우로가 있지 아니하리라"(17:1).	하나님: "너는 가서 아합에게 보이라. 내가 비를 지면에 내리리라"(18:1).	이세벨: "내가 … 정녕 네 생명으로 저 사람들 중 한 사람의 생명 같게 아니하면 신들이 내게 벌 위에 벌을 내림이 마땅하니라"(19:2).
2. 여행		
엘리야가 하나님의 명을 따라 이스라엘을 떠나 페니키아로 감(17:9-10).	엘리야가 아합을 만나기 위해 페니키아를 떠나 이스라엘로 감(18:2).	엘리야가 이스라엘과 이세벨을 떠나갔다가(19:3) 다시 이스라엘로 돌아옴(19:19).
3. 점층 구조로 된 엘리야의 두 만남		
(a) 까마귀(17:6-7)	(a) 오바댜(18:7-16)	(a) 천사(19:5-7)
(b) 페니키아의 과부(17:8-16)	(b) 아합(18:17-18)	(b) 야웨(19:9-18)
4. 엘리야의 세 기도문		
야웨를 부름(17:20a)	야웨를 부름(18:36b)	야웨를 부름(19:4c)
불평(17:20b)	간구(18:36c)	간구(19:4d)
야웨를 부름(17:21b)	동기(18:37)	동기(19:4f)
간구(17:21c)	하나님의 응답(18:38)	하나님의 응답(19:5b-7)
하나님의 응답(17:22)		
5. 산지에서의 기적		
하나님께서 다락방에서 과부의 아들을 치료하시고 소생시키심(17:17-23).	하나님께서 갈멜산에서 단 위에 불을 보내심(18:21-38).	하나님께서 하나님의 산 호렙에서 "세미한 소리"로 자신을 엘리야에게 드러내심(19:9b-12).
6. 변화		
과부: "내가 이제야 아노라"(17:24).	갈멜 산의 이스라엘 백성: "야웨 그는 하나님이시로다"(18:39).	엘리사: "나로 내 부모와 입맞추게 하소서. 그리한 후에 내가 당신을 따르리이다"(19:20).

17장은 세 개의 장면으로 구성되어 있다: (1) 엘리야가 그릿 시냇가로 피신한다. 거기에서 시냇물과 까마귀가 물과 음식물을 그에게 제공한다(2-7절); (2) 엘리야가 북서쪽으로 이동하여 페니키아 해안 지방에 있는 시돈 근처의 사렙다 성읍으로 간다(8-16절); (3) 하나님께서 자기 종 엘리야를 통하여 과부의 아들을 살리신다(17-24절).

그릿 시내(Wadi Cherith)는 사람들이 많이 모여 사는 곳이 아니다. 도리어 그곳은 사람이 살지 않는 요단 동편의 한 지역으로, 야르묵 강과 얍복 강이 요단으로 흐르는 어느 지점에 자리하고 있다. 그것은 "산간벽지를 흐르는 시내"(Brichto 1992: 123)라 부를 수 있는 것이지만, 문자적으로는 "잘려진 시내"를 뜻한다("그릿"은 '카라트'["자르다"]라는 동사로부터 파생한 명사이다).

17장의 '카라트' 어근 사용은 18:4("이세벨이 야웨의 선지자들을 멸할[문자적으로는 '자를'] 때에")의 용례와 관련시킬 필요가 있다. 그것은 또한 다음 절인 18:5에서도 사용된다. 이 구절에서 아합은 오바댜에게 이렇게 말한다: "짐승을 다 잃지['카라트'] 않게 되리라." 아합은 장기간 지속되는 가뭄으로 인하여 일부 짐승을 "잘라야" 할 수밖에 없음을 염려하지만, 그리고 이세벨은 야웨의 예언자들을 "자르려고" 애쓰지만, 엘리야는 "잘려진 시내"로 피신한다.

엘리야(1절)와 사렙다 과부(12절)는 야웨께서 살아 계심을 믿는다. 그렇다면 과연 엘리야는 살아남을 수 있을 것인가?(Hauser and Gregory 1990: 13) 설령 그가 가뭄 속에서 살아난다 할지라도, 아합과 이세벨이 여전히 기세 등등한 채로 그를 노리고 있다. 이 때문에 야웨께서는 엘리야를 무엇보다도 페니키아의 사렙다 성읍(이세벨의 고국에 있는 한 마을)에 살고 있는 한 과부에게 보내신다. 하나님이 엘리야를 구하기 위하여 자신의 피조물(시냇물, 새들)을 사용하실 수 있다면, 그를 구하기 위하여 절망에 빠진 과부를 활용하실 수도 있다. 설령 이방인인 그 과부에게 엘리야를 도울 수 있는 가능성이 거의 없어 보인다 할지라도 말이다.

찬장이 거의 비어 있는(부분적으로는 엘리야 때문에) 페니키아의 한 과부가 빵을 굽기 위해 나뭇가지를 줍고 있던 사렙다의 성문 앞에 초청받지 않은, 그리고 그 일대에 잘 알려지지도 않은 이스라엘의 한 예언자 — 이상한 옷을 입은 — 가 나타난다. 그는 그녀에게 마실 물과 약간의 떡 또는 과자 — 그녀가 만들려고 하는 — 를 달라고 부탁한다. 그녀가 "손님, 잠시만 기다려 주세요"라고 외치는 소리가 들리지 않는가?

그녀가 거의 가지고 있지 않은 것을 달라고 부탁하는 엘리야의 모습을 보라. 이 얼마나 위대한 믿음의 증거인가! 그 여인이 거절한다면 어찌할 것인가? 그녀가 "아쉽게도 당신은 제게 그런 부탁을 할 수 없습니다"라고 말한다면 어찌할 것인가? 그의 부탁을 들어주게 된다면 그녀와 그녀의 아들은 죽게 될 것이다. 그녀의 믿음과 자비 덕택에 기적이 발생한다. 그녀의 찬장이 가득 차게 된 것이다. 아마도 그녀가 거의 가지고 있지 않은 것에 대한 엘리야의 부탁은 우리 자신이 거의 가지고 있지 않다고 여기는 것에 대한 하나님의 요구를 반영한다. 그러나 우리가 그 부족한 것을 하나님께 드릴 때 그의 권능이 임하여 부족한 것이 풍성해지게 된다.

엘리야가 그 과부에게 부탁한 당연한 결과로 그녀도 엘리야에게 부탁을 한다. 그녀의 유일한 아들이 죽음의 문턱에 이르자, 그녀는 그 예언자에게 퉁명스러운 어조로 질문한다. 자기 아들의 질병이 엘리야 때문이 아니냐는 것이다: "하나님의 사람이여, 당신이 나로 더불어 무슨 상관이 있기로 내 죄를 생각나게 하고 또 내 아들을 죽게 하려고 내게 오셨나이까?"(18절). 이 질문은 마치 "내가 당신에게 음식물을 제공하고 당신을 구해 주었으니, 이제는 내 아들을 고쳐 주세요"라고 말하는 것과 같다. 믿음은 용감무쌍한 간구를 가능하게 하는 것이다.

엘리야가 그 아들을 "다락방"으로 데리고 올라가서(19절) 그 아이 위에 몸을 세 번 "펴서 엎드린" 것(21절)은 신약성서의 치유 기사들과 약간은 비슷한 언어로 되어 있다. 베드로는 도르가를 "다락"에 누인다(행 9:37; 행 9:37과 70인역의 왕상 17:19는 똑같이 '휘페로온'이라는 헬라어를 사용한다). 그리고 엘리야가 그 아이 위에 몸을 펴서 엎드린 것은 바울이 다락에서 떨어진 유두고 위에 "엎드린" 것(행 20:10)과 흡사하다. 그리고 엘리야가 과부의 독자(獨子)를 치료한 것은 예수의 치유 사역 중 이와 비슷한 한 사건을 연상시킨다(눅 7:11-17). 구약성서 전체를 두고 본다면, 제사장이 각종 질병을 진찰하기는 해도(예로써 레 13장의 각종 피부병), 치료 자체는 오직 하나님에 의해서만 가능하다. 또는 그의 대변인인 예언자를 통해서만 가능하다.

흥미롭게도 다음 장(18장)에서 이스라엘 땅으로 간 엘리야는 빈정대는 투로 아무 일도 하지 못하는 바알의 무기력함을 강하게 꼬집는다. 그러나 페니키아 땅에 머물러 있는 본장에서 그는 이스라엘의 하나님 야웨의 개입을 요청하며, 그 결과 야웨께서 직접 개입하신다. 엘리야는 "이세벨의 신이 자기 땅에서 아무 힘도 쓰지 못한다고 보는 까닭에, 그녀[이세벨]의 땅에서 곧바로 자기가 믿는 하나님의 권능에 의지한다"(Trible 1995: 6).

밀가루와 기름이 끊이지 않는 놀라운 기적 앞에서 아무런 반응도 보이지 않던 그 과부가 자기 아들이 치료받은 후에 그렇게 열정적인 반응을 보이는 이유가 무엇인지는 참으로 설명하기 어려운 문제이다("내가 이제야 당신은 하나님의 사람이시요 당신의 입에 있는 야웨의 말씀이 진실한 줄 아노라"). 콘(Cohn 1982: 348)은 그것을 "회심"이라 부르며, 조블링(Jobling 1978: 71)은 그것을 "인식론적인 전환"이라 부른다. 그녀는 두 차례의 기적을 겪은 다음에야 비로소 확신을 갖게 된 것일까? 아니면 그것은 무응답과 풍부한 증거 사이에 뚜렷한 대조가 있음을 보여 줌으로써 우리가 다음과 같은 사실을 받아들이기를 바라는 것일까?:

"우리는 하나님이 우리 개개인의 사소한 이해관계 안에서 은총을 베푸시는 분임을 인정하면서도 … 일상생활 속에서 끊임없이 이루어지는 기적들과 그러한 기적들이 계속될 것임을 보증해 주는 하나님의 무한한 은총을 제대로 인식하지 못한다"(Brichto 1992: 129).

예수께서는 사렙다 과부의 사건을 누가복음 4:16-30에서 매우 흥미로운 방식으로 사용하신다. 예수께서는 자신의 고향 나사렛에 있는 회당에서 이사야 61:1-2의 좋은 소식을 인용하심으로써 자신의 설교를 시작하신다. 그는 하나님께서 압제당하는 자들을 자유롭게 하고 포로된 자들에게 자유를 주게 하려고 보내신 그의 종이다. 회중들이 이 젊은 설교자를 열렬히 환영한 것은 충분히 이해할 만한 일이다(22절). 왜냐하면 그들은 자기들이야말로 예수께서 말씀하신 포로들이요 압제당하는 자들이라고 생각했기 때문이다. 그는 그들을 로마의 압제로부터 해방시킬 수 있을 것이다. 그러나 곧바로 예수께서는 하나님께서 이스라엘 안에 다른 많은 과부들이 있음에도 불구하고 엘리야를 오로지 페니키아의 그 과부에게만 보내셨으며(25-26절), 이스라엘 안에 다른 많은 나환자들이 있음에도 불구하고 엘리야를 오로지 시리아의 나환자인 나아만에게만 보내셨다는 사실을 지적하신다. 바로 이 지점에서 회중들은 180도 돌변하여, 바로 전에 자기들이 환영해마지 않았던 예수를 폭행하려고 한다(28-29절). 처음에는 그들을 위로하던 설교가 이제는 그들을 분노하게 하는 설교로 바뀌고 만 셈이다. 예수께서는 이런 방식으로 설교하심으로써 어느 집단도 하나님께서 세우신 메시아의 사역을 독점할 수 없음을 암시하신다. 하나님의 마음은 모든 사람들, 곧 선택된 자들뿐만 아니라 이방인까지도 품에 안는다.

사렙다는 거주지가 아니라 은신처이다(2년이면 상당히 긴 기간이다!).

18장에서 하나님은 엘리야에게 이스라엘로 돌아가서 아합을 찾으라고 명하신다. 오바댜는 아합과 함께 짐승에게 먹일 양식을 구하기 위해 온 땅을 돌아다니던 중에 우연히 엘리야를 만난다(7-16절). 오바댜는 선한 사람이다. 그는 100명의 예언자들을 이세벨의 살해 위협으로부터 숨기고 그들에게 음식물을 제공함으로써 자신의 "야웨 경외"를 실천한다(3-4절). 그는 하나님께서 17장에서 엘리야에게 하신 것과 똑같은 일을 그의 예언자들에게 행한다.

그러나 오바댜는 엘리야로부터 자기가 이스라엘로 돌아왔음을 아합에게 말해 달라는 부탁을 받자 적어도 처음에는 그 청을 거절한다. 아합은 그가 엘리야를 사로잡지 못한 채 빈손으로 돌아올 경우 틀림없이 그를 죽일 것이다. 오바댜는 야웨를 크게 두려워하지만, 엘리야의 메시지를 아합에게 전하지 않으려고 애쓴다. 자신의 생명을 한층 더 염려하는 까닭이다. 그러나 결국 그는 아합에게 간다. 오바댜는 엘리야가 부탁한 일을 하지 않으려고 애쓰면서도 마침내는 그의 말을 아합에게 전한다는 점에서 출애굽기 3~5장의 모세나 에스더 4장의 에스더와 비슷한 점을 가지고 있다.

엘리야와 아합의 만남은 간결하게 처리되어 있다(16b-19절). 그런데 아합은 엘리야를 체포하지 않는다. 엘리야는 오바댜에 대하여는 "나의 주"(7절)이지만, 아합에 대하여는 "이스라엘을 괴롭게 하는 자"(17절)이다. 문제의 근원, 곧 가뭄의 이유를 알아내기 위해 엘리야는 갈멜 산(지중해 연안에 위치해 있으며 이세벨의 본 고장인 페니키아 가까이에 있는)에서 야웨의 예언자인 자신과 바알의 예언자 450명(과 아세라의 예언자 400명; 그런데 이들은 묘하게도 바로 이 후의 이야기에서부터 갑자기 사라진다) 사이에 대결을 벌이자고 제안한다. 그들은 제각기 황소 한 마리를 준비하여 제단에 바친 다음, 야웨 또는 바알의 응답을 구한다. 불로써 응답하는 신이 참 신이라는 조건 하에 말이다. (자기 짐승들을 위하여 양식을 구하는 아합과 자기 식탁에서 먹는 850명의 바알 예언자들을 먹이는 이세벨[19b절]의 모습은 흥미로운 대조를 이루고 있다)

갈멜 산의 대결은 이집트의 마술가들과 대결을 벌이는 모세와 아론의 모습 또는 사무엘 시대에 다곤과 대결을 벌이는 야웨의 모습과 유사하다. 그러나 이보다 더 유사한 장면은 고라와 모세 사이의 대결(민 16장)에서 찾아볼 수 있을 것이다. 하나님은 감동적인 신현의 형태로 이 대결의 결과를 결정하시며(민 16:5-11), 모세를 비난한 자들에게 죽음의 형벌을 내리심으로써 그 끝을 맺으신다(민 16:31-35).

출애굽기 32장의 금송아지 사건(갈멜 산 대결에서와 마찬가지로 산 부근에서 발생한)에서도 평행 요소가 발견된다. 이 두 경우에 모세와 엘리야는 위협이나 강제의 요소를 배제한 채 사람들에게 말한다: "누구든지 야웨의 편에 있는 자는 내게로 나아오라"(출 32:26); "야웨가 만일 하나님이면 그를 좇고 바알이 만일 하나님이면 그를 좇을지니라"(왕상 18:21b). 그리고 두 경우에 똑같이 하나님께서는 자신의 뜻을 거역한 자들에게 사람의 손을 통하여 심판을 내리신다(출 32:25-29; 왕상 18:40). 이스라엘의 행복을 위협한 과격한 범죄 행위에 대해서는 엄한 벌이 내려지게 마련이다. 로울리(Rowley 1960-61: 219)는 수년 전에 다음과 같은 점을 올바로 지적한 바 있다: "모세가 없었다면 야웨 종교는 … 결코 태어나지 못했을 것이다. 그리고 엘리야가 없었다면 야웨 종교는 소멸되었을 것이다."

주전 2천 년대 후반까지는 바알이 중요한 신이 아니었던 것으로 보인다. 족장 시대에 이미 아모리 사람들(즉, 가나안 사람들)이 팔레스타인 지역에 거주하고 있었다 할지라도(창 15:16), 바알은 창세기 어디에서도 발견되지 않는다. 광야 유랑 시절의 이스라엘은 다소 긴장이 풀릴 즈음에 바알 브올 (Baal-peor)에서 처음으로 바알과 바알 숭배를 마주하게 된다(이로 인하여 비참한 결과가 초래됨; 민 25장). "소유자"라는 뜻의 이름을 가진 바알은 우주적인 신(온 땅의 바알)으로 여겨지기도 하고, 특정 지역의 신으로 여겨지기도 한다. 바알 브올(민 25:3)이라는 이름에서 바알은 신의 이름이고, 브올은 지역 이름이다. (비교. 바알 므온, "므온의 바알"[민 32:38]; 바알 스본, "스본의 바알"[민 33:7]) 바알은 비와 풍요를 주관하는 신(즉, 번개를 내리는 날씨의 신)이기 때문에, 불과 번개를 지배한다. 이 점을 알고 있는 엘리야는 각기 자기들의 신으로부터 불의 응답을 구하자는 대결을 제안함으로써, 바알의 전문 영역을 매개로 하여 대결을 벌이고자 한다. 이론적으로 본다면, 당연히 그 대결은 바알에게 유리한 것일 수밖에 없다.

이세벨은 어떤 바알과 관련되어 있을까? 아마도 두로의 신인 바알 멜카르트(Baal Melqart)일 것이다. 그러나 열왕기상 18장은 이 점을 구체적으로 밝히지 않는다. 구체적인 서술을 피한 것은 어쩌면 의도적인 것일 수도 있다. 차일즈(1980: 131, 132)는 이렇게 말한다: "성서 저자는 구약성서에서 바알의 본질에 관하여 불명확한 태도를 취함으로써, 그 신들이 참으로 존중할 만한 가치가 있는지에 관한 자기 나름의 신학적인 판단을 내리고 있는 것이 아닐까? … 엘리야가 볼 때 갈멜 산 대결은 두 신들 사이의 대결이 아니라, 참 신과 신이 아닌 허상 사이의 대결이라 할 수 있다."

그러나 설령 바알이 신이 아닌 허상에 지나지 않는 것이라 해도, 그것은 이스라엘에 너무도 깊이 뿌리내린 탓에 도무지 제거할 수 없는 허상이나 마찬가지이다. 엘리야와 예후의 시대로부터 한참 지난 후인 예레미야의 시대에도 바알을 빙자하여 예언하는 자들이 있다(렘 2:8). 바알 숭배는 성서 시대의 이스라엘 백성에게 "칡넝쿨"과 같은 것이다.

본장 전체에 걸쳐서 엘리야(와 설화자)는 항상 "바알" 앞에 정관사(the)를 붙인다(영어 번역이나 한글 번역에서는 이 정관사를 제대로 살려내지 못함): "바알(the Baal)의 선지자 사백오십 인"(19절); "바알(the Baal)이 만일 하나님이면 그를 좇을지니라"(21절); "바알(the Baal)의 선지자는 사백오십 인이로다"(22절); "엘리야가 바알(the Baal)의 선지자들에게 이르되"(25절); "저희가

… 바알(the Baal)의 이름을 불러 가로되, '바알(the Baal)이여, 우리에게 응답하소서' 하나"(26절); "바알(the Baal)의 선지자를 잡되"(40절). 이처럼 "바알" 앞에 정관사를 되풀이 사용하는 이유는 무엇인가? 이것은 욥기 1~2장에서 "사탄" 앞에 정관사를 되풀이 사용하는 것과 같은 것이다(모두 14차례임). 이를테면 "사탄(the Satan)도 그들 가운데 왔는지라"(욥 1:6)와 같은 표현이 그렇다. 두 경우에 똑같이 정관사는 다음에 이어지는 낱말을 사람 이름에서 호칭으로 바꾸는 역할을 수행한다. 사탄과 바알은 이름을 가진 어떤 존재가 아니라(그들은 이름을 가질 자격이 없다) 어떤 무엇일 뿐이다. 엘리야는 조롱과 멸시를 통해서뿐만 아니라(27절은 바알이 "잠깐 일보러 나간" 까닭에 아무런 반응도 보이지 못한다는 화장실/외설 언어를 사용함[Rendsberg 1988]) 바알을 "그 바알"이라 칭함으로써 하나님을 향한 자신의 믿음을 분명하게 표현하고 있다. 그가 극심한 가뭄 중인데도 제단의 희생제물 위에 네 통의 물을 세 번에 걸쳐서 붓게 함으로써 아까운 물을 낭비한 것(33-35절) 역시 하늘 문을 여실 하나님을 향한 그의 견고한 믿음을 잘 보여 준다.

엘리야가 바알의 예언자들을 사형에 처한 것(40절)은 독자들에게 다소 지나친 행동으로 비칠 수도 있다. 어쩌면 엘리야가 바알의 예언자들을 죽인 것은 야웨의 예언자들을 죽인 이세벨의 행동에 상응하는 것이라 할 수 있다(Jobling 1978: 80). 만일 그렇다면 엘리야는 이세벨을 모방할 뿐 아니라 거의 5백여 명에 달하는 성직자들을 처형함으로써 이세벨을 능가하고 있기까지 한 셈이다. 40절에서 "죽이다, 살육하다"를 가리키는 데 사용된 동사는 '샤하트'이다. 이 동사는 주로 짐승을 죽일 때 사용되는 낱말이다. 이 동사가 사람들을 대량 살육한 경우를 가리키는 데 사용된 경우는 모두 열 번이다(민 14:16; 삿 12:6; 왕상 18:40; 왕하 10:7, 14; 렘 39:6[2x]; 41:7; 52:10[2x]).

19장에서 엘리야는 이세벨이 자기 생명을 직접 위협한 탓에(2절; 엘리야 이야기에서 그녀가 직접 말한 처음 경우에 해당함) 피신을 하지 않을 수 없게 된다. 처음에는 브엘세바(3절)로 피신하고, 그 다음에는 하나님의 산인 호렙/시내 산의 한 동굴로 피신한다(8절). 엘리야의 경험은 모세의 경험과 평행을 이룬다(Coote 1981: 117):

1. 모세가 이집트 사람을 죽임(출 2:12).

   엘리야가 450명의 바알 예언자들을 죽임(왕상 18:40).

2. 파라오가 모세를 죽이고자 함(출 2:15a).

   이세벨이 엘리야를 죽이고자 함(왕상 19:2).

3. 모세가 생명을 건지기 위해 미디안으로 피신함(출 2:15b).

   엘리야가 생명을 건지기 위해 브엘세바와 호렙으로 피신함(왕상 19:3, 8).

4. 모세가 떨기나무 앞으로 나아감(출 3:2).

   엘리야가 로뎀나무 앞으로 나아감(왕상 19:4).

5. 천사가 어디에선가 나타남(출 3:2; 왕상 19:5).

6. 모세와 하나님의 대화와 논쟁(출 3:7~4:17).

   엘리야와 하나님의 대화와 논쟁(왕상 19:9-18).

7. 하나님께서 모세에게 아론을 조력자로 붙여 주심(출 4:14-16).

   하나님께서 엘리야에게 엘리사를 후계자/조력자로 붙여 주심(왕상 19:16, 19-21).

8. 하나님께서 모세에게 이집트로 "돌아가라"['레크 슈브']고 말씀하심(출 4:19).

   하나님께서 엘리야에게 다메섹으로 "돌아가라"['레크 슈브']고 말씀하심(왕상 19:15).

   엘리야가 엘리사에게 부모에게 "돌아가라"['레크 슈브']고 말함(왕상 19:20)

동굴은 은신하기에 아주 좋은 장소지만 동시에 쉽게 잡힐 수 있는 장소요, 산들을 가르고 산사태와 지진을 일으킬 정도의 강한 폭풍을 마주하기에는 위험스러운 장소이다(11절). 엘리야의 "동굴"은 모세의 "반석 틈"(출 33:22)에 상응하는 것이다. 하나님의 영광이 그 틈 사이로 모세 앞을 "지나가며"('아바르,' 출 33:22b; 34:6), 하나님이 엘리야의 동굴 앞을 "지나신다"('아바르,' 왕상 19:11).

본장 서두에서 엘리야는 생명을 건지기 위하여 피신하지만(3절), 광야에서 그는 하나님께 자기 생명을 가져가 달라고 간구한다(4절). 그러나 다행스럽게도 하나님은 그의 요청을 거부하신다. 하나님은 두 차례에 걸쳐서 똑같이 그에게 "엘리야야, 네가 어찌하여 여기 있느냐?"는 질문을 던지신다(9b, 13b절). 하나님께서 만일 "엘리야야, 네가 어찌하여 **여기** 있느냐?"는 질문 대신에 "엘리야야, 네가 어찌하여 **거기** 있느냐?"고 질문하셨다면, 무엇이 달라질까? "여기"는 하나님이 엘리야와 함께 동굴에 계심을 의미한다. 그는 우리가 숨어 있는 절망의 동굴 안으로 들어오시는 하나님이다.

본장은 하나님의 종들에게 승리와 축전(祝典)이 어떻게 하여 좌절과 낙심으로 변할 수 있는지를 보여 주는 훌륭한 실물 교육의 자료에 해당한다:

1. 그러한 좌절감은
   a. 성서 안의 영적인 거인들 중의 한 사람에게서 발견된다.
   b. 하나님께서 기근 중에 기적적인 방식으로 생명을 지켜 주시고 갈멜 산에서 불로 응답하신 직후에 생겨난다.
   c. 850명이나 되는 사람들이 그를 전혀 위협하지 못하자 한 여인이 생명의 위협을 가하는 문제로 인하여 생겨난다.

2. 그러한 좌절감은
   a. 실망감을 불러일으킨다: "이스라엘 자손이 주의 언약을 버리고 주의 단을 헐며"(10, 14절).
   b. 고독감을 불러일으킨다: "오직 나만 남았거늘"(10, 14절).
   c. 피로감을 불러일으킨다: "내가 만군의 하나님 야웨를 위하여 열심이 특심하오니"(10, 14절).

3. 그러한 좌절감에 대하여
   a. 매우 실제적인 사역이 주어진다: "일어나서 먹으라"(5, 7절).
   b. 달려 도망하는 것이 막다른 골목임을 가르쳐 준다: "네 길을 돌이켜"(15절).
   c. 하나님께서 엘리야를 돕는 종 엘리사를 준비하신다(19-21절): "내가 당신을 따르리이다"(20절). 때때로 다른 사람들로 하여금 자기 발을 씻게 해야 할 때도 있다.

열왕기상 19장에 있는 엘리야의 호렙/시내 산 경험은 갈라디아 1:17을 이해하는 데 도움을 줄 수도 있다. 이 구절에서 바울은 자신이 회심 후에 예루살렘으로 가지 않고 도리어 "즉시 아라비아로 갔다"고 말한다. 왜 아라비아로 간 것일까? 아라비아는 어디를 가리키는 것일까? 아라비아는 팔레스타인 남쪽과 남동쪽으로 길게 뻗은 지역을 일컫는다. 특별한 경계선이 없다. 바울은 신약성서에서 아라비아에 대하여 언급하는 유일한 사람이다. 그는 갈라디아 1:17과 4:25("하가는 아라비아에 있는 시내 산으로")에서만 아라비아에 대해 언급한다. 4:25의 아라비아 언급은 시내 산(엘리야가 피신한)이 아라비아에 있음을 우리에게 가르쳐 준다.

바울은 왜 아라비아로 간 것일까? 최근에 자기 삶에 이루어진 모든 일들에 대하여 조용히 반성하는 시간을 갖기 위해서였을까? 이방인을 대상으로 하는 복음 전도를 시도하기 위해서였을까? 아니면 엘리야가 광야로 피신한 것과 똑같은 이유로 그곳에 간 것일까? 엘리야가 호렙/아라비아를 떠나 다메섹으로 갔고(왕상 19:15), 바울이 아라비아를 떠나 다메섹으로 갔다(갈 1:17b)는 점을 주목하라.

바울이 갈라디아 1:14에서 "내가 내 조상의 유전에 대하여 더욱 열심이 있었으나"라고 말할 때, 그의 열심은 열정적인 토라 연구와 토라를 꼼꼼하게 지키려는 노력에 잘 반영되어 있을 뿐만 아니라, 율법을 위반하고 그 율법으로부터 벗어난 자들을 제거하는 데서 확인된다. 실제로 그는 복음의 도를 따르는 자들을 처형하는 데 열심이었다(행 9:2).

하나님을 향한 열심과 종교적인 순수성을 향한 열심에 사로잡힌 다소의 사울과 닮은 사람은 구약성서에 두 명이 있다. 그 중 한 명은 제사장이요 아론의 손자인 비느하스이다. 한 이스라엘 남자와 미디안 여자가 성소 앞에서, 그리고 모세와 온 백성이 보는 앞에서 (제의적인) 성관계를 갖는 모습을 본 비느하스는 그들 둘을 죽임으로써 하나님께서 내리신 전염병을 멈추게 한다(민 25:8). 그의 행동에 대하여 야웨께서는 이렇게 말씀하신다: "비느하스가 나의 질투심으로 질투하여 이스라엘 자손 중에서 나의 노를 돌이켜서 나의 질투심으로 그들을 진멸하지 않게 하였도다"(민 25:11). 사울의 선구자라 할 수 있는 두 번째 사람은 엘리야다. 그는 두 번이나(왕상 19:10, 14) "내가 야웨를 위하여 열심이 특심하오니"라고 말한다. 그 열심에는 바알 예언자들을 죽이는 일이 포함된다. 이렇듯이 비느하스와 엘리야 및 다소의 사울 등은 비슷한 열심을 가진 자들이다. (여기에 이스라엘 왕 예후를 추가할 수도 있다. 이교도들을 모두 죽인 그도 역시 야웨를 위한 자신의 열심을 밝힌 적이 있다[왕하 10:16]) 일부 셈족 언어에서 '카나'는 "매우 붉어지다"라는 뜻을 가지고 있다. 이는 분노하는 모습이 얼굴색에 그대로 반영됨을 암시한다.

엘리야는 이세벨을 만난 후 아라비아로 간다. 다소의 사울은 예수를 만난 후 아라비아로 간다. 이것은 마치 다소의 사울이 "열정적으로 예수 믿는 자들을 박해할 때 열왕기상 18장의 엘리야를 자신의 역할 모델로 삼고, 열광적인 승리를 거둔 후 자신의 생명과 사명을 의심하게 만든 완전히 새로운 현실에 직면해서 열왕기상 19장의 엘리야를 자신의 역할 모델로 삼은 것"처럼 여겨진다(Wright 1996: 687–88). 사울/바울은 나중에 다음과 같은 교훈을 얻는다: "악의 세력을 단번에 물리친 것은 하늘의 부르심을 받은 열성적인 영웅의 활약에 힘입은 이교도들의 패배가 아니라 이교도들의 손에 의한 예수의 죽음이다 … 십자가는 '열심'이 해결하고자 애썼던 문제에 대한 해답을 제공해 준다"(Wright 1996: 691–92).

20장은 아합과 엘리야의 이야기 중간에 끼어 있는 막간극에 해당한다. 왜냐하면 아합은 등장인물로 나오나 엘리야는 그렇지 않기 때문이다(그의 자리를 다른 익명의 예언자들이 차지하고 있기는 하지만[13, 22, 28, 35절]).

열왕기는 아합이 참여한 그 유명한 카르카르(Karkar) 전투를 생략하고 있으면서도, 아합이 이스라엘의 북쪽 국가인 아람/시리아의 왕 벤하닷과 국경 분쟁을 벌인 것을 설명하는 데 한 장 전체(20장)를 할애한다.

아합을 칭하는 표현은 아합 이야기를 다루는 두 개의 장(20장; 22장) — 엘리야가 등장인물로 나타나지 않는 — 에서 엘리야가 등장인물로 나오는 장들(17~19장; 21장)의 경우와 크게 다르다(참조. Brichto 1992: 169). 엘리야가 등장인물로 나오는 장들에서 이스라엘 왕은 32차례에 걸쳐서 단순히 "아합"으로만 불린다(17:1; 18:1, 2, 3, 5, 6, 9, 12, 16[2x], 17[2x], 20, 41, 42, 44, 45, 46; 19:1; 21:2, 3, 4, 8, 15, 16[2x], 20, 21, 24, 25, 27, 29). "아합 왕"이라는 호칭은 두 번밖에 나오지 않는다(21:1, 18). 이와는 대조적으로 엘리야가 등장 인물로 나오지 않는 두 개의 장(20장; 22장)에서는 왕의 신분을 나타내는 호칭이 두드러진다. 20장에서 아합은 한 번만 "아합"으로 불릴 뿐(14절), 나머지 경우는 12차례에 걸쳐 "이스라엘 왕"으로(4, 7, 11, 15, 21, 22, 28, 31, 32, 40, 41, 43절), 그리고 두 차례에 걸쳐 "왕"으로(38, 39절) 불리며, 두 번은 "이스라엘 왕 아합"으로 불린다(2, 13절). 20장이 이처럼 왕의 신분을 나타내는 호칭을 많이 사용하는 것은 엘리야가 없을 때 이스라엘의 왕을 더욱 두드러지게 나타내 보이는 효과를 갖는다.

20장에 있는 "아합"의 삼중적인 사용(2, 13, 14절)은 편집자의 손길에 기인한 것일 수도 있다(DeVries 1978: 122). 그리고 아하시야의 형제요 후계자이면서 동시에 아합의 아들인 이스라엘 왕 요람(여호람)이 20장에 언급되는 실제의 "이스라엘 왕"을 가리킬 수도 있다. 이 점은 왜 20장에 엘리야가 등장하지 않는지를 설명해 줄 것이다. 왜냐하면 엘리야가 아합과 아하시야를 만나는 상황과는 달리, 요람(여호람)과 엘리야가 서로를 알았다거나 만났다는 증거는 어디에도 없기 때문이다.

본장의 마지막 부분(35-43절)을 제외하면, 아합은 엘리야와 같은 역할을 수행하며, 아람 왕 벤하닷이 아합의 역할을 수행한다. 벤하닷은 사마리아를 공격하여 아합 왕실의 보물을 약탈하는 데 열중하며(1-6절), 술에 취하여 있기도 한다(12, 16절). 또한 그는 아합의 신이 평지의 신이 아니라 산지의 신이므로 자신의 군대가 평지에서는 아합의 군대를 이길 수 있다고 믿는다(23절). 그러나 그의 잘못된 판단으로 인하여 그가 거느리는 많은 병사들이 죽임을 당하며(29-30절), 마침내는 아합에게서 자비를 구하는 가련한 상황에 처하게 된다(32-34절).

다른 한편으로, 아합은 한 번도 아니고 무려 세 차례에 걸쳐서 자신에게 좋은 소식을 전하는 한 예언자의 말에 귀를 기울인다(13-15, 22, 28절). 엘리야의 기근 예언이 이제는 한 예언자의 승리 약속으로 대체된다. 예언자들의 이러한 메시지는 아합에게 자랑거리를 만들어 주기 위한 목적보다는, 도리어 그로 하여금 "내가 야웨인 줄 알게" 하려는 목적을 가지고 있다(13b, 28b절). 그러나 아합은 바알의 예언자들에게 임한 일을 보고서, 그리고 18장에서 기근이 끝나는 모습을 보고서 이미 그 점을 알아챘을 수도 있다. 아마도 그는 좀 더 납득할 만한 증거가 필요했을 것이다. 아마도 그는 야웨가 참으로 야웨이시고, 야웨께서 아람의 신들에게 승리를 거두신다면 그것은 곧 믿음이 말들과 병거들에 대하여 승리를 거둔 것이나 마찬가지임을 알아야 할 필요가 있었을 것이다. 이스라엘이 이집트를 떠나려고 준비할 때, 이집트에 임한 재앙들은 그들로 하여금 이제껏 그들이 야웨에 대하여 가지고 있던 개념보다 좀 더 깊은 의미에서 야웨가 곧 하나님임을 아는 데 도움을 주었을 것이다(출 6:7). 물론 그러한 재앙들을 통해서 드러난 하나님의 권능이 파라오와 이집트의 하나님 인식에도 상당한 영향을 주었을 것이라는 점은 더 말할 필요가 없을 것이다(출 7:5, 17; 8:10, 22; 9:14, 29; 10:2; 11:7; 14:4, 18).

20장의 마지막 단락(35-43절)은 이름이 알려지지 않은 예언자 무리의 한 구성원이 14장에 있는 여로보암의 아내와 같은 방식으로 변장하는 모습을 보여 준다. 자신을 숨기고 변장한 다말이 시아버지가 지나가기를 기다리던 것처럼(창 38:14), 그도 왕이 지나가기를 기다린다. 속임수를 써서 머리에 붕대를 감은 그 예언자는 벤하닷에게 관용을 베푼 왕의 행동을 비난한다. 사실은 그를 처형해야 했는데 그렇게 하지 않았다는 것이다.

이 예언자의 계략은 사무엘하 12장에서 나단이 다윗을 대할 때 사용한 계략이나 사무엘하 14장에서 드고아의 지혜로운 여인이 다윗을 대할 때 사용한 계략을 연상시킨다. 스턴버그(1987: 429)가 지적한 바와 같이, 어느 경우든 "왕은 자기가 누군가의 말을 전달하는 자의 말을 듣는 것이 아니라 자기에게 처음으로 말하는 자의 말을 듣고 있다는 착각에 빠져 있다. 또한 그는 자기가 자신의 문제와 전혀 무관한 진정한 법정 소송을 다루고 있다고 착각한다. 비유를 통하여 이처럼 아이러니컬한 모순을 만들어낸 그 예언자는 비유 장르 자체가 가지고 있는 한계와는 무관하게, 그 비유를 매개로 하여 왕으로 하여금 자신의 행동을 스스로 판단하게 만든다."

이스라엘 왕의 구체적인 죄목은 "내[야웨]가 멸하기로 작정한['헤렘'] 사람을 네 손으로 놓아주었다"(42a절)는 데 있다. 우리는 '헤렘' 을 위반한 행동이야말로 구약성서에서 가장 나쁜 신성모독죄 중의 하나라는 것을 알고 있다. 아간과 여리고의 이야기(수 7장)나 사울과 아말렉 족속 및 그들의 왕 아각 등에 얽힌 이야기(삼상 15장)가 그 증거에 해당한다. 어느 경우에든 야웨께서는 상대방을 멸하라는 분명한 명령을 내리신 바 있다. 그런데 여기서는 그렇지 않다. 이스라엘 왕의 "죄"는 탐욕(탐욕)이나 자기 합리화(사울)에 있는 것이 아니라 자비와 용서 및 유순함에 있다. 과연 이러한 죄는 정당한 것일까? 혹시 20장의 예언자가 잘못 말하고 있는 것은 아닐까?

20장을 **21장**과 연결짓는 한 가지 요소는 20장의 말미와 21장의 서두에서 아합이 "근심하고 답답한"('사르 웨자에프') 상태에 있다는 점이다(20:43; 21:4). 아합은 자기가 만난 깐깐한 예언자와 자신의 거주지 가까이에 사는 완고한 한 사람의 이웃으로 인하여 실의와 낙담에 빠진다. 21장은 이스르엘을 무대로 하고 있다. 아합은 두 개의 거주지를 가지고 있음이 분명하다. 그 하나는 좀 더 따뜻한 이스라엘 골짜기의 겨울 별장이고(1절), 다른 하나는 사마리아에 있는 왕궁이다(18절). 그의 이웃은 나봇이다. 아합은 이스르엘에 있는 자신의 부동산을 넓히려는 목적으로, 나봇에게 다른 포도원이나 그에 상응하는 가격을 대가로 지불할 테니 그가 가진 포도원을 자신에게 양도하라고 제안한다.

나봇이 왕의 제안을 거절한 이유(3절)는 레위기 25:23–24에 기록된 가르침에 기초하고 있는 것으로 보인다. 이 본문에 의하면 하나님의 품꾼인 이스라엘 자손(지파나 개인)은 되돌릴 수 없는 방식으로 땅을 팔아넘기지 못한다. 이 때문에 경작지를 팔아넘긴 자의 일가친척은 그 땅이 또 다시 팔려서 되돌아올 수 없는 상태가 되기 전에 속량해야 할 의무를 지고 있다. 따라서 왕처럼 힘 있는 자라 할지라도 자기 신하에게 가족 명의의 부동산을 조금이라도 팔도록 법적으로 강요하지 못한다. 예언자들은 가난한 자들의 땅을 빼돌리는 부자와 힘 있는 자들의 행태를 비난한다. 이에 대하여 이사야는 "가옥에 가옥을 연하며 전토에 전토를 더하여 빈 틈이 없도록 하고 이 땅 가운데서 홀로 거하려 하는 그들은 화 있을진저!"(5:8)라고 말하며, 미가는 악인들에 대하여 "밭들을 탐하여 빼앗고 집들을 탐하여 취하니 그들이 사람과 그 집 사람과 그 산업을 학대하도다"(2:2)라고 말한다.

나봇이 아합의 제안을 거절한 배후에는 토지 경계표를 옮길 수 없다는 여러 가르침들이 작용하고 있었을 수도 있다: "선인의 정한 네 이웃의 경계표를 이동하지 말지니라"(신 19:14); "그 이웃의 지계표를 옮기는 자는 저주를 받을 것이라 할 것이요"(신 27:17); "네 선조의 세운 옛 지계석을 옮기지 말지니라"(잠 22:28). 사회적인 약자들은 밤중에 은밀하게 경계표를 옮기는 범죄 행동에 대하여 특히 취약할 수밖에 없었다. 왜냐하면 그들은 자기들의 권리를 방어할 만한 수단을 가지고 있지 못했기 때문이다. 여기서 심정적으로 크게 중요한 의미를 갖는 것은 그들이 조상들로부터 물려받은 땅에 대하여 가지고 있는 강한 애착심이다. 신명기 19:14은 "선인(이전 세대들을 가리킴: 역주)의 정한"이라는 표현을 통하여 이 점을 분명하게 밝히고 있다. 나봇이 "내 열조의 유업"이라고 표현한 것도 같은 이치에 속한다(3절).

그러나 이세벨은 이 문제를 남편 아합과는 조금 다른 시각에서 이해한다. 여기서 우리는 배우자들에 의하여 근본적으로 상이한, 그리고 상호 배타적인 주요 가치들이 결혼과 가정에 도입된 고전적인 예를 발견한다. 아합은 자기 소유가 아닌 것을 가질 수 없다는 사실을 그대로 받아들인다. 자신이 그것을 아무리 원한다 할지라도 말이다. 그러나 이세벨은 힘을 가진 자라면 누구나 자기가 원하는 것을 소유할 수 있으며, 그것을 얻는 데 필요한 어떠한 수단도 사용할 수 있다는 삶의 철학을 가지고 있다. 페니키아 사람인 이세벨이 자신의 삶을 이스라엘의 십계명에 맞출 것이라고 기대하기는 어려운 일이다. 그 까닭은 고대 우가릿에서 발견된 가나안의 주요 서사시들 중 하나가 탐욕스런 여신 아낫(Anat)을 호의적으로 묘사하고 있기 때문이다. 그 서사시에 의하면, 아낫은 청년 아캇(Aqhat)에게서 그의 수중에 있던 활 — 신들에 의해 아주 정교하게 만들어진 — 을 얻으려다가 거절당하자 무력으로 그것을 빼앗으려 한다.

이세벨은 두 명의 "불량배들"(마치 그녀는 그런 부류의 사람이 아닌 양)로 하여금 나봇에게 하나님과 왕을 저주한 죄목을 뒤집어씌우게 한다. "저주하다"를 뜻하는 10절과 13절의 히브리어 낱말은 사실상 "축복하다"라는 뜻을 가진 낱말이다. 욥의 아내가 하나님을 대상으로 하여 "축복/송축하다"를 "저주하다"로 바꾸어 표현하는 경우도 마찬가지이다: "하나님을 욕하고[송축하고, bless] 죽으라"(욥 2:9). 나봇은 신성모독의 죄목으로 돌에 맞아 죽는다.

열왕기하 9:25-26에 의하면 그의 아들들도 똑같이 돌에 맞아 죽는다. 그렇게 함으로써 이세벨은 아버지의 포도원을 상속할 자들을 제거한다.

아합이나 이세벨은 어느 누구도 나봇의 집안에 발생한 일의 전모를 서로에게 말하지 않는다. 아합은 왜 나봇이 포도원을 자기에게 팔려고 하지 않았는지를 이세벨에게 말하지 않으며(3절과 6절 비교), 이세벨은 아합에게 나봇이 어떻게 죽었는지를 말하지 않는다(9-14절을 15절과 비교). 스턴버그(1987: 408)가 지적한 바와 같이, "남편을 위하여 이미 추한 일을 마무리한 이세벨은 그의 유약한 양심을 지켜 주려고 '나봇이 돌에 맞아 죽었나이다' 라는 잔인한 소식을 '나봇이 살아 있지 아니하고 죽었나이다' 라는 소식으로 희석시킨다." 놀랍게도 아합은 나봇이 어떻게 죽었는지에 관해 아무것도 묻지 않는다. 그는 단순히 "자신의 새로운 장난감을 품에 안기 위해 황급히 달려갈" 뿐이다(Brichto 1992: 149).

그러나 바로 이때 다시금 엘리야가 그들 주위를 배회한다(17-29절). 그는 아합의 미래(20-22절)와 이세벨의 미래(23절, 그녀를 개의 먹이로 격하시킴)에 관한 메시지를 전한다. 아합은 결코 엘리야를 "성직자"로 부르지 않는다. 도리어 그는 엘리야를 "이스라엘을 괴롭게 하는 자"(18:17)로, 또는 "내 대적"(20절)으로 칭한다.

다행스럽게도 아합은 엘리야가 선포한 예언의 말씀에 겸손하게 굴복한다(27-29절; 그러나 이세벨은 그렇지 않음, 너무 오만해서일 수도 있고 그런 기회가 주어지지 않아서일 수도 있음). 그렇다고 해서 죄의 결과가 사라지는 것은 아니다. 그것은 다음 세대에게로 넘어갈 뿐이다("내가 재앙을 저의 시대에 내리지 아니하고 그 아들의 시대에야 그 집에 재앙을 내리리라," 29절). 이것은 수직적인 보복의 교리, 곧 연기된 심판의 또 다른 예에 해당하는 것이다. 그것은 다윗의 아들(삼하 12:13-14)과 여로보암의 아들(왕상 14:17-18)에게, 그리고 페니키아 과부의 아들(왕상 17:18, 그녀 자신이 그렇게 생각함)에게 그대로 이루어지며, 이제는 아합의 아들에게도 이루어진다. 그것은 십계명의 두 번째 계명에 속한 것이기도 하다.출 20:5; 신 5:9). 출애굽기 34:7b와 레위기 26:39b(자기들이 앞선 세대들의 축적된 죄와 자기들 자신의 죄로 인하여 고통을 당하고 있다는 포로민들의 생각은 단지 그들의 고통을 더해 줄 뿐이다)도 참조하라. 이와 동일한 개념은 애가 5:7에서도 발견된다: "우리 열조는 범죄하고 없어졌고 우리는 그 죄악을 담당하였나이다." 여기서 중요한 것은 하나님의 거룩하심과 하나님의 은총을 어떻게 조화시킬 것이냐 하는 것이다. 월쉬(Walsh 1992: 207)가 지적한 바와 같이, "탈리온의 법과 하나님의 자비는 서로 대립되는 개념이다 … 그러나 이 두 가지 현실은 야웨의 뜻을 그대로 반영하고 있다 … 우리는 어떠한 일이 발생하든지 간에 야웨의 뜻이 어느 정도는 야웨 자신에 의해 왜곡되어야 한다는 것 때문에 불편함을 느낀다."

본장은 명확하게 두 부분으로 나뉜다: 1–16절과 17–29절(Walsh 1992). 첫 번째 부분은 나봇의 포도원으로 시작하여(1절) 나봇의 포도원으로 끝을 맺는다(16절). 두 번째 부분은 엘리야에게 임하는 야웨의 말씀으로 시작하여(17절) 엘리야에게 임한 또 다른 계시로 끝을 맺는다(28–29절). 첫 번째 부분에서 아합은 자신이 소유할 수 없는 포도원을 탐낸다. 어쨌든 그는 거짓과 폭력으로 그것을 얻는 데 성공한다. 두 번째 부분에서 아합은 엘리야의 심판 메시지를 듣지만, 회개하는 모습을 보임으로써 즉각적인 죽음을 면한다. 첫 번째 부분에서는 거짓된 금식이 선포되지만(9, 12절), 두 번째 부분에서는 진실한 금식이 시행된다(27절). 첫 번째 부분에서는 이세벨이 편지를 쓰고, 두 번째 부분에서는 엘리야가 구두 메시지를 선포한다. 그리고 두 사람의 메시지는 똑같이 누군가의 죽음으로 이어진다. 첫 번째 부분에서는 나봇이 조상들로부터 물려받은 포도원을 잃지만, 두 번째 부분에서는 아합에게 임한 심판 메시지가 그의 아들들에게 계승된다.

이 불행한 사건을 통하여 아합과 이세벨은 적어도 다섯 개의 계명들을 위반하는 죄를 범한다: 그들은 조상 대대로 물려온 재산을 탈취함으로써 나봇의 부모를 욕되게 하며(다섯 번째 계명), 나봇 집안 식구들을 죽이고(여섯 번째 계명), 나봇의 포도원을 도적질한다(여덟 번째 계명). 또한 그들은 이웃에게 대하여 거짓 증거를 하며(아홉 번째 계명), 특히 아합은 이웃의 것을 탐내는 죄를 범한다(열 번째 계명). 아합은 자신이 가지고 있는 것에 만족하는 법을 배운 적이 없었다(빌 4:11 참조). 그러한 탐욕으로 인하여 아합은 다음과 같은 일들을 경험하게 된다:

1. 결코 통제된 적이 없는 강박관념에 사로잡힌다
   ("내게 주어" — 아합[왕상 21:2]; 탕자[눅 15:12]; 마술사 시몬[행 8:19])
2. 결코 의도한 적이 없는 죄를 범한다
   (합리적인 명분으로 시작했다가 결국 비극으로 끝을 맺는 아담과 하와도 그렇다)
3. 결코 누려본 적이 없는 소유물을 얻는다
   (예언자들은 사람들의 양심과 영혼속으로 파고드는 하나님의 목소리를 대변한다)

22장은 독자들을 20장으로 데리고 돌아간다. 이 두 장은 똑같이 이스라엘 왕과 아람 왕 사이에 벌어지는 국경 분쟁을 다룬다. 어느 장에서도 엘리야는 발견되지 않는다. 도리어 다른 예언자들이 눈에 띈다(29장: 익명의 예언자들; 22장: 미가야). 22장에서는 20장에서와 마찬가지로 "아합"이라는 이름이 드물게 나타난다: 아합과 미가야의 만남을 다루는 부분(1-38절)에서는 20절에서 딱 한 번 나타나며, 그의 죽음에 관한 소식을 다루는 부분(39-40절)에서 두 번 언급된다. 그리고 마지막으로 아하시야의 아버지인 여호사밧의 동시대대인으로 세 번 언급된다(41, 49, 51절). 이와는 대조적으로 1-38절에서는 "이스라엘 왕"이라는 한층 일반적인 호칭이 17번 나오며(2, 3, 4, 5, 6, 8, 9, 10, 18, 26, 29, 30[2x], 31, 32, 33, 34), "왕"이라는 호칭은 열 번 나온다(12, 13, 15[3x], 16, 27, 35, 37절[2x]).

유다 왕 여호사밧은 길르앗 라못이라는 중요한 성읍을 위해 싸움으로써 요단 동편에 있는 이스라엘 영토를 수복하려는 아합의 무력 시도에 동의한다(1-4절). 이때 그가 아합에게 보이는 반응(4절)은 룻이 한 말("어머니께서 가시는 곳에 나도 가고," 룻 1:16)과 비슷하게 들린다. 아합에게 패한 벤하닷이 자기 아버지가 아합의 아버지로부터 취한 성읍들을 돌려주겠다고 약속한 것(20:34)에 비추어볼 때, 길르앗 라못은 그러한 벤하닷의 약속에 포함되지 않은 성읍이었을 수도 있다. 아니면 벤하닷이 약속을 위반했을 수도 있다.

여호사밧은 사리를 아는 사람이고 종교적인 성향이 강한 사람이다. 첫째로 그는 그 문제에 관한 하나님의 뜻을 알고 싶어 한다(5절). 아합은 4백 명의 예언자들에게서 긍정적인 답변을 이끌어내는 데 성공한다(6절). 4백 명이나 되는 설교자들이 어떤 문제에 관하여 한결같이 동일한 목소리를 내고 있다는 것은 정말 의심스러운 일이 아닌가! 영감받은 자라면 누구나 그렇게 무리 지어 활동하지 않는다. 여호사밧은 그처럼 한결같은 낙관주의에 감동하지 않는다. 그 까닭에 그는 그 문제에 관하여 단 한 명의 예언자에게만 물어볼 것을 청한다. 미가야가 그 한 명의 예언자로 지목된다. 미가야는 "401번째 예언자"인 셈이다.

미가야는 아합이 좋아하는 설교자가 아니다. 왕은 그에 관하여 이렇게 말한다: "저는 내게 대하여 길한 일은 예언하지 아니하고 흉한 일만 예언하기로"(8절). 아합이 "우리에게"라고 말하지 않고 도리어 "내게"라고 말하는 것을 주목하라. 바로 이 점이야말로 본장이 강조하는 주요 사항들 중의 하나일 수도 있다: "자기 백성의 행복을 약속하실 때 야웨께서 반드시 자신의 정치적인 의지를 백성에게 강요하는 한 개인 지도자의 성공에만 매달리시는 것은 아니다. 지도자는 소모품이나 마찬가지이다. 백성들은 결코 그렇지 않지만 말이다"(De Vries 1978: 38).

18장에서는 한 예언자(엘리야)가 450명(850명)의 예언자들에 맞서 싸운다. 그런데 여기서는 한 예언자(미가야)가 4백 명의 예언자들에 맞서 싸운다. 야웨의 예언자가 바알 예언자들의 강한 반대에 부닥친다는 것은 충분히 예상할 만한 일이다(18장). 그러나 야웨의 예언자를 향한 그처럼 강한 반대는 야웨의 다른 예언자들에게서 비롯될 수도 있다. 그것은 정말 묘한 일이다. 동료애가 있음직한 곳에서 대결의 모습이 드러나기 때문이다.

15b절에서 다수의 견해에 동의한 것 같은 모습을 보인 후에(조롱하는 투로? 아니면 진짜 희망하는 마음으로?), 미가야는 19-22절에서 이사야가 경험한 것(사 6장)과 매우 유사한 환상을 소개한다. 이 환상에 의하면, 하나님은 아합을 "꾀어" 길르앗 라못을 공격하게 할 누군가를 찾으신다. 한 "영"이 그를 꾀겠다고 자원한다. 야웨는 이 초자연적인 지원자와 그의 계략을 받아들이시며, 그에게 성공을 약속하기까지 하신다("너는 꾀이겠고 또 이루리라"[22b절]).

하나님은 그러한 전략을 유도하시거나 승인하신 것일까?(Roberts 1986) 예
레미야는 그렇게 생각한다. 예레미야 4:10에서 그는 이렇게 말한다: "슬프도
소이다. 주 야웨여, 주께서 진실로 이 백성과 예루살렘을 크게 속이셨나이
다"("속이다"라는 뜻의 히브리어 동사가 열왕기상 22장의 것과는 다름). 예
레미야 15:18에서 그는 하나님이 자기에게 대하여 "속이는 시내"(역시 "속임
수"를 뜻하는 히브리어 낱말이 열왕기의 것과는 다름)와 같다고 말한다. 가
장 흥미로운 본문은 예레미야 20:7이다. 이곳에서 예레미야는 열왕기상 22장
의 것과 동일한 동사('파타'의 피엘형)를 사용한다. "성공하다, 이기다"라는
뜻의 동사 역시 마찬가지이다:

> 열왕기상 22:22: "너는 꾀이겠고['파타' 의 피엘형] 또 이루리라['야콜']."
> 예레미야 20:7: "야웨여, 주께서 나를 권유하시므로['파타' 의 피엘형] 내
> 가 그 권유를 받았사오며 주께서 … 이기셨으므로['야콜']."

물론 위에 언급한 예레미야 본문들은 확실히 깊은 절망의 때에 표현된 예
레미야의 정서를 반영하고 있는 것들이다. 그것들을 꼭 평상시의 정상적인
정통 신앙고백 진술들로 볼 필요는 없다. 그러나 사도 바울은 정통 신앙의
뛰어난 대변인으로서 임박한 주의 날에 관해 이렇게 말한다: "이러므로 하나
님이 유혹을 저의 가운데 역사하게 하사 거짓 것을 믿게 하심은"(살후 2:11).
미가야가 그렇게 말한 것 때문에 아합은 그를 감옥에 가둔다(26-27절). 성
서에 기록된 미가야의 마지막 발언은 아합을 향한 것이다: "왕이 참으로 평
안히 돌아오시게 될진대 야웨께서 나로 말씀하지 아니하셨으리이다"(28a
절). 미가야의 말은 위장된 불안감일 수도 있고(그는 아합이 돌아오지 않을
것임을 알고 있다), 진정한 불안감 — 해밀턴(Hamilton 1994: 657)이 "미래의
불확실성에 관한 원리"라 부르는 — 일 수도 있다. 이것은 예언자에게조차
미래가 분명하게 알려지지 않을 수도 있음을 의미한다. 그 미래가 현재나 과
거가 될 때까지는 말이다.
아합은 평화로이 돌아오지 못한다. 그가 사람들의 눈에 쉽게 띌 수 있는
왕의 복장을 벗어 버리고 일반 병사의 옷으로 변장했음에도 불구하고(30절),

한 시리아 병사가 이스라엘 군인에게 부상을 입히려는 의도로 아합이 입은 갑옷의 가슴막이 이음새 부분을 겨냥하여 활을 쏜다(34절). 마치 다윗의 돌이 골리앗의 노출된 이마를 맞춘 것과 똑같이 말이다. 아합은 피를 너무 많이 흘린 탓에 죽고, 사마리아의 연못에 있던 개들이 그의 피를 핥으며 창기들은 그 연못 안에서 목욕을 한다(38절). 아합은 시리아 왕의 목숨을 좌지우지할 수 있는 상황에서 그의 목숨을 건져 주었지만(20:34), 결과적으로는 시리아 왕의 한 병사가 그의 생명을 끝장내고 만 셈이다. 아합은 몇 가지 장점들을 가지고 있음에도 불구하고 자신의 어리석음으로 인하여 이 세상을 하직하고 만다. "측량할 수 없는" 하나님의 뜻 때문만은 아니었던 것이다. 그의 생애와 죽음은 "운명의 비극이라기보다는 결함의 비극"이라 할 수 있다(Hamilton 1994: 602).

엘리야와 관련된 사건들은 아직 두 개나 더 남아 있다(왕하 1:1-18; 2:1-18). 세례 요한(마 3:4; 막 1:6)과 마찬가지로 엘리야는 값비싼 옷 대신에 금욕주의자의 옷을 선호한다(1:8; 개역은 "털이 많은 사람"이라고 번역하나 "털옷 입은 사람"으로 번역될 수도 있음: 역주). 그는 아하시야 왕(아합의 아들이요 계승자인)의 심한 낙상(落傷)이 나을 수 있는지를 묻기 위해 "에그론의 신 바알 세붑"을 찾아가는 아하시야 왕의 사자들을 만난다. 그들이 인접한 블레셋의 한 성읍인 에그론으로 가야만 했다는 것은 이스라엘 땅 안에서 야웨 아닌 다른 신에게 묻는 것을 엘리야가 대단히 싫어했음을 증거하는 것일 수도 있다. 그런데 이곳의 상황은 열왕기하 5장의 상황과 정반대로 전개된다. 열왕기하 5장에 의하면 다메섹 출신인 시리아의 군대 장관 나아만이 질병 치료를 위해 사마리아에 있는 야웨의 예언자를 찾는다. "다메섹에 하나님이 없어서 너희가 이스라엘과 엘리야의 신 야웨에게 물으러 가느냐?"라는 말로 나아만을 책망하는 아람의 엘리야가 없는 것이 나아만에게는 다행스러운 일이 아닐 수 없다.

에그론의 신을 "바알 세붑"(보통은 다곤)으로 칭하는 것은 열왕기하 1장에서만 발견되는 독특한 호칭이다. 이 이름은 "파리들의 주" 또는 "파리 대왕"을 뜻하는 것으로, "바알 세불"("군주 바알" 또는 "위엄 있는 주")을 일부러 왜곡시킨 것(따라서 만들어낸 것)일 수도 있다. 신약성서에서 바알 세불은 원형적인 하나님의 대적을 가리키는 이름이다(마 10:25; 12:24; 막 3:22; 눅 11:15-19).

아하시야의 잘못은 그가 긴박한 상황에서 질병 치료와 건강 회복을 위해서는 야웨 아닌 다른 신을 찾아야 한다고 믿었다는 데 있다. 이러한 일탈 행위로 인하여 그는 102명의 생명(1:9-12)과 자기 자신의 생명(1:16-17)을 잃게 된다. 그의 뒤를 위어 동생 요람(여호람)이 왕위에 오른다.

흥미롭게도, 아합은 이세벨을 통하여 바알 숭배나 바알 예언자들과 깊은 관계를 맺게 되었음에도 불구하고, 자신의 두 아들들에게 야웨라는 이름의 단축된 형태가 포함된 이름을 지어준다. "아하시야"는 "야[웨]께서 [손을] 잡으셨다"는 뜻을 가지고 있으며, "여호람"은 "야웨께서 높이 [오르셨다?]"는 뜻을 가지고 있다. 그는 자기 아들들에게 "아하스바알"이나 "바알람"이라는 이름을 지어주지 않은 것이다. 그가 지어준 이름들은 하나님을 영화롭게 하는 것들이다. 그러나 불행하게도 그들의 행동은 그렇지 않다. 열왕기하 1:1-17의 경우, "야웨께서 잡으셨다"는 이름의 왕은 바알 세붑을 잡는다.

자신과 관련된 마지막 장면에서 엘리야는 엘리사를 이곳저곳으로 데리고 다니며(길갈에서 벧엘을 거쳐 여리고로), 마지막에는 요단 강을 건넌다. 거기서 그는 하늘로 올라가지만, 그 전에 자신이 가진 영의 "두 몫"(개역은 "갑절"로 번역하나 사실은 장자의 몫인 "두 개의 몫"을 의미한다: 역주)을 엘리사에게 준다(2:1-18).

이 장면 앞뒤의 상황은 성서 안에 평행 자료들을 가지고 있다. 첫 번째 평행 자료는 하나님의 신이 후계자인 여호수아에게 임하기 전에 모세가 "떠나야" 하는 장면에서 발견된다(민 27:18-23; 특히 신 34:9: "모세가 눈의 아들 여호수아에게 안수하였으므로 그에게 지혜의 신이 충만하니"). 모세가 떠난 뒤에는 사람들이 그를 찾지 못하는 바, 이는 엘리야의 경우도 마찬가지이다(2:16-18). 그리고 두 번째 평행 자료는 신약성서에서 발견된다. 예수께서는 성령이 제자들에게 임하기 전에 떠나야만 한다(행 1:1-11). 예수의 승천을 가리키는 헬라어 낱말("올리우다"; 행 1:2, 11)은 '아날람바노'이다. 이 낱말은 엘리야의 승천을 묘사하는 열왕기하 2:9-11(70인역)에서도 사용된다. 엘리야에게 있던 영의 두 몫을 받은 엘리사는 자신이 과거에 하지 않았고 할 수도 없었던 일들을 할 수 있게 된다. 오순절의 성령 충만을 경험한 120명의 다락방 성도들 역시 자기들이 과거에는 하지 않았고 할 수도 없었던 일들을 할 수 있게 된다.

엘리사가 엘리야에게 요구한 "영감의 두 몫"(2:9)은 그가 자신의 스승에게 있던 영감의 두 배를 원했음을 뜻하지 않는다. 어떤 제자도 선구자나 스승의 힘을 두 배나 더 갖기를 열망하지 않는 법이다. "두 몫"은 사실 삼분의 이를 뜻한다. 이 히브리어 표현은 신명기 21:17(최우선 순위 상속자가 한 몫을 받는 다른 형제[들]과는 구별되게 받는 몫을 가리킴)과 스가랴 13:8("이 온 땅에서 삼분의 이는 멸절하고 삼분의 일은 거기 남으리니")에서도 발견된다. 어떠한 상속자도 부동산을 두 배로 소유할 수는 없을 것이다. 따라서 만일 누군가에게 두 명의 아들이 있다면, 큰 아들은 삼분의 이를 갖게 되고, 둘째 아들은 삼분의 일을 갖게 된다. 만일 누군가에게 세 아들이 있다면, 큰 아들은 절반을 갖게 되고, 나머지 두 아들은 사분의 일씩을 갖게 된다. 만일 누군가에게 네 아들이 있다면, 큰 아들은 오분의 이를 갖게 되고, 나머지 세 아들은 오분의 일씩을 갖게 된다. 그리고 만일 누군가에게 아홉 아들이 있다면, 큰 아들은 십분의 이를 갖게 되고, 나머지 여덟 아들은 십분의 일씩을 갖게 된다. 엘리사가 엘리야에게 두 몫을 요구했다는 것은 곧 그가 자신을 엘리야의 여러 계승자들 중의 한 명으로가 아니라 그의 유일한 계승자로 인정할 것을 요구했음을 뜻한다.

하나님의 신이 개개인에게 임하되 일시적이고 잠정적으로만 그를 지배하던 사사 시대의 모습과는 달리, 엘리사의 경우에는 하나님의 신이 계속해서 항구적으로 "머문다"(2:15). 하나님의 신이 누군가에게 "머무는" 것을 뜻하는 동사('누아흐')는 백성을 다스리는 일에 모세와 책임을 함께 나눌 장로들에 대해서도 사용된다("그들에게도 신이 임하였으므로"; 민 11:25–26). 이사야 역시 메시아적인 왕에 관한 예언에서 이 동사를 사용한다: "야웨의 신 … 이 그 위에 강림하시리니"(사 11:2).

초기 유대교의 한 전승은 엘리사가 표적과 기사를 행함으로써 사실상 자신의 유명한 선구자를 능가했다고 말한다: "엘리사는 열여섯 번의 기적을 행하고, 그의 스승인 엘리야는 여덟 번의 기적을 행한다." 이러한 수치로 인하여 어떤 이들에게 "두 몫"은 "두 배나 많음"을 뜻할 수도 있을 것이다. 그러나 "열여섯"이라는 수가 어디서 유래한 것인지는 확실치 않다. 우리가 보건대 엘리사는 아마도 열세 번의 기적을 행했을 것이다:

1. 엘리야의 겉옷으로 요단 강을 쳐서 물이 갈라지게 한다(2:13-14)
2. 소금을 던져 넣음으로써 쓴물을 단물로 바꾼다(2:19-22)
3. 모압과 메사를 상대로 하여 싸우는 세 왕들에게 에돔의 한 개천이 격류로 가득 차게 될 시점을 정확하게 알린다(3:16-18) (갑작스런 폭풍우가 메마른 하상(河床)을 그토록 빠른 속도로 가득 채운 것은 드문 일이 아니다)
4. 한 과부에게 풍성한 기름을 제공함으로써, 그녀로 하여금 종으로 팔릴 뻔한 두 아들을 채주로부터 건질 수 있게 한다(4:1-7)
5. 아이를 낳지 못한 한 여인, 곧 엘리사가 머물던 집의 주인에게 아들을 가질 것임을 예언함(4:15-17)
6. 그 아들이 죽었다가 다시 살아남(4:18-37)
7. 밀가루를 던져 넣음으로써 먹을 수 없는 국을 먹을 수 있는 국으로 바꿈(4:38-41)
8. 상대적으로 적은 양의 음식물로 많은 수의 사람들을 먹임(4:42-44)
9. 나아만의 나병을 고침(5:1-27)
10. 도끼 머리를 떠오르게 함(6:1-7)
11. 불말과 불병거로 산을 가득 채우고 아람의 침략군을 눈멀게 함(6:8-23), 누군가의 눈을 열고(6:17) 다른 누군가의 눈을 닫는(6:18) 기적을 행함
12. 도마처럼 조롱하는 투로 불신하는 자들이 있음에도 불구하고(7:2, 17-20) 기근이 끝날 것이라는 예언이 그대로 이루어짐(7:1, 16)
13. 엘리사의 무덤에 던져진 시체가 엘리사의 뼈에 닿는 순간 생기를 회복함(13:20-21)

이상의 목록은 몇 가지 것들을 암시한다. 첫째로 엘리사가 행한 기적들(엘

리야가 행한 기적들도 마찬가지임)은 모세나 여호수아 시대의 기적들보다는 예수께서 행하신 기적들에 더 가깝다. 왜냐하면 모세나 여호수아 시대의 기적들(예로써 바다가 갈라지는 일이나 만나로 이스라엘 백성을 먹이는 일, 요단 강물이 멈추어 서는 일 등)이 국가 전체의 유익을 위한 것들인 반면에, 엘리사(와 엘리야)가 행한 기적들은 주로 개개인의 유익을 위한 것들이기 때문이다.

둘째로 엘리사가 행한 기적들 중의 일부는 엘리야가 행한 기적들 중의 일부와 매우 비슷하다. 두 사람은 똑같이 겉옷으로 요단 강을 가른다(왕하 2:8; 2:14). 두 사람은 똑같이 적은 양의 음식물을 가지고 많은 수의 사람들이나 한 가족을 먹인다(왕상 17:14-16; 왕하 4:1-7). 두 사람은 똑같이 병든/죽은 아들을 치료/소생시킨다(왕상 17:17-23; 왕하 4:18-36). 두 사람은 똑같이 불을 사용한다(왕상 18:24, 38; 왕하 1:10, 12; 6:17). 두 사람은 똑같이 누군가가 어떤 일을 일곱 번 되풀이하는 일에 초점을 맞추고 있는 기적 사건에 관여하고 있다(왕상 18:43-44; 왕하 5:10, 14). 두 사람은 똑같이 기근을 종식시킨다(왕상 18:41-45; 왕하 7:1, 16).

엘리사가 하나님의 신에 의지하여 엘리야가 행한 기적들의 일부를 반복할 수 있다는 사실은 엘리야가 절대적으로 독특하고 전능한 예언자가 아님을 의미한다. 루이스(Gros Louis 1974: 183)는 두 사람 사이의 유사성을 이렇게 설명한다: "엘리야나 엘리사는 힘이나 능력에서 서로 동등하지만, 그들의 재능은 다른 곳으로부터 비롯된 것이다. 물론 열왕기에 있는 모든 자료들은 그 다른 곳이 이스라엘의 하나님 야웨임을 분명하게 증거하고 있다."

셋째로 엘리사는 신약성서에서 단 한 번만 언급될 뿐이다("또 선지자 엘리사 때에 이스라엘에 많은 나환자가 있었으되"[눅 4:27]). 이와는 달리 엘리야는 여러 차례 언급된다: (1) 세례 요한과 예수의 정체와 관련하여(마 11:14; 17:10-13; 막 6:14-15; 8:28; 9:9-13; 눅 1:7; 요 1:19-21); (2) 예수의 설교에서(눅 4:25-26); (3) 변화산에서(마 17:1-8; 막 9:2-8; 눅 9:28-36); (4) 중재 기도의 한 표본으로(약 5:17); (5) 자신을 죽여달라고 하나님께 기도하지만 하나님에 의해 바른 생각을 갖게 되는 자로(롬 11:2-4).

엘리야에 대한 신약성서의 이처럼 다양한 언급들에도 불구하고, 예수의 기적 사역은 엘리야보다는 엘리사의 기적 사역에 더 가깝다고 볼 수 있다 (Brown 1971). 그리고 무엇보다도 일반 대중이 예수가 세례 요한일 수도 있고 엘리야일 수도 있다고 봄으로써 세례 요한을 엘리야로부터 구별하였음에도 불구하고(막 6:14-15; 8:28), 그리고 세례 요한이 자신이 엘리야가 아님을 분명하게 인정하고 있음에도 불구하고(요 1:21), 예수께서는 세례 요한을 엘리야의 역할과 동일시한다(마 11:14; 17:10-13; 막 9:9-13). 천사가 세례 요한의 아버지 사가랴에게 말했듯이 말이다(눅 1:17). 엘리야와 세례 요한은 똑같은 옷을 입고 있으며(왕하 1:8; 마 3:4; 막 1:6), 두 사람은 똑같이 금욕적이며, 폭넓은 교제나 사교술과는 거리가 먼 외로운 사람들이다.

이렇듯이 엘리야가 세례 요한과 연결된다면, 논리적으로 볼 때 엘리사는 예수와 연결된다. 결국 둘의 이름은 똑같이 "구원하다"라는 동사나 "구원"이라는 명사를 포함하고 있으며, 똑같이 히브리어 어근 '야샤'를 어근으로 가지고 있다. 엘리사는 요단 강변에서 엘리야의 영을 받으며(왕하 2:6-15), 예수께서는 요단 강에서 세례를 받으심으로써 성령을 받으신다. 엘리야나 세례 요한과는 달리 엘리사와 예수는 다른 모든 사람들과 동일한 옷을 입으며, 군중들 속에서 마음 편하게 활동한다. 엘리사는 다른 곳에서 이루어지는 일들에 대해서 듣거나 볼 줄 안다(왕하 5:26, 그는 게하시가 나아만에게 거짓말하되 그로 하여금 엘리사 자신의 도움에 대한 대가를 지불하도록 속인 것에 관해 알고 있다; 6:12, 그는 아람 왕이 그의 침실에서 한 말을 알고 있다; 6:32, 그는 누군가가 자기를 죽이려 한다는 것을 알고 있다). 예수께서도 다른 곳에서 이루어지는 일들에 대해서 듣거나 볼 줄 안다(요 1:48-49, 그는 이미 나다나엘을 알고 있다; 막 11:2-3, 그는 나귀 새끼와 그 주인을 이미 알고 있으며 그가 무슨 말을 할지에 대해서도 알고 있다; 막 14:13-14, 그는 자신과 제자들이 유월절 식사를 할 집과 그 주인을 이미 알고 있다). 그렇다면 한 시체가 엘리사의 뼈에 닿는 순간 소생하게 된 이야기(왕하 13:20-21)를 예수의 죽음 후에 "무덤들이 열리며 자던 성도의 몸이 많이 일어났다"고 보는 마태복음 27:52의 설명과 관련시키는 것은 어떨까?

적어도 엘리사가 행한 기적들 중의 세 가지가 예수께서 행하신 기적들과 평행을 이룬다: (1) 엘리사가 나아만의 나병을 고친 일(왕하 5장)과 예수께서 나환자들, 특히 열 명의 나환자들을 고치신 일(눅 17:11-19); (2) 엘리사가 처음 익은 식물, 곧 보리떡 이십과 또 자루에 담은 채소를 가지고 많은 사람들을 먹인 일(왕하 4:42-44)과 예수께서 복음서에서 떡덩이를 불어나게 하신 일("이것을 일백 명에게 베풀겠나이까?"[왕하 4:43]라는 한 사환의 의심하는 질문과 "그러나 그것이 이 많은 사람에게 얼마나 되겠삽나이까?"[요 6:9b]라는 안드레의 질문을 비교); (3) 엘리사가 수넴 여인의 아들을 소생시킨 일(왕하 4:8-37)과 예수께서 수넴에서 멀지 않은 나인 성 과부의 아들을 소생시키신 일(눅 7:11-17).

예로써 나아만 이야기와 열 명의 나환자들에 관한 이야기를 비교해보자:

나아만(왕하 5장)	열 명의 나환자들(눅 17:11-19)
1. 나아만이 사마리아에 있는 엘리사를 찾아감(9절).	사마리아와 갈릴리 사이에서 기적이 이루어짐(11절).
2. 치료자의 면전에서는 어떠한 치료도 이루어지지 않음; 나아만은 요르단으로 가야 함(10, 14절).	치료자의 면전에서는 어떠한 치료도 이루어지지 않음. 그들은 제사장들에게 가서 자기들의 몸을 보여야 함 (14절).
3. 시리아 사람 나아만이 엘리사에게 감사하러 감(15절).	사마리아 사람인 한 명의 나환자만이 예수께 감사하러 돌아옴((15-16절).
4. 나아만이 하나님을 찬미함("이제 이스라엘 외에는 온 천하에 신이 없는 줄을 아나이다" [15절]).	"그 중에 하나가 자기의 나은 것을 보고 큰 소리로 하나님께 영광을 돌리며 돌아와"(15절; 참조. 18절).
5. 엘리사가 나아만에게 "너는 평안히 가라" 고 말함(19절).	예수께서 사마리아 사람에게 "일어나 가라"고 말씀 하신다(19절).

확실히 예수와 엘리사, 그리고 이들이 행한 기적들 사이에는 차이점들도 존재한다. 예로써 예수께서는 도끼 머리를 떠오르게 하신 적이 없다. 그리고 한 번은 엘리사가 조롱을 당하자 두 마리의 암곰이 숲 속에서 나타나 그를 조롱한 자들을 찢어죽인다(왕하 2:23-24; 이에 대해서는 Brichto 1992: 196-98의 매우 흥미로운 설명 참조). 그러나 예수께서 아주 심하게 모욕당했을

때에는 암곰이 나타나기는커녕 도리어 "아버지여, 저희를 사하여 주옵소서. 자기의 하는 것을 알지 못함이니이다"라는 기도문이 나타난다(눅 23:34).

엘리사의 마지막 활동은 여호람 대신에 예후를 이스라엘 왕으로 기름 부을 때 모종의 역할을 수행하는 데 있다(9:1-3). 그 일을 맡은 예언자는 예후에게 "아합의 집"(흥미롭게도 "오므리의 집"이 아님)을 파멸시킬 책임을 부여한다(왕하 9:6-10).

엘리사는 예후를 이스라엘 왕으로 세우는 일을 하되, 열왕기하 9~10장에 묘사된 바와 같이 매우 체계적이고 거칠게 그 일을 수행한다. 화이트(White 1994: 76)는 다음과 같은 점을 올바르게 지적하고 있다: "예후 이야기의 유일한 강조점은 그의 실제적인 통치와 관련된 모든 것을 제거하는 데 있다." 그에게 희생당하는 자들의 명단은 이렇다: (1) 이스라엘 왕 여호람(9:14-26); (2) 유다 왕 아하시야(9:27-28); (3) 이세벨(9:30-37); (4) 아합의 70 아들들(10:1-11); (5) 유다 왕 아하시야의 친척들(10:12-14); (6) 아합에게 남아 있는 사마리아의 모든 자들(10:17); (7) 예후는 축제 행사를 구실로 하여 모든 바알 예언자들(엘리야의 갈멜 산 승리 때 살아남은 일부)을 바알 신전으로 한데 불러 모은다. 잘 무장한 호위병들을 출구에 배치한 그는 바알 숭배자들 전체를 무자비하게 죽인다(10:18-27). 그러나 예후는 바알을 이스라엘로부터 몰아냈음에도 불구하고(10:28), 여로보암을 자신의 마음으로부터 몰아내지는 않는다(10:29-31). 그리고 분명하게도 바알은 그가 죽은 후에 다시 제자리로 돌아온다(렘 2:8).

다행스럽게도 예후가 나라를 죄악과 탈선으로부터 정화시키는 방법 — 엘리사에게서 권한을 위임받은 것이지만 — 은 사용할 수 없는 과거의 일부일 뿐이다. 그러나 실제 현실은 그렇지 않았던 것으로 보인다. 고든(Cyrus Gordon, *The Ancient Near East* [New York: 1965]: 207)은 다음과 같이 말한다:

> 예후의 정화 작업은 이스라엘 역사에서뿐만 아니라 그 후의 서구 문명 전체에 대해서도 치명적인 결과를 초래한다. 왜냐하면 그것은 다른 어떤 제의도 용납하지 않는 배타주의나 열광주의의 선례에 해당

하기 때문이다. 이 무서운 선례는 드물기는 해도 유대인들이 그러한 정책을 수행하던 경우들에 반영되어 있을 뿐만 아니라, 특히 기독교와 이슬람의 역사에 잘 반영되어 있다. 주후 16세기와 17세기에 유럽에서 발생한 유혈 종교 전쟁들은 간접적이기는 하지만 고대 이스라엘의 예후의 선례를 따르고 있다.

열왕기하 11~17장: 여호아하스에서 북왕국 이스라엘의 멸망까지

이스라엘의 왕	통치연한	Bright	Galil	Hayes/Hooker	Thiele
여호아하스	17년	815-801	819-804/3	821-805	814-798
요아스	16년	801-786	805-790	804-789	798-782
여로보암 2세	41년	786-746	790-750/49	788-748	793-753
스가랴	6개월	746-745	750/49	747	753
살룸	1개월	745	749	747	752
므나헴	10년	745-738	749-738	746-737	752-742
브가히야	2년	738-737	738-736	736-735	742-740
베가	20년	737-732	(750?)-732/1	734-731	753-732
호세아	9년	732-724	732/1-722	730-722	732-722

유다의 왕

아달랴(여왕)	?	842-837	842/1-835	839-833	841-835
요아스	40년	837-800	(842/1)-802/1	832-803	835-796
아마샤	29년	800-783	805/4-776/5	802-786	796-767
웃시야(아사랴)	52년	783-742	788/7-736/5	785-760	792-740
요담	16년	742-735	758/7-742/1	759-744	750-732
아하스	16년	735-715	742/1-726	743-728	735-715

본 단락은 희망에 찬 또는 경건한 분위기 속에서 시작되지 않는다. 적어도 성서의 이 부분에서는 그렇다. **11장**의 대부분은 살해 당한 유다 왕 아하시야의 어머니 아달랴에 초점을 맞추고 있다. 아달랴는 두 가지 큰 잘못을 범한 것으로 인하여 비난을 받는다. 첫째로 자기 아들이 예후의 손에 죽자 그녀는 다윗 가문을 쓸어버리고자 한다(11:1b). 만일 죽은 아들의 누이인 여호세바가 어린 요아스(아달랴의 손자)를 빼돌리고 제사장들이 그를 몇 년 동안 성전에 숨겨두지 않았다면, 그녀는 완전히 성공을 거둘 뻔했다(11:2-3). 요아스가 "6년" 동안 숨어 있었고(3절) 그의 통치가 "제7년"에 시작되었다(4절)는 설명은 창세기 1:1~2:3이 창조 이야기에 있는 여섯-일곱 양식(6일 동안 계속된 하나님의 활동에 이어 일곱째 날에 하나님의 안식이 이루어짐)이나, 잠언 6:16에 있는 "야웨의 미워하시는 것, 곧 그 마음에 싫어하시는 것이 육칠 가지니"를 상기시킨다.

왕의 진노로부터 동생을 빼돌려 숨기는 여호세바의 행동은 유아 살해의 죄를 범하는 파라오의 손길로부터 아들/동생을 구하는 요게벳과 미리암의 행동(출 2:1-4)과 평행을 이룬다. 후자의 경우(출 2장), 어린 아기의 구출 작업은 일종의 "궤"(ark, '테바')를 통해서 이루어진다. 전자의 경우(왕하 11장) 어린 왕자의 구출 작업은 또 다른 "궤"(ark, '테바') 가까이에 있는 야웨의 집에서 이루어진다.

아달랴의 두 번째 중대 범죄는 그녀가 바알을 숭배했다는 데 있다(11:18). 엘리야가 직면한 바와 같은 북왕국의 바알 숭배는 매우 심각한 수준에 이르러 있었다. 외국 사람인 이세벨이 그것을 예루살렘으로부터 멀리 떨어진 곳에 도입할 때뿐만 아니라 내국인인 아달랴가 그것을 예루살렘의 거룩한 성전 가까이에 도입할 때 사람들은 그것을 어떻게 받아들여야 할까? 물론 아달랴가 장려한 바알 숭배는 전혀 예상치 못한 것이 아니다. 그녀가 오므리의 (손녀) 딸이요(왕하 8:26; 대하 22:2), 아합의 딸(왕하 8:18; 대하 21:6[두 본문은 똑같이 일부러 그녀의 이름을 언급하지 않음]), 곧 이세벨의 딸이라는 사실을 염두에 둔다면 말이다.

아달랴는 자신의 이름과 얼마나 동떨어진 삶을 살고 있는가! "아달랴"는 "야[웨]는 높으신 분이다"나 "야[웨]는 올곧으신 분이다" 또는 "야[웨]는 자신의 탁월함을 선포하셨다"는 등의 뜻을 가지고 있다. 여기서 우리는 사람의 이름이 그 이름을 가진 자의 성품이나 도덕적인 정체성을 제대로 반영하지 못하는 경우를 본다.

당시의 이스라엘과 유다에서 누가 바알 종교에 맞서서 싸우고 있느냐 하는 것을 살펴보면 한 가지 흥미로운 사실을 알게 된다. 이스라엘에서는 예언자들(특히 엘리야)이 이교주의에 맞서는 혁명을 주도한다. 그러나 유다에서는 제사장들(특히 여호야다[4, 9, 15, 17, 18-19절])이 "땅의 사람들"(18-19절; 개역은 "온 국민"으로 번역함: 역주)과 함께 이교주의에 맞서는 혁명을 이끈다. 다윗 통치 시기에는 제사장들이 정치적인 문제들과 관련하여 중요한 역할을 수행했었다(삼하 15:35-36; 17:15-17; 19:11-15; 왕상 1:7-8, 38-39). 그러나 솔로몬이 왕위를 계승한 후로는 성직자들의 정치 관여가 무시해도 좋을 정도로 줄어든다.

6년 동안 제사장들의 보호를 받고 또 그들의 감독 하에 가르침을 받던 요아스는 당연히 **12장**에서 성전 수리를 감독하는 데 심혈을 기울이지 않으면 안 된다(4-16절). 후대의 더 유명한 왕 요시야가 장차 그러할 것처럼 말이다(왕하 22장).

그러나 23년의 통치가 계속되는 동안(6절) 돈이 계속해서 들어오는데도 성전 수리 작업이 제대로 진행되지 않는다. 누군가가 많은 돈을 착복했기 때문이다. 적어도 제사장들 중의 일부가 부정직한 모습을 보이고 직무 태만의 잘못을 범하고 있다는 사실은 무엇을 의미하는가? 성직자들, 곧 성전에서 거룩한 일에 봉사하는 하나님의 종들이 바알을 숭배하는 아달랴와 전혀 다를 바 없다는 얘긴가? 제사장들은 어린 왕자를 숨기기도 하지만, 돈을 숨길 수도 있음이 분명하다.

그리하여 요아스는 백성들이 기부한 모든 돈을 성전 수리 비용으로 사용할 것을 명한다(9-15절). 예외가 있다면, "속건제의 은과 속죄제의 은은 야웨의 전에 드리지 아니하고 제사장에게 돌렸다"(16절)는 점이다. 이 구절은 속건제와 속죄제의 고기를 제사장들이 먹어야 한다고 규정하는 레위기 6:26이나 7:7과 일치한다. 그러나 열왕기하 12:16은 희생제사에서 비롯된 짐승의 고기에 대해서 말하지 않고 돈에 관해서 말한다. 속건제의 경우에는 그것이 문제되지 않는다. 왜냐하면 그것은 "은으로 전환할 수 있는" 것이기 때문이다(레 5:15). 달리 말해서 속건제를 드리는 자는 희생 제물 대신에 그에 상응하는 돈을 낼 수도 있다는 얘기다. 그러나 속죄제에 대해서는 그러한 규정이 어디에도 없다. 열왕기하 12:16은 제사장들이 이 두 가지의 특별한 제사를 위해 성전에 바쳐진 돈/은을 성전 수리 기금으로 사용하기보다는 희생 제사에 필요한 짐승을 구하는 데 사용했음을 암시하는 것으로 보인다.

많은 긍정적인 업적을 남겼음에도 불구하고 요아스는 여전히 몇 가지 결점들을 가지고 있다. 그는 산당들을 제거하지 않았을 뿐만 아니라(3절), 예루살렘을 침공한 시리아의 왕 하사엘에게 성전의 거룩한 그릇들과 왕궁의 보물들을 조공으로 바침으로써 위기를 모면하였다(17-18절). 역대기는 제사장 여호야다가 죽은 후 요아스가 하나님을 전적으로 따르는 길로부터 벗어남과 아울러 하나님께서 보내신 예언자들의 경고를 무시함으로써(대하 24:17-19) 시리아 군대의 침략을 자초하여 큰 낭패를 당했다(대하 24:23-24)고 말한다.

13장에서 보듯이 북왕국 이스라엘에서는 예후의 뒤를 이어 그의 아들 여호아하스가 왕위를 계승하고(1-9절), 여호아하스가 죽은 후에는 그의 아들 요아스(동일한 이름을 가진 유다 왕과 혼동해서는 안 됨)가 왕위를 계승한다(10-25절). 여호아하스는 시리아의 꼭두각시 같은 왕이다. 그의 군사력은 기마병 오십 명과 병거 열 대와 보병 만 명으로 축소된다(13:7). 예후의 정화 작업으로 인하여 이스라엘에는 바알 숭배와 관련된 시설들이 사라졌겠지만, 한 세대가 지난 후 이스라엘에는 이제 변변한 병거조차 남아 있지 않게 된다. 여전히 살아 있는 엘리사는 여호아하스의 17년 통치 기간 동안에 한 번도 모습을 드러내지 않는다. 그러나 여호아하스는 중재자로서 하나님께 기도하며, 하나님은 그의 기도를 존중하신다(13:4-5).

아버지와는 달리, 이스라엘의 다음 왕 요아스는 엘리사를 만나며(13:14-19), 병약해진 예언자 엘리사는 그에게 화살을 쏘라고 말하며, 이어서 화살로 땅을 치라고 말한다. 화살을 쏘는 행위는 시리아에 대한 야웨의 승리를 뜻하는 것이요, 화살로 땅을 치는 행위는 요아스가 얼마나 많이 시리아를 물리칠 것인지를 상징한다. 여호아하스는 군대를 거의 갖지 못한 상태에 있었으며(13:7), 그의 아들은 믿음을 거의 가지고 있지 못하고 있다(13:18-19). 하나님은 많은 승리를 약속하시지만, 요아스는 세 번으로 만족한다(13:18b-19, 25b).

엘리사는 죽은 상태에서조차 영향력을 발휘한다(13:20-21). 엘리사와 같은 무덤에 묻히게 된 어떤 사람의 시체가 엘리사의 뼈에 닿는 순간 소생한다. 죽은 엘리사가 살아 있는 대부분의 사람들보다 더 큰 영향력을 행사하다니! 정상적인 경우라면 죽은 자는 부정하며(민 19장), 따라서 만져서는 안 된다. 그러나 여기서는 엘리사의 죽은 뼈가 다른 사람을 소생시킨다. 민수기에서 시체 "접촉"('나가')을 금하는 언어(민 19:11, 13)는 여기서 죽은 자의 시체가 엘리사의 뼈에 "닿는"('나가') 것을 가리키는 데 사용된다(13:21b). 어떤 접촉은 부정함에 이르지만, 또 어떤 접촉은 생명에 이른다.

14장에 의하면 아마샤는 요아스의 뒤를 이어 유다 왕이 된다(1-22절). 그는 아버지의 죽음에 대한 원수를 갚음으로써 폭력의 순환을 이어가지만(14:5), 살인자들의 자녀들까지 죽이지는 않는다(14:6). 후자의 행동은 부모의 죄로 자녀들까지 죽여서는 안 된다고 규정하는 신명기 24:16의 가르침에 따른 것으로 여겨진다. 그러나 그것이 왕 자신의 판단에 의한 것인지 아니면 단순히 설화자의 설명일 뿐인지는 확실치 않다.

아마샤 역시 주변국 에돔에 대한 전쟁에서 승리를 거두지만(14:7), 그러한 성공에 도취된 나머지 대담하게도 더 강한 이스라엘 왕 요아스에게 도전한다(14:8-14). 형제끼리의 싸움이라니! 하나님의 자녀가 하나님의 자녀와 맞서 싸우다니! 그러한 싸움에서는 다윗이 항상 이기지 않는다. 때로는 골리앗이 이기기도 한다. 이스라엘은 유다를 패배시키며(14:12), 성전과 왕궁의 보물을 노략한다(14:14). 교만과 어리석음의 비극적인 결과가 아닐 수 없다!

일곱 개의 절들로 이루어진 14장의 마지막 부분(23-29절)은 41년에 걸친 이스라엘 왕 여로보암 2세의 오랜 통치를 아주 간단하게 처리한다. 열왕기하 본문이 북왕국 이스라엘의 영토를 가장 많이 확장한 여로보암 2세를 너무도 엉성하게 다루고 있다는 것은 흥미로운 일이 아닐 수 없다. 그의 정치적인 업적은 14:25에 잘 서술되어 있다: "여로보암이 이스라엘 지경을 회복하되 하맛 어귀[레바논 산과 헐몬 산 및 솔로몬 왕국의 최북단 국경선 사이에 있는 고갯길]에서부터 아라바 바다['사해']까지 하였으니." 여로보암 2세는 야웨 보시기에 "악한" 왕이지만(14:24), 하나님께서는 그를 사용하여 이스라엘을 "구원"하신다(14:27b),

여로보암 2세의 영토 확장 정책은 부분적으로 "아밋대의 아들인 요나라는 예언자"에 의해 시작된 것이다(14:25b). 확실히 요나는 니느웨 사람들보다는 여로보암 2세에게 더 호의적이다. 요나는 자기 나라의 왕이 악하면서도 회개하지 않는 모습을 보이는데도 그에게 대하여 낙관적이고 긍정적인 태도를 보인다(14:24).

그러나 그는 니느웨 사람들이 그들의 악을 뉘우침에도 불구하고 니느웨 왕을 좋게 보지 않는다. 하나님은 여로보암 2세 시대를 위한 예언 사역을 위해 요나를 붙드는 물고기가 필요하지 않으시다. 두 명의 다른 예언자들이 있기 때문이다. 그러나 이 시기에 활동한 호세아(북왕국 사람으로 여로보암 2세 말기에 활동함)와 아모스(남왕국 사람으로 여로보암 2세의 전성기 때에 북왕국에서 활동함)의 예언 메시지는 별다른 효과를 보지 못한다.

14:28b의 설명("그[여로보암 2세]가 다메섹을 회복한 일과 이전에 유다에 속하였던 하맛을 이스라엘에 돌린 일")은 확실히 당혹스러운 것이다. 시리아의 다메섹은 결코 남왕국 유다에 속한 적이 없다. 아마도 "유다"라는 표현은 남왕국 유다를 가리키는 것이 아니라, 시리아의 북쪽 끝에 있는 동일한 이름의 소(小) ― 다른 문헌에서는 "사말"(Samal)로 알려진 ― 왕국을 가리킬 것이다.

15장의 처음 일곱 절들은 여로보암 2세와 같은 시대의 유다 왕인 아사랴(= 웃시야)의 52년 통치에 대해서 간략하게 언급한다. 웃시야가 죽던 해에 이사야는 예언자로서의 소명을 받는다(사 6:1). 그는 역대기(역대하 26장, 특히 5-15절)에서 훨씬 더 많이, 그리고 훨씬 더 호의적인 분위기 속에서 다루어진다.

열왕기하 15:5은 단순히 "야웨께서 왕을 치셨으므로 그 죽는 날까지 나환자가 되어 별궁에 거하고"라고만 말하지만, 역대하 26:16-21은 그 이유를 설명한다. 그는 "스가랴의 사는 날에 하나님을 구하였"(대하 26:5)으나, 중간에 완전히 180도로 방향을 바꾼다: "저가 강성하여지매 그 마음이 교만하여 악을 행하여"(대하 26:16). 하나님을 구하던 자가 자신의 유익만을 구하는 자로 바뀐 것이다. 루시퍼(Lucifer)와 같은 부류에 속하게 된 그는 결국 나병에 걸리고 만다.

웃시야가 범한 죄는 구체적으로 말해서 그가 친히 성전 안에서 분향하려고 했다는 데 있다. 그의 행동은 관례에 어긋나는 것이다. 왜냐하면 분향단이 있는 곳과 분향 제사 — 성소에 들어가는 일과 그곳에서 집례하는 일 — 는 제사장이 아닌 자에게는 금지된 것들이기 때문이다(민 16:40). 그가 범한 죄는 두 차례에 걸쳐서 '마알' 동사로 표현되고 있다("어기다, 위반하다, 더럽히다, 신성모독죄를 범하다"): "그 하나님 야웨께 범죄하되 … 성소에서 나가소서. 왕이 범죄하였으니"(대하 26:16, 18). 그 결과 즉시 그의 이마에 피부병이 생기고 만다(대하 26:20). 이로 인하여 그는 왕궁으로부터 쫓겨나 "별궁"에 거하게 되지만(왕하 15:5 = 대하 26:21), 예루살렘 성읍으로부터 추방당하지는 않는다. 그의 아들 요담은 아버지 부재시에 섭정왕으로 나라를 다스린다(왕하 15:5b = 대하 26:21b). 웃시야는 가서는 안 되는 곳에 가고자 한 까닭에, 가서는 안 되는 곳에서 자기 생을 마감한다. 불행하게도 성전 의례로부터 쫓겨난 그는 자신의 업적을 나타낼 수 있는 곳에서 쫓겨난 채로 삶을 마감한다.

52년 통치의 마지막 15년 기간 동안에 웃시야는 북왕국에서 적어도 다섯 명의 왕들이 교체되는 것을 목격한다: 스가랴, 살룸, 므나헴, 브가히야, 베가(15:8-31). 나라의 기초가 되어야 할 왕들이 회전문 같은 존재가 되어 버린 셈이다. 남왕국에서는 하나님께서 웃시야를 "치시고"('나가' [15:5]), 북왕국에서는 암살자들이 이스라엘의 왕들을 "친다"('나카' [15:10, 14, 25]).

웃시야는 다행스럽게도 아버지의 장점을 잘 따르면서도(15:34) 아버지의 약점들과 뻔뻔스러움을 요행껏 피해나가는(15:32-38) 아들 요담에게 왕위를 물려준다. 그의 통치에서 발견되는 한 가지 오점은 그가 아버지와 마찬가지로(15:4) 이교적인 산당들을 제거하지 않았다는 점이다(15:35).

16장은 요담의 아들 아하스의 16년 통치에 대해서 기록한다. 아하스를 향한 비판의 정도는 유다의 다른 왕들보다 더 강하다. 심지어는 이스라엘의 일부 왕들보다 더 강하기까지 하다. 그는 사실상 금지된 산당들에서 제사를 드림으로써(16:4), 솔로몬 이후 그렇게 한 첫 번째 왕으로 기록된다(왕상 3:3). 그는 또한 "자기 아들을 불 가운데로 지나가게 한다"(16:3; 대하 28:3은 "아들들"이라고 말함). 그의 이러한 행동은 아마도 몰렉/몰록 제의와 같은 어떤 것을 가리킬 것이다. 이스라엘 주변국 백성들 중 일부는 어린이들을 (불로 태우는) 제물로 바침으로써 그 신을 섬기곤 했다. 그러나 레위기 18:21과 20:2-5는 몰렉에게 어린이를 제물로 바치는 행동을 하나님의 백성에게 허용해서는 안 된다고 규정한다. 어린이를 불로 태워 바치는 제사의 금지에 대해서는 신명기 12:31과 18:10도 참조하라. 그처럼 기괴한 제사 행위의 배후에는 특정 신에게서 "최상"의 것, 곧 가장 간절하게 원하는 것을 얻기 위해서는 그 신에게 가장 소중하고 귀한 선물을 바쳐야 한다는 생각이 자리잡고 있다. 아하스는 자기 아버지 요담이 몰렉 제사를 행하지 않았다는 점을 들어 자신을 행운아로 생각했을 것이다!

열왕기하 16장이 가장 강조하는 아하스의 잘못은 그가 자기 나라를 공격해온 시리아와 이스라엘 연합군에 맞서는 전쟁에서 앗수르에 도움을 요청했다는 점이다(16:5-9; 참조. 사 7장). 가엾은 아하스여! 그는 시리아와 이스라엘을 적으로 간주하고, 앗수르는 구원자로 여긴다. 여기서 우리는 어떤 한 개인이 단기적인 이익에 눈이 멀어 장기적인 이익을 놓치는 것과 관련된 하나의 고전적인 사례를 발견한다. 아하스는 이처럼 짧은 안목으로 인하여 나중에 값비싼 대가를 치른다. 역대하 28:19에 의하면, 아하스의 크게 잘못된 판단(앗수르에 도움을 요청한 일)으로 인하여 유다 왕국은 다른 나라에 굴복당하는 수치를 겪는다. 유다를 구원하기 위하여 그는 유다를 굴복시킨 것이다. 강대국과의 연합은 자기 목에 올가미를 씌우는 행동을 뜻한다.

다메섹에서 앗수르 왕 디글랏빌레셀을 만나는 동안에 그곳에서 본 한 제단에 매력을 느낀 아하스는 그 제단을 예루살렘 성전에 그대로 모방하여 세운다(16:10-16). 성전 내부의 이러한 건축학적인 혁신에 대해서 역대기 저자는 대놓고 아무런 말도 하지 않는다(대하 28장 참조).

웃시야의 경우와 마찬가지로(대하 26:16-18 참조) 역대기는 아하스의 '마알'을 비판한다("크게 범죄하였으므로"[대하 28:19, 22]). 그것은 성전 구내를 오염시킨 행동을 포함한다. 아하스(대하 28:27)는 여호람(대하 21:20)과 요아스(대하 24:25), 웃시야(대하 26:23) 등과 마찬가지로 예루살렘 안에 묻히기는 하지만, "이스라엘 열왕의 묘실"에는 묻히지 못한다.

17장은 북왕국 이스라엘의 종말에 대해서 네 단락으로 나누어 묘사한다:

1. 1-6절: 이스라엘의 마지막 왕 호세아의 통치와 앗수르 왕 살만에셀 5세(주전 727-722년, 3절)와 사르곤 2세(주전 722-705년, 5-6절)에 의해 멸망당한 이스라엘
2. 7-23절: 북왕국의 멸망에 관한 신학적인 설명(유다에 관한 간략한 설명 포함)
3. 24-33절: 앗수르에 의해 이스라엘에 강제 정착당한 비이스라엘인들 — 이스라엘의 하나님과 그들 자신의 신들을 섬김
4. 34-41절: 우상숭배에 빠진 북왕국 이스라엘 사람들

호세아의 죄는 "악을 행했다"는 포괄적인 비난과는 별도로 그가 정치적인 게임을 즐겼다는 데 있다. 처음에 그는 기꺼이 앗수르의 속국이 되고자 한다(3절). 그러다가 중간에 갑자기 "이집트의 왕 소"(So)에게 조공을 바친다(4절). 잘못된 조처가 아닐 수 없다! 나일 계곡으로부터 발굴된 이집트의 현존 자료들 중에서는 "소"라는 이름을 가진 파라오가 전혀 발견되지 않는다. "소"는 제24왕조를 창건한 서부 삼각주에 있는 사이스(Sais)의 왕 테프낙트 1세(Tefnakht I, 주전 740-718년)일 가능성이 높다(Christensen 1989). 아마도 "소"는 "사이스'를 히브리식으로 표현한 이름일 것이다.

이스라엘의 포로 상황을 정당화하는 부분(7-23절)에서 몇 가지 흥미로운 점들이 눈에 띈다. 그 중 한 가지는 비판과 정죄가 열왕기 상하의 중심을 차지하던 왕들보다는 백성 전체를 겨냥하고 있다는 점이다. 그들은 "이스라엘 백성"(7, 8, 9, 22절) 또는 단순히 "이스라엘"(13, 18, 23[2x])로 불린다. 이것

은 포로 상황이 소수의 죄로 인한 것이 아니라 다수의 죄로 인한 것임을 의미한다(비록 왕들이 백성들을 하나님으로부터 멀어지게 한 장본인들이기는 하지만[8b절]). 이스라엘의 죄는 왕들의 죄와 일반 백성 사이에 만연한 죄 모두를 포함한다.

유일하게 언급되는 왕은 여로보암 1세다(21-22절에서는 직접 언급되고 16절에서는 간접적으로 언급됨). 아합 역시 암시되어 있다 할 수 있다. 왜냐하면 이스라엘 백성에 관한 17절의 설명("스스로 팔려 야웨 보시기에 악을 행하여")이 열왕기에서는 아합하고만 관련되어 나타나기 때문이다(왕상 21:20, 25).

사실 본장에 나열된 죄목들 중의 일부는 열왕기의 다른 곳에서 오로지 남왕국의 왕들과 그들의 백성과 관련되어 나타난다(Viviano 1987: 552):

> 11절: "그곳 모든 산당에서 분향하며." 여호사밧(왕상 22:43); 요아스(왕하 12:3); 아마샤(왕하 14:4); 아사랴(왕하 15:4); 요담(왕하 15:35); 아하스(왕하 16:4). 북왕국의 왕들 중에서 "분향하는" 경우에 대해서는 열왕기 12:33과 13:1 참조(여로보암 1세).
>
> 16절: "하늘의 일월 성신을 숭배하며." 므낫세(왕하 21:3, 5) — 이러한 행동은 요시야에 의해 제거된다(왕하 23:4-5, 12).
>
> 17절: "자기 자녀를 불 가운데로 지나가게 하며." 아하스(왕하 16:3); 므낫세(왕하 21:6).
>
> 17절: "복술과 사술을 행하고." 므낫세(왕하 21:6).

7-23절에서 두 번째로 우리의 흥미를 끄는 것은 이스라엘의 죄가 무엇보다도 "그들을 애굽에서 인도하여 내사 애굽 왕 바로의 손에서 벗어나게 하신 그 하나님 야웨"(7절)께 대한 것이라는 점이다. 그들은 하나님의 율법과 계명에 대하여 범죄하기에 앞서, 자기들을 구원하신 하나님께 먼저 범죄한 것이다. 달리 말해서 "이스라엘의 죄는 율법에 대한 불순종이기 전에 하나님의 은혜에 대한 배은망덕의 죄"라는 얘기다(Fretheim 1999: 192).

여기서 세 번째로 우리의 흥미를 끄는 것은 저자가 이스라엘(과 유다)를 비난하면서 나열하는 무수한 죄목들이다(특히 7-17절). 브레틀러(Brettler

1989: 282)는 그것을 일컬어 "고대 이스라엘에서 '무슨 이유로 북왕국 사람들이 포로로 잡혀갔을까?' 라는 하나의 질문에 대한 답변들의 합창"이라 칭한다. 비비아노(Viviano 1989: 551)는 저자가 "죄의 목록을 계속해서 위로 쌓아올림으로써 이스라엘이 우상숭배에 빠져들었다는 사실뿐만 아니라 그들의 우상숭배가 매우 다양하고 많다는 점을 청중에게 알리려는 의도를 가지고 있다"고 말한다.

어떤 점에서 본다면, 이스라엘에 강제 이주당한 이방 민족들의 상황은 이스라엘 백성 자신들보다 더 나아 보인다. 그들의 죄를 혼합주의라 한다면("이와 같이 저희가 야웨도 경외하고 또한 … 자기의 신들도 섬겼더라"[33절; 참조. 41절]), 이스라엘의 죄는 배교에 해당하기 때문이다.

열왕기하 18~21장: 히스기야, 므낫세, 아몬

유다의 왕들	통치연한	Bright	Galil	Hayes/Hooker	Thiele
히스기야	29년	715-687/6	726-697/6	727-699	729-686
므낫세	55년	687/6-642	697/6-642/1	698-644	696-642
아몬	2년	642-640	642/1-640/39	643-642	642-640

다행스럽게도 구약성서 안에는 유다 왕 히스기야의 통치와 시대에 관한 세 개의 설명이 있다: (1) 열왕기하 18~20장; (2) 역대하 29~32장; (3) 이사야 36~39장.

	열왕기하 18~20장	역대하 29~32장	이사야 36~39장
그의 통치 도입부와 그에 대한 평가	18:1-8	29:1-2	X
그의 유월절 축제	X	30:1-27	X
개혁	18:4	29:3-36; 31:1-21	X
살만에셀의 사마리아 공격	18:9-12	X	X

산혜립의 유다 침공	18:13-16	32:1-8	36:1
산혜립의 신하들이 예루살렘의 항복을 촉구함	18:17-35	32:9-16	36:2-20
그들의 최후통첩에 대한 응답	18:36~19:7	X	36:21~37:7
산혜립의 편지	19:8-13	32:17-19	37:8-13
그 편지에 대한 응답과 히스기야의 기도	19:14-19	32:20	37:14-20
이사야의 메시지	19:20-34	32:20	37:21-35
앗수르의 패배	19:35-37	32:21-23	37:36-38
히스기야의 질병과 치료	20:1-11	32:24-26	38:1-8, 21-22
히스기야의 노래	X	X	38:9-20
바벨론 왕 므로닥 발라단의 방문	20:12-19	(32:27-31)	39:1-8
히스기야 통치의 결론	20:20-21	32:32-33	X

확실히 이 세 가지 설명들은 그 어느 것도 다른 두 가지 설명과 같지 않다. 그러나 열왕기와 이사야의 설명은 제각기 역대하의 설명보다는 서로에게 더 가깝다. 세 가지 설명들 중의 둘은 다른 두 설명이 갖지 않은 한 가지 중요한 사건을 포함하고 있다: (1) 히스기야가 지킨 성대한 유월절 축제는 역대하 (30:1-27)에 언급되어 있으나 열왕기나 이사야에는 없음; (2) 히스기야의 노래는 이사야(38:9-20)에는 언급되어 있으나 열왕기나 역대기에는 없음.

히스기야의 노래가 열왕기의 히스기야 설명에 없다는 것은 매우 흥미로운 사실이 아닐 수 없다. 이 노래의 내용은 일부는 탄식이고 일부는 감사이다. 탄식이 이 노래의 중간 부분을 지배하고 있다면(10-18절의 대부분), 감사는 이 노래의 제목(9절)과 결론 부분(19-20절)을 지배하고 있다. 이 노래가 열왕기에는 없으나 이사야에는 있다는 사실은 그것이 전자로부터 제거되었거나 (그것이 본래부터 열왕기에 있었다면), 아니면 후자에게 덧붙여졌음을 의미한다. 흥미롭게도 역대기(대하 32:25)는 히스기야가 치료를 위한 기도를 드린 후에 "마음이 교만하여 그 받은 은혜를 보답지 아니하였음"을 애석하게 생각한다. 누군가가 주장하듯이 만일 히스기야의 노래가 이사야 38장에 추가된 것이라면, 그것이 포함되었다는 사실은 하나님의 은혜에 감사하는 경건한 신자로서의 히스기야의 명성을 회복시킴과 동시에, 역대기가 지적한 감사 부족을 보충하려는 의도가 감추어져 있음을 암시한다(Weitzman 1997: 105-8).

히스기야는 포괄적인 종교개혁으로 국가 통치를 시작한다(18:4-6). 그가 취한 개혁 조치들 중의 하나는 히스기야가 "산당들"을 제거하고 파괴한 것을 포함한다. 그러나 그의 아들이요 계승자인 므낫세는 그것들을 다시 세운다(21:3). 그 문제의 해결은 요시야에게 넘어간다. 요시야는 산당들을 완전히 무너뜨리고 그곳의 제단들 위에 사람의 뼈를 불살라 더럽힘으로써 그것들을 재기 불능의 상태로 만든다. 그리하여 그 문제를 항구적으로 해결한다(23:16, 20).

그러나 그러한 개혁의 과정에서 히스기야는 이집트와 바벨론 및 주변의 몇몇 군소 국가들을 중심으로 하는 거대한 반(反) 앗수르 연합체제에 가담한 것으로 보인다. 이러한 움직임은 18:7에 잘 반영되어 있다: "저가 앗수르 왕을 배척하고 섬기지 아니하였고." 히스기야가 블레셋 족속을 공격(18:8)한 이유는 아마도 그들로 하여금 그 연합 체제에 가담하도록 설득하기 위해서였을 것이다.

강대국 앗수르에 맞서는 히스기야의 정책은 아버지의 정책과 정반대되는 것이다. 아하스는 앗수르 군대의 지원을 요청하지만(왕하 16:7-8), 히스기야는 군사력을 통하여 그들에게 맞서고자 한다. 그리고 흥미롭게도 이사야는 아하스의 앗수르 의존 정책(사 9:9b)과 히스기야의 반란 정책(사 30:1-7; 이사야는 반란 주동자를 히스기야로 명시하지 않음) 모두를 거부한다. 카우프만(Kaufmann 1960: 389)은 이 점을 잘 지적하고 있다:

히스기야의 연합 체제 구축은 본질적으로 앗수르에 맞서기 위해 앗수르 사람들을 이용한 것이라 할 수 있다. 몇몇 소규모 '앗수르 주변 국들'이 거인(앗수르: 역주)에 맞서기 위해 연합 전선을 구축한 것이다. 그러나 그들이 추구하는 목표 역시 약탈, 부, 지배 등과 전혀 다를 바 없다. 그들과 연합한 이스라엘은 우상숭배에 빠져들고 만다. 결국 이스라엘은 앗수르를 상대로 하는 싸움에서 승리를 거두지 못한다. 확실히 시온은 반(反) 앗수르 연합 체제에 의해 구원받지 않는다. 반 앗수르 체제의 우상숭배로부터 빠져나온 자들만이 시온에서 구원을 얻을 것이다.

반 앗수르 체제의 반란 실패는 앗수르와 산헤립(Sennacherib) 왕의 예루살렘 침공(주전 701년)을 초래한다. 실제로 산헤립 왕은 자기 휘하에 있는 세 명의 "거물들"을 보낸다: 다르단과 랍사리스와 랍사게(18:17; NIV는 이 세 이름을 그의 "최고 사령관," 그의 "최고 관리," 그의 "야전 사령관" 등으로 번역한다).

본 단락은 신뢰의 문제를 중점적으로 다루고 있다. 앗수르가 예루살렘을 포위할 때 히스기야는 누구를 신뢰해야 하는가? 이집트인가? 앗수르인가? 자기 자신인가? 야웨인가? 18~19장에서 '바타흐' 동사("신뢰하다, 의지하다")는 10번에 걸쳐 나타난다:

1. 18:5: "히스기야가 이스라엘 하나님 야웨를 의지하였는데."
2-3. 18:19: "너의 의뢰하는 이 의뢰가 무엇이냐?"
4. 18:20: "네가 이제 누구를 의뢰하고 나를 반역하였느냐?"
5-6. 18:21: "이제 네가 저 상한 갈대 지팡이 애굽을 의뢰하도다 … 애굽 왕 바로는 무릇 의뢰하는 자에게 이와 같으니라."
7. 18:22: "너희가 혹시 내게 이르기를, '우리는 우리 하나님 야웨를 의뢰하노라' 하리라마는."
8. 18:24: "네가 어찌 … 애굽을 의뢰하고 그 병거와 기병을 얻을 듯하냐?"
9. 18:30: "히스기야가 너희로 야웨를 의뢰하라 함을 듣지 말라."
10. 19:10: "너의 의뢰하는 네 하나님이 예루살렘을 앗수르 왕의 손에 붙이지 않겠다 하는 말에 속지 말라."

18~19장에 있는 '바타흐' 동사의 열 차례 용례(첫 번째의 경우를 제외하고는 모두가 다 산헤립의 신하들이 한 말에 포함되어 있음)는 창세기에서 열왕기까지 이 어근의 동사나 명사가 세 번밖에 사용되지 않는 것과 크게 대조를 이룬다(신 28:52; 삿 9:26; 20:36; "안전하게"라는 부사의 용례는 창세기로부터 열왕기에 이르기까지 모두 13번 사용됨; 참조. Olley 1999: 62).

브루거만(1985: 4)이 말한 "성벽 앞의 대화"("성벽 뒤의 대화"와 비교되는)에서 산헤립의 관리들은 조롱과 멸시와 오만함을 통하여 예루살렘의 항복을 받아내려 한다. 실제로 이 대표단은 처음에는 히스기야에게(18:19-25), 그리고 나중에는 백성에게(18:29-35) 자기들의 메시지를 전한다. 공격자가 공격당하는 자를 설득하여 항복을 받아내려고 애쓰는 모습은 신명기 20:10-11("네가 어떤 성읍으로 나아가서 치려할 때에 그 성에 먼저 평화를 선언하라 … ")과 열왕기상 20:2("[벤하닷이] 사자들을 성중 이스라엘 왕 아합에게 보내어 이르기를 … ")에 나타나는 모습들과 비슷하다. 그들은 예루살렘 사람들에게 항복을 조건으로 하여 "채찍과 당근"(Ben Zvi 1990: 80)을 모두 제시하기까지 한다: "그리하고 너희는 각각 그 포도와 무화과를 먹고 또한 각각 자기의 우물의 물을 마시라"(18:31).

그에 대한 응답으로 히스기야는 성전으로 가며(19:1), 대표단을 선발하여 이사야에게 보낸다(19:2-4). 히스기야의 이러한 행동은 하나님 앞에서 회개함과 동시에(탄식과 회개를 위한 베옷) 하나님의 말씀을 얻으려는 목적을 가지고 있다. 랍사게가 산헤립을 위하여 말하는 것과 마찬가지로 이사야는 하나님을 위하여 말한다. 랍사게는 "두려워하라"고 말하지만, 이사야는 "두려워하지 말라"(6절)고 말한다. 랍사게는 "항복하라"고 말하지만, 이사야는 "신뢰하라"고 말한다. 야웨께서 산헤립을 예루살렘으로부터 떠나게 하실 뿐만 아니라 그의 나라에서 그를 죽이실 것이기에 히스기야는 그를 신뢰할 수 있다(19:7).

산헤립은 처음에는 구두로(18:19-35), 그리고 두 번째로는 문서로 전달된(19:8-13; "편지에 대한 언급"을 위해서는 14절 참조) 선전포고를 그대로 행동에 옮긴다. 여기서 우리는 19:8-13을 산헤립의 두 번째 예루살렘 침공에 대해 언급하는 본문으로 또는 그와 평행을 이루는 문헌 전승으로 보기보다는, 구두 메시지에 이은 문서 메시지 전체를 일회적인 군사 행동을 반영하는 것으로 보는 것이 더 적절할 것이다.

히스기야는 과거에 그러했던 것과 똑같이 행한다: 그는 하나님께 기도하며(19:14b–19) 이사야를 통하여 선포되는 하나님의 말씀을 듣는다(19:20–34). 밀러(Miller 1994: 351–52)는 그의 기도를 다음과 같이 분석한다:

1. 이름 부름과 찬양: "그룹들 위에 계신 이스라엘의 하나님 야웨여, 주는 천하 만국에 홀로 하나님이시라 … "(15절)
2. 응답을 위한 간구: "야웨여, 귀를 기울여 들으소서"(16ab절)
3. 동기:
    a. 하나님의 명성에 호소함: "산헤립이 사신 하나님을 훼방하러 보낸 말을 들으시옵소서"(16c절)
    b. 인간적인 필요에 호소함: "앗수르 열왕이 … 황폐케 하고"(17절)
4. 구원을 위한 간구: "우리 하나님 야웨여 … 우리를 … 구원하옵소서"(19a절)
5. 동기: 하나님의 명성에 호소함: "그리하시면 천하 만국이 주 야웨는 홀로 하나님이신 줄 알리이다"(19b절)

발렌타인(Balentine 1993: 92) 역시 히스기야의 기도를 비슷하게 분석한다:

1. 이름 부름(15a절)
2. 야웨의 배타적인 주권에 대한 묘사(15b절)
3. 간구(6절)
4. 열방의 신들은 "신이 아니다"라는 진술(17–18절)
5. 간구(19절)

히스기야의 기도는 시작 부분과 끝 부분이 비슷하다:

"주는 천하 만국에 홀로 하나님이시라[15절] … 우리를 그 손에서 구원하옵소서. 그리하시면 천하 만국이 주 야웨는 홀로 하나님이신 줄 알리이다[19절].”

기도의 양 끝에 표현된 이처럼 대담한 확신은 기도의 중간 부분에 있는 내용, 곧 산헤립과 앗수르 신들을 앞세우는 핵심 부분(Klaus 1999: 188)을 무효화시키고 압도한다(16-18절).

야웨께서 바로 이어서 이사야를 통하여 히스기야에게 주시는 말씀, 곧 산헤립과 앗수르의 미래(19:21-28) 및 유다의 미래에 관한 말씀(19:29-34)은 히스기야의 기도와 긴밀하게 관련되어 있다: “네가 앗수르 왕 산헤립 까닭에 내게 기도하는 것을 내가 들었노라”(19:20b). 하나님을 신뢰하는 자는 기도하게 마련이다. 진지하게 기도하는 자는 자신의 뜻을 드러내시는 하나님의 말씀을 듣게 된다.

산헤립의 미래는 초라하기 이를 데 없다. 반면에 유다의 미래는 행복으로 가득 차 있다. 비록 몇 년의 세월이 흘러야 하고(19:29) 그것이 단지 유다의 남은 자들만을 포함할 것이지만 말이다(19:30-31). 19:29(= 사 37:30)의 설명에 의하면, 산헤립은 희년 주기 중 가장 취약한 시점을 택하여 유다를 공격한 것으로 보인다. 유다 백성은 49년째 되는 해가 되면 땅을 묵혀두어야만 한다(“너희가 **금년에는** 스스로 자라난 것을 먹고”; 이것은 여섯째 되는 해의 수확 때에 땅에 떨어져 있던 씨로부터 자연스럽게 자란 것들을 일곱째 되는 해에 먹게 됨을 의미한다). 그리고 유다 백성은 50년째 되는 해, 곧 희년(레 25:11)에도 땅을 묵혀두어야만 한다(“명년에는 그것에서 난 것을 먹되”; 이것은 수확 후 세 번째 되는 해에 난 것을 먹게 됨을 뜻한다). 조심스럽게 말하자면, 2년 동안의 농사 중단은 심각한 경제난을 초래할 수도 있다. (예상되는) 식량 부족 사태에 더하여, 유다 백성을 “새장 안에 있는 한 마리의 새처럼”(산헤립이 자신의 비문에 남긴 표현) 그들의 성읍 안에 가두어 버린 가장 강하고 탐욕스런 왕 앞에서, 그들은 하나님을 신뢰해야만 하고, 그에게 기도해야만 한다.

결국 야웨께서 마지막으로 주시는 말씀이 선포된다. 산헤립의 유다 공격(18:13-18)으로 시작된 단락이 이제 자기 아들들의 손에 죽을(자신의 신전에

머물러 있을 때![19:37]) 산헤립의 최후에 관한 설명으로 끝을 맺는다. 페웰
(Fewell 1986: 87)은 18:13~19:37의 교차대구 구조를 잘 지적한 바 있다:

A 산헤립의 파괴적인 행동(18:13-18)
  B 산헤립의 구두 메시지(18:19-35와 19:8-13)
    X 히스기야의 행동(18:36~19:7과 19:14-19)
  B¹ 야웨의 구두 메시지(19:20-34)
A¹ 야웨의 파괴적인 행동(19:35-37)

　열왕기의 히스기야 이야기에는 두 가지 사건이 더 포함되어 있다: (1) 그의
죽을 병과 하나님의 치유 및 15년의 생명 연장(20:1-11); (2) 바벨론 왕 므로
닥발라단을 환영하면서 찬란하게 장식된 자신의 보물창고를 구경시키지만
이사야의 책망을 듣게 됨(20:12-19).
　20장은 "그때에"라는 표현과 더불어 시작된다. 20장에 기록된 사건들은
18:13-37의 사건들보다 먼저 이루어진 것들일 가능성이 높다. 거기에는 적
어도 두 가지 이유가 있다. 첫째로, 산헤립이 일찍이 히스기야에게서 대단히
많은 보물들을 조공으로 받았다고 한다면(18:14-16), 히스기야가 어떻게 므
로닥발라단에게 그처럼 많은 왕궁 보물들을 보여 줄 수 있겠는가?(20:13) 둘
째로, 만일 히스기야가 강대국 앗수르의 산헤립에 맞서 그를 물리쳤다면, 바
벨론 사람이요 앗수르의 대적(大敵)인 므로닥발라단은 단순히 왕궁 보물을
구경하는 것에 만족하지 않고 히스기야 왕의 앗수르 격퇴를 칭찬하지 않았
겠는가?
　그렇다면, 저자는 어떤 의도 하에 연대 순서를 바꾸어 히스기야의 큰 약점
을 마지막에 서술하고자 한 것일까? 무엇보다도 "히스기야의 죽을 병과 하
나님의 치유는 예루살렘 성에 닥친 일과 평행을 이루고 있다 … 그러나 그것
은 또한 히스기야가 단지 15년 동안만 더 살도록 허용된 것과 마찬가지로 유
다 역시 한정된 기간 동안만 생존할 것임을 뜻하기도 한다"(Fretheim 1999:
205).
　18~19장의 이러한 흐름은 아무리 훌륭한 지도자라 할지라도 약점을 가지

고 있고 실수할 수도 있으며, 히스기야가 비록 경건한 개혁가이기는 해도 메시아는 아니라는 사실을 분명하게 가르쳐 준다. 우리에게는 모두가 진정으로 신뢰할 수 있는 유일한 참 지도자가 있다. 그는 솔로몬보다 위대하신 분이요, 히스기야보다 위대하신 분이다. 이사야의 평행 본문들에 반영되어 있는 신학적인 주제는 한층 확실하다. 이사야 40~66장은 히스기야보다 훨씬 위대한 한 분을 예비하는 성격을 가지고 있기 때문이다. 아마도 히스기야에 관한 이야기는 먼저 이사야서에 기록되었을 것이고, 나중에 열왕기 편집자에 의해 채용되었을 것이다(Oswalt 1986: 693).

히스기야는 아들 므낫세(왕하 21:1-18)와 손자 아몬(왕하 21:19-26)에게 차례로 왕위를 물려준다. 이 두 왕은 경건함이나 높은 도덕성을 가지고 있지 못한 탓에 (할)아버지의 직접적인 비판에 직면한다. 잠언 22:6("마땅히 행할 길을 아이에게 가르치라. 그리하면 늙어도 그것을 떠나지 아니하리라")은 히스기야를 위해 만들어진 것이 아닌 듯하다.

만일 히스기야가 개혁가라면, 그의 아들 므낫세는 아버지의 개혁을 뒤집어엎는다는 점에서 반개혁가라 할 수 있다. 므낫세의 통치는 두 번에 걸쳐서 북왕국 이스라엘의 왕이요 이세벨의 남편인 아합의 통치(왕상 16:29-34)와 비교됨으로써(21:3, 13), 배교의 길에 들어선 왕의 영향력이 국가 전체에 얼마나 빠른 속도로 퍼지는지를 분명하게 보여 준다.

므낫세는 매우 종교적이면서(21:3-7) — 잘못된 방향으로 빠져 들어간 정통 신앙의 모습을 보임 — 매우 폭력적이다("무죄한 자의 피를 심히 많이 흘려"[16절]). 그는 친(親) 바알적이면서 동시에 유혈 통치를 즐기는 자이다. 므낫세가 자기 백성을 "꾀었다"(9절; NIV, "타락시키다")는 것은 그가 일종의 "거짓된 '교훈을 가르치는' 예언자"임을 뜻한다(Ben Zvi 1991: 370).

그가 아버지와는 너무도 다른 까닭에, 프레다임(Fretheim 1999: 207)은 "만일 므낫세 같은 사람이 히스기야 같은 사람의 뒤를 잇는다면, 하나님을 아무리 많이 신뢰한다 할지라도 미래를 보장하기 어렵다"고 말한다. 스턴버그(1987: 340) 역시 비슷하게 말한다: "므낫세에 관한 불쾌한 기억에 의하면, 그의 잔학함은 그가 아버지와는 정반대되는 방향을 향해 나아가고자 했다는 느낌을 준다." 역설적이게도 유다의 가장 사악한 왕은 가장 오랫동안 통치한 왕이기도 하다(52년[21:1]). 어떠한 반란도 허용하지 않을 정도로 매사에 신중한 태도를 유지하고, 신속하게 조공을 바치는가 하면, 종주국 앗수르의 눈 밖에 벗어나는 일을 하지 않는 것이야말로 장기 집권을 보증하는 한 가지 방식에 해당한다.

10-16절은 므낫세의 배교적인 행동들이 너무도 많은 탓에 하나님께서 유다와 예루살렘을 포로로 잡혀가게 하실 것임을 암시한다(참조. 23:26; 24:3-4; 렘 15:4). 하나님은 조상들의 죄를 자손 삼사 대에 이르기까지 갚으시는 분이다. 또한 그는 왕들의 죄를 그의 백성 삼사 대에 이르기까지 갚으시는 분이기도 하다. 백성들 스스로가 자기들의 운명을 결정하는 데에 그 나름의 책임을 지고 있음은 물론이다. 만일 므낫세의 행동이 이미 그들의 운명까지도 결정해 버렸다면, 백성들에게 다른 신들을 피하라거나 주어진 결과를 받아들이라는 신명기의 무수한 경고의 메시지는 대부분이 불필요한 것이 되고 말 것이다. 그것은 "양자택일"(either … or)의 문제가 아니라 "양쪽 모두"(both … and)의 문제이다. 15절의 설명("이는 애굽에서 나온 그 열조 때부터 오늘까지 나의 보기에 악을 행하여 나의 노를 격발하였음이니라")은 수 세대를 거치면서 유다 백성의 죄악이 점차 늘어났음을 보여 준다. 하나님은 "지극히 악하고 부패한 한 명의 왕으로 인하여 다음 세대를 무턱대고 포로로 만드시는" 분이 아니다. 므낫세는 단지 하나님과 더불어 맺은 계약에 순종하는 길로부터 끊임없이 벗어나는 삶을 대표하는 자일 뿐이다. 그러한 삶이 계속 축적되어 오다가 마침내 어느 순간에 하나님의 진노가 폭발하게 되는 것이다.

흥미롭게도 역대하 33장은 므낫세가 바벨론에 포로로 잡혀갔다가(11절), 감금되어 있는 동안에 야웨께 회개의 기도를 드리게 되고(12-13a절), 포로로부터 풀려나며(13절), 예루살렘 주변의 건축 공사를 마무리하는 한편으로(14절), 확고한 야웨 신앙으로 복귀하였다고 보고한다(15-16절). 열왕기하 21장에는 이러한 내용이 전혀 기록되어 있지 않다. 열왕기상하에서 "겸비한"('카나') 모습을 보이는 왕은 둘 뿐이다: 아합(왕상 21:29)과 요시야(왕하 22:19). 역대기는 네 명의 왕을 언급한다: 르호보암(대하 12:6, 7, 12); 히스기야(대하 32:26); 므낫세(대하 33:12, 19); 요시야(대하 34:27).

여기서 우리는 회개하지 않는 열왕기의 므낫세와 회개하는 역대기의 므낫세가 대조를 이루는 모습을 발견한다. 라신(Lasine 1993: 179)은 이 점에 대하여 다음과 같이 말한다: "만일 열왕기하의 괴물 같은 므낫세가 자신은 포로가 되지 않으면서 자기 백성을 포로가 되게 했다면, 역대기의 므낫세가 포로로 잡혀간 후 회개하는 모습은 백성들이 그로 인하여 포로가 되는 것이 **아님**을 분명하게 보여 준다.

열왕기하 22~25장: 요시야로부터 바벨론 포로기에 이르기까지

유다의 왕들	통치연한	Bright	Galil	Hayes/Hooker	Thiele
요시야	31년	640-609	640/39-609	641-610	640-609
여호아하스	3개월	609	609	609	—
여호야김	11년	609-598	609-598	608-598	609-598
여호야긴	3개월	598/7	598/7	—	598-597
시드기야	11년	597-587	597-586	596-586	597-587

요시야는 참으로 독특하고 매우 경건한 유다 왕들 중의 하나이다. 그는 종교개혁을 통하여 온갖 이방 종교의 풍습들을 제거함으로써 국가를 새롭게 하고자 한다. 그는 사실 그 일을 위해 부름받은 왕이다.

요시야의 통치에 관한 설명은 열왕기하 22~23장과 역대하 34~35장의 두 군데에서 발견된다. 흔히 그러하듯이, 이 두 설명 사이에는 약간의 차이가 있다. 가장 두드러지게 나타나는 차이점들 일부를 소개하면 다음과 같다:

1. 열왕기는 요시야의 개혁을 그의 통치 18년 이후에 한정시키며(왕하 22:3), 그 이전 시기에 관해서는 아무런 얘기도 하지 않는다. 역대기는 요시야가 그의 통치 8년째 되던 해에, 곧 "오히려 어렸을 때 … 그 조상 다윗의 하나님을 비로소 구했으며"(대하 34:3a), 12년째 되던 해에 "유다와 예루살렘을 비로소 정결케 하였다"(대하 34:3b)고 말한다.

그리고 18년째 되던 해에는 "그 하나님 야웨의 전을 수리하려 하여 … 사반 … 을 보낸지라"(대하 34:8).

2. 열왕기는 요시야가 실시한 개혁 조치들을 열일곱 절에 걸쳐서 상세하게 설명한다(왕하 23:4-20). 그러나 개혁의 정점에 해당하는 유월절 준수에 대해서는 단지 세 절만을 할애할 뿐이다. 반면에 역대기는 강조점을 바꾸어, 개혁 조치들에 대해서는 단지 여섯 절만을 할애하고(대하 34:3b-7, 33), 유월절 준수에 대해서는 열아홉 절을 할애한다(대하 35:1-19).

3. 열왕기는 이집트의 파라오 느고에 의한 요시야의 죽음에 대해서 보고하되 아무런 설명도 하지 않는다(왕하 23:29-30). 반면에 역대기는 이 사건을 확대하여, 요시야가 "하나님의 입에서 나온 느고의 말을 듣지 않은" 까닭에 죽었다는 설명을 추가한다(대하 35:22b). 이로써 역대기는 "경건함조차도 어리석음을 몰아내지 못한다"는 것을 분명하게 보여 준다(Washburn 1991: 59). 열왕기는 요시야가 죽은 장소를 므깃도로 보지만("애굽 왕이 요시야를 므깃도에서 만나본 후에 죽인지라. 신복들이 그 시체를 병거에 싣고 므깃도에서 예루살렘으로 돌아와서 그 묘실에 장사하니"[왕하 23:29b-30a]), 역대기는 그가 죽은 장소를 예루살렘으로 보는 듯하다("그 신복이 저를 … 태워 예루살렘에 이른 후에 저가 죽으니"[대하 35:24]). 아마도 이 두 설명은 열왕기하 23:29의 "죽였다"는 표현을 "치명상을 입혔다"로 읽고, 열왕기하 23:30의 "시체"를 "죽어가는 자"(히브리어로는 분사 '메트')로 읽을 경우에 조화를 이룰 수 있다(Washburn 1991: 60).

요시야의 개혁은 그의 통치 18년째인 주전 622년 이전에 이미 시작되었을 가능성이 높다. 역대기가 암시하고 있는 것처럼 말이다. 이렇게 본다면, 열왕기는 요시야의 개혁 조치들을 1년 동안에 연달아 취해진 것들로 압축시켜 표현하고 있는 셈이다: (1) 성전 수리(왕하 22:3-7); (2) 잃어버린 책의 발견(왕하 22:8-13); (3) 율법책의 메시지에 대한 여선지 훌다의 해석(왕하 22:14-20).

와인펠드(Weinfeld 1991: 73-74)는 왜 그렇게 보아야 하는지의 필연적인 이유를 세 가지로 설명한다. 첫째로 유다의 다른 왕들은 문서화된 책의 승인 없이도 개혁을 추진한다: 아사(왕상 15:11-14); 여호사밧(왕상 22:46); 요아스(왕하 11:17-18); 히스기야(왕하 18:4, 22). 둘째로 요시야는 과연 이방 신상들이 여전히 남아 있는(왕하 23:7) 성전 경내의 야웨 앞에서 계약을 맺었을까?(왕하 23:1-3) 셋째로 훌다의 예언은 요시야의 개혁을 배경으로 하여 선포된 것이 아니라, 유다 백성이 범한 무거운 죄의 역사를 배경으로 하여 선포된 것이다. 요시야가 이미 성전 수리를 명했다는 사실을 기억하라. 그것은 성전 전체를 새롭게 도색하거나 바깥벽을 비닐로 씌우는 또는 지붕을 새로 얹는 일 이상의 어떤 것을 포함하고 있음에 틀림없다.

그러나 열왕기의 저자가 볼 때, 잃어버린 책의 발견이야말로 요시야의 개혁 작업을 본격화시킨 것이라 할 수 있다. (이를테면 믿음으로만 의롭게 된다는 교리 ─ 당시의 로마 천주교회가 오랫동안 잊고 있던 ─ 를 성서 안에서 새롭게 "재발견"한 루터의 업적이나, 거룩한 삶을 강조하는 교리 ─ 도덕률 폐기론적인 개신교주의가 오랫동안 잊고 있던 ─ 를 성서 안에서 새롭게 "재발견"한 웨슬리[Wesley]의 업적이 그와 평행을 이룬다)

여기서 우리는 하나님의 말씀을 읽은 것에 대한 요시야의 반응(왕하 22:11b)을 그의 아들 여호야김이 하나님의 말씀에 대하여 보이는 반응(렘 36:23-24)과 비교할 필요가 있다(Isbell: 1978).

요시야(왕하 22:11~23:20)	여호야김(렘 36:1-32)
1. 율법책의 말씀(22:11)	야웨의 말씀(4, 6, 8, 11절)
이 책의 말씀(22:13, 16)	두루마리의 말씀(32절)
2. 야웨께서 참으로 재앙('라아')을 내리실 것이다(22:16).	유다 족속들은 그 모든 재앙('라아')을 들을 것이다(3절; 참조. 31절).
3. 야웨의 진노가 크다('게돌라 하마트')(22:13).	야웨께서 선포하신 진노가 크다('가돌 하아프')(7절).
4. 요시야가 자기 옷을 찢는다('카라')(22:11, 19).	여호야김은 두루마리를 찢지만('카라'; 23절) 자기 옷은 찢지 않는다(24절).

5. 요시야는 거짓 신들을 위한 기명들(23:4)과 아세라 목상(23:6), 태양 수레(23:11), 벧엘에 세운 단(23:15), 단 위에 둔 뼈들(23:16), 사람의 해골(23:20) 등을 태운다('사라프'; 모두 6회 사용됨).	두루마리를 불태운('사라프') 여로보암의 행동을 다섯 차례에 걸쳐서 언급한다(25, 27, 28, 29, 32절)
6. 말씀을 듣고서 회개한다(11, 18-19절).	말씀을 듣지만 냉담한 반응을 보인다(24절).

　권위 있는 고대 문헌들(예로써 랍비 자료들이나 제롬의 저서)과 현대 주석가들은 성전 수리 과정에서 발견한 "율법책"이 신명기의 일부일 것이라는 데 의견의 일치를 보이고 있다. 몇 가지 항목들이 이를 뒷받침한다. 첫째로 "율법책"('세페르 하토라'; 왕하 22:8, 11)이라는 표현은 창세기에서 민수기까지 어디에서도 발견되지 않는다. 그러나 신명기에서는 두루 발견된다(예로써 28:61 및 이와 관련된 표현들, 17:18; 28:58; 29:20). 둘째로 예루살렘에서 공동체 전체가 지킨 유월절 경축 행사 — 가족 단위로 지키던 출애굽기 12장의 유월절 희생제사와 반대되는 — 는 유월절에 관한 신명기의 가르침을 반영하고 있다. 그 가르침에 의하면 유월절은 "야웨께서 그 이름을 두시려고 택하신 곳에서" 지켜야 하는 축제이다(신 16:12a). 뿐만 아니라 "너희의 하나님 야웨를 위하여 유월절을 지키라"['아사'; 직역하면 "만들라"는 뜻임: 역주]라는 요시야의 명령(왕하 23:21)은 "아빕월을 지켜 네 하나님 야웨의 유월절 예식을 행하라"는 신명기 16:1의 명령과 평행을 이룬다. 이처럼 특별한 요시야의 활동은 예루살렘 밖의 모든 성소들을 폐쇄하고 시온의 성전 예배를 공고히 한 열왕기하 23:8의 개혁 조치를 반영하고 있다. 의심할 여지 없이 하나님께서 택하신 한 장소에서만 희생제사를 드리라고 명하는 율법(신 12장)은 신명기에서 가장 독특하고 광범위한 법이다. 셋째로 요시야가 제거하거나 파괴한 많은 이방 종교의 물품들은 특히 신명기에서 정죄의 대상이 되고 있다(예로써 "아세라"를 위한 기명들과 신상[왕하 23:4, 6-7과 신 7:5; 16:21]; "석상들"[왕하 23:14와 신 7:5; 12:3]; "산당들"[왕하 23:13과 신 12:2-31]). 넷째로 성전에서 발견된 책이 오경 전체라고 한다면, 그것은 상상하기 어려울 정도로 매우 긴 두루마리였을 것이요, 훌다로서는 그것을 다 읽고 평가하기 위

해 상당한 노력을 기울여야 했을 것이다(무려 15시간 이상을!). 다섯째로 요시야는 신명기 6:5의 삼중적인 명령을 그대로 지킨 유일한 유다 왕이다:

> 신명기 6:5: "너는 마음을 다하고 성품을 다하고 힘을 다하여 네 하나님 야웨를 사랑하라."
> 열왕기하 23:25: "요시야와 같이 마음을 다하며 성품을 다하며 힘을 다하여 야웨를 향하여 모세의 모든 율법을 온전히 준행한 임금은 요시야 전에도 없었고 후에도 그와 같은 자가 없었더라."

요시야는 열두 가지 개혁 조치를 취한다. 그 중 열 가지는 유다를 위한 것이고, 나머지 둘은 북왕국을 위한 것이다(Lohfink 1987: 464–65; 1993: 52):

유다(왕하 23:4-14)

1. 바알과 아세라를 위한 기명들(4절)	
2. 우상숭배에 빠진 제사장들(5절)	이교제의
3. 아세라(6절)	
4. 제의 창기들을 위한 집(7절)	
5. 지방에 있는 산당들(8a절)	산당에서의 야웨 제의
6. 예루살렘 성문 곁의 산당들(8b절)	
7. 도벳에서 몰렉에게 바치던 어린이 희생제사(10절)	
8. 태양을 위해 드린 말과 태양 수레들(11절)	이교제의
9. 지붕과 성전 뜰에 있던 제단들(12절)	
10. 아스타르트, 그모스, 밀곰 등을 위한 산당들(13-14절)	

북왕국(왕하 23:15-20)

1. 벧엘의 산당들(15절)
2. 사마리아 전역에 있던 다른 산당들과 우상숭배에 빠진 제사장들(19-20절)

로핑크(Lohfink 1993: 52)는 유다에서 이루어진 요시야의 개혁이 신명기 12장의 규정들과 평행을 이루고 있음을 예리하게 통찰한 바 있다:

	열왕기하 23:4-14	신명기 12장
이교 제의	4-7절	2-3절
올바른 야웨 제의	8절	4-28절
이교 제의	10-14절	29-31절

요시야의 이러한 개혁은 그를 그의 전임자들이나 그의 계승자들로부터 구별짓는 역할을 한다. 열왕기하 23:25에서 그에 관해 사용되고 있는 언어는 요시야가 비길 데 없는 왕임을 암시한다. 그는 성서에서 비길 데 없는 사람임을 나타내는 양식(incomparability formula)이 사용되는 몇몇 인물들 중의 하나다(Knoppers: 1992):

모세, 비길 데 없는 예언자: "그 후에는 이스라엘에 모세와 같은 선지자가 일어나지 못하였나니"(신 34:10).

솔로몬, 비길 데 없이 지혜로운 자: "너의 전에도 너와 같은 자가 없었거니와 너의 후에도 너와 같은 자가 일어남이 없으리라"(왕상 3:12).

히스기야, 비길 데 없는 신뢰의 사람: "히스기야가 이스라엘 하나님 야웨를 의지하였는데 그의 전후 유다 여러 왕 중에 그러한 자가 없었으니"(왕하 18:5).

요시야, 비길 데 없는 개혁가: "요시야와 같이 마음을 다하며 성품을 다하며 힘을 다하여 야웨를 향하여 모세의 모든 율법을 온전히 준행한 임금은 요시야 전에도 없었고 후에도 그와 같은 자가 없었더라"(왕하 23:25; 참조. 23:22).

야웨, 비길 데 없는 신: "그런즉 너희가 하나님을 누구와 같다 하겠으며 무슨 형상에 비기겠느냐? … 그런즉 너희가 나를 누구에게 비기며 나로 그와 동등이 되게 하겠느냐?"(사 40:18, 25).

예수, 비길 데 없는 구원자: "주여, 영생의 말씀이 계시매 우리가 뉘게로 가오리이까?"(요 6:68).

그러나 요시야가 그처럼 과격하고 철저한, 그리고 나라 전체를 뒤흔드는 개혁을 추진했음에도 불구하고, 20년 정도가 조금 지난 후에(주전 598/97년) 예루살렘이 바벨론 군대에 함락당한 결과 제1차 바벨론 포로가 이루어진다(왕하 24:10-16). 그리고 35년 정도 후에는(주전 587/86년) 예루살렘이 두 번째로 바벨론에 함락당한 결과 제2차 바벨론 포로가 이루어지면서 유다 백성이 "바벨론 강가에서 우는" 결과가 초래된다(왕하 25:1-12). 부흥의 시대가 끝나고 파멸의 시대가 온 것이다!

요시야의 뒤를 이은 왕들 중에서 어느 누구도 요시야의 주요 관심사를 충실하게 계승하지 못한다: 여호아하스(왕하 23:31-33); 여호야김(왕하 23:34~24:7); 여호야긴(왕하 24:8-16); 시드기야(왕하 24:17~25:21). 요시야 자신은 불명예스러운 죽음을 당한다. 특히 역대하 35:20-24의 설명에 의하면 그렇다. 요시야는 므깃도(이스라엘 왕국의 영토가 유다의 영향력 안에 있지 않는 한 유다 왕국 밖에 있다고 할 수 있는)에서 이집트의 느고(Neco)와 마주친다. 느고는 바벨론의 위협에 맞서 앗수르 왕을 돕기 위해(개역은 "치고자 하여"로 잘못 번역함: 역주) 가던 길이었다. 역대기의 언어는 열왕기의 언어보다 더 강렬하다. 열왕기(왕하 23:29)는 "요시야 왕이 그[느고]를 만나려고 나가더니"(went out to meet him; 개역은 "나가서 방비하더니"로 번역함: 역주)라고 말한다. 그러나 역대기(대하 35:20)는 "요시야가 나가서 방비하였더니"(went out against him)라고 말한다. "나가서"를 표현하면서 열왕기가 '할라크' 동사(만나지 않았을 수도 있음을 암시한다)를 사용하는 반면에, 역대기는 '야차' 동사(적대 관계에서 만났음을 암시한다)를 사용한다(Talshir 1996: 216-17).

마틴 루터를 가장 많이 닮은 유다의 이 왕이 이집트 왕에게 신학적인 책망을 들었다는 것은 아이러니다("그대는 하나님을 거스르지 말라. 그대를 멸하실까 하노라"[대하 35:21b]). 요시야는 하나님께서 훌다를 통하여 하시는 말씀에 귀를 기울임으로써 생명을 구한다. 그러나 하나님께서 이집트의 파라오를 통하여 하시는 말씀에 귀를 기울이지 않음으로써 생명을 잃는다. 역대하 35:22에 있는 설화자의 진술이 후대의 저술가들을 당혹스럽게 했음인지, 제1에스드라 1:28은 "하나님의 입에서 나온 느고의 말을 듣지 아니하고"라는 구절을 "하나님의 입에서 나온 예레미야의 말을 듣지 아니하고"로 바꾼다.

개혁가로서 요시야의 이미지를 다소 훼손시킨 것에 두 가지의 다른 요인들을 추가할 수 있다. 첫째로 열왕기하 23:26-27(역대기에는 평행 본문이 없음)은 요시야의 개혁 — 그것이 아무리 정통 노선을 따르고 있고 또 국가 치료를 목적으로 하고 있다 할지라도 — 은 그의 조부 므낫세가 저질러놓은 악을 제거하지 못했다. 둘째로 요시야의 정의와 의를 칭찬한 예레미야(렘 22:15-16)는 요시야의 개혁에 대해서 결코 아무 말도 하지 않는다. 이는 정말 흥미로운 점이 아닐 수 없다. 만일 예레미야가 개혁이 이루어지기 5년 전, 곧 요시야 통치 13년째 되던 해 — 요시야 통치 18년째 되던 해가 아닌 — 에 예언 메시지를 선포하기 시작했다면 말이다(렘 1:2에 기초할 때 그렇다; 그러나 렘 1:2에 대한 다른 해석도 있다. 이를테면 요시야 통치 13년째 되는 해를 예레미야의 출생년도로 보는 견해가 그렇다). 왜 요시야는 예언자의 자문을 얻기 위해 예레미야를 찾지 않고 훌다를 찾은 것일까? 예레미야가 요시야의 개혁을 내적인 변화가 없는 외적인 변화 — 마음의 할례 없이 단순히 산당들에 대한 "할례"를 행했을 뿐인 — 로 간주했기 때문일까?

열왕기상 12장 ~ 열왕기하 25장 참고문헌

1 Kings 12:1–16:20 (Rehoboam, Jeroboam)

Barrick, W. B. 1996. "On the Meaning 'House of High Places' and the Composition of the Kings History." *JBL* 115:621–42.

Ben Zvi, E. 1993. "Prophets and Prophecy in the Compositional and Redactional Notes in I–II Kings." *ZAW* 105:331–51.

Coggins, R. 1991. "On Kings and Disguises." *JSOT* 50:55–62.

Cohn, R. 1985. "Literary Techniques in the Jeroboam Narrative." *ZAW* 97:23–35.

Coote, R. B. 1991. *In Defense of Revolution: The Elohist History*. Minneapolis: Fortress. Pp. 61–69.

Crenshaw, J. L. 1971. *Prophetic Conflict: Its Effect upon Israelite Religion*. BZAW 124. New York: de Gruyter. Pp. 39–49.

Deboys, D. G. 1991. "1 Kings xiii—A 'New Criterion' Reconsidered." *VT* 41:210–12.

Dozeman, T. B. 1982. "The Way of the Man of God from Judah: True and False Prophecy in the Pre-Deuteronomic Legend of 1 Kings 13." *CBQ* 44:379–93.

Fox, N. 1996. "Royal Officials and Court Families: A New Look at *yĕladim* in 1 Kings 12." *BA* 59:225–32.

Gottwald, N. 1993. "Social Class as an Analytic and Hermeneutical Category." *JBL* 112:3–22.

Gross, W. 1979. "Lying Prophet and Disobedient Man of God in I Kings 13: Role Analysis as an Instrument of Theological Interpretation of an Old Testament Narrative Text." *Semeia* 15:97–135.

Holder, J. 1988. "The Presuppositions, Accusations, and Threats of 1 Kings 14:1–18." *JBL* 107:27–38.

Lasine, S. 1992. "Reading Jeroboam's Intentions: Intertexuality, Rhetoric, and History in 1 Kings 12." In *Reading between Texts: Intertexuality and the Hebrew Bible*. Ed. D. N. Fewell. Louisville: Westminster/John Knox. Pp. 133–52.

Malamat, O. 1965. "Kingship and Council in Israel and Sumer: A Parallel." *BA* 28:34–65.

Mead, J. K. 1999. "Kings and Prophets, Donkeys and Lions: Dramatic Shape and Deuteronomic Rhetoric in 1 Kings xiii." *VT* 49:199–205.

Reis, P. T. 1994. "Vindicating God: Another Look at 1 Kings xiii." *VT* 44:376–86.

Simon, U. 1976. "1 Kings 13: A Prophetic Sign—Denial and Persistence." *HUCA* 47:81–117.

Van Winkle, D. W. 1989. "1 Kings xiii: True and False Prophecy." *VT* 39:31–42.

———. 1989."1 Kings xii 25–xiii 34: Jeroboam's Cultic Innovations and the Man of God from Judah." *VT* 46:101–14.

Walsh, J. T. 1989. "The Contexts of 1 Kings 13." *VT* 39:355–70.

Weisman, Z. 1998. *Political Satire in the Bible*. SBLSS 32. Atlanta: Scholars Press. Pp. 101–11.

1 Kings 16:21–2 Kings 10 (Omri, Ahab, Jehu, Elijah, Elisha, Jezebel)

Ackroyd, P. R. 1983. "Goddesses, Women and Jezebel." In *Images of Women in Antiquity*. Ed. A. Cameron and A. Kuhrt. Detroit: Wayne State Univesity Press. Pp. 245–59.

Barré, L. M. 1988. *The Rhetoric of Political Persuasion: The Narrative Artistry and Political Intentions of 2 Kings 9–11*. CBQMS 20. Washington, D.C.: Catholic Biblical Association of America.

Becking, B. 1996. "'Touch for Health . . .': Magic in ii Reg 4, 31–37 with a Remark on the History of Yahwism." *ZAW* 108:34–54.

Blenkinsopp, J. 1983. *A History of Prophecy in Israel*. Philadelphia: Westminster. Pp. 68–79.

Brichto, H. C. 1992. *Toward a Grammar of Biblical Poetics*. New York: Oxford University Press. Pp. 122–230.

Brown, R. E. 1971. "Jesus and Elijah." *Perspective* 12:85–104.

Brueggemann, W. 1987–1988. "The Embarrassing Footnote [II Kings 6:8–23]." *ThTo* 44:5–14.

Childs, B. S. 1982. "On Reading the Elijah Narratives." *Int* 34:128–37.

Cohn, R. 1982. "The Literary Logic of 1 Kings 17–19." *JBL* 101:333–50.
———. "Form and Perspective in 2 Kings v." *VT* 33:171–84.
Coote, R. B. 1981. "Yahweh Recalls Elijah." In *Traditions in Transformation: Turning Points in Biblical Faith*. Ed. B. Halpern and J. Levenson. Winona Lake, Ind.: Eisenbrauns. Pp. 115–20.
———, ed. 1992. *Elijah and Elisha in Socioliterary Perspective*. SBLSS. Atlanta: Scholars Press.
Gros Louis, K. R. R. 1974. "Elijah and Elisha." In *Literary Interpretations of Biblical Narrative*. Ed. K. R. R. Gros Louis, J. S. Ackerman, and T. Warshaw. Nashville: Abingdon. Pp. 177–90.
Hamilton, J. M. 1994. "Caught in the Nets of Prophecy? The Death of King Ahab and the Character of God." *CBQ* 56:649–63.
Hauser, A. J., and R. Gregory. 1990. *From Carmel to Horeb: Elijah in Crisis*. JSOT Supplement 85; Bible and Literature Series 19. Sheffield: Almond.
Herr, D. D. 1985. "Variations in a Pattern." *JBL* 104:292–94.
Hobbs, T. R. 1993. "Man, Woman and Hospitality—2 Kings 4:8–36." *BTB* 23:91–100.
Holt, E. K. 1995. "'Urged on by His Wife Jezebel': A Literary Reading of 1 Kings 18 in Context." *SJOT* 9:83–96.
Jobling, D. 1986. *The Sense of Biblical Narrative: Structural Analysis in the Hebrew Bible*. JSOT Supplement 7. Sheffield: Sheffield Academic Press. Pp. 63–88.
Lasine, S. 1991. "Jehoram and the Cannibal Mothers (2 Kings 6:24–33): Solomon's Judgment in an Inverted World." *JSOT* 50:27–53.
LeBarbera, R. 1984. "The Man of War and the Man of God: Social Satire in II Kings 6:8–7:20." *CBQ* 46:636–51.
Lindars, B. 1965. "Elijah, Elisha, and the Gospel Miracles." In *Miracles: Cambridge Studies in Their Philosophy and History*. Ed. C. F. D. Moule. London: Mowbray. Pp. 63–79.
Long, B. O. 1973. "2 Kings iii and Genres of Prophetic Narrative." *VT* 23:338–44.
Margalit, B. 1986. "Why King Mesha of Moab Sacrificed His Oldest Son." *BAR* 12, no. 6:62–68.
Moore, R. D. 1990. *God Saves: Lessons from the Elisha Stories*. JSOT Supplement 95. Sheffield: JSOT Press.
Nicol, G. G. 1987. "What Are You Doing Here, Elijah?" *HeyJ* 28:192–94.
Olley, J. W. 1998. "Yhwh and His Zealous Prophet: The Presentation of Elijah in 1 and 2 Kings." *JSOT* 80:25–51.
Pippin, T. 1988. "Jezebel Re-vamped." *Semeia* 69–70:221–33.
Rendsburg, G. A. 1988. "The Mock of Baal in 1 Kings 18:27." *CBQ* 50:414–17.

Roberts, J. J. M. 1988. "Does God Lie? Divine Deceit as a Theological Problem in Israelite Prophetic Literature." In *Congress Volume: Jerusalem, 1986*. Ed. J. A. Emerton. VTSup 40. Leiden: Brill. Pp. 211–20.

Robertson, D. 1982. "Micaiah ben Imlah: A Literary View." In *The Biblical Mosaic: Changing Perspectives*. Ed. R. Polzin and E. Rothman. Philadelphia: Fortress; Chico, Calif.: Scholars Press. Pp. 138–46.

Robinson, B. P. 1991. "Elijah at Horeb, 1 Kings 19:1–18: A Coherent Narrative?" *RB* 98:513–26.

Rofé, A. 1988. "The Vineyard of Naboth: The Origin and Message of the Story." *VT* 38:89–104.

Satterthwaite, P. E. 1998. "The Elisha Narratives and the Coherence of 2 Kings 2–8." *TynB* 49:1–28.

Schneider, T. J. 1996. "Rethinking Jehu." *Bib* 77:100–107.

Shields, M. E. 1993. "Subverting a Man of God, Elevating a Woman: Role and Power Reversals in 2 Kings 4." *JSOT* 58:59–69.

Siebert-Hommes, J. 1996. "The Widow of Zarephath and the Great Woman of Shunem: A Comparative Analysis of Two Stories." In *On Reading Prophetic Texts: Gender-Specific and Related Studies in Memory of Fokkelien van Dijk-Hemmes*. Ed. B. Becking and M. Dijstra. Leiden: Brill. Pp. 231–50.

Stern, P. D. 1994. "Of Kings and Moabites: History and Theology in 2 Kings 3 and the Mesha Inscription." *HUCA* 64:1–14.

Trible, P. 1994. "The Odd Couple: Elijah and Jezebel." In *Out of the Garden: Women Writers on the Bible*. Ed. C. Buchmann and C. Spiegel. New York: Fawcett Columbine. Pp. 166–79.

———. 1995. "Exegesis for Storytellers and Other Strangers." *JBL* 114:3–19.

Tromp, N. M. 1975. "Water and Fire on Mount Carmel: A Conciliatory Suggestion." *Bib* 56:480–502.

Walsh, J. T. 1992. "Methods and Meanings: Multiple Studies of 1 Kings 21." *JBL* 111:193–211.

White, M. 1994. "Naboth's Vineyard and Jehu's Coup: The Legitimation of a Dynastic Extermination." *VT* 44:66–76.

Wright, N. T. 1996. "Paul, Arabia, and Elijah (Galatians 1:17)." *JBL* 115:683–92.

2 Kings 11–17 (Jehoahaz to the End of Northern Israel)

Brettler, M. 1989. "Ideology, History and Theology in 2 Kings xvii, 7–23." *VT* 39:268–82.

Christensen, D. L. 1989. "The Identity of 'King So' in Egypt (2 Kings xvii, 4)." *VT* 39:140–53.

Dutcher-Walls, P. 1996. *Narrative Art, Political Rhetoric: The Case of Athaliah and Joash*. JSOT Supplement 209. Sheffield: Sheffield Academic Press.

Long, B. O. 1995. "Sacred Geography as Narrative Structure in 2 Kings 11." In *Pomegranates and Golden Bells: Studies in Biblical, Jewish and Near Eastern Ritual, Law and Literature in Honor of Jacob Milgrom*. Ed. D. P. Wright, D. N. Freedman, and A. Hurvitz. Winona Lake, Ind.: Eisenbrauns. Pp. 231–38.

Vivano, P. A. 1987. "2 Kings 17: A Rhetorical and Form-Critical Analysis." *CBQ* 49:548–59.

2 Kings 18–21 (Hezekiah, Manasseh, Amon)

Ackroyd, P. R. 1974. "An Interpretation of the Babylonian Exile: A Study of 2 Kings 20, Isaiah 38–39." *SJT* 27:329–52.

Balentine, S. 1993. *Prayer in the Hebrew Bible*. Minneapolis: Fortress.

Ben Zvi, E. 1990. "Who Wrote the Speech of Rabshakeh and When?" *JBL* 109:79–92.

———. 1991. "The Account of the Reign of Manasseh in II Reg 21, 1–18 and the Redactional History of the Book of Kings." *ZAW* 103:355–74.

Brueggemann, W. 1985. "II Kings 18–19: The Legitimacy of a Sectarian Hermeneutics." *HBT* 7:1–42.

Childs, B. S. 1967. *Isaiah and the Assyrian Crisis*. London: SCM.

Eynkiel, E. 1997. "The Portrait of Manasseh and the Deuteronomistic History." In *Deuteronomy and Deuteronomistic Literature: Festschrift C. H. W. Brekelmans*. Ed. M. Vervenne and J. Lust. BETL 133. Leuven: Leuven University Press; Leuven: Peters. Pp. 233–61.

Fewell, D. N. 1986. "Sennacherib's Defeat: Words at War in 2 Kings 18:13–19:37." *JSOT* 34:79–90.

Halpern, B. 1998. "Why Manasseh is Blamed for the Babylonian Exile: The Evolution of a Biblical Tradition." *VT* 48:473–514.

Handy, L. K. 1988. "Hezekiah's Unlikely Reform." *ZAW* 100:111–15.

Kaufmann, Y. 1960. *The Religion of Israel*. Trans. M. Greenberg. Chicago: University of Chicago Press.

Klaus, N. 1999. *Pivot Patterns in the Former Prophets*. JSOT Supplement 247. Sheffield: Sheffield Academic Press. Pp. 188–94.

Konkel, A. 1993. "The Sources of the Story of Hezekiah in the Book of Isaiah." *VT* 43:462–82.

Laato, A. 1987. "Hezekiah and the Asyrian Crisis in 701 B.C." *SJOT* 2:49–68.

Lasine, S. 1993. "Manasseh as Villain and Scapegoat." In *The New Literary Criticism and the Hebrew Bible*. JSOT Supplement 143. Ed. J. C. Exum and D. J. A. Clines. Sheffield: JSOT Press. Pp. 163–83.

Miller, P. 1994. *They Cried to the Lord: The Form and Theology of Biblical Prayer*. Minneapolis: Fortress.

Moriarty, F. L. 1965. "The Chronicler's Account of Hezekiah's Reform." *CBQ* 27:399–406.

Na'aman, N. 1995. "The Debated Historicity of Hezekiah's Reform in the Light of Historical and Archaeological Research." *ZAW* 107:179–95.

Olley, J. W. 1999. "'Trust in the Lord': Hezekiah, Kings and Isaiah." *TynB* 50:59–77.

Oswalt, J. 1986. *The Book of Isaiah, Chapters 1–39*. NICOT. Grand Rapids: Eerdmans. Pp. 627–703.

Seitz, C. R. 1993. "Account A and the Annals of Sennacherib: A Reassessment." *JSOT* 58:47–57.

Vaughn, A. 1999. *Theology, History, and Archaeology in the Chronicler's Account of Hezekiah*. Archaeology and Biblical Studies 4. Atlanta: Scholars Press.

Weitzman, S. 1997. *Song and Story in Biblical Narrative*. Bloomington: Indiana University Press.

2 Kings 22–25 (Josiah to the Babylonian Exile)

Begg, C. T. 1986. "The Significance of Jehoiachin's Release: A New Proposal." *JSOT* 36:49–56.

Brettler, M. 1991. "2 Kings 24:13–14 as History." *CBQ* 53:541–52.

Conroy, C. 1990. "Reflections on the Exegetical Task: Apropos of Recent Studies on 2 Kings 22–23." In *Pentateuchal and Deuteronomistic Studies*. Ed. C. Brekelmans and J. Lust. BETL 94. Leuven: University Press. Pp. 255–68.

Eslinger, L. 1986. "Josiah and the Torah Book: Comparison of 2 Kings 22:1–23:28 with 2 Chr. 34:1–35:19." *HAR* 10:37–62.

Handy, L. K. 1994. "The Role of Huldah in Josiah's Cult Reform." *ZAW* 106:40–53.

———. 1995. "Historical Probability and the Narrative of Josiah's Reform in 2 Kings." In *The Pitcher Is Broken: Memorial Essays for Gösta Ahlström*. JSOT Supplement 190. Ed. S. W. Holloway and L. K. Handy. Sheffield: Sheffield Academic Press. Pp. 252–75.

Isbell, C. D. 1978. "2 Kings 22:3–23:24 and Jeremiah 36: A Stylistic Comparison." *JSOT* 8:33–45.

Kalami, I., and J. D. Purvis. 1994. "King Jehoiachin and the Vessels of the Lord's House in Biblical Literature." *CBQ* 56:449–57.

Knoppers, G. N. 1992. "'There Was None Like Him': Incomparability in the Books of Kings." *CBQ* 54:411–31.

Lohfink, N. 1987. "The Cult Reform of Josiah of Judah: 2 Kings 22–23 as a Source for the History of Israelite Religion." In *Ancient Israelite Religion: Essays in Honor of Frank Moore Cross*. Ed. P. Miller, P. D. Hansen, and S. D. McBride. Philadelphia: Fortress. Pp. 459–75.

———. 1993. "Recent Discussion on 2 Kings 22–23: The State of the Question." In *A Song of Power and the Power of Song: Essays on the Books of Deuteronomy*. Ed. D. L. Christensen. Winona Lake, Ind.: Eisenbrauns. Pp. 36–61.

Nakanose, S. 1993. *Josiah's Passover: Sociology and the Liberating Bible*. Maryknoll, N.Y.: Orbis.

Paul, M. J. 1990. "King Josiah's Renewal of the Covenant (2 Kings 22–23)." In *Pentateuchal and Deuteronomistic Studies*. Ed. C. Brekelmans and J. Lust. BETL 94. Leuven: University Press. Pp. 269–76.

Person, R. F., Jr. 1993. "II Kings 24, 18–25, 30 and Jeremiah 52: A Text-Critical Case Study in the Redaction History of the Deuteronomistic History." *ZAW* 105:174–205.

Talshir, Z. 1996. "The Three Deaths of Josiah and the State of Biblical Historiography (2 Kings xxiii 29–30; 2 Chronicles xxxv 20–5; 1 Esdras i 23–31)." *VT* 46:213–36.

Washburn, D. L. 1991. "Perspective and Purpose: Understanding the Josiah Story." *TJ* 12:59–78.

Williamson, H. G. M. 1982. "The Death of Josiah and the Continuing Development of the Deuteronomistic History." *VT* 32:242–48.

역대상하

　루이스의 작품 『나니아의 연대기』(C. S. Lewis, *The Chronicles of Narnia*; 일곱 권으로 된 동화집으로, 나니아는 주인공이 여행하는 환상의 세계를 일컫는다: 역주)와 마찬가지로 역대상하는 저자의 창의성과 상상력 및 신학적인 통찰력 등을 반영하는 이야기를 보여 준다. 그 이야기는 아담(대상 1:1)으로부터 시작하여 유다 포로민들을 고국으로 돌아가게 한 — 그들이 원한다면(대하 36:22-23) — 페르시아의 고레스 칙령(주전 538년)에 이르기까지 이어지는 하나님의 백성 이스라엘/유다의 역사를 일컫는다. 그 역사는 처음에는 족보로 서술되고(대상 1~9장), 나중에는 이야기체로 서술된다(대상 10장~대하 36장).

　"역대기"(Chronicles)라는 이름을 지은 자는 초기 교회의 교부 제롬(St. Jerome, 주후 340-420년경)이다. 그러나 이 이름은 세 가지 명칭들 중의 하나에 불과하다. 히브리 성서의 제목은 '디브레 하야밈'(직역하면 "그날들의 말씀들")이지만, 숙어적인 용례를 참작한다면 "당시의 사건들" 또는 "연대기"로 번역할 수 있을 것이다. 70인역은 이 책들을 '파랄레이포메논 톤 바실레온 유다'(직역하면 "유다 왕들에 관하여 생략된 것들" 또는 "유다 왕들에 관한 잡다한 자료들")로 칭한다. 이 제목은 역대기가 사무엘-열왕기와 대등한 책이 아니라 그것을 보충하는 책이요 그 안에 있는 틈새를 메우는 책이며, 기초를 이루는 자료들보다는 잡다한 자료들을 포함하고 있는 책임을 암시한다. 그러나 실상은 거의 그렇지 않다.

구(舊) 라틴역은 70인역의 제목을 그대로 받아들여 역대기에 '리브리 파랄리포메노룸' 이라는 제목을 붙였다. 그러나 제롬은 역대기에 '크로니콘 토티우스 디비나이 히스토리아이' ("거룩한 역사 전체의 연대기")라는 제목을 붙였다. 현재의 제목 "역대기"는 제롬이 붙인 제목에서 유래하였다.

우리는 누가 역대기를 기록하였는지, 역대기가 언제 기록되었는지 알지 못한다. 구약 정경의 많은 책들이 그러하듯이 말이다. 유대 전승(참조. Talmud, *Baba Bathra* 15a)은 에스라를 저자로 생각한다. 가능성이 있는 얘기지만 개연성은 약하다. 사실 역대기를 저술한 저자(들)가 에스라-느헤미야도 저술했는지에 관하여 학자들 사이에 많은 논쟁이 있다. 과거의 구약학자들은 상당수가 동일 저자설을 지지했다. 그러나 더욱 최근에 이르러서는 역대기 저자와 에스라-느헤미야 저자를 구별하는 견해 쪽으로 무게 중심이 이동하고 있다. 후자의 견해를 지지하는 학자들 중에는, 역대기와 에스라-느헤미야의 강조점이 판이하게 다르다는 이유 때문에 이중 저자설을 주장하는 자들이 있는가 하면, 개별 저작설을 주장하되 두 저자가 동일한 전승이나 학파에 속해 있다는 견해를 아울러 내세우는 자들이 있다.

역대기를 저술한 자는 페르시아의 고레스 왕이 주전 538년에 유대인 포로들로 하여금 유다로 돌아갈 수 있게 하는 칙령을 선포(대하 36:22-23)한 이후 시대의 사람이다. 적어도 역대기의 초기 연대를 주장할 수 있는 근거가 된 일부 자료에는 스룹바벨(포로기 이후에 속한 귀향 공동체의 초기 지도자들 중 한 사람임[주전 537-520년])의 가계도가 있다. 역대상 3:19-21은 스룹바벨의 가계를 두 세대(일부가 주장하듯이 여섯 세대가 아님)에 걸쳐서 추적한다:

브다야의 아들들: **스룹바벨**과 …
스룹바벨의 아들들: … 과 **하나냐**와 …
하나냐의 아들들: **블라댜**와 …

이 자료는 아무리 빨리 잡아도 주전 500년경에 속한 자료일 것이요, 주전 400년을 하회하지는 않을 것이다. 확실히 일부 학자들은 역대기의 편집 연대를 주전 500년 이전으로 추정한다(예로써 Newsome 1975: 216). 그러나 그렇게 하기 위해서는 스룹바벨의 후손들에 관한 언급을 이차적인 자료로 제거함으로써 본문을 자기들의 이론에 맞게 수정하지 않으면 안 된다. 그리고 역대기의 편집 연대를 주전 400년 이후로 추정하는 학자들이 있으며, 그들 중의 일부는 그 연대를 주전 3세기 하반기 말까지 늦추어 잡기도 한다.

누가 역대기의 저자이든 간에 그는 오랜 바벨론 포로 생활을 마치고 돌아온 지 얼마 안 된 유다 지역 유대인들을 청중으로 하여 역대기를 집필한 것으로 보인다. 아마도 귀향민들 중의 대부분은 포로 기간 동안 출생하였을 것이다. 따라서 "포로기 때 태어난 아기들"은 "거룩한 땅"을 처음 경험한 것이라 할 수 있다. 고레스의 제안을 받아들인 자들은 어떠한 기대감을 가지고 고국을 향했을까? 성전 재건의 꿈을 가지고였을까? 과거의 영화와 황금기를 되살려보겠다는 생각을 가지고였을까? 재건된 성전에 대한 기대감을 가지고서였을까? 새로운 다윗계의 왕이 자기들의 지도자가 되리라는 기대감을 가지고였을까? 아니면 이상의 것들과는 전적으로 다른 생각을 가지고서였을까? 그리고 포로기 이후 시대의 유다의 삶은 그 시기에 만들어진 자료들(학개, 스가랴, 말라기, 에스라, 느헤미야)에 근거해 볼 때 어떠한 모습을 가지고 있었을까? 건강했을까, 아니면 힘들었을까? 고무적인 것이었을까, 아니면 절망스러운 것이었을까? 믿을 만한 것이었을까, 의심스러운 것이었을까? 우리에게 있는 포로기 이후의 책들은 이 두 가지 가능성 중에서 후자 쪽을 더 강조하는 것으로 보인다. 당시의 삶이 힘들고 절망스럽고 의심스러운 것이었다는 얘기다. 역대기 사가(史家; 흔히 역대기의 저자를 일컫는 표현임)는 바로 그러한 사람들을 대상으로 역대기를 집필한 것이다.

역대기 사가는 사무엘-열왕기에 포함되어 있는 자료들을 알고 있었고 또 그 자료들을 언제든지 사용할 수 있었던 것으로 보인다. (그렇다고 해서 그의 청중이 이 자료에 마음대로 접근할 수 있었다는 것은 아니다. 만일 청중이 그 자료에 마음대로 접근할 수 있었다면, 역대기 저자는 그들이 자신의 책을 사무엘-열왕기와 비교하기를 기대했을 것이다. 마치 마태가 마가복음에 마음대로 접근할 수 있었다면, 자신의 독자들도 그렇게 되기를 기대했을 것이고, 그럼으로써 독자들이 두 책을 동시에 볼 수 있었을 것으로 생각하던 것처럼 말이다. 역대기와 마태복음은 제각기 독자적인 책이지 단순한 부록이 아니다.)

그러나 역대기 사가는 다른 자료들도 가지고 있었다. 그 중에는 역사 편찬류의 것들이 포함되어 있다. 이를테면 그가 "이스라엘 열왕기"라고 언급하는 자료가 그렇다(대상 9:1; 대하 20:34; 33:18; "열왕기 주석"['미드라쉬 세페르 함멜라킴'], 대하 24:27 — 역대기에서는 "유다"가 "이스라엘"로 불린다는 점을 주목하라. 대상 1:34; 2:1 등이 그렇다. 그러나 대상 4:1을 참조하라). 그는 또한 "이스라엘과 유다 열왕기"에 대해서도 언급한다(대하 27:7; 35:27; 36:8). 이 책들은 사실 동일한 한 권의 책일 수도 있다.

그는 또한 몇몇 예언 자료들을 추가 자료들로 언급한다. 이 자료들은 자신이 기록하고 있는 왕들에 관한 자료를 얻기 위해 그가 참조한 것들이다: 역대상 29:29(사무엘, 나단, 갓); 역대하 9:29(나단, 아히야, 잇도); 역대하 12:15(스마야, 잇도); 역대하 13:22(잇도); 역대하 20:34(예후); 역대하 26:22(이사야); 역대하 32:32(이사야); 역대하 33:19(선견자들); 역대하 36:22(예레미야). 마지막 것을 제외한 모든 자료들은 단순히 유다의 특정 왕에 대해 더 많은 자료를 얻는 데 관심을 가지고 있던 독자들을 위해 추가한 보충 자료들로 언급되고 있을 뿐이다. 역대기 사가는 아홉 명의 예언자들 중에서 유일하게 예레미야만이 자신과 자신의 청중이 성취된 것으로 알고 있는 예언의 말씀을 선포한 자로 언급한다(대하 36:22).

어떤 점에서 보면 역대기는 창세기와 비슷하다. 두 책은 똑같이 인류의 기원과 더불어 시작하며, 이스라엘의 포로 귀향에 대한 약속/희망과 더불어 끝난다(창 1:26-31과 대상 1:1 비교, 아울러 창 50:24-26을 대하 36:22-23과 비교). 각 책의 마지막 장에서 '파카드' 동사와 '알라' 동사를 사용하고 있다는 점도 주목하라:

창세기 50:24-25: "요셉이 그 형제에게 이르되, '나는 죽으나 하나님이 너희를 권고하시고['파코드 이프코드'] 너희를 이 땅에서 인도하여 내사['헤엘라'] 아브라함과 이삭과 야곱에게 맹세하신 땅에 이르게 하시리라' 하고, 요셉이 또 이스라엘 자손에게 맹세시켜 이르기

를, '하나님이 정녕 너희를 권고하시리니['파코드 이프코드'] 너희는
여기서 내 해골을 메고 올라가겠다['하알리템'] 하라' 하였더라."
역대하 36:23: "바사 왕 고레스는 말하노니, 하늘의 신 야웨께서 …
나를 명하여 유다 예루살렘에 전을 건축하라 하셨나니['파카드'] 너
희 중에 무릇 그 백성 된 자는 다 올라갈지어다['웨야알']. 너희 하나
님 야웨께서 함께 하시기를 원하노라 하였더라."

역대기와 사무엘–열왕기 사이에, 그리고 신명기와 출애굽기–민수기 사이
에도 일부 평행 요소들이 존재한다. 역대기와 신명기는 똑같이 이미 기록되
어 있는 과거의 이야기를 되풀이하되, 서로 다른 맥락에서, 그리고 서로 다
른 청중을 대상으로 되풀이한다. 그러한 되풀이 속에서 우리는 A 기사와 비
교할 때 B 기사에 생략, 추가, 변형 등의 요소들이 있음을 발견할 수 있다. 역
대기는 과거를 돌아보는 내용으로 시작하며(대상 1~9장), 미래를 내다보는
내용으로 끝을 맺는다(대하 36:22-23). 마찬가지로 신명기도 과거를 돌아보
는 내용으로 시작하며(1~3장), 미래를 내다보는 내용으로 끝을 맺는다
(31~34장). 그러나 역대기 저자가 개관하는 역사의 범위는 신명기보다 더 넓
다. 역대기 저자는 창조와 아담의 이야기로 자신의 역사 서술을 시작하며,
주전 538년에 공표된 고레스 칙령으로 끝을 맺는다. 탈몬(Talmon 1987: 371)
은 적절하게도 역대기를 "일종의 두 번째 성서"(제2의 성서)라 칭한다.
그러나 역대기와 가장 두드러지게 평행을 이루는 자료들은 사무엘–열왕
기에서 발견된다. 역대기가 네 개의 주요 단락들로 이루어져 있다는 것에는
거의 보편적인 합의가 이루어져 있다:

1. 역대상 1~9장: 아담으로부터 사울 왕에 이르기까지
2. 역대상 10~29장: 다윗과 그의 성전 건축 준비 및 성전 직원
3. 역대하 1~9장: 솔로몬의 성전 건축
4. 역대하 10~36장: 르호보암으로부터 시드기야에 이르기까지의 유다
   왕들

이 자료들이 사무엘–열왕기와 어떻게 평행을 이루는지 주요 인물들을 중심으로 하여 정리하면 다음과 같다:

역대기	주요 인물/사건	사무엘–열왕기
역대상 1~9장		X
역대상 10장	사울	사무엘상 31장~사무엘하 1장
역대상 11~29장	다윗	사무엘하 2장~열왕기상 2장
역대하 1~9장	솔로몬	열왕기상 1~11장
역대하 10~12장	르호보암	열왕기상 11:43~14:31
역대하 13장	아비야	열왕기상 15:1-8
역대하 14~16장	아사	열왕기상 15:9-24
역대하 17~20장	여호사밧	열왕기상 22:41-50
역대하 21장	여호람	열왕기하 8:16-24
역대하 22:1-9	아하시야	열왕기하 8:25-29
역대하 22:10~23:21	아달랴	열왕기하 11장
역대하 24장	요아스	열왕기하 12장
역대하 25장	아마샤	열왕기하 14:1-22
역대하 26장	웃시야/아사랴	열왕기하 15:1-7
역대하 27장	요담	열왕기하 15:32-38
역대하 28장	아하스	열왕기하 16장
역대하 29~32장	히스기야	열왕기하 18~20장
역대하 33:1-20	므낫세	열왕기하 21:1-18
역대하 33:21-25	아몬	열왕기하 21:19-26
역대하 34~35장	요시야	열왕기하 22:1-23:30
역대하 36:1-4	여호아하스	열왕기하 23:31-33
역대하 36:5-8	여호야김	열왕기하 23:34~24:7
역대하 36:9-10	여호야긴	열왕기하 24:8-18
역대하 36:11-21	시드기야	열왕기하 24:18~25:26
역대하 36:22-23	고레스 칙령	X

| X | 여호야긴의 석방 | 열왕기하 25:27-30 |

역대기의 특징적인 서술 양식에 한정시켜 본다면, 왕들(과 아달랴)은 다음 세 가지 범주들 중의 하나에 속함을 알 수 있다:

A. 한결같이 선한 왕들:
   1. 다윗: 역대상 11~29장(21장의 인구조사는 예외임)
   2. 솔로몬: 역대하 1~9장
   3. 아비야: 역대하 13장
   4. 요담: 역대하 27장
   5. 히스기야: 역대하 29~32장

B. 한결같이 악하고/악하거나 무능한 왕들/여왕들
   1. 여호람: 역대하 21장
   2. 아하시야: 역대하 22:1-9
   3. 아달랴: 역대하 22:10~23:21
   4. 아하스: 역대하 28장
   5. 아몬: 역대하 33:21-25
   6. 여호아하스: 역대하 36:1-4
   7. 여호야김: 역대하 36:5-8
   8. 여호야긴: 역대하 36:9-10
   9. 시드기야: 역대하 36:11-21

C. 선과 악을 더불어 가지고 있는 왕들:
   악 → 선:
   1. 므낫세(악, 대하 33:1-11; 선, 대하 33:12-20)
   악 → 선 →악 → 선:
   1. 르호보암(악, 대하 10장; 선, 대하 11장; 악, 대하 12:1-5; 약간의
      선, 대하 12:6-16)
   선 → 악→ 선 →악:
   1. 여호사밧(선, 대하 17장; 악, 대하 18장; 선, 대하 19:1~20:34; 악,

대하 20:35-37)

선 →악:

1. 아사(선, 대하 14~15장; 악, 대하 16장)

2. 요아스(선, 대하 24:1-16; 악, 대하 24:17-27)

3. 아마샤(선, 대하 25:1-2; 악, 대하 25:3-28)

4. 웃시야(선, 대하 26:1-15; 악, 대하 26:16-23)

5. 요시야(선, 대하 34:1~35:19; 악, 대하 35:20-27)

유다 백성은 그들의 역사 전체에서 한때는 경건하다가 또 어떤 때에는 정반대의 경향을 보이는 왕들의 표본을 골고루 가지고 있다. 세 가지 유형의 지도자 모델은 계시록의 첫 세 장들에 나오는 일곱 교회들과 비슷한 데가 있다: 한결같이 선한 교회(서머나[계 2:8-11]; 빌라델비아[계 3:7-13]); 한결같이 악한 교회(사데[계 3:1-6]; 라오디게아[계 3:14-22]); 긍정적이고 부정적인 특징을 모두 가지고 있는 교회(에베소[계 2:1-7]; 버가모[계 2:12-17]; 두아디라[계 2:18-29]). 사도 바울은 이 세 가지 유형을 다음과 같이 표현한다: (1) "신령한(spiritual) 자들"(고전 3:1); (2) "신령하지 못한 자들" 또는 "자연인"(고전 2:14); (3) "육신에 속한 자들" 또는 "세속적인 자들"이나 "육체의 사람들"(고전 3:1).

역대기에는 확실히 자기들의 악한 행동을 알고서 회개하는(역대기 저자는 흔히 '카나' 동사의 니팔형["겸비하다"]을 사용함) 왕들이 일부 있다. 그들의 명단은 다음과 같다:

다윗: "내가 이 일을 행함으로 큰 죄를 범하였나이다. 이제 간구하옵나니 종의 죄를 사하여 주옵소서. 내가 심히 미련하게 행하였나이다."(대상 21:8).

르호보암과 그의 신하들: "이에 이스라엘 방백들과 왕이 스스로 겸비하여 가로되, '야웨는 의로우시다' 하매, 야웨께서 저희의 스스로 겸비함을 보신지라"(대하 12:6-7); "르호보암이 스스로 겸비하였고 유다에 선한 일도 있으므로 야웨께서 노를 돌이키사"(대하 12:12).

> 므낫세: "저가 환난을 당하여 그 하나님 야웨께 간구하고 그 열조의 하
> 나님 앞에 크게 겸비하여"(대하 33:12).
> 요시야: "네[요시야]가 듣고 마음이 연하여 하나님 앞 곧 내 앞에서 겸비
> 하여"(대하 34:27).

따라서 솔로몬 이후의 유다 왕들 중 적어도 세 명 — 르호보암, 므낫세, 요
시야 — 은 야웨께서 성전 봉헌식 때에 용서와 치유에 관하여 솔로몬에게 주
신 말씀을 문자 그대로 이행한 자들이라 할 수 있다("내 이름으로 일컫는 내
백성이 그 악한 길에서 떠나 스스로 겸비하고"[대하 7:14]).

그러나 다른 한편으로 보면, 겸비하기를 거부한 왕들도 있다: "이 아몬이
그 부친 므낫세의 스스로 겸비함 같이 야웨 앞에서 스스로 겸비치 아니하고"
(대하 33:23); "(시드기야가) 선지자 예레미야가 야웨의 말씀으로 일러도 그
의 앞에서 겸비치 아니하였으며"(대하 36:12). 그리고 때때로 하나님께서는
스스로 겸비하기를 거부한 자들을 낮추신다("이는 이스라엘 왕 아하스가 유
다에서 망령되이 행하여 야웨께 크게 범죄하였으므로 야웨께서 유다를 낮추
심이라"[대하 28:19]).

이렇듯이 역대기 저자는 왕 없이 살던 포로기 이후 시대의 청중들에게 포
로기 이전 시대의 붕괴된 다윗 왕조의 부침(浮沈)을 압축시켜 보여 준다. 그
왕들 중의 일부는 권력을 손에 쥔 자라 할지라도 선하고 경건한 삶을 살 수
있음을 분명하게 보여 주고 있다. 그리고 다른 왕들은 지혜롭지 못한 결정들
— 파멸과 재앙을 초래하는 — 이 겸비함과 회개를 통하여 뒤집어질 수 있음
을 보여 준다. 하나님의 심판을 피할 수는 없겠지만, 그것이 축소되거나 철
회될 수는 있다. 그러나 야웨께서 원하시는 삶보다 더 매력적인 삶을 발견하
고 그것에 끝까지 매달리는 왕들도 있다. 역대기에서 배역(背逆)한 왕들의
수가 회개하는 왕들의 수만큼이나 많다는 것은 중요한 의미를 갖는다.

역대기의 의미와 목적 및 신학 등을 찾아내는 작업을 추진하는 데에는 여
러 가지 방식이 있다. 그 중 하나는 유다의 여러 왕들에 대한 역대기 저자의
개별적인 평가들을 검토한 후, 그 자료를 사무엘-열왕기에 있는 평행 자료
들과 비교함으로써 역대기 저자의 신학적인 경향을 분별하고자 한다. 이에

는 다음과 같이 유익한 많은 연구들이 포함된다:

  (1) 다윗(Wright 1991: 229-42; 1993: 87-105; Bailey 1994: 83-90; Knoppers 1995: 449-70; Wright 1998: 45-59; Klein 1999: 104-16); (2) 솔로몬(Braun 1973: 503-16; 1976: 581-90; Dillard 1980-1981: 289-300); (3) 르호보암(Knoppers 1990: 423-40); (4) 아비야(Deboys 1990: 48-62); (5) 아사(Dillard 1980: 207-18); (6) 여호사밧(Dillard 1986: 17-22; Knoppers 1991: 500-24); (7) 히스기야(Thronveit 1988: 302-11); (8) 요시야(Glatt-Gilad 1996: 16-31). (Fishbane 1985: 380-403도 참조)

우리는 이미 사무엘-열왕기에 있는 사울, 다윗, 솔로몬 등에 관해 논의한 후에 이상의 비교 분석을 일부 시도한 바 있다. 열왕기하를 다루면서 히스기야와 요시야에 대해서도 이미 언급한 바 있다.

그러나 이와는 다른 방식으로 역대기 저자의 메시지를 발견하고자 하는 노력도 있다. 무엇보다도 아홉 장에 걸친 족보를 소개함으로써(대상 1~9장) 자신의 책을 시작하는 역대기 저자의 의도가 대체 무엇인지를 먼저 묻지 않으면 안 된다. 성서 안에서 오직 두 권의 책만이 족보와 더불어 시작한다. 역대상과 마태복음이 그렇다. 이 두 책은 똑같이 가계의 흐름을 위에서 밑으로 내려가는 방식으로 서술한다. 여기서 중요한 것은 역대기 저자가 확대된 족보와 더불어 시작할 뿐만 아니라 후손들의 가문을 일정한 구조를 따라 서술하고 있다는 점이다.

그 중에서 몇 가지 특징들이 눈에 띈다. 첫째로 역대기 저자는 족보를 가능한 한 멀리 ─ 아담까지 ─ 거슬러 올라가는 것을 중요하게 생각했다. 역대기에서 중요한 인물로 등장하는 다윗은 조상 아브라함에게로 거슬러 올라가는 유대인일 뿐만 아니라, 아담의 후손이기도 하다. (누가도 예수의 족보를 다루면서 같은 사실을 지적한다[눅 3:23-38], 예외가 있다면, 누가가 역대기나 마태복음과는 달리 후손들의 가문을 밑에서 위로 올라가는 방식으로 서술하고 있다는 점이다) 역대기 저자가 아담을 족보의 출발점으로 설정하고 있다는 사실은 하나님의 백성이 시내 산이나 우르에서 시작하지 않고 도리어 에덴에서 시작하고 있다는 시각을 반영하고 있는 것으로 보인다. 인간 창조야말로 이스라엘의 출생을 가능하게 한 어머니의 태와 같다는 얘기다.

두 번째로 흥미로운 사실은 야곱/이스라엘의 후손을 다루는 일곱 장의 족보(대상 2~8장)에서 유다의 족보가 가장 먼저 다루어지고 있다는 점이다(대상 2:3~4:23). 그가 이스라엘의 네 번째 아들임에도 불구하고 말이다. 이와는 대조적으로 장남 르우벤의 족보는 5:1-10에 가서야 나타난다. 여기서 우리는 역대기 저자가 엄격한 시간 순서를 무시함으로써 자신이 서술하고자 하는 역사 안에서 유다 지파의 역사에 초점을 맞추려는 의도를 가지고 있음을 알 수 있다.

뿐만 아니라 역대기 저자의 유다 지파 서술 안에는 다윗의 아들들에 관한 설명이 중심 틀을 이루고 있다: 2:3-55 〉 3:1-24 〉 4:1-23. 그리고 이름이 밝혀진 다윗의 열아홉 아들들 중에서(3:1-24) 솔로몬은 열 번째 아들로 소개됨으로써, 앞에 있는 아홉 아들들과 뒤에 있는 아홉 아들들 사이의 한가운데 자리를 차지하고 있다(Johnstone 1986: 138). 이렇듯이 역대기 저자는 유다 지파를 강조하고 있으며, 그 중에서도 다윗과 그의 아들들에 초점을 맞추고 있고, 또 그 중에서도 솔로몬에게 초점을 맞춘다.

역대기 저자는 또한 레위 지파를 두 그룹으로 나누어진 다른 지파들의 한가운데에 둠으로써 레위 지파를 강조하고 있기도 하다(Johnstone 1986: 128):

유다 (2:3~4:23)	르우벤 (5:1-10)	레위 (6:1-81)	잇사갈 (7:1-5)	베냐민 (8:1-40)
시므온 (4:24-43)	갓 (5:11-17)		베냐민 (7:6-12)	
	므낫세 (5:23-26)		납달리 (7:13)	
			므낫세 (7:14-19)	
			에브라임 (7:20-29)	
			아셀 (7:30-40)	

이 족보에서 레위 지파가 중요한 자리를 차지하고 있다는 사실은 역대기에서 레위 지파가 중요한 역할을 수행하고 있음을 암시한다. 역대기가 기록

될 당시의 실제 상황이 그러했다(Knoppers 1999: 49-72). 역대기 저자는 이렇듯이 1~9장의 족보 구조 전체에서 유다, 다윗, 솔로몬, 레위 지파 등에 초점을 맞추고 있다.

아래에서 설명하고자 하는 2~8장의 족보에 드러나는 마지막 특징은 기이하게도 베냐민 지파가 두 번에 걸쳐서 소개되고 있다는 점이다. 그 첫 번째는 7:6-12에 있고, 두 번째는 8:1-40에 있다. 역대기 저자는 유다 지파와 더불어 시작하고(2:3~4:23) 이중(二重) 서술되는 베냐민 지파와 더불어 끝을 맺음으로써(8:1-40), 저자 자신의 시대에는 합병되었음이 분명한 두 지파 — 주전 722년의 앗수르 침공과 북왕국 지파들의 멸망을 뛰어넘어 생존하였고 바벨론 포로기 이후에 이르기까지 살아남은 — 를 족보 서술의 기본 틀로 삼고 있다. 더 나아가서 베냐민 지파의 두 번째 족보는 첫 번째 족보에 없는 무엇인가를 가지고 있다. 사울의 정체와 그의 혈통 및 가문 등이 그렇다(8:29-40).

그러나 전혀 예상하지 못한 한 가지 요소가 여기에 있다. 사무엘상에서 사울은 기브아 성읍과 관련된 인물로 나타나지만(삼상 10:10, 26), 여기서는 한 번이 아니라 두 번에 걸쳐서 기브온 성읍과 관련된 인물로 나타난다(8:29; 9:35). 따라서 사무엘상에서는 "기브아의 사울"로 묘사되지만, 역대상에서는 "기브온의 사울"로 묘사된다. 여호수아 10장과 같은 이야기(특히 삼하 21:2, "기브온 사람은 이스라엘 족속이 아니요 아모리 사람 중에서 남은 자라")에 의하면, 기브온 족속은 기껏해야 이스라엘에 준하는 족속일 뿐이다. 역대기 저자가 보기에는 사울도 역시 기브온과의 관련성으로 인하여 진정한 이스라엘 사람으로 보기 어려웠던 것일까? 만일 그렇다면, 역대기 저자는 자신의 족보를 통하여 유다, 다윗, 솔로몬, 레위 지파를 강조할 뿐만 아니라, 사울을 이스라엘 족보에 넣기에는 의심스러운 인물로 묘사하고 있음이 분명하다.

족보의 마지막 부분인 9장은 조금 성격이 다르다. 그 대부분(2-34절)은 포로 귀향 이후에 유다 지역에 재정착한(2절) 이스라엘 백성(3-9절), 제사장들(10-13절), 레위인들(14-16절), 문지기(17-34절) 등의 명단으로 이루어져 있다. 그리고 사실 9장은 역대상하 전체에서 시온으로의 귀향에 대해서 언급하는 유일한 장이다(Walters 1991: 62). 연대기적인 측면에서 본다면, 역대상

9:2-34는 역대하의 마지막 부분(대하 36:22-23)에 이어지는 내용이라야 옳다: 고레스가 유대인 포로들을 자유케 하는 칙령을 공표함(대하 36:22-23); 고레스의 제안을 받아들인 자들이 거룩한 땅으로 돌아온 후에 예루살렘에서 그들 본연의 예배를 제정함(대하 9:2-34). 이렇듯이 역대기 저자는 포로 귀향에 대해 보고함으로써 자신의 족보를 마무리하지만, 마지막 부분에 가서는 귀향민들의 희망과 가능성에 대해서만 언급함으로써 자신의 책 전체를 마무리한다.

연대순을 무시한 이러한 시각은 어떠한 의도에서 비롯된 것일까? 그것은 역대기 저자로 하여금 단순히 보고자나 연대기 저자로서가 아니라 청중 앞에 희망의 미래를 펼쳐 보이는 자로서 자신의 집필 작업을 완성할 수 있게 해 준다. "너희 중에 무릇 그 백성 된 자는 다 올라갈지어다 너희 하나님 야웨께서 함께하시기를 원하노라"는 고레스의 말이 그러한 희망을 그대로 대변하고 있다. 사사기 결론 부분의 맺는 말("사람이 각각 그 소견에 옳은 대로 행하였더라")을 제외한다면, 역대기야말로 구약성서에서 동사로 끝을 맺는 유일한 책이다. 그러나 그 동사는 일반 동사와는 다른 것이다. 도리어 그것은 구약성서에서 매우 직접적으로 해방과 구속 및 회복 등을 향한 하나님 백성의 염원을 대변하고 있는 유일한 동사이다('알라').

역대상 9:2-34와 역대하 36:22-23 사이의 연대순을 무시한 관계는 에스라-느헤미야와 역대기 사이의 관계와 비슷하다. 에스라와 느헤미야는 역대기 앞에 놓여 있으며(히브리 성서에서), 희망으로 가득 찬 실제적인 귀향에 대해서 보고한다. 그러나 결국에는 에스라와 느헤미야의 개혁 조치들이 보여 주듯이, 그러한 희망에 결함이 있다는 사실이 드러난다. 역대기는 주전 539년의 귀향을 넘어서는 귀향의 희망을 다룬다. 바로 이것이 역대기의 종말론이다.

족보 자료를 넘어서서 역대기 저자의 메시지를 이해하는 또 다른 방식은 그가 역대기 전체의 40퍼센트에 달하는 내용(대상 11장~대하 9장; 전체 65개 장들 중에서 29개 장이 이에 해당함)을 할애하여 다윗과 솔로몬을 다루고 있다는 사실에 초점을 맞추는 일이다.

잘 알려진 바와 같이(사무엘하의 다윗과 열왕기상의 솔로몬에 관한 이전의 논의 참조), 두 왕에 대한 역대기 저자의 설명은 이 두 사람 — 아버지와 아들 관계에 있는 — 의 삶 속에서 발생한 불미스러운 사건들을 거의 다루지 않는다. 예로써 역대기는 우리아 – 밧세바 사건에 대해서 전혀 언급하지 않으며, 다윗과 그의 자녀들 사이에 발생한 문제점들에 대해서도 전혀 언급하지 않는다. 마찬가지로 역대기는 솔로몬의 정적(政敵) 제거 조치를 전혀 다루지 않으며, 그의 복수 결혼과 배교 활동 역시 전혀 다루지 않는다.

솔로몬에 관한 역대기의 기록은 절대적으로 깨끗하다. 그리고 다윗에 관한 역대기의 기록은 거의 절대적으로 깨끗하다. 유일한 예외가 있다면 그의 인구 조사가 포함되어 있다는 사실이다(대상 21장). 주석가들은 결국 오르난의 타작마당을 성전 건축 부지로 선정한 탓에 다윗이 그러한 죄를 범할 수밖에 없다는 데 의견의 일치를 보이고 있지만, 그 이상의 어떤 것이 있을 수도 있다(Knoppers 1995). 왜 다윗이 성전을 건축할 수 없는지에 관한 역대기 저자의 설명 역시 다윗에 관한 또 다른 부정적인 묘사로 볼 수 있을 것이다. 저자의 언어는 열왕기의 언어보다 더 강렬하며, 후자보다 도덕적인 비판에 더 치중하고 있는 것으로 보인다. 역대상 22:8은 야웨께서 다윗에게 하시는 말씀을 다음과 같이 인용한다: "너는 피를 심히 많이 흘렸고 크게 전쟁하였느니라. 네가 내 앞에서 땅에 피를 많이 흘렸은즉 내 이름을 위하여 전을 건축하지 못하리라." 이 구절은 솔로몬이 열왕기상 5:3에서 말하는 것과 대조를 이룬다: "당신도 알거니와 내 부친 다윗이 사방의 전쟁으로 인하여 그 하나님 야웨의 이름을 위하여 전을 건축하지 못하고." 열왕기 — 어쨌든 솔로몬의 견해라 할 수 있는 — 는 성전을 건축할 수 없는 이유를 다윗이 전쟁에 몰두한 사람이라는 사실에서 찾는다. 반면에 역대기에서 야웨는 다윗의 폭력적인 행동을 그 이유로 드신다(참조. Dirksen 1996: 51–56).

역대기 21장의 이야기는 다윗이 비록 사탄의 선동에 넘어가는 죄를 범하고(1절) 자신의 무고한 백성들에게 하나님의 진노가 임하게 하는 결정을 내렸음에도 불구하고(7절) 자신의 죄와 마주할 수 있는 인물이라는 점을 강조한다. 그는 자신의 잘못을 인정하고 회개하며(8절), 자기 백성을 향한 하나님의 심판이 중단되게 해 달라고 간구한다(17절). 아울러 그는 야웨의 사자가 자신에게 명한 일을 그대로 수행한다(18–30절). 역대기 저자는 다윗을 청중들에게 "저 죽어가는 자 다 구원하고"라는 제목의 찬송(한국 교회의 찬송가 275장을 말함: 역주)에서 "오직 하나님의 은총만이 죽어가는 자를 죄악과 무덤으로부터 건져낼" 수 있다고 노래하는 자의 모델로 제시하는 것으로 보인다.

그러나 다윗과 밧세바의 밀회나 우리아를 제거한 그의 교활한 행동은 어떻게 볼 것인가? 그때에도 그는 회개하지 않았는가?(삼하 12:13a) 왜 그 사건은 인용되지 않은 것일까? 그 한 가지 이유로 그곳(삼하 11장)에 언급된 다윗의 죄는 사적인 것이지만, 이곳의 죄(대상 21장)는 공적인 것이라는 점을 들 수 있다. 그곳에 묘사된 그의 회개는 간결한데다가 억제되어 있지만(히브리어로는 두 낱말로 되어 있음: "야웨께 내가—죄를—범하였노라"), 이곳에 묘사된 그의 회개는 더 긴데다가 무죄한 자들을 위한 간구를 포함하고 있다. 그곳에서 그가 범한 죄의 결과가 그 자신과 그가 사랑하는 자(희생양?) 및 둘 사이에 새로 태어난 아이 등을 위협할 뿐이지만, 여기서는 그가 범한 죄의 결과가 국가 전체를 위협한다. 그곳에서는 다윗의 죄 이후로 어떠한 구속 조치도 따르지 않는다. 그 결과 그는 권력 투쟁의 비극과 폭력에 네 아들을 잃고 만다. 그러나 여기서는 다윗의 죄 이후로 모종의 구속 조치가 취해진다: 성전 건축 부지가 선정된 것이다.

다윗 통치 기간을 다루는 역대상 11~29장의 자료들을 검토해 보면, 본질적으로 두 가지 사건이 논의되고 있음을 알 수 있다. 다루어지는 분량과는 무관하게 말이다. 그 둘은 제각기 그에 상응하는 예전 행동으로 이어진다 (Allen 1988: 22):

1. 다윗이 법궤를 예루살렘으로 운반한 후(대상 13:1~16:6), 찬양의 노래로 법궤 운반 행사를 마무리한다(대상 16:7-36; 그 내용들이 시 96편; 105:1-5; 106:1, 47-48 등에 다시 나타난다).
2. 다윗이 성전 건축을 준비하며(대상 22:1~29:8), 기도로 그 작업을 마무리한다(대상 29:10-19).

어쩌면 역대기 저자는 다윗의 왕국 건설과 제의 확립 사이를 오가면서 움직이고 있다고 보는 것이 좀 더 정확할 것이다(Duke 1999: 121). 양쪽을 번갈아가면서 소개하는 역대기의 서술 양식을 정리하면 다음과 같다:

역대상 11~12장: 왕국(예루살렘 정복; 온 이스라엘의 지원을 받음)
역대상 13장: 제의(법궤 운반 시도)
역대상 14장: 왕국(군사적인 승리들)
역대상 15~17장: 제의(법궤의 예루살렘 안치; 다윗의 성전 건축 시도)
역대상 18~20장: 왕국(군사적인 승리들)
역대상 21~29장: 제의(성전 건축을 위한 준비)

이렇듯이 왕국 건설과 공동체의 하나님 예배를 위한 기초 확립이야말로 역대기 저자에게 다윗 통치의 특징으로 나타난다. 역대기 저자가 다윗(이나 솔로몬)의 삶을 교묘하게 세탁한 것은 아니다. 어떤 저자가 특정 국가 지도자의 전기를 쓸 때 반드시 그 지도자의 모든 결점들을 포함시켜야 하는 것은 아니다. 특히 그 결점들이 저자의 의도에 부합되지 않는다면 말이다. 역대기는 다윗에 관하여 우리에게 다음과 같은 질문을 던진다: 결국 다윗이 하나님의 백성을 위해 가장 크게 기여한 바 — 또는 오래도록 기억될 유산으로 남긴 것 — 는 과연 무엇인가?

역대기에 묘사된 솔로몬의 모습(대하 1~9장)은 아버지 다윗의 모습과 평행을 이루고 있다. 비록 역대기가 솔로몬의 통치에 대한 설명을 역대하 1장에서 시작하고 있지만, 솔로몬은 역대상 22장 이후의 다윗 이야기에서 이미 두드러지게 나타나고 있다. 역대상 22장 이후 적어도 세 차례에 걸쳐서 독자들은 야웨께서 솔로몬을 다윗의 계승자로 "택하셨다"('바하르')는 사실을 알게 된다:

— "네 아들 솔로몬 그가 내 전을 건축하고 … 이는 내가 저를 택하여 내 아들을 삼고 나는 그 아비가 될 것임이라"(대상 28:6).
— "그런즉 너는 삼갈지어다. 야웨께서 너를 택하여 성소의 전을 건축하게 하셨으니 힘써 행할지니라"(대상 28:10).

— "내 아들 솔로몬이 홀로 하나님의 택하신 바 되었으나 오히려 어리고 연약하고 이 역사는 크도다"(대상 29:1).

이 삼중(三重) 본문의 의미는 '바하르' 동사("선택하다")가 다윗 이후의 왕들에게 적용된 유일한 경우라는 사실에 의해서 확인할 수 있을 것이다. 솔로몬이 이처럼 역대기의 다윗 이야기 전반에 나타난다는 사실은 사무엘서의 다윗 이야기에서는 사실상 솔로몬이 전혀 언급되지 않는다는 사실과 뚜렷한 대조를 이룬다(그는 단지 두 번만 언급될 뿐이다: 삼하 5:14[출생 선고]; 12:24-25).

이 세 구절들을 읽어 보면, 야웨께서 한 가지 목적, 곧 성전 건축을 위하여 솔로몬을 선택하셨음을 분명하게 알 수 있다. 따라서 솔로몬에 관한 역대기의 모든 설명은 어떤 형식으로든 그 목적과 관련되어 있다. 그는 성전을 건축하며(대하 3:1~4:22); 그는 언약궤를 그 안에 안치한다(대하 5장); 그는 성전 건축을 완료한 후에 자기 백성을 축복한다(대하 6:3-11); 그는 성전을 위하여 기도한다(대하 6:12-42); 그는 성전을 봉헌한다(대하 7장).

성전 건축과 관련된 단락의 앞뒤에는 솔로몬이 이스라엘 주변 나라의 이방 왕들과 거래하는 이야기가 소개된다: 두로 왕 후람(대하 2:1-16)과 스바 여왕(대하 9:1-12).

흥미롭게도 이 두 명의 이방 왕들은 역대기에서 이스라엘을 향한 야웨의 사랑을 분명하게 인식하고 있는 유일한 인물들로 나타난다:

후람: "야웨께서 그 백성을 사랑하시므로 당신을 세워 그 왕을 삼으셨도다"(대하 2:11).
스바 여왕: "당신의 하나님이 이스라엘을 사랑하사 영원히 견고하게 하시려고 당신을 세워 저희 왕을 삼아 공과 의를 행하게 하셨도다"(대하 9:8).

역대기는 솔로몬의 40년 통치 기간을 균일하게 다루어지지 않는 20년 기간으로 나눔으로써 다른 무엇보다도 성전 건축자로서 솔로몬의 역할을 강조

한다:

1. 역대하 1~7장: 첫 20년은 성전을 건축하는 시기로 다루어진다(152개 절). 이 단락의 시작 부분(1:7-13)과 끝 부분(7:12-22)에는 똑같이 하나님께서 밤중에 솔로몬에게 나타나시는 이야기가 소개된다("이 밤에 하나님이 솔로몬에게 나타나사"[대하 1:7; 왕상 3:5에서처럼 "꿈"이라는 구체적인 표현이 나타나지는 않음]; "밤에 야웨께서 솔로몬에게 나타나사"[대하 7:12]). 하나님의 계시는 첫 번째에서 두 번째로 옮겨가면서 그 논조에서 극적인 변화를 겪는다. 첫 번째 계시에서 하나님은 솔로몬이 원하는 것은 무엇이든 얻을 수 있다고 말씀하신다. 두 번째 계시에서 하나님은 세 번에 걸쳐서 "만일에 그들이/네가 … 한다면, 내가 … 할 것이다"라는 말씀을 주신다. 그 첫 번째 것(7:14)은 장차 회개할 이스라엘에게 주어지는 희망의 말씀이다. 두 번째 것(7:17-18)은 솔로몬에게 주어지는 약속의 말씀이다. 그리고 세 번째 것(7:19-20)은 솔로몬과 이스라엘에게 주어지는 위협의 말씀으로서 [19절은 복수형인 "너희"를 사용한다], 이스라엘이 하나님의 율법을 멸시한다면 그들과 성전의 미래가 비참하게 될 것이라고 묘사한다.

2. 역대하 8~9장: 솔로몬 통치의 두 번째 20년(49개 절)은 성전 건축 이후의 프로젝트를 포함하고 있다("솔로몬이 야웨의 전과 자기의 궁궐을 이십 년 동안에 건축하기를 마치고"[8:1]). 1~7장과 8~9장의 관계는 원인과 결과의 관계에 해당한다. 솔로몬은 성실한 성전 건축으로 어떠한 결과를 맛보는가? 그가 맛보는 유익은 나라의 견고함(8:2-10), 성실한 예배(8:11-16), 번영(8:17-18), 솔로몬의 위대함에 대한 스바 여왕(9:1-12)과 다른 왕들(9:13-28)의 인식 등을 포함하고 있다.

역대기에 묘사된 솔로몬의 생애 전체는 그의 지혜에 관한 묘사로 둘러싸여 있다:

역대하 1:10: "주는 이제 내게 지혜와 지식을 주사 이 백성 앞에서 출입하게 하옵소서.”

역대하 9:23: “천하 열왕이 하나님께서 솔로몬의 마음에 주신 지혜를 들
으며 그 얼굴을 보기 원하여.”

역대기 저자는 통일 왕국이 둘로 나누어지게 된 상세한 과정을 진술하는
데 별다른 관심을 가지고 있지 않다. 그는 또한 떨어져 나간 북왕국 이스라
엘의 어떠한 왕에게도 관심을 가지고 있지 않다. 도리어 역대기 저자의 주요
관심사는 다윗과 솔로몬을 잇는 유다의 왕들에게 있다. 그들은 다윗과 솔로
몬의 표준에 맞추어 살았는가? 만일 그렇다면, 그들은 어떻게 살았으며 그들
에게 어떠한 결과가 발생했는가? 그들이 다윗과 솔로몬의 표준에 맞추어 살
지 못했다면, 그들은 어떻게 살았으며 그들에게 어떠한 결과가 발생했는가?
몇몇 왕들은 다윗과 솔로몬의 표준에 맞추어 살았다(아비야[13장]; 아사는
어느 정도[15~16장]; 여호사밧도 어느 정도[18~20장]; 요담[27장]; 히스기야
[29~32장]; 요시야는 상당 부분[34~35장]). 그러나 대부분은 그렇지 못했다.
다윗과 솔로몬을 따라간 왕들에게는 복이 주어진다. 그러나 그렇지 못한 왕
들에게는 재앙이 뒤따른다. 이러한 교훈은 모든 사람들에게 확대 적용되는
것으로서, 역대기 저자의 관심 대상인 포로기 이후 시대 청중이 놓쳐서는 안
되는 것이다.

역대기 저자는 하나님의 율법을 위반한 사건들을 묘사하면서, 그러한 위
법 행위를 가리킬 때 자주 ‘마알’이라는 낱말의 동사 형태와 명사 형태를 사
용한다. 이 낱말은 역대기에서 네 차례 사용되는 바, 모두가 다윗-솔로몬 단
락에 앞서 나타나며(2:7; 5:25; 9:1; 10:13), 역대하에서는 열두 차례 사용된다
(12:2; 26:16, 18; 28:19[2x], 22; 29:6, 19; 30:7; 33:19; 36:14[2x]). 역대기에 있
는 ‘마알’의 이러한 용례는 구약성서의 63회 용례들 중 16회의 용례에 해당
하는 것이다(25퍼센트 정도). 그리고 여기서 한 가지 흥미로운 것은 사무엘-
열왕기가 동일한 시기와 동일한 위법 행위를 다루면서 ‘마알’의 동사 형태나
명사 형태를 한 번도 사용하지 않는다는 점이다.

NRSV와 NIV는 이 어근의 동사 형태를 일반적으로 “위반하다, 불성실한/
부실한”으로 번역한다. NRSV가 한 차례 “그릇되다”(대하 26:16)와 “잘못하

다"(대하 26:18)로 번역하고 있기는 하지만 말이다. 이 어근의 명사 형태는 흔히 "불성실함"으로 번역된다.

개개인이 '마알'의 죄를 범할 수도 있다(웃시야[대하 26:16, 18]; 아하스[대하 28:19, 22; 29:19]; 므낫세[대하 33:19]). 그러나 현재의 공동체(대하 12:2)나 과거의 공동체(대하 29:6; 30:7: "너희 열조와 너희 형제 같이 하지 말라")가 그러할 수도 있다. 이 낱말은 이스라엘의 초대 왕인 사울에 대해서(대상 10:13: "사울의 죽은 것은 야웨께 범죄하였음이라"), 그리고 이스라엘의 마지막 왕인 시드기야의 제사장들과 지도자들에 대해서도(대하 36:14: "제사장의 어른들과 백성도 크게 범죄하여") 사용된다. 역대기가 이처럼 묘사하는 것에서 분명하게 드러나듯이, 이스라엘의 왕정은 '마알'로 시작하여 '마알'로 끝을 맺는다.

주변의 다른 장들에 "유다가 범죄함을 인하여 바벨론으로 사로잡혀 갔더니"(대상 9:1)라는 구절이나 "사울의 죽은 것은 야웨께 범죄하였음이라"(대상 10:13)는 구절이 있다는 것은 역대기 저자가 "사울을 불순종하는 하나님의 백성에 속한 자로 여기고 있음"을 암시한다(Walters 1991: 64).

그러나 역대기 저자가 볼 때 '마알'은 왕정 시대에만 국한되지 않는다. 여리고 성에서 하나님께 완전히 바쳐진 노략물의 일부를 몰래 훔친 아간(수 7장)은 '마알'의 죄를 범한 자이다(대상 2:7; 이 본문은 아간을 '아갈'로 칭한다). 이 경우는 사실 계획적인 '마알'에 해당하는 것이다. 그것은 하나님께 바쳐진 것들을 모독한 행위로서, 가장 나쁜 '마알'이라 할 수 있다.

역대기에서 성전이 차지하는 비중에 비추어볼 때, '마알'/불성실함의 세 가지 사례들이 성전과 그 기물들에 대한 남용을 포함한다는 것은 의미심장한 일이다:

1. 웃시야는 성전 안에 들어가서 분향하려 한다(대하 26:16-18). 그는 그 자리에서 나병에 걸린다.
2. 아하스는 성전 기구들을 깨뜨리고 성전 문들을 닫으며, 전국 각지에 단들과 산당들을 세움으로써(대하 28:24-25), 국가 전체에 영적인 재앙을 초래한다(대하 28:19).

3. 역대하 36:14은 국외 추방의 원인을 대담하게 설명한다: "제사장의 어른들과 백성도 크게 범죄하여 … 야웨의 집을 더럽게 하였으며."

역대기에 있는 또 다른 '마알'의 형태는 우상숭배로 나타난다. 그것은 성전을 함부로 훼손하는 것과 마찬가지로 하나님을 향한 범죄에 해당한다. 사울은 영매의 인도함을 구함으로써 '마알'의 죄를 범한다(대상 10:13). 르호보암과 그의 백성은 야웨의 토라를 버림으로써 '마알'의 죄를 범한다(대하 12:2). 아하스(대하 28:22-23)와 므낫세(대하 33:19)는 똑같이 우상숭배에 빠짐으로써 야웨만을 섬기라는 맹세를 깨뜨리고, 그럼으로써 야웨께 '마알'의 죄를 범한다. 그러나 므낫세의 회개는 '마알'의 죄 — 불성실함과 배신의 죄 — 라 할지라도 용서받을 수 있음을 분명하게 보여 준다.

그렇게 선하지 않은 유다의 왕들이 '마알'과 같은 죄를 범했다면, 선하고 경건한 유다의 왕들은 무슨 일을 행했던 것일까? 그들은 다윗과 솔로몬의 모범을 그대로 따르고 실천한다.

예로써 경건하고 분별력 있는 왕들은 안전을 위해 하나님을 의지하는 법을 배웠으며, 정치적인 협력을 구원의 근거로 보려고 하지 않았다. 이방 세력과의 모든 동맹 관계(아사와 아람의 벤하닷[대하 16장]; 아하스와 앗수르의 디글랏빌레셀[대하 28:16-21]) 또는 북왕국 이스라엘과의 동맹 관계(여호사밧과 아합[대하 18장]; 여호사밧과 아마샤[대하 20:35-37]; 아마샤와 북왕국 이스라엘의 용병[대하 25:5-13])까지도 재앙으로 끝을 맺는다. 개인적인 차원에서건 국가적인 차원에서건 똑같이 말이다. 바벨론 포로기 직전에 이미 크게 위축되어 있던 유다는 생존할 수 있는 최선의 길을 찾기 위해 동맹 관계를 맺으려는 유혹을 느꼈을 것이다. 그럴 경우 그들은 하나님 아닌 것에 대한 신뢰가 확실하게 재앙을 불러일으킬 것임을 배우지 않으면 안 된다. "진정한 힘은 많은 숫자나 풍부한 물질 자원에 있지 않다"(Knoppers 1995: 626).

유다의 실패한 왕들 중의 하나인 아사는 그러한 교훈을 배우기 위해 혹독한 대가를 치른다. 첫째로 에티오피아 사람 세라와 그의 군대의 공격을 받았을 때, 아사는 "우리 하나님 야웨여, 우리를 도우소서. 우리가 주를 의지하오며['샤안']"라고 기도한다(대하 14:11). 그리고 야웨께서는 그들을 도우신다. 그러나 이스라엘 왕 바아사의 공격을 받았을 때 아사는 동맹 관계를 맺고자 하며, 그로 인하여 예언자의 책망을 듣는다: "왕이 아람 왕을 의지하고['샤안'] 왕의 하나님 야웨를 의지하지['샤안'] 아니한 고로 아람 왕의 군대가 왕의 손에서 벗어났나이다. 구스 사람과 룹 사람의 군대가 크지 아니하며 말과 병거가 심히 많지 아니하더이까? 그러나 왕이 야웨를 의지한['샤안'] 고로 야웨께서 왕의 손에 붙이셨나이다"(대하 16:7-8). 아사의 슬픈 이야기는 하나님을 신뢰하는 태도가 인간적인 힘을 신뢰하는 태도로 바뀌는 것과 그 비극적인 결과를 다루고 있다.

주변 연합군의 공격을 받았을 때 여호사밧이 보인 태도는 아사가 나중에 택한 전략과 정반대의 모습을 보인다(대하 20장). 본문은 여호사밧과 그의 군대가 어떠한 군사적인 반응도 보이지 않았다고 보고한다. 그 대신에 그들은 노래하며 기도하는 예전적인 행동을 취하고, 야웨께서는 그들의 대적을 물리치신다("그 노래와 찬송이 시작될 때에 야웨께서 복병을 두어 유다를 치러 온 암몬 자손과 모압과 세일 산 사람을 치게 하시므로 저희가 패하였으니"[대하 20:22]). 데이비스(Davies 1992: 45)는 그 장면을 이렇게 잘 묘사하고 있다: "너희 명분이 정당하고 너희가 너희 신에게 충실한 모습을 보인다면 (그리고 만일 그 신이 야웨라면), 너희는 너희를 지켜 줄 군대가 필요하지 않을 것이다. 너희의 국방 예산을 찬송가와 취주악단의 음악 훈련에 투자하도록 하라! 너희에게 필요한 유일한 군대는 너희를 구원하시는 하나님이시다."

선한 왕들/지도자들은 잘못된 행동('마알,' 무력 외교 등)을 피할 뿐만 아니라, 자기 백성으로 하여금 기쁨과 두려움 속에서 하나님을 예배하도록 이끈다. 특히 제의 달력의 주요 축제들에 초점을 맞춘 예배가 그에 해당한다(De Vries 1997). 그 중에는 다음과 같은 다섯 가지의 것들이 있다:

1. 솔로몬의 성전 봉헌식(대하 7장). 열왕기의 평행 본문은 그 시기를 "7월"로 밝히고 있다(왕상 8:2). 이스라엘에서 7월에 지키는 유일한 축제는 장막절이다. 성전 봉헌식은 7일 동안의 봉헌식과 7일 동안의 잔치를 포함한다(대하 7:9).

2. 아사 왕이 "3월"에 지킨 것으로 알려진(대하 15:10) 축제(대하 15:8-
   15[또는 19]). 이름이 밝혀져 있지 않지만, 그 축제는 칠칠절/오순절
   일 것이다. 아사는 이 축제의 때에 계약 갱신 예식을 감독한다. 그 예
   식의 한복판에는 전심으로 야웨를 찾겠다는 맹세가 포함되어 있다
   (대하 15:11-14). 축전과 맹세는 결코 서로를 배척하지 않는다.
3. 통치 원년 정월에 거행된(대하 29:3) 히스기야의 성전 청소 및 봉헌식
   (대하 29장). 그는 즉위하자마자 범죄한 아버지 아하스가 허용한 것
   들을 제거하는 데 심혈을 기울인다. 3b-19절은 16일 동안의 성전 청
   소를 다루며, 20-35절은 축전 행사를 다룬다.
4. 통치 원년 2월에 거행된 히스기야의 유월절/무교절 축제(대하 30:15-
   18, 21-22). 다시금 축전 행사와 맹세가 결합되어 나타난다("히스기
   야가 위하여 기도하여 가로되, '선하신 야웨여, 사하옵소서'"[18b
   절]).
5. 정월에 거행된(대하 35:1) 요시야의 유월절/무교절 축제(대하 35장).
   여기서는 개혁(34장)이 축전 행사(35장)에 앞선다.

이 다섯 가지 중 처음 네 가지의 경우, 신앙 공동체 안에 있는 기쁨/즐거움
을 강조하는 부분에서 절정에 도달한다: 솔로몬: "왕이 백성을 그 장막으로
돌려보내매 백성이 … 기뻐하며 마음에 즐거워하였더라"(대하 7:10); 아사:
"온 유다가 이 맹세를 기뻐한지라"(대하 15:15); 히스기야: "히스기야가 백성
으로 더불어 기뻐하였더라"(대하 29:36); 히스기야: "유다 온 회중이 … 다 즐
거워하였으므로 예루살렘에 큰 희락이 있었으니"(대하 30:25-26). 우리는 요
시야의 축전 행사에서도 동일한 분위기가 형성되었을 것이라고 추정할 수
있다. 역대하 35:18이 다음과 같이 진술하고 있기 때문이다: "선지자 사무엘
이후로 이스라엘 가운데서 유월절을 이같이 지키지 못하였고 이스라엘 열왕
도 요시야가 … 지킨 것처럼은 유월절을 지키지 못하였더라."
이 네 왕들이 역대기에서 성전 건축이나 성전(특히 제단) 수리와 관련되어
있다는 것은 결코 우연이 아니다. 솔로몬은 제단을 만든다(대하 4:1). 그리고
아사는 제단을 수리한다(왕상 18:30b의 엘리야처럼, "저가 무너진 야웨의 단

을 수축하되"): "또 야웨의 낭실 앞 야웨의 단을 중수하고"(대하 15:8b). 히스기야에 관하여 역대하 본문은 이렇게 말한다: "원년 정월에 야웨의 전 문들을 열고 수리하고"(대하 29:3). 마지막으로 역대하 본문은 두 번에 걸쳐서 요시야의 성전 수리에 관해 언급한다: "요시야가 … 그 하나님 야웨의 전을 수리하려 하여 … 사반을 … 보낸지라"(대하 34:8b); "저희[감독자들]가 야웨의 전에 있는 공장에게 주어 그 전을 수리하게 하되"(대하 34:10b).

요컨대 이제까지 우리는 역대기에서 두드러지게 나타나는 몇 가지 특징들을 살펴보았다: (1) 저자는 이스라엘/유다의 기원을 찾아 아담까지 거슬러 올라가는 데 관심을 기울인다. (2) 야곱의 아들들 중에서 유다에게 강조점이 주어진다. (3) 다윗은 유다의 후손들 중에 가장 뛰어난 전략가이다. (4) 솔로몬은 가장 중요한 다윗의 아들이다. (5) 레위인들이 특히 주목을 받는다. (6) 의미심장하게도 시온 귀향에 관한 묘사(대상 9:2-44)가 그 귀향이 갖는 희망과 가능성의 표현(대하 36:22-23)보다 앞서 나온다. (7) 역대기의 40퍼센트 정도는 다윗과 솔로몬의 이야기로 가득 차 있다. 이 두 사람은 성전 설계와 건축에 관련되어 있는 까닭에 매우 중요한 인물들로 여겨진다. (8) 유다의 왕들은 다윗과 솔로몬의 순전함에 비추어 평가를 받는다. 하나님께서는 토라와 성전 예배에 충실함으로써 다윗과 솔로몬의 모범을 따르는 왕들에게 은혜를 베푸신다. 그러나 그렇지 않은 왕들에게는 벌을 내리신다. 불성실한 왕들 개개인을 향한 즉각적인 징벌(Dillard 1984)과 국가 전체를 향한 징벌을 함께 내리신다(대하 36:17-21). 그러나 몇 세기 동안 그들의 배교 행위가 이어지고 예언자들을 통하여 재앙을 피하도록 권면하는 하나님의 노력이 여러 차례 반복된 다음에야 그러한 일이 이루어진다(대하 36:15-16). (9) 역대기 저자는 포로민들의 시온 귀향을 허용한 페르시아 왕 고레스 칙령을 인용하는 것으로 자기 책을 끝맺는다. 달리 말해서 이미 시온으로 올라간 청중에게 저자가 들려주는 마지막 메시지는 그들이 여전히 시온으로 올라갈 수 있다는 것이다!

역대기에 있는 모든 것은 역대기 저자가 염두에 두고 있는 청중들의 시대를 앞지른다(아담으로부터 페르시아의 고레스에 이르기까지). 역대기 저자는 자기 시대의 상황에 관해서는 아무런 얘기도 하지 않는다. 역대상 9:2-44

가 예외라면 예외일 수도 있을 것이다. 역대기 저자는 마치 "우리는 오늘날 과거로부터 무엇을 배울 수 있는가?"라고 묻는 것처럼 보인다. 사람은 누구나 과거를 잘 이해하면 할수록 현재를 더 잘 이해할 수 있는 법이다 (Goldingay 1975: 108).

그렇다면 현재와 미래를 위해 과거로부터 배울 수 있는 것에는 어떠한 것들이 있는가? 역대기 저자의 과거 진술에서 우리는 신앙 공동체가 과거에 깊이 뿌리박고 있으며, "어느 날 갑자기 생겨난" 집단이 아니라는 사실을 배운다. 우리는 또한 하나님이 이 공동체를 위해 자신이 선택한 정치 · 종교 지도자들 — 예배를 통하여 역동적이고 뜻 깊은 하나님과의 관계를 맺는 데 필요한 수단과 방법을 제공하는 — 을 세우신다는 것을 배운다. 신앙 공동체의 궁극적인 목표는 참으로 하나님을 영화롭게 하고 그를 영원토록 즐거워하는 데 있다. 하나님께서 세우신 많은 지도자들이 하나님의 부르심이 성전에서의 공동체 예배를 목적으로 하는 것일 뿐만 아니라 공동체의 거룩함을 목적으로 하는 것이기도 하다는 사실을 망각하고 있는 까닭에, 역대기 저자는 불성실한 왕들의 경우를 예로 들어 "마치 아무런 죄도 저질러지지 않은 것처럼 그것을 일소(一笑)에 부치면 안 된다"는 점을 청중에게 상기시킨다(North 1963: 374). ("죄의 삯은 사망"이라는 바울의 말[롬 6:23]이 무엇보다도 불신자들이 아니라 신자들을 대상으로 한 것이라는 사실을 기억하라. "은혜를 더하게 하려고 죄에 거하겠느뇨?"에 초점을 맞춘 롬 6장의 논의에서 밝히 드러나듯이 말이다.)

아마도 역대기는 바로 이 때문에 귀향민의 귀향에 대해서 "다 올라갈지어다"라고 말함으로써 자기 책을 끝맺고자 했을 것이다. 우리는 에스라와 느헤미야로부터 주전 6-5세기의 많은 귀향민들 중에 있던 영적인 헌신이 기대 이하였다는 점을 알고 있다. 그러나 주전 538년과 그 후의 대소동에도 불구하고 이스라엘은 여전히 더 큰 귀향을 목전에 두고 있다(Johnstone 1986: 114; 1990: 11). 그것은 지리적인 귀향 이상의 의미를 가지고 있다. 그것은 야웨께로 돌이킴과 동시에, 은총에 의하여 구별된 백성으로 되돌아가는 것을 뜻한다. 그렇지 않을 경우, 그들에게는 미래가 없다.

하나님은 다윗의 한 가지를 "영원토록" 공동체의 지도자로 세우실 것이다

(대상 17:14; 22:10; 28:7 등에 있는 "영영히" 참조). 하나님의 백성은 그에 응답하면서 자기들의 하나님을 영원토록 섬기고 예배할 것인가? 만일 그렇다면, 그들로 하여금 올라가서 자기들의 기업에 대한 주장을 하도록 하라.

역대상하 참고문헌

Commentaries and Major Studies

Ackroyd, P. R. 1973. *I and II Chronicles, Ezra, Nehemiah*. Torch Bible Commentaries. London: SCM.

———. 1991. *The Chronicler in His Age*. JSOT Supplement 101. Sheffield: JSOT Press.

Allen, L. C. 1987. *1 and 2 Chronicles*. The Communicator's Commentary 10. Waco, Tex.: Word.

Braun, R. 1986. *1 Chronicles*. Word Biblical Commentary 14. Waco, Tex.: Word.

Curtis, E. L., and A. A. Madsen. 1910. *A Critical and Exegetical Commentary on the Books of Chronicles*. International Critical Commentary. New York: Charles Scribner's Sons.

De Vries, S. J. 1989. *1 and 2 Chronicles*. Forms of Old Testament Literature 11. Grand Rapids: Eerdmans.

Dillard, R. B. 1987. *2 Chronicles*. Word Biblical Commentary 15. Waco, Tex.: Word.

Duke, R. K. 1990. *The Persuasive Appeal of the Chronicler: A Rhetorical Analysis*. JSOT Supplement 88; Bible and Literature Series 25. Sheffield: Almond.

Dyck, J. E. 1998. *The Theocentric Ideology of the Chronicler*. Biblical Interpretation Series 33. Leiden: Brill.

Endres, J. C., and W. R Millar, J. B. Burns, eds. 1998. *Chronicles and Its Synoptic Parallels in Samuel, Kings and Related Biblical Texts*. Collegeville, Minn.: Liturgical Press.

Graham, M. P., and K. G. Hoglund, S. L. McKenzie, eds. 1997. *The Chronicler as Historian*. JSOT Supplement 238. Sheffield: Sheffield Academic Press.

Graham, M. P., and S. L. McKenzie, eds. 1999. *The Chronicler as Author: Studies in Text and Texture*. JSOT Supplement 263. Sheffield: Sheffield Academic Press.

Howard, D. M., Jr. 1993. *An Introduction to the Old Testament Historical Books*. Chicago: Moody. Pp. 231–72.

Japhet, S. 1989. *The Ideology of the Book of Chronicles and Its Place in Biblical Thought*. BEATAJ 9. Frankfurt: Peter Lang.

———. 1993. *I and II Chronicles: A Commentary*. Old Testament Library. Louisville: Westminster/John Knox.

Johnstone, W. 1986. *Guilt and Atonement: The Theme of 1 and 2 Chronicles*. JSOT Supplement 42: Sheffield: Sheffield Academic Press.

———. 1997. *1 and 2 Chronicles*. Vol. 1, *1 Chronicles 1–2 Chronicles 9: Israel's Place among the Nations*. Vol. 2, *2 Chronicles 10–36: Guilt and Atonement*. JSOT Supplement 253–254. Sheffield: Sheffield Academic Press.

———. 1998. *Chronicles and Exodus: An Analogy and Its Application*. JSOT Supplement 275. Sheffield: Sheffield Academic Press.

Jones, G. H. 1993. *1 and 2 Chronicles*. Old Testament Guides. Sheffield: JSOT Press.

Kelly, B. E. 1996. *Retribution and Eschatology in Chronicles*. JSOT Supplement 211. Sheffield: Sheffield Academic Press.

McConville, J. G. 1984. *I and II Chronicles*. Daily Study Bible. Philadelphia: Westminster.

McKenzie, S. L. 1985. *The Chronicler's Use of the Deuteronomistic History*. HSM 33. Atlanta: Scholars Press.

Myers, J. 1965. *I Chronicles*. Anchor Bible 12. Garden City, N.Y.: Doubleday.

———. 1965. *II Chronicles*. Anchor Bible 13. Garden City, N.Y.: Doubleday.

Newsome, J. D. 1987. *A Synoptic Harmony of Samuel, Kings, and Chronicles*. Grand Rapids: Baker.

Noth, M. 1987. *The Chronicler's History*. Trans. H. G. M. Williamson. JSOT Supplement 50. Sheffield: JSOT Press.

Riley, W. 1993. *King and Cultus in Chronicles: Worship and the Reinterpretation of History*. JSOT Supplement 160. Sheffield: JSOT Press.

Sailhamer, J. 1983. *First and Second Chronicles*. Everyman's Bible Commentary. Chicago: Moody.

Schniedewind, W. M. 1995. *The Word of God in Transition: From Prophet to Exegete in the Second Temple Period*. JSOT Supplement 197. Sheffield: Sheffield Academic Press.

Selman, M. J. 1994. *1 Chronicles: An Introduction and Commentary*. Tyndale Old Testament Commentaries. Downers Grove, Ill.: Inter-Varsity.

————. 1994. *2 Chronicles: An Introduction and Commentary*. Tyndale Old Testament Commentaries. Downers Grove, Ill.: InterVarsity.

Thompson, J. A. 1994. *1, 2 Chronicles*. New American Commentary 9. Nashville: Broadman & Holman.

Thronveit, M. A. 1987. *When Kings Speak: Royal Speech and Royal Prayer in Chronicles*. SBL Dissertation Series 93. Atlanta: Scholars Press.

Wilcock, M. 1987. *The Message of Chronicles*. Downers Grove, Ill.: Inter-Varsity.

Williamson, H. G. M. 1977. *Israel in the Books of Chronicles*. Cambridge: Cambridge University Press.

————. 1982. *1 and 2 Chronicles*. New Century Bible Commentary. Grand Rapids: Eerdmans.

Shorter Studies

Ackroyd, P. R. 1967. "History and Theology in the Writings of the Chronicler." *CTM* 38:501–15.

————. 1973. "The Theology of the Chronicler." *LTQ* 8:101–16.

Allen, L. C. 1988. "Kerygmatic Units in 1 and 2 Chronicles." *JSOT* 41:21–36.

Bailey, N. 1994. "David's Innocence: A Response to J. W. Wright." *JSOT* 64:83–90.

Ben Zvi, E. 1995. "A Sense of Proportion: An Aspect of the Theology of the Chronicler." *SJOT* 9:37–51.

Braun, R. L. 1971. "The Message of Chronicles: Rally 'Round the Temple." *CTM* 42:502–14.

————. 1973. "Solomonic Apologetic in Chronicles." *JBL* 92:503–16.

————. 1976. "Solomon, the Chosen Temple Builder: The Significance of 1 Chronicles 27, 28, and 29 for the Theology of Chronicles." *JBL* 95:581–90.

————. 1977. "A Reconsideration of the Chronicler's Attitude toward the North." *JBL* 96:59–62.

————. 1979. "Chronicles, Ezra and Nehemiah: Theology and Literary History." *VT* 30:52–64.

Childs, B. S. 1979. *Introduction to the Old Testament as Scripture*. Philadelphia: Fortress. Pp. 639–55.

Davies, P. R. 1992. "Defending the Boundaries of Israel in the Second Temple Period: 2 Chronicles 20 and the 'Salvation Army.'" In *Priests, Prophets and Scribes: Essays on the Formation and Heritage of Second Temple Judaism in Honour of Joseph Blenkinsopp*. JSOT Supplement 149. Ed. E. C. Ulrich et al. Sheffield: JSOT Press. Pp. 43–54.

Deboys, D. G. 1990. "History and Theology in the Chronicles' Portrayal of Abijah." *Bib* 1971:48–62.

DeVries, S. J. 1986. "The Forms of Prophetic Address in Chronicles." *HAR* 10:15–36.

———. 1988. "Moses and David as Cult Founders in Chronicles." *JBL* 107:619–39.

———. 1997. "Festival Ideology in Chronicles." In *Problems in Biblical Theology: Essays in Honor of Rolf Knierim*. Ed. H. T. Sun et al. Grand Rapids: Eerdmans. Pp. 104–24.

Dillard, R. B. 1980. "The Reign of Asa (2 Chronicles 14–16): An Example of the Chronicler's Theological Method." *JETS* 23:207–18.

———. 1980–1981. "The Chronicler's Solomon." *WTJ* 43:289–300.

———. 1984. "Reward and Punishment in Chronicles: The Theology of Immediate Retribution." *WTJ* 46:164–72.

———. 1986. "The Chronicler's Jehoshaphat," *TJ* 7:17–22.

Dirksen, P. B. 1996. "Why Was David Disqualified as Temple Builder? The Meaning of 1 Chronicles 22:8." *JSOT* 69:51–56.

Duke, R. K. 1993. "A Model for a Theology of Biblical Historical Narratives: Proposed and Demonstrated with the Books of Chronicles." In *History and Interpretation: Essays in Honour of John H. Hayes*. Ed. M. P. Graham et al. JSOT Supplement 173. Sheffield: JSOT Press. Pp. 65–77.

———. 1999. "A Rhetorical Approach to Appreciating the Books of Chronicles." In *The Chronicler as Author*. Ed. M. P. Graham and S. L. McKenzie. JSOT Supplement 263. Pp. 100–35.

Dumbrell, W. J. 1984. "The Purpose of the Books of Chronicles." *JETS* 27:257–66.

Eshkenazi, T. C. 1995. "A Literary Approach to Chronicles' Ark Narrative in 1 Chronicles 13–16." In *Fortunate the Eyes That See: Essays in Honor of David Noel Freedman in Celebration of His Seventieth Birthday*. Ed. A. B. Beck et al. Grand Rapids: Eerdmans. Pp. 258–74.

Fishbane, M. 1985. *Biblical Interpretation in Ancient Israel*. Oxford: Clarendon.

Gelston, A. 1996. "The End of Chronicles." *SJOT* 19:53–60.

Glatt-Gilad, D. A. 1996. "The Role of Huldah's Prophecy in the Chronicler's Portrayal of Josiah's Reform." *Bib* 77:16–31.

Goldingay, J. 1975. "The Theology of the Chronicler." *BTB* 5:99–126.

Hanks, T. D. 1981. "The Chronicler: Theologian of Grace," *EvQ* 53:16–28.

Harris, R. L. 1990. "Chronicles and the Canon in New Testament Times." *JETS* 33:75–84.

House, P. R. 1998. *Old Testament Theology*. Downers Grove, Ill.: InterVarsity. Pp. 523–38.

Japhet, S. 1971. "Chronicles, Book of." *EncJud*, 5:517–34.

———. 1985. "The Historical Reliability of Chronicles: The History of the Problem and Its Place in Biblical Research." *JSOT* 33:83–107.

Johnstone, W. 1986. "Guilt and Atonement: The Theme of 1 and 2 Chronicles." In *A Word in Season: Essays in Honour of William McKane*. JSOT Supplement 42. Ed. J. D. Martin and P. R. Davies. Sheffield: JSOT Press. Pp. 113–38.

———. 1990. "Which Is the Best Commentary? 11. The Chronicler's Work." *ExpT* 102:6–11.

Kalami, I. 1993. "Literary-Chronological Proximity in the Chronicler's Historiography." *VT* 43:318–38.

Klein, R. W. 1992. "Chronicles, Books of 1–2." *ABD*, 1:992–1002.

———. 1998. "Prophets and Prophecy in the Books of Chronicles." *TBT* 36:227–32.

Knoppers, G. N. 1990. "Rehoboam in Chronicles: Villain or Victim?" *JBL* 109:423–40.

———. 1991. "Reform and Regression: The Chronicler's Presentation of Jehoshaphat." *Bib* 72: 500–524.

———. 1995. "Images of David in Early Judaism: David as Repentant Sinner in Chronicles." *Bib* 76:449–70.

———. 1996. "'Yhwh Is Not in Israel': Alliances as a *Topos* in Chronicles." *CBQ* 58:601–26.

———. 1998. "Of Kings, Prophets and Priests in the Books of Chronicles." *TBT* 36:214–20.

———. 1999. "Hierodules, Priests or Janitors? The Levites in Chronicles and the History of the Israelite Priesthood." *JBL* 118:49–72.

Murray, D. F. 1993. "Dynasty, People, and the Future: The Message of Chronicles." *JSOT* 58:71–92.

Myers, J. M. 1966. "The Kerygma of the Chronicler: History and Theology in the Service of Religion." *Int* 20:259–73.

Newsome, J. D., Jr. 1975. "Toward a New Understanding of the Chronicler and His Purposes." *JBL* 94:201–17.

North, R. 1963. "Theology of the Chronicler." *JBL* 82:369–81.

Payne, J. B. 1979. "The Validity of the Numbers in Chronicles." *BSac* 136:109–28; 206–20; 285–88.

Pratt, R. L., Jr. 1993. "First and Second Chronicles." In *A Complete Literary Guide to the Bible*. Ed. L. Ryken and T. Longman III. Grand Rapids: Zondervan. Pp. 193–205.

Rad, Gerhard von. 1966. "The Levitical Sermons in I and II Chronicles." In *The Problem of the Hexateuch and Other Essays*. Edinburgh and London: Oliver and Boyd. Pp. 267–80.

Shipp, R. M. 1993. "'Remember His Covenant Forever': A Study of the Chronicler's Use of the Psalms." *ResQ* 35:29–39.

Solomon, A. 1989. "The Structure of the Chronicler's History: A Key to the Organization of the Pentateuch." *Semeia* 46:51–64.

Talmon, S. 1987. "1 and 2 Chronicles." In *The Literary Guide to the Bible*. Ed. R. Alter and F. Kermode. Cambridge, Mass.: Belknap. Pp. 365–72.

Thronveit, M. A. 1988. "Hezekiah in the Books of Chronicles." In *SBL Seminar Papers 1988*. Ed. D. L. Lull. Atlanta: Scholars Press. Pp. 302–11.

Townsend, J. L. 1987. "The Purpose of 1 and 2 Chronicles." *BSac* 144:277–92.

Walters, S. D. 1991. "Saul of Gibeon." *JSOT* 52:61–76.

Williamson, H. G. M. 1976. "The Accession of Solomon in the Book of Chronicles." *VT* 26:351–61.

———. 1977. "Eschatology in Chronicles." *TynB* 28:115–54.

———. 1979. "Sources and Redaction in the Chronicler's Genealogy of Judah." *JBL* 98:351–59.

———. 1991. "The Temple in the Book of Chronicles." In *Templum Amicitae: Essays on the Second Temple Presented to Ernst Bammel*. JSNT Supplement 48. Ed. W. Horbury. Sheffield: JSOT Press. Pp. 15–31.

Wright, J. W. 1991. "The Legacy of David in Chronicles: The Narrative Function of 1 Chronicles 23–27." *JBL* 110:229–42.

———. 1993. "The Innocence of David in 1 Chronicles 21." *JSOT* 60:87–105.

———. 1998. "The Founding Father: The Structure of the Chronicler's David Narrative." *JBL* 117:45–59.

Zalewski, S. 1989. "The Purpose of the Story of the Death of Saul in 1 Chronicles IX." *VT* 39:449–67.

에스라-느헤미야

구약성서의 현대어 번역본들에서 에스라서와 느헤미야서는 역대하 다음에 구약성서의 열다섯 번째 책과 열여섯 번째 책으로 나타나며, 그 뒤에 에스더서가 이어진다. 그러나 히브리 성서에서 에스라와 느헤미야는 다니엘서 다음에 이어지며, 역대기(히브리 성서 정경의 마지막 책) 앞에 자리하고 있다.

역대하, 에스라, 느헤미야 등의 순서야말로 역사적인 것이다. 에스라-느헤미야는 역대하가 끝나는 곳을 그대로 이어받는다. 이 둘이 연결되어 있다는 사실은 역대하의 마지막 부분(대하 36:22-23)을 되풀이하는 에스라의 시작 부분(1:1-3)에 의해 강조된다. 완전히 평행을 이루는 것은 아니지만, 출애굽기 1:1-6이 창세기 46:8-17을 그대로 이어받고 있는 것도 같은 시각에서 볼 수 있다.

그렇다면 어떻게 하여 에스라, 느헤미야, 역대기의 순서가 생겨나게 된 것일까? 역사적인 시각에서 본다면, 이것은 신약성서에서 사도행전이 복음서보다 앞에 나오는 것과 비교할 수 있을 것이다. 여기에는 확실히 역사적인 순서 이외의 다른 요인들이 작용하고 있다. 히브리 성서는 인류와 이스라엘 민족에 관한 두 개의 큰 역사를 가지고 있다: (1) 창세기부터 열왕기까지; (2) 역대기. 이 두 역사는 똑같이 아담으로부터 시작하여 이스라엘 역사를 바벨론 포로 이후 시대에 이르기까지 추적함으로써 끝을 맺는다(역대기가 열왕기보다는 좀 더 늦은 시기까지 다룸). 이 두 역사가 똑같이 긍정적인 설명으로 끝을 맺는다는 점을 주목하라.

열왕기의 마지막 주제는 여호야긴 왕이 바벨론에서 37년 동안이나 감금되어 있다가 석방되어 영구히 바벨론 왕의 식탁 손님이 된 사실을 다루고 있다(왕하 25:27-30). 그리고 역대기의 마지막 주제는 유대인 포로들에게 예루살렘으로 귀향하여 성전을 재건토록 허용한 페르시아 왕 고레스의 칙령을 다루고 있다(대하 36:22-23). 아마도 이처럼 즐겁고 희망찬 설명으로 정경의 책들을 마무리하고자 하던 생각이야말로 역대기, 에스라, 느헤미야의 순서보다는 에스라, 느헤미야, 역대기의 순서를 결정하게 했을 것이다. 역사적인 순서로 볼 때 마지막 장이 되는 느헤미야 13장은 "별다른 감흥을 주지 못하는 결말 부분"(Gordon 1965: 299)이라 할 수 있다. 왜냐하면 이 본문은 에스라와 느헤미야가 주도한 훌륭한 개혁 조치들과 재건 사업이 끝난 후에도 귀향 공동체 안에 계속 남아 있던 죄악들을 나열하고 있기 때문이다.

에스라와 느헤미야는 바벨론의 유대인 포로민들 중 일부가 유다와 예루살렘으로 돌아온 이후의 역사 하반기에 생겨난 책들이다. 그 시기는 주전 6세기 후반에 시작되어(에스라와 느헤미야 이전) 주전 5세기 중반까지 계속된다(에스라와 느헤미야의 시대).

에스라-느헤미야의 가장 이른 연대는 에스라 1:1에 언급되어 있다: "바사 왕 고레스 원년에." 이것은 고레스 통치의 첫해(주전 559년경)를 가리키는 것이 아니라, 고레스가 바벨론을 정복함으로써 바벨론 제국을 완전히 끝장낸 해를 가리킨다. 따라서 그 해는 주전 538년이다. 그리고 가장 나중 연대는 느헤미야 13:6에 언급되어 있다. 이 본문에 의하면, 느헤미야는 자신이 "아닥사스다 삼십이 년에"(주전 433년) 바벨론으로 돌아온 후에 몇몇 악습을 고치기 위해 예루살렘으로 돌아갈 것을 허락해 달라고 요청했음을 밝히고 있다. 아닥사스다가 주전 423년에 죽었다는 점을 고려한다면, 느헤미야의 두 번째 예루살렘 방문은 주전 433-423년 사이에 이루어진 일임에 틀림없다. 느헤미야는 단순히 "며칠 후에 왕에게 말미를 청하고"라고 말할 뿐이다.

연대기적인 차원에서 볼 경우에 이 두 책은 주전 538년부터 433-423년까지의 한 세기 기간을 다루고 있다. 에스라와 느헤미야의 삶과 사역은 길어야 39년 정도의 기간(주전 458년부터 423년[가장 늦은 연대]까지)을 들여다볼 수 있는 작은 창문 역할을 수행한다.

이 시기에 그 일대를 다스리던 강대국은 페르시아 제국이다. 이 나라의 왕들과 통치 연한을 정리하면 다음과 같다:

> 고레스(Cyrus, 주전 559–529년)
> 캄비세스(Cambyses, 주전 529–521년)
> 다리우스 1세(Darius I, 주전 521–485년)
> 크세르크세스 1세/아하수에로(Xerxes I/Ahasuerus, 주전 485–464년)
> 아닥사스다 1세(Artaxerxes I, 주전 464–424년)
> 크세르크세스 2세(Xerxes II, 주전 423년)
> 다리우스 2세(Darius II, 주전 423–404년)
> 아닥사스다 2세(Artaxerxes II, 주전 404–358년)

에스라-느헤미야에 기록된 연대들은 이 두 개혁가들의 활동 시기를 추정하는 데 도움을 준다:

> 에스라: "이 일 후 바사 왕 아닥사스다[1세? 2세?]가 위에 있을 때에 … 이 에스라가 바벨론에서 올라왔으니 … 아닥사스다 왕 칠년에 … 왕의 칠년 오월이라"(스 7:1, 6, 7b, 8b). 이 왕이 아닥사스다 1세라면, 그의 통치 7년째 되던 해와 에스라의 예루살렘 도착 시기는 주전 458/57년이라 할 수 있다.
>
> 느헤미야: "아닥사스다 왕 제 이십 년 기슬르월에 내가 수산궁에 있더니 … 아닥사스다 왕 이십 년 니산월에 … 내가 유다 땅 총독으로 세움을 받은 때 곧 아닥사스다 왕 이십 년부터 삼십이 년까지 십이 년 동안은"(느 1:1; 2:1; 5:14). 아닥사스다 왕 20년과 느헤미야의 활동 시작 연대는 주전 445/44년을 가리킨다. 이때는 에스라가 도착한 지 13년 정도 되는 해를 일컫는다.

에스라와 느헤미야의 활동 초기에 관한 이러한 분명한 연대 설명들에도 불구하고, 많은 학자들은 이러한 연대 순서의 정확성을 의심하며, 느헤미야가 실제로는 에스라보다 **먼저** 예루살렘에 도착했다고 주장한다. 이러한 주장의 근거로 그들은 무엇보다도 두 가지를 든다. 첫째로 일부 학자들은 에스라 7:1–8에 있는 "아닥사스다 왕 칠 년"이라는 구절이 아닥사스다 1세가 아니라 아닥사스다 2세를 가리킨다고 해석한다(물론 구약성서는 "1세"와 "2세"를 구별하지 않는다). 이렇게 본다면 에스라의 활동 초기는 주전 398/97년으로 추정할 수 있다. 느헤미야보다 더 늦은 시기인 셈이다. 에스라와 느헤미야의 활동 순서를 거꾸로 보는 두 번째 근거는 에스라 7장에서 아닥사스다 왕 "삼십칠 년"이 필사 과정의 오류로 인하여 "아닥사스다 왕 칠 년"으로 바뀐 것이라는 해석에서 비롯된다. 이 경우에 에스라의 활동은 주전 428/27년에 시작된 것으로 추정된다. 이 연대 또한 에스라의 연대가 느헤미야보다 더 늦은 것임을 암시한다. 첫 번째 견해보다는 두 사람 사이의 연대가 덜 벌어지기는 하지만 말이다.

에스라가 느헤미야보다 더 늦게(더 이른 시기가 아닌) 활동했다고 보는 학자들은 자기들의 주장을 뒷받침할 수 있는 다양한 본문 자료들을 제시한다. 예로써 느헤미야는 대제사장 엘리아십과 같은 시대 사람이지만(느 3:1; 12:22; 13:4), 엘리아십의 아들인 여호하난/요하난은 에스라 시대의 제사장이라는 점(스 10:6을 느 12:22와 비교)이 그렇다. 그러나 에스라(와 당시에 그처럼 흔한 이름을 가진 자)와 같은 시대의 제사장이 엘리아십의 아들인 자와 동일 인물일 수 있을까?

그리고 설령 에스라가 무엇보다도 야웨의 "율례와 규례를 이스라엘에게 가르치려는" 목적 — 아닥사스다 왕이 특별히 에스라에게 부여한 사명(7:25–26)임 — 을 가지고 느헤미야보다 13년 먼저 예루살렘에 왔다 할지라도, 그는 13년 후가 될 때까지 그 일을 완수하지 않았다. 그는 느헤미야 8:1–12에 가서야 비로소 그 일을 완수한다. 만일 그가 그처럼 분명한 목적을 가지고 느헤미야보다 먼저 예루살렘에 왔다면, 왜 13년이 지난 다음에야 비로소 그 일에 착수한 것일까? 어쩌면 에스라는 느헤미야 8장에 상세하게 설명된 것보다는 더 작은 규모로 이미 율법을 가르치고 있었던 것은 아닐까? 그리고 제단과 성전이 재건되고(에스라 시대 이전에) 예루살렘과 그 성벽이 재건된(느헤미야 시대에) 다음에야 비로소 "모든 백성" 앞에서 모세의 율법을 낭독해야 할 필요성이 생겨난 것은 아닐까?

셋째로 느헤미야는 (에스라와 마찬가지로) 주전 6세기 후반기에 스룹바벨과 예수아의 인도 하에 유다로 귀향한 자들을 소개하지만(스 2장과 느 7장을 참조). 에스라와 함께 유다로 돌아온 자들(스 8:1-29)에 대해서는 전혀 언급하지 않으며, 에스라나 에스라와 함께 있던 자들 중에 어느 누구도 성벽 재건자들의 명단(느 3:1-32)에 포함시키지 않는다. (스 8:2의 "핫두스"는 느 3:10의 핫두스와 동일 인물이 아니다) 느헤미야서에 그러한 사람들이 전혀 언급되지 않은 것은 느헤미야가 에스라보다 먼저 예루살렘에 왔기 때문일까? 아니면 느헤미야 3장의 성벽 재건자들은 최근의 귀향민들이 아닌 십장들이나 감독들을 가리키는 것일까? 그리고 에스라는 그런 육체 노동을 책임지기에는 너무 나이가 많거나 제사장으로서 우선적으로 해야 할 다른 일들을 가지고 있었기 때문일까? 우리아의 아들 므레못(스 8:33; 느 3:4, 21)과 하림의 아들 엘리에셀(스 10:31; 느 3:11)이 에스라나 느헤미야와 같은 시대 사람으로 소개되고 있다는 점도 주목하라.

에스라와 느헤미야의 활동 순서 문제는 매우 복잡한 것이다. 아마도 모든 사람들이 만족할 만한 해답은 얻기 어려울 것이다. 현재의 성서신학계는 전통적인 순서를 지지하는 쪽으로 더 기울어져 있다. 느헤미야가 먼저 활동했다고 본 과거의 일치된 견해가 크게 바뀐 셈이다. 논리적인 근거만을 두고 본다면 어느 순서를 주장하든 일리가 있다(Gottwald 1985: 436). 에스라를 느헤미야보다 늦게 활동한 자로 보는 견해는 전자의 종교개혁을 느헤미야에 의해 진척된 정치적인 안정의 기반 위에서 이루어진 일로 간주한다. 반면에 에스라를 느헤미야보다 먼저 활동한 자로 보는 견해는 처음에 아주 늦은 속도로 먼저 진행된(대부분의 개혁이 그러하듯이) 에스라의 종교개혁이 느헤미야가 정치개혁과 부동산개혁을 완료한 다음에야 비로소 본격화되었다고 생각한다. 물론 성서의 메시지를 듣기 위해 이 문제를 어느 한 쪽 견해로 완전히 결정해야 하는 것은 아니다(Childs 1979: 637).

에스라와 느헤미야 두 인물은 낮과 밤만큼이나 서로 다르다. 에스라는 제사장 겸 서기관(개역은 "학사"로 번역함: 역주)으로 부름받은 자이다. 이는 구약성서에서 이 두 직분이 한 사람 안에서 합쳐진 유일한 경우에 해당한다. "제사장"은 에스라의 유대인 직책이고, "서기관"은 페르시아 정부에 의해 부여된 지위를 가리킬 것이다. 어느 한쪽 세계의 직책이 다른 쪽 세계의 직책(모세의 율법)으로 옮겨진 것이나 다름없다. 에스라는 여러 책들과 성서에 익숙한 자이다. 에스라가 동일 본문에서 제사장과 서기관으로 언급될 경우, 항상 제사장 직책이 먼저 언급된다(스 7:11, 12, 21; 느 8:9; 12:26).

반면에 느헤미야는 평신도이다. 직업을 두고 본다면 그는 "왕의 술 관원"이다(느 1:11). 그는 자신에 관하여 "왕의 앞에 술이 있기로 내가 들어 왕에게 드렸는데"(2:1)라고 말한다. "술 관원"을 가리키는 히브리어 낱말은 '마슈케'이다. 직역하자면 "(누군가에게) 마실 것을 주는 자"를 뜻한다. 이 낱말은 창세기 40장에서 요셉의 두 감옥 동료들 중 한 사람을 가리키는 데 자주 사용된다. 옛 번역본들은 창세기 40장의 '마슈케'를 "주류(酒類) 관리자"로 번역한다(KJV, RSV). 이 번역은 "주류 관리자"가 중세 영어의 "술(포도주)병 관리자"에서 파생한 낱말이라는 점에서 받아들일 만한 것이다(참조. Yamauchi 1980d: 132).

두 사람 사이의 이러한 직업 차이는 왜 본문이 에스라의 족보를 16대나 거슬러 올라가 아론에까지 소급하는지를 설명해 준다(스 7:1-5). 누구나 제사장이 되기 위해서는 정당한 조상과 올바른 혈통을 가지고 있어야만 한다. 반면에 느헤미야의 경우, 우리가 알고 있는 것이라고는 그의 아버지 이름이 전부이다(하가랴[느 1:1]).

에스라의 이름은 그의 할아버지인 아사랴와 거의 같다. 접미어 "야"를 뺀다면 말이다(참조. 스 7:1). 이것은 세대를 걸러 가면서 사람 이름을 번갈아 사용함으로써 할아버지의 이름이 손자의 이름으로 나타나게 하는 관습을 반영하는 것일 수 있다. 에스라('에즈라')와 아사랴('아자랴')는 "돕다"라는 뜻을 가진 셈족 언어의 동사 어근('아자르')에서 비롯된 것이다. 느헤미야의 이름을 구성하는 "느헴"은 "위로하다"라는 뜻을 가진 동사('나함')에서 파생한 낱말이다. 이렇듯이 에스라와 느헤미야는 제각기 그들의 이름을 통하여 자기 백성에게 "도움"과 "위로"의 역할 — 야웨께로부터 비롯된 — 을 수행하고 있음을 드러낸다.

에스라는 제사장이 할 것으로 기대되는 일들을 한다. 그는 자기 백성에게 모세의 토라를 읽고 해석하며, 일상생활 속에서 그것을 실천하면서 살 것을 촉구한다. 그들이 하나님의 법을 무시함으로써 그들 자신과 그들의 거주지 인 땅을 더럽힌다면, 에스라는 그러한 오염을 제거하는 데 필요한 조치를 취할 것이다(스 10장). 제사장 에스라의 개혁은 제단 건축(스 3:1–6a)과 성전 건축(스 3:6b~6:22)에 기초하여 이루어진다. 이 두 건축 사업은 그가 역사의 무대에 등장하기 전에 이미 이루어진 것들이다.

반면에 느헤미야의 경우, 단순히 그의 술 관원 직책에 의지해 가지고는 그가 장차 취할 행동의 방향을 예측할 수 없다. 술 관원이 어떻게 건축 감독이 될 수 있겠는가? 왜냐하면 그의 주요 업무는 예루살렘으로 돌아온 이후 예루살렘 주변 성벽 재건을 감독함과 아울러(느 1~6장) 에스라와 함께 그 성벽을 봉헌하는(느 12:27-43) 것으로 바뀌기 때문이다. 느헤미야의 경력은 왕이 마시는 음료를 총괄하는 직책(다른 책임자들과 함께)에서 시온 주변으로 돌을 운반하는 직책으로 바뀐다. 그는 일하는 장소와 경력과 제복 등 일체를 바꾼 셈이다.

그러나 에스라의 경우에는 사실 그가 무슨 목적으로 유다 지역으로 돌아왔는지를 본문은 결코 구체적으로 밝히지 않는다. 그나마 가장 근접한 설명은 아닥사스다 왕이 에스라에게 "그가 구하는 모든 것"을 주었다거나(스 7:6b) "에스라가 야웨의 율법을 연구하여 준행하며 율례와 규례를 이스라엘에게 가르치기로 결심하였었더라"고 말하는 구절(스 7:10)에서 찾아볼 수 있을 뿐이다. 그렇다면 대체 그는 왜 그런 일을 하고자 한 것일까?

이와는 대조적으로 느헤미야의 형제 하나니는 예루살렘 성의 비참한 상태와 유배를 피해 살아남은 자들에 관한 소식을 바벨론으로 가져온다(느 1:2-3). 그 소식을 전해들은 느헤미야는 하나님께 기도하며(느 1:4-11; 2:4), 페르시아 왕에게는 예루살렘 재건을 위해 자신을 그곳으로 보내달라고 청한다(느 2:1-5). 느헤미야가 왕 앞에 나타날 때 그의 얼굴에 드러난 "근심어린" 기색(느 2:1-2)은 금식하는 바리새인들의 슬픈 기색에 대한 마태복음 6:16의 언급이나 예수가 죽었다고 생각하는 엠마오 도상의 두 제자의 슬픈 표정에 대한 누가복음 24:17의 언급과 비교할 만하다. 확실히 예루살렘에 대한 느헤미야의 눈물(느 1:4)은 예레미야처럼(렘 9:1; 13:17) 같은 성을 향해 우시던 예수의 눈물(눅 19:41)과 평행을 이루고 있다.

에스라의 제사장적인 배경과 느헤미야의 페르시아 공복으로서의 배경을 대비시키는 또 다른 요소가 하나 있다. 에스라는 각 달을 표현하면서 서수를 사용한다: "오월"(스 7:8); "정월"(스 7:9); "오월"(스 7:9); "정월"(스 8:31); "구월"(스 10:9); "정월"(스 10:17); "칠월"(느 7:73b; 8:2). 각 달에 대한 이러한 서수 호칭은 에스라 자신이 깊은 영향을 받은 듯한 율법과 예언서에서도 발견된다. 반면에 느헤미야는 각 달에 대해 바벨론식 호칭을 사용한다: "기슬르월"(9월, 느 1:1); "니산월"(1월, 느 2:1); "엘룰월"(6월, 느 6:15). 이러한 호칭 사용은 느헤미야가 바벨론 지역에서 정부 관리로 일했다는 사실에 비추어볼 때 충분히 예상할 수 있는 일이다. 흥미롭게도 에스라서의 도입부(스 1~6장)에서 저자는 히브리어로 기록된 본문의 경우에는 에스라식 호칭을 사용하지만("칠월"[3:1, 6]; "이월"[3:8]), 아람어로 기록된 본문인 6:15에서는 바벨론식 호칭인 "아달월"(12월)을 사용한다(Demsky 1994: 11). (에스라서는 이중[二重] 언어로 기록되어 있는 책이다: (1) 1:1~4:7, 히브리어; (2) 4:8~6:18, 아람어; (3) 6:19~10:44, 히브리어; 참조. Arnold: 1996.)

에스라서는 크게 1~6장과 7~10장의 두 부분으로 나뉜다:

1. 고레스 왕의 포로 해방령(1:1-4)은 포로들의 예루살렘 귀향을 허용한다(1:5~2:70). 예루살렘으로 귀향한 그들은 먼저 제단을 건축하고(3:1-7), 이어서 성전을 건축한다(3:8~6:22). 이에 소요된 기간은 20년을 약간 상회한다(주전 538-516/15년).

2. 대략 60여 년이 지난 후에(주전 516/15-458/57년) 에스라가 자신의 대표단과 함께 예루살렘에 도착한다(7:1~8:36). 귀향민들이 과거의 종교적인 유산으로부터 일부 벗어났다는 소식 — 대표적인 예로 혼혈 결혼(9:1-4) — 을 들은 에스라는 그들의 죄를 하나님 앞에 고백하며(9:5-15), 그러한 결혼의 취소를 총괄 감독한다(10:1-44).

느헤미야서는 크게 세 부분으로 나뉜다: (1) 1:1~7:73a; (2) 7:73b~10:39;

(3) 11:1~13:31. 첫 번째 부분은 느헤미야에 초점을 맞추고 있으며, 두 번째 부분은 에스라에, 그리고 세 번째 부분은 느헤미야에 초점을 맞추고 있다.

1. 첫 번째 부분(1:1~7:73a)에서 느헤미야는 절망적인 상태에 있던 예루살렘 성벽의 재건을 감독한다. 여기에는 바벨론 사람들의 도움이 적지 않게 작용한다(1:1~6:19). 이어서 느헤미야는 수십 년 전에 맨 처음 귀향한 자들의 명단을 추가한다(7:6-73, 이 명단은 스 2:1-70의 명단과 사실상 동일하다).

2. 8:1-12에서 에스라는 사람들에게 모세의 율법책을 읽혀 들린다(오경 전체 또는 오경의 일부; 신명기 법전[신 12~25장] 아니면 토라에 포함되어 있는 다른 율법들?). 이러한 율법책 낭독은 레위인들(NRSV에서 보듯이 에스라가 아님)로 하여금 예전적인 기도를 드리도록 이끈다(9:6-37). 그러한 기도의 정신은 계약 갱신의 서약으로 이어진다(9:38~10:39).

3. 마지막 부분(11:1~13:31)에서 느헤미야는 예루살렘에 거주할 자들의 범위를 정하며(11:1~12:26), 에스라와 함께 성벽 봉헌식을 주관한다(12:27-47). 아울러 그는 두 번째 총독직 수행(13:1-31)에서 안식일 위반이나 혼혈 결혼처럼 하나님의 백성 중에서 허용될 수 없는 행동을 제거하려고 노력한다.

에스라서와 느헤미야서에 있는 열세 가지 정도의 공통된 강조점은 이 두 책이 그 주제에서 연결되는 책들임을 암시한다.

(1) 두 사람은 똑같이 바벨론으로부터 예루살렘으로 돌아온다. 에스라는 아닥사스다 왕의 넘치는 축복을 받고 (스 7:11-26), 느헤미야는 동일한 왕의 제한된 허락을 받고("네가 몇 날에 행할 길이며 어느 때에 돌아오겠느냐?"[느 2:6]) 귀향한다.

(2) 두 책은 똑같이 예루살렘과 관련된 건축물의 재건을 강조한다. 에스라 1~6장에 의하면 먼저 제단이 건축되고(3:1-7), 바로 이어서 성전이 건축된다(3:8~6:22). 이 두 건축물이 재건되는 순서를 주목하라. 하나님의 길을 향

한 모든 회복은 제단 회복으로부터 시작해야만 한다(엘리야가 갈멜 산에서 바알 선지자들과 대결할 때 취했던 행동을 참조: "저가 무너진 야웨의 단을 수축하되"[왕상 18:30]). 제단은 성전으로부터 독립되어 있는 건축물이다. 느헤미야 1~6장은 예루살렘 주변 성벽의 재건에 초점을 맞추고 있다. 이 공사는 에스라에게 시급하게 요청되는 일이 아니었음이 분명하다. 왜냐하면 그는 폐허가 된 성벽에 관해서 아무런 언급도 하지 않고 있기 때문이다. 성벽은 어떤 유익을 가져다주는가? "진정한 의미에서 성벽 재건은 물리적인 보호를 뜻할 뿐만 아니라, 하나님의 백성을 이방인들과의 접촉으로부터 분리시키려는 의도를 포함하고 있기도 하다"(Childs 1979: 634).

(3) 두 책은 똑같이 다리오 1세의 통치 시기에 스룹바벨과 예수아의 인도하에 예루살렘으로 돌아온 후 성전 재건을 완료한 자들의 긴 명단을 제공한다(스 2:1-70; 느 7:6-73). 이처럼 긴 명단은 대부분의 현대 독자들에게 아무런 감흥도 불러일으키지 못할 것이다. 그럼에도 불구하고 그 목록은 버젓이 두 책 안에 실려 있다. 무엇 때문인가? 아마도 귀향민들의 활동이 에스라나 느헤미야처럼 유명한 자들에게만 국한되지 않고 이들보다 훨씬 덜 유명한 자들도 포함한다는 것을 우리에게 상기시키기 위해서일 것이다. 하나님의 일은 소수의 사람들에 의해서만 이루어지는 것이 아니다. 에슈케나지(Eshkenazi 1988b: 654)는 미국의 수도 안에 있는 워싱턴 기념비(높고 위대하고 유명한 자들을 존귀히 여기고자 하는)와 베트남 전쟁 기념관(덜 높고 덜 위대하고 덜 유명한 자들을 존귀히 여기고자 하는)을 의도적으로 비교한다. 에슈케나지의 흥미로운 제안, 곧 느헤미야 7장과 에스라 2장의 이중 명단이 그 중간에 있는 자료들을 하나로 묶음과 동시에 한 단락의 종결 부분을 암시하는 인클루지오(inclusio; 끝 부분과 시작 부분이 평행을 이루게 하는 방식을 일컬음)의 역할을 수행한다고 보는 견해(1988b: 647)는, 만일 에스라-느헤미야가 그녀의 주장처럼 두 권의 책이 아니라 한 권의 책임을 확실하게 입증할 수만 있다면, 한층 설득력 있는 것이 된다. 만일 에스라와 느헤미야가 한 권의 책이 아니라, 두 권의 독립된 책이라면, 에스라 2장과 그 반복인 느헤미야 7장은 더 이상 인클루지오를 구성하지 못하게 된다. 마치 출애굽기 20장의 십계명과 그 반복인 신명기 5장의 경우나, 마태복음 6장의 주기도문

과 그 반복인 누가복음 11장의 주기도문이 인클루지오를 구성하지 못하는 것처럼 말이다(Vanderkam 1992: 68).

(4) 에스라(스 7:28; 8:18, 22, 31)와 느헤미야(느 2:8, 18)는 "우리 하나님의 손"이 자기들 위에 있다는 사실을 증거하고 있다. 이러한 주장은 에스라를 3인칭으로 표현하는 본문들에서도 동일하게 발견된다(스 7:6, 9). 에스라와 느헤미야는 똑같이 하나님의 섭리의 손길에 힘입어 예루살렘으로 돌아올 수 있게 된다. 고레스나 다리오, 아닥사스다 1세 등과 같은 왕들의 친절함과 예민한 감성이 작용하기도 했지만 말이다. 만일 야웨께서 먼저 고레스의 "마음을 감동시키지"(스 1:1) 않으셨다면, 과연 고레스가 유대인 포로들을 석방하는 칙령을 선포할 수 있었겠는가. 자기 백성을 구원하기 위하여 이방인의 마음을 "감동시킬" 수 있는 야웨는 자기 백성을 심판하기 위하여 이방인의 마음을 "감동시킬" 수도 있다(대상 5:26: "그러므로 이스라엘 하나님이 앗수르 왕 불의 마음을 일으키시며"; 대하 21:16: "야웨께서 블레셋 사람과 구스에서 가까운 아라비아 사람의 마음을 격동시키사").

(5) 두 책에서 똑같이 저자(들)는 각종 명단들을 폭넓게 사용한다:

에스라	느헤미야
1:9-11: 돌아온 그릇들	3:1-32: 성벽 건축 공사자들
2:1-70: 돌아온 포로민들	7:6-72: 돌아온 포로민들
8:1-14: 에스라의 여행 동료들	10:1-27: 계약에 서명한 자들
10:18-44: 이방 여인들로부터 갈라선 자들	11:3-36: 정착자들과 정착지들
	12:1-26: 제의 직원들
	12:32-42: 성벽 위로 행진하는 공동체 구성원들

더 나아가서 느헤미야와는 달리(6:6-7은 예외임) 에스라는 자주 서신이나 편지의 내용을 그대로 인용한다: (a) 고레스 칙령(1:2-4); (b) 르훔과 심새가 유대인들을 반역의 무리들로 고소하는 내용의 편지를 아닥사스다 왕에게 보낸다(4:11-16); (c) 그 편지에 대한 응답으로 아닥사스다가 정식으로 허용될

때까지 성벽 건축을 잠시 중단할 것을 명하는 편지를 보낸다(4:17-22); (d) 주변 지역의 총독 닷드내가 고레스의 허락과 축복을 받아 성전을 재건하고 있다는 재정착 유대인들의 주장에 이의를 제기하는 편지를 다리오에게 보낸다(5:7-17); (e) 그 고소 건을 조사한 다리우스는 고레스가 그러한 칙령을 내렸다는 사실을 발견하고 그 내용을 그대로 인용하지만(6:2b-5), 1:2-4에 있는 명백하게 신학적인 언어의 일부("하늘의 신 야웨께서 세상 만국으로 내게 주셨고 나를 명하사 유다 예루살렘에 전을 건축하라 하셨나니"[1:2])를 인용하지는 않는다; (f) 닷드내에 대한 응답으로 다리우스는 그에게 성전 재건을 방해하지 말고 허용하라고 명하면서, 닷드내가 다스리는 사람들로 하여금 비용 일부를 부담토록 한다(6:6-12); (g) 아닥사스다는 에스라가 예루살렘을 향해 떠날 때 왕실에서 에스라의 여정을 후원할 것임을 알리는 편지를 보낸다(7:12-26).

에스라서와 느헤미야서를 성서 안에서 지금과 같은 형태로 정리한 자가 위의 명단들이나 편지들을 직접 작성한 것은 아니다. 그렇지만 이 두 가지 것은 저자(들)가 자기 책의 본문과 이야기를 집필할 때 쓸모있게 사용한 자료들임에 틀림없다.

(6) 두 책은 똑같이 예언자들에 대해 언급하되, 한쪽 예언자들은 호의적으로 묘사하지만, 다른 쪽 예언자들은 부정적으로 묘사한다. 에스라서 도입부(1~6장)에서 학개와 스가랴는 성전 재건을 촉구한 일에 대해서 긍정적인 평가를 받는다(5:1-2; 6:14 — "하나님의 선지자들이 함께 하여 돕더니"[5:2]; "유다 사람의 장로들이 선지자 학개와 잇도의 손자 스가랴의 권면함으로 인하여 전 건축할 일이 형통한지라"[6:14]).

느헤미야는 다른 이들과 합세하여 느헤미야와 그의 성벽 재건 공사를 위협하는 여선지 노아댜(스 8:33에 있는 남자 노아댜와 혼동해서는 안 됨)를 비난한다: "내 하나님이여, 도비야와 산발랏과 여선지 노아댜와 그 남은 선지자들 무릇 나를 두렵게 하고자 한 자의 소위를 기억하옵소서"(느 6:14). 구약 성서에서는 오직 다섯 명의 여인들만이 예언자로 불린다: 미리암(출 15:20); 드보라(삿 4:4); 훌다(왕하 22:14); 이사야의 아내(사 8:3); 노아댜(느 6:14). 이 다섯 여인들 중의 두 명은 어떤 형식으로든 남성 지도력에 반기를 든 일로 인하여 책망을 받는다. 민수기 12:1-15에 의하면 미리암은 모세에게 저항하며, 느헤미야 6:14에 의하면 노아댜는 느헤미야에게 저항한다(Carroll 1992: 94). 노아댜는 이방 여인들을 쫓아낸 느헤미야의 조치에 반대한 것일까, 아니면 페르시아 제국 — 느헤미야를 "이용"하여 서쪽 지역의 헬라 사람들과 다른 침략자들 및 적대자들에 맞서 자기들의 국경선을 지키려는 속셈을 가진 — 의 허가를 얻은 성전 재건 공사에 반대한 것일까?

(7) 두 책은 똑같이 성공적으로 새로운 시작의 길에 들어선 자들이 경험하는 기쁨을 강조한다. 성전의 기초가 놓일 때 "많은 사람들이 기뻐하여 즐거이 외치며" 그들의 "크게 외치는 소리"가 사방에서 들린다(스 3:12-13). 마찬가지로 성전 봉헌식에서도 "즐거움"이 발견되며, 무교절을 지키는 자리에도 "즐거움"이 있다(스 6:16, 22). 에스라의 율법책 낭독은 "커다란 즐거움"을 불러일으킨다(느 8:12), 장막절을 지킨 후에도 큰 즐거움이 뒤따른다(느 8:17). 성벽을 봉헌할 때에도 큰 즐거움이 있다. 느헤미야 12:43에서는 "즐거워했다"나 "즐거움"이 네 번이나 되풀이된다. 성전의 기초를 세울 때와 율법을 낭독할 때에는 즐거움이 울음을 압도한다(스 3:10-13; 느 8:9-12).

느헤미야서에서 즐거움에 관해 서술하는 가장 잘 알려진 구절은 종종 "성서 합창"으로 불리는 느헤미야 8:10일 것이다: "야웨를 기뻐하는 것이 너희의 힘이니라." 우리는 흔히 이 구절을 목적격 소유격으로 읽지만(우리가 야웨 안에서, 그리고 야웨로 인하여 발견하고 경험하는 기쁨), 이 구절은 주격 소유격으로 읽을 수도 있다(야웨께서 자기 백성으로 인하여 느끼시는 기쁨)(참조. Wong 1995: 383-84). "힘"을 뜻하는 히브리어('마오즈')는 "피난처, 보호처"를 의미하는 바, 여기서는 후자의 의미로 해석하는 것이 더 적절할 것이다.

(8) 에스라서에 의하면, 제단을 재건한 후에 귀향 공동체가 맨 먼저 한 일들 중의 하나는 장막절(히브리어로는 '숙곳')을 지키는 일이었다(스 3:4-6). 성전을 봉헌한 이후로는 유월절(스 6:19-21)과 무교절(스 6:22)이 이어진다. 이 셋 중에서 오로지 장막절만이 느헤미야 8:13-18에서 다시 언급된다. 에스라 6:22이 무교절을 지키던 때의 즐거움에 대해서 언급하는 반면에, 느헤미야 8:17은 그 즐거움을 장막절 행사와 관련시킨다.

장막절은 모든 축제들 중에 가장 즐거운 축제이다. 여기서는 "즐거움"과 관련된 (7)번 항목과 장막절 축제와 관련된 (8)번 항목이 서로 연결되어 있다. 거룩한 날들에 관한 토라 달력들 중의 하나인 레위기 23장에 의하면, 장막절은 즐거워할 것을 확실하게 명하는 유일한 축제이다(레 23:40). 공적인 희생제사들에 관해 규정하는 또 다른 토라 달력인 신명기 16:1–17 역시 장막절을 지키는 즐거움에 대해서 언급한다(신 16:14; 칠칠절도 마찬가지임[신 16:11]). 오경 안에 있는 세 번째 달력에 해당하는 민수기 29:12–34에 의하면, 장막절의 희생제사야말로 모든 축제들 중에 가장 많은 양을 차지한다. 나중에 장막절은 '제만 심하테누'("우리가 즐거워해야 할 때")로 불리게 된다.

장막절은 다가올 해를 위해 곡물과 포도주를 창고에 저장하는 것을 기념하는 축제이다. 그것은 그 해의 수확을 인하여 하나님께 감사를 드리는 한 방식에 해당한다. 미국의 청교도들이 그들의 첫 수확에 대하여 감사하는 마음으로 드리는 축제를 성서의 가르침에 따라 지켰다는 것은 결코 우연이 아니다(Clines 1989: 213은 스 2장에 있는 귀향민들의 명단을 "순례하는 조상들의 명단"으로 부른다). 기쁨으로 가득 찬 두 권의 책 에스라서와 느헤미야서가 똑같이 즐거움으로 충만한 장막절 축제에 초점을 맞추고 있다는 것은 참으로 온당한 일이다.

장막절은 7월 15일부터 21일까지 지키는 절기이다(티스리월[9–10월]). 장막절 며칠 전인 7월 10일에는 속죄일('욤 키푸르')이 지켜지지만, 에스라와 느헤미야는 이 절기에 대해서 전혀 언급하지 않는다. 포로기 이후의 이 공동체는 장막절은 지켰으나 속죄일은 지키지 않은 것일까? 에스라 3장이 속죄일에 대해서 언급하지 않고 있음은 확실하다. 에스라 3:6은 "그때에 야웨의 전 지대는 오히려 놓지 못한지라"고 말한다. 레위기 16장에 규정된 속죄일의 주요 강조점은 성전을 청결케 하는 데 있다. 따라서 성전이 (아직) 없는 상태에서는 속죄일이 지켜질 수 없다. 그러나 느헤미야 8장이 속죄일에 대해서 언급하지 않고 있다는 것은 설명하기 어려운 일이다. 왜냐하면 그때에는 이미 성전이 재건된 상태이기 때문이다. 이에 대해서 우리는 잠정적으로 다음과 같은 답을 제시할 수 있을 것이다: 레위기 16장의 속죄일 규정은 거의 전

적으로 대제사장이 꼼꼼하게 지켜야 할 의례에 초점을 맞추고 있어서, 장막
절과는 달리 일반 백성이 해야 할 일이 거의 없기 때문에, 느헤미야는 그에
대해서 전혀 언급하지 않았을 것이다.

(9) 두 책은 똑같이 성전과 예루살렘 주변의 성벽을 건축(재건)한 자들이
외부의 완강한 저항에 부닥쳤음을 강조한다. 에스라서에서 그 저항은 3:3에
서부터 언급된다. 이 구절에 의하면 사람들이 제단을 그 터 위에 세운 것은
"그들이 주변에 있던 사람들을 두려워했기" 때문이다. "유다와 베냐민의 대
적"이 성전 재건을 돕겠다고 나섰을 때 그러한 두려움이 분명하게 드러난다.
자기들의 제안이 거절당하자 그들은 다양한 경로를 통해 자기들의 불쾌한
감정을 터뜨리며, 그럼으로써 성전 재건 공사를 16-17년 동안이나 방해한다
(4:1-5). 그들의 방해 공작은 고레스 시대로부터 다리우스 시대에 이르기까
지 계속된다(4:5b). 스룹바벨과 예수아가 그들의 제안을 거절한 것은 타당한
조치였다고 볼 수 있다. 왜냐하면 성전 재건을 돕겠다고 자원한 사람들은 북
왕국 이스라엘 사람들과 다른 민족들 사이의 혼혈 결혼에서 태어난 사마리
아 사람들이었기 때문이다. 포로기 이후 시대의 유다 지역 유대인들에게는
"선한 사마리아 사람"과 같은 사례가 존재하지 않았다. 당시에 계약 공동체
의 자녀가 된다는 것은 그가 유다 사람이거나 베냐민 사람임을 의미했다. 다
른 한편으로 사마리아인들의 협력 제안을 거부한 행동을 비판적인 시각에서
볼 수도 있다. 예로써 클라인스(Clines 1989: 214-15)는 스룹바벨이 고레스
칙령을 엄격하게 해석하여 그러한 결정을 내렸다고 믿는다(고레스는 성전
재건 공사를 도울 자들을 어떻게든 지정하려고 한 것이 아닐까?). 스룹바벨
과 그의 동료들을 "속좁은 관료들"로 칭하는 클라인스는 "율법주의자의 손
에 들린 문서는 창조성과 정중함 모두를 말살시킬 수도 있다"고 말한다.

성전 재건 공사에 대한 방해 공작은 르훔과 다른 사마리아 사람들, 그리고
그들이 아닥사스다에게 보낸 편지(4:11-16), 아닥사스다의 답변(4:17-22) 등
을 통해 계속되며, 결국에는 성읍 재건을 효율적으로 차단하는 데 성공한다
(4:23). 연대기적인 차원에서 본다면 이 부분은 사실 더 나중 시대, 곧 느헤미
야가 성전 재건 공사를 감독하던 시대에 속한 것이다. 그것이 이곳에 삽입된
것은 포로기 이후의 미성숙한 공동체가 종종 직면하곤 했던 적대감과 깨뜨

려진 희망을 강조하기 위해서이다.

또 다른 편지, 곧 이번에는 닷드내가 다리오에게 보낸 편지(5:7-17)는 앞 장에 기록된 편지(4:11-16)보다 훨씬 이전 것으로서, 성전 재건 공사를 방해하려는 또 다른 시도에 해당한다.

느헤미야 1~6장에서는 적대 세력이 한데 몰려서 나타난다. 그 주모자들은 사마리아의 총독 산발랏과 암몬 출신의 관리 도비야이다. 도비야의 아들은 느헤미야의 성벽 재건 공사를 담당한 므술람의 딸과 결혼한 자이다(6:17-18을 3:30과 비교). 이 추한 방해꾼들의 도발적인 행동들에 대해서는 느헤미야 2:10, 19; 4:7; 6:1, 12, 14 등을 참조하라. 사실 느헤미야 4:7은 느헤미야가 사방으로부터 반대 세력에 직면하였음을 잘 보여 준다.

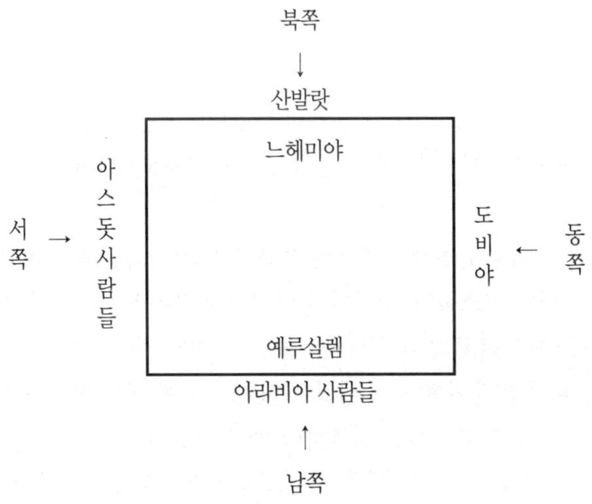

느헤미야의 일을 돕던 관리들 중 절반이 공사에 참여하고 나머지 절반은 무장한 채로 건축 공사자들 주변을 지켰다는 것은 전혀 놀라운 일이 아니다(4:16-17). 확실히 느헤미야는 "아버지여, 저들을 사하여 주옵소서"라고 기도할 만한 처지가 못 된다. 4:4-5과 6:14에 있는 느헤미야의 언어가 이를 잘 보여 준다. 그의 기도는 "그들에게 우리를 괴롭힌 것과 똑같은 벌을 내리소서"라는 내용의 기도나 다름이 없다. 그것은 시편에 있는 저주의 노래(예로

써 시 106편)나 예레미야의 탄식(예로써 렘 11:18-20)과도 같은 것이다. 어느 경우에도 하나님은 응답하지 않으신다. 사실 하나님은 어디에서도 에스라나 느헤미야에게 직접 말씀하시지 않는다. 그들이 하나님께 기도하고 또 그에 대하여 증거하고 있음에도 불구하고 말이다.

(10) 에스라와 느헤미야는 똑같이 거룩한 것들에 관심을 가지고 있다. 에스라의 경우, 거룩한 백성과 거룩한 그릇들(8:28), 거룩한 자손(9:2), 거룩한 처소(9:8) 등이 그에 해당한다. 느헤미야의 경우에는 거룩한 날(8:9, 11; 13:22)과 거룩한 성읍(11:1)이 그에 해당한다. 그러나 두 사람의 책 어디에서도 거룩함에 대한 요청은 없다. 도리어 거룩함은 기정 사실로 받아들여진다. 거룩함의 대상이 백성이든 물건이든 장소이든 시간이든 상관없이 말이다. 이는 신명기의 사상과 유사한 것이다. 오경에서는 오직 신명기만이 이스라엘을 "거룩한 백성"(신 7:6; 14:2, 21; 26:19; 28:9)이라 칭한다. 레위기는 이스라엘에게 거룩할(거룩하게 될) 것을 요청하고 있지만 말이다(레 11:44-45; 19:2; 20:7, 26; 참고로 출 19:6; 22:31은 엘리트 집단에게만이 아니라 백성 모두에게 거룩함을 요청한다; 엘리트 집단의 경우 ― 제사장들[레 21:6-8]; 나실인 [민 6:5]).

(11) 두 책은 귀향 공동체를 거룩한 성읍에 사는 거룩한 백성으로 규정하는 공통의 관심사에 기초하여, 하나님의 백성에게 다른 민족들로부터 스스로를 구별할 것을 요청하고 있다. 그러한 구별은 '바달' 동사("물러가다, 탈퇴하다"의 히트파엘형(재귀형)이나 니팔형(재귀/수동형)에 의하여 표현된다. 이에 대해서는 다음의 본문들을 참조하라: 에스라 6:21("무릇 스스로 구별하여 자기 땅 이방 사람의 더러운 것을 버리고"); 에스라 9:1("이스라엘 백성과 제사장들과 레위 사람들이 이 땅 백성과 떠나지 아니하고"); 에스라 10:11("이 땅 족속들과 이방 여인을 끊어 버리라"); 느헤미야 9:2("모든 이방 사람과 절교하고"); 느헤미야 10:28("이방 사람과 절교하고 하나님의 율법을 준행하는 모든 자"); 느헤미야 13:3("섞인 무리를 이스라엘 가운데서 몰수히 분리케 하였느니라"[히필형]).

에스라와 다른 사람들이 모든 귀향민들에게 예루살렘에 모여 종교적인 타협의 문제에 관해서 설교하고자 할 때, 그곳에 불참한 자들에게는 "그 재산을 적몰하고['하람'] 사로잡혔던 자의 회에서 쫓아내는['입바델']" 형벌이 선포된다(스 10:8). 그 메시지는 매우 분명하다: "그들로부터 갈라서라. 그렇지 않으면 우리가 너희로부터 갈라설 것이다."

'바달' 동사의 재귀적인 용법("스스로를 분리시키다"라는 뜻)에 가장 가까운 평행 본문은 민수기 16:21이다. 야웨께서는 고라와 다른 불평 분자들의 반란이 발생한 후에 모세와 아론에게 다음과 같이 말씀하신다: "너희는 이 회중에게서 떠나라. 내가 순식간에 그들을 멸하려 하노라"; 만일 그렇지 않을 경우, 모세와 아론은 심판의 자리를 벗어나지 않은 것으로 인하여 다른 사람들과 함께 멸망할 것이다. 민수기 8:14와 16:9도 레위인들을 다른 이스라엘 백성으로부터 "구별하는" 하나님의 행동을 표현하면서 '바달' 동사의 히필형을 사용한다. 에스라도 이 동사의 사역형을 사용한다: "그때에 내가 제사장의 두목 중 십이 인 … 을 따로 세우고"(스 8:24); "제사장 에스라가 그 종족을 따라 각기 지명된 족장 몇 사람을 위임하고 … 그 일을 조사하여"(스 10:16).

(12) 이러한 구별 요청은 에스라서와 느헤미야서가 귀향민들 사이에 발생한 이방인들과의 혼혈 결혼 문제를 정면으로 대처하고자 하는 부분에서 가장 생생하게 드러난다(스 9:1~10:44; 느 13:1-3, 23-30). 이 두 본문은 몇 가지의 공통 요소들을 가지고 있다.

첫째로 가장 중요한 것은, 두 경우에 똑같이 개혁 작업이 에스라나 느헤미야에게서 비롯되는 것이 아니라 회개하는 공동체의 대표자들에게서 비롯된다는 점이다. 에스라: "방백들이 내게 나아와 가로되, 이스라엘 백성과 제사장들과 레위 사람들이 이 땅 백성과 떠나지 아니하고 … 그들의 딸을 취하여 아내와 며느리를 삼아 … "(스 9:1-2). 느헤미야: "백성이[느헤미야가 아니라] 이 율법을 듣고 곧 섞인 무리를 이스라엘 가운데서 몰수히 분리케 하였느니라"(느 13:3). 느헤미야 자신이 그들의 행동을 좇는 모습은 느헤미야 13:23-30에 묘사되어 있다. 이 첫 번째 공통점이 갖는 중요성은 불법적인 결혼을 개혁하는 일이 제사장 계열의 지도자들에 의해서 시작된 것이 아니라 공동체 자신의 관심사에서 비롯된 것이라는 데 있다. 당시의 개혁이 밑바닥에서부터 올라온 것이지 위로부터 강제된 것이 아니라는 얘기다.

둘째로 에스라와 느헤미야는 똑같이 유대인 아닌 여자들과 결혼한 유대인 남자들만을 정죄한다. 둘 중 어느 누구도 유대인 아닌 남자들과 결혼한 유대인 여자들을 정죄하지는 않는다. 달리 말해서 오직 남자들만이 범죄자로 규정되고 있다는 얘기다(Eshkenazi 1992: 34).

셋째로 누군가가 머리털을 잃는 일이 발생한다. 에스라는 "내가 이 일을 듣고 속옷과 겉옷을 찢고 머리털과 수염을 뜯으며"(스 9:3)라고 말하며, 느헤미야는 "내가 책망하고 저주하며 두어 사람을 때리고 그 머리털을 뽑고"(느 13:25)라고 말한다. 자기 스스로 그러한 일을 하는 것과 다른 사람에게 그러한 일을 하는 것은 별개의 문제이다.

넷째로 에스라와 느헤미야는 평신도들뿐만 아니라 성직자들까지도 그러한 종교적인 범죄를 저질렀다고 비난한다. 에스라 9:1은 "제사장들과 레위 사람들"에 대해서 언급하며, 에스라 10:18-23은 정죄당한 제사장들과 레위 사람들의 명단을 밝힌다. 그리고 느헤미야는 느헤미야 13:28-30에서 대제사장의 손자가 멸시당하는 산발랏의 딸과 결혼했음을 비난한다. 사람들은 적어도 성직자들만큼은 자신의 혈통을 더럽히려는 유혹을 이겨낼 것으로 기대하지만, 실상은 그렇지 않다.

확실히 두 권의 책이 그 문제를 다루는 방식에서는 약간의 차이가 있다. 예로써 오직 에스라만이 혼혈 결혼을 하나님을 향한 범죄 행위로 칭하면서 '아슈마' ("죄")라는 용어를 사용한다(스 9:6, 7, 13, 15; 10:10). 그리고 오직 그만이 "속건제"['아샴']를 드림으로써 사함을 받을 수 있다고 말한다(스 10:19).

또한 에스라는 '마알' ("불성실함, 신실치 못함")이라는 히브리어 낱말을 사용하여 그러한 범죄 행위를 묘사한다(스 9:2, 4; 10:6). 느헤미야(13:27)는 그 낱말의 동사 형태를 한 번 사용한다. '마알'이라는 명사는 "신성모독, 배신 행위"로 번역하는 것이 더 적절할 것이다. '마알'과 '아샴' ("속건제") 사이의 이러한 관계는 '마알' ("범죄")을 잘못된 행동에 대한 법적인 용어로 이해함과 동시에 '아샴' ("속죄제물")을 통하여 그 '마알'이 제거된다고 보는 이전의 제사장적인 가르침(에스라는 제사장임)과 맥을 같이한다(레 5:15; 6:2; 민 5:6). 레위기와 민수기에서 '마알'은 의도적으로 또는 부지중에 하나님이나 다른 누군가의 재물을 횡령한 행동을 가리킨다. 그러나 에스라서나 느헤미야서에서는 다른 종류의 배신 행위나 불성실한 행동 — 특히 부부관계에서 — 을 가리키는 관용어로 사용된다.

에스라와 느헤미야 사이에 있는 가장 큰 차이는 에스라가 느헤미야보다 훨씬 더 혼혈 결혼의 죄를 엄중하게 다루고 있다는 데 있다. 두 사람은 똑같이 그 죄에 대하여 분개하지만, 느헤미야는 단순히 귀향민들에게 앞으로 그러한 행동을 삼갈 것을 요청할 뿐이다(느 13:25b). 그러한 범죄가 어떠한 결과를 초래하는지의 한 사례로 솔로몬을 인용하면서 말이다(느 13:26). 반면에 에스라는 '아샴' 제물을 명할 뿐만 아니라 혼혈 결혼한 남자들에게 이방 아내들에게서 갈라설 것을 명하기까지 한다(스 10:11). 그렇게 한 사람들의 명단이 에스라 10:18–44에 소개되어 있다.

사람들은 귀향 공동체가 이방 아내들을 그들의 자녀들과 함께 내쫓는 일(스 10:44; 에스라서의 마지막 구절)과 사라의 요구에 아브라함이 하갈과 그의 아들을 내쫓는 일(창 21:14) 사이에 과연 차이가 있을까 하고 생각한다. 두 경우에 똑같이 쫓겨난 여인들과 그들의 자녀들의 미래는 어떻게 되겠는가? 누가 그들을 보호하며 그들을 뒷바라지할 것인가? 에스라서의 경우, 과거에 유배자들(exiles)이었던 그들이 이제는 자기들의 배우자들을 유배자들(exiles)로 만든 것이 아닌가? 그들이 그동안 이겨내 왔던 고통을 이제는 자기들의 배우자들에게 떠넘긴 것은 아닌가?

일부 학자들은 혼혈 결혼에 대한 에스라와 느헤미야의 견해 차이를 느헤미야가 에스라보다 먼저 귀향했다는 주장의 근거로 삼기도 한다. 그들의 논리는 이렇다: 만일 에스라가 느헤미야보다 먼저 예루살렘에 돌아왔다면, 그는 혼혈 결혼의 문제를 해결하는 데 "실패"했음에 틀림없다. 왜냐하면 나중에 느헤미야가 그 동일한 문제 — 에스라가 해결하지 못한 — 를 시정해야만 했기 때문이다;

그렇지만 에스라서는 에스라를 신실하고 성공적인 하나님의 종으로 묘사하고 있다; 따라서 느헤미야가 에스라보다 앞선 사람임에 틀림없다. 이상의 추론은 그럴듯해 보인다. 그러나 동일한 논리에 근거하여 다음과 같이 말할 수도 있다: 만일 느헤미야가 먼저 왔다면 그도 역시 "실패"했을 것이요, 에스라는 느헤미야가 서투르게 시작한 그 일을 마무리해야만 했을 것이다. 야마우치(Yamauchi 1980c: 11)는 에스라와 느헤미야의 순서를 바꾸려는 견해를 비판하는 크로스(Cross)의 말을 인용한다: "그러한 주장에는 별다른 매력이 느껴지지 않는다. 성서 역사에 나타나는 모든 예언자들과 개혁가들은 실패한 자들이라고 말할 수 있다. 이와 크게 비슷한 사례는 똑같이 실패한 히스기야와 요시야의 개혁에서 찾아볼 수 있다." 이 개혁가들은 자기들의 개혁 조치들이 폭넓게 받아들여지지 않은데다가 지속적인 효과를 거두지 못했고 또한 계속적인 성공을 누리지도 못했다는 의미에서 "실패"한 자들이다. 예수께서도 마찬가지가 아닌가!

만일 에스라가 불법적인 혼혈 결혼의 문제에 느헤미야보다 더 강력하게 대처한 것이라면, 결국 포로기 이후 시대의 이 두 영웅은 정도의 차이가 있기는 해도 히브리 역사와 성서 역사의 앞 부분에서 한 것보다 한층 강하게 그 문제를 처리한 셈이다. 우리는 에스라와 느헤미야가 이 문제에 대하여 두 가지 혁신적인 조치를 취했다고 볼 수 있다(참조. Hayes 1999: 6).

첫째로 에스라와 느헤미야는 혼혈 결혼의 금지를 모든 백성에게 확대 적용한다. 이 점은 다른 본문들과의 비교를 통해서 확인할 수 있다: (1) 신명기 7:1-4는 가나안 원주민들 중 일곱 집단과의 결혼만을 불법적인 것으로 규정하지, 모든 민족들과의 결혼까지 금하는 것은 아니다(예로써 "그 땅"(land)의 백성[스 10:2, 11]; "그 땅들"(lands)의 백성[스 9:1-2]은 해당되지 않음). 신명기 23:3은 "암몬 사람과 모압 사람"을 추가하지만, "야웨의 총회에 들어오지 못한다"는 구절은 "이스라엘 사람과 결혼하지 못한다"고 말하지는 않는다. 그러나 그러한 의도가 함축되어 있음은 분명하다. 오직 이 두 집단만이 언급되고 있다는 사실은 야웨의 총회에 다른 집단은 들어올 수 있음을 암시한다. (2) 몇몇 경건한 사람들은 이방 여인들을 아내로 맞이한다(요셉과 이집트인인 그의 아내[창 41:45]; 모세와 미디안 사람인 그의 아내[출 2:21]; 보아스와 모압 사람인 그의 아내[삿 4:10]; 유다와 가나안 사람인 그의 정숙한 며느리 다말[창 38장]). (3) 신명기 20:14은 전쟁 중에 이방 여인을 종이나 첩으로 또는 아내로 취할 수 있다고 규정한다. 다만 약속의 땅 안에 있는 성읍들에 거주하는 여자들은 예외다(신 20:15-18). (4) 신명기에는 신명기 20:14에 근거한 법이 하나 있다. 신명기 21:10-14이 그렇다. 이 법은 전쟁 중에 사로잡힌 (비가나안) 여인과의 결혼을 정당한 것으로 인정한다. 이렇듯이 특수한 상황에 한해서 신명기는 이스라엘 사람과 비이스라엘 사람 사이의 결혼을 허용한다. 그러나 에스라와 느헤미야는 그러한 결혼조차도 허용할 수 없다고 말한다.

에스라와 느헤미야(특히 에스라)의 개혁 조치에서 드러나는 두 번째의 혁신적인 요소는 그러한 보편적인 금지를 뒷받침하는 이론적인 근거에 있다. 회복된 이스라엘은 "거룩한 자손"(스 9:2)이다. 거룩한 유다 사람이 이방인과 결혼한다는 것은 거룩한 것을 부정한 것과 뒤섞는 행동을 뜻할 것이요, 따라서 신성모독 행위에 해당한다. 에스라는 레위기 21:1-24가 제사장을 다루는 것과 마찬가지 방식으로 자기 백성(참으로 모든 신자들의 제사장이라 할 수 있는)을 다룬다. 제사장은 거룩한 사람이요, 따라서 어떤 사람과 결혼할 것인가에 대해서 제약을 받는다(레 21:7). 에스라가 보기에 그의 모든 백성은 거룩하다(신명기에서처럼). 따라서 그들은 배우자 선택과 관련하여 제약을 받는다.

이러한 논리는 신명기의 이론적인 근거와 차이를 보인다. 신명기에서는 혼혈 결혼을 금지하는 이유가 도덕-종교적이거나("그가 네 아들을 유혹하여 그로 야웨를 떠나고 다른 신들을 섬기게 하므로"[신 7:4a]) 사회-정치적이다 ("그들은 너희가 애굽에서 나올 때에 떡과 물로 너희를 길에서 영접하지 아니하고 메소보다미아의 브돌 사람 브올의 아들 발람에게 뇌물을 주어 너희를 저주케 하려 하였으나"[신 23:4]). 모든 이방 아내들이 남편의 마음을 돌이켜 그들 자신의 신들을 섬기게 하는 것은 아니다. 아스낫은 요셉을 설득하여 그를 이집트의 다신교주의자로 만들지 않는다. 십보라는 모세를 유혹하여 미디안 사람으로 만들지 않는다. 다말은 엘(Er)에게 영향력을 행사하여 그를 가나안 신들을 추종하는 자로 만들지 않는다. 몇몇 사람들이 그러한 유혹을 이겨내는 반면에, 솔로몬은 그것에 굴복하고 만다(왕상 11:1-8).

일부 현대 독자들은 에스라(와 느헤미야)가 너무 거칠고 비현실적이요, 지나치게 율법주의적이이요, 지나치게 인종주의적이요, 지나치게 이방인 기피증을 가지고 있는 자요, 지나치게 여성차별주의적인 인물이라고 평가할 수도 있을 것이다. 그러나 에스라가 결속력과 안정성을 완전히 잃어버린 채로 징벌을 받은 공동체 — 처음으로 되돌아가 과거의 잘못들로부터 교훈을 받고자 하는 — 의 일원이라는 사실을 기억하라. 무절제한 혼혈 결혼과 같은 일들은 단순히 공동체의 종교적인 경계선을 희미하게 만들 뿐만 아니라, 마치 트로이의 목마와 같아서 온갖 문제점들이 물밀듯이 쏟아져 들어오게 하므로써 이미 내재해 있는 문제점들을 한층 심화시킬 것이다. 만일 히브리 민족의 종교적인 유산이 사회의 기초를 이루는 가정의 수준에서 유지되고 지켜지지 못한다면, 과연 그것이 제대로 유지될 수 있겠는가? 우리는 독자로서 에스라가 과연 영적인 생존의 문제에 관심을 가지고 있었는지, 아니면 그가 단순히 사소한 것을 과장한 것에 지나지 않은지를 결정할 필요가 있다(참조. Clements 1985: 156).

(13) 에스라와 느헤미야는 똑같이 기도하는 모습을 보인다. 에스라서 마지막 부분에 가면 에스라의 긴 기도문이 하나 나온다(스 9:6-15). 느헤미야서의 경우에는 서두 부분에 느헤미야의 긴 기도문이 하나 소개되고(느 1:5-11), 느헤미야 9:6-37에 또 다른 긴 기도문이 하나 소개된다. 70인역은 느헤미야서 뒷부분의 이 긴 기도문을 에스라의 것으로 보고 있지만("그리고 에스라가 말하기를"[9:6]), 레위 사람들의 기도문이라고 보는 것이 더 옳을 것이다(느 9:5). NRSV는 70인역을 따르지만, NRV는 히브리어 본문을 따른다.

이 세 기도문들은 몇 가지 공통점을 가지고 있다. 첫째로 그것들은 모두가 고백의 기도에 해당한다. 에스라 10:1에 의하면, 에스라는 "울며 기도하여 죄를 자복"한다. 느헤미야 1장의 기도문에서 느헤미야는 "이스라엘 자손의 주 앞에 범죄함을 자복하오니"(느 1:6)라고 말한다. 그리고 느헤미야 9장의 기도문은 서두 부분에서 이스라엘 자손이 "자기의 죄와 열조의 허물을 자복하고 … 죄를 자복"(느 9:2-3)했다고 기록한다.

이상의 네 가지 "고백" 진술은 '야다' 동사("자신을 드러내다")의 히트파엘형을 사용한다. 이는 무엇인가를 감추는 행동과는 정반대되는 경우를 가리킨다. 이 동사의 히트파엘형 용례를 반영하는 다른 본문들에는 레위기 5:5("아무 일에 범과하였노라 자복하고"); 레위기 16:21("아론은 … 염소의 머리에 안수하여 이스라엘 자손의 모든 불의와 그 범한 모든 죄를 고하고");

레위기 26:40("그들이 자기 죄를 … 자복하고"); 민수기 5:7("그 지은 죄를 자복하고"); 다니엘 9:4("내 하나님 야웨께 기도하며 자복하여 이르기를"); 다니엘 9:20("내가 이같이 말하여 기도하며 내 죄와 및 내 백성 이스라엘의 죄를 자복하고") 등이 있다.

레위기와 민수기에 있는 위의 모든 본문들에서 '야다' 동사의 히트파엘형 다음에는 직접 목적격이 뒤따른다. 에스라, 느헤미야, 다니엘 등의 본문들에서는 다니엘 9:20만이 그에 해당한다. 나머지 본문들에서는 그 동사가 혼자서 사용되거나(스 10:1; 느 9:3; 단 9:4), 전치사 '알'을 동반한다(느 1:6; 9:2). 이것은 포로기나 포로기 이후 시대에 속한 후대의 책들에서 죄의 고백이 그 자체로서 중요한 의미를 갖는 행동인 까닭에, 반드시 희생제사를 동반하지 않는다는 중요한 사실을 우리에게 가르쳐 준다.

이 동사의 히필형은 보통 "찬양하다"라는 의미를 가지고 있다. 그러나 '야다' 동사의 히필형조차도 "고백하다"라는 뜻으로 이해될 수 있다. 시편 32:5("내가 이르기를 내 허물을 야웨께 자복하리라 하고")과 잠언 28:13("죄를 자복하고 버리는 자는 불쌍히 여김을 받으리라")에서 보듯이 말이다. 그리고 이와 마찬가지로 '야다' 동사의 히트파엘형도 대하 30:22("절기 칠일 동안에 무리가 먹으며 … 야웨께 찬양하였더라"[개역은 "감사하였더라"로 번역: 역주])에서처럼 "찬양하다"라는 뜻으로 이해될 수 있다. 이렇듯이 이 동사의 기본적인 의미는 "선언하다, 소리 내어 말하다"로 이해된다. 사람의 입에서 나오는 것은 고백 아니면 송영이다.

세 기도문 사이에 있는 또 다른 평행 요소는 각 기도문이 기도자의 독특한 몸동작을 보여 주고 있다는 데 있다. 에스라는 자기가 "무릎을 꿇고"(스 9:5) 기도했다고 말하며, 설화자는 에스라가 "엎드려" 기도했다고 말한다(스 10:1). 느헤미야는 자기가 "앉아서" 울었다고 말한다(느 9:1). 그리고 에스라(스 10:1)와 느헤미야(느 1:4)는 똑같이 울면서 금식하며 기도한다. 금식은 경축의 때에는 어울리지 않는 것이지만, 참회의 때에는 참회의 본질적인 구성 요소라 할 수 있다. 어느 누구도 축제를 지킬 때에 금식하지 않는다. 그리고 어느 누구도 뷔페식당에서 죄를 고백하지는 않는다.

네 번째 평행 요소는 에스라와 느헤미야의 기도문이 똑같이 1인칭 단수 대

명사인 "나"로 시작했다가 곧바로 1인칭 복수인 "우리"로 바뀐다는 점이다:

> 에스라 9:6: "나의 하나님이여, 내가 부끄러워 낯이 뜨뜻하여 감히 나의 하나님을 향하여 얼굴을 들지 못하오니, 이는 우리 죄악이 많아 정수리에 넘치고 우리 허물이 커서 하늘에 미침이니이다."
> 느헤미야 1:6: "이제 종이 주의 종 이스라엘 자손을 위하여 주야로 기도하오며 이스라엘 자손의 주 앞에 범죄함을 자복하오니, 주는 귀를 기울이시며 눈을 여시사 종의 기도를 들으시옵소서. 나와 나의 아비 집이 범죄하여."

물론 이러한 인칭 변화는 느헤미야 9장의 기도문에서는 발견되지 않는다. 왜냐하면 그 기도문은 이미 한 집단(레위 사람들)의 기도문이기 때문이다. "나"로부터 "우리"로의 이러한 변화는 에스라와 느헤미야가 자신을 자기 백성 및 그들의 죄악과 동일시하고 있음을 암시한다. 그들은 중재자로서 자기 백성을 위하여 기도할 뿐만 아니라, 자기 백성과 함께 서로를 위해 기도한다. 에스라나 느헤미야에게는 우월감이나 엘리트 의식 같은 게 전혀 없다. "제가 다른 유다 사람들이 아닌 것에 대해 하나님께 감사합니다"라고 말하는 식의 의식도 없다. 에스라와 느헤미야는 자신을 자기 백성과 동일시함으로써 설교를 기도로 변형시킬 필요가 없게 된다.

세 기도문 사이에 있는 마지막 평행 요소는 그 기도문들 중에 어느 하나도 무죄를 고집하거나 하나님의 정의를 문제 삼지 않는다는 점이다. 에스라는 자신의 기도문에서 "우리 하나님이 우리 죄악보다 형벌을 경하게 하셨다"(스 9:13)고 말한다. 세 기도문은 한결같이 하나님의 신실하심에 대한 확신과 이스라엘의 결함 사이를 오가고 있는 것으로 보인다. 예로써 우리는 에스라가 자신의 기도문에서 "우리 하나님이 우리를 그 복역하는 중에 버리지 아니하시고"라고 말하며(스 9:9), 바로 이어서 "우리가 주의 계명을 버렸사오니[개역은 "배반하였사오니"로 번역함: 역주]"라고 말하는 것에서, "하나님은 우리를 버리지 않으셨다/ 우리가 하나님을 버렸다"는 일정한 표현 양식을 발견한다. 에스라는 이스라엘의 죄악(스 9:6, 7, 13, 15)과 허물(스 9:7, 13)에 관해서 말하며, 야웨의 신실한 사랑(스 9:9)과 정의(스 9:15)에 관해서 말한다. 느헤미야가 자신의 기도문에서 하나님에 관해 말하는 내용(느 1:5, 10)이나 그가 자신과 자기 백성에 관해 말하는 내용(느 1:6b-7)과도 비교해 보라.

이러한 대조가 가장 잘 나타나는 곳은 느헤미야 9:6-37에 있는 세 번째 기도문 — 레위 사람들의 — 이다. 이 기도문은 본질적으로 역사 회고의 성격을 가지고 있다:

창조(6절)

아브라함(7-8절)

홍해(9-11절)

광야 인도(12절)

시내 산과 율법(13-14절)

만나와 물(15절)

이스라엘의 신실치 못함과 이집트로 복귀하려는 욕망(16-17절)

금송아지(18절)

광야 인도(19절)

만나와 물(20-21절)

땅의 정복(22-25절)　　　　　　　　　　　　　　　　　　**조상들의 죄**

반역과 불신앙과 사사들(26-29절)

예언자들(30a절)

바벨론 포로(30b절)

결코 끝장내지도 용서하지도 않으시는 하나님(31절)

───────────────────────────────────

악한 행동과 도움 호소(32-37절)　　　　　　　　　**당대의 죄**

발렌타인(Balentine 1993: 113-14)이 지적한 바와 같이, 선하신 하나님("당신")과 그렇게 선하지 못한 백성("그들/우리")사이의 대조는 16-18절과 19-31절에서 가장 두드러지게 나타난다:

16-18절: 죄/"그들"(16-17a절)	긍휼/"당신"(17b절)	죄/"그들"(18절)
19-31절: 긍휼/"당신"(19-25절)	죄/"그들"(26-30절)	긍휼/"당신"(31절)

"심한 고통" 속에 있는(37절) 백성에게 유일한 희망은 "긍휼이 풍성한" 하나님(19, 31절)에 있다. 고통이 많은 곳에 긍휼도 넘친다.

이상의 긴 기도문들에 더하여, 느헤미야서에는 여기저기에 짤막한 기도문이 많이 삽입되어 있다. 에스라서에는 그러한 기도문이 발견되지 않는다. 느헤미야는 여섯 번에 걸쳐서 하나님께 자신의 선한 것(4x)이나 다른 이들의 선하지 않은 것(2x)을 기억해 달라고 간구한다:

> 5:19: "내 하나님이여, 내가 이 백성을 위하여 행한 모든 일을 생각하시고."
> 6:14: "내 하나님이여, 도비야와 산발랏과 여선지 노아댜와 그 남은 선지자들 무릇 나를 두렵게 하고자 한 자의 소위를 기억하옵소서."
> 13:14: "내 하나님이여, 이 일을 인하여 나를 기억하옵소서 … 나의 행한 선한 일을 도말하지 마옵소서."
> 13:22: "나의 하나님이여, 나를 위하여 이 일도 기억하옵시고 주의 큰 은혜대로 나를 아끼시옵소서."
> 13:29: "내 하나님이여, 저희가 제사장의 직분을 더럽히고 제사장의 직분과 레위 사람에 대한 언약을 어기었사오니 저희를 기억하옵소서."
> 13:31: "내 하나님이여, 나를 기억하사 복을 주옵소서."

이러한 기도문은 다음과 같은 인물들의 기도문과 평행을 이룬다: 모세("주의 종 아브라함과 이삭과 이스라엘을 기억하소서"[출 32:13; 참조. 신 9:27]); 삼손("주 야웨여, 구하옵나니 나를 생각하옵소서. 하나님이여, 구하옵나니 이번만 나로 강하게 하사"[삿 16:28]); 히스기야("야웨여, 구하오니 내가 진실과 전심으로 주 앞에 행하며 주의 보시기에 선하게 행한 것을 기억하옵소서"[왕하 20:3]); 예레미야("원컨대 주는 나를 기억하시며 권고하사 나를 박해하는 자에게 보복하시고"[렘 15:15]; "내가 … 주의 앞에 서서 그들을 위하여 선한 말씀한 것을 기억하옵소서"[렘 18:20]); 십자가 위의 참회하는 강도("예수여, 당신의 나라에 임하실 때에 나를 생각하소서"[눅 23:42]).

에스라서와 느헤미야서에 대한 연구를 결론짓자면, 이 두 책에는 구약성서의 다른 곳들과 평행을 이루는 많은 강조점들이 있다는 사실을 주목할 필요가 있다. 예로써 에스라서와 느헤미야서의 저자들은 바벨론으로부터 유다 땅으로 돌아온 사건을 이스라엘이 이집트로부터 자기들의 땅으로 되돌아온 일의 반복으로 간주한다. 그 까닭에 에스라 1:11은 포로 귀향의 때를 "사로잡힌 자가 바벨론에서 예루살렘으로 인도함을 받을 때"(개역은 능동태로 번역함: 역주)라고 말할 수 있다. 이 구절에 사용되고 있는 수동태 동사는 야웨께서 첫 출애굽의 때에 모세에게 주신 말씀을 상기시킨다: "너는 네가 애굽 땅에서 인도하여 낸 백성과 함께 여기서 떠나서"(출 33:1). 이 두 경우에 똑같이 귀향민들은 스스로 이스라엘 땅으로 돌아온 것이 아니다. 그들은 이스라엘 땅으로 인도함을 받은 것이다.

에스라서에는 또한 성전 재건을 일부러 솔로몬의 첫 번째 성전 건축과 연결시키려는 의도가 엿보인다. 두 경우에 똑같이 제단/성전 건축은 장막절과의 관련성 속에서 이루어진다. 에스라 3:4과 열왕기상 8:2, 65을 참조하라. 열왕기상 8장 본문이 말하는 "절기"는 장막절을 가리킨다. (이 거룩한 사건은 다른 사건들과 비교할 때 너무도 알려진 것이어서 단순히 "그 절기"로만 부른다) 두 경우에 똑같이 레바논에서 가져온 백향목이 지중해를 거쳐 욥바 항으로 수운(水運)되고 욥바에서 육지로 옮겨진다(스 3:7; 대하 2:16). 두 경우에 똑같이 백향목을 제공한 자는 "시돈 사람과 두로 사람"임이 밝혀진다(스 3:7; 대상 22:4). 두 경우에 똑같이 성전 건축은 "2월"에 시작된다(스 3:8; 대하 3:2; 왕상 6:1).

그리고 확실히 에스라와 느헤미야는 불법적인 결혼을 강조한다는 세 번째 공통점을 가지고 있다. 그런데 그 결혼은 공동체 안에 영적인 무질서를 초래할 수도 있는 것이다. 비록 앞에서 살핀 바와 같이, 두 사람이 신명기의 관심사를 공유하면서 그것을 나름대로 확대 적용하고 있음에도 불구하고 말이다.

그러나 구약성서에는 이들과는 근본적으로 다른 방향의 메시지를 전하는 책들이 있다. 예로써 에스라와 룻기를 나란히 놓고서 비교해 본다면, 전자가 이스라엘 사람과 비이스라엘 사람 사이의 모든 결혼을 불법적인 것으로 간주하는 반면에, 후자는 이스라엘 사람과 비이스라엘 사람 사이의 결혼을 강조하고 있다. 이 두 책의 메시지는 똑같이 성서 정경 안에 들어가며, 어느 하나가 다른 하나를 몰아내거나 압도하지 않는다. 정경은 룻기와 같은 책들만으로 이루어져 있지 않다. 정경은 또한 에스라서와 같은 책들로만 이루어져 있지도 않다. 모든 민족을 향한 하나님의 개방성이라는 메시지(룻기)와 자신의 "소중한 소유물"(이스라엘을 가리킴: 역주)의 항구적인 존속에 대한 그의 독특한 관심(에스라)은 제각기 성서 전체 메시지의 일부를 구성하고 있다.

에스라-느헤미야와 에스더 사이에도 강조점의 차이가 존재한다. 시편 137:4-5("우리가 이방에 있어서 어찌 야웨의 노래를 부를꼬? 예루살렘아, 내가 너를 잊을진대 내 오른손이 그 재주를 잊을지로다")에 표현되어 있는 정서는 에스라와 느헤미야의 세계에는 지극히 친숙한 것이지만, 에스더의 세계에는 완전히 어울리지 않는 것이다. 에스라와 느헤미야에게는 포로민들의 시온 귀향이 가장 중요한 주제로 간주된다. 그러나 에스더에게는 하나님의 백성이 세계 "안에" 있으면서도 세계에 "속해" 있지 않는 일이 가능하다. 페르시아 사람들이 아니면서도 페르시아 안에 있을 수 있다는 얘기다. 요한복음 17장에 있는 예수의 기도를 조금 변형시킨다면 다음과 같다: "내가 비옵는 것은 저희를 페르시아에서 데려가시기를 위함이 아니요, 오직 악에 빠지지 않게 보전하시기를 위함이니이다 … 아버지께서 나를 이 세상의 페르시아에 보내신 것 같이 나도 저희를 페르시아에 보내었고"(요 17:15, 18). 에스라나 느헤미야는 에스더나 모르드개가 이방 땅에 정착하기로 선택한 것을 두고서 그들을 타협주의자들로 정죄해서는 안 된다. 거꾸로 에스더나 모르드개 역시 에스라나 느헤미야를 지나치게 전통에 집착하는 구제 불능의 애국자들로 정죄해서는 안 된다.

성서라는 직물은 이처럼 다양한 실들로 짜여 있다. 삼위일체 하나님이 다양성과 통일성을 모두 가지고 계신 것과 마찬가지로, 성서 안에도 다양성과 통일성이 공존한다. 골딩게이(Goldingay 1994: 336)는 이 점을 다음과 같이 독특한 방식으로 표현한다: "성서의 통일성은 마치 교향곡의 다양한 음들이 하나의 통일성을 이루는 것과 같다. 다양한 음들과 심지어는 불협화음까지도 성서의 교향곡을 구성한다."

에스라 – 느헤미야 참고문헌

Commentaries and Major Studies

Batten, L. W. 1913. *A Critical and Exegetical Commentary on the Books of Ezra and Nehemiah*. International Critical Commentary 12. New York: Charles Scribner's Sons.

Blenkinsopp, J. 1988. *Ezra–Nehemiah*. Old Testament Library. Philadelphia: Westminster.

Breneman, M. 1993. *Ezra, Nehemiah, Esther*. New American Commentary 10. Nashville: Broadman.

Brown, R. 1998. *The Message of Nehemiah: God's Servant in a Time of Change*. Bible Studies Today. Leicester: InterVarsity.

Clines, D. J. A. 1984. *Ezra, Nehemiah, Esther*. New Century Bible Commentary. Grand Rapids: Eerdmans.

Davies, G. F. 1999. *Ezra and Nehemiah*. Berit Olam. Collegeville, Minn.: Liturgical Press.

Evers, S. K. 1996. *Doing a Great Work: Ezra and Nehemiah Simply Explained*. Welwyn Commentary. Darlington, England: Evangelical Press.

Fensham, F. C. 1982. *The Books of Ezra and Nehemiah*. NICOT. Grand Rapids: Eerdmans.

Grabbe, L. L. 1998. *Ezra–Nehemiah*. Old Testament Readings. New York: Routledge.

Kidner, D. 1979. *Ezra and Nehemiah*. Tyndale Old Testament Commentaries. Downer's Grove, Ill.: InterVarsity.

Klein, R. W. 1999. "The Books of Ezra and Nehemiah: Introduction, Commentary, and Reflection." In *The New Interpreter's Bible*. Vol. 3. Nashville: Abingdon. Pp. 662–851.

Mason, R. 1987. *Ezra and Nehemiah*. Old Testament Guides. Sheffield: JSOT Press.

Myers, J. M. 1965. *Ezra, Nehemiah*. Anchor Bible 14. Garden City, N.Y.: Doubleday.

Throntveit, M. A. 1992. *Ezra–Nehemiah*. Interpretation. Atlanta: John Knox.

Van Wijk-Bos, J. W. H. 1998. *Ezra, Nehemiah, and Esther*. Westminster Bible Companion. Louisville: Westminster/John Knox.

Williamson, H. G. M. 1985. *Ezra, Nehemiah*. Word Biblical Commentary 16. Waco, Tex.: Word.

Yamauchi, E. 1988. "Ezra–Nehemiah." In *The Expositor's Bible Commentary*. Vol. 4. Ed. F. Gaebelein. Grand Rapids: Zondervan. Pp. 563–771.

Shorter Studies

Allen, L. C. 1999. "'For He is God . . .' Worship in Ezra–Nehemiah." In *Worship and the Hebrew Bible: Essays in Honour of John T. Willis*. Ed. M. P. Graham, R. R. Marrs, and S. L. McKenzie. JSOT Supplement 24. Sheffield: Sheffield Academic Press. Pp. 15–34.

Arnold, B. T. 1996. "The Use of Aramaic in the Hebrew Bible: Another Look at Bilingualism in Ezra and Nehemiah." *JNSL* 22, no. 2:1–16.

Balentine, S. E. 1993. *Prayer in the Hebrew Bible: The Drama of Divine-Human Dialogue*. Overtures to Biblical Theology. Minneapolis: Fortress. Pp. 109–17.

Blenkinsopp, J. 1994. "The Nehemiah Autobiographical Memoir." In *Language, Theology, and the Bible: Essays in Honour of James Barr*. Ed. S. E. Balentine and J. Barton. Oxford: Clarendon. Pp. 199–212.

Bliese, L. E. 1988. "Chiastic Structures, Peaks and Cohesion in Neh. 9:6–37." *BT* 39:208–15.

Boda, M. J. 1996. "Chiasmus in Ubiquity: Symmetrical Mirages in Nehemiah 9." *JSOT* 71:55–70.

———. 1997. "Praying the Tradition: The Origins and Use of Tradition in Nehemiah 9." *TynB* 48:179–82.

Bright, J. 1981. *A History of Israel*. 3rd ed. Philadelphia: Westminster. Pp. 373–402.

Carroll, R. P. 1992. "Coopting the Prophets." In *Essays on the Formation and Heritage of Second Temple Judaism in Honor of Joseph Blen-*

kinsopp. Ed. E. Ulrich et al. JSOT Supplement 149. Sheffield: JSOT Press. Pp. 87–99.

Childs, B. S. 1979. *Introduction to the Old Testament as Scripture.* Philadelphia: Westminster. Pp. 624–38.

Clements, R. E. 1985. *In Spirit and in Truth: Insights from Biblical Prayers.* Atlanta: John Knox. Pp. 147–79.

Clines, D. J. A. 1990. "The Nehemiah Memoir: The Perils of Autobiography." In *What Does Eve Do to Help? And Other Readerly Questions to the Old Testament.* JSOT Supplement 94. Sheffield. JSOT Press. Pp. 124–64.

Cross, F. M. 1975. "A Reconstruction of the Judean Restoration." *JBL* 94:4–18.

Davies, P. R., ed. 1991. *Second Temple Studies.* Vol. 1, *Persian Period.* JSOT Supplement 117. Sheffield: JSOT Press.

Demsky, A. 1995. "Who Came First, Ezra or Nehemiah? The Synchronistic Approach." *HUCA* 65:1–19.

———. "Who Returned First—Ezra or Nehemiah?" *BRev* 12, no. 2:28–33, 46, 48.

Eshkenazi, T. C. 1988a. *In An Age of Prose: A Literary Approach to Ezra–Nehemiah.* SBLMS 36. Atlanta: Scholars Press.

———. 1988b. "The Structure of Ezra–Nehemiah and the Integrity of the Book." *JBL* 107:641–56.

———. 1989. "Ezra–Nehemiah: From Text to Actuality." In *Signs and Wonders: Biblical Texts in Literary Focus.* Ed. J. C. Exum. SBLSS. Atlanta: Scholars Press. Pp. 165–97. (See also the response by D. J. A. Clines, "The Force of the Text," pp. 199–215.)

———. 1992. "Out of the Shadows: Biblical Women in the Post-exilic Era." *JSOT* 54:25–43.

———. 1993. "Current Perspectives on Ezra–Nehemiah and the Persian Period. *Currents in Research: Biblical Studies* 1:59–86.

Eshkenazi, T. C., and K. H. Richards, eds. 1994. *Second Temple Studies.* Vol. 2, *Temple Community in the Persian Period.* JSOT Supplement 175. Sheffield: JSOT Press.

Fleishman, J. 1995. "The Investigating Commission by Tattenai: The Purpose of the Investigation and Its Results." *HUCA* 66:81–102.

Goldingay, J. 1994. *Models for Scripture.* Grand Rapids: Eerdmans.

Gordon, C. H. 1965. *The Ancient Near East.* 3rd ed. New York: W. W. Norton.

Gottwald, N. 1985. *The Hebrew Bible: A Socio-Literary Introduction.* Philadelphia: Fortress. Pp. 432–38, 516, 520–22.

Goulder, M. D. 1992. "The Song of Ascents and Nehemiah." *JSOT* 75:43–58.

Gross, C. D. 1997. "Is There Any Interest in Nehemiah 5?" *SJOT* 11:270–78.

Halpern, B. 1990. "A Historiographic Commentary on Ezra 1–6: Achronological Narrative and Dual Chronology in Israelite Historiography." In *The Hebew Bible and Its Interpreters*. Ed. W. H. Propp et al. Winona Lake, Ind.: Eisenbrauns. Pp. 81–142.

Hayes, C. 1999. "Intermarriage and Impurity in Ancient Jewish Sources." *HTR* 92:3–36.

Holmgren, F. C. 1992. "Faithful Abraham and the *ᵃmana* Covenant: Neh. 9,6–10,1," *ZAW* 104:249–54.

Howard, D. M., Jr. 1993. *An Introduction to the Old Testament Historical Books*. Chicago: Moody. Pp. 273–313.

Japhet, S. 1968. "The Supposed Common Authorship of Chronicles and Ezra–Nehemiah Investigated Anew." *VT* 18:330–71.

———. 1982. "Sheshbazzar and Zerubbabel—Against the Background of the Historical and Religious Tendencies of Ezra–Nehemiah." *ZAW* 94:66–98.

Klein, R. W. 1976. "Ezra and Nehemiah in Recent Studies." In *Magnalia Dei, The Mighty Acts of God: Essays on the Bible and Archaeology in Memory of G. Ernest Wright*. Ed. F. M. Cross et al. Garden City, N.Y.: Doubleday. Pp. 361–76.

Kraemer, D. 1992. "Ezra–Nehemiah, Books of." *ABD*, 2:731–42.

———. 1993. "On the Relationship of the Books of Ezra and Nehemiah." *JSOT* 59:73–92.

Margalith, O. 1986. "The Political Role of Ezra as Persian Governor." *ZAW* 98:110–12.

Mason, R. 1990. *Preaching the Tradition: Homily and Hermeneutics after the Exile*. Cambridge: Cambridge University Press. Pp. 147–83.

McCarthy, D. J. 1982. "Covenant and Law in Chronicles–Nehemiah." *CBQ* 44:25–44.

McConville, J. G. 1986. "Ezra–Nehemiah and the Fulfillment of Prophecy." *VT* 36:205–24.

McFall, L. 1991. "Was Nehemiah Contemporary with Ezra in 458 B.C.?" *WTJ* 53:263–93.

Morgan, D. F. 1990. *Between Text and Community*. Minneapolis: Fortress.

Rendsburg, G. A. 1991. "The Northern Origin of Nehemiah 9." *Bib* 72:348–66.

Rendtorff, R. 1997. "Nehemiah 9: An Important Witness of Theological Reflection." In *Tehillah le-Moshe: Biblical and Judaic Studies in Honor of Moshe Greenberg*. Ed. M. Cogan et al. Winona Lake, Ind.: Eisenbrauns. Pp. 111–17.

Richards, K. H. 1995. "Reshaping Chronicles and Ezra–Nehemiah Interpretation." In *Old Testament Interpretation: Past, Present, and Future*. Ed. J. L. Mays et al. Nashville: Abingdon. Pp. 211–24.

Shaver, J. R. 1992. "Ezra and Nehemiah: On The Theological Significance of Making Them Contemporaries." In *Essays on the Formation and Heritage of Second Temple Judaism in Honor of Joseph Blenkinsopp*. Ed. E. Ulrich et al. JSOT Supplement 149. Sheffield: JSOT Press. Pp. 76–86.

Talmon, S. 1976. "Ezra and Nehemiah, Books and Men," *IDBSup*, 317–29.

———. 1987. "Ezra and Nehemiah." In *The Literary Guide to the Bible*. Ed. R. Alter and F. Kermode. Cambridge, Mass.: Belknap. Pp. 357–64.

Talshir, D. 1988. "A Reinvestigation of the Linguistic Relationship between Chronicles and Ezra–Nehemiah." *VT* 38:165–93.

Throntveit, M. A. 1982. "Linguistic Analysis and the Question of Authorship in Chronicles, Ezra and Nehemiah." *VT* 32:201–16.

Vanderkam, J. C. 1992. "Ezra–Nehemiah or Ezra and Nehemiah?" In *Essays on the Formation and Heritage of Second Temple Judaism in Honor of Joseph Blenkinsopp*. Ed. E. Ulrich et al. JSOT Supplement 149. JSOT Press. Pp. 55–75.

Williamson, H. G. M. 1983. "The Composition of Ezra i-vi." *JTS* 34:1–30.

———. 1987. "Post-exilic Historiography." In *The Future of Biblical Studies: The Hebrew Scriptures*. SBLSS. Ed. R. Friedman and H. G. M. Williamson. Atlanta: Scholars Press. Pp. 189–207.

———. 1999. "Exile and After: Historical Study." In *The Face of Old Testament Studies: A Survey of Contemporary Approaches*. Ed. B. T. Arnold and D. W. Baker. Grand Rapids: Baker. Pp. 236–65.

Wong, G. C. I. 1995. "A Note on 'Joy' in Nehemiah viii 10." *VT* 45:383–86.

Yamauchi, E. M. 1980a. "The Archaeological Background of Ezra." *BSac* 137:195–211.

———. 1980b. "The Archaeological Background of Nehemiah." *BSac* 137:291–309.

———. 1980c. "The Reverse Order of Ezra/Nehemiah Reconsidered." *Themelios* 5, no. 3:7–13.

———. 1980d. "Was Nehemiah the Cupbearer a Eunuch?" *ZAW* 92:132–42.

에스더

구약성서 39권(히브리 정경에서는 24권) 중에서 여자의 이름을 제목으로 가지고 있는 책이 두 권 있다. 룻기와 에스더서가 그렇다. 이와는 달리 23권의 책들은 남자의 이름을 제목으로 가지고 있다. 룻기와 에스더서는 정반대의 메시지를 담고 있다. 룻기에서는 한 모압 여인이 유다 남자와 결혼하여 유다 땅에 남는다. 그러나 에스더서에서는 한 유다 여인이 페르시아 남자와 결혼하여 페르시아에 남는다.

이 두 책은 히브리 성서의 세 번째 부분에서 '메길롯'("두루마리들")으로 알려진 문집의 시작(룻기)과 마지막(에스더)을 구성하고 있다. '메길롯'은 유대력의 다섯 절기들에 낭독되는 다섯 권의 책들을 일컫는다(룻기는 세 번째 달인 시완월[5-6월]에 지키는 칠칠절 때에 낭독되며, 에스더서는 열두 번째 달인 아달월[2-3월]에 지키는 부림절 때에 낭독된다). 룻은 신약성서에서 언급되지만(마 1:5), 에스더는 그렇지 않다.

사실 에스더라는 인물은 신약성서에서 한 번도 언급되지 않을 뿐만 아니라, 에스더서 역시 신약성서에서 한 번도 인용되지 않는다(구약의 네다섯 권이 이러한 범주에 속한다). 그리고 교부들의 작품 속에 간간이 인용된 것(예로써 로마의 클레멘트는 주후 100년경에 에스더를 동정녀 마리아의 원형으로 간주했다)을 제외한다면, 초기 기독교인들은 에스더서를 그렇게 가치 있는 책으로 간주하지 않았다.

기독교인에 의한 최초의 현존하는 에스더 주석은 중부 독일의 남서 지방에 있는 마인츠(Mainz)의 대주교요 풀다(Fulda)의 수도원장인 람바누스 마루스(Rambanus Marus)에 의해 집필되었다. 그는 주후 856년에 죽었으며, 자신의 에스더 주석을 죽기 25년 전인 주후 831년경에 완성하였다(Thornton 1986: 419).

수 세기 후에 루터는 에스더서에 대한 자신의 심각한 염려를 이렇게 표현한 바 있다: "나는 제2마카베오서와 에스더서에 적대감을 가지고 있다. 이 책들은 차라리 존재하지 않았더라면 좋을 뻔했다. 왜냐하면 이 책들은 지나치게 유대교화된 것들이면서 동시에 매우 이교적인 모습을 드러내고 있기 때문이다." 에스더서가 매우 이교적인 모습을 드러내고 있다는 지적은 에스더서 전체에 묘사된 페르시아 왕궁 잔치의 묘한 방종함과 부도덕함을 얘기하는 것이다. 그리고 에스더서가 지나치게 유대교화된 것이라는 지적은 이 책이 본질적으로 기독교 신앙에 아무런 보탬도 주지 않는다는 루터의 에스더서 이해를 그대로 반영하고 있다. 루터는 신약성서가 구약성서 안에 감추어져 있고 구약성서(에스더서는 제외)는 신약성서 안에 계시되어 있다고 보는 해석학적인 틀을 가지고 있으며, 어떤 자료가 과연 그리스도를 설교하느냐 그렇지 않느냐를 정경 판정의 기준으로 본다. 한 유대인 저술가(Bickerman 1967: 212)는 이 두 가지 사실에 기초하여 루터의 그러한 견해가 "논리적인 것이면서 동시에 정당한 것"이라고 본다.

좀 더 현대적인 일부 기독교 저술가들은 에스더서를 평가하면서 다분히 루터와 같은 입장을 표명하고 있는 것으로 보인다. 그래서인지 저명한 구약학자인 앤더슨(Bernhard Anderson 1950: 37-38)은 "기독교 성서 안에서 에스더서가 차지하는 위치"라는 논문에서 다음과 같이 말한다: "그 이야기는 인간의 마음속에 있는 어두운 감정들을 드러내고 있다. 질투, 증오, 두려움, 분노, 원한, 자존심 등이 그렇다. 이 다양한 감정들은 한데 모여 강력한 민족주의로 융합된다 … 교회는 에스더서를 있는 그대로 인식할 필요가 있다. 이 책은 자존심 강한 이스라엘이 민족주의를 하나님께 완전히 무관심한 종교로 만들거나, 주제넘게도 하나님의 역사적인 목적을 히브리 민족의 보존 및 영화와 동일시했다는 엄연한 사실에 대해서 증거하고 있다."

오늘날의 유대인 성서학자들 중에는 에스더서와 관련하여 앤더슨의 시각과 같은 정서를 표현하는 이들이 있다. 샌드멜(Sandmel 1974: 35-36, 44)은 다음과 같이 말한다: "부정적인 측면에서 본다면, 에스더서는 원한으로 가득한 책이요, 지독한 복수심을 담은 책이다. 이 책은 서글프게도 무차별적인 보복이 가능하다고 생각한다. 나는 원수들을 대량 학살하는 이 책의 결론 부분을 좋아하지 않는다 … 만일 에스더서를 어떻게든 성서에서 빼낸다고 해도 나는 슬퍼하지 않을 것이다."

다소 이른 시기의 유대교 공동체들 안에서 에스더서는 무시당했던 것으로 보인다. 특히 쿰란 동굴의 분파주의적인 비주류 공동체가 그러했다. 사해 두루마리에서 히브리 성서 중 단 한 구절도 발견되지 않은 유일한 책이 에스더서라는 점은 잘 알려진 사실이다. 물론 이것은 단순히 우연하게 발생한 일일 수도 있다(에스더서를 포함하고 있는 사본들 일체가 사라졌을 가능성을 말함). 아니면 뜻밖의 발견을 기다리고 있는 한 본문이 상황을 역전시킬는지도 모른다. 그러나 그럴 가능성은 매우 희박하다. 쿰란 공동체는 에스더서를 받아들이기 어려운 괴이한 책으로 보았음에 틀림없다. 어디에서도 하나님에 관한 언급이 발견되지 않은데다가, 유대인 여자가 이방인과 결혼하는가 하면, 책 전체에서 계속하여 방탕함이 드러나기 때문이다. 수산은 쿰란이 아니다. 라스베가스가 수도원이 아닌 것처럼 말이다.

주후 200년경에 편집된 미슈나(Mishnah)는 유대교 율법에 대한 구전 관습들을 정리하여 여섯 권의 책으로 문서화한 것이다. 그 책들은 또 다시 여러 개의 "소책자"들로 세분된다. '모에드'로 알려진 책의 열 번째 소책자는 "두루마리"를 뜻하는 '메길라'로 불린다. 이 소책자는 부림절 축제 때에 에스더서를 낭독하는 관습에 주로 초점을 맞추고 있다. 미슈나가 에스더서를 중요한 책으로 여기고 있다는 사실은 유대교 공동체와 초기 기독교 공동체에서 다소 불규칙하게 진행되던 에스더서의 정경화 과정이 미슈나와 예루살렘 탈무드 및 바벨론 탈무드 등을 만들어낸 유대교 공동체 안에서 종결되었음을 암시한다.

구약성서의 다른 많은(아마도 대부분의) 책들과 마찬가지로 에스더서는 익명의 저작이다. 이 책의 각 장은 페르시아의 아하수에로 왕에 대해서 적어도 한 번씩은 언급하고 있다. 그의 통치가 주전 486/85-465/64년에 걸쳐서 이루어졌다고 본다면, 에스더서는 그 시기보다 먼저 기록되었을 수 없다. 에스더서에 대한 최초의 언급(에스더서 밖에서)은 제2마카베오 15:36(주전 2세기 말경에 기록된)에서 발견된다. 이 구절에서 부림절은 흥미롭게도 "에스더의 날"이 아니라 "모르드개의 날"로 불린다. 이 점에 비추어 본다면, 에스더서는 그 책 안에 기록된 사건이 발생한 직후에 기록된 것이 아닌 듯하다. 에스더서는 주전 486/85년과 주전 100년 사이의 어느 한 시기에 기록되었을 수 있다.

몇 가지 요인들을 고려할 때, 에스더서는 그 기간의 앞쪽에 가까운 시기, 곧 페르시아 제국 시대 말기에 기록되었을 가능성이 높다. 첫째로 에스더서에서 몇몇 페르시아어가 발견되는 반면에 헬라어는 전혀 없다는 사실은 후기 연대보다는 초기 연대를 지지하게 만든다(그 페르시아어들이 에스더서를 오래된 책으로 꾸미기 위해 후대의 저자가 삽입한 것들이 아닌 한). 둘째로 만일 에스더서가 이 시기의 후반기 — 하나님을 향한 강한 충성심이 큰 특징을 이루던 마카베오 시대 — 에 기록되었다고 한다면, 그처럼 열정적으로 하나님을 섬기던 시대에 하나님에 대한 언급이 전혀 없다는 것은 너무도 지나친 우연이 아닌가?(저자가 숨어서 마카베오 운동에 반대하던 세속주의자로서 자기 시대의 과도한 종교적인 열정을 누그러뜨리기 위해 에스더서를 쓴 사람이 아닌 한) 셋째로 유대인 여주인공이 페르시아 왕과 결혼한 내용을 다루는 에스더서가 과연 하스모니안 시대에 널리 알려질 수 있었을까?(저자가 강압과 배타주의를 특징으로 갖는 당시의 종교적인 성향을 배격한 것이 아닌 한 "보편주의 사상을 가진 마카베오 운동가"라는 표현은 모순된 어법에 해당할 것이다)

아마도 후기 연대를 주장하는 가장 유력한 근거는 유대인들이 페르시아인들을 대량 학살한 9장의 사건과 일부 페르시아인들이 "두려움에 사로잡힌" 나머지 유대교로 "개종한" 일(8:17)이 강압적인 유대교 개종을 특징으로 갖던 마카베오 시대의 현실을 반영하고 있다는 데서 찾아볼 수 있다. 그러나 나중에 우리가 살펴보겠지만, 9장은 성전(聖戰)이나 이단자 탄압을 다루고 있다고 보기 어렵다. 그것은 종교로 위장한 민족주의도 아니다.

상당수의 주석가들은 에스더서를 역사적인 서술로 보기보다는 한 편의 소설로 보려는 경향을 가지고 있다. "역사 소설"이라는 표현을 사용하는 자들도 실상은 "역사" 쪽보다는 "소설" 쪽에 더 무게를 두는 것으로 보인다.

사람들은 왜 에스더서를 역사적인 작품으로 보기보다는 문학작품으로 보려고 하는 것일까? 그 한 이유로 학자들은 그 이야기에 담겨 있는 "몇 가지 사실 같지 않은 요소들"에 대해서 언급한다(Childs 1979: 601): (1) 2:5-6은 "… 한 유다인이 있으니 이름은 모르드개라. 저는 베냐민 자손이니 기스의 증손이요 시므이의 손자요 야일의 아들이라. 전에 바벨론 왕 느부갓네살이 … 백성을 사로잡아 갈 때에 모르드개도 함께 사로잡혔더라"고 말한다. 만일 모르드개가 주전 597년에 바벨론으로 잡혀갔다면, 그리고 에스더 2장의 연대가 주전 480년대 후반이라는 점("위에 있은 지 삼년에"[1:3])을 고려한다면, 모르드개는 지금 100살 이상 먹은 사람이라는 얘기가 된다! 홍수 이전의 아담이나 므두셀라만큼은 못해도 모르드개의 시대에는 매우 드문 일이 아닐 수 없다. 뿐만 아니라 그의 조카는 어린 에스더이다(2:2, 8 참조). (2) 장차 와스디의 자리를 대신할 자들은 1년 동안(두 번에 걸친 6개월 기간) 왕을 보기 전에 각종 화장품으로 몸을 정결케 해야 한다(2:12-14). 그것은 오랜 기간 동안 화장으로 얼굴을 다듬고 머리 모양을 가꾸는 것을 의미한다. (3) 유대인들은 7만 5천 명의 페르시아인들을 죽인 것으로 알려져 있다(9:16).

뿐만 아니라 비평가들은 에스더서의 상세한 설명들 중의 일부가 에스더 이야기와 거의 같은 시대에 속한 그리스 역사가 헤로도투스(Herodotus 주전 485?-425?)의 설명과 일치하지 않는다는 점을 지적한다. 흔히 세 가지 상이점이 강조된다: (1) 에스더 1:1은 아하수에로가 다스리는 127개의 도(provinces)에 대해서 말하지만, 헤로도투스(*History of the Persian Wars* 3.89)는 단지 왕의 "20대신들"에 대해서 말할 뿐이다; (2) 헤로도투스(*Persian Wars* 7.14와 9.112)는 아하수에로의 아내가 와스디나 에스더가 아니라 아메스트리스(Amestris)였다고 말한다; (3) 헤로도투스(*Persian Wars* 3.84)는 페르시아의 일곱 귀족 가문들 중의 하나로부터만 페르시아의 왕비들을 간택할 수 있었다고 말한다. 이러한 사실은 아하수에로가 에스더를 선택한 것과 명백하게 충돌한다.

우리가 보기에는 앞의 상이점들 중의 어느 하나도 에스더서의 역사성을 의심하게 할 만큼 충분한 근거를 가지고 있지 않다. 무엇보다도 모르드개가 주전 597년에 바벨론에 사로잡혀갔다는 2:5-6의 설명은 결코 분명치 않다. 6절의 "사로잡혔더라"는 동사의 주어는 5절의 마지막 인물로서 모르드개의 증조부인 기스일 가능성이 아주 높다. (NRSV가 "기스"를 6절에 있는 동사의 주어로 삽입하고 있다는 사실을 주목하라)

그리고 페르시아 왕실이 오래도록 계속된 잔치와 그에 따르는 온갖 음식물 및 놀이 등으로 인하여 크게 즐거워했다는 점을 염두에 둔다면, 젊은 여인들에게 최대한 자신을 아름답게 가꾸도록 12개월의 기간을 주지 않을 이유가 어디 있겠는가?

에스더서의 상세한 설명들 중의 일부가 헤로도토스의 기록과 다르다고 해서, 성급하게 헤로도토스는 옳고 에스더서는 틀리다는 결론을 내릴 필요는 없다. 마치 헤로도토스의 기록에 정경적인 가치를 두려는 듯이 말이다. 역사가들은 헤로도토스가 항상 치밀하고 꼼꼼하게 연구하는 자가 아니라는 점을 잘 알고 있다. 도리어 그는 종종 정보를 얻기 위해 세간의 소문이나 자신이 여기저기서 얻은 토막 소식에 의존한 바 있다.

위에서 언급한 헤로도토스와 에스더서 사이의 세 가지 "상이점들" 중 (1)번 항목과 (3)번 항목은 쉽게 그 오해를 풀 수 있다. (1)번 항목과 관련하여, 에스더 1:1 외에는 어디에서도 아하수에로의 왕국이 127개의 "도"로 분할되어 있었다고 언급하는 곳이 없다. 그러나 에스더서의 다른 세 구절들(3:12; 8:9; 9:3)은 "대신들"과 "도의 방백들"을 구별한다. 전자가 더 큰 단위의 행정 구역 — 오늘날의 "지역"(regions)에 해당한다고 볼 수 있는 — 을 다스리는 자라고 한다면, 후자는 더 규모가 작은 행정 구역 — 오늘날의 "주"(states)에 해당한다고 볼 수 있는 — 을 다스리는 자다.

(3)번 항목과 관련하여, 페르시아 법에 따르면, 왕은 일곱 명문가들 중의 한 가문으로부터 자신의 신부를 취하도록 되어 있다. 그런데 에스더는 그러한 명문가에 속한 자가 아니다. 그렇지만 모든 왕들이 항상 그러한 법을 따라 행동하는 것일까? 만일 왕이 신의 자격으로 또는 신을 위하여 나라를 통치한다고 생각한다면, 그는 자신에게 이익이 되게 약간의 "조정"을 한 것을 합리화할 수 있지 않겠는가? 왕은 아무런 처벌을 받지 않고 이제까지 내려온

전통을 바꿀 수 있지 않을까?

아하수에로의 아내가 아메스트리스냐 아니면 와스디나 에스더냐의 문제를 다루는 (2)번 항목은 한층 해결하기가 어려운 문제이다. 무엇보다도 우리는 왕의 아내를 아메스트리스로 칭하는 페르시아 본문을 하나도 가지고 있지 못하다. 우리는 단지 그리스 역사가 헤로도토스의 기록만을 가지고 있을 뿐이다. 확실히 "에스더"는 "와스디"에 비해 "아메스트리스"에 더 가까운 이름이다. 두 이름 — 에스더와 아메스트리스 — 은 똑같이 'e-s-t-r' 순서의 어근을 가지고 있다. 성서의 이름 에스더는 접두음에 해당하는 "암-"을 가지고 있지 않다. 에스더라는 이름은 과연 아메스트리스라는 이름의 단축된 형태일 수도 있을까? 이와 평행을 이루는 사례로 "모세"라는 이름을 들 수 있다. 많은 학자들은 이 이름이 본래 이집트 신의 이름을 포함하고 있었지만 나중에 그것이 사라지면서 단축된 형태가 생겨난 것이라고 생각한다.

헤로도토스와 에스더서 사이에는 서로 "일치하는" 몇 가지의 흥미로운 항목들도 있다. 예로써 둘은 아하수에로 제국의 영토가 인도로부터 에티오피아까지 이르고 있다는 것에 동의한다. 아하수에로가 통치 3년째 되던 해에 수산에서 큰 잔치를 벌이기 위해 자기 신하들을 불러모았다고 보는 1:3의 설명은 아하수에로가 수산에서 그리스의 침략에 대비하는 전략을 세우기 위해 중요한 회의를 소집했다는 헤로도토스의 언급(*Persian Wars* 7.8)에 상응하는 것으로 보인다. 또한 그의 통치 3년째 되는 해(1:3)와 7년째 되는 해(2:16, 그가 에스더를 처음 만난 해) 사이의 간격은 헤로도토스가 길게 설명하는 내용, 곧 페르시아 왕이 3년 동안 그리스를 상대로 하여 전쟁을 벌였다는 것에 상응한다.

마지막으로 우리는 "모르드개"라는 이름이 이 시기의 문헌들에서 흔히 발견된다는 사실을 무시할 수 없다. 5세기의 한 아람어 비문은 'M-r-d-k'라는 이름을 포함하고 있다. 페르시아의 성읍 페르세폴리스(Persepolis)에서 발견된 이른바 보물 토판들(Treasure Tablets, 보물 창고에서 발견된 탓에 이러한 이름이 사용됨)은 다리우스 1세의 통치 13년째 되는 해로부터 아닥다스다 1세의 통치 7년째 되는 해에 이르기까지의 시대와 관련되어 있다(주전 492-458년). 그 토판들은 '마르-두-카나-시르,' '마르-두-우카,' '마르-둑-

카' 등과 같은 이름들을 포함하고 있다. 그리고 이 토판들 중의 50개 정도는 아하수에로 시대에 생겨난 것들이다. 이 이름들이 에스더서의 모르드개를 가리키지 않는다는 것은 어느 정도 확실해 보인다. 만일 "모르드개"가 "마르둑" 신(바벨론의 최고신을 일컬음: 역주)과 관련된 이름이라면, 그러한 이름은 매우 흔한 이름이라고 보아야 옳을 것이다. 다리오 1세의 통치 후반기에 속하거나 아하수에로의 통치 초기에 속한 것으로 보이는 한 페르시아 문헌은 수산 궁에 "마르두카"라는 한 정부 관리가 성읍 전체를 살피는 감찰관 신분으로 왕을 섬겼다고 말한다. 이 사람이 과연 에스더서의 모르드개일 수 있을까? 그럴 수도 있고, 그렇지 않을 수도 있다.

12세기에 유럽의 유대인들을 말살하려던 정책, 곧 "마지막 해결책"으로 불린 일종의 나치 프로그램은 에스더서의 역사성을 뒷받침하는 증거가 아님이 분명하지만, 에스더서를 소설적인 허구의 세계보다는 역사적인 사실의 세계에 두고 있다.

에스더서의 본문

오늘날의 거의 모든 번역 성서는 히브리 성서에 있는 에스더서를 그대로 반영하고 있다. 그러나 그리스도 이전의 두 세기 동안에 만들어진 몇몇 사본들을 가지고 있는 70인역은 히브리 성서의 에스더서와 매우 가까우면서도 히브리 성서 사본들에서 발견되지 않는 여섯 개의 긴 본문 단락들을 추가로 포함하고 있다.

그것들을 정리하면 다음과 같다:

히브리 본문	70인역의 추가 본문들 A-F
	A. 두 용들 사이의 임박한 전쟁에 관한 모르드개의 꿈은 왕 "아하수에로"를 시해하려는 모의를 발견케 하고, 그로 인하여 모르드개는 보상을 받는다(17개의 절들).
1:1~3:13	

	B. 유대인들의 학살을 명하는 아닥사스다의 첫 번째 편지(7개의 절들).
3:14~4:17	
	C. 하나님의 개입을 간구하는 모르드개(11개의 절들)와 에스더(19개의 절들)의 기도. D. 에스더가 목숨을 걸고 아닥사스다에게 호소하고서는 왕 앞에서 기절한다(16개의 절들; 본질적으로 5:1-2의 확대에 해당함).
5:1-2(70인역에는 없으나 추가문 D에 반영됨)	
5:3~8:12	
	E. 하만을 정죄하고 유대인들과 그들의 하나님을 찬미하는 아닥사스다의 두 번째 편지(24개의 절들).
8:13~10:3	
	F. 모르드개의 꿈(A에 있는)에 대한 해석이 이루어진다. 복수형 "부림"(Purim)은 두 개의 주사위를 가리키는 것으로 이해된다. 하나는 하나님의 백성을 위한 것이고 다른 하나는 다른 민족들을 위한 것이다. 두 개의 주사위는 하나님의 은총에 의하여 성취된다. 이 추가문은 제사장이요 레위 사람인 도시테우스(Dositheus)가 프톨레미와 클레오파트라의 통치 4년째 되던 해(주전 114-13년?)에 리시마쿠스(Lysimachus)에 의해 번역된 에스더서의 헬라어 사본을 이집트로 가져왔다는 간기(刊記)로 끝을 맺는다(14개의 절들).

이상의 추가문들은 두 가지 역할을 수행하고 있음이 분명하다. 그것들로 인하여 확실히 에스더서는 163개의 절들에서 217개의 절들로 늘어난다. 그러나 이보다 더 중요한 것은 이들 108개의 절들이 에스더서를 더 유대적이고 더 종교적인 책으로 만들고 있다는 사실이다. 그것들은 하나님의 이름을 더

자주 언급함으로써(50회 이상) 그런 역할을 수행한다. 그것들은 두 개의 특별한 기도문들(추가문 C를 참조)을 포함하고 있다. 에스더는 참회 기도문에서 자기가 페르시아 왕비로서의 자신의 지위("저는 제 자랑스러운 지위를 싫어합니다 … 저는 생리대만큼이나 싫어합니다")와 비유대인과의 결혼("저는 할례받지 아니한 이방인의 침대를 싫어합니다")을 싫어하며, 다니엘처럼 유대인들의 식사법을 헌신적으로 지키고 있다고 말한다("당신의 종은 하만의 식탁에서 먹지 않았습니다. 저는 왕의 잔치를 존중하지도 않았고 부어 드리는 포도주도 마시지 않았습니다").

  KJV, NIV, NASB 등과 같은 번역 성서에는 이 추가문들이 반영되어 있지 않다. 그러나 NJB와 NAB와 같은 번역 성서에서는 위의 도표와 똑같은 순서로 추가문이 수록되어 나타난다. 그리고 외경/제2정경을 포함하고 있는 NRSV와 같은 번역 성서에서는 이 추가문들이 유딧서 다음에 별도로 소개된다.

에스더서의 줄거리

　어떠한 이유에서인지는 모르나 페르시아 여왕(와스디)이 남편의 잔치 자리에 공개적으로 자신의 모습을 드러내기를 거부함으로써 왕비 자리를 박탈당하는 바람에 유대인 에스더의 출현이 가능하게 된다. 그녀는 와스디의 후계자로 선택되지만 계속해서 자신의 유대인 신분을 감춘다. 에스더는 유대인이요, 젊고, 대단히 매력적이며, 처녀라는 네 가지 특징들을 가지고 있다. 에스더는 자신의 민족적 배경을 감추는 데는 성공하지만 자신의 미모는 그렇게 하지 못한다.

　고아인 에스더는 사촌오빠인 모르드개의 보살핌을 받으며 그의 양녀로 입양된다. 그녀가 왕의 아내로 선택되어 왕실로 들어가게 되자(사라가 이방 왕의 아내로 "취하여진" 바 된 것과 똑같이[창 12:15]), 모르드개(아브람과는 달리)는 멀리 떨어지는 대신에 왕궁 문 바로 바깥에 거처를 정한다. 거기서 그는 우연히 왕의 목숨을 취하려는 자들의 음모를 엿듣게 된다. 그는 그 정보를 에스더에게 전하고, 에스더는 그것을 남편에게 전한다. 체포된 범죄자들은 그 죄목으로 처형된다.

하만은 아하수에로/크세르크세스(Xerxes)의 제2인자이다. 모르드개가 자기 앞에 엎드려 자기를 존중하기를 거부하자, 하만은 격분한 나머지 모르드개와 그의 백성(유대인들) 모두를 죽이기로 작정한다. 이를 위해 민족 근절의 날짜를 결정하고자 주사위를 던진 그는 아하수에로를 설득하여 아달월 12일에 유대인들(그는 이들을 단순히 "한 민족"이라고만 칭함)을 멸할 수 있는 권한을 위임받는다.

아하수에로의 조서를 접하게 된 모르드개는 에스더에게 자신의 지위를 이용하여 남편인 왕 앞에 나아가 중재자 역할을 할 것을 간청한다. 그녀는 처음에는 망설였으나 결국에는 그 일에 관여하기로 작정한다. 자기 목숨을 잃는다 할지라도 말이다. 그녀는 무엇보다도 잔치를 열고서 남편과 하만을 초청하고자 하는 전략을 세운다. 자신의 계획을 드러내지 않은 채로 에스더는 남편에게 이튿날의 두 번째 잔치에도 참여해 줄 것을 청한다.

이 두 잔치의 중간에 모르드개는 두 번째로 하만의 분노를 산다. 하만의 아내 세레스는 그에게 두 번째 잔치에 나아가기에 앞서 그날 밤 늦게 모르드개를 처형할 75피트 높이의 교수대를 세울 것을 조언한다.

그런데 아하수에로는 잠시 불면증에 시달리는 동안에 모르드개가 과거에 자기 목숨을 노리는 자들의 음모를 발견함으로써 자신의 생명을 구해 준 것에 대해서 아무런 보상도 받지 못했다는 놀라운 사실을 발견한다. 모르드개의 선한 행동을 보상해 주기 위해서는 어떻게 하는 것이 적절할까? 왕은 모르드개의 이름을 언급하지 않은 채로 이 질문을 하만에게 던진다. 왕이 존중히 여기고자 하는 자가 자기가 아니라 자기가 그토록 미워하고 멸시하던 모르드개라는 사실을 알게 되었을 때 하만이 받았을 충격을 한 번 상상해 보라! 하만은 모르드개를 말 위에 태우고 수산 거리를 두루 다님으로써 모르드개를 존중히 여기는 일을 거들게 된다.

두 번째 잔치에서 에스더는 자신이 유대인임을 밝히면서, 원흉 하만이 자신을 포함하는 유대인들 모두를 죽이려는 일을 주도하고 있다는 사실을 알린다. 흥미롭게도 아하수에로는 하만이 모르드개를 죽이기 위해 세웠던 교수대에 하만을 매단다. 이는 하만이 반(反) 셈족주의자여서가 아니라 그가 자신의 사랑하는 아내 에스더를 "강간하려는" 것으로 오해했기 때문이다. 적어도 왕에게는 하만의 행동이 그렇게 보였다.

에스더는 이제 남편에게 이전에 내린 조서를 취소하고 철회할 것을 간청한다. 그는 이전에 내린 조서를 취소할 수 없는 까닭에 유대인들의 저항권을 허용하는 새로운 조서를 발표한다.

유대인들은 지나칠 정도로 자신들을 방어하는 데 성공한다. 그리하여 이전에 하만이 자기들을 멸하기 위해 정한 달 정한 날에 수산에서 5백 명이나 되는 페르시아인들을 무자비하게 죽인다. 하만의 열 아들들도 죽임을 당하고 수산에서는 3백 명의 페르시아인들이 추가로 죽임을 당하며, 페르시아 제국의 다른 곳들에서 7만 5천 명이나 되는 페르시아인들이 죽임을 당한다. 그러나 어느 경우에도 유대인들은 자기들이 죽인 자들의 재산을 약탈하지 않는다.

싸움이 끝난 다음 날인 아달월 14일에 페르시아 전역의 유대인들은 원수들로부터 구원받게 된 일을 경축한다. 그 싸움이 수산에서 하루 더 진행된 까닭에 그곳에 살던 유대인들은 아달월 15일에 경축 행사를 갖는다.

모르드개는 모든 유대인 가족들에게 자기들이 사는 곳에서 그 두 날을 경축할 것을 청하는 편지를 보낸다. 유대인들은 그 두 날을 묶어서 "부림"이라 칭한다. 에스더 역시 동료 유대인들에게 부림의 날들을 지킬 것을 명하는 편지를 보낸다.

이상에서 보듯이 에스더서의 서두 부분에서는 에스더가 와스디를 대신하여 왕의 아내가 된다. 그리고 에스더서의 마지막 부분에서는 모르드개가 하만을 대신하여 왕의 제2인자가 된다. 그리고는 이야기가 끝난다.

구조

성서 안에 있는 어떤 책의 구조를 확인하는 한 방법으로, 반복되는 일들이나 사건들 또는 낱말들이나 구절들을 찾아내는 것이 있다(이를테면 창세기 전체에 걸쳐서 나타나는 "아무개의 계보니라"는 구절이나 마태복음 전체에 걸쳐서 나타나는 "예수께서 이같이 말씀하기를 마치신 후에"라는 구절이 그렇다).

에스더서 전체에 걸쳐서 나타나는 한 가지 사건은 연회/잔치이다. ("연회, 잔치"를 뜻하는 '미슈테'는 구약성서에서 55회 사용되는 낱말이다. 그 중 20회가 에스더서에 나오는데, 5장[6x]과 9장[4x]에서 가장 많이 사용된다.) 실제로는 아홉 번의 잔치가 열린다(아홉 번째의 연회를 둘로 나눈다면 열 번의 잔치가 열린 셈이다):

1. 왕이 신하들을 위해 연 잔치로서 180일 동안 계속됨(1:3-4)
2. 왕이 수산에 사는 지역민들을 위해 연 잔치로서 7일 동안 계속됨 (1:5-8)
3. 와스디가 여인들을 위해 연 잔치(1:9)
4. 에스더가 와스디를 대신하여 왕비가 되자 왕이 연 잔치(2:18)
5. 유대인들을 멸하라고 명한 조서를 경축하는 왕과 하만의 술잔치 — "왕은 하만과 함께 앉아 마시되"(3:15)
6. 에스더가 연 첫 번째 잔치로서 아하수에로와 하만이 초청됨(5:5-8)
7. 에스더가 연 두 번째 잔치로서 동일한 손님들을 초청함(7:1-10)
8. 유대인들이 자기들을 방어할 수 있게 된 것을 경축하는 축제(8:16-17)
9. 여러 페르시아인 집단을 물리치고서 아달월 14일과 15일에 지키는 축제의 날들(9:17-19)

이렇듯이 열 장으로 된 에스더서의 일곱 장은 누군가가 잔치를 연 것에 대해서 언급한다. 이 연회/잔치 장면들은 약간 다른 방식으로 서로 간에 상응하는 요소들을 가지고 있다. 예로써 처음의 두 잔치는 페르시아 전 지방의 관리들을 위한 잔치이거나(1번, 1:3-4) 수산 지역에 거주하는 자들만을 위한 잔치이다(2번, 1:5-8). 두 잔치는 똑같이 통속적이며 화려하다. 마찬가지로 마지막 잔치는 페르시아 전역에 흩어져 사는 유대인들을 위한 잔치(9번, 9:17, 19)와 수산 지역에 거주하는 유대인들을 위한 잔치(9번, 9:18)로 이루어져 있다. 이 두 잔치는 똑같이 경축의 목적을 가지고 있다. 그리고 확실히 와스디의 잔치(3번)는 에스더가 참여하는 첫 번째 잔치(4번)와 평행을 이룬다. 와스디의 잔치에서는 와스디가 주인 노릇을 하고, 에스더가 참여하는 첫 번째 잔치에서는 에스더가 잔치의 주인공 노릇을 한다.

그러나 이 연회/잔치 장면들에서 가장 중요한 것은 아마도 처음 다섯 개의 잔치들이 페르시아의 후원을 받은 잔치들인 반면에, 나중 네 개의 잔치들은 유대인들의 후원을 받은 잔치들이라는 점일 것이다(Clines 1990: 37). 이처럼 강조점이 페르시아의 잔치들로부터 유대인들의 잔치로 옮겨가는 것은 에스더서의 중심 주제를 부각시키는 효과를 갖는다. 페르시아인들로부터 유대인들에게로 권력 이동이 이루어진다는 주제가 그렇다.

이러한 권력 이동은 확실히 9장 첫 절의 강조점에 해당한다(9:22도 참조). 9:1은 이렇게 말한다: "아달월 곧 십이월 십삼 일은 왕의 조명을 행하게 된 날이라 유다인의 대적이 저희를 제어하기를 바랐더니 상황이 바뀌어['웨나하포크 후'] 유다인이 도리어 자기를 미워하는 자를 제어하게 된 그날에"(개역에는 "상황이 바뀌어"라는 표현이 없음: 역주) 이곳의 히브리어 본문은 "그러나 이제 테이블이 바뀌어"(NIV) 또는 "사태가 역전되어"(Levenson 1997: 118) 또는 "정반대되는 일이 일어났다"(Radday 1990: 311) 등으로 번역될 수도 있다. 유대인들 전부와 모르드개 개인에게 그것은 고통에서 승리로 상황이 반전된 것을 뜻한다. 그러나 페르시아인들 전부와 하만 개인에게 그것은 성공으로부터 실패로 상황이 반전된 것을 뜻한다. 첫 번째 집단(모르드개와 유대인들)에게는 생명이 죽음을 대신하지만, 두 번째 집단(하만과 페르시아인들)에게는 죽음이 생명을 대신한다.

이러한 상황 반전은 에스더서의 곳곳에서 발견되는 다양한 대조들에 잘 반영되어 있다. 하만의 승진(3:1-6)은 모르드개의 승진(10:1-3)과 대조를 이룬다. 두 사람은 똑같이 왕에 의하여 지위가 "오른다"(3:1; 10:2). 그러나 하만은 자만심에 사로잡힌 자(3:5)요, 사악한 제2인자(3:6)임이 판명된다. 반면에 모르드개는 모두에게 유익을 주는 제2인자임이 판명된다(10:3).

유대인들 위에 짙게 드리운 어두운 그림자(3:7~4:17)는 유대인들을 집어 삼킬 듯한 행복감과 대조를 이룬다. 그 행복감은 모르드개의 신분 상승에서 시작되어(6:1-11) 부림절 축제에 이르기까지 계속된다(9:20-32). 그리하여 3:7~4:17에서는 유대인들이 금식하지만(4:3, 16), 9장에서는 잔치를 벌인다 (17, 18, 19, 22절). 4:1, 2, 3, 4에서는 모르드개가 베옷을 입지만, 6:8, 10, 11과 8:15에서는 궁중 예복을 입는다. 사실 8:15는 모르드개가 입은 궁중 예복의 색깔("푸르고 흰")이 수산 왕궁의 방들에 걸려 있는 값비싼 옷감들의 색깔("백색과 청색")과 동일하다(1:6). 이 두 본문에서도 '나팔' 동사("떨어지다")의 흥미로운 용례 변화가 발견된다. 처음에는 3:7(9:24에서도 언급됨)에서 하만 계열의 페르시아인들이 유대인들을 학살할 한 날을 정하기 위해 부르/제비를 "던진다"(직역하면 "떨어지게 한다"). 그러나 나중에는 6:13에서 하만의 아내가 하만에게 그가 모르드개(전에 하만 앞에서 떨어지지/절하지 않은 [3:2]) 앞에서 "떨어지기" 시작했다고 말한다. 그 후 하만은 절망적인 심정으로 자비를 구하려고 에스더 앞에 "떨어지며"(7:8), 더 후에는 유대인들에 대한 두려움이 페르시아인들 위에 "떨어진다"(8:17; 9:2). 이렇듯이 유대인들을 위기에 빠뜨리는 떨어짐에 대한 두 본문(3:7과 9:24)의 언급 중간에는 하만과 페르시아인들을 위기에 빠뜨리는 다른 떨어짐들에 대한 언급이 있다.

신학

에스더서의 특징들 중의 하나는 하나님에 대한 언급이 전혀 없다는 것이다. 바로 이 점에서 에스더서는 하나님 없는(Godless) 책이다. 에스더서는 구약성서에서 하나님과 관련된 언어를 하나도 가지고 있지 않은 유일한 책이다. 뿐만 아니라 로우더(Loader 1978: 418)가 지적한 바와 같이, "종교적인 성격을 암시하는 주제들이 나타나기는 하지만, 그것들은 신학적인 의미가 즉시 감추어지는 방식으로 자기 역할을 수행할 뿐이다."

예로써 모르드개는 금식을 하기는 하는데(4:16), 과연 금식 중에 하나님께 기도하거나 그에게 부르짖기는 한 것일까? 설령 그가 그렇게 했다고 해도, 본문에는 그것이 전혀 기록되어 있지 않다. 또한 모르드개가 에스더에게 "이때에 네가 만일 잠잠하여 말이 없으면 유다인은 다른 데로 말미암아 놓임과 구원을 얻으려니와"(4:14)라고 말할 때, "다른 데"라는 표현은 과연 에스더가 자신에게 주어진 과제를 피할 경우에 하나님께서 에스더를 대신하여 마련하신 별도의 계획을 가리키는 것일까? 만일 이것이 모르드개의 의도였다면(고대 헬라어 역본들 중의 하나는 그가 다음과 같은 말을 한 것으로 번역하고 있다: "만일에 네가 네 백성을 무시한다면 … 하나님께서 그들을 도우시고 구원하실 것이다"), 그는 그 점을 노골적으로 밝혔을 수도 있다.

이처럼 역동적인 이야기에 야웨의 이름이 한 번도 나타나지 않는다는 사실은 다음과 같은 질문들을 불러일으킨다: 그의 이름이 발견되지 않는다고 해도 하나님의 임재는 확실한 것일까? 그의 이름을 들을 수 없다 해도 하나님의 권능과 주권을 확신할 수 있는 것일까? 하나님의 이름이 없다는 것은 그가 무관심하다는 것을 보여 주는 것일까? 하나님의 거룩한 이름을 입술에 담지 않는다 해도 사람들을 여전히 "종교적이고 경건한" 자들로 부를 수 있는 것일까? 하나님에 관한 구체적인 언급이 없이도 하나님에 관해 말할 수 있을까?

모든 에스더서 주석가들은 유대인들의 생존을 위협하는 요소들이 너무 많음에도 불구하고 그들이 페르시아에서 살아남게 된다는 것이 에스더서에 담긴 의미들 중의 하나라는 데 동의한다. 그러나 그러한 생존을 어떻게 설명할 것인가? 요행 때문인가? 우연의 일치 때문인가? 유대인들의 자립 정신과 명철함 때문인가? 운명의 반전 때문인가? 그냥 단순히 수수께끼일 따름인가? 무기력한 페르시아 왕 때문인가? 자신의 입을 지키지 못할 뿐만 아니라 인종차별주의적인 감정을 억제하지 못하는 하만의 지나친 시기심과 완악함 때문인가? 이상의 모든 요인들이 종합적으로 작용해서인가?

아니면 하나님의 섭리 — 하나님께서 선택하신 민족의 생존 배후에 작용하는 구원의 힘 — 에 대한 확신이야말로 최상의 해답인 것일까? 에스더서에는 "만일에 상황이 달라졌다면 어찌 되었을까?"(what if)라는 형태의 상황들이 너무도 많다. 따라서 그러한 상황들을 하나님의 손길로 돌리지 않는다면, 에스더서의 제목은 차라리 "우연의 일치들"(어떤 이는 이것을 "하나님께서 자신을 드러내지 않으신 채로 행하시는 기적들"로 규정한다)로 바꾸는 것이 더 좋을 것이다.

만일 와스디가 남편의 잔치 자리에 공개적으로 자신을 드러내라는 남편의 요청(1:10-12)을 거부하지 않았다면 어찌 되었을까? 설화자조차도 "왕후의 용모가 보기에 좋음이라"고 말한다(1:11c). 그녀가 왕에게서 누드나 반누드("왕후의 관을 쓰고서"라는 1:11a의 언급이 꼭 "왕후의 **관만을** 쓰고서"를 뜻하는 것은 아님)로 나서라는 명을 받았다고 생각할 수는 없는 노릇이다. 일부 옛 주석가들이 본문을 그렇게 읽고 있기는 하지만 말이다.

본문은 왜 그녀가 왕의 초청을 거부했는지를 전혀 말해 주지 않는다. 왕에게 와스디는 왕의 휘장이나 침대 또는 술잔 등과 같은 존재였던 것으로 보인다. 사람들 앞에 자랑할 호화스런 소유물들 중의 하나, 곧 전시용 물품이나 다름이 없었을 것이라는 얘기다. 그녀는 그러한 생각에 동의하지 않았을 것이다. 바비 인형(Barbie-doll)과도 같은 몰개성적인 사람이 되기 싫었을 것이다. (그녀의 이름 "와스디"는 '샤타' 동사("마시다")와 약간 닮은 데가 있다. 그녀의 이름은 아마도 페르시아인들과 자기 남편의 과도한 음주 행위를 가리킬 수도 있을 것이다[Goldman 1990: 16]) 그러나 본문이 의도적으로 그녀가 남편의 요청을 거부한 이유가 무엇인지를 밝히고자 하지 않았다고 보는 것이 더 정확할 것이다. 그녀는 분명한 이유를 들어 자신의 결정을 정당화할 필요성을 느끼지 않는다. 어떤 행동을 하거나 하지 않으리라는 결정 자체로 충분하다. 그것을 정당화할 명분이 꼭 필요한 것은 아니다.

왕의 명령에 불복종함으로써 와스디는 무엇인가를 선택해야 하는 상황에서 그와 비슷한 결정을 내린 성서 안의 다른 인물들의 대열에 합류한다:

에스더 1:12: "그러나 왕후 와스디가 내시의 전하는 왕명을 좇아 오기를 싫어하니."

창세기 39:8, 10: "요셉이 거절하며 … 여인이 날마다 요셉에게 청하였으나 요셉이 듣지 아니하여 동침하지 아니할 뿐더러 함께 있지도 아니하니라."

민수기 22:13-14: "내가 너희와 함께 가기를 야웨께서 허락지 아니하시느니라 … 발람이 우리와 함께 오기를 거절하더이다."

히브리서 11:24: "믿음으로 모세는 장성하여 바로의 공주의 아들이라 칭함을 거절하고.”

이러한 거절 행위들은 “네[파라오]가 어느 때까지 내 앞에 겸비치 아니하겠느냐?”(출 10:3) 또는 “이 백성[이스라엘]이 어느 때까지 나를 멸시하겠느냐?”(민 14:11) 아니면 “저[큰아들]가 노하여 들어가기를 즐겨 아니하거늘”(눅 15:28) 등과 같은 거부 행위들이 가증스럽고 애처로운 것들로 보이는 것만큼이나 바람직한 것이다.

“만일 상황이 달라졌다면 어찌 되었을까?”(what if)에 해당하는 또 하나의 사례를 들어보자. 만일 에스더 아닌 다른 “아름답고 젊은 처녀”(2:2-3)가 에스더보다 먼저 궁녀를 주관하는 왕의 환관 헤개의 눈에 띄었다면(2:9), 그리고 에스더보다 먼저 아하수에로의 눈에 띄었다면(2:17) 어떻게 되었을까? 당시에 왕궁 주변에는 무수한 후보자들이 있었음에 틀림없다. 왜냐하면 “전국 각 도에 관리를 명령하여” 그러한 여성을 구하려고 했기 때문이다(2:3). 그리고 1:1에서 왕이 127개의 도를 다스렸다고 말하는 것으로 보아, 적어도 상당 수의 경쟁자들이나 징집자들이 있었을 것으로 추정된다.

모르드개가 아하수에로 왕의 목숨을 노리는 음모를 발견하지 못했더라면, 그리고 그 정보를 에스더를 거쳐 왕에게 전달하지(2:19-23) 못했더라면 어떻게 되었을까? 아하수에로가 자신의 목숨을 건진 것은 그의 호위병이나 그에게 가장 충성스러운 비서진에 의해서가 아니라 모르드개에 의해서였다. 그 사건은 공식 왕실 문서에 기록되지만(2:23b), 아하수에로는 암살 모의에 대해서 보고받지 못하며, 모르드개는 아무런 보상도 받지 못한 채로 있다(아직은).

아하수에로의 제2인자인 하만은 모르드개가 자기 앞에 절하지 않는 모습을 보고서 분개한다(3:2, 5). 자존심 강한 사람들을 분노하게 하는 것이 한 가지 있다고 한다면, 그것은 곧 무시당하는 일이다. 힘있는 사람들을 분노하게 하는 것이 한 가지 있다면, 그것은 곧 자신의 뜻에 불복종하는 일이다. 줏대 없는 사람들을 분노하게 하는 것이 한 가지 있다고 한다면, 그것은 곧 확신이다. 한 명의 유대인에 의해 기분이 상한 하만은 모든 유대인들을 멸하고자 한다(3:6). 언제 그 일을 할 것인가를 정하기 위해 그는 주사위를 던진다(3:7b). 주사위를 던져 결정한 날은 거의 1년 후인 “열두 번째 달인 아달월 십

삼일"(3:7b)이다(개역에는 "13일"이 번역되어 있지 않음: 역주). 만일 유대인 처형의 날을 정하기 위한 주사위가 당시로부터 24시간이나 48시간 후를 가리켰다면 어떠한 일이 발생했을까? 에스더는 아하수에로를 만나기 위해 용모를 가꾸는 데 12개월을 보낸다(2:12). 그리고 페르시아의 유대인들은 자기들을 처형할 자들을 만나기 전에 12개월 정도를 기다린다.

에스더가 자신의 목숨을 거는 데 동의("죽으면 죽으리라"[4:16])하지 않았다면 어찌 되었을까? 그렇게 하기 위해서는 자신이 유대인임을 밝혀야만 하는데, 그녀는 7:3-4에서 실제로 그렇게 한다. 이제껏 그녀는 자신의 민족성을 효율적으로 잘 감추어 왔었다(2:10, 20). 우리는 "에스더"라는 이름이 페르시아어 '스타라'("별") 또는 "이슈타르" 여신과 관련되는지 그렇지 않은지를 확실하게 알지 못한다(세 낱말은 똑같이 's-t-r' 순서로 되어 있음). 그러나 그녀의 이름과 히브리어 동사 's-t-r'("감추다, 숨기다") 사이에도 발음상의 유사성이 존재한다. 그녀가 자신의 비밀을 밝힌다면 과연 어떠한 일이 일어날까?

만일 하만이 아하수에로와 자신을 다시금 초청한 에스더의 두 번째 잔치(5:8)에 무언가 의심스러운 구석이 있음을 눈치챘다면 어찌 되었을까? 아하수에로가 그 잔치를 의심스럽게 볼지 그렇지 않은지는 중요하지 않다. 그는 에스더의 요청이 어떠한 의미를 가지고 있는지를 알지 못한다. 그에게 날마다 갖는 잔치는 국사(國事)로부터 그를 떼어놓는 결과를 초래한다. 그런데도 에스더는 그러한 전략을 가지고서 모험을 감행한다. 험프리스(Humphreys 1998: 341-42)는 다음과 같이 말한다: "아하수에로가 밤중에 불면증에 시달리지 않았다면[참조. 6:1) 어떠한 일이 벌어졌을까? 하만은 이번에도 왕을 자기 마음대로 움직일 수 있었을 것이요, 모르드개를 교수대에 매달 수 있었을 것이다. 그리고 에스더의 두 번째 잔치는 그런 일을 하기 위한 전야제와 같은 행사가 되었을 것이다."

만일에 아하수에로가 불면증으로 잠을 자지 못하는 중에 신하들을 시켜 모르드개에 관하여 전혀 언급하지 않는 왕실 연대기를 읽으라고 했다면 어찌 되었을까?(6:1-2) 아마도 모르드개의 처형은 애초에 계획한 대로 진행되었을 것이다. 모르드개의 생명을 구한 것은 에스더의 중재가 아니다(그녀는 단지 14절에서 단 한 번 언급될 뿐이다). 도리어 왕의 신하들이 왕실 연대기에서 모르드개가 왕의 목숨을 취하고자 하던 암살 모의를 사전에 차단한 부분을 읽은 탓에 모르드개의 목숨이 보전된 것이다. 왕은 왜 모르드개의 자비로운 행동이 무시되고 아무런 보상도 받지 못했는지를 묻는다.

만일 하만이 에스더가 기대어 있던 침상에 엎드리지 않았다면 어찌 되었을까?(7:8a) 아하수에로는 그 방으로 다시 들어와 하만이 에스더 앞에 엎드려 있는 모습을 보는 순간, 하만이 에스더의 자비를 구하려고 그렇게 한 것이 아니라 에스더를 덮치려고 그렇게 한 것으로 믿는다. 왕은 하만이 다른 곳도 아닌 궁중에서 자기 아내에게 "치근거리다가"(NIV) 또는 자기 아내를 "폭행하다가"(NRSV) 에스더에게 거절당했다고 생각한다(7:8b). 아니면 적어도 왕이 말한 것은 그렇다(설령 그가 상황을 정확하게 알지 못했다 할지라도). 왕은 하만을 인종차별주의자로서가 아니라 강간범으로 처형할 것을 명함으로써(7:9), 자신이 하만의 유대인 멸절 계획과 무관함을 밝히고자 했을 것이다. 그 전에 에스더는 이미 대량 학살 계획과 관련하여 매우 조심스럽게 오로지 하만만을 "지적하고"(7:3-6), 지혜롭게도 그 계획이 왕의 재가를 받지 않고서는 결코 추진될 수 없었을 것이라는 사실을 전혀 언급하지 않기로 작정한다(3:11).

그러나 만일 에스더서가 페르시아의 유대인들을 멸절의 위기로부터 건져 낸 하나님의 은혜로운 섭리를 강조하고 있다면, 그것은 또한 그 유대인들의 용기와 명철함 및 지혜 등을 강조하고 있기도 하다. 하나님께서 적극적으로 활동하시는데도(비록 무대 뒤편에 계시기는 해도) 그의 백성은 수동적인 태도를 보이고 있는 것은 아니다.

그리고 그러한 용기와 명철함은 모르드개의 삶보다는 에스더의 삶 속에서 더 분명하게 발견된다. 두 사람은 제각기 거의 같은 횟수만큼이나 등장한다(우리의 계산에 의하면 에스더는 56회, 모르드개는 59회). 에스더만 혼자서 등장하는 장은 없다. 그러나 두 개의 장에서는 모르드개만 나오고(3:2, 3, 4, 5, 6[3x]; 10:2, 3) 에스더는 나오지 않는다. 그리고 에스더서의 마지막 장이 오로지 모르드개에 대해서만 언급하고 있다는 사실은 이 책을 "모르드개의 책"으로 부르기도 하는 이유를 설명해 주는 듯하다. 우리는 앞서 구약성서의 이 책에 대한 맨 처음 언급이 제2마카베오 15:36에 있음을 지적한 바 있다. 이 본문은 부림을 "모르드개의 날"로 부른다.

그러나 에스더서에서 모르드개의 말은 단 한 번만 직접 화법으로 소개된다. 4:13-14에서 말이다. 그에게는 모두 31개의 히브리어 낱말이 사용된다. 이와는 달리 에스더의 말은 여덟 번에 걸쳐서 직접 화법으로 소개된다(4:11, 16; 5:4, 7-8; 7:3-4, 6a; 8:5-6; 9:13). 그녀에게는 모두 232개의 히브리어 낱말이 사용된다. 그 중 처음의 두 경우(모르드개에게 메시지를 보내는)를 제외한 모두가 남편과의 사이에 나누는 대화 속에 있다. 에스더에게 자기 백성을 구하는 일에 관여할 것을 촉구하는 자는 모르드개이지만(4:14), 그 일에 관여하기 위한 지혜로운 전략을 짜는 자는 에스더이다. 하만은 모르드개 앞에서 안정된 모습을 보이지만(3:5; 5:9), 에스더 앞에서는 두려워 떤다(7:6). 그는 모르드개가 몸을 굽히고 엎드리지 않은 것에 대해서 분노하지만(3:5), 에스더 앞에서는 그 자신이 엎드린다(7:8).

잔치를 열고 왕과 하만을 초청하기로 한 것은 다른 사람이 아닌 에스더의 착상에서 비롯된 것이다. 아하수에로 앞에 나아가기로 한 것도 다른 사람이 아닌 에스더 자신이 내린 결정이다. 그리고 부림절을 국가의 항구적인 축제로 만들 것을 요청한 것도 다른 사람이 아닌 에스더와 모르드개의 생각에서 비롯된 것이다. 부림절은 그 두 사람이 고안해낸 것이다. 이는 다양한 월별 축제들을 강조하는 토라의 달력들과 같지 않다(출 23:12-19; 레 23장; 민 28~29장; 신 16:1-17). 그 축제들은 모두가 하나님께서 제정하신 것들로 나타난다.

그리고 여기에서도 마지막으로 발언하는 자는 모르드개가 아니라 에스더이다. 레벤슨(Levenson 1997: 131)은 공식적인 부림절 제정(9:20-32)에서 모르드개의 역할이 에스더에게로 옮겨가고 있음을 지적한 바 있다:

9:20, 23: 모르드개
9:29: 에스더와 모르드개
9:31: 모르드개와 에스더
9:32: 에스더

하나님의 섭리와 인간의 주도권에 대한 강조점들에 더하여, 에스더서에는 예루살렘으로 귀향하고자 하는 욕구가 어느 유대인에게서도 발견되지 않는다는 흥미로운 사실도 주목할 필요가 있다. 확실히 에스라와 느헤미야는 "이방 땅에 있으면서 야웨의 노래를 부르는"(시 137:4) 법을 배운 적이 없다. 그러나 에스더와 모르드개는 그러한 법을 배운 것으로 보인다.

에스더서는 세상 "안에" 있는 것이 가능하지만, 세상에 "속해" 있는 것은 그렇지 않음을 암시한다. 페르시아인이 아니면서 페르시아에 있는 것이 가능하다는 얘기다. 요한복음 17장에 있는 예수의 제사장적인 기도는 다음과 같은 간구로 변형시킬 수 있다: "내가 비옵는 것은 저희를 페르시아에서 데려가시기를 위함이 아니요, 오직 악에 빠지지 않게 보전하시기를 위함이니이다. 내가 페르시아에 속하지 아니함 같이 저희도 페르시아에 속하지 아니하였삽나이다 … 아버지께서 나를 페르시아에 보내신 것 같이 나도 저희를 페르시아에 보내었고"(요 17:15-18을 변형시킨 것임: 역주). 이것을 조금 다르게 표현한다면, 에스더서는 포로민이라는 한 가지의 삶의 양식(이스라엘 밖의 잠정적인 재배치)으로부터 디아스포라(diaspora)라는 또 다른 삶의 양식(이스라엘 밖의 항구적인 재배치)으로 바뀐 것에 관해서 기록하고 있는 책이라는 얘기다.

어떤 이들은 유대인들이 강한 지위를 이용하여 페르시아인들을 대량 학살하는 일에 참여함으로써(수산에서 5백 명[9:6]; 하만의 열 아들들[9:7-10]; 수산에서 또 다른 3백 명[9:15]; 나라 전체의 페르시아인 7만 5천 명[9:16]) 페르시아 사람처럼 된다고 주장할 수도 있다. 그리고 그 다음날 그들은 방향을 바꾸어 잔치를 벌인 것이다?(9:17)

많은 주석가들은 8:11의 내용에 대해서 불쾌감을 느낀다. 왜냐하면 이 구절은 유대인들이 자기들을 공격했을지도 모르는 성인 남자들뿐만 아니라 그들의 처자들 — 아내와 자녀들 — 까지도 죽일 수 있는 권리를 가지고 있음을 암시하고 있기 때문이다. 그래서인지 NEB는 "저희를 치려하는 자"의 범주에 성인 남자들과 그들의 처자들을 모두 포함시켜 번역한다. NAB도 비슷하게 번역한다.

그러나 8:11의 의미가 정말로 그러한지는 확실치 않다. 고르디스(Gordis

1976: 49-53; 1981: 378)는, 우리가 보기에 상당히 설득력 있는 어조로, "처자들"은 페르시아인들의 공격을 받을지도 모르는 히브리 남자들의 처자들을 가리킨다고 주장한다. 고르디스는 8:11을 이렇게 번역한다: "왕이 여러 고을에 있는 유다인에게 허락하여 저희로 함께 모여 스스로 생명을 보호하여 각 도의 백성 중 세력을 가지고 저희와 저희의 처자를 치려 하는 자를 죽이고 도륙하고 진멸하고 그 재산을 탈취하게 하되." 이렇게 본다면, 이 본문이 명하는 전쟁은 자신과 자신의 가족 및 재산 등을 침략자들과 약탈자들의 손길로부터 지키고자 하는 방어전이 되는 셈이다. 그리고 유대인들은 페르시아 왕의 법적인 허락 ─ 문서화된 ─ 을 받은 후에야 비로소 그렇게 할 수 있다(참조. 8:9-14). 유대인들이 페르시아인들을 공격하면서 아무런 노략질도 하지 않았다는 점을 에스더 본문이 두 차례에 걸쳐서(9:10b, 15b) 강조하고 있다는 사실은 그들이 치른 전쟁이 자신을 과시하기 위한 전쟁이 아니라 단순히 생존을 위한 전쟁임을 암시한다.

마지막으로 에스더서의 정점은 부림절 축제의 제정에 있다. 그날은 "잔치를 베풀어 즐기는" 날이요(9:18), "즐거움과 잔치"가 있는 날이요(9:19), 음식물을 선물로 주고받는 날이요(9:19b), 유대인들이 "대적에게서 벗어나서 평안함을 얻은" 것을 경축하는 날이요(9:22a), 자기들 중에 사는 가난한 자들에게 특별한 선물을 주는 날이다(9:22b).

구약성서의 이스라엘 역사는 유월절과 부림절 사이에 있다. 이 두 축제는 유대력에서 한 달 간격으로 떨어져 있다(유월절은 첫 번째 달인 니산/아빕월에 지키고 부림절은 열두 번째 달인 아달월에 지킴). 이 두 축제는 이스라엘의 구원(이집트인들의 죽음과 멸절 위협으로부터의 구원; 페르시아인들의 죽음과 멸절 위협으로부터의 구원)을 드라마틱하게 재현한다는 공통점을 가지고 있다. 출애굽기의 유월절 기사와 에스더의 부림절 기사는 다음과 같은 평행 요소들을 가지고 있다: (1) 이방 땅과 이방 왕궁에서의 이야기 전개; (2) 하나님께서 선택하신 자들에게 닥치는 위협; (3) 하나님의 백성을 위한 구원; (4) 이집트와 페르시아가 당하는 고통; (5) 구원 사건을 기념하기 위한 축제의 제정. (에스더서와 출애굽기 사이의 평행 관계에 대해서는 게를레만이 자신의 독일어 주석에서 매우 독창적인 방식으로 깊이 있게 다룬 바 있다: G.

Gerleman, *Esther* [Neukirchen-Vluyn: 1982]; Wechsler 1997도 참조.)

자기 백성을 위한 하나님의 개입에 대한 올바른 응답은 유월절의 거룩함과 부림절의 즐거움을 포함한다. 그것은 차분하게 반성하는 유월절의 분위기와 덜 차분한 부림절의 분위기—바벨론 탈무드(*Megillah* 7b)에 의하면 “‘모르드개는 복되도다’ 라는 말과 ‘하만은 저주를 받았도다’ 라는 말을 분간하지 못할 정도로 술을 마셔야만 하는” — 를 포함하고 있다. 그것은 종교적인 축제(무교절과 결합된 유월절은 사람들이 평상시의 일을 중단하고서 정해진 성소에 가서 지켜야만 하는 축제이다)와 마음 편하게 지키는 가정적인 축제(부림절) 모두를 포괄한다. 이 두 축제는 하나님을 향하여 목소리를 높이고 지붕이 떠나갈 듯이 고함치는 일을 가능하게 한다는 점에서, 경건과 잔치를 결합시키는 축제들이라 할 수 있다.

에스더 참고문헌

Commentaries and Major Studies

Baldwin, J. G. 1984. *Esther: An Introduction and Commentary*. Tyndale Old Testament Commentaries. Downers Grove, Ill.: InterVarsity.

Beal, T. 1998. *The Book of Hiding: Gender, Ethnicity, Annihilation and Esther*. New York: Routledge.

Berg, S. B. 1979. *The Book of Esther: Motifs, Themes, and Structures*. Chico, Calif.: Scholars Press.

Brenner, A., ed. 1995. *A Feminist Companion to Esther, Judith and Susanna*. The Feminist Companion to the Bible 7. Sheffield: Sheffield Academic Press.

Clines, D. J. A. 1984. *The Esther Scroll: The Story of the Story*. JSOT Supplement 30. Sheffield: JSOT Press.

Craig, K. M. 1995. *Reading Esther: A Case for the Literary Carnivalesque*. Louisville: Westminster/John Knox.

Day, L. M. 1995. *Three Faces of a Queen: Characterization in the Book Esther*. JSOT Supplement 186. Sheffield: Sheffield Academic Press.

Fox, M. V. 1991a. *Character and Ideology in the Book of Esther*. Columbia: University of South Carolina Press.

―――. 1991b. *The Redaction of the Books of Esther: On Reading Composite Texts*. SBLMS 40. Atlanta: Scholars Press.

Gordis, R. 1974. *Megillat Esther: The Masoretic Text with Introduction, New Translation and Commentary*. New York: Ktav.

Grossfeld, B. 1991. *The Two Targums of Esther*. Collegeville, Minn.: Liturgical Press.

Leniak, T. S. 1998. *Shame and Honor in the Book of Esther*. SBLDS 165. Atlanta: Scholars Press.

Levenson, J. D. 1997. *Esther: A Commentary*. Old Testament Library. Louisville: Westminster/John Knox.

Linafelt, T., and T. K. Beal. 1999. *Ruth and Esther*. Berit Olam. Collegeville, Minn.: Liturgical Press.

Moore, C. A. 1971. *Esther*. Anchor Bible 7B. Garden City, N.Y.: Doubleday.

Paton, L. B. 1908. *A Critical and Exegetical Commentary on the Book of Esther*. International Critical Commentary. Edinburgh: T. & T. Clark.

Rodriguez, A. M. 1995. *Esther: A Theological Approach*. Berrien Springs, Mich.: Andrews University Press.

Stedman, R. C. 1977. *The Queen and I: Studies in Esther*. Waco, Tex.: Word.

Swindoll, C. 1997. *Esther: A Woman of Strength and Beauty*. Nashville: Word.

Whitcomb, J. 1979. *Esther: Triumph of God's Sovereignty*. Chicago: Moody.

Shorter Studies

Anderson, B. W. 1950. "The Place of the Book of Esther in the Christian Bible." *JR* 30:32–43.

Bickerman, E. 1967. *Four Strange Books in the Bible*. New York: Schocken. Pp. 169–240.

Clines, D. J. A. 1990. "Reading Esther from Left to Right." In *The Bible in Three Dimensions: Essays in Celebration of Forty Years of Biblical Studies at the University of Sheffield*. Ed. D. J. A. Clines et al. JSOT Supplement 87. Sheffield: JSOT Press. Pp. 31–52.

———. 1991. "In Quest of the Historical Mordecai." *VT* 41:129–36.

Costas, O. E. 1988. "The Subversiveness of Faith: Esther as a Paradigm for a Liberating Theology." *Ecumenical Review* 40:66–78.

Crawford, S. A. W. 1992. "Esther." In *The Women's Bible Commentary*. Ed. C. A. Newsom and S. H. Ringe. Louisville: Westminster/John Knox.

Darr, K. P. 1989. "Esther and Additions to Esther." In *The Books of the Bible*. Vol. 1, *The Old Testament/The Hebrew Bible*. Ed. B. W. Anderson. New York: Scribner's. Pp. 173–79.

Day, L. M. 1998. "Power, Otherness and Gender in Biblical Short Stories." *HBT* 20:109–27.

Goldman, S. 1990. "Narrative and Ethical Ironies in Esther." *JSOT* 47:15–31.

Gordis, R. 1976. "Studies in the Esther Narrative." *JBL* 95:43–58.

———. 1981. "Religion, Wisdom and History in the Book of Esther—A New Solution to an Ancient Crux." *JBL* 100:359–88.

Greenstein, E. L. 1987. "A Jewish Reading of Esther." In *Judaic Perspectives on Ancient Israel.* Ed. J. Neusner et al. Philadelphia: Fortress. Pp. 225–43.

Hallo, W. W. 1983. "The First Purim." *BA* 46:19–26.

House, P. R. 1998. *Old Testament Theology.* Downers Grove, Ill.: Inter-Varsity. Pp. 490–96.

Humphreys, W. L. 1973. "A Life-Style for Diaspora: A Study of the Tales of Esther and Daniel." *JBL* 92:211–23.

———. 1985. "The Story of Esther and Mordecai: An Early Jewish Novella." In *Saga, Legend, Tale, Novella, Fable: Narrative Forms in Old Testament Literature.* Ed. G. W. Coats. JSOT Supplement 35. Sheffield: JSOT Press. Pp. 97–113.

———. 1998. "The Story of Esther in Its Several Forms: Recent Studies." *RelSRev* 24:335–42.

Jackowski, K. 1988–1989. "Holy Disobedience in Esther." *ThTo* 45:403–14.

Jobes, K. H. 1998. "How an Assassination Changed the Greek Text of Esther." *ZAW* 110:75–78.

Klaasen, M. J. 1996. "Persian/Jew/Jew/Persian: Levels of Irony in the Scroll of Esther." *Direction* 25:21–28.

Lacocque, A. 1990. *The Feminine Unconventional: Four Subversive Figures in Israel's Tradition.* Minneapolis: Fortress. Pp. 49–83.

Larkin, K. J. A. 1995. *Ruth and Esther.* Old Testament Guides. Sheffield: Sheffield Academic Press.

Loader, J. A. 1978. "Esther as a Novel with Different Levels of Meaning." *ZAW* 90:417–21.

Millard, A. R. 1977. "The Persian Names in Esther and the Reliability of the Hebrew Text." *JBL* 96:481–88.

Miller, C. H. 1980. "Esther's Levels of Meaning." *ZAW* 92:145–48.

Niditch, S. 1987. *Underdogs and Tricksters: A Prelude to Biblical Folklore.* San Francisco: Harper & Row. Pp. 126–45.

———. 1993. *War in the Hebrew Bible: A Study in the Ethics of Violence.* New York: Oxford University Press. Pp. 119–22.

———. 1995. "Short Stories: The Book of Esther and the Theme of Woman as a Civilizing Force." In *Old Testament Interpretation: Past, Present, and Future: Essays in Honour of Gene M. Tucker.* Ed. J. L. Mays et al. Edinburgh: T. & T. Clark. Pp. 195–209.

Noss, P. A. 1993. "A Footnote on Time: The Book of Esther." *BT* 44:309–20.

Radday, Y. T. 1990. "Esther with Humour." In *On Humour and the Comic in the Hebrew Bible*. Ed. Y. T. Radday and A. Brenner. JSOT Supplement 92; Bible and Literature Series 23. Sheffield: Almond. Pp. 295–313.

Rosenblatt, N. H. 1999. "Portraits in Heroism: Esther and Samson." *BRev* 15:20–25, 47.

Sandmel, S. 1974. *The Enjoyment of Scripture*. New York: Oxford University Press. Pp. 35–45.

Sasson, J. M. 1987. "Esther." In *The Literary Guide to the Bible*. Ed. R. Alter and F. Kermode. Cambridge, Mass.: Belknap. Pp. 335–42.

Shea, W. H. 1976. "Esther and History." *Andrews University Seminary Studies* 14:227–46.

Stafonovic, Z. 1994. "'Go at Once!' Thematic Reversals in the Book of Esther." *Asia Journal of Theology* 8:163–71.

Sterk, J. P. 1985. "How Many Books of Esther Are There?" *BT* 36:440–42.

Talmon, S. 1963. "Wisdom in the Book of Esther." *VT* 13:419–55.

Thornton, T. C. G. 1986. "The Crucifixion of Haman and the Scandal of the Cross." *JTS* 37:419–26.

Wechsler, M. G. 1997. "Shadow and Fulfillment in the Book of Esther." *BSac* 154:275–84.

———. 1998. "The Purim-Passover Connection: A Reflection of Jewish Exegetical Tradition in the Peshitta Book of Esther." *JBL* 117:321–27.

Weisman, Z. 1998. *Political Satire in the Bible*. SBLSS 32. Atlanta: Scholars Press. Pp. 139–63.

Whedbee, J. W. 1998. *The Bible and the Comic Vision*. Cambridge: Cambridge University Press. Pp. 129–90.

Wiebe, J. M. 1991. "Esther 4:14: 'Will Relief and Deliverance Arise for the Jews from Another Place?'" *CBQ* 53:409–15.

Wills, L. W. 1990. *The Jew in the Court of the Foreign King: Ancient Jewish Court Legends*. Minneapolis: Fortress. Pp. 153–91.

———. 1995. *The Jewish Novel in the Ancient World*. Myth and Poetics. Ithaca: Cornell University Press. Pp. 93–131.

Wright, J. S. 1970. "The Historicity of the Book of Esther." In *New Perspectives on the Old Testament*. Ed. J. B. Payne. Waco, Tex.: Word. Pp. 37–47.

Yamauchi, E. 1980. "The Archaeological Background of Esther." *BSac* 137:99–117.

———. 1992. "Mordecai, the Persepolis Tablets, and the Susa Excavations." *VT* 42:272–75.

역자 후기

　미국의 브란다이스 대학(Brandeis University)에서 철학박사 학위를 받은 후 애즈버리 대학(Asbury College)에서 30여 년 동안 성서와 신학을 강의해 온 해밀턴(Victor P. Hamilton)은 국내 구약학계에 보수 성향 학자들과 진보 성향 학자들의 중간을 걷는 매우 합리적이고 온건한 학자로 알려져 있다.

　그가 쓴 세 권의 책들은 국내에도 많이 소개되어 있다. 창세기에서 신명기까지의 오경 전반을 다룬 오경 개론서와 NICOT(The New International Commentary on the OT) 시리즈에 속한 두 권의 창세기 주석서(*Genesis 1-17; Genesis 18-50*)가 그렇다. 특히 그의 창세기 주석서는 국내 학자들과 목회자들 사이에서 폭넓게 읽히는 인기 서적들 가운데 하나다.

　그리고 이미 1982년에 출판된 바 있는 오경 개론서는 곧 개정판이 나오는 것으로 알려져 있다. 그 책 역시 나름대로 널리 읽히고 있음을 알게 해 주는 대목이다. 역자가 번역한 이 책은 바로 그 오경 개론서의 자매편(companion volume)에 해당하는 책이다. 여호수아에서 에스더까지의 구약 역사서 전체를 다루고 있는 이 책은, 이스라엘 역사 초기인 가나안 정착으로부터 사사 시대와 왕정 시대를 거쳐 바벨론 포로기와 페르시아 시대에 이르는 광범위한 역사의 흐름을 책별로 정리하고 있다.

　머리말에서 밝힌 바와 같이, 해밀턴은 "존 브라이트(John Bright)의 이스라엘 역사서나 그와 같은 부류의 다른 이스라엘 역사서를 동반자적 입장에서 보충"하려는 의도를 가지고 이 책을 집필하였다. 그래서인지 그는 가능한 한 기존의 과격한 역사비평의 연구 성과들을 여과 없이 수용하기보다는 그것들을 비판적인 시각에서 보려고 애쓰는 모습을 보인다. 이 점은 그가 수사비평 방법론을 적극 도입하여 이 책을 쓰고 있다는 사실을 통해서 뒷받침된다.

또한 해밀턴은 귀납적인 성서 연구 방법의 주요 원리들을 사용하여 구약 역사서 각 책들의 중심 내용과 구조 및 신학 등을 정리하고 있다. 이를 위해 그는 다른 학자들의 저서나 논문, 고고학적인 자료들, 낱말 연구, 본문비평상의 증거 등을 폭넓게 사용하며, 각 책에 기록되어 있는 사건들과 그 신학적인 의미를 다른 책들과의 관련성 속에서 장별로(chapter by chapter) 꼼꼼하게 설명하는 성실함을 보이기도 한다.

독자들은 그의 이 책을 읽으면서 구약 성서가, 특히 구약 역사서들이 문학적으로나 수사학적으로 얼마나 오묘하고 짜임새 있게 기록되었는지를 확인할 수 있을 것이다. 아울러 독자들은 그러한 특징들을 정확하게 집어내는 해밀턴의 놀라운 상상력과 통찰력에 감탄을 금치 못할 것이다. 역자 자신도 이 책을 번역하는 중에 그가 얼마나 뛰어난 상상력과 통찰력을 가지고 있는지를 여실히 느낀 바 있다. 이에 더하여 독자들은 각 장의 말미에 덧붙여진 참고문헌 목록을 통하여 최근 학계의 동향을 알 수 있을 것이며, 그 목록의 도움을 받아 평소에 관심을 가지고 있던 분야나 주제를 찾아 자기 나름의 학문적인 연구를 추가로 진행할 수 있을 것이다.

아무쪼록 이 부족한 번역서가 구약 역사서에 관심을 가진 학자들이나 목회자들, 신학도들 모두에게 여호수아에서 에스더까지의 책들을 공부하고 주석하는 데 많은 도움을 주었으면 한다. 그리고 궁극적으로는 구약 역사서에 기록되어 있는 하나님의 말씀들이 이 번역서를 통하여 한층 은혜롭고 풍요로운 메시지로 사람들에게 전달되는 귀한 역사가 이루어지기를 바라는 마음 간절하다.

2004년 12월
광주 양림골 선지동산에서
강성열

🗨 **독자 여러분들께 알립니다!**

'CH북스'는 기존 **'크리스천다이제스트'**의 영문명 앞 2글자와
도서를 의미하는 **'북스'**를 결합한 출판사의 새로운 이름입니다.

베이커 구약 개론 시리즈 2

역사서개론

1판 1쇄 발행 2005년 5월 25일
1판 중쇄 발행 2021년 2월   4일

발행인 박명곤
사업총괄 박지성
편집 채대광, 김준원, 박일귀, 이은빈
디자인 구경표, 한승주
마케팅 박연주, 유진선, 이호, 김수연
재무 김영은
펴낸곳 CH북스
출판등록 제406-1999-000038호
대표전화 070-4917-2074   **팩스** 031-944-9820
주소 경기도 파주시 회동길 37-20
홈페이지 www.hdjisung.com   **이메일** main@hdjisung.com
제작처 영신사 월드페이퍼

ⓒ CH북스 2005